!

Willkommen im Leben, liebe Leserinnen und Leser,

Wie leben Sie heute? Im Einfamilienhaus, in 2-Zimmer-Küche-Bad, mehr im Büro als zu Hause? Nachhaltig oder von der Hand in den Mund? Solo, als Paar, in einer Patchwork-Familie? Wir kennen das. Denn wir haben das schon selbst erlebt. Und daher wissen wir: Leben kann kompliziert werden und ganz einfach sein. Hauptsache, wir packen es jeden Tag aufs Neue an.

Das heißt jetzt nicht, dass man dauernd sein Leben umkrempeln und ihm einen neuen Sinn geben sollte. Es sind ja eher die kleinen Taten, die vieles täglich leichter machen: das Aufhängen der Lampe, die schon lange im Flur leuchten sollte; das Abarbeiten des Stapels, der einem langsam aufs Gemüt drückt; der gute Rat, mit dem ich Freunden weiterhelfen kann.

Rat geben, der weiterhilft – das möchten wir mit diesem Buch. Denn GU sammelt und prägt seit Jahrzehnten, was wir rund ums Haus und das Zusammensein wissen wollen, so wie es früher die Hausbücher getan haben. Für solch ein Hausbuch ist jetzt wieder Zeit, finden wir. Deswegen haben wir es gemacht: ein dicker Schatz fürs Leben und für jeden Tag.

LEBEN! DAS HAUSBUCH VON GU funktioniert wie ein Kochbuch fürs ganze Haus mit seinen 1013 Rezepten fürs Einrichten, Aufräumen, Wohlfühlen, Arbeiten, Entspannen – und für den Moment, in dem die Spüle verstopft. Damit jeder gleich findet, was er sucht, haben wir auf Bilder und Tabellen so weit wie möglich verzichtet. Dafür finden Sie das Inhaltsverzeichnis schon auf dem Titel: eine Kommode, so schief, schön und bunt wie das Leben, mit neun Schubladen für das Wichtigste. Aber ziehen Sie nicht immer nur eine auf, wenn Sie was suchen. Der Ratschlag „Nein sagen" steckt zum Beispiel gleich in dreien, und jedes Mal sieht er anders aus. So ist das Leben. Lesen Sie einfach, dann sehen Sie schon, wie es geht.

Geschrieben haben dieses Buch ein gutes Dutzend Spezialisten auf ihrem Gebiet, die wissen, welche Fragen wichtig und welche Antworten richtig sind. Darüber freuen sich auch Sebastian Dickhaut und Sabine Sälzer, die LEBEN! die Handschrift und die ordnende Hand gegeben haben. Denn sie wissen nun, wie man Knöpfe annäht (Nr. 838) und ein Lagerfeuer macht (Nr. 988).

Gutes Gelingen wünscht Ihre GU-Redaktion!

Damit Sie rasch zu Ihren Ratschlägen kommen, haben wir auf ein bei Nachschlagewerken bewährtes System gesetzt – das Griffregister. Dank der Griffmarken rechts und bei den einzelnen Kapiteln können sie sich damit schnell zum Gesuchten durchblättern: Einfach Daumen drauf und los!

!

Der Inhalt

WOHNEN

Kaum sind wir auf der Welt, wohnen wir auch schon. Der erste Schrei wird zwar meist noch unter dem Klinikdach gemacht, aber schon da haben wir ein „Elternhaus", das durchaus auch eine Dreizimmerwohnung sein kann. Und eines der Zimmer wird unser Reich sein, eingerichtet mit Bedacht und Geschmack. Den wir ändern werden. Immer wieder, auch wenn wir längst woanders wohnen. Bis wir uns im Leben eingerichtet haben.

Wohnen wir, um zu leben, oder leben wir, um zu wohnen? Lange schien die Antwort klar: Die Höhle, das Zelt, das Haus sind erst einmal Schutzburg, in der wir essen, schlafen und die Familie großziehen, ohne dass die böse Welt uns zu nahe kommt. Das „Dach über dem Kopf": eine Überlebensversicherung. Aber was ist mit den „eigenen vier Wänden" darunter? Die stehen da weniger fürs Überleben als fürs Ausleben: tun und lassen können, was man will, ohne große Rücksicht auf die anderen. Mein Zuhause: der Raum, in dem ich ganz ich selbst sein kann. Wenn ich das kann. Denn wer weiß schon immer, wer er ist?

Um darüber mehr Gewissheit zu bekommen, haben Urmenschen ihre Welt auf Höhlenwände gemalt und Beduinen ihre Sippengeschichte in Teppiche gewebt. Wir hängen heute Familienbilder in den Flur und stellen das Erbstück ins Wohnzimmer. Wobei das Familienbild auch dieses Gemälde sein kann, das wir uns damals für die erste gemeinsame Wohnung gekauft hatten. Und das Erbstück, die 70er-Jahre-Lampe aus meinem Jugendzimmer, die es nun bis in die Stadtrandvilla geschafft hat. Wer weiß, vielleicht wird sie sogar meinem Sohn einmal leuchten? Wenn er sie überhaupt haben will. Von meinem Partner gar nicht zu reden …

Wohnen – ein Kompromiss fürs Leben

Wohnen ist lebenslanges Training, Kompromisse zu finden und zu akzeptieren. Das fängt an mit der ersten eigenen Umgestaltung des Kinderzimmers und findet seinen ersten Höhepunkt, wenn ein junges Paar zusammenzieht. Wird da schon die Schreibtischlampe zum Problem und der Besuch im Möbelhaus zur Höllenfahrt (kann man samstäglich vor der Stadt miterleben), dann sollte man sich das vielleicht noch mal überlegen. Geht aber alles gut, kommen gar irgendwann eigene Kinder – dann geht es wieder von vorne los mit dem Finden von Kompromissen.

Was sich beim Wohnen auch gut üben lässt: mit dem zu leben, was man hat. Manche Leute wohnen in einem Haus, von dem andere nur träumen können – und meckern, weil Nachbars Baum seinen Schatten auf die Vogeltränke wirft. Andere wiederum leben in zwei Kammern mit Mini-Balkon unterm Dach und machen daraus ihre ganz persönliche Großstadtvilla. Wer ist da der Kompromissbereitere, Glücklichere und Kreativere?

Die vier Wände – mach' was draus

Wohnen als kreativer Umgang mit dem, was man hat, das lässt sich lernen. Die Basics dazu finden Sie auf den nächsten Seiten: Ratschläge zur Wahl der richtigen Räume und Möbel, die Grundlagen zum Einrichten und Dekorieren – jede Menge Möglichkeiten, Ihr eigenes Reich und den eigenen Stil zu finden. Und damit Sie das auch selbst in die Hand nehmen können, kommen dazu die wichtigsten Handwerkertipps von „Lampe aufhängen" über „verstopften Abfluss reinigen" bis „alte Fliesen überstreichen".

Und dann kommt vielleicht der Tag, an dem ein freundlicher Mensch unsere kleine Wohnhöhle betritt und sagt: „Die passt genau zu Dir!" Zumindest dann wohnen wir, um zu leben.

Zu Hause leben

Am schönsten wäre ein umgebautes Bauernhaus – wenn es nur nicht so weit draußen wäre. Oder wenigstens eine renovierte Fabriketage – aber geht das mit Kindern? Vielleicht doch lieber eine großzügige Altbauwohnung mit Charme? Dann aber auch mit Aufzug! Na ja, am Ende ist eine helle Neubauwohnung mit Balkon gar nicht übel – nur wie krieg' ich da Flair rein? So könnte man jetzt ewig träumen und fragen. Wir raten Ihnen: Tun Sie lieber was. Finden Sie Ihren Wohntyp. Und wenn er nicht zu Ihrer Wohnung passt, passen Sie diese ihm an.

Mein Zuhause, das bin ich

Wer wohnt, macht Kompromisse. Denn eine Wohnung ohne „aber" lässt sich kaum finden. Und selbst wer sein Traumhaus baut, wird schnell merken, dass es auch hier Grenzen zwischen Wunsch und Wirklichkeit gibt. Doch oft machen gerade das überraschend Neue wie das Unvollkommene und die Improvisation den Charme der eigenen vier Wände aus. Alles eine Frage des Typs.

Welcher Wohntyp bin ich?

Bei der Suche nach meinem „Wohntyp" kommt es erst einmal nicht auf die Größe der Familie oder des Geldbeutels, die Vorliebe fürs Land- oder Stadtleben, den Wunsch nach Unabhängigkeit oder Sesshaftigkeit an. Das sind Fragen, auf die es im Laufe des Leben verschiedene Antworten gibt, zu denen dann eine bestimmte Wohnform passt. Komme ich vom Dorf in die Stadt, brauche ich nicht viel mehr als ein Zimmer, um ins neue Leben zu starten. Ziehe ich mit jemandem zusammen, ist schon mehr gefragt, und das gewisse Etwas sollte es dann auch haben. Trifft mich die Liebe richtig, geht es ans Nestbauen – und ans Finden von Kompromissen. Kommt Nachwuchs, kommt schnell der Wunsch nach Sicherheit in der Wohnung und vor der Tür. Und ein Balkon wäre auch nicht schlecht. Kann ich mir dann sogar ein Häuschen leisten, geht es erst an den Stadtrand, bis noch weiter draußen selbst gebaut wird. Und plötzlich lebe ich ganz ähnlich wie damals als Kind – nur dass ich jetzt auf der Elternseite stehe. Und was machen die eigenen Eltern zur gleichen Zeit? Verkaufen ihr Haus, nehmen sich eine Wohnung in der Stadt und machen sie zu ihrer Startrampe für ein neues Leben. So kann es gehen, wenn alles gut geht. Aber eines ändert sich bei der Wahl des Zuhause selten – ob man mehr ein Fashion- oder ein Vintage-Wohner ist. Nie davon gehört? Dann ist es jetzt soweit.

Die Fashion-Wohner

Fashion „heißt" „Mode" – und das Angebot der Wohnzeitschriften am Kiosk kann es heute schon fast mit dem der Modemagazine aufnehmen. Auch die Themen ähneln sich: Frühling, Sommer, Herbst und Winter, Landhaus-Look und Beach-Style, Design-Accessoires und Farben der Saison. Jeden Monat werden neue Lebenswelten entworfen, in die Fashion-Wohner gerne eintauchen, um sich bei der Einrichtung ihrer Wohnung inspirieren zu lassen. Die ändern ihren Wohnstil natürlich nicht monatlich, doch stilprägende Kleinigkeiten werden oft und gerne ausgetauscht. Alle Jahre wieder bekommt dann die Flurwand einen neuen Anstrich oder die Küche eine frische Front. Und sagt der Besuch dann, „das könnte man glatt fürs Magazin XY fotografieren", ist es ein Kompliment. Die Fashion-Wohnung hat ja auch was von einem Model: ideale Maße (zumindest dort, wo man hinsieht), reinen Teint (helle Wände, pflegeleichte Böden), gute Ausstrahlung (große Fenster). Ein Appartment oder Einfamilienhaus, aber auch die sanierte Altbauwohnung können Basis fürs Fashion-Wohnen seien – mit der Gefahr, dass ein Zuviel an Neutralität plus Modischem den eigenen Stil nicht unterstützt. Was Vintage-Wohnern natürlich niemals passieren würde ...

Die Vintage-Wohner

Wenn Modebewusste ein Kleidungsstück mit Stil und Geschichte zum Herzstück ihres Outfits machen, statt auf Modisches zu setzen, dann ist das „vintage",

Mehr wissen: Wohnformen

APARTMENT Klassisches Single-Zuhause, in dem in einem Raum der ganze Hausstand untergebracht werden muss – ergänzt durch Flurnische, Mini-Küche und -Bad. Faustregel: so wenig Möbel wie nötig mit so vielen Funktionen wie möglich, zum Beispiel komfortables Bettsofa, Schranksystem mit Platz für Stauraum, Kleiderschrank, Arbeitsplatz. Ordnung ist wichtig, denn aufgeräumte Zimmer wirken großzügiger. Appartments sind meist in neutralen Neubauten. **Vintage-Tipp**: Bad zum Boudoir oder Kochnische zur Asia-Garküche machen.

NEUBAUWOHNUNG Meist 2- bis 3-Zimmer-Wohnung (mehr Zimmer eher im Altbau) mit mehr Komfort als im Appartment, da für langfristigeres Wohnen gedacht. Für Paare und eher junge Familien. Flur kann für Stauraum genutzt werden. Wanne im Bad und Tisch in der Einbauküche können weitere Vorteile sein. Oft genormter Eindruck bei Schnitt und Umgebung. **Vintage-Tipp**: Dschungel-Balkon, Flur in Lieblingsfarbe.

ALTBAUWOHNUNG Vorkriegsmodelle sind in der Raumhöhe großzügig und auch in der Fläche, wenn sie nicht geteilt wurden. Üppiger Stuck, weite Schiebetüren, schöne Böden, große Küchen, kleine Kammern und gute Lage sind oft Vorteile. Knarrende Dielen, Mängel bei Installationen, zugige Fenster, hohe Heizkosten können Nachteile sein. Wie auch ein Zuviel an Patina. **Fashion-Tipp**: moderne Lampen, edle Einzelstücke.

EINFAMILIENHAUS Reicht vom 70er-Jahre-Reihenhaus mit Einheitsgrundriss am Stadtrand bis zur Klein-Villa im dörflichen Neubaugebiet. Ältere Modelle sind oft verschachtelt mit Platz nehmendem Treppenhaus und Macken an Installationen, dafür gewachsener Garten sowie gemischte Generationen als Nachbarn (wer das mag). In Neubaugebieten sind die Häuser moderner und oft freundlicher, die Umgebung muss aber erst wachsen und kann so künstlich bis langweilig sein. **Vintage-Tipp**: Antiquitäten und Designerstücke mischen, Asia-Garten.

LANDHAUS Einfamilienhaus für Vintage- wie Fashion-Wohner, die nicht unbedingt Familie haben müssen – Geld aber schon. Kann romantisches Puppenhaus sein, aber auch entkernte Bauernkate oder toprenovierter Viehstall, in dem schicke Küchen und Bäder mit alten Böden und Balken kontrastieren. Oft mit Galerie im Dachstuhl. **Fashion-Tipp**: ultramoderne Möbel und Bilder als Gegenstücke zu uraltem Holz und Stein.

LOFT Landhaus für Stadtmenschen. Offene, hohe Hallen in renovierten Industriegebäuden. Lassen den Blick schweifen, verbliebene markante Produktionselemente geben Charakter. Mangels Barrieren (außer Bad, Toilette, eventuell Schlafbereich) vor allem für Kreative und Paare ohne Kinder mit integriertem Studio/Werkstatt. Meist gleichgesinnte Nachbarn, oft abseits der Zentren. **Fashion-Tipp**: wohnliche Küche, mit Stoffbahnen Wände ziehen.

englisch für „(Wein)Jahrgang". Ein edel verarbeiteter Blazer aus den 70ern kann solch ein „Jahrgangsstück" sein. Oder, um zum Thema Wohnen zu kommen, die herrschaftliche Altbauwohnung mit Stuck und kleiner Speisekammer. „Vintage" ist die frühere Hinterhofwerkstatt mit der gewölbten Schwerlastdecke, „vintage" ist der ausgebaute Dachboden mit den freigelegten Balken, „vintage" ist auch das vom Stararchitekten verwegen geschnittene Appartment mit Panoramablick auf den Hafen. All das hat eine „story", was den Stil und die Geschichte der Bewohner betonen soll – auch wenn das ziemlich unpraktisch sein kann. Heikel wird es, wenn die Vintage-Wohner eine ganz andere „story" haben und ihnen die eigene Wohnung nicht steht. Was immer passieren kann, wenn man sich auf einen Typ festlegt – ob nun „vintage" oder „fashion".

Und wie wohne ich?

Die meisten von uns sind von beidem ein bisschen. Um Ihren eigenen Wohnstil zu entwickeln, lassen Sie sich sowohl von außen inspirieren als auch von den Eigentümlichkeiten Ihrer Wohnung. Vor allem sollten sie auf sich selbst und guten Rat hören (zum Beispiel aus diesem Buch) und dann sehen, was sich aus Ihrem Zuhause machen lässt – denn da geht immer was.

Mein Zuhause gestalten

Der Schnitt unseres Zuhauses liegt manchmal schon Jahrzehnte fest, bevor wir einziehen. Das Wohnzimmer zeigt meistens zur sonnigen Südseite, Schlafzimmer haben Nordost-, Kinderzimmer Südostlage. Auch Flur, Küche, Bad, Fenster und Türen geben ein grobes Schema vor. Trotzdem bleibt Spielraum für eine individuelle Aufteilung der Wohnung.

Wohnzimmer für viele Zwecke

Die wenigsten Wohnungen haben ein separates Esszimmer. Und in den wenigsten Küchen ist Platz für einen ausgewachsenen Esstisch. Deshalb wird er meistens ins Wohnzimmer integriert. Kein Problem bei einer durchschnittlichen Größe von 20–24 m². Wie viel Platz Sie Tisch und Stühlen und vielleicht auch noch einer Vitrine oder einem Sideboard einräumen, hängt von verschiedenen Faktoren ab. Ist Ihr Tisch täglich im Einsatz und Treffpunkt für Familie und Freunde? Wird dort häufig gegessen und gespielt? Dann sollten Sie diesen Teil des Zimmers großzügig gestalten. Mobile multifunktionale Möbel bieten den meisten Spielraum, weil sie sich den Gegebenheiten anpassen können. Haben Sie oft Gäste, ist ein verwandelbarer Tisch gut, an dem eine vierköpfige Familie aber auch eine Gesellschaft von 8 Personen Platz hat. Stapel- oder Klappstühle können ihn ergänzen. Sie warten in einem Abstellraum oder einer Nische auf ihren Einsatz und werden mit Sitzkissen und Husse bequem und ansehnlich. Wenn Sie Ess- und Wohnbereich optisch trennen möchten, können Sie ein Sideboard oder Regal als Raumteiler aufstellen. Auch mit unterschiedlichen Bodenbelägen oder Wandfarben lassen sich Bereiche betonen. Richten Sie den Essplatz in der Nähe der Küchentür ein, das verkürzt die Lauferei.

Im Wohnbereich sind Sie mit Modulpolstermöbeln beweglicher als mit einer Sitzlandschaft. Noch flexibler lässt sich der Raum mit einem beweglichen Sofa nutzen. Bei vielen lassen sich Standfüße gegen Möbelrollen austauschen. Als Beistelltische kommen Satztische groß heraus, weil man sie verschiedenen Sitzplätzen zuordnen oder Platz sparend ineinander schieben kann. Allrounder sind Polsterhocker: mal Fußablage, mal Sitzplatz und mit aufsteckbarem Tablett auch Couch- oder Beistelltisch. Im doppelt genutzten Wohnzimmer sollten die Schränke möglichst beweglich sein. Besser als ein großes Möbel sind unterschiedlich hohe und breite, offene und geschlossene Module, eventuell mit Möbelrollen. Diese Stücke kann man so stellen, dass auch auf kleiner Fläche optisch Luftigkeit entsteht.

RATSCHLÄGE ...

... zur Wahl von Sofa und Tisch ab Seite 17.

Schlafzimmer zum Wohlfühlen

Viele Schlafzimmer sind nur etwa 16 m² groß. Nicht all zu viel Platz, wenn es auch tagsüber wohnlich aussehen soll. Aber nichts ist unmöglich. Alles, was eine gemütliche Atmosphäre stören könnte, wird gut verstaut und geschickt abgeschirmt. Das gilt auch für den Schrank, der oft das ganze Zimmer beherrscht, weil er zu dunkel, zu groß, zu klobig ist. Manchmal hilft es schon, ihm eine freundlichere Farbe zu verpassen, damit er nicht mehr wie ein Klotz da steht. Sie können auch die Türen entfernen und den Schrank hinter einem Vorhang, Schiebepaneelen oder Jalousien verstecken. Eine gute Lösung sind begehbare Schränke, die auch in kleinen Räumen Platz haben. Vom Einrichtungsspezialisten auf Maß eingebaut, sind sie eine teure Angelegenheit. Preiswerter ist es, einen Bereich von Wand zu Wand oder diagonal abzutrennen. Entweder mit Gleittüren, die in Boden- und Deckenschienen laufen, mit Schiebepaneelen, Jalousien oder einfach einem Vorhang. So entsteht ein Raum im Raum, in dem der alte Schrank nicht stört. Mit Regalen, einem Spiegel und separater Beleuchtung ergänzt entsteht ein Séparée mit reichlich Stauraum. Nun kann das Bett optisch in den Mittelpunkt rücken. Flankiert von Beistelltischen und Leuchten, die mit einem Dimmer Leselicht wie auch Stimmungslicht geben, dazu ein neues dekoratives Betthaupt und ein Stapel knuffiger Kissen – das wertet den Raum auf und macht das Bett zur Relax-Insel, auf die man sich auch tagsüber zum Lesen oder Fernsehen gern zurückzieht.

RATSCHLÄGE ...

... zur Wahl von Bett und Schrank ab Seite 26.

Mehr Spielraum im Kinderzimmer

Auch in neu gebauten Wohnungen entspricht die Größe der Kinderzimmer oft noch alten DIN-Normen: 8–9 m^2. Im Baby- und Kleinkindalter gibt's damit kein Problem –, Wiege, Wickeltisch und ein Schrank passen problemlos hinein. Doch bald brauchen die Jüngsten mehr Platz. Freunde kommen, bleiben über Nacht, und spätestens mit Schulbeginn muss auch noch ein Schreibtisch aufgestellt werden. Ein Hochbett kann da die Rettung sein. Ab etwa 6 Jahren können Kinder allein nach oben klettern und sich unten eine Höhle oder einen Spiel- und Kuschelplatz einrichten. Wichtig sind reichlich Regale und Kästen, damit der Nachwuchs Spielzeug, Bücher usw. selbstständig hervorholen und wegpacken kann. Bis etwa zum 10. Lebensjahr ist der Fußboden der liebste Spielplatz. Wichtig ist eine warme Haptik und Pflegeleichtigkeit. Glatte Böden wie Holz, Kork oder Laminat sind ideale Spielbasis. Und: Lassen Sie Ihr Kind bei der Einrichtung mitentscheiden, vor allem, wenn es um Dekoratives wie Tapeten und Stoffe geht.

Wird das Kinderzimmer zu eng, tauschen immer mehr Eltern ihr Schlafzimmer dagegen ein. Das Doppelbett passt vielleicht noch ins kleinere Zimmer, aber nicht der Kleiderschrank. Je nach Größe und Zuschnitt haben möglicherweise zwei Betten übereck Platz, dazu zwei schmale Schränke, in denen nur die wichtigsten Sachen untergebracht werden können. Vielleicht einige Möbel auch woanders aufstellen oder für die nächsten Jahre im Keller, auf dem Boden, bei Verwandten oder Freunden zwischenlagern. Andere Möglichkeit: das Elternschlafzimmer wird zum Wohnzimmer, das Kinderzimmer zum Schlafzimmer und das frühere Wohnzimmer zum Kinderzimmer. Was alles keine optimale Lösung für die Eltern ist, aber für Kinder auf jeden Fall ein Gewinn.

RATSCHLÄGE ...

... zur Wahl von Kindermöbeln ab Seite 29.

Ein Flur, der gut ankommt

Der Flur gilt als Visitenkarte einer Wohnung, daran hat sich bis heute nichts geändert. Es ist auch nicht schwer, aus einem langweiligen Flur mit wenigen Mitteln einen einladenden Empfangsraum zu machen. Etwa mit warmen Farben und der richtigen Beleuchtung, denn in die meisten Dielen fällt so gut wie kein Tageslicht. Wichtig ist ein helles Allgemeinlicht, dazu kommt ein Akzentlicht, das hilft, Schlüssel und Schuhe zu finden und ein gedämpftes Licht für abends. Ein Platz für die Garderobe, ein kleiner Tisch mit Stuhl oder eine Konsole, auf der man beim Telefonieren sitzen kann, wirken einladend und gemütlich. Praktisch und dekorativ sind eine große Pinnwand oder eine Tafel für Nachrichten und in Türnähe unentbehrlich ist ein Bord für Schlüssel.

Viele Flure haben nur Mini-Maße und bieten wenig Stellplatz, da sie oft schlauchförmig, quadratisch oder verwinkelt sind und dazu viele Türen besitzen. Wer's klassisch eingerichtet mag, findet für kleine Flure jede Menge Möbelkombinationen komplett mit Ablagen, Schrank und Spiegel. Unkonventioneller sind Wandpaneele mit Profilen, in die man Borde, Haken, Bügel, Schirmständer und Schubladen einhängen kann. Lässig und praktisch zum Aufbewahren von Hut und Mantel sind Teleskopstangen, die zwischen Boden und Decke verspannt oder einfach an der Decke befestigt werden. Originell und zum Selbermachen: eine MDF- oder Tischlerplatte lackieren oder mit Stoff bespannen. Dann in waagerechten Reihen passende Möbelknöpfe aufschrauben und Rundgummischnüre von Knopf zu Knopf straff spannen. Die Platte an die Wand dübeln und Handschuhe, Schal, Zeitung hinter die Gummischnüre stecken. Was selten gebraucht wird, steht in Körben und Kästen auf umlaufenden Borden über den Türen. Ist Ihr Flur lang, schmal und mindestens 2,30 m hoch, können Sie einen Hängeboden einziehen und bringen dort Koffer, Sportzeug und andere sperrige Sachen unter. Mit integrierten und in der Helligkeit regulierbaren Halogenspots lässt sich auch gleich die Frage der Beleuchtung lösen. Für Schuhe gibt es schicke Schränke mit geringer Tiefe, zum Beispiel aus Metall in vielen Farben oder mit verspiegelter Front (dann ist ein extra Garderobenspiegel überflüssig). Ein großer Spiegel lässt allerdings einen beengten Flur (wie alle kleinen Räume) weiter erscheinen. Diesen Effekt können Sie zum Beispiel mit einer „Spiegel-Garderobe" erreichen. Lassen Sie für eine größere Wandfläche einen türhohen Spiegel mit Bohrungen anfertigen, in die Garderobenknöpfe oder -haken ganz nach Geschmack angebracht werden. Wenn Sie dann auf den übrigen Wänden noch mutig Farbe bekennen, wird Ihre Wohnung schon nach dem ersten Schritt über die Schwelle ein neues Gesicht haben. Mehr dazu auf den nächsten Seiten.

Spiel mit Farben

Mit einem frischen Anstrich können Sie Ihrer Wohnung schnell, unkompliziert und preiswert einen neuen Look geben. Denn Farben fallen gleich ins Auge und beeinflussen Wirkung, Stimmung und Proportion eines Raumes. Auch Tages- und Kunstlicht setzen Farben, Muster und Strukturen ganz unterschiedlich in Szene.

Seine Farben finden

Auf der Suche nach den richtigen Farben für Ihre vier Wände sollten Sie erst einmal eine Bestandsaufnahme machen. Welche Farben haben Möbel, Vorhänge und Teppich, welche spielen bei Accessoires und Dekoration die Hauptrolle? Ist die Einrichtung harmonisch aufeinander abgestimmt, kommt sie mit einer kontrastierenden Wandfarbe besser zur Geltung? Treffen mehrere unterschiedliche Farben aufeinander, sollten Sie eine dieser Farben als Wandton wählen. Wenn Ihnen die Entscheidung schwer fällt, machen Sie mit weißen Wänden oder einem Anstrich in sanften Beige- und Grautönen nichts verkehrt – sie bilden für fast jeden Einrichtungsstil einen neutralen Rahmen.

Besonders nach einem Umzug stellt sich oft erst nach und nach das Gefühl für die passenden Wandfarben ein. Aber die Entscheidung lässt sich beschleunigen: Sammeln Sie eine Zeit lang Interieur-Fotos aus verschiedenen Wohnmagazinen. Wenn Sie dann die gesamte Ausbeute betrachten, werden Sie feststellen, dass sich die Fotos in Farbharmonie und Stil gleichen – Ihrem Stil. Diese Bilder können eine gute Basis für Ihre farbigen Gestaltungsideen sein.

Kontrast oder Ton in Ton?

Liegt Ihnen eine ruhige Farbstimmung mehr, sollten Sie sich bei Wänden und Einrichtung für eine Ton-in-Ton-Gestaltung entscheiden. Das wirkt sanft, aber selbst bei Weiß nicht langweilig, weil durch die Vielzahl der verschiedenen Materialien und Strukturen die Farbe ganz unterschiedlich zur Geltung kommt. Ob weißer Strick, weiße Blüten oder weiße Lackflächen – der Unterschied ist nuancenreich. So entsteht selbst mit nur einer Farbe ein spannender Rhythmus. Verteilen Sie die verschiedenen Nuancen auf den gesamten Raum. Nicht gerade bei Weiß-Tönen, aber sonst gilt grundsätzlich, dunklere Töne unten einzusetzen und für Wände und Decken hellere zu verwenden, weil im umgekehrten Fall die gesamte Raumstimmung zu dunkel ausfallen kann.

Mögen Sie Kontraste lieber, sollten Sie sich für zwei Hauptfarben entscheiden, sonst wird alles schnell zu bunt. In der Anwendung kommt es aufs Mengenverhältnis an: Für große Flächen nehmen Sie die dezentere der beiden, die kräftigere verteilen Sie häppchenweise. Wichtig für die Farbauswahl ist die Größe der Wohnung. In einer weitläufigen Altbauwohnung lässt sich jeder Raum unabhängig vom anderen gestalten, das wirkt auch in ineinander übergehenden Räumen nicht unruhig. Eine kleine Wohnung braucht eher ein einheitliches Farbkonzept, weil viele Farben kleine Räume unruhig und beengt wirken lassen.

Wie Strukturen wirken

Die Beschaffenheit der Wandoberflächen hat immer Einfluss auf die Gesamtwirkung. Eine raue, matte Oberfläche lässt eine dunkle Wand weich und samtig aussehen. Sie absorbiert das Licht, dadurch wird der Farbton weiter abgedunkelt. Eine glänzende Oberfläche betont die Leuchtkraft einer Farbe, weil das Licht reflektiert wird. Strukturen kommen entweder mit kreativen Maltechniken an die Wand oder – schnell, sauber und unkompliziert – mit Tapeten. Die passende zu finden ist nicht einfach: Jedes Jahr erscheinen Unzählige neuer Kreationen auf dem Markt. Immer mehr auch solche, die handwerklichen Maltechniken verblüffend ähnlich sehen, wie zum Beispiel mediterrane Spachteleffekte.

Was Licht ausmacht

Ein und dieselbe Farbe wirkt bei Tageslicht oder Sonnenschein anders als bei bewölktem Himmel oder Kunstlicht. Testen Sie die neue Wandfarbe deshalb ausgiebig, bevor Sie mit dem Streichen beginnen. Am besten, Sie bringen Ihre Wunschfarbe erst einmal probeweise an die Wand. Vielleicht finden Sie dem Farbton ähnelndes Geschenkpapier. Oder Sie lassen sich im Fachhandel eine Mini-Portion anmischen und streichen damit einen größeren Bogen Papier. Den befestigen Sie an der Wand und betrachten die Fläche

Mehr wissen: Farben und Wirkung

GRÜN Steht für Entspannung, regt aber auch die Fantasie an. Es passt in ruhige Räume wie Schlaf- und Arbeitszimmer, aber auch ins Kinderzimmer. Kombiniert mit Weiß oder Gelb wirkt Grün appetitlich. Menschen, die Grün zur Lieblingsfarbe erkoren haben, gelten als vorsichtig und zurückhaltend.

GELB Eine heitere und sonnige Farbe, die an-, aber nicht aufregt. Ein gelber Raum wirkt leicht und optimistisch und engt nicht ein. Und Gelbtöne fördern Gespräche – eine ideale Farbe für Wohnküchen. Ihre Lieblingsfarbe? Dann sind Sie sehr aktiv und mögen neue Herausforderungen.

ROT Signalisiert Dynamik, Stärke und Emotionen, kann aktivierende Impulse geben, aber auch agressiv machen. Rot passt in alle Räume, in denen viel Bewegung stattfindet, zum Beispiel in Wohn- und Esszimmer. Wer die Farbe favorisiert, sprüht vor Energie und hat eine positive Lebenseinstellung.

BLAU Strahlt kühle Ruhe aus und kann in einem nach Süden gelegenen Schlafzimmer die richtige Wahl sein, weil es bei intensiver Sonneneinstrahlung ausgleichend wirkt. Helles Blau weitet Räume optisch. Wenn Blau „Ihre" Farbe ist, gelten Sie als kreativ, sensibel und traditionsbewusst.

ORANGE Ist die wärmste aller Farben und besitzt Energie und Vitalität. Sie gilt außerdem als „soziale" Farbe, die die Geselligkeit fördert. Vielleicht eine Farbe fürs Esszimmer? Orange lässt Flächen optisch hervortreten und betont Formen. Menschen, die diese Farbe mögen, sagt man viel Humor und Kontaktfreudigkeit nach.

SCHWARZ Wirkt auf großen Flächen erdrückend und reflektiert andere Farben nicht. Als Gegenpol zu leuchtenden Tönen setzt es allerdings starke Akzente. Zum Ausprobieren nur einen Wandbereich in Schwarz streichen, vielleicht als Hintergrund für ein ausgefallenes Bild. Sie stehen auf Schwarz? Dann, heißt es, sind Sie elegant und kosmopolitisch und verbringen auch mal gern einen Abend allein zu Haus.

WEISS Lässt Flächen größer erscheinen, kann aber steril wirken. Ein Raum mit großen weißen Wandflächen fällt optisch schnell auseinander und führt andere Farben nicht zueinander. Trotz alledem ist Weiß die beliebteste Wohnfarbe, weil sie sich mit anderen Farben und Mustern ziemlich risikolos kombinieren lässt. Sie haben ein Faible für Weiß? Dann schätzen Sie die einfachen Dinge im Leben und treffen oft „Bauchentscheidungen".

bei wechselndem Tageslicht und bei Kunstlicht. Oder Sie hängen einen Testbogen in verschiedene Zimmer mit unterschiedlichen Lichtstimmungen. Lassen Sie die Farbe ein paar Tage auf sich wirken bzw. machen Sie den Test auch mit unterschiedlichen Farben.

Dunkle Farben wie ein sattes Rot oder ein tiefdunkles Blau eignen sich besonders gut für Kunstlicht und besonders für Räume, in die kaum Tageslicht fällt, wie zum Beispiel Flure. Aber auch Wohnzimmer, die überwiegend abends genutzt werden, sind eine Bühne für „dramatische" Farb- und Lichteffekte, die man mit Tischleuchten, beweglichen Deckenstrahlern, einem Wand- oder Deckenfluter und natürlich Kerzenlicht wunderbar inszenieren kann.

Farben ändern Räume

Große Räume wirken gemütlicher, wenn man die Wände in intensiven Farben gestaltet, helle und kühle Pastellfarben lassen kleine Räume deutlich größer erscheinen. Hohe Decken holt man mit einem dunklen Anstrich nach unten. Die Wirkung lässt sich verstärken, wenn rundherum etwa 10 cm des oberen Wandbereichs ebenfalls dunkel gestrichen werden. Niedrige Räume erscheinen mit einem hellen Deckenanstrich höher. Werden kurze Dachschrägen im Farbton der Decke gestrichen, verringert sich ihre Dominanz. Weit herabreichende Schrägen sollten farblich auf keinen Fall betont, sondern wie die übrigen Wände gestrichen werden, sonst wirken sie beengend.

1. Möbel umstellen

Wer jetzt und sofort alles anders machen will in seinen vier Wänden, der braucht erst mal keine Handwerker oder Möbelkataloge. Oft hilft es schon, die Möbel im Raum einfach anders hinzustellen. Und manchmal kommt einem so ein Gedanke mitten im Fernsehfilm oder beim Zeitunglesen. Dann am besten gleich loslegen.

– Bei relativ handlichen Möbeln wird die spontane Lust aufs Umstellen nicht gebremst. Da wird zum Beispiel das Couchtisch-Duo, das bisher vor dem Sofa stand, getrennt und links und rechts vom Sofa platziert.
– Auch die klassische Anordnung Sofa, Sessel, Beistelltisch lässt sich schnell variieren. Ziehen Sie einen Sessel ans Fenster und eröffnen sie damit eine Extra-Leseecke im Wohnzimmer. Und wenn sie einen Stapel schöner Bücher an seine Seite setzen, wirkt der Sessel nicht so verloren und das Duo wohl proportioniert. Zum Beistelltisch am Sofa kommt dann ein interessanter Stuhl, der für Kontrast sorgt. Muss ja nicht für immer sein.
– Und das halbhohe Regal aus edlem Holz oder das Designerregal aus Metall kommt an der Wand nicht richtig zur Geltung? Drehen Sie es um 90 Grad in den Raum. In Kombination mit Stuhl, Polsterhocker oder Sessel und einer Leuchte (fürs erste tut's auch eine Klemmleuchte) entsteht ein abgeteilter Leseplatz.
– Bei richtig schweren Möbeln bzw. Stücken, die ausgeräumt werden müssen, sowie beim Umstellen derselben von einem Zimmer ins andere sollte man erst einmal auf einem Grundriss Möbel im Modell verschieben. Üblich ist ein Grundriss im Maßstab 1:50. Das heißt, 1 cm auf dem Papier sind 50 cm in der Natur. Messen Sie den Raum aus und übertragen Sie ihn mit Lineal und Bleistift auf Millimeterpapier. Fenster, Türen und fest Montiertes wie Heizkörper oder Schrankwände einzeichnen.
– Nun im selben Massstab die Möbelstücke auf Extra-Papier zeichnen und ausschneiden. Dann kann das verschieben losgehen. Achten Sie vor allem darauf, ob genügen Platz für Durchgänge sowie zum Öffnen von Türen (auch Schranktüren) und Fenstern ist.

Eine Stunde LEBEN!

2. Frischer Look fürs Fenster

Gönnen Sie sich doch mal ganz neue Ausblicke. Alternative Fensterdekorationen können Wunder wirken und einen Raum völlig verändern. So lässt sich auch ohne großen Aufwand vieles umgestalten.

– Eine fröhliche Alternative am Fenster sind Türvorhänge aus kunterbunten Kunststoffperlen oder farbenfrohen Plastikschnüren. Die preiswerten „Ersatzgardinen" findet man in Dekogeschäften in verschiedenen Ausführungen von kitschig bis edel. Sie werden mit Klettband am Fensterrahmen befestigt. Vielleicht haben auch zwei, drei Vorhänge übereinander Platz. Frei nach dem Motto: mit Perlen nicht kleckern, sondern klotzen.
– Schnelle Fensterdeko mit viel Stoff: Drapieren Sie eine lange Stoffbahn so üppig über die Vorhangstange, dass die Enden beidseitig locker auf den Fußboden fallen (grobe Länge der Bahn: 2-mal die Höhe und 2-mal die Breite des Fensters).
– Eine Plisseegardine aus Papier gefällig? Dafür brauchen Sie Geschenkpapier aus Pergament, uni oder bedruckt. Jeden Bogen im Quer- oder Hochformat – je nach Fenster – ziehharmonikartig falten, dabei alle Linien fest kniffen. Dann mit dem Locher in den oberen Rand links und rechts Öffnungen stanzen (ab 80 cm Breite auch noch eine in der Mitte), transparente Saughaken am Fenster fixieren und das plissierte Papier einhängen. Originell für Küche und Kinderzimmer oder auch für's Gäste-WC. Klappt auch mit selbst bemaltem Pergamentpapier aus dem Bürobedarf. „Brotpapier" ist aber viel zu dünn.

TIPP

Preiswerte Stoffreste für kreative Ideen gibt es in Kaufhäusern, in Stoff-Fachgeschäften und in Möbelhäusern mit Stoffabteilungen. Schauen Sie sich auch bei den regulären Stoffen nach Sonderangeboten um, und werfen Sie einen Blick auf den Umfang der Stoffballen: Sind nur noch wenige Meter auf der Rolle, fragen Sie, ob es den Rest günstiger gibt.

3. Heizkörper verkleiden

Was auch in keinem Raum fehlt, ist der Heizkörper. Während moderne Modelle sich auf Wunsch unauffällig ins Ambiente integrieren lassen, können alte Radiatoren die Optik ziemlich stören. Eine Herausforderung für Ästheten – und eine Chance für Kreative.

– Schneller geht's nicht: Fix und fertig zu kaufen gibt es Edelstahlplatten, die mit einer speziellen Halterung an

5 TRICKS fürs Einrichten und Gestalten

1. **Die richtige Menge macht's: Beim Arrangieren von Gegenständen gibt es Solisten, Paare und Gruppen. Damit Paare ihre Wirkung entfalten, sollten sie in Form und Farbe möglichst identisch sein. Mindestens drei Teile benötigt eine Gruppe, die dann bis zur Anzahl von neun nur in Zweierschritten erhöht wird. Das wirkt harmonischer und gilt übrigens auch für Blumen in der Vase.**

2. **Optische Gegensätze ziehen sich an. Deswegen erzielt man beim Schmücken mit Kontrasten spannende Effekte. Ein Accessoires- und Möbelmix aus nostalgisch und modern, glänzend und matt, alt und neu, uni und bunt weckt mehr Aufmerksamkeit als Gleichheit.**

3. **Nostalgisch und modern: Legen Sie auf den gemütlichen Ohrenbackensessel ein oder mehrere Kissen aus metallisch-glänzenden Hightech-Fasern; kombinieren Sie einen verschnörkelten Lampenfuß aus Keramik mit einen geradlinigen Schirm aus Metall. Oder gruppieren Sie um den schicken Esstisch aus Metall und Glas alte und im Stil unterschiedliche Holzstühle.**

4. **Uni und bunt: Orientalische Accessoires strotzen vor Muster- und Farbenvielfalt. Um richtig zur Geltung zu kommen, brauchen sie eine ruhige Umgebung. Teegläser und Karaffen ziehen auf einem schlichten Holz- oder Lacktablett die Blicke auf sich. Kunstvoll gewebte und reich verzierte Kissen entfalten ihre Wirkung erst auf einem einfarbigen Untergrund in einer der im Bezug vorkommenden Farben.**

5. **Muster mixen: Karo- , Streifen- , Blumen- und Pünktchen-Dessins miteinander zu kombinieren galt viele Jahre als geschmackliche Todsünde. Jetzt ist es Trend, allerdings unter einer Maßgabe: In allen Mustern muss mindestens eine Farbe identisch sein.**

den Heizkörper gehängt werden. Formschöne Ausstanzungen lassen die Luft zirkulieren (zu haben über Versandhäuser, Baumärkte).

– Auch mit einem Paravent kann man die Blicke vom Heizkörper ablenken. Eine selbst gebaute Version aus Lamellentüren gelingt auch weniger geübten Heimwerkern. Die Holzelemente, die es in verschiedenen Maßen gibt, werden in einer zur Einrichtung passsenden Farbe lackiert und mit Paraventbeschlägen zusammengefügt.

– Verspieltes „Versteck“ für Heizkörpr, die frei an einer Wand stehen: Einige Zentimeter über der Heizung ein Bord anbringen, das etwas über den Heizkörper hinausragt. Unterhalb der Vorderkante Perlenschnüre, Lederbänder usw. möglichst unsichtbar befestigen.

– Für Puristen gibt es Heizungsverkleidungen aus Glas mit Siebdruckmotiven.

– Im Branchenbuch finden Sie zudem Tischlereien, die Heizkörperverkleidungen nach Maß aus den verschiedensten Materialien (zum Beispiel in der Kombination Holz und Edelstahl) anfertigen.

4. Mit Bildern gestalten

Im Idealfall verleihen Bilder einem Raum Persönlichkeit und Harmonie sowie seinen Bewohnern ein Gefühl, wirklich zu Hause zu sein. Das effektvolle „Hängen“ ist eine Kunst, die man lernen kann.

– Werden Bilder öfters ausgewechselt, wirkt ein Raum immer wieder anders. Damit die Wände aber nicht mit Löchern übersät werden, ist eine Aufhängung mit Bilderleisten eine gute Lösung. Sie sind meist aus Metall, werden unterhalb der Decke befestigt, um die Bilder daran mit Spezialhaken und -schnüren aufzuhängen. Leisten und Zubehör gibt es in Kunsthandlungen und Galerien. Preiswerter sind Profilholzleisten, die man in der Wandfarbe lackiert und mit einigen Zentimetern Abstand zur Decke an die Wand dübelt. Bilder

daran mit Spezialhaken aufhängen – für großformatige Bilder muss die Aufhängung extrem belastbar sein.
– Bilder generell nicht zu hoch sondern etwa in Augenhöhe aufhängen. Das heißt auch: Werden sie überwiegend im Sitzen betrachtet (etwa im Wohnzimmer), sollten sie entsprechend niedriger hängen.
– Ein Einzelbild gewinnt an Wirkung, wenn man es mit einem Möbelstück kombiniert. Spannender als eine mittige Position kann eine links- oder rechtsbündige Aufhängung aussehen. Achten Sie dabei auf die Proportionen: Ein kleines Bild wirkt über einem großen Sofa verloren.
– Damit eine Bildergruppe optisch nicht auseinander fällt, sollten die Rahmen nicht zu weit auseinander hängen und so platziert werden, dass sich mindestens eine gerade Linie ergibt. Das kann die obere oder untere Rahmenkante sein. Oder Sie arrangieren Bilder so, dass die Außenlinien ein Quadrat oder ein Rechteck ergeben. Auch eine gedachte, senkrechte Mittellinie ist möglich. Mit solchen Orientierungslinien passen auch sehr unterschiedliche Bildformate und Rahmen zusammen
– Damit innerhalb einer Gruppe das richtige Bild am richtigen Platz hängt, hilft nur ausprobieren. Bilder dazu auf den Boden legen und so lange hin- und herschieben, bis einem das Arrangement gefällt. Diese Ordnung wird dann auf die Wand übertragen und die Bilder werden entsprechend aufgehängt. Wie das handwerklich funktioniert, steht im Ratschlag Nr. 71 auf Seite 55.

5. Sammlerstücke zur Schau stellen

Die am Strand gesammelten Kieselsteine, den zum Trocknen aufgehängten Rosenstrauß, die aus aller Welt zusammengetragenen Aschenbecher mit Werbeaufdrucken; kitschige Schneekugeln, englische Teekannen oder kleine rote Rennautos – alles Zeugnisse einer Sammelleidenschaft, die man eigentlich gerne um sich haben möchte. Auch wenn sie keinen Nutzen haben und eigentlich kein Platz dafür ist. Da hilft nur eins: Inszenierung!

– Gestreifte Kieselsteine gehören zu den Sammelfavouriten vieler Strandläufer. Arrangieren Sie die von Wasser und Sand glatt geschliffenen Steine mit weißen Stumpenkerzen auf einem schmalen, weißen Keramiktablett zu einer Tischdekoration mit fernöstlichem Touch. Oder Sie belegen mit den Steinen den Boden einer transparenten Glasvase und stellen weiße Blüten hinein. Flache, größere Kieselsteine mit weißen Einschlüssen sehen mit einem transparenten Lacküberzug edel aus, etwa als Briefbeschwerer auf dem Schreibtisch.
– Ein starkes Stück Treibholz wird zu moderner Kunst, wenn Sie es mit einem Edelstahl- oder Aluminiumrahmen an die Wand hängen. Machen Sie Muscheln und Sand von verschiedenen Urlaubsstränden zu Erinnerungsobjekten im Bad. In Apothekengläser füllen und auf kleine Kärtchen in Schönschrift Strand und Urlaubsjahr schreiben. Die Schildchen mit Naturbast an die Gläser binden und sie auf der Fensterbank, einem Schrank oder im Regal aufreihen.
– Die kitschigen Schneegestöber werden in einer edlen beleuchteten Glasvitrine zu Schmuckstücken. Für rasante Effekte fixiert man die Rennautos mit kleinen doppelseitigen Klebepads auf einem schönen Spiegel. Und die Teekannensammlung bittet zum Gruppenbild mit Blumen, wobei immer wieder eine andere zur Vase gekürt wird.

6. Ein Schrank fürs Wohnzimmer

Lesen, Ausruhen, Fernsehen, Spielen, Feiern – im Wohnzimmer findet das (Familien-)Leben statt. Das meiste, was dazugehört, sollte hier schnell zur Hand sein und sich ebenso schnell wieder verstauen lassen. Dafür sind Schränke und andere Wohnzimmermöbel ideal.

– Schrankwand, Vitrine, Sideboard oder Kommode müssen natürlich erst einmal ins Ambiente passen, sie sollen aber vor allem den Alltag leichter machen. Wenn eine Neuanschaffung ansteht, listen Sie ruhig einmal auf, was alles darin verstaut werden soll mit Blick auf die Aktivitäten in Ihrem Wohnzimmer. Denken Sie dabei großzügig, denn sonst ist der neue Schrank schnell wieder viel zu klein, um alles Wichtige zu verstauen.
– Sinnvoll ist auf jeden Fall ein Innenleben mit verstellbaren Böden, das mitwächst. Bei eng gesetzten Bohrungen für Bordträger haben viele Böden in individuellem Abstand Platz. Erkundigen Sie sich, ob und wie lange Sie Ihre Einlegeböden nachkaufen können. Böden und Schubladen sollten hoch belastbar sein, damit auch schwere Dinge problemlos untergebracht werden können.
– Wenn Sie Fernsehgerät, CD- und DVD-Player nicht immer vor Augen haben wollen, brauchen Sie einen Medienschrank oder ein entsprechendes Schrank-

element. Ein Drehteller für den Fernseher und eine versteckte Kabelführung für alle im Schrank untergebrachten Geräte machen diesen noch praktischer. Wenn sich der Fernseher hinter einem Rolladen, versenkbaren Türen oder Türen mit einem 180-Grad-Öffnungswinkel verstecken lässt, stört er nicht und bietet zugleich Sehgenuss von allen Plätzen.

TIPP

Lassen Sie den Platz für eine Wohnwand oder einen Nischenschrank von einem Mitarbeiter des Möbelgeschäftes ausmessen. Passt die teure Anschaffung später nicht, gibt es bei einer Reklamation weniger Probleme.

7. Welches Sofa passt ins Wohnzimmer?

In den großzügigen Showrooms der Möbelhäuser wirken ausladende Sofas und Sessel viel kleiner als bei Ihnen zu Hause – wo dann die üppige Polsterlandschaft schnell einen ganzen Raum vollstopfen kann. Dagegen helfen ein paar Faustregeln beim Kauf.

– Ist Ihr Wohnzimmer um die 20 m² groß, füllt eine Polstergarnitur, also Sofa, zwei Sessel, dazu vielleicht noch ein Couchtisch, schnell die Hälfte des Raumes. Messen Sie vorher unbedingt aus, wie groß die Möbel sein dürfen.
– Zwei- statt Dreisitzer, ein Sessel statt zwei – das wirkt in nicht so großen Räumen viel lockerer. Vielleicht hat in einem anderen Zimmer noch ein passender Polsterhocker Platz, den man bei Bedarf an das Sofa oder den Sessel rückt.
– Aber gemütliches Sitzen geht auch ganz ohne Sofa: zum Beispiel mit einem Sessel, der mit angestelltem Hocker zur gemütlichen Récamiere wird.

8. Welches Sofa passt zu mir?

Klassisch oder modern, gemustert oder uni – zuerst geht es natürlich darum, wie Sessel und Sofa aussehen, damit sie mit meiner Wohnung harmonieren. Aber sie müssen natürlich auch bequem, funktional und möglichst langlebig sein, um zu mir zu passen.

5 TRICKS zum Stauraum schaffen

1. **Couchtisch mit zwei Ebenen oder aufklappbarer Tischplatte: Obendrauf sieht's aufgeräumt aus, darunter wird der ganze Kleinkram unsichtbar abgelegt.**
2. **Jede Menge Stauraum steckt in Bänken, Hockern und Würfeln, deren Sitze sich aufklappen lassen. Andererseits können Sie Truhen und Kisten mit aufgelegten Polsterkissen zu Sitzplätzen machen.**
3. **In stabilen Kartons ist Platz für tausend Dinge. Bezieht man sie mit Stoff, Papier, Leder, passen sie in jedes Wohnambiente.**
4. **Selbst in einem kleinen Schlafzimmer lässt sich das Bett 20–25 cm nach vorn ziehen. Dahinter hat dann ein selbst gebauter Container mit großer Klappe Platz, in dem Bettzeug, Wolldecken etc. verstaut werden. Die Klappe dient zusätzlich als Ablage und macht Nachttische überflüssig.**
5. **Reichlich Stauraum bieten Keller und Boden, auch wenn es nur kleine Verschläge sind. Den Platz mit einfachen Regalen und/oder Wandborden bis in den letzten Winkel nutzen. Nichts muss gut aussehen, sondern nur gut untergebracht werden. Unschlagbar für Saisongarderobe sind Kunststoffschränke mit Kleiderstangen und Ablagen, die ein Reißverschluss staubdicht abschließt.**

– Polstermöbel werden heute immer großzügiger und gemütlicher und sind mit vielen praktischen Funktionen ausgestattet. So genannte Modulsofas etwa setzen sich aus verschiedenen Elementen zusammen, die sich vielfältig kombinieren lassen. Bei manchen Sofas (und Sesseln) kann man auch Kopfstützen ausfahren, Sitze zur Liegefläche ausziehen, Armlehnen ausschwenken oder das ganze Sofa mit wenigen Handgriffen zum Bett machen. Alles eine Frage der Ansprüche und des Preises.

– Für bequemes Sitzen zählen zuerst die Höhe und Neigung der Rückenlehne, die Höhe und Tiefe der Sitzfläche sowie die richtige Höhe der Armlehnen. Achten Sie beim Probesitzen darauf. Wenn Sie sich zurücklehnen und die Fußsohlen dabei entspannt auf dem Boden bleiben, passen Sitztiefe und Sitzhöhe zu Ihrer Körpergröße. Dann können Sie auch locker wieder aufstehen.
– Bei vielen Polstermöbeln lassen sich Sitztiefe, Lehnenneigung und mehr individuell einstellen, sodass unterschiedlich große Menschen auf ein und demselben Sofa gleich gut sitzen können. Probieren Sie vorm Kauf aus, ob das unkompliziert funktioniert.
– Versinken Sie gern in weichen Kissen? Dann sind Sie der Typ für eine „legere" Polsterung. Mögen Sie es lieber etwas härter, sollten Sie die „straffe" Polsterung bevorzugen – auch wenn es eher aufgeräumt aussehen soll. „Legere" Polster wirken immer leicht zerknautscht, „straffe" dagegen glatt und ordentlich.
– Irgendwann wirft aber jeder Bezug Falten durch Körperwärme und Ausdehnung. Für eine gleichmäßige Belastung und Abnutzung also ab und zu den Lieblingsplatz wechseln – oder stets für volle Besetzung sorgen …

TIPP

Bevor Sie sich für ein Sofa oder einen Sessel entscheiden, „flegeln" Sie ausgiebig Probe. Auch wenn andere Kunden komisch gucken: Setzen, legen und lümmeln Sie sich möglichst so auf die Polster, wie Sie es auch zu Hause tun würden. Also Schuhe aus und los geht's.

9. Gute Polstermöbel finden

Polstermöbel müssen viel aushalten, werden sie doch durchschnittlich 4 Stunden am Tag benutzt. Gewichtsbelastungen und scheuernde Bewegungen setzen Polsterung und Bezug am meisten zu. Damit die Sitzqualität stimmt und bleibt, sollten Sofas und Sessel bestimmte innere Werte besitzen.

– Viele Rahmengestelle sind aus hartem Holz, zum Beispiel Buche, oder aus Metall. Auf jeden Fall sollten sie lange Zeit stabil bleiben.
– Die Polsterung ist das Herzstück von Sofa und Sessel und entscheidend für Sitzkomfort und Langlebigkeit. Sie wird auf Schaumstoff oder auf einen Federkern aufgebaut. Beide bieten angenehmen Sitzkomfort – welches System besser zu einem passt, findet man nur durch Ausprobieren heraus.
– Zwischen Polster und Bezug liegt bei guten Möbeln noch eine Abdeckung. Meistens sind das Polstervliese aus Polyester, die das Durchscheuern des Möbelbezugs von der Unterseite verhindern und dem Polsteraufbau eine weiche Note geben.

10. Der richtige Bezug für Sofa und Sessel

Hell, dunkel, geblümt, gestreift oder lieber uni? Natur- oder Chemiefasern? Hier zählt, was gefällt und wie stark die Polstermöbel genutzt werden.

– Je höher die Beanspruchung, desto unempfindlicher und robuster sollte der Stoff sein. Wird das Sofa täglich von der ganzen Familie benutzt, entscheiden Sie sich besser für einen synthetischen Bezugstoff. Er ist am strapazierfähigsten und nimmt nichts so schnell übel.
– Für Sofas, die solchen alltäglichen Belastungen nicht ausgesetzt sind, eignen sich auch gut Bezüge aus Baumwolle, Viskose oder ganz edel aus Seide und Chintz.
– Die meisten Möbelstoffe sind mit einem Fleckschutz ausgestattet, der Flüssigkeiten einige Zeit perlend auf der Oberfläche stehen lässt. Trotzdem sollten Sie bei einem Malheur die Flüssigkeit sofort mit einem weichen Tuch aufsaugen und abtupfen.
– Regelmäßiges Absaugen oder -bürsten hält die Bezüge länger fit und schön. Denn die im Staub enthaltenen Sandkörnchen können die Fasern aufreiben.
– Immer mehr Polstermöbel haben abziehbare Bezüge, die man öfters in die Waschmaschine stecken kann statt sie aufwändig zu reinigen. Dadurch wird der Stoff zwar mehr abgenutzt, aber dafür können auch Familien mit Kind, Katze und Hund sich ein helles Designersofa ins Zimmer stellen.
– Sonnen- und Kunstlicht bleichen Stoffe gleichermaßen aus – hellere Stoffe dabei eher als dunklere und Naturfasern eher als Kunstfasern. Fragen Sie unbedingt nach Bezugsstoffen mit hoher Lichtechtheit. Häufig weisen auch Informationen am Möbelstück darauf hin. Die Bewertungsskala für Lichtechtheit reicht von 1 bis 8. Je niedriger die Zahl, desto geringer ist die Lichtechtheit.

TIPP

Ganz alltägliche Dinge setzen jedem Möbelstoff arg zu. So scheuern Uhrenarmbänder aus Leder und Metall die Armlehnen auf, Portmonnaies und Schlüsselbunde in der Gesäßtasche schaden den Sitzflächen ebenso wie aufgesetzte Taschen, Nähte und Nieten von Jeans. Achtung: Dunkle Jeans können auf hellen Möbelstoffen Abriebspuren hinterlassen.

11. Ledersofa und -sessel auswählen

Leder ist ein edles Naturprodukt mit langer Lebensdauer. Es lebt und atmet und erhält durch Benutzung eine schöne Patina. Das gilt auch für Polstermöbel, wenn Sie beim Kauf auf einige Punkte achten.

– Naturbelassenes Leder ist weich, luftdurchlässig und fühlt sich nicht kalt an. Es ist aber sehr empfindlich.
– Seine charakteristischen Merkmale sind Narben, Dornen- und Heckenrisse. Sie zeigen, dass die das Leder liefernden Tiere in freier Wildbahn gelebt haben und gelten als Echtheitszeichen, die bei jedem Ledermöbel einmalig sind.
– Pigmentiertes Leder wird mit einer Farbschicht versiegelt, die auch die Poren verschließt. Es fühlt sich glatt und etwas kälter als Naturleder an, ist aber pflegeleichter.
– Aufgeraute Leder wie Nubuk und Velours („Wildleder") fassen sich weich und samtig an, sind aber empfindlich und bekommen mit der Zeit eine „speckige" Patina.
– Lederhäute sind unterschiedlich groß. Deshalb haben Ledermöbel mehr Nähte als vergleichbare mit Stoffbezug. Für ein größeres Sofa werden bis zu 6 Rinderhäute mit einer Gesamtfläche von etwa 25 m^2 verarbeitet.
– Hat ein Sofa statt einfacher Nähte Doppel-, Kapp-und Kedernähte, dann spricht das für eine sorgfältige Verarbeitung. In eine Flach- oder Kappnaht werden zur Verstärkung zwei Kanten eingenäht, in eine Kedernnaht (auch Paspelnaht genannt) eine Kordel.
– Möbelbezüge aus Alcantara werden immer beliebter. Der Stoff aus Mikrofasern ist Nubukleder optisch und haptisch sehr ähnlich. Er ist pflegeleicht und lichtecht, luftdurchlässig und hautfreundlich, robust und waschbar sowie in vielen Farben zu haben. Eigenschaften, die das Material für viele zum Favoriten für Sofa und Sessel in Lederoptik machen.

5 TRICKS

wie Leder länger schön bleibt

1. **Direkte Sonneneinstrahlung und hohe Temperaturen in der Nähe vermeiden. Stellen Sie die Möbel mit etwa 30 cm Abstand zu Heizkörpern und nicht direkt an Sonnenfenstern auf.**
2. **Sorgen Sie für ein gesundes Raumklima mit einer Luftfeuchtigkeit von mindestens 50–65 Prozent.**
3. **Glattleder 1-mal wöchentlich mit einem weichen, nebelfeuchten Tuch abwischen, Rauleder mit der Polsterbürste des Staubsaugers leicht absaugen.**
4. **Etwa 2-mal jährlich können Sie Naturfett aus Bienenwachs, Ledermilch oder Lederbalsam dünn auftragen. Bei Rauleder werden stärker beanspruchte oder leicht speckig gewordene Stellen sanft mit einer Gummibürste behandelt.**
5. **Bei Flecken vor jedem Reinigungsversuch immer erst die Hinweise des Herstellers lesen. Er hat mit dem Material die größte Erfahrung.**

Ein Wochenende LEBEN!

12. Hussen – neue Kleider für Sitzmöbel

Auch ohne große Nähkenntnisse lassen sich aus Stoffen hübsche Hüllen für Sofas, Sessel und Stühle schaffen, die so genannten Hussen.

– Eigentlich sind neue Esstischstühle fällig, aber das Budget lässt eine Anschaffung gerade nicht zu? Dann sind Hussen eine dekorative Übergangslösung. Diese Hüllen geben Stühlen einen lässigen Look und können sie immer wieder anders aussehen lassen.
– Besonders schnell gemacht sind sie für Stühle ohne Armlehnen. Zum Ermitteln der Stoffmenge messen Sie mit dem Zentimetermaß vom Fußboden vor dem Stuhl

über Sitzfläche und Rückenlehne wieder bis zum Boden hinterm Stuhl. Dann die Breite der Sitzfläche ausmessen. Die Husse sollte lässig auf den Boden stoßen und auch seitlich nicht zu knapp sitzen. Deshalb überall ein paar Zentimeter zugeben.
– Den Stoff zuschneiden und knapp säumen. Ratschläge dazu finden Sie ab Seite 445 im Kapitel „Ordnung haben".
– Die Husse wird seitlich, dort wo Lehne und Sitz zusammentreffen, mit zwei einfachen Bindebändern geschlossen, dann rutscht sie beim Sitzen nicht weg.

13. Ein Sitzplatz am Esstisch

Damit Sie und Ihre Gäste auch über mehrere Stunden bequem sitzen, sollten die Stühle komfortabel sein und auch der Tischhöhe entsprechen. Kleiner Test: Wenn Sie im Sitzen den Unterarm waagerecht auf den Tisch legen können, stimmt das Verhältnis von Sitz- und Tischhöhe.

– Entspannt sitzen lässt es sich auf Stühlen mit einer leicht nach hinten geneigten Lehne. Gut hält man es auch auf Sitzgelegenheiten aus, deren Lehnen in Höhe des Lendenwirbels eine Wölbung haben. Richtig komfortabel sitzt es sich am Esstisch auf Polsterstühlen mit Armlehnen. Dazu braucht man aber Platz.
– Eckbänke sind gemütlich und bieten bei Bedarf mehr Sitzplätze als Einzelstühle, weil man auch mal eng zusammenrücken kann. Nachteilig ist der feste Platz und umständlich das Verlassen der Tischrunde. In Bänken mit aufklappbarer Sitzfläche lässt sich viel verstauen.
– Eine Alternative sind pure Holzbänke ohne Rücken- und Armlehnen, die es von rustikal bis edel gibt. Sie sehen vor allem an langen Tafeln originell aus, sind aber auch mit komfortablem Sitzkissen nichts für lange Gelage.

14. Einen passenden Esstisch finden

Wer gerne viel kocht, sollte auch einen Tisch für viele haben. Doch dafür ist nicht immer Platz. Dann hilft ein Modell, das man ausziehen, ausklappen oder mit eingelegten Platten verlängern kann.

– Vor einer Neuanschaffung steht immer die wichtigste Frage: Welche Größe brauche ich? Als Faustregel gilt, dass ein Esstisch für 4 Personen 120 cm lang und 80 cm breit sein sollte. Pro Person rechnet man 60 cm Breite und 40 cm Tiefe, dann kollidiert niemand mit den Ellenbogen des Nachbarn und auch fürs Gedeck ist genug Platz. Aber für Schüsseln und Terrinen in der Tischmitte wird's eng. Komfortabler ist eine Tischtiefe von 100 cm, dann bleibt auch für Deko noch Platz. Die normale Esstischhöhe beträgt 72–74 cm.
– Durch Ausziehen, Ausklappen oder Einlegen von Platten können viele Modelle um 80 cm und mehr vergrößert werden. Dabei ist aber wichtig, dass der Tisch weiter stabil ist und sicher steht. Bei Tischen mit Einlegeplatten auch darauf achten, dass sie bei Belastung nicht durchhängen. Lassen Sie sich vor dem Kauf jeden einzelnen Schritt zeigen und probieren Sie das Ausziehen auch selbst aus.
– Generell sollten Tischbeine den eigenen Beinen am Sitzplatz keine Konkurrenz machen – auch wenn sich die Position durch Ausziehen oder -klappen ändert. Optimal sind da Tische mit Mittelfuß.
– Bekommen Sie eher selten Gäste, können Sie auch improvisieren: Ein rechteckiger Esstisch lässt sich mit einem preiswerten Anstelltisch vergrößern, wenn Breite und Höhe in etwa übereinstimmen. Die vergrößerte Tafel verstecken Sie dann einfach unter einer bodenlangen Tischdecke.
– Rund oder rechteckig? Ein rechteckiger Tisch, 130 x 80 cm groß, belegt mit fünf Stühlen eine Fläche von rund 2,40 x 2,20 m. Fünf Leute an einem runden Tisch mit einem Durchmesser von 120 cm brauchen etwa 2,80 x 2,80 m – aber hier ist immer noch Platz für zusätzliche 1–2 Stühle. Dazu gibt es keine Sitzhierarchie, was gut für die Stimmung ist.

TIPP

Auch auf wenigen Quadratmetern Wohnfläche braucht niemand auf eine gemütliche Ess- oder Spielrunde zu verzichten. Optimal ist ein beidseitig abklappbarer Tisch, für den sich im Alltag immer ein Platz findet. Denn klappt man beide Seiten nach unten, wird er zur schmalen Konsole mit nur etwa 25 cm Tiefe, die selbst im Flur Platz hat. Zum Ausklappen muss dann zwar geräumt werden, aber dafür können an einem 140 x 80 cm großen Tisch 4–5 Personen bequem sitzen. Platz für ein Essen zu zweit bieten Wandklapptische, die es in unterschiedlichen Abmessungen gibt. Ein geschickter Heimwerker fertigt so einen Tisch aus MDF oder Tischlerplatte im gewünschten Format selbst an.

3 MATERIALIEN für Esstische

1. Massivholz ist der absolute Favorit bei Esstischen. Dazu gehören unter anderem helle Hölzer wie Ahorn oder Birke, warm getönte wie Buche oder Kirsche und Klassiker wie die günstige Kiefer und die stabile Eiche. Holz wirkt am natürlichsten, wenn es nur gewachst oder geölt ist (siehe auch Ratschlag 91, Seite 64). Auf diese Weise erhält es mit der Zeit auch eine schöne Patina. Wasser und andere Flüssigkeiten hinterlassen dann aber schnell Flecken, deshalb sollte man sie möglichst sofort entfernen. Auch heiße Töpfe sollten nur mit Untersetzer auf Holztische kommen, auch wenn diese lackiert sind – was sie insgesamt unempfindlicher macht.

2. Glastische wirken leicht und grazil, sie eignen sich deshalb gut für kleinere Räume. Die Platten sind entweder klar, satiniert oder farbig, bestehen aus 12–15 mm starkem Einscheibensicherheitsglas und sind sehr robust. Dafür wird ein Weinglas, das einem beim Trinken aus der Hand rutscht, den Sturz auf die Platte wohl nicht heil überstehen.

3. Esstische aus Naturstein finden derzeit immer mehr Freunde. Zu den beliebtesten Materialien zählen Marmor, Granit und Travertin, Schiefer ist stark im Kommen. Die Oberflächen werden unterschiedlich behandelt und können sehr empfindlich sein, deswegen sollten Sie unbedingt die Pflegetipps des Herstellers beachten.

15. Das richtige Licht am Essplatz

Was nützt einem das schönste Menü, wenn man es im Trüben löffeln muss? Schummrige Kneipenatmosphäre mag nach dem Essen angenehm sein, davor sollte aber alles im besten Licht stehen. Und das muss nicht ungemütlich sein.

– Zwischen der Unterkante von Hängeleuchten und der Tischplatte sollte ein Abstand von etwa 60 cm eingehalten werden. Dann kann man sein Gegenüber sehen und wird auch nicht geblendet.

– Helles und angenehmes Licht liefern Halogen-Glühlampen, weil sie Farben ziemlich naturgetreu wiedergeben und sich die Helligkeit mit einem Dimmer stufenlos regulieren lässt. Für viele Leuchten kann man Dimmschalter auch nachträglich installieren.

– Optimales Licht für Ausziehtische liefern Seilsysteme oder Stromschienen mit verschiebbaren Pendelleuchten oder Strahlern. Raffiniert sind auch Leuchten, die in der Länge variabel sind.

Zehn Minuten LEBEN!

16. Kerzenlicht inszenieren

Nichts ist so stimmungsvoll wie Kerzenlicht. Und das sollten Sie auch beim Essen ruhig mal „voll aufdrehen“. Dann ist sogar erlaubt, die Lichtschalter auf „aus“ zu stellen.

– Statt einzelne Leuchter im Raum zu verteilen, stellen Sie alle im Haushalt vorhandenen Leuchter im Pulk zusammen, egal ob hoch oder niedrig, aus Holz, Metall oder Glas. Vielleicht passt die Sammlung auf einen Beistelltisch, aufs Sideboard, ans Ende eines langen Esstisches oder auch in dessen Mitte.

– Dezent wirkt das gemischte Arrangement mit weißen Haushaltskerzen, temperamentvoll mit farbigen Kerzen wie in kräftigen Rot- , Orange- und Pinktönen.

– „Licht in Tüten“ ist eine schlichte, aber wirkungsvolle Tischdekoration. Hier dienen kleine Papiertüten in Weiß oder aus Pergamentpapier mit geradem Boden (Papierwarenladen) als Halter. Tüten auf dem Tisch verteilen, den Boden glatt streichen, die Tüten etwas stauchen und Teelichter hineinstellen – am besten mit einem einfachen Glas als Schutz drumherum, damit nichts anbrennt. Aber auch dann die Tütenlampen nicht alleine lassen.

– Schnell gemacht und ein hübscher Hingucker: das Lichtermeer. Dafür eine große, nur leicht gewölbte Schale mit Wasser füllen und Schwimmkerzen hineinsetzen. Je nach Jahreszeit können Sie Blüten, Beeren oder Efeuranken mit schwimmen lassen. Preiswerter als Schwimmkerzen sind ganz normale Teelichter, die schwimmen nämlich auch, allerdings nicht ganz so elegant. Und noch mal: Denken Sie daran, Kerzen nie unbeaufsichtigt stehen lassen!

17. Die Küche planen

Arbeits- oder Wohnküche? Einzeilig, zweizeilig oder mit Kochinsel? Die Antwort ergibt sich meistens durch Größe und Grundriss.

Küche zweizeilig

Küche in U-Form

Küche in L-Form mit Essecke

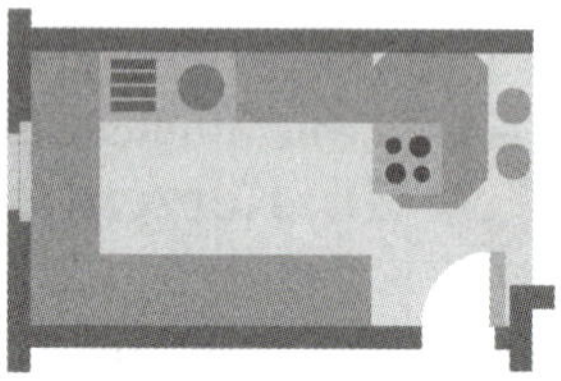

Küche in U-Form mit Bar-Ecke

– In langen, schmalen Räumen hat oft nur eine so genannte einzeilige Küche mit Unter- und Oberschränken, Spüle, Herd, Kühlschrank und eventuell noch einer kleinen Spülmaschine Platz, da der Raum zwischen zwei Küchenzeilen einfach zu eng wäre. Ideal ist das nicht, da hier das von Planern favorisierte Arbeitsdreieck fehlt: Spüle, Herd und Kühlschrank sollten gegenüber in einem Dreieck angeordnet sein, und zwar so, dass die Wegstrecken dazwischen möglichst kurz sind. Um dies trotzdem zu erreichen, kann man sich mit einem frei stehenden Kühlschrank gegenüber der Küchenzeile helfen.
– Ab einer Raumbreite von 2,50 m können an den langen Wänden zwei Küchenzeilen gegenüber stehen, deren Türen sich dann ohne Problem gleichzeitig öffnen lassen. Liegen Küchentür und Fenster jeweils an den Schmalseiten, lassen sich die Längswände am besten nutzen. Aber Achtung: Schlauchwirkung!
– Dagegen hilft, zwei Küchenzeilen mit einer Arbeitsplatte an der Stirnseite des Raumes zu verbinden. So ergibt sich eine U-Küche mit kurzen Wegen. In einer eher kleinen Küche kann auch ein mobiler Arbeitsblock oder Küchenwagen aus Holz (mit feststellbaren Rädern, damit er nicht während der Arbeit davonrollt) oder ein Klapptisch bei Bedarf aus zwei Zeilen ein „U“ machen.
– Ein gut proportionierter Raum ab etwa 15 m^2 Größe eignet sich auch für eine Kochinsel und/oder Küchenbar – eine Lösung für Leute, die gern zu mehreren am Herd stehen.
– Für große Wohnküchen bietet sich eine Möbelzeile in L-Form mit einem langen und einem kurzen Schenkel an, der kurze kann zum Beispiel als Theke oder Raumteiler genutzt werden.

TIPP

Viele Mieter sind mit der vorhandenen Küche unzufrieden, bauen sie auf eigene Kosten um oder richten sie ganz neu ein. Das Verlegen von Wasser- und Stromleitungen erfordert heute keinen allzu großen Aufwand mehr, sodass eine neue Anordnung möglich ist. Darüber muss aber der Vermieter informiert werden. Fragen Sie ihn auf jeden Fall, ob er sich an einer Aufwertung der Küche finanziell beteiligt. Mehr zum Umgang mit Vermietern finden Sie ab Seite 43.

18. Die Küche einrichten

Die richtige Zuordnung von Arbeitsflächen und Geräten ermöglicht in großen wie in kleinen Küchen reibungsloses Arbeiten. Was auch zählt, sind Abstände und Arbeitshöhen.

– Die einfachste Regel für einen rationellen Arbeitsablauf lautet, dass man sich von links nach rechts bewegt in der Reihenfolge Bevorraten und Aufbewahren (Küchen- und Kühlschrank), Spülen, Vorbereiten und Kochen. Für Linkshänder empfiehlt sich eine umgekehrte Anordnung.
– Zwischen Spül- und Kochbereich sollte die Arbeitsfläche mindestens 60 cm und die Fläche zum Arbeiten und Abstellen rechts neben dem Herd mindestens 30 cm breit sein.
– Wer beim Arbeiten in der Küche nicht annähernd aufrecht stehen kann, hat's bald im Kreuz. Daher sollten die Arbeitshöhen auf die Person abgestimmt werden, die am meisten in der Küche arbeitet. Gibt es mehrere Hauptbenutzer, muss man sich in der Mitte treffen, dabei ist eine etwas höhere Arbeitsfläche besser als eine niedrigere.

– Als Faustregel gilt Körpergröße minus 80 cm, gerundet auf volle 5 cm. Die Spüle mit ihrem vertieftem Boden sollte im Idealfall etwas höher liegen und der Herd etwas niedriger, damit man gut in die Töpfe schauen und darin rühren kann. Bei einer neuen Küche lässt sich heute die persönliche Arbeitshöhe problemlos realisieren, weil Möbel in unterschiedlichen Korpus- und Sockelhöhen erhältlich sind.
– Ältere Möbel sind häufig zu niedrig. Aber man kann beim Gemüseputzen mit dicken Schneidbrettern einige Zentimeter gewinnen, und auch ein Butcherblock oder ein höhenverstellbarer Tisch entlasten die Wirbelsäule.
– Prüfen Sie vorm Kauf eines neuen Herdes, ob sich Kochfeld und Ofen getrennt einbauen lassen. Dann lässt sich der Backofen in einem Umbauschrank so positionieren, dass er in Augenhöhe liegt und man Braten wie Kuchen ohne Bücken einschieben kann.

3 BEGRIFFE die man bei Einbaugeräten kennen sollte

Die meisten Elektrogroßgeräte für den Haushalt (der Profi fasst sie als „weiße Ware" zusammen) stehen in Einbauküchen. Die Hersteller von weißer Ware bieten deshalb oft an, ihre Geräte der Küche optisch anzupassen. Drei verschiedene Möglichkeiten gibt es:

1. **Dekorfähig: In die Front des Gerätes kann eine Hartfaserplatte mit dem Küchendekor eingesetzt werden, zum Beispiel bei Geschirrspülern.**

2. **Unterbaufähig: Das Gerät passt in der Höhe genau unter eine übliche Küchenarbeitsplatte. Ist es dazu noch dekorfähig, lässt es sich weitgehend in die Küchenzeile integrieren.**

3. **Einbaufähig: Diese Geräte lassen sich in einen üblichen Küchenschrank einbauen. Lässt der sich dann mit einer Tür oder Klappe aus dem Küchenmöbelprogramm schließen, ist das Gerät nicht mehr zu sehen.**

19. Küchenbeleuchtung auswählen

Die beste Küche funktioniert nur dann optimal, wenn alle Arbeitsbereiche gut beleuchtet sind, ohne dass man sich dabei selbst im Licht steht oder geblendet wird.

– Neben einer Grundbeleuchtung, etwa dimmbaren Einbaustrahlern in der Küchendecke, eignen sich für das Arbeitslicht am besten Halogenspots, die das Licht überall auf den Punkt bringen. Eine nachträgliche Lösung sind Lichtleisten, die an Unterschränke geschraubt und über eine Steckdose mit Strom versorgt werden.
– Helles Licht zählt vor allem über dem Herd, wo es in vielen Küchen im Dunstabzug integriert ist. Fehlt diese, können schwenkbare Halogenspots an einem Küchenregal neben oder über dem Herd die passende Lösung sein.
– Stimmungs- und Akzentlicht sorgt für Atmosphäre in der Küche. Das können beleuchtete Glasborde aber auch nostalgische Wand- oder Hängeleuchten sein, etwa als reizvoller Kontrast zu einer modernen und geradlinigen Einrichtung.

Ein Wochenende LEBEN!

20. Schönheitskur für die Küche

Wenn der Lack ab ist, muss nicht gleich eine neue Küche her. Auch ein Lifting führt zu tollen Ergebnissen.

– Neue Fronten geben der Küche einen frischen Look. Die einfachste und preiswerteste Art ist ein Anstrich, für den eventuell die Tür vorbereitet werden muss (siehe Ratschlag Nr. 93 und folgende, ab Seite 65). Sind die Türen der Küchenschränke noch in tadellosem Zustand, kann man sie auch vom Autolackierer veredeln lassen.
– Auch aufgeklebte Folien kosten nicht die Welt, verändern aber wirkungsvoll die Küchenfronten. Solche Folien müssen selbstklebend und abwischbar sein. Exaktes Zuschneiden und Aufkleben ist ebenso wichtig, sonst bringt der neue Look nichts. Für eine geschlossenere Optik sollten Sie sichtbare Kanten mit einem passenden Anstrich angleichen.
– Mit handwerklichem Geschick verschönern auch Platten zum Beispiel aus farbigem Plexiglas oder Kunststoff im Alu-Look alte Türen. Sie werden aufgeschraubt oder aufgeklebt.

9 TRICKS für mehr Stauraum in der Küche

1. Küchenunterschränke mit ergonomisch korrekter Höhe haben einen erhöhten Sockel, den man für Sockelschubladen oder eine ausklappbare Trittleiter nutzen kann.

2. Übersichtliche und/oder zweistöckige Einsätze in Schubladen und Auszügen erhöhen den zur Verfügung stehenden Platz.

3. Statten Sie Küchenschränke nachträglich mit schwenkbaren Böden oder Drehböden aus.

4. Zwischen den einzelnen Fachböden ist oft mehr „Luft" als erforderlich. Ein zusätzlicher Boden schafft mehr Platz.

5. Drahtkörbe, Hakenleisten und spezielle Aufhängungen für Staubsauger, Bügelbrett etc. sorgen in den Schränken für Ordnung und Übersicht und so auch für mehr Stauraum.

6. Bei vielen Küchen kann man mit Aufsatzschränken die volle Raumhöhe ausnutzen. Sind Sie im Besitz einer noch nicht zu alten Markenküche? Fragen Sie nach, ob es diese Aufsatzschränke auch für Ihr Modell gibt.

7. Was in Schränken Platz wegnimmt, aber nie benutzt wird, wie etwa das Waffeleisen, sollten Sie auslagern. Im Karton verstauen, beschriften und in den Keller stellen.

8. Hübsche Gläser, bunte Kaffeebecher im Schrank versteckt? Rücken Sie das alles auf einem Regal in den Blickpunkt und Sie haben mehr Stauraum im Schrank.

9. Der Raum unter Hängeschränken kann gut für sogenannte Relingsysteme genutzt werden, an denen Löffel, Siebe und sogar Kochbuchhalter aufgehängt werden können. An der Wand anzubringen sind Magnetschienen für Messer (werden da auch nicht so leicht stumpf wie in der Schublade).

– Manchmal erzielen aber auch kleine Effekte eine große Wirkung: Verpassen Sie Ihrer alten Küche einfach mal neue Griffe – Sie werden staunen. Auch sehr schön: die Fronten dekorativ bemalen oder komplett streichen.
– Oder Sie gehen in die Vollen: Gleich die ganzen Fronten samt Griffen auswechseln. Bei den heutigen Küchensystemen ist das kein Problem.
– Ebenso lassen sich Arbeitsplatten austauschen. Sie können zu Kunststoff, Holz, Naturstein oder Reproduktionen von Naturmaterialien greifen, die vom Original kaum zu unterscheiden sind.
– Auch neues Zubehör wie Lichtleisten oder dekorative Reling- und Nischensysteme für die Wand zwischen Unter- und Oberschrank peppen alte Küchen auf.

TIPP

Wer nicht selbst Hand anlegen will: Es gibt mittlerweile Küchenhändler, die sich aufs „Lifting" spezialisiert haben. Sie wechseln Fronten und Arbeitsplatten und tauschen auch Geräte aus.

21. Eine gute Matratze finden

Fast ein Drittel seines Lebens verbringt der Mensch im Bett. Nicht immer himmlisch schlafend, denn rund die Hälfte aller Bundesbürger plagt sich mit Ein- oder Durchschlafproblemen. Nicht selten liegt es an der Matratze. Hier steht, wie Sie die richtige finden.

– Bei allen Matratzentypen kommt es auf das Innenleben an, das unter anderem dafür sorgt, dass die Wirbelsäule richtig abgestützt wird. Unterschieden wird heute vor allem zwischen Federkern-, Schaumstoff- und Latexmatratzen, dazu kommen noch Spezialmodelle.
– Dabei sagt der Preisunterschied nicht immer etwas über den Liegekomfort einzelner Modelle aus. Material, Verarbeitung oder Polsterschichten spielen dabei eine Rolle. Aber oft zählen einfach die persönlichen Vorlieben – wie man sich bettet, so liegt man. Und so kann man für 200 Euro eine akzeptable Standardmatratze bekommen, auf der mancher besser schläft als auf der Komfortmatratze für 1000 Euro. Mehr zur Wahl bei den „7 Typen von Matratzen" auf der Seite rechts.

7 TYPEN von Matratzen

1. Federkernmatratzen: Sie haben ein stützendes Gerippe aus einzelnen Stahlfedern. Diese werden von einem Polster umgeben, das aus Wolle, Baumwolle oder Schaumstoff besteht. Sie geben eher großflächig als auf dem Punkt nach und sind für große und schwere Menschen zu empfehlen. Kosten: ab etwa 150–350 Euro.

2. Taschenfederkernmatratzen: Bei ihnen ist jede einzelne Feder in Stoffsäckchen eingenäht, sodass bei Belastung die benachbarten Federn nicht mitschwingen können. Sie haben eine gute Punkteelastizität. Gut bei Rückenproblemen. Von 200–550 Euro.

3. Latexmatratzen: Werden aus Naturlatex oder synthetischem Latex hergestellt. Sie haben unterschiedlich angeordnete Hohlräume, die in unterschiedlich harte Zonen gegliedert sind und sich so der Anatomie anpassen. Vor allem für leichtgewichtige Menschen und Seitenschläfer besonders gut geeignet. Von 300–500 Euro.

4. Schaumstoffmatratzen: Hier gilt das Raumgewicht als Maß für Qualität – je höher, desto besser. Hat eine Matratze das Raumgewicht (RG) 40, wiegt der Schaumstoff 40 kg pro Kubikmeter. Die Liegeeigenschaften entsprechen Latexmatratzen. Preis von 95–300 Euro.

5. Rosshaarmatratzen: Die Klassiker sind optimal als Auflage, als komplette Vollpolstermatratze aber weniger geeignet, da sie nur begrenzt elastisch sind und schnell Kuhlen bilden, was sie weniger komfortabel macht. Aber das Material transportiert Wärme gut – optimal für Nachtfrierer. Die Preise sind sehr unterschiedlich.

6. Futons: In Japan breitet man diese flachen „Matratzen" allabendlich auf dem durch Matten abgefederten Boden aus und rollt sie morgens wieder ein. Bei uns gibt es spezielle Futonsysteme auf starren Lattenrosten. Die Matten bestehen aus mehreren Lagen Naturmaterialien wie Kokosfasern und Rosshaar. Sie können sehr hart sein und sind eher für jüngere Menschen ohne Rückenprobleme geeignet. Preise sehr unterschiedlich.

7. Wasserbetten: Je nach Füllung besitzen diese verschiedene Härtegrade, wobei der Körper am Schwerpunkt trotzdem recht tief einsinkt, was eigentlich nicht optimal ist. Doch bei Rückenschmerzen und Schlaflosigkeit hilft es häufig. Die Wassertemperatur wird thermostatisch gesteuert, wellenberuhigte Modelle verhindern Schaukelbewegungen. Testen ist besonders wichtig. Daher nur in einem Bettenstudio kaufen, das Ihnen ein Bett probeweise bei vollem Rückgaberecht überlässt. Beim Aufstellen bedenken: Ein Wasserbett kann 7 Zentner und mehr wiegen. Preise sehr unterschiedlich.

– Kein Matratzenkauf ohne einen ausgiebigen Test – und dabei wird auch gleich der Lattenrost mit ausgesucht. Bettpartner gehen natürlich gemeinsam zum Test. Und bei größeren Unterschieden bei Körpergewicht und Liegegewohnheiten wählen sie am besten getrennte Matratzen und Lattenroste, sonst hat der leichtere Partner oft das Nachsehen. Ideal sind dafür Betten ab 160 cm Breite, da Einzelmatratzen mindestens 80 cm breit sind.

– Das öffentliche Probeliegen mag so manchen an den Loriot-Sketch „Der Bettenkauf" erinnern, aber Sie müssen ja nicht gleich ein Nickerchen machen ... Und immer mehr Fachgeschäfte bieten den Kunden fürs Testen einen separaten Raum an. Problemschläfer sollten auf jeden Fall versuchen, eine Matratze 1–2 Wochen zu Hause zu testen.

22. Einen guten Lattenrost finden

Für einen erholsamen Schlaf ist der Lattenrost ebenso wichtig wie die Matratze. In der Kombination sollen sie die Wirbelsäule so abstützen, dass sie ihre natürliche S-Form behält. Schwerere Körperteile wie Schultern und Becken müssen tiefer einsinken können als leichtere.

– Die einfachste Ausführung sind Lattenroste (oder Unterfederungen) mit unverstellbaren Federholzleisten. Sie bestehen aus mehreren verleimten Holzschichten, wölben sich leicht nach oben und geben auf Druck nach.
– Mehr Komfort bieten Lattenroste mit einzeln aufgehängten Leisten, die sich dadurch Körperform und Schlafbewegungen besser anpassen können.
– Empfehlenswert für schwergewichtige Schläfer sind Lattenroste mit Mittelzonenverstärkung, weil sich in der mittleren Liegefläche zusätzliche Latten einspannen oder stärkere Federleisten einbauen lassen.
– Komfortabel: flexible Unterfederung mit verstellbarem Kopf- und Fußteil, automatischer Schulterabsenkung sowie seitlicher Kipp- oder stufenloser Verstellbarkeit.
– Preiswert sind nach dem Liegestuhlprinzip verstellbare Roste, Luxusausführungen haben Motor und Fernbedienung.

23. Ein gutes Bett finden

Wohin mit Matratze und Lattenrost? Natürlich ins Bett damit. Oder korrekter ausgedrückt, in den Bettrahmen – denn erst alles zusammen ergibt das Bett.

– Bei Betten sind Design und Materialien fast ebenso vielfältig wie bei Sitzmöbeln. Die Bandbreite reicht vom behaglichen Landhausbett bis zum coolen Designerstück, von der einfachen Matratzenauflage bis zum Polsterbett mit allem Komfort.
– Für einen erholsamen Schlaf braucht's nicht nur die richtige Unterfederung und Matratze, sondern das Bett muss groß genug sein. Einzelbetten sollten mindestens 95 cm breit sein, für die Länge gilt ausgestreckter Körper plus 20, besser 30 cm. Paare, die den Platz haben, sollten sich ein Doppelbett von 180 cm Breite gönnen – mehr Platz für den einzelnen = mehr Schlafkomfort für beide.
– Normalerweise reicht eine Bettlänge von 200 cm. Menschen, die 190 cm und größer sind, brauchen aber mindestens 210 cm Länge für Matratze und Bettgestell. Die gelten als Sondergröße und sind meistens teurer.

5 TRICKS zum Umgang mit Matratzen

1. **Bei Lattenrosten sollten die Abstände der Federholzleisten nicht mehr als 4 cm betragen. Sonst drückt die Matratze durch und der Bezug scheuert schnell auf.**
2. **Damit sich in der Matratze keine Kuhlen bilden, sollte man sie 1-mal im Monat wenden. Der Wechsel vom Kopf- zum Fußteil genügt 2-mal jährlich.**
3. **Nachts aufgenommene Körperfeuchtigkeit muss am Tage aus der Matratze verdunsten können. Deshalb nach dem Aufstehen die Bettdecke mindestens für 1 Stunde von der Matratze nehmen und den Raum gut lüften. Tagesdecken sollten luftdurchlässig sein.**
4. **Für Hygiene sorgen Matratzenschonbezüge, die man jederzeit waschen kann.**
5. **Spätestens nach 10–12 Jahren haben auch Matratzen guter Qualität ihr Soll erfüllt. In dieser Zeit werden sie – statistisch – von 2000 t Körpergewicht und etwa 2000 l Schweiß belastet.**

Weitere Ratschläge rund ums Bett finden Sie im Kapitel „Ordnung haben“ auf Seite 427.

Ein Wochenende LEBEN!

24. Das Bett aufmöbeln

Matratze und Lattenrost sind am wichtigsten für einen guten Schlaf, der Rest des Betts ist eher Geschmackssache. Und da lässt sich mit ein wenig Kreativität viel Geld sparen.

– Schnell gemacht und optisch wirkungsvoll ist ein neues Kopfteil, zum Beispiel eine Polsterwand. Dafür werden Stoffbahnen mit Polstervlies unterlegt und in großzügigen Quadraten abgesteppt. Das Polster mit doppelseitigem Klebeband auf einer Spanplatte fixieren und diese hinter dem Bett an die Wand dübeln.

– Ruckzuck fertig ist auch dieses Kopfteil: Eine Vorhangstange an die Wand dübeln (siehe Ratschlag Nr. 69, Seite 54) und zwei voluminöse Kopfkissen mit jeweils zwei Schleifen daran binden – schon kann man sich gemütlich zurücklehnen. Die Optik bestimmt den Stil: Holzstange und Blümchenkissen passen ins Landhaus-Schlafzimmer, eine glänzend schwarz lackierte Stange und Seidenkissen zum Asia-Look.

25. Einen guten Kleiderschrank finden

Tür zu und fertig – wird das Schlafzimmer tagsüber selten genutzt, legt man hier gerne schnell mal etwas Kleidung ab, anstatt sie gleich richtig wegzupacken. Das könnte sich ändern, wenn man weiß, wohin damit.

– Die beste Art, im Schlafzimmer alles perfekt unterzubringen, ist ein moderner Kleiderschrank. Deckenhoch, mit intelligenter Innenaufteilung und Platz sparenden Schiebe- oder Falttüren, lässt sich hier vom Manschettenknopf bis zum Abendkleid alles übersichtlich einordnen.

– Kleiderlifte, ausfahrbare Rondelle für Schrankecken, ausziehbare Hosen- und schwenkbare Krawattenhalter, Hängeregale, Schuhroste, Schubladen mit Glasfronten oder mit Unterteilung für Gürtel und Socken, zusätzliche Kleiderstangen und Borde bieten optimalen Überblick und nutzen jeden Schrankzentimeter aus. Mit einer Neuorganisation lässt sich auch ein betagter Kleiderschrank komfortabel aufrüsten.

– Eine integrierte Beleuchtung, die sich beim Öffnen einer Tür automatisch einschaltet, bringt Licht ins Dunkel.

– Ist über Ihrem Schrank noch Platz bis zur Decke, können Sie mit Aufsatzschränken aus einem Küchenmöbelprogramm mehr Stauraum schaffen. Auch ein Tischler fertigt entsprechende Schränke an. Günstige Alternative: schöne Boxen aus Karton oder geflochtene Körbe auf den Schrank stellen.

– Eine elegante Ausweichstelle für überfüllte Schränke sind Kommoden mit Schubladen oder Wäschetruhen, die das wuchtige Schlafzimmerpaar „Bett & Schrank“ auflockern.

– Nutzen Sie auch den Platz unterm Bett. Etwa mit Schubladen auf Rollen oder mit speziellen Containern, so genannten Unterbett-Kommoden. Auch ein Bett mit integriertem Bettkasten bietet reichlich Stauraum.

– Weitere Ratschläge zum Einräumen von Kleiderschränken finden Sie auch im Kapitel „Ordnung haben“ ab Seite 413.

TIPP

Steht der Schlafzimmerschrank „auf Mitte“ an der Wand? Rücken Sie ihn so nah wie möglich an die linke oder rechte Seite. Dadurch gewinnen Sie Platz für Klappstühle, Bügelbrett oder die Haushaltsleiter, eventuell passt auch ein Regal hinein, und ab 80 cm Breite reicht's sogar für ein Home-Office.

HOLZARTEN, DIE FÜR DEN MÖBELKAUF WICHTIG SIND

- **Massivholz oder Vollholz: Möbel dürfen nur dann als massiv bezeichnet werden, wenn alle Teile aus der angegebenen Holzart bestehen – außer Rückwänden, Schubkästenböden und -zargen. Als Ersatzwerkstoffe werden die folgenden Trägerplatten verwendet:**
- **Tischlerplatten: Sie haben einen stabverleimten Massivholzkern und ein beidseitig aufgeleimtes Sperrfurnier. Das Material ist formstabil und wird u.a. für selbsttragende Möbelteile wie Korpusse und Fachböden verwendet.**
- **Sperrholzplatten, Furnierplatten: Sie bestehen aus kreuzweise zueinander verleimten und unterschiedlich dicken Furnierschichten. Sie haben eine hohe Festigkeit und Formbeständigkeit.**
- **Spanplatten: Der billigste Holzwerkstoff. Dafür werden Holzspäne und Leim unter großem Druck und großer Hitze zu Platten gepresst. Achten Sie auf oder fragen Sie nach der Bezeichnung „E 0“, die garantiert, dass die Platten formaldehydfrei sind.**
- **MDF-Platten: Heißt „mitteldichte Faserplatten“ – dünne, besonders fest gepresste Spanplatten, die mit dünnen Holzplatten geschichtet verleimt werden. Lassen sich besser verarbeiten als Spanplatten. Ebenfalls auf die Bezeichnung „E 0“ achten.**

26. Kinderzimmer einrichten

Spiel-, Schlaf- und Arbeitszimmer – das Reich der Kinder muss viele Ansprüche erfüllen.

– Oft tun Eltern beim Einrichten des Kinderzimmers zuviel des Guten. Alles soll schön und möglichst perfekt sein und dabei bleibt der kindlichen Phantasie und Kreativität oft zu wenig Raum.

– Wenn Babys schon ein eigenes Zimmer brauchen, dann reicht es erst einmal, wenn es dort seine Ruhe hat und die Eltern alles zur Versorgung griffbereit haben. Mehr dazu in Ratschlag Nr. 30.

– Für Kinder im Vor- und Grundschulalter sind Möbel mehr Spielsache als Einrichtung. Deshalb sollten sie flexibel, beweglich und nicht zu schwer sein (ausrangierte Sessel oder Couchtische sind also tabu).

– Statt eines richtigen Kleiderschranks genügt ein Schrankelement mit Kleiderstange in angepasster Höhe und einer Schublade, für alles, was nicht einstauben soll. Dazu Regale, Deckeltonnen, Boxen, Kästen, Rollcontainer, die man leicht transportieren und für die unterschiedlichsten Sachen benutzen kann.

– Kleine Regale können ruhig frei stehen, größere aber sollten wegen der Kippgefahr an der Wand befestigt werden. Stellen Sie übrigens alle Möbel möglichst an die Wand, damit in der Zimmermitte reichlich Platz zum Spielen bleibt.

27. Kinderzimmer gestalten

Bloß nicht zu bunt, sonst wird es schnell ungemütlich. Und lassen Sie die Kinder ruhig mitreden und auch mitmachen.

– Zu viele und zu farbige Muster lassen ein kleines Zimmer noch enger erscheinen. Spielzeug, Bücher, Bilder und Möbel sind schon eine bunte Mischung für sich. Gesellen sich Mickey-Mouse-Tapete, Buchstaben–Bettwäsche, Bärchen-Vorhänge und vielleicht noch ein Spielteppich dazu, kann das bei den kleinen Bewohnern zu einer Reizüberflutung führen.

– Hat sich Ihr Kind (oder haben Sie sich) in eine Tapete verguckt, gestalten Sie damit nur eine Wand, und streichen Sie die übrigen Wände in einem hellen einfarbigen Ton. Die neutralen Flächen sind der beste Hintergrund für selbst gemalte Bilder oder andere Motive.

TIPP

Kinder malen gern großflächig. Damit die Wand nicht irgendwann voll ist und außer einem frischen Anstrich nichts mehr geht, kann man eine große Papierrolle an die Wand hängen und darunter eine Abreißschiene befestigen. Oder Sie streichen ein Wandstück, die Zimmer- oder eine Schranktür mit Tafelfarbe (Baumarkt) und schaffen so eine größere Malfläche. Damit Schwamm und Kreide nicht irgendwo herum(f)liegen, sollten die Utensilien von Anfang an einen festen Platz haben.

28. Fußböden fürs Kinderzimmer

Bis sie zur Schule kommen, spielen Kinder am liebsten auf dem Boden.

– Fliesen- und Steinböden sind viel zu hart und zu kalt. Ideal fürs Kinderzimmer sind Holz- , Linoleum- oder Korkböden, auf die man zusätzlich einen (Spiel)Teppich, zum Beispiel aus reiner Baumwolle, legen kann (unter Teppiche jeder Art gehört auf jeden Fall eine Antirutschmatte).

– Auch kurzflorige Teppichböden (nur verspannen oder mit doppelseitigem Klebeband fixieren) kommen in Frage oder selbstliegende Teppichfliesen, die sich bei Verschmutzung leicht erneuern lassen.

29. Zwei in einem Zimmer

Jedem sein eigenes Reich – das geht auch in einem Zimmer. Versuchen Sie, für jedes Kind einen eigenständigen Bereich zu schaffen.

– Optimal ist ein Raumteiler. Das kann ein Schrank sein, ein Regal, aber auch ein Vorhang oder eine Jalousie zum Zuziehen oder Herunterlassen. Dann kann sich jedes Kind auch mal zurückziehen und unsichtbar für den anderen machen.

– Ist ein Zimmer dafür zu klein, lässt sich durch unterschiedliche Farben an der Wand und/oder am Boden optisch eine Trennung erreichen.

– Passen zwei Betten ins Zimmer, nehmen Sie am besten Hochbetten – die schaffen Platz und automatisch einen eigenen Bereich. Wie auch beim Etagenbett lassen sich mit einem Stoffhimmel oder Vorhängen „Séparées" schaffen, in die Kinder sich zum Träumen, Lesen, Maulen oder Sortieren geheimer Schätze zurückziehen können.

– Je kleiner das Zimmer, desto weniger Möbel sollten drin stehen. Auf einen Kleiderschrank möglichst verzichten und die Kindersachen eventuell im Flur oder im Elternschlafzimmer unterbringen oder die Lieblingshosen und -pullis einfach an Wandgarderoben hängen und/oder in Wandregalen verstauen.

30. Babybett und Wickeltisch auswählen

Was das Wohnen betrifft, brauchen Babys gerade in den ersten Lebensmonaten einen ruhigen Platz zum Schlafen. Und ein Wickelplatz muss natürlich auch vorhanden sein.

– Babybett und Wickelkommode machen im Familien- und Freundeskreis häufig die Runde, und in Secondhand-Läden kann man diese Sachen preiswert erstehen, sodass man sie gar nicht neu kaufen muss.

– Aber ob geschenkt, geliehen oder gekauft: Möbel für Kinder sollten auch zu ihnen passen und rundherum sicher sein. Am besten sind immer noch Möbel aus Massivholz, aber auch Bett & Co. aus Holzwerkstoffen wie Spanplatten oder MDF können Eltern unbedenklich ins Kinderzimmer stellen – vorausgesetzt, ein Gütesiegel weist sie als gesundheitlich unbedenklich aus (siehe Tipp rechts).

– Wichtigster Sicherheitsaspekt bei Babybetten ist der Abstand der Gitterstäbe: Er darf nicht mehr als 7,5 cm betragen, damit der kleine Kopf nicht dazwischen geraten kann. Die Liegefläche sollte 70 x 140 cm groß und höhenverstellbar sein. In den ersten Lebensmonaten ist die oberste Ebene für Eltern am bequemsten. Aber sobald Babys die ersten Sitzversuche machen, muss die Liegefläche nach unten verstellt werden.

– Matratzen für kleinere Kinder sollten nicht zu hart, aber auch nicht zu weich sein. Der goldene Mittelweg: Nehmen Sie eine Matratze, die eher weich ist, aber fest genug, um den Körper im Liegen abzustützen.

– Wickelplätze – ob Kommode oder ein Aufsatz, den man zum Beispiel auf einen Tisch stellen kann – haben mit 65 x 75 cm die richtige Größe. Eine bequeme „Arbeitshöhe" für Eltern liegt zwischen 85 und 92 cm. Schutz vorm Herunterrollen des Babys bieten integrierte Barrieren im Kopfbereich und seitlich. Viele Eltern wickeln ihre Kinder auch im Badezimmer – oft auf einem Gestell, das man auf die Wanne setzen und mit einer Wickelauflage ergänzen kann.

TIPP

Für Kinder- und Jugendmöbel gelten strengere Sicherheitsbestimmungen als für alle anderen Möbel. Prüfsiegel helfen bei der Orientierung: TÜV- und GS-Siegel (GS = Geprüfte Sicherheit, Möbel werden nach dem Gerätesicherheitsgetz überprüft) garantieren, dass Möbel funktionssicher sind. Spielzeug etwa, das das CE-Zeichen trägt, entspricht den europäischen Sicherheitsnormen. Das RAL-Gütezeichen bestätigt die Gesamtqualität eines Möbels. Mit dem Vermerk „Giftfreie Lacke nach DIN 53160" wird versichert, dass Produkte problemlos in den Mund genommen werden können. Möbel, die das „Goldene M" tragen, unterliegen den strengsten aller Prüfungen. Sie werden in unabhängigen Prüflabors u. a. auf Haltbarkeit, Stabilität, Lichtechtheit und Schadstoffe geprüft. Die Hersteller legen häufig sogar strengere Maßstäbe an als der Gesetzgeber.

31. Kindermöbel, die mitwachsen

Babybett und Wickeltisch, die sich verwandeln und ausbauen lassen, können Kinder über viele Jahre begleiten.

– Das Bett wird zur Sitzgruppe, der Wickeltisch zur Kommode, das Abenteuerbett zur Juniorliege ... Möbel, die sich veränderten Bedürfnissen anpassen und mit den Kindern größer werden sind immer eine gute Investition.

– Natürlich kosten sie mehr als „ex und hopp"-Möbel. Aber das rechnet sich. Denn Babybett und Wickeleinrichtung können auch dann noch gut da stehen, wenn die Kinder längst zur Schule gehen – zum Beispiel als Schreibtisch und Garderobenwand. Peinlich für die Großgewordenen? Von wegen, viele Kinder hängen lange an ihren ersten Möbeln.

– Möbelserien, die sich ausbauen lassen und die mitwachsen können, müssen besonders robust sein, weil sie im Laufe der Jahre stark strapaziert werden.

Ein Wochenende LEBEN!

32. Abenteuer Hochbett

Ihr Kleinkind ist jetzt groß und braucht zusätzlich Platz für Schreibtisch und mehr? Dann „heben" Sie doch einfach sein Bett in die Höhe.

– Oben träumen, unten spielen: Für Kinder ab etwa 6 Jahren sind Hochbetten das Größte, weil sie von oben den Überblick haben und den freien Platz darunter für aufregende Spiele nutzen können. Natürlich ziehen sie sich hierher auch mal zum Lesen oder zum Schmollen zurück.
– Für den Bewegungsdrang und die Abenteuerlust der Kleinen bieten die Hersteller von Etagenbetten reichlich Zubehör an, zum Beispiel Kletterseile, Rutschen, Torwände, Schaukelsitze und Spieltürme.
– Preiswerter und oft sogar spannender sind improvisierte Spielmöglichkeiten. Aus Stoffen, Schaumstoffwürfeln, Kissen und Kartons entstehen Höhlen und Häuser aber auch ein Bett für Freund oder Freundin, die spontan über Nacht bleiben.
– Wo geklettert, geturnt und getobt wird, kann's auch schnell gefährlich werden. Deshalb gilt für in Deutschland verkaufte Hochbetten die DIN EN 747, die zum Beispiel vorschreibt, dass das obere Bett rundherum eine Reling haben und die Leiter fest mit dem Bett verbunden sein muss.
– Für angehende Schulkinder lässt sich der Platz unter dem Bett mit passenden Möbeln wie Schreibtisch, Rollcontainer und Regalen optimal als „Mini-Büro" gestalten.

33. Kinderschreibtisch und -stuhl auswählen

In der ersten Schulzeit machen Kinder ihre Schulaufgaben noch gern am Küchen- oder Esstisch. Doch bald möchten – und brauchen – sie einen richtigen Arbeitsplatz in ihrem Zimmer. Bei den Möbeln gelten die gleichen Anforderungen wie für Erwachsene.

– Schreibtisch und Stuhl sollten höhenverstellbar sein, um mitwachsen zu können.
– Ein Stuhl hat die richtige Sitzhöhe, wenn die Oberschenkel eine waagerechte und die Unterschenkel eine senkrechte Linie bilden. Die Füße sollen nicht in der Luft baumeln, sondern flach auf dem Boden stehen.
– Die richtige Schreibtischhöhe ist eingestellt, wenn die Arme bei geradem Oberkörper waagerecht auf der Tischplatte liegen.
– Kinder wachsen schnell. Überprüfen Sie deshalb in regelmäßigen Abständen die eingestellten Höhen.

5 TRICKS fürs Aufräumen mit Kindern

1. **Sorgen Sie dafür, dass genügend Kisten, Kästen, Regale etc. zur Verfügung stehen.**
2. **Üben Sie das Aufräumen mit Kindern ab 3 Jahren spielerisch. Ordnen Sie Spielzeug zum Beispiel in Behälter mit unterschiedlichen Farben. Wichtig ist, die „Übung" täglich zu machen.**
3. **Vermitteln Sie Ihrem Kind, dass es sein Zimmer nicht für die Eltern, sondern für sich selbst aufräumt.**
4. **Betonen Sie die Vorteile eines aufgeräumten Zimmers, etwa wie toll es ist, alles schnell wieder zu finden.**
5. **Die eigenen Ansprüche an Ordnung auch mal zurückstellen und – das Loben nicht vergessen.**

34. Sicheres Licht im Kinderzimmer

Bei Leuchten im Kinderzimmer zählt nicht nur deren Helligkeit, sondern auch die Sicherheit.

– Für Kinder erreichbare Leuchten brauchen unten geschlossene Schirme, damit die Kleinen nicht hineingreifen können.
– Die Glühlampen dieser Leuchten sollten nicht mehr als 25 Watt haben, damit nichts passiert, wenn Kinder beim Spielen ein Tuch darüber legen, um das Zimmer zu verdunkeln.
– Setzen Sie daher eher bei der Deckenbeleuchtung auf genug Helligkeit, und stellen Sie den Schreibtisch in Fensternähe auf.

– Kabel und Schnüre nicht offen durch den Raum, sondern nur an der Wand entlangführen und eventuell zusätzlich mit Kabelschläuchen sichern.
– Alle Steckdosen mit Kindersicherungen versehen oder gegen Steckdosen mit integrierter Schutzfunktion austauschen.

35. Badezimmer aufmöbeln

Weil immer mehr Menschen im Badezimmer auch Entspannung suchen, richten sie es mit einem wohnlichen Touch ein.

– Holzmöbel sorgen im Bad immer für eine behagliche Atmosphäre. Es gibt sie in allen Stilrichtungen von rustikal bis mediterran. Nicht nur als Serie mit Unter- und Hochschränken, sondern auch als schicke Solisten, die man selbst im Wohnzimmer nicht als Badmöbel identifizieren würde.
– Achten Sie auf spezielle Möbel für Badezimmer bzw. für Feuchträume. Denn normale Holzmöbel sind für die „klimatischen" Bedingungen im Badezimmer absolut nicht geeignet.
– Die Oberflächen müssen wasser- , dampf- und temperaturbeständig sein. Beim Kauf darauf achten, dass die Möbel innen und außen versiegelt oder mehrfach lackiert sind. Auch Möbel aus Metall brauchen eine Versiegelung. An Möbelkanten dürfen keine Fugen sichtbar sein.
– Alle Flüssigkeiten von den Holzmöbeln sofort wegwischen – auch Wasser hinterlässt Flecken, wenn es länger steht.

36. Badezimmer verspiegeln

In kleinen Bädern lassen sich mit vielen Spiegeln großartige Effekte erzielen – allerdings machen sie auch mehr Mühe beim Putzen als Fliesen.

– In den meisten Badezimmern gibt es Spiegel nur am Waschplatz, und dort haben sie eine rein praktische Funktion. Dabei lässt sich ein Bad mit Spiegeln interessant verändern.
– Preiswert und einfach anzubringen sind Spiegelfliesen, die es in unterschiedlichen Größen gibt. Um unschöne Fliesen zumindest teilweise zu kaschieren, kann man zum Beispiel eine breite Spiegelbordüre durchs Bad laufen lassen.
– Schlauchbäder, in denen Wanne, Waschbecken und WC auf nur einer Seite nebeneinander aufgereiht sind, gewinnen an Größe, wenn man die freie Wand komplett verspiegelt. Entweder mit einer Anfertigung vom Glaser oder mit großen Spiegelfliesen. Damit sie gut und sicher haften, müssen Wandunebenheiten geglättet werden – zum Beispiel mit Spachtelmasse.
– Ebenfalls effektvoll: verspiegelte Säulen, Nischen oder Wandvorsprünge.

TIPP

Oft schafft eine neue Anordnung der Sanitärelemente mehr Atmosphäre, Komfort und Platz im Badezimmer, gerade wenn es zu klein und ungünstig aufgeteilt ist (Toilette neben der Tür, Waschbecken am Ende der Wanne). Mit vorgefertigten Montagesystemen, so genannten Vorwandinstallationen, lässt es sich neu gliedern, ohne dass Wände aufgestemmt werden müssen. Die Wasserleitungen verlaufen in einem vor der Wand verschraubten Modul, das mit Gipskartonplatten verkleidet, anschließend verfliest, tapeziert oder lackiert wird. Das macht vieles möglich: etwa ein Doppelwaschtisch über Eck oder ein Modul als Raumteiler mit einem Waschtisch auf der Vorderseite und einem WC auf der Rückseite.

37. Badezimmer ausleuchten

Ob ein Bad Tageslicht bekommt oder nicht: das Wichtigste ist eine gute Beleuchtung, vor allem am Spiegel über dem Waschbecken. Zugleich kann man mit Licht im Bad Akzente setzen.

– Licht, das von der Decke kommt, legt Schatten aufs Gesicht. Bestes Kosmetiklicht geben links und rechts vom Spiegel installierte Leuchten – wie bei Theaterspiegeln, die von Glühlampen umrahmt werden und helles, schattenfreies Licht abgeben. Statt Glühlampen kann man auch Halogenlampen oder Leuchtstoffröhren einsetzen.
– Moderne Spiegelschränke liefern die perfekte Badbeleuchtung gleich mit: helles und blendfreies Schminklicht plus indirektes Licht, das den Raum erhellt plus Innenbeleuchtung für den Schrankinhalt.

– Deckeneinbaustrahler, Lichtschienen oder Seilsysteme schaffen Stimmungs- und Funktionslicht in einem. Die Strahler sollten sich dimmen und einzeln oder in Gruppen schalten lassen, dann kann man Bereiche wie Dusche oder Wanne separat beleuchten.
– Ins Badezimmer passt jede Leuchte, die Ihnen gefällt. Nur in unmittelbarer Nähe von Wanne oder Dusche installierte Leuchten sollten feuchtraumgeeignet sein. Darüber informiert eine IP–Kennziffer auf dem Typenschild der Leuchte: „IP XP" bedeutet Spritzwasserschutz.

MEHR STAURAUM IM KLEINEN BAD

- **Preiswert, praktisch und richtig kleine Platzwunder können universelle Unterschränke für Waschbecken sein. Mit extra großem Siphonausschnitt und nicht zu hoch passen sie überall drunter.**
- **Nutzen Sie freie Wände rund um den Waschplatz mit Schränken, über dem WC, am Kopf- und/oder Fußende der Wanne mit Regalen und Borden. Glasregale tragen optisch nicht auf und sind ideal für kleine Räume.**
- **Praktisch sind schmale Nischenregale auf Rollen, die zum Beispiel neben der Waschmaschine Platz haben.**
- **Ablagemöglichkeiten bieten Nischen-, Reling- und Paneelsysteme mit eingehängten Schränkchen, Ablagen, Seifen- , Glas- und Handtuchhaltern.**
- **Moderne Badheizkörper lassen sich mit Spiegel, Handtuchablage und -halter kombinieren. Die Accessoires werden einfach eingehängt.**

38. Badewanne erneuern

Ist der Lack ab, gibt's neue Farbe für die alte Wanne. Oder Sie lassen eine neue Wanne in die alte setzen.

– Ein spezieller Badewannenlack (Baumarkt) bringt frischen Glanz. Für ein perfektes Ergebnis müssen alle Arbeitsschritte präzise nach Anleitung ausgeführt werden. Damit eine moosgrüne Wanne in brillantem Weiß erstrahlt, sind zwei Aufträge erforderlich, bei hellen Wannen reicht eine Lackschicht.
– Ist die Emaillierung der Wanne stumpf und zum Teil angeschlagen, sollte die Wanne komplett erneuert werden. Eventuell ist das auch Sache des Vermieters.
– Dabei hilft das „Wanne-in-Wanne-System" (Branchenbuch). Es ist nicht viel billiger als ein konventioneller Wannenwechsel, doch müssen keine Fliesen abgeschlagen und neu verlegt werden. Und schneller geht es auch: Nach nur wenigen Stunden können Sie in der neuen Wanne, die passgenau aus Acryl hergestellt und auf die alte Wanne gesetzt wird, ein Bad nehmen. Gibt es auch als „Mini-Whirlpool" mit einem Massagesystem.

39. Badezimmer neu planen

Möchten Sie für mehr Komfort im Bad mehr Geld investieren? Dann legen Sie genau fest, wofür Sie es ausgeben wollen. Am besten, Sie listen die Nachteile des jetzigen Badezimmers ebenso auf wie die Komfortwünsche fürs neue Bad.

– Im Badezimmer dreht sich alles um den Waschtisch, er wird am meisten genutzt. Deswegen sorgen großzügige Ablageflächen oder sogar ein Doppelwaschtisch mit großem Spiegel darüber und Steckdosen an dessen Seite für Entspannung in der morgendlichen „Rushhour".
– Wanne und Dusche passen bei geschickter Anordnung auch in ein Mini-Bad. Möglich machen das aufeinander abgestimmte Systeme. Die Wannen haben ein schmaleres Fuß- als Kopfende, was den Badekomfort aber nicht schmälert.
– Platz sparender und preiswerter sind Wannen mit integrierter Duschzone. Man kann sie mit Duschwänden (feststehend oder zum Wegklappen) kombinieren. Es spricht aber auch nichts gegen Duschvorhänge. Aus hygienischen Gründen sollten sie waschbar sein bzw. hin und wieder erneuert werden.
– Bidets werden eher selten genutzt. Deshalb ist ein Urinal oft sinnvoller.
– Über Angebot und Preise von Badausstattungen informieren Badausstellungen. Für ein konkretes Gespräch mit einem Berater sollten Sie einen Grundriss Ihres Badezimmers parat haben und auch in etwa wissen, wie teuer die Renovierung insgesamt werden darf.
– Ganz wichtig, wenn Sie zur Miete wohnen: den Vermieter informieren. Er muss zustimmen – und lässt sich vielleicht überzeugen, sich an den Kosten zu beteiligen.
– Sprechen Sie dazu mit ihm ausführlich über Art und Umfang der Modernisierung und fragen Sie ihn, ob er

5 MAKE-UP-TRICKS fürs Bad

1. Um einer trist gefliesten Nasszelle auf die Schnelle eine angenehmere Optik zu geben, streichen Sie die Fliesen einfach über. Das klappt aber nur mit einer speziellen Fliesenfarbe, die man mit einer passenden Fugenfarbe ergänzen und so auch den klassischen Fliesencharakter wieder herstellen kann. Siehe Ratschlag Nr. 117, Seite 76.

2. Macht auch keinen Schmutz, ist aber teurer und aufwändiger: Neue, extra dünnen Fliesen auf den alten verlegen. Siehe Ratschlag Nr. 118, Seite 76.

3. Streicht man erst einmal die nicht verfliesten Wände neu, wirkt das alte Bad schon viel frischer. Und vielleicht wirken die alten Fliesen im Kontrast nun viel besser.

4. Spart auch bei größeren Renovierungen Zeit: Wände nur in den Nassbereichen verfliesen und die übrigen Flächen verputzen oder tapezieren, zum Beispiel mit leicht aufkleb- und wieder abnehmbaren Vliestapeten.

5. Schon ein Austausch der Accessoires wie Zahnputzbecher, Seifenschalen, Handtuchhalter und eventuell sogar der Waschtischarmatur bringen neuen Schwung ins Bad.

6. Eine preiswerte SOS-Maßnahme für den Fußboden sind Bădematten im XXL–Format, die größeren Fläche bedecken. Wichtig: Stimmen Sie die neuen Bad-Accessoires farblich aufeinander ab.

die Kosten für Wanne, WC und Waschtisch oder auch Fliesen übernimmt. Sagen Sie konkret, was Sie selbst beitragen wollen.

– So oder so: Bewahren Sie auf jeden Fall alle Kaufbelege und Rechnungen auf und vereinbaren Sie für Ihre Investitionen eine „Abwohndauer“ ohne Kündigungsrisiko.

40. Büro in die Wohnung integrieren

WOHNEN
Zu Hause leben

Immer mehr Menschen arbeiten von zu Hause aus. Andere haben privat viel Schreibkram zu erledigen. Perfekt, wenn ihnen dafür ein separater Raum zur Verfügung steht – meistens muss aber ein Zimmer doppelt genutzt werden – meist das Wohn- oder Schlafzimmer.

– Teilen Sie ein Zimmer mit Doppelfunktion so ein, dass beide Bereiche Eigenständigkeit erhalten. Wichtig ist, den Bürobereich ausschließlich fürs Arbeiten zu reservieren – nur dann können Sie nach „Feierabend“ wirklich abschalten.

– Geben Sie dem Büro nach Möglichkeit einen Fensterplatz, um das Tageslicht zu nutzen. Effektiv abgrenzen können Sie einen Bereich zum Beispiel mit Highboards, Regalen (Rückseite geschlossen), die gleichzeitig Platz für Ordner und Akten bieten. Auch Leichtbauwände eignen sich, deren Rückseite Sie mit einer Stoffbespannung oder Bildern wohnlich gestalten können. Hinter einem Paravent lässt sich Arbeit ebenfalls attraktiv verbergen.

– Die Büroausstattung wird in erster Linie von der Tätigkeit diktiert, Schreibtisch und Stuhl gehören aber immer dazu. Platz sparend sind Schreibtische mit verschiedenen Ebenen für Monitor, Drucker, Rechner und einem ausziehbaren Tastaturboden.

– Damit Sie Unterlagen ausbreiten können, sollte der Schreibtisch eine Arbeitsfläche von mindestens 120 x 80 cm haben und höhenverstellbar (68–76 cm) sein. Ein kleinerer Schreibtisch lässt sich mit einem extra Computertisch ergänzen.

– Ein guter Platz für kleinere Büroarbeiten sind Nischen jeder Art. Sie sollten aber mindestens 80 cm breit und 60 cm tief sein, dann haben Sie etwas Bewegungsfreiheit, der Stuhl kann unter die Arbeitsplatte geschoben und das ganze Equipment hinter einer Schiebewand, einer Jalousie, einem Paravent oder Vorhang versteckt werden.

– Praktisch sind mobile Computertische, die man nach getaner Arbeit ebenfalls in eine Nische schieben kann. Die Tische gibt es in verschiedenen Größen und Qualitäten von preiswert bis zur Luxusausführung.

– Auf beengtem Raum sollten Sie unbedingt Kabelsalat vermeiden, Stolpergefahr! Das klappt mit Kabelbindern, Leerrohren oder Kabelkanälen aus Kunststoff, die man an den Fußleisten entlang führen kann.

– Mehr Ratschläge zum Thema Home-Office finden Sie im Kapitel „Arbeiten“ ab Seite 451 und im Kapitel „Ordnung haben“ ab Seite 430.

TIPP

Stabile Möbel fürs Heimbüro findet man auch bei einem Kücheneinrichter. Das Innenleben von Hochschränken, Vitrinen, Rollcontainern lässt sich auch für Büro-Accessoires funktional ausstatten, die Auswahl an Farben und Materialien ist groß. Mulitfunktionscenter heißen die kompakten Möbel, in denen eine komplette Büroausstattung hinter Schranktüren verschwindet. Da die Ausstattung immer perfekter wird, ist diese Einheit eine durchaus praktische Lösung für das kleine Home-Office. Doch wer professionell damit arbeiten will, stößt schnell an die Grenzen dieses „Fertigbüros“: Der Stauraum reicht nicht und Unterlagen und Geräte sammeln sich bald außerhalb des Centers an. Der Platzspar-Effekt ist dahin.

Ein Wochenende LEBEN!

41. Eine Arbeitsecke einrichten

Wenn Sie zu Hause nur den üblichen privaten Schreibkram zu erledigen haben, geht das theoretisch auch am Esstisch. Aber dann müssen Sie Ordner, Laptop usw. immer hin- und hertragen. Deshalb ist es einfacher, sich einen kleinen Bereich zu schaffen, in dem alles seinen festen Platz hat.

– In der Diele können Sie mit einem flotten „Drehbüro“ an die Arbeit gehen: einem selbst gebauten Office-Regal mit geschlossener Rückseite und ein paar Borden.
– Eine Schmalseite des Regals (aus MDF- oder Tischlerplatten) wird mit Scharnieren an einer Wand befestigt, die andere Seite erhält zwei Möbelrollen, sodass man das Büro zum Arbeiten quer in den Raum schwenken und später wieder an die Wand zurückrollen kann.
– Der untere Regalboden sollte sich in 72 cm Höhe befinden und eine Tiefe von mindestens 30 cm haben. Er ist die Arbeitsebene mit Platz für Laptop, Leuchte, Aktenordner usw. und schafft auch Beinfreiheit. (Die ist hier eingeschränkt, aber für „Kurzarbeit“ okay. Für längere Arbeitsphasen sollte sie mindestens 55 cm betragen, sonst wird’s ungemütlich.)
– Auf mehreren Regalborden über der Schreibplatte können Büroutensilien abgestellt, die nach Büroschluss in den Raum zeigende Wand mit einer Wanduhr oder Bildern dekoriert werden.

42. Einen guten Bürostuhl auswählen

Wer stundenlang am Schreibtisch sitzt, braucht den richtigen Stuhl, um die Wirbelsäule zu schonen und Rückenschmerzen zu vermeiden.

– Die Rückenlehne des Stuhls sollte leicht gewölbt sein, bis zu den Schulterblättern reichen und beim Zurücklehnen nachgeben.
– Wichtig ist eine ausgeformte Sitzfläche, die auf jeden Haltungswechsel reagiert. Sie sollte leicht nach oben kippen, wenn Sie sich zurücklehnen und leicht nach vorn beim Vorlehnen.
– Gut sind in der Höhe sowie seitlich verstellbare Armlehnen, sie entlasten Nacken- und Schultermuskulatur. Achten Sie auch auf eine einfach und stufenlos verstellbare Sitzhöhe.
– Für bequemeres Sitzen können Sie einen älteren Stuhl auch nachrüsten: Ein Sitzkeil ersetzt die neigbare Sitzfläche und ein Lendenkissen die Wölbung der Rückenlehne.
– Stühle mit 5 Fußstreben kippen nicht um.
– Die Rollen des Stuhls danach auswählen, ob der Boden glatt oder eher stumpf ist – fragen Sie beim Händler nach.
– Mancher Bürostuhl wird, zumindest stundenweise, gegen alternative Sitzgelegenheiten wie so genannte „Stehhilfen“ oder Sitzbälle ausgetauscht. Stehhilfen sind höhenverstellbare Hocker mit ergonomisch geformtem Sattelsitz und einem abgeflachten Tellerfuß. Sie unterstützen aktives Sitzen, sorgen u. a. für einen aufrechten Sitzwinkel. Die Wirbelsäule wird, wie auch auf Sitzbällen, gerader gehalten als auf jedem ergonomisch korrekten Stuhl.
– Die Sitzdauer auf Stehhilfen und Bällen muss jeder nach Gefühl dosieren. Wichtig: Nur Sitzbälle (sie haben eine Dämpfung) und keine Gymnastikbälle oder großen Gummibälle benutzen!

43. Beleuchtung am Arbeitsplatz

Sorgen Sie unbedingt für gutes Licht am Arbeitsplatz. Bei schlechten Lichtverhältnissen zu arbeiten macht Kopfschmerzen und müde.

– Gutes Allgemeinlicht liefert ein Deckenfluter, der den Raum gleichmäßig erhellt.

– Eine Schreibtischleuchte gibt direktes Licht. Arm und Schirm sollten beweglich sein, die Helligkeit sollte sich regulieren lassen.
– Besonders fürs Arbeiten am Bildschirm gilt, große Helligkeitskontraste zu vermeiden. Um die Augen nicht zu überanstrengen, sollten Sie deshalb zum Arbeitslicht immer das Allgemeinlicht hinzuschalten.
– Störende Schatten vermeiden Rechtshänder, wenn das Arbeitslicht von links, Linkshänder, wenn es von rechts kommt.
– Steht Ihr Schreibtisch in einem sonnigen Zimmer am Fenster, brauchen Sie einen flexibel Sonnenschutz wie Jalousie oder Rollo.

44. Teppichböden auswählen

Textilbeläge wie Spannteppiche sind bei uns immer noch am beliebtesten. Pro Jahr werden alleine in Deutschland rund 200 Millionen Quadratmeter verlegt.

– Teppichböden wirken behaglich, sind fußwarm, wärmedämmend und haben einen guten Trittschallschutz, für den die Nachbarn in der darunter liegenden Wohnung dankbar sind.
– Man unterscheidet zwischen Teppichen aus Natur- und aus Synthetikfasern, bei Naturfasern außerdem zwischen tierischen und pflanzlichen Fasern.
– Vorteil von Teppichen aus Naturfasern und dort vor allem tierischen Fasern: Sie nehmen Feuchtigkeit auf, ohne sich feucht anzufühlen – Wolle zum Beispiel bis zu einem Drittel ihres Eigengewichts. Diese bei hoher Raumluftfeuchte aufgenommene Feuchtigkeit wird bei trockener Luft wieder abgegeben – das sorgt für ein angenehmes Raumklima.
– Wollteppiche tragen Bezeichnungen wie „100 % Wolle", „Reine Wolle" oder „Reine Schurwolle". Beste Qualität garantiert letztere, das Flies für die Wolle wird vom lebendigen Schaf geschoren. Andere Wollteppiche können auch aus wieder gewonnener Wolle, so genannter Reisswolle, bestehen. Äußerlich sind die unterschiedlichen Qualitäten nicht voneinander zu unterscheiden.
– Weitere Naturfasern für Teppiche: Baumwolle, Kokos- und Sisalfasern. Teppiche aus Baumwolle haben nur eine geringe Abriebfestigkeit, Kokos und Sisal sind dagegen sehr robust, Kokos ist besonders schmutzunempfindlich.
– Unkompliziert, gut anzufühlen und pflegeleicht sind Teppichböden aus Synthetikfasern wie Polyamid, Polyester und Polyacryl.
– Die Beläge werden meistens vollflächig verklebt. Viele Kleber enthalten immer noch Lösemittel. Wer selbst verlegt, sollte nur lösemittelfreie bzw. emissionsarme Kleber nehmen. Wer den Boden vom Fachmann verlegen lässt, sollte sich die Verwendung solcher Kleber ausdrücklich bestätigen lassen.
– In einem Raum bis zu 20 m² Größe kann man Auslegeware auch problemlos verspannen oder mit doppelseitigem Klebeband fixieren. Ganz neu sind magnetische Verlegesysteme.
– Das Wichtigste zum Thema „Teppiche verlegen" finden Sie im zweiten Teil dieses Kapitels ab Seite 75. Zum Reinigen von Teppichen finden Sie Informationen ab Seite 424.

45. Teppiche auswählen

Teppiche galten viele Jahre als spießig. Aber Trends ändern sich, und jetzt erobern sie das Wohnzimmer zurück. Und auch oft gerade die Räume, die sonst nur elegant in Marmor oder edel in Parkett glänzen.

– Auf kalten, harten oder glatten Böden kann man mit Teppichen gemütliche Inseln schaffen, die zum Sitzen einladen und ein Zimmer freundlicher wirken lassen.
– Im Gegensatz zu Teppichböden, die eher in uni bevorzugt werden, kommen moderne Teppich nicht ohne Muster aus. Von verspielten Phantasiemotiven über strenge Streifen bis hin zu asiatischen Symbolen, sodass man mit Farbe und Muster eines Teppichs auch seinen Einrichtungsstil unterstreichen kann. Und dann sind da natürlich die Klassiker aus dem Orient und Asien.
– Solche so genannte „abgepasste Teppiche" gibt es in allen Qualitäten von Synthetik bis hin zu reiner Schurwolle, kurz- wie langflorig.
– Teppiche, die auf einem glatten Boden frei im Raum liegen, sollten entweder eine rutschfeste Rückseite aus Latex haben oder mit einem Gleitschutz (gummiertes Gitter oder gummierte Matte) ergänzt werden.

46. Holzböden auswählen

Wer ein Haus baut oder eine Eigentumswohnung kauft, entscheidet sich heute immer öfter für Dielen oder Parkett, meistens aus einheimischen Hölzern wie Buche, Birke oder Eiche, aber auch aus exotischen Hölzern wie Wenge.

– Ökologisch korrekt sind exotische Parkettböden aus Bambus und Olivenholz. Bambus wächst schnell nach, etwa 30 cm pro Tag. Olivenholzparkett wird aus abgestorbenen Bäumen und Ästen produziert. Bambus hat eine fein strukturierte, Olivenholz eine markante Maserung.
– Holzböden passen zu jedem Wohnstil und verleihen auch puristisch eingerichteten Räumen einen behaglichen Touch. Auch in Bäder halten sie Einzug. Einige Fachleute raten davon ab, andere sehen darin kein Problem. Auf der sicheren Seite ist, wer vor Wanne und Dusche Fliesen, ansonsten Dielen verlegt. Hier sollte die Oberfläche auf jeden Fall wasserabweisend geölt oder gewachst sein.
– Böden, die stark strapaziert werden, sind mit einer Lackoberfläche besser geschützt als mit einem Öl- oder Wachsfilm. Andererseits vermittelt ein natürliches Finish ein intensiveres Naturgefühl. Wer nicht allzu pingelig ist und den Boden richtig pflegt, wird sich nicht an normalen Gebrauchsspuren stören, sondern sich an der natürlichen Ausstrahlung erfreuen. Holzböden können übrigens mehrmals abgeschliffen werden.
– Ein klassischer Massivholzboden wird erst nach dem Verlegen geschliffen und oberflächenbehandelt, zum Beispiel geölt. Er kann etwa 8–20 mm dick sein und mehrmals abgeschliffen werden.
– Fertigparkett wird industriell hergestellt und schon ab Werk oberflächenbehandelt, zum Beispiel mit Wachs. Es besteht aus drei Schichten, die obere ist eine Edelholzschicht von etwa 2,5 mm Stärke.
– Dielen sind schlichte Fußbodenbretter aus Massivholz, Landhausdielen bestehen aus drei aufeinander geleimten massiven Holzschichten.
– Ratschläge zum Verlegen finden Sie im zweiten Teil dieses Kapitels ab Seite 74. Ratschläge zum Reinigen in „Ordnung haben“ ab Seite 424.

47. Laminat auswählen

Auch Laminatböden sind sehr beliebt. Weil sie die behagliche Anmutung von Holzböden haben, aber wesentlich preiswerter, strapazierfähiger, nur 6–8 mm stark und deshalb ideal für Renovierungen sind.

– Laminat gibt es in klassischen und trendorientierten Holzdekoren und -farben, aber es ist eben kein Holz: Oben liegt eine hoch strapazierfähige Deckschicht, meistens aus Melaminharz. Die Schicht darunter bestimmt die Optik: Dekorpapier, das mit Holzoptiken oder auch im Marmor-, Terrazzo- oder Fliesen-Look bedruckt ist.
– Laminate sind pflegeleicht, haptisch angenehm und schalldämmend und werden deshalb gern als Fußböden für Kinderzimmer gewählt.
– Die etwa 130 cm langen Laminat-Paneele können wie Parkett oder Dielen beim Verlegen mit Nut und Feder verleimt werden. Immer beliebter sind so genannte Klick“- oder „Lock“-Systeme, die ohne Leim verlegt und beim Auszug wieder mitgenommen werden können.
– Achtung: Wasserlachen sofort aufwischen! Laminat ist feuchgtigkeitsanfälliger als Holz und quillt auf. Nur nebelfeucht wischen.
– Ratschläge zum Verlegen finden Sie im zweiten Teil dieses Kapitels ab Seite 74. Ratschläge zum Reinigen in „Ordnung haben“ ab Seite 424.

TIPP

Mieter, die eine Wohnung mit Teppichboden gemietet haben und ihn gegen einen Holzboden austauschen möchten, brauchen die Genehmigung des Vermieters. Es gibt aber neue Verlegetechniken, mit denen man Holzböden auf Untergründen wie Teppichboden, Fliesen oder auch alten Dielen ohne Leim verlegen, beim Auszug wieder entfernen und in die neue Wohnung mitnehmen kann. Einziges Problem: Holzböden haben eine Stärke von mindestens 10 mm, sodass man nach dem Verlegen die Türen nicht mehr öffnen kann. Hobelt man die Tür ab, klafft nach Entfernen des Holzbodens zwischen Teppich und Tür ein breiter Spalt.

48. Korkbelag auswählen

Korkbeläge entstehen aus der Rinde der u. a. in Portugal und Spanien wachsenden Korkeiche. Bäume, die geschält werden, müssen mindestens 25 Jahre alt sein.

– Das Naturmaterial ist schalldämmend, angenehm fußwarm, weich und hat eine hohe Elastizität, die beim Gehen die Gelenke schont.
– Die Elastizität bewirkt auch, dass schwere Möbel nur kurzfristig Abdrücke hinterlassen und Kork immer wieder zu seiner ursprünglichen Form zurückfindet.
– Korkbeläge gibt es in vielen Farben und Mustern, die Struktur bleibt immer sichtbar. Sie eignen sich für

alle Wohnbereiche, auch fürs Badezimmer. Allerdings können bei starker Feuchtigkeitseinwirkung die Kanten quellen.

– Das Material wird in Platten verlegt (zum Beispiel 30 x 30 cm), die Oberfläche gewachst oder versiegelt. Auch Abschleifen ist möglich.

TIPP

Bodenbeläge aus PVC haben einerseits viele Vorteile: Sie sind leicht zu verlegen, äußerst strapazierfähig, langlebig, feuchtigkeitsresistent und trittschalldämmend. PVC gibt es überwiegend als Bahnenware in etwa 80 Farben und mehr als 100 Mustern. Doch es ist umstritten, ob die darin enthaltenen Weichmacher krebsauslösende Substanzen an die Raumluft abgeben oder nicht. Auch die Entsorgung ist problematisch. Wer kann, sollte lieber auf andere Beläge ausweichen (vor allem im Kinderzimmer), etwa auf umweltfreundlichere Kunststoffe, Linoleum oder Gummibeläge aus synthetischem Kautschuk, die weder Weichmacher, Formaldehyd noch Asbest enthalten, nicht ausdünsten und keinen giftigen Abrieb abgeben.

49. Linoleum auswählen

Der Bodenbelag, der seit mehr als 100 Jahren aus überwiegend nachwachsenden Rohstoffen unverändert hergestellt wird, ist wieder in Mode. Nicht zu verwechseln mit Kunststoffen wie PVC, die oft Linoleum genannt werden.

– Linoleum besteht überwiegend aus nachwachsenden Rohstoffen wie Leinöl, Harzen und fein gemahlenem Kork- und Holzmehl. Es ist in mehr als 100 Farben und mit verschiedenen Strukturen erhältlich, sodass man Linoleumböden mit jedem Interieur in Einklang bringen und in alle Wohnbereiche integrieren kann. Besonders attraktiv sind Böden mit Intarsien.

– Der Belag ist fußwarm und antistatisch, elastisch und trittschalldämmend, dazu ausgesprochen robust.

– Auch Pflegeleichtigkeit zählt zu seinen guten Eigenschaften. Flecken von nassen oder schmutzigen Sohlen sind schnell weggewischt, „Kunstwerke“ aus Wachsmal- oder Filzstiften ebenso – beste Voraussetzung für den Einzug ins Kinderzimmer, zumal man den Boden mit Intarsien zu einer „Spielwiese“ machen kann.

– Linoleum wird überwiegend als Bahnenware angeboten und verklebt. Dafür sollte nur ein speziell auf diesen Bodenbelag abgestimmter, lösemittelfreier Kleber verwendet werden.

50. Fliesen auswählen

Die korrekte Bezeichnung für Fliesen ist „Keramische Platten“. Sie bestehen überwiegend aus natürlichen Werkstoffen wie Quarz, Kaolin und Feldspat.

– Fliesen sind absolut feuchtigkeitsunempfindlich und pflegeleicht und werden deshalb am liebsten im Bad eingesetzt – obwohl sie fußkalt sind. Aber sie haben eine hohe Wärmeableitung und eignen sich besonders als Belag auf einer Fußbodenheizung.

– Auf dem Boden werden meist größere Fliesenformate als an den Wänden verlegt, aber kleinere Formate mindern wegen des hohen Fugenanteils die Rutschgefahr.

– Wegen der Pflegeleichtigkeit werden Fliesen auch gerne als Bodenbelag in der Küche genommen, obwohl Tassen, Teller und Gläser ein Herunterfallen selten heil überstehen. Alternativen sind Kork und Linoleum.

– Fliesen eignen sich für alle Wohnbereiche, aber achten Sie auf die Abriebfestigkeit, die Auskunft über die mögliche Beanspruchung gibt. Sie wird in fünf Klassen bewertet: 1 steht für sehr leichte Beanspruchung wie etwa im Bad, 2 für leichte Beanspruchung in allen Wohnbereichen, 3 für mittlere Beanspruchung in allen Wohnbereichen und auf Balkonen, 4 für hohe Beanspruchung in Küchen, Hauseingängen und auf Terrassen, 5 für höchste Beanspruchung auf allen Flächen, sogar in der Garage.

51. Naturstein auswählen

Direkt aus der Natur in die Wohnung: Fußböden aus Marmor, Travertin, Jura, Schiefer oder Granit kommen praktisch fertig aus dem Steinbruch und werden zu Platten gesägt oder bereits als Platten gewonnen wie etwa Solnhofener Platten.

– Die Oberflächen von Naturstein sind geschliffen, poliert oder erhalten eine Imprägnierung mit Öl.

– Natursteinbeläge können im gesamten Wohnbereich verlegt werden, sind strapazierfähig und langlebig.
– Gereinigt und gepflegt werden sie am besten mit speziellen Steinpflegemitteln, Solnhofener Platten reinigt man mit Grüner Seife. Als Schutz vor Flecken bietet sich für Marmor, Schiefer und Solnhofener Platten auch eine Versiegelung an.

QUALITÄTSSIEGEL FÜR BODENBELÄGE

• ETG-Siegel: Teppichböden guter Qualität tragen das Siegel der Europäischen Teppichgemeinschaft. Es informiert über Strapazierfähigkeit und Komfortwert sowie über Zusatzeignungen wie feuchtraumgeeignet, antistatisch, treppengeeignet etc.
• „Teppichboden schadstoffgeprüft": Signet der GuT (Gemeinschaft umweltfreundlicher Teppichboden). Es dokumentiert, dass der Teppichboden keine Schadstoffe wie Pentachlorphenol (PCP), Formaldehyd, Asbest oder Vinylchlorid an die Raumluft abgibt.
• „Blauer Engel": Schadstoffarme Holz- und Laminatböden tragen dieses Umweltzeichen.
• „Kork-Logo" steht für gute Qualität bei Korkbelägen.

52. Frische Schnittblumen erkennen

Das „blühende Glück in Vasen" macht manchmal viel zu schnell schlapp. Beim Kauf müssen Schnittblumen einwandfrei sein.

– Experten empfehlen zwar, im Blumengeschäft nachzufragen, ob die Blumen zum richtigen Zeitpunkt geschnitten und bis zur Ankunft im Blumengeschäft richtig versorgt wurden. Das ist hübsche Theorie, denn welcher Händler wird das bestreiten?
– Deshalb sind beim Kauf äußere Merkmale entscheidend. Blätter und Blüten aller Blumen sollten keine Beschädigungen aufweisen.
– Sind Rosenblüten etwas „reifer", ist die Wahrscheinlichkeit, dass sie ganz aufgehen, größer. Der Kopf muss auf zarten Druck fest, der Stiel bei großen Blüten kräftig sein. Hängende Rosenköpfe richten sich wieder auf, wenn man die Blumen ein paar Stunden ins kalte Wasser legt.
– Tulpen-Frische-Test: Die Blätter müssen beim Aneinanderreiben leicht quietschen. Lassen sie nach dem Transport die Köpfe leicht hängen, den Strauß fest in Papier wickeln und an einem kühlen Ort ein paar Stunden ins kalte Wasser stellen.
– Nelkenblüten sollten so weit geöffnet sein, dass man die Farbe erkennen kann.

53. Schnittblumen frisch halten

Gewusst wie – die Haltbarkeit von Schnittblumen lässt sich verlängern.

– Fast alle Blumen, die länger als 10 Minuten nicht im Wasser gestanden haben, sollten nochmals angeschnitten werden, auch wenn es der Händler schon getan hat.
– Zum Anschneiden niemals eine Schere – sie zerquetscht die Stiele – sondern immer ein scharfes kleines Messer benutzen.
– Verwenden Sie in der Vase nur warmes Wasser. Um die 40 °C sind optimal. Für eine längere Haltbarkeit die Stielenden zuvor kurz in kochendes Wasser halten. Dadurch bekommen sie eine schwammartige Struktur und nehmen Wasser besser auf. Das klappt bei allen Blumen mit holzigen Stielen wie Rosen oder Sonnenblumen.
– Blumen immer in saubere Vasen stellen, dann entwickeln sich keine Bakterien. Das Wasser etwa jeden zweiten Tag wechseln, im Sommer täglich.
– Alle Stiele bis Wasserhöhe von Blättern befreien, sonst faulen sie. Und wenn es die Optik nicht stört, sollten Sie grundsätzlich so viele Blätter wie möglich entfernen. Dadurch wird die Verdunstungsfläche reduziert und der Prozess des Verwelkens verlangsamt.
– Auch wichtig: Schnittblumen mögen keine Zugluft, Heizungsluft, dicke Tabakschwaden und direktes Sonnenlicht. Und stellen Sie keine Sträuße in die Nähe von reifendem Obst. Es setzt Äthylen frei, das bei vielen Blumen das Blühen abrupt beenden kann.
– Nahrung für Schnittblumen: Fast zu jedem Strauß gibt es ein Tütchen, dessen Inhalt im Wasser für längere Frische sorgen soll. Ob's hilft, ist fast eine Glaubensfrage, selbst Experten sagen Widersprüchliches. Viele Blumenfreunde schwören auch auf eine Kupfermünze, eine Aspirintablette oder ein Stück Würfelzucker im Wasser für längere Lebensdauer. Testen Sie es selbst, am besten mit zwei identischen Sträußen.

6 SCHNITTBLUMEN und ihre speziellen Pflegetricks

1. **Rosen:** Zum Vorbereiten empfiehlt sich ein extra scharfes Messer, damit man die Enden möglichst schräg anschneiden kann. Auf diese Weise wird die Schnittfläche zur besseren Wasseraufnahme vergrößert.
2. **Gerberas:** Sie sind pflegeleicht und lange haltbar, wenn man nur wenig Wasser – etwa 10 cm hoch – in die Vase füllt.
3. **Nelken:** Echte Vasen-Dauerblüher. Untere Blätter entfernen und die Stiele auf jeden Fall schräg anschneiden.
4. **Freesien:** Sie „trinken" viel, deshalb häufig den Wasserstand kontrollieren.
5. **Tulpen:** siehe Freesien. Allerdings macht zu viel Wasser in der Vase diesen Blumen den Kopf schwer.
6. **Amaryllis:** Sie kommen immer in hohe Vasen, damit der schwere, mehrknospige Kopf nicht abknickt. Zur Stabilisierung kann man Holzstäbe in die hohlen Stiele stecken.

Zehn Minuten LEBEN!

54. Vasen der kreativen Art

Mal wieder keine passende Vase im Schrank gefunden? Dann sehen Sie sich doch mal um ...

– Mineralwasserflaschen gibt es in leuchtenden Blau- und Grüntönen und Grappaflaschen in ausgefallenen Formen. Viel zu schade, um sie im Container zu entsorgen. Mit einzelnen Blüten oder filigranen Gräsern ziehen sie die Blicke auf sich, solo oder zur Gruppe arrangiert.
– Glasbausteine sind wieder im Trend. Allerdings mehr bei Bauherren als auf dem Tisch als Vase. Aber auch in dieser Funktion machen sie eine gute Figur. Damit man die transparenten Steine, die es in verschiedenen Formen, Farben und mit interessanten Strukturen gibt, als Vase benutzen kann, lassen Sie vom Glaser 1–3 Löcher je Stein hineinbohren. Am besten sehen darin feine Gräser oder Blumen mit blattfreien Stielen wie Mohn oder Dolden aus.
– Auch Weinkaraffen, schlichte aus dem Gastronomiebedarf oder edle aus der eigenen Vitrine, sind attraktive Vasen. Verwenden Sie nur destilliertes Wasser, dann gibt es keine hässlichen Kalkränder und Sie können sich den Wein daraus wieder schmecken lassen.
– Witzige Mini-Vasen sind Salzstreuer aus Pressglas. In der Tischmitte aufreihen (je mehr, desto besser) und Disteln, Baby-Artischocken oder Kräuterzweige hineinstellen. Auf einer langgestreckten Tafel mit weißer Tischwäsche und weißem Geschirr sehen sie am schönsten aus. Die Streuer sind preiswert. Es gibt sie in diversen Formen in Haushaltswarenläden, im Gastronomiebedarf – oder auf Flohmärkten.

TIPP

Steht die Pflanze mehr als 2 m vom Fenster entfernt, bekommt sie meistens schon zu wenig Licht. Vorhänge und selbst zarte Gardinen oder ein überdachter Balkon schlucken viel Tageslicht, ebenso wie dunkle Wände und Teppiche. Helle Wände hingegen reflektieren das Licht.

55. Zimmerpflanzen richtig platzieren

Topfpflanzen sind zwar dekorativ, aber keine Dekorationsgegenstände, die man beliebig hin- und herschieben kann. Pflanzen brauchen vor allem Licht.

– Die meisten Pflanzen mögen lieber zu viel als zu wenig Licht. Bei Lichtmangel können Sie das Wachstum einstellen, die Blätter vergilben und fallen ab, es entwickeln sich keine Knospen oder sie werden abgeworfen.
– Rettung für Pflanzen an dunklen Standorten können Pflanzenleuchten sein. Sie sind mit quecksilberhaltigen Speziallampen bestückt, die Topfblumen mit der optimalen Helligkeit versorgen. Gibt es als komplette Leuchte oder als Lampe, die in eine normale Fassung passt (Fachhandel/Baumarkt).
– Aber auch zu viel Licht kann Pflanzen schaden. Deshalb sollten sie in der hochsommerlichen Mittagszeit vor direkter Sonneneinstrahlung geschützt werden. Für lichtempfindlichere Pflanzen gilt das generell. Die

Pflanzen von der Fensterbank nehmen oder das Fenster verschatten. Aber es darf kein Wärmestau entstehen. Deshalb für Belüftung sorgen – aber ohne Zugluft.
– Fürs gute Gedeihen spielt auch die richtige Raumtemperatur eine Rolle. Als Faustregel gilt: Je wärmer der Standort, desto heller, je kühler, desto dunkler kann er sein.
– Alle wichtigen Informationen zu Standort und Lichtbedarf verraten Ihnen Fachleute beim Kauf der Pflanze, meistens steckt aber auch eine Information im Topf.

56. Zimmerpflanzen gießen

Die meisten Zimmerpflanzen gehen nicht ein, weil sie vertrocknen – sondern weil sie „ertrinken". Wie viel Gießwasser brauchen sie wirklich?.

– Die beste Zeit zum Gießen ist morgens. Vorher testen, ob sich die Erde trocken anfühlt. Höchste Zeit zum Gießen wird es, wenn der Pflanztopf sehr leicht ist. Gießen Sie das Wasser auf den Wurzelballen oder in den Untersetzer.
– Wichtig: Um Staunässe, also im Topf stehendes Wasser, zu vermeiden, brauchen Pflanzgefäße eine Drainage (siehe Ratschlag Nr. 58).
– Bei vielen Pflanzen erkennt man schon an der Wuchsform oder der Blattgröße, ob sie viel oder wenig Wasser brauchen.
– Großblättrige Pflanzen wie Bananenstauden oder Pflanzen mit großen, weichen Blättern wie Zimmerlinden benötigen viel Wasser. Pflanzen mit eher kleinen Blättern wie Sansevierien oder mit ledrigen Blättern wie Gummibäume kommen mit wesentlich weniger Feuchtigkeit aus, ebenso Kakteen oder Pflanzen mit fleischigen Blättern, die Wasser speichern, etwa Geldbäume.
– Pflanzen in großen Töpfen brauchen mehr Wasser als Pflanzen in kleinen Töpfen, weil über die größere Substratoberfläche mehr Wasser verdunstet.
– Auch Gewächse in Tontöpfen haben einen größeren Wasserbedarf als Pflanzen in Kunststoff- oder Metalltöpfen, da der Ton porös und damit feuchtigkeitsdurchlässig ist.
– „Gießen" bei kurzfristiger Abwesenheit: mit Wasser gefüllte Flaschen kopfüber in die Erde stecken. Sind Sie länger weg, Küchenspülbecken mit Wasser füllen, ein nasses Frottierhandtuch halb und halb auf die Spülenablage und ins Wasser legen, Blumentöpfe aufs nasse Handtuch stellen, es saugt ständig Wasser nach und versorgt die Pflanzen.

TIPP

Dass eine Pflanze besonders stark austrocknet, kann passieren. Da sie dann das Gießwasser oft gar nicht mehr aufnehmen kann (es läuft gleich wieder ab oder dringt nicht in den Wurzelballen ein), hilft hier ein Tauchbad: Eine hohe Schüssel mit Gießwasser füllen. Pflanze ohne Übertopf hineingeben und warten, bis sie stehen bleibt. 1 Stunde mit Wasser vollsaugen lassen, gut abtropfen lassen und wieder in den Übertopf geben.

57. Zimmerpflanzen düngen

Außer guter Blumentopferde brauchen vor allem blühende Zimmerpflanzen auch eine „Nahrungsergänzung", um gesund zu bleiben und besser zu gedeihen – vor allem in der Wachstumszeit von März bis Oktober.

– So unterschiedlich wie die Pflanzen sind auch die Ansprüche an den Dünger. Zwar gibt es „einen für alle", besser für Gesundheit und Wachstum sind aber Spezialdünger, zum Beispiel für Grün- und Blühpflanzen, Kakteen und Hydrokulturpflanzen.
– Empfehlenswert für Vergessliche sind Langzeitdünger als Stäbchen, Kegel oder Tabletten, die man in die Erde steckt. Sie versorgen die Pflanzen gleichmäßig über 6 Monate verteilt mit den nötigen Nährstoffen.
– Praktisch sind auch Flüssigdünger, die 1-mal wöchentlich oder nach Angaben auf der Flasche zum Gießwasser gegeben werden.
– Ruhezeit für Pflanzen ist in der Regel von Oktober bis Ende Februar. In diesen Monaten wird nicht gedüngt und weniger gegossen.

58. Zimmerpflanzen umtopfen

Pflanzen, die gehegt und gepflegt werden, entwachsen irgendwann ihrem Topf und brauchen einen neuen. Umgetopft wird am besten in der Wachstumsphase im späteren Frühling, besser nicht während der Blütezeit.

– Zum Austopfen die Pflanze samt Topf mit einer Hand über Kopf halten, mit der anderen Ballenoberfläche und Pflanze halten. Ein leichtes Anfeuchten hilft beim Lösen. Löst sich der Ballen nicht, mit dem Topf rundum an

eine Kante klopfen und vorsichtig an der Pflanze ziehen. In hartnäckigen Fällen den Tontopf zerschlagen oder den Plastiktopf aufschneiden.
– Den Wurzelballen auflockern und mit einem großen Messer 2–3 cm rundherum kürzen.
– Der neue Topf sollte einen etwa 4 cm größeren Durchmesser als der vorherige und ein Ablaufloch haben. Einen Tontopf 1–2 Stunden wässern.
– Staunässe lässt sich mit einer Drainage im Topf vermeiden. Dafür ein paar Tonscherben oder eine Hand voll Blähton (von der Hydrokultur) über das Ablaufloch legen.
– Auf die Drainage eine 2–3 cm dicke Schicht Blumenerde füllen und die Pflanze in die Topfmitte setzen.
– Freiräume mit Erde auffüllen und 1–2 cm unter dem Topfrand Platz lassen, dann läuft das Gießwasser nicht über.
– Erde festdrücken, eventuell weiter auffüllen und darauf achten, dass die Pflanze gerade steht. Kräftig gießen und überschüssiges Wasser ablaufen lassen.
– In den nächsten 2–4 Wochen braucht die Pflanze keinen Dünger, weil Pflanzerde meistens vorgedüngt ist.

TIPP

Ratschläge zum Thema Garten finden Sie im Kapitel „Freihaben" ab Seite 529.

59. Umziehen in Eigenregie

Die neue Wohnung ist gefunden (siehe auch „5 Tricks" auf Seite 43), die alte gekündigt, in wenigen Wochen findet der Umzug statt. Wer's selber macht, spart Bares, trägt aber jedes Risiko.

– Ein Umzug mit Hilfe von Freunden und Familienmitgliedern und einem gemieteten LKW oder Transporter in Eigenregie – das ist die preiswerteste Lösung.
– Alles selbst machen heißt, an alles selbst zu denken. Das beginnt beim Einholen der Genehmigung fürs Absperren der Parkplätze für den Möbelwagen vor der alten und der neuen Wohnung (Straßenverkehrsamt) und endet mit möglichen Beschädigungen etwa an Möbeln, die nicht durch die Hausratversicherung abgedeckt sind.
– Das Transportieren von Waschmaschine, Kühltruhe (rechtzeitiges Abtauen nicht vergessen) und Schrankwand ist vor allem in Wohnungen ohne Fahrstuhl Schwerstarbeit. Denken Sie daran, wenn Sie den Helferstab organisieren.
– Vernünftiges Packen, Stapeln und Verstauen im Transporter ist eine Kunst. Wenn wenigstens einer Ihrer guten Geister (oder Sie selbst) damit von anderen Umzügen Erfahrung hat, hilft das allen. Sonst ist die Ladefläche schnell voll, wenn die Hälfte des Hausrats noch auf der Straße steht. Dann muss alles wieder raus und neu verstaut werden – oder das „Straßengut" zurück ins Haus.
– Hilfreich ist, bei einem Spediteur zumindest einen speziellen Umzugslaster (mit Hebebühne und Vorrichtungen zum Festzurren) zu mieten, dazu das ganze Equipment wie Packdecken, Tragegurte, Sackkarre, Umzugskartons. Bananenkisten & Co. alleine sind nicht umzugstauglich!
– Entspannender, aber teurer: Selber packen und den Rest einem Spediteur überlassen – ein Fahrer plus ein Möbelpacker extra reichen oft schon. Das geht schneller bei geringerem Risiko. Die Spedition ist für das sachgemäße Verstauen im Möbelwagen zuständig und haftet im Fall des Falles. Aber Achtung: Der Inhalt selbst gepackter Kartons ist nicht versichert.
– In Großstädten gibt es auch „Möbel-Mitfahrzentralen" (Branchenbuch), die unter Umständen günstiger sind. Die Fahrer nehmen Ihr Hab und Gut als Beiladung mit oder nutzen dafür Leerfahrten.

TIPP

Sehr persönliche und wichtige Sachen wie zum Beispiel Schmuck und Papiere nicht in einem großen Umzugskarton verschwinden lassen, sondern separat verpacken und auch selbst transportieren. Das gilt genauso für die Dinge, die Sie in der neuen Wohnung gleich parat haben wollen – erstes Geschirr, Besteck und Gläser, Küchenwerkzeug. Auch Handwerkszeug wie Zollstock, Wasserwaage oder Schraubenzieher griffbereit halten. Alle Umzugskartons gut lesbar beschriften.

60. Umziehen mit der Spedition

Wenn eine Spedition den kompletten Umzug in die Hand nimmt, ist das sehr bequem und spart viel Zeit, aber es kostet eine Menge Geld – vor allem das Ein- und Auspacken, das seine Zeit braucht.

– Der Spediteur kommt dazu erst einmal in die Wohnung und errechnet den Preis individuell nach Zeitaufwand, Umfang des Umzugsgutes, Aufwand für Möbelab- und -aufbau, eventuelle Bereitstellung von Handwerkern etc. Er kümmert sich auch um das Absperren der Straßen – natürlich gegen Bezahlung.
– Das Unternehmen fertigt eine Umzugsliste mit allen Gegenständen an. Was nicht auf der Liste vermerkt ist und trotzdem mit umzieht, etwa ein Regal vom Boden oder die Jalousie am Fenster der Gästetoilette, wird meist extra berechnet.
– Um einen teuren Umzug so günstig wie möglich zu bekommen, sollten Sie mindestens drei Kostenvoranschläge einholen. Alle Leistungen vergleichen, aber auch daran denken, dass der billigste Anbieter nicht immer der beste ist. Vorsicht bei einer Abrechnung nach Stunden. Der Preis erhöht sich, wenn die Möbelpacker länger brauchen als geplant. Sie können aber auch versuchen, einen Festpreis auszuhandeln, der vor unliebsamen Überraschungen schützt.
– Wenn die Möbelpacker in die neue Wohnung kommen, sollten – wie auch in der alten Wohnung – Sie selbst oder eine Person Ihres Vertrauens anwesend sein, um zu sagen, was wohin kommt und um eventuelle Schäden zu protokollieren und von einem Mitarbeiter der Spedition unterschreiben zu lassen.
– Sie wollen selbst mit anpacken? Lassen Sie es – es macht die Sache nicht billiger und stört die Profis nur. Sorgen Sie lieber für Essen, Trinken (aber bitte keinen Alkohol!) und möglichst wenig Behinderungen, dann wird der Tag für alle angenehmer und im Zweifel helfen die Männer auch mal bei Arbeiten, die eigentlich nicht ihr Job sind.

61. Die alte Wohnung übergeben

Die alte Wohnung ist leer, die Räume sind besenrein – und dann? Jetzt kommt die letzte Hürde vor dem eigentlichen Auszug.

– Zusammen mit dem Vermieter oder Verwalter die Zählerstände für Gas, Wasser, Strom und Heizung ablesen. In doppelter Ausfertigung schriftlich festhalten.
– Zählerstände von Strom und/oder Gas und Wasser an die jeweiligen Versorger für die Schlussabrechnung übermitteln. Um die Weitergabe der Daten des Heizkostenverteilers kümmert sich der Vermieter.
– Wird ein Übergabeprotokoll erstellt, sollten Sie es nicht voreilig unterschreiben – außer es bescheinigt Ihnen eindeutig die Rückgabe der Wohnung in vertragsgerechtem Zustand.
– Wurde eine Kaution bezahlt und die Wohnung im vertragsgerechten Zustand zurückgegeben, muss der Vermieter diese sofort nach Auszug erstatten. Er kann höchstens einen Betrag in Höhe einer zu erwartenden Nebenkosten-Nachforderung einbehalten.

TIPP

Mit der Abmeldebescheinigung des Einwohnermeldeamtes des bisherigen Wohnortes zum Einwohnermeldeamt des neuen Wohnortes? Das ist nicht mehr nötig. Seit dem 01.06. 2004 müssen Sie sich nur noch am neuen Wohnort anmelden, und zwar innerhalb von 14 Tagen nach Einzug. Mitzubringen sind Personalausweis und Mietvertrag bzw. eine Einzugsbestätigung des Vermieters. Um die Abmeldung an der alten Adresse kümmert sich dann das Amt.

62. Neue Adresse bekannt geben

Damit nach dem Umzug alles reibungslos weiterläuft, sollten Sie die Adressenänderung rechtzeitig bekannt geben – an wichtige Stellen, Verwandte und Bekannte am besten schon etwas früher mit Angabe des Datums.

– Die wichtigsten Institutionen sind Post (Nachsendeantrag stellen), Telefongesellschaft, Bank, Stadtwerke (Strom, Gas, Wasser). Fragen Sie bei der Post nach einer Umzugsbroschüre, die auch Postkarten zum Bekanntgeben der neuen Adresse enthält.
– Informieren Sie auch Behörden wie das Finanzamt, Krankenkasse, Versicherungen. Dabei unter Angabe von Kunden-, Versicherungs- oder Steuernummer formlos mitteilen, wie die neue Anschrift lautet und ab wann sie gilt. Dies aber auch nicht zu früh tun – die Amtspost kann trotz Hinweis aufs Datum schon gleich an die neue Adresse gehen.
– Vergessen Sie gleich am Anfang auch Ihr wichtigstes Umfeld nicht – Ihre Firma (oder bei Selbstständigen Ihre Kunden), die enge Familie, der nahe Freundeskreis, Organisationen (Autoclub, Vereine), andere Firmen (Versender, Verlage).

5 TRICKS

Der beste Weg zur neuen Wohnung

1. **Jedem erzählen, dass Sie auf Wohnungssuche sind. Viele Wohnungen werden „unter der Hand" vermittelt. Eine Anzeige am „Schwarzen Brett" aushängen und/oder ins Intranet stellen. Eine Fahrradtour durch die bevorzugten Orte, Stadtteile, Straßen machen und nach leer stehenden Wohnungen schauen. Sich bei Wohnungsunternehmen, Wohnungsverwaltungen, Wohnungsbaugenossenschaften (Branchenbuch) informieren. Regelmäßig freundlich nachfragen, Interesse bekräftigen.**

2. **Suche Wohnung, biete Wohnung: Wohnraumtausch kann erfolgreich sein, wenn der Vermieter mitspielt. Achtung: Viele Mieter meinen, dass man aus einem langfristigen Mietvertrag eher herauskommt, wenn man dem Vermieter drei Nachmieter stellt. Stimmt nicht! Verträge müssen eingehalten werden und können nur aufgrund einer beidseitigen Vereinbarung – mit oder ohne Nachmieter – abgekürzt werden. Gute Vermieter akzeptieren aber meist auch einen ordentlichen Nachmieter.**

3. **Übers Internet: Suchmaschinen werfen zum Beispiel unter dem Stichwort „Wohnungen" entsprechende Seiten aus. Nach dem Ausfüllen einer Suchmaske mit den wichtigsten Kriterien wie Lage, Größe, Miete erhält man passende Angebote. Viele Wohnungen kann man sich gleich online ansehen.**

4. **Anzeigen in Tageszeitungen: Am meisten Erfolg versprechen Anzeigen, in denen um schriftliche Kontaktaufnahme gebeten wird. Hier gibt es erfahrungsgemäß weniger Mitbewerber. Auch eine eigene Anzeige „Suche 3-Zimmer-Wohnung ..." kann helfen, vor allem wenn Ihr Arbeitgeber sie schaltet.**

5. **Über einen Makler: Findet er Ihre Traumwohnung, zahlen Sie eine Gebühr von zwei Kaltmieten plus Mehrwertsteuer. Andere Kosten wie Bearbeitungsgebühren darf er nicht in Rechnung stellen. Ist seine Suche nicht erfolgreich, zahlen Sie nichts.**

63. Selbstauskunft ausfüllen

Immer mehr Vermieter möchten ihre Mieter „durchleuchten" und lassen sie vor Vetragsabschluss einen Fragebogen ausfüllen. Verweigern bringt nicht viel.

– Fragen, die für Vermieter von maßgeblichem Interesse sind, etwa nach Arbeitgeber, Einkommen, Beruf, Familienstand und Anzahl der Personen im Haushalt, müssen Sie wahrheitsgemäß beantworten – wenn Sie die Selbstauskunft ausfüllen. Tun Sie es nicht, bleiben Sie „privat" – und die Wohnung beim Vermieter.
– Fragen wie die nach einer Mitgliedschaft im Mieterverein, ob Sie im Besitz von Aktien sind oder welcher Partei Sie nahe stehen, müssen sie nicht oder nicht wahrheitsgemäß beantworten. Entscheiden Sie selbst – was Ihnen passt, was dem Vermieter passt.
– Alle von Ihnen gemachten Aussagen muss der Vermieter vertraulich behandeln.

64. Mietvertrag abschließen

Gründliches Lesen, Bedenkzeit und Nachfragen sollten selbstverständlich sein, denn einmal unterschrieben, gilt der Mietvertrag mit allen Rechten und Pflichten.

– Nehmen Sie sich Zeit zum Studieren und Unterschreiben des Mietvertrags, denn ein Rücktrittsrecht gibt es nicht. Achten Sie darauf, dass alle mündlichen Absprachen in den Mietvertrag aufgenommen worden sind – sonst bitten Sie um Nachbesserung.

– Um die Miete optisch zu „schönen“, werden Nebenkosten häufig zu niedrig angesetzt. Deshalb lassen Sie sich im Zweifel vom Vermieter bestätigen, dass die im Mietvertrag bezifferten Nebenkosten der tatsächlichen Höhe entsprechen. Auch eine aktuelle Abrechnung kann helfen, die Sache zu klären.
– Vorsicht bei Zeitmietverträgen (sie schließen eine Verlängerung aus) und bei Einliegerwohnungen: Wohnt außer Ihnen nur der Vermieter im Haus, hat er in dem Fall besondere Kündigungsmöglichkeiten zu seinen Gunsten.
– Achten Sie im Mietvertrag darauf, wie Arbeitsleistungen (Treppenhausreinigung oder Schneeräumen) behandelt werden. Die sind normalerweise Ihre Aufgabe bzw. Sie müssen auf eigene Kosten dafür sorgen, dass sie erledigt werden.
– Die Haltung größerer Tiere wie Hund und Katze ist ohne ausdrückliche Genehmigung meistens untersagt.
– Die Kaution darf nicht mehr als drei Nettokaltmieten betragen. Sie ist nicht, wie die meisten Mieter glauben, sofort zu zahlen, sondern kann in drei gleichen Monatsraten gezahlt werden. Sie muss auf ein Sparbuch eingezahlt werden, das vom Vermögen des Vermieters getrennt ist. Der Vermieter muss über den Stand Auskunft erteilen.
– Für den Fall, dass Sie nicht sofort Ihr Mietvertragsexemplar mit der Unterschrift des Vermieters bekommen, lassen Sie sich eine Kopie geben – das schützt vor nachträglichen Änderungen.

65. Nebenkostenabrechnung verstehen

Die Neben- bzw. Betriebskosten sind längst eine Art „zweite Miete“ dank der ständig steigenden Preise. Das steckt dahinter:

– Die Zahlung von Nebenkosten muss im Mietvertrag ausdrücklich vereinbart sein. Dort steht auch, um welche Nebenkosten es sich im Einzelnen handelt.
– Nebenkosten können bis zu 17 verschiedene Positionen umfassen: unter anderem Heizung (siehe nächster Ratschlag) und Warmwasser, Grundsteuer, Wasser, Abwasser, Fahrstuhl, Straßenreinigung, Müllabfuhr, Beleuchtung, Gemeinschaftsantenne oder Breitbandkabel.
– Aber Achtung: Verwaltungskosten wie Bankgebühren, Porto etc. sind ebenso wenig Nebenkosten wie Reparaturkosten – Wartungskosten aber schon. Auch der Posten „Sonstiges“ ist in Betriebskostenabrechnungen nicht zulässig, alles muss konkret benannt werden.
– Es dürfen nur Nebenkosten abgerechnet werden, die im vertraglich festgelegten Abrechnungszeitraum von 12 Monaten angefallen sind. Liegt die Abrechnung nicht spätestens 12 Monate nach dem Ende einer Abrechnungsperiode vor, verfallen die Forderungen. Beanstandungen von Seiten des Mieters müssen innerhalb von 12 Monaten nach Erhalt der Abrechnung erfolgen.

66. Heizkostenabrechnung verstehen

Achten Sie nicht nur auf Nachzahlung oder Guthaben, sondern prüfen Sie auch die Richtigkeit der Abrechnung.

– Der Abrechnungszeitraum beträgt 12 Monate und muss in der Abrechnung angegeben sein.
– Aufzuführen ist der Energieverbrauch, also zum Beispiel kWh bzw. MWh bei Fernwärme oder cbm bei Gas mit den dafür verauslagten Kosten.
– Auch bei Heizkosten gibt es Nebenkosten, die von der Heizungsart abhängig sind. Anfallen können etwa Wartungskosten, Kosten der Verbrauchserfassung, Pumpenstrom. Reparaturkosten für die Heizung darf der Vermieter nicht umlegen.
– Achten Sie auf eine nachvollziehbare Kostenverteilung. Bei zentraler Warmwasserbereitung muss Ihr Kostenanteil daran berechnet werden. Vergleichen Sie die angegebenen Verbrauchseinheiten mit den von Ihnen selbst abgelesenen Zahlen und eventuell auch mit der Vorjahresabrechnung.
– Die geleisteten Vorschüsse, die Sie über das Jahr an den Versorger gezahlt haben, werden am Ende von den errechneten Gesamtkosten abgezogen. Haben Sie zu wenig im Voraus bezahlt, müssen Sie nachzahlen. War es zuviel, gibt es Geld zurück. Auf jeden Fall wird die Vorauszahlung fürs nächste Jahr entsprechend angepasst.

67. Eine Mieterhöhung bekommen

Wann darf der Vermieter mehr verlangen, wann nicht? Und wonach richten sich die Erhöhungen?

– Die Miete kann auf Wunsch des Vermieters erhöht werden, wenn dies nicht durch Vereinbarung ausgeschlossen bzw. für bestimmte Zeiträume vereinbart ist – etwa bei einem Vertrag mit Staffelmiete.
– Doch es gelten Regeln für eine Mieterhöhung. Erhöht

9 NEBENKOSTEN

und wer sie bezahlt

1. Grundsteuer: Darf der Vermieter auf die Mieter umlegen. Achtung: Gewerberäume kosten mehr Steuer, muss bei der Aufteilung berücksichtigt werden.

2. Wasser und Abwasser: Wassergeld, Ausgaben für die Wasseruhr dürfen verlangt werden, nicht Reparaturen. Entsorgung von Brauchwasser wie auch von Abwasser auf dem Grundstück kostet kommunale Kanalgebühr, die umgelegt wird.

3. Hausmeister: Wird für regelmäßige Arbeiten bezahlt, die nicht schon anderswo abgegolten werden. Nicht für Arbeiten, die Sache des Vermieters sind.

4. Müll und Straßenreinigung: Normale Müllentsorgung kostet je nach Kommune, Bauschutt u. a. ist nur Sache des Vermieters. Dazu kommen Gebühren für Straßen- und eventuell Gehsteigreinigung.

5. Hausreinigung und Gartenpflege: Wenn Gemeinschaftsbereiche (Treppe, Keller, Waschküche) nicht von Mietern regelmäßig gereinigt werden, müssen sie zahlen. Nebenkosten fallen auch an für Rasenmähen, Heckenschneiden, Laubharken, Bepflanzung, Einsäen, Gießen für bestehende Gemeinschaftsbereiche.

6. Beleuchtung und Gemeinschaftsräume: Zu zahlen sind Kosten für Beleuchtung von allen gemeinsam nutzbaren Räumen (zum Beispiel Flur, Keller) und dem Außenbereich. Bei Garagen nur von Nutzern.

7. Versicherungen: Schutz gegen Feuer, Sturm und Wasser sowie Glas-, Vermieterhaftpflicht und Schadenshaftpflicht dürfen umgelegt werden. Auch hier auf Gewerbe im Haus achten, die mehr zahlen müssen.

8. Heizung und Fahrstuhl: Neben Heizkosten fallen an Beträge für Pflege und Reinigung der Anlage, nicht aber deren Versicherung. Ebenso Gebühren für Kaminkehrer. Kosten für Wartung, Pflege, Prüfung vom Lift werden berechnet (auch im EG), nicht für Reparaturen.

9. Gemeinschaftseinrichtungen: Strom- und Wartungskosten für Antenne, Kabel, Waschmaschine werden angerechnet (auch bei Nichtnutzung), nicht aber Reparaturen.

werden darf, wenn die Miete seit mindestens 1 Jahr unverändert ist. In 3 Jahren darf die Grundmiete nicht um mehr als 20 Prozent steigen. Modernisierungszuschläge oder Betriebskostenerhöhung sind davon ausgenommen.

– Dazu darf die verlangte neue Miete nicht die ortsübliche Miete für vergleichbare Wohnungen übersteigen. Dies muss der Vermieter im Zweifel nachweisen – zum Beispiel unter Bezugnahme auf den Mietspiegel oder mit dem Nachweis auf drei Vergleichswohnungen.

– Wichtig ist auch die gesetzlich vorgeschriebene Weise der Erhöhung: Sie muss immer schriftlich erfolgen inklusive der genannten Nachweise und die Aufforderung an den Mieter enthalten, der Erhöhung zuzustimmen.

– Bei Unsicherheit lieber noch nicht der Erhöhung zustimmen, sondern sich beraten lassen (siehe Tipp). Manchmal hilft schon ein Gespräch mit guten und mit dem Vermieter erfahrenen Nachbarn – und sogar mit dem Vermieter selbst. Denn der will zwar mehr Geld, aber im Zweifel auch keinen Ärger. Bei schlechten Erfahrungen ist allerdings Vorsicht geboten.

TIPP

Ob Mieterhöhung oder Heizkostenabrechnung, Umwandlung von Miet- in Eigentumswohnung, Tierhaltung oder Kündigung: Auf viele Fragen des Mietrechts finden nicht mal Spezialisten die richtige Antwort. Deswegen sollten Mieter sich bei Unklarheiten und oder Unstimmigkeiten mit dem Vermieter fachlichen Rat holen. Wenn es um die Höhe des Verbrauchs von Öl, Gas usw. geht bei Verbraucherzentralen, sonst bei einem Mieterverein.

Handwerken

Der Wasserhahn an der Spüle müsste entkalkt werden – aber das dauert. Und das Bild sollte längst im Flur hängen – nur wie gehe ich das am besten an? Dann der tropfende Hahn auf der Toilette und die Lampe für die Schlafzimmerdecke – wer macht einem denn so was? Am besten man selbst. Denn für die allermeisten Handwerksarbeiten im Haus braucht es keinen Fachmann, sondern nur jemanden, der sich traut, diese Arbeiten in die Hand zu nehmen. Weiß ich dabei noch wie es geht, kann ich eigentlich anfangen mit dem Abschaffen des Aufschiebens. Legen wir also los.

Keine Angst vorm Handwerken

Tapeten mit der Schere zuzuschneiden und den Kleister auftragen – das ist nicht kompliziert. Mit der Bohrmaschine ein Loch für den Dübel bohren – das muss niemandem Sorgen machen. Also bitte keine Angst vorm Handwerken wie auch vor zwei linken Händen. Für einen guten Start zählen andere Dinge. Erstens: Lust haben auf die Arbeit, denn nur dann kann es was werden. Zweitens: sich ein wenig Zeit nehmen, damit man nicht zwischen Tür und Angel etwas falsch macht und dann alles umsonst war – das wäre nämlich die größte Zeitverschwendung. Drittens: sich ein wenig vorbereiten – je aufwändiger der Job, desto wichtiger.

Wer zum Beispiel seine Wohnung oder nur ein Zimmer renovieren will und nicht so erfahren ist mit dem Gipsen und Streichen, sollte erst mal einen Renovierungsplan machen. Hier werden alle Arbeiten aufgelistet inklusive des benötigten Materials und dann geprüft, was man davon alles noch kaufen oder (bei spezielleren Geräten) leihen muss. Dazu werden dann die ungefähren Preise geschrieben. Damit bekommt man den Überblick über Zeit und Geld, die das Vorhaben braucht. Wobei klar sein sollte, dass man als Einsteiger erst mal von beidem eher mehr benötigen wird. Wichtig ist auch, das Drumherum nicht zu vergessen. Fest eingeplant werden also auch Vorbereitungen (Möbel verräumen) und besonders Nacharbeiten (Lampe wieder aufhängen), die sonst gern mal einige Monate auf die Vollendung warten müssen. Alle Preise zusammengezählt zeigen einem dann gleich, dass nicht alleine mit Farbe und Rolle gerechnet werden muss. Die Nebenkosten für Kleinteile wie Pinsel, Abdeckfolie, Spachtel, Malerkrepp, Lackspachtel und mehr können nämlich schon mal bei 100 Euro und darüber liegen.

Selbermachen auf die sichere Art

So ein Fahrplan hilft einem auch dabei, sich sicher zu fühlen und Unfälle oder andere böse Überraschungen zu vermeiden. Ein klare Sache ist, dass sämtliche Gasleitungen und eigentlich auch alle Wasserleitungen tabu fürs Selbermachen sind. Dabei muss es gar nicht um die Gefahr für Haus und Leben gehen. Wenn ein Fachmann ihre Wasserleitung repariert, sie dann aber undicht wird, ist das zwar erst mal sehr ärgerlich – aber es kostet noch nichts. Denn Profi-Handwerker übernehmen die Gewährleistung für Schäden aus ihrer Arbeit. Machen aber wir uns mit gleichem Ergebnis am Wasser zu schaffen, zahlt vielleicht am Ende selbst die Versicherung nichts. Und das kann teuer werden. Im Zweifel also lieber den Profi rufen.

Arbeiten Sie selbst an Strom oder Wasser, muss sicher sein, dass die Versorgung unterbrochen ist. Also auch beim Wechseln einer Glühbirne an der Deckenlampe zuvor die Sicherung lösen. Theoretisch würde das Ausschalten der Lampe genügen, praktisch kann aber jemand das Licht wieder anschalten, wenn man gerade die Lampenfassung berührt. Daher die zweite Regel: Allen im Haushalt Bescheid sagen, wenn man an Systemen arbeitet, die alle betreffen.

Wer mit Chemikalien wie Farbe oder Terpentin arbeitet, sollte immer erst die Verarbeitungshinweise des Herstellers lesen und sich streng daran halten. Das gilt auch für die Entsorgung – einige Chemikalien können nämlich in Gewässern und Grundwasser große Schäden verursachen. Sie sind Sondermüll und müssen bei den Abfallsammelstellen abgegeben werden. Ganz wichtig: Beim Arbeiten mit Chemikalien unbedingt Haut und Gesicht vor Kontakt mit diesen Stoffen

Das braucht's: im Werkzeugkasten

Hammer (200 g schwer), Schlitzschraubenzieher (Größe 1, 2 & 3), Pozidrive-Kreuzschlitzschraubenzieher und Phillips-Kreuzschlitzschraubenzieher (jeweils Größe 1 & 2), Kombizange, Wasserpumpenzange, Kneifzange, Feinsäge, Metallsäge, Phasenprüfer, zwei Leimzwingen, kräftiges Cutter- oder Teppichmesser, Zollstock, Wasserwaage, Schleifpapier & Schleifkork, Japanspachtel, mittelharter Bleistift, Gewebe-Klebeband, Holzleim, Kontaktkleber. Dazu Schlagbohrmaschine mit HSS- und Steinbohrersatz und einen Akku-Bohrschrauber mit einem Satz Bits (Schraubeinsätze). Mehr zu den Details auf den folgenden zwei Doppelseiten.

schützen – also Handschuhe und am besten eine Schutzbrille tragen. Dicke Arbeitshandschuhe aus Leder helfen auch, wenn man mit scharfkantigen Werkstücken aus Holz, Metall oder auch Kunststoff arbeitet. Und eine rundum bedeckende Schutzbrille vermeidet, dass beim Fliesenschneiden oder Stemmen von Mauerlöchern Splitter in die Augen gehen. Mund und Atemwege schützt beim Holzschleifen oder bei Steinarbeiten eine Staubmaske, die Ohren werden durch übliche Stopfen aus Schaumstoff vor Lärm geschützt. Gegen Dreck auf der Kleidung gibt es zwei Mittel: entweder Overall bzw. Arbeitskittel überziehen oder gleich etwas Altes nehmen. Wichtig ist in jedem Fall, dass die Kleidung gut sitzt und so keine Ärmel oder Kittelsäume in laufende Maschinen geraten.

Leichter mit Leiter

Um schnell mal ein Buch ganz oben aus dem Regal zu fischen oder eine Glühbirne rauszuschrauben muss man nicht gleich die Trittleiter holen, ein standfester Stuhl kann es auch tun – aber auf Nummer sicher geht man mit ihr schon. Und auf jeden Fall sollte man sie im Haus haben. Denn bereits wenn man länger steht, ein Werkzeug benutzt oder sich bewegen muss wie etwa beim Bohren für eine Vorhangstange, ist ein Stuhl nicht die richtige Basis. (Von Kistenstapeln, Kommoden oder gar Fensterbrettern wollen wir gar nicht reden.) Auch beim Streichen einer Zimmerdecke ist die freistehende Leiter die erste Wahl. Gut, es ist etwas mühsam, sie immer wieder verrücken zu müssen – was man immer selbst machen sollte, in dem man vorher absteigt. Aber bei einem Gerüst ohne Brüstung oder einem Brett auf Bierkästen sind Fehltritte vorprogrammiert. Bei Haushaltsleitern ist der Haltebügel oberhalb der obersten Stufe wichtig, der mindestens bis zu den Knien reichen sollte. Wenn es beim Handwerken nach draußen geht, ist die Anstellleiter die bessere Wahl. Hat sie einen verbreiterten Standfuß, schützt das vor seitlichem Wegkippen der Leiter. Erddornen, Treppenholme oder einhängbare Standbleche machen die Leiter auch bei schwierigen Untergründen standsicher.

Der richtige Platz fürs Werkzeug

Wer regelmäßig selbst repariert und renoviert, wird über kurz oder lang bald eine stattliche Werkzeugsammlung haben und sich dafür im Idealfall sogar eine richtige Werkstatt einrichten. Für Gelegenheits-Heimwerker – und damit die meisten unter uns – lohnt sich das aber oft nicht, zumal oft der richtige Platz dafür fehlt. Aber einen bestimmten, exta dafür vorgesehenen Ort braucht das Werkzeug schon. Und das sollte vielleicht nicht irgendeine Küchenschublade oder Kellerkiste sein, in der sich Schraubenzieher, Malerpinsel und Holznägel wild vermischen. Ideal als mobile Einsatzbox ist eine leichte Werkzeugkiste aus Kunststoff, in der genug Platz fürs Handwerkzeug und eine Bohrmaschine ist, wenn die nicht wie auch der Akku-Schrauber in einem Extra-Koffer steckt. Kleinteilfächer für ein paar Dübel und Schrauben sollten außerdem dabei sein. Wer etwas öfter schraubt und hämmert, reserviert sich vielleicht noch ein Schränkchen für speziellere Werkzeug und Kleinteile. Zum Arbeiten selbst reicht schon eine freie Ecke zum Beispiel auf dem Balkon oder im Keller. Ein stabiler Tisch in der Nähe, der auch mal einen kräftigen Hammerschlag verträgt und dem Schrammen nichts schaden, ist für viele Arbeiten schon eine gute „Werkbank". Praktischer sind natürlich Werkbänke mit Einspannvorrichtung und solider Arbeitsplatte, die es auch zum Zusammenklappen gibt. Wer sich dann doch den Platz für eine ständige Werkstattecke gönnt, der sollte sich neben einem richtigen Werktisch und einem Werkzeugschrank auch eine Lochblechwand zum Anhängen für oft benutzte Werkzeuge anschaffen.

Hämmern und Schrauben

Handwerken ohne richtiges Werkzeug ist wie Essen ohne Besteck: Es geht, aber gut geht es nicht. Man kann den Nagel schon mal mit dem schweren Schraubenschlüssel einschlagen. Aber oft wird dabei der Nagel krumm, die Wand porös, der Daumen blau. Andererseits muss man kein Spezialgerät verwenden, um den Nagel gerade in die Wand zu treiben. Ein guter Hammer reicht.

Fehlt Ihnen für eine Arbeit ein so spezielles wie seltenes Werkzeug, fragen sie vor dem Kauf erstmal bekennende Heimwerker aus Ihrem Freundeskreis oder leihen Sie sich größere Geräte (zum Beispiel Dielenschleifer) im Baumarkt. Kaufen Sie, dann achten Sie auch auf die Eigenmarken der Märkte, die oft von guter Qualität sind (und hinter denen nicht selten die großen Markenhersteller stecken). Und wenn Sie nicht wissen, wie ein Werkzeug funktioniert – fragen Sie den Fachverkäufer. Das hilft meist mehr als ein Selbstversuch. Und dann zu Hause erst einmal ein paar Trockenübungen mit dem neuen Gerät machen, bevor es an den ernsthaften Reparaturfall geht.

Hammer

Sein Urahn ist der Faustkeil, aus dem sich bis heute drei wesentliche Modelle fürs Hämmern entwickelt haben: Der bei uns übliche Schlosserhammer mit Holzgriff und aufgesetztem Metallkopf, der auf der einen Seite spitz zuläuft (zum Ansetzen des Nagels) und der auf der anderen Seite flach ist (zum Einschlagen). Es gibt ihn als Dekohammer bis hinauf zum 2000 g schweren Werkzeug fürs Grobe. Vor allem im englischsprachigen Raum ist der so genannte Klauenhammer das Universalwerkzeug – mit runder Fläche zum Einschlagen und hinten einer gekerbten Finne zum Herausziehen von Nägeln. Bei uns werden sie meist in Form des Latt- oder Zimmermannshammers genutzt. Dann ist da noch der Schonhammer, der wegen des Kopfes aus Vollgummi meist Gummihammer genannt wird, aber auch Kunststoffkappen tragen kann. Er wird benutzt, wenn beispielsweise zwei Schrankseiten schonend zusammengefügt werden sollen. Hämmer mit Metallkopf sollten das GS- oder TÜV-Zeichen tragen. Das bezeugt Qualität und vermeidet, dass man mit einem durchgehärteten Hammerkopf arbeitet, von dem einem bei hartem Einsatz schon mal Metallsplitter um die Ohren fliegen können!

Schraubenzieher

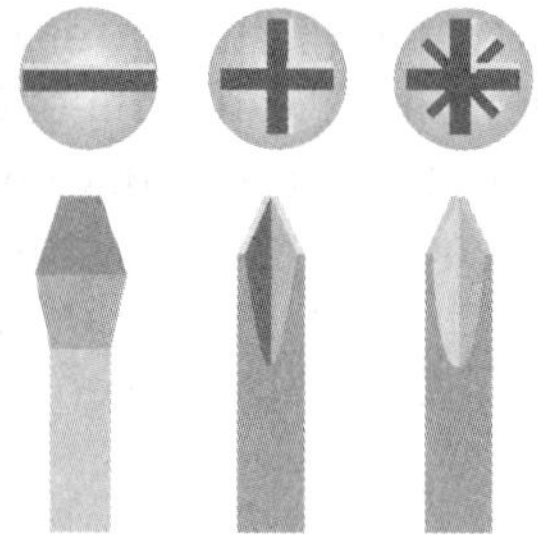

Schlitz-, Kreuz-(PH-), Doppelkreuz-(PZ-) Antrieb

Die wichtigsten Geräte in der Werkzeugkiste heißen eigentlich Schraubendreher. Je nach Schraube gibt es verschiedene Spitzen und damit Typen, nämlich Schlitz-, Kreuz- (Phillips bzw. PH genannt) und „Doppelkreuz"-Schraubenzieher (Pozidrive, PZ). Für Elektroarbeiten gibt es Schraubenzieher mit kunststoffummantelter Klinge und den so genannten Phasenprüfer. Er hat einen transparenten Griff mit einer „Lampe" drin, die aufglimmt, wenn die Klinge eine stromführende Phasenleitung berührt. Zum Schrauben eignet er sich eigentlich nur bei den Lüsterklemmen zum Anschließen einer Lampe. Die Qualität eines Schraubenziehers erkennt man an drei Merkmalen: Erstens sollte die Spitze gehärtet sein (steht auf dem Etikett oder gleich am Regal), damit bei einem Abrutscher der Schraubenzieher nicht gleich unbrauchbar wird. Zweitens muss die Klingenspitze absolut passgenau im Antrieb der Schraube sitzen. Probieren Sie das vorm Gang an die Kasse mit einer Markenschraube aus. Und drittens sollte der Griff rutschfest in der Hand liegen. Ideal sind Zweikomponentengriffe mit glattem festen Kunststoff im unteren Griffbereich für feine Schraubarbeiten und mit weichem griffigen Kunststoff im dickeren oberen Bereich, sodass sich die Schrauben mit Kraft drehen lassen.

Akku-Schrauber

Wer viel und lange schrauben muss, ist mit einem Akku-Schrauber besser dran. Hier übernimmt ein per Akku angetriebener Elektromotor die Kraftarbeit. Er dreht das Bohrfutter, in dem ein Halter mit dem jeweils passenden „Bit" sitzt. Dies sind austauschbare Schraubspitzen, die wie bei den Schraubenziehern passend zur Schraube geformt sind und in Sets angeboten werden. Die Leistung und damit auch den Preis des Geräts legt

Mehr wissen: Nägel und Schrauben

NÄGEL werden nach Material sowie Form von Schaft und Kopf unterschieden und nach Stärke sowie Länge sortiert. „2,2 x 50" auf dem Etikett steht für 2,2 mm starke und 50 mm bzw. 5 cm lange Nägel. **Drahtstifte**: Nägel aus ungehärtetem Stahl (Draht) zum Einschlagen in Holz. Mit kaum ausgebildetem Stauchkopf lassen sie sich bündig und tiefer einschlagen (Fußbodenleisten). Mit dem flachen Senkkopf geben sie mehr Halt. **Stahlnägel**: Aus gehärtetem Stahl fürs Einschlagen in gemauerte Wände. Sind meist an der Blaufärbung erkennbar.

SCHRAUBEN unterscheiden sich im Material (meist Stahl, der oft gegen Rost verzinkt, brüniert, galvanisiert oder überzogen ist) und in der Kopfform (Rund-, Linsen- und Sechskantköpfe stehen über, Senkköpfe nicht). Wie Nägel werden sie nach Stärke und Länge sortiert. Sie eignen sich für Holz- und Metallverbindungen sowie Wandbefestigungen durch Dübel. Je nach Verwendung unterscheiden sie sich im Gewinde sowie im so genannten Antrieb in Schlitz-, Kreuzschlitz- (Phillips- bzw. PH-) und Doppelkreuzschlitzschrauben (Pozidrive- bzw. PZ-Schrauben), die an den Innenecken zusätzlich eine kleine Einkerbung haben. **Holzschrauben**: Zur Verbindung von Holzteilen. Üblich sind heute Schrauben mit selbst schneidendem Gewinde und einem Kreuzschlitz-Antrieb (Pozidrive bzw. PZ). **Blechschrauben**: Für Verbindung von Metall oder Kunststoff. Gibt es mit selbst schneidendem, relativ grobem Gewinde für weichere Materialien und mit Feingewinde, mit dem die Schraube durch Löcher gesteckt und mit einer Mutter gesichert wird. Blechschrauben haben meist einen einfachen Kreuzschlitzantrieb (Phillips bzw. PH).

die Spannung des Akkus fest. 3,6 oder 7,2 Volt reichen für kleine Montagearbeiten im Haushalt aus. Ein Akku-Schrauber mit 9,6 (dann kann man mit ihm schon bohren) oder 12,8 Volt ist ein Allround-Talent, Profi-Geräte können bis zu 18,0 Volt haben und sogar zum Stein- bzw. Schlagbohren genutzt werden. Bei Akkuschraubern kann zwischen Bohrfutter und Motor auf einem Kranz mit Zahlen ein Drehmoment eingestellt werden. Ist diese Kraft erreicht, wird die Drehbewegung automatisch gestoppt, was besonders bei weichen Messing oder spröden Edelstahlschrauben den Schraubenkopf vor Beschädigung schont. Soll gebohrt werden, wird die Drehmomenteinstellung auf das Bohrersymbol gestellt und die Maschine gibt ihre volle Leistung auf den Bohrer ab, ohne dass die Drehbewegung stoppt.

Schraubenschlüssel

Bei Maschinen- und Schlüsselschrauben mit Sechskantkopf sind gut passende Schraubenschlüssel die bessere Wahl statt einer Zange. Es gibt sie in zwei Bauformen: einmal so genannte Maulschlüssel, die an einer Seite offen sind, um den Schlüssel seitlich auf den Sechskant der Verschraubung stecken zu können. Ringschlüssel (rundum geschlossen) werden oben auf den Sechskant gesetzt und haben einen besseren Halt.

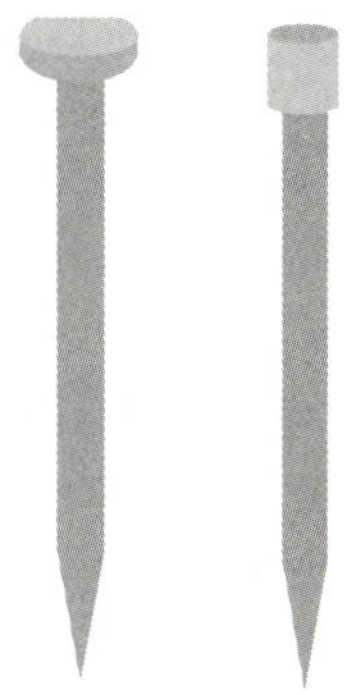

Nägel (rechts mit Stauchkopf)

Schrauben mit Rund-, Senk-, Linsen- bzw. Sechskantkopf

Bohren, Sägen und mehr

Alles über den Bohrer

Löcher in Holz bohrt man heute entweder gleich mit der Schraube, mit Akku-Bohrschraubern oder einfachen Bohrmaschinen ohne Schlagfunktion. Für die Steinwand ist aber eine Schlagbohrmaschine oder ein Bohrhammer notwendig. Schlagbohrmaschinen haben ein Getriebe, das den Bohrer im Bohrfutter der Maschine nicht nur dreht, sondern zusätzlich rythmisch nach vorn schlägt. Dadurch entsteht eine leichte Meißelbewegung und man kommt leichter in harten Baustoffen voran. Je mehr Leistung die Maschine hat (etwa 600 Watt Leistung reichen für übliche Arbeiten), desto mehr Drehmoment kann sie entwickeln. Beim Bohren in Beton ist der stärkere Bohrhammer erste Wahl. Er hat einen integrierten Schlagkolben, der mit großer Kraft den Bohrer nach vorn schlägt. Allerdings sind Bohrhämmer teurer als Schlagbohrmaschinen selber Leistung und benötigen Bohreinsätze mit SDS-Aufnahme (siehe „Mehr Wissen"). Der Bohrer wird hier einfach ins Bohrfutter gesteckt und sitzt fest, zum Lösen wird das Futter nach hinten gezogen. Schlagbohrmaschinen haben ein Bohrfutter in dem der Bohrer zwischen drei Spannbacken steckt, die bei älteren Maschinen mit einem Schlüssel seitlich festgezogen werden. Heute haben die meisten Schlagbohrmaschinen Bohrfutter, die sich ohne Werkzeug schließen und öffnen lassen. Beim Kauf jeder elektrischen Bohrmaschine sollte man darauf achten, dass das Gerät eine elektronische Drehzahlregelung hat und durch leichtes Drücken des Einschaltknopfes langsam anlaufen kann.

Die richtige Säge

Mindestens zwei Sägen sollte man im Haus haben: eine für Holz und eine für Metall. Der Klassiker für Holzarbeiten ist der Fuchsschwanz mit dem Sägeblatt, das von der Spitze nach hinten auf Griffbreite anwächst. Er eignet sich zum Kürzen von Brettern und für grobe Zuschnittarbeiten. Fuchsschwänze arbeiten meist auf Stoß (sägen also nur, wenn der Arm vom Körper weggeführt wird), neuere Modelle dazu auf Zug (also auch, wenn die Säge zum Körper hingezogen wird). Gute Sägen haben ein antihaftbeschichtetes Sägeblatt, das sich leichter durchs Holz führen lässt. Für genaueres Arbeiten gibt es die Feinsäge mit rechteckigem Blatt und feiner Zahnung, der Griff kann seitlich ausgestellt sein („gekröpft"). Immer beliebter werden Japan-Sägen mit dünnen Sägeblättern, die meist eine Doppelreihe Zähne besitzen. Sie arbeiten nur auf Zug, sodass das Blatt nicht stecken bleiben und knicken kann, und lassen sich sehr präzise führen.

Japansäge

Für Metall gibt es die kleine Bügelsäge, auch Puk-Säge genannt, mit einem nur Millimeter breiten Blatt, das von der Spannung des Bügels gehalten wird und durch leichtes Zusammendrücken ausgetauscht werden kann. Ihr Griff lässt sich lösen und verschieben. Bei der großen Metall-Bügelsäge mit festem Griff wird das rund 1 1/2 cm breite Blatt mit einer Schraube am vorderen Bügelende gespannt. Beide Sägen eignen sich zum Trennen von Metall und Kunststoff.

Die wichtigsten Elektro-Sägen sind die Kreis- und Stichsäge. Mit ihrem runden und senkrecht rotierendem Blatt eignet sich die Kreissäge besonders fürs Kürzen von Brettern und für lange, gerade Schnitte. Je nach Material gibt es Kreissägeblätter mit unterschiedlich vielen und verschieden geformten Zähnen. Vielseitiger und beliebter sind Stichsägen, deren schmales Sägeblatt sich auf und ab bewegt und mit diesem „Hub" durchs Material schneidet. Dessen elektronisch regelbare Geschwindigkeit macht es möglich, dass man auch durch empfindliches Material behutsam sägen kann – und das nicht nur auf gerader Linie. Gute Stichsägen bringen noch mit einem mehrstufig einstellbaren Pendelhub das Sägeblatt schneller voran. Auf den Verpackungen der Sägeblätter ist angegeben, ob sie sich für Holz, Metall, Kunststoff oder Buntmetall (Messing, Kupfer) eignen. Mit besonders schmalen Kurvenblättern lassen sich auch enge Radien sägen.

Zangen aller Art

Zangen, die etwas halten oder umfassen sollen, haben meist geriffelte Flächen in den Backen (so nennt man die greifenden Teile). Rohr- und Wasserpumpenzangen haben gerundete Backen, deren Öffnungsweite verstellbar ist. Spitzzangen besitzen gerade Backen, die

Mehr wissen: Bohrer und Dübel

HOLZBOHRER (1, Abbildung unten) mit Zentrierspitze zum punktgenauen Ansetzen des Bohrers und zwei Spitzen am Ende der Bohrerwindung. Üblich sind die Durchmessergrößen von 3 bis 10. Eine Sonderform sind Forstnerbohrer, die mit speziellen Schneiden große Löcher ins Holz „schälen".

STEINBOHRER (2) Zwei kleine „Flügel" seitlich der Bohrerspitze kennzeichnen die „Platte", die in der Bohrerspitze befestigt ist. Für einfache Bohrmaschinen mit rundem Schaft, für Bohrhämmer zusätzlich mit zwei länglichen Kerben („SDS-Aufnahme" (4)). Größe 5, 6, 8 und 10 sollten Standard sein. Eine Sonderform des Steinbohrers ist der Betonbohrer. Dieser hat eine besonders fest mit dem Bohrer verschweißte Platte und ist sehr temperaturbeständig, da beim Bohren in Beton hohe Reibungshitze entsteht.

METALLBOHRER (3) mit flacher kegeliger Spitze aus besonders widerstandsfähigem Stahl (HSS) geformt. Eignen sich für die meisten Metalle und viele Kunststoffe. Beim Bohren sehr harter Metalle mit Schneidöl kühlen.

UNIVERSALDÜBEL passen für fast alle Dübelmontagen im Haus. Wenn die Schraube eingedreht wird, verkrallen sie sich in massiven Wänden durch Auseinanderspreizen, in Hohlmauerwerk durch Zusammenziehen und in Leichtbauwänden durch Verknoten. Nicht für Porenbetonwände geeignet!

SPEZIALDÜBEL Porenbetondübel spreizen ihre Flügel beim Einschrauben mit weniger Druck, sodass der Porenbetonstein nicht beschädigt wird und die Dübel ihren Halt haben. Kunstharzdübel verankern hochbelastete Montagen – besonders gut für Hohlblocksteine und weiche Wände. Hierfür wird ein Zweikomponenten-Kunstharz angemischt und in eine Siebhülse im Bohrloch gespritzt, in die eine zweite Hülse für Haken oder Bolzen eingesetzt wird. Innerhalb weniger Minuten härtet das Harz zur steinharten Masse aus.

HOHLRAUMDÜBEL sind die Spezialisten für Leichtbauwände mit nur wenigen Millimetern Wandstärke. Je nach Bauart spreizen sie sich, klappen in der Wand auseinander oder ziehen sich wie der Universaldübel im Hohlraum der Wand zusammen.

kleine Teile auch dort halten, wo es eng ist. Meist haben sie weiter hinten noch eine Schneide – wie auch die wuchtigere Kombizange, deren Backen vorn zwei kurze Haltezonen und dahinter eine kräftige Schneide hat. Zangen zum Abtrennen sind Seitenschneider (besonders zum Kürzen von Draht) und Vorneschneider, eher bekannt als Kneif- oder Beißzange. Mit ihr lassen sich auch Nägel herausziehen und kräftige Drähte verzwirbeln.

(1) (2) (3) (4)

Einhandzwinge

Feilen und Zwingen für alle Fälle

Wer mit Holz arbeitet, braucht zum Glätten Feilen mit feiner und Raspeln mit grober Riffelung, Hieb genannt. Schraubzwingen können dazu beim Verleimen die oft benötigte dritte Hand ersetzen und für festen sowie gleichmäßigen Halt sorgen. Zum Fixieren von empfindlichem Material sind Leimzwingen die bessere Wahl, die über einen Exzenterhebel mit sensiblem Druck statt über ein Gewinde das Werkstück halten. Eine Mischform sind Einhandzwingen, die mit einer Hand mittels eines Pistolengriffs gespannt und auch wieder gelöst werden können.

Von der Decke bis zum Boden

Ging es bis jetzt eher um die Ausrüstung des Heim-Handwerkers, so kommen wir nun zum Großen und Ganzen, zum Raum, in dem wir leben. Es geht ums Renovieren. Wer da jetzt nur an Umzug, viel Arbeit und teure Handwerker denkt, liegt nicht ganz richtig. Denn wer länger an einem Platz lebt, wird auch nicht ums Renovieren drum herum kommen. In Deutschland gilt die Faustregel, dass Küche und Bad alle 3 Jahre, Wohn- und Schlafzimmer, Diele und Toiletten alle 5 Jahre und sonstige Nebenräume alle 7 Jahre renoviert werden. Wer sich daran hält, müsste beim Auszug danach nicht mehr renovieren – sagt der Bundesgerichtshof. Letztendlich bleibt es eine Frage zwischen Mieter und Vermieter, zu der es immer wieder neue Urteile gibt. Und in Österreich (mit oft individuellen Klauseln im Mietvertrag) und der Schweiz (kleine Reparaturen erledigt der Mieter selbst, Renovierung beim Auszug ist normalerweise Sache des Vermieters) gibt es wieder andere Regeln.

Wer gerne in seinen Räumen wohnt, wird auch ohne all das öfter mal was daran ändern wollen. Das Gute daran: Der im Moment hohe Aufwand wird auf lange Sicht reich belohnt. Schon eine Wand in neuer Farbe kann einen Raum mehr verändern als viele neue Möbel. Ein anderer Bodenbelag kann aus der dunklen Höhle einen Wohnraum mit Atmosphäre machen und jahrelanges Stückwerk ersparen. Das Allermeiste lässt sich mit etwas Zeit, Lust und Hilfe von außen selber machen. Wem die Räume gehören, kann tun was er will (außer wenn es ans Äußere, den Dachstuhl, die Statik oder gegen das Baurecht geht). Mieter, die ohne zwingenden Grund bauliche Veränderungen vornehmen wollen (zum Beispiel Wände verändern, Fenster auswechseln), müssen erst den Eigentümer um Erlaubnis fragen. Ist der einsichtig, kann man ihn auch um die Finanzierung oder einen Zuschuss bitten – wenn das nicht wieder durch eine Mieterhöhung reingeholt wird. Auf jeden Fall ist es Aufgabe des Eigentümers und Vermieters, den „gebrauchsfähigen Zustand" der Wohnung zu garantieren – also etwa beim Riss in der Wand die Reparatur zu übernehmen.

Wände verschönern

Zum Streichen braucht man nicht viel. Nur Folie zum Abdecken von Möbeln, Malerkrepp um Lackflächen wie etwa Türrahmen abzukleben und vorm Übermalen zu schützen. Dazu eine gute Wandfarbe, Pinsel zum Vorstreichen von Ecken und Kanten sowie eine Lammfellrolle mit Abstreichgitter zum Malen der großen Wandflächen. Damit können vorbehandelter Putz wie auch Raufasertapeten überstrichen werden. Je gröber die Raufasern sind, desto öfter kann hier auch drüber gestrichen werden, mehr als 3-mal sollten es aber nicht sein. Bei glatten Tapeten mit Muster oder farbigen Untergünden müssen sie vor allem beim Weißen oft mehrmals streichen, damit nichts durchscheint. Und Tapeten mit Struktur müssen ganz runter, wenn sie die nicht mehr durchsehen mögen. Mit speziellem Tapetenablöser und einem Spachtel geht diese Arbeit gut von der Hand. Wer sich für die Zukunft diese Mühe sparen will, nimmt eine so genannte Vliestapete oder streicht vor dem Tapezieren einen „Wechselgrund" auf die Wand. Dann lassen sich die Bahnen später einfach und trocken von der Wand ziehen. Fragen Sie Ihren Händler mal danach.

Ein guter Boden

Was tun, wenn einem der Boden in den eigenen vier Wänden gar nicht passt? Wer länger dort wohnen möchte, sollte das schnell ändern, statt sich ständig zu ärgern – und wenn fürs Renovieren erst mal alles leergeräumt ist, geht es gleich viel einfacher als gedacht. Teppichböden wie auch PVC oder Linoleum brauchen einen glatten ebenen Untergrund zum Verlegen, wofür man eventuell spezielle Holzplatten sowie eine Trittschalldämmung unterlegen muss, zum Beispiel bei Dielen. Auf teuren oder empfindlichen Belägen wie Parkett sollte der neue Belag wenn möglich gespannt oder mit Teppichklebeband bzw. -folie fixiert werden. Neuerdings werden Teppiche mit einem Filzrücken hergestellt und mit selbstklebenden Klettbändern fixiert. Vollflächig verklebte Teppich müssen später mühsam mit Hand und Spachtel gelöst werden – es sei denn, es handelt sich um die neueren wieder aufnehmbaren Systeme.

Fertigparkett und Laminat haben eine endbehandelte Oberfläche und sind als einzelne Verlegedielen erhältlich, die mittels Nut und Feder zusammengesteckt werden. Traditionell werden sie dabei verleimt, doch inzwischen setzen sich immer mehr die so genannten

Mehr wissen: Farben und Lacke

DISPERSIONSFARBE Wandfarbe, bei der die Farbpigmente in Wasser eingebettet (dispergiert) sind. Je mehr Pigmente, desto höher die Deckkraft und der Preis. Sie ist dampfdiffusionsoffen, was feuchte Wände verhindert.

LATEXFARBE Wandfarbe mit Kunststoffzusatz, die nach dem Trocknen abwaschbar ist (gut für Küche oder Kinderzimmer). Moderne Latexfarben sind ebenfalls dampfdiffusionsoffen.

ACRYLLACK Im Vergleich zum Kunstharzlack relativ natürliche Lackfarbe, deren Farbpigmente nur in Wasser gelöst sind. Anders als die künstliche Alternative trocknet sie etwas langsamer und verläuft beim Streichen mit dem Pinsel nicht so schnell, dazu ist sie nicht so robust. Dafür sind ihr Ausdünstungen angenehmer für Nase und Gesundheit. Eignet sich für alle Lackierarbeiten.

KUNSTHARZLACK, ALKYDHARZLACK ist mit kunststoffgebundenen Pigmenten und Lösungsmitteln (meist auf Testbenzinbasis) gemischt. Stabiler Lack, der schnell verläuft und trocknet, eignet sich für alle Lackierungen in und um das Haus, besonders für Türen und Fenster. Jedoch ist dieser Lack sehr geruchsintensiv, und die Lösungsmittel können zu Kopfschmerzen führen.

BEIZE In Wasser, Spiritus oder Flüssigwachs gelöste, sehr intensiv färbende Pigmente zum Einfärben roher Hölzer. Gebeizte Oberflächen werden mit klarem Lack, manchmal auch mit Holzwachs oder -öl geschützt.

HOLZWACHS Ursprünglich verflüssigtes Bienenwachs, heute synthetisch hergestelltes Flüssigwachs oder aus Palmenblättern gewonnenes sehr hartes Wachs (Carnauba), das nach dem Auftragen die Holzporen schließt, auf der Oberfläche aushärtet und so vor Feuchtigkeit und Schmutz schützt.

HOLZÖL Oft auf Basis von Leinöl- oder anderen Naturölen hergestelltes Öl, das es klar und mit Pigmenten in unterschiedlichen Holztönen gibt. Es dringt in die Holzoberfläche, macht sie wasserunempfindlich und schützt das Holz vorm Austrocknen. Hartwachsöl besitzt dazu Anteile von Flüssigwachs, sodass es sowohl ins Holz eindringt als auch die Oberfläche mit einer Wachsschicht schützt. Sehr gut für Holzfußböden, aber auch für Möbeloberflächen.

LÖSUNGSMITTEL Wasser ist das häufigstes Lösungsmittel in Farben, daneben begegnet man als Heimwerker Chemikalien zum Verdünnen und Reinigen der Malwerkzeuge (Hinweis auf das geeignete Lösungsmittel findet man auf den Farbdosen). Der Universalverdünner dient zum Verdünnen von Kunstharzlacken und zum Reinigen der Lackierwerkzeuge. Terpentinersatz eignet sich zum Verdünnen von Farben auf Ölbasis, reinigen und entfernen von Flecken gleichermaßen. Aceton ist ein Lösemittel, dass sich besonders zum Reinigen eignet da es beispielsweise Lack, Sekunden- und Alleskleber, wachshaltige Mittel und viele Silikone entfernt. Darüber hinaus wirkt Aceton entfettend. Aber Achtung: Diese Mittel sind gesundheitsgefährdend (besonders ihre beim Öffnen austretenden Gase) und leicht entzündlich! Sie dürfen nur bei guter Belüftung verwendet werden. Flaschen und Dosen sollten nicht unnötig geöffnet rumstehen. Reste müssen als Sondermüll bei kommunalen Abfallannahmestellen entsorgt werden.

„Klick“-Systeme durch, die ohne Leim halten. Fertigparkett besteht aus verleimten Holzschichten in verschiedenen Formen und Größen, für Laminat wird ein Dekor – meist Holz – auf Papier gedruckt und dann auf eine Holzfaserträgerplatte laminiert und mit einer Harzschicht überzogen. Und bei Echtholz-Laminat wird dünnes Holzfurnier als Dekorschicht verwendet. Mehr zur richtigen Wahl des Bodens erfahren sie ab Seite 35, zur Pflege bitte im Kapitel „Ordnung haben“ ab Seite 424 nachschauen.

68. Nägel einschlagen

Das braucht man:
passende Nägel (siehe „Mehr wissen" auf Seite 49)
Hammer (für dünne Nägel einen leichten, für dicke Nägel ab 200 g)

– Wenn ein leichtes Bild oder anderes Dekoratives in der Wohnung aufgehängt werden soll, dann wird ein fester Nagel in die Wand geschlagen. Das Mitnahmeregal wird zwar heute komplett verschraubt, aber für die Rückwand muss dann doch noch der Hammer ran. Und ist der Teppich verlegt und geht es an die Fußleisten, sind ebenfalls Nägel (meist dünne Drahtstifte) gefragt. Ansonsten wird eher im Außenbereich genagelt – etwa beim Aufstellen eines Zaunes, beim Bau eines Schuppens oder Baumhauses. So wird es gemacht:
– Den Nagel an die Wand oder das Holz setzen, den Hammerstiel im unteren Drittel festhalten und bei steifem Handgelenk mit der Armbewegung den Nagel kräftig bis sanft einschlagen. Kleinere Nägel zu Beginn mit der Spitze des Hammers vorsichtig „anheften".
– Wird ein Nagel krumm geschlagen, sollte er herausgezogen und durch einen neuen ersetzt werden. Gerade biegen führt meist dazu, dass sich der Nagel beim nächsten Hammerschlag wieder verbiegt.

TIPP
Damit man sich bei kleinen Nägeln nicht auf die Finger haut, sticht man sie durch einen Pappstreifen, der dann als „Halter" dient. Und bevor ein Nagel in Holz geschlagen wird, die Spitze mit einem Hammerschlag stauchen (also einmal kurz drauf hauen). Das verhindert das Reißen des Holzes, da die Holzfasern nicht auseinander gedrückt werden.

69. Dübellöcher bohren

Das braucht man:
Schlagbohrmaschine oder kleiner Bohrhammer
Steinbohrer
Dübel
Leitungssuchgerät
Bleistift

– Wählen Sie zuerst je nach Wand und aufzuhängendem Objekt die Schraube aus. Der Dübel dazu sollte kürzer sein – und zwar jeweils um den Durchmesser der Schraube. Bei einer Schraubengröße von 5 x 75 (in mm) wird der Dübel also 70 mm lang sein. Auf seiner Packung steht dann, welcher Dübeldurchmesser zu welcher Schraube passt. Dieser Durchmesser muss mit der Größe des Bohrers identisch sein. Der wird nun eingespannt.
– Zunächst mit einem Leitungssuchgerät über die Wand gleiten und sicherstellen, dass dort keine Leitungen in der Wand verlaufen. Leitungssuchgeräte reagieren auf Metall (Kupferdraht der Stromleitung), einige auch auf Stromfluss.
– Die Bohrposition mit einem Bleistiftkreuz anzeichnen, möglichst aber nicht in einer Mauerfuge, da hier der Bohrer wegrutschen kann und der Dübel weniger Halt findet.
– Den Bohrer mit seiner Spitze ansetzen und dabei die Maschine andrücken. Bohrmaschinen mit elektronischer Drehzahlregelung langsam anlaufen lassen und sobald der Bohrer eine Mulde gebohrt hat, mit voller Geschwindigkeit bohren. Das Bohrloch sollte 1 cm länger als der Dübel sein.
– Das Bohrloch ausblasen oder besser noch mit dem Staubsauger aussaugen. Dann wird der Dübel ins Bohrloch gesteckt und soll stramm darin sitzen.
– Um einen Dübel, der nicht mehr gebraucht wird, aus der Wand zu bekommen, dreht man eine lange Schraube so weit ein, dass der Dübel sich fast spreizt. Dann mit einer Zange die Schraube samt Dübel herausziehen.

TIPP
Wenn das Dübelloch zu groß geworden ist, weil die Wand „weich" ist, wird es mit Spachtelmasse geschlossen. Die gibt es gebrauchsfertig in der Tube und soll das ganze, zuvor nass gemachte Loch füllen. Nach dem Aushärten wird neu gebohrt. Eine andere Möglichkeit sind runde Ausschnitte aus einer Gipsbinde, die angefeuchtet und um den Dübel gewickelt werden. Beides wird zusammen in das Bohrloch gesteckt und nach dem Aushärten kann in den Dübel geschraubt werden. Solche Gipsbinden gibt es auch fertig zugeschnitten im Baumarkt bei den Dübeln.

70. Bohren in Fliesen

Das braucht man:
Malerkrepp
Fliesenbohrer (hat eine besonders ausgeformte Spitze oder eine dreieckige, in den Bohrerschaft geschweißte Metallplatte als Bohrspitze)
Schlagbohrmaschine oder kleiner Bohrhammer

– Die Bohrpositionen mit Malerkrepp abkleben und darauf die genaue Position nochmals markieren.
– Den Fliesenbohrer in die Bohrmaschine einsetzen, das Schlagwerk der Maschine abstellen und bei elektronisch geregelter Maschinendrehzahl langsam anbohren. Durch das Klebeband rutscht der Bohrer nicht weg.
– Sobald man durch die Fliese gebohrt hat und in die eigentliche Wand bohrt (erkennt man an der Farbe des austretenden Bohrmehls) kann die Drehzahl erhöht und das Schlagwerk eingeschaltet werden.

71. Bild aufhängen

Das braucht man:
Bleistift
Zollstock
Wasserwaage
1–2 Stahlnägel (Bildernägel) oder
1–2 Schraubhaken mit Dübel

– Vor allem bei größeren oder mehreren Bildern ist es gut, wenn Sie zu zweit arbeiten. Tipps für die richtige Positionierung finden Sie auf Seite 15 (Ratschlag Nr. 4: Mit Bildern gestalten). Steht sie fest, halten Sie das Bild an die Wand und ziehen Sie am oberen Rahmenrand einen Strich. Auf diesem die gewünschte Position der Bildmitte einzeichnen.
– Nun den Abstand des oberen Rahmenrands zum Aufhängepunkt am Bild messen und diese Stelle unter dem Mittelpunkt der Linie kennzeichnen. Wird der Rahmen an einem Draht oder Band aufgehängt, dieses mit einem Finger mittig stramm nach oben ziehen und den Abstand zum Rahmenrand messen. Wenn nötig das Band kürzen.
– Jetzt Nagel oder Schraube in die Wand setzen und das Bild aufhängen.
– Bei Bilderrahmen, die mit zwei Nägeln oder Haken aufgehängt werden, werden die gleichen Schritte gemacht – auch hier wie oben die Bildmitte auf der Wand markieren und den scheinbaren Aufhängepunkt darunter einzeichnen. Dann den Abstand zwischen den beiden Aufhängepunkten am Bild messen, halbieren und dies links und rechts auf die Wandmarkierung übertragen.
– Die Punkte mit der Wasserwaage oder durch Messen von der Decke exakt in die Waagerechte bringen, ohne dabei den Abstand zu verändern. Nun Nägel oder Schrauben einsetzen.

TIPP

Wer alleine Bilder aufhängt oder nicht so viel messen will, kann es auch so machen: Papier in der Größe der Rahmen zuschneiden und auf die Rückseite der Bilder legen. Die Aufhängepunkte mit einem Kreuz markieren. Papier an der Wand positionieren und mit Klebestreifen befestigen. Nägel oder Schrauben an den Markierungen in der Wand anbringen, das Papier entfernen und die Bilder aufhängen.

72. Decken- und Wandlampen montieren

Das braucht man:
Schrauben und Dübel
Bohrmaschine mit Steinbohrer
Leitungssuchgerät
Phasenprüfer
Cuttermesser
Abisolierzange
Lüsterklemme
Bleistift
eventuell Aderendhülsen und eine Presszange dafür

– Vor der Arbeit am Stromnetz werden die entsprechenden Sicherungen herausgenommen oder abgeschaltet. Alle Mitbewohner darüber informieren und zusätzlich den Lichtschalter ausschalten, am besten dabei noch mit einem auffälligen Klebebandstreifen fixieren. Vor dem Berühren der Leitungen mit dem Phasenprüfer testen, ob wirklich kein Strom mehr auf der Leitung ist.
– Zuerst wird an der Montagestelle mit einem Leitungssuchgerät geprüft, wo die Zuleitung in der Decke verläuft und wo gefahrlos gebohrt werden kann.

– Bei einer Deckenleuchte wird meist die Lampenfassung zusammen mit der Leuchtenhalterung an die Decke geschraubt. Dafür die Halterung an die Decke halten und die Aufhängepunkte mit einem Bleistift markieren.
– Halterung beiseite legen, die Dübellöcher bohren (siehe Ratschlag 69, Seite 54), Dübel hineinstecken und die Halterung anschrauben.

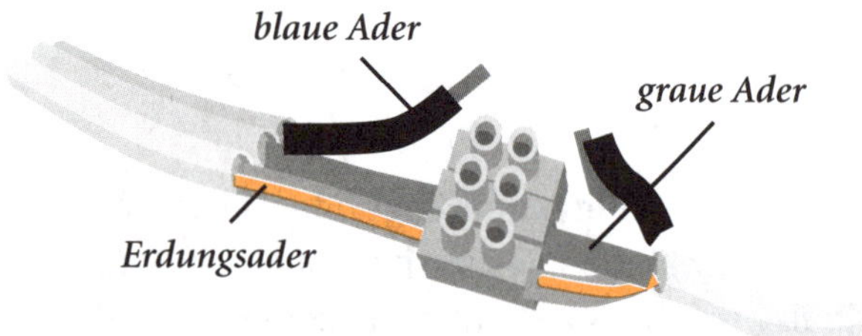

– Jetzt wird die aus Decke oder Wand kommende Lampenleitung mit den Kabeln in der Lampenfassung montiert, die meist schon in Lüsterklemmen stecken und mit jeweils einer kleinen Schraube festgehalten werden. Ihnen gegenüber liegen in der Lüsterklemme die Eingänge, in die nun die Leitungen aus Decke oder Wand gesteckt und festgeschraubt werden sollen.
– Dabei sind die Farben der Leitungen wichtig. Bei Wohnraumlampen sind diese Leitungen meist zweiadrig und diese beiden „Adern“ sind mit einem grauen und einem blauen Überzug isoliert – zumindest seit Januar 2003. Vorher waren die heute grauen Adern bei fest verlegten Leitungen schwarz, bei flexiblen Leitungen braun. Und die blauen waren schon immer blau.
– Nun geht es darum, die Leitungen der gleichen Farben (oder mit dem entsprechenden Gegenüber nach alter und neuer Norm) zusammenzubringen. Dazu müssen sie abisoliert sein und der Kupferdraht etwa 1 cm weit frei liegen. Ist das nicht der Fall, zunächst den äußeren dicken Kabelmantel mit einem scharfen Cuttermesser (der Profi nimmt ein speziellen Abmantler) vorsichtig einritzen, ohne die innere Isolierungen der Adern zu verletzen. Den Mantel abziehen.
– Dann die Aderenden mit der Abisolierzange etwa 1 cm weit abisolieren, ohne dass die Kupferleitungen beschädigt werden. Die Enden dann passend in die Lüsterklemmen stecken und mit dem Phasenprüfer oder einem kleinen Schraubenzieher festschrauben.
– Lampenleitungen haben meist noch eine zusätzliche grün-gelbe Ader als Erdungsleitung, die bei Leuchten mit Metallgehäuse sowie Feuchtraumlampen angeschlossen werden muss. Die entsprechende Klemme ist durch das Erdungssymbol Q gekennzeichnet.

– Jetzt die Glühbirne einschrauben, den Leuchtenschirm an der Halterung befestigen, Sicherung wieder aktivieren und das Licht einschalten. Funktioniert es, können Sie im Haushalt Entwarnung geben (und sich ganz nebenbei auch loben lassen). Funktioniert es nicht, lieber nicht weiter herumdoktern, sondern einen Profi dazuholen.

TIPP

Kümmern Sie sich unbedingt vor dem Arbeitsbeginn um genügend Licht. Also entweder früh genug anfangen, bevor es dunkel wird, oder mittels Verlängerungskabel eine Lampe ins Zimmer verlegen. Und denken Sie ebenfalls daran, was noch alles mit der Sicherung abgeschaltet werden könnte – in einem Altbau unter Umständen auch Computer, Waschmaschine, Kühlschrank ...

73. Pendelleuchte aufhängen

Das braucht man:
Leitungssuchgerät
Bohrmaschine mit Steinbohrer
Schraubhaken und Dübel
Phasenprüfer
Cuttermesser
Abisolierzange
Lüsterklemme
Bleistift
eventuell Aderendhülsen und
eine Presszange dafür

– Ist noch kein Deckenhaken zum Anhängen der Leuchte vorhanden, wird auch hier zunächst geprüft wo das Lampenkabel in der Decke verläuft.
– Dann wird möglichst nah am Austritt des Lampenkabels aus der Decke ein Dübelloch gebohrt und gleich anschließend dort ein Dübel für einen Schraubhaken gesetzt.
– An den Haken hängt man nun das Leuchtenkabel mit der Zugentlastung (eine kleine Scheibe mit drei Löchern, durch zwei läuft das Kabel, das dritte dient zum Anhängen) an und schließt die Lampe, wie bei der Wand- und Deckenleuchte beschrieben (Ratschlag Nr. 72, Seite 55), an.

TIPP

Soll eine Pendelleuchte eine exakte Position haben, etwa mittig über dem Esstisch, stellen Sie dort eine eingeschaltete Stabtaschenlampe mit dem Reflektor zur Decke gerichtet hin. Wo das Zentrum des Lichtkegels ist, wird die Leuchte angebracht. Wird die Pendelleuchte woanders gebraucht als dort, wo das Lampenkabel aus der Decke kommt, hängt man sie mit einer „Affenschaukel" ab – geht nur bei Leichtgewichten. Dazu an der gewünschten Stelle einen Haken oder ähnliches anbringen, um dort die Lampe einzuhängen und festzuklemmen. Das Kabel sollte leicht durchhängend bis zum Deckenanschluss reichen (vorher abmessen), wo es wie bei der Pendelleuchte montiert wird. Eine spezielle Verteilerdose mit seitlichem Kabelaustritt lässt die Sache professionell aussehen.

74. Halogen-Systeme montieren

Das braucht man:
Schrauben und Dübel
Bohrmaschine mit Steinbohrer
Leitungssuchgerät
Phasenprüfer
Cuttermesser
Abisolierzange
Lüsterklemme
Bleistift
eventuell Aderendhülsen und eine Presszange dafür
eventuell Maueranker oder Chemiedübel

– Halogenleuchten haben sehr kleine Glühlampen, die oft in einen Reflektor integriert sind und so ein Licht ähnlich dem Tageslicht spenden. Sie werden in der Regel mit 12 Volt betrieben, was nur einem kleinen Teil der Haushaltsspannung entspricht. Ein Transformator sorgt für die entsprechende Umwandlung, wonach der ungefährliche Strom dann entweder direkt über zwei Strom führende Drahtseile (für jeden Strompol eines) oder über eine Stromschiene an die daran angebrachten Lampen abgegeben wird.

– Der Trafo wird wie die Deckenleuchte immer am Deckenanschluss mit Dübel und Schraube fest montiert und mit einer Lüsterklemme oder über integrierte Klemmen an das Lampenkabel angeschlossen.

– Schienensysteme werden mit an der Decke verschraubten Haltern befestigt, die Stromeinspeisung für die Stromschiene und die darauf gesetzten Lampen befindet sich unmittelbar unter oder neben dem Trafo.

– Bei Seilsystemen werden zwei Seile als „Stromschiene" von Wand zu Wand oder von Boden zu Decke verspannt. Die Stromeinspeisung erfolgt vom Trafo über Klemmen direkt auf die Drähte. Die Halogenleuchten werden dann jeweils an beiden Spannseilen angeschlossen.

– Diese müssen mit extrem fest in der Wand verdübelten Haken verankert werden, um der Spannung stand zu halten. Bei Hohlmauerwerk und den entsprechenden Dübeln (siehe „Mehr wissen" auf Seite 51) ist das meist kein Problem. Bei Vollmauerwerk kann der übliche Kunststoffdübel zu schwach sein. Hier helfen Maueranker – spezielle Dübel für hohe Lasten, die oft aus Metall sind und sich besonders kräftig und stabil in eine Wand verkrallen können.

TIPP

Halogenreflektoren und -sockellampen nie mit bloßen Fingern berühren! Es bleibt dabei Hautfett auf dem Glas zurück, die Lampe wird dort extrem heiß und kann dann platzen. Ideal sind Baumwollhandschuhe beim Montieren von Halogenlampen, es geht aber auch mit einem Taschentuch oder ähnlichem.

75. Spül- und Waschmaschine aufstellen und anschließen

Diese Geräte müssen absolut fest und in Waage stehen, wofür sie Stellfüße haben, die meist mit dem Maulschlüssel nach oben oder unten gedreht werden können (bei einigen Geräten geht dies auch von Hand). Besonders die Waschmaschine mit ihrer rotierenden Trommel würde sonst aus dem Gleichgewicht und in Bewegung kommen.

Das braucht man:
Wasserwaage
Schraubenschlüssel (Maulschlüssel)
Wasserpumpenzange
Schlitz-Schraubenzieher

– Der Wasseranschluss für Waschmaschine und Spülmaschine ist meist unter bzw. neben der Spüle oder dem Waschtisch separat montiert. Er hat ein 1/2-Zoll-Gewinde, auf das der normalerweise fest am Gerät angebrachte Wasserzulaufschlauch mit seiner Überwurfmutter aufgeschraubt wird. Die zieht man mit der Wasserpumpenzange nochmals ganz leicht nach.
– Heute ist fast immer ein kleiner Kasten am Zulaufschlauch installiert, die automatische Wasserstoppmechanik. Hier schließt sich bei Druckverlust (zum Beispiel bei defektem Schlauch) ein Ventil, sodass kein Wasser mehr läuft und größerer Schaden vermieden wird. In diesen Kasten ist die Anschlussmutter mit Dichtung oft bereits integriert und wird wie oben per Hand auf dem Zulaufhahn fest angezogen und mit der Wasserpumpenzange nur leicht nachgezogen.
– Der Schlauch für den Wasserablauf wird normalerweise direkt an den Ablauf der Spüle unter dem Becken angeschlossen. Dort sollte dann seitlich ein Schlauchstutzen sitzen, der durch seine geschuppte, leicht konische Form ganz einfach zu erkennen ist. Der Schlauch selbst sollte an seinem Ende eine Schelle haben (einen Metallring zum Zusammenschrauben), mit der er stramm auf den Stutzen geschoben wird. Nun die Schelle mit dem Schaubenzieher soweit anziehen, dass sie sich schon etwas in den Schlauch drückt. Lässt sich der Schlauch zuvor nur schwer aufschieben, etwas Spülmittel auf den Stutzen streichen.
– Wird der Ablaufschlauch über den Rand eines Spülbeckens gehängt, muss man in der Bedienungsanleitung prüfen, bis zu welcher Höhe die Maschine das Abwasser maximal hochpumpen kann.

WÄSCHETROCKNER AUFSTELLEN

Es gibt Kondens- und Ablufttrockner. Kondenstrockner sammeln das Wasser aus der Wäsche in einem Auffangbehälter, Ablufttrockner benötigen dagegen eine Abluftöffnung nach außen. Ein Trockner muss absolut waagerecht stehen, sonst dreht die Trommel mit einer Unwucht und beschädigt mit der Zeit das Trommellager. Fürs Aufstellen werden die Stellfüße des Trockners so lange hoch- oder runtergedreht, bis eine diagonal aufgelegte Wasserwaage anzeigt, dass das Gerät gerade steht. Am besten mit der Wasserwaage beide Richtungen diagonal und zur Sicherheit nochmal längs und quer prüfen.

TIPP

Liegt der Ablauf zu hoch, kann man die Maschine mit einem einfachen, aber stabilen Podest aus wasserfester Sperrholzplatte (mindestens 25 mm dick) und kurzen Stahlrohr-Möbelbeinen aus dem Baumarkt aufbocken.

76. Verkalkten Perlator (Luftsprudler) reinigen

Das braucht man:
flüssiger Entkalker (mit handelsüblichem geht es meist am schnellsten, es haut aber auch mit Essigessenz oder Zitronensaft hin)
Perlatorschlüssel (gibt es im Baumarkt für unter 5 Euro)
eventuell neue Dichtung

– Wenn das Wasser nicht richtig aus dem Hahn kommt, ist meist der Perlator verkalkt – das Sprudelsieb am Auslauf des Hahns.
– Zum Reinigen wird er mit dem Perlatorschlüssel (er zerkratzt das Chrom nicht) abgeschraubt. Ist es dafür zu stark verkalkt, einen Lappen mit Entkalker tränken und für einige Zeit um den Perlator wickeln.
– Die Dichtung aus dem Perlator entfernen. Den Entkalker in eine Glasschüssel geben und den Perlator hineinlegen, bis sich aller Kalk gelöst hat. Dann gründlich mit Wasser abspülen.
– Die Dichtung wieder einsetzen oder gegen eine neue austauschen und den Perlator wieder auf den Hahn schrauben.

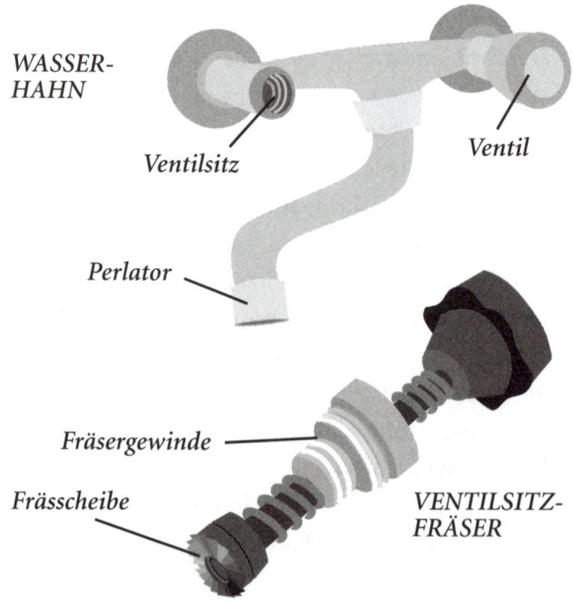

77. Tropfenden Wasserhahn reparieren

Das braucht man:
Wasserpumpenzange oder Armaturenzange
Ventilsitzfräser (kostet im Baumarkt unter 10 Euro)
Ventildichtung

– Meist tropft ein Wasserhahn weil ein Ventil (der Drehgriff zum Wasser auf- oder abdrehen) nicht mehr richtig schließt. Und das kann dann sein, wenn im Inneren die Dichtungsscheibe wegen Kalkablagerungen nicht mehr fest genug auf den so genannten Ventilsitz drückt – der ist sozusagen der verbreiterte Rand der Wasserleitung in der Armatur.
– Eine kurze Reparatur mit Hilfe eines Ventilsitzfräsers erspart einem hier den Klempner im Haus. Das klingt aufwändiger als es ist, da das Werkzeug weder teuer noch kompliziert ist – es ist im Grunde nur eine flache Scheibe mit scharf geriffelter Fläche und einem Griff dran. So wird es benutzt:
– Hauptwasserhahn oder zumindest die Eckventile absperren. Dies sind die Drehknöpfe unter Spüle oder Waschtisch, mit denen die Verbindung zur Wasserleitung reguliert wird.
– Ventil der Armatur mit der Zange abschrauben. Zum Greifen gibt es unterhalb des Drehgriffs einen sechseckigen Kranz. Wird mit der Wasserpumpenzangen geschraubt, am besten ein feuchtes Tuch zwischen Zange und Ventil legen, um Kratzer im Chrom zu vermeiden.
– Den Ventilsitzfräser in die Öffnung stecken und mit dem Gewinde des Fräsers handfest anschrauben (siehe Abbildung S. 58 links). Jetzt die Frässcheibe auf den Ventilsitz drücken und mit ein, zwei Umdrehungen diesen wieder plan fräsen.
– Den Ventilsitzfräser aus der Ventilöffnung entfernen, auf das demontierte Ventil eine neue Dichtungsscheibe stecken und es mit der Zange festziehen (wie weiter oben unter „Ventil abschrauben“ beschrieben). Jetzt sitzt die Dichtung wieder dicht und nichts tropft mehr.

78. Tropfenden Einhebelmischer reparieren

Das braucht man:
Armaturenzange
Innensechskantschlüssel („Inbus“)
Ersatzdichtungen oder -kartusche

– Tropft ein Wasserhahn, der mit einem Hebel gesteuert wird, liegt dies auch meist an der Dichtung. Doch zum Austausch sind andere Handgriffe als beim normalen Hahn mit Ventilen nötig. Aber auch hierzu braucht es keinen Klempner. So geht's:
– Hauptwasserhahn oder zumindest die Eckventile absperren. Den Mischhebel lösen und abnehmen. Dazu muss meist nur eine einzige Innensechskantschraube gelöst werden.
– Der nun freiliegende Schraubring (siehe Abbildung unten) wenn nötig mit der Armaturenzange lösen und abschrauben.
– Bei einigen Modellen kann jetzt der Wasserhahn (Profis sagen Auslaufarm) abgenommen werden.
– Den eigentlichen Mischeinsatz (die so genannte Kartusche) herausnehmen und prüfen, ob sich die Dichtungen auswechseln lassen. Wenn ja, diese austauschen, ansonsten die ganze Kartusche wechseln.
– Nun in umgekehrter Reihenfolge den Einhebelmischer wieder zusammenbauen. Wer zuvor alle Einzelteile nach jedem Ausbau nebeneinander gelegt hat, wird damit keine Probleme haben.

WASSERHAHN MIT MISCHHEBEL

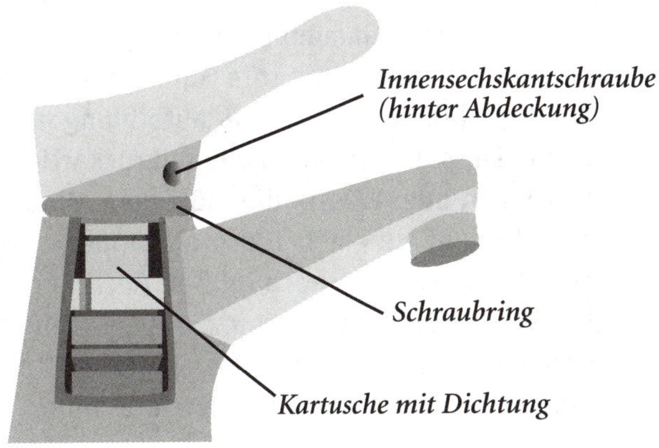

79. Verstopften Abfluss reinigen

Das braucht man:
Wasserpumpenzange
Eimer
Spülmittel
Flaschenbürste

– Wenn das Wasser nicht mehr richtig ablaufen will und weder Gummipfropf noch heiße Spülungen helfen (siehe nachfolgenden Tipp), dann ist meist die so genannte Ablaufgarnitur direkt unter dem Abfluss verstopft. Diese zu Entfernen und zu säubern ist zwar keine schöne Arbeit, aber dafür eine leichte Übung auch für Nicht-Handwerker. Ganz wichtig: zuerst den Eimer unterstellen.

– Nun mit der Hand oder falls nötig mit der Rohrzange die Überwurfschraube der Ablaufgarnitur lösen, mit der sie an den geraden Ausgang unter dem Ablaufsieb geschraubt ist.

– Nun entweder auch die Überwurfschraube an der Verbindung zum Abflussrohr lösen und das Mittelteil abnehmen. Oder vorsichtig die ganze Garnitur aus dem Abflussrohr in der Wand ziehen. In jedem Fall darauf achten, dass nun Wasser und noch mehr fließen werden.

– Die Garnitur nun kräftig mit heißem Wasser durchspülen und mit Fett lösendem Spülmittel reinigen. Am besten geht das mit einer biegsamen Flaschenbürste.

– Die Ablaufgarnitur wieder in das Abflussrohr einsetzen, am Abflusssieb anschrauben und mit der Zange behutsam festziehen. So werden auch neue Garnituren ausgetauscht.

TIPP

Vor dem Schrauben hilft oft Pumpen. Dazu braucht es eine Gummipumpe, auch gerne „Pömpel“ genannt: Die rote Gummiglocke fest auf den Abfluss setzen, Überlauföffnung mit einem Lappen verstopfen und mit ruckartigem Druck Luft oder Wasser durchdrücken. Wird der Überlauf mit einem feuchten Lappen zugestopft, ist der Druck noch größer. Auch reichlich kochendes Wasser kann die Ansammlungen im Abfluss lösen. Abflussreiniger sollten tabu sein – das sind echte Chemie-Bomben.

80. Heizkörper entlüften

Wenn es im Heizkörper gurgelt, rauscht oder plätschert, ist das ein Zeichen für Luft im System – mit der Folge, dass der Heizkörper nicht mehr die volle Leistung bringt. Hier muss entlüftet werden. Dazu brauchen Sie einen speziellen Heizkörperschlüssel (im Baumarkt fragen) und einen Becher oder ähnliches zum Auffangen von Wasser.

– Dazu werden die Entlüftungsventile der Heizkörper (sitzen oben an der Seite) der Reihe nach geöffnet. Man beginnt am tiefsten Punkt, meist am ersten Heizkörper hinter dem Heizungskessel, hält Tuch oder Becher unter das Ventil und öffnet es mit dem speziellen Schlüssel.

– Tritt Wasser aus, ist alles in Ordnung. Tritt Luft aus, wartet man, bis Wasser kommt und schließt das Ventil wieder. So geht es weiter bis zum am weitesten entfernten Heizkörper.

– Ist die Anlage entlüftet, muss meist Wasser ins Heizsystem nachgefüllt werden. Dafür ist an der Heizungsanlage für jeden Heizkreislauf ein Nachfüllventil vorhanden, über das mit einem angeschlossenen Wasserschlauch so viel Wasser nachgefüllt wird, bis der Druck im System wieder den Vorgaben entspricht. Dies sollte man sich einmal vom Fachmann zeigen lassen.

81. Türgarnitur tauschen

Das braucht man:
Schraubenzieher
Stahlnagel
kleiner Hammer
eventuell Innensechskantschlüssel („Inbus“)

– Zuerst wird die Klinke gelöst, die mit einem Metallsplint nahe dem Türschild gesichert ist. Dazu wird der Splint von unten mit Nagel und Hammer herausgeschlagen. Bei modernen Beschlägen sitzt hier eine Madenschraube mit Innensechskantantrieb. Sie wird mit einem Innensechskantschlüssel gelöst.

– Anschließend die beiden Klinken von der Tür abziehen.

– Jetzt mit einem Schraubenzieher die Schrauben der Türschilde herausdrehen und die Schilde abnehmen.

– Nun die neuen Schilde oder Rosetten anschrauben, dann die Klinke mit dem Vierkant durchs Schloss stecken und die gegenüberliegende Klinke aufsetzen.

– Diese wird dann mit der Madenschraube gesichert.

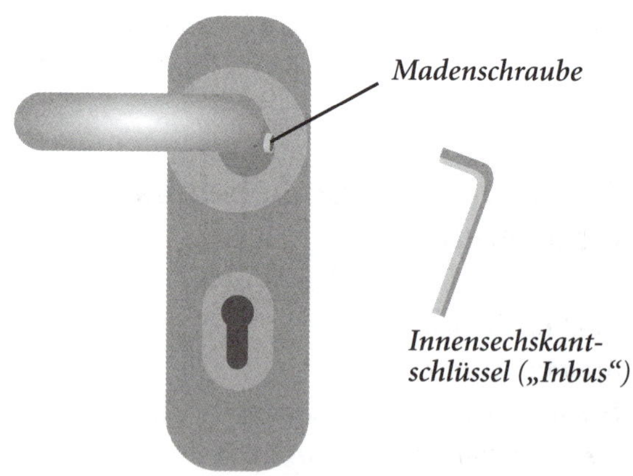

82. Zimmertüren höher setzen

Das braucht man:
Fitschenringe aus Messing oder
Innensechskantschlüssel („Inbus")

– Wenn Ihre Tür schleift oder klemmt, reicht oft ein Anheben um wenige Millimeter aus, um das Problem zu beheben.
– Altbautüren werden dazu mindestens 90 Grad geöffnet und nach oben ausgehängt – das geht zu zweit am besten.
– Bei geringem Höhenausgleich und ausreichend Luft zwischen Rahmen und Türoberkante reicht es aus, wenn so genannte Fitschenringe aus Messing auf die Dorne der am Rahmen montierten Scharnierhälften gesetzt werden. (Ringe aus Stahl schleifen sich dagegen ab, sodass der Metallstaub den Türrahmen im Bereich der Scharniere verdrecken würde.) Nun die Tür wieder einsetzen – am besten wieder zu zweit.
– Bei modernen Zimmertüren mit justierbaren Scharnieren kann über eine Innensechskantschraube das Scharnierunterteil gelöst, ausgerichtet und festgeklemmt werden. Das macht Fitschenringe überflüssig.
– Schleift die Tür trotz allem weiter, muss sie gekürzt werden.

TIPP

Zum Kürzen die eingehängte Tür schließen, auf eine einige Millimeter dicke Unterlage (zum Beispiel ein Karton) einen Bleistift legen und beides zusammen so an der Tür entlang ziehen, dass dabei die künftige Türunterkante markiert wird. Die Tür wie oben beschrieben aushängen und auf zwei Böcken ablegen. Sollen nur wenige Millimeter verschwinden, kann die massive Unterkante mit einem Hobel (leichter geht es mit einem elektrischen) gekürzt werden. Ist mehr zu kürzen, wird in entsprechender Höhe eine Führungsschiene oder ein gerades Brett mit zwei Zwingen an der Tür befestigt und die Tür mit einer Handkreissäge gekürzt. Dabei die Säge an der Führung entlangschieben. Auch Leichtbau-Türen mit Pappwabenkern haben einen Rahmen aus Massivholz, sodass sie wie Altbautüren mit Hobel oder Kreissäge gekürzt werden können.

83. Küchenschranktüren justieren

Wenn Schranktüren schief sitzen, sieht das erstens nicht gut aus und werden sie zweitens mit der Zeit schadhaft. Bei den heute üblichen Scharnieren lässt sich das nur mit einem Kreuzschraubenzieher ändern.

– Zum Festlegen der Türhöhe hat der fest im Schrank montierte Halter des Scharniers zwei längliche Schraublöcher (Langlöcher), mit denen Scharnier und damit die Türhöhe um einige Millimeter variiert werden können.
– Auf diesen Halter wird das heute übliche „Topfscharnier" (mit rundem Befestigungsteil in einer Bohrung an der Tür befestigt) geschoben und mit einer Klemmschraube im hinteren Teil fixiert.
– Zum Justieren ist die Stellschraube im Zentrum des Scharniers da, die für einen gleichmäßig breiten Spalt zwischen zwei Türen sorgt. Wird sie hineingedreht, drückt es die Tür Richtung Schrankmitte, beim Herausdrehen nach außen.
– Die exakt senkrechte Ausrichtung der Türen erfolgt durch das Zusammenspiel dieser beiden Einstellungen an allen Türscharnieren. Ebenso geht man bei Küchenschranktüren vor, die nach Jahren des Gebrauchs etwas hängen.

TOPFSCHARNIER

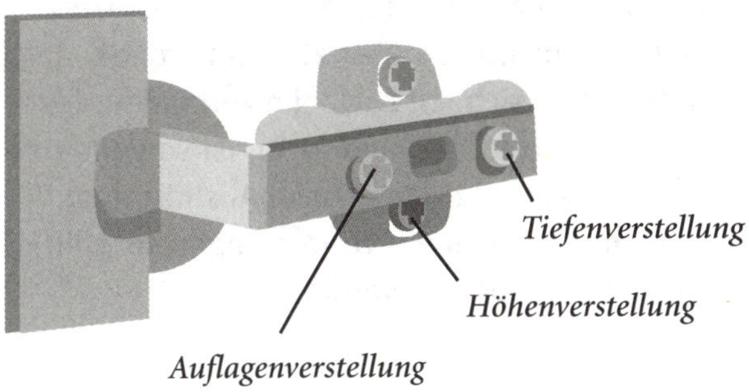

84. Holz verleimen

Das braucht man:
Holzleim
Leimzwingen
Japanspachtel

– Ob nun Leisten für eine Tischplattenkante oder Holzplatten für ein Möbelstück verleimt werden sollen – wichtig ist, dass die Stücke glatt und passgenau sind. Daher wird bei splittrigen oder ungehobelten Oberflächen (zum Beispiel Rauspunt) erst einmal mit Schleifpapier der Körnung 80 oder 100 geglättet.

– Bei schmalen Leimflächen wird der Leim einseitig als dünner Strang aufgetragen. Bei großen Flächen wird er ebenfalls einseitig aufgetragen, aber mit einem sehr feinen Zahn- oder einem Japanspachtel gleichmäßig verteilt.

– Nun Teile zusammenfügen und mit Zwingen so fixieren und pressen, bis der Leim abgebunden hat. Wie lange das dauert, steht auf der Flasche: Express-Holzleim kann schon nach 5 Minuten fest sein, andere Leime brauchen bis zu 2 Stunden dafür. Auf jeden Fall sollten Sie sich an diese Zeiten halten.

– Zum Verleimen großer Teile können statt Zwingen auch Spanngurte genommen werden, die um die Bauteile geschlungen und fest zusammengezogen werden. Damit sie nicht festkleben, sollten ein paar Lagen Zeitungspapier zwischen Holz und Gurt gelegt werden. Bleibt etwas am Holz hängen, wird es einfach weg geschliffen.

– Zum Anleimen von Leisten als Kante an einer Holzplatte ist kräftiges Paketklebeband ein erstklassiger Zwingenersatz.

TIPP

Verleimungen für den Außeneinsatz mit wasserfestem Holzleim machen. Lackierte oder beschichtete Materialien und rohes Holz lassen sich mit Lackleim verbinden. Für besonders feste Verbindungen ist so genannter PU-Leim gedacht. Da er beim Aushärten aufschäumt, müssen die Verleimungen sorgfältig zusammengepresst werden.

85. Bohren und schrauben in Holz

Das braucht man:
Akkuschrauber (oder Bohrmaschine ohne Schlagfunktion)
Holzbohrer
Holzschrauben
Aufreiber

– Viele Hölzer oder Holzwerkstoffe wie Spanplatten oder Sperrholz müssen heute nicht mehr vorgebohrt werden, um sie zu verschrauben. Selbst schneidende Spanplattenschrauben (bekannt unter dem Markennamen Spax) können direkt hineingedreht werden. Bis zu einem Schraubendurchmesser von 4 mm (die erste, kleinere Zahl auf der Packung) ist das kein Problem, je nach Kraft können es auch größere Schrauben sein.

– Bei „Übergrößen“ oder Hartholz wie Buche, Eiche oder Tropenholz wird weiterhin vorgebohrt. Dazu einen Bohrer nehmen, der einen 1/2–1 mm weniger Durchmesser als die Schraube hat, damit diese beim Eindrehen noch greifen kann.

– Für Schrauben mit Senkkopf (oben flach, nach unten kegelförmig) kann der Bohrlochrand zusätzlich mit einer kegelförmigen Raspel etwas geweitet werden, sodass der Schraubenkopf später bündig im Holz sitzt. Bei Holzwerkstoffen wie Sperrholz und Weichhölzern wie Fichte oder Kiefer ist dieses „Aufreiben“ nicht unbedingt nötig.

TIPPS

- **Schrauben, die sich schwer ins Holz drehen lassen, vorher in Seife oder Wachs stecken.**
- **Und damit Oberflächen beim Durchbohren auf der Gegenseite nicht ausreißen, ein Stück Holz mit Zwingen über dem Austrittpunkt des Bohrers festspannen.**

86. Mit der Hand sägen

Das Werkstück – ganz gleich ob Massivholz, Sperrholz oder Holzwerkstoff (MDF, Spanplatte usw.) – muss zum Sägen immer fest eingespannt sein, entweder mit einer Zwinge am Arbeitstisch, in der Werkbank, im Sägebock oder notfalls hält ein kräftiger Helfer fest. Den Sägeschnitt immer mit einem Bleistift anzeichnen, da die Tinte von Faserschreibern und Kugelschreibern ins Holz eindringen und sichtbar bleiben kann.

– Das Sägeblatt wird am Anfang auf das Holz gesetzt, der Griff leicht angehoben, sodass das Sägeblatt etwas schräg steht und nur an der Kante des Holzes in einem flachen Winkel aufliegt. Rechtshänder halten das Werkstück mit der linken Hand fest, sodass dabei das Sägeblatt oberhalb der Zahnung am Daumenrücken geführt wird. Linkshänder machen es umgekehrt.

– Da Sägeblätter einen 1–2 mm breiten Sägeschnitt machen, wird immer direkt neben der angezeichneten Schnittlinie gesägt. Man peilt beim Sägen von oben über das Blatt auf die Linie.

– Zunächst wird mit sehr wenig Druck die Säge mehrmals langsam herangezogen, bis sich ein Sägeschnitt bildet, in dem das Sägeblatt geführt wird. Nun mit gleichmäßigen, langen Sägebewegungen und nur wenig Druck arbeiten. Vor den letzten zwei, drei Sägezügen unbedingt dass Abfallstück festhalten, damit es nicht wegbricht und das Werkstück kaputt geht, weil das Holz an der Ecke ausreißt.

87. Mit der Maschine sägen

Bei Elektrosägen kommt es zunächst auf das richtige Modell für die jeweilige Arbeit an. Am verbreitetsten sind Stich- und Kreissägen.

– Stichsägen sind zwar am häufigsten in deutschen Werkzeugkisten zu finden, weil sie sehr universell einzusetzen sind, doch bei langen geraden Schnitten und dickem Material kommen sie schnell an ihre Grenze. Dafür sind sie ideal, um Bretter, Leisten und dergleichen zu kürzen.
– Erste Wahl sind Stichsägen für Kurven-Schnitte, Ausschnitte und für dünne geformte Materialien wie beispielsweise Kunststoff-Wellplatten. Für alle sägbaren Materialien gibt es spezielle Sägeblätter (Holz, Holzwerkstoffe, Kunststoffe, weiche Metalle), die jeweils auch in besonders schmaler Ausführung als so genannte Kurven-Sägeblätter angeboten werden.
– Für gerade Schnitte eignet sich eine Handkreissäge ideal (möglichst mit passender Führungsschiene). Besonders dann, wenn es auf absolut gerade oder rechtwinklige Schnitte ankommt. Die Sägeblattscheibe kann, anders als ein schmales Stichsägeblatt, nicht auswandern, also von der Schnittlinie abweichen. Wie bei Stichsägeblättern gibt es auch für die Handkreissäge auf die unterschiedlichen Materialien abgestimmte Sägeblätter.
– Grundsätzlich kann Massivholz mit einem grob gezahnten Sägeblatt geschnitten werden. Bei Holzwerkstoffen wie beispielsweise einer Spanplatte, sollte ein hartmetallbestücktes Sägeblatt mit vielen Zähnen verwendet werden. Dies eignet sich auch für viele Kunststoffe und weiche Metalle. Hier sollte man sich vor dem Kauf eingehend beraten lassen.
– Alle anderen Elektrosägen wie Säbelsäge, elektrischer Fuchsschwanz oder elektrische Feinsäge sind so sehr spezialisiert, dass sich ihre Anschaffung nur für enthusiastische Heimwerker lohnt.
– Elektrosägen produzieren im Betrieb viel Staub und Späne, deswegen sollten Sie eine Absaugeinrichtung haben an die ein üblicher Werkstattsauger angeschlossen wird.

88. Holz schleifen

Das braucht man:
Schleifkork
Schleifpapier in den Körnungen
60, 80, 120, 180 und 220

– Wer Holz glätten, Farbe entfernen oder neu lackieren möchte, kommt um sorgfältiges Schleifen nicht herum. Eine Grundregel beim Schleifen heißt: je gröber die Holzoberfläche, umso gröber (niedrige Körnungszahl) ist auch das erste Schleifpapier. Dabei entstehen bei der Arbeit von Hand wie mit der Maschine typische Schleifbilder, die erst beim Feinschliff wieder verschwinden.
– Beim Schleifen von Hand nimmt man für eine gleichmäßige Auflage des Papiers einen Schleifkork zur Hilfe, um den man das Schleifpapier herumlegt und festhält. Damit schleift man mit gleichmäßigem Druck und in Faserrichtung des Holzes die Oberfläche ab.
– Ist ein Schleifgang beendet, fegt man den Schleifstaub ab und wechselt zur nächstfeineren Schleifkörnung.
– Am Ende hat man eine sehr glatte Oberfläche, die mit einem feuchten Tuch gründlich von Staub befreit und nach dem Trocknen versiegelt wird.
– Eine elektrische Schleifmaschine führt je nach Modell typische Schleifbewegungen aus und arbeitet sich ebenfalls von grob bis fein durch.

89. Holz beizen

Das braucht man:
Schwamm
wasserlösliche Beize
ein altes Marmeladenglas
Beizpinsel (spezielle Borsten und keine Metallteile,
die mit einigen Beizen reagieren würden)
Schleifpapiere (siehe Ratschlag Nr. 88)
Einmal-Handschuhe

– Mit Beizen färbt man Holz so, dass die Maserung noch sichtbar bleibt, wobei die Farbe aber einige Millimeter tief ins Holz eindringt. Heute wird das meist für die farbige Gestaltung von Möbeln genutzt, früher „veredelte“ man damit einfache Hölzer wie Kiefer oder Buche im Ton von Mahagoni oder Nussbaum. Zum Beizen eignen sich besonders helle Holzarten.

– Dafür die rohe Holzoberfläche mit einem Schwamm und Wasser (bei Furnier warm, bei Vollholz heiß) nass machen, auf der Fläche stehendes Wasser mit dem ausgewrungenen Schwamm sofort abnehmen und das Holz über Nacht trocknen lassen. Dadurch quellen die Holzfasern in der Oberfläche und richten sich auf.

– Jetzt die Fläche von Hand und ohne Druck schleifen (Ratschlag Nr. 88, Seite 63).

– Nun als erstes Handschuhe überziehen, da einmal getrocknete Beize sich von der Haut kaum wieder entfernen lässt.

– Nimmt man fertige Beize, wird sie in einem alten Marmeladenglas oder dergleichen mit Wasser bis zum gewünschtem Farbton etwas verdünnt. Beize in Pulverform wird entsprechend mit Wasser angemischt. Zum Test auf einem Brett derselben Holzart Farbproben streichen und trocknen lassen.

– Mit dem Beizpinsel wird nun die Beize gleichmäßig, nass-in-nass, also ohne antrocknen zu lassen, in Faserrichtung auf das vorbereitete Holz gestrichen.

– Dann quer zur Faser überarbeiten (vertreiben) und anschließend nochmal in Faserrichtung streichen (das Ganze nennt man „verschlichten“) – dabei beide Male keine neue Beize mit dem Pinsel aufnehmen.

– Die Fläche muss beim anschließenden Trocknen stets waagerecht liegen, da sonst so genannte Beizfüße entstehen, wenn die nasse Beize sich am unteren Ende einer senkrechten Fläche sammelt und dort zu stärkerer Verfärbung führt.

– Abschließend bekommt eine gebeizte Fläche noch einen Oberflächenschutz aus Lack, Holzöl oder auch Holzwachs.

– Gebrauchsfertige Beizen werden direkt im gewünschten Verhältnis in einem Glasgefäß (lässt sich anschließend wieder reinigen) gemischt, Pulverbeize muss erst gelöst werden, um dann die einzelnen Farben zum gewünschten Farbton mischen zu können.

TIPP

Man kann verschiedene Beizfarben auch untereinander mischen. Vorausgesetzt es sind die gleichen Beizen (zum Beispiel Wasserbeize oder spiritus-gelöste Beizen).

90. Holz lasieren

Das braucht man:

Lasurpinsel (sehr weiche Borstenspitzen)
Schwamm
Schleifpapiere (siehe Ratschlag Nr. 88, Seite 63)

– Einfacher als Beizen ist das Einfärben von Holz mit einer Lasur. Sie lässt die Holzmaserung wie die Beize durchscheinen, dringt aber nicht tief ins Holz ein, sondern liegt eher wie ein Lack auf der Holzoberfläche. Damit ist sie zugleich ein Schutz fürs Holz – und lässt sich leichter verarbeiten als die Beize.

– Wie beim Beizen wird die rohe Holzoberfläche bis zum Feinschliff (Korn 220) durch geschliffen, gewässert und nachgeschliffen.

– Jetzt wir die Lasur mit dem Pinsel in Faserrichtung des Holzes Streifen neben Streifen aufgetragen.

– Für ein gleichmäßiges Lasurbild wird auch beim Lasieren die Fläche jeweils noch einmal quer und der Länge nach überarbeitet, ohne den Pinsel nochmals in die Lasur zu tauchen.

– Nach dem Trocknen brauchen lasierte Flächen keinen zusätzlichen Oberflächenschutz.

91. Holz wachsen und ölen

Das braucht man:

Schleifpapiere (siehe Ratschlag Nr. 88, Seite 63)
flüssiges Holzwachs oder Hartwachsöl
weicher Pinsel
fusselfreies Tuch
harte Schrubb-Bürste

– Die rohe Holzoberfläche mit Schleifpapier glätten (siehe Ratschlag Nr. 88, Seite 63)

– Nun mit dem Pinsel das Holzwachs gleichmäßig auf die geschliffene Holzoberfläche auftragen und etwa 10 Minuten einziehen lassen.

– Mit dem fusselfreien Tuch überschüssiges Wachs von der Oberfläche abwischen und das Holz über Nacht trocknen lassen

– Am nächsten Tag die Oberfläche mit einer harten Bürste polieren.

– Neben Möbelwachs eignet sich auch Hartwachsöl für Möbeloberflächen. Es wird wie beschrieben aufgetragen, aber mit feiner Stahlwolle (Stufe 0000) poliert, was der getrockneten Oberfläche einen seidigen Glanz gibt.

92. Alte Lackschichten entfernen

Das braucht man:
Schleifpapier (Korn 120) oder
Anlauger Abbeizstrip oder
Heißluftgerät mit starrem Spachtel

– Schaben Sie zuerst an einer unauffälligen Stelle mit einer Rasierklinge den Lack bis aufs Holz ab, um die Anzahl der alten Lackschichten zu erkennen. Sind es maximal drei, reicht es, die Oberfläche anzuschleifen oder mit einem so genannten Anlauger einzustreichen. Anlauger greifen die Lackoberfläche an, die dadurch wie beim Schleifen rau genug wird, um dem neuen Lack genug Haftung zu geben.
– Tragen Türen und Flächen mehr Lackschichten, sollten diese komplett runtergeholt werden. Das geht mit Schleifpapier nur sehr mühsam. Besonders bei profilierten Flächen hilft eher ein pastöser Abbeizer (als „Abbeizstrip“ im Handel erhältlich), der dick aufgetragen wird und gleich mehrere Lackschichten auf einmal anlöst. Alles zusammen wird nach der vorgegebenen Einwirkzeit mit einem Spachtel abgehoben. Sollte noch Farbe auf der Tür zurückbleiben, kann man die Prozedur wiederholen .
– Man kann Lack oder Lackreste auch mit einem Heißluftgerät erwärmen und so anlösen, dass sie mit einem Spachtel vom Holz geschoben werden können. Dafür gibt es spezielle Spachtel, die einen besonders langen Griff und unterschiedlich geformte Blätter haben, die auch für Türprofile geeignet sind. Doch Vorsicht – nichts anbrennen lassen, denn das gibt schnell Brandflecken im Holz,
– Ist der Lack entfernt wird die Holzoberfläche nochmals übergeschliffen (siehe Ratschlag Nr. 88, Seite 63).

93. Türen lackieren

Das braucht man:
zwei Böcke
Malerkrepp
Schleifpapier (Korn 120)
Lackierpinsel
Lackierrolle (am besten eine Veloursrolle)
Vorstreichfarbe
Lack
Lackwanne

– Zuerst die Türdrückergarnitur abmontieren (siehe Ratschlag 81, Seite 60) und dann den Türflügel aushängen und auf den Böcken ablegen.
– Wenn Glasfüllungen vorhanden sind, diese mit Malerkrepp abkleben. Ebenso das Türschloss (wenn es nicht auch ausgebaut wurde) und die Türscharniere.
– Alle Lackflächen anschleifen. Wenn bereits viele Farbschichten aufgetragen wurden oder nicht herauszubekommen ist, welcher Lack auf der Tür ist (Acryl- und Kunstharzlack vertragen sich nicht) diesen ganz entfernen (siehe Ratschlag 92) und die Tür mit Vorstreichfarbe grundieren.
– Bei modernen, glatten Türoberflächen kann man nun die gesamte Tür mit der Lackierrolle streichen. Dazu etwas Lack in das Farbreservoire der Lackwanne geben, die Lackierrolle eintauchen und auf der Abstreiffläche mehrmals abrollen, sodass die ganze Rolle mit Farbe benetzt ist und überschüssige Farbe in der Lackwanne bleibt.
– Erst die schmalen Türkanten, dann die oben liegende Fläche rollen. Dabei den Lack erst in eine Richtung auftragen, bis die Fläche ganz lackiert ist. Dann mit der Rolle noch einmal quer zur ersten Arbeitsrichtung den Lack verteilen und abschließend die Lackierung wieder in der ursprünglichen Richtung überrollen (verschlichten). Beide Male keinen neuen Lack aufnehmen. Wer mit dem Pinsel arbeitet, macht es ebenso.
– Bei profilierten Türen funktioniert es fast genauso: Bei den Türflächen werden hier zunächst die tiefer liegenden Füllungen mit Rolle oder Pinsel lackiert, dann die erhabenen Flächen und anschließend die Profile mit dem Pinsel lackiert. Damit der Lack gut ineinander läuft, sollte ohne längere Pausen durchgearbeitet werden.
– Den Lack trocknen lassen, die Tür umdrehen und das Ganze auf der zweiten Türfläche wiederholen.
– Um den Türrahmen zu lackieren, wird dieser wie bei der Türe mit Schleifpapier angeraut oder der Lack entfernt (siehe Ratschläge Nr. 88 und 92). Die Scharniere und die angrenzende Wand mit Malerkrepp abkleben.
– Die Lackierung kann man wie bei der Tür mit einer Lackierrolle machen, doch mit einem Pinsel ist man fast genauso schnell und kommt ohne Werkzeugwechsel auch in die Ecken des Türfalzes und an die Aussenkanten des Rahmens.
– Den Lack auf dem Rahmen mit langen, gleichmäßigen Auf- und Ab-Bewegungen verteilen und die Schicht so dünn wie möglich auftragen. Das verhindert Lackläufer.
– Ist eine Fläche lackiert, wird auch hier durch quer und längs Verstreichen der Lack gleichmäßig verteilt (verschlichtet).

94. Holzfenster lackieren

Das braucht man:
dampfdiffusionsoffenen Fensterlack
Lackierpinsel
Maler- oder Fensterklebeband
Schleifpapier (Korn 180)

– Fenster öffnen und Scheiben und angrenzende Wand mit Maler- oder Fensterklebeband abkleben.
– Den Lack anschleifen oder entfernen (siehe Ratschläge Nr. 88 und 92). Achtung: Heißluft kann die relativ kühle Fensterscheibe zum Springen bringen!
– Ist die Farbe entfernt worden, muss bei herkömmlichen Lacken einmal mit Vorstreichfarbe (Vorlack) als Haftgrund gestrichen werden.
– Mit dem Lackierpinsel wie bei der Tür (siehe Ratschlag Nr. 93, Seite 65) die Scheibenrahmen der Fensterflügel und die Fensterrahmen streichen. Den Lack möglichst dünn auftragen, damit das Fenster nicht anschließend klemmt.
– Bis der Lack durchgetrocknet ist, müssen die Fenster offen stehen bleiben (wenn möglich auf Kipp stellen). Zu frühes Schließen würde dazu führen, dass die Fensterflügel mit dem Fensterrahmen verkleben und sich nicht mehr oder nur mit Beschädigung des neuen Lacks öffnen lassen.
– Nach dem Trocknen der ersten Lackschicht mit Schleifpapier die Lackflächen zwischenschleifen und ein zweites Mal lackieren.

95. Möbel lackieren

Das braucht man:
Schleifpapier (Korn 120)
Lackierpinsel

– Zunächst sollten alle Teile des Möbels, die man abmontieren kann, abgebaut werden. So kommt man beim Lackieren überall hin, Türen und Einlegeböden können so liegend lackiert werden (keine Lackläufer).
– Jetzt werden alle lackierten Flächen mit Schleifpapier angeraut (siehe Ratschlag Nr. 88).
– Jetzt lackiert man das Möbel nach der Reihenfolge von innen nach außen und von oben nach unten. Dabei jede Lackfläche verschlichten (siehe Ratschlag Nr. 93).
– Möbel in Rahmenbauweise mit Füllung werden wie profilierte Türen lackiert (siehe dort, Ratschlag Nr. 93).

5 DINGE
die beim Lackieren zählen

1. Acryl- oder Kunstharz? Wer Lack auf Lack lackiert, muss unbedingt feststellen, welche Lackart zuvor verwendet wurde. Denn Acryllack und Kunstharzlack vertragen sich nicht. Am Besten an einer unauffälligen Stelle wie Tür-Oberkante etwas vom neuen Lack auftragen (erst mal eine kleine Dose kaufen) und testen, ob der Lack hält.

2. Der richtige Pinsel: Im Baumarkt findet man die richtigen Pinsel und Farbrollen nach ihrem Verwendungszweck sortiert. Ein guter Lackierpinsel ist nicht billig, dafür verliert er keine Haare und verstreicht den Lack mit feinen Pinselstrichen, die schnell zu einer Fläche verlaufen. So ein Pinsel sollte nach Gebrauch gründlich gereinigt werden (bei Acryllack mit Wasser, bei Kunstharzlack mit Universalverdünnung), dann kann er noch oft benutzt werden.

TIPP

Spezielle Fensterlacke sollen dampfdiffusionsoffen sein, das heißt, dass zwischen Holz und Luft ein Feuchtigkeitsaustausch möglich ist, sodass das Holz weder austrocknet, noch fault. Ideal sind Lacke, die keinen Voranstrich erfordern, sondern bei dem alle Lackschichten aus einer Dose kommen.

96. Offene Furniernähte reparieren

Das braucht man:
Zeichenkarton
Bügeleisen (ohne Dampf)
einige Bücher

– Bei alten Möbeln mit furnierten Oberflächen kommt es immer wieder vor, dass die Nähte einzelner Furnierbahnen die Haftung am Untergrund verlieren und sich

3. **Wenn Pinsel trotzdem haaren: Neue Pinsel kann man von losen Haaren befreien, indem man sie ein paar Mal über grobes Schleifpapier zieht. Naturborsten-Pinsel kann man auch 1–2 Stunden ins Wasser stellen. Dabei quellen die Borsten, wodurch Sie fester am Pinsel sitzen. Dann das Wasser aus den Borsten schlagen und diese mit einem Lappen trocknen. – Sollten sich doch mal Pinselhaare in der Lackfläche wiederfinden, diese mit spitzen Fingern sofort herausnehmen und die Stelle wieder verschlichten.**

4. **Mit dem Pinsel streichen: Mit dem Pinsel den Lack direkt aus der Dose nehmen und am Dosenrand überschüssigen Lack aus den Borsten streichen. Oder – um den Lackdosenrand sauber und damit wieder verschließbar zu halten – man klebt einen Streifen Malerkrepp über die offene Dose, der dann zum Abstreifen des Pinsels dient.**

5. **In angebrochenen Dosen trocknet Lack irgendwann aus, weil die Lösungsmittel Platz haben sich darin zu verflüchtigen. Zudem können sie selbst bei geschlossenen Dosen oftmals durch einen Spalt am Deckel (beim Öffnen beschädigt) entweichen. Trick: Dose auf dem Kopf stehend lagern! So entweichen Lösungsmittel nur in den Dosen-Hohlraum und trocknen langsamer aus.**

etwas aufwölben. Da früher Holz mit heiß verarbeitetem Naturleim (zum Beispiel Knochen- oder Hautleim) verleimt wurde, kann das offene, unbeschädigte Furnier mit dem alten Leim repariert werden.
– Den Zeichenkarton auf die offene Furniernaht legen. Heißes Bügeleisen (mittlere Heizstufe) auf die Reparaturstelle setzen und das Furnier andrücken. Durch die Wärme wird der alte Leim wieder weich und verklebt das Furnier erneut auf dem Untergrund.
– Anschließend das Bügeleisen beiseite stellen und die Reparaturstelle bis zum Auskühlen mit Büchern oder anderen schweren Gegenständen weiter anpressen.
– Gegebenenfalls die Oberfläche neu lackieren.

97. Wasserflecken auf Möbeln beseitigen

Das braucht man:
„Grau-weg"-Spray (gibt es im gut sortierten Baumarkt) oder Schleifpapier (Korn 120 bis 180)
Klarlack, Lackierpinsel

– Wasserflecken entstehen, wenn Wasser zu lange auf Klarlackoberflächen einwirkt. Beispielsweise wenn ein Glas mit kaltem Getränk beschlägt und einige Zeit an einer Stelle steht. Das Wasser außen am Glas läuft herab, die Feuchtigkeit wandert durch den Lack darunter und es bildet sich der bekannte Glasrand.
– Mit „Grau-weg"-Spray den Fleck einsprühen und nicht mehr berühren, denn dieses Spray löst den Lack an, macht ihn durchlässiger und trocknet nur sehr langsam wieder an, sodass das Wasser unterm Lack abtrocknen kann.
– Bleibt diese Behandlung ohne Erfolg, hilft nur das Abschleifen der Oberfläche bis zum Feinschliff mit 180er Papier.
– Anschließend die Oberfläche mit Klarlack lackieren und trocknen lassen. Mit feinem Schleifpapier zwischenschleifen. Ein zweites Mal lackieren und trocknen lassen.

98. Alte Dübellöcher schließen

Das braucht man:
große Holzschraube
Zange oder Dübelzieher
Schwamm
Spachtelmasse
Gummibecher
Spachtel

– Die Holzschraube so weit in den Dübel drehen, dass sie eben fest sitzt, und mit der Zange senkrecht zur Wand den Dübel aus dem Bohrloch ziehen. Mit einem speziellen Dübelzieher aus dem Baumarkt geht es noch einfacher. Der Kauf lohnt sich aber erst, wenn man viele Dübel aus der Wand ziehen möchte.
– Das Bohrloch ausblasen und so von Staub befreien und mit einem nassen Schwamm gut anfeuchten.
– Die Spachtelmasse anrühren oder gebrauchsfertige aus der Tube nehmen und mit einem Spachtel möglichst tief ins Bohrloch drücken. Anschließend die Oberfläche mit dem Spachtel glatt abziehen.

99. Haarrisse im Putz reparieren

Das braucht man:
kleiner Flachmeißel
Hammer (200 g)
Spachtelmasse oder Gips
Gummibecher
Rissband
Spachtel
Glättkelle

– Besonders in Altbauten kann Innenputz mit den Jahren so genannte Haarrisse bekommen. Meist entstehen sie durch unterschiedliche Bewegungs- und Dehnungseigenschaften der Wandbaustoffe. Sie sind sehr fein, oft kaum erkennbar und nicht gefährlich. Allerdings sehen sie nicht gerade schön aus, wenn sie sich auf der gestrichenen oder frisch tapezierten Wand abzeichnen.
– Ein Rissband (ähnlich einer Mullbinde oder einem Streifen Vlies) kann den Riss abdecken und Spannungen in der Wand auf der Oberfläche unsichtbar machen.
– Dazu wird der Riss in der Breite des Rissbands mit Hammer und Meißel 1–2 cm tief aufgestemmt. Dabei den Meißel leicht schräg an die Wand halten und mit kurzen, kräftigen Hammerschlägen den Putz herausschlagen.
– Spachtelmasse oder Gips anrühren (siehe Kasten rechts). Das Rissband in den aufgestemmten, angefeuchteten Riss legen und in die Spachtelmasse einbetten.
– Wenn der Riss komplett geschlossen ist, die Oberfläche mit einer Glättkelle glatt abziehen.

100. Löcher und Stoßstellen im Innenputz schließen

Das braucht man:
harte (Schrubb-)Bürste
Schwamm
Gummibecher
Spachtel mit festem Blatt
Spachtelmasse

– Die Schadstellen im Putz zuerst mit einer harten Bürste von losem Putz und blätternder Farbe befreien.
– Die Stellen mit einem nassen Schwamm gründlich befeuchten (Vornässen) und die Spachtelmasse anrühren.
– Den Putzschaden mit Spachtelmasse ausfüllen und abschließend mit einem festen Spachtel, der breiter als die Schadstelle sein soll, glatt abziehen.

4 DINGE die man beim Spachteln wissen sollte

1. Gips ist: ein natürlich vorkommendes Mineral, das nach dem Abbau zu Gipspulver verarbeitet wird, heute aber überwiegend ein Recycling-Produkt. Es gibt Alabastergips, Stuckgips, Modellgips, Reparaturgips und Gipsputz. Gips bindet nach dem Ansetzen mit Wasser innerhalb weniger Minuten soweit ab, dass er nicht mehr zu verarbeiten ist. Je weniger Wasser zum Ansetzen verwendet wird, umso schneller geht dies. Daher ist er gut für kleinere Ausbesserungen, nach denen schnell weitergearbeitet werden soll. Wird er mit ein wenig Weißleim (Holzleim) angerührt, verzögert sich das Binden etwas.

2. Spachtelmasse ist: Gipspulver versetzt mit Abbinde-Verzögerern und Fasern, die ein zu schnelles Trocknen vermeiden. Das macht sie für Renovierungen besser geeignet und leichter verarbeitbar. Für Innen- und Außenreparaturen gibt es jeweils spezielle Spachtelmassen. Für kleine Reparaturen gibt es sie auch gebrauchsfertig in Kunststofftuben. Spachtelmassen sind im Vergleich zu Gips relativ teuer.

3. Das Anrühren: Das Pulver stets in wenig Wasser einstreuen, wo es zunächst Wasser aufnimmt (einsumpft). Erst wenn sich das Pulver größtenteils dunkel gefärbt hat, das Ganze mit mehr Wasser zu einer klumpenfreien, pastösen Masse verrühren.

4. Das Gefäß: Weiche Gummibecher, auch Gipserbecher genannt, sind ideal zum Anrühren von Gips und Spachtelmassen, da sich deren harte Reste einfach durch Drücken daraus lösen lassen.

101. Alte Wandfarbe entfernen

Das braucht man:
harte Bürste und Eimer oder Tiefgrund und Quast (eine Streichbürste mit kurzem Stiel wie sie auch zum Tapetenkleisterauftragen genommen wird)
eventuell Spachtel

– Vor einem Neuanstrich muss geprüft werden, ob die neue Farbe auf der alten hält. Besonders bei zahlreichen Voranstrichen droht die Farbe beim nächsten Anstrich einfach von Wand oder Decke zu blättern, wenn sie nicht schon beim Malen an der Farbrolle hängen bleibt. Ein Test am Tag zuvor hilft da weiter.
– Muss die Farbe runter, wird sie mit viel Wasser und der Bürste bis zum Feinputz von der Wand gewaschen. Bei dicken Farbschichten kann es sein, dass man mit einer Bürste nur sehr langsam zum Ziel kommt. Hier kann ein Spachtel, mit dem die feuchte Farbe von der Wand geschabt wird, das bessere Werkzeug sein.
– Anschließend den Putz durch Aufstrich eines Tiefgrunds „absperren" – sodass er keine Farbe mehr aufsaugt und zugleich so fest wird, dass er beim Streichen nicht mehr sandet und die Farbe gut trägt.
– Liegen nur wenige saugfähige Farbschichten auf dem Putz, kann man sie satt mit Tiefgrund einstreichen und dadurch verfestigen.

102. Wände streichen

Das braucht man:
Leiter
Eckenpinsel (langer Stiel mit abgewinkeltem flachem Borstenteil)
Lammfellrolle
Abstreifgitter, Malerkrepp
Abdeckfolie
eventuell Bohrmaschine mit Farbquirl-Vorsatz

– Zur Vorbereitung der Malerarbeiten gehört, dass möglichst alle Möbel aus dem Raum geschafft werden und der Boden (sowie verbleibende Möbel) mit einer möglichst kräftigen Folie komplett abgedeckt wird. Die Folie locker im Raum auslegen und ihre Ränder auf den Fußleisten so verkleben, dass diese auch gleich geschützt sind. Ebenso alle Fenster und Türen vor Farbklecksern schützen.
– Jetzt die Tragfähigkeit der Wand prüfen und sicherstellen, dass die neue Farbe hält (siehe Kasten Seite 70).
– Jetzt den Eimer öffnen und die Farbe mit einem Rührstab oder altem Löffel aufrühren. Leichter geht das mit der Bohrmaschine samt eingespanntem Farbquirl-Vorsatz.
– Mit dem Eckenpinsel werden zuerst alle Ecken dünn, aber deckend gestrichen. Bei üblichen Wandfarben wird man später keinen Übergang mehr feststellen können.
– Dann wird das Abstreifgitter auf den Eimer gelegt. Wenn er später leerer ist kann es mit seinen beiden „Haken" auch nach innen an den Eimerrand gehängt werden.
– Ist die Lammfellrolle neu, wird sie unter dem Wasserhahn gründlich gewaschen und anschließend sorgfältig ausgedrückt. Das beseitigt Fussel, die sonst an der Wand kleben würden, und erhöht die Aufnahmefähigkeit der Rolle.
– Jetzt wird die Rolle zu etwa einem Drittel in die Farbe getaucht, beim Herausnehmen etwas gedreht, noch mal eingetaucht, wieder gedreht und ein drittes Mal getaucht. So haftet die Farbe rundum und wird auf dem Abstreifgitter noch etwas gleichmäßiger im Lammfell der Rolle verteilt, wobei überschüssige Farbe wieder in den Eimer zurücktropft.
– Die Wand wird abschnittweise gestrichen. Dazu die Farbe erst senkrecht auftragen dann quer und diagonal beidseitig verteilen und anschließend wieder senkrecht verschlichten, ohne neue Farbe aufzunehmen.
– So nacheinander die Wände und bei Bedarf auch die Decke streichen.

TIPP

Wer kein reines strahlendes Weiß an der Wand haben möchte, kann mit Abtönfarben (möglichst des Wandfarben-Herstellers) jeden Wunschton selbst anmischen. Farbfächer im Handel zeigen Farbtöne und das entsprechende Mischungsverhältnis. Dann sollte aber gleich die Farbe für einen ganzen Raum abgetönt werden, da das genaue Mischungsverhältnis sich ein zweites Mal kaum wieder erreichen lässt. Grundsätzlich sollte man das Weiß der Wandfarbe etwas brechen, indem man es mit einen Klecks Umbra abtönt – eine Espressotasse voll reicht schon für einen großen Farbeimer. Das fällt kaum auf, aber das Weiß wirkt etwas „wärmer". Mischen Sie Farbe gründlich durch, damit der Anstrich nicht scheckig wird. Hier lohnt der Einsatz einer Bohrmaschine mit Farbquirl-Vorsatz.

3 DINGE
die man vor dem Streichen beachten muss

1. Ist die Wand nur verputzt und gestrichen, kommen zwei Tests zuerst: Einmal werden an einigen Stellen Klebestreifen angebracht und abgezogen – es sollte keine Farbe haften bleiben. Dann mit nassem Finger öfters gegen die Wand drücken – es sollte kein dunkler Abdruck zurück bleiben. Sonst muss mit Tiefgrund vorbehandelt oder die Farbe von der Wand/Decke gewaschen werden.

2. Dann noch mit einigen Rollenbahnen Farbe prüfen, ob die alten Farbschichten die neue Schicht tragen. Wenn doch blätternde Farbe an der Rolle kleben bleibt, ist ebenfalls eine Behandlung wie oben notwendig.

3. Alte abgelöste Tapeten müssen vor dem Streichen wieder angeklebt werden. Tragen die Bahnen schon einige Farbschichten, sollte vor dem Streichen am besten ganz neu tapeziert werden.

103. Raufasertapeten kleben

Das braucht man:
Tapeziertisch
Tapetenkleister
großer Eimer
alter Kochlöffel aus Kunststoff
Quast oder Kleistermaschine
3-m-Bandmaß
Stahllineal
Schere
Lot oder Wasserwaage
Bleistift
Tapezierrolle (breite Moosgummirolle)
Tapezierschiene – und Helfer!

– Grundsätzlich ist tapezieren keine komplizierte Arbeit, man sollte aber einige Dinge beachten: Der Kleister muss für die jeweilige Tapete geeignet sein – das steht jeweils auf der Kleisterpackung. Vorm Einkleistern der Tapetenbahnen erst einmal alle Bahnen für mindestens eine Wand in Länge und Breite zuschneiden. Am Besten arbeitet man zu Zweit – eine Person schneidet zu, kleistert ein und geht beim Kleben zur Hand, die andere klebt die Tapeten an die Wand. Beim Decken tapezieren sollte man auf jeden Fall zu Zweit arbeiten. So wird tapeziert:

– Auf dem Tapeziertisch werden zunächst die Tapetenbahnen so zugeschnitten, dass sie oben und unten etwa 5 cm länger sind als die Wand hoch ist. Durch die Holzeinschlüsse im Papier geht dies bei Raufasertapete nur mit einer Tapezierschere und nicht mit dem Cutter. Nun die Bahnen auf dem Tapeziertisch mit der Rückseite nach oben übereinander legen.

– Den Tapetenkleister nach Herstellerangabe mit einem Kochlöffel in Wasser einrühren, 5 Minuten quellen lassen und nochmals kräftig durchrühren.

– Den Quast satt mit Tapetenkleister tränken und diesen zunächst in Längsrichtung auf die Tapetenrückseite streichen. Dann quer verteilen, sodass auch die Tapetenränder überall eingekleistert sind. Wer große Flächen tapezieren muss, nimmt hierfür eine Kleistermaschine, durch die die Tapete einfach hindurchgezogen wird.

– Jetzt die Tapetenbahn von beiden Seiten „Kleister-auf-Kleister" einschlagen, Ränder sorgfältig andrücken und die Bahn zum Weichen für 10–15 Minuten beiseite legen. So jeweils mit maximal 8 Bahnen verfahren.

– Von einer Raumecke aus im Abstand „Tapetenbahnbreite minus 2 cm" eine Markierung machen und hier mit Lot oder Wasserwaage eine senkrechte Linie auf die Wand zeichnen.

– An dieser Bezugslinie wird jetzt zur Ecke hin die erste eingekleisterte Tapetenbahn geklebt, sodass sie sich 2 cm um die Ecke legt. Dabei Bahn an einer Seite auseinander falten, mit beiden Händen an den oberen Ecken halten. Genau an der Linie anlegen, durch Anstreichen mit der flachen Hand an der Wand fixieren. Untere Bahnhälfte aufklappen. Mit der Tapezierrolle Tapete von oben nach unten glatt auf die Wand streichen.

– In der Ecke zwischen Wand und Decke mit der stumpfen Seite der Tapetenscheren einen scharfen Knick in die Tapete falzen. Die Tapete noch mal etwas von der Wand abziehen, sodass man sie mit der Schere auf die richtige Länge schneiden kann – Tapete wieder anstreichen.

– Unten über der Fußleiste wird die Tapete ebenfalls ein Stück von der Wand gezogen, eine Tapezierschiene auf die Fußleiste gesetzt, die Tapete darauf glatt angestrichen und über die Schienenkante gefalzt.

– Jetzt die Schiene herausnehmen, die Tapete am Falz abschneiden und an die Wand streichen.
– Die weiteren Tapetenbahnen werden „auf Stoß" aneinander geklebt. Das heißt, dass sie an den Nähten gegeneinander stoßen und sich nicht überlappen.
– Ausnahme sind die Ecken. Hier werden die Bahnen in Tapezierrichtung immer rund 2 cm „ums Eck" und die folgende Bahn auf diesen schmalen Streifen genau ins Eck geklebt. Achtung: Geht eine Bahn zu weit um die Ecke, kann sich die Tapete lösen (siehe Ratschlag Nr. 109, Seite 72).
– Bei Fenstern werden die anstoßenden Bahnen so zugeschnitten, dass sie um 2 cm in die Nische hineingezogen werden können. Ober- und unterhalb der Nische werden diese 2 cm abgeschnitten. Dann bekommen die Seiten der Fensternische sowie die Flächen unter und über dem Fenster jeweils eigene zugeschnittene Bahnen.
– Schalter und Steckdosen (Blenden vorher abbauen und Strom abstellen) werden zunächst überklebt und sobald der Kleister getrocknet ist von der Mitte her sternförmig aufgeschnitten und freigelegt. Dann die Steckdosen und Schalter wieder einsetzen.

TIPP

Das Zuschneiden der Tapetenbahnen geht erheblich schneller, wenn man die benötigte Bahnlänge auf dem Tapeziertisch markiert.

104. Mustertapeten kleben

Das braucht man:
Tapeziertisch
Tapetenkleister
großer Eimer
alter Kochlöffel aus Kunststoff
Quast oder Kleistermaschine
3-m-Bandmaß
Stahllineal
Cutter
Lot oder Wasserwaage
Bleistift
Tapezierrolle (breite Moosgummirolle)
Tapezierschiene

– Im Wesentlichen sind die Vorgänge die gleichen wie bei der Raufasertapete.
– Beim Zuschnitt ist aber je nach Tapete und Muster ein so genannter Rapport zu beachten. Dies ist der Verschnitt der anfällt, damit das Tapetenmuster von Bahn zu Bahn sauber und ohne Versatz anschließt. Die Länge des Rapports ist in der Regel auf der Verpackung oder der Tapetenrückseite angegeben. Also beim Zuschnitt Bahn zuschneiden, Rapport abschneiden, nächste Bahn zuschneiden.
– Papiertapeten lassen sich am besten mit einem Cutter entlang eines Stahllineals oder der Schneidkante einer Tapezierschiene kürzen.

105. Vliestapeten kleben

Das braucht man:
Tapeziertisch
Spezialkleister für Vliestapeten
großer Eimer
alter Kochlöffel aus Kunststoff
Quast oder Lammfellrolle
Stahllineal
Schere
Lot oder Wasserwaage
Bleistift
Tapezierrolle (breite Moosgummirolle)
Tapezierschiene
Nahtrolle aus Schaumstoff

– Vliestapeten sind die jüngste Tapetenentwicklung. Sie sind keine reinen Papiertapeten, sondern enthalten auch Textilfasern. Sie können feine Risse im Putz überbrücken und lassen sich eines Tages trocken wieder von der Wand ziehen.
– Zuerst wie bei allen anderen Tapeten die Bahnen zuschneiden und eine Bezugslinie anzeichnen.
– Den Spezialkleister nach der Herstellerangabe ansetzen, 5 Minuten quellen lassen und nochmals kräftig durchrühren.
– Mit dem Quast oder einer Lammfellrolle den Kleister nun direkt auf die Wand auftragen – stets satt und in der Breite für etwas mehr als eine Tapetenbahn.
– Die erste Bahn wieder an den oberen Ecken festhalten und wie bei der Raufaser erst oben an die Wand streichen und dann von dort nach unten glatt an die Wand streichen.
– Nun ebenso zuschneiden und fortfahren, dabei beim Kleben der weiteren Bahnen die Ränder und Nähte sorgfältig mit einer Schaumstoff-Nahtrolle andrücken.

106. Luftblasen in der Tapete beseitigen

Das braucht man:
Tapetenkleister
Spritze mit dicker Kanüle (Malerfachhandel oder Apotheke)

– Den Tapetenkleister dünnflüssig (1 schwach gehäufter EL Kleisterpulver auf 300 ml Wasser) ansetzen und in die Spritze füllen.
– Den Kleister in die Luftblase spritzen. Dabei die Kanüle an mehreren Stellen in der Blase halten und immer nur etwas Kleister hineinspritzen.
– Mit der flachen Hand den Kleister in der Blase verteilen und das ganze etwa 10–15 Minuten einweichen lassen. Dann die Tapete glatt an die Wand streichen.

107. Abgelöste Tapetennähte schließen

Das braucht man:
gebrauchsfertiger Bordürenkleber aus der Tube

– Die Tapete soweit wie möglich, aber vorsichtig von der Wand ziehen.
– Den Bordürenkleber mit einem kleinen Spachtel (liegt meist bei) auf die Wand auftragen. Tapete andrücken und die Tapetennaht wieder schließen.

108. Beschädigungen in Raufasertapete reparieren

Das braucht man:
1 Stück Raufasertapete gleicher Struktur
Tapetenkleister

– Wenn möglich die Ränder der schadhaften Tapetenstelle mit Wasser einweichen und mit der Hand etwas ausreißen und ausfransen, sodass kein scharf begrenzter Rand mehr zu sehen ist und die Tapete in diesem Bereich auch etwas dünner wird.
– Das Reparaturstück wird ebenfalls nass gemacht, eingeweicht und an den Rändern ausgefranst.
– Das Reparaturstück mit Kleister einstreichen. Auf die Wand kleben und die Ränder so anstreichen das zwischen Wandtapete und Reparaturstück ein weicher Übergang entsteht. Wenn der Kleister getrocknet ist, mit der entsprechenden Wandfarbe überstreichen.

6 TIPPS zum Kauf von Tapete und Kleister

1. **Beim Kauf von Raufasertapete immer auf die Struktur achten und niemals grobe und feine Raufaser mischen oder Tapeten verschiedener Hersteller verwenden.**
2. **Gemusterte Tapeten nur einer Produktion kaufen, da sonst Farbunterschiede auftreten können. Achten Sie auf die immer gleiche Chargennummer.**
3. **Beim Ausrechnen der benötigten Tapetenmenge den Rapport beachten. Der entsprechende Verschnitt lässt den Rollenbedarf anwachsen.**
4. **Türen und Fenster als volle Wandfläche rechnen, um die benötigte Tapetenmenge zu ermitteln.**
5. **Immer Kleister kaufen, der für die jeweilige Tapete vom Hersteller empfohlen wird. Dies gilt besonders bei Kleister für Vliestapeten.**
6. **Markenkleister gibt Sicherheit in Bezug auf die Klebkraft, was das Tapezieren enorm erleichtern kann.**

109. Tapete, die sich aus der Ecke löst, wieder verkleben

Das braucht man:
Tapetenkleister
Lackierpinsel
Stahllineal
Cutter
entsprechender Tapetenrest
eventuell Leiter

– Wenn beim Tapezieren fälschlicher Weise in Innenecken die Papiertapete zu weit herumgezogen wird (10 cm oder mehr) und dieses Stück sich beim Trocknen des Kleisters zusammenzieht, dann löst sich die ganze Tapete aus der Ecke. Die Reparatur wird nie ganz un-

sichtbar sein – doch die Alternative wäre ganz neu zu tapezieren. So kann man es vermeiden:
– Die vorstehende Tapetenecke an einer Seite der Länge nach mit dem Cutter aufschneiden. Einen Streifen aus dem Tapetenrest zuschneiden, der die Fehlstelle in der Ecke abdeckt und beidseitig die Tapete noch 1–2 cm überlappt. Tapetenkleister ansetzen
– Den zugeschnittenen Streifen rückseitig einkleistern, weichen lassen und an die Wand kleben. Dabei soll er etwa 2 cm um die Ecke herumgeführt werden und keinen Versatz zur Originaltapete haben.
– Jetzt die losen Teile der Tapete rückseitig mit einem Pinsel einkleistern und einen Moment weichen lasen.
– Die Tapete anstreichen und mit dem Cutter an einem langen Stahllineal die Überlappung längs durchschneiden.
– Die abgeschnittenen Streifen der Originaltapete und des Reparaturstreifens entfernen und die Tapete sauber auf Stoß an die Wand streichen.

110. Vorhangstange montieren

Das braucht man:
Bleistift
Zollstock oder Bandmaß
Wasserwaage
Schlagbohrmaschine
Steinbohrer
Dübel und passende Schrauben
Schraubenzieher oder Akkuschrauber mit entsprechendem Bit

– Die Stange in ungefährer Höhe über dem Fenstersturz (dem Wandstück über der Fensteröffnung) anhalten und mit einem feinen Strich markieren.
– Dann die Höhe von der Decke herunter messen und damit die Befestigungspunkte der Stange in ihrem ungefähren Abstand an der Wand anzeichnen.
– Nun den genauen Abstand der Befestigungen an der Vorhangstange abmessen (dazu die Halter in der späteren Position auf die Stange schieben), die Wandmarkierungen entsprechend angleichen und am Ende mit der Wasserwaage kontrollieren, ob sie in der Waagerechten sind. Dazu entweder eine Leiste benutzen oder einen Strich zwischen den Punkten ziehen, an den die Wasserwaage gehalten wird. Ist es noch nicht waagerecht, die Markierungen entsprechend höher oder tiefer setzen. Falsche Markierungen mit einem Radiergummi entfernen.
– Jetzt die Dübellöcher bohren (siehe Ratschlag Nr. 69, Seite 54). Dübel einstecken und die Halterungen für die Vorhangstange festschrauben.
– Vorhangstange in eine Halterung einführen, die Vorhangringe auffädeln und dann die Stange in die zweite Halterung setzen und mittig ausrichten. Mit je 1 kleinen Schraube wird die Stange in den Halterungen fixiert. Jetzt kann der Vorhang an den Ringen befestigt werden.

TIPP
Die jeweils äußeren Vorhangringe an den Außenseiten der Halterungen auf die Stange fädeln, dann kann der Vorhang beim Zuziehen an den Seiten nicht zugleich aufgezogen werden.

111. Drahtseil für Vorhänge spannen

Das braucht man:
Bleistift
Zollstock oder Bandmaß
Wasserwaage
Bohrmaschine mit Steinbohrer
hochbelastbare Dübel, z. B. Kunstharzdübel (siehe „Mehr wissen", Spezialdübel, Seite 51)
Schrauben (falls sie nicht beiliegen)
Schraubenzieher oder Akkuschrauber mit entsprechendem Bit

– Man beginnt stets mit einer Halterung, die die Höhe vorgibt. Zunächst also die Befestigungspunkte der ersten Halterung anzeichnen, Dübellöcher bohren (siehe Ratschlag Nr. 69, Seite 54), Dübel einsetzen und die Halterung anschrauben.
– Hier wird das Drahtseil provisorisch montiert und zur anderen Fensterseite geführt. Jetzt braucht man einen Helfer, der das Seil gespannt hält und zugleich mit der Wasserwaage sicherstellt, dass das Seil waagerecht ist.
– Gleichzeitig wird der zweite Halter in der entsprechenden Höhe an die Wand gehalten und die Befestigungspunkte angezeichnet. Jetzt das Seil ablegen und den zweiten Halter wie oben montieren.
– Das Drahtseil am zweiten Halter einspannen und so straff ziehen, dass es in der Mitte kaum noch Spiel hat. Damit sehr lange Seile nicht durchhängen, müssen zusätzlich noch ein oder mehrere Halter montiert werden – immer an den Stellen, an denen die Vorhangteile aufeinander treffen.

TIPPS

• Man kann Jalousien auch auf dem Fensterflügel montieren, muss jedoch dafür in den Rahmen schrauben. Bei Metall- und Kunststofffenstern bleibt dies sichtbar, wenn die Jalousie später mal entfernt werden soll. Sind Rollladenkästen über dem Fenster, werden die Halterungen an der Decke verdübelt (beim Kauf der Jalousie darauf achten, dass dies möglich ist).

• Findet man keine passende Größe fürs Fenster, das Rollo etwas zu breit kaufen und selbst schmaler machen. Dazu das Rollo abrollen und die Aufhängung ohne den Federmechanismus vom hölzernen Rollokern abschrauben. Dann den Rollostoff schmaler schneiden (dabei 1–2 cm fürs Säumen einrechnen) und den Kern entsprechend absägen (dabei Platz für die Aufhängung stehen lassen). Nun den Rand des Stoffs durch Nähen oder Kleben mit Kontaktkleber (zum Beispiel Pattex) säumen und die Aufhängung wieder anbringen.

112. Jalousie und Rollo montieren

Das braucht man:
Zollstock oder Maßband
Bleistift
eventuell Lammellenschere
Metallsäge
Wasserwaage
Bohrmaschine
Steinbohrer
Dübel
Schrauben
passender Schraubenzieher oder
Akku-Schrauber mit passendem Bit

– Jalousien und Rollos werden in festen Breiten angeboten, die meist in 10-cm-Schritten variieren. Gegebenenfalls kann die Jalousie mit einer Lammellenschere auf beiden Seiten gleichmäßig gekürzt werden, um sie dem Fenster anzupassen. Den Jalousiekasten mit der Mechanik dann ebenfalls beidseitig mit der Metallsäge entsprechend kürzen. Kürzen der Rollos: siehe Tipp oben.
– Den Abstand der Halter an Jalousie oder Rollo abmessen und ihn über der Fensteröffnung auf die Wand übertragen, sodass er auf beiden Seiten den gleichen Abstand zu den Innenflächen des Fensters hat. Wenn dies nicht direkt unter der Decke geschieht, die Waagerechte mit einer Wasserwaage überprüfen. Bohrlöcher für die Halter markieren und Dübellöcher bohren (siehe Ratschlag Nr. 69, Seite 54). Dübel einsetzen, die Halterungen anschrauben.
– Für die Jalousie den kleinen Hebel an der Halterung nach außen schwenken, Jalousie einsetzen und durch Hereindrücken des Hebels arretieren. Das Rollo erst in die geschlossene Halterung einführen und dann in die zweite, zu einer Seite offenen, Halterung legen.

113. Fertigparkett und Laminat verlegen

Das braucht man:
Hammer (300 g)
Zugeisen (abgewinkelter Flachstahl mit Metallnase an der Oberseite als Schlagfläche für den Hammer)
Schlagholz (Holzklotz mit Griff, der beim Zusammentreiben mit dem Hammer zum Schutz vors Parkett/Laminat gehalten wird)
Trittschalldämmung
eventuell Parkettleim
Verlegekeile
elektrische Handkreissäge oder Kappsäge

– Die Hersteller von Parkett und Laminat bieten zwar immer mehr Produkte mit so genannten „Klick"-Systemen an, die das Verleimen überflüssig machen. Doch die hier beschriebene traditionelle Verbindung von Fertigparkett und Laminat ist auch nicht schwierig.
– Parkett und Laminat sollen vorm Verlegen erst einige Tage im Paket in dem Raum lagern, indem sie später liegen sollen. Dadurch passt sich das Material dem Raumklima an und verzieht sich nicht mehr so sehr.
– Auf den ebenen, tragfähigen Unterboden wird zuerst eine Trittschalldämmung ausgerollt. Diese kann aus Schaumstoff, Wellpappe oder auch Kork sein.
– Dann werden die ersten zwei Reihen Fertigparkett (oder Laminat) verlegt – stets rechtwinklig zum Fenster und die erste Reihe mit der Nut zur Wand. Dabei Verlegekeile zwischen Wand und Bodenbelag stecken, sodass eine Fuge von 1 cm entsteht. Diese Dehnungsfuge vermeidet, dass sich das verlegte Material später nach oben wölbt. (Harte Bodenbeläge beulen sich, wenn beim Verlegen vergessen wurde eine ausreichende

Dehnungsfuge am Rand des Bodens frei zu lassen. Dehnt sich das Material aus, kann es nur nach oben ausgleichen und wirft eine Beule.)

– Erst werden Parkettdielen der Länge nach zusammengefügt und dann mit Hammer und Schlagholz zusammengetrieben. Fast immer muss am Ende eine Diele gekürzt werden, dies ist dann der Anfang für die nächste Reihe.

– Vorm Zusammenfügen der Dielenreihen wird jeweils ein dünner Strang wasserfester Parkettleim in die Nut gegeben, dann wird auch hier mit Hammer und Holz zusammengetrieben. Die ersten drei Reihen werden mit speziellen Spanngurten (kann man beim Händler oder Werkzeugvermieter ausleihen) zusammengehalten bis der Leim abgebunden hat.

– So legt man Reihe für Reihe in den Raum. Die letzte Reihe muss meist der Länge nach getrennt werden. Das geht am besten mit der Kreissäge, die an einer Schiene geführt wird, die mit der Parkettdiele zusammen an einem Werktisch festgespannt ist. Hierbei wird ein Brett untergelegt, in das hineingesägt werden kann.

– Nach dem Zuschneiden die letzte Reihe einlegen und mit Zugeisen und Hammer an die Parkettfläche schlagen.

– Übergänge zu Nachbarräumen oder anderen Bodenbelägen im Raum werden mit Übergangsprofilen geschlossen. Diese haben oftmals einen Halter, der vorm Fußbodenlegen am Unterboden befestigt wird. Das Profil selbst wird einfach aufgesteckt, sobald der Boden fertigt ist.

– Ausschnitte für Heizungsrohre werden angezeichnet, etwas größer als der Rohrdurchmesser ausgebohrt und dann vom Rand her keilförmig ausgesägt. Wenn die Parkettdiele liegt, wird der Keil in die Aussparung geleimt und die Bohrung mit einer Rohrmanschette abgedeckt.

114. Kratzer im Laminat beseitigen

Das braucht man:
Reparatur-Kitt für Laminat
Retuschierstift in Bodenfarbe

– Leichte Kratzer auf der Laminatoberfläche muss man hinnehmen, denn trotz hoher Widerstandsfähigkeit der Laminatschutzschicht (Overlay) gibt es mit der Zeit leichte Kratzer.

– Tiefe Kratzer, die das Overlay noch nicht zerstört haben, lassen sich fast unsichtbar reparieren. Kratzer, die bis auf die Dekorschicht oder den HDF-Träger durchgehen, sollten auch repariert werden. Allerdings bleibt die Reparatur sichtbar, verhindert aber das Feuchtigkeit den Träger angreift.

– Mit dem Reparaturkitt den Kratzer ausfüllen und mit einem Kunststoffspachtel glatt abziehen. Der Kitt soll flächenbündig zur Laminatoberfläche sein.

– Wenn der Kitt durchgehärtet ist, wird die Reparaturstelle mit einem Retuschierstift der Bodenoptik angeglichen. Dabei nur ganz zart über den Kitt malen und, wenn nötig, dies mehrmals tun.

115. Teppichboden legen

Das braucht man:
Teppichmesser
Teppichklebeband oder selbstklebendes Klettband
Gummihammer
eventuell Übergangsprofil

– Den Teppichboden vorm Verlegen 3 Tage aufgerollt in dem Raum lagern, in dem er auch verlegt werden soll. Dann zieht er sich später nicht zusammen oder dehnt sich aus.

– Den Teppich im Raum ausrollen und ausrichten. Dabei soll er rundherum an den Seiten etwas hochstehen.

– Mit dem Teppichmesser den Teppich in der Ecke zwischen Boden und Wand auf Maß schneiden. Dabei dürfen einige Millimeter Luft zur Wand entstehen, die später durch eine Fuß- oder Teppichleiste abgedeckt werden.

– Den Teppich jetzt zur Hälfte zurückschlagen. Nun das Teppichklebeband oder bei einem Teppich mit Vliesrücken das Klettband im Randbereich des Bodens aufkleben und nach Herstellerangabe auch mehrere Querstreifen auf den Boden kleben.

– Den Teppich zurückschlagen und mit einem Gummihammer sorgfältig an das Klebe-/Klettband schlagen. Das Ganze mit der anderen Teppichhälfte wiederholen.

– Für Teppich, der vollflächig verklebt wird, sollte ein Kleber verwendet werden, der wassergelöst und „wieder aufnehmbar" ist. So kann man den Teppich später problemlos wieder entfernen. Die Arbeitsweise ist dieselbe wie beschrieben, nur dass man Kleber auf den sauberen, staubfreien Boden streicht. Dazu nimmt man eine breite Veloursrolle, deren Griff durch einen aufgesteckten Stiel verlängert wurde.

116. Beulen im Teppichboden glätten

Das braucht man:
Cutter
große Einmalspritze
Teppichkleber

– Bei vollflächig verklebten Teppichböden kann es vorkommen, dass der Kleber nicht gleichmäßig aufgetragen wurde, und eine Stelle mitten in der Teppichfläche keine Verbindung zum Untergrund hat. Hier kommt es vor, dass der Teppich sich durch Veränderung des Raumklimas dehnt und nach oben ausbeult. So ändert man das:
– Mit dem Cutter einen winzigen Schnitt in die Beule machen. Die Spritze mit etwas Teppichkleber füllen.
– Den Kleber durch den Schnitt sparsam in die Beule einfüllen. Darauf achten, dass überall etwas Kleber hingelangt.
– Mit der Hand in verschiedene Richtungen über die Beule streichen, damit sich der Kleber gleichmäßig verteilt. Je nach Gebrauchsanleitung den Kleber gegebenenfalls etwas anziehen lassen.
– Jetzt die Beule mit einem Holzbrett und einem Gummihammer flach auf den Boden klopfen und anschließend mit großen Büchern oder ähnlichem beschweren, bis der Kleber nach Herstellerangabe getrocknet ist.

117. Alte Fliesen überstreichen

Das braucht man:
Cutter
Silikonentferner
Essigessenz
Fliesengrundierung und -lack
Gummihandschuhe
2 Schaumstoff-Lackierrollen

– Mit einem Cutter alle Silikonfugen (Anschlussfugen zu Wanne und Dusche und Raumecken) herausschneiden. Hierauf würde der Lack nicht haften.
– Die Reste mit einem Silikonentferner einstreichen und nach Herstellerangabe einwirken lassen. Anschließend mit einem Lappen abwischen.
– Die Fliesenfläche, die lackiert werden soll, mit Essigessenz oder einem anderen sauren Reinigungsmittel gründlich reinigen.
– Fliesengrundierung durch Aufrühren oder bei zweikomponentiger Grundierung durch Mischen der Teile gebrauchsfertig machen.
– Mit einer Lackierrolle die Grundierung auf die gereinigte Fliesenfläche auftragen und trocknen lassen. Das kann bis zu 1 Tag dauern.
– Dann wird der Lack ebenso wie die Grundierung vorbereitet und mit der Lackierrolle aufgetragen. Auch er sollte 1 Tag trocknen, wenn man noch eine zweite Lackschicht aufbringen will.
– Erst nach etwa 1 Woche ist der Lack ganz durchgetrocknet. Besonders im Dusch- und Wannenbereich muss man die Fläche solange schonen, denn der Lack trocknet von außen nach innen und widersteht bis dahin mechanischen Belastungen nicht.

118. Alte Fliesen überfliesen

Das braucht man:
Winkelschleifer mit grobem Schleifpapier (Korn 40) oder Lamellenschleifscheibe
Schutzbrille
Zahnspachtel (Zahnung nach Angabe des Kleber-Herstellers)
gebrauchsfertiger Dispersionskleber
eventuell Fliesenkreuze
Fugenmasse
Gummirakel (das ist eine Griffleiste mit eingelassener Gummilippe zum Einwischen von Fugenmasse in Fliesenfugen)

– Bei Bad- und Küchenrenovierungen ist das Prinzip „Fliese auf Fliese“ sehr beliebt, spart es doch das staubintensive Entfernen der alten Fliesen. Ideal ist es, wenn alte und neue Fliesen die gleiche Größe haben. Spezialkleber werben damit, dass sie ohne Vorbereitung der alten Fliesenfläche ihren Job machen. Wer aber trotzdem seine Vorarbeit leistet, kann sicher sein, dass der neue Belag auch wirklich hält.
– Zuerst die gesamte Fliesenoberfläche mit dem Winkelschleifer aufrauen. Dabei unbedingt eine Schutzbrille tragen! Anschließend ganz penibel den Staub von den Fliesen entfernen. Am besten geht dies mit einem feuchten Tuch.
– Den Fliesenkleber mit dem Zahnspachtel abschnittweise auftragen – immer auf einer so großen Fläche, wie man sie in 15 Minuten fliesen kann. Die Fliesen mit etwa 1 cm Fuge zu den benachbarten Fliesen in den

Kleber drücken und unter leichten Drehbewegungen an die nächsten Fliesen heran schieben bis der Fugenabstand stimmt. So fortfahren, bis die Wand fertig gefliest ist.

– Klingt gewagt? Wer sich nicht sicher ist, ob er genug Augenmaß fürs Fliesenkleben in gleichmäßigen Fugenabständen hat, kann sich mit Fliesenkreuzen helfen. Diese kleinen Kunststoff-Kreuze in verschiedenen Breiten werden an den Ecken der Fliesen als Abstandhalter flach in den Kleber gedrückt und später mit verfugt. Oder man steckt sie senkrecht zur Wand zwischen die Fliesen, um sie nach getaner Arbeit wieder zu entfernen.

– Sobald der Kleber getrocknet ist, wird neu verfugt. Dazu die Fugenmasse nach Packungsangabe mit Wasser anrühren und mit dem Gummirakel immer diagonal zur Fliese in die Fugen wischen. Nun mit einem feuchten Lappen die überschüssige Fugenmasse von der Fliesenoberfläche grob abwischen.

– Ist die Fugenmasse getrocknet, bildet sich ein Schleier auf den Fliesen, der mit einem trockenen, weichen Tuch wegpoliert wird.

119. Schimmelige Silikonfugen ersetzen

Das braucht man:
Cutter
Silikonentferner
Lappen
Kartuschenpistole
Sanitär-Silikon
Malerkrepp
Spülmittel

– Gemeint sind hier die Abdichtungen zwischen Wanne, Duschtasse oder Becken und Fliesenwand, die Wasser davon abhalten sollen, in die Ritzen zu laufen. Diese Dichtungen schimmeln schon mal gerne und sollten dann ersetzt werden.

– Zuerst die Silikondichtungen mit dem Cutter herausschneiden und die Reste mit Silikonentferner einstreichen. Sobald das Silikon gelöst ist, wird es mit einem alten Lappen abgewischt.

– Die Fuge mit viel Wasser aber ohne Reinigungszusätze gründlich reinigen, trocknen und die Breite der neuen Fugendichtung beidseitig der Fuge mit Malerkrepp begrenzen.

– Nun die Tülle der Silikonkartusche in Breite der Fuge schräg anschneiden und in die Kartuschenpistole einsetzen.

– Mit gleichmäßigem Druck das Silikon in die Fuge pressen und die Kartusche dabei in gleich bleibender Geschwindigkeit über die Fuge ziehen. Wenn man absetzen muss, den Entriegelungshebel an der Kartuschenpistole drücken, damit kein Silikon mehr austritt.

– Ist die Fuge fertig abgedichtet, sofort das Klebeband entfernen.

– Nun viel Spülmittel in wenig Wasser auflösen und den Zeigefinger damit benetzen. Damit die noch weiche Fugendichtung glatt streichen, dabei nur ganz wenig Druck geben.

120. Verschmutzte Fliesenfugen instand setzen

Das braucht man:
Fugenraspel
Fugenmasse (Fugenbunt)
Gummirakel

– Es gibt vom Filzschreiber über die Fugenfarbe bis zum Aufpinseln allerlei Produkte, die verschmutzten Fliesenfugen wieder zu neuem Glanz verhelfen sollen. Gründlich und dauerhaft ist jedoch nur eine Neuverfugung.

– Mit der Fugenraspel die Fliesenfugen mindestens 2 mm tief ausraspeln. Sind in dieser Tiefe noch Schimmelflecken sichtbar, tiefer raspeln

– Sollte der Schimmel noch tiefer in der Fuge sitzen, hilft nur ein chemischer Schimmelentferner. Den bekommt man im Bau- oder Supermarkt. Schimmelentferner auf Alkoholbasis tötet Schimmel ab, beseitigt aber nicht die Flecken, was beim anschließenden Überfugen jedoch keine Rolle spielt. Wer einen chlorhaltigen Entferner verwendet, bleicht zwar die Flecken gleich mit aus, sollte sich aber bewusst sein, dass er mit gesundheitsgefährdender Chemie arbeitet.

– Fugenmasse in der gewünschten Farbe ansetzen und mit dem Gummirakel diagonal zu den Fliesen in die Fugen wischen. Mit einem feuchten Lappen wird die überschüssige Fugenmasse von der Fliesenoberfläche abgewischt, ohne dabei Masse aus den Fugen zu lösen.

– Ist die Fugenmasse getrocknet, bildet sich ein Schleier auf den Fliesen der mit einem trockenen, weichen Tuch wegpoliert wird.

WOHL FÜHLEN

Die Welt, das Leben und ich, wir kommen nur zurecht, wenn ich mit mir zurechtkomme. Was manchmal schwer fällt. Etwa wenn ich morgens noch halb blind ins Bad taumele, das Licht anschalte und mich frage: Wer ist denn das da im Spiegel? Genau darum geht es in diesem Kapitel: Wie ich mich und mein Leben sehe, wie ich mich damit zurechtfinde, wie ich es mir schön mache, kurz, wie ich mich wohl fühle mit mir und der Welt.

„Ich fühle mich wohl in meiner Haut." Was für ein schöner, schlauer Satz. Aber wie schaffe ich das? Sehen wir einmal genauer hin.

Ich fühle …

Der erste Schritt zum Wohlfühlen ist der Schritt zur Seite. Ich stelle mich im Geiste neben mich und betrachte mich – so wie morgens mein Spiegelbild. Und frage mich: Wo komme ich her, was mache ich hier, wo will ich hin? Ohne dabei banal oder hochphilosophisch zu sein. Es ist ganz einfach: hinsetzen, nachdenken, aufschreiben. Sie müssen nicht jetzt und hier damit beginnen. Reservieren Sie sich eine passende Zeit dafür, am besten aber in den nächsten 4 Tagen. Halten Sie sich an den Termin. Es geht nicht darum, an einem Abend zu sich selbst zu finden. Es reicht schon, wenn fürs Erste ein paar Gedanken notiert sind, von denen zumindest einer neu und vertraut zugleich ist. Diesen werden Sie in den nächsten Tagen wenden, drehen und umkreisen, sich dazu Notizen machen und ihn beim nächsten Termin weiterspinnen.

Mit dieser Übung ist nebenbei der nächste Schritt zum Wohlfühlen getan: sich organisieren. Eine Aufgabe anpacken, Termine setzen, pünktlich sein, weiterdenken, weitermachen; also gute Taten tun für sich selbst. Das beste Übungsfeld dafür ist die tägliche Umgebung. Da kennen Sie sich aus, wissen um die Tricks, Tücken und Typen. Die Wirkung Ihrer Taten ist leicht zu sehen und Sie haben gleich etwas davon. Jeden Morgen diese Hetze zur Bahn? Ab jetzt: früher aufstehen, Kinder selbst ihre Brote schmieren lassen, früher gehen – oder eine Bahn später fahren. Wie Sie wollen.

… mich wohl …

„Wohl" kommt von „wollen, wählen, wünschen". „Ich fühle mich wohl." heißt demnach: Es geht mir, wie ich will. Damit ist nicht beinhartes Positivdenken der Marke „Man muss nur wollen!" gemeint. Denn das tut weh, wenn es einem wirklich dreckig geht. In dieser Situation hilft es eher zu sagen: „Ja, mir geht es schlecht." Und damit die zentnerschwere Es-geht-schon-Maske abzunehmen, sich für Hilfe zu öffnen und neue Wege zu sehen. Das entspannt – und ist eine Wahl. Im Alltag kann man sich gute Laune tatsächlich herbeiwünschen: Tritt einem ein Stinkstiefel in der Bahn auf den Fuss – besser an den Abschiedskuss von vorhin denken, statt zu stänkern. Wenn einem morgens Knautschgesicht mit Gebüsch aus dem Spiegel entgegensieht, einfach mal vorstellen, man würde so jetzt beim Chef sitzen. Lacht da jemand?

… in meiner Haut

Das heißt nun nicht, dass man die Zeit in Bad und Studio damit verbringt, für andere ein besserer Mensch zu werden. Die Pflege von Haut und Haaren hilft einem erst einmal selbst beim Wohlfühlen. Zum einen ist sie gesund, denn der Körper reagiert auf Vernachlässigung wie Zuwendung im Äußeren. Und zum anderen kommt es bei ihm einfach gut an, wenn er mit sanften Massagen und gefühlvollem Eincremen verwöhnt wird, bis ihm die Wonne aus allen Poren grinst. Diesem Grinsen darf man dann ruhig auch mit Schminke und Aftershave, mit Atemübungen und Bauchtrainer ein wenig nachhelfen – so lange man sich dabei noch wohl fühlt. Lächelt da jemand?

Mein Leben managen

Ob Karriere oder Religion, Familie oder Hobbys – jeder setzt andere Schwerpunkte in seinem Leben. Und das ist gut so. Denn möglichst viel von dem zu tun, was einem wirklich am Herzen liegt, ist der beste Weg zu Glück und Zufriedenheit. Die Maxime lautet: „Werde, der du bist." Leben heißt dann aber auch: Veränderungen wagen, denn diese lassen sich gar nicht verhindern.

Wie das Leben so spielt

Das „Ich" wird erwachsen

In jedem Leben gibt es Meilensteine, die Veränderungen ankündigen. In jungen Jahren erscheint das noch selbstverständlich. Aus dem hilflosen Säugling wird ein Kleinkind, das schon im Alter von vier Jahren eine erstaunliche Persönlichkeit mit individuellen Charaktermerkmalen ist. Im Zuge der Kindheit und später der Pubertät formen sich diese Merkmale weiter aus. Dann stellen Lehre oder Studium einen Menschen vor ganz neue Herausforderungen. Man verdient eigenes Geld, gründet einen Haushalt oder probiert verschiedene Lebensformen aus – trudelt vom „Hotel Mama" ins Wohnheim, in die WG und dann in die erste eigene Wohnung mit Freundin oder Freund.

Früher galt es als abgemacht, dass diese Entwicklungen bis zum 30. Lebensjahr abgeschlossen sind. Beruf und Partnerschaft gaben dem Leben jetzt einen Rahmen, ein Kind oder mehrere machten aus einem Paar eine Familie. So konnte es dann die nächsten 30, 40 oder gar 50 Jahre weitergehen. Doch dieses Prinzip gilt schon lange nicht mehr. Den Job fürs Leben gibt es kaum noch, die Scheidungsraten sind so hoch wie nie zuvor. Allzu häufig muss man mit persönlichen Veränderungen umgehen, auch wenn man sich mit dem bisher Bewährten ganz wohl gefühlt hat. Mit anderen Worten: Immer wieder heißt es, sich umzustellen und Neuland zu betreten.

Herausforderungen nehmen nicht ab

Veränderungen bedeuten natürlich nicht immer, dass etwas Schönes zu Bruch geht. Oft aber lösen sie Krisen aus, die alles Bisherige in Frage stellen. Ein bekanntes Beispiel ist die berühmte Midlife-Crisis. Sie trifft vor allem Männer oft mit voller Wucht. Die Karrieremöglichkeiten sind ausgeschöpft, die Partnerschaft hat ihren Reiz verloren, das Haus ist gebaut, vor einem liegen noch 20 oder 25 Jahre, in denen nicht mehr viele erstrebsame Ziele anzustehen scheinen. Familiäre oder gesellschaftliche Zwänge liegen oft wie ein Korsett über eigenen Wünschen und verborgenen Talenten. Zugleich erkennt man, dass im Leben nicht alles nach Plan gelaufen ist. Mit 40 fragen sich dann viele: War's das jetzt? Oder kann ich das Ruder noch herumreißen, in meinem Leben noch etwas verändern?

Aber ja! Schon so manch ein erfolgreicher Industrieboss hat seinen weich gepolsterten Chefsessel gegen die harte Pritsche eines Klosters getauscht, aus ausgepowerten Art-Direktoren wurden glückliche Öko-Gärtner, frustrierte Sekretärinnen entdeckten ihre künstlerische Ader, und manchmal macht plötzlich jemand mit Jugendbüchern über kindliche Zauberer eine Menge Geld.

Innere Einstellung auf dem Prüfstand

Nichts ist menschlicher als die Suche nach Glück und Lebenssinn. Fehlt beides, ist es höchste Zeit, etwas zu ändern. Dafür ist es nie zu spät. Auch wenn die persönlichen Umstände widrig erscheinen, lässt sich dem Leben eine neue Richtung geben – vorausgesetzt, der Wille ist da. Oft erscheint es schwierig, die äußeren Umstände zu beeinflussen, etwa den Job hinzuschmeißen oder den Partner zu verlassen. Aber auch das geht – wenn man es richtig anpackt.

Allerdings hat man ja stets sich selbst im Gepäck – und Probleme und Unzufriedenheit wurzeln oft gar nicht in der Außenwelt, sondern in der eigenen Einstellung. Dann ist Arbeit an sich selbst angesagt. Mit einer veränderten Perspektive lassen sich selbst einer unbefriedigenden Phase oft positive neue Aspekte abgewinnen.

Mehr wissen: Weltreligionen

Was gibt dem Leben Sinn? So unterschiedlich die Antworten auch ausfallen, ein Gedanke kehrt immer wieder: Sinn findet keiner in sich selbst. Religiöse Menschen finden ihn im Vertrauen auf Gott und der Liebe zu ihm. Wer mit ihm in Verbindung steht, so die Überzeugung aller Religionen, dessen Leben ist tatsächlich auf etwas bezogen, das über ihn hinausreicht, und damit wäre der Sinn des Lebens garantiert.

CHRISTENTUM Im Christentum gibt es einen Gott, der die Welt erschaffen hat. Er ist in Jesus aus Nazareth zum Menschen geworden. Durch seinen Tod am Kreuz hat Jesus die Menschheit mit Gott versöhnt, mit seiner Auferstehung macht er Hoffnung über den Tod hinaus. Im Zentrum der Lehre Jesu steht die Liebe. Das Vertrauen auf Gott schenkt einem Christen Geborgenheit, die Zuwendung zu den Mitmenschen gibt seinem Dasein Sinn.

JUDENTUM Das Grundbekenntnis des Judentums lautet: „Es gibt nur einen Gott." Er hat das Volk Israel aus der Gefangenschaft in Ägypten befreit; das wird bis heute jedes Jahr im Pessach (Passah) gefeiert. Gläubige Juden halten sich an die Tora (= Weisung), die in der Hebräischen Bibel niedergeschrieben ist und dem Leben einen Rahmen und ein Ziel gibt. Sie erwarten den Messias (= König), der eines Tages kommen und dem Volk Israel zu seinem Recht verhelfen soll.

ISLAM Im Islam (= Ergebung in Gottes Willen) steht das richtige Verhalten im Mittelpunkt. Ein gläubiger Muslim hält sich an die „fünf Säulen" seiner Religion, u.a. das Gebet, das 5-mal täglich nach strengen Regeln zu verrichten ist. Er geht davon aus, dass alles, was ihm zustößt, Gottes Willen entspricht. Deswegen kann er auch persönliche Katastrophen mit Gleichmut hinnehmen.

BUDDHISMUS Die Grundüberzeugung des Buddhismus lautet: alles Leben ist Leiden. Um das Leiden zu überwinden, entwickelte Buddha (= der Erleuchtete) den achtfachen Pfad zur Erleuchtung. Durch maßvolles Leben, strenge geistige Übung und Meditation kann der Suchende erkennen, dass die Welt nur eine Illusion ist. Hat er so die Erleuchtung erlangt, ist er vom Kreislauf der Wiedergeburten erlöst und hat damit das irdische Leid überwunden.

Stellungswechsel statt Lebensstellung

„Lebenslanges Lernen" ist für viele zur Notwendigkeit geworden. Was in den USA schon seit längerem gang und gäbe war, hat längst die Alte Welt erreicht: Es ist keine Seltenheit mehr, dass jemand im Lauf seines Berufslebens häufiger umsattelt und seine Brötchen immer wieder mit einem ganz neuen Job verdient. Ein Berufstätiger wechselt heute im Schnitt alle sieben Jahre den Job.

Lernen heißt aber nicht unbedingt nur büffeln. Es meint auch, lernen, anders zu leben. So sind die privaten Lebensentwürfe heute vielfältig und bunter. Neben der Kleinfamilie mit Vater, Mutter und 1–2 Kindern stehen Alleinerziehende und Singles ohne Kinder, unverheiratet zusammenlebende Eltern, „Dinks" (double income, no kids – zwei Einkommen, keine Kinder), Wohngemeinschaften, Patchworkfamilien und eingetragene Lebensgemeinschaften. Die Katholikin lebt mit einem Muslim zusammen, der homosexuelle Politiker zeigt sich mit seinem Lebensgefährten ganz selbstverständlich in der Öffentlichkeit. Und kaum einer stört sich daran. Das sind doch gute Nachrichten. Und je aufrechter man seinen Weg geht, umso eher akzeptieren ihn die anderen.

Leichter ist das Leben dadurch nicht unbedingt geworden. Zu Beginn des dritten Jahrtausends fehlt vielen Menschen das Koordinatensystem verbindlicher Werte, das früher ein Leben in fest gefügten, vorgegebenen Bahnen lenkte. In Zeiten der Globalisierung und des permanenten Wandels muss man sich selbst immer wieder neu definieren. Und das beginnt mit der Frage: „Wer bin ich eigentlich?"

Wie das Leben leichter wird

Zu viel Stress, zu viele Sorgen – zu wenig Zeit fürs Wesentliche. Das ist eine Seite der Medaille. Die andere: So schlecht sieht's gar nicht aus, denn meistens haben wir auch jede Menge Spaß am Leben. Nur hätten wir gern ein bisschen mehr davon. Zum Glück gibt es zahlreiche Möglichkeiten, mit den eigenen Kräften und Ressourcen besser umzugehen. Am Anfang braucht es im Grunde nur ein wenig Zeit für sich selbst, die Lust, etwas Neues zu erfahren und das Quäntchen Mut und Aufgeschlossenheit, sich auf Veränderungen einzulassen.

Eigentlich könnte es doch ganz einfach sein: ein erfüllender Job, eine glückliche Partnerschaft, ein harmonisches Familienleben, genug Platz für die Hobbys. Und dann noch regelmäßig etwas für die Gesundheit tun. Die Wirklichkeit sieht natürlich anders aus: Der Job frisst zu viel Zeit – darum ist man seit Monaten nicht mehr im Kino gewesen. Der Partner macht Ärger – das zehrt ganz schön an den Nerven. Das Kind ist krank – die Einladung bei Freunden fällt flach. Abends total erschlagen – also wird das Fitnessstudio vertagt ... Irgendwann stellt man fest: Es ist ganz schön schwierig, alle Wünsche und Vorstellungen unter einen Hut zu bringen. Irgendwas kommt immer dazwischen.

Ich habe da eine Vision ...

Damit das Leben trotz aller widrigen Umstände immer noch Spaß macht, seien Sie sich bitte darüber klar: Es ist ganz normal, dass nicht alles rund läuft. Daher gelassen bleiben, sich von falschen Idealen lösen und realistische Ziele setzen. Die wichtigste Regel lautet, sich regelmäßig Zeit nehmen, zurücklehnen und fragen: Was ist mir wichtig? Wo stehe ich? Welche Möglichkeiten habe ich, um etwas zu ändern? Wer jahrelang im ewig gleichen Trott versumpft ist, dann aber gleich übermorgen auf der Segelyacht die Welt umrunden will, gerät in Gefahr, schnell übers Ziel hinauszuschießen und die große Enttäuschung zu erleben.

Oft hilft es, die Gedanken erst einmal zu ordnen. Was quasi ein Reinemachen von innen ist. Ob Tagebuch oder lose Zettel für die persönliche Bestandsaufnahme – wichtig ist es, gleichsam einen Schritt neben sich zu treten oder sich selbst über die Schulter zu schauen: Wo liegt Staub auf der Seele? Was brauche ich wirklich, um mit neuer Kraft loszupowern? Damit baut man sich das Fundament für die kleinen und großen Entscheidungen.

Auf die Stressbremse treten

Immer wieder macht uns der tägliche Stress einen Strich durch die Rechnung. Von einem Termin zum nächsten hetzen, den Kindern bei den Hausaufgaben helfen, schnell noch einkaufen – Stress ist der Wohlfühlkiller Nummer 1. Um Druck rauszulassen, muss man die persönlichen Stressmacher finden. Gegenmittel wie Tief-Luft-Holen und Pausen machen sind wichtiger als man vielleicht denkt. Oft genügen schon 15 Minuten, um wieder zur Besinnung zu kommen, den Alltag ein kleines Stück hinter sich zu lassen. In solchen Zeiten können sich Körper und Seele erholen. Wirklich entspannend ist es, ganz präsent zu sein. Den Moment zu genießen. Wer im Augenblick lebt, statt in Gedanken weit weg zu sein, kommt bei sich selbst an. Es geht weder darum, einer Aktivität nach der anderen nachzujagen, noch ums faul Abhängen. Sondern das, was man tut, ganz zu tun, und da, wo man ist, ganz zu sein. Mit allen Sinnen und Gedanken.

Entlastung im Alltag

Der Alltagskram lässt sich leider nicht ewig auf die lange Bank schieben. Mit ein wenig Struktur wird jedoch vieles leichter.

Das gilt für die Tagesplanung am Morgen genauso wie für die Planung des nächsten Jahres oder eines neuen Lebensabschnitts. Schwere Bürden verlieren ihren Schrecken, wenn man sie „klein denkt", in überschaubare Abschnitte zerlegt und diese nacheinander angeht. Eine gründliche Planung verlangt auch nach Prioritäten, also danach, was wichtig ist und was vordringlich erledigt werden muss. Auf der anderen Seite finden sich die nebensächlichen Dinge, die man getrost vernachlässigen kann, wenn man seine Energie auf die wichtigen Aufgaben konzentriert. Schließlich muss man ja auch nicht alles selbst machen. Wer gekonnt delegiert, schafft sich lästige Aufgaben vom Hals. So entsteht Platz für die schönen Seiten des Lebens: Statt ständig gehetzt allen möglichen Anforderungen nachzuhecheln, gewinnt man Freiraum für Familie und Freunde und für sich selbst. Die wahren Könner delegieren übrigens so, dass derjenige, dem man die Aufgabe weiterreicht, sich nicht belästigt fühlt, sondern gebauchpinselt. Immerhin traut man ihm ja zu, dass er die Aufgabe zur allseitigen Zufriedenheit erledigt.

Streicheleinheiten für die Seele

Der kleine Weg zum Glück beginnt in uns selbst. konkreter: im spielerischen, kreativen, sinnlichen, verträumten Teil unserer Seele. Sich genau und in lebhaften Farben auszumalen, wie zum Beispiel das neue Leben aussehen wird, kann helfen, die notwendige Energie für die Veränderungen aufzubringen. Auch Träumereien versetzen die Psyche wieder in die Balance, vorausgesetzt man träumt mit offenen Augen. Im Gegensatz zu den nächtlichen Eskapaden des Unterbewusstseins, spielen in Tagträumen meistens zukunftsorientierte Inhalte die Hauptrolle. Je konkreter und positiver man sich Wünsche ausmalt, desto besser. So nehmen lang ersehnte Vorhaben immer mehr Gestalt an – und deuten in lebhaften Bildern an, was wirklich wichtig ist im Leben.

Den inneren Ansporn wecken

Wer was erreichen will, muss selbst in die Gänge kommen. Selbstmotivation heißt das Schlüsselwort (lat.: movere = bewegen). Natürlich kostet es Kraft und Initiative, eingefahrene Gleise zu verlassen, neue Herausforderungen anzunehmen und anspruchsvolle Ideen zu verwirklichen. Und schon knurrt der innere Schweinehund. Der hat nämlich sämtliche Tricks auf Lager in Sachen faule Ausreden. Die große Reise? Viel zu gefährlich! Endlich aus der WG ausziehen? Eine eigene Wohnung ist doch viel zu teuer! Und so weiter. Es ist bequem, alles so zu lassen, wie es gerade ist. Allerdings läuft man so Gefahr, ewig auf der Stelle zu treten, statt endlich frischen Wind in sein Leben zu lassen und neue Wege zu suchen. Die verlaufen natürlich nicht immer auf der kürzesten Strecke. Menschen neigen zu Umwegen. Statt das Ziel direkt anzusteuern, umkreist man es manchmal auf einer spiralförmigen Bahn oder gerät in eine Sackgasse. Dann gilt es, wieder umzukehren und von einem neuen Ausgangspunkt loszumarschieren. Das ist nicht unbedingt ein Schaden. Wer sich auf Umwege begibt, kommt zwar nicht so schnell an, aber vielleicht entdeckt er am Weg erstaunliche Sehenswürdigkeiten oder romantische Landschaften, von denen er gar keine Ahnung hatte. Wie heißt es doch so schön: Der Weg ist das Ziel.

Das alles klingt vielleicht ein bisschen anstrengend. Doch es lohnt sich, sein Leben selbst in die Hand zu nehmen – denn es winkt die Aussicht, ein erfülltes, zufriedenes Leben nach eigenen Vorstellungen und Wertmaßstäben zu führen.

Mehr wissen: Chancen für mehr Balance

DAS BUMERANG-PRINZIP Der Bumerang steht für Leichtigkeit, Auftrieb, Spiel und Kreativität. Und seine unregelmäßige Flugbahn ist ein gutes Beispiel dafür, dass man seine Ziele nicht unbedingt „direttissima" erreichen muss. Selbstmanagement bedeutet also nicht, jede Sekunde verbissen zu verplanen, sondern das freie Spiel der Kräfte zu finden, die Balance zwischen Arbeit und Freizeit, Muss und Muße. Damit Zeit fürs Leben bleibt, Zeit für Ungeplantes, für Spiel, Sinnlichkeit, Familie, Freunde – und fürs Glück. Das Bild vom Bumerang stammt vom Experten für Zeitmanagement und Lebensplanung, Lothar J. Seiwert.

FLOW Wann ist der Mensch glücklich? Der amerikanische Psychologe Mihaly Csikszentmihalyi hatte dazu eine gute Idee. Glück und Zufriedenheit erreicht man, wenn man selbstvergessen in einer Tätigkeit aufgeht, ohne dabei einen bestimmten Zweck zu verfolgen. Dieser Zustand heißt Flow. Und ob sich dieser „fließende Zustand" einstellt, hängt nicht davon ab, was man tut, sondern ob man seine Vorhaben mit einer inneren Haltung der Neugier, Konzentration und Begeisterung in Angriff nimmt. Wie ein Kind, das nicht nur „Star Wars" spielt, sondern selbst ein Yedi-Ritter ist.

DIE GLÜCKSFORMEL Glücklichsein lässt sich lernen. Nicht nur das, was man tut und erlebt, hinterlässt seine Spuren im Nervensystem, sondern auch die Gefühle. Ärgert man sich oft und gern, rutscht der Gefühlsapparat leicht in die „Ärger-Rille" und spielt wie ein Grammophon immer wieder dieselbe Leier. Umgekehrt kann man auch das Glücklichsein trainieren wie einen Muskel. Je öfter man sich freut und sich bewusst auf die guten Gefühle konzentriert, desto leichter fällt es einem, auch in schwierigen Situationen locker zu bleiben. So kann man sein Gehirn zum Positiven prägen. Und dazu ist es nie zu spät. Denn die Nervenbahnen im Gehirn lassen sich auch noch im hohen Alter neu knüpfen und verstärken. Das meint der Erfinder der „Glücksformel", Stefan Klein.

121. Ziele finden

Was will ich eigentlich im Leben? Das herauszufinden lohnt sich. Persönliche Ziele sind ein wichtiger Meilenstein auf dem Weg zu Glück und Zufriedenheit.

– Es gibt Menschen, die genau wissen, was sie wollen: eine Weltreise machen, in fünf Jahren Abteilungsleiter sein, zum Golf-Profi werden. Gehört man selbst nicht zu dieser Spezies, kann man seinen Zielen mit folgender Übung auf die Spur kommen:

– Dazu ist ein Blatt Papier nötig. Dann versetzt man sich gedanklich auf eine große Jubiläumsfeier mit vielen geladenen Gästen. Gefeiert wird mit viel Tamtam ein 80. Geburtstag. Der eigene!

– Natürlich wird es viele kluge Reden geben. Nun gilt es aufzuschreiben, was in diesen Reden vorkommen soll. Der eine wird darüber sprechen, was man erreicht hat im Leben. Ein anderer bewundert, wie toll man schwierige Situationen gemeistert hat. Und die eigenen Kindern freuen sich vielleicht enthusiastisch über die Liebe und Fürsorge, die ihnen zuteil wurde.

– So spürt man auf, was einem im Leben wirklich wichtig ist, was man unbedingt erreichen möchte. Und was einem vielleicht weniger bedeutet.

– Wer wachsam durchs Leben geht, kann sein Mini-Drehbuch immer wieder ergänzen oder unwichtige Szenen herausstreichen. Und natürlich neue schreiben. So entwickelt sich allmählich ein ganz persönlicher Lebensplan.

122. Tagebuch schreiben

Sich Frust oder Lust einfach von der Seele schreiben – das ist nicht nur was für Teenager. Ein Tagebuch kann helfen, Zusammenhänge klarer zu sehen und mit sich und der Welt im Reinen zu bleiben.

– Tagebücher sind Trainingsplätze für die Seele. Dort können sich Gedanken frei entfalten. Ohne fremde Beobachter, ohne Zensur, ohne Kritik. Man lernt sich selbst besser kennen.

– Nicht immer steht ein Freund/eine Freundin zur Verfügung, bei dem/der man seinen Seelenmüll in einem Gespräch loswerden kann. Aber auf den leeren Seiten können Gedanken und Emotionen ungehindert fließen.

– Am besten, man schafft sich ein schönes, handliches Buch im Taschenformat an: nicht zu schwer, schließlich muss es eventuell weite Wege zurücklegen: ins Café, in den Urlaub, in den Park. Low-Budget-Variante: DIN-A5-Schulhefte, die einfach mit Datum versehen und durchnummeriert werden.

– Wichtig beim Tagebuchschreiben: sich nicht unter Druck setzen. Zum Stift wirklich nur dann greifen, wenn einem auch danach ist. Das muss nicht täglich sein. Manchmal hat man wochenlang keine Lust zum Schreiben. Das ist völlig in Ordnung.

– Der Stil ist nicht wichtig, schließlich schreibt man keinen Deutschaufsatz. Im Tagebuch ist alles erlaubt – fehlende Punkte und Kommas, keinerlei Groß- und Kleinschreibung, Telegrammstil, Stichpunke oder komplizierte Schachtelsätze. Hauptsache, Sorgen und Gedanken werden beim Namen genannt.

– Es lohnt sich, immer mal wieder in alten Seiten zu blättern. Meistens staunt man darüber, was man so alles notiert hat: So hab' ich das damals gesehen? So borniert bin ich diesem Menschen gegenübergetreten? So verrückt war ich? Vom jetzigen Zeitpunkt aus betrachtet, werden die Fortschritte der eigenen Entwicklung erst deutlich. Das kann richtig spannend sein.

123. Den Tag reflektieren

Der Tag war wieder einmal randvoll mit Terminen. Und abends fragt man sich dann: Was habe ich eigentlich geschafft? 10 Minuten Besinnung bringen Klarheit.

– Den Tag in einer ruhigen Minute vor dem Schlafengehen noch einmal Revue passieren lassen: Was hatte ich ursprünglich vor, was habe ich tatsächlich geschafft?

– Selbst wenn einige Aufgaben noch unerledigt blieben, sollte man mindestens drei positive Aspekte sammeln, die erfolgreich bewältigt wurden. Zum Beispiel: beim Zahnarzt gewesen, die Wäsche weggebügelt, Sachen für den Kindergeburtstag eingekauft.

– Dann Unerledigtes gedanklich sammeln und überlegen, was einen daran gehindert hat, es anzupacken: zu müde gewesen fürs wichtige Telefonat oder war es zeitlich einfach nicht so dringend? Hier lohnt es sich, genau zu überlegen. Manche Dinge können vielleicht ganz gestrichen werden, andere lassen sich vertagen.

– Für den nächsten Tag einen genauen Plan machen. Wichtig: eine realistische Einschätzung der benötigten Zeit. Es hat wenig Sinn, den kommenden Tag randvoll zu packen und am Abend wieder festzustellen, dass man nur die Hälfte seiner Vorhaben geschafft hat.

124. Innere Dialoge pflegen

In unserem Kopf finden endlose Diskussionsrunden statt. Die Teilnehmer sind „innere Personen", die wild durcheinander quasseln. Jede gute Konferenz braucht einen Moderator – der Sie selbst sein sollten.

– Bei vielen inneren Diaglogen melden sich bevorzugt die Kritiker zu Wort. Sie meckern und missbilligen, was das Zeug hält. Zum Beispiel: Warum hab' ich Depp bloß meine Meinung nicht gesagt?
– Gegenmittel: Auch andere Stimmen zu Wort kommen lassen, die das Ganze etwas positiver sehen. Etwa so: Ich hab' es nicht nötig, mich immer wieder in den Mittelpunkt zu stellen.
– Oftmals geht es auch um Dinge, die passiert sind. Zum Beispiel: Die schöne, neue Bluse ist beim Waschen eingelaufen! Ist natürlich schade, aber nun mal nicht mehr rückgängig zu machen. Trotzdem funkt der „Jammerer" dauernd mit seinen Lamentos dazwischen und blockiert so die Energien, die nötig wären, um sich wieder anderen Dingen zu widmen. Hier hilft:
– Dem „Jammerer" konstruktiv Paroli bieten und an seiner Stelle dem „Mutmacher" das Wort erteilen. Etwa so: „Du könntest auf die gewünschten CDs verzichten und eine neue Bluse kaufen." So verhindert man, wie ein Hamster im Rad auf der Stelle zu treten.
– Wie bei einem „echten" Protokoll die wichtigsten Gedanken aufschreiben. Solche Zusammenfassungen erlauben im Rückblick wichtige Selbsterkenntnisse.

Eine Stunde LEBEN!

125. Kreativität frei legen

Eine Methode, Seelenmüll zu entsorgen und die verborgenen Quellen der Kreativität freizulegen, hat die amerikanische Kreativitätstrainerin Julia Cameron entwickelt – Morgenseiten und Künstlertreff. Dafür sollten Sie feste Zeiten einplanen.

– Bei den Morgenseiten kommt es darauf an, in der Früh drei Seiten vollzuschreiben. Das dauert bei den meisten Menschen zwischen 20 und 30 Minuten.
– Die Seiten werden täglich geschrieben. Möglichst bald nach dem Aufstehen, um die Nähe zum Traum zu nutzen, wenn das Unbewusste noch aktiv ist.
– Hierbei die Gedanken fließen lassen und aufschreiben, was kommt, auch wenn es die größten Banalitäten zu sein scheinen: „Das Fenster müsste mal geputzt werden. Ich habe einen schlechten Geschmack im Mund. Amelie hatte gestern wirklich ein scheußliches Kleid an ..."
– Indem die obersten Schichten des Bewusstseins regelmäßig abgetragen werden, können mit der Zeit die tiefer liegenden kreativen Quellen wieder freier sprudeln. Oft äußern sich neue Ideen zum ersten Mal auf den Morgenseiten.
– Zusätzlich zu den täglichen Schreibübungen einmal wöchentlich das „innere Künstlerkind" ausführen. Jeder Mensch hat ein inneres Kind, das vor verrückten und genialen Ideen überquillt – wenn man es lässt. Einfach überlegen: Was wollte ich schon lange einmal machen, wenn mich die lieben Mitmenschen deswegen nicht auslachen oder schief ansehen würden, weil es kindisch wirkt? Auf das höchste Klettergerüst im Park steigen? Sämtliche verfügbaren Asterix-Filme ausleihen und nacheinander angucken? Den Affen im Zoo 2 Stunden lang bei ihren Faxen zuschauen? Sich für solche scheinbar verrückten Aktivitäten jede Woche 1 Stunde fest im Terminkalender vormerken – und tun!

126. Gefühle zeigen

Wie schaffe ich es nur, mich in bewegenden Momenten angemessen zu äußern? Das fragen sich Menschen, die ihre Gefühle nur schlecht zeigen können.

– Beispiel: Der Kollege erzählt begeistert, dass er soeben befördert wurde. Sein Gegenüber schluckt, schüttelt mit versteinerter Miene dessen Hand und bringt dabei kein Wort heraus.
– Während der Beförderte ratlos überlegt, wie es seinem Gegenüber wohl geht, ist der damit beschäftigt, seine Gefühle in Schach zu halten. Was soll er tun? Dem Kollegen um den Hals fallen? Ihm ins Gesicht sagen, dass er die Beförderung gar nicht verdient hat?
– Beides nicht angemessen. Gefühle zu zeigen, heißt nämlich nicht, sie ungefiltert mitzuteilen. „Selektive Offenheit" lautet die Formel und besagt, dass man selbst entscheidet, wie viel man von seinen Emotionen offenbaren möchte.
– Der Leiter-Trick hilft dabei: die untere Stufe steht für Sachlichkeit, die obere für deutliche Emotionen.
– Man kann sich selbst fragen: Wo genau auf der Leiter stehe ich? Ganz unten? Dann könnte die Reaktion aus dem Beispiel so ausfallen: „Schön für Sie, Herr Kollege!" Oder freut man sich wirklich und will das auch aus-

drücken? Dann ist es völlig in Ordnung, dem Kollegen auf die Schulter zu klopfen: „Das freut mich sehr, Herr Kollege!" Dabei wichtig: aufrichtig bleiben und nur die Emotionen offenbaren, die man auch innerlich vertritt.

127. Bestandsaufnahme machen

Das Leben läuft nicht nach Plan? Das innere Chaos droht außer Kontrolle zu geraten? Eine Bestandsaufnahme bringt Ordnung ins persönliche Wirrwarr.

– Um herauszufinden, wo man steht, was man ändern will, was einen glücklich oder unglücklich macht, hilft eine altbewährte Methode: alles aufschreiben.
– Einen ruhigen Platz suchen und dafür sorgen, dass man nicht gestört wird.
– Ein Blatt Papier und einen Stift zur Hand nehmen. In der Mitte des Blattes eine senkrechte Linie ziehen.
– Die linke Seite steht für die negativen Seiten des momentanen Lebens, die rechte dafür, wie die positive Seite des Lebens aussehen könnte.
– Es geht darum zu formulieren, was einem das Leben im Moment schwer macht, was Unbehagen und Angst bereitet. Dabei wichtig: genau in sich hineinzuhorchen, um herauszufinden, was einen ärgert oder das Lebensgefühl stört.
– Parallel dazu auf der rechten Seite die Dinge notieren, wie es in Zukunft besser werden soll.
– Beispiel (links): Ich leide darunter, dass ich vom Chef nicht auf die Fortbildung geschickt wurde. Rechts: Ich will eine Zusatzausbildung machen als... Oder (links): Ich fühle mich ausgebrannt, weil ich schon zwei Jahre keinen Urlaub mehr hatte. Rechts: Ich träume von drei Wochen Entspannung in der Südsee...
– Die Liste zeigt, wie die konkreten Möglichkeiten aussehen, etwas zum Positiven zu wenden.

128. Den Tagesablauf strukturieren

Die Liste im Kopf ist lang: einkaufen, bügeln, mit dem Kind zum Arzt, in den Baumarkt gehen, Oma anrufen ... – plus eine ganze Latte unvorhergesehener Ereignisse, die einen zusätzlich aus dem Takt bringen. Ist das wohl alles zu schaffen? Ja, mit einem Tagesplan.

– Eine Aufstellung machen mit allen wichtigen Tätigkeiten, die man sich vorgenommen hat. Dann in einer Rangordnung sortieren. Weniger wichtige Dinge streichen oder vertagen.
– Diese Übersicht wird jetzt zu einem Zeitplan umgebaut, an den man sich konsequent hält. Zum Beispiel: 15 bis 16 Uhr: E-Mails beantworten. 18 bis 19 Uhr: Vokabeln abfragen usw. Das klappt nicht? Dann eine Liste mit Ereignissen anlegen, die einem wichtige Zeit stehlen. Klingeln dauernd die Nachbarskinder an der Wohnungstür? Dann stellt man die Klingel für die Zeit der zu erledigenden Aufgaben konsequent ab.
– Größere Aufgaben in kleinere Teilschritte stückeln. Auch dafür bestimmt man Zeitfenster. Und es hilft, sich besser zu organisieren.
– Immer Pausen einplanen. Niemand kann im Turbo-Tempo sein Pensum bewältigen. Abschalten ist selbst im größten Trubel überlebenswichtig! Also: aus dem Fenster schauen, einen Tee trinken, den Nacken dehnen, mit der Freundin telefonieren (mit Zeitlimit). Oft genügen schon fünf Minuten für eine Mini-Pause.
– Nicht zu viel vornehmen: Wer Arbeit für 10 Stunden in 5 Stunden packt, brennt früher oder später aus. Am besten nur die Hälfte der Zeit verplanen, der Rest ist Puffer für Unvorhergesehenes.
– Bei aller Planerei ganz wichtig: auch persönliche Ich-Zeiten in den Tagesplan integrieren. Zum Beispiel: 1 Stunde Joggen, an der Eisenbahn basteln, usw.

129. Prioritäten setzen

Der Tag hat 24 Stunden, nicht mehr und nicht weniger. Um alles zu schaffen, was man sich vorgenommen hat, sind Schwerpunkte nötig.

– Hierzu ist es hilfreich, sich eine To-do-Liste zu machen. Zum Beispiel: Freundin anrufen, E-Mails beantworten, Pullover zur Reinigung bringen.
– Jetzt gilt es, genau abzuwägen, was dringend erledigt werden muss und was warten kann. Alle Tätigkeiten auf der Liste bekommen Schulnoten von 1 bis 6. Einser erhalten sehr wichtige Dinge, Zweier, Dreier und Vierer gibt es für Kann-Projekte. Fünfer und Sechser für Vorhaben, die nicht vordringlich oder so wichtig sind.
– Pro Tag nur einen Einser-Job vornehmen, den dafür aber gründlich. Nur Aufgaben, die man zu Ende gebracht hat, können abgehakt werden. Dann bleibt noch genügend Zeit für einige Zweier- und Dreier-Tätigkeiten. Und Dinge mit Sitzenbleiber-Noten kann man getrost auf die lange Bank schieben.

130. Delegieren im Alltag

Es gibt viele Aufgaben, die auch andere erledigen können. Das spart jede Menge Stress und Zeit.

– Da verbringt man schon 16 Stunden im Büro, soll dann aber noch Fleisch für die Grill-Party besorgen, Frau Kunze anrufen und den Rasen mähen. Vieles davon können andere genauso gut übernehmen.
– Der alltägliche Kleinkram: Den Schwung Hemden von der Wäscherei abholen, kann gegen einen kleinen Obolus vielleicht die Tochter der Nachbarin, den Hund führt der nette Zeitungsjunge aus.
– Sind Sie der Müllmann vom Dienst? Das bleibt so, wenn man die Aufgaben nicht anderen Familienmitgliedern überträgt. Ein sechsjähriges Kind ist zum Beispiel durchaus in der Lage, einen Müllbeutel in die Tonne zu werfen. Der/Die Partner/in natürlich auch.
– Online shoppen: Keine Zeit für den Buchladen oder die Boutique? Dafür gibt es doch die Heinzelmännchen-Dienste im Internet. Ob CDs, Kosmetik oder Waschmaschine – online bestellen spart Zeit und Nerven, oft sind die Waren obendrein billiger als im Laden.

131. Mini-Auszeit für jeden Tag

Gedanken klären, Gefühle ordnen, zur Besinnung kommen. Für die innere Harmonie mit sich selbst genügen täglich 15 Minuten stille Zeit.

– Für die Mini-Auszeit einen festen Termin mit sich selbst vereinbaren. Argumente wie „Ich muss noch einkaufen“ oder „Später finde ich sicher noch ein paar ruhige Minuten“ gelten nicht!
– Einen stillen Platz aufsuchen und Anrufbeantworter einschalten. Sich bequem und aufrecht hinsetzen, damit der Atem frei fließen kann.
– Dann Innehalten und den eigenen Körper Stück für Stück durch gehen: Wie fühlen sich Kopf, Schultern, Brust, Arme, Bauch, Gesäß und meine Beine an?
– Bewusst und ruhig atmen, sich dabei klarmachen, dass die ganze Aufmerksamkeit nur dem eigenen Körper gilt. Was zählt, ist nicht die richtige Atemtechnik, sondern der eigene Instinkt: Tut es mir gut, wie ich atme? Der eigene Körper weiß es am besten.
– Sobald der Körper entspannt ist, werden die Gedanken sehr rege. Sie dürfen kommen und gehen, auch wenn es scheinbar Banalitäten sind: „Habe ich die Herdplatte auch wirklich ausgemacht? Den Briefkasten muss ich noch leeren. Die Katze braucht wieder Trockenfutter.“ Wichtig: die Gedanken ziehen lassen, ohne sie zu zensieren.
– Am Ende der „stillen Zeit“ noch einmal kräftig durchatmen, Arme und Beine strecken. Dann kann’s mit dem Alltag weitergehen.

132. Arbeit clever bewältigen

Schon mal was vom Pareto-Prinzip gehört? 20 Prozent seiner Zeit investieren und 80 Prozent dessen schaffen, was man erledigen wollte. Zum Beispiel so:

– Zehn Hemden warten darauf, in 2 Stunden gebügelt zu werden. Mit normalem Einsatz halten sich Aufwand und Ertrag die Waage (50:50-Verhältnis). Man legt die nötige Zeit an und erhält das gewünschte Ergebnis.
– Geht das Bügeln nicht besonders gut, verschiebt sich das Verhältnis. Bei höherem Zeitaufwand (80 Prozent) erhält man ein geringeres Ergebnis (20 Prozent). Macht zwei Hemden in 96 Minuten. Und jede Menge Frust.
– Durch Beobachten und Dazulernen können aber die Fähigkeiten ständig verbessert werden. Dadurch macht man die anfängliche Investition seiner Zeit, Geduld und Energie wieder wett und erreicht – nach vielen mühevollen Bügelstunden – mit 40 Prozent Aufwand 60 Prozent des gewünschten Ergebnisses. Macht sechs Hemden in 48 Minuten. Schon ganz passabel.
– Irgendwann ist man Profi im Hemdenbügeln geworden: weiß genau, worauf es bei Krägen und Knopfzwischenräumen ankommt, bügelt nur noch mit Dampf und Mozart im Hintergrund, und eines Tages genügen 20 Prozent des Aufwands für 80 Prozent des Ertrages. Das sind dann acht Hemden in 24 Minuten. Perfekt.

133. Wartezeiten vermeiden

Um die kleinen alltäglichen Staus zu umgehen, sollte man die besten Zeiten für sein Vorhaben kennen.

– Vor der Urlaubsreise mit dem Auto ist noch ein Reifenwechsel oder gar der TÜV fällig? Nicht auf den letzten Drücker erledigen. Denn vor den Schulferien ist der Andrang erfahrungsgemäß am größten. Die Reparaturen mindestens vier Wochen vor Ferienbeginn erledigen.

– Samstagvormittag herrscht Hochbetrieb in den Geschäften. Wer seine Wochenend-Freizeit nicht in der Warteschlange verbringen will, bringt Großeinkäufe am besten schon am Donnerstag hinter sich.
– Morgens mit Zahnschmerzen aufgewacht? Für einen Arztbesuch ohne Termin ist die Zeit direkt nach der Praxisöffnung (in der Regel um 8 Uhr) am besten. Die Chance, bald dranzukommen, ist dann am größten, weil in der Früh zwar bestellte Patienten, aber noch kaum akut Kranke auf der Warteliste stehen.
– Der Montag ist zwar der offizielle Ruhetag der Friseure, aber es haben bei weitem nicht alle Salons geschlossen. Wenn die Haare also dringend ab sollen oder neue Farbe drauf muss, lohnt es sich, Salons in der Nähe mit Hilfe des Branchenbuchs abzutelefonieren.
– Ein wichtiges Telefonat mit einer schwer erreichbaren Person vor 9 oder nach 17 Uhr erledigen. Das erhöht die Chancen, nicht von der Sekretärin abgewimmelt zu werden, da diese in der Regel nur während der Kernzeiten im Büro ist.
– Große Anschaffungen nicht kurz vor Geschäftsschluss erledigen. Zu dieser Zeit sind Verkäufer besonders gestresst, und man läuft Gefahr, nur eine abgespeckte Beratung zu bekommen. Beste Zeit: mittags und frühe Nachmittagsstunden. Oder auch Montagvormittag.

134. Den Augenblick genießen

Lebenszeit gibt es nicht im Überfluss. Trotzdem gehen viele Menschen verschwenderisch damit um – in der Hoffnung, irgendwann mal ihre Wünsche verwirklichen zu können.

– „Wenn erst mal die Kinder aus dem Haus sind, mache ich tolle Reisen rund um die Welt." „Ich trenne mich von meinem Partner, sobald dieses stressige Jahr rum ist." „Ich ackere jetzt lieber wie ein Pferd, dann kann ich in fünf Jahren machen, was ich will." Kommt Ihnen das bekannt vor?
– Lebensumstände sind zu keiner Zeit ideal. Es gibt immer etwas, mit dem man nicht hundertprozentig zufrieden ist. Sich in schönere Zeiten zu träumen, kostet wertvolle Lebenszeit. Trotzdem gibt es Dinge, die sich nicht ändern lassen. Diese einfach umbewerten und in einem neuen Licht betrachten.
– Sich klarmachen, dass das Leben in all seinen schillernden Facetten ein wunderbares Geschenk ist – in guten wie in schlechten Zeiten.
– Wer Augen und Ohren für die kleinen Dinge öffnet, schärft sein Bewusstsein für das Wesentliche: das Lächeln eines fremden Menschen, das „Danke" für die eigene Hilfsbereitschaft, das goldene Herbstlaub vor dem strahlend blauen Himmel.
– Achtsamkeit ist der Schlüssel zum Augenblick: Wie sitze, gehe, stehe ich? Wie schaue ich andere Menschen an? Erwartungsvoll, traurig, herausfordernd? Was schmecke ich gerade? Was fühlt mein Herz? Sich in dieser Wahrnehmung zu üben, hat nichts mit Egozentrik zu tun. Dafür mit der wachsenden Fähigkeit, die Welt und die Beziehungen zu anderen Menschen intensiver zu erleben.

5 TRICKS gegen Fernsehsucht

1. **Vor dem gewohnheitsmäßigen Griff zur Fernbedienung die Programmzeitschrift studieren und die Glotze erst anmachen, wenn die ausgewählte Sendung beginnt.**
2. **Auch bei uninteressanten Filmen fehlt einem manchmal der Drive abzuschalten. Gegenmittel: für 3 Minuten aus dem Zimmer gehen. Meistens hat man dann schnell den Faden verloren und kann die Kiste beim Reinkommen ausmachen.**
3. **Eigentlich will man den spannenden Krimi weiterlesen, aber es kommt gleich die Lieblingssendung? Einfach die Folge aufzeichnen. Ein paar Tage später entscheiden, ob sie wirklich so wichtig war.**
4. **Seifenopern können richtig süchtig machen. Gegen den Zwang, unbedingt jede einzelne Folge sehen zu müssen, hilft nur noch ein knallharter Entzug: nur noch jede zweite anschauen.**
5. **An diesem Abend noch nichts vor (außer Fernsehen)? Runter von der Couch und raus ins Leben – für einen Kneipenabend findet sich fast immer jemand.**

135. Sich glücklich denken

„Kann ich nicht“, „Schaff ich nicht“, „Ist zu gefährlich“, „Ändert sich ja doch nicht“. Solche Negativ-Formeln können einem das Leben ganz schön schwer machen. Aber Denkweisen kann man ändern.

– Jeder kennt bestimmte Redensarten über sich selbst, die das persönliche Weltbild prägen. Weil man felsenfest davon überzeugt ist, kommt man auch nicht auf die Idee, bestimmte Aussagen und Denkmuster zu überprüfen. Aber genau das muss man tun, wenn aus einem „Das kann ich sowieso nicht“ ein „Ich kann alles, was ich mir fest vornehme“ werden soll.

– Weil solche Sätze unbewusst und meistens von frühester Kindheit an in unserem Gehirn rumoren, lassen sie sich nicht einfach ablegen wie ein abgetragener Mantel. Aber sie lassen sich erkennen und durch neue, wohlwollendere Denkmuster ersetzen.

– Hierfür ist ein Blatt Papier nötig, auf dem man die ganz persönlichen Glaubenssätze notiert. Zum Beispiel: „Ich bin zu dick“, „Ich kann nicht gut malen“, „Ich werde es nie schaffen, mich zu ändern“.

– Dann überprüft man diese Aussagen auf ihren Wahrheitsgehalt: Stimmt es wirklich, dass ich es nie schaffe, mich zu ändern? Bin ich tatsächlich zu dick oder vielleicht eher wohlgeformt? Usw. Wie schätzen andere Menschen meine Aussagen ein? Treffen sie immer zu, manchmal oder nur zum Teil?

– Glaubenssätze sind nicht angeboren, sondern erlernt. Deshalb kann man sie auch wieder „ver-lernen“. Und neue, positive dazulernen. Beispiel: Alt: „Ich darf keine Fehler machen.“ Neu: „Nobody's perfect.“

– Vor dem Spiegel ist ein guter Übungsplatz für neue Glaubenssätze. Am besten probiert man sie dort jeden Morgen aus und natürlich immer dann, wenn die alten Negativ-Formeln sich wieder breit machen wollen.

20 DINGE die glücklich machen

Glück kann man haben beim Lottospielen oder auf der Suche nach einem Parkplatz. Glücklich kann man einfach sein – indem wir uns immer wieder bewusst machen, selbst die Quelle des Glücks zu sein. Hier ein paar Beispiele:

- eine zärtliche Umarmung von jemandem, den man schätzt
- lachen, bis die Tränen kommen
- der Duft von frischem Gras
- das wohlige Gefühl, wenn man nach einem Winterspaziergang in die warme Stube kommt
- Fotos aus vergangenen Zeiten anschauen
- sich den bevorstehenden Urlaub in allen Einzelheiten ausmalen
- eine Fahrt im Riesenrad
- das erste Lächeln eines Babys
- die frohe Botschaft, dass eine schwere Krankheit überstanden ist
- das gute Gefühl, etwas geschafft zu haben
- der Dank eines Menschen, dem man geholfen hat
- selbst Dankbarkeit spüren
- die ersten Krokusse im Spätwinter
- die Hand des Partners auf einem Spaziergang spüren
- einen geliebten Menschen nach langer Trennung in die Arme schließen
- ein verschwunden geglaubtes Schmuckstück wiederfinden
- Zuckerwatte auf der Kirmes
- einen Song im Radio hören, zu dem man als Teenager getanzt hat
- Dinge erkennen, die einen weiterbringen
- das eigene Herz spüren, wie es stark und regelmäßig klopft

136. Die Langsamkeit entdecken

„Wenn es schnell gehen muss, nimmt man einen Umweg!“ Diese Weisheit eröffnet neue Freiräume für das Wesentliche im Leben.

– Im Urlaub ist der Weg das Ziel. Die nächste Reise könnte so aussehen: mit der Kutsche durch Wales, auf dem Hausboot durch Amsterdams Grachten oder im Bummelzug durchs Voralpenland. Egal, was man macht, Hauptsache, alles läuft im Schneckentempo ab. Denn es kommt nicht darauf an, wo man hinkommt, sondern woran man vorbei kommt.

– „Iss langsam, Kind!“ Diesen Satz kennt doch fast jeder irgendwoher … Leider nicht immer leicht umzusetzen im Fast-Food-Zeitalter. Trotzdem kann man einiges für eine bewusste Ess- und Küchenkultur tun, wie zum Beispiel die Slow-Food-Bewegung zeigt. Sie setzt sich für Qualität ein, die Zeit braucht: Das fängt bei der Auswahl der Produkte an und hört bei der Tischkultur auf. Langsam essen kann auch heißen: bewusst kochen und mit allen Sinnen genießen.

– Die Schlange an der Supermarktkasse treibt einem das Adrenalin in die Adern? Dann ist es Zeit für ein Spiel: bewusst in die längste Schlange stellen. Dabei studiert man die Gesichter seiner Mitmenschen. Schauen alle griesgrämig drein? Gegenstrategie: lächeln – und zudem der gestressten Kassiererin noch einen angenehmen Tag wünschen.

– Ein Museumsbesuch gehört für viele Menschen zum Regensonntag-Programm. Und dann möglichst schnell durchhecheln, um auch ja viele Bilder zu sehen. Das Sonntag-Langsam-Programm entschleunigt die Hetz-Kultur: Man nimmt sich ein einziges Bild vor, das einem besonders gut gefällt, und betrachtet dieses ausschließlich. Bestimmt vergisst man es nie wieder – im Gegensatz zu den Dutzenden von Exponaten, denen man sonst im Schnelldurchgang allenfalls einen Seitenblick geschenkt hätte.

137. Alltags-Rituale einbauen

Das beste Mittel gegen dröge Routine sind die kleinen Rituale im Alltag, sie schenken Entspannung und Kraft.

– Nichts ist heilsamer, als durch kleine feine Gewohnheiten den starren Rhythmus zu unterbrechen. Rituale sind nicht mit Routine zu verwechseln (auch wenn sie heute meistens so verstanden werden), sondern das Gegenteil davon: kleine wohltuende Ruheinseln, auf die man sich zurückzieht. Solche Rituale können sein:

– Jeden Morgen einen frisch gepressten Saft trinken, wenn man etwas für die Gesundheit tun will.

– Einmal die Woche Kuchen in die Arbeit mitbringen, wenn die Beziehung zu Kollegen auch eine private Dimension haben soll.

– Mindestens einmal am Tag zu Fuß in den sechsten Stock gehen, wenn man fit bleiben möchte.

– Einen festen Familienabend zelebrieren, mit „Mensch ärgere dich nicht“, gegenseitigem Vorlesen, Malen oder Diskutieren über ein bestimmtes Thema.

– Der 17-Uhr-Lieblingstee, wenn man neue Kraft schöpfen und zur Ruhe kommen mag.

– Sich jeden Freitag Blumen kaufen (oder schenken lassen), wenn man die Sinne verwöhnen möchte.

– Ein „hauchdünnes Täfelchen Schokolade“ vor dem abendlichen Zähneputzen, wenn man das kleine, gierige Schleckermäulchen erfreuen will.

– Wichtig: Rituale sollen Spaß machen. Werden sie selbst zur ungeliebten Routine, verlieren sie ihren magischen Zauber.

4 SCHRITTE zur Reise ins innere Bilder-Reich

Einen ruhigen Ort suchen (Sofa, Matte, grüne Wiese, Liegestuhl auf dem Balkon). Die Augen schließen und los geht's:

1. **Ein Bild oder einen kleinen, selbst erdachten Film ins Gedächtnis rufen, in dem man sich besonders wohl fühlt. Zum Beispiel: Ein Getreidefeld im Hochsommer. Der Himmel ist blassrosa, die Sonne bereits untergegangen. Ein schwacher Wind kommt auf, der warm die Haut streichelt. Am Rand des Feldes liegen ein paar Heuballen, deren Duft intensiv herüberweht. Am Himmel ziehen Schwalben ihre Kreise, deren Zwitschern ans Ohr dringt.**
2. **Diese Szene mit allen Fasern des Körpers und der Wahrnehmung genießen! Frieden, Entspannung und die Ruhe spüren.**
3. **Riechen, Schmecken, Hören und Fühlen werden eingespannt, um den eigenen Bildern kraftvolles Leben einzuhauchen.**
4. **Am Ende der kleinen Fantasie-Reise, nach etwa 15 Minuten, noch einmal kräftig alle Glieder strecken und herzhaft gähnen.**

138. Tagträumen

Tagträume brauchen keine Schäume sein, denn sie können mehr, als uns unerfreuliche Zeiten versüßen. Mit der Kraft innerer Bilder können Träume wahr werden.

– Ich möchte endlich einen schönen Urlaub machen! Mehr Geld verdienen, den Schrank voller Klamotten haben! Solche Sätze kennen wir alle. Leider sind solche Wünsche nicht konkret genug. Und können ihren magischen Zauber nicht entfalten.
– Konkret träumen! Also zum Beispiel: Ich liege unter einem blauen Himmel in einer einsamen Lagune und spüre die sanften Wellen auf meiner Haut. Dabei zählt jedes Detail: die Farbe des Himmels, der Geruch des Meeres, das Prickeln auf der Haut.
– Indem man seine Wünsche in Bilder packt, können sie ins Unterbewusstsein eindringen – dorthin, wo sich die Steuerzentrale für das eigene Verhalten befindet. Mit abstrakten Wünschen wie „mehr Geld“ oder „eine neue Wohnung“ kann das Unterbewusstsein gar nichts anfangen. Es braucht Bilder und ganzheitliche Vorstellungen, um Energien zu aktivieren.
– Fragt man Erfolgsmenschen, wie sie zu Geld oder zur eigenen Firma gekommen sind, lautet die Antwort oft: „Ich hatte eine ganz klare Vision. Ich habe das große Gebäude gesehen, wie sich die Sonne in den Scheiben spiegelte, die vielen Computer, an denen fleißige Menschen saßen.“ Es sind also konkrete Träume, denen durch kraftvolle Bilder ungeahnte Energien folgen. Und davon kann man bekanntlich nie genug haben, wenn man Träume Wirklichkeit werden lassen möchte.

Zehn Minuten LEBEN!

139. Den kleinen Buddha baden

Viele von den lästigen alltäglichen Arbeiten lassen sich zu kleinen Inseln der Erholung umwandeln.

– „Abspülen“ nennen Zen-Buddhisten: „den kleinen Buddha baden“. Mit dieser Einstellung wird aus einer unangenehmen Pflicht eine kleine Meditationsübung. Entscheidend ist dabei – wie bei jeder Meditation – der Versuch, so gegenwärtig wie möglich zu bleiben.
– Nicht auf die Berge von dreckigem Geschirr schauen, sondern sich auf jedes Glas, jeden Teller konzentrieren, als wäre es das einzige Stück, das heute zu spülen ist. Und so, ein Teil nach dem anderen wegarbeiten.
– Den angenehmen Kontakt der Hände mit dem warmen Wasser genießen. Die immer wiederkehrenden Handbewegungen wie ein Mantra nutzen, das den Geist beruhigt.
– Am Ende das befriedigende Gefühl genießen, in einer blitzblank aufgeräumten Küche zu stehen. Abspülen ist eine der Tätigkeiten, deren Erfolg man unmittelbar sehen kann.
– Auf diese Weise lassen sich viele der täglichen Haus- und Büroarbeiten ganz leicht in entspannende Mini-Meditationen umdeuten.

140. Schlechte Laune vertreiben

Mit dem linken Fuß aufgestanden? Keine Lust zu nichts? Was man gegen den Miesepeter unternehmen kann:

– Den Blues an den Wurzeln packen: Überlegen, ob es einen konkreten Anlass gibt. Wenn ja, welchen? Die Gedanken aufschreiben. Nach 10 Minuten Frustabfuhr einen dicken Schlussstrich drunterziehen.
– Verkrampfungen lösen sich am besten durch Bewegung. Wer vor Wut ins Kissen beißen möchte, bitte ruhig tun. Oder eine Runde um den Block laufen oder radeln.
– Den Frust kleinkriegen: So tun, als würde man einen dicken Brocken kauen, den man mit seinen Kaumuskeln gründlich und ausgiebig bearbeitet.
– Im Web durch Witzeseiten googlen kann unheimlich befreiend wirken. Wer lacht, hat schon gewonnen.
– Sich durch einen Kinobesuch, ein neues T-Shirt oder Schuhe oder eine exotische Frucht verwöhnen.
– Musik hören, die der miesen Laune entspricht. Das kann experimenteller Freejazz sein oder Beethovens Neunte. Meistens funktioniert es nicht, eine trübe Stimmung mit einem fetzigen Stück aufzumöbeln. Hier hilft nur Ausprobieren. Balsam für die Seele sind vielleicht Songs oder Stücke, mit denen man positive Erinnerungen verknüpft. Tipp: Viele Musik-Shops im Internet bieten eine Riesenauswahl an aktuellen Titeln und Oldies, die man sich gegen wenig Geld ganz legal und vor allem gezielt herunterladen kann.

141. Ängsten Paroli bieten

Die Prüfung, der Arztbesuch, ein Gespräch mit dem Chef steht an, und schon hat man ein mulmiges Gefühl. Dagegen gibt es ein paar hilfreiche Tricks.

– Ein gewisses Maß an Angst ist nichts Schlechtes, weil es Energien freisetzt, die für das bevorstehende Ereignis genutzt werden können. Oft lösen solche Situationen aber übersteigerte Sorgen und Reaktionen aus, weil man etwas Negatives erwartet. Gegenmittel:

– Den unheilschwangeren Impulsen eine andere Richtung geben. Beispiel: Bei der bevorstehenden Prüfung quält der Gedanke: „Was, wenn ich die Prüfung nicht schaffe?" Daraus wird: „Und wenn schon. Dann wiederhole ich die Prüfung eben."
– Perspektivenwechsel: Das bevorstehende Gespräch mit dem Chef treibt den Adrenalinspiegel hoch. Es könnte um eine Abmahnung oder gar eine Kündigung gehen? Gegenmittel: Das Gespräch gedanklich Schritt für Schritt durchspielen. Aber diesmal nicht als Betroffener, sondern als Beisitzer. Was sagt der Chef, wie fühlt sich sein Gegenüber (XY)? Das Kribbeln bei XY spüren, die zittrigen Hände beobachten, den Schweiß auf seiner Stirn registrieren.
– Das Gespräch gedanklich beenden und noch einmal durchgehen. Mit diesem Perspektivenwechsel probt man für den Ernstfall und kann dann gelassener an die Sache rangehen.

5 TRICKS gegen den Flattermann

1. **Maori-Schrei: Die Ureinwohner von Neuseeland rüsten sich vor dem Kampf mit einer Schrei-Attacke. Augen weit aufreißen und mit herausgestreckter Zunge laut, kurz und heftig brüllen.**
2. **Kreuzworträtsel lösen: Wenn die Gedanken nur noch kreisen, brauchen sie Ablenkung. Und können später (in der Prüfung oder beim Arzt) schneller schalten.**
3. **Bewegen: Im Raum umherlaufen oder einfach feste auf der Stelle marschieren. Sauerstoff fördert die Konzentration.**
4. **Schnupperkur: Ein Taschentuch mit einigen Tropfen Lavendelöl beträufeln und immer wieder daran schnuppern. Das beruhigt.**
5. **Urlaubsträume: Kleine Fantasiereisen erhalten die Freundschaft mit den starken Seiten der Seele. Wer sich für 60 Sekunden unter Palmen oder auf Berggipfel träumt, putzt seinen Kopf frei.**

142. Schwächen anerkennen

Im Rechnen eine Niete? Dazu sollte man stehen, denn es bringt überhaupt nichts, die eigenen Schwächen vor anderen zu verbergen. Auch nicht vor sich selbst.

– Natürlich kann man an seinen Schwächen arbeiten. Vorausgesetzt, man ist bereit, die Defizite einmal zu hinterfragen: Warum macht mir Putzen überhaupt keinen Spaß? Was genau ist es, was die Kollegin an mir nicht mag?
– Die Schwächen mit Respekt behandeln, sie gehören nun mal zur eigenen Person. Wer sich ständig abwertet und an sich herumkritisiert, verstärkt seine innere Unzufriedenheit. Statt: „Verdammt, jetzt hab' ich schon wieder eine ganze Tafel Schokolade gegessen!", ist es hilfreicher, sich ohne Kritik selbst zuzuschauen: „So, ich habe jetzt also eine ganze Tafel verdrückt." Auf diese Weise schärft man seine Selbstwahrnehmung, statt wieder in die alten Mecker-Muster zu verfallen.
– Sich klarmachen, dass niemand perfekt ist. Auch man selbst nicht. Deshalb wird es immer wieder passieren, dass man zum Beispiel im Übermaß zu Süßem greift, den Partner anraunzt oder den Jahresabschluss der Kollegin aufs Auge drückt. Hier hilft es, sich selbst gesunde Maßstäbe zu setzen: Ich hätte es besser oder anders machen können. (Hier genau aufzählen, was und wie.) Fürs nächste Mal nehme ich mir vor, es tatsächlich besser zu machen.

143. Persönliche Stressfaktoren finden

Um herauszufinden, was einem den letzten Nerv raubt, muss man seine Stressfaktoren kennen. Denn was den einen belastet, steckt ein anderer vielleicht locker weg.

– Ein Blatt Papier zur Hand nehmen.
– Überlegen, welche Ereignisse oder Personen einen aus der Ruhe bringen. Zum Beispiel: Ich mache ständig Überstunden. Ich werde vom Telefonklingeln aus einer wichtigen Arbeit gerissen. Der Drucker gibt im entscheidenden Moment seinen Geist auf. Ein Brief vom Finanzamt, weinende Menschen, Kindergeschrei oder die Schwiegermutter sind ein rotes Tuch für mich.
– Den Zettel einige Tage ruhen lassen.
– Dann setzt man sich erneut hin und ergänzt das Notierte durch konkrete Erlebnisse der vergangenen Tage. Dabei wichtig: absolut ehrlich sein und genau in

sich hineinspüren, auch wenn man dabei vielleicht ein zweites oder sogar drittes Blatt voll schreibt.
– Im nächsten Durchgang ordnet man Stresssituationen und belastende Ereignisse nach der Intensität, mit der man sie erlebt hat. Und zwar mit Noten von 1 (erträglich) bis 6 (ganz schlimm).
– Die Liste ist ein Anhaltspunkt für persönliche Stressfaktoren. Der Sinn: Sobald man sich ein Bewusstsein dafür schafft, von wem oder was man sich unter Druck setzen lässt, hat man bereits den ersten Schritt zur Bewältigung unternommen.

144. Grübeleien stoppen

„Wenn das so weitergeht, kann ich einpacken!" „Warum mag mich die Kassiererin im Supermarkt nicht?" „Warum immer ich?" Solche Grübeleien kennt jeder. So lassen sich negative Gedanken stoppen.

– Ständiges Grübeln schlägt aufs Gemüt. Wenn die Gedanken unaufhörlich um ein und dasselbe Problem kreisen, helfen nur klare Ansagen: „Lasst mich jetzt in Ruhe!" oder „Ich habe genug!", laut und deutlich ausgesprochen, schicken die Sorgen in die Wüste.
– Die Hilfe anderer suchen: So manches Problem lässt sich allein im stillen Kämmerlein nicht lösen. Im aktiven Gespräch mit ausgesuchten Zuhörern kommt man einen Schritt weiter.
– Probleme delegieren: Zermürbende Überlegungen wie „Wohin diesmal mit dem Hund im Urlaub?" kann auch der Partner oder die Schwiegermutter übernehmen.
– Ablenkung: Das zermarterte Gehirn braucht dringend eine Pause. Körperliche Aktivitäten, Einkaufen, Putzen, Bügeln oder Abwaschen lenken das Gehirn von quälenden Gedanken ab.
– Sorgen aufschreiben: Damit die negativen Grübeleien nicht überhand nehmen, kann man sie auf Papier bannen. So beherrscht man sie, statt von ihnen beherrscht zu werden.
– Die Sorgen in den Terminkalender schreiben: Seine Probleme kann man nicht immer und sofort lösen, deshalb bekommen sie einen Termin, der extra fürs darüber Nachdenken und eine Lösung finden reserviert ist. So geht man den Problemen nicht vollständig aus dem Weg, hat aber Luft für Tätigkeiten, die in diesem Moment einfach dringender sind (etwa Kinder zu Bett bringen, die Wäsche aus dem piepsenden Trockner holen usw.).

145. Seelenmüll vermeiden

Das Gute suchen, das Schlechte meiden: Klingt simpel, ist im Alltag aber nicht immer ganz einfach umzusetzen. Es sei denn, man bastelt sich einen Schutzhelm für die Seele.

– Lästermäuler lauern überall. Die Kollegin zieht über den Müller her, der Chef macht den Meier schlecht. Solche Hinter-dem-Rücken-Missgünstlinge vergiften die Atmosphäre und drücken aufs Gemüt. Da hilft nur eins: einfach nicht mitmachen!
– Auf Kinoleinwänden tummeln sich massenhaft Brutalo-Helden. Mit Laserkanonen, Pump-Guns und Flammenwerfern brennen und schießen sie hemmungslos herum. Vielen Regisseuren und Filmproduzenten kann es nicht blutig genug sein. Grausame Bilder hinterlassen ihre Spuren, feuern Löcher in die Seele. Deshalb: solche Filme meiden!
– Im Fernsehen reihen sich Comedy- und Reality-Shows aneinander, den ganzen Abend kann man sich bequem durchs Programm zappen. Dazu futtert man Chips und schafft es nicht, den Aus-Knopf zu drücken. Auf diese Weise ist einem das volle Junkfood-Programm für Körper und Seele sicher. Beides weglassen!
– Negativen Gedanken einen Korb geben: „Hätte ich doch nur ...", „Warum habe ich nicht ...", „Die Arbeit ist der reinste Horror ..." Solche Beschwörungen sind Stoff für schlaflose Nächte. Hier hilft folgender Trick: Sorgen und Ängste gedanklich in der Nachttischschublade „parken": „Ich lege euch da jetzt rein, weil ich dringend schlafen muss. Morgen kann ich mich dann wieder mit euch beschäftigen." So werden Sorgen nicht verdrängt, aber auf einen anderen Zeitpunkt buchstäblich ver-tagt.

146. Der paradoxe Befehl

Es gibt Situationen, in denen man plötzlich mit den Tränen kämpft, rot wie eine Tomate wird oder starr vor Angst. Wenn unangenehme Gefühle anrollen, hilft der paradoxe Befehl.

– Ein Beispiel: Die Kollegin erzählt eine ergreifende Geschichte. Alle hören gebannt zu. Plötzlich spürt man, wie die eigenen Emotionen anrollen: Im Hals steckt ein dicker Kloß und die Augen werden feucht. Jetzt bloß nicht losheulen, ist das Einzige, was man jetzt noch denken kann.

– Tief durchatmen. Dann erteilt man sich selbst den paradoxen Befehl: Ich werde in zwei Sekunden weinen wie ein Schlosshund! Was passiert: Die Attacke wird gestoppt. Funktioniert auch, wenn man befürchtet, gleich heftig zu erröten, oder wenn vor lauter Angst die Zunge am Gaumen klebt.
– Ebenfalls hilfreich: den Forscher spielen. Sobald man ein Gefühl heftig erlebt, begibt man sich bewusst in die Rolle des interessierten Forschers und geht der Sache intensiv nach.
– Der Forscher in mir fragt nun objektiv: Woran erinnert mich das jetzt? Wo fühle ich jetzt gerade etwas besonders stark? Im Kopf, im Hals? Im Herzen? Auf diese Weise geht man innerlich auf Distanz, behält aber die Kontrolle.

147. Den eigenen Neid entmachten

Gelb vor Neid, weil der Nachbar schon wieder ein neues Auto hat oder die Freundin eine leidenschaftliche Affäre? Das missgünstigste aller Gefühle schadet einem selbst am meisten.

– „Jeder kann und muss sofort und immer alles haben!" So suggeriert es zumindest die Werbung und streut damit eine giftige Saat aus Neid und Missgunst. Hier hilft, sich immer wieder selbst zu fragen: „Brauche ich das wirklich, will ich das überhaupt?"
– Wenn sich die Missgunst anschleicht, hilft spontan die Anti-Neid-Formel: „Ich gönne es dieser Person!" Diesen Satz immer wieder und so lange denken, bis es innerlich stimmt.
– Einen Schritt nach vorn gehen: Wer neidisch auf den Kollegen und dessen tolle Urlaubsreisen ist, kann ihn zum Beispiel fragen: „Was ist Ihr Geheimrezept? Wie kommen Sie dazu? Können Sie mir vielleicht ein paar Tipps geben?" Damit eröffnen sich Chancen, von anderen zu lernen.
– Oft sind es auch spezielle Fähigkeiten, die Neid entfachen. Alle Talente sind wie in einem großen Orchester vereint: Der eine spielt gut Geige, ein anderer singt, und der dritte fasziniert durch ein begnadetes Trompetenspiel. Erst die Summe aus unterschiedlichen Begabungen und Neigungen machen den Reiz dieses Ensembles aus. Und auch man selbst ist ein Teil davon. Je klarer man die eigenen Anlagen erkennen und entwickeln kann, desto seltener wird man Anlass zu Neidgefühlen verspüren.

148. Lächelpause

Gerade in Zeiten extremer Anspannung kann uns nichts und niemand mehr ein Lächeln abgewinnen. Dann ist es Zeit für die wirkungsvollste Medizin: Lächeln.

– Das geht nicht auf Befehl? Und ob! Man sucht sich zunächst eine stille Ecke (im Büro zur Not die Toilette).
– Dann ein paar Mal tief durchatmen.
– Jetzt die Mundwinkel anheben, auch wenn einem eigentlich gar nicht danach ist. Selbst wer nur ein schiefes Grinsen zustande bringt, ist schon einen Schritt weiter in Richtung gute Laune. Denn sobald die Gesichtsmuskeln aktiviert sind, melden die Nerven ans Gehirn: Es geht aufwärts! Und schon schickt das Gehirn Glückshormone auf den Weg.
– Die Verkäuferin ist unfreundlich, der Busfahrer schlecht gelaunt? Trotzdem lächeln! Das funktioniert mit einem Trick: Man steckt das griesgrämige Gegenüber gedanklich einfach in eine schlabberige Badehose und setzt es damit in eine Sahnetorte. Wer den Sinn für die kleinen Abgründe des Lebens trainiert, kann trostlosen Situationen die Spitze nehmen.

TIPP

Mal angenommen, der Partner muss aus beruflichen Gründen für 2 Jahre in eine andere Stadt und die Familie zieht notgedrungen mit. Sie selbst halten es dort aber überhaupt nicht aus und denken deshalb trübsinnig immer dasselbe: „Wie komme ich hier nur so schnell wie möglich wieder weg?" Mit der Folge, dass Sie immer unglücklicher und verstimmter werden, ohne dass sich etwas ändert. Um sich aus der passiven Rolle des/der Leidenden rauszuarbeiten, hilft eine einfache Frage: „Was brauche ich, um hier für eine begrenzte Zeit glücklich zu sein?" Meistens genügen Kleinigkeiten, die das Leben lebenswerter machen. Zum Beispiel: alle Schwimmbäder in der neuen Stadt ausprobieren (wenn Sie gern schwimmen), herausfinden, wo's den besten Eiskaffee/Cocktail der Stadt gibt oder endlich den Yoga-Kurs besuchen, zu dem Sie sich am alten Wohnort nie aufraffen konnten. So befreien Sie sich vom Festhalten an alten Dingen und öffnen den Blick für das Gegenwärtige. Denn das Leben spielt hier und jetzt.

149. Dinge sofort tun

Obwohl wichtige Dinge anstehen, schiebt man sie erst mal auf die lange Bank. Diese „Aufschieberitis" bringt jedoch nichts. Wer unangenehme Aufgaben sofort anpackt, hat wieder Raum für interessante Dinge.

– Auf dem Schreibtisch stapelt sich die unerledigte Post, auf dem Bügelbrett die Wäsche, im Flur das Altpapier. Gegen solche Berge hilft nur: weg damit, gleich!
– Zermürbenden Kleinkram zu einem Sofort-Erledigen-Paket bündeln. So vermeidet man, sich bei den einzelnen Tätigkeiten zu verzetteln.
– Unangenehme Dinge immer zuerst anpacken. Der lang versprochene Rückruf bei der Schwiegermutter mag zwar nerven, sobald er jedoch erledigt ist, hat man den Kopf wieder frei – für den spannenden Krimi, den Spaziergang, den Stadtbummel.
– Die Zeit reicht trotzdem nicht? Dann bekommen noch offene Aufgaben einen festen Termin im Kalender. Und werden dann als Erstes erledigt.
– Entscheidungen sofort treffen: Die Nachbarin erbittet am Wochenende dringend Hilfe beim Schrankaufbau? Ein alter Freund kündigt unerwartet seinen Besuch an? Nicht lange überlegen. Ein sofortiges „Ja" oder „Nein" nimmt einem unnötige Soll-ich- oder Soll-ich-nicht-Grübeleien ab. Das setzt ungeahnte Energien frei. Energien, die man nicht hat, wenn man wertvolle Zeit mit Grübeleien vergeudet.

150. „Nein" sagen im Alltag

Das klärende Wörtchen kommt hilfsbereiten Menschen oft besonders schwer oder gar nicht über die Lippen. Doch ein klares „Nein" bedeutet „Ja" zu sich selbst.

– Wie oft hat man sich das oder Ähnliches schon vorgenommen: endlich mal ein Wochenende mit dem Kumpel ins Stadion zu gehen. Sich von der Kollegin nicht überrumpeln zu lassen, wenn es wieder Mal an der Zeit ist, neuen Kaffee zu kaufen. Doch dann kommt alles anders: Ein Anruf von der Schwiegermutter macht aus dem Stadionbesuch einen Kaffeeklatsch mit der Großfamilie. Oder die Kollegin hat in der Mittagspause wegen „wichtiger Termine" keine Zeit für den Kaffeekauf. Das kann ab sofort anders werden.
– Die eingebaute „Ja"-Automatik ausschalten. Indem man genau hinschaut und überlegt: Wird mich die Schwiegermutter mit lebenslangem Hausverbot bestrafen, wenn ich „Nein" sage? Würdigt mich die Kollegin künftig keines Blickes mehr, wenn ich den Kaffee nicht besorge? Ist das wirklich so?
– Ein bisschen Überwindung gehört zum Neinsagen dazu. Aber so zeigt man anderen Menschen auch, wo die eigenen Grenzen sind.
– „Nein" heißt „Nein", ohne dass es einer besonderen Begründung bedarf. Man ist niemandem Rechenschaft schuldig, außer vielleicht dem Vorgesetzten.
– Neinsagen vor dem Spiegel proben: Aufrecht hinstellen und das „Nein" mit klarer fester Stimme formulieren. Ebenfalls hilfreich: Mit dem Partner eine fiktive oder oft erlebte „Ja"-Situation durchspielen. Dabei sammelt man Argumente und Entschlusskraft fürs „Nein", die im Ernstfall überzeugender rüberkommen.

151. Auszeit nehmen und nutzen

Es gibt Situationen, da möchte man alles hinschmeißen: Der Job nervt, ein Termin jagt den nächsten, und es fehlt die Zeit, neuen Atem zu schöpfen? Dagegen hilft: eine persönliche Auszeit nehmen.

– Dem Chef mitteilen, dass man sich sofort drei Tage frei nehmen wird. Das geht nicht? Doch, das geht – indem man sein Vorhaben deutlich macht. Statt „Ich würde mir gerne frei nehmen" heißt es „Ich nehme mir drei Tage Urlaub. Dafür gibt es triftige Gründe."
– Sich selbst annehmen: Die Situation ist verfahren, man fühlt sich jämmerlich, einfach mies. Dann gilt es, besonders nett zu sich selbst zu sein. Wie zu einem guten Freund oder einer guten Freundin, der/die unter heftigem Liebeskummer leidet.
– Gefühle zulassen: Klar, es geht einem nicht gut im Moment, aber das hat seinen Grund. Es bringt gar nichts, vor unangenehmen Gefühlen wegzulaufen. Wer ihnen erlaubt, einfach da zu sein, ohne sie zu bewerten, schafft die Voraussetzung dafür, dass sie sich ändern.
– Gedanken anhalten: Sätze wie „Ich muss mich jetzt an die Kandare nehmen" oder „Wo ein Wille ist, ist auch ein Weg", bringen in scheinbar ausweglosen Situationen gar nichts. Besser ist es, sich zu sagen: Die Situation ist nun mal so, und ich fühle mich so und so dabei. Das hält man aus und kommt der Wahrheit ein Stück näher.
– Während der Auszeit sollte man sich nichts allzu Großes vornehmen. Lesen, spazieren gehen, Musik hören und Gespräche mit lieben Menschen in einer

Umgebung, in der man sich geborgen fühlt, bringen Ruhe ins innere Chaos.

5 TRICKS

scheinbar ausweglose Situationen zu meistern

1. Die Wut kocht in den Adern? Heben Sie innerlich ihr STOPP!-Schild. Konzentriert 10-mal tief ein- und wieder ausatmen.
2. Geben Sie Verallgemeinerungen einen Korb! Nach einer Niederlage lautet die Formel nicht: „Ich kann es eben nicht!", sondern „Diesmal hat es halt nicht geklappt."
3. In schwierigen Zeiten an vergangene, gewonnene Schlachten denken: „Damals habe ich mich auch nicht unterkriegen lassen!"
4. Die Dreier-Formel: Fragen Sie sich: Wie wichtig ist das, was gerade passiert ist, in drei Jahren? In drei Monaten? In drei Wochen? So lässt man dem Problem ganz allmählich die Luft raus.
5. Die Schuld nicht nur bei sich selbst suchen. Meistens sind auch andere Einflüsse für das Dilemma mitverantwortlich.

152. Mit Kritik umgehen

Die Kindern nörgeln, der Chef wettert über das fehlerhafte Protokoll, dem Partner passt der Fahrstil nicht.

– Kritik einstecken muss jeder, aber die wenigsten können angemessen damit umgehen.
– Angenommen, die Schwiegermutter kommt zu Besuch und meckert über die Unordnung in der Wohnung. Die Strategie:
– Ihr direkt in die Augen schauen mit den Worten: „Was ist denn genau unordentlich? Erzähl mir mehr davon!"
– Wenn die Kritik nicht gerechtfertigt ist, wird die Schwiegermutter ziemlich perplex reagieren, denn sie hat ja fest damit gerechnet, dass Sie sich rechtfertigen. Das „Erzähl mir mehr!" bringt auf jeden Fall einen Zeitvorteil. Man kann überlegen, wie sich das Problem lösen lässt. Zum Beispiel: „Ich hatte eine stressige Woche. Hast du Lust, mir beim Aufräumen zu helfen?"
– Wer Fehler macht, wird oft ausfällig beschimpft. Hat man zum Beispiel jemanden versehentlich im Flur angerempelt und bekommt ein „Du unfähiger Idiot!" zu hören, kann man entgegnen: „Ich habe Sie zwar angerempelt, aber ein Idiot bin ich deshalb noch lange nicht!" So entkräftet man Kritik.
– „Du hast ja schon wieder ein scheußliches Kleid an." „Das neue Parfum stinkt ja fürchterlich!" So was muss sich niemand anhören. Notorischen Dauernörglern durch Ignorieren die Luft aus den Segeln nehmen.

Zehn Minuten LEBEN!

153. Anspannung wegschütteln

In stressigen Zeiten schleichen sich oft unbemerkt Verspannungen in den Körper. Mit der Mini-Meditation lassen sie sich locker abschütteln.

– Einen Raum suchen, in dem man ungestört sein kann; 10 Minuten Zeit mitbringen.
– Die Füße hüftbreit fest auf den Boden stellen, die Knie sind locker. Dann leicht mit den Knien federn. Spüren, wie auch der Oberkörper in Bewegung kommt, schließlich die Arme und auch der Kopf.
– Alle Anspannungen der letzten Stunden werden einfach abgeschüttelt, wie lästige Wassertropfen vom Fell. Dabei gibt es keine richtige Technik: die Bewegung einfach fließen lassen, wie sie aus Rumpf, Armen und Beinen „herauszappelt".
– Beim Atmen einfach experimentieren, was einem gut tut: Der eine zählt seine Atemzüge, der andere lässt die Luft stoßweise durch den geöffneten Mund klangvoll hinausströmen.
– Nach etwa 10 Minuten langsam wieder zum Stillstand kommen. Noch einen Moment ruhig stehen bleiben und das wohlige Entspanntsein genießen.

154. Wartezeiten sinnvoll nutzen

Beim Arzt, an der Bushaltestelle, vor der Supermarktkasse – Wartezeiten gibt es immer wieder und bringen die ursprüngliche Planung durcheinander.

– Der Chef hat ein Meeting für den Vormittag angekündigt, allerdings ohne eine genaue Uhrzeit zu nennen. Hilfreich: Überlegen, ob man in dieser Wartezeit etwas anderes vorziehen kann. Dabei wichtig: Nicht zu lang dauernde Aktivitäten in diese Zeit quetschen. Sonst ist man gerade mittendrin, und dann beginnt das Meeting.
– Feste Termine 1 bis 2 Stunden vorher telefonisch oder per E-Mail bestätigen lassen. Eine Nachfrage in der Arztpraxis kann zum Beispiel klären, ob man zur vereinbarten Zeit tatsächlich drankommt oder erst zu einem späteren Zeitpunkt.
– Längere Wartezeiten etwa auf Ämtern nutzen, indem man sich vorab mit Lesestoff versorgt. Vielleicht liegt auch ein Park in der Nähe oder ein Supermarkt, falls man spazieren gehen will oder noch einkaufen muss.
– Unvorhergesehene Pausen als Geschenk betrachten, die man für sich ganz allein nutzen kann. In der Schule hat man sich über unverhoffte Freistunden schließlich auch gefreut.

155. Energiekiller kalt stellen

Es gibt Menschen, die einem auf äußerst subtile Weise Kraft und Energie rauben. Weiß man, zu welchem Typ sie zählen, kann man sie gezielt schachmatt setzen.

– Der Hilfsbedürftige: Er buhlt ständig um Aufmerksamkeit und saugt unablässig am eigenen schlechten Gewissen. Besonders beliebt: die „Nur-du-kannst-mir-helfen-Masche". Hinter der Hilflosigkeits-Maske steckt nichts anderes als überzogener Anspruch „Um mich muss man sich ständig kümmern." Gegenprogramm: dem Hilflosen rigoros Grenzen setzen. Ihm direkt sagen: „Ich fühle mich überfordert, bitte lass mich in Ruhe."
– Der Angstmacher: Solange alles im Lot ist, wirkt er stark und souverän, aber wehe, es wird brenzlig! Dann tyrannisiert der Angstmacher seine Umgebung mit Wutausbrüchen oder subtilen Maßregelungen, um sein Gegenüber einzuschüchtern: „Na, wenn das mal nicht in die Hose geht" oder „Wir werden ja sehen, wer Recht hat" sind beliebte Maschen. Sie dienen dazu, aus der Angst anderer Kraft zu schöpfen. Gegenprogramm: sich Verbündete suchen und den Angstmacher zur Rede stellen. Außerdem: stur bleiben und ihm selbstbewusst ins Gesicht lächeln.
– Der Diplomatische: „Was du gut findest, finde ich auch gut" ist seine bewährte Taktik. In Wirklichkeit will er sein Gegenüber verunsichern, um selbst Oberwasser zu bekommen. Gegenprogramm: den Spieß umdrehen: „Ich hab's mir anders überlegt!" So signalisiert man ihm, dass man einen eigenen Kopf hat und auf falsche Schmeicheleien verzichtet.

156. Gewohnheiten ändern

Ein fester Wille, Ausdauer und Disziplin – das braucht man, um festgefahrene Gewohnheiten zu ändern.

– Zunächst einmal: Gewohnheiten zu ändern ist schwer, aber nicht unmöglich. Durch ständige Wiederholungen haben sich Denkstrukturen im Gehirn gebildet, wie Spurrillen, die einen Wagen auf einer vorgegebenen Route fahren lassen. Es gilt, durch ständiges Üben neuer Verhaltensweisen alternative Pfade auszubauen, bis neue Gewohnheiten entstanden sind, die automatisch ablaufen.
– Ein Beispiel: „Ich fahre schnell aus der Haut. Deshalb will ich lernen, gelassener zu reagieren." Das kann man tun:
– Objektivität üben: Ist die Kritik berechtigt? Oder total ungerechtfertigt?
– Zuhören: Das Gegenüber nicht ständig unterbrechen, sondern ausreden lassen. Am Ende seiner Ausführungen erscheinen die Dinge vielleicht schon in einem ganz anderen Licht.
– Klärende Fragen stellen: „Ist das wirklich so?" „Stimmt es, dass ...?" „Was veranlasst dich, so zu denken?"
– Positive Glaubenssätze einbauen: „Dieses Mal bleibe ich ruhig!" „Ich höre zuerst einmal zu, bevor ich selbst etwas sage."
– Wie sich ein Marathonläufer immer wieder seinen Sieg ausmalt, kann man auch das gewünschte Verhalten gedanklich einüben: indem man ein konkretes, positives Bild von sich entwirft und in den erforderlichen Situationen vor dem inneren Auge lebendig werden lässt.
– Mit neuen Verhaltensweisen experimentieren: zum Beispiel auf der Party oder im Urlaub. Weil man in solchen Situationen in der Regel entspannter ist und seine Wirkung auf andere unverkrampfter testen kann als zum Beispiel am Arbeitsplatz.
– Übung macht den Meister: Neue Gewohnheiten stellen sich meistens nicht von heute auf morgen ein. Sie brauchen einfach ein wenig Zeit und Übung, bis sie wirklich richtig sitzen. Rechnen Sie mit ein paar Wochen oder sogar Monaten.

157. Den inneren Schweinehund besiegen

Er stiehlt uns die Lust, ein Vorhaben anzupacken, und inszeniert perfekte Ausweichmanöver. Aber er lässt sich mit der richtigen Taktik auch ködern.

– Die Häppchen-Taktik: Den inneren Schweinehund locken, indem man ihm zunächst kleine Happen anbietet: 10 Minuten abwaschen zum Beispiel, 15 Minuten Morgengymnastik, 1 Stunde Bücher abstauben.
– Für Belohnungen ist er immer zu haben – aber nur gegen Leistung. Auf Zwischenergebnisse setzen: „Ist die halbe Arbeit geschafft, gönne ich mir eine Tasse Tee."
– Positiv an eine Sache rangehen: Natürlich macht Staubsaugen keinen großen Spaß, aber dafür strahlt der Boden hinterher wieder. Jede ungeliebte Tätigkeit hat mindestens einen positiven Aspekt.
– Den Trainingseffekt nutzen: Bestimmte Aufgaben beherrscht man besser und kann sie schneller erledigen, wenn man sie regelmäßig vollbringt.
– Lästige Tätigkeiten als Spiel begreifen: der innere Schweinehund contra motiviertes Ich. Wetten, der notorische Meckerer verzieht sich ganz schnell?
– Den Schweinehund mit einem Spielzeug ködern. Für die lästige Gartenarbeit gibt es vielleicht einen neuen Rechen, mit dem die Arbeit zügiger von der Hand geht.

158. Kritik üben

Wie formuliere ich das, was mich nervt, am besten? Mit Technik und Gefühl wird aus einem chronischen Meckerer ein konstruktiver Coach.

– Schon erlebt? Man sagt dem anderen seine Meinung, und der geht sofort in Verteidigungshaltung. Oder reagiert trotzig oder wütend.
– Dann kann es an den drei magischen Wörtchen „du", „immer" und „nie" liegen. Zum Beispiel: „Du räumst nie die Spülmaschine aus!" „Musst du immer fernsehen!?" Solche Verallgemeinerungen sind das Gegenteil von konstruktiver Kritik. Der andere fühlt sich nur niedergeschlagen, verletzt oder holt zum Gegenangriff aus.
– Hier hilft: konkret bleiben und den Fokus auf die Zukunft richten. Also statt „Nie schraubst du die Zahnpastatube zu" sagen „Bitte denk künftig daran, die Tube zuzuschrauben." Statt „Du schmeißt unser Geld zum Fenster raus!" lieber „Lass uns überlegen, wie wir künftig besser sparen können." Klingt doch schon viel freundlicher, oder?
– Die Kritik klammheimlich und listig zwischen die positiven Tatsachen mogeln. Beispiel: Vielleicht stört einen das Chaos in der Küche, nachdem der Partner gekocht hat. Statt zu sagen „Du verwandelst die Küche immer in ein Schlachtfeld!" eher „Es hat super geschmeckt. Aber jetzt möchte ich dich bitten, das schmutzige Geschirr wegzuräumen, damit ich das Abendessen vorbereiten kann."
– Überlegen, ob die Kritik wirklich gerechtfertigt ist, und vor allem das Zauberwort benutzen: Ein „Bitte" wirkt motivierend, ein „Schon wieder" dagegen erzeugt nur Widerstand.

159. Leute ansprechen

Das Seminar war klasse, und man will den Referenten gerne etwas fragen. Wenn da nicht diese Schüchternheit wäre …

– Wichtigste Regel: Nicht in der letzten Stuhlreihe darauf hoffen, dass der Redner irgendwann vielleicht doch noch auf einen aufmerksam wird.
– Sondern: Vorher überlegen, was man diese Person fragen möchte.
– Dann direkt auf den Betreffenden zugehen, auch wenn noch viele andere Menschen drum herumstehen. Eine Lücke findet sich immer!
– Ist der Moment günstig: Blickkontakt herstellen und die Person ansprechen.
– Mit einem Lob beginnen. Etwa: „Ihr Vortrag hat mir wirklich gut gefallen." Jeder Mensch freut sich über positive Botschaften.
– Dann fragen, ob man sein Anliegen vorbringen darf. Das ist wichtig, denn schließlich will man jetzt die Aufmerksamkeit seines Gegenübers auf sich lenken. Hat die Person den Kopf frei, wird sie auf die Frage eingehen. Falls nicht, weil beispielsweise der Vortrag gleich weitergeht, kann sie anbieten, das Anliegen auf die nächste Pause oder ans Ende zu vertagen.
– Falls letzteres passiert, ist das kein Grund enttäuscht zu sein. Man hat immerhin seinen Anker geworfen. Beim zweiten Anlauf wird sich der Referent leichter oder sogar sofort erinnern und sich – sofern ihm die Interessen der Zuhörer wirklich wichtig sind – auf die Fragen einstellen.

160. Stärken erkennen

Wer seine Fähigkeiten kennt, kann sie auch bewusst einsetzen. Eine Hitliste der persönlichen Stärken ist dabei hilfreich.

– Dazu ist ein Blatt Papier nötig. Darauf wird alles notiert, was man gut kann: Badminton spielen, zuhören, mit Zahlen umgehen, weinende Kinder trösten, Pflanzen aufpäppeln, mit Farben gestalten.
– Jeder Mensch kann auf tolle Erfolge zurückblicken: die bestandene Abi-Prüfung, der Tauchschein, der Umgang mit den eigenen Kindern. Wirklich alles aufschreiben, was man erfolgreich gemeistert hat!
– Wem gar nichts einfällt, kann Marktforschung in eigener Sache betreiben: Freunde, Verwandte, Kollegen befragen, wie sie einen sehen und was sie besonders schätzen.
– Sich an Vorbildern orientieren: Der Meier kann wunderbar vor vielen Leuten sprechen, die Nachbarin ist wahnsinnig hilfsbereit, der Tobias hat sich erfolgreich das Rauchen abgewöhnt. Es ist ausdrücklich erlaubt, Eigenschaften, die man selbst gerne hätte, von anderen abzuschauen.

161. Die Weichen neu stellen

Kreuzunglücklich im Job, unzufrieden in der neuen Stadt oder das einst geliebte Hobby ist mittlerweile zur Qual geworden? Es ist nie zu spät, dass Ruder noch einmal herumzureißen.

– Eigentlich wollte man nie in die Gastronomie, doch die Eltern haben für das Gasthaus einen würdigen Nachfolger gesucht. Und eine Koch-Lehrstelle im benachbarten Restaurant war zufällig auch gerade frei … Einen ungeliebtgen Job auszuüben, kann dazu führen, dass man sich ausgebrannt, lustlos und unmotiviert fühlt, die Arbeit schmeißen und am liebsten etwas ganz anderes machen möchte …
– Tun Sie es! Lassen Sie keine Chance ungenutzt, um sich beruflich zu verändern! Zeitarbeitsfirmen eröffnen oft neue Chancen, kurz-, mittel- und auch langfristig beruflich die Perspektive zu wechseln.
– Fortbildungen nutzen: durch bessere Qualifikationen entstehen neue Möglichkeiten.
– Auch ein neues Hobby bringt Bewegung in den ungeliebten Trott. Aus einem einst murrenden Skifahrer kann ein ambitionierter Langläufer werden, aus einer angestrengtenEx-Primaballerina eine begeisterte Freizeit-Tänzerin, aus einem Radfahrer ein Schwimmer.
– Das Leben als Abenteuer sehen: Besser auf die Nase fallen, als es gar nicht erst versuchen. Selbst wer jahrelang unzufrieden im falschen Job vor sich hin gearbeitet hat, kann seinem Leben durch eine berufliche Veränderung eine neue Richtung geben.

162. Ziele erreichen

Damit es nicht nur bei den guten Vorsätzen bleibt: Vorhaben lassen sich mit der richtigen Strategie in die Tat umsetzen.

– Ziele präzise formulieren: Statt „Ich will noch dieses Jahr ausziehen“, konkret werden: „Im August beziehe ich eine neue Wohnung. Deshalb studiere ich ab Mai regelmäßig den Wohnungsmarkt, schalte außerdem einen Makler ein.“
– Ziele sind buchstäblich berechenbar – in Kilogramm, Kilometern oder Euro. Statt „Ich will abnehmen“ konkreter werden mit „Fünf Kilo sind das Minimum. Ab sofort lasse ich den Zucker weg und esse mittags nur Salat.“ Oder statt „Ich will endlich mit dem Walken beginnen“ lieber „Für den Anfang laufe ich täglich drei Kilometer im Park.“ formulieren. Oder: Statt „Ich muss sparen!“ heißt es künftig „Ich lege jeden Monat 50 Euro zurück.“
– Vorhaben positiv formulieren: „Ich will weniger rauchen“ klingt schwammig und negativ. Die Chance, dass sich dieser Wunsch dauerhaft umsetzen lässt, wird mit positiven Ankündigungen realistischer. Etwa so: „Von dem Geld, das ich mir vom gesammelten Zigarettengeld spare, kaufe ich mir ein Paar neue Schuhe.“
– Immer realistisch bleiben: „Ich will in 2 Jahren eine 15-Zimmer-Villa mit Dienstmädchen bewohnen“ ist für einen einfachen Angestellten zwar ein frommer Wunsch, aber ein schwer erfüllbares Ziel. Deshalb für aufwändige Vorhaben genügend Zeit einplanen – und realisierbare Ziele wählen.
– Einen Zeitpunkt festsetzen: Wann soll die elektrische Eisenbahn im Hobbykeller ihre ersten Runden drehen? Der vollständige Aufbau mit Gebirge und Bahnhof ist in 1 Woche wohl kaum zu meistern, aber den Gleisachter mit Tunnel schafft man vielleicht schon morgen.
– Der Erfolg kleiner Schritte ist zudem leichter messbar und motiviert zum Endspurt.

Meinen Körper pflegen

„Bin ich schön?" Diese Frage beschäftigt uns wie kaum eine andere. Die Antwort darauf ist nicht einfach, denn jeder Mensch hat andere Vorstellungen von Schönheit. Und das Ideal von Kopf bis Fuß ändert sich ohnehin alle paar Jahre. Dennoch: Sich selbst annehmen und mögen ist eine Kunst – und die beste Voraussetzung, um sich in seiner Haut rundum wohl zu fühlen.

Die täglichen Basics

Ob wir es wollen oder nicht – gängige Schönheitsideale haben unsere Ansichten fest im Griff. Tag für Tag lächeln verführerische Models und knackige Adonisse von Hochglanz-Titelblättern und Plakatwänden. Der Diktatur der ästhetischen Maßstäbe kann sich kaum jemand entziehen. Doch die allmorgendliche Realität vor dem Badezimmerspiegel sieht ganz anders aus. Beim Anblick von Tränensäcken, Krähenfüßen und „Rettungsringen" um Bauch und Taille stellt sich bei vielen ganz normalen Menschen automatisch das Gefühl ein: „So wie all die Titelschönheiten seh' ich aber nicht aus! Das muss ich schleunigst in Ordnung bringen!" Dabei wird gern vergessen, dass selbst Werbe-Ikonen in Wirklichkeit nicht makellos sind. Eben nur geschickt retuschiert.

Deshalb wird mächtiger Aufwand betrieben, um das Selbstbild gerade zu rücken. Da werden Hanteln ausgepackt, ein Vermögen in teure Anti-Falten-Cremes investiert und nach Leibeskräften in Fitnessstudios geturnt. Ist ja auch nichts Schlechtes. So lange man es wirklich für sich selbst, fürs eigene Wohlbefinden tut, nicht gegen, sondern mit dem Körper arbeitet. Denn den zeitlos perfekten Körper gibt es schlichtweg nicht. Man denke nur an die üppigen Frauen des flämischen Malers Peter Paul Rubens. Was damals im 17. Jahrhundert einem gängigen Schönheitsideal entsprach, gilt heute einfach nur als zu dick. In den 1950er-Jahren verschlankten sich die Idealmaße. Zwar waren die Hüften noch rundlich, aber eine Wespentaille war erwünscht, um die „richtige" Figur zu zeigen. Erst als Twiggy in den Sixties klapperdürr den Laufsteg betrat, flachten die weiblichen Kurven unübersehbar ab.

Ganz so extrem präsentieren sich heutige Ideale nicht mehr. Heute gilt für Männer und Frauen gleichermaßen: Erstrebenswert ist ein gesunder Körper mit guten Proportionen, beweglich, straff und gepflegt.

Zufrieden mit sich selbst

Der Königsweg dorthin ist eigentlich ganz einfach und führt in drei Schritten ans Ziel. Erstens: Akzeptieren Sie Ihren Körper so, wie er ist. Schließlich geht es nicht um ein abstraktes Ideal, sondern um ein bewegliches, belastbares, zufriedenes Selbst. Zweitens: Mit einem vernünftigen Maß an regelmäßiger Pflege kann man einiges für den Erhalt wünschenswerter Eigenschaften tun. Oft genügen wenige Handgriffe, um sich in seiner Haut rundum wohl zu fühlen. Und drittens: Kleine Abweichungen, wie erste Fältchen, schlaffes Gewebe, oder lebloses Haar lassen sich gezielt mit kleinen Korrekturen in den Griff kriegen. Das fängt bei den ganz alltäglichen Basics an, der Körperpflege. Dafür sollte man sich Zeit nehmen, denn Pflege ist kein Luxus, sondern ein wesentlicher Bestandteil des Wohlbefindens. Pflege hat viel mit Vergnügen, Selbstliebe und Ritualen zu tun. Im Mittelpunkt steht immerhin das größte Organ des Menschen – die Haut. Mit einer Fläche von ungefähr zwei Quadratmetern bildet sie eine lebenswichtige Barriere zwischen Organismus und Umwelt. Und sie verrät, ob wir uns ärgern oder glücklich fühlen, sie treibt uns in der Aufregung die Röte ins Gesicht oder lässt uns vor Schreck erbleichen. An manchen Tagen sprießen Pickel und man fühlt sich schlicht zum Aus-der-Haut-fahren. Kurzum: Diese bemerkenswerte Hülle verrät viel über das ungefähre Alter, den Gesundheitszustand und wie Sie für sich sorgen.

Streicheleinheiten für Haut und Haare

Deshalb zahlt es sich aus, seine Haut gut zu behandeln, zum Beispiel mit regelmäßigen Körperpeelings, täglicher Reinigung und der richtigen Pflege. Unzählige Nervenfasern und Tastkörperchen machen die Haut

Mehr wissen: Die Haut im Spiegel des Lebens

MIT 20 … läuft die Zellerneuerung auf Hochtouren. Die natürlichen Bestandteile Kollagen, Elastin und Fett werden ausreichend produziert, von Fältchen keine Spur. Um die Haut optimal zu pflegen, genügt die tägliche Reinigung mit einem mildem Produkt und einer Allround-Creme für Tag und Nacht. Absolutes Muss ein Leben lang : UV-Schutz bei Sonnenbädern.

MIT 30 … drosselt die Haut die Zellerneuerung. Sie benötigt dafür jetzt 40 statt 28 Tage wie mit 20. Feuchtigkeit kann sie nicht mehr so gut speichern, Sünden wie Schlafmangel, Nikotin und falsche Ernährung hinterlassen erste Spuren. Pflichtprogramm: 1- bis 2-mal wöchentlich feuchtigkeitsspendende Masken und Peelings auftragen. Eine regenerierende Creme für die Nacht verwenden.

MIT 40 … Häufige Sonnenbäder zeigen sich jetzt als unschöne Pigmentstörungen, da die Melaninproduktion nachlässt. Die Kittsubstanz zwischen den Zellen wird spärlich produziert, deshalb braucht die Haut ab jetzt intensive Pflege mit Anti-Aging-Wirkstoffen.

MIT 50 … erschlaffen die Konturen sichtbar, da der natürliche Nachschub an Kollegen fehlt. Aus Fältchen werden Falten, etwa um die Nase, auf der Stirn und rund um die Augen. Nährende Wirkstoffe und pflegende Creme-Masken braucht die Haut jetzt regelmäßig.

MIT 60 … erneuern sich die Zellen nur noch halb so schnell wie mit 20. Die Haut verliert nochmals an Dichte und Elastizität, wird trockener und weniger geschmeidig. Glättende Öl-Massagen und milde Reinigungsprodukte tun der Haut jetzt gut. Wichtig: Viel trinken, um den Feuchtigkeitsmangel der Haut von innen auszugleichen.

äußerst sensibel für Berührungen. Wird die Haut liebkost, wird genauso die Seele gestreichelt. Deshalb sollte man sich Cremes auch nicht lieblos ins Gesicht schmieren, nur weil sie „weniger Falten“ versprechen.

Über die perfekte Haarpflege braucht sich niemand graue Haare wachsen zu lassen, die erscheinen ganz von allein. Dennoch sind viele unzufrieden mit ihrem Schopf und lassen bei der kritischen Selbstbeurteilung kaum ein gutes Haar an der mehr oder weniger üppigen Pracht. Ob glatt oder kraus, dünn oder drahtig ist eine Sache der Vererbung. Bevor sich Haare nach einem Lebenszyklus von etwa 7 Jahren endgültig verabschieden, hat jedes einzelne von ihnen pro Monat im Schnitt 1–2 Zentimeter zugelegt. Würde man sich die Haare niemals schneiden, erreichten sie bei Frauen eine Länge von 70–80 Zentimetern, bei Männern gut die Hälfte. Eine ordentliche Leistung, die gute Pflege und umsichtiges Styling verdient. Das beginnt beim richtigen Bürsten oder Kämmen und hört beim Selbstfärben noch lange nicht auf. Allerdings gilt: Weniger ist oft mehr. Ein Übermaß an Spülungen, Gel, Schaum, Föhnlotionen und heißer Luft macht auch gesundes Haar kraftlos und stumpf.

Aus dem Schminkkästchen

Es muss nicht immer gleich das perfekte Make-up sein. Vielen Frauen genügt ein dezenter Lippenstift, ein Hauch Rouge auf den Wangen oder ein bezaubernder Augenaufschlag, der mit ein wenig Tusche und Lidschatten noch dramatischer wird. An manchen Tagen will man vielleicht nicht auf ein tolles Make-up verzichten und greift nach Lust und Laune in den Malkasten. Ein üppiger Kussmund und ein ebenmäßig grundierter Teint erfordern etwas mehr Zeit als die schnellen Schönmacher, doch das Ergebnis bürgt dann für den glamourösen Auftritt. Denken Sie dran: Von Kopf bis Fuß makellos schön zu sein, schafft niemand. Aber jeder kann etwas dafür tun, mit sich selbst zufriedener zu sein. Bevor man sich also nach einer unruhigen Nacht vor dem Spiegel mal wieder zum hoffnungslosen Fall erklärt, lohnt es sich, genauer hinzuschauen. Und die guten Seiten an sich zu entdecken. Die undefinierbare, aber interessante Haarfarbe, die Sommersprossen, den frechen Mund, die kräftigen Schultern, die geschwungene Nase. Nicht perfekt, aber einzigartig. Und darauf kommt es an.

Meinem Körper Gutes tun

„Mens sana in corpore sano“ – in einem gesunden Körper wohnt ein gesunder Geist. Diese altbekannte Weisheit ist auch heute noch das Leitmotiv gesundheitsbewusster Zeitgenossen. Sie umzusetzen ist eine ganz andere Sache. Aber dafür gibt es ja ein paar wirkungsvolle Strategien.

Wellness. Dieser Begriff ist seit Jahren in aller Munde und gilt als Zauberformel für mehr Gesundheit und Wohlbefinden. Der eine denkt dabei an entspannende Massagen und duftende Öle, an die wunderbare Leichtigkeit des Seins, einen Liegestuhl im Garten, in dem man endlich mal zur Ruhe kommt. Andere verordnen sich bei diesem Begriff ein bisschen Sport, Meditation und ausreichend Schlaf. Alles in allem hat Wellness irgendwas mit Wohlfühlen zu tun. Aber es lässt sich auch ein bisschen genauer definieren.

Sich Gutes tun

Geprägt hat den Begriff „Wellness“ vor über 50 Jahren der amerikanische Sozialmediziner Halbert L. Dunn aus den Wörtern „wellbeing“ (Wohlfühlen) und „fitness“ (in Form sein). Er legte damit den Grundstein für ein völlig neues Körperbewusstsein. Dabei geht es nicht allein um den Erhalt des physischen Gesundheitszustandes. Um sich wirklich rundum wohl zu fühlen, ist auch seelische Ausgeglichenheit unverzichtbar und ein Schlüssel zu Energie, Belastbarkeit und Gesundheit. Wellness, das bedeutet Spaß an Dingen zu finden, die Körper und Seele wirklich gut tun. Oft sind es die einfachen, kleinen Aktivitäten, die uns helfen, das innere Gleichgewicht wieder zu finden. Ein verwöhnendes Bad, Bewegung an der frischen Luft, eine liebevolle Berührung, die wohltuende Wärme bei einem Saunabesuch.

Neue Power für leere Batterien

Das ist leichter gesagt als getan. Wer nach einem anstrengenden Tag erschöpft aufs Sofa sinkt, hat oft keine Lust zu gar nichts. Weil der Nacken schmerzt oder die Beine schwer wie Blei sind. Um die leeren Batterien wieder aufzuladen, muss man herausfinden, was einem fehlt. Bei Überanstrengung und Stress braucht man vielleicht eine Mütze Schlaf und sanfte Yoga-Übungen. Wer auf einer Party über die Stränge geschlagen hat, dem helfen Fußbäder und Entgiftungs-Cocktails. Wer viel sitzen muss und deshalb leicht friert, bringt sich mit Sauna-Besuchen und wärmenden Tees wieder auf Wohlfühl-Temperatur. Dufte in Stimmung kommt man mit Aroma-Ölen, und in verwöhnenden Bädern tanken Haut und Seele Wohlbefinden. Am besten selbst testen, was hilft. Für alle Wellness-Rezepte gilt: Entscheidend ist das individuelle Gefühl. Erlaubt ist alles, was wohl tut, was mehr Ausgeglichenheit und Lebensfreude bringt.

Dafür müssen Sie übrigens nicht extra ins Kur-Hotel fahren. Ein kurzer Break im Alltagstrott funktioniert auch an einem sehr nahe liegenden Ort: dem eigenen Zuhause. Um sich nach allen Regeln der Kunst verwöhnen zu können, bedarf es einiger weniger Hilfsmittel, dicker Socken gegen kalte Füße zum Beispiel. Wohltuende Öle für Massagen und natürlich eine große Lieblingstasse, aus der vielleicht schon die eigene Oma ihren Gesundheitstee getrunken hat (mehr dazu im Kasten „Das braucht's“).

Bewegung ist Leben

Wer den ganzen Tag sitzt, sich nur vom Auto oder der Bushaltestelle ins Büro bewegt, bekommt irgendwann die Quittung: Rückenschmerzen, verspannte Muskeln, Kurzatmigkeit. Was der Körper braucht, ist

Das braucht's: im Wellness-Schrank

Bademantel, flauschige Handtücher, Massagebürste, Pflegelotion oder Öl zum Eincremen, Bodenmatte, bequeme Kleidung (Shirt und Hose mit Gummizug), dicke Socken, Badeöle, Totes-Meersalz, Lieblings-CD, Badethermometer, große Lieblings-Teetasse; 5 Ätherische Öle: Rose (wohltuend bei trockener Haut, roten Äderchen, Schlaflosigkeit und entzündungshemmend), Zitronengras (bei Hautunreinheiten, Muskelkater, Kopfschmerzen und Erschöpfung), Geranie (gegen depressive Verstimmungen und bei schwacher Durchblutung), Eisenkraut (beruhigt), Rosmarin (fördert die Konzentration, hilft bei Erschöpfung, gut bei fettigem Haar)

Bewegung – heute wie vor zwei Millionen Jahren. Im Gegensatz zu den menschlichen Genen hat sich der Lebensstil aber grundlegend geändert. Aus Jägern und Sammlern wurden Heerscharen von Stubenhockern. Während die Menschen früher hart und mit eigener Muskelkraft schuften mussten, um Brennholz, Nahrung oder ein Dach über dem Kopf zu bekommen, erledigen diese Arbeiten heute Maschinen. Und dabei kommen die menschlichen Muskeln entschieden zu kurz. So bauen wir wieder monströse Maschinen, die in Fitness-Studios schlappe Muskeln in Form bringen ...

Rein körperlich gesehen, sind wir als Faultiere also schlicht und ergreifend eine Fehlkonstruktion. Höchste Zeit also, die Initiative zu ergreifen. Und körperlich aktiv zu werden. Es müssen ja nicht gleich Power-Aerobic oder Marathons sein. Vielmehr ist es der goldene Mittelweg, der zu einem neuen Körperbewusstsein und einem neuen Selbstwertgefühl führt. Hauptsache – und das ist der entscheidende Knackpunkt –, man hat Spaß an der Bewegung.

In Schwung kommen

Doch wie wird aus einem Bewegungsmuffel ein geschmeidiger Zeitgenosse? An einen aktiven Lebensstil muss man sich rantasten: die Treppen statt den Lift nehmen, hin und wieder weder Auto noch Bus benutzen, sondern zu Fuß in die Arbeit gehen. Sich so oft wie möglich die Beine vertreten, auch wenn's im gepolsterten Chefsessel gerade so herrlich bequem ist. Und auch im Stehen oder Gehen lässt es sich ganz gut über eine neue Idee nachdenken, oder?

Bei der Suche nach der richtigen Bewegungsform sollte man auf seinen Körper hören: Fühle ich mich beim Joggen wohl? Oder ist sanfteres Walken für meine knakkenden Gelenke schonender? Wichtig ist, sich nicht zu überfordern und realistisch abzuwägen, was den körperlichen Möglichkeiten entspricht. Aus sportmedizinischer Sicht sollte ein Teil des Bewegungs-Programms die Ausdauer trainieren. Ideal: 3-mal pro Woche 30 Minuten joggen oder walken beziehungsweise 4 Stunden wöchentlich zügig in sauberer Luft spazieren gehen. Und unbedingt das Dehnen hinterher nicht vergessen. Die Entscheidung, was gut tut, muss jeder für sich selber treffen. Hauptsache, man unternimmt etwas. Und eins ist sicher: Am Ende der verwöhnenden Mini-Auszeit im heimischen Badezimmer, im Park, auf der Wiese oder dem Wohnzimmerboden wird der innere Wertungsrichter alle verfügbaren Punktekärtchen zücken. Ausschließlich mit Bestnoten versteht sich.

Mehr wissen: Was ist eigentlich ...

THALASSO Meerwasser, Algen, Plankton und Schlick sind die Grundlagen der Thalasso-Anwendungen (griechisch „Thalassa“ = Meer). Wasserkuren aus Neptuns Reich entschlacken und straffen die Haut, aktivieren den Stoffwechsel und mineralisieren das Gewebe. **Für wen?** Alle, die sich gerne im warmen Wasser tummeln.

AYURVEDA 5000 Jahre alte indische Heilkunde, deren Anwendungen das Gleichgewicht von Körper und Seele stärken sollen. Dazu gehören Ganzkörperölmassagen, Wärmedampfbäder, Stirnölgüsse und eine typgerechte Ernährung. **Für wen?** Gestresste und Gesundheitsbewusste, die auf sanfte Art Gesundheit und Wohlbefinden fördern wollen. Erfordert Hilfe von Profis.

AROMATHERAPIE Raumdüfte, Bäder und Massagen mit ätherischen Ölen sollen (je nach Eigenschaft der Pflanze, aus der das Öl gewonnen wurde) Körper und Seele entspannen, beleben oder harmonisieren. Die Öle werden durch Auspressen oder Wasserdampfdestillation hergestellt. Sie sind hochkonzentriert, dürfen daher – mit Ausnahme des Lavendelöls – nicht mit der bloßen Haut in Berührung kommen. **Für wen?** Sensible Nasen, die gerne in Duftwolken schwelgen. Auch bei Geruchsblinden wirken ätherische Öle. In Bädern und während Massagen gelangen die Wirkstoffe über Haut und Schleimhäute in den Organismus, wo sie ihre Wirkung entfalten.

LA STONE-THERAPIE Diese Therapie basiert auf alten, indianischen Heilweisen und bedient sich der Kraft heißer Steine. Unterschiedlich temperierte Lavasteine werden auf die Energiezentren (Chakras) des Körpers verteilt. Eine anschließende Massage lockert verspannte Muskulatur, fördert die Durchblutung und sorgt für tiefe Entspannung. Der gesamte Organismus wird mit neuer Vitalität gestärkt und das Energiefeld harmonisiert. **Für wen?** Alle, die zu Regeneration finden und die Selbstheilungskräfte des Körpers aktivieren wollen.

163. Zähne putzen und pflegen

Die richtige Putztechnik und konsequente Pflege sind für ein gesundes Gebiss besonders wichtig.

– Möglichst nach jeder Mahlzeit und jedem Snack die Zähne putzen, um Speisereste zu entfernen. Für eine gründliche Reinigung 2–3 Minuten einplanen. Dabei die Bürste schräg am Zahnfleischsaum ansetzen, in einem geschätzten 45°-Winkel zum Zahnfleischrand. Zahn für Zahn mit leicht rüttelnden, kreisenden Bewegungen ohne Druck bürsten. Auf keinen Fall waagerecht hin- und herschrubben, das könnte das Zahnfleisch verletzen.
– Erst sind die Zähne des Oberkiefers dran, dann der Unterkiefer. Besonders gründlich Stellen bearbeiten, an denen die Zahnbürste umgesetzt wird – dort schlampt man am meisten.
– Dann folgen die Kauflächen der Backenzähne, auf denen Karies besonders häufig entsteht. Die Zahnbürste gelangt oft nur schlecht in die engen Furchen, Beläge (Plaque) bleiben leichter hängen. Bakterien haben so leichtes Spiel und greifen den Zahnschmelz an. Deshalb: Backenzähne gründlich putzen.
– Zum Schluss die Innenseiten der Zähne säubern. Und zwar immer vom Zahnfleisch weg.
– Für die Reinigung der Zahnzwischenräume, wo sich Plaque gern hartnäckig hält, Zahnseide verwenden. Denn selbst mit der ausgefeiltesten Putztechnik und High-Tech-Zahnbürsten bleiben Plaque und Bakterien in den Zahnzwischenräumen hängen. Die genaue Technik sollte man sich einmal von einem Zahnarzt erklären lassen, da die Zahnverhältnisse (Brücken, Kronen) individuell sehr verschieden sind.
– Nach dem Putzen den Mund nur einmal ausspülen. Die Fluoride in der Zahnpasta brauchen nämlich einige Zeit, bis sie in den Schmelz eingelagert werden.
– Die Zahnbürste nach 3 Monaten auswechseln, weil die Borsten dann ausgefranst sind. Ob man elektrisch oder manuell bürstet, ist eigentlich nur eine Geschmacksfrage. Gründliches manuelles Putzen hat den selben reinigenden Effekt wie eine elektrische Bürste.

164. Die tägliche Dusche

Einseifen und abbrausen – kann man da überhaupt viel falsch machen? Nein. Aber mit den richtigen Schaumschlägern und feinporigen Saubermachern wird die Reinigung zum geliebten Ritual.

– Bis zu 1 Liter Flüssigkeit schwitzt der Mensch nachts in den Schlafanzug oder die Bettdecke. Um den Film aus Schmutz und Schweiß restlos von der Haut zu lösen, muss unter der Dusche ein Reinigungsprodukt her.
– Für normale Haut ist ein Duschgel ideal, da es sich schnell und unkompliziert auf der nassen Haut aufschäumen lässt.
– Für empfindliche Haut, die schnell austrocknet, bringt eine rückfettende Duschcreme eine extra Portion Pflege. Sie reinigt und pflegt gleichzeitig, das anschließende Eincremen wird dadurch oft sogar überflüssig.
– Duschöle enthalten, wie der Name schon sagt, einen sehr hohen Anteil an pflanzlichen Ölen. Vor allem Vielduscher profitieren von diesen pflegenden Saubermachern. Große Schaumberge darf man dafür nicht erwarten und auch zum Haare waschen sind Duschöle nicht geeignet.
– Ist der Schaum des Reinigungspräparates sehr großporig und spannt die Haut nach dem Duschen? Dann enthält das Produkt möglicherweise zu wenig Pflegeanteile. Denn je feiner und cremiger der Schaum, desto mehr Rückfetter enthält das Produkt.

165. Richtig rasieren

Für 65 Prozent aller Männer gehört die tägliche Rasur zum Pflichtprogramm im Badezimmer. So läuft auf Männerhaut alles glatt:

– Vor dem Griff zur Klinge oder zum Rasierer die Haut gründlich mit warmem Wasser und einer milden Waschlotion von Schmutz und abgestorbenen Hornschüppchen befreien.
– Vor dem Duschen rasieren. Durch das warme Wasser quillt die Haut zu sehr auf, und die Stoppeln lassen sich nicht mehr richtig fassen.
– Bei unreiner Haut empfiehlt sich die Trockenrasur, um Pickelchen nicht unnötig zu reizen oder gar aufzukratzen. Hinterher immer ein mildes After-Shave-Produkt auftragen.
– Unproblematische Männerhaut verträgt die gründlichere Nassrasur.
– Rasierschaum oder -creme mit einem Rasierpinsel in die Haut einmassieren und 3 Minuten einwirken lassen, um die kratzbürstigen Stoppeln weich zu machen. Hier lohnt es sich, ein qualitativ hochwertiges Produkt zu verwenden. Je feinporiger und cremiger, desto schonender ist die Rasur.

– Zuerst Wangenpartie und Hals rasieren, da die Haare dort dünner sind und keine allzu lange Einwirkzeit vertragen. Dann kommen die dickeren Stoppeln an Oberlippe und Kinn dran.
– Um die Verletzungsgefahr zu minimieren, die Haut mit einer Hand gegen die Rasurrichtung spannen. Die Klinge kann die Haare so tiefer kappen.
– Immer in Wuchsrichtung und nie mehrmals über die gleiche Stelle fahren. Das schont die Haut. Wird die Klinge gegen die Wuchsrichtung geführt, geht's zwar schneller, allerdings schabt die Klinge auch die oberste Hautschicht mit ab. Außerdem riskiert Mann, dass Barthaare einwachsen.
– Rasiercreme-Reste mit warmem Wasser entfernen und anschließend das Gesicht kalt erfrischen.
– Der Griff zum „scharfen" Rasierwasser nach der Rasur ist zwar beliebt, trocknet die Haut aber zu sehr aus. Gegen gereizte, gerötete Zonen, den so genannten Rasurbrand, hilft ein mildes After-Shave-Balm, das die Haut bei der Regeneration unterstützt. Produkte, die zusätzlich Feuchtigkeitsspender enthalten, ersetzen zudem die Tagescreme.

S.O.S.-TIPP

Beim Rasieren geschnitten? Eiskaltes Wasser auf die Schnittstelle und mit einem kleinen Stück Papiertaschentuch abdecken, bis die Blutung gestoppt ist. Besser: die Blutung mit einem Alaunstift (aus der Apotheke) stoppen, anschließend sanft trockentupfen und den Schnitt beim Einsprengen mit Rasierwasser oder Cremen aussparen. Sonst kann's brennen.

166. Enthaaren

Rasieren, zupfen, epilieren – mit diesen Methoden läuft alles glatt.

– **Rasieren:** die schnellste Methode, um lästige Härchen an allen Körperzonen loszuwerden. Preiswert und praktisch ist die Nassrasur mit speziell geformten Klingen für den Körper. Unbedingt Rasierschaum oder zumindest Duschgel verwenden, da sich weich gewordene Haare (optimal unter der Dusche) mit der Klinge leichter entfernen lassen. Immer gegen die Wuchsrichtung arbeiten. Nachteil: Die Haare wachsen nach 2–3 Tagen stoppelig nach, kleinere Verletzungen sind möglich (siehe S.O.S.-Tipp). Eingewachsene Haare, vor allem rund um die Bikini-Zone, vor der Rasur mit einer weichen Körperbürste sanft aufrichten und die rasierten Zonen regelmäßig eincremen, um die Härchen weich zu machen.
– **Enthaarungscremes:** Sie werden mit einem Spatel aufgetragen und müssen nach der vorgegebenen Einwirkzeit mit viel Wasser abgewaschen werden. Da sie das Haar direkt unter der Hautoberfläche auflösen, bleiben die Haare bis zu 10 Tagen verschwunden, bei starkem Haarwuchs können sie auch nach 2 Tagen wieder nachwachsen. Wichtig: Vor der ersten Anwendung das Produkt erst an einer kleinen Stelle, zum Beispiel in der Armbeuge, testen. Zeigen sich Rötungen oder reagiert die Haut gereizt, die Creme lieber nicht anwenden.
– **Wachs:** Warmwachs ist nur etwas für Könner, da es beim Auftragen unbedingt die richtige Temperatur haben muss. Wird es zu heiß, besteht die Gefahr, sich die Haut zu verbrennen, ist es zu kalt, lässt sich die zähe Masse nur schwer auftragen. Wichtig: Die Haut muss vor der Wachs-Anwendung sauber und vor allem fettfrei sein, sonst kann das Wachs nicht an den Härchen haften. Die Methode ist schmerzhaft, deshalb bei großer Schmerzempfindlichkeit besser Kaltwachs verwenden. Es wird meist in fertigen Streifen angeboten. Einfach auf die zu enthaarenden Stellen andrücken, glatt streichen und mit einem Ruck abziehen. Mit Wachs enthaarte Körperzonen bleiben in der Regel 4–6 Wochen glatt.
– **Epilieren:** Handliche Geräte mit rotierenden Minipinzetten versprechen eine Haarentfernung für 4–6 Wochen Dauer. Vor der Anschaffung eines Epilierers die Methode nach Möglichkeit im Geschäft oder bei einer Freundin oder einem Freund testen – die Methode ziept trotz ausgeklügelter Technik gewaltig und ist daher für schmerzempfindliche Personen weniger geeignet.

167. Schwitzen – kein Problem

Schweiß ist die natürliche Klimaanlage des Körpers und kühlt die Haut, wenn's heiß hergeht. Unter den Achseln ist der Mix aus Feuchtigkeit und Bakterien allerdings nicht immer erwünscht.

– Zunächst einmal: Niemand braucht sich über Schweißperlen zu ärgern, wenn zum Beispiel am Arbeitsplatz die Temperaturen auf Brutkastenniveau klettern. Denn Schwitzen ist gesund. Über zwei Millionen Schweißdrüsen scheidet der Körper Flüssigkeit aus, die an der Körperoberfläche verdunsten und die Haut kühlen.

– Belastende Stoffe wie Kochsalz, Cholesterin, Schwermetalle und Harnstoff werden ausgeschwemmt. Aber auch Mineralien wie Kalzium, Magnesium, Sulfat, Eisen und Kupfer verliert der Körper beim Schwitzen.

– Um den Mineralstoffhaushalt wieder auszugleichen, ist viel Trinken angesagt. Teure, isotonische Getränke kann man sich in der Regel sparen – Mineralwasser und Apfelschorle sind ebenso gut.

– Lust auf salzig? Nach einem Saunabesuch im Winter leisten auch Fleischbrühe oder Gemüsebouillon einen guten Beitrag zur Deckung des Wasser- und Mineralstoffbedarfs.

– Bei großem Durst auf eiskalte Getränke lieber verzichten. Sie bleiben länger im Magen, weil sie dort erst einmal auf Körpertemperatur gebracht werden und den Flüssigkeitsnachschub unnötig verzögern.

– An sich ist Schweiß geruchsneutral, beginnt aber durch das zersetzende Werk von Bakterien unangenehm zu riechen – vor allem unter den Achseln. Bei mäßigem Schwitzen helfen Deos, die neben Duftölen auch antibakterielle Wirkstoffe oder Enzymhemmer enthalten.

– Relativ trocken legen Antitranspirantien die Achseln. Darin enthaltene Aluminiumsalze verengen die Poren der Schweißdrüsen und verhindern somit die Schweißbildung.

– Als natürliche Geruchshemmer einen Deokristall verwenden (gibt's in Ökoläden), der selbst auf feinen, dünnen Stoffen keine Schweißränder hinterlässt. Auch Deos mit Arnika oder Ringelblume leisten gute Dienste an heißen Tagen.

168. Körperpeeling

Auch die Körperhaut benötigt regelmäßig eine Rubbelkur, die abgestorbene Hornschüppchen löst und die Haut samtig weich macht.

– Die Haut unterliegt einem natürlichen Erneuerungszyklus, der durchschnittlich 28 Tage dauert. Der Prozess verlangsamt sich mit zunehmendem Alter, abgestorbene Hautzellen können dann eine raue Schicht an der Oberfläche bilden. Mit einem selbst gemachten Peeling wird die Haut wieder zart und frisch.

– Hierfür 3 EL feines Totes-Meer-Salz mit Jojoba- oder Mandelöl mischen. Die angefeuchtete (!) Haut damit sanft abreiben. Das geht am besten unter der Dusche. Wichtig: gereizte oder wunde Hautstellen aussparen.

– Bei empfindlicher Haut ist auch ein Kleiepeeling angenehm: Je 3 EL Kleie- und Haferschrot mit etwas Rosenwasser vermischen, die feuchte Haut damit abreiben.

– Preiswert und zudem sehr effektiv ist eine Bürstenmassage mit einem Luffaschwamm oder speziellen Massagehandschuhen für den Körper. Bei dieser Rubbel-Massage werden nicht nur abgestorbene Hautschüppchen entfernt, sondern auch der Lymphabfluss in Gang gebracht. Der Kreislauf kommt in Schwung und die Haut ist hinterher schön weich, straff und rosig.

– Den Körper in trockenem Zustand vor dem Duschen bürsten. An den Füßen beginnen und in langen Strichen oder sanften kreisförmigen Bewegungen (je nach Vorliebe) Beine und Arme bürsten. Immer zum Herzen hin. Dann den Rumpf bearbeiten: Zuerst den Bauch, dann den Oberkörper, aber nur, soweit es angenehm ist.

– Anschließend lauwarm duschen und den ganzen Körper mit einer geschmeidigen Pflegelotion eincremen. Trockene Haut verträgt auch ein leichtes Körperöl.

TIPP

Auch Körperbürsten brauchen Pflege. Sonst beginnen sie irgendwann unangenehm zu muffeln. Eine Wäsche in warmer Seifenlauge entfernt Schmutz und Hautschüppchen.

169. Füße pflegen

160.000 Kilometer tragen die Füße den Körper durchschnittlich durchs Leben. Diese Leistung verdient regelmäßige Pflege.

– Dicke Hornhaut an den Sohlen verträgt eine ordentliche Abreibung: 1 Hand voll Meersalz mit 1 EL Olivenöl verrühren, in eine kleine Plastikwanne geben und die Füße auf dem Salztteppich bewegen. In hartnäckigen Fällen wirkt ein warmes Fußbad, um die Hornhaut aufzuweichen. Anschließend lässt sich die Haut leicht mit einem Bimsstein abrubbeln. Ein Hornhauthobel raspelt starke Schwielen zwar im Handumdrehen weg, allerdings sollten Ungeübte diesen hartnäckige Verhornungen besser einer Podologin (Fachkraft für Fußpflege) überlassen. Die Verletzungsgefahr ist nicht zu unterschätzen.

– Gegen Schweißfüße helfen Fußbäder und Abreibungen mit Franzbranntwein. Zwischendurch erfrischen kühlende Sprays oder Fußdeos mit Minze. An heißen Tagen die Füße schon morgens mit Fußpuder einstäuben oder etwas Puder direkt in die Socken klopfen.
– Die Zehennägel mit einer Nagelzange entlang der Zehenkuppen schneiden.
– Nagelhaut nicht schneiden, sondern mit einer weichen Nagelbürste bearbeiten. Harte Nagelhaut allenfalls sanft mit einem Rosenholzstäbchen zurückschieben.
– Wenn der Schuh drückt, sind Aschenputtels Stiefschwestern kein gutes Vorbild. Gestauchte Zehen brauchen Platz und Luft. Notprogramm: Raus aus den engen Pumps, Sohlen massieren und die Zehen kräftig bewegen. Das bringt die Durchblutung wieder in Gang.
– Den ganzen Tag auf den Beinen? Wenn die Füße qualmen, verschafft ein Rosskastanien-Fußbad Linderung. Anschließend die Sohlen sanft auf einem kleinen Igel-Ball (Sanitätsfachhandel) hin- und herrollen.
– Barfuß durch die Wohnung: am besten immer wieder auf Zehenspitzen, das kräftigt die Füße. Unterschiedliche Bodenbeläge sorgen für den Massageeffekt.
– Auch Fußgymnastik bringt Füße auf Trab. Gutes Training: Chipstüte „herfüßeln", Gegenstände mit den Zehen aufheben.
– Samtig weich werden trockene, raue Füße mit einer kleinen Nachtkur: Dafür die Füße mit Vaseline einreiben, Baumwollsocken drüberziehen und ab unter die warme Bettdecke!

170. Hände pflegen

Hände sind ständig im Einsatz. Tägliche Arbeiten vom Abwasch bis zum Tütenschleppen hinterlassen Spuren. Deshalb ist ausreichender Schutz besonders wichtig.

– Reinigungsmittel und UV-Strahlen setzen den Händen extrem zu. Deshalb nach jedem Händewaschen gründlich eincremen. Damit sich keine vorzeitigen Pigmentstörungen zeigen, im Sommer ein Produkt mit Lichtschutzfilter verwenden.
– Bei viel Arbeit im Freien wird die Nagelhaut schnell trocken und reißt leicht ein. Niemals abschneiden, sondern mit einem Rosenholzstäbchen zurückschieben. Regelmäßig mit einem Pflegeöl massieren. Das hält die Haut schön elastisch. Ist die Nagelhaut dennoch einmal sehr spröde, die Finger 10 Minuten in warmem Wassser baden, dann erst die Nagelhaut zurückschieben.
– Für gleichmäßig geformte Nägel eine Sandpapierfeile verwenden, immer von außen Richtung Nagelmitte feilen. Bei sehr zarten, brüchigen Nägeln auf eine feine Körnung der Feile achten.
– Bei ständig sich wiederholenden Tätigkeiten entspannen Fingerübungen: Hände zur geballten Faust schließen und langsam öffnen. Kräftig ausschütteln.

171. Busen pflegen

Viel beachtet, zart besaitet und für 60 Prozent aller Frauen ein kritischer Punkt: Deshalb kann das weiblichste Körperteil auch in Sachen Pflege gar nicht genug Aufmerksamkeit bekommen.

– Haltung annehmen! So lautet das oberste Gebot für einen schönen Busen. Die Muskeln am Brustansatz stützen das Gewebe. Sind sie arbeitslos, können sie auch das empfindliche Gewebe nicht mehr so gut halten.
– Schön straff bleibt der Busen mit folgender Übung: Bequem hinsetzen. Handflächen vor dem Oberkörper aneinanderlegen, die Fingerspitzen zeigen nach oben (wie beim Beten). Die Handflächen kräftig 10 Sekunden lang zusammenpressen. Dabei ruhig weiteratmen. Loslassen. Insgesamt 15-mal wiederholen.
– Körperöle mit Algenextrakten und Vitaminen pflegen und schützen die zarte Haut um den Busen.
– Schön straff wird die Haut mit einer Eiweiß-Maske: 2 Eiweiße steif schlagen, auf den Busen streichen und nach 10 Minuten mit Wasser abspülen. Auch gut: Den Busen mit Apfelessig einreiben.
– Bei aller Pflege: Einmal im Monat (am besten einen Tag nach Ende der Periode) sollten Frauen ihre Brüste selbst nach Einbuchtungen, Knötchen und Vertiefungen abtasten (siehe Kasten „Brust selbst untersuchen", Seite 152). Je vertrauter die Körperlandschaft, desto eher lassen sich Veränderungen entdecken.

172. Beine pflegen

Die Länge ist genetisch vorgegeben, aber Form und Gewebebeschaffenheit lassen sich mit Wirkstoffen aus der Natur und Bewegung durchaus beeinflussen.

– Vor allem in den Wintermonaten müssen die Beine raue Zeiten überstehen. Gegen trockene Haut an Schienbeinen und Knien hilft eine sanfte Abreibung:

hierfür gereinigten Seesand mit einigen Tropfen Minzeöl und warmem Wasser vermischen. Die Masse sanft vom Knöchel Richtung Knie streichen. Lauwarm abspülen, zum Schluss mit einem kalten Guss beenden.
– Den ganzen Tag auf den Beinen? Eine Lehmkur verschafft schweren, müden Beinen Linderung: Lehm (in der Apotheke) und Wasser zu einer glatten Paste verrühren und die Paste gleichmäßig auf den Beinen verteilen. Die Beine in vorgewärmte Handtücher wickeln und hochlegen. Nach 30 Minuten abspülen und die Beine eincremen. Abends anwenden.
– Für ein straffes Bindegewebe viel Kieselsäure essen. Dieser Stoff steckt zum Beispiel in Hirse und in Kiesel-Gel (Reformhaus). Für die empfindlichen Venen gehören Wechselduschen, Kneipp-Güsse und Wassertreten zum Stärkungsprogramm.
– Auf stundenlanges Stehen und Sitzen und Schuhe mit hohen Absätzen stehen die Beine weniger. Treppensteigen und spazieren gehen tut ihnen dagegen gut. Rolltreppen und Aufzüge am besten links liegen lassen.

173. Cellulite vorbeugen

Orangenhaut, wie die unschönen Dellen an Po und Oberschenkeln genannt werden, trifft junge und alte Frauen gleichermaßen. Eine Wunderkur gibt es nicht, dafür ein gezieltes Glätt-Programm.

– Das weibliche Bindegewebe ist bei Frauen überaus dehnbar, etwa in der Schwangerschaft. Die Fettzellen können sich im Unterhautfettgewebe leichter in die Zwischenräume der Fasern schieben und sich zu Klümpchen zusammenballen. Das Gewebe verformt sich und die Haut wölbt sich wie bei einer Orange. Eine gezielte Kombination aus gesunder Ernährung, moderatem Sport und gezielten Anwendungen hält die Dellen in Schach.
– Da das Problem unter der Haut entsteht, lässt sich Cellulite nicht einfach wegcremen. Allerdings wird Produkten, die Rosskastanie, Koffein und Guarana enthalten, eine fettabbauende Wirkung nachgesagt. Wirkstoffe wie Silicium, Algen und Hefe straffen die Haut.
– Wenig Bewegung fördert die Cellulite, Extremsport allerdings auch. Durch ständigen, starken Aufprall etwa beim Step-Aerobic kann das Bindegewebe geschädigt werden. Ideal sind Walken, Radfahren, Schwimmen, Aqua-Jogging und Skaten. Vorsicht beim Joggen: Nur mit gut gepolsterten Schuhen laufen!
– Eine gesunde Ernährung gibt Fettzellen keine Chance, auszuufern. Pommes und Pizza sind bei Cellulite tabu. Fettarme, ballaststoffreiche Kost zeigt den Fettzellen ihre Grenzen.
– (Verschreibungspflichtige) Hormoncremes mit Anti-Östrogenen wirken nachweislich. Durch diese Substanzen verändert sich die Struktur des Bindegewebes, wird vernetzter und stabiler, ähnlich wie beim Mann. Wer sich zu dieser Behandlung entschließt, gehört in die Hände eines guten Hautarztes.
– Wechselduschen und Lymphdrainage kurbeln die Lymphzirkulation an, Stauungen und Schwellungen werden gemildert. Gut bei Wassereinlagerungen. Gegen Fettabbau helfen diese Anwendungen nicht. Auch die (sanfte) Massage mit einem Luffaschwamm fördert die Durchblutung und verfeinert das Hautbild.

174. Haut reinigen

Für einen glatten, ebenmäßigen Teint ist die tägliche Reinigung der Gesichtshaut das A und O.

– Schmutz, Talg und Make-up müssen jeden Abend runter, egal, wie spät es geworden ist. Und auch morgens braucht die Haut Starthilfe: Schnell geht's mit viel klarem, lauwarmen Wasser. Zum Schluss die Prozedur mit kaltem Wasser beenden. Das kurbelt den Hautstoffwechsel an und die Haut wird schön rosig.
– Für trockene, empfindliche Haut ist abends eine milde Reinigungsmilch ideal, die nur mit einem Kosmetiktuch entfernt wird. Anschließend die Haut mit einem alkoholfreien Gesichtswasser klären.
– Normale und Mischhaut verträgt Reinigungsgel, sanfte Seife oder milde Waschlotionen mit hautidentischem pH-Wert (5,5). Kreisende Bewegungen mit einem weichen Gesichtsbürstchen verstärken den Reinigungseffekt und machen die Haut für die anschließende Pflege aufnahmebereit.
– Für die geschminkte Augenpartie am besten spezielle Augen-Make-up-Entferner verwenden. Ideal für Kontaktlinsenträger sind fettfreie Produkte, da sonst ein ölhaltiger Film ins Auge gelangen kann.

175. Gesicht pflegen

Egal, welcher Hauttyp: die Basispflege schützt und nährt morgens und abends.

– Eine abgestimmte Nacht- bzw. Tagescreme benötigt jede Haut. Mit so genannten 24-Stunden-Cremes sind getrennte Töpfe für Tag und Nacht verzichtbar. Gut vor allem für normale und fettige Haut. Unbedingt darauf achten, dass das Produkt keine chemischen Lichtschutzfilter enthält, da sie die Haut nachts sinnlos belasten.
– Spannt die Haut kurz nach dem Eincremen erneut, ist die Creme nicht fetthaltig genug. Vor allem trockene Haut braucht eine reichhaltigere Pflege, damit sie sich ausreichend regenerieren kann. Gute Feuchtigkeitsbinder sind zum Beispiel Urea (Harnstoff) und Glycerin. Hier hilft nur Ausprobieren, um die perfekte Pflege zu finden. Anti-Falten-Cremes machen ab 40 Sinn, dabei auch die empfindliche Lippenpartie und den Hals in die Pflege mit einbeziehen.

TIPP

Gesichtswasser selber machen: Grüner-Tee-Tonic ist die japanische Alternative zu kostspieligen Gesichtswässern. Hierfür 1/2 Tasse grünen Tee aufbrühen, erkalten lassen und mit der selben Menge Wasser in ein sauberes Marmeladenglas füllen. Wie ein Gesichtswasser anwenden. Tee-Tonic im Kühlschrank aufbewahren und alle 3 Tage erneuern.

176. Gesichtsmassage

Ein sinnliches Vergnügen, das Haut und Seele streichelt und zudem neue Energie bringt.

– Einen Tupfer Creme auf die Fingerspitzen geben (durchaus auch zwischendurch). Sanft von den Augenwinkeln nach außen Richtung Wangen streichen, je nach Laune 5- bis 10-mal. Weckt die Augenpartie.
– Nasolabialfalten entspannen sich durch sanftes Ausstreichen von den Mundwinkeln hin zu den Nasenflügeln und wieder zurück. 10- bis 20-mal.
– Für rosige, gut durchblutete Wangen die gesamte Wangenpartie in kleinen kreisenden Bewegungen gut durchmassieren. Immer von innen nach außen, und von unten nach oben arbeiten.
– Den Hals nicht vergessen: Mit den Handflächen vom Dekolleté Richtung Kinn aufwärts streichen. 10-mal.
– Gegen Zornesfalten mit den Fingern die Augenbrauen sanft nach oben ziehen. 10-mal (ohne Creme).

Zehn Minuten LEBEN!

177. Anti-Falten-Gymnastik

Hängende Mundwinkel, Zornesfalten zwischen den Brauen und Grübelrillen auf der Stirn – damit sich die Frust-Mimik nicht allzu tief in die Haut gräbt, regelmäßig Gesichtsgymnastik machen.

WOHL FÜHLEN
Meinen Körper pflegen

– Wie beim Arzt: Zunge rausstrecken und dabei den Vokal „A" ausstoßen. Löst Blockaden um Stirn und Augen.
– Kussmund erwünscht: Lippen zum Kuss formen und dabei Wangen fest nach innen ziehen, bis Grübchen entstehen. Lockert Mund- und Wangenpartie.
– Schmallippig: Ober- und Unterlippen fest nach innen stülpen, als würden die Zähne fehlen. Durchblutet die Lippen, strafft das Kinn.
– Kaumuskeltraining: Unterkiefer bei leicht geöffnetem Mund kräftig hin- und herschieben, dann vor- und zurück. Stärkt die Gesichtspartie rund um die Augen.
– Zähne zeigen: Im Job kaum möglich, aber daheim gut gegen Falten. Mund öffnen, laut den Vokal „A" formen und bei Bedarf laut und kräftig rauslassen. Entspannt Kiefer- und Jochbeinpartie. Und ein bisschen den Ärger über griesgrämige Kollegen und übellaunige Chefs.

TIPP

Männerhaut ist generell etwas dicker und oft auch fettiger als die der Frauen. Als Basispflege eignen sich ölfreie Feuchtigkeitsfluids, die die Haut nach der Rasur wieder ins Gleichgewicht bringen, sie aber nicht glänzen lassen. Bei trockener Haut sind herkömmliche After-Shave-Balms oft nicht ausreichend genug. Hier sorgen reichhaltige Pflegeprodukte für entspannte Haut. Wöchentliches Peeling entferntabgestorbene Hautschüppchen und reinigt porentief.

178. Mitesser entfernen

Gegen unschöne schwarze Talgpfropfen hilft nur eins: Dampf machen und vorsichtig herausdrücken.

– Fettige Haut produziert viel Talg, der über kurz oder lang die Poren verstopft. Dadurch bilden sich Talgpfropfen, die an der Luft oxidieren und deshalb dunkle Köpfchen bekommen.

– Zur Entfernung der Komedone, wie die schwarzen Punkte im Fachjargon heißen, niemals mit bloßen Fingern daran herumquetschen. Keime können in den Talgdrüsenkanal gelangen, die harmlosen Mitesser entzünden sich und werden zu Pickeln.
– Um die Mitesser gründlich und schonend loszuwerden, die Haut zunächst gründlich mit einer speziellen Waschlotion für unreine Haut reinigen.
– Nun die Poren über dem Dampfbad öffnen: kochendes Wasser in eine Schüssel gießen und 1 TL Meersalz dazugeben. Gesicht über die Schüssel halten, dabei mit einem großen Handtuch ein Zelt über Kopf und Schüssel bilden, damit der Dampf nicht seitlich entweicht.
– Nach 5 Minuten die Haut leicht trockentupfen. Die Fingerspitzen mit einem weichen, sauberen Kosmetiktuch umwickeln und die Mitesser vorsichtig herausdrücken.
– Hartnäckige oder leicht entzündete Kandidaten in Ruhe lassen. Nach zwei Tagen mit der gleichen Prozedur erneut versuchen.

5 TRICKS gegen müde Haut

1. **Das Waschbecken mit heißem Wasser volllaufen lassen und das Nass mit beiden Händen einige Mal ins Gesicht schaufeln.**
2. **Soft-Peeling auftragen und anschließend eine schnelle Feuchtigkeitsmaske auflegen.**
3. **Unterwegs: eine Gesichtsdusche mit Thermalwasser-Spray (Apotheke) belebt fahle Haut. Auch über Make-up anzuwenden.**
4. **Bei geschwollenen Augen eine Cold-Kompresse aus dem Kühlschrank – nicht aus dem Gefrierfach! – für einige Minuten auf die Augenpartie legen. Zur Not zwei Esslöffel in Eiswasser tauchen und damit die geschlossenen Lieder kühlen.**
5. **Gesicht in die Hände legen und einzelne Gesichtspartien (Wangen, Kinn, Stirn) jeweils 5 Sekunden gegen den Widerstand der Hände drücken.**

179. Gesichtsmasken selber machen

Gut aufgelegt: Masken zeigen ihre Wirkung sofort und bringen die Haut (Gesicht, Hals und/oder Dekolleté) schnell wieder ins Gleichgewicht. Hier die besten Basisrezepte zum Selbstanrühren. Für jeden Hauttyp ist etwas dabei.

– **Weintrauben-Maske für unreine Haut:** 1 Hand voll Weintrauben zerdrücken. Haferflocken dazugeben, bis eine cremige Masse entsteht. Auftragen, 10 Minuten einwirken lassen. Mit lauwarmem Wasser abspülen.
– **Heilerde-Maske für unreine Haut:** 2 EL Heilerde (aus dem Reformhaus) und 1 EL Hamameliswasser (aus der Apotheke) verrühren. Die Paste auf unreine Stellen (Augenpartie aussparen) auftragen und vollständig trocknen lassen. Mit viel warmem Wasser abspülen.
– **Bananen-Maske zur Regeneration für normale und trockene Haut:** 1 reife Banane zerdrücken, mit 1 Eigelb und 2 EL Quark verrühren. Auftragen, 20 Minuten einwirken lassen. Mit lauwarmem Wasser abspülen.
– **Quark-Maske für normale und trockene Haut:** 3 EL Sahnequark, 1 Eigelb und 1 TL Olivenöl verrühren. Auftragen, nach 15 Minuten mit lauwarmem Wasser abspülen.
– **Avocado-Maske für trockene Haut:** 1/2 Avocado zerdrücken, mit 1 EL Magerquark und 2 EL Buttermilch verrühren. Auftragen, 15 Minuten einwirken lassen. Mit lauwarmem Wasser abspülen.
– **Straffende Eiweiß-Maske für fahle Haut:** 1 Eiweiß steif schlagen und 1 EL Buttermilch unterheben. Den Schaum auftragen. Nach 15 Minuten mit lauwarmem Wasser abspülen.
– **Kartoffel-Maske für müde Haut:** 1 lauwarme Pellkartoffel zerdrücken, mit 1 Eigelb und 1 EL Milch verrühren. Noch warm auftragen, 10 Minuten einwirken lassen. Mit lauwarmem Wasser abspülen.
– **Orangen-Maske für müde Haut:** 1 Orange schälen, in dünne Scheiben schneiden und aufs Gesicht legen. Nach 15 Minuten mit Wasser nachklären. Gurkenscheiben haben den gleichen Effekt.
– **Leinsamenkleie-Maske für raue Haut:** 5 EL Leinsamenkleie (aus dem Reformhaus) mit Wasser zu einer Paste verrühren. Auftagen, 15 Minuten einwirken lassen. Mit Kosmetiktüchern oder Waschlappen abnehmen und mit Wasser nachklären.
– **Honig-Maske für trockene Lippen:** Honig dünn auf die Lippen auftragen. 10 Minuten wirken lassen. Genüsslich abschlecken.

TIPPS
- Heilerde wirkt beruhigend und entzündungshemmend und hält Pickel in Schach.
- Reste der Heilerde-Maske im Kühlschrank aufbewahren. Pickel und Unreinheiten damit betupfen und über Nacht einwirken lassen.

180. Klassische Hautcremes selber machen

Viele fertige Hautcremes enthalten Zusatzstoffe, die die Haut unnötig belasten. Selbst gerührte Cremes pflegen die Haut ganz ohne Chemie. Die meisten Zutaten gibt es in der Apotheke oder im Ökoladen.

Feuchtigkeits-Rosencreme für Tag und Nacht
120 ml Rosenwasser
2 EL Hamamelisextrakt
1/4 TL Borax, 1/2 TL Glycerin
2 EL gebleichtes Bienenwachs
1 TL Lanolin
2 EL Mandelöl
2 Tropfen Rosenöl

– Rosenwasser, Hamamelis, Borax und Glycerin in einem kleinen Topf bei geringer Temperatur erhitzen.
– Inzwischen Wachs, Lanolin und Mandelöl im Wasserbad erwärmen bis alle Zutaten flüssig sind.
– Dann die Rosenwassermischung langsam unterrühren. Den Topf von der Kochstelle nehmen, weiterrühren, bis die Creme dicklich wird.
– Abkühlen lassen. Erst dann das Rosenöl hinzufügen. Nochmals durchrühren, in ein sauberes Schraubgefäß füllen, verschließen. Im Kühlschrank aufbewahren.

Gesichtsöl für trockene Haut
50 ml süßes Mandelöl
1 TL Weizenkeimöl
15 Tropfen Lavendelöl
10 Tropfen Weihrauchöl
3 Tropfen Neroliöl

– Die Öle gut vermischen, aber nicht schütteln.
– In eine dunkle Flasche füllen, gut verschließen und an einem lichtgeschützten Ort aufbewahren.

Unparfümierte Allzweckcreme für Männerhaut
2 EL Karnaubawachs
1 EL gebleichtes Bienenwachs
120 ml Mandelöl

– Alle Zutaten im Wasserbad erhitzen, bis das Wachs geschmolzen ist. Topf von der Kochstelle nehmen und die Creme nochmals gut verrühren.
– Creme in eine Schraubgefäß gießen und fest werden lassen, verschließen. Im Kühlschrank aufbewahren.

Augenfaltencreme
2 TL süßes Mandelöl, 1 TL Lanolin

– Beide Zutaten gut verrühren und in ein Schraubglas füllen, verschließen. Im Kühlschrank aufbewahren.
– Die Creme vor dem Schlafengehen rund um die Augen in die gereinigten Hautpartien einklopfen.

181. SOS-Schönheits-Kompressen

Gegen hektische Flecken, geschwollene Augen und Pickelchen helfen Kompressen mit natürlichen Kräutern.

– Eine geschwollene Augenpartie beruhigt sich mit Schwarztee-Kompressen: Wattepads mit Schwarztee tränken, für 1 Stunde in den Kühlschrank legen und 10 Minuten auf die geschlossenen Augen legen. Achtung: Kräutertee-Kompressen sind für die Augenpartie nicht geeignet, da sie Allergien auslösen können.
– Hektische Flecken nach Aufregung oder Anspannung klingen schnell mit Lavendel-Kompressen wieder ab. 1 Hand voll Lavendelblüten mit 1 l kochendem Wasser überbrühen, 15 Minuten ziehen lassen und durch ein Sieb gießen. Ein sauberes Baumwolltuch in den heißen Sud tauchen, auswringen aufs Gesicht legen und abkühlen lassen. Nebeneffekt: Das ätherische Öl des Lavendels entspannt auch die Psyche.
– Hautunreinheiten und Pickel lassen sich mit einer Thymian-Kompresse reduzieren. 1 EL getrockneten (besser: frischen) Thymian mit 1 l kochendem Wasser überbrühen. 15 Minuten ziehen lassen, durch ein Sieb gießen. Sauberes Baumwolltuch in den Sud tauchen, auswringen und aufs Gesicht legen. Dabei 10 Minuten gemütlich entspannen.

182. Haare waschen

Löwenmähne, feines, sprödes oder fettiges Haar? Für jeden Schopf gibt es die richtige Pflege.

– Generell gilt: Nur Shampoos verwenden, deren Inhaltsstoffe auf das Haar abgestimmt sind. Bei normalem Haar ist gegen tägliche Haarwäsche nichts einzuwenden, dann aber milde Shampoos mit neutralem pH-Wert benützen.
– Trockenes Haar braucht eine Extra-Portion Pflege. Ideal sind Shampoos mit Ceramiden, die sich als feiner Schutzfilm um das Haar legen. Vitaminhaltige Shampoos versprechen zwar einen Extra-Kick, allerdings ist umstritten, ob die Vitamine während der kurzen Wäsche tatsächlich in die Haarwurzeln gelangen. Ausnahme: Vitamin B_5 (Panthenol) dringt erwiesenermaßen in den Faserstamm ein und verbessert die Haarstruktur.
– Trockener Kopfhaut vor jeder dritten Haarwäsche eine sanfte Massage mit Mandelöl (in der Apotheke) oder eine Avocado-Kurpflege gönnen. Hierfür 1 weiche Avocado mit 2 EL Sonnenblumen- oder Olivenöl zerdrücken, auftragen bzw. einmassieren und dann etwa 15 Minuten einwirken lassen. Anschließend das Haar gründlich waschen.
– Viel hilft viel: Diese Devise gilt leider nicht bei fettigem Haar. Häufiges Shampoonieren, vor allem mit aggressiven Produkten, hat eine Überproduktion der Talgdrüsen zur Folge, das Haar fettet noch schneller nach. Am besten milde, schwach schäumende Shampoos verwenden, die die Haare nicht austrocknen und damit auch die Talgproduktion in Schach halten. Tabu: Starkes Trockenrubbeln nach dem Waschen, weil das ebenfalls die Talgproduktion lockt.
– Dünne, feine Haare wirken rasch schlaff und strähnig. Dagegen hilft nur ein supermildes Shampoo und der sparsame Umgang mit Spülungen, die das Haar zusätzlich beschweren. Kuren nur in die Spitzen einmassieren, sonst macht feines Haar schneller schlapp. Bewährt haben sich Spülungen mit Bier (nach 10 Minuten auswaschen, sonst stinkt's nach Kneipe). Model-Trick: 1 EL Gelatinepulver zum Shampoo geben. Stärkt das Haar.
– Wenn's auf der dunklen Seidenbluse schneit, schrillt der Schuppenalarm. Produziert die Kopfhaut zu viel oder zu wenig Fett, rotten sich silbrig glänzende Hornschüppchen zusammen, die dann auf den Jackenkragen fallen. Gegen fettige Schuppen helfen Rosmarinshampoos und eine Spülung aus je einem Teil Wasser und Obstessig. Bei trockenen Schuppen gut: die Kopfhaut mit einer Sesamölmassage verwöhnen. Anschließend das Haar waschen.

TIPP

Stumpfes, mattes, lebloses Haar? Das kann an den falschen Pflegestoffen im Shampoo liegen, deren Rückstände sich an den Haarschäften ablagern. Am besten ein anderes Shampoo verwenden und die Spülung bei jeder zweiten Haarwäsche weglassen.

183. Haare bürsten

100 Bürstenstriche täglich sind gut für schönes Haar? Im Gegenteil, übermäßiges Bürsten oder gar Kämmen stresst die Haare.

– Auch im nassen Zustand möchte Haar in Ruhe gelassen werden. Heftiges Abrubbeln entzieht ihm Feuchtigkeit und raut zudem die empfindliche Schutzhülle auf. Besser: Restfeuchte nach dem Waschen mit einem weichen Handtuch sanft aufsaugen.
– Bevor Kamm oder Bürste ihre Borsten anlegen dürfen, sollte das Haar vollständig trocken sein. Nasses Haar ist aufgequollen, Bürsten und Kämme gehen ihm in diesem Zustand gewaltig gegen den Strich.
– Langes Haar an den Spitzen beginnend durcharbeiten, am besten mit einem grobzinkigen Kamm, der wenig Widerstand bietet.
– Sollten sich mal kleine Haarnester gebildet haben, hilft folgender Trick: Leave-on-Conditioner aufs verhedderte Haar geben und vorsichtig Strähne für Strähne mit einem Stielkamm entwirren.

184. Haare föhnen

Auf die Föhntechnik und die Temperatur kommt es an.

– Wichtigste Föhnregel: Den Föhn mindestens 15 cm von den Haaren entfernt halten und immer von schräg oben trockenblasen.
– Bevor lange Haare mit Bürsten in Form gebracht werden: Zuerst kopfüber vom Scheitel zu den Spitzen mit dem Föhn auf mittlerer Temperaturstufe vortrocknen.

– Rundbürsten bringen zwar tolles Volumen, aber das Haar verheddert sich darin leicht. Deshalb Strähnchen abteilen (dürfen nicht breiter als die Bürste sein) und die Bürste beim Aufrollen stets vom Kopf wegziehen, damit sich das restliche Haar nicht verklemmt.
– Damit es schneller geht, mit zwei Bürsten abwechselnd arbeiten. Jeweils eine Bürste bleibt bis zum vollständigen Abkühlen im Haar.
– Kurze Haare lieben's unkompliziert: Am besten kreuz und quer föhnen, das bringt Stand und Leben in den Schopf.

185. Volumen ins Haar bringen

Schlappe Frisuren oder ein fettiger Ansatz lassen sich zur fülligen Glanznummer aufbauschen.

– Papiloten verwandeln glatte Mähnen zumindest für einen Abend in Engelshaar. Für den richtigen Dreh jeweils eine Strähne (je feiner, desto mehr Locken ergeben sich) mit Wasser oder Festiger anfeuchten und dann in sich drehen. Erst dann wird die Strähne auf die Papilote gerollt. Wichtig: Damit die Pracht lange hält, nach dem Trocknen die Locken nur sanft mit den Fingern drapieren.
– Gute Volumeneffekte lassen sich auch mit Lockenschere, Welleisen und Hot Curls erzielen. Kringellöckchen formt die Lockenschere, für Fix-Volumen sorgen Heizwickler, feine Krissellöckchen presst das Welleisen in glattes Haar.
– Wichtig: Solche Styling-Hilfen nie solo im feuchten Haar benutzen, da die Haare sonst brüchig und spröde werden. Als Hitzeschutzschild eignet sich Föhnlotion, mit der das Haar kurz vor dem Aufdrehen, beziehungsweise Plätten angesprüht wird.
– Auf bewährten Rundkurs bringen große Haftwickler glattes Haar. Dabei gilt: Je größer die Wickler, desto mehr Stand bringen sie in den Ansatz, je kleiner die Wickler, desto kringeliger wird die Lockenpracht. Dafür werden einzelne Strähnen mit Festiger angefeuchtet, abgeteilt, unter leichter Spannung vom Ansatz weggezogen und aufgerollt. Unbedingt darauf achten, dass kaputte Spitzen am Ende nicht abgeknickt werden. Für lang anhaltende Fülle die Wickler so lange im Haar lassen, bis es vollständig trocken ist.
– Volumentipp für Eilige: Etwas Trockenshampoo auf den Ansatz geben und mit einem Handtuch sanft (!) einmassieren. Bringt Fülle für mindestens 5 Stunden.

186. Männerhaare pflegen & stylen

Widerspenstiges Männerhaar lässt sich mit der richtigen Pflege und einem 5-Minuten-Styling in Form bringen.

– Fettige Haare können problemlos täglich mit einem milden Shampoo für häufige Anwendung gewaschen werden. Shampoos, die die Kopfhaut stark entfetten, kurbeln die Talgproduktion dagegen nur noch weiter an.
– Auf Styling-Produkte mit Silikon sowie auf Haarwachs sollten Männer mit fettigen Haaren verzichten. Sie machen das Haar schwerer und lassen es nur noch schneller fettig und ungepflegt aussehen.
– Föhnen ist generell erlaubt, allerdings sollte der Luftstrom nur lauwarm sein, damit die Talgproduktion nicht unnötig angeregt wird.
– Häufiges Problem beim männlichen Schopf sind Wirbel am Haaransatz, die den Haarwuchs in eine oft unerwünschte Richtung zwingen. Hilfreich sind herkömmliche Feuchtigkeitskuren, die sparsam auf die Wirbelpartie aufgetragen werden. Nach der vorgegebenen Einwirkzeit auswaschen und die Haare am Wirbel nur mit einem grobzinkigen Kamm kämmen, damit sie nicht brüchig werden.

TIPP

Längere, borstige Nasenhaare auf keinen Fall mit einer Pinzette ausrupfen. Perfekt geht's mit einem elektrischen Nasenhaarschneider, der die Haare wie bei der Rasur kappt. Geübte können die Haare mit einer abgerundeten Babyschere kürzen.

187. Haarausfall vorbeugen

Jeder dritte Mann und jede zehnte Frau leidet an Haarausfall. Die richtige Pflege schützt vor übermäßigen Verlusten.

– Wer über einen längeren Zeitraum täglich mehr als 100 Haare verliert, hat echten Haarausfall. Da sich die Ursachen jedoch nicht über einen Kamm scheren lassen, gehören Betroffene in jedem Fall in die Hände eines Arztes, der gegebenenfalls wirkungsvolle Medikamente verschreiben kann. Vorbeugend kann man auch selbst eine Menge für die richtige Pflege tun.

– Für die Haarwäsche nur sehr milde Shampoos verwenden und nach dem Waschen mindestens 1 Minute mit klarem Wasser ausspülen.

– Fettiges Haar täglich, trockenes Haar nur jeden zweiten Tag waschen.

– Haare nicht trockenrubbeln, sondern die Feuchtigkeit nur sanft mit einem Handtuch ausdrücken. Zum Entwirren der Haare anschließend einen grobzinkigen Kamm verwenden.

– Das Haar am besten an der Luft trocknen oder mäßig warm föhnen.

– Tägliches Einreiben der Kopfhaut mit selbst hergestellter Brennnesseltinktur soll dem Haarverlust entgegen wirken. Hierfür 200 g frische Brennnesselblätter zerkleinern und mit jeweils 1/4 l Wasser und Essig 20 Minuten kochen. Den Sud durch ein Sieb gießen und in ein sauberes Schraubglas füllen, verschließen. Täglich wie Haarwasser in die Kopfhaut einmassieren. Das fördert die Durchblutung und damit die Versorgung der Haarwurzeln mit Nährstoffen.

188. Haare selber färben

Lust auf Typveränderung? Mit Colorationen gelingt ein neuer Look.

– Tizianrot, Froschgrün oder einfach nur eine Nuance heller? Dem Spaß am Farbebekennen sind keine Grenzen gesetzt. Bevor allerdings Entwickler und Farbmittel zum Einsatz kommen: Unbedingt vorher überlegen, ob es für den Anfang nur sanfte Farbreflexe sein sollen oder gleich eine dauerhafte Farbe.

– Rund um den Haaransatz Vaseline auftragen. So kann die Farbe beim Auftragen nicht in die Haut eindringen. Geht trotzdem etwas daneben, Farbkleckse mit alkoholhaltigem Gesichtswasser entfernen.

– Gummihandschuhe schützen die Hände vor unschönen und vor allem hartnäckigen Verfärbungen.

– Immer an die angegebene Einwirkzeit halten, sonst kann die gewünschte Farbe schnell verunglücken.

– Mit Colorationen lassen sich zwar tolle Effekte erzielen, das Haar kann aber nur bis zu drei Nuancen heller werden. Nachteil: Herkömmliche Produkte können gesundheitsschädliche Arylamine enthalten, die in den Oxidationsmitteln stecken.

– Ratsam: Dem Haar regelmäßige Färbepausen gönnen oder gleich unschädliche und zudem schonende Pflanzenfarben verwenden.

– Nach einer Coloration oder Färbung braucht das Haar immer intensive Pflege und sollte mindestens 48 Stunden nicht gewaschen werden.

– Haar nicht unmittelbar vor dem Urlaub färben, da es in der Sonne ausbleicht.

189. Haare tönen

Freche Farbreflexe und strahlender Glanz mit Rückfahrschein: das bringen Tönungen und Farbshampoos.

– Intensivtönungen sind für weniger Mutige ideal. Farbpigmente ummanteln das Haar gleichmäßig und überstehen je nach Farbe 12–20 Haarwäschen. Ausreichend, um erste graue Haare abzudecken, für eine komplette Grauabdeckung reicht es nicht. Vorsicht bei Rottönen: Auf grauem oder hellem Haar kommen sie häufig pinkfarben raus.

– Perfekt für Anfänger sind Blitz-Tönungen. Die farbigen Gele werden in gebrauchsfertigen Einzelportionen angeboten und sorgen für eine glanzvolle Farbauffrischung in 5–15 Minuten. Vorteil: Auch wenn Sie sich im Ton vergriffen haben, ist die Farbe nach drei Haarwäschen wieder komplett draußen. Die Pigmente dringen nicht in den Haarschaft ein, deshalb sind keine Aufhellungen oder Grauabdeckungen möglich.

– Der Naturmähne fehlt es nur an Ausdruckskraft? Dann sind Farbshampoos eine gute Wahl. Die Farbpigmente legen sich lediglich oberflächlich ums Haar, deshalb vertiefen sie zwar die Grundfarbe, verändern sie aber nicht. Für sichtbare Effekte regelmäßig wie ein normales Shampoo benutzen.

S.O.S.-TIPP

Total verfärbt? Haare nach dem Fehlgriff mit Schuppenshampoo waschen und anschließend eine Anti-Schuppen-Kur einwirken lassen. Effekt: Das Shampoo raut die Haarstruktur auf, die Kur löst die Pigmente teilweise aus dem Haar. Letzte Rettung: Schaumtönung in der Ausgangsfarbe auftragen, das mildert den danebengegangenen Haarton.

Nach dem Färben oder Tönen dem Haar eine Extra-Portion Pflege gönnen: Conditioner nach jeder Wäsche ist Pflicht, einmal pro Woche eine Intensiv-Haarkur für gefärbtes Haar auftragen.

190. Graue Haare pflegen

Wenn sich die ersten Grauschleier im Haar zeigen, gibt es zwei Möglichkeiten: Färben oder mit einer Extra-Portion Pflege versilbern.

– Hilfe, ich kriege graue Haare! Diese Erkenntnis packt die meisten Menschen früher oder später. Der Zeitpunkt ist in erster Linie eine Frage der Veranlagung. Irgendwann beginnen die Haarwurzeln weniger Pigmente in die Faserschicht des Haars einzulagern. Die Folge: Die ursprüngliche Farbe wird schwächer, das Haar wächst schließlich nahezu farblos nach. Bis jedoch aus dem ersten Grauschleier eine schöne, gepflegte Silbermähne wird, vergehen in der Regel mehrere Jahre. So lässt sich die Durststrecke vom ergrauenden Haar bis zum Silberschopf besser überstehen:

– Grundsätzlich Shampoos und Pflegeprodukte verwenden, die kräftigende Wirkstoffkomplexe enthalten. Lückenfüller wie Ceramide, Proteine und Kollagen ummanteln und kräftigen das Haar.

– Tabu: Stylingprodukte mit Alkohol. Sie trocknen graues Haar zu stark aus.

– Häufiges Problem vor allem bei längeren Haaren: Was silbrig glänzen soll, hängt oft stumpf und gelbstichig über die Schulter. Schuld am Gilb sind freie Radikale, die das ohnehin farblose Keratin angreifen und weißes Haar gelb erscheinen lassen. Dagegen helfen spezielle Shampoos für graues Haar, die blaue Pigmentanteile enthalten. Als Komplementärfarbe zu Gelb hebt Blau die Verfärbung wieder auf.

– Da die fehlende Talgproduktion der Kopfhaut die Schuppenschicht des Haares oft nicht mehr ausreichend glättet, sieht es stumpf und glanzlos aus. Hier helfen spezielle Glanzsprays, die durch mikrofeine Wachspartikel das Licht reflektieren und das Haar wieder herrlich glänzen lassen.

191. Make-up auftragen

Bei Models sieht der Teint stets perfekt und makellos aus. Kein Wunder, denn hier sorgen Profis für den letzten Schliff. Ein schöner, klarer Teint gelingt mit ein paar Tricks auch vor dem heimischen Badezimmerspiegel.

– Wer von Natur aus einen ebenmäßigen Teint hat, kann auf eine Grundierung verzichten. Hier genügt eine getönte Tagescreme mit Lichtschutzfaktor.

– Schatten und Unreinheiten verschwinden unter einer leichten Foundation. Je leichter und seidiger die Konsistenz der Grundierungscreme, desto besser verschmilzt sie mit der Haut.

– Für normale Haut eignen sich Grundierungen mit leichten Puderanteilen, für trockene Haut sind cremige Varianten besser. Für fettige Haut eine ölfreie Foundation verwenden, sonst glänzt der Teint.

– Wer zu dunklen Augenschatten neigt, kann vor dem Make-up mit einem Concealer helle Akzente setzen. Dann das Make-up stets in dem Licht auftragen, in dem man sich aufhalten wird. Einen Klecks auf den Handrücken geben und erst dann aufs Gesicht auftragen. Am Hals und Haaransatz besonders gründlich verstreichen, sonst entstehen unschöne Ränder.

– Vor dem Kauf das Make-up nicht auf dem Handrücken (wie oft empfohlen), sondern direkt im ungeschminkten Gesicht ausprobieren. Das Ergebnis am Tageslicht begutachten, denn die Lichtverhältnisse im Laden können den gewünschten Ton verfälschen.

– Um sicher zu gehen, dass man das richtige (und oft kostspielige) Make-up erwischt, die Verkäuferin um einer Probe des Produkts bitten. In guten Parfümerien füllt man eine kleine Menge aus der Testflasche ab.

– Zum Schluss das Make-up mit Puder mattieren.

TIPP

Hektische rote Flecken vor dem Date? Hier hilft Grün gegen Rot. Entweder die Flecken mit einem grünen Abdeckstift betupfen und leicht verwischen oder einen Hauch grünen Lidschattenpuder in einen Klecks Make-up mischen und vorsichtig auf die Flecken einklopfen.

192. Lippen schminken

Das Lieblingsutensil beim Schminken ist für die meisten Frauen der Lippenstift. Ob Schmollmund oder Schmallippe: einfache, aber wirkungsvolle Schminktricks und Pflegeklassiker gibt es für jeden Typ.

– Die Lippenhaut ist besonders dünn und kann mangels Talgdrüsen keinen eigenen Schutzfilm bilden. Deshalb regelmäßig eincremen. Pflegestifte mit Jojoba- oder Avocadoöl halten die Lippen geschmeidig.

– Vor dem Schminken etwas Make-up auf die Lippen auftragen, dann hält der Lippernstift länger.
– Schmale Lippen wirken mit hellen, glossigen Farben größer, dunkle Farben verkleinern den Mund optisch. Ein Konturenstift – auf den äußeren Rand aufgetragen – gibt schmalen Lippen einen volleren Rahmen. Unbedingt darauf achten, dass er nicht dunkler ist als der natürliche Lippenton ist: macht alt!
– Volle Lippen vertragen intensivere Töne, allerdings wirken sehr dunkle Farben hart. Etwas kleiner wirkt der Mund durch matte Lippenstifte.
– Lieblingsfarbe Knallrot? Dann unbedingt einen Lipliner verwenden, damit die Farbe nicht ausblutet und sich in den feinen Lippenfältchen absetzt.
– Lippenstift und Hautfarbe sollten harmonieren. Kühlere Hauttöne vertragen blaustichige Nuancen wie Flieder und Pink, zu einem gelbstichigen Teint passen Rosé- und Apricottöne. Bei gelben Zähnen mit hellen Tönen zurückhaltend umgehen. Sie betonen die Zahnfarbe zusätzlich. Besser sind kräftige oder leicht blaustichige Nuancen. Hier hilft nur Ausprobieren, und zwar auf den Lippen, nicht auf dem Handrücken.
– Kussecht werden geschminkte Lippen in vier Schritten: Zuerst eine Schicht Lippenstift auftragen, dann ein Kosmetiktuch zwischen die Lippen pressen. Dann etwas losen Puder über die Lippen stäuben, eine weitere Schicht Lippenstift auftragen.
– Für einen ganz natürlichen Look einfach (farbiges) Gloss mit den Fingern auftupfen.
– Ein stark geschminkter Mund erfordert Zurückhaltung beim Augen-Make-up. Und umgekehrt.

TIPP

Bei sehr spröden Lippen hilft eine sanfte (!) Rubbelkur mit einer weichen Zahnbürste. Anschließend einen Klecks Bienenhonig auftragen und nach 10 Minuten ablecken.

193. Augenbrauen zupfen

Schön gezupfte Brauenbögen öffnen den Blick und lassen das Gesicht jünger wirken.

– Zunächst einmal gilt es, die optimale Brauenlinie zu ermitteln: Einen Stift senkrecht am Nasenflügel anlegen. Dort beginnt der Brauenanfang. Auf keinen Fall zu viel vom Brauenanfang wegzupfen, das stört die natürliche Symmetrie. Übrigens: Nach einem entspannenden Bad lassen sich die Härchen einfach und fast schmerzlos zupfen.
– Wichtigste Zupfregel: Immer nur die Härchen vom unteren Rand aus der Wurzel lösen. An der Nasenwurzel beginnen und sich Richtung Ohr vorarbeiten.
– Die Form regelmäßig im Spiegel kontrollieren. Schon kleine Löcher können den Brauenbogen entstellen.
– Bei weniger dichtem Brauenwuchs hilft folgender Trick: Die Brauen nach unten kämmen und mit einem speziellen Brauenstift feine Linien nachstricheln. Danach die Brauen wieder in Form kämmen.
– Im Schläfenbereich wachsen die Härchen oft drahtiger und kringeln sich leicht. Derartigen „Wildwuchs“ nicht auszupfen, sondern am besten mit einer Nagelschere trimmen. So sehen die Brauen gleich gepflegter aus.
– Sorgsam zupfen. Von Natur aus spärlicher Brauenwuchs wächst langsam und sehr fein wieder nach. Verzupft man sich, dauert es entsprechend lange, bis die Härchen wieder ausdrucksstark nachwachsen.
– Nach dem Zupfen die Haut mit Eiswürfeln kühlen. So verschwinden auch eventuelle Rötungen schneller.

194. Augen schminken

Ein verführerischer ausdrucksstarker Augenaufschlag à la Marilyn Monroe braucht ein ruhiges Händchen, etwas Farbe und Wimperntusche.

– Zu allererst den Lidstrich „malen“. Der gelingt ohne jeden Wackler ganz einfach mit einem Kohlkajalstift, Geübte nehmen stattdessen flüssigen Eyeliner. Dabei immer von innen nach außen entlang des Wimpernkranzes arbeiten.
– Dann den Lidschatten auftragen: Der hellere Ton kommt auf das innere Lid und unter den Brauenbogen. Der dunklere Ton wird entlang der Lidfalte bis zum Augenwinkel getupft oder gepinselt. Harte Übergänge mit einem Wattestäbchen verwischen.
– Anschließend mit einer Wimpernzange die Wimpern hochbiegen und 10 Sekunden halten. Erst dann mit Mascara färben, da die empfindlichen Härchen sonst abbrechen könnten.
– Oberen Wimpernkranz tuschen, die äußeren Wimpern immer zuerst. Schwarz passt fast immer, brauner Mascara wirkt vor allem bei hellhäutigen Typen harmonischer.

– Damit der Blick nicht müde wirkt, die unteren Wimpern nur sehr sparsam oder gar nicht tuschen.

5 TRICKS für schöne Augen

1. Bei geschwollenen Augen helfen kalte Schwarzteebeutel oder Gurkenscheiben auf den Augenlidern.
2. Kurzsichtige Brillenträger vertragen ein kräftigeres Augen-Make-up, da die Gläser die Augen verkleinern. Bei Weitsichtigen ist es umgekehrt.
3. Empfindliche Wimpern jeden Abend nach dem Abschminken mit etwas Rizinusöl bürsten (mit einem ausgedienten, gewaschenen Mascarabürstchen).
4. Die empfindliche Augenpartie nie ziehen, reiben oder dehnen. Spezielle Pflegecremes mit den Fingerspitzen einklopfen.
5. Bei grellem Tageslicht Sonnenbrille tragen. Ständiges Zusammenkneifen gräbt Krähenfüße in die dünne Haut um die Augen.

195. Rouge auftragen

Apfelbäckchen machen sich nur bei jungen Frauen wirklich gut. Ältere Semester sollten lieber sanft erröten.

– Erholt und frisch aussehen auch ohne Spaziergang am Meer: das funktioniert mit einem Hauch Rouge auf den Wangen. Doch die Farbe vom Pinsel kann noch mehr, sie modelliert das Gesicht und rückt die Konturen ins rechte Licht.
– Puderrouge eignet sich für normale und fettige Haut, Cremerouge für trockene, reife Haut.
– Um die richtige Stelle herauszufinden, wo das Rouge platziert werden soll, gibt es zwei Möglichkeiten: Den Kopf für einige Sekunden nach unten hängen lassen und schnell vor dem Spiegel wieder aufrichten. Dort, wo sich die natürliche Rötung zeigt, ist auch ein perfekter Platz fürs Rouge. Oder: ein freches Grinsen aufsetzen. Der höchste Punkt der Wange markiert die richtige Stelle für den Pinselansatz. Auf keinen Fall zu dicht an den Augenwinkeln ansetzen, sonst kann sich Rouge in den feinen Augenfältchen absetzen.
– Für den „Anstrich" etwas Rouge auf den Pinsel bzw. auf die Fingerspitzen nehmen und vom Wangenknochen mit sanfter werdendem Druck abwärts (!) streichen. Für Ungeübte: Wenig Rouge mit einem Pinsel aufnehmen, auf dem Handrücken etwas abstreichen. Dann in kleinen, kreisenden Bewegungen auftragen. Sorgt für einen natürlichen Look.
– Ein rundes Gesicht wirkt schmaler, wenn ein Hauch bräunliches Rouge auf die seitlichen Wangenhöhlen kommt. Auch einen Hauch aufs Kinn geben.
– Generell gilt: Warme, leicht irisierende Töne wirken natürlicher als kühle, blaustichige Töne.
– Damit Rouge nicht nach kurzer Zeit wieder von den Wangen verschwindet, zum Schluss einen Hauch losen Puder darüber stäuben.

5 SÜNDEN in Sachen Beauty

1. Abschminken „vergessen". Make-up und Schmutz müssen abends von der Haut runter, auch wenn es spät geworden ist. Sonst verstopft ein Mix aus Talg und Make-up die Poren und es entstehen Hautunreinheiten.
2. Zu viel Parfum auflegen. Extreme Duftwolken verleihen keine persönliche Note, sondern wirken aufdringlich.
3. Stoppelbeine. Nichts ist unromantischer als eine Reibeisen-Begegnung mit Stoppel-Nachwuchs.
4. Fliegenbeine in den Wimpern. Sieht immer etwas vulgär und unbeholfen aus. Zur Not verklebte Wimpern mit einem Brauenbürstchen entwirren.
5. Lippenstift, der beim Dinner verläuft. Für Halt einen Konturenstift und zum Fixieren der Farbe Puder verwenden.

196. Rote Äderchen kaschieren

Bei der Couperose handelt es sich um feine, rote, erweiterte Äderchen im Gesicht, nicht um geplatzte Blutgefäße.

– Zum Abdecken der roten Äderchen eignet sich in der Regel ein gut deckendes Make-up. Reicht das nicht, hilft ein grüner Abdeckstift, der immer unter der Grundierung aufgetragen wird. Grün neutralisiert rot.
– Hierfür einige Tupfer Abdeckstift auf die roten Äderchen setzen und mit den Fingerspitzen sanft einklopfen oder – je nach Konsiszenz – vorsichtig verwischen. Erst dann das Make-up auftragen.
– Wer zu Couperose neigt, sollte bei der Gesichtsreinigung besser auf ein Bürstchen verzichten, sonst können sich die roten Äderchen vermehren.
– Vorsicht bei extremen Temperaturschwankungen, vor allem im Winter. Das ist Gift für die roten Äderchen. Wer sich bei Kälte viel im Freien aufhält, sollte unbedingt eine Cold-Creme verwenden, die die Haut mit einer Extra-Schicht schützt. Auch Saunabäder nur in Maßen genießen. Dabei das Gesicht mit einem kleinen, feuchten Handtuch abdecken, damit sie vor Überhitzung geschützt ist.
– Gefäßverengend und beruhigend wirkt eine Kompresse aus Malvenblüten: 2 EL getrocknete Malvenblüten mit kochendem Wasser überbrühen, abkühlen lassen. Ein sauberes Baumwolltuch darin tränken, auswringen und auf die Haut legen.
– Mit einer klassischen Bindegewebsmassage lassen sich roten Äderchen vorbeugen: Mit den Fingern die Hautpartien sanft kreisend und mit nur leichtem Druck massieren. Darauf achten, dass die Haut dabei nicht gezerrt wird und die Finger nicht verrutschen. Das kräftigt Bindegewebe und Blutgefäße.

197. Altersflecken mildern

Starke Sonnenbäder können die Melanin produzierenden Zellen aus dem Takt bringen: einige produzieren zu viel des Farbstoffs, andere gehen kaputt. Auf einer hellen Haut erscheinen sie als dunkler, ungleichmäßiger „Sonnenfleck".

– Soforthilfe bei Sonnenflecken bringen spezielle Make-ups, die nicht nur abdecken, sondern die Farbunterschiede mit lichtreflektierenden Pigmenten ausgleichen.
– Einzelne Flecken lassen sich auch gut mit einem (wasserfesten) Abdeckstift kaschieren.
– Gute Effekte, und vor allem dauerhafte, erzielt man auch mit Vitamin-A-haltigen Cremes, ebenso mit Fruchtsäure- und Salizylsäurecremes. Allerdings braucht es viel Geduld, bis die Flecken blasser werden.
– Wenn die Kosmetikprodukte keine zufriedenstellenden Resultate zeigen, können Hautärzte rezeptpflichtige Bleichcremes verschreiben. Sie enthalten zum Beispiel Vitamin A-Säure, die die oberste Hautschicht abträgt.
– Für Ungeduldige, die nicht warten wollen: Per Laser verschwinden die Sonnenflecken schnell und einigermaßen dauerhaft (je nach Hauttyp). Die Prozedur ist zwar unangenehm, aber auszuhalten. Allerdings sollte diese Methode nur im Herbst, bei nachlassender Sonnenintensität angewandt werden, sonst können die Flecken schnell wieder kommen. Wichtig: Nur von erfahrenen Dermatologen mit Laserausbildung vornehmen lassen! Adressen über: Deutsche Dermatologische Lasergesellschaft, Martinistraße 52, 20246 Hamburg, www.ddl.de. Infotelefon: 01805-313246.

198. Nägel lackieren

Gut aufgelegt: Nagellack sieht nicht nur dekorativ aus, er stärkt auch dünne Nägel und beugt Splittern vor.

– Vor dem Lackieren Hände oder Füße waschen, da der Lack auf fettfreien Nägeln besser hält.
– Ein Unterlack glättet Rillen und Unebenheiten, außerdem schützt er die Nägel vor gelblichen Verfärbungen.
– Farbigen Lack immer zuerst auf die Nagelmitte auftragen, dann zu beiden Seiten hin auffüllen. Dabei die Nagelränder aussparen. Das streckt die Nägel optisch.
– Zeigt sich der Lack streifig, hat der Pinsel zu wenig Farbe bekommen. Am besten gleich noch Mal drüberlackieren. Anschließend den Anstrich mit einem Überlack versiegeln, damit das Ergebnis länger hält.
– Zehentrenner aus Schaumgummi oder zusammengedrehte Kosmetiktücher zwischen den Zehen verhindern, dass die Nägel beim Lackieren aneinander stoßen und dabei der Lack verklebt.
– Trockenzeit beachten. Vor dem Schuheanziehen den Lack mindestens 1 Stunde trocknen lassen.
– Heller oder dunkler Lack? Das ist eine Frage des persönlichen Geschmacks. Allerdings gilt: Dunkle Lacke erfordern einen perfekten Anstrich. Sonst wirken die Nägel leicht ungepflegt.

TIPP

Beim Lackieren ausgerutscht oder den Lack verdellt, aber keinen Lackentferner zur Hand? Den verpatzten Anstrich mit einer Schicht Klarlack überziehen und nach 10 Sekunden mit einem Kosmetiktuch (kein Wattepad, sonst fusselt's) abnehmen. So verschwindet auch der Farblack drunter.

199. Schnell wieder frisch werden

Einladung in letzter Minute? Und zwischen Büro und Party nur 1 Stunde Zeit? Kein Problem. Glücklicherweise gibt es ein paar schnelle Frische-Tricks.

– Der Rücken schmerzt, die Augen brennen und im Kopf kreisen noch die Zahlenkolonnen aus dem Büro? Da hilft nur eins: Matte auf den Boden und die Unterschenkel aufs Sofa legen. Diese „Stufenlagerung" entlastet den Rücken. Lieblingsmusik auflegen, Augen schließen und 5 Minuten lang tief und konzentriert in den Bauch ein- und ausatmen. So können sich die Anspannungen des Tages lösen.
– Damit der Magen bis zum kalten Buffet nicht durchhängt: Eine Bananenmilch bringt Energie, ohne den Stoffwechsel zu belasten. Bei viel Durst einen Kräutertee oder eine Traubensaftschorle trinken.
– Für die Wanne bleibt keine Zeit, aber dafür dürfen die Füße baden: Ein paar Tropfen vom ätherischen Lieblingsöl in eine kleine Plastikwanne geben, Kieselsteine oder 1 Hand voll grobes Meersalz rein und die Füße im Wasser genüsslich hin- und herbewegen.
– Gegen müde Augen hilft heller Lidschatten oder Highlighter, der direkt unter den Brauenbogen kommt. Ein weißer Lidstrich auf dem unteren Lid lässt den Blick ebenfalls wacher wirken.
– Damit das Dekolleté im Ausschnitt schön zur Geltung kommt, die Haut mit Eiswürfeln kurz abreiben, eincremen und mit ein wenig Goldpuder bestäuben.

200. Biorhythmus finden und nutzen

Der Körper tickt nach einer inneren Uhr, die in einem genauen Rhythmus bestimmte Körperfunktionen regelt. Wer seine Energiereserven optimal nutzen möchte, sollte diese Uhr lesen können.

– 6 Uhr: Das Immunsystem döst noch. Die Zahl der weißen Blutkörperchen (Abwehrpolizei) ist jetzt am geringsten. Die Hormonfabriken laufen jedoch bereits auf Hochtouren. Vor allem der Cortisolspiegel (Cortisol ist ein Stresshormon) ist jetzt sehr hoch.
– 8 Uhr: Die beste Zeit für Kopfarbeiter. Das Kurzzeitgedächtnis ist jetzt besonders fit.
– 10 Uhr: Wichtige Angelegenheiten sollten jetzt stattfinden, da Kopf und Körper zu Hochform auflaufen.
– 12 Uhr: Die Konzentration lässt nach, der Blutdruck sinkt, der Säurespiegel des Magens steigt: Hunger meldet sich. Nach einem Snack und 30 Minuten „Füße hoch" hat der Körper neue Energiereserven getankt.
– 15 Uhr: Das Langzeitgedächntnis speichert bis 17 Uhr Inhalte, die man lange im Kopf haben möchte, am besten. Das Schmerzempfinden ist jetzt besonders gering. Also eine gute Zeit für Zahnarztbesuche.
– 17 Uhr: Das zweite Leistungshoch bahnt sich an. Schweiß- und Talgdrüsen laufen auf Hochtouren. Ideale Zeit für Sauna oder Verwöhnprogramme. Auch beim Sport lassen sich gute Trainingseffekte erzielen.
– 20 Uhr: Die Sinne stehen unter Strom. Geschmacksnerven sind jetzt besonders empfänglich und auch die Haut schaltet voll auf Empfang. Gifte wie Nikotin und Alkohol kann der Körper zu dieser Zeit besonders schlecht abbauen.
– 22 Uhr: Der Schönheitsschlaf für die Haut beginnt. Zellen teilen sich jetzt achtmal schneller als mittags. Die Haut kann jetzt optimal regenerieren.
– 24 Uhr: Der Körper schaltet auf Schlaf. Jetzt bildet das Gehirn das Hormon Melatonin, das alle Körperfunktionen runterfährt.
– 2 Uhr: Nieren und Speicheldrüsen machen Pause. Im Mund haben jetzt Bakterien leichtes Spiel, wenn die Zähne ungeputzt geblieben sind. Wer jetzt aus dem Vollen schöpft, arbeitet extrem gegen die innere Uhr.

201. Ein Bad nehmen

Abtauchen, entspannen und neue Energie tanken – in der Wanne geht der Alltagsstress buchstäblich baden.

– Wasser und Seife allein machen zwar sauber, aber zum Verwöhnprogramm wird ein Bad erst mit belebenden oder entspannenden Zusätzen.
– Weder Haut noch Kreislauf mögen ein zu langes oder zu heißes Bad. Wenn es erfrischen soll, sind 15 Minuten in 37 Grad warmem Wasser optimal.

– Bei ausgedehnten Badefesten schützen Öle die Haut vor dem Austrocknen.
– Wer noch etwas vorhat, sollte das Bad immer mit einer lauwarmen bis kühlen Dusche beenden. Sonst macht das Bad zu müde.
– Für ein wohliges Ambiente sorgen: Türglocke ausschalten, Anrufbeantworter ein. Kerzenlicht entspannt zusätzlich. Unbedingt ein großes Handtuch auf der Heizung vorwärmen und einen Bademantel bereitlegen.

202. Badezusätze ausprobieren

Das Bad zum privaten „Spa" machen: Mit erfrischenden oder entspannenden Zusätzen erholt sich der Körper.

– Samtig weiche Haut, wie sie angeblich schon Cleopatra schätzte: Das geht Zuhause mit 2 Hand voll Totes-Meer-Salz, 1 Tasse Honig und 1 l Milch. Die Zutaten verrühren und in die volle Wanne geben.
– Abtauchen mit Aromaölen: Einige Tropfen Öl mit einem Becher süße Sahne vermischen und in die volle Wanne geben. Nach dem Bad nicht abbrausen und die Haut nur leicht trockentupfen damit der Ölfilm auf der Haut bleibt. Zimt, Orange und Lavendel entspannen, Zitrus und Rosmarin wirken belebend, Rose harmonisiert, Sandelholz beruhigt und gleicht aus.
– Für ein belebendes Schaumbad einige Tropfen Zitrus- oder Rosmarinöl mit einigen Spritzern Duschgel (neutral) vermischen, in den einlaufenden Wasserstrahl geben.
– Für ein beruhigendes Kamillenbad 1 Hand voll Kamillenblüten mit 5 l kochendem Wasser überbrühen, abseihen und ins Badewasser geben.
– Ein vitaliserendes Salzbad aus der Thalasso-Therapie (griechisch: thalassa, das Meer) vertreibt Muskelkater. 1 kg Totes-Meer-Salz, je 1 Hand voll Minzeblätter und Rosmarinnadeln in ein Baumwollsäckchen füllen, zubinden und zum Badewasser geben.

203. Aromatherapie

Mit ätherischen Ölen kann man sich dufte in Stimmung bringen. Sie sind 70-mal so konzentriert wie die Pflanze, aus der sie gewonnen werden.

– Düfte gelangen über die Nase ohne Umwege ins Gehirn, und zwar direkt in den Teil, der für Emotionen zuständig ist. Je nach Duft wecken sie bestimmte Erinnerungen, können beleben, beruhigen aufbauen oder entspannen.
– Beim Kauf eines ätherischen Öls unbedingt darauf achten, dass auf dem Etikett „100 Prozent naturrein" steht. Denn der Duft allein verrät nicht, ob das Öl vielleicht synthetisch ist.
– Viel hilft nicht viel. Einige Öle sind in hoher Konzentration giftig und können zu Hautreizungen führen. Allergiker und Schwangere sollten vor der Verwendung ätherischer Öle immer einen Arzt befragen.
– Die Öle sollten nie pur mit der Haut in Berührung kommen (Ausnahme: Lavendelöl). Generell sparsam oder wie angegeben verwenden.
– Immer der Nase nach gehen. Ein Öl, das man nicht riechen kann, kann seine Kräfte auch nicht entfalten.
– Um ihre Wirkung entfalten zu können, brauchen die leicht flüchtigen Aromaöle eine Trägersubstanz.
– Für ein Parfum auf Jojobaöl-Basis 20 Tropfen des ätherischen Öls mit 10 ml Jojobaöl vermischen. Pflanzliche Öle eignen sich zur Duftherstellung nicht, da sie – im Gegensatz zum Jojobaöl – oxidieren können.
– Für eine Körperlotion 20 Tropfen Aromaöl mit 50 ml neutraler Lotion mischen.
– Auch im Raum können die ätherischen Öle ihren Duft verströmen: in einer Duftlampe. Für Räume bis 30 qm genügen 4–10 Tropfen, bei größeren Zimmern pro 10 qm 2–3 Tropfen mehr nehmen. Vor einem Duftwechsel das Gefäß ausspülen, damit sich die Düfte nicht überlagern.

TIPP

Ätherisches Öl vom Lavendel darf als einziges Aromaöl direkt auf die Haut. Nur ein paar Tropfen auf eine kleine Fläche auftragen. Es hilft bei Sonnenbrand, Mückenstichen und Quaddeln, etwa von Brennesseln.

Zehn Minuten LEBEN!

204. Duftöl-Massage

Streicheln, reiben kneten – das kann jeder. Mit einem selbst gemachten Aromaöl wird die Berührung zum Hochgenuss für alle Sinne.

– Für eine Ganzkörpermassage genügt eine kleine, frisch zubereitete Menge. Dafür werden Aromaöle stets mit Trägerölen vermischt.

– Die Trägeröle sollten klar und geruchlos sein. Ideal sind Traubenkern-, Aprikosen-, Avocado-, Sonnenblumen- und süßes Mandelöl. Sie haben eine gute Tiefenwirkung, dringen in die Haut ein. Olivenöl riecht zu stark, Babyöle sind oft mineralölhaltig und daher nicht geeignet. Sie bleiben außerdem als leichter Film auf der Hautoberfläche.
– **Für eine beruhigende Massage:** 15 Tropfen Sandelholz und je 5 Tropfen Geranie und Lavendel mit 50 ml Trägeröl mischen.
– **Für eine anregende Massage:** 7 Tropfen Rosmarin und 5 Tropfen Lemongrass mit 50 ml Trägeröl mischen.
– Etwas Öl auf die Handflächen geben, verreiben und sanft auf dem eigenen Körper oder dem des Partners verreiben. Hinterher nicht duschen, das Öl wirkt bis zu 12 Stunden nach.

205. Ayurvedische Ölmassage

Die indische Heilkunst Ayurveda harmonisiert die Seele und bringt den Körper wieder ins Lot. Eine Ölmassage verwöhnt und vitalisiert den gesamten Organismus.

– Für die Ölmassage ein Körperöl verwenden, das der persönlichen Konstitution entspricht. Fertige Öle sind in gut geführten Parfümerien und Fachgeschäften für natürliche Körperpflege erhältlich.
– Im warmen Badezimmer auf einen Hocker setzen, Handtuch oder Matte unter den Hocker legen, falls Öl hinuntertropft.
– Den ganzen Körper (wer will, kann Kopfhaut und Gesicht mit einbeziehen) mit Öl einreiben.
– Am Kopf beginnen und das Öl mit leichtem Druck in sanft kreisenden Bewegungen in die Haut einmassieren. Die Stirn sorgfältig glatt steichen, über Schläfen,Wangen und Kinn zum Hals wandern und mit streichenden Bewegungen zu den Oberarmen gleiten. Die Gelenke an Händen und Schultern nicht vergessen. Dann den Oberkörper und schließlich den Bauch kreisend im Uhrzeigersinn massieren. Po, Beine und eventuell den Rücken in kräftigen Auf- und Abwärtsstrichen bearbeiten. Und natürlich auch die Füße verwöhnen. Jeden einzelnen Zeh, Fußsohle und Fußrücken behutsam in kreisenden Bewegungen massieren.
– Zum Schluss eine warme Dusche nehmen. Nur ein mildes Duschgel verwenden (oder auch mal ganz weglassen), damit ein ganz dünner, pflegender Film auf der Haut bleibt.

206. Anti-Aging für Einsteiger

Die Zeit kann man nicht anhalten. Sich aber trotz des Alters fit und vital fühlen und zudem länger jung aussehen, das geht.

– Das schleichende Gift Nikotin löst Schönheit buchstäblich in Rauch auf. Es verengt die Blutgefäße und lässt die Haut früher alt aussehen. Dagegen hilft nur: Zigaretten weg!
– Ausreichend Schlaf ist wichtig. 7–8 Stunden braucht der Körper, um sich ausreichend zu regenerieren.
– Dinner Cancelling: Wer hin und wieder ab 16 Uhr fastet, entlastet den Organismus von der Verdauungsarbeit und sorgt für optimale Regeneration.
– Viel Trinken! 2–3 l Wasser täglich. Morgens mit 1 Glas heißem Zitronenwasser starten, über den Tag verteilt 5 Tassen grünen Tee trinken (enthält Antioxidantien, die Freie Radikale in Schach halten), zwischendurch gibt es stilles Mineralwasser. So können Stoffwechselprodukte und Gifte ausgeschwemmt werden.
– 5-mal am Tag eine Portion Obst und Gemüse sorgt für Vitamin-Nachschub und sekundäre Pflanzenstoffe, die Zellen und Immunsystem schützen.
– Kopf hoch, Brust raus, Schultern nach unten: Wer Haltung bewahrt, beugt nicht nur Verspannungen vor, sondern wirkt auch dynamischer.
– Tanzen. Keine Bewegung lässt einen besser und fröhlicher in Schwung kommen. Es wirkt befreiend, trainiert die Muskeln und lässt den Gute-Laune-Pegel steigen.
– In der Ruhe liegt die Kraft. Auch wenn das Leben noch so stressig ist, sollte der Tagesablauf Anspannungs- und Entspannungsphasen beinhalten. 1/2 Stunde abschalten (ohne Musik, Telefon usw.) sollte täglich drin sein.

207. Besser einschlafen

Ein ungestörter tiefer Schlaf ist die Basis für Ausgeglichenheit und Wohlbefinden. Für einen süßen Schlummer kann man einiges tun.

– Je kürzer die Nacht, desto höher der Spiegel des Stresshormons Cortisol. Schlafmangel kann der Körper zwar für kurze Zeit ausgleichen, aber eine dauerhaft gestörte Nachtruhe beeinträchtigt das Immunsystem. Ein paar bewährte Regeln für einen erholsamen Schlaf:
– Bei geöffnetem Fenster schlafen. Heizung ausdrehen, 15–18 Grad Raumtemperatur sind ideal.

– Lärm so weit wie möglich ausschalten. Donnernde Lastwagen (85 Dezibel), laut schnarrende Schnarcher (70 Dezibel) oder hämmernde Bässe aus der HiFi-Anlage (ab 100 Dezibel) reißen selbst ausdauernde Schläfer aus der Ruhe. Zur Not Ohrenstöpsel rein, am besten solche aus Silikon (in der Apotheke).
– Absolute Dunkelheit wirkt sich ebenfalls günstig aus. Straßenlaternen oder Lichtreflexe von vorbeifahrenden Autos stören oft, ohne dass man es merkt.
– Auch wenn's schwer fällt: Für regelmäßige Einschlaf- und Aufwachzeiten sorgen. Die innere Uhr ist ein sensibles Laufwerk, das durch Schichtarbeit und unterschiedliche Zubettgehzeiten durcheinander gerät.
– Alkohol vertreibt das Sandmännchen. Gegen ein Glas Rotwein ist aber nichts einzuwenden.
– Schlafanzug & Co.: 7 Millionen Poren unseres Körpers dunsten viel Wasser aus, auch während der Nacht. Deshalb ein leichtes, gut saugendes T-Shirt aus Baumwolle tragen.
– Gegen Einschlafstörungen ist ein Kraut gewachsen: 1 TL Lindenblüten mit kochendem Wasser überbrühen und 7 Minuten ziehen lassen. Den Tee heiß trinken.
– Wen beim Einschlafen oder gar mitten in der Nacht Sorgen und Ängste plagen, kann es mit Johanniskraut versuchen. Es entspannt und sorgt für eine angenehme Stimmung.
– Eine Massage der Energiepunkte im Gesicht fördert das Einschlafen: Etwas Creme oder Öl auf die Fingerspitzen geben und das sogenannte Dritte Auge in der Stirnmitte oberhalb der Nasenwurzel sanft massieren.
– Wenn das alles nichts hilft: Raus aus den Federn und ein heißes Bad mit Lavendelzusatz nehmen.

208. Besser schlafen

Wie man sich bettet, so liegt man. Vorausgesetzt, das Bettklima stimmt.

– Bestes Fundament für eine erholsame Nacht: eine gute Matratze. Sie soll den Körper tragen, aber im Schulter- und Nackenbereich nachgeben.
– Vor dem Kauf einer Matratze unbedingt darauf Probeliegen. Bauchschläfer brauchen eine Matratze mit relativ hoher Oberflächenspannung, bei Rückenproblemen schlummert es sich am besten auf einer weichen Oberfläche mit hartem Kern, Normalschläfer kommen in der Regel mit einer mittelfesten Schlafunterlage aus.
– Irgendwann hat jede Matratze einmal ausgedient. Die meisten Hersteller geben etwa 10 Jahre Haltbarkeit an. Hängt die Matratze durch, muss eine neue her.
– Wer im Bett leicht friert, ist mit einer Daunendecke gut beraten. Beim Kauf darauf achten, dass der Daunenanteil 50 Prozent beträgt und nicht von lebenden Tieren gewonnen wird.
– Decken aus Schafwolle sind ebenfalls gute, natürliche Klimaanlagen, da sie Feuchtigkeit optimal aufnehmen. Für Allergiker sind sie allerdings eher nicht zu empfehlen. Die Alternative: Füllungen, die keine Allergene abgeben.

209. Sonnenschutz für die Haut

Zu viel Sonne schadet unserer sensiblen Haut. Deshalb die Sonne nur mit einem guten Schutz genießen. Und zwar lebenslang.

– Der beste Sonnenschutz ist nach wie vor Kleidung. Ein breitkrempiger Hut, langärmelige Oberteile und lange Hosen sind ein Muss, wenn man sich länger bei starker Sonneneinstrahlung im Freien aufhält. Aber auch hier gilt: Unter leichter, dünner Kleidung die Haut trotzdem eincremen, da der Stoff nur einen Teil der Strahlung absorbiert.
– Am Strand oder an der See die Haut mit Cremes, Gels oder Sprays schützen. Normale Haut mit Lichtschutzfaktor 20, empfindliche und Kinderhaut mit Faktor 25 und höher. Gut sind auch Produkte mit physikalischen Filtern wie z.B. Zinkoxid, die wie ein natürliches Schutzschild wirken, indem sie die Sonnenstrahlen reflektieren.
– Alle Sonnenschutzmittel immer großzügig auf die Haut auftragen, damit der angegebene Schutzfaktor auch wirken kann.
– Unbedeckte Körperteile mehrmals am Tag, vor allem nach dem Schwimmen, eincremen – auch bei einem Aufenthalt im Schatten.
– Wird gern vergessen: die Umgebung der Augen, Nase, Ohren, Schlüsselbeine und die Zonen um den Bekleidungsrand. Dort besonders sorgfältig cremen.
– Beim Kauf eines Produkts darauf achten, dass es vor UV-A und UV-B-Strahlung schützt. UV-A-Strahlen dringen tief in die Hautschichten ein, sorgen für die Bräune, trocknen aber auch das Bindegewebe stark aus. UV-B Strahlen verursachen Verbrennungen und schädigen die Zellen.

TIPP

Lust auf einen zart gebräunten Teint ohne Sonne? Das geht mit Selbstbräunern aus der Tube, die frische Urlaubsbräune auf die Haut mogeln. Für ein streifenfreies Ergebnis unbedingt vorher ein Ganzkörper-Peeling machen. Ellenbogen und Knie nicht vergessen.

210. Fußreflexzonenmassage

Eine Wohltat nach einem stressigen Arbeitstag: eine entspannende Reflexzonenmassage an den Füßen.

– Bestimmte Nervenpunkte an den Füßen haben eine direkte Verbindung zu anderen Körperteilen. Indem diese Punkte stimuliert werden, erhalten die entsprechenden Organe einen Impuls. Sie weren besser durchblutet und Energieblockaden gelöst.

– Der Daumen wandert bei dieser Massage wie eine Raupe (deshalb heißt die Technik Raupengang) über die einzelnen Zonen am Fuß.

– Den Daumen flach auf die Haut legen, etwas anheben. Dabei aufpassen, dass die Fingerkuppe auf der Haut bleibt.

– Dann den Daumen wieder absenken, so gleitet der ganze Daumen automatisch nach vorne, „kriecht“ also raupenartig über die Haut.

– Langsam arbeiten und darauf achten, dass man sich auf das zu bearbeitenden Hautareal konzentriert.

– Bei einem müden, verspannten Rücken die Innenseite der Fußsohle etwa einen Fingerbreit oberhalb der Ferse massieren.

– Klärt den Kopf: großen und zweiten Zeh sowie den Mittelzeh an der Unterseite der Zehenspitzen massieren.

– Bei einem verspannten Nacken hilft eine Massage rund um den unteren Knöchel des großen Zehs, genau dort, wo der Zeh in die Fußsohle übergeht.

– Sanftes Streicheln und Reiben der Füße ist insgesamt eine Wohltat – auch ohne Profigriffe.

Zehn Minuten LEBEN!

211. Finger-Yoga zum Entspannen

Mudras heißen die kleinen Fingerübungen aus der asiatischen Heilkunde. Sie lösen Energieblockaden und bauen Stress ab.

– Durch die Aktivierung der Reflexzonen an den Händen werden im Körper bestimmte Reaktionen in Gang gesetzt. Die Übungen lassen sich am besten im Sitzen durchführen und dauern 15–30 Minuten.

– **Bhudi-Mudra gegen Stress:** Augen schließen, gleichmäßig und tief atmen. Daumen und Zeigefinger aufeinander pressen. Die übrigen Finger zeigen gestreckt nach oben.

– **Apan-Mudra für Gelassenheit und Selbstvertrauen:** Daumen-, Mittel- und Ringfingerspitze aneinanderlegen, die übrigen Finger zeigen gestreckt nach oben.

– **Pran-Mudra für mehr Durchsetzungskraft:** Den Daumen, den Ring- und kleinen Finger aneinander legen, die übrigen Finger zeigen gestreckt nach oben.

– **Garuda-Mudra** aktiviert den Kreislauf: Arme vor der Brust kreuzen, Handflächen zeigen vom Körper weg. Die kleinen Finger ineinander haken, dabei restliche Finger beider Hände nach außen spreizen. 5-mal tief ein- und ausatmen. Finger lösen.

WOHL FÜHLEN
Meinen Körper pflegen

5 SOFORT-STRATEGIEN gegen Stress

1. **10 Minuten Mini-Pause: alles stehen und liegen lassen, um den Block oder durch den Park laufen. Dabei gezielt innere Bilder abrufen, die mit Entspannung und Wohlbefinden verknüpft sind.**
2. **Shiatsu-Griff für einen klaren Blick und entspannte Gesichtszüge: Augenbrauen sanft zwischen Daumen und Zeigefinger nehmen und – von der Nasenwurzel beginnend – hin- und herrollen.**
3. **„Wenn du es eilig hast, nimm den Umweg“-Technik: alles bewusst langsam machen (Treppen hochsteigen statt hochhetzen, langsam Tisch abwischen usw.).**
4. **Puls-Dusche: erst heißes, dann kaltes Wasser über den Puls laufen lassen (sanfter Strahl).**
5. **Bei starker Anspannung: kräftig in die Höhe springen, Hände ausschütteln. Macht den Kopf wieder frei.**

212. Den Stress wegatmen

In stressigen Situationen bleibt vielen Menschen glatt die Luft weg. Mit entspannenden Übungen gelingt es, wieder tief durchzuatmen.

– Zur Beruhigung: Bequem auf eine Matte legen, die Augen schließen. Eine Hand liegt auf dem Bauch, die andere auf der Brust. Jetzt tief einatmen, ohne groß darüber nachzudenken, wie man atmet. Und wieder ausatmen. Spüren, wo der Atem hinwandert. In den Bauch und in die Brust.
– Dann langsam durch die Nase einatmen und dabei bis fünf zählen. Durch den Mund wieder ausatmen und dabei bis sechs zählen.
– Extra Sauerstoff: Bequem im Schneidersitz auf eine Matte setzen. Der linke Handrücken liegt auf dem linken Knie, der Bauch ist entspannt. Den rechten Daumen an den rechten Nasenflügel anlegen und den Ringfinger an den linken. Ein Nasenloch verschließen, und durch das offene langsam einatmen. Dann dieses verschließen und durch das andere wieder ausatmen. Im Wechsel rechts ein- und links ausatmen. 3 Minuten.
– Für frische Energie: Aufrecht stehen, die Knie leicht beugen, Augen schließen. 2-mal tief einatmen. Beim dritten Atemzug die gestreckten Arme über den Kopf heben. Die Handflächen zeigen dabei nach innen (Hampelmannpose). Diese Position so lange wie möglich mit dem Atem halten. Langsam durch den Mund ausatmen, dabei die Arme langsam senken. 5-mal wiederholen.

213. Progressive Muskelentspannung

Innere Unruhe, Nervosität und Angstzustände mildern oder lösen sich durch Muskelentspannung.

– Entwickelt hat diese Methode Edmund Jacobson in den 30er-Jahren. Sie funktioniert nach dem Prinzip Anspannen und wieder Loslassen bestimmter Muskelgruppen.
– Entspannt auf eine Matte legen oder auf einen bequemen Stuhl setzen. Die Augen schließen.
– Den linken Arm nach vorne strecken, Hand zur Faust ballen. Spannung halten und dabei bis fünf Zählen. Spannung lösen und nachspüren, wie sich die Wärme im Arm und den Händen ausbreitet.
– Dann dasselbe mit dem rechten Arm wiederholen.
– Schultern hochziehen. Alle Gesichtsmuskeln kräftig anspannen. Also Nase rümpfen, Augen zusammenkneifen, Lippen aufeinander pressen, als hätte man in eine saure Zitrone gebissen. Spannung halten, bis fünf zählen. Wieder entspannen.
– Linkes Bein ausstrecken, Fußspitzen anheben, die Beinmuskeln fest anspannen. Halten, bis fünf zählen und wieder loslassen. Dasselbe mit rechts.
– Anschließend nach dem gleichen Prinzip Bauch und Gesäß an- und wieder entspannen.
– Nach der Übung ordentlich strecken und herzhaft gähnen.

Ein Wochenende LEBEN!

214. Entschlackungstag

Neue Kraft schöpfen und dem Körper eine kleine Ruhepause gönnen. Dafür am besten einen Tag am Wochenende aussuchen.

– Ein Entschlackungstag bringt Energie ohne Magenknurren. Durch einseitige oder übermäßige Ernährung, aber auch durch Stress, Nikotin und Alkohol lagern sich Schlacken im Körper ein. Solche Abfallprodukte, z. B. Harnsäure oder Cholesterin, setzen sich in den Blutgefäßen ab und können die Entstehung bestimmter Krankheiten begünstigen. Mit einem gezielten Entschlackungstag wird der Körper bei der Aufräumarbeit unterstützt.
– Säuren produziert der Körper selbst, Basen müssen über die Nahrung zugeführt werden. Die Basenbildner Obst und Gemüse sind ideale Begleiter für einen Entschlackungstag. Sie bringen das Ungleichgewicht wieder sanft ins Lot. Bei Bananen, Ananas, Aprikosen, Paprika, Spinat, Sauerkraut und Kartoffeln heißt es Zugreifen.
– Absolut tabu an einem Entschlackungstag sind Kaffee, Schwarztee, Matetee, Cola, Süßigkeiten, Fast-Food und Alkohol. Sie stören die Säuren-Basen-Balance. Zirkulieren zu viele Säuren im Körper, werden diese nicht mehr über Darm, Nieren und Haut ausgeschieden, sondern lagern sich im Bindegewebe ein. Alkohol bremst die Entschlackung, weil er die Leber mit dem Abbau beschäftigt.
– Auf ausreichende Flüssigkeitszufuhr achten. 3 Liter am Tag sollten es sein, damit Nieren und Darm gründlich durchgespült werden und Schlacken verschwinden. Am besten stilles Mineralwasser trinken. Stark kohlensäurehaltige Wasser können die Säurenbildung fördern.
– Für den großen Hunger gut geeignet sind Mahlzeiten mit Naturreis. Auch Parboiled Reis ist erlaubt. Ein spe-

zielles Dampfdruckverfahren presst die Vitalstoffe ins Innere des Korns, so dass sie beim Schälen erhalten bleiben. Die kleinen Körner weisen nicht nur einen hohen Ballaststoffgehalt auf, sondern entwässern auch durch den hohen Kaliumgehalt optimal.

215. Aufwärmen im Winter

Zu jeder kalten Jahreszeit dasselbe: ständig eiskalte Füße und Hände, Gänsehaut trotz Daunenmantel. Diese Methoden tauen den Körper wieder auf.

– Jede Haut ist anders. Wer häufig bibbert, hat möglicherweise empfindliche Kälte-Rezeptoren in der Schutzhülle. Weil sich die Haut bei gefühlter Kälte reflexartig zusammenzieht, um lebenswichtige Organe zu schützen, kühlt sie schnell aus. Das Notprogramm Muskelzittern tritt immer dann in Kraft, wenn der Körper diesen Effekt wieder auszugleichen versucht. Da hilft nur Wärme.
– Ständig kalte Füße – das kann am falschen Schuhwerk liegen. Enge oder hohe Schuhe behindern den Blutfluss und hemmen so den Wärmetransport zu den ohnehin schlechter durchbluteten Füßen. Am besten auf ausreichend weite Schuhe umsteigen. Dicke Sohlen isolieren den Fuß vor der Bodenkälte.
– Sind die Füße trotzdem ständig kalt? Fußbäder mit Melisse können da Wunder wirken. Bei sehr kalten Zehen hilft folgendes: Ein paar Tropfen Klosterfrau Melissengeist auf ein feucht-warmes Handtuch träufeln und auf die Eiszehen legen. Zwischendurch die Zehen sanft massieren, bis sie wieder Körpertemperatur erreicht haben.
– Bei einer Unterkühlung durch zu langen Aufenthalt im Freien hilft ein ansteigendes Überwärmungsbad. Hierfür in die mit lauwarmem Wasser gefüllte Wanne setzen, langsam heißes Wasser zulaufen lassen, so weit es noch angenehm ist. Anschließend in Handtücher hüllen, die auf der Heizung vorgewärmt wurden, und ab unter die kuschelige Bettdecke.
– Kribbelt schon die Nase? 3 EL getrocknete Holunderblüten (aus der Apotheke) mit 2 l Wasser überbrühen, nach 20 Minuten abseihen und ins 38 °C heiße Badewasser geben. 15 Minuten „abtauchen“ und anschließend gleich ins Bett legen.
– Regelmäßige Bürstenmassagen bringen einen schlappen Kreislauf ebenfalls auf Trab. Außerdem wird die Haut dabei gut durchblutet. Stets vor dem Duschen anwenden.

216. Tee trinken fürs Wohlbefinden

Gegen fast alles ist ein Kraut gewachsen. Neben Wasser und Fruchtschorlen füllt auch Tee den Flüssigkeitsspeicher wieder auf.

– Grüner Tee ist der sanfteste Muntermacher schlechthin. Die grünen, unfermentierten Blätter enthalten Antioxidantien, die Freie Radikale bekämpfen. Die Wirkstoffe Magnesium, Vitamin C und Gerbstoffe stärken das Immunsystem. Über den Tag verteilt 4–5 Tassen davon trinken.
– Rotbusch-Tee: Die Blätter des Rotbuschstrauchs enthalten viele Mineralstoffe wie Kalzium, Zink, Eisen, Magnesium und Mangan. Gut als erfrischender Durstlöscher für den ganzen Tag.
– Lapacho-Tee wird eine stoffwechselaktivierende Wirkung nachgesagt. Die Rindenstückchen von dem südamerikanischen Tabebuiabaum entgiften auch Leber und Nieren. 1 Tasse täglich unterstützt das Immunsystem.
– Ayurveda-Tees: Die indische Naturheilkunde verwendet spezielle Teemischungen für jede Stimmungslage. Für einen vitalisierenden Trunk kommen Ingwer, Minze, Zitronengras und Steviablätter in die Tasse, gegen dunkle Wolken auf der Seele helfen Orangenschale, Süßholz, Eukalyptus und Minze.

217. Sauna-Regeln

Wärmstens empfohlen: Saunieren. Der Klassiker unter den Wohltaten stärkt das Immunsystem.

– Zwei Handtücher, Badesandalen (wegen der Fußpilzgefahr; am besten aus Bast, das die Hitze nicht aufnimmt), Bademantel und Seife einpacken.
– Ein wahres Saunavergnügen besteht in der Regel aus 2–3 Gängen. Empfohlene Dauer: je nach Verträglichkeit 8–12 Minuten pro Gang. Die Richtschnur für die Verweildauer ist auf jeden Fall das persönliche Wohlbefinden!
– Vor dem ersten Saunagang duschen und vollständig abtrocknen.
– Kombiniert man Sauna und Dampfbad, immer zuerst ins Dampfbad gehen (bis zu 20 Minuten) und dann erst in die finnische Sauna. Ein in der Sauna aufgeheizter Körper kann – trotz Abkühlphase – im Dampfbad nicht genügend abkühlen.

– Im Schwitzraum zuerst auf die obere oder mittlere Bank legen oder setzen. Sobald der Schweiß rinnt, eine Bank tiefer steigen und die letzten 2 Minuten aufrecht sitzen.
– Ein paar kräftige Atemzüge im Frischluftraum oder Freien kühlt die Lungen. Erst dann eine kalte Dusche nehmen oder ins Tauchbad steigen, damit sich die Gefäße schockartig zusammenziehen können. Ausnahme: Ayurvedische Kräutersaunen kommen ohne Abschreckung aus. Dort schwitzt man in warmen Decken bis zur vollständigen Abkühlung auf Normaltemperatur nach.
– Während der Ruhepause viel trinken, am besten stilles Mineralwasser. Über die Nieren kann der Körper Giftstoffe ausscheiden. Und beim Schwitzen verliert der Körper ohnehin viel Wasser.
– Wer sich eine Massage gönnen möchte: Nach dem Saunieren sind Haut und Muskulatur besonders weich.

218. Kater killen

Nach einer durchfeierten Nacht kann sich ein Kater anschleichen. Der Kopf brummt, der Kreislauf streikt und der Magen rebelliert. Mit diesen Tricks kommt man trotzdem ganz gut über die Runden.

– Sauerstoff tanken! Auch wenn's draußen kalt ist, das Fenster ganz weit aufmachen und erst einmal kräftig durchatmen.
– Alkohol entzieht dem Körper Wasser. Statt Kaffee ein großes Glas Zitronenwasser trinken, das dem Körper Flüssigkeit und Vitamin C zurückgibt. Auch ein großes Glas Tomatensaft mit Salz leistet gute Dienste.
– Eine warme Dusche hilft beim Wachwerden. Da der Kreislauf nach einer durchzechten Nacht oft labil ist und sich nicht optimal anpassen kann, keine Wechselduschen machen. Besser: Nach einem als angenehm empfundenen warmen (nicht heißen) Schauer den Körper am Schluss kurz lauwarm bis leicht kühl abbrausen. Dabei an den Extremitäten aufsteigend beginnen. Den Rumpf zum Schluss.
– Gegen den Brummschädel hilft Minzeöl: Nacken und Schläfen sanft mit einigen Tropfen davon massieren.
– Um den geplünderten Mineralstoffspeicher zu füllen, einen Rollmops vertilgen. Zur Not tut's auch eine Fischkonserve oder 1 große Tasse Hühnerbrühe.
– Den Tag über viel trinken, Obst und Gemüse essen. Das bringt den Körper schneller wieder ins Lot.

5 TRICKS zur Kater-Vorbeugung

1. **Damit der Körper auf der Party mit Qualm und Alkohol besser klarkommt, schon vor dem Weggehen ein Glas frischen Orangensaft (Vitamin C) trinken.**
2. **Zu Wein und Bier immer die gleiche Menge Wasser trinken.**
3. **Die Vorfreude aufs kalte Buffet ist einem hungrigen Magen egal. Deshalb noch Zuhause eine Kleinigkeit essen, bevor man zum Glas Sekt greift. Dann perlt der Alkohol auch nicht sofort ins Blut.**
4. **Vor dem Schlafengehen (nach der Party) je 1 Brausetablette Magnesium und Kalzium trinken.**
5. **Bei offenem Fenster schlafen, so kann der Körper mehr Sauerstoff tanken und die Brummschädelgefahr sinkt.**

219. Im Fitnessstudio anmelden

Die guten Vorsätze, etwas für den Körper zu tun, sind da, aber der Entschluss, sich endlich im Fitnessstudio anzumelden, muss noch reifen? Hier ein paar Überlegungshilfen.

– Preise vergleichen: Eine Mitgliedschaft im Studio kostet Geld. Je nach Größe, Angebot, Lage und Ausstattung muss man für ein Jahresabo zwischen 30 und 70 Euro monatlich hinblättern.
– Viele Studios bieten Halbjahres-, Drei-Monats- oder Teil-Mitgliedschaften an. Will man nur vormittags oder am Wochenende trainieren? Dann wird's meist billiger.
– Herausfinden, zu welchem Sporttyp man gehört: Wer gerne Gewichte stemmt und an Geräten oder beim Aerobic schwitzt, ist im Studio gut aufgehoben. Naturliebhaber, die gerne beim Laufen oder Walken im Freien Energie tanken, können sich die Studiomitgliedschaft sparen.

– Wie realistisch ist ein regelmäßiger Studiobesuch? Nur 1-mal im Monat dort zu trainieren, lohnt nicht. Mindestens ein, besser zwei Besuche pro Woche sollten es sein.
– Das Training ernst nehmen: Gute Vorsätze wie „Ich gehe bestimmt morgen“ oder „Am Wochenende hab ich endlich Zeit“ lösen sich meistens in Luft auf. Hilfreich: feste Termine in den Kalender eintragen.
– Das Studio vor Vertragsabschluss testen: Stimmen Ambiente, sind die Geräte gepflegt? Wie sieht es in puncto Hygiene (Duschräume) aus? Sind die Trainer kompetent und bieten sie einen ausführlichen Eingangscheck an? Gibt es auch Wohlfühlkurse, wie zum Beispiel Stretch & Relax?
– Den Vertrag vor dem Unterzeichnen genau durchlesen: Darf man bei Krankheit oder während des Urlaubs pausieren bzw. die versäumte Zeit hinten dranhängen? Durch entsprechende Zusatzvereinbarungen kann man sich solche Extras sichern.

220. Walken – so geht's

Deutlich anstrengender, als es scheint und nicht nur ein Sport für ältere Menschen: Beim Walken läuft man zu Hochform auf und schont ganz nebenbei die Gelenke.

– Wer öfter mal eine sanftere Gangart einlegt, tut viel zur Steigerung des persönlichen Fitness-Levels: Fast alle 660 Muskeln sind beim Walken aktiv, die Kondition verbessert sich, die Körperformen werden gestrafft.
– Der wichtigste Unterschied zum Joggen: Ein Fuß bleibt immer am Boden, die Fersen werden zuerst aufgesetzt. Das schont die Gelenke und man kommt nicht so schnell aus der Puste. Wer's richtig macht, kann sich flüssig unterhalten ohne zu keuchen
– Los geht's: Der Bauch ist angespannt. Der Oberkörper aufrecht, das Brustbein leicht angehoben. Die Schultern bleiben unten, hängen aber nicht schlapp nach vorn.
– Zuerst die Fersen aufsetzen, dann über den ganzen Fuß abrollen. So bleiben die Knie auch leicht gebeugt. Kopf gerade. Also immer geradeaus schauen, damit die Halswirbelsäule in einer Linie zum Rumpf bleibt. Die Arme im rechten Winkel aktiv mitschwingen lassen.
– In gewohnter Schrittlänge walken, um nicht ins Stolpern zu kommen. Dabei tief und gleichmäßig atmen. Wie lang das Walken dauern soll, ist individuell verschieden. Für Anfänger reichen 20 Minuten, 3-mal pro Woche. Wer sich hinterher besser fühlt als vorher, hat es richtig gemacht.

5 TIPPS für den Schuhkauf

1. **Eine gute Dämpfung im Vorderfuß und Fersenbereich ist das A und O. Bei jedem Schritt muss der Fuß das doppelte Körpergewicht abfedern – vom Gelenk über die Knie bis zur Wirbelsäule.**
2. **Vom Fachverkäufer beraten lassen. Er sollte Gewicht, Beinstellung und Fußtyp abfragen. Außerdem, auf welchem Untergrund und wie oft man läuft.**
3. **Bei der Anprobe die gleichen Socken, wie beim Laufen tragen. Darauf achten, dass vorne 1 cm Platz ist, da der Fuß beim Abrollen automatisch nach vorne rutscht.**
4. **Ein Test auf dem Laufband zeigt (dem Verkäufer) die Lande- und Abrollstellung des Fußes. Das ist für die Wahl des Schuhs wichtig. Und man selbst bekommt ein Gefühl für die Bequemlichkeit und den Sitz des Schuhs.**
5. **Die Füße dehnen sich im Lauf des Tages aus. Den Schuhkauf deshalb auf den Nachmittag oder Abend verlegen.**

221. Wellness-Joggen – so geht's

Es müssen nicht gleich athletische Höchstleistungen sein: Langsames Joggen in Kombination mit Walking-Einheiten bringt auch Anfänger sanft auf Touren, stärkt Herz und Kreislauf und verbessert rundum das Körpergefühl.

– Gerade nach längeren Sport-Pausen ist Wellness-Joggen ideal. Der Pulsschlag steigt nicht so hoch und der Organismus kann sich langsam an das neue Bewegungs-Programm gewöhnen. Weil von vornherein immer wieder Gehpausen eingeplant sind, spart man sich die frustrierende Erfahrung, dass die Puste auf der Strecke bleibt.

– Generell gilt: Am Anfang darauf achten, dass der Puls zwischen 110 und 130 Schlägen pro Minute bleibt, also in dem Bereich, in dem Fett verbrannt wird. Faustformel für den persönlichen Trainingspuls beim Wellness-Joggen: **Ruhepuls + (220-3/4 Alter-Ruhepuls) x 0,6.**
– Langsam losgehen, dabei die Schultern sanft kreisen. Nach 5 Minuten langsam lostraben (1 Minute), dann wieder gehen (1 Minute). Die Zeiteinheiten können langsam ausgedehnt werden: jeweils 1 Minute walken, dann bis zu 4 Minuten joggen (im Wechsel).
– Wichtig: Wem die Puste ausgeht, läuft zu schnell. Eine Unterhaltung oder ein Liedchen trällern sollten möglich sein.
– Muskelkater am nächsten Morgen ist kein Grund, sich entmutigen zu lassen. Mit einem regelmäßigen Training verabschiedet sich auch der Muskelkater.
– Für den Anfang sind 15 Minuten genug.

222. Bauch trainieren

Pölsterchen und „Rettungsringe" sind für viele Menschen das Problem Nummer eins. Die folgenden Übungen helfen, die Körpermitte schön straff zu halten.

Reverse Curls

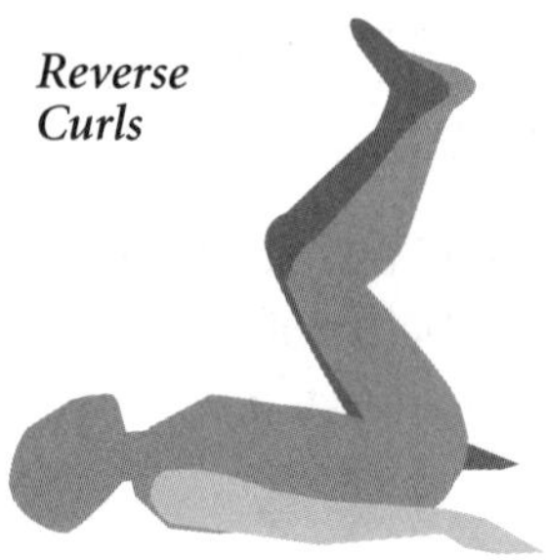

– **Reverse Curls**: Auf den Rücken legen, Arme seitlich ablegen (Handflächen zeigen nach unten). Nabel Richtung Wirbelsäule ziehen. Dann beide Beine gerade zur Decke strecken. Eventuell mit den Armen die Balance ausgleichen. Dann den Po sehr langsam, ohne Schwung vom Boden Richtung heben. Es kommt nicht darauf, das Gesäß möglichst weit hoch zu bringen, sondern, eine Spannung im Unterbauch aufzubauen. Dabei den Bauch wie eine Zieharmonika zusammen- und wieder auseinander ziehen. Wenige Zentimeter genügen! 8–10 Mal wiederholen. Pause einlegen. Insgesamt 3 Wiederholungen.
– **Statische Power-Liegestütze**: Auf den Bauch legen. Arme nach vorne (Ellbogen liegen unter den Schultergelenken). Körper in eine gerade Linie bringen. Zehenspitzen aufstellen und Spannung im gesamten Körper aufbauen. Dann den Körper wenige Zentimeter vom Boden abheben, dabei auf den Unterarmen und Fußspitzen abstützen. Die Spannung halten, dabei bis zehn zählen. Darauf achten, dass der Bauch schön fest ist, damit sich kein Hohlkreuz bildet. Den Körper absenken. Pause einlegen. 3 Wiederholungen.

Seitstütz

– **Seitstütz für die schrägen Bauchmuskeln** (strafft die Taille): Auf die Seite legen, Oberkörper mit dem Unterarm abstützen (Ellbogen genau unter dem Schultergelenk). Dann Füße in den Boden stemmen, die Hüften langsam hoch drücken, bis der Körper eine diagonale Linie zum Boden bildet. Nur der Unterschenkel und der Unterarm berühren den Boden! Darauf achten, dass die Hüfte nicht nach vorne oder hinten kippt. Die Position 10 Sekunden halten, nicht federn. Hüfte wieder ablegen. 5 Wiederholungen. Seite wechseln.

223. Po straffen

Knackig und prall soll er sein. Durch stundenlanges Sitzen und wenig Bewegung siegt irgendwann die Schwerkraft. Mit diesen Grundübungen bleibt der Hintern schön fest.

– Im Alltag lässt sich fast mühelos ein unauffälliges Pomuskel-Training integrieren.
– Wann immer es geht, Rolltreppen und Lifte links liegenlassen und die Treppe nehmen.
– Im Stehen und Sitzen (im Büro, an der Supermarktkasse) zwischendurch immer wieder Mal die Pomuskeln fest zusammenkneifen. Mindestens bis zehn zählen. Wieder locker lassen. 10 Wiederholungen.

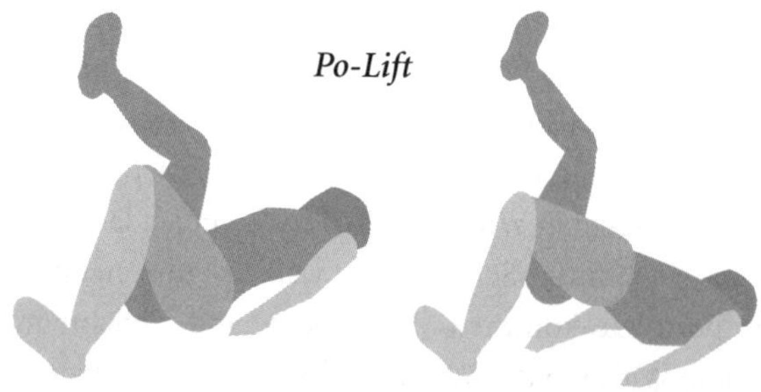

Po-Lift

– **Po-Lift**: Flach auf den Rücken legen. Ein Bein leicht anwickeln und mit der Ferse auf den Boden stellen. Die Arme neben dem Körper ablegen. Dann das andere Bein anwinkeln und Richtung Oberkörper ziehen. Den Po vom Boden lösen, aber nur so weit, bis Oberschenkel und Rumpf eine gerade Linie bilden. Bauchnabel dabei Richtung Wirbelsäule ziehen, damit die Mitte schön fest bleibt. Spannung in Po- und Rumpfmuskulatur 10 Sekunden halten. Dann den Po wieder absenken. 15 Wiederholungen.

– **Fersen heben**: In Rückenlage auf eine Matte legen. Beine anwinkeln, Füße hüftbreit auseinander stellen. Bauch einziehen. Dann den Po kräftig anspannen und vom Boden abheben bis Oberkörper und Rumpf eine gerade Linie bilden. Rechte Ferse aufstellen und einige Zentimeter vom Boden abheben. Bis drei zählen und Ferse wieder zurücksetzen. Dann linke Ferse anheben, bis drei zählen und wieder absetzen. Rumpf und Po bleiben die ganze Zeit fest. 15 Wiederholungen.

224. Beine trainieren

Schlaffes Bindegewebe und Bewegungsmangel machen es den Beinen schwer. Für einen starken Auftritt hilft nur gezieltes Muskeltraining.

Seit-Lift

– **Seit-Lift** (Außenseite): Auf die rechte Seite legen, den Kopf auf den ausgestreckten rechten Arm. Mit dem linken Arm vor dem Körper abstützen. Das untere Bein leicht beugen, dann das obere Bein strecken, anheben. Langsam auf und ab bewegen. Fußspitzen dabei anziehen. 15 Wiederholungen, 3 Sätze. Seitenwechsel.

– **Beinzange** (für innen und außen): Vor einen Stuhl auf den Boden setzen. Rücken aufrecht, Arme liegen neben den Oberschenkeln. Füße mit der Innenseite an die Stuhlbeine legen. Darauf achten, dass kein Druck im unteren Rückenbereich entsteht. Zehen strecken und beide Füße fest gegen die Stuhlbeine drücken. Die Kraft kommt aus der Schenkelinnenseite. Druck möglichst lange halten (idealerweise bis 100 zählen). Diese Callanetics-Übung trainiert die Tiefenmuskulatur sehr effektiv.

Beinzug

– **Beinzug** (Innenseite): In Seitenlage auf eine Matte legen, den Kopf auf ausgestreckten rechten Arm. Oberes Bein leicht angewinkelt auf einem Ball oder Kissen ablegen. Dann das untere, ausgestreckte Bein anheben und wieder absenken. 15 Wiederholungen. Seitenwechsel.

Zehn Minuten LEBEN!

225. Klopfmassage für schwere Beine

Geschwollene, müde Beine können kleine Wohltaten vertragen. Um blockierte Energiebahnen zu lösen, den Beinen eine Klopfmassage gönnen:

– Hände zu Fäusten ballen. Am Po beginnend an den Außenseiten der Beine bis zu den Knöcheln schnell und kräftig (soweit es angenehm ist) entlang klopfen. Dann an der Beininnenseite wieder zurück.

226. Rücken stärken

Um Rückenbeschwerden vorzubeugen ist es nie zu früh! Wer beschwerdefrei leben möchte, muss aktiv etwas für seinen Rücken tun – und ein paar wichtige Grundregeln beachten.

– Immer schön aufrecht und immer dynamisch: Das sind zwei wichtige Grundpfeiler für einen Rücken ohne Wehwehchen. Mit dynamisch ist gemeint: Auch im Sitzen und Stehen für Bewegung sorgen.

– Sitzen wie ein Zappelphillip: Klingt zwar paradox, ist aber erlaubt. Auf dem Stuhl immer wieder hin und her rutschen, mal auf die vordere Kante, dann wieder zur Lehne. Länger als 10 Minuten in einer Position zu verharren, ist ungesund für den Rücken.

– Ideal statt Stühlen sind aufblasbare Sitzbälle aus Plastik, auf denen man automatisch in Bewegung bleibt. Das entlastet die Bandscheiben.

– Langes Stehen quält den Rücken. Damit das „Kreuz nicht abbricht“, zwischendurch die Pomuskeln immer wieder anspannen. Haltung kontrollieren. Regelmäßig den Oberkörper aufrichten. Bei längeren Arbeiten im Stehen, ein Bein hochstellen (zum Beispiel auf eine kleine, etwa 30 cm hohe Kiste).
– Auch beim Gehen auf einen geraden Rücken achten. Kopf nicht nach unten senken, sondern geradeaus schauen. Dabei den Hals lang machen, ohne den Kopf nach vorn zu schieben. Den Körper wie ein Streichholz denken: Kopf und Wirbelsäule bilden eine senkrechte Linie.

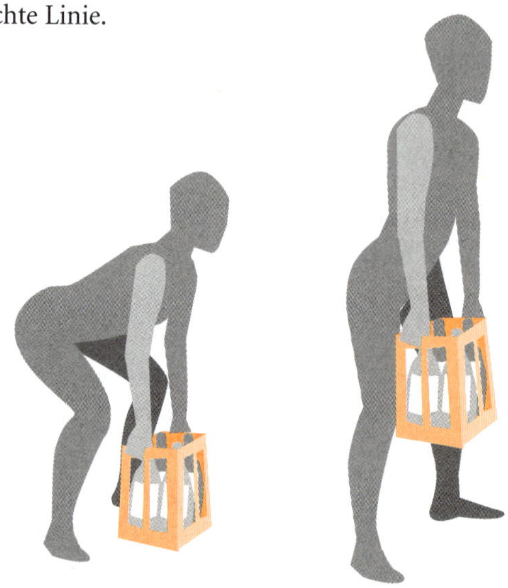

– **Richtig heben**: Insbesondere schwere (Getränke-) Kästen immer aus der Hocke hochheben. Dabei Knie und Hüfte leicht beugen, Oberkörper nach vorn neigen (der Rücken bleibt dabei vollständig gerade) und Arme in Richtung des aufzuhebenden Gegenstands strecken. Den Gegenstand erst nah an den Körper heranziehen, dann hochheben. Wichtig: Der Kraftimpuls kommt aus der Beinmuskulatur!

227. Nacken dehnen

Wenn einem Arbeit oder Stress buchstäblich im Nacken sitzt, verspannen sich die empfindlichen Halsmuskeln besonders leicht. Der Nacken wird steif und schmerzt. Diese Übungen helfen, Verspannungen zu lösen.

– Bequem und aufrecht auf einen Stuhl setzen. Eine Hand an den Hinterkopf anlegen, die andere stützt die Halswirbelsäule. Dann den Hinterkopf fest gegen die Hand drücken. Spannung zehn Sekunden halten, locker lassen. Dabei das Atmen nicht vergessen! 5 Wiederholungen.
– Bequem und aufrecht auf einen Stuhl setzen. Brustbein anheben, Kinn Richtung Brust schieben. Dann den Kopf sanft zur rechten Schulter neigen, dabei den linken Arm mit angewinkelter Hand Richtung Boden strecken. Loslassen. 3 Wiederholungen, dann Seite wechseln.
– Nackenmassage: Mit gespreizten Händen den Hinterkopf umfassen, die Daumen berühren den Haaransatz hinter den Ohren. Mit den Daumen sanft kreisend die Kopfhaut massieren. Am Haaransatz beginnen und in kleinen Bewegungen mit sanftem Druck Richtung Halswirbelsäule wandern.
– Diese Übungen lockern verkrampfte Nackenmuskeln und können Kopfschmerzen vertreiben.

228. Stretchen

Regelmäßige Dehnübungen strecken die Muskeln, machen sie geschmeidig und halten die Sehnen elastisch.

– Stretching ist kein Ersatz für regelmäßige Bewegung, sondern ihr Begleiter. Es schützt vor Verletzungen beim Sport und wirkt Verkürzungen der Muskeln und einem Muskelkater entgegen. Mit Stretching lässt sich Beweglichkeit bis ins hohe Alter erhalten.
– Generell gilt: Lieber 10 Minuten täglich dehnen, als 1-mal pro Woche 1 Stunde. Idealer Zeitpunkt: morgens nach dem Aufstehen oder abends nach körperlicher Bewegung. Vorher aufwärmen, durch einen Spaziergang, zügiges Auf-der-Stelle-treten oder ausgiebiges Recken und Strecken vor geöffnetem Fenster. Immer behutsam dehnen. Es darf ordentlich ziehen, aber die Schmerzgrenze nicht überschreiten. In jeder Dehnposition mindestens 20 Sekunden verharren. Nur so werden die körpereigenen Reflexe überlistet. Auf die Atmung achten: während der Dehnung auf keinen Fall die Luft anhalten, sondern ruhig und gleichmäßig weiteratmen. Nicht übertreiben. An Tagen, an denen man sich nicht gut fühlt, das Programm aussetzen.
– Dehn-Beispiel: Im Sport am häufigsten gefordert ist die Kniestreckmuskulatur. Um sie zu dehnen, kniet man sich mit einem Knie auf den Boden, den anderen Fuß stellt man gerade vor sich. Der Oberkörper muss eine Senkrechte bilden. Das kniende Bein leicht nach hinten schieben, sodass der Oberschenkel schräg steht. Ziel: Die Ferse des liegenden Fußes auf 5–7 cm dem Po nähern.
– Treten bei gewohnten Stretching-Übungen Schmerzen auf, einen Arzt konsultieren. Möglicherweise steckt eine Zerrung dahinter.

229. Fitnessgeräte für zu Hause

Im Studio Gewichte stemmen und auf dem Band davonlaufen ist nicht jedermanns Sache. Wer lieber Zuhause turnt, kann den Effekt mit ein paar einfachen Geräten deutlich steigern.

– **Springseil**: Heute heißt Seilspringen Rope-Skipping, ist aber im Grunde dasselbe. Beim Springen verbrennt der Körper bestens Fett, wenn es nicht zu schwungvoll, dafür in kontinuierlichen Bewegungen ausgeführt wird. Schultern, Arme, Po, Rücken und Beine werden gleichermaßen gefordert und trainiert. Kann man auch im Wohnzimmer praktizieren (wenn's die Nachbarn tolerieren). Vorsicht: Bei Gelenkproblemen vorher den Arzt fragen!

– **Fitness-Ball**: Er ist Trainingsgerät und Sitzmöbel in einem. Viele Haltungsübungen lassen sich auf dem großen, luftgefüllten Ball problemlos durchführen. Außerdem lernt man, dynamisch und mit Balance zu sitzen. Ideal vor allem bei Rückenproblemen oder wenn man stundenlang sitzen muss. Wichtig: Die Ballgröße muss stimmen. Faustregel: Körpergröße minus 100 = richtiger Durchmesser. Achtung: Für Vielsitzer sind Fitnessbälle eine gute Ergänzung, aber keinesfalls der alleinige Ersatz für einen guten Bürostuhl. Die beste Lösung: Sitzmöglichkeiten immer wieder variieren.

– **Gewichtsmanschetten**: Damit lässt sich der Trainingseffekt bei Workouts (zum Beispiel auf der Matte) noch verstärken. Vorteil: Man hat die Hände frei, weil Manschetten in der Regel mit einem Klettverschluss an den Hand- und/oder Fußgelenken befestigt werden. Sie stören also nicht bei den Übungen.

– **Bauchtrainer**: Dieses Geräte hilft, bei bestimmten Bauchmuskelübungen die richtige Haltung zu finden. Der Kopf ruht auf einem Polster (wichtig, damit sich die Nackenmuskeln nicht verspannen), die Arme umfassen die Stangen. So kann der Oberkörper gerade und mit gewisser Führung angehoben werden.

– **Stretchband**: Klein, leicht und universell einsetzbar: Mit dem dehnbaren Gummiband lassen sich sehr wirkungsvoll fast alle Muskelgruppen stärken und geschmeidig halten. Die Bänder gibt es in verschiedenen Stärken. Für Anfänger ist ein Band mit geringem Widerstand ideal.

– Beim Kauf eines Trainingsgeräts unbedingt ausführlich beraten lassen. Ein guter Verkäufer erklärt genau, wie's funktioniert.

6 MÄRCHEN in Sachen Fitness

1. **Joggen ist schädlich für die Gelenke: falsch! Sie werden zwar mit jedem Schritt enorm belastet, allerdings verbessert das Laufen ihre Funktionsfähigkeit. Regelmäßiges, sanftes Joggen kann sogar vor Arthrose schützen.**

2. **Weniger als 30 Minuten Ausdauertraining bringen nichts: falsch! Der Körper verbrennt ab Trainingsbeginn Fett. Vorausgesetzt, man läuft oder bewegt sich mit der richtigen Belastungsintensität. Ist sie zu hoch, greift der Körper auf Kohlenhydrat-Reserven zurück. Sein Fett kriegt weg, wer sich beim Sport noch unterhalten kann.**

3. **Beim Krafttraining müssen die Muskeln weh tun, sonst kann man sich's gleich sparen: falsch! Ein Muskel wird optimal belastbar, wenn er mit kleinen Gewichten und vielen Wiederholungen trainiert wird.**

4. **Einmal ist keinmal: falsch! Auch wer nur 1-mal pro Woche Sport treibt, tut etwas für seine Leistungsfähigkeit. Allerdings sollte man ins Bewegungsprogramm dann möglichst viele Elemente einbauen. Also 1/2 Stunde Joggen für die Ausdauer, plus Workouts für Muskelaufbau, plus Stretching für die Beweglichkeit.**

5. **Während der Schwangerschaft ist Sport verboten: falsch! Frauen, die schon vorher sportlich aktiv waren, müssen auch mit wachsendem Baby-Bauch nicht auf moderate Bewegung verzichten. Reiten, Skifahren, Leistungssport und Bauchmuskeltraining sind für Schwangere dann allerdings doch tabu.**

6. **Beim Joggen und Walken muss man aus der Puste kommen: falsch! Optimal läuft's, wenn man sich noch unterhalten kann.**

GESUND SEIN

Wenn gute Wünsche zum neuen Lebens- oder Kalenderjahr ins Haus kommen, dann schreibt da niemand etwas von „viel Wellness“ oder „Fitness“ für die kommende Zeit. Es ist immer noch die gute alte Gesundheit, die da neben Glück und Erfolg mitten auf der Karte steht. Denn ohne sie ist vieles nichts im Leben – weil sie fast mit allem zusammenhängt, was mit ihm zu tun hat.

Früher, als wir noch klein waren, da war Gesundheit was für Omas. Die schrieben dann auch solche Glückwunschkarten. Die Eltern sprachen höchstens davon, wenn man krank war: „Du wirst bestimmt bald wieder gesund.“ Später, als man selbst Karten schreiben musste, ließ man das an Krankheit erinnernde Wort draußen. Und als man dann selbst eine Familie gründete, waren zwar Fitness und die U3 (siehe Seite 285) ein Begriff. Aber Gesundheit?

Doch heutzutage entdeckt man sie öfter, sogar in Karten von Leuten, die kaum älter sind als man selbst. Haben die das schon früher geschrieben? Warum fällt mir das erst jetzt auf? Weil die Krankenkasse wieder mehr Geld von mir will? Weil ich heute mehr für meine Fitness tun muss? Weil Gesundheit immer mehr zum Thema wird?

Gesund leben

Wellness und Fitness, Low Carb und Bio-Food, Anti-Stress und Anti-Aging – viele Schlagworte, die wir aus Illustrierten kennen, haben mit gesundem Leben zu tun. Das zeigt auch: Wir leben offenbar nicht gesund, sonst wäre das kein Thema. Warum das so ist und was sich dagegen tun lässt, ist gleich auf den nächsten Seiten zu erfahren. Doch vorher machen wir ein Experiment. Sie kennen die Geschichte von den Ärzten im alten China? Sie wurden von ihren Patienten nur so lange bezahlt, wie diese gesund blieben. Wie mag das wohl funktioniert haben? Trieben die Ärzte ihren Patienten mit Brachialtherapien schnell jede Krankheit aus? Holten sich diese einen Husten, wenn sie sparen mussten? War das Geld also wichtiger im alten China – oder doch die Gesundheit?

Und jetzt zu uns. Stellen Sie sich vor, wir würden selbst etwas dafür bekommen, wenn wir gesund blieben. Was würden wir tun? Mit dem Rauchen aufhören? Mit dem Joggen anfangen? Uns von der Arbeit weniger verrückt machen lassen? Mehr Geld für gutes Essen ausgeben? Kann gut sein. Und nun zu Ihrem tatsächlichen Umgang mit sich als Patienten. Sind Sie zufrieden damit? Dann wissen Sie ja, dass sich das gesunde Leben längst lohnt, selbst wenn es kein Geld dafür gibt. Weil es einen vor teuren und unangenehmen Behandlungen bewahrt. Denn dafür bekamen die Ärzte im alten China ihr Geld. Und wenn Sie mit sich als Patient nicht zufrieden sind – lernen Sie dazu. Wer weiß, wie man den richtigen Sport für sich findet, was der BMI ist, womit man seine Abwehr verstärken kann, der wird auch seinen Körper besser verstehen können. Was einem nicht erspart, ab und zu die Medizin an sich heranzulassen. Doch manchmal helfen alle Gesundheitswünsche nichts. Dann ist man krank.

Gesund machen

Was tun, wenn ich krank bin? Antworten stehen im zweiten, dem größeren Teil dieses Kapitels. Es sind konkrete Antworten auf klare Fragen. Daher muss hier dazu nicht mehr viel gesagt werden. Außer das: Wir können Sie bei allen Ratschlägen höchstens bis an die Tür des Sprechzimmers begleiten. Das letzte Wort hat der Arzt. Und wir raten Ihnen, dort im Zweifel oder auch zusätzlich hinzugehen. Unsere Ratschläge sind zwar aus hunderten von Kontakten und Erfahrungen mit Patienten gewachsen. Aber wir können Ihnen nicht versprechen, dass sie auch in Ihrem Fall gelten müssen. Und wir denken, dass Sie das auch genau wissen.

Gesund leben

Wenn Sie Sport treiben und sich auch noch gesund ernähren, haben sie gleich zweimal einen entscheidenden Vorteil: Sie bringen Abwechslung in Ihr Leben und erhöhen deutlich Ihre Chancen, gesund und glücklich zu bleiben.

Gesunde Ernährung und Sport

Essen ist mehr als pure Nahrungsaufnahme: Es ist ein einzigartiges Erlebnis für Gaumen und Nase, es bedeutet fröhliche Runden mit Freunden, romantische Candlelight-Dinner, heimelige Festessen oder kulinarische Reisen in andere Länder. Kurz: Essen ist positiv, weil es Stress abbaut, weil es gegen Langeweile und Einsamkeit hilft, mitunter sinnliche Leere wieder auffüllt.

Problem Essen

Doch leider kann uns Essen auch krank machen. An Nahrung zu kommen, ist heute kein Problem mehr. Wir nehmen mehr auf, als unser Körper verwerten kann. Wir sind im Durchschnitt zu dick: bereits jeder zweite Erwachsene und jedes vierte Kind – mit steigender Tendenz. Auch kurzer, heftiger Genuss hat Folgen, wenn die Zeit ständig nur für ein Fastfood-Dinner zwischen zwei Terminen reicht. Essen kann gefährlich werden, wenn der Couch-Potatoe Cola, Bier und Chips vertilgt, und er diese Lebensmittel nicht mehr in Energie verwandelt, sondern in Fett. Mit drastischen Folgen: Übergewicht, Diabetes, Herzinfarkt, Schlaganfall, Arthrose. Dabei ist es eigentlich sehr einfach, sich gesund zu ernähren. Es braucht lediglich eine Hand voll Regeln, ein wenig Gefühl und die Einsicht: Weniger ist manchmal mehr.

Kleine Nährstoffkunde

Achten Sie bei den Speisen vor allem auf die Anteile der wichtigen großen Nährstoffgruppen: Fett, Eiweiß (Proteine) und Kohlenhydrate. Die Faustregel ist an sich einfach. Für normale Erwachsene gilt: Sie sollten ihren Kalorienbedarf zu etwa 60 Prozent aus Kohlenhydraten, zu etwa 10 Prozent aus Eiweiß und zu etwa 30 Prozent aus Fett decken. Bis Sie ein Gespür für diese Zusammensetzung bekommen, den Nährstoffgehalt der verschiedenen Nahrungsmittel in Kalorientabellen nachschlagen. Die Realität sieht leider ganz anders aus. Die Menschen schlucken viel mehr Fett und Eiweiß als empfohlen. Die Ursachen sind vielfältig: Proteine in Form von Fleisch sind heute billig zu haben. Die Fette sind versteckt in Wurst, Käse, Süßigkeiten und anderem. 2- bis 3-mal wöchentlich Fleisch und Wurst reichen vollkommen aus. Dann sollten eher magere Sorten im Einkaufskorb landen, zum Beispiel Geflügel.

Vom Guten zu wenig

Zudem essen die Menschen vom Guten zu wenig: Seefisch versorgt uns mit lebenswichtigem Jod und mit Omega-3-Fettsäuren. Also ruhig etwas mehr davon verspeisen: mindestens einmal, besser zweimal wöchentlich. Auch Lebensmittel aus Milch stehen zu selten auf dem Tisch. Ihr Kalzium stärkt die Knochen. Obst und Gemüse sind auf dem Speiseplan immer noch unterrepräsentiert. Fünf bis sechs Portionen am Tag sollten es sein: das bedeutet nicht nur ausreichend Vitamine, Mineral- und Ballaststoffe – das reduziert nachweislich auch das Risiko zu erkranken. Die Hauptsache in der Ernährung sind nach wie vor Getreideprodukte, Kartoffeln und Hülsenfrüchte.

Bewegung: Bedürfnis mit Spaß

Fit sein will heute eigentlich jeder, der Weg dahin ist allerdings vielen zu mühselig. Sport macht aber nicht nur Spaß und eine gute Figur – wer seinen Körper auf Touren bringt, wirkt nachweislich vielen Krankheiten entgegen. Das Leben zwischen Bürostuhl und Sofa ist natürlich bequemer. Doch der permanente Bewegungsmangel rächt sich mit den Jahren an der Gesundheit.

Viele Menschen wünschen sich ein Medikament, das gegen etliche Krankheiten gleichzeitig wirkt, keine Nebenwirkungen hat, nicht viel kostet und auch noch gut schmeckt. Bewegung erfüllt vieles davon.

Die positivsten Effekte von Sport: Er steigert das Wohlbefinden, hilft den Alltagsstress abzubauen und führt zu einer größeren Ausgeglichenheit. Nicht zu unterschätzen sind auch das angenehme Müdigkeitsgefühl nach einer anstrengenden Bergwanderung oder die Begeisterung darüber, eine neue Sportart erlernt zu haben. Immer mehr Firmen bieten mittlerweile Fitness-Kurse & Co. für ihre Mitarbeiter an, weil sie durch das Training auch im Berufsalltag leistungsfähiger werden.

Übergewicht bezwingen

Wer zu viel Speck auf den Hüften hat, kann mit Sport sehr viel erreichen. Regelmäßige Bewegung kurbelt den Stoffwechsel an und der Körper verbraucht mehr Kohlenhydrate und Fette. Wer dran bleibt und wiederkehrend Ausdauersport treibt, kann den Stoffwechsel längerfristig auf Touren bringen. Dann verbraucht er auch nach dem Sport mehr Kalorien und die überflüssigen Pfunde verschwinden schneller. Sport kräftigt außerdem die Muskulatur und baut – je nach Sportart – verschiedene Muskelgruppen auf. Grundsätzlich gilt: Muskelmasse benötigt viel mehr Energie als Fettgewebe. Je mehr davon vorhanden ist, desto mehr Energie braucht der Körper. Muskeln bauen die mit der Nahrung aufgenommenen Kohlenhydrate und Fette ab, statt sie als Fettgewebe zu speichern.

Herzklopfen erwünscht

Am deutlichsten profitieren Herz und Kreislauf von sportlicher Betätigung. Ausdauersport verringert alle bekannten Risikofaktoren für Herz-Kreislauf-Krankheiten: Übergewicht, Diabetes, Bluthochdruck, hohe Blutfette. Regelmäßiges Training hat aber noch andere Effekte. Das sympathische Nervensystem entspannt sich. Dadurch sinkt der Blutdruck und der Herzschlag wird langsamer. Die Werte für das gute Cholesterin (HDL-Cholesterin) steigen, die des schlechten (LDL-Cholesterin) fallen. Bewegung macht die Körperzellen wieder empfänglicher für das Hormon Insulin und senkt damit den Blutzuckerspiegel. Manche Diabetiker, die schon Tabletten gegen hohen Blutzucker einnehmen müssen, können allein durch stetiges Training auf ihre Medikamente verzichten. Bewegung bringt auch was für das Skelett. Zieht der Muskel bei der Bewegung an einem Knochen, wird die Stelle gereizt und dort mehr Knochen aufgebaut. So kann man der Osteoporose vorbeugen.

Mehr wissen: Diäten

LOW-CARB Bei der Low-Carb-Diät sind Kohlenhydrate drastisch reduziert, Fett und Eiweiß hingegen erlaubt. Unseren Geschmacksnerven kommt diese Diät sehr entgegen, da Fett ein ausgezeichneter Geschmacksträger ist. Studien haben gezeigt, dass der Gewichtsverlust bei einer Low-Carb-Diät zu Beginn höher war als bei einer Low-Fat-Diät, nach 1 Jahr war aber kein Unterschied mehr zu sehen. Die Logik hinter Low-Carb ist einfach: Kohlenhydrate wie Nudeln oder Traubenzucker regen die Bauchspeicheldrüse an, Insulin auszuschütten. Dieses Hormon bewirkt, dass vermehrt Fett in die Fettzellen eingelagert wird. Die Gleichung: weniger Kohlenhydrate = weniger Fett im Körper. Dennoch wird unterschieden: Kohlenhydrate haben je nach Lebensmittel einen unterschiedlichen Glykämischen Index. Hoch ist er bei Traubenzucker, Marmelade oder Weißbrot. Diese Nahrungsmittel setzen große Mengen Insulin frei und sind daher verpönt. Einen niedrigen Index haben Gemüse, Hülsenfrüchte oder Vollkornprodukte. Sie sind erlaubt und erwünscht.

LOW-FAT Low-Fat ist das Gegenstück zu Low-Carb. Bei dieser Diät werden Fette gemieden, denn sie liefern doppelt so viel Kalorien wie Eiweiße oder Kohlenhydrate. Tabu sind vor allem gesättigte Fettsäuren, wie sie in tierischen Fetten (zum Beispiel Butter, Käse, Wurst) vorkommen. Erlaubt sind aber Kohlenhydrate aus Obst, Gemüse, Getreideprodukten. Bekannte Varianten sind Low-Fett-30 und Pfundskur. Eine sehr fettarme Diät kann auf Dauer zu einem Rückgang von Ablagerungen in den Gefäßen führen, schützt also vor Herzinfarkt und Schlaganfall.

LOW-CAL Hauptidee hier: 1 Kalorie ist 1 Kalorie, egal wo sie herkommt. Daher besteht die Diät aus einer ausgewogenen Mischkost, aber die Kalorien (oder Punkte oder Portionen) müssen gezählt werden. Ziel ist es, weniger Kalorien zu essen, als der Körper braucht. Nur so zehrt man auf Dauer seine Fettreserven auf. Empfohlen wird auch ein zusätzliches sportliches Programm. In diese Diätgruppe gehören sehr viele populäre Ansätze wie die Brigitte-Diät, das Programm der Weight Watchers oder Health-Eating nach Willett.

So bleiben Körper und Seele gesund

Es gibt Regeln, wie ein Körper funktioniert und wann er krank wird. Wer sie kennt und ernst nimmt, hat bessere Chancen gesund zu bleiben. Mit anderen Worten: Die Vorsorge kommt vor der Behandlung von Krankheiten. Doch häufig wird dabei der Faktor Psyche vergessen. Seelischer Stress kann fatale Folgen für die Gesundheit haben. Wer sich bewusst macht, dass der Körper auch ein Sprachrohr der Seele ist, hat bessere Chancen, gesund zu werden oder es zu bleiben.

Die Umgangssprache zeigt deutlich auf, wie eng die Verbindung zwischen Körper und Seele ist: Ein Konflikt schlägt uns auf den Magen. Sensible Menschen haben eine dünne Haut. Wer nicht mehr ein noch aus weiß, möchte aus der Haut fahren. Wer schlechte Laune hat, dem ist eine Laus über die Leber gelaufen. Die Psyche beeinflusst unseren Körper sehr stark. Insbesondere die Haut, die Brücke zwischen Innen- und Außenwelt, verrät die Stimmungslage ganz deutlich: Wer erschrickt, wird bleich. Wer in Verlegenheit gerät, errötet. Wer aufgeregt ist, schwitzt.

Die Körpersprache der Seele

Oft sind wir uns unserer Probleme gar nicht bewusst. Der Körper jedoch kennt sie – und zeigt sie. Experten schätzen, dass mehr als die Hälfte aller körperlichen Beschwerden keinen organischen Ursprung haben. Bulimie, Magersucht, viele Schmerzsymptome oder Suchterkrankungen sind Beispiele dafür.

Erst seit relativ wenigen Jahren bemühen sich Wissenschaftler verstärkt, die Geheimnisse dieser Verbindung von Körper und Seele zu entschlüsseln. Man hat entdeckt, dass Nerven-, Hormon- und Immunsystem sehr intensiv miteinander kommunizieren. So führt beispielsweise negativer Stress dazu, dass die Zahl der Abwehrzellen im Blut sinkt und dadurch das Immunsystem deutlich schwächer wird. Schon banale Infektionen wie Erkältungen oder Herpesbläschen treten verstärkt auf. Es dauert dann auch länger, bis der Erkrankte sich erholt. Das gilt auch für chronische Krankheiten wie Neurodermitis oder Asthma, die sich bei Stress drastisch verschlechtern können. Oft entsteht ein Teufelskreis: Ein Patient, der zum Beispiel mit seiner Hautkrankheit nicht zurecht kommt, weil er sich entstellt sieht, kann allein dadurch seinen Zustand verschlimmern. Ausbrechen kann nur, wer sich dieser Zusammenhänge bewusst ist und sich auch helfen lässt.

Leider bleibt die Behandlung der Seele bei körperlichen Beschwerden viel zu häufig außen vor. Mediziner therapieren fast ausschließlich den Körper. Sensiblere Ärzte stoßen aber auch sehr häufig auf resistente Patienten, die ihren Körper als Maschine sehen. Da muss halt ein Defekt repariert werden, schnell und wirksam. Über psychische und soziale Hintergründe sprechen die meisten nicht gern. Dabei kann eine Beziehung zur Familie oder zum Partner so gestört sein, dass man mit Krankheit reagiert. Bei Frauen ist das übrigens häufiger der Fall als bei Männern.

Die Psyche pflegen

Die Wissenschaft zeigt uns, wie wichtig es für die Gesundheit ist, seine Seele zu pflegen: Nervenzellen des Gehirns senden Signale aus, die den Körper beeinflussen. Hochleistungssportler kennen das: Wenn sie „mental gut drauf sind", verleiht das ihrem Körper Flügel. Ähnlich ist es mit der Heilung von Krankheiten. Wer positiv denkt, hat größere Chancen, wieder schneller gesund zu werden.

Wichtig ist, die Seele baumeln zu lassen. Es gibt aber nicht die eine Technik, die für jeden sinnvoll ist. Wer sein Leben bisher im Sauseschritt gelebt hat, wird mit Meditation vermutlich Schwierigkeiten haben. Wie beim Sport kann auch die Entspannung langsam gesteigert werden. Wer sich gleich zu viel vornimmt und es nicht schafft, erzeugt nur wieder Stress. Einfach 5–10 Minuten die Augen schließen und dabei regelmäßig atmen ist ein guter Beginn. Weitere Methoden sind progressive Muskelentspannung, Autogenes Training, Yoga oder Meditation. Für die meisten Entspannungsmethoden gibt es Kurse, um es gleich richtig zu lernen. Manchmal muss man einige durchprobieren, um die beste Methode zum Abschalten für sich zu finden.

Den Körper gesund erhalten

Ein Körper braucht eigentlich nicht viel, um vital zu sein: Eine gesunde Ernährung, regelmäßige Bewegung, möglichst wenig Schadstoffe wie Nikotin und einen gesunden, entspannten Geist. Das hört sich einfach an, trotzdem fällt es den meisten schwer, ihrem Körper das zu geben. Vitaminreiche, vollwertige Ernährung ist die Kraftquelle des Körpers. Stoffwechselvorgänge können ohne Vitamine oder Mineralstoffe nicht ablaufen, Muskeln ohne Eiweiß nicht aufgebaut werden. Unvernünftige Ernährung führt zu Übergewicht, eines der größten Krankheitsrisiken unserer Gesellschaft. Regelmäßiges Ausdauertraining stärkt Gelenke, Herz und Kreislauf – und mindert daneben auch noch viele Stresssymptome. Denn Blutdruck und Herzfrequenz steigen nicht mehr so stark an. Das bedeutet, dass der Körper in gleichen Situationen weniger Stresshormone ausschüttet. Wichtig ist also, sowohl Zeit für Sport als auch Zeit für Entspannung in den Wochenablauf einzuplanen.

Den Körper-TÜV ernst nehmen

Die meisten Leute bringen ihr Auto regelmäßig zur Wartung, um es gar nicht erst zu einer Panne kommen zu lassen. Beim eigenen Körper sind viele bedeutend schlampiger. Dabei lassen sich sehr viele Krankheiten heilen, wenn sie früh genug erkannt werden. Oder man lernt mit einer chronischen Krankheit so zu leben, dass sie sich nicht verschlimmert. Bestes Beispiel dafür ist die Zuckerkrankheit. Bereits eine Vorstufe des Diabetes lässt sich durch einen kleinen Pieks in den Finger nachweisen. In diesem Frühstadium kann der Zuckerspiegel noch mit einfachen Verhaltensänderungen wie gesunde Ernährung, regelmäßige Bewegung und Gewichtsabnahme wieder in den grünen Bereich gebracht werden. Tabletten oder gar Insulinspritzen sind erst dann nötig, wenn man den Diabetes verschleppt. Viele Millionen Menschen wissen gar nicht, dass sie Diabetes haben. Oft wird er erst entdeckt, wenn schwere Folgen eintreten, etwa ein Herzinfarkt. Gleiches gilt für die Krebserkrankungen. Im Frühstadium liegen die Heilungschancen der meisten Krebsarten bei über 90 Prozent. Trotzdem gehen nur knapp die Hälfte der Frauen regelmäßig zur Krebsvorsorge zum Frauenarzt. Das starke Geschlecht scheut den Gang zum Arzt noch mehr. Nur 14 Prozent der Männer kümmern sich um die Krebsvorsorge. Auch groß angelegte Medienkampagnen und Aufklärungen haben bisher nicht den erhofften Erfolg gebracht.

Etwas besser akzeptiert sind die zahnärztlichen Vorsorgeuntersuchungen. Immerhin gehen zwei Drittel der erwachsenen Bevölkerung regelmäßig zum Zahnarzt. Dabei spielen vermutlich auch die Finanzen eine Rolle. Denn wer in Deutschland regelmäßig seine Zähne untersuchen lässt, senkt damit die Höhe des privat zu tragenden Kostenanteils am Zahnersatz. In der Schweiz müssen die Zähne sogar extra abgesichert werden, auch dort gilt: Wer die Zähne pflegt, zahlt auf Dauer weniger.

Mehr wissen: wichtige Laborwerte

BLUTBILD Das Blutbild gibt einen schnellen Überblick über die Zahl der roten und weißen Blutkörperchen und der Blutplättchen. Ein Verdacht auf Blutarmut oder einen bakteriellen Infekt kann so schnell bestätigt oder ausgeräumt werden.

NIERENWERTE Die Nieren scheiden giftige Stoffe aus, wachen über den Elektrolyt- und Säure-Basen-Haushalt und sind auch am Knochenstoffwechsel beteiligt. Zu Funktionsstörungen der Nieren kann es durch Entzündungen, Infektionen, Tumore, Vergiftungen, Diabetes, Blutgefäßveränderungen oder Erbkrankheiten kommen. Folgende Werte zeigen den Funktionszustand der Nieren: Kreatinin, Harnstoff und Harnsäure. Zusätzlich wird der Urin auf Zucker, rote Blutkörperchen und Eiweiß untersucht.

LEBERWERTE Eine Blutuntersuchung gibt bei Lebererkrankungen oft wertvolle Hinweise auf die Ursache und das Stadium der Erkrankung. Am häufigsten sind Virusinfektionen, Alkohol, Vergiftungen oder Tumore die Ursache. Folgende Werte werden kontrolliert: GOT (auch AST genannt), GPT (ALAT) und Gamma-GT. Manchmal werden auch Bilirubin, Gallensäuren und AP bestimmt.

HERZENZYME Werden Herzmuskelzellen geschädigt, gelangen Enzyme ins Blut. Dort können sie gemessen werden. Typischerweise wird das Herz durch einen Herzinfarkt oder eine Herzmuskelentzündung geschädigt. Folgende Werte misst man bei Verdacht auf Herzerkrankungen: CK (Creatinkinase), Cardiale Troponine und LDH (Laktatdehydrogenase).

TUMORMARKER Werden von Krebszellen selbst oder vom gesunden Gewebe als Reaktion auf den Tumor produziert. Die meisten Krebsmarker sind weder für ein bestimmtes Organ noch für eine bestimmte Tumorart kennzeichnend. Daher eignen sie sich nicht für eine gezielte Suche nach einem möglichen Krebsleiden, sondern zur Verlaufsbeobachtung nach einer Therapie.

230. Sport treiben: Wie viel, wie intensiv?

Wer nach einer Fitness-Pause wieder Sport treibt, sollte nicht einfach mit Volldampf loslegen – sonst droht der Muskelkater am nächsten Tag. Ein wichtiges Maß für das richtige Training ist der Puls.

– Bei sportlichen Aktivitäten verbraucht der Körper Energie. Ideal ist ein Kalorienverbrauch durch Sport von 1500 bis 3000 Kalorien pro Woche.
– Es gibt verschiedene Möglichkeiten, die Trainingsintensität zu steuern. Die einfachste ist, den Puls zu messen. Je intensiver jemand trainiert, desto schneller muss das Herz schlagen, um die Muskeln mit sauerstoffreichem Blut zu versorgen. Zur Berechnung der optimalen Herzfrequenz (Puls) gibt es verschiedene Formeln zur Orientierung: Für gesunde Menschen gilt als Faustregel folgende grobe Formel: maximale Herzfrequenz = 220 – Lebensalter (in Jahren). Eine 50-jährige Frau hat also die maximale Herzfrequenz von 220 – 50 = 180.
– Ambitionierte Sportler, bei denen Leistungssteigerung im Vordergrund steht, und Personen mit Vorerkrankungen sollten sich die individuelle Trainings-Herzfrequenz am besten bei einem sportmedizinischen Check ermitteln lassen. Falsches Training kann beispielsweise zum Herzinfarkt führen statt ihn zu verhindern.
– Anfänger sollten in den ersten Wochen bei 50–60 Prozent der maximalen Herzfrequenz trainieren. Dann wird das Herz-Kreislauf-System nicht zu sehr belastet.
– Ist die Leistungsverbesserung das Trainingsziel, sollte der Puls beim Training 70–80 Prozent der maximalen Herzfrequenz erreichen.
– Im Bereich von 60–70 Prozent verbessert sich die allgemeine Fitness und das Herz-Kreislauf-System wird gestärkt. Zudem findet hier die optimale Fettverbrennung statt, was für alle, die neben der Steigerung ihrer Kondition auch noch abnehmen möchten, wichtig ist.
– Hochleistungssportler treiben den Puls kurzfristig über die 90-Prozent-Grenze, Freizeitsportler sollten das nicht tun. Das Herz-Kreislauf-System und der Bewegungsapparat werden dabei sehr stark belastet.
– Eine Pulsuhr erleichtert das Messen. Dabei registriert ein Brustgurt den Herzschlag und überträgt ihn auf eine spezielle Uhr am Handgelenk.
– Für das Laufen bietet sich neben der Pulsmessung eine weitere Möglichkeit zur Intensitätssteuerung an: Lauftempo so gestalten, dass man über vier Schritte hinweg einatmet und wiederum über vier Schritte ausatmet.

TIPP

Der Puls wird immer als Herzfrequenz pro Minute angegeben, das heißt man muss die Pulsschläge 1 Minute lang zählen. Dazu den Puls messen, am besten an ...

- **Innenseite des Handgelenks: Rechte Handfläche zeigt nach oben. Den Zeige- und Mittelfinger der linken Hand auf die Mitte des Handgelenks setzen und dann langsam nach „oben" fahren, bis eine Sehne kommt (tastbar als harter Strang). In der Mulde vor der Sehne mit den Fingern nach dem Puls fühlen.**
- **Hals (so genannter Carotis-Puls an der Halsschlagader): Mit Zeige-, Mittel- und Ringfinger von der Vorderseite des Halses (2–3 Finger breit oberhalb des Kehlkopfes) nach außen fahren, bis in eine Mulde. Dort liegt die Halsschlagader, an der man den Puls messen kann. Wichtig: Den Puls immer nur auf einer Seite messen und nicht auf beiden Seiten des Halses auf die Halsschlagader „drücken"! Das kann eine Ohnmacht hervorrufen.**

KALORIENVERBRAUCH

Der Kalorienverbrauch ist nicht nur von der Sportart abhängig, sondern auch vom eigenen Körpergewicht.
Hier ein grober Anhalt für den Energieverbrauch: 1/2 Stunde zügiges Gehen verbraucht ca. 160 kcal, Joggen rund 300 kcal, Rad fahren rund 200 kcal, Schwimmen etwa 135 kcal, Tanzen ca. 200 kcal.

231. Sport bei Asthma

Plötzliche körperliche Betätigung kann bei Asthmatikern Atemnot auslösen. Regelmäßiges und kontrolliertes Training stärkt die Lungen und erhöht die Reizschwelle für einen Anfall. Es gilt nur wenige Regeln zu beachten:

– Eine gründliche Untersuchung mit einem Leistungstest ist ein Muss für jeden Asthmatiker, der Sport treiben will. Nur so kann ein sinnvolles und ungefährliches Trainingsprogramm erstellt werden.

– Notfallmedikamente gehören in jede Sporttasche. Der richtige Umgang mit diesem Medikament ist genauso wichtig. Das erfährt man in Asthmaschulungen, die jeder Asthmatiker in Anspruch nehmen kann.
– Ideal sind Ausdauersportarten wie Schwimmen, Radfahren, Joggen oder Gehen („Walking"). Am besten 3-mal bis höchstens 5-mal pro Woche je 30 Minuten trainieren.
– Eine Teilnahme an Wettkämpfen inklusive des dafür erforderlichen Trainings ist bei bestimmten Sportarten möglich – allerdings nur bei konsequenter Behandlung und Kontrolle des Asthmas. Einige Olympiasieger sind Asthmatiker.
– Vor dem Sport sollte prophylaktisch eine Dosis eines schnell wirkenden lungenerweiternden Medikaments eingeatmet werden.
– Immer nur Sportarten betreiben, die jederzeit abgebrochen werden können, ohne sich oder begleitende Personen zu gefährden. Klettern ist deshalb weniger geeignet.

232. Sport bei Diabetes

Ausdauersportarten wie Laufen, Schwimmen, Radfahren oder Bergwandern sind für Diabetiker grundsätzlich empfehlenswert. Die körperliche Aktivität senkt den Blutzucker und verbessert den Stoffwechsel.

– Wichtig: Eine lang andauernde, geringe körperliche Belastung (zum Beispiel 2 Stunden Spazieren gehen) senkt den Blutzucker stärker als eine kurze anstrengende körperliche Aktivität (zum Beispiel 1/2 Stunde Joggen).
– Wer seinen Diabetes nur über die Ernährung behandelt, kann Sport treiben, ohne seine Therapie anzupassen. Bei einer Insulintherapie muss die Dosis des Medikaments reduziert werden, je nach Art und Länge der Bewegung. Wie das geht, lernt man in einer Diabetesschulung.
– Den Blutzucker immer vor und nach dem Sport messen – bei längerer sportlicher Betätigung auch zwischendurch.
– Bei Anzeichen für eine Unterzuckerung wie Zittern, Herzklopfen, kalter Schweiß, Müdigkeit oder plötzlicher Leistungseinbruch sofort den Blutzucker messen. Liegt er unter 80 mg/dl, schnell blutzuckerwirksame Kohlenhydrate zu sich nehmen. Schnell wirkende Kohlenhydrate sind beispielsweise Obst, Kekse, Müsliriegel, Traubenzucker oder zuckerhaltige Getränke wie Limonade oder gesüßte Säfte.
– Zu Beginn der körperlichen Aktivität sollte der Blutzucker leicht erhöht bei 160–200 mg/dl liegen. Während des Sports fällt der Blutzuckerspiegel dann langsam ab.

233. Sport bei Herz-Kreislauf-Erkrankungen

Ein regelmäßiges Ausdauertraining beugt erwiesenermaßen Herz-Kreislauf-Erkrankungen vor. Je aktiver jemand ist, desto geringer ist das Krankheitsrisiko. Es ist nie zu spät, mit dem Training zu beginnen. So hilft Sport ihrem Körper:

– Regelmäßiges Ausdauertraining verbessert die Fließeigenschaften des Blutes. Das Blut kann leichter durch die Adern fließen. Insgesamt verringert sich das Risiko, dass ein Blutpfropfen (Thrombus) entsteht.
– Ein hoher LDL-Cholesterinspiegel sinkt. Zusätzlich steigt das HDL-Cholesterin (siehe auch „Gutes und schlechtes Cholesterin", Seite 195). Sportliche Aktivität verbessert so das Verhältnis zwischen gutem und schlechtem Cholesterin und beugt damit der Entstehung und dem Fortschreiten der Arteriosklerose vor.
– Erhöhte Zucker-Blutdruckwerte stabilisieren sich. Übergewicht lässt sich leichter abbauen. Sport unterstützt, wenn man abnehmen will. Negativer Stress wird abgebaut.
– Optimal fürs Herz ist ein Energiemehrverbrauch durch Sport von etwa 1.500 bis maximal 3.000 kcal die Woche. 4- bis 5-mal die Woche ein flotter Spaziergang (Walking) für 1/2 Stunde ist ein guter Start, um positive Effekte zu erzielen. Dabei werden etwa 500 bis 600 kcal verbrannt. Das Trainingspensum dann Schritt für Schritt auf 45–60 Minuten steigern.
– Über 40-jährige und Menschen mit Vorerkrankungen sollten das Sportprogramm unbedingt mit einem Arzt besprechen, bevor sie loslegen.

234. Sportarten für Übergewichtige

Sport und Bewegung sind für alle, die abnehmen möchten, sehr wichtig. Sport verbrennt Kalorien, baut Muskeln auf und verbessert das Körpergefühl. Doch sind bei Übergewichtigen Herz, Kreislauf, Knochen und Gelenke häufig vorbelastet, sodass Sie einiges beachten sollten.

– Wer längere Zeit keinen Sport getrieben hat, sollte sich ärztlich untersuchen lassen. Ein professioneller Trainingsplan beugt Schäden beispielsweise der Gelenke vor. Diesen kann ein Arzt oder Sporttherapeut erstellen.
– Fettdepots werden erst nach mindestens 20 Minuten sportlicher Aktivität angegriffen. Daher eignen sich insbesondere Ausdauersportarten, um die Speckpolster abzubauen (so genannte Fatburner).
– Empfehlenswert sind Low-Impact-Gymnastik oder Aerobic-Kurse für Anfänger, die vorbelastete Knie und Knöchel nicht überfordern. Diese Bewegungen beanspruchen den Körper nicht einseitig, sondern ausgeglichen und lange.
– Inline-Skaten ist für alle geeignet, die keine Probleme mit der Koordination haben. Aber erst rollen, nachdem man in einem Kurs das richtige Bremsen und Fallen gelernt hat. Sonst kann es gefährlich werden.
– Radfahren lässt sich gut in den Alltag einbauen. Das Rad trägt das Gewicht und entlastet die Beine. So können auch sportlich völlig Untrainierte ihre Ausdauer verbessern, Muskeln aufbauen und Fett verbrennen.
– Schwimmen und Wassergymnastik belastet die Gelenke nicht und es werden viele Kalorien verbrannt. Leider brauchen viele Dicke eine große Portion Mut, um sich in Badeanzügen zu zeigen.
– Ski-Langlauf ist ein „hocheffektiver Fettverbrenner".
– Tanzen kann jeder, ob jung oder alt. Bei Tanzbewegungen müssen die Gelenke nicht leiden und das Herz gerät nicht aus dem Takt.
– Power-Walking ist weitaus gesünder für die Knie- und Fußgelenke als Joggen. Zwar verbrennt man dabei weniger Kalorien pro Stunde, kann diese Sportart aber auch länger ausführen.

TIPP

Nicht zu schnell die Flinte ins Korn werfen, wenn Sie nicht sofort Ihre ideale Sportart gefunden haben! Es gibt so viele verschiedene Möglichkeiten, sich körperlich zu betätigen, dass sicher für jeden Geschmack etwas dabei ist. Ob Joggen, Schwimmen, Tanzen oder Wandern, wichtig ist auch der Spaß an der Sache. Das ist der beste Garant dafür, dass die Motivation bleibt. Denn der positive Effekt von körperlicher Fitness baut sich innerhalb kurzer Zeit wieder ab und muss daher regelmäßig aufgefrischt werden.

235. Sportverletzungen vorbeugen

Der Körper mag einen Kaltstart genauso wenig wie ein Auto. Ganz entscheidend ist es, sich vor dem Sporttreiben entsprechend aufzuwärmen. Wichtig: Auch Dehnübungen brauchen eine vorgeschaltete Aufwärmphase, zum Beispiel 5 Minuten gehen oder locker traben.

– Dehnen vor dem Sport verbessert die Muskeldurchblutung und die Beweglichkeit und beugt so Verletzungen beim Sport vor. Nach dem Training ist das Dehnen genauso wichtig, damit die Muskeln nicht verkürzen. Die Muskeln sind dann gut durchblutet und geschmeidig und lassen sich besser dehnen. Auf Dauer wird man so beweglicher (siehe auch Ratschlag Nr. 228, Seite 130).
– Jede Dehnübung 20–30 Sekunden halten und ruhig atmen. Nicht wippen. Niemals ruckartig dehnen. Beim Dehnen sollten keine Schmerzen auftreten, sondern nur ein leichtes Ziehen spürbar sein. Diese Spannung lässt nach einigen Sekunden nach. Zwischen den Übungen 5 Sekunden locker ausschütteln. Die Aufmerksamkeit immer auf den Muskel konzentrieren, der gerade gedehnt wird.

236. Sportmedizinischer Check

Bei einem sportmedizinischen Check wird der aktuelle Trainingszustand geprüft und anschließend ein individuelles Trainingsprogramm erstellt. Folgende Untersuchungen werden meist durchgeführt:

– Eine Befragung erfasst bestehende Erkrankungen, laufende Behandlungen und die bisherigen sportlichen Tätigkeiten.
– Bei der Belastungsprüfung wird die Kondition am Ergometer geprüft, zusätzlich Puls gemessen sowie ein EKG geschrieben. Das Ergometer ist in den meisten Fällen ein Standfahrrad, bei dem der Widerstand und damit die Belastung verändert werden kann. Der Arzt sieht, ob Puls und Blutdruck unter Belastung normal ansteigen. Zudem kann das EKG eine mögliche Verengung der Herzkranzgefäße erfassen.
– Bei Leistungssportlern wird zusätzlich der Laktatspiegel gemessen. Das ist ein Blutwert, der zeigt, ob für das Training genügend Sauerstoff zur Verfügung steht (aerobes Training).

FITNESS-ÜBUNGEN FÜR ZWISCHENDURCH

- Rolltreppe und Lift vermeiden. Treppensteigen bringt den Kreislauf in Schwung.
- Pobacken zusammenkneifen: die Spannung einige Sekunden halten und loslassen. Das Ganze mindestens 10-mal wiederholen.
- Fingerhakeln: die Hände vor der Brust ineinander haken und ziehen, Schulterblätter fest zusammenziehen. Spannung 2-mal für 10 Sekunden halten.
- Schulterkreisen: Rechte Hand auf rechte Schulter, linke Hand auf linke Schulter legen und mit den Ellenbogen große Kreise machen – dabei abwechselnd vorwärts, rückwärts und gegengleich bewegen.
- Strickleiter: Hände bei aufrechtem Körper nach oben strecken, Hände abwechselnd nach oben ziehen (wie beim Klettern auf einer Strickleiter). 20 Wiederholungen sind ausreichend.

– Eine Gesundheitsuntersuchung schließt zudem mögliche Krankheiten aus. Dazu gehören beispielsweise Untersuchungen von Herz, Leber und Nieren sowie Fett-, Zucker- und Elektrolytstoffwechsel.

237. Body Mass Index (BMI) berechnen

Es gibt verschiedene Möglichkeiten herauszufinden, ob man zu dick ist. Die gängigste Methode ist, den Body Mass Index zu berechnen.

– Die Formel dafür lautet: Körpergewicht in Kilogramm dividiert durch die Körpergröße in Metern zum Quadrat, also:

BMI = Körpergewicht in kg / (Körpergröße in m)^2

– Ein Beispiel: Ein Mann wiegt 75 kg bei einer Körpergröße von 1,80 m. 1,80 m zum Quadrat ist 3,24 m^2. 75 kg dividiert durch 3,24 m^2 ergibt einen BMI von 23,1 kg/m^2 – und der liegt im grünen Bereich.
– Der ideale BMI bewegt sich zwischen 19 und 25. Ist er über 25 angesiedelt, haben Sie Übergewicht, über 30 gilt man als fettleibig.

238. Übergewicht – Risiken für Birnen- und Apfeltypen

Übergewicht ist nicht gleich Übergewicht. Je nachdem, wo das Fett deponiert ist, sind die Risiken für Gefäßerkrankungen unterschiedlich.

– Der weibliche Fettverteilungstyp ist meist hüft- und oberschenkelbetont, auch „Birnenform“ genannt. Der männliche Fettverteilungstyp ist meist stamm- oder bauchbetont, auch „Apfelform“ genannt.
– Bei der Bauchfettsucht (Apfelform) ist das Gesundheitsrisiko beispielsweise für Herz- und Kreislauferkrankungen wesentlich höher als bei der Birnenform. Dies gilt sowohl für Männer als auch für Frauen.
– Männer, deren Taillenumfang mehr als 94 cm misst, und Frauen, deren Taillenumfang größer als 80 cm ist, sollten nicht mehr zunehmen.
– Männer mit einem Taillenumfang über 102 cm und Frauen, deren Taillenumfang 88 Zentimeter übersteigt, entsprechen dem Apfeltyp und haben ein erhöhtes Risiko für Folge-Erkrankungen wie Herzinfarkt oder Schlaganfall.

239. Gesunde Durstlöscher

Trinken ist lebenswichtig, die Auswahl an Getränken reichlich. Doch einige sind nicht zum Durstlöschen geeignet, sie entziehen uns sogar Wasser.

– Leitungswasser, Mineralwasser, Kräuter- und Früchtetees, Gemüse- und Obstsäfte (1:1 vermischt mit Wasser) sind ideale Durstlöscher.
– Gemüse- oder Fleischbrühe (am besten selbst gekocht!) ersetzt nicht nur Wasser, sondern auch Salze, die uns bei hohem Schweißverlust verloren gehen.
– Auch Salatgurken, Wassermelonen oder Zitrusfrüchte wie Orange oder Grapefruit enthalten viel Wasser und können „den Durst löschen“.
– Energiedrinks, Wellnessdrinks, ACE-Drinks enthalten meist viel Zucker, künstliche Zusätze und wenig Vitamine. Als Durstlöscher eignen sie sich daher wenig. Zudem sind sie teuer.
– Alle koffeinhaltigen Getränke entwässern, weil sie die Durchblutung der Niere anregen. Diesen Effekt machen sich auch Medikamente zunutze. In vielen Ländern wird zum Kaffee ein Glas Wasser gereicht, um den Wasserentzug auszugleichen.

– Auch Alkohol, in Wein oder Schnaps, entzieht dem Körper Wasser, was viele als „Brand“ nach einer durchzechten Nacht kennen gelernt haben. Zudem hat Alkohol auch viele Kalorien und fördert den Fettansatz an Bauch und Hüften.

TIPP

Keine Getränke direkt aus dem Kühlschrank trinken. Sie erfrischen zwar im ersten Moment besser als ungekühlte Getränke, bleiben aber länger im Magen, da sie aufgewärmt werden müssen. Der Körper muss also einige Zeit auf den Flüssigkeitsnachschub warten.

KLEINES FETTSÄURE-ABC

- **Gesättigte Fettsäuren: Fette, die bei Kühlschranktemperatur hart werden, zum Beispiel Butter und Schmalz, sind in der Regel reich an gesättigten Fettsäuren. Sie lassen den Cholesterinspiegel steigen. Deshalb sollten wir weniger als 10 Prozent unseres Kalorienbedarfs aus gesättigten Fettsäuren beziehen.**
- **Mehrfach ungesättigte Fettsäuren: Diese finden sich in Fischen, Sonnenblumenöl oder Soja. Über Jahre wurden diese Fette hochgelobt, da sie das schlechte Cholesterin (LDL-Cholesterin) senken. Mittlerweile weiß man aber, dass sie bei übermäßigem Verzehr auch das gute Cholesterin (HDL-Cholesterin) senken. Daher kann eine Überdosierung schädlich sein.**
- **Einfach ungesättigte Fettsäuren: Sie sind die Sieger der Fettdiskussion, da sie das LDL-Cholesterin senken, ohne den gefäßschützenden HDL-Anteil zu minimieren. Reich an einfach ungesättigten Fettsäuren sind Olivenöl, Rapsöl, Erdnüsse und Avocados.**
- **Essenzielle Fettsäuren: Die bekanntesten sind die Omega-6- und Omega-3-Fettsäuren. Während wir Omega-6-Fettsäuren in ausreichendem Maß zu uns nehmen, hapert es mit den Omega-3-Fettsäuren. Sie sind vor allem in fettem Fisch wie Lachs, Hering oder Makrelen zu finden. Neuste Studien zeigen, dass Omega-3-Fettsäuren einen Schutz vor Herzinfarkten bieten können.**

240. Fett sparen

Fett ist ein Geschmacksträger, der für das Aroma vieler Speisen sorgt. Fett ist auch lebensnotwendig. Wir brauchen es, um bestimmte Vitamine aufzunehmen, um Zellwände aufzubauen oder Hormone zu produzieren. Allerdings: Im Alltag nehmen wir deutlich mehr Fett zu uns als wir sollten. Hier einige Tricks zum Fett sparen:

– Frischkäse, Kräuterquark oder Senf als Brotaufstrich verwenden statt Butter.
– Pellkartoffeln oder Folienkartoffeln sind im Vergleich zu Bratkartoffeln oder Pommes die gesünderen Varianten.
– Geflügel und Wild haben deutlich weniger Fett als Schweinefleisch.
– Bei gekochtem oder rohem Schinken den Fettrand wegschneiden. Auf Salami, Leberwurst oder Mettwurst verzichten, die reichlich versteckte Fette enthalten.
– Bei Milchprodukten die fettarmen Sorten wählen, also beispielsweise die 1,5-prozentige Milch statt der 3,5-prozentigen.
– Fettarme Käsesorten bevorzugen. Die meisten Käse wie Edamer, Emmentaler oder Gouda haben fast 50 % Fett, es gibt sie aber auch in fettarmen Varianten.
– Statt Sahnetorte oder Rührkuchen lieber Obstkuchen essen, der hat deutlich weniger Fett.
– Laugengebäck oder Vollkornsemmeln den Croissants vorziehen, die reichlich Butter enthalten.
– Schwarze Oliven haben 3-mal so viel Fett wie grüne, also zu letzteren greifen.
– Auf Panaden wie zum Beispiel beim Wiener Schnitzel verzichten, sie sind ein wahrer Fettschwamm.

241. Cholesterin-Risiko senken

Als Risikofaktor für die Gefäßverkalkung wirkt Cholesterin nicht sofort. Die Quittung für eine falsche Ernährung erhält man erst nach Jahrzehnten, Herzinfarkt oder Schlaganfall sind die Folge. Die erste Maßnahmen, um den Cholesterinspiegel zu senken, ist die Ernährung umzustellen. So sinkt das Cholesterin-Risiko:

– Insgesamt weniger Fett essen und vor allem gesättigte Fettsäuren meiden. Olivenöl, Erdnussöl, Nüsse und Avocados sind reich an ungesättigten Fettsäuren und senken den Cholesterinspiegel. Das Essen also möglichst fettarm zubereiten, aber immer mal wieder mit etwas Oliven- oder Erdnussöl anreichern.

– Beim Fleisch auf Sorten mit hohem Eiweiß- und niedrigem Fettgehalt wie beispielsweise Geflügel achten.
– Ballaststoffreich ernähren. Lösliche Ballaststoffe (siehe auch Ratschlag Nr. 243) reduzieren die Aufnahme von Cholesterin im Darm. Ideal sind Haferkleie und jede Art von getrockneten Bohnen. Daher öfter mal Haferkleie in den Joghurt rühren, Brotsorten mit Getreidekleie essen oder Bohnengemüse als Beilage zubereiten.
– Sehr cholesterinhaltige Lebensmittel wie Eigelb, Hirn und Innereien meiden.
– Viel Obst mit Pektingehalt essen, zum Beispiel Äpfel. Täglich vier große Äpfel mit Schale können den Cholesterinspiegel um bis zu 10 Prozent senken.
– Öfter mal eine Tasse Schwarztee trinken. Das enthaltene Tannin (Gerbstoff) kontrolliert das Cholesterin.
– Knoblauch essen, der senkt die Blutfettwerte. Dann aber nach dem Essen etwas rohe Petersilie kauen. Das beschert einen guten Atem und versorgt nebenbei mit einer Extraportion Vitamin C.

242. Die richtigen Kohlenhydrate essen

Kohlenhydrate sind lebensnotwendig, sie liefern die Energie für alle Zellen und Organe im Körper. Eine konstante Versorgung ist wichtig. Dabei kommt es vor allem darauf an, welche Kohlenhydrate man zu sich nimmt.

– Unsere Nahrung sollte zu mindestens 50 Prozent aus Kohlenhydraten bestehen. Besonders empfehlenswert sind ballaststoffreiche Lebensmittel, also Obst und Gemüse. Diese Produkte sind ein wichtiges Mittel gegen den Heißhunger. Die in ihnen enthaltenen Vielfachzucker wie zum Beispiel Stärke, eine lange Kette aus vielen Zuckerteilchen, werden nur langsam im Darm aufgespalten. Die freigesetzten Zuckerteilchen werden langsam und gleichmäßig ins Blut aufgenommen. Das Sättigungsgefühl hält länger an.
– Möglichst Lebensmittel vermeiden, die größere Mengen Haushaltszucker oder Traubenzucker enthalten, zum Beispiel Kuchen, Süßigkeiten und Limonaden. Diese Kohlenhydrate sind leicht verdaulich, gelangen rasch ins Blut und liefern so schnell sehr viel Energie – allerdings haben sie somit auch einen geringen Sättigungswert und der Hunger stellt sich rasch wieder ein. Im Idealfall sich solche süßen Sünden nur erlauben, wenn geistige Höchstleistungen anstehen oder wenn die Konzentration im Büro nachlässt.
– Übrigens: Auch Karies verursachende Bakterien im Mund gewinnen ihre Energie aus Haushaltszucker. Daher den Konsum klebriger zuckerhaltiger Lebensmittel einschränken.
– Und: Keine allzu harten Verbote aufstellen. Zucker in Maßen ist erlaubt. Sonst führt das eher zu übermäßigem Verlangen. Jeder sollte tatsächlich den bewussten Umgang mit Zucker lernen.

243. Ballaststoffe essen

Ballast klingt so wertlos und unnötig, also weg damit? Der Körper kann diese Nahrungsbestandteile tatsächlich nicht verwerten, aber genau darum sind diese Kohlenhydrate extrem wichtig.

– Die Kohlenhydrate ballaststoffreicher Lebensmittel werden nur langsam ins Blut abgegeben, der Blutzuckerspiegel bleibt konstant. Die Ballaststoffe bleiben länger im Magen und verlängern das Sättigungsgefühl, außerdem kurbeln sie die Darmtätigkeit an.
– Man unterscheidet zwischen löslichen und unlöslichen Ballaststoffen. Unlösliche Ballaststoffe dienen im Darm vor allem als Bakterienfutter. Die Bakterien setzen aus den Ballaststoffen Fettsäuren und Gase frei, die wiederum die Darmtätigkeit anregen. Zudem binden unlösliche Ballaststoffe Wasser. Eine große Stuhlmenge führt zu einer regelmäßigen Darmentleerung. Lösliche Ballaststoffe binden im Darm das Cholesterin in Form von Gallensäuren und senken so den Cholesterinspiegel.
– Wer erst auf eine ballaststoffreiche Ernährung umstellt, sollte dem Körper Zeit geben, sich daran zu gewöhnen. So vermeidet man lästige Blähungen. Vollkornbrot statt Weißbrot oder Müsli aus Haferflocken und Trockenobst sind ein guter Einstieg.

244. Wertvolles Eiweiß essen

Eiweiße (Proteine) sind die Bausteine des Lebens. Muskeln, Organe, Hormone, Blutkörperchen und Enzyme bestehen aus Eiweiß. Eiweiße werden aus 22 Bausteinen, den so genannten Aminosäuren aufgebaut. Acht davon kann unser Körper nicht selbst bilden, sie werden daher essenzielle, also lebenswichtige Aminosäuren genannt.

– Nahrungseiweiß ist umso wertvoller, je mehr körpereigenes Eiweiß daraus gebaut werden kann. Das nennt man biologische Wertigkeit. Die biologische Wertigkeit ist am höchsten, wenn alle acht essenziellen Aminosäuren in ausreichender Menge vorhanden sind.

– Pro Kilogramm Körpergewicht sollte jeder Gesunde täglich 0,8 g Eiweiß zu sich nehmen, bei einem Gewicht von 60 kg sind das 48 g. Sportler brauchen fast doppelt so viel.

– Tierisches Eiweiß ist etwas hochwertiger als pflanzliches. Nahrungsmittel mit pflanzlichem Eiweißen hingegen enthalten sehr wenig Fett und kein Cholesterin. Ideal ist eine Kombination aus tierischen und pflanzlichen Eiweißen wie Fleisch mit Getreide oder Hülsenfrüchte mit Milchprodukten.

– Auf abgepackten Nahrungsmitteln ist vermerkt, wie viel Eiweiß, Fett und Kohlenhydrate enthalten sind.

– Eiweißkonzentrate sind sinnvoll, wenn man abnehmen muss oder sportlich sehr aktiv ist. Gute Präparate enthalten etwa 60 Prozent tierische und 40 Prozent pflanzliche Eiweiße.

TIPP

Naturvölker machen es uns vor: Sie essen Hirse mit Huhn oder Fladenbrot mit Ziegenkäse – Eiweiße perfekt kombiniert. Ergänzen Sie Kartoffeln mit Ei oder Fisch, Müsli mit Milch oder auch Hülsenfrüchte mit Milchprodukten. Dadurch erreicht man ebenfalls eine besonders hohe biologische Wertigkeit des Eiweißes.

245. Fit mit Vitaminen

Vitamine sind lebenswichtige Nährstoffe, die wir mit der Nahrung aufnehmen müssen. Sie sind der Motor unseres Stoffwechsels. Trotz Überernährung sind wir mit einigen wenigen Vitaminen unterversorgt. Am häufigsten fehlen Folsäure und die B-Vitamine.

Man unterscheidet fettlösliche und wasserlösliche Vitamine. Während die fettlöslichen (A, D, E und K) als Depot im Körper gelagert werden können, ist bei den wasserlöslichen (B, C) die tägliche Zufuhr notwendig.

– **Vitamin A (Retinol)** schützt Haut, Schleimhäute und Augen. Besonders in Möhren, Grünkohl, Paprika und Tomaten ist Vitamin A zu finden.

– **Vitamin D (Calciferol)** stärkt die Knochen und Zähne. Eigelb, Seefisch, Leber und Milchprodukte enthalten es reichlich.

– **Vitamin E (Tocopherol)** ist das Schutzschild der Zellen, es verhindert Schäden und Alterung. Pflanzenöle, Samen, Nüsse, Vollkorngetreide und grünes Blattgemüse sind besonders Vitamin-E-haltig.

– **Vitamin K (Phyllochinon)** heilt Wunden und kurbelt die Blutgerinnung an. Vor allem grünes Blattgemüse und Kohl liefern dieses Vitamin.

– **Vitamin B_1 (Thiamin)** ist wichtig für die Herzfunktion, ein gesundes Nervensystem und geistige Frische. Nüsse, Samen, Keime und Fleisch beliefern uns mit diesem Vitamin.

– **Vitamin B_2 (Riboflavin)** lässt Muskeln beim Sport wachsen. Zudem spielt es eine Rolle im Kohlenhydrat-, Eiweiß- und Fettstoffwechsel. Es findet sich in Milch, Eiern, Nüssen und Vollkorngetreide.

– **Folsäure** (gehört zum Vitamin-B_2-Komplex) schützt das Herz-Kreislauf-System und die Nerven. Leber, grünes Blattgemüse und Milch enthalten reichlich Folsäure.

– **Vitamin B_3 (Niacin)** sorgt für ein gesundes Nervensystem und ist am Cholesterinstoffwechsel beteiligt. Fleisch, Fisch und Nüsse enthalten es reichlich.

– **Vitamin B_5 (Pantothensäure)** ist wichtig für gesunde Haut und Haare und schützt vor Entzündungen. Vollkornprodukte, Hülsenfrüchte und Innereien versorgen uns damit.

– **Vitamin B_6 (Pyridoxin)** ist wichtiger Teil des Eiweißstoffwechsels. Enthalten ist es in Vollkornprodukten, Muskelfleisch, Leber und Hülsenfrüchten.

– **Vitamin B_{12} (Cobalamin)** hilft bei der Blutproduktion und stärkt das Nervensystem. Enthalten ist es in Milchprodukten, Fleisch, Fisch und Innereien.

– **Vitamin H (Biotin)** wird manchmal auch Schönheitsvitamin genannt. Es ist wichtig für gesunde Haare, Haut und Fingernägel. Nektarinen, Leber, Nüsse, Sojaprodukte und Bierhefe versorgen uns damit.

– **Vitamin C (Ascorbinsäure)** ist der perfekte Bodygard, es stärkt das Immunsystem und verzögert das Altern. Vor allem Zitrusfrüchte, Johannisbeeren und Paprika strotzen vor Vitamin C.

TIPP

Der Vitamin-C-Bedarf ist bei Rauchern, Krankheit oder Stress deutlich erhöht. Zusätzliche Vitamin-C-Präparate nicht auf einmal nehmen, sondern die Dosis über den ganzen Tag verteilen. Sonst wird ein Großteil mit dem Urin wieder ausgeschieden.

246. Vitaminräuber vermeiden

Auch wenn der Apfel vor Vitaminen strotzt, ist er erstmal geschält oder gekocht, sind viele wertvolle Inhaltsstoffe verloren.

– Obst und Gemüse möglichst nicht schälen. In der Schale und direkt drunter liegen die meisten Vitamine.
– Einige Vitamine wie beispielsweise Vitamin C werden durch Hitze zerstört. Daher viel Rohkost essen.
– Aufwärmen, Liegenlassen und Wässern sind große Vitaminkiller. Gemüse am besten kurz mit wenig Wasser garen.
– Einige Vitamine sind lichtempfindlich. Milch beispielsweise sollte deshalb immer in dunklen Flaschen gelagert werden.
– Obst und Gemüse mit kräftigen Farben wählen, das verspricht viele Vitalstoffe.
– Obst und Gemüse saisongerecht kaufen. Lange Transportwege schmälern den Vitamingehalt. Zitrusfrüchte sind die Ausnahmen; sie helfen uns über den Winter.
– Konserven eher meiden. Tiefkühlgemüse hingegen ist schonend konserviert und daher auch sehr vitaminreich.
– Vollkornmehl und Naturreis haben deutlich mehr Vitamin B als ihre weiß polierten Verwandten.

247. Mineralstoffe kennen lernen

Sie sind anorganische Substanzen, die nur in geringen Mengen gebraucht werden. Trotzdem läuft im Organismus kaum eine Reaktion ohne sie ab. Natrium und Chlor sitzen im Salz und davon nehmen wir zu viel auf. Andererseits ist es beim Magnesium häufig zu wenig.

– **Kalzium** ist vor allem in Milchprodukten enthalten und sorgt für kräftige Zähne und Knochen.
– **Kalium** hilft Nervenimpulse weiterzuleiten und ist wichtig für den Herzrhythmus. Vollkornprodukte, Bananen und Orangen sind voll davon.
– **Magnesium** ist am Aufbau von Knochen und Zähnen beteiligt und hilft bei der Sauerstoffversorgung der Zellen. Zudem ist es für die Nervenleitung wichtig. Enthalten ist es in grünem Gemüse, Sojabohnen, Nüssen und Milch.
– **Phosphor** reguliert die Muskelkontraktion und härtet Knochen und Zähne. Fisch, Fleisch, Eier, Vollkornprodukte und Nüsse sind wichtige Phosphorlieferanten.
– **Natrium** reguliert den Wasserhaushalt und ist für die Übertragung von Nervenimpulsen wichtig. Wir nehmen es in ausreichender Menge über Kochsalz auf.
– **Schwefel** brauchen wir, um Bindegewebe, Haut und Fingernägel aufzubauen. Zudem hilft es bei der Entgiftung des Körpers. Enthalten ist es vor allem in Eigelb, Fisch, Fleisch und Milch.
– **Chlorid** ist zusammen mit Natrium an der Wasserverteilung beteiligt. Ebenso brauchen wir es, um Magensäure zu bilden. Alle kochsalzhaltigen Lebensmittel liefern Chlorid.

248. Spurenelemente kennen lernen

Spurenelemente sind wie Mineralstoffe anorganische Substanzen. Sie werden aber nur in winzigsten Mengen gebraucht. Trotzdem haben sie in unserem Körper eine große Wirkung. Bei Jodmangel beispielsweise kann die Schilddrüse nicht genügend Schilddrüsenhormone bilden. Die Folge: Der Takt unseres ganzen Körpers verlangsamt sich, wir fühlen uns schlapp und müde.

– **Eisen** ist für die Produktion der roten Blutkörperchen wichtig. Enthalten ist es besonders in grünem Blattgemüse, Vollkorn und Fleisch (am besten immer ein Glas Orangensaft dazu trinken, das verbessert die Eisenaufnahme im Darm).
– **Fluor** ist am Aufbau von Zähnen und Knochen beteiligt. Fisch, Fleisch und Milchprodukte sind gute Fluorlieferanten.
– **Zink** stärkt das Immunsystem und heilt Wunden. Vollkorngetreide, Fisch und Meeresfrüchte sind reich an Zink.
– **Selen** schützt zusammen mit Vitamin E die Zellen vor Alterung. Zudem stärkt es das Immunsystem. Enthalten ist es in Fleisch, Fisch, Vollkornprodukten und Milch.
– **Kupfer** hilft bei der Produktion von roten Blutkörperchen und gibt Haut und Haaren Farbe. Vollkornprodukte, Nüsse und grünes Blattgemüse sind reich an Kupfer.
– **Jod** braucht die Schilddrüse zur Hormonbildung. Seefisch und jodiertes Speisesalz sind die wichtigsten Jodlieferanten.
– **Mangan** stimuliert einige Enzyme und hilft bei der Entgiftung. Hülsenfrüchte, Nüsse und Vollkorngetreide sind reich an Mangan.
– **Chrom** unterstützt die Kohlenhydratverwertung und ist an der Regulierung des Blutzuckerspiegels beteiligt. Enthalten ist es hauptsächlich in schwarzem Tee, Kakao, Nüssen und Vollkorngetreide.

249. Schadstoffe vermeiden

Erdbeeren auch im Winter kaufen zu können, das ist nur durch intensive Düngung und den Einsatz von verschiedenen Pflanzenschutzmitteln möglich. Lange Transportwege überstehen sie nicht ohne den Einsatz von Chemikalien. Vermeiden lassen sich solche Schadstoffe so:

– Jahreszeitengerecht einkaufen, also Äpfel im Herbst und Erdbeeren im Sommer. Salate, Radieschen oder Kohlrabi nach Möglichkeit nicht aus Glashausproduktionen kaufen. Durch das fehlende Sonnenlicht bilden diese Pflanzen doppelt so viel Nitrat wie im Freiland. Nitrat wandelt sich im Verdauungssystem zu Nitrosaminen um, die krebserregend sind.
– Produkte, die lange Reisen hinter sich haben, müssen durch verschiedene Zusätze oder Bestrahlung reisetauglich gemacht werden. Wenn möglich darauf verzichten.
– Besonders durch Schadstoffe belastete Nahrungsmittel wie Innereien oder wild wachsende Pilze meiden. Zumindest sollten sie nicht in einer Mahlzeit zusammen vorkommen oder selten gegessen werden.
– Obst und Gemüse gründlich und heiß waschen und gut abtrocknen, um Spritzmittel zu entfernen. Nicht schälen, da sonst Vitamine verloren gehen.
– Nichts Angeschimmeltes essen. Schimmelpilze können die Leber schädigen.

250. Zusatzstoffe meiden

Joghurt in Pink oder Götterspeise in Grün – für das Auge sicher ein schöner Anblick. Über 400 Zusatzstoffe dürfen in der EU das Essen farbiger, geschmackvoller oder dickflüssiger machen. Einige sind wichtig und erhalten die Qualität der Lebensmittel, andere sind überflüssig.

– Farbstoffe (E 100 bis E 180) kommen vor allem in Süßigkeiten oder Obstkonserven vor. Sind nicht wirklich notwendig.
– Konservierungsmittel – E 200 bis E 290 – machen Fertigprodukte wie Marinaden, Senf oder geschnittenes Brot haltbar. Vorsicht: Einige Konservierungsstoffe können Allergien auslösen. Leicht verderbliche Ware besser frisch kaufen und schnell verbrauchen.
– Antioxidantien – E 300 bis E 330 – verhindern, dass Fette schnell ranzig werden. Wenn Margarine oder Butter nicht lange aufbewahrt werden, sind sie eigentlich nicht nötig.
– Emulgatoren verhindern, dass sich Wasser und Fett wieder trennen. Kräftiges Schütteln kann die Elemente auch wieder vermischen.
– Geschmacksverstärker sollen die Geschmacksnerven an bestimmte Nahrungsmittel binden. Natriumglutamat, ein Vertreter dieser Gruppe, kann das so genannte Chinarestaurant-Syndrom auslösen. Es kommt dabei zu Herzklopfen, Schwindel, Taubheitsgefühl und Kopfschmerzen.

251. Jo-Jo-Effekt ausschalten

Jede Nahrungsreduktion empfindet unser Körper als Angriff. Daher hat er über Jahrtausende Mechanismen entwickelt, wie er in diesen dürren Zeiten den Energieverbrauch drastisch senken kann. In Zeiten, in denen Nahrungsmittel rar sind, sichert das unser Überleben. Beim freiwilligen Abnehmen ist es für den Jo-Jo-Effekt verantwortlich. Kaum ist die Diät vorbei, zeigt die Waage mehr an als vor dem Hungern.

– Die wichtigsten Freunde auf dem Weg zur Idealfigur sind die Turnschuhe, in denen man sich regelmäßig bewegt. Dadurch ist der Körper gezwungen, mehr Energie zu verbrauchen. Muskeln benötigen mehr Energie als Fettgewebe, so steigt der Grundumsatz und man wird auch auf Dauer nicht zunehmen.
– Finger weg von allen Crash-Diäten. Das Versprechen „Zehn Kilo leichter in fünf Tagen“ ist utopisch. Und je öfter eine Diät gemacht wird, desto schneller schaltet der Körper auf Sparflamme um.
– Wenn nach einer Diät wieder genauso gegessen wird wie vorher, legt der Körper auch sofort wieder zu. Wichtig ist daher eine langfristige Ernährungsumstellung.
– Die Zauberdiät gegen den Jo-Jo -Effekt gibt es nicht. Man muss die Diät finden, die am besten zu einem passt. Nur das ist der Garant dafür, dass man sie auch längere Zeit durchstehen kann.

252. Diabetes – die richtige Ernährung

Die richtige Ernährung ist auch heute ein wichtiger Behandlungsbaustein in der Therapie des Typ-1- und Typ-2-Diabetes mellitus (siehe auch Seite 203). Der strenge Diätplan der Vergangenheit hat dagegen an

Bedeutung verloren. Im Idealfall ist das Essen abwechslungsreich, schmackhaft und trägt trotzdem dazu bei, die Blutzuckerwerte normal einzustellen.

– Eine Diabeteskost setzt sich idealerweise aus 15 Prozent Eiweißen, 50–60 Prozent Kohlenhydraten und 30–35 Prozent Fetten zusammen.
– Bevorzugte Energielieferanten sind ballaststoffreiche Kohlenhydrate wie Obst und Getreideprodukte. Diese Nährmittel sind reich an Mineralien, Spurenelementen und Vitaminen. Zudem geben ballaststoffreiche Kohlenhydrate ihren Zucker nur langsam aus dem Darm in das Blut ab. Das verhindert sehr hohe schädliche Blutzuckerwerte direkt nach dem Essen. Außerdem verstärken Ballaststoffe das Sättigungsgefühl.
– Bei Fetten alle Nahrungsmittel mit einem hohen Anteil an so genannten ungesättigten Fettsäuren (Oliven- oder Rapsöl) und Omega-3-Fettsäuren (Fisch, Nüsse, einige grünblättrige Gemüsesorten) bevorzugen. Diese verzögern die vorzeitige Entwicklung einer Arteriosklerose.
– Auf versteckte Fette in Käse, Wurst, Kuchen, Keksen oder Schokolade achten.
– Diabetiker mit diabetischer Nierenerkrankung sollten eine normale bis eiweißverminderte Kost einnehmen. Das heißt, der Eiweißanteil in der Nahrung darf 10 Prozent (oder 0,8 g pro Kilogramm Körpergewicht) nicht überschreiten. Eine höhere Eiweißaufnahme kann die Nieren weiter schädigen. Die Eiweißaufnahme darf aber auch nicht zu stark vermindert werden, da der Körper einige lebensnotwendige Eiweiße nicht selbst herstellen kann.
– Spezielle Diabetiker- oder Diätprodukte sind aus mehreren Gründen nicht empfehlenswert. Sie enthalten Fruchtzucker (Fruktose), Zuckeralkohole und andere energiehaltige Zuckeraustauschstoffe. Im Vergleich zum normalen Haushaltszucker (Rohrzucker = Saccharose) haben sie keine wesentlichen Vorteile, außer dass sie die Bildung von Zahnkaries vermindern. Dafür enthalten viele Lebensmittel, die angeblich für Diabetiker geeignet sein sollen, große Mengen an Fett und Kalorien und sind darüber hinaus weitaus teurer als reguläre Produkte.
– Dagegen sind kalorienfreie Süßstoffe, zum Beispiel in Getränken, sinnvoll.
– Diabetiker, die sich mit Insulin behandeln, müssen den Zeitpunkt der Insulingabe und die Insulindosis auf den Zeitpunkt und die Menge der kohlenhydrathaltigen Mahlzeit abstimmen. Am besten lernt man das in einer Diabetikerschulung.
– Ausreichend Chrom essen, es verbessert die Insulinwirkung. Viel Chrom enthalten Vollkorngetreide, Bierhefe, Pflaumen, Brokkoli, Weizenkeime, Nüsse und Käse.

253. Alkoholkrankheit erkennen

Alkoholismus zählt zu den großen gesellschaftlichen Problemen. Neben Nikotin ist Alkohol das am weitesten verbreitete Suchtmittel. Eine Grenze, an der Genuss aufhört und Sucht anfängt, lässt sich nicht genau bezeichnen. Daher ist es wichtig, die Krankheit zu erkennen. Bei drei oder mehr der folgenden Faktoren kann eine Alkoholabhängigkeit vorliegen:

– Ständiger und starker Wunsch, Alkohol zu trinken.
– Es kommt immer wieder zu Kontrollverlust. Der Alkoholkonsum kann nicht gesteuert werden.
– Wird der Alkoholkonsum eingeschränkt, treten körperliche Beschwerden auf.
– Immer mehr Alkohol wird benötigt, um die ursprüngliche Wirkung zu erreichen.
– Hobbys und das Äußere werden vernachlässigt.
– Auch wenn eine ärztliche Untersuchungen ergeben hat, dass die Gesundheit in Gefahr ist, kann der Konsum nicht eingeschränkt werden.
– Alkoholkonsum zu unpassenden Zeiten, beispielsweise während der Arbeitszeit oder im Straßenverkehr.
– Auch Probleme in der Familie oder die Gefahr den Arbeitsplatz zu verlieren, schrecken nicht vom Alkohol ab.

KRANK DURCH ALKOHOL

Übermäßiger Alkoholkonsum macht abhängig und schadet dem Körper. Folgende Erkrankungen sind typische Folgen des Alkohols:

- **Alkohol wird in der Leber abgebaut und schädigt sie. Leberzirrhose ist die Folge.**
- **Viele Krebserkrankungen gehen auf das Konto von Alkohol. Dazu gehören Leberkrebs, Kehlkopfkrebs, Speiseröhrenkrebs, Bauchspeicheldrüsenkrebs und Magenkrebs**
- **Gehirn und Nerven werden angegriffen, was zu Alkoholpsychosen und Nervenschäden führt.**
- **Alkohol schädigt das Herz. Herzrhythmusstörungen, Herzmuskelerkrankung (Kardiomyopathie) und Bluthochdruck sind die Folge.**

254. Weg vom Alkohol – erste Schritte

Vom Alkohol loszukommen ist nicht einfach. Hier ein paar Tipps für den Start.

– Ohne Motivation und eigenen Willen geht es nicht. Sich selbst und der Umwelt eingestehen, dass es ein Alkoholproblem gibt.
– Familie und Freunde einbeziehen. Sie sind eine wichtige Stütze auf dem Weg aus dem Alkoholismus.
– Sich über die zu erwartenden Schwierigkeiten genau informieren. Unerwartete Komplikationen gefährden die Abstinenz.
– Der körperliche Entzug sollte nur unter ärztlicher Aufsicht erfolgen, da gesundheitliche Gefahren wie Krampfanfälle drohen.
– Nach dem akuten Entzug unbedingt eine stationäre oder ambulante Therapie beginnen.
– Kontakt zu Selbsthilfegruppen wie den Anonymen Alkoholikern (AA) aufnehmen.
– Vorsicht vor verstecktem Alkohol in Pralinen oder Medikamenten.

255. Mit dem Rauchen aufhören

Es gibt verschiedene Methoden, den Zigaretten endgültig ade zu sagen. Hier die gängigsten.

– Verhaltenstherapien gelten als das wirksamste Verfahren zur Raucherentwöhnung. Nikotinersatztherapien mildern den körperlichen Entzug. Die Akupunktur ist effizient in der Unterstützung der akuten Entwöhnungsphase. Hypnose kann wie die Akupunktur die akute Entwöhnungsphase unterstützen. Autogenes Training und Muskelentspannungstraining sind wertvolle Bausteine einer Raucherentwöhnungsbehandlung, für sich alleine sind sie jedoch nicht ausreichend wirksam.
– Am wirksamsten ist die Kombination aus Verhaltenstherapie und Nikotinsubstitution.

256. Nikotinersatz

Nikotinersatzprodukte können gegen die körperlichen Entzugserscheinungen wie Unruhe und Reizbarkeit helfen und so den Rauchstopp fördern. Ohne Verhaltensänderungen geht es aber trotzdem nicht.

– Vor der Nikotinersatztherapie: Arzt aufsuchen! Die Behandlung dauert meist 3 Monate. Die Nikotindosis wird auf sanfte Art jeden Monat stufenweise reduziert.
– Nikotinersatzpräparate (Apotheke) gibt es in verschiedenen Stärken. Die Dosis hängt vom täglichen Tabakkonsum ab. Stark tabakabhängig ist, wer mehr als 20 Zigaretten pro Tag raucht.
– Es gibt vier Anwendungsformen: Kaugummis werden etwa 30 Minuten mit kurzen Pausen gekaut. Das Nikotin gelangt dabei über die Mundschleimhaut ins Blut. Lutschtabletten lässt man langsam im Mund zergehen. Werden sie gekaut oder geschluckt, wirken sie nicht. Kaugummis und Lutschtabletten werden bei Bedarf angewendet. Richtwert sind 8–12 Stück pro Tag, maximal aber 16. Benötigt man nach einiger Zeit nicht mehr als 1–2 Stück pro Tag, wird das Präparat völlig abgesetzt. Pflaster bevorzugt am Oberarm, aber auch auf Schulter und Hüfte aufkleben, täglich wechseln. 1–2 Dosen nikotinhaltiges Nasenspray pro Stunde werden empfohlen, maximal jedoch 3. Tagesdosis nach und nach reduzieren!
– Das Entwöhnungsmittel Bupropion (Zyban ®) verringert das Rauchverlangen und wirkt direkt im Suchtzentrum im Gehirn. Es hilft so gut wie die Nikotinersatztherapie. Das Medikament ist rezeptpflichtig und darf wegen möglicher Nebenwirkungen nur unter ärztlicher Aufsicht eingenommen werden.
– Egal welche Methode mit Medikamenten gewählt wird: Begleitend müssen immer auch die Gewohnheiten geändert werden (Verhaltenstherapie). Das verbessert die Erfolgsaussichten der Entwöhnung erheblich.

VERHALTENS-THERAPIE

• Phase 1: In der Selbstbeobachtungsphase wird das Rauchverhalten im Alltag sichtbar gemacht. Bisher automatische Verhaltensweisen werden aufgedeckt. So ist man auf schwierige Situationen besser vorbereitet.
• Phase 2: In der akuten Entwöhnungsphase wird entweder das Rauchen sofort gestoppt oder der Zigarettenkonsum schrittweise reduziert. Alternativverhalten zum Rauchen werden aufgebaut. Entwöhnungserfolg wird belohnt.
• Phase 3: In der Phase der Stabilisierung des Entwöhnungserfolgs werden individuelle Strategien gesucht, die in kritischen Situationen vor einem Rückfall bewahren sollen.

14 GUTE GRÜNDE mit dem Rauchen aufzuhören

Zigaretten enthalten nahezu 4.000 verschiedene Inhaltsstoffe, die sich auf die Gesundheit auswirken. Nicht nur deswegen gibt es viele Gründe, mit dem Rauchen aufzuhören.

1. Raucher haben ein größeres Risiko, Infektionen zu bekommen. Aber nicht nur Raucher sind betroffen, auch Passivrauchen macht krank.

2. Wunden von Rauchern heilen schlechter und entzünden sich häufiger als bei Nichtrauchern. Und wenn die Wunden endlich verheilt sind, bleiben bei Rauchern häufiger hässliche Narben zurück.

3. Durchschnittlich 1 Stunde seiner Arbeitszeit verbringt ein Raucher mit Rauchen. Außerdem fehlen Raucher krankheitsbedingt durchschnittlich 5,5 Tage mehr am Arbeitsplatz als Nichtraucher.

4. Rauchen in der Schwangerschaft schadet dem Baby. Diese Babys erleiden häufiger Geburtskomplikationen und haben ein größeres Risiko, den ersten Geburtstag nicht zu erleben. Das Risiko, am plötzlichen Kindstod zu sterben, ist deutlich erhöht.

5. Kinder vertragen keinen Rauch. Passivrauchende Kinder haben ein größeres Risiko, an Asthma oder Mittelohrentzündung zu erkranken.

6. Raucher haben etwa 10-mal mehr Falten als Nichtraucher. Da helfen auch keine Anti-Faltencremes. Einige Schönheitschirurgen operieren Patienten nur, wenn sie das Rauchen aufgegeben haben.

7. Tränende, schmerzende und juckende Augen sind die Folge von zu viel Zigarettenrauch.

8. Rauch schädigt auch die Netzhaut im Auge. Ein langsamer Verlust des Augenlichts ist die Folge.

9. Raucher haben ein größeres Risiko für Blutgerinnsel als Nichtraucher. Herzinfarkt und Schlaganfall sind die Folge. Insbesondere Frauen, die die Anti-Baby-Pille nehmen und rauchen, spielen mit dem Feuer. Es können sich Blutgerinnsel in gesunden Gefäßen bilden, die zu Beinvenenthrombosen führen.

10. Einer von fünf Rauchern stirbt an Lungenkrebs. Zwischen der Zigarettenmenge und Lungenkrebs gibt es eine eindeutige Dosis-Wirkungs-Beziehung: 10 Zigaretten täglich erhöhen das Risiko auf das Zehnfache, 20 Zigaretten auf das Zwanzigfache.

11. Rauchen ist auch an anderen Krebsarten beteiligt. Dazu gehören: Mundhöhlenkrebs, Kehlkopfkrebs, Speiseröhrenkrebs, Bauchspeicheldrüsenkrebs, Harnblasenkrebs, Darmkrebs und Gebärmutterhalskrebs.

12. Herz-Kreislauf-Erkrankungen sind die „Topkiller" in den Industrieländern. Natürlich ist Rauchen nicht der einzige Risikofaktor für Herzkrankheiten. Aber im Gegensatz zu vielen anderen, ist es ein Risikofaktor, den man loswerden kann.

13. Auch Beingefäße können sich verschließen. Das „Raucherbein" betrifft in mehr als 90 Prozent Raucher. Verengen sich die Gefäße, sind Unterschenkelgeschwüre die Folge. Im schlimmsten Fall droht die Amputation.

14. Mit jeder Zigarette inhalieren Raucher Kohlenmonoxid. Das verbindet sich sehr leicht mit den roten Blutkörperchen. Dann kann kein lebenswichtiger Sauerstoff mehr transportiert werden.

WAS OHNE NIKOTIN PASSIERT

Kaum ist die letzte Zigarette geraucht, beginnt der Körper mit der Aufräumarbeit. Manches passiert innerhalb von Minuten, andere Risiken bauen sich im Laufe von Jahren ab.

- Nach 20 Minuten sinken Blutdruck, Körpertemperatur und Herzschlagfrequenz auf die gleichen Werte wie bei einem Nichtraucher.
- Nach 8 Stunden sind der Raucheratem und das giftige Kohlenmonoxid weg.
- Nach 24 Stunden sinkt das Risiko, an einem plötzlichen Herztod zu sterben.
- Nach 48 Stunden verfeinern sich Geruchs- und Geschmackssinn.
- Nach 3 Tagen atmet man deutlich besser.
- Nach 3 Monaten verbessert sich die Blutzirkulation, das Gehen fällt leichter. Die Lungenkapazität ist um 30 Prozent gestiegen.
- Nach 9 Monaten verschwindet die chronische Reizung der Nasennebenhöhlen. Der Raucherhusten ist weg und die Leistungsfähigkeit ist besser.
- Nach 1 Jahr ist das Risiko einer Erkrankung der Herzkranzgefäße nur noch halb so groß wie bei einem Raucher.
- Nach 2 Jahren nimmt das Herzinfarktrisiko ab. Das Risiko, an Lungenkrebs zu sterben, ist wesentlich geringer. Das Risiko für Krebserkrankungen der Mundhöhle ist nur noch halb so groß wie bei einem Raucher.
- Nach 10 Jahren ist das Risiko, an Lungenkrebs zu sterben, so gering wie bei einem Nichtraucher.

257. Erfolgreich zum Nichtraucher

Die meisten Raucher haben schon mindestens einmal versucht, das Rauchen aufzugeben. Folgende Voraussetzungen sind wichtig für eine erfolgreiche Entwöhnung.

– Ohne wirkliche Motivation geht nichts. Die Angst vor negativen gesundheitlichen Folgen reicht meist nicht aus. Wichtig sind die positiven Konsequenzen des Nichtrauchens, wie etwa die spürbar erhöhte körperliche Leistungsfähigkeit, die finanziellen Einsparungen oder eine größere Attraktivität.

– Sich über die zu erwartenden Schwierigkeiten genau informieren. Unerwartete Komplikationen während der Rauchabstinenz gefährden die Entwöhnung.

– Die verhaltenstherapeutische Raucherentwöhnung geht nicht von heute auf morgen. Dazu braucht man Zeit. Sie kann in Gruppen, aber auch in Einzelbehandlungen durchgeführt werden. Zudem gibt es Bücher, welche die erforderlichen verhaltenstherapeutischen Schritte erklären.

– Eine wichtige Unterstützung für die Raucherentwöhnung ist die erfolgreiche Bekämpfung der Entzugserscheinungen. Vor allem Raucher mit einem Rauchkonsum von mehr als 10 Zigaretten pro Tag profitieren von einer vorübergehenden Nikotinsubstitution oder einer Behandlung mit der Nichtraucherpille, die Bupropion enthält.

258. Herzgesund leben

Gesund leben ist nicht gleichbedeutend mit Selbstkasteiung. Vielmehr ist das beste Rezept für das Herz: Freude haben und das Leben genießen.

– Gesund essen. Sich nicht mit Diäten quälen, die man nicht mag. Herzgesunde Ernährung muss nicht langweilig sein. Alle schwärmen von der guten Küche Italiens oder Frankreichs. Mediterrane Küche ist sehr gut fürs Herz. Sie enthält viele pflanzliche Lebensmittel, wenig tierische Produkte, dafür schützende ungesättigte Fettsäuren. Obst und Gemüse sind reich an Vitaminen und Mineralstoffen, die einen herzschützenden Effekt haben. Einen Bogen um gesättigte Fettsäuren machen, Diese machen nicht nur dick, sondern lassen auch das „schlechte“ Cholesterin (LDL) in die Höhe schießen.

– Gelegentlich ein Glas Rotwein trinken. Rotwein enthält sekundäre Pflanzenstoffe, die die Fließeigenschaften des Blutes verbessern. Regelmäßiger Genuss in Maßen hilft dem Herzen und senkt das Herzinfarktrisiko. Aber hier gilt ganz besonders: die Dosis macht das Gift. Viel mehr als ein Glas sollte es nicht sein.

– Sport ist ein Wundermittel fürs Herz. Eine Mitgliedschaft im Fitnessstudio bringt erst was, wenn man sie auch nutzt. Regelmäßiger Sport kann fast alle Risikofaktoren für einen Herzinfarkt reduzieren und das ganz ohne Nebenwirkungen. Wichtig ist nur: dran bleiben und regelmäßig trainieren. Sobald der Körper nichts mehr tut, gehen auch die positiven Effekte verloren. Aber Sport kann noch mehr: Er hilft, Stresshormone

schneller abzubauen, trübe Gedanken zu vertreiben und fördert die Freisetzung von „Glückshormonen", den so genannten Endorphinen.
– Rauchstopp – am besten gestern. Jeder Raucher kennt zwar mindestens 10 Nichtraucher mit Herzinfarkt und den 90-jährigen, dauerrauchenden und gesunden Opa. Trotzdem sind Zigaretten Gift für den Körper und die Gefäße. Selbst geringer Tabakkonsum ist Gift für das Herz, Frauen sind dabei deutlich empfindlicher als Männer. Daher dringend mit dem Rauchen aufhören. Hilfen für den Rauchstopp gibt es viele. Hier gilt es die passende Methode für sich zu finden.
– Den Gefühlen freien Lauf lassen. Es ist nicht möglich, jeglichen negativen Stress zu vermeiden. Wichtig ist daher, den Umgang mit Stress zu lernen. Entspannungsübungen können eine große Hilfe sein.

259. Gicht vorbeugen

Gicht ist eine Wohlstandskrankheit. Völlerei und Alkohol sind Risikofaktoren für hohe Harnsäurespiegel, den Auslöser der Gicht. So wird der Harnsäurespiegel gesenkt.

– Viel trinken. Je mehr man trinkt, desto mehr Harnsäure wird über die Niere ausgeschieden. Tees aus Brennnesseln oder Birkenblättern wirken besonders gut: je 3 TL der Heilpflanze mit 1 l kochend heißem Wasser übergießen, 10 Minuten ziehen lassen. Über den Tag verteilt trinken.
– Vorsicht mit Lebensmitteln, die den Harnsäurespiegel erhöhen. Dazu zählen insbesondere Innereien, Muscheln und Sardinen. Aber auch zu viel Alkohol, vor allem Bier, kann den Harnsäurespiegel steigen lassen.
– Das Gewicht reduzieren. Allerdings keine Crash-Diäten oder Fasten versuchen, um die Pfunde schnell loszuwerden. Beides kann einen Gichtanfall auslösen (siehe Ratschlag Nr. 403, Seite 206).
– Manche Medikamente erhöhen den Harnsäurespiegel und können zu Gichtanfällen führen. Dazu Arzt oder Apotheker fragen.

260. Krebsrisiken erkennen und vermeiden

Die Ursachen von Krebs sind noch immer unbekannt. Vermutlich spielen bei der Entstehung einige Risikofaktoren zusammen. Manche Risikofaktoren können nicht verändert werden, andere schon.

– Nicht rauchen. Zigarettenrauch enthält viele Substanzen, die nachweislich Krebs erregend sind.
– Gesund ernähren. Ballaststoffreiche, fettarme Ernährung beugt vielen Krebsarten vor. Täglich 5 Portionen Obst und Gemüse essen und auf das Gewicht achten.
– Das Immunsystem stärken. Stress und Schlafmangel sind Gift für das Immunsystem. Entspannungsübungen wie Yoga, Meditation oder Progressive Muskelentspannung stärken die Abwehrzellen.
– Im Beruf kann man mit Krebs erregenden Substanzen in Berührung kommen. Bekanntestes Beispiel ist Asbest, das Lungenkrebs verursacht. Daher von Betriebsmedizinern empfohlene Schutzmassnahmen immer beachten.
– Manche Viren können Krebs verursachen. Beispiele sind das Hepatitis-B- und -C-Virus. Gegen Hepatitis B gibt es eine Schutzimpfung.
– Übermäßiger Alkoholgenuss schädigt nicht nur die Leber, sondern auch Mundhöhle, Rachen, Speiseröhre und Kehlkopf.
– Sonne ist gut für das Gemüt, zu viel schädigt die Haut. Insbesondere Sonnenbrände in der Kindheit erhöhen die Gefahr von Hautkrebs.
– Viel bewegen. Ausdauersportarten stärken das Immunsystem und beugen Übergewicht vor.
– Je früher Krebs erkannt und behandelt wird, desto höher die Heilungschancen. Regelmäßige Vorsorgeuntersuchungen sind daher Pflicht, um Krebs frühzeitig zu erkennen. In späten Stadien lässt sich Krebs oft nicht mehr heilen.

261. Brustkrebs frühzeitig erkennen lernen

Die möglichst frühzeitige Entdeckung eines Brusttumors verbessert die Erfolgsaussichten der Behandlung entscheidend. In frühen Brustkrebsstadien ohne Metastasenbildung ist noch eine vollständige Heilung erreichbar.

– Selbstuntersuchung ist notwendig. Rund 70–80 Prozent aller an Brustkrebs erkrankten Frauen haben den Knoten in ihrer Brust selbst entdeckt. Jede Frau kennt ihren Körper am besten und spürt Veränderungen als erste. Durch eine regelmäßige Selbstuntersuchung können Veränderungen frühzeitig entdeckt werden. Ab dem 20. Lebensjahr sollte man 1-mal monatlich die Brust abtasten. Der günstigste Zeitpunkt dafür ist jeweils 8 Tage nach der Periode, da die Brust dann weicher ist als vor der Regelblutung.

– Ab dem 30. Lebensjahr sollte man eine zusätzliche jährliche Untersuchung beim Frauenarzt durchführen lassen. Zu dieser Untersuchung gehört das sorgfältige Abtasten der Brüste und der Lymphknoten in den Achselhöhlen sowie eine Untersuchung der Haut. Stellt der Arzt dabei Veränderungen fest, sind weitere Untersuchungen notwendig.
– Die Mammographie ist eine spezielle Röntgenuntersuchung der Brust, die Knoten auch unterhalb der tastbaren Größe von etwa 1 cm sichtbar machen kann. Auffälligkeiten bei der Mammographie sind aber nicht mit Brustkrebs gleichzusetzen.
– Die Mammasonographie ist eine Ultraschall-Untersuchung der Brust. Sie gilt nicht als Routine-Früherkennungsmaßnahme, sondern ergänzt die Mammographie.

BRUST SELBST UNTERSUCHEN

- Zu Beginn den nackten Oberkörper mit anliegenden Armen im Spiegel betrachten. Auf Veränderungen der Größe, Form, Brusthaut, sowie Einziehungen, Vorwölbungen und Veränderungen der Brustwarzen achten. Diese Betrachtung mit über dem Kopf verschränkten Armen wiederholen.
- Im Stehen die Brust mit allen Fingern der flach aufliegenden Hand abtasten – die rechte Brust mit der linken Hand und die linke Brust mit der rechten Hand.
- Die Tastuntersuchung auf der Innenseite der Brust beginnen und zur Außenseite hin fortsetzen. Im Normalfall findet sich dabei im oberen äußeren Drittel der Brust dichteres Gewebe.
- Gewebe hinter der Brustwarze und Brustwarze mit dem Warzenhof gesondert untersuchen. Jede Brustwarze zwischen Daumen und Zeigefinger ausdrücken. Erscheint Flüssigkeit, auf Farbe und Beschaffenheit achten, Arzt aufsuchen.
- Das Abtasten beider Achselhöhlen nicht vergessen, auf Knotenbildungen achten. Tastbare Lymphknoten sind in der Regel nichts Außergewöhnliches, wichtig ist aber, Veränderungen zu erkennen.
- Das Abtasten der Brust im Liegen wiederholen, gelegentlich können erst bei diesem Untersuchungsgang Veränderungen festgestellt werden.

262. Hautkrebs vorbeugen

Gebräunte Haut wird häufig mit Vitalität und Lebensfreude gleichgesetzt. Daher braten viele Menschen stundenlang in der Sonne. Leider erhöht sich dadurch das Hautkrebsrisiko enorm. Hier einige Tipps für ein Sonnenbad ohne Reue:

– Besonders Menschen mit Hauttyp I (sehr helle Haut, viele Sommersprossen, hellblonde oder rötliche Haare) oder einer großen Anzahl von Muttermalen sollten intensive Sonneneinstahlung meiden.
– Die Haut durch Cremes mit einem Lichtschutzfaktor im UV-A- sowie im UV-B-Bereich schützen. Hauttyp II (helle Haut, blonde Haare, graue, blaue oder grüne Augen) sollte eine Creme mit Lichtschutzfaktor 15 bis 20 wählen. Hauttyp III (hellbraune Haut, dunkelblonde Haare, graue oder braune Augen) sollte in den ersten 2 Wochen Lichtschutzfaktor 15 bis 20 verwenden. Für Hauttyp IV (dunkle Haut, dunkle Haare und braune Augen) reicht von Anfang an Lichtschutzfaktor 8. Für alle Hauttypen gilt: Häufiges Sonnenbaden kann Faltenbildung beschleunigen und Hautkrebs hervorrufen.
– Selbst die beste Schutzcreme kann nicht völlig vor schädlicher Sonneneinwirkung schützen. Am besten Sonnenschutzcreme und Kleidung kombinieren.
– Direkte Sonneneinstrahlung während der Mittagszeit unbedingt meiden. Dies gilt vor allen Dingen für die sehr viel empfindlichere Kinderhaut, da ein ausgeprägter Sonnenbrand in der Kindheit und Jugend das Melanomrisiko deutlich erhöht.
– Besteht bereits eine große Anzahl von Muttermalen, so ist eine regelmäßige Kontrolle durch einen Hautarzt ratsam. Als hoch gilt eine Muttermal-Zahl von 50.
– Veränderte alte oder neu aufgetretene Male einem Hautarzt zeigen. Dies gilt besonders, wenn das Mal rasch wächst oder zu Blutungen neigt.

263. Hautkrebs (Melanom) – Warnzeichen

Jeder Mensch hat Leberflecken und Pigmentveränderungen. Hier die einfache ABCDE-Regel, um das Melanom von harmlosen Leberflecken zu unterscheiden. Treffen vier der fünf genannten Punkte zu, könnte es sich um einen schwarzen Hautkrebs handeln. Zur Sicherheit sollte der Leberfleck dann schleunigst vom Hautarzt untersucht werden.

– A = Asymmetrie. Was völlig rund ist, ist selten bösartig.
– B = Begrenzung. Was unscharf oder fransig begrenzt ist, ist verdächtig.
– C = Coulor (Farbe). Schwarze wie auch verschiedene Farbtöne (zum Beispiel dunkelbraun, rot, bläulich oder grau) gleichzeitig sind verdächtig.
– D = Durchmesser. Was größer als 1/2 cm ist oder an Größe zunimmt, ist verdächtig.
– E = Erhebung. Hat das Mal eine höckerige Oberfläche, ist Vorsicht geboten.

264. Darmkrebs vorbeugen

Darmkrebs ist die häufigste Krebsart in den Industriestaaten. In vielen Fällen wäre er vermeidbar. Leider bemüht sich nur jeder Fünfte, seine Lebensgewohnheiten zu ändern, um das Krebsrisiko zu senken.

– Gesunde Ernährung ist wichtig. Sie sollte fettarm und ballaststoffreich sein. Bei Übergewicht abnehmen.
– Auf das Rauchen verzichten.
– Übermäßigen Alkoholgenuss meiden. Ein gelegentliches Glas Rotwein ist nicht schädlich
– Regelmäßige körperliche Bewegung.
– Zu Vorsorgeuntersuchungen gehen. Darmkrebs entsteht in über 90 Prozent der Fälle aus Darmpolypen (Ausstülpungen der Darmschleimhaut). Werden diese entdeckt, können sie sehr einfach entfernt werden, bevor Darmkrebs entsteht.

265. Darmkrebs – Warnzeichen

Wie bei allen Krebsarten ist es wichtig, den Darmkrebs frühzeitig zu erkennen. Nur so ist eine vollständige Heilung möglich. Folgende Symptome können auf Darmkrebs hindeuten:

– Die Stuhlentleerung verändert sich in der Art und Häufigkeit. Die Veränderung kann nicht durch Änderungen der äußeren Lebensumstände erklärt werden.
– Plötzlich tritt eine anhaltende Verstopfung auf – oder es stellen sich hartnäckige Durchfälle ein. Manchmal treten Verstopfung und Durchfälle im Wechsel auf.
– Häufig gibt es übelriechende Blähungen.
– Sichtbare Blutspuren im Stuhl müssen dringend untersucht werden. Nicht einfach als Zeichen von Hämorrhoiden abtun!
– Im späteren Stadium kommen Müdigkeit, Appetitlosigkeit und Gewichtsabnahme dazu.
– Darmkrebs kann früh erkannt werden. Daher Stuhl vom Arzt regelmäßig auf verstecktes Blut untersuchen oder eine Darmspiegelung durchführen lassen.

266. Hodenkrebs: Selbstkontrolle

Hodenkrebs ist die häufigste bösartige Tumorerkrankung junger Männer im Alter von 20–40 Jahren und gleichzeitig – wenn rechtzeitig erkannt – eine der am besten heilbaren. Jeder Mann zwischen dem 15. und 40. Lebensjahr sollte daher seine Hoden regelmäßig auf Veränderungen abtasten. Schmerzlose Vergrößerungen der Hoden, tastbare Knoten, Ausfluss aus dem Penis oder Flüssigkeitsansammlungen im Hodensack vom Urologen abklären lassen. So funktioniert es:

– Die Untersuchung regelmäßig 1-mal im Monat durchführen. Während der Untersuchung ein warmes Bad nehmen oder ausgiebig duschen. Die Haut des Hodensacks wird weicher und der Hoden lässt sich leichter abtasten.
– Hoden zunächst auf sichtbare Veränderungen wie Schwellung oder knotige Erhabenheiten inspizieren.
– Beide Hoden abwechselnd in die Hand nehmen und dabei die Größe der Hoden vergleichen. Insbesondere auf Veränderungen in der Größe beider Hoden achten. Keine Panik: Die beiden Hoden sind nie identisch. Meist ist der eine Hoden von Natur aus etwas größer und tiefer gelegen als der andere.
– Bei der Untersuchung beide Hände benutzen. Mit der einen Hand den Penis hochhalten und mit der anderen Hand den Hoden abtasten.
– Jeden Hoden sanft zwischen Daumen und den anderen Fingern rollen. Dabei auf knotige Veränderungen, Schwellungen oder sonstige Auffälligkeiten achten.

267. Lungenkrebs – Warnzeichen

Lungenkrebs ist auf dem Vormarsch. Mit steigendem Zigarettenkonsum nimmt das Lungenkrebsrisiko zu, von einem 8-fachen Risiko beim täglichen Konsum von 1–14 Zigaretten auf das 25-fache Risiko bei einem Konsum von mehr als 25 Zigaretten pro Tag. Frauen haben bei gleicher Zigarettenanzahl ein deutlich höheres Krebsrisiko. Folgende Beschwerden können, insbesondere bei Rauchern, auf Lungenkrebs hinweisen:

– Appetitlosigkeit und Müdigkeit.
– Gewichtsverlust und leichtes nächtliches Fieber.
– Hartnäckiger Husten, der länger als 3 Wochen dauert und der durch Medikamente nicht in den Griff zu bekommen ist.
– Blutbeimengung im Auswurf.
– Lungenentzündungen, die nicht auf die Behandlung ansprechen.

268. Krebsvorsorge für Frauen

Gefahr erkannt, Gefahr gebannt. Diese vier Worte umreißen das zentrale Ziel der Krebsvorsorge. Abhängig vom Alter besitzen Frauen ein unterschiedliches Risikoprofil für Krebs.

– Ab 20 Jahre: Gebärmutterhalskrebs früh erkennen durch regelmäßige Untersuchung der inneren und äußeren Geschlechtsorgane.
– Ab 30 Jahre: Regelmäßig Brust abtasten, Mammographie ist für Risikogruppen und bei verdächtigen Symptomen sinnvoll. Die Hautkrebsvorsorge und den allgemeinen Check nicht vergessen.
– Ab 45 Jahre: Darmkrebs früh erkennen, beispielsweise mit einem Test auf verstecktes Blut im Stuhl oder einer Untersuchung des Enddarms.
– Ab 50 Jahre: Mammographie zur Brustkrebsfrüherkennung empfohlen.
– Ab 55 Jahre: Darmkrebs früh erkennen mit einer Darmspiegelung.

269. Krebsvorsorge für Männer

Männliche Geschöpfe sind Gesundheitsmuffel. Nur ein Bruchteil der Männer geht zur Krebsvorsorge. Dabei gilt auch hier: Die Früherkennung steigert die Heilungschancen.

– Ab 20 Jahre: Regelmäßig Hoden abtasten.
– Ab 45 Jahre: Darmkrebs früh erkennen, beispielsweise mit einem Test auf verstecktes Blut im Stuhl oder einer Untersuchung des Enddarms. Prostata vom Arzt untersuchen lassen. Etwa 70 Prozent der Prostatakarzinome kann man so erkennen. Die Hautkrebsvorsorge und allgemeinen Check nicht vergessen.
– Ab 55 Jahre: Darmkrebs früh erkennen mit einer Darmspiegelung.

270. Vorsorge – was ist wichtig?

Regelmäßige Vorsorgeuntersuchungen helfen, Krankheiten im Frühstadium zu erkennen und rechtzeitig zu behandeln. Folgende Untersuchungen sind empfehlenswert.

– Allgemeiner Check-up: Hier sucht der Arzt nach Anzeichen, die auf beginnende Herz-Kreislauf- und Nierenerkrankungen oder Diabetes hinweisen. Die Untersuchung besteht aus vier Abschnitten: einem Gespräch, der körperlichen Untersuchung, den Laborwerten und der abschließenden Beratung. Ab 35 sollte er in regelmäßigen Abständen durchgeführt werden.
– Augen-Check: Vom 40. Lebensjahr an sollte jeder 1-mal jährlich zur Früherkennungs-Untersuchung zum Augenarzt gehen. Dort wird der Augeninnendruck gemessen und der Sehnerv beurteilt.
– Zahnvorsorge: Ziel ist es, Zahn-, Mund- und Kiefererkrankungen zu verhindern. Daher sollen Karies und Parodontitis frühzeitig erkannt und behandelt werden.
– Krebsvorsorge für Frauen: Vom 20 Lebensjahr an sollte jede Frau regelmäßig vom Frauenarzt untersucht werden. Ab dem 30 Lebensjahr regelmäßige Brustselbstuntersuchung durchführen.
– Krebsvorsorge für Männer: Männer sollten ab dem 20. Lebensjahr ihre Hoden selbst abtasten. Ab 45 untersucht ein Arzt zusätzlich die Prostata.
– Haut-Check: Hautkrebs kann sich aus bisher harmlosen Pigmentmalen entwickeln. Daher sollte die Haut regelmäßig von einem Hautarzt untersucht werden.
– Darmkrebs: Ab dem 40. Lebensjahr 1-mal jährlich den Enddarm vom Arzt austasten lassen. Ab dem 50. Lebensjahr jährlich einen Test auf Blut im Stuhl (Hämocculttest) durchführen. Ab dem 55. Lebensjahr alle 10 Jahre eine Dickdarmspiegelung machen lassen.

271. Abwehrkräfte steigern

Auch das Immunsystem will gepflegt werden, damit es uns vor allen Erregern schützt. Vieles geht ganz einfach.

– Ausreichend schlafen. Das Schlafbedürfnis ist von Mensch zu Mensch unterschiedlich, aber 6 Stunden Schlaf sollten es schon sein, davon 1 Stunde vor Mitternacht.
– Zuerst warm und dann kalt duschen. Das Ganze 3-mal wiederholen und mit einem kurzen kalten Guss abschließen. Bürstenmassagen vor der Wechseldusche verstärken die Wirkung.

– Sport stärkt nicht nur Herz, Kreislauf, Muskulatur, und die Abwehrkräfte. Regelmäßig in die Sauna gehen.
– Dauerstress schwächt das Immunsystem, Entspannungsübungen gleichen das aus.
– Vitamine sind Balsam für das Immunsystem. Viel frisches Obst und Gemüse essen. Vitamin C und Zink sind besonders wichtig für die Abwehr. In Belastungssituationen kann es sinnvoll sein, zusätzlich zur Ernährung ein Vitaminpräparat einzunehmen.
– Bestimmte Pflanzenpräparate bringen die Abwehr in Schwung. Besonders wirkungsvoll sind der Sonnenhut (Echinacea) und die Kapland-Pelargonie (Umckaloabo). Sie sind in der Apotheke als Tropfen, Tabletten oder Dragees erhältlich.

272. Grippe-Impfung

Die Grippe-Impfung schützt nicht 100-prozentig vor einer Grippe, senkt aber deutlich die Stärke der Beschwerden. Zwei Wochen nach der Impfung beginnt der Impfschutz. Die Impfung muss jedes Jahr aufgefrischt werden. Folgende Personengruppen sollten sich gegen Grippe impfen lassen:

– Alle Menschen über 60 Jahre.
– Patienten jeden Alters mit Immunschwäche. Dazu gehören beispielsweise Organempfänger und HIV-Infizierte.
– Chronisch kranke Menschen, wie Lungen-, Herz-Kreislauf-Erkrankte und Diabetiker.
– Menschen, die in Pflegeheimen leben.
– Personen, die besonders ansteckungsgefährdet sind wie Polizisten, Lehrer, Ärzte und Pflegepersonal.
– Nicht impfen lassen sollten sichMenschen, die an einer Hühnereiweißallergie leiden.

273. Zwei Arten von Impfungen

Impfungen verhindern, dass Erreger Schaden im Körper anrichten. Grundsätzlich unterscheidet man zwei Arten von Impfstoffen: die Tot- und die Lebendimpfung.

– **Totimpfung:** Bei dieser Methode werden Erreger chemisch abgetötet. So können sie sich nicht mehr vermehren und lösen keine Krankheiten aus. Manche Impfstoffe enthalten auch nur Teile von Erregern oder chemisch veränderte Bakteriengifte. Totimpfstoffe haben weniger Nebenwirkungen, aber die Wirkung lässt mit der Zeit nach und der Impfschutz muss regelmäßig aufgefrischt werden. Zu diesen Impfungen gehören Tetanus, Grippe, FSME, Diphterie, Hepatitis.
– **Lebendimpfung:** Lebendimpfstoffe bestehen aus sehr geringen Mengen lebender Keime. Diese sind sehr geschwächt, können sich aber vermehren. Häufig bietet diese Impfung einen lebenslangen Schutz. Selten kann diese Impfung ähnliche Beschwerden wie die Krankheit selbst hervorrufen. Diese Impferkrankung ist aber sehr schwach und dauert nur wenige Tage. Kinderimpfungen wie Röteln, Mumps und Masern sind Lebendimpfungen.

274. Impfungen auffrischen

Während Kinder noch regelmäßig geimpft werden, vergessen viele Erwachsene, ihren Impfschutz aufzufrischen. Viele Impfungen werden nur für bestimmte Personengruppen empfohlen.

– **Tetanus** und **Diphterie**: Jeder sollte sich alle 10 Jahre dagegen impfen lassen.
– **Kinderlähmung**: Geimpft werden Reisende in Regionen mit Infektionsrisiko, in Gemeinschaftseinrichtungen untergebrachte Flüchtlinge oder Asylbewerber bei der Einreise aus solchen Regionen, Personal in derartigen Einrichtungen, medizinisches Personal, das engen Kontakt zu Erkrankten haben kann, und Personal in Laboratorien mit Polio-Risiko.
– **FSME** (Frühsommer-Meningoenzephalitis, eine durch Zeckenstich ausgelöste Entzündung des Gehirns oder der Hirnhäute): Personen, die sich in FSME-Risikogebieten aufhalten oder beruflich gefährdet sind wie Forstarbeiter.
– **Grippe**: Zur Risikogruppe gehören Menschen über 60 Jahre und Personen mit chronischen Grunderkrankungen oder Abwehrschwäche. Die Impfung muss jedes Jahr wiederholt werden und sollte bereits im Oktober erfolgen.
– **Pneumokokken**: Geimpft werden sollten Menschen über 60 Jahre, Personen mit chronischen Grunderkrankungen oder Abwehrschwäche und Menschen ohne Milz.
– **Windpocken**: Die meisten Menschen hatten Windpocken als Kinder. Wenn nicht, sollten folgende Personengruppen geimpft werden: Menschen mit Abwehrschwäche, Personal in Einrichtungen, in denen Kinder oder Krebspatienten betreut werden, und Frauen mit Kinderwunsch.

Gesund machen

Das Rezept, der Gang zur Apotheke, dann die Medizin einnehmen. Damit ist es nicht getan. Etwas mehr sollte man schon über Arzneimittel wissen, immerhin kann man ein Fünftel davon ohne Rezept kaufen. Sowohl diese Medikamente als auch die rezeptpflichtigen können helfen oder, falsch eingenommen, großen Schaden anrichten.

Mit Medikamenten richtig umgehen

Selber besorgen und einnehmen

Nicht jeder Kopfschmerz und nicht jede verstopfte Nase ist gleich ein Fall für den Arzt. Selbstmedikation macht Sinn bei leichteren gesundheitlichen Störungen, wenn man davon ausgehen kann, dass sie von kürzerer Dauer sind und folgenlos wieder verschwinden. Normalerweise zählen dazu Beschwerden, die man kennt und mit deren Verlauf man Erfahrung hat. Dazu zählen Erkältungen, Magen- bzw. Verdauungsprobleme oder leichtere Schmerzen. Allerdings: Der schnelle Griff zur Tablette darf nicht zur Gewohnheit werden. Wenn die Leiden häufig wiederkehren oder länger dauern als normal, ist der Gang zu einem Arzt unumgänglich, um der Ursache auf den Grund zu gehen. Wer Medikamente ohne Arzt kauft, sollte auf jeden Fall die fachliche Beratung in der Apotheke in Anspruch nehmen. Hier weiß man genau, welche Symptome am besten mit welcher Arznei behandelt werden. Zum Beispiel geht man gegen trockenen Husten mit anderen Mitteln vor als gegen schleimigen. Lesen Sie auch immer den Beipackzettel. Übrigens: Viele Befindlichkeitsstörungen lassen sich auch gut mit Hausmitteln in den Griff bekommen.

Kinder selber behandeln

Kinder sind häufiger krank als Erwachsene. Vor allem die kleinen werden erstmal mit allen möglichen Erregern infiziert, bevor ihr Immunsystem ausgereift ist. Zu den häufigsten Beschwerden zählen Husten, Fieber, Schnupfen. Grundsätzlich sollten erst Hausmittel wie Wadenwickel bei Fieber ausprobiert werden. Wenn das nicht hilft, nur Arzneimittel verwenden, die für das jeweilige Alter geeignet sind. Viele scheinbar harmlose Medikamente für Erwachsene können bei Kindern tödliche Nebenwirkungen hervorrufen. Unbedingt mit dem Kinderarzt sprechen und immer den Beipackzettel lesen.

Auch die Schwangerschaft ist eine ganz besondere Situation. Generell sollten sich Schwangere vor dem Griff zum Medikament Rat holen. Denn nicht nur die Mutter, sondern auch ihr ungeborenes Kind ist den Wirkungen und Nebenwirkungen der Arzneimittel ausgesetzt. In der Schwangerschaft so wenig Arzneimittel wie möglich einnehmen. Das gilt auch für pflanzliche Präparate und Vitamine.

Kleine Medikamentenkunde

• **Medikamente**: Nach dem Gesetz sind Substanzen nur dann Medikamente, wenn sie für therapeutische oder diagnostische Zwecke angewendet werden.

• **Nahrungsergänzungsmittel**: In Drogeriemärkten und Supermärkten werden mehr und mehr Produkte verkauft, die wie Medikamente aussehen. Dazu gehören vor allem Vitamine, Mineralstoffe und Spurenelemente. Diese Präparate zählen zur Gruppe der Nahrungsergänzungsmittel. Zwar versprechen sie alle eine besonders gesundheitsfördernde Wirkung, strenge Zulassungsvorschriften wie für Arzneimittel gibt es hier aber nicht, und die Hersteller müssen die Heilungsversprechen nicht in aufwändigen Studien beweisen.

• **Generika**: Immer häufiger taucht die Bezeichnung Generikum (Mehrzahl: Generika) auf. Das sind Nachahmerpräparate, die nach dem Ablauf des Patentschutzes eines Originalpräparates von anderen Firmen „nachgebaut" werden. Meist sind diese Medikamente deutlich billiger, ihre Qualität ist aber nicht schlechter. In Deutschland werden heute aus Kostengründen häufig Generika verschrieben.

• **Pflanzliche Medikamente** stehen hoch im Kurs bei den Patienten. Sie geben den Eindruck einer sanften Behandlung. In Deutschland werden nur noch wenige dieser so genannten Phytotherapeutika verschrieben. Der Arzt darf nur noch ein Rezept ausstellen, wenn

Das braucht's: in der Hausapotheke

Der richtige Ort für Medikamente: kühl, trocken und nicht zugänglich für Kinder. Das beliebte Badezimmerschränkchen ist ungeeignet, genauso Schubladen in Küche oder Schlafzimmer.

4 keimfreie Mullbinden (am besten 2 schmale und 2 breite), je 1 kleines und 1 großes Verbandspäckchen, 2 mittlere Verbandspäckchen, Pflaster in verschiedenen Größen, Metalline-Brandtuch, 1 Pinzette (um Splitter zu entfernen), 1 Verbandsschere, 3 Dreiecktücher, Fieberthermometer, Mundspatel, einfache rezeptfreie Schmerzmittel, rezeptfreie Mittel gegen Fieber und Schmerzen wie Paracetamol, Ibuprofen oder Acetylsalizylsäure (nicht für Kinder), heilungsfördernde Salben wie Hamamelis oder Panthenol, Salbe gegen Juckreiz, Wunddesinfektionsmittel, Medikamente zur Behandlung eventuell bestehender Erkrankungen

9 homöopathische Mittel für die Notfall-Apotheke: Arnica D12 bei Prellungen und zur Wundbehandlung, Hypericum D12 für sehr schmerzhafte Verletzungen, Ledum D12 für Mückenstiche und andere Stichverletzungen, Apis 12 für Bienenstiche, Cantharis D12 für Sonnenbrand und Brandwunden, Rhus toxicodendron D12 für Verletzungen von Sehnen, Bändern und Gelenken, Calendula-Tinktur zur Blutstillung und Wundbehandlung, Arsenicum album D12 für Folgen von verdorbenen Speisen, Nux vomica D12 gegen Kater

der Wirkungsnachweis genauso streng geführt wurde wie für andere Medikamente. Dieser liegt aber nur für die wenigsten vor. Aus diesem Grund müssen pflanzliche Arzneien häufig selber bezahlt werden. Auch bei diesen Mitteln gilt: Sie sind nicht völlig ungefährlich, selbst altbewährte Heilpflanzen können unerwünschte Nebenwirkungen haben. Zudem können sie die Aufnahme und den Abbau anderer Medikamente verändern. So ist es beispielsweise möglich, dass Johanniskraut die Wirkung der Anti-Baby-Pille vermindert. Es heißt also die gleiche Vorsicht walten lassen wie bei allen Medikamenten.

- **Homöopathische Mittel** müssen nicht wie andere Arzneimittel zugelassen werden. Denn ihre Wirksamkeit muss nicht bewiesen, aber ihre Unbedenklichkeit gezeigt werden. Flüssige homöopathische Einzelmittel enthalten in der Regel Alkohol. Kindern oder Personen, die Alkohol meiden müssen, sollten daher immer Globuli (Milchzuckerkügelchen) einnehmen.

- **Rezeptpflichtige Medikamente** dürfen nur vom Arzt verordnet und nur über eine Apotheke abgegeben werden. Diese Medikamente sind ausschließlich für bestimmte Erkrankungen zugelassen. Voraussetzung, dass sie eingenommen werden dürfen, ist eine Diagnose durch den Arzt. Typisches Beispiel für rezeptpflichtige Arzneimittel sind Antibiotika. Ihre sachgemäße Anwendung setzt die Diagnose einer bakteriellen Infektion durch den Arzt voraus. Da nicht alle Antibiotika auf alle Bakterien gleich gut wirken, muss der Arzt zudem entscheiden, welcher Wirkstoff der geeignete ist.

- **Apothekenpflichtig Arzneimittel** dürfen nur über eine Apotheke abgegeben werden, damit der Patient eine fachkundige Beratung erhält, bevor er die Mittel benutzt. Man braucht aber kein Rezept, um diese Medikamente zu kaufen.

Internet – Chancen und Risiken

Die Angebote, im Internet Arzneien zu kaufen, sind vielfältig. Es ist heute gesetzlich erlaubt und keine exotische Sache mehr. Wer selber bezahlen muss, kann hier oft Geld sparen, etwa wenn größere Mengen auf Vorrat gekauft werden wie die Anti-Baby-Pille. Zudem bieten die Versandapotheken auch andere Produkte an wie Vitamine, Pflaster, Geräte und vieles mehr. Manche Online-Apotheken rechnen Rezepte direkt mit den Krankenkassen ab, andere nicht. Der große Nachteil der Internetapotheken: Wer eine ausführliche, persönliche Beratung braucht, ist hier nicht am richtigen Platz.

Grundsätzlich Finger weg von Angeboten unklarer Herkunft! Wenn etwa rezeptpflichtige Medikamente ohne Rezept oder per E-Mail ungefragt angeboten werden, äußerst skeptisch sein. Was dann ins Haus kommt, enthält häufig nicht den aufgeführten Stoff oder in ganz anderer Dosierung.

Alternativmedizin und Heilmethoden

Immer mehr Patienten fragen nach Alternativen zur Schulmedizin. Manche ungewöhnlichen Methoden wirken verführerisch, exotisch und wecken Hoffnungen. Nicht immer halten sie, was sie versprechen. Und doch nimmt die Komplementärmedizin ihren festen Platz ein, ist empfehlenswert und hilfreich – wenn sie seriös für den richtigen Zweck zum Einsatz kommt.

Wie ein Geschwisterpaar

Schul- und Alternativmedizin schließen sich nicht gegenseitig aus. Im Gegenteil: Sie ergänzen sich.

Die Schulmedizin erfasst in erster Linie naturwissenschaftliche, objektiv messbare Daten und behandelt Symptome. Ihre Stärke liegt im Beweis der Behandlungsergebnisse. Die Komplementärmedizin berücksichtigt immer die energetischen, psychischen und geistigen Aspekte der einzelnen Person. Da sie das Subjektive stark betont, ist es sehr schwer, Erfolge objektiv nachzuvollziehen und zu vergleichen.

Wann was Sinn macht

Beispiel Darm: Es gibt unzählige Ursachen für immer wiederkehrende Verdauungsstörungen. Die gründliche Diagnose durch einen Schulmediziner kann bestimmte Gründe ausschließen, zum Beispiel den gefährlichen Darmkrebs. Sollte sich diese Diagnose bestätigen, kann die Schulmedizin die einzige Rettung sein. Liegt allerdings – bei den gleichen Symptomen – kein organischer Befund vor, fehlen der Schulmedizin oft die Mittel. Jetzt schlägt die Stunde der Komplementärmedizin, denn viele Menschen fühlen sich bei ihr eher als Persönlichkeit wahrgenommen. Das motiviert und stärkt die Selbstheilungskräfte. In diesem oder jenem Fällen kann einfach ein anderer Blickwinkel helfen, einen chronischen Krankheitsverlauf zu mildern. Manchmal werden aber auch falsche Hoffnungen geweckt durch übertriebene Versprechungen. So mancher hat sich schon unter Ausnutzung des Vertrauens der Patienten unlauter bereichert.

„Sanft" muss nicht ungefährlich sein

Die meisten Menschen halten Naturheilverfahren und Alternativmedizin für eine sanfte Medizin ohne Nebenwirkungen. Das ist nicht richtig und eigentlich tut man den Methoden damit Unrecht. Wo es eine Wirkung gibt, kann es auch zu Nebenwirkungen kommen. Eine Akupunkturbehandlung kann einen Kreislaufkollaps bewirken. Menschen können auf alle Produkte, auch Kräuter oder Öle, allergisch reagieren und manche Heilpflanzen mindern die Wirkung anderer Medikamenten wie etwa Johanniskraut die Wirkung der Anti-Baby-Pille.

Richtige Methode und richtige Therapeuten

So reichhaltig die Welt an Kulturen und Philosophien ist, so vielfältig sind auch die Heilmethoden. Nicht jede komplementärmedizinische Methode ist für jeden Menschen geeignet. Aus diesem Grund muss die Auswahl der jeweiligen Verfahren und des Therapeuten individuell getroffen werden. Ein Mensch, der Dinge hinterfragt und alles bewiesen haben will, wird sich in der Schulmedizin besser aufgehoben fühlen. Führen Nadeln bei einem Menschen zu Panikattacken, ist die Akupunktur für ihn vielleicht nicht die richtige Methode. Eine Behandlungsart, die im Bekanntenkreis erfolgreich war, muss nicht unbedingt auch den eigenen Bedürfnissen entsprechen. Wenn das gewählte Verfahren eine Veränderung der Lebensgewohnheiten fordert, sollte man dazu auch bereit sein.

Ist endlich die passende Methode gefunden, gilt es einen guten Therapeuten ausfindig zu machen. Die Weiterbildung von Ärzten ist auch in vielen alternativen Bereichen wie Akupunktur, Osteopathie oder Homöopathie klar strukturiert. Bei anderen Berufsgruppen ist das nicht unbedingt der Fall. Zudem gibt es für die Ausbildung einiger Methoden bisher keine klaren Vorgaben. Im selben Bereich können daher unterschiedliche Ausbildungsqualitäten angeboten werden. Das Wissen kann dann in jahrelanger Ausbildung, aber auch in einem Wochenendseminar vermittelt worden sein. Hier gilt es kritisch zu hinterfragen, um das Beste für den eigenen Körper zu finden.

Zum Wohle des Patienten sollten sich Schul- und Alternativmedizin ergänzen und nicht ausschließen.

Mehr wissen: Verschiedene Heilmethoden

AKUPUNKTUR Bei dieser Heilmethode werden vorgegebene Hautstellen mit Nadeln gereizt. Diese Akupunkturpunkte liegen auf den Energieleitbahnen, den Meridianen. Durch den Nadelreiz soll die Lebensenergie wieder fließen und die Funktion von Organen wird beeinflusst. Wird ein Akupunkturpunkt richtig gestochen, verspürt man häufig ein elektrisches, eher unangenehmes Gefühl. Die Ohr-Akupunktur (häufig mittels Dauernadeln) ist Teil der Akupunktur. Zuweilen können auch Gefäße verletzt werden, so dass es zu Blutergüssen kommt. Es liegen auch Berichte über die Verletzung von Organen vor (Lunge, Leber, Herz).

AYURVEDA ist ein Lebenskonzept und fußt auf dem Konzept der Tridosha. Dieses beinhaltet die Einheit und Harmonie der drei Doshas Vata (Körper/Bewegung), Pita (Geist/Energie) und Kapha (Seele/Zusammenhalt). Sind sie im Einklang, ist der Mensch gesund und vital, ihr Ungleichgewicht führt zu Krankheit. Eine wichtige Diagnosemethode ist hierbei die Pulsdiagnostik und die Prakriti-Analyse (Bestimmung der Natur des Menschen). Zur Behandlung gehören richtige Ernährung, innere Reinigung durch ausleitende Verfahren wie Erbrechen, Einläufe oder Aderlass, Meditation und die Anwendung von Heilpflanzen. Einige dieser Heilpflanzen-Mischungen enthalten eine nicht unerhebliche Menge an Quecksilber und anderen Schwermetallen und sind daher in Deutschland nicht zugelassen.

BIORESONANZ-THERAPIE Jedes lebendige Wesen besitzt elektromagnetische Schwingungen, die ein individuelles Schwingungsmuster aufweisen. Mit Hilfe eines geeigneten Gerätes sollen „krank machende", unharmonische Schwingungen erkannt und verändert werden. Positive Erfahrungsberichte gibt es vor allem bei der Behandlung von Allergien und Folgeerkrankungen wie Asthma und Neurodermitis.

HOMÖOPATHIE Der Arzt Samuel Hahnemann (1755–1843) prägte den Satz: „Ähnliches kann durch Ähnliches geheilt werden." So wird ein Mittel, dass bei Gesunden Durchfall verursacht, gegen Durchfall eingesetzt. Um das richtige Heilmittel für den jeweiligen Patienten zu finden, braucht es eine eingehende Befragung des Patienten. Dadurch soll der Mensch in seiner Ganzheit, Einmaligkeit und Besonderheit erfasst werden, was den Arzt zum richtigen Heilmittel führt. Zudem wirken laut Hahnemann Heilmittel um so stärker, je mehr sie verdünnt sind.

OSTEOPATHIE Diese Behandlungsform ist zum Teil schon weit in die Schulmedizin integriert. Der Osteopath prüft, ob der Körper im Lot ist und die Organe frei mit der Atemtätigkeit schwingen. So kann er Zusammenhänge und Details erkennen, die zu Erkrankung oder Schmerzsymptomatik geführt haben. Dann werden mit den Händen körpereigene Regulationsmechanismen in Gang gesetzt, um so die Selbstordnung des Körpers wieder herzustellen. Bei funktionellen Störungen wie Ohrensausen (Tinnitus), Verdauungsstörungen oder bei Schmerzen wie Kopfschmerzen oder Schmerzen des Bewegungsapparates zeigt die Osteopathie gute Behandlungserfolge.

PHYTOTHERAPIE Die Pflanzenheilkunde ist wohl die älteste Therapiemethode überhaupt, und auch heutzutage noch die weltweit gebräuchlichste Heilform – vor allem außerhalb des westlichen Kulturkreises. In der westlichen Medizin werden über 300 Pflanzen als Arzneimittel genutzt. Häufig zur Anwendung kommen Pflanzen in der Selbstmedikation (zum Beispiel Gurgeln mit Salbeitee bei Halsschmerzen, Lindenblütentee bei Erkältungen oder Kümmeltee bei Blähungen). Bei einigen Wirkstoffen – wie Johanniskraut bei leichten bis mittleren Depressionen – ist die Wirksamkeit auch in Studien gezeigt worden.

TRADITIONELLE CHINESISCHE MEDIZIN (TCM) In der TCM werden Körper, Seele und Umwelt nicht voneinander getrennt betrachtet, sondern als individuelle Einheit erfasst. Folglich wird auch eine Krankheit immer als Zusammenspiel aus objektiven Befunden (Puls- und Zungendiagnose, Farbe der Haut, Stuhl- und Harnuntersuchungen) und subjektivem Befinden gesehen. Die TCM basiert auf fünf Säulen: Akupunktur, Phytotherapie, Ernährung, Tuina-Massage und Qigong, einer meditativen Atem- und Bewegungstherapie.

275. Mücken fern halten

Auch der klügste Ratschlag kann den Juckreiz nach einem Mückenstich nicht ganz lindern. Das beste ist, erst gar nicht gestochen zu werden.

– Mücken lieben ein feucht-warmes Klima. Vermeiden Sie Mückenbrutstätten in Hausnähe, wie nicht entleerte Gießkannen und verstopfte Dachabläufe. Regentonnen möglichst abdecken.
– Mücken stechen vor allem nachts. Am Abend sind daher langärmlige Kleidung und lange Hosen angeraten. Die Kleidung sollte aus hellem Stoff sein, da Insekten nicht so gerne auf hellem Untergrund landen. Und Socken nicht vergessen!
– Schweiß, Parfüm, duftende Seifen und hohe Körpertemperatur locken Mücken an. Hier hilft: abends duschen und anschließend Insektenschutzmittel, auch Repellents genannt, auftragen.
– Auch ätherische Öle wie Teebaumöl, Zedernöl, Zitronen- oder Lavendelöl, halten Mücken ab, wirken aber schwächer als Repellents.
– Mückenabweisende UV-Lampen schneiden bei den meisten Verbrauchertests schlecht ab. Sie können höchstens zusätzlich Schutz bieten.
– Vitamin B_1 (Thiamin) soll in hohen Dosen den Körpergeruch verändern und die Mücken dadurch täuschen. Da Vitamin B_1 dem Körper nicht schadet, ist es sicherlich einen Versuch wert, es einzunehmen.

276. Mückenstiche behandeln

Mückenstiche bereiten hierzulande außer einem Juckreiz keine ernsthaften Probleme. Fern der Heimat können Sie jedoch schwere Krankheiten wie beispielsweise Malaria oder die Schlafkrankheit übertragen.

– Bei harmlosen Mückenstichen Essigsaure-Tonerde-Lösung aus der Apotheke auftragen – kühlt angenehm und desinfiziert. Auch pflanzliche, ätherische Öle wie zum Beispiel Teebaumöl haben diese Wirkung. Aber Vorsicht: Unverdünnt aufgetragen können sie selbst Allergien auslösen.
– Eine aufgeschnittene Zwiebel auflegen, das hilft gegen die Schwellung. Auch gut: eine kühle Kompresse mit einem 1 : 1 Gemisch aus Obstessig und Wasser.
– Möglichst nicht kratzen, sonst kann sich die Einstichstelle infizieren und entzünden.
– Hat sich die Stichstelle bereits infiziert, muss sie desinfiziert werden. Desinfizierende Salben aus der Apotheke sind besonders gut geeignet, da sie tiefer in den Entzündungsbereich eindringen als Lösungen.

7 TRICKS um Stiche zu vermeiden

1. **Süßes wie Kekse, Schokolade, Eis, Sirup, Säfte, Limonade, Marmelade, aber auch Obst locken Bienen und Wespen genauso an wie Deftiges (vor allem Fleisch und Wurst) und alkoholische Getränke. Auf diese Lebensmittel also im Freien besser verzichten. Essensreste nicht liegen lassen, auch keine Eisstiele oder Verpackungen. Flaschen, Dosen und Gläser verschließen.**
2. **Kleidung mit bunten Blumenmustern und schwarze Stoffe vermeiden, da diese Bienen und Wespen anziehen. Besser sind weiße, grüne und hellbraune Farbtöne.**
3. **Keine stark duftenden Parfums, Rasierwasser, Haarsprays oder Hautcremes auftragen.**
4. **Bienen lieben vor allem Klee. Wespen sind in der Nähe von blühenden Blumen und Bäumen, überreifem Obst und Fallobst zu finden. In solchen Bereichen also nicht barfuss gehen.**
5. **Ausreichend Abstand von Mülltonnen und Abfallkörben halten, wo sich Wespen gerne tummeln.**
6. **Bei der Gartenarbeit so viel wie möglich vom Körper mit Kleidung bedecken.**
7. **Bienen und Wespen greifen nur an, wenn sie sich gereizt fühlen, also wenn man sie anfasst oder ihr Nest zerstört. Wer Pech hat, in einen Bienen- oder Wespenschwarm zu geraten, muss ruhig bleiben. Nie nach den Tieren schlagen!**

277. Bienen- und Wespenstiche behandeln

Keine Panik: Stiche von Honigbienen, Wespen und Hornissen sind schmerzhaft, aber meistens ungefährlich. Nur selten lösen sie schwere Allergien aus. Bei Verdacht aber sofort den Notarzt holen. Ist eine Allergie bekannt, müssen Notfallmedikamente sowieso zur Hand sein und schnell verabreicht werden.

– Den Bienenstachel so schnell wie möglich entfernen. Je länger er in der Haut steckt, desto mehr Gift wird von der noch anhängenden Giftblase in die Haut gepumpt. Den Stachel mit dem Fingernagel wegkratzen oder mit einer Pinzette entfernen.
– Das Gift nicht durch Ausschneiden und Aussaugen entfernen. Besser: Wie einen Pickel vorsichtig aus der Wunde herausdrücken.
– Um Schwellungen zu verhindern: Die Stelle gleich nach dem Stich möglichst lange (1–2 Stunden) mit Eiswasser kühlen. Vorsicht aber bei Kindern: ihre Haut neigt leicht zu Erfrierungen. Halten Sie den betroffenen Körperteil ruhig und lagern Sie ihn hoch. Variante: Kühle Kompressen auflegen – mit Obstessig, der zu gleichen Teilen mit Wasser verdünnt wird, oder mit Essigsaurer-Tonerde-Lösung. Die gibt es in jeder Apotheke.
– Altbewährte Hausmittel sind auch Gurken- oder Zwiebelscheiben, die sie auf den Stich legen. Der Schmerz lässt nach und die Schwellung geht schneller zurück.
– Behandeln Sie die Einstichstelle auch mit einem Desinfektionsmittel, um örtliche Infektionen zu vermeiden.
– Stiche im Mund sind meistens harmlos. Sollten Sie wirklich in diesem Bereich gestochen werden, ist das Schlimmste die Angst davor. Deshalb vor allem Ruhe bewahren. Gegen Schmerzen und Schwellungen hilft Eiswasser trinken oder Eiswürfel lutschen.

S.O.S.-TIPP

Stiche im hinteren Rachenraum erfordern dringend ärztliche Behandlung, da die Atemwege zuschwellen können. Sofort den Notarzt bestellen. Bis dieser eintrifft, muss die Schwellung bekämpft werden, indem man Eis lutscht und Eiswickel um den Hals legt.

278. Zecken entfernen

Kaum steigen die Außentemperaturen, werden Zecken wieder aktiv. Zwischen März und November lauern sie in Wiesen und Wäldern. Mit Vorliebe stechen sie in dünne, warme und feuchte Hautstellen – besonders in die Kniekehlen, den Haaransatz, die Leistenregion und die Achselhöhlen. Weil Zecken bei ihrer Blutmahlzeit die Haut um die Einstichstelle betäuben, werden sie oft nur durch Zufall entdeckt. So entfernt man Zecken richtig:

– Die Zecke mit einer spitzen Splitterpinzette oder einer speziellen Zeckenzange entfernen. Dazu das Tier am Kopf – ganz dicht an der Haut Nahe der Stichstelle – packen und langsam ziehen. Meist lässt die Zecke nach kurzer Zeit von selbst los.
– Die Zecke nicht drehen, sonst kann der Kopf abgetrennt werden. Bleibt ein Teil der Zecke in der Haut, den Rest vom Arzt entfernen lassen.
– Die Einstichstellen desinfizieren, notfalls mit Wasser und Seife waschen.
– Das Tier möglichst schnell entfernen. Die Viren, die FSME (Frühsommer-Meningoenzephalitis) verursachen, werden zwar gleich beim Stich übertragen, Borrelien (Bakterien, die Borreliose verursachen) aber erst nach einigen Stunden.
– Vorsicht: Zecke beim Herausziehen nicht quetschen. Kein Öl, Klebstoff, Nagellackentferner oder Alkohol auf die Zecke streichen. Die Zecke kann dann ihren Darminhalt in die Wunde leeren, das Infektionsrisiko steigt.
– Übrigens stechen die Zecken nicht nur Waldarbeiter, Förster und Landwirte. Über 90 Prozent der Bevölkerung in Deutschland werden bei Freizeitaktivitäten von den Tierchen befallen.

279. Krank durch Zeckenstich

Meistens sind Zeckenstiche harmlos. Die Spinnentiere können aber auch Krankheitserreger übertragen. Treten nach einem Zeckenstich Beschwerden auf, sollte schnell ein Arzt konsultiert werden.

– Borreliose ist eine Infektion durch Bakterien. Die Krankheit betrifft die Haut, die Gelenke und das Nervensystems. Erstes Zeichen ist eine Rötung um die Stichstelle (Erythema migrans, Wanderröte). Der rote Fleck ist schmerzlos und breitet sich langsam von der

Einstichstelle beginnend kreisförmig aus. Borreliose kann mit Antibiotika behandelt werden.

– Frühsommer-Meningoenzephalitis (FSME) wird durch Viren ausgelöst, die zur Entzündung des Gehirns oder der Hirnhäute führt. Sie tritt nur in bestimmten Gebieten auf. Dazu zählen beispielsweise der Bayerische Wald, der Schwarzwald, der Odenwald, Österreich und Osteuropa. Gegen FSME gibt es eine vorbeugende Impfung. Ist die Krankheit erst einmal ausgebrochen, ist eine Therapie sehr schwierig. Es können Lähmungen zurückbleiben. Daher wird die vorbeugende Impfung Personen empfohlen, die sich in den FSME-Verbreitungsgebieten aufhalten

TIPP

So können Sie Zeckenstiche vermeiden:

- **Im Freien lange Hosen, langärmelige Hemden und festes Schuhwerk tragen.**
- **Zudem Insektenabwehrmittel (Repellents) auftragen. Allerdings schrecken diese Zecken nicht vollständig ab. Außerdem lässt die Wirkung nach etwa 2 Stunden nach.**
- **Nach Ausflügen in Wald und Flur Kleidung und Körper auf Zecken absuchen.**

280. Bisse behandeln

Die meisten Bisse stammen von Tieren, davon sind in etwa 80 Prozent Hundebisse. Aber auch Bisse von Menschen können gefährlich sein und werden wie Tierbisse behandelt. Wegen der Infektionsgefahr, alle Bissverletzungen immer ärztlich behandeln lassen. Achtung: Bisse von Wildtieren, wie zum Beispiel vom Fuchs, können Tollwut übertragen.

– Die Bisswunde zuerst mit reichlich Wasser auswaschen oder desinfizieren.

– Dann die Wunde mit einer sterilen Kompresse abdecken und verbinden. Stark blutende Wunden mit der flachen Hand abdrücken oder einen Druckverband verwenden (siehe Ratschlag Nr. 294, Seite 167).

– Nach der ersten Wundversorgung sofort einen Arzt aufsuchen!

– Zum Arztbesuch unbedingt das Impfbuch mitnehmen. So kann der Arzt checken, ob eine Auffrischung der Tetanusimpfung durchgeführt wurde.

S.O.S.-TIPP

Tollwut tritt weltweit auf und führt nach dem Ausbruch immer zum Tod. Suchen Sie deshalb sofort einen Arzt auf, wenn Sie durch ein tollwutverdächtiges Tier verletzt wurden. Als Verletzung gelten nicht nur Bissverletzungen, sondern auch leichte, nicht blutende Kratzer. Wird die Tollwutimpfung gleich begonnen, liegt ihre Schutzrate bei 100 Prozent. Nach dem Biss eines tollwutverdächtigen Tieres wird bis zu 6-mal geimpft (Tage 0, 3, 7, 14, 30 und 90).

281. Nasenbluten behandeln

Nasenbluten entsteht, wenn die Nasenschleimhaut durch eine Infektion oder trockene Luftangegriffen wird, etwa Heizungsluft im Winter. Bei Kindern sind Nasenbohren oder Verletzung durch Fremdkörper häufig die Ursache. Leichtes Nasenbluten hört von alleine wieder auf.

– Immer den Kopf nach vorne beugen, damit das Blut ungehindert nach außen abtropfen kann und nicht verschluckt wird. Dabei immer wieder die Nasenlöcher fest zusammendrücken, das stillt die Blutung.

– Kalte Umschläge in den Nacken legen. Diese nach wenigen Minuten erneuern, da sie sich rasch erwärmen.

– Eine Zwiebel einfach halbieren und unter die Nase halten. Das mindert die Durchblutung der Nasenschleimhaut.

– Blutkrusten nur äußerlich vorsichtig abwischen, nicht aus dem Nasenloch entfernen, da sonst die Wunde wieder aufreißen könnte.

– Meist hört die Blutung nach wenigen Minuten auf. Lässt sie sich nicht stoppen, ein fest zusammengedrehtes Taschentuch oder einen Tampon in das Nasenloch stecken (Nasentamponade) und zum HNO-Arzt gehen.

282. Sonnenbrand behandeln

Ein Sonnenbrand ist nicht nur unangenehm, er kann auch Spätfolgen haben. Die Haut ist rot und spannt, bei schwerem Sonnenbrand bilden sich Blasen. Wer vor allem in jungen Jahren Sonnenbrände erleidet, zählt später zur Hautkrebs-Risikogruppe.

– Bei Sonnenbrand weitere Sonne strikt meiden. Im Freien nur Kleidung tragen, die die betroffenen Körperstellen komplett abdeckt.
– Leichte Hautrötungen mit einem Après-Produkt behandeln. Es enthält viel Wasser und wenig Fett. Dadurch wirkt es kühlend und beruhigend.
– Bei mäßigem Sonnenbrand ohne Blasenbildung: kühl duschen (etwa 25 Grad). Umschläge mit Quark oder Joghurt aus dem Kühlschrank bringen schnell Linderung. Wichtig: die betroffenen Hautpartien ausreichend lange kühlen, also 1–2 Stunden. Ebenso helfen kalte Umschläge mit verdünntem Obstessig (ein Teil Essig, zwei Teile Wasser).
– Bei jeder Art von Sonnenbrand gilt: so viel Wasser wie möglich trinken.
– Treten starke Schmerzen oder Blasen auf, sofort zum Arzt gehen. Blasen nicht selbst öffnen!

283. Sonnenstich behandeln

Treffen UV-Strahlen der Sonne lange Zeit auf den unbedeckten Kopf, kann eine Reizung der Hirnhäute hervorgerufen werden. Anzeichen für einen Sonnenstich sind Schwindel, Kopfschmerzen, Nackensteifigkeit, Übelkeit und Erbrechen. Der Betroffene hat einen hochroten Kopf. Er kann auch bewusstlos werden.

– Betroffene sofort im Schatten flach lagern. Den Kopf etwas erhöht legen und mit feuchten, kalten Tüchern kühlen.
– Bei Bewusstlosigkeit die Person sofort in die stabile Seitenlage bringen (siehe Ratschlag Nr. 299, Seite 169), Atmung kontrollieren und den Rettungsdienst rufen.

284. Verbrühung und Verbrennung

Heiße Flüssigkeit auf dem Körper führt zu Verbrühungen, Feuer und heiße Gegenstände zu Verbrennungen. Verbrühungen und Verbrennungen sind sehr schmerzhaft. Die wichtigste Sofortmaßnahme: sofort und gründlich mit kaltem Wasser abkühlen.

– Bei Verbrühungen: anliegende Kleidung sofort entfernen! Bei Verbrennungen: die Kleider nicht entfernen, wenn sie haften!
– Verbrühte oder verbrannte Körperbereiche unter fließendem kaltem Wasser 15–20 Minuten kühlen. Je früher sie mit kaltem Wasser behandelt werden, desto wirksamer ist diese Hilfe. Die Kühlung ist aber auch bei einer Verzögerung von 5–10 Minuten noch nützlich und schmerzlindernd.
– Kleine Verbrennungen oder Verbrühungen geringen Grades (keine Blasenbildung) am besten an der Luft heilen lassen. Wunden an der Hand tagsüber mit einem Pflaster oder Verband vor Verschmutzungen schützen.
– Achtung: Verwenden Sie keine Hausmittel wie Salben, Puder, Öle, Desinfektionsmittel oder ähnliches!
– Ist die betroffene Hautfläche größer als eine Handfläche, sollten Sie einen Arzt aufsuchen. Sind es mehr als 10 Handflächen, rufen Sie sofort den Notarzt. Achtung: Diese Regel gilt nur für Erwachsene. Verbrennungen bei Kindern sollten immer von einem Arzt untersucht werden!

S.O.S.-TIPP

Bei größeren Verbrühungen oder Verbrennungen die betroffenen Bereiche mit einem sterilen Metalline-Brandtuch abdecken (gibt es in der Apotheke, sollte Bestandteil jeder Hausapotheke sein!). Die beschichtete Seite auf die verletzte Haut legen und mit einer Mullbinde oder einem Dreieckstuch umwickeln. Das Brandtuch verklebt nicht mit der Wunde, ist wärmeerhaltend und schützt vor Verschmutzung. Ist kein Brandtuch greifbar, kann die Wunde auch mit Alufolie bedeckt und dann mit einer Mullbinde fixiert werden.

285. Fremdkörper im Auge

Brennender Schmerz und ein gerötetes und tränendes Auge sind Zeichen dafür, dass sich ein Fremdkörper darin befindet. Reiben verschlimmert die Beschwerden. In den meisten Fällen handelt es sich dabei um kleinste Teilchen wie Staub, Ruß oder Insekten.

– Das Auge vorsichtig mit Wasser spülen. Kleine Staubpartikel werden so ausgewaschen. Größere Fremdkörper dagegen sollten grundsätzlich von Laien nicht entfernt werden. Betroffenes Auge mit einer keimfreien Wundauflage bedecken.
– Bei Verätzungen Auge sofort mit Wasser ausspülen. Beide Augen vorsichtig mit einem undurchsichtigen

Tuch verbinden. Das Auge wird nur dann ruhiggestellt, wenn beide Augen verbunden sind! Den Betroffenen zum Augenarzt bringen. Er wird das Auge fachmännisch behandeln. Wichtig: Sich ausreichend um den Verletzten kümmern, ein „blinder Patient" braucht intensive Betreuung.
– Täglich 2-mal 5 Globuli Hypericum D 12 fördern die Genesung des Auges.

286. Fremdkörper verschluckt

Verschluckte Fremdkörper können in der Speise- oder Luftröhre stecken bleiben und zum Ersticken führen. Starker Hustenreiz und ein pfeifendes Atemgeräusch deuten auf einen Fremdkörper in der Luftröhre hin, Schluckbeschwerden oder Brechreiz auf einen in der Speiseröhre. Der Betroffene versucht krampfhaft zu atmen, ohne dass ein Atemstoß erfolgt; es besteht akute Erstickungsgefahr.

– Zuerst schnellstens den Rettungsdienst alarmieren. Dann kräftig bei vorgebeugtem Oberkörper zwischen die Schulterblätter schlagen. In manchen Fällen wird der Fremdkörper so herausgehustet.
– „Heimlich-Handgriff" anwenden: Den stehenden oder sitzenden Patienten von hinten umfassen. Der Helfer verschränkt die Hände unterhalb des Brustbeins. Jetzt mehrmals kräftig ziehen. Durch den Druck kann der Fremdkörper ausgestoßen werden. Doch Vorsicht: Der „Heimlich-Handgriff" kann zu inneren Verletzungen führen. Dieses Manöver am besten vorher in einem Erste-Hilfe-Kurs lernen.
– Sollte ein Atemstillstand eintreten, sofort mit einer Atemspende (siehe Ratschlag Nr. 301, Seite 170) oder der Herz-Lungen-Wiederbelebung (siehe Ratschlag Nr. 302, Seite 170) beginnen.

287. Giftiges verschluckt

Zeigen sich Symptome einer Vergiftung wie beispielsweise psychische Veränderungen, Schmerzen, Krämpfe oder Benommenheit, sollten Sie umgehend den Notarzt holen. Sind Sie unsicher, rufen Sie beim Giftnotruf an. Betroffen sind vor allem kleine Kinder bis etwa sechs Jahre. Aus Neugierde schlucken sie bunte Pillen oder verwechseln Reinigungsmittel mit Getränken, wenn diese in ähnlichen Flaschen aufbewahrt werden.

– Beim Giftnotruf immer Art und geschluckte Menge der giftigen Substanz angeben, dann erst gibt es weitere Anweisungen. Aalle Reste des Eingenommenen aufbewahren (zum Beispiel Tabletten, Pflanzenteile, Pilze oder Chemikalienverpackungen) und zum Arzt oder ins Krankenhaus mitnehmen. So kann der Arzt feststellen, um welche Vergiftung es sich handelt. Erbrochenes ebenfalls in einem Gefäß sammeln und dem Arzt zur Analyse geben.
– Eventuell vorhandene Reste des Eingenommenen mit einem Finger aus dem Mund auswischen oder den Mund ausspülen. Aber Vorsicht: keine weiteren Giftstoffe schlucken lassen!
– Bei nicht ätzenden Stoffen wie giftigen Pflanzen kann durch ein rasch ausgelöstes Erbrechen die Giftdosis verringert werden. Erbrechen wird ausgelöst, indem die Rachenwand gereizt wird (den Finger in den Hals stecken) oder durch Trinken einer hoch konzentrierten Kochsalzlösung. Achtung: Kinder dürfen keine Kochsalzlösung aufnehmen!
– Vorsicht mit Hausmitteln: Keine Milch trinken! Denn Milch kann bewirken, dass das Gift schneller ins Blut aufgenommen wird.

288. Verätzungen behandeln

Verätzungen durch Säuren und Laugen zerstören das Gewebe sehr schnell, was sehr schmerzhaft ist. Zurück bleiben schlecht heilende Wunden und eine entsprechende Vernarbung. Rufen Sie daher umgehend den Notarzt und spülen Sie äußere Verätzungen sofort mit Wasser.

– Bei Augenverätzungen die Augen unter laufendem lauwarmem Wasser mindestens 10 Minuten lang ausspülen und danach sofort zum Augenarzt gehen.
– Bei Hautverätzungen benetzte Kleidungsstücke entfernen und die Haut mit fließendem lauwarmem Wasser waschen. Das Wasser möglichst vom Wundbereich direkt abfließen lassen, sodass die gesunden Hautbereiche nicht nachträglich verätzt werden.
– Wurden Säuren oder Laugen, Lösungsmittel oder Reinigungsmittel getrunken, kein Erbrechen auslösen. Sonst besteht die Gefahr, dass die Speiseröhre noch mehr geschädigt wird. Dem Betroffenen sofort lauwarmes Wasser oder abgekühlten Früchte- oder Kräutertee in kleinen Schlucken zu trinken geben, um die Chemikalie zu verdünnen. Auf keinen Fall Milch trinken! Diese lässt die ätzende Flüssigkeit schneller ins Blut wandern.

9 MASSNAHMEN um Vergiftungen und Verätzungen zu verhindern

1. Medikamente an einem Ort aufbewahren, der für Kinder unzugänglich ist. Am besten eignet sich hierfür ein verschließbares Hausapotheken-Schränkchen.
2. Medikamente nach jedem Gebrauch wegschließen. Vor allem attraktive bunte Pillen haben große Ähnlichkeit mit Bonbons und verleiten Kinder, sie zu probieren.
3. Haushalts-Chemikalien wie Putz-, Spül- und Waschmittel für Kinder unerreichbar lagern.
4. Die Chemikalien nie in Lebensmittelverpackungen umfüllen, zum Beispiel in eine Saftflasche. Nicht nur Kinder, auch Erwachsene könnten einen Schluck nehmen und so schwere bis lebensbedrohliche Verätzungen der Speiseröhre erleiden.
5. Muss aus irgendeinem Grund umgefüllt werden, dann sollte das Gefäß mit Chemikalien oder anderen Giften immer deutlich gekennzeichnet werden. Kleinkinder können nicht lesen, daher unbedingt kindersichere Verschlüsse verwenden, und Gefäße für Kinder unzugänglich aufbewahren.
6. Keine Zigarettenstummel und -packungen offen herumliegen lassen. Kleinkinder probieren gerne den Zigarettenstummel, der den Erwachsenen gerade offenbar gut geschmeckt hat, aus. Schon die Tabakreste können Vergiftungen hervorrufen.
7. Keine alkoholischen Getränke frei zugänglich für Kinder herumstehen lassen. Schon ein Schnapsglas voll Alkohol ist für Kleinkinder gefährlich.
8. Keine giftigen Pflanzen im Garten oder auf dem Balkon züchten, wenn Kleinkinder im Haushalt leben. Giftige Pflanzen sind beispielsweise Dieffenbachie, Maiglöckchen, Eibe, Goldregen oder Tollkirsche. Bei Unsicherheit die Fachleute im Giftnotruf fragen.
9. Überprüfen Sie diese Vorsichtsmaßnahmen auch in anderen Haushalten, in denen sich Ihr Kind aufhält und besprechen Sie sie zum Beispiel mit Großeltern oder Tagesmutter.

289. Verlust von Zähnen

Brechen bei einem Unfall Zähne aus dem Kiefer, können sie wieder eingesetzt werden. Allerdings ist es wichtig, die Zähne richtig zu lagern und möglichst schnell zum Zahnarzt zu gehen.

– So werden ab- oder herausgebrochene Zähne richtig transportiert: Die Zähne sollten möglichst nicht eintrocknen, deswegen immer feucht halten und am besten in einen Eisbeutel legen. Alternative dazu: Die Zähne in einer Salzwasserlösung (1 EL Salz auf 1 l Wasser) aufbewahren.

– Notfalls kann der Patient auch seinen Mund als Aufbewahrungsort benutzen. Das geht aber nur bei Personen, die bei vollem Bewusstsein sind.

– In der Apotheke gibt es auch „Zahnrettungsboxen“ für den Transport von herausgeschlagenen Zähnen.

290. Prellung behandeln

Eine Prellung entsteht durch einen Schlag oder stumpfen Stoß. Die betroffene Stelle ist geschwollen und weist oft einen Bluterguss auf. Eine Prellung kann sehr schmerzhaft sein. Der blaue Fleck entsteht, wenn es unter der Haut aus verletzten Äderchen blutet. Wenn tieferliegende Gefäße betroffen sind, wird die Blutung als Schwellung sichtbar.

– Betroffene Stelle mit Eispackungen, Eissprays oder kalten Umschlägen kühlen. Wenn möglich, die betroffene Stelle hoch lagern und möglichst wenig bewegen.
– Salbenverbände mit Heparin oder Hirudin (Apotheke) lassen den Bluterguss schneller heilen. Salbenverbände mit Arnika oder Arnika-Umschläge wirken entzündungshemmend, abschwellend und schmerzlindernd. Salben mit Ananasenzymen können die Heilung fördern. Alle Salbenverbände alle 8 Stunden wechseln.
– Dazu 5-mal 5 Globuli Ruta D 12 nehmen, dann täglich 3-mal 5 Globuli bis zum Abklingen der Schwellung.
– Bei sehr großen Blutergüssen, starken Schmerzen oder Schwellungen sowie bei starken Stoßverletzungen insbesondere am Kopf, an den Augen oder Prellungen der Genitalien zum Arzt gehen.

291. Verband anlegen

Verbände sollen eine Blutung zum Stillstand bringen oder ein Gelenk stabilisieren. Einen Verband anzulegen ist gar nicht schwer, wenn man ein paar Regeln beachtet. Am besten sind zum Wickeln elastische Mullbinden geeignet. Es gibt sie in verschiedenen Breiten in der Apotheke.

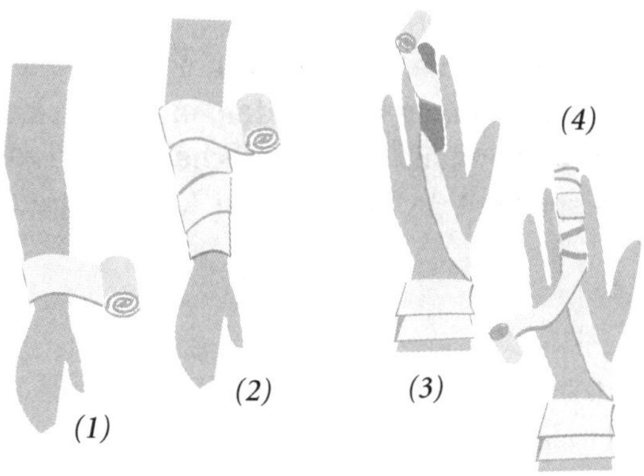

– Der Verband darf nicht einschnüren. Die Haut unterhalb des Verbandes darf sich weder blau noch weiß verfärben.
- Immer schräg von unten nach oben wickeln und nie rundherum. Beim „Rundwickeln“ ist die Gefahr, dass Gewebe einzuschnüren, erhöht.
– Mit dem Verband immer etwas unterhalb der verletzten Stelle beginnen und zum Herzen hin wickeln.
– Am Anfang einmal das Bindenende umwickeln, um das Ende zu fixieren (1). Danach schräg zum Rumpf hin wickeln, so dass sich die einzelnen Bindenzüge dachziegelartig überlappen. Dabei überdeckt jede neue Windung etwa zwei Drittel der vorangegangenen (2).
– Das Ende der Binde mit einem Stück Pflaster befestigen. Auf Sicherheitsnadeln und Clips verzichten, da man sich damit leicht verletzten kann.
– Den Verband mindestens 1-mal täglich wechseln. Ist er verschmutzt, auch öfters.
– Wird nur ein Finger bandagiert, die Binde vom Finger zum Handgelenk führen und auch das Handgelenk umwickeln. So kann der Verband nicht verrutschen (3 + 4).
– Beim Verband des Sprunggelenks vom Beginn der Zehen bis zum unteren Drittel des Unterschenkels wickeln. So ist das Gelenk gut stabilisiert. Hier besonders auf eine mögliche Verfärbung der Zehen achten und gegebenenfalls den Verband lockern.

292. Knochenbrüche

Abnorme Lage oder Beweglichkeit einer Extremität, starke Schmerzen, eingeschränkte Beweglichkeit oder Blutergüsse und Schwellungen deuten auf einen Knochenbruch hin. In manchen Fällen tritt der Knochen sogar aus der Wunde. Hier Erste-Hilfe-Maßnahmen:

– Personen mit dem Verdacht auf einen Knochenbruch sollen möglichst wenig bewegt werden. Vor allem die betroffene Extremität durch Lagerung und Umpolstern ruhig stellen. Offene Brüche mit sterilen Mullkompressen abdecken. Bei geschlossenem Bruch den betroffenen Bereich gut kühlen.
– Beinbrüche können behelfsmäßig mit zusammengerollten Decken oder Kleidungsstücken, Kissen, Taschen usw. ruhig gestellt werden. Diese wie Schienen an das Bein stellen.

Fixierung durch Dreieckstuch

– Hand-, Arm- und Schulterbrüche können mit zwei Dreiecktüchern ruhig gestellt werden. Ein Ende eines Dreiecktuches unter dem verletzten Arm vorsichtig so weit zur Schulter ziehen, bis die Spitze am Ellenbogen liegt. Das zweite Ende über den Arm zur Schulter (auf die unverletzte Seite) schlagen und beide Enden seitlich am Hals verknoten. Unterarm und ganze Hand sollen im Dreiecktuch liegen. Zweites Dreiecktuch wie eine Krawatte falten und mit diesem Tuch den verletzten Arm an den Körper binden. Der gebrochene Arm liegt jetzt fest am Körper.

– Rippenbrüche behindern die Atmung. Den Betroffenen daher mit erhöhtem Oberkörper lagern. Ist auch die Lunge verletzt, besteht Lebensgefahr. Notarzt rufen!

– Starke Schmerzen im Unterbauch und Bewegungsunfähigkeit der Beine nach einer schweren Gewalteinwirkung deuten auf einen Beckenbruch hin. Der Patient kann nach innen verbluten. Daher sofort den Notarzt verständigen. Den Verletzten möglichst nicht bewegen und die oft leicht angezogenen Beine mit einer Knierolle etwas abstützen.

– Bei Verdacht auf eine Wirbelsäulenverletzung gilt besondere Vorsicht: Die Person darf nicht hochgehoben werden! Sofort den Notarzt rufen. Starke Rückenschmerzen und Lähmungserscheinungen sind Zeichen einer Wirbelsäulenverletzung.

293. Verrenkung und Verstauchung

Durch Gewalteinwirkungen auf Gelenke können Verstauchungen und Verrenkungen entstehen. Oft werden auch Blutgefäße verletzt. Das führt zu beträchtlichen Schwellungen, die Beweglichkeit ist eingeschränkt. Gelenkverletzungen sind sehr schmerzhaft.

– Bei einer Verstauchung werden die Gelenkteile mit Gewalt gegeneinander verschoben oder kurzzeitig voneinander getrennt. Bänder, die die Gelenkkapsel bilden, können auf diese Weise oft erheblich überdehnt werden. Innenliegende Blutgefäße werden verletzt, und es bildet sich eine Schwellung.

– Die Verrenkung (Luxation) ist eine Trennung und Verschiebung der Gelenkanteile. Die gegeneinander verschobenen Gelenkteile nehmen ihre ursprüngliche Stellung nicht wieder ein; sie befinden sich in einer abnormen Stellung. Verrenkte Gelenke dürfen nur von einem Arzt eingerenkt werden!

– Das verletzte Gelenk in jedem Fall nicht mehr belasten. Am besten mit elastischer Binde umwickeln und ruhig stellen.

– Die Schwellung nachhaltig kühlen. Am effektivsten sind Eiswürfel in einem dicht verschlossenem Plastikbeutel mit kaltem Wasser. Aber Vorsicht vor Erfrierungen. Die Eiswürfel immer wieder entfernen, damit sich die Haut erwärmen kann.

– Der Betroffene muss zum Arzt, damit eine sichere Diagnose gestellt wird und andere Verletzungen, wie zum Beispiel ein Bänderriss oder Gelenkbruch, ausgeschlossen bzw. rechtzeitig erkannt werden.

294. Wunden versorgen

Gewalt, Hitze, Kälte oder chemische Stoffe können die Haut schädigen. Auch das unter der Haut liegende Gewebe mit Muskeln, Sehnen, Nerven und Blutgefäßen ist oft betroffen, manchmal sogar Knochen und Organe. Die Verletzung der Haut bahnt Krankheitserregern den Weg in den Körper.

– Jede Wunde wegen der zusätzlichen Infektionsgefahr mit keimfreiem Verbandmaterial (sollte immer in der Hausapotheke oder auch im KFZ-Verbandskasten vorrätig sein!) abdecken.

– Wunden dürfen keinesfalls mit den Händen berührt werden. Das kann die Wunde zusätzlich verunreinigen. Bei der Wundversorgung immer zum eigenen Schutz und zum Schutz des Betroffenen Schutz- bzw. Einweghandschuhe tragen.

– Wunden ohne ärztliche Anweisung nicht mit Puder oder Salben behandeln. Größere Fremdkörper in der Wunde belassen. Sie müssen vom Arzt entfernt werden.

– Für kleinere Verletzungen mit nur geringer Blutung reicht meist ein Pflaster aus. Die Wundauflage muss immer größer als die Wunde sein. Wunde vorher desinfizieren. Alternativ das Pflaster mit unverdünnter Calendula-Tinktur (Apotheke) benetzen.

– Bei Verletzungen an der Fingerkuppe in der Mitte der Klebestreifen je ein keilförmiges Stück herausschneiden. Die Hälfte des Pflasters um den verletzen Finger kleben. Nun die überstehende Hälfte des Pflasters über die Fingerkuppe klappen und am Finger verkleben. Die Pflaster gibt es auch bereits fertig in der Apotheke.

– Großflächigere Hautverletzungen wie Schürfwunden müssen mit einer keimfreien Wundauflage aus Mull oder einem Verbandtuch (Apotheke) bedeckt werden. Die Wundauflage darf nur mit den Fingerspitzen am Rand angefasst werden. Eine zu Boden gefallene Wundauflage nicht mehr verwenden. Wundauflagen können mit Heftpflasterstreifen, Mullbinden oder Dreiecktüchern auf der Wunde befestigt werden.

– Blutungen sehen oft schlimmer aus, als sie es wirklich sind. Daher sich nicht verunsichern lassen, sondern immer ruhig bleiben. Ideales Verbandmittel bei stärkeren Blutungen sind Verbandpäckchen (Apotheke). Die Wundauflage auf die Wunde legen und durch Umwickeln (ohne starken Zug) mit der Binde befestigen (1). Den betroffenen Körperteil hoch lagern.

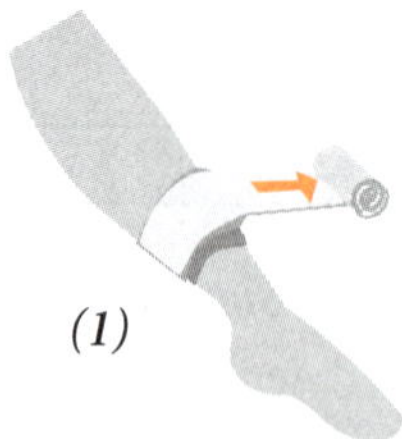

(1)

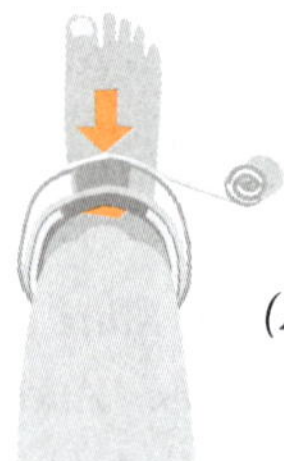

(2)

– Blutet die Wunde weiter, ein geschlossenes Verbandpäckchen als Druckpolster direkt über dem Verband über dem Wundbereich auflegen und nicht zu stramm umwickeln (2).
– Bei schweren Blutungen im Gesicht, aus dem Mund oder der Nase, aber auch bei Unterkieferbrüchen mit und ohne Blutung, ist die Bauchlage oft lebensrettend. So kann kein Blut in Mund und Rachenraum fließen. Dazu den Verletzten auf den Bauch legen. Den Kopf mit der Stirn auf den verschränkten Armen auflegen.
– Jede größere Wunde sollte von einem Arzt innerhalb von 6 Stunden beurteilt und endgültig versorgt werden.

295. Unfälle mit Strom

Bei einem Stromschlag gerät der menschliche Körper in einen Stromkreis. Die gesundheitlichen Folgen sind abhängig von der Stromstärke, dem Weg, den der Strom durch den Körper nimmt, und wie lang er ihn durchfließt. Typisch sind Strommarken (Verbrennungen) an Ein- und Austrittsstelle des Stroms.

– Die meisten Unfälle ereignen sich durch Haushaltsstrom mit 220 V und Wechselstrom von 50–60 Hz. Der elektrische Strom löst Herzrhythmusstörungen aus, wenn das Herz im Stromfluss liegt (zum Beispiel wenn der Strom von der Hand über den Körper zum Fuß führt). Die Muskulatur verkrampft sich; es kann passieren, dass die Stromquelle nicht losgelassen werden kann.
– Starkstromunfälle (über 1000 V) sind selten. Neben Herzrhythmusstörungen und Bewusstlosigkeit kommt es zu Schocks, Verbrennungen und zur Schädigung des Gewebes.
– Die eigene Sicherheit geht vor! Den Verletzten aus der direkten Gefahrenzone ziehen oder schieben. Am besten benutzt man einen festen Holzstock, ein Brett oder eine Holzleiter dazu, also Material, das nicht leitet.
– Den Körper auf eine dicke Decke oder auf feste Pappe legen, um ihn so gegen den Boden zu isolieren.
– Die Bewusstseinslage prüfen, dazu den Betroffenen ansprechen. Bei Bewusstlosigkeit Atmung kontrollieren und eventuell beatmen (siehe Ratschlag Nr. 301 auf Seite 170). Bei fehlendem Puls sofort mit der Herz-Lungen-Wiederbelebung (siehe Ratschlag Nr. 302 auf Seite 170) beginnen, ansonsten die Person in die stabile Seitenlage bringen (siehe Ratschlag Nr. 299 auf der nächsten Seite).
– So bald wie möglich Notruf tätigen! Strommarken steril abdecken. Bewusstsein, Atmung und Puls immer wieder kontrollieren.
– Generell sollte jeder Betroffene sofort nach der Erstversorgung zur Beobachtung in die Klinik. Komplikationen wie Herzrhythmusstörungen können auch noch 8–10 Stunden nach dem Unfall auftreten.

296. Erfrierungen

Bei sehr tiefen Temperaturen, zum Beispiel im Schnee, können Finger, Zehen, Nase, Ohren oder Wangen erfrieren. Zunächst wird die Haut blass-gräulich, kalt und gefühllos. Erwärmt sie sich wieder, rötet sie sich und brennt. Nach der Erstversorgung unbedingt von einem Arzt untersuchen lassen.

– Den erfrorenen Körperteil vor weiterer Kälteeinwirkung schützen. Nasse Kleidung ausziehen.
– Erfrorene Körperteile am eigenen Körper wärmen, beispielsweise Hand in die Achselhöhle legen. Oder erfrorene Teile von anderen Personen wärmen lassen, beispielsweise Fuß in die Achselhöhle der helfenden Person legen.
– Auf keinen Fall mit Schnee einreiben oder massieren. Das kann zu schwersten Gewebeschäden führen.
– Nicht anhauchen! Dabei entsteht Verdunstungskälte, welche die Erfrierung nur noch fördert.
– Schnellstmöglich geheizte Räumlichkeiten aufsuchen.
– Liegt außer der Erfrierung eines Körperteils keine allgemeine Unterkühlung vor, den betroffenen Körperteil aktiv bewegen. Muskelarbeit erhöht die Wärmebildung des Körpers.
– Blasen nicht öffnen, sondern steril abdecken.

297. Ohnmacht – was tun?

Dauert eine Bewusstseinsstörung weniger als 1 Minute, ist es eine Ohnmacht. Über 1 Minute spricht man von Bewusstlosigkeit. Im Gegensatz zur echten Bewusstlosigkeit (siehe weiter unten), besteht für den Ohnmächtigen meist keine direkte Lebensgefahr.

– Für eine ruhige Umgebung sorgen. Die Beine des Patienten etwa 20–30 cm höher lagern, als der restliche Körper. Auf die Atmung achten, normalerweise hebt und senkt sich der Brustkorb beim Atmen. Bei kalten Temperaturen den Ohnmächtigen zudecken.
– Wenn der Betroffene wieder erwacht, nicht sofort aufstehen lassen, sondern noch einige Minuten warten.
– Erwacht er nicht innerhalb 1 Minute, Notarzt rufen und in die stabile Seitenlage (siehe Ratschlag Nr. 299 auf dieser Seite) bringen.
– Atmung und Puls regelmäßig kontrollieren.

298. Bewusstlosigkeit – was tun?

Bewusstlos ist, wer nicht ansprechbar ist. Bei tiefer Bewusstlosigkeit reagiert der Betroffene nicht einmal auf Schmerzreize. Bewusstlosigkeit kann viele Ursachen haben, dazu zählen schwere Kopfverletzungen, Gefäßverschlüsse im Gehirn oder Vergiftungen. Oft entsteht Bewusstlosigkeit auch durch andere Erkrankungen mit Atem- und Kreislaufstörungen. Bewusstlosigkeit bedeutet akute Erstickungsgefahr und damit Lebensgefahr! Hier Erste-Hilfe-Maßnahmen:

– Den Betroffenen ansprechen und anfassen. Reagiert er nicht, ist er bewusstlos. Ist eine zweite Person vor Ort, sofort den Rettungsdienst alarmieren.
– Unbedingt eine Atemkontrolle durchführen: Den Kopf des Bewusstlosen an Kinn und Stirn fassen und den Hals vorsichtig überstrecken. Das eigene Ohr dicht über Mund und Nase des Betroffenen legen. Bei noch vorhandener Atmung kann man ein Atemgeräusch hören oder die Ausatemluft spüren. Alternativ die Hand auf den Brustkorb des Betroffenen legen und fühlen ob dieser sich hebt und senkt.
– Atmet der Bewusstlose noch, darf er nicht auf dem Rücken liegen. Er muss in die stabile Seitenlage (siehe Ratschlag Nr. 299 auf dieser Seite) gebracht werden.
– Bei Atemstillstand sofort mit der Beatmung (siehe Ratschlag Nr. 301, Seite 170) beginnen.

299. Stabile Seitenlage herstellen

Für jeden bewusstlosen Patienten, der atmet und dessen Herz schlägt, ist die stabile Seitenlage lebenswichtig. Sonst kann er an seiner eigenen Zunge oder am Speichel ersticken. Dieses Manöver am besten vorher in einem Erste-Hilfe-Kurs lernen.

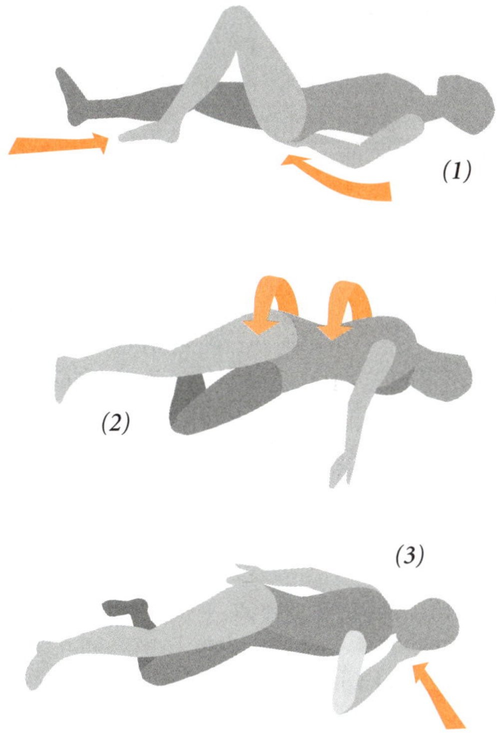

– Von der Seite den näher liegenden Arm des Bewusstlosen gestreckt so weit wie möglich unter seinen Körper schieben. Das näher liegende Bein des Bewusstlosen beugen und dessen Fuß an das Gesäß stellen (1).
– Gegenüberliegende Schulter und Hüfte fassen und den Bewusstlosen behutsam und gleichmäßig zu sich auf die Seite ziehen. Nicht zu weit auf den Bauch drehen (2).
– Den jetzt unter dem Körper liegenden Arm in der Ellenbeuge vorsichtig etwas nach hinten hervorziehen. Das stabilisiert die Lagerung (3).
– Damit die Atemwege wirklich frei sind, den Kopf des Betroffenen nackenwärts beugen, das Gesicht etwas erdwärts drehen und darauf achten, dass der Mund geöffnet ist. So können Erbrochenes oder Blut abfließen.
– Die Finger der näher liegenden Hand unter die Wange legen. So bleibt der Kopf stabil (3).
– Den Betroffenen mit einer Decke zudecken und bis zum Eintreffen des Rettungsdienstes ständig die Atmung kontrollieren.

300. Atemstillstand – was tun?

Die Ursachen für einen Atemstillstand sind sehr vielfältig. In kaum einer Situation ist es so wichtig wie jetzt, dass die Hilfeleistung ohne zeitliche Verzögerung erfolgt. Sekunden entscheiden über den Erfolg der Wiederbelebung.

– Durch lautes Ansprechen und Schütteln an den Schultern den Bewusstseinszustand des Betroffenen überprüfen. Zeigt er keine Reaktion, ist er bewusstlos. Rettungsdienst so schnell wie möglich alarmieren, am besten durch weitere Helfer.

– Atmung kontrollieren. Im Falle eines Atemstillstandes verspürt man keinen Atemzug, erkennt keine Atembewegungen und nimmt keine Atemgeräusche wahr. Sofort zwei Atemspenden (siehe Ratschlag Nr. 301) durchführen. Dazu die eigene Ausatemluft in die Atemwege einblasen. Dann die Atmung erneut überprüfen und auf weitere Lebenszeichen wie Husten oder Bewegungen achten.

– Ist die Atmung auch weiterhin nicht vorhanden und sind keine Lebenszeichen festzustellen, unverzüglich mit der Herz-Lungen-Wiederbelebung (siehe Ratschlag Nr. 302) beginnen.

– Setzt die Atmung wieder ein oder sind andere Lebenszeichen feststellbar, den Betroffenen in die stabile Seitenlage bringen (siehe Ratschlag Nr. 299, Seite 169) und ständig Bewusstsein, Atmung und Lebenszeichen kontrollieren.

301. Mund-zu-Nase-Beatmung (Atemspende)

Bei einem Atemstillstand kann nur eine sofortige Beatmung das Leben retten. In der Ausatemluft ist noch genügend Sauerstoff, um einen anderen Menschen zu beatmen. Die Atemspende am besten vorher in einem Erste-Hilfe-Kurs lernen.

– Den Kopf des Bewusstlosen an Kinn und Stirn fassen und den Hals vorsichtig überstrecken (1).

– Den Mund des Betroffenen verschließen. Einatmen und den geöffneten Mund um die Nase des Verletzten herum dicht aufsetzen. Die eigene Ausatemluft in die Atemwege einblasen (2).

– Nach jeder Beatmung den Mund abheben, damit der Betroffene ausatmen kann.

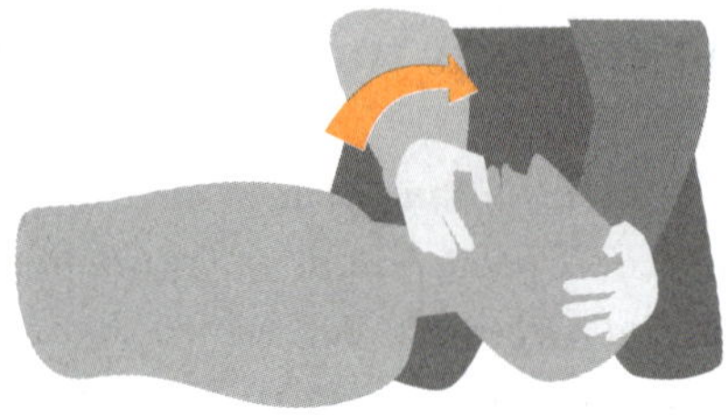

(1)

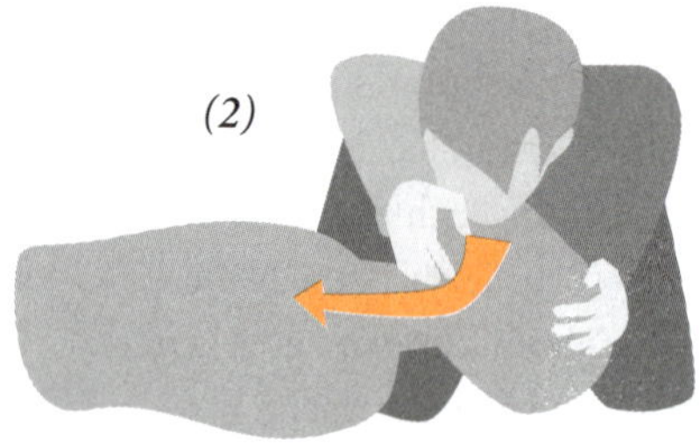

(2)

– Eigenen Kopf zur Seite drehen und die Ausatmung des Betroffenen beobachten. Die Beatmungsfrequenz entspricht der eigenen Atemfrequenz.

– Die Atmung des Betroffenen sehr genau beobachten. Hebt sich der Brustkorb, ist die Beatmung richtig. Wenn nicht, sind vielleicht die Atemwege nicht frei. Dann den Mund-Rachen-Raum nach Fremdkörpern untersuchen und diese wenn möglich vorsichtig entfernen.

– Um einen direkten Kontakt zum Betroffenen zu vermeiden, kann man ein Taschentuch auf das Gesicht des Betroffenen legen.

– Alternativ kann die Luft auch in den Mund geblasen werden (Mund-zu-Mund-Beatmung).

– Bei Kindern beachten, dass das Lungenvolumen eines Kindes viel geringer ist als das eines Erwachsenen. Daher nicht zu viel einblasen!

302. Herz-Lungen-Wiederbelebung

Bei einer bewusstlosen Person mit Kreislaufstillstand ist die sofortig Herz-Lungen-Wiederbelebung lebensrettend. Die folgende Anleitung informiert, ersetzt aber keinen Erste-Hilfe-Kurs, in dem das richtige Verhalten geübt wird!

Herzdruckmassage

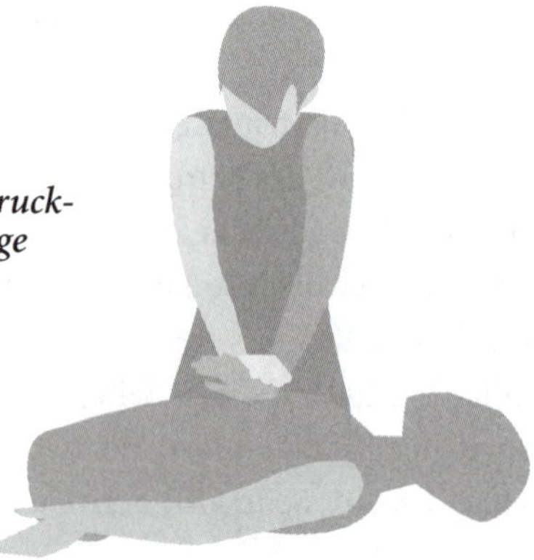

– Seitlich neben die bewusstlose Person knien. Der Druckpunkt liegt etwa 2–3 Querfinger über der Stelle, wo sich die untersten Rippen und das Brustbein treffen.
– Einen Handballen auf diesen Punkt legen. Zweiten Handballen auf den ersten legen, die Finger nach oben strecken. Mit gestreckten Armen den Brustkorb einige Zentimeter nach unten drücken. Am besten kontrolliert ein zweiter Helfer, ob er dabei einen Puls fühlen kann.
– Die Herzdruckmassage sollte etwa 70- bis 80-mal pro Minute durchgeführt werden.
– Bei gleichzeitiger Beatmung erfolgen zwei Beatmungen und 15-mal Drücken im Wechsel.

303. Erste Hilfe bei Schock

Bei einem Schock werden die Organe nicht ausreichend mit Blut und Nährstoffen versorgt. Der Allgemeinzustand des Betroffenen verschlechtert sich mit zunehmender Dauer des Schocks immer rasanter. Ein Schock kann beispielsweise durch Blutverluste, schwere allergische Reaktionen oder große Schmerzen verursacht werden.

– Auch wenn sich der Schock zunächst nicht so dramatisch und bedrohlich darstellt, befindet sich der Betroffene in Lebensgefahr und bedarf medizinischer Hilfe. Daher sofort den Rettungsdienst alarmieren.
– Der Betroffene hat häufig Todesangst. Menschliche Zuwendung und ständige Betreuung sind für ihn zunächst das Wichtigste.
– Mögliche Ursachen bekämpfen. Dazu gehört Blutungen stillen oder Allergien mit Eis behandeln. Den Betroffenen warm zudecken. Auch eine Decke unter den Verletzten legen. Keine Wärmflaschen verwenden.
– Dann den Patienten flach mit erhöhten Beinen hinlegen. Die Beine sollten etwa 20–30 cm höher sein als der übrige Körper.
– Hat der Betroffene schwere Atemnot, muss er mit erhöhtem Oberkörper gelagert werden.

304. Erste Hilfe beim Krampfanfall (Epileptischer Anfall)

Die meisten Epileptiker sind mit Hilfe von Medikamenten gut eingestellt. Wird der Betroffene aber plötzlich bewusstlos, stürzt er zu Boden und beginnt mit Armen und Beinen zu zucken, hat er vermutlich einen Krampfanfall. Jetzt braucht er schnelle Hilfe.

– Beim ersten Anfall im Leben einer Person immer den Notarzt rufen. In der Regel endet der Krampfanfall nach kurzer Zeit. Bei bereits bekannter Epilepsie den Notarzt rufen, wenn der Anfall länger als 3 Minuten dauert.
– Alle Gegenstände wegräumen, die den Anfallskranken verletzen könnten. Den Krampfenden nur dann wegbringen, wenn es wirklich notwendig ist, beispielsweise bei einem Krampfanfall im Wasser.
– Die Person nicht festhalten. Beengende Kleidung vor allem am Hals öffnen.
– Die meisten Epileptiker schlafen nach einem Krampfanfall ein. Dann in die stabile Seitenlage (siehe Ratschlag Nr. 299, Seite 169) bringen und schlafen lassen.

4 TIPPS für die Hausapotheke

1. **Die Hausapotheke alle 2–3 Monate auf Vollständigkeit überprüfen. Dabei auch das Verfallsdatum der Medikamente beachten.**
2. **Alle Medikamente immer mit Beipackzettel aufheben.**
3. **Reste von Tropfen oder Salben mit Antibiotika nur kurz aufbewahren. Sie werden schnell wirkungslos.**
4. **Alte Medikamente gehören nicht in den Abfall. Sie sollten zur Apotheke gebracht werden, dort werden sie entsorgt.**

305. Wann muss ich zum Arzt?

Nicht bei jedem Wehwehchen muss man gleich zum Arzt gehen. Vieles kann man selbst behandeln und es gibt einige Medikamente auch ohne Rezept. Doch Vorsicht: Manchmal ist eine ärztliche Behandlung notwendig und diese sollte nicht durch eigene Behandlungsversuche verzögert werden. In folgenden Situationen ist eine Selbstmedikation nicht sinnvoll:

– Beschwerden, die nach 2 Wochen Selbstmedikation immer noch da sind, gehören unbedingt in die Hand eines Arztes.

– Bewusstseinsstörungen, Krämpfe, unklare Brust- und Bauchschmerzen sowie Herzrhythmusstörungen müssen immer vom Arzt untersucht werden.
– Dauert Fieber länger als 3 Tage an und gibt es keinen bekannten Grund für das Fieber, wie beispielsweise eine Grippe, heißt es ab zum Arzt.
– Auch bei rezeptfreien Medikamenten gilt: Beipackzettel beachten, insbesondere die Gegenanzeigen und Wechselwirkungen.
– Ohne fachlichen Rat niemals verschreibungspflichtige alte Medikamente aus der Hausapotheke nehmen. Und: „Viel hilft viel" gilt nicht für Medikamente – immer erst eine niedrige Dosierung wählen.

TIPP

Es ist wichtig, die Namen der Medikamente und anderer Mittel zu kennen, die regelmäßig eingenommen werden. Die Namen am besten auf einem Zettel notieren und im Geldbeutel verstauen. So hat man sie auch im Notfall parat.

306. Beipackzettel verstehen

Beipackzettel quälen Patienten oft mit medizinischem Fachchinesisch. Rund drei Viertel der Betroffenen lesen ihn zwar, aber verstehen vieles nicht. Nicht verwunderlich ist also, dass jeder Fünfte seine Arzneimittel in den Müll wirft, weil ihn das Gelesene so abschreckt.

– Der Beipackzettel dient vor allem dem Schutz des Patienten. Er enthält alle wichtigen Informationen über die Zusammensetzung und Wirkungsweise des Arzneimittels. Daher in aller Ruhe lesen und bei Unklarheiten den Arzt oder Apotheker fragen.
– Insbesondere Allergiker sollten die Hinweise auf dem Beipackzettel lesen. Das kann schwere allergische Komplikationen vermeiden.
– Nebenwirkungen: Die meisten stolpern erst einmal über die vielen Nebenwirkungen, die aufgeführt sind. Angegeben ist, wie viel Prozent der Patienten nach Anwendung des Mittels Schwierigkeiten hatten: Sehr selten bedeutet in 0,1 Prozent der Fälle; selten bedeutet in 1 Prozent; gelegentlich bedeutet in 1–10 Prozent; häufig bedeutet in mehr als 10 Prozent. Das heißt also: Selbst wenn Nebenwirkungen häufig auftreten, ist lediglich jeder Zehnte betroffen.
– Treten während oder nach der Anwendung des Medikaments irgendwelche gesundheitlichen Veränderungen oder körperlichen Beeinträchtigungen auf, sofort den Arzt aufsuchen. Besonders, wenn diese Veränderung im Beipackzettel als Nebenwirkungen aufgelistet sind.
– Der Hersteller muss im Beipackzettel auch Einzelfälle aufführen. Das sind zahlenmäßig noch nicht richtig erfasste Ereignisse oder Verdachtsfälle.
– Gegenanzeigen: Eine Schwangerschaft oder bestimmte Erkrankungen schließen die Anwendung des Mittels von vornherein aus. Manche Gegenanzeigen müssen strikt eingehalten werden (absolute Gegenanzeige), manche lassen dem Arzt mehr Handlungsspielraum (relative Gegenanzeige, Anwendungsbeschränkung). In solchen Fällen muss der Arzt – und nur der Arzt! – Nutzen und Risiko abwägen.
– Wechselwirkungen mit anderen Mitteln: Nicht jedes Mittel verträgt sich mit jedem anderen. Aber nicht nur andere Arzneimittel, auch Lebens- und Genussmittel können unerwünschte Wechselwirkungen mit dem Medikament eingehen. Daher auf Kaffee, Alkohol, Grapefruitsaft oder Milchprodukte verzichten, wenn der Beipackzettel dies so vorschreibt.
– Dosierung, Art und Dauer der Anwendung: Die Dosierung schreibt der Arzt vor. Sowohl zu viel als auch zu wenig des Wirkstoffs können das Gelingen der Therapie aufs Spiel setzen. Genauso wichtig ist der vorgeschriebene Zeitpunkt der Anwendung.

MEDIKAMENTE FÜR KINDER

Meist sollen Kinder Medikamente nehmen, weil sie eine Infektion und hohes Fieber haben. Nur schlucken vor allem Kleinkinder nicht gerne Tabletten, machen den Mund nicht auf oder spucken die Pillen beharrlich wieder aus. Tipps und Tricks dazu bitte auf Seite 301 im Kapitel „Kinder haben" nachlesen.

307. Antibiotika richtig nehmen

Ein gesunder Körper bekämpft viele Infektionen ohne fremde Hilfe. Antibiotika werden eingesetzt, wenn schwere Folgeerkrankungen entstehen können oder der Körper für die Abwehr zu schwach ist. Einiges gilt es bei der Behandlung zu beachten.

– Antibiotika bekämpfen Bakterien, gegen Viren oder Pilze sind sie machtlos.
– Antibiotika-Therapien nicht frühzeitig selbst abbrechen. Die Infektion kann verstärkt wieder aufflackern, auch wenn die Symptome bereits verschwunden waren. Zudem besteht die Gefahr, dass die Keime gegen das Antibiotikum immun werden und es nichts mehr nützt.
– Antibiotika nicht mit Milchprodukten einnehmen. Im Magen bilden sich daraus Komplexe, die vom Körper nicht mehr aufgenommen werden können.
– Keine alten Antibiotika-Reste aus der Hausapotheke nehmen, nur weil die Symptome so ähnlich wie beim letzten Mal waren.
– Manche Antibiotika können bei Frauen die Wirkung der Anti-Baby-Pille beeinträchtigen. Genaue Hinweise stehen im Beipackzettel.
– Wer einmal allergisch auf ein Antibiotikum reagiert hat, darf dieses Antibiotikum oder eines, das ihm sehr ähnlich ist, nicht mehr nehmen. Das kann zu lebensbedrohlicher Atemnot oder zum Kreislaufkollaps führen.
– Antibiotika bekämpfen nicht nur die eingedrungenen Erreger, die uns bedrohen. Auch die Darmbakterien, die für eine gute Verdauung und ein starkes Immunsystem notwendig sind, werden dadurch abgetötet. Durchfälle oder Pilzbefall können die Folge sein. Daher ist es wichtig, nach der Behandlung mit Antibiotika die Darmflora wieder aufzubauen. Zum einen sind entsprechende Bakterien in Joghurt enthalten, zum anderen gibt es rezeptfrei in der Apotheke spezielle Präparate, die getrocknete Bakterien in Kapselform anbieten.

308. Pillen aus dem Internet

Dubiose Web-Apotheken überfluten die Rechner weltweit mit Werbe-E-Mails. In ihren Angeboten locken sie mit Viagra®, Valium® oder Lifestyle-Präparate, ganz ohne Rezept und zu scheinbar günstigen Preisen. Häufig steckt in den Präparaten aber nicht der versprochene Wirkstoff.

– Auch wenn viele Abzocker unterwegs sind: Es läuft auch ein legaler Versandhandel von rezeptpflichtigen und -freien Medikamenten über seriöse Anbieter. Für diese gelten die gleichen hohen Maßstäbe im Hinblick auf Verbraucherschutz und Arzneimittelsicherheit wie für die öffentlichen Apotheken vor Ort.
– Trotzdem gibt es ganz unterschiedliche Angebote. Das hat Auswirkungen auf Preise, Zuzahlung, Lieferbedingungen und die Abrechnung mit den Kassen. Der Vergleich lohnt sich für jeden, der im Internet Medikamente bestellen will.
– Manche Versandhändler rechnen direkt mit den Kassen ab, andere nicht. Rechnet der Versandhändler nicht direkt mit der Krankenkasse ab, müssen die Patienten die Erstattung selbst bei ihrer Kasse beantragen – sie müssen also finanziell in Vorleistung gehen.
– Seriöse Anbieter fordern für rezeptpflichtige Medikamente auch ein Rezept. Erst dann wird das Medikament verschickt. Es können also mehrere Tage vergehen, bis es beim Patienten ankommt.
– Fordert ein Medikamentenanbieter kein Rezept oder gibt es nur ein Online-Formular, das automatisch ein Rezept unbekannter Herkunft generiert, sollte man die Finger davon lassen.
– Fälscher vertreiben häufig verdünnte Originalware oder Pillen ohne jeglichen Wirkstoff, die nur Mehl, Kalk und Pigmente enthalten.

309. Selbstmedikation mit Heilkräutern

Kräutermedizin gilt prinzipiell als natürlich und gesund. Das stimmt nicht ganz, denn selbst altbewährte Heilpflanzen können unerwünschte Nebenwirkungen haben. Bei der Selbstmedikation gelten folgende Regeln:

– Heilen mit Kräutern ist bei leichten Beschwerden sinnvoll. Lassen diese nach 2–3 Wochen nicht nach oder kehren zurück, sobald man das Mittel absetzt, sollte man unbedingt einen Arzt aufsuchen. Das gilt auch, wenn Hautauschläge, Atem- oder Kreislaufbeschwerden auftreten.
– Heilpflanzen lassen sich optimal zur Stärkung geschwächter Organe oder zur Vorbeugung von Krankheiten verwenden. Kamille beispielsweise beruhigt einen chronisch angegriffenen Magen und beugt in Stresszeiten psychischen Spannungen vor, Sonnenhut (Echinacea) unterstützt die Therapie bei Infektionen.
– Viele Heilpflanzen eignen sich nicht zur Daueranwendung. Sonnenhut beispielsweise unterstützt das Immunsystem, wenn sich eine Erkältung ankündigt. Nimmt man es länger ein, hat es die entgegengesetzte Wirkung und schwächt die körpereigene Abwehr.
– Heilpflanzen erkennen, sammeln und verarbeiten ist eine Wissenschaft für sich, die viel Erfahrung und Wissen voraussetzt. Wer sich nicht auskennt, ver-

wechselt möglicherweise ähnlich aussehende Kräuter oder verwendet die falschen Teile einer Pflanze. Im günstigsten Fall zeigt sich keine Wirkung, in ungünstigen Fällen kann es auch zu Vergiftungen kommen.
– Kräuter am Rand gedüngter und gespritzter Wiesen oder am Ufer schmutziger Bäche können mit Schadstoffen belastet sein. Sicherer ist es deshalb, getrocknete Kräuter und Tinkturen in der Apotheke zu kaufen. In der Apotheke kann man sich auch über mögliche Nebenwirkungen informieren.
– Vorsicht bei importierten Kräutern, vor allem wenn man sie aus dem Internet bezieht. Sie können erheblich mit Schadstoffen belastet sein und entsprechen nicht unseren Reinheitskriterien.

310. Homöopathika

„Ähnliches mit möglichst Ähnlichem heilen", so lautet das Wirkprinzip der Homöopathie. Ihre Arzneimittel sind möglichst individuell an die Symptome und den Menschen angepasst, der sie einnimmt. Daher gibt es beispielsweise nicht das eine Mittel gegen Kopfschmerzen, sondern gegen diese Beschwerden bei gleichzeitiger geistiger Erschöpfung oder Schmerzen mit Reizbarkeit.

– Ausgangsstoffe für homöopathische Medikamente sind Mineralien, Pflanzen, tierische oder chemische Produkte. Manche Mittel werden auch aus Krankheitsprodukten wie Eiter gewonnen.
– Von großer Bedeutung ist die Potenzierung. Darunter versteht man die Verdünnung der ursprünglichen Substanz. So bedeutet die Verdünnungsstufe D 12 dass 1 Tropfen der Urtinktur in 10^{12} Tropfen Verdünnungsmittel vermischt wurde. Verdünnt wird die Ursubstanz in Alkohol oder Milchzucker.
– In der Homöopathie bedeutet Potenzierung Kraftentfaltung. Je stärker ein Mittel verdünnt ist, desto höher sein Wirkpotenzial.
– Meist werden die Medikamente in Form von Globuli verabreicht. Der potenzierte Stoff ist dann in Zuckerkügelchen gemischt, die man auf der Zunge zergehen lässt. In Tabletten ist der Wirkstoff mit Milchzucker in Tablettenform gepresst, bei Tropfen mit Alkohol verdünnt. Selten werden aus Wirkstoffen Salben hergestellt.
– Akute Beschwerden können selbst behandelt werden. Bei chronischen Krankheiten sollte ein Homöopath zu Rate gezogen werden. Er wird die Therapie individuell an die Konstitution des Patienten anpassen.

311. Arztwahl – was brauche ich?

Einem Arzt vertraut man seine Gesundheit und seinen Körper an. Idealerweise ist der Arzt ein Partner, der einen eine lange Zeit begleitet. Nur so ist es möglich, Vertrauen aufzubauen. Und Vertrauen ist wichtig, damit man auch intime oder mit Scham besetzte Probleme ansprechen kann. Am besten sucht man sich einen geeigneten Arzt, solange man gesund ist. Das Urteilsvermögen ist dann besser.

Zuerst gilt es, persönliche Erwartungen und Ansprüche zu erkennen:
– Soll der Arzt eine Zusatzqualifikation wie zum Beispiel in der Homöopathie oder Akupunktur haben?
– Ist eine eher familiäre Atmosphäre in der Praxis vertrauenserweckend oder ist es die Sicherheit technischer Geräte?
– Mit wem lässt sich Intimes besser besprechen, mit einem Mann oder einer Frau?
– Wem schenke ich mehr Vertrauen: einem jungen Arzt, dem die neuesten wissenschaftlichen Entdeckungen geläufig sind, oder einem älteren Arzt, der über einen langen Erfahrungsschatz verfügt?
– Soll der Arzt auch Hausbesuche machen oder ist immer jemand greifbar, der einen in die Praxis fährt?

312. Arztwahl – was bietet der Arzt?

Sind die eigenen Wünsche klar, gilt es nun den richtigen Kandidaten zu finden. Am einfachsten ist es zunächst, äußere Gegebenheiten zu überprüfen.

– Wie sind die Öffnungszeiten der Praxis? Gibt es Abend- und Samstagsprechstunden? Macht der Arzt auch Hausbesuche? Gibt es Parkplätze in der Nähe und wie ist die Anbindung an öffentliche Verkehrsmittel?
– Mit welchen anderen Ärzten arbeitet der Arzt zusammen? Sind diese in der Nähe? Mit welchen Krankenhäusern arbeitet der Arzt zusammen?
– Gibt es Termine innerhalb kurzer Zeit oder muss man sie Wochen vorher vereinbaren? Wie sieht es mit den Wartezeiten aus? Vergibt die Praxis Termine, die eingehalten werden oder kommt der zuerst dran, der früher da war?
– Wirken die Arzthelferinnen gehetzt oder beantworten sie auch Fragen in Ruhe? Haben sie auch Namensschilder, damit man sie gezielt ansprechen kann?

– Bietet die Praxis auch spezielle Dienste an, wie beispielsweise Asthmaschulungen oder auch Ernährungsberatung?

313. Arztwahl – auf den Bauch hören

Bevor man sich nun endgültig für einen Arzt entscheidet, sollte man auch auf die innere Stimme vertrauen. Wie war der erste Kontakt mit dem Arzt?

– Wie gehen Arzt und Mitarbeiter miteinander um? Wer Mitarbeiter respektlos behandelt, wird auch Patienten gegenüber wenig Respekt zeigen.
– Wie war das Wartezimmer? Gab es nur Illustrierte oder auch Patientenratgeber, die informieren?
– Wie sieht es mit dem Datenschutz aus? Liegen Karteikarten offen rum, sodass jeder sie einsehen kann?
– Konnten alle Fragen gestellt werden und wurden sie auch beantwortet? Waren die Antworten verständlich oder nur eine Aneinanderreihung von Fachbegriffen? Hat der Arzt auf Nachfragen auch Fachbegriffe erklärt?
– Hat sich der Arzt Zeit genommen oder wirkte er gehetzt? Wurde er immer wieder durchs Telefon oder durch Personal unterbrochen, sodass kein gutes Gespräch möglich war?

314. Auf den Arztbesuch vorbereiten

Viele Menschen sind beim Arzt aufgeregt und vergessen, was sie fragen wollten. Daher ist es häufig hilfreich, sich zu Hause in Ruhe einen Spickzettel zu erstellen. So kann alles Wichtige besprochen werden.

– Wie sind die Beschwerden? Wo genau tut es weh? Seit wann und wie häufig? Bei welchen Begleitumständen?
– Wechselt die Intensität der Beschwerden im Lauf des Tages? Nach Möglichkeit dann zum Arzt gehen, wenn die Schmerzen besonders intensiv sind.
– Was wurde bisher gegen die Beschwerden unternommen, was hat geholfen und was nicht? Alle Medikamente aufschreiben, auch Vitaminpräparate oder Heiltees.
– Eine Liste früherer Krankheiten, wichtiger Untersuchungsbefunde und Operationen erstellen. In der Aufregung vergisst man meist einen Teil.
– Denken Sie an Unterlagen, die Sie mitnehmen müssen wie Röntgenbilder, Impfpass usw.

315. Patientenrechte wahrnehmen

Jeder Patient hat das Recht, über seine Krankheit und die Behandlung ausführlich aufgeklärt zu werden. Ein Arzt darf erst nach Zustimmung des Patienten tätig werden.

– Unterlagen über die Krankheit wie Laborwerte, und über die bisherige Behandlung müssen auf Wunsch des Patienten auch anderen Ärzten überlassen werden.
– Patienten haben das Recht, ihre Unterlagen einzusehen. Sie können die Krankenunterlagen auch jederzeit kopieren. Auch technische Befunde wie Laborwerte oder Röntgenbilder darf ein Patient anfordern.
– Der Inhalt von Arztbriefen ist kein Geheimnis. Jeder Patient hat ein Recht, darüber informiert zu werden.
– Die ärztliche Schweigepflicht gilt auch gegenüber Arbeitgeber oder Krankenkasse. Erst wenn der Arzt vom Patienten von seiner Schweigepflicht entbunden wird, darf er Informationen weitergeben.

316. Heilpraktiker auswählen

Heilpraktiker dürfen ohne geregelte Ausbildung medizinisch tätig sein. Einzige Vorraussetzung: Sie müssen eine Prüfung beim Gesundheitsamt bestehen. Während Ärzte beispielsweise für die Zusatzbezeichnung „Homöopathie" eine bestimmte Weiterbildung nachweisen müssen, können Heilpraktiker diese Behandlungsform direkt nach der Prüfung anbieten.

– Unbedingt nach der Erfahrung auf einem Gebiet fragen: Wie lange beschäftigt sich der/die Heilpraktiker/in mit dieser Methode und wo hat er/sie diese gelernt? Eventuell einen Weiterbildungsnachweis zeigen lassen.
– Einen Behandlungsplan erstellen lassen. Er sollte beinhalten, wie welches Ziel erreicht werden soll. Anhand dieses Plans kann von anderen Heilpraktikern der Therapieverlauf eingeschätzt werden.
– Nach den Kosten der Behandlung fragen. In den meisten Fällen müssen die Betroffenen die Kosten selbst tragen. Seriöse Heilpraktiker orientieren sich am Gebührenverzeichnis für Heilpraktiker. Heilpraktikerverbände verschicken ihn auf Anfrage auch an Privatpersonen.
– Heilpraktiker müssen genauso wie Ärzte sorgfältig über die Risiken einer Behandlung aufklären und darüber hinaus auf die Erfolgschancen der alternativen Behandlung im Vergleich zur schulmedizinischen hinweisen.

317. Psychotherapeuten auswählen

Der Psychomarkt boomt. Mittlerweile werden allerorts lauthals überzogene Heilsversprechungen angepriesen. Ein guter Therapeut ist Begleiter auf der Suche nach dem richtigen Weg. Eine vertrauensvolle Beziehung ist hier besonders wichtig. Daher sollte der Therapeut gut gewählt sein, damit am Ende nicht nur sein Geldbeutel einen Nutzen hat. Folgende Berufsgruppen können Therapien anbieten:

– Ärzte müssen nach dem Studium eine geregelte Weiterbildung nachweisen, um psychotherapeutisch tätig werden zu können.
– Psychologen bedürfen ebenfalls einer zusätzlichen Weiterbildung zum Studium.
– Heilpraktiker dürfen nach der Prüfung vor einem Amtsarzt psychotherapeutisch tätig sein. Diese Prüfung soll jedoch in erste Linie sicherstellen, dass der künftige Heilpraktiker nicht zum Schaden der Volksgesundheit wirkt.
– Sozialarbeiter und Pädagogen können nach einer zusätzlichen Ausbildung auch psychotherapeutisch arbeiten. Meist sind sie aber nicht in den Bereichen Psychoanalyse und Verhaltenstherapie tätig.
– Lebens- und Managementberater, Beziehungsberater, Astrologen sowie auch Leiter psychologischer Workshops oder Seminare zählen sich zwar selbst auch zu den Therapeuten, haben aber sehr häufig keine fundierte Ausbildung.

BERATUNG STATT PSYCHOTHERAPIE

Viele Institutionen wie Wohlfahrtsverbände, Kirchen oder Gemeinden haben Beratungsstellen. An sie können sich Menschen in Krisensituationen wenden. Zwei oder drei Gespräche mit erfahrenen Beratern helfen meist, die Situation zu bewältigen.

Solche Krisensituationen können sein:
- **Ehekrisen**
- **Trennung oder Scheidung**
- **Verhaltensauffälligkeiten von Kindern**
- **Tod von nahe stehenden Personen**
- **Akute seelische Krisen durch Arbeitsverlust oder Einsamkeit**

5 HINWEISE
wie ein Therapeut nicht sein sollte

1. **Der Therapeut möchte bereits vor der Behandlung sein Geld sehen.**
2. **Der Therapeut spricht mehr als der Patient, unterbricht häufig und deckt ihn mit Ratschlägen zu.**
3. **Der Therapeut wirkt nicht professionell, wird beleidigend, sarkastisch oder wütend.**
4. **Der Therapeut kommt oft zu spät, verändert den Zeitplan oder drängt den Patienten, mehr Stunden zu nehmen.**
5. **Der Therapieraum ist nicht schalldicht oder nicht vom privaten Bereich abgegrenzt, so dass andere mithören können.**

318. Ist Psychotherapie sinnvoll?

In New York ist es schick, sich regelmäßig auf die Couch eines Therapeuten zu legen. Ob es wirklich notwendig ist, ist eine andere Sache. Die Grenze zwischen normalem Verhalten und belastendem, das dann zum Lebensmittelpunkt wird, ist fließend. Den Herd zu kontrollieren, bevor das Haus verlassen wird, gilt als normale Handlung, muss man dagegen 10-mal nachschauen, ist es auffällig. Meist entscheiden sich Menschen aber erst für eine Psychotherapie, wenn sie unter einem hohen Leidensdruck stehen und beispielsweise das Haus nicht mehr verlassen können aus Angst vor einem Brand, ausgelöst durch den eingeschalteten Herd. Folgende Verhalten könnten belastend sein:

– Verhaltens- oder Beziehungsmuster tauchen immer und immer wieder auf. Die x-te Partnerschaft zerbricht am gleichen Problem.
– Ein bestimmtes Verhalten stört den normalen Alltag. Beispiele dafür sind ein quälender Waschzwang oder auch Ordnungswahn.
– Alltägliche Dinge wie Einkaufen, Bahnfahren oder Autofahren sind nicht mehr möglich. Das Leben wird

durch bestimmte Ängste kompliziert. Dazu zählt unter anderem die Angst vor engen Räumen.
– Psychosomatische Beschwerden wie Kopf- oder Rückenschmerzen treten gehäuft auf.
– Bei Meinungsverschiedenheiten dominiert die Unterlegenheit und Aussichtlosigkeit.
– Belasten solche und ähnliche Muster das tägliche Leben, ist ein Gespräch mit einem Therapeuten empfehlenswert. Dieser entscheidet zusammen mit dem Betroffenen, ob eine Therapie sinnvoll ist.

319. Mit Asthma leben

Asthma ist eine Erkrankung der Lunge. Sie reagiert dabei auf bestimmte, eigentlich harmlose Stoffe mit einer Verkrampfung der Atemwege. Bei einem akuten Anfall entsteht Atemnot, die lebensbedrohlich werden kann. Diese Anfälle können vermieden werden. Dazu gilt es einige Punkte zu beachten.

– Starke Auslöser sind Zigaretten, Zigarren, Pfeife bzw. deren Rauch. Keinesfalls rauchen und stark verrauchte Räume meiden.
– Allergene vermeiden: Bei Allergie auf Hausstaubmilben lieber auf Gänsefedern verzichten und synthetische Bettwäsche vorziehen. Bei Tierhaarallergie keine Haustiere halten. Bei Gräser- und Pollenallergie lange Spaziergänge in der Natur vermeiden.
– Ein vernünftiges Maß Ausdauersport „härtet“ auch die Lunge ab. Dabei nach Möglichkeit durch die Nase atmen. Keine übertriebene körperliche Anstrengung unternehmen. Rücksprache mit dem Arzt halten, ob vor dem Sport atemwegerweiternde Medikamente genommen werden sollen.
– Die verordneten Medikamente wirklich regelmäßig einnehmen. Notfallmedikamente für den Asthmaanfall sollten immer griffbereit sein.
– Asthmasprays wirken nur, wenn sie auch richtig inhaliert werden. Das muss man üben.
– Stress möglichst vermeiden bzw. lernen, sich zu entspannen und mit Stress umzugehen. Aufregungen können einen Anfall auslösen.
– Umgebung, wie die Familie oder die Arbeitskollegen, aufklären, was im Notfall zu tun ist.
– Täglich die Lungenfunktion mit einem „Peak-Flow-Meter“ überprüfen. Dieses Gerät misst die Lungenfunktion und zeigt an, ob sie sich verschlechtert hat und sich eventuell ein Asthmaanfall anbahnt.
– Kalte Luft ist gefährlich, daher bei sehr kalter Witterung nicht rausgehen.
– Nicht mit vollem Magen schlafen. Gelangt Magensäure über die Speiseröhre in die Lunge, kann es zum Asthmaanfall kommen.
– Nach kortisonhaltigen Asthmasprays den Mund ausspülen oder eine Kleinigkeit essen. Bleibt das Kortison im Mund, können sich Pilze ansiedeln.
– An einer Asthmatikerschulung teilnehmen, die von vielen Ärzten angeboten wird. Hier lernt man den richtigen Umgang mit der Krankheit, außerdem Atemtechniken für den Notfall wie Kutschersitz und Lippenbremse (siehe SOS-Tipp auf dieser Seite).

TIPP

Eine Klima-Kur am Meer oder im Gebirge kann Asthma verbessern. 6 Wochen an der Nordsee oder am Atlantik oder 6 Wochen über 2000 m Höhe sind sehr wirkungsvoll. Besonders gut ist der Aufenthalt auf geologisch altem Gestein wie im Ötztal, im Engadin oder Wallis.

S.O.S.-TIPP

Atemtechniken für den Notfall:
- **Kutschersitz: Im Sitzen die Arme auf den Oberschenkeln oder auf einer Tischplatte abstützen, damit der ganze Brustkorb das Ausatmen unterstützen kann.**
- **Lippenbremse: So langsam wie möglich gegen den Druck der locker geschlossenen Lippen ausatmen. Dabei blähen sich die Wangen etwas auf. Bei dieser Technik wird der Atemstrom abgebremst und die Bronchien bleiben geöffnet.**

320. Akuten Asthmaanfall behandeln

Die Muskulatur der Atemwege verkrampft sich, die Schleimhäute schwellen an. Zäher Schleim verengt die Atemwege. Die Folge sind Atemnot, Kurzatmigkeit und Husten. Jetzt heißt es Ruhe bewahren und möglichst schnell handeln.

– Sofort die Notfallmedikamente einnehmen.

– Kleidung lockern, sofern sie einengt.
– Fenster öffnen. Doch Vorsicht, wenn gerade Pollenflug ist oder viele Abgase in der Luft sind, kann sich die Lage eher noch verschlechtern.
– Spezielle Atemtechniken wie Lippenbremse und Kutschersitz (siehe SOS-Tipp, Seite 177) anwenden, damit das Atmen erleichtert wird.
– Wird es nicht nach wenigen Minuten besser, erneut Notfallmedikament nehmen.
– Hilft auch das zweite Notfallmedikament nicht innerhalb weniger Minuten, unbedingt den Notarzt rufen.

321. Allergien erkennen

Immer mehr Leute erkranken an Allergien – und die sind nicht immer leicht zu erkennen. Folgende Symptome weisen auf eine Allergie hin.

– Scharf begrenzte, juckende Quaddeln auf der Haut. Besteht die Allergie länger, finden sich flächenhafte, juckende Hautrötung mit Knötchen oder Bläschen, verbunden mit Schuppung und Krustenbildung.
– Die Augenlider sind geschwollen, entzündet oder feucht-verklebt.
– Entzündungen von Hals-, Nasen-, Rachenraum sowie Heuschnupfen.
– Manchmal treten auch Durchfall, Erbrechen und kolikartige Bauchschmerzen auf.

322. Allergien behandeln – ohne Medikamente

Allergiker müssen nicht unbedingt zu Medikamenten greifen, um eine Allergie zu kontrollieren. Die wichtigste nicht-medikamentöse Behandlung ist die Vermeidung des Kontakts mit den Auslösern. Andere Behandlungen beeinflussen das aus dem Gleichgewicht geratene Immunsystem. Behandlungsalternativen sind:

– Eine Darmsanierung (Symbioselenkung) bringt das Immunsystem wieder ins Gleichgewicht. Durch die Einnahme getrockneter Darmbakterien (Apotheke) und Vollwertkost regeneriert sich die Darmflora und die allergischen Beschwerden verbessern sich.
– Die Homöopathie versucht Gleiches mit Gleichem zu bekämpfen. Insektengiftallergiker bekommen beispielsweise eine nach festen Regeln extrem verdünnte (potenzierte) Ameisensäure verabreicht. Diese Therapie sollte nicht als Selbstmedikation erfolgen, ein erfahrener Therapeut ist wichtig, da es zu überschießenden Immunreaktionen kommen kann.
– Physikalische Reize wie Wassertherapie, Heilquellen, Lichttherapie, Wärme oder Kälte helfen, das Immunsystem umzustimmen.
– Akupunktur kann leichte allergische Beschwerden und Asthma lindern.
– Auch eine Eigenbluttherapie kann das Immunsystem umstimmen. Da sie aber überschießende Immunreaktionen provozieren kann, muss sie bei einem erfahrenen Therapeuten gemacht werden.
– Eine Bioresonanztherapie kann bei Allergikern die Symptome verbessern.

323. Allergie gegen Hausstaubmilben

Hausstaubmilben finden sich in jeder Wohnung (nur über 1500 m über dem Meeresspiegel gibt es keine Hausstaubmilben). Besonders gern leben sie im Bett. Dort ernähren sie sich von Hautschuppen und Pilzen. Ihr Kot verursacht oft lästige Allergien. So kann man die Milben rausekeln:

– Das Bettzeug regelmäßig bei 60 Grad mit speziellen Antimilben-Waschmitteln waschen. Matratze und Bettwäsche mit milbenundurchlässigen Bezügen beziehen.
– Keine Polstermöbel ins Schlafzimmer stellen. Auf Staubfänger wie Trockenblumen oder Gardinen verzichten. Plüschtiere gelegentlich für 24 Stunden bei -18 Grad in die Tiefkühltruhe geben.
– Nur Staubsauger mit speziellem Hausstaubfilter verwenden und mindestens 1-mal pro Woche Matratzen, Polstermöbel und Teppiche saugen. Staub feucht, nicht trocken aufwischen. Täglich lüften, das hält die Luftfeuchtigkeit niedrig.
– Als Allergiker das Bettenmachen, Staubwischen und Staubsaugen einem Nicht-Allergiker überlassen.

324. Allergie auf Tierhaar

Tierhaarallergiker reagieren meist nur allergisch auf bestimmte Haustiere wie Hunde oder Katzen. Nicht die Haare des Tieres lösen die Beschwerden aus, sondern vielmehr die daran klebenden Hautschuppen, Speichelreste und Exkremente.

– Den Kontakt mit den Tierarten, auf die man allergisch ist, meiden. So weh es auch tut, sich notfalls vom geliebten Haustier trennen. Nach jedem Tier- oder Tierfellkontakt die Hände waschen.
– Jeder Besucher, der die Wohnung eines Allergikers betritt, sollte vorher seine Schuhe ausziehen und sie vor der Tür stehen lassen. Schuhe erst feucht abwischen und dann mit in die Wohnung nehmen.
– Vor Besuchen in fremden Wohnungen nach vorhandenen Haustieren erkundigen.

TIPP

Heuschnupfen-Allergiker sollten die Pollenflugzeiten genau kennen, um sich den Pollen nicht unnötig auszusetzen. Bei frühlingshafter Wetterlage kann die Heuschnupfensaison oft schon im Februar beginnen. Hier zur Übersicht ein kleiner Pollenflugkalender:

- **Februar bis April: Erle, Hasel, Ulme.**
- **März bis Mai: Pappel, Weide, Birke, Eiche, Esche, Flieder, Platane.**
- **April bis Juni: Hopfen, Holunder.**
- **April bis Juli: Löwenzahn, Hafer, Mais, Roggen, Weizen, Spitzwegerich.**
- **April bis August: Raps.**
- **Mai bis September: Spitzwegerich, Brennnessel, Goldrute.**
- **Mai bis Juli: Gerste, Linde, Beifuß, Ruchgras, Wiesenrispengras, Knäuelgras, Goldhafer, Kammgras.**

325. Heuschnupfen

Sobald im Frühjahr die ersten Pollen fliegen, läuft, juckt und brennt bei manchen die Nase, und die Augen schwellen an. Heuschnupfenbeschwerden lassen sich mit einigen Tricks mildern.

– Die meisten Pollen fliegen morgens zwischen 4:00 und 6:00 Uhr durch die Luft. In dieser Zeit Fenster schließen. Die Pollenkonzentration sinkt in den Abendstunden zwischen 19:00 und 24:00 Uhr. In dieser Zeit empfiehlt es sich, zu lüften.
– Beim Autofahren Lüftung ausschalten und das Fenster geschlossen halten.
– Täglich Staub saugen, um die Pollen von Teppichen und Möbeln zu entfernen. Straßenkleidung außerhalb des Schlafzimmers ablegen. Abends Haare waschen.
– Pollenflugvorhersagen in Tageszeitungen oder Radio beachten. Wenn möglich, in der kritischen Zeit Urlaub in den Bergen oder am Meer machen.

326. Kreuzallergien erkennen

Wer an einer Allergie leidet, muss sich auch vor so genannten Kreuzreaktionen in Acht nehmen. Manchmal verwechselt der Körper Allergieauslöser. So kann ein Birkenpollenallergiker beispielsweise auch auf Äpfel überreagieren. Einige Beispiele für Verwechslungen sind:

- **Birkenpollen**: Frischobst wie Apfel, Birne, Brombeere, Erdbeere, Himbeere, Aprikose, Zwetschge, Quitte, Litschi, Haselnuss, Mandel, Sellerie.
– **Beifußpollen**: roher Sellerie, Küchenkräuter, Gewürze (Anis, Koriander, Zimt etc.).
– **Gräserpollen**: Getreide (Roggen, Hafer, Weizen, Gerste), Hülsenfrüchte (Soja, Erdnüsse etc.)
– **Latex** (Kautschuk): Ficus benjamini, Avocado, Feige, Banane, Kiwi, Passionsfrucht, Papaya, Sellerie, Tomate, Kartoffeln, Buchweizen.
– **Hausstaubmilben**: andere Milbenarten wie Vorratsmilbe und Krustentiere (Krebse, Krabben, Shrimps, Garnelen, Langusten, Hummer).
– **Nüsse und Samen**: Cashew, Erdnuss, Haselnuss, Mandel, Mohn, Pistazien, Sonnenblumensamen, Sesam und Walnuss.
– **Hühnereiweiß** (Eiklar): Ente, Gans, Truthahn. Viele Betroffenen vertagen auch das Fleisch dieser Tiere nicht.
– **Fischeiweiß**: Aal, Kabeljau, Karpfen, Thunfisch, Seezunge.

327. Husten behandeln

Husten ist ein Schutzmechanismus des Körpers. Er reinigt die Atemwege. Akuter Husten dauert weniger als 3 Wochen an. Meist sind Erkältungskrankheiten die Ursache. Hört der Husten nicht auf oder kommen hohes Fieber oder blutiger Auswurf dazu, einen Arzt zu Rate ziehen. Folgendes kann man bei Husten selbst machen:

– Das Rauchen einstellen, da Zigaretten die Atemwege zusätzlich reizen. Viel trinken, damit der Schleim nicht eindickt. Flüssiger Schleim lässt sich leichter abhusten.

– Die Luftfeuchtigkeit kontrollieren. Sie sollte über 50 Prozent liegen. Bei trockener Zimmerluft feuchte Tücher aufhängen. Vorsicht mit Wasserbehältern, dort tummeln sich oft massenhaft Erreger.
– Hustenstillende Medikamente nur bei trockenem Husten wie etwa Reizhusten einnehmen. Bei schleimproduzierendem Husten sind schleimlösende Medikamente (Apotheke) sinnvoll, um zähen Schleim zu verflüssigen. Dann kann er leichter abgehustet werden.

328. Hausmittel gegen Husten und Bronchitis

Husten muss selten mit Medikamenten aus der Apotheke behandelt werden. Die Natur bietet zahlreiche Rezepte, den Husten zu lindern.

– **Pflanzliche Aufgüsse:** Getrocknete Blüten oder Blätter (zum Beispiel Kamilleblüten) mit kochendem Wasser aufgießen und inhalieren (siehe Ratschlag Nr. 331 auf der Seite rechts).
– **Warme Kartoffelwickel:** Etwa 7 Pellkartoffeln kochen, etwas abkühlen lassen, schälen, zerdrücken und in eine Mullbinde geben. Handtuch auf die Brust legen, Kartoffeln drüberlegen und mit einem Wollschal umwickeln. Etwa 1 Stunde einwirken lassen.
– **Quarkwickel:** Körperwarmen Quark etwa 1 cm dick auf eine Mullbinde streichen und um Brust und Rücken wickeln. Handtuch darüber legen und am besten über Nacht einwirken lassen.
– **Kalte Zitronenwickel:** Handtuch in reinen Zitronensaft tauchen und auf die Brust legen. Mit zweitem Handtuch umwickeln und bis zu 2 Stunden einwirken lassen. Vorsicht: Bei manchen Menschen kann Zitrone zu allergischen Hautausschlägen führen.
– **Krampflösende Hustentees:** 1 TL Thymiankraut mit 1/4 l heißem Wasser übergießen, 10 Minuten ziehen lassen. Täglich 3- bis 4-mal eine Tasse trinken. Statt Thymian kann man auch je 1 TL Anis- oder Fenchelsamen nehmen.
– **Schleimlösende Tees:** 1 TL Königskerzenblüten mit 1/4 l heißem Wasser übergießen, 10 Minuten ziehen lassen. Täglich 2- bis 3-mal eine Tasse trinken. Statt Königskerze kann man auch 1 TL Schlüsselblumen verwenden.
– **Entzündungshemmende Tees:** 1 TL Eibischblätter mit 1/4 l heißem Wasser übergießen, 10 Minuten ziehen lassen. Täglich 6- bis 8-mal eine Tasse trinken. Statt Eibischwurzel kann man auch 1 EL blaue Malvenblüten oder 1 TL Isländisches Moos verwenden.
– **Selbst gemachter Hustensaft:** 1 schwarzen Rettich halbieren und aushöhlen. Beide Hälften mit Honig füllen und 12 Stunden ziehen lassen. 3-mal täglich je 1 EL des Honig-Rettich-Saftes nehmen. Den Rest im Kühlschrank aufbewahren. Oder je 100 g gehackte Zwiebel und Kandiszucker kochen, bis sich der Zucker gelöst hat. Den Saft abseihen und im Kühlschrank aufbewahren. 3-mal täglich je 1 EL nehmen.

HUSTEN-ARTEN

- **Schleimproduzierender Husten: Meist sind Erkältungskrankheiten die Ursache. Der Schleim ist gelblich oder grünlich. Auch Asthma bronchiale oder andere allergische Erkrankungen führen zu einer gesteigerten Schleimproduktion. Dieser Schleim ist dann glasklar.**
- **Bluthusten: Husten mit blutigem Auswurf muss immer von einem Arzt untersucht werden. Tuberkulose, Herzschwäche oder Lungenkrebs können die Ursache sein.**
- **Reizhusten: Staub oder feine Partikel in der Lunge führen zum Hustenreflex. Manche Medikamente, wie beispielsweise bestimmte blutdrucksenkende Medikamente (ACE-Hemmer), verursachen Reizhusten als Nebenwirkung.**

329. Chronischen Husten ergründen

Chronischer Husten dauert mehr als 4–8 Wochen. Er kann verschiedene Ursachen haben und muss daher immer von einem Arzt untersucht werden. Die häufigsten Anlässe sind:

– Chronische Bronchitis (Raucherhusten)
– Erweiterung der Bronchien (Lungenemphysem)
– Chronische Nasennebenhöhlenentzündung
– Allergie und Asthma führen zu häufigem Husten und klarem Schleim
– Herzschwäche
– Rückfluss von Mageninhalt in die Speiseröhre
– Nebenwirkung von Medikamenten (zum Beispiel ACE-Hemmer)
– Lungenkrebs

330. Nasennebenhöhlen-Entzündung behandeln

Die Nasennebenhöhlen sind Hohlräume in den Gesichtsknochen, die in die Nase münden. Erkältungen oder Allergien sind die häufigste Ursache von Nasennebenhöhlen-Entzündungen. Ein Druckgefühl und Schmerzen im Kopf sind die Folge. Dauern die Beschwerden länger als 3 Wochen oder kommen sie häufig vor, ist es eine chronische Entzündung.

– Wichtige Hilfsmittel bei Nasennebenhöhlen-Entzündungen sind Nasensprays (Apotheke), die die Schleimhaut der Nase abschwellen lassen. So kann angestautes Sekret aus Nasennebenhöhlen abfließen. Nasensprays dürfen nicht mehr als 10 Tage verwendet werden. Sie können sonst zu Abhängigkeit führen.
– Nasenspülungen und Inhalationen mit 0,9-prozentigem Salzwasser (9 g Salz auf 1 l abgekochtes Wasser) verflüssigen das Sekret, sodass es besser abtransportiert werden kann. Die selbst gemachte Lösung ist 1 Tag haltbar. Es gibt auch fertige Portionsbeutel (Apotheke) zu kaufen.
– Viel trinken (3–4 l am Tag), um den Schleim zu verflüssigen. Ideal sind Wasser und Kräutertees.
– Gesicht mit Rotlicht bestrahlen. Rotlichtlampen gibt es in der Apotheke oder in Sanitätsfachgeschäften. Manchen Patienten tut ein Saunagang gut. Vorsicht: Nicht bei Fieber in die Sauna gehen.
– Das Kopfende des Bettes anheben. Liegt der Kopf höher, fließt der Schleim besser ab.
– Nachts eine Zwiebelhälfte neben das Bett stellen. Die Zwiebeldämpfe machen die Nase frei.
– Regelmäßig inhalieren (siehe Ratschlag Nr. 331).

331. Richtig inhalieren

Dampf lockert den Schleim. Folgende Mischungen sind gut gegen Erkältung, Schnupfen und Nasennebenhöhlenentzündungen.

– 1 Zwiebel hacken und mit 1/2 l Wasser aufkochen. Noch heiß einatmen. Vorsicht: Allergiker und Asthmatiker vertragen Zwiebeln manchmal nicht.
– 20 g Kamillenblüten, 10 g Thymiankraut und 10 g Salbeiblätter mischen, 1–2 EL von dieser Mischung mit 1/2 l kochendem Wasser übergießen und nach 5 Minuten inhalieren.
– Je 20 g Kamillenblüten, Thymiankraut und Dostkraut (Oregano) mischen. 1–2 EL mit 1/2 l kochendem Wasser übergießen und nach 5 Minuten inhalieren.
– Je 10 Tropfen Latschenkiefernöl, Thymianöl und Eukalyptusöl mischen. 3–5 Tropfen in das heiße Inhalationswasser geben und die Dämpfe einatmen.
– Und so geht's: Zum Inhalieren die Flüssigkeit in eine größere Schüssel füllen, Kopf über die Schüssel beugen und mit einem Badehandtuch den Kopf und die Schüssel bedecken. Die Dämpfe einatmen.
– Achtung: Kleine Kinder sollten wegen der Verbrennungsgefahr nicht auf diese Art inhalieren.

332. Chronischen Schnupfen ergründen

Im Winter erwischt jeden mal der Schnupfen. Ist die Nase aber ständig verstopft, ist es ein chronischer Schnupfen. Er kann verschiedene Ursachen haben und sollte deshalb vom Arzt untersucht werden.

– Allergien sind eine häufige Ursache. Auslöser können beispielsweise Blütenpollen, Schimmelpilze, Milben, Tierhaare aber auch Waschmittel sein.
– Überempfindlichkeit gegenüber Zigarettenrauch, Gewürzen, Staub, Dämpfen oder kalter Luft rufen ebenfalls chronischen Schnupfen hervor.
– Ebenso wie chronische Entzündungen der Nasennebenhöhlen, gutartige, fleischige Geschwülste der Nasenschleimhaut (Polypen) oder eine schiefe Nasenscheidewand.
– Manche Arzneien lassen als Nebenwirkung die Nasenschleimhäute anschwellen genauso wie Hormonumstellungen in der Schwangerschaft und Stillzeit.

333. Ohrenschmerzen abklären

Schmerzt das Ohr, können Verletzungen, Entzündungen, im schlimmsten Fall sogar Tumore dafür verantwortlich sein. In manchen Fällen liegen jedoch auch Erkrankungen der Zähne, des Kiefergelenks, des Mund- und Rachenbereichs oder der Ohrspeicheldrüse (Parotis) als Auslöser der Schmerzen vor. Häufige Ursachen sind:

– Entzündung durch Viren oder Bakterien wie beispielsweise Mittelohrentzündung
– Verletzung der Ohrmuschel

– Gehörgangverschluss durch Ohrenschmalz (vor allem beim Baden oder Duschen kann Ohrenschmalz aufquellen)
– Gehörgangverschluss durch Fremdkörper (besonders Kinder stecken sich häufig Gegenstände ins Ohr)
– Trommelfellverletzung durch spitze Gegenstände wie Bleistifte, Stricknadeln, Wattestäbchen oder ähnliches
– Indirekte Verletzungen durch Luftdruckveränderung wie bei einem Schlag auf das Ohr, bei einer Explosion oder bei Tauchunfällen
– Zahnentzündungen, Kiefergelenksprobleme oder Entzündung der Ohrspeicheldrüse (zum Beispiel bei Mumps) strahlen ins Ohr aus
– Im Sommer Sonnenbrand am Ohr

S.O.S.-TIPP

Erste Hilfe bei Mittelohrentzündung: Zwiebelsäckchen. Dazu gehackte Zwiebeln in ein Tuch hüllen und auf das schmerzende Ohr legen. Mit wärmender Wolle oder Watte abdecken und mit einer Mütze oder einem um den Kopf gewickelten Tuch befestigen. Eventuell verstopfte Nase mit handelsüblichen Nasentropfen frei machen.

334. Fieber behandeln

Die normale Körpertemperatur liegt bei 36,0–36,5 Grad, im Tagesverlauf kann sie um 0,7–1,3 Grad ansteigen. Eine Temperatur über 38,0 Grad (im Po gemessen), bedeutet Fieber. Hoch ist es bei mehr als 39,0 Grad. Fieber ist eine normale Reaktion des Körpers, um das Immunsystem zu unterstützen. Das sollte man bei Fieber unbedingt beachten:

– Bei länger andauerndem Fieber (mehr als 3 Tage) oder hohem Fieber mit schwerem Krankheitsgefühl sollte ein Arzt aufgesucht werden.
– Menschen mit Fieber gehören ins Bett, bis das Fieber abgeklungen ist, und müssen reichlich trinken. Als Faustregel gilt: Bei einer Temperaturerhöhung von je 1 Grad über 37,0 Grad sollten zusätzlich 1/2–1 l Flüssigkeit pro Tag getrunken werden. Am besten sind Wasser, Tee oder verdünnte Säfte. Keinen Alkohol trinken!
– Tee aus Lindenblüten und/oder schwarzem Holunder sind sehr gut. Je 1 TL der Heilpflanzen mit 1/4 l kochendem Wasser übergießen und 5–10 Minuten ziehen lassen. 3- bis 5-mal täglich eine Tasse trinken.
– Auch **Wadenwickel** helfen: Zwei Tücher in lauwarmes Wasser tauchen, auswringen und um die Wade wickeln. Ein dickes Frotteehandtuch darüber schlagen und 10–15 Minuten kühlen lassen. Dann Tücher erneut nass machen und das ganze 3-mal wiederholen.
– Bei Temperaturen über 39,0 Grad und schwerem Krankheitsgefühl oder starker Belastung des Herz-Kreislauf-Systems können fiebersenkende Medikamente (Apotheke) genommen werden. Kindern Medikamente nur nach Rücksprache mit dem Arzt geben.
– Viel Obst und Gemüse essen! Der Körper braucht eine extra Portion Vitamine für das Immunsystem.

335. Erkältung lindern

Die Nase rinnt zuerst wässrig-klar, dann nach und nach dickflüssig. Durch die Nase atmen geht nicht. Husten, leichtes Fieber, Kopf-, Hals- und Gliederschmerzen runden die klassischen Erkältungssymptome ab. So übersteht man Erkältungen besser:

– Bei den ersten Beschwerden 3-mal alle 12 Stunden 3 Globuli Oscillococcinum C 200 lutschen. Dazu immer reichlich Vitamin C nehmen. Zitrusfrüchte, schwarze Johannisbeeren und rote Paprika sind die besten Vitamin-C-Lieferanten.
– Zink aktiviert ebenfalls das Immunsystem. Zink ist vor allem in Weizenkleie, Kürbiskernen, Bergkäse, Linsen und Sojabohnen zu finden.
– Körperlich schonen. Ruhe hilft dem Körper beim gesund werden. Das gilt auch, wenn die Erkältungssymptome nur schwach ausgeprägt sind.
– Regelmäßig inhalieren. Inhalationen lassen die Nasenschleimhäute abschwellen und erleichtern so das Atmen (siehe Ratschlag Nr. 331, Seite 181).
– Viel trinken (3–4 l am Tag), ideal sind Wasser und Kräutertees. Und: heiße Hühnersuppe essen.
– Gebrauchte Papiertaschentücher sofort wegwerfen und Hände regelmäßig waschen. Außerdem nicht rauchen und verrauchte Räume meiden. Die gereizte Nase mit fettender Creme einreiben.
– Immer gut, um Erkältungen abzuschwächen – ein **Fußbad**: Eine ausreichend große Schüssel mit warmem Wasser füllen, 1 Prise Salz und 5 Tropfen Fichtennadelöl dazugeben. Füße rein und so viel heißes Wasser aufgießen, dass die Temperatur auf etwa 40 Grad ansteigt.

Nach höchstens 15 Minuten das Fußbad beenden, warme Socken und vielleicht eine Wolljacke anziehen und gleich ins Bett gehen.
– Nachts eine halbe Zwiebel auf das Nachtkästchen legen. Die Zwiebeldämpfe machen die Nase frei.

336. Halsschmerzen behandeln

Halsschmerzen können einen quälen, denn etwa alle 15 Sekunden schlucken wir automatisch (dieser Reflex kann nicht unterdrückt werden) – und jedesmal kratzt es. So kann man Halsschmerzen wieder loswerden:

– **Quarkwickel:** Zimmerwarmen Quark messerrückendick auf ein Tuch streichen, um den Hals legen und mit einem Wollschal umwickeln. Mehrere Stunden wirken lassen.
– **Kartoffelwickel:** Pellkartoffeln kochen, schälen, zerstampfen und auf einem Tuch verteilen. Etwas auskühlen lassen und um den Hals legen. Mit einem Wollschal festbinden
– **Lehmwickel:** 2–3 EL Heilerde (aus der Apotheke) mit etwas Wasser zu einem Brei rühren, auf ein Tuch streichen und um den Hals binden. Mit einem Wollschal umwickeln. Erst abnehmen, wenn die Heilerde trocken ist. Das dauert einige Stunden.
– **Gurgellösungen:** Je 1 TL Kamillenblüten und Salbeiblätter mit 1/4 l kochendem Wasser übergießen und 10 Minuten ziehen lassen. Durch ein Sieb abgießen und noch warm gurgeln. Oder 1 EL 3-prozentige Wasserstoffperoxidlösung (Apotheke) mit einem Glas Wasser mischen und gurgeln.
– **Eibischtee:** 1 EL geschnittene Eibischwurzel (aus der Apotheke) mit kaltem Wasser übergießen und 2–3 Stunden ziehen lassen. 2–3 Tassen täglich trinken.
– **Isländisch-Moos-Tee:** 2 TL des geschnittenen Mooses (aus der Apotheke) mit 1/4 l kochendem Wasser übergießen, 1/2 Minute ziehen lassen und mehrfach täglich trinken.
– Abwechselnd Eibischtee und Tee von Isländischem Moos trinken. Die Wirkung ergänzt sich gut.
– **Knoblauch essen:** Knoblauch schälen, auf eine Scheibe Brot reiben und essen. Knoblauch kann Bakterien abtöten.
– **Kräuterbäder:** Etwa 10 Minuten in 37 °C warmem Wasser ruhen. Dem Bad Eukalyptusblätter, Fichtennadeln oder Thymiankraut zugeben.

337. Halsschmerzen – wann zum Arzt?

Halsschmerzen sind meist harmlos. Werden sie aber durch so genannte Streptokokken verursacht, können sie zu schweren Erkrankungen von Herz und Nieren führen. Bei folgenden Symptomen sollte der Arzt einen Abstrich auf Streptokokken machen:

– Die Halsschmerzen kommen plötzlich und sind sehr stark. Sie halten länger als einige Tage an oder kommen immer wieder.
– Das Schlucken ist sehr schmerzhaft, der Rachen ist feuerrot. Auf den Mandeln sind weißlich-gelbe Punkte zu sehen.
– Hohes Fieber über 39 °C tritt auf. Ein plötzlicher Ausschlag am Körper erscheint, die Lymphknoten am Hals schwellen an.

338. Grippe erkennen

Die Beschwerden bei einer Grippe sind deutlich stärker und beginnen schneller als bei einer Erkältung.

– Kopfschmerzen sind eher eine Begleiterscheinung der Grippe als einer Erkältung. Müdigkeit ist bei der Grippe extrem und dauert 2–3 Wochen an.
– Husten ist typisch für eine Grippe. Meist handelt es sich um einen langdauernden, quälenden Reizhusten. Bei einer Erkältung ist der Husten eher selten und kann sowohl trocken als auch schleimproduzierend sein.
– Fieber über 38 °C ist ein sehr charakteristisches Zeichen für die Grippe und tritt plötzlich auf. Bei einer Erkältung ist hohes Fieber selten.
– Glieder- und Muskelschmerzen treten bei der Grippe sehr heftig auf. Bei der Erkältung halten sie sich in Grenzen. Halsschmerzen können bei einer Grippe sein, sind aber eher Zeichen einer Erkältung.
– Schnupfen ist ein Zeichen von Erkältung, kann bei Grippe aber auch mal mit von der Partie sein.

339. Grippe richtig behandeln

Mittlerweile gibt es Medikamente, die gegen das Grippevirus wirken. Sie müssen sofort genommen werden, wenn die ersten Symptome auftauchen. Ansonsten heißt es, den Körper unterstützen, damit er die Viren besiegt.

– Suchen Sie umgehend Ihren Hausarzt auf, spätestens wenn die Beschwerden nach 2 Tagen noch nicht abgenommen haben.
– Bettruhe einhalten, bis die Krankheit vorbei ist. Das kann 2–3 Wochen dauern!
– Viel trinken (3–4 l am Tag). Ideal sind Wasser, Kräutertees und heiße Hühnersuppe.
– Tee aus Lindenblüten und/oder schwarzem Holunder ausprobieren. Je 1 TL der Heilpflanzen mit 1/4 l kochendem Wasser übergießen und 5–10 Minuten ziehen lassen. 3- bis 5-mal täglich eine Tasse trinken.
– Wenden Sie iebersenkende Maßnahmen wie Wadenwickel oder fiebersenkende Medikamente an – vorher unbedingt Rücksprache mit dem Arzt halten. Für einen **Wadenwickel** zwei Tücher in lauwarmes Wasser tauchen, auswringen und um die Waden wickeln. Dickes Frotteehandtuch drüber und 10–15 Minuten kühlen lassen. Dann die Tücher erneut nass machen und das Ganze 3-mal wiederholen.
– Fiebersenkende Medikamente (Apotheke) abends bei Temperaturen über 39 °C eingenommen sorgen für einen guten Schlaf.
– Viel Obst und Gemüse essen. Der Körper braucht eine extra Portion Vitamine für das Immunsystem.
– Ein warmes Vollbad hilft gegen schmerzende Muskeln und Glieder. Aber nicht mehr als 10 Minuten in der Wanne liegen. Danach ins Bett gehen, gut einpacken. Bei Fieber über 38 °C kein Bad nehmen.
– Sollten trotz Behandlung heftige Ohren- oder Halsschmerzen, schmerzender Husten, eitriger Auswurf, Fieber über 39 °C und Atembeschwerden auftreten, umgehend den Arzt informieren.

340. Schnarchen ergründen

Geruhsame Nächte sind mit Schnarchern oft unmöglich, da Schnarchen die Geräuschkulisse eines Lastkraftwagens erreichen kann. Im Schlaf erschlaffen die Muskeln des Nasen-Rachen-Raumes und vibrieren bei jedem Atemzug. Ursachen des Schnarchens können sein:

– Eine verlegte Nasenatmung wie etwa bei Schnupfen, Allergien, Nasennebenhöhlen-Entzündungen, Nasenscheidewand-Verkrümmungen oder vergrößerten Gaumen- und Rachenmandeln sorgt für ein Schnarchen.
– Die vermehrte Fettablagerung im Rachen- und Zungenbereich bei Übergewichtigen bewirkt ebenfalls eine Verengung der Atemwege.
– Rückenlage, Alkohol und manche Medikamente verstärken die Probleme.
– Kommen Atempausen hinzu, spricht man von apnoischem Schnarchen. Der Patient ist dann oft unausgeschlafen und körperlich erschöpft, am Tag wenig belast- und reizbar. Dann einen Arzt aufsuchen.

341. Schnarchen selbst behandeln

Für das einfache Schnarchen gibt es verschiedene Tricks, Tipps und Hausmittel, die wieder Ruhe ins Schlafzimmer bringen.

– Bei Übergewicht das Gewicht reduzieren.
– Nicht zu viel Alkohol trinken.
– Nicht zu spät am Abend essen.
– Beruhigungs- oder Schlafmittel nach Möglichkeit nicht nehmen.
– Mit erhöhtem Oberkörper schlafen.
– Tennisball in das Rückenteil des Pyjamas nähen. Das verhindert das Schlafen auf dem Rücken.
– Schlafzimmer gut lüften und regelmäßige Schlafrhythmen einhalten.
– Im Sanitätshandel gibt es diverse Hilfsmittel (Kinnbinde, Aufbiss-Schienen, Nasenpflaster oder Klammer), um die Schlafposition zu beeinflussen. Ein Versuch lohnt sich.

342. Trockene Augen – was tun?

Die Augen brennen und fühlen sich an, als ob Sand drin wäre, jedoch ist kein Fremdkörper zu sehen. Häufig ist ein „Trockenes-Auge-Syndrom" die Ursache. Dabei ist der Tränenfilm im Auge instabil.

– Brennende, gerötete, trockene oder stark tränende Augen sollten unbedingt von einem Augenarzt untersucht werden.
– Tränenersatzmittel aus der Apotheke helfen bei trockenen Augen.
– Für ausreichende Luftfeuchtigkeit sorgen (zum Beispiel nasse Handtücher auf den Heizkörper legen) und verrauchte Räume meiden. Öfters lüften, aber Zugluft meiden, das gilt auch für das Gebläse im Auto.
– Unbedingt Pausen bei der Computerarbeit einlegen.
– Mindestens 2–3 l alkohol- und koffeinfreie Getränke am Tag trinken.

– Kontaktlinsenträger mit trockenen Augen sollten sich unbedingt von einem Augenarzt beraten lassen.
– **Augenkompressen** auflegen: 1/2 TL Augentrostkraut mit 150 ml kochendem Wasser aufgießen und etwa fünf Minuten ziehen lassen. Eine sterile Kompresse in den Tee tauchen, etwas abkühlen lassen und auf das Auge legen (vorher unbedingt Temperatur prüfen!). Tee nicht für die nächste Anwendung aufbewahren, sondern immer frisch zubereiten.

343. Bindehautentzündung

Das Auge ist rot und verklebt. Meist steckt eine Bindehautentzündung dahinter. Allergien, Fremdkörper und verschiedene Erreger verursachen diese Erkrankung. Daher sollte das Auge unbedingt von einem Augenarzt untersucht werden. In manchen Fällen ist eine sofortige Therapie notwendig. Das sollte man beachten:

– Bindehautentzündungen können sich von einem auf das andere Auge ausbreiten. Daher nicht mit den Fingern die Augen reiben.
– Augen mit klarem Wasser spülen, um Eiter und Schorf zu entfernen. Benutzen Sie Einwegtaschentücher, um das Auge zu trocknen. Die Tücher nach dem Benutzen entsorgen.
– Separates Handtuch benutzen.
– Nehmen Eiter, Lichtempfindlichkeit oder Schmerzen zu oder ändert sich das Sehvermögen, sofort einen Augenarzt aufsuchen.
– Vorbeugend gegen Bindehautentzündungen eine Schutzbrille bei allen Aktivitäten mit starkem Licht (Schweißen, Skifahren im Schnee, Bräunen im Solarium) oder gefährlichen Fremdkörpern (zum Beispiel handwerkliche Aktivitäten wie Über-Kopf-Bohren, Holz oder Metall sägen) benutzen.

344. Augenarzneien richtig anwenden

Medikamente direkt in die Augen zu bringen, kann schwierig und unangenehm sein. Folgendes sollte man dazu wissen.

– Die Wirkdauer eines Medikaments lässt sich durch die Darreichungsform beeinflussen. Als Faustregel gilt: Je dickflüssiger die Arznei, desto länger hält sie sich im Tränenfilm.

5 TRICKS gegen müde Augen

1. **Mit den Augen mehrfach täglich Gegenstände im Zimmer „umfahren“, beispielsweise Türrahmen, Bilder oder Kalender. Das lockert die Augenmuskeln.**

2. **Die Sehabstände wechseln. Dazu einen Punkt in der Ferne und gleich darauf in der Nähe fixieren. Das entspannt das Auge.**

3. **Mit den Augen rollen und bewusst blinzeln. Beides regt den Tränenfluss der Augen wieder an und verteilt den Tränenfilm.**

4. **Palmieren: Die Handflächen gegeneinander reiben, bis sie warm sind. Jeweils ein Auge mit einer Handfläche bedecken. Dabei aber nicht mit den Händen gegen die Augäpfel drücken. Jetzt die Augen langsam öffnen und tief ein- und ausatmen. Die Wärme und die Dunkelheit entspannen die Augen. Die Hände nach 2–3 Minuten langsam wieder entfernen.**

5. **Kaltes Wasser in die gewölbten Handflächen nehmen und das Wasser vorsichtig an die geschlossenen Augen spritzen. Mehrfach wiederholen und anschließend Augen trockentupfen.**

– Spezielle Geliermittel machen die Tropfen dickflüssiger. Sie wirken lange, trüben aber vorübergehend den Blick. Deshalb eignen sie sich vor allem für die Nacht.
– Augenmedikamente niemals über das Haltbarkeitsdatum hinaus verwenden. Erreger können sich ansiedeln und zu schweren Infekten führen.
– Augencremes in der Tube halten 6 Wochen, Augensalben bis zu 6 Monate nach Anbruch. Konservierte Augentropfen im Fläschchen sind 1 Monat, unkonservierte Einzeldosen 24 Stunden haltbar.
– Augentropfen am besten von einer zweiten Person verabreichen lassen. Zum Einträufeln von Augentropfen das Unterlid mit einem Finger etwas herabziehen und in den Spalt zwischen Unterlid und Auge tropfen.

345. Harnwegsinfekte behandeln

Dauernder Harndrang, Brennen beim Wasserlassen und krampfartige Blasenschmerzen sind die klassischen Zeichen einer Blasenentzündung. Frauen sind deutlich häufiger betroffen als Männer. Tritt zusätzlich Fieber auf, sollte ein Arzt zu Rate gezogen werden. Möglicherweise sind die Erreger in die Niere gewandert. So kann man selbst behandeln:

– Sehr viel Wasser und Tee trinken. Auf diese Weise werden Bakterien ausgespült.
– Heiltees sind besonders wirksam: Birkenblätter, Goldrutenkraut und Orthosiphonblätter zu gleichen Teilen mischen, 4 TL der Heilpflanzenmischung mit 200 ml kochend heißem Wasser übergießen, 10–15 Minuten ziehen lassen. 3–4 Tassen täglich trinken. Statt Birkenblätter kann man auch Bärentraubenblätter verwenden. Sie wirken stärker desinfizierend. Dem Tee 1 gehäufte Messerspitze Natron oder Backpulver zugeben. Hemmt das Bakterienwachstum zusätzlich.
– Preiselbeersaft und hochdosierte Vitamin-C-Säfte hemmen das Bakterienwachstum.

346. Prämenstruelles Syndrom (PMS)

Zwei Drittel aller Frauen klagen einige Tage vor der Menstruation über Müdigkeit, Reizbarkeit, depressive Verstimmung oder Bauchschmerzen. Typischerweise verschwinden diese Beschwerden zu Beginn des folgenden Zyklus wieder. So kann man sich und anderen die Tage erleichtern:

– Bewusst ernähren. Magnesium und Vitamin B sind besonders wichtig, Magnesium beugt Krämpfen vor. Vitamin B wirkt gegen Stimmungsschwankungen, Heißhunger auf Süßes und Brustbeschwerden. Vor der Menstruation lagert der weibliche Körper Wasser ein. Das kann zu Brustspannungen oder geschwollenen Fingern führen. In dieser Zeit Salziges meiden, da sonst noch mehr Wasser eingelagert wird und sich die Beschwerden verschlimmern können.
– Brennnesseltee hilft bei Wassereinlagerungen: 1 TL Brennnesseln mit 200 ml kochend heißem Wasser übergießen, 5 Minuten ziehen lassen. Mehrmals täglich 1 Tasse trinken.
– Mönchspfeffer (Kapseln oder Tabletten) reguliert die Eierstockfunktion und ist Mittel der ersten Wahl bei PMS.
– Sport hilft gegen schmerzhafte Verkrampfungen von Bauch- und Rücken und senkt die allgemeine Schmerzschwelle.
– Fenchel, Kümmel und Anis helfen gegen öfters auftretende Blähungen. Die Samen der Heilpflanzen zu gleichen Teilen mischen, davon 1 EL mit 200 ml kochend heißem Wasser übergießen und 10 Minuten ziehen lassen. Mehrmals täglich 1 Tasse trinken.
– Extrakte der Traubensilberkerze (Apotheke) regulieren das Nervensystem und wirken beruhigend und ausgleichend. Sie werden nicht als Tee verwendet.

347. Regelschmerzen – was tun?

Heftige Unterleibskrämpfe, Schmerzen in Rücken und Becken kennen viele Frauen 1-mal im Monat. Zudem sind sie oft reizbar oder traurig. Einige Tipps für diese Tage:

– Die Wärmflasche auf dem Bauch wirkt krampflösend. Am besten noch ein feuchtes Tuch zwischen Flasche und Bauch legen.
– Melissen- und Eukalyptusöl (Apotheke) zu gleichen Teilen mischen und den Unterbauch mehrmals täglich mit 20 Tropfen massieren.
– Krampflösend wirken auch Tees aus Schafgarbe, Raute, Kamille und Pfefferminze. Die Heilkräuter zu gleichen Teilen mischen. 1 TL der Heilpflanzenmischung mit 200 ml kochend heißem Wasser übergießen, 5 Minuten ziehen lassen. Mehrmals täglich 1 Tasse trinken.
– Brennnesseltee hilft bei Wassereinlagerungen. 1 TL Brennnesseln mit 200 ml kochend heißem Wasser übergießen und 5 Minuten ziehen lassen. Mehrmals täglich 1 Tasse trinken.
– Akupressur: Den Punkt gegenüber dem Bauchnabel auf dem Rücken kräftig drücken. Wenn der richtige Punkt getroffen ist, werden die Beschwerden innerhalb weniger Minuten verschwinden.
– Bei starken Beschwerden helfen auch krampflösende Medikamente (Apotheke).
– Mönchspfeffer oder Traubensilberkerze als Kapseln oder Tabletten regulieren den Hormonhaushalt auf längere Sicht und helfen so gegen Schmerzen.
– Magnesium und Vitamin B sind besonders wichtig für eine entspannte Menstruation.
– Regelmäßiger Ausdauersport hilft auch gegen schmerzhafte Verkrampfungen von Bauch und Rücken. Zudem senkt Ausdauersport die allgemeine Schmerzschwelle.

348. Wechseljahre

Hitzewallungen, Schweißausbrüche, Nervosität, depressive Stimmungsschwankungen und Lustlosigkeit – das sind die typischen Symptome bei Frauen in den Wechseljahren. Hinzu kommt ein stark erhöhtes Risiko für Osteoporose und Herz-Kreislauf-Erkrankungen. Einige altbewährte Hausmittel erleichtern diese Zeit:

– Bewegung und Entspannung können die Wechseljahresbeschwerden mildern. Einfach das tun, was einem Wohlgefühl und Entspannung verschafft.
– Vollwertige Ernährung mit viel Obst, Gemüse und Salat ist wichtig. Sie liefert alle wichtigen Nährstoffe und verhindert die Gewichtszunahme. Milchprodukte stärken die Knochen. Unregelmäßiges Essen und viel Zucker führt zu starken Blutzuckerschwankungen. Das kann Hitzewallungen auslösen.
– Östrogenmangel lässt die Haut schneller altern. Deshalb benötigt sie pflegendes Fett und Feuchtigkeit in Form von Hautcremes.
– Frauen in harmonischen Partnerschaften und mit einer positiven Lebenseinstellung meistern die Wechseljahre am besten. Manchmal kann eine Psychotherapie helfen, seelische Belastungen zu verarbeiten.
– Extrakte der Traubensilberkerze (Apotheke) wirken gegen Hitzewallungen, Schwitzen und Schwindel in der Anfangsphase des Klimakteriums. Sie werden nicht als Tee verwendet.
– Johanniskraut hellt die Stimmung auf: 2 TL Kraut mit 200 ml kochend heißem Wasser übergießen, 10 Minuten ziehen lassen. Morgens und abends 2 Tassen trinken.
– Baldrian und Rosmarin (als Tabletten, Tropfen oder Tee in der Apotheke erhältlich) wirken tagsüber gegen Reizbarkeit und fördern nachts den Schlaf.
– Gegen Schweißausbrüche hilft Salbeitee: 1 TL Blätter mit 200 ml kochend heißem Wasser übergießen, 10 Minuten ziehen lassen. Morgens und abends 1 Tasse trinken.
– Sojaextrakte enthalten Phytoöstrogene, sie wirken Wechseljahresbeschwerden entgegen. Phytoöstrogene sind auch in Kichererbsenjungpflanzen enthalten. Ähnlich wie Soja wirkt auch Rotklee (Apotheke).
– Eine generelle Hormonersatztherapie wird nicht mehr empfohlen, da das Risiko für Brustkrebs, Herz-Kreislauf-Erkrankungen und Blutgerinnsel steigt. Sind die Wechseljahresbeschwerden sehr stark, sollte nur eine möglichst niedrige Dosis über einen möglichst kurzen Zeitraum von nicht mehr als 1–2 Jahren gegeben werden.

349. Scheidenpilzinfektion

Die Scheide ist grundsätzlich nie keimfrei und immer von Pilzen und Bakterien besiedelt. Manchmal gewinnen die Pilze die Oberhand und vermehren sich rasant. Massiver Juckreiz, Brennen, Rötung und Schwellung sind die Folge. Folgende Faktoren begünstigen eine Pilzinfektion:

– Chronische Krankheiten wie Diabetes schwächen das Immunsystem. Hormonveränderungen wie beispielsweise in der Schwangerschaft oder bei einigen Pillenpräparaten ebnen den Weg für Pilze.
– Übertriebene Körperhygiene wäscht auch die nützlichen Bakterien weg. Und eine falsche Wischtechnik auf der Toilette kann die Bahn für eine Infektion frei machen – richtig ist von vorne nach hinten.
– Hautenge Kleidung genauso wie synthetische Unterwäsche verursachen einen Wärmestau. Folge: Pilze sprießen.
– Stress und psychische Belastungen wirken sich ebenfalls negativ auf das Scheidenmilieu aus.

TIPP

Bei den ersten Beschwerden einen in Naturjoghurt (dieser enthält wichtige Milchsäurebakterien) getränkten Tampon einführen. Über mehrere Stunden, am besten über Nacht, in der Scheide belassen. Werden die Beschwerden nach dieser Kur nicht besser, zum Arzt gehen. In Apotheken gibt es auch rezeptfrei Zäpfchen für die Scheide mit Milchsäurebakterien.

350. Ausfluss – was tun?

Jede Frau hat täglich ein wenig Ausfluss aus der Scheide. Der Ausfluss verändert sich in Abhängigkeit vom Zyklus. Während des Eisprungs oder vor der Periode ist er verstärkt. Die Menge ist bei jeder Frau unterschiedlich.

– Weißer geruchloser Ausfluss ist meist vollkommen harmlos. Ist der Ausfluss blutig, gelb, grünlich oder übelriechend, sollte ein Arzt aufgesucht werden: Infektionen mit Bakterien führen zu dünnflüssigem, nach Fisch riechendem, gräulichem Ausfluss. Ein bröckeliger, weißlicher Ausfluss mit starkem Juckreiz deutet auf eine Pilzinfektion hin. Bei der Infektion mit Tricho-

monaden (Geiseltierchen) kommt es zu einem schaumig-grünlichen Ausfluss.
– Gut- oder bösartige Geschwülste der Scheide und der Gebärmutter können ebenfalls Ausfluss verursachen.
– Auch allergische Reaktionen beispielsweise auf Latex, Intimkosmetika oder Stress und seelische Belastungen führen zu vermehrtem Ausfluss.

351. Was führt zur Impotenz?

Den Mann, der immer kann, gibt es nicht. Dauern die Probleme allerdings mindestens 6 Monate an und sind die meisten Versuche, einen Geschlechtsverkehr zu vollziehen, erfolglos, liegt eine Impotenz (erektile Dysfunktion) vor. Das kann verschiedene Ursachen haben:

– Herz-Kreislauf-Erkrankungen wie Bluthochdruck oder Arterienverkalkung gehen häufig mit Impotenz einher. Oft sind Potenzprobleme sogar der erste Hinweis darauf, dass das Herz-Kreislauf-System geschädigt ist.
– Impotenz ist eine der häufigsten Folgeschäden des Diabetes. Bei Diabetikern können die ersten Aussetzer schon vor dem 40. Lebensjahr auftreten.
– Wein, Sekt und Bier beschwingen und lassen die Hemmschwelle sinken. Kann ein Mann nicht mehr richtig stehen, verliert er oft auch die andere Standfestigkeit.
– Testosteronmangel schwächt den sexuellen Trieb und auch die Erektionsfähigkeit. Schädigungen der Nerven, beispielsweise durch Schlaganfall, Multiple Sklerose, Morbus Parkinson, aber auch Tumore und Entzündungen führen ebenfalls zu Impotenz.
– Einige Medikamente wie gegen Bluthochdruck, psychische Beschwerden oder Schmerzen können die Sexualität beeinträchtigen.
– Stress, Frustrationen, Sorgen und vor allem Ängste bremsen Lust und Libido. Der seelische Druck kann dazu führen, dass im Bett nichts mehr geht.

352. Impotenz behandeln

Männer mit Potenzproblemen sollen in jedem Fall ärztliche Hilfe suchen. Scheu vor dem Gang zum Arzt ist in keinem Fall angebracht. Meist haben Erektionsprobleme auch eine organische Ursache und verschwinden nicht einfach wieder von alleine. Erektionsstörungen lassen sich heutzutage sehr gut behandeln. Folgende Behandlungsmöglichkeiten gibt es:

– Potenzmittel helfen bei gut 70–80 Prozent der Betroffenen. Sie werden vom Arzt verschrieben. Vorsicht: Keine Medikamente aus unklaren Quellen im Internet bestellen. Diese enthalten häufig keinen Wirkstoff, sondern nur Mehl und Farbe.
– Harnröhrenstäbchen und Injektionen erzeugen die Erektion direkt vor Ort. Medikamente werden als Stäbchen direkt in die Harnröhre geschoben (MUSE-Therapie) oder in den Schwellköper gespritzt (SKAT-Therapie). Beides wird nach einer Schulung vom Mann selbst gemacht.
– Vakuumpumpen bringen über eine Plastikglocke Blut in die Schwellköper. Dann wird ein Ring über den Penis gestreift, damit das Blut nicht abfließen kann.
– Penisprothesen werden in den Schwellkörper implantiert. Sie werden entweder direkt nach oben gebogen oder die Prothese wird langsam aufgepumpt und biegt sich so nach oben. Die Pumpe sitzt dann im Hodensack.
– Hilfreich ist in manchem Fall eine Sexual- oder Paarberatung. Gehen die Probleme tiefer, kann eine Psychotherapie helfen.

353. Sexuell übertragbare Krankheiten

Je häufiger man seinen Sexualpartner wechselt, desto größer ist die Gefahr, sich mit einer Geschlechtskrankheit zu infizieren. Bei Verdacht auf eine Geschlechtskrankheit unbedingt zum Arzt gehen. Nur eine frühe Behandlung hilft Komplikationen zu vermeiden. Und der Partner muss mitbehandelt werden. Folgende Krankheiten sind am weitesten verbreitet:

– **Chlamydien** gehören zu den häufigsten sexuell übertragbaren Erkrankungen. Über die Hälfte der Betroffenen hat keine Beschwerden. Bei Männern ist meist die Harnröhre entzündet und es kommt zu schleimig-eitrigem Ausfluss. Frauen haben vermehrten Ausfluss, Juckreiz und Brennen während des Wasserlassens. Werden Chlamydien nicht mit Antibiotika behandelt, können sie zu Unfruchtbarkeit führen.
– **Tripper** (Gonorrhoe) verursacht bei etwa einem Drittel der Betroffenen keine Beschwerden. Männer klagen über brennende Schmerzen beim Wasserlassen und gelblich-cremigen Ausfluss. Frauen haben geringen Ausfluss und leichtes Brennen beim Wasserlassen. Abhängig von den sexuellen Vorlieben kommt es auch zu Entzündungen im Rachen oder im Enddarm. Tripper wird erfolgreich mit Antibiotika behandelt.

– **Herpes genitalis** wird durch Viren verursacht und kann nicht geheilt werden. Die Viren überleben in Nervenknoten und brechen bei schlechter Körperabwehr erneut aus. An den Geschlechtsteilen entwickeln sich kleine Bläschen, die im Laufe von 2–3 Wochen verheilen. Manchmal treten zusätzlich brennende Schmerzen und Fieber auf. Herpes genitalis kann sich auch im Rachen oder Anus ausbreiten.
– **AIDS** zählt zu den gefährlichsten sexuell übertragbaren Erkrankungen. Bei Verdacht ist es wichtig, so schnell wie möglich einen HIV-Test durchführen zu lassen. Beschwerden treten erst Jahre nach einer Infektion auf.
– **Feigwarzen** werden durch Viren verursacht. Diese Viren sind ein Risikofaktor für Gebärmutterhals- und Peniskrebs. Die Warzen sind entweder rosenkohlähnlich oder flach und kommen am Penisschaft oder an den Schamlippen vor. Die Warzen werden entweder entfernt oder mit speziellen Cremes und Tinkturen behandelt.
– **Syphilis** ist eine Infektion durch Bakterien. Etwa 4 Wochen nach der Ansteckung erscheint ein schmerzloses, rotes Geschwür an der Eintrittsstelle. Wird Syphilis nicht mit Antibiotika behandelt, breitet sich der Keim über die Blutbahn aus und schädigt Organe und Nervensystem. Auch unbehandelt heilen die Geschwüre von selbst ab.

TIPP

Kondome benutzen! Das Risiko, sexuell übertragbare Krankheiten zu bekommen, wird dadurch stark herabgesetzt. Am besten Kondome in Kombination mit einer Spermien abtötenden Salbe benutzen.

354. AIDS-Ansteckung vermeiden

Es gibt verschiedene Wege, sich mit HIV anzustecken. Die meisten Ansteckungen ließen sich durch vorausschauendes Handeln vermeiden.

– Durch sexuellen Kontakt mit einem infizierten Partner kann AIDS übertagen werden. Das Risiko erhöht sich, wenn bereits eine andere Geschlechtskrankheit vorliegt. In Europa wird HIV in etwa 80 Prozent auf diesem Weg übertragen. Kondome bieten einen sehr wirksamen Schutz gegen die HIV-Ansteckung. Sie müssen auch beim oralen und analen Sex benutzt werden.
– Infiziertes Blut hat bis Ende 1985 bei Bluttransfusionen einige Erkrankungen übertragen. Seitdem wird das Blut von Blutspendern in Europa auf HIV untersucht. Das gilt leider nicht für alle Länder dieser Welt. Insbesondere in Ländern der Dritten Welt gibt es immer noch ein Risiko, sich bei einer Bluttransfusion mit HIV zu infizieren.
– HIV wird sehr leicht durch kontaminierte Nadeln und Spritzen übertragen. Auf diesem Weg infizieren sich in Europa etwa 15 Prozent, vor allem Drogenabhängige. Daher sollten Drogenabhängige kein gemeinsames Spritzbesteck benutzen. Manche Drogenberatungsstellen verteilen auch gratis Spritzbesteck.
– Das Risiko einer Infektion durch einen Nadelstich mit einer infizierten Nadel bei Angehörigen medizinischer Berufe ist sehr gering. Das durchschnittliche Risiko beträgt etwa drei in 1000 Fällen. Innerhalb von 72 Stunden ist eine Therapie möglich.
– Etwa ein Viertel bis ein Drittel aller unbehandelten HIV-infizierten Mütter stecken ihre Kinder während der Schwangerschaft und der Geburt an.
– In sehr seltenen Fällen kann das HI-Virus durch Organtransplantation oder schlecht desinfiziertes Operationsbesteck übertragen werden.

355. Akne behandeln

Wer kennt nicht den Schock am Morgen, im Gesicht sprießen plötzlich rote Pickel. Mitesser (eingedickter Talg) haben die Talgdrüsen verstopft und mehr oder weniger Pusteln, oftmals eitrig, haben sich gebildet. Das betrifft nicht nur Teenager, Akne kann in jedem Alter auftreten. Hier einige Hinweise, um Akne vorzubeugen:

– Das Gesicht 2-mal täglich mit einer milden, hautfreundlichen Seife waschen. Der pH-Wert der Seife sollte etwa 6,5 betragen.
– Keine Haare ins Gesicht hängen lassen und die Haare häufig waschen. Für Frauen gilt: Make-up besonders gründlich entfernen.
– Die Pickel nicht selber ausdrücken! Die Akne verschlimmert sich und es können Narben bleiben. Besser eine Kosmetikerin aufsuchen, die bei der Hautpflege berät und die Mitesser entfernt, bevor sie sich entzünden und Pickel bilden.
– Die Haut vor zu viel Kälte, Wärme und Sonnenlicht schützen. Die Sonne mildert zwar kurzfristig die Akne, führt aber längerfristig zu einer Verschlechterung.

– Feuchtigkeitscreme, Sonnenschutz und Kosmetika auf Wasserbasis verwenden. Fett- oder ölhaltige Cremes und Kosmetika verstopfen die Poren der Haut. Insbesondere viele Make-ups sind fetthaltig.
– Manche Nahrungsmittel verschlimmern die Akne. Hier heißt es selbst ausprobieren.
– Einige Antibaby-Pillen verschlimmern Akne. Auch hier lautet die Devise: ausprobieren!
– Bei leichter Akne reichen oft rezeptfreie Wasch- und Pflegeserien aus der Apotheke oder dem Drogeriemarkt aus, um eine Besserung zu erzielen.
– Heilerdepackungen wirken entzündungshemmend. Die Heilerde (Apotheke) mit etwas Wasser zu einem Brei rühren und auf die betroffenen Stellen streichen. Nach etwa 30 Minuten mit Wasser entfernen. Vor der Behandlung die Poren durch ein Dampfbad erweitern.

356. Akne vom Arzt behandeln lassen

Sind die Pickel groß und wund oder führen sie zu einer starken psychischen Belastung, lohnt der Gang zum Hautarzt. Aber eine Akne-Behandlung braucht Zeit. Die Wirkung zeigt sich meist erst nach 6–8 Wochen.

– Hautschälende, desinfizierende Lösungen, Cremes und Waschlotionen reichen häufig aus.
– Frauen, die an schwerer Akne leiden, können von Verhütungspillen mit Anti-Androgenen profitieren. Bei besonders schwerer Akne helfen Antibiotika.
– Vitamin-A-Säure-Derivate werden bei schwerer Akne eingesetzt. Vorsicht: Dieses Medikament darf nicht von Schwangeren benutzt werden.
– Aknenarben lassen sich durch Abschleifen der Haut (Dermabrasio) oder eine Laserbehandlung mildern oder sogar entfernen.

357. Mit Neurodermitis leben

Neurodermitis, atopische Dermatitis, endogenes Ekzem – viele Namen für ein und dieselbe Krankheit. Die Haut ist extrem trocken und juckt höllisch. Beschwerdefreie Zeiträume werden unterbrochen durch Krankheitsausbrüche verschiedenen Schweregrads. Wichtig ist daher, mit der Krankheit leben zu lernen.

– Häufig ist Neurodermitis mit Allergien verbunden. Hier gilt es, auslösende Stoffe möglichst zu vermeiden. Bei Hausstauballergie auf Gardinen und Pflanzen verzichten. Bei Tierhaarallergie keine Tiere halten und bei Pollenallergie abends Haare und Körper gut waschen und Fenster schließen.
– Die trockene Haut bedarf guter Pflege, sonst juckt sie, schuppt und reißt im Extremfall auf. Generell gilt: Je akuter und nässender der Hautzustand ist, umso wässriger sollte die Creme sein; je trockener die Haut, um so fettiger. Am besten diverse Produkte testen, um seine Creme zu finden. Harnstoffcremes halten die Feuchtigkeit in der Haut und machen sie geschmeidiger. Gamma-Linolensäure-Zusätze (wie aus Nachtkerzen- oder Borretschsamenöl) sind ebenfalls zu empfehlen.
– Duschgel und Seife meiden. Beides trocknet die Haut noch mehr aus. Besser sind rückfettende, seifenfreie Waschzusätze. Parfumzusätze in Seifen können zu allergischen Reaktionen führen.
– Auf Kleidung aus Schafs-, Angora- und Mohairwolle verzichten. Sie führt häufig zu Juckreiz. Am besten sind glatte Baumwollgewebe, feines Leinen, Mikrofasern und Seidenstoffe. Übrigens: auch die Etiketten können scheuern. Jedes neue Kleidungsstück vor dem ersten Tragen unbedingt waschen. Seit einiger Zeit gibt es spezielle Kleidung für Neurodermitiker. Dabei handelt es sich um Stoffe, deren Fasern mit Silber überzogen wurden. Die Oberfläche wird dadurch besonders glatt und wirkt antibakteriell.
– Eine allgemeine Neurodermitis-Diät gibt es nicht. Stark gewürzte Speisen, Alkohol und Kaffee weglassen, sie können den Juckreiz der Haut verstärken. Auf alle Lebensmittel verzichten, auf die eine Allergie besteht.
– Seelische Belastungen wie Stress oder Ängste können zu einem Ekzemschub und zu einer Verschlimmerung der Neurodermitis führen. Entspannungsübungen wie autogenes Training, Yoga oder Atementspannung helfen. Volkshochschulen bieten solche Kurse an.
– In vielen Städten gibt es Selbsthilfegruppen. Alltägliche und praktische Tipps bekommt man häufig im Austausch mit anderen Betroffenen.
– Kuren von 6–8 Wochen im Reizklima helfen der Haut. Ideale Aufenthaltsorte: Nordsee und Hochgebirge.
– Die Berufswahl ist für Jugendliche mit Neurodermitis wichtig. Berufe meiden, bei denen die empfindliche Haut mit Wasser, Reinigungs- und Desinfektionsmitteln oder chemischen Produkten in Kontakt kommt. Auch der Kontakt mit Tieren oder Mehl kann die Haut reizen. Ungeeignet sind beispielsweise Berufe wie Friseur, Maurer, Schlosser, Landwirt, Florist, Bäcker, Raumpfleger oder medizinische Berufe.

WARNZEICHEN FÜR EINE NEURODERMITIS-VERANLAGUNG

Neben den typischen Hautekzemen gibt es weitere körperliche Anzeichen, die auf eine Veranlagung zur Neurodermitis hindeuten können. Doch keine Panik, dabei handelt es sich lediglich um Merkmale, die bei Neurodermitikern häufiger beobachtet werden als bei Menschen ohne Neurodermitis.

- Trockene Haut am ganzen Körper
- Die Haut färbt sich weiß statt rot, wenn man mit einem spitzen Gegenstand über die Haut streicht (weißer Dermographismus)
- Vertiefte Hautlinien beispielsweise in den Handflächen
- Juckreiz beim Tragen von Schurwolle, beim Schwitzen und bei Stress
- Verstärkte Verhornung um die Körperhärchen herum, vor allem an den Oberarmen
- Feine, weißliche Aufhellung und Schuppung an Wangen, Oberarmen oder am Rumpf
- Juckende Brustwarzen
- Auffällig blasse Haut um die Mundpartie
- Doppelte Lidfalte der Unterlider
- Ausgedünnte Augenbrauen, vor allem seitlich
- Häufige oder hartnäckige Hautinfektionen mit Viren (Warzen, Herpes simplex), Bakterien (Eiterherde) oder Pilzen (Hefe)
- Eingerissene Ohrläppchen oder Mundwinkel
- Kalte, rötlich-blaue Hände im Winter
- Bläschenekzem der Hände oder Füße
- Im Winter grobe Hautschuppen an den Fußsohlen bei Kindern
- Metallunverträglichkeit oder -allergie

TIPP

Verschiedene Faktoren können die Neurodermitis verschlimmern. Das können bei jedem Patienten andere Reize sein. Mithilfe eines Tagebuchs kann man solche Faktoren aufspüren. Das Tagebuch sollte wichtige Informationen enthalten wie Hautzustand, Juckreiz, Aufenthaltsort, Essen, Behandlung und seelischen Zustand.

358. Fußpilz behandeln

Eine verstärkte Schuppung an den Fußsohlen und eine leichte Rötung sind Zeichen von Fußpilz. Er wird von Mensch zu Mensch übertragen, am häufigsten in Sporthallen, Schwimmbädern, Hotelzimmern (vor allem mit Teppichboden), Saunen, Wasch- und Duschräumen und auf Sport- und Campingplätzen.

GESUND SEIN
Gesund machen

– Füße immer gründlich abtrocknen, bevor Strümpfe und Schuhe angezogen werden. Besonders auf die Zehenzwischenräume achten.
– Daheim oder im Sommer draußen möglichst häufig barfuss laufen. Nur Baumwoll- oder Wollsocken tragen und täglich wechseln. Schuhe aus Kunststoff vermeiden, möglichst in Lederschuhen mit Ledersohle gehen.
– Schuhe nicht täglich tragen, sondern austrocknen lassen. Am besten mit Zeitungspapier ausstopfen. Turnschuhe besonders gut austrocknen lassen und gelegentlich desinfizieren.
– Schuhe und Socken nicht mit anderen teilen. Das gilt auch für Gummistiefel, Skischuhe oder Rollerblades.
– In Bädern, Saunen, öffentlichen Wasch- und Umkleidekabinen, Hotelzimmern und auf Campingplätzen immer Badeschuhe oder Hausschuhe tragen.
– Bei häufigerem Pilzbefall Füße und Innenseiten der Schuhe mit Puder gegen Fußpilz (Apotheke) einpudern. Füße in Salzlösung baden: 2 TL Salz auf 200 ml Wasser.
– Socken, Handtücher, Bademattten und Bettzeug bei mindestens 60 °C waschen.

359. Nagelpilz behandeln

Am häufigsten ist die große Zehe betroffen. Der Nagel erscheint gelblich-bräunlich und bröckelt beim Nagelschneiden ab. Beugt man dem Fußpilz vor, gibt es auch keinen Nagelpilz. Und wenn doch, hier ein paar Tricks:

– Regelmäßig so viel von dem befallenen Nagel wie möglich entfernen, denn der Nagel stellt eine ständige Infektionsquelle dar. Den Nagel ganz kurz schneiden.
– Mit einer Feile von der Oberfläche so viel wie möglich abhobeln. Vorsicht: sich dabei nicht selbst verletzen!
– Nach jeder Nagelpflege das Werkzeug mit 70-prozentigem Isopropylalkohol (Apotheke) oder anderen geeigneten Desinfektionsmitteln reinigen. Sandblattfeilen wegwerfen, sie können nicht richtig gesäubert werden und die Nagelspäne enthalten viele Pilzsporen.

360. Warzen behandeln

Ein Drittel bis die Hälfte aller Warzen heilen von allein ab. Daher ist häufig nicht klar, ob eine Heilmethode sinnvoll oder unnötig war. Folgende Behandlungen sind zu Hause durchführbar:

– Warzentinkturen oder -pflaster (Apotheke) ätzen gewöhnliche Warzen weg. Am besten um die Warze Zinkpaste auftragen, damit gesunde Haut nicht verletzt wird.
– Damit die Lösungen und Pflaster richtig wirken können, die weggeätzten Hautzellen vor jeder neuen Behandlung vorsichtig abtragen. Das geht am besten nach einem Bad mit einem Bimsstein. Die behandelte Stelle sollte aber nicht bluten.
– Schmerzhafte Dornwarzen an den Fußsohlen werden in den meisten Fällen beim Arzt oder Hautarzt vereist, ausgeschabt, elektrisch verschorft oder gelasert.
– In der Homöopathie wird Thuja-Urtinktur eingesetzt. Täglich 2-mal 1 Tropfen auf die Warze streichen.
– Eigene chirurgische Maßnahmen an der Warze vermeiden. So werden Vieren freigesetzt und es können weitere Warzen entstehen.
– Es gibt viele alte Hausmittel wie Warzen besprechen, bei Vollmond eine Schnecke über die Warze kriechen lassen oder geheimnisvolle Kräutertinkturen. Wenn die Warzen dadurch tatsächlich verschwinden, hilft aus medizinischer Sicht nicht das Mittel selbst, sondern der Placebo-Effekt. Oder das körpereigene Abwehrsystem hat erfolgreich eine Selbstheilung eingeleitet.

TIPP

Nicht alles, was für den Laien wie eine Warze aussieht, ist auch wirklich eine. Am besten vom Hautarzt begutachten lassen, ob nicht eine andere Hautkrankheit wie beispielsweise Hautkrebs dahinter steckt.

361. Hilfe bei Kopfläusen

Läuse sind lästige Plagegeister. Gerade in der kalten Jahreszeit, in der man sich wieder mit Mützen und dicken Jacken schützt, haben Kopfläuse ein leichtes Spiel, von Mensch zu Mensch verbreitet zu werden. Kinder in Gemeinschaftseinrichtungen wie Schulen oder Kindergärten sind dabei besonders häufig betroffen.

– Keine Panik, Läuse haben nichts mit mangelnder Hygiene zu tun. Kopfläuse sitzen nur auf der Kopf! Es macht daher keinen Sinn, in Mitteln gegen Kopfläuse zu baden. Die Läusemittel müssen je nach Produkt mehrmals am Tag über mehrere Tage angewandt werden.
– Nach jedem Waschen mit oder ohne Läusemittel das Haar mit einem speziellen Nissenkamm (Apotheke) auskämmen. In den feinen Zinken bleiben sowohl die Läuse als auch ihre Eier, die Nissen, hängen.
– Ein Nissenkamm alleine kann die Läuseeier nicht entfernen, ist aber eine wichtige Hilfe. Die Haare zusätzlich mit einer 2-prozentigen Essiglösung waschen. Der Essig tötet die Läuse nicht, aber sie werden kraftlos und lassen sich besser auskämmen. Nach dem Haarewaschen einmal etwa 20 Tropfen Sabadilla-Urtinktur (Apotheke) in die Haare reiben. Nicht auswaschen.
– Läuse sitzen auch in der Bettwäsche und in Mützen. Daher alle benutzen Kleidungsstücke, Bettwäsche und Handtücher mindestens 10 Minuten bei 60 °C waschen.
– Plüschtiere, Kämme und weitere nicht waschbare Gegenstände für mindestens 1 Tag bei -15 °C in der Tiefkühltruhe lagern. Oder die betroffenen Gegenstände für mindesten 4 Wochen in einen gut verschlossenen Plastiksack geben.

362. Herpes (Fieberbläschen)

Verräterisches Jucken an den Lippen ist das erste Zeichen. Kurz drauf sprießen die kleinen, flüssigkeitsgefüllten Bläschen. Die Herpesviren leben in unserem Körper und werden meist durch Stress aktiviert. So wird man die Bläschen schnell wieder los:

– Finger weg von den Bläschen, so heilen sie schnell ab. Kratzen führt häufig zu Entzündungen.
– Weg mit der alten Zahnbürste, darin können die Viren tagelang überleben und es kommt zur erneuten Infektion. Daher die Zahnbürste wechseln, sobald die Bläschen abheilen.
– Bläschen mit Zahnpasta oder Hamamelis bestreichen, sie trocknen dann schneller ab. Auch Melissencreme (Apotheke) wirkt sehr gut gegen Herpes. Melissentee bringt dagegen nichts, da er nicht ausreichend konzentriert ist.
– Entspannungsübungen, Sport und auch gesunde Ernährung stärken das Immunsystem. Dann haben die Viren keine Chance.

363. Mundsoor behandeln

Weiße bis gelbe Flecken in der Mundhöhle können Zeichen einer Pilzinfektion sein. Entfernt man diese Flecken, hinterlassen sie kleine, leicht blutende, schmerzhafte Wunden. Ist die Immunabwehr im Mund geschwächt, vermehrt sich der Pilz. Das ist beispielsweise der Fall bei Asthmatikern, die nicht ausreichend auf die Mundhygiene achten.

– Eine weiche Zahnbürste macht das Zähneputzen nicht zur Qual. Einen feuchten, lauwarmen Schwarzteebeutel auf die Wunde legen, das wirkt schmerzlindernd.
– Regelmäßig mit Salbeitee gurgeln und spülen. Dazu 2 gehäufte TL Salbeiblätter mit 1/4 l kochend heißem Wasser aufgießen und 10 Minuten ziehen lassen.
– Mund mehrfach täglich ausspülen: mit einer Wasserstoffperoxid-Lösung (1 EL 3-prozentige Wasserstoffperoxid-Lösung aus der Apotheke auf 200 ml Wasser) oder mit verdünnter Echinacea-Tinktur (10 Tropfen auf 200 ml lauwarmes Wasser).
– Stark reizende Nahrungsmittel wie Kaffee, Gewürze, Zitrusfrüchte, Nüsse oder Alkohol meiden. Joghurt dagegen enthält Bakterien, die den Pilz aushungern. Täglich 1 Becher Naturjoghurt essen.

TIPP
Im Ayurveda gehört das Ölziehen zur morgendlichen Mundpflege. Dazu 1 EL Öl (am besten kalt gepresstes Öl wie Oliven- oder Sesamöl) in den Mund nehmen und den Mund damit 5–10 Minuten ausspülen. Anschließend das Öl ausspucken und den Mund mit einem Glas Wasser ausspülen. So wird die Mundschleimhaut beruhigt und Keime entfernt.

364. Mundgeruch – was tun?

Das schönste Lächeln wirkt nicht, wenn gleichzeitig eine „unangenehme Fahne aus dem Mund zieht". Ist Mundgeruch häufig, zum Zahnarzt gehen.

– Zwiebeln, Knoblauch und Peperoni verändern den Atem. Daher gilt: Vor wichtigen Gesprächen besser weglassen! Scharfe Wurstsorten wie Salami oder auch Fisch haben den gleichen Effekt.
– Fastenkuren und Diäten führen durch den veränderten Stoffwechsel ebenfalls zu Mundgeruch. In diesem Fall die Zähne häufiger putzen. So lassen sich einige Gerüche zumindest für kurze Zeit übertünchen. Und: Beim Zähneputzen die Zunge nicht vergessen. Mit der Bürste sanft die Zungenoberfläche reinigen
– Auch eine Mundspülung mit Pfefferminze oder Thymian wirkt gut. Je 1 TL der Heilkräuter mit 200 ml kochend heißem Wasser aufgießen, 10 Minuten ziehen lassen und lauwarm gurgeln.
– Petersilie hält den Atem auf natürliche Weise frisch. Einfach 1 Hand voll Blättchen pur kauen oder das Kraut hacken und übers fertige Essen streuen.

365. Zahnschmerzen – warum?

Zahnschmerzen sind häufig, meist sind tatsächlich die Zähne die Ursache. Manchmal können aber auch Schmerzen anderer Organe in den Kiefer ausstrahlen.

– Meist ist der Auslöser für Zahnschmerzen eine unbehandelte Zahnkaries. Aber auch Entzündungen an der Zahnwurzel oder dem Zahnfleisch (Parodontitis) können Schmerzen verursachen, ebenso ein Durchbrechen der Weisheitszähne.
– Weitere mögliche Ursachen: Ein Herzinfarkt verursacht Schmerzen, die in den Kiefer oder in Bauch und Rücken ausstrahlen können. Kopfschmerzen können sich in den Kiefer ziehen. Veränderungen des Kiefergelenks verursachen vor allem beim Kauen Schmerzen. Nasennebenhöhlenentzündung, insbesondere Entzündungen der Kiefernhöhlen oder Ohrenschmerzen wie Mittelohrentzündung strahlen häufig in den Kiefer aus.

366. Zahnschmerzen behandeln

Es gibt kaum etwas Schlimmeres als Zahnschmerzen. So kann man die Zeit bis zum Zahnarztbesuch besser überbrücken:

– Den Mund mit lauwarmem Wasser spülen, um Essensreste zu entfernen. Mit Alkohol (auch Schnaps) gurgeln, der desinfiziert und betäubt. Nelkenöl (Apotheke) mit Hilfe eines Wattebauschs auf den Zahn tupfen.
– Mund geschlossen halten, kalte Luft kann die Schmerzen verstärken. Wärme auf der Backe kann den Schmerz kurzfristig lindern, heizt aber die Infektion an.

367. Bluthochdruck (Hypertonie)

Der ideale Blutdruck liegt bei 120/80 mmHg. Werte über 140/90 mmHg sind Zeichen eines Bluthochdrucks. Hoher Blutdruck kann Schlaganfall und Herzinfarkt verursachen, daher muss Bluthochdruck behandelt werden. Um Medikamente kommt man meist nicht herum, einiges kann man aber selbst tun und so die Medikamentendosis reduzieren.

– Um Ärger und Stress besser in den Griff zu bekommen, Entspannungstechniken lernen. Volkshochschulen als auch Krankenkassen bieten entsprechende Kurse an. Im Notfall tief durchatmen und langsam bis zehn zählen, so verliert der Ärger an Heftigkeit.
– Unbedingt den Salzkonsum einschränken. Die Empfehlung lautet: nicht mehr als 5 g Salz am Tag essen. Der Blutdruck sinkt und der Körper spricht besser auf Medikamente an.
– Regelmäßig Ausdauersport treiben. Regelmäßig bedeutet jede Woche an 3–5 Tagen 20–60 Minuten. Der Blutdruck sinkt dadurch. Vor dem Sport unbedingt mit einem Arzt sprechen; er entscheidet, wie stark die Belastung sein darf. Verboten sind in jedem Fall isometrische Übungen wie Gewichtheben. Hier schnellt der Blutdruck in die Höhe.
– Bei Übergewicht unbedingt abnehmen. Bei einem übergewichtigen Menschen muss das Herz viel mehr Arbeit leisten, um das Blut durch den Körper zu pumpen. Diese Mehrarbeit führt zu einer Erhöhung des Blutdrucks. Ist das Gewicht unten, zieht auch der Blutdruck nach.
– Bluthochdruck führt zu Gefäßverkalkung. Weitere Faktoren dafür sind Rauchen, Diabetes und hohe Cholesterinwerte. Hier gilt: Risikofaktoren so gut wie möglich kontrollieren.
– Auch sehr wichtig: verordnete Medikamente regelmäßig nehmen.
– Den Blutdruck selbst messen. Verschiedene Blutdruckmesser gibt es in Apotheken und Sanitätshäusern.
– Ein Glas Rotwein am Abend ist gut fürs Herz, mehr sollte es aber nicht werden.
– Heilpflanzentees können beruhigen und den Blutdruck auf diese Weise günstig beeinflussen: dazu 30 g Weißdornblüten, 20 g Mistel und 20 g Melissenblätter mischen. 1 TL der Heilpflanzenmischung mit 200 ml kochend heißem Wasser aufgießen, 10 Minuten ziehen lassen und abseihen. Von dem Tee morgens und abends je eine Tasse trinken.

368. Niedriger Blutdruck

Liegt der obere Blutdruckwert unter 100 mmHg, ist der Blutdruck niedrig. Solch ein Blutdruck ist zwar gut für Herz und Gefäße, doch die Betroffenen klagen meist über Müdigkeit, Schwindel, kalte Hände und Füße sowie Konzentrationsschwäche. Einige Tipps, um den Kreislauf in Schwung zu bringen:

– Morgendliche Wechselduschen fördern die Durchblutung. Warm beginnen und am Ende kurz kalt abbrausen. Dabei zuerst die Beine, dann die Arme und danach Bauch, Brust und Rücken duschen.
– Bürstenmassagen regen den Kreislauf an. Hier auch zuerst mit den Beinen und Armen anfangen und immer Richtung Herz bürsten.
– In Rosmarin baden. Dazu 50–60 g Rosmarinnadeln mit 1 l kochend heißem Wasser übergießen, 10 Minuten ziehen lassen. Durch ein Sieb gießen und den Sud ins Badewasser schütten, 10–15 Minuten baden.
– Heilpflanzentees können den Kreislauf ankurbeln. Dazu 20 g Rosmarinnadeln, 20 g Melissenblätter, 10 g Hagenbuttenfrüchte und 10 g Hibiskusblätter mischen. 1 TL der Heilpflanzen mit 200 ml kochend heißem Wasser aufgießen, 10 Minuten ziehen lassen. Morgens und abends je eine Tasse trinken. Vorsicht: Nicht in der Schwangerschaft trinken!
– Morgens gut frühstücken, am besten Vollkornprodukte, die lange Energie spenden. Zu viel Kaffee meiden. Er hilft zwar kurzfristig, danach kann der Blutdruck aber um so mehr absinken.
– Ausdauersport treiben! Und schon morgens Treppen statt Lift oder Fahrrad statt Auto benutzen. Das bringt den Kreislauf in Schwung.

369. Herzinfarkt erkennen

Beim Herzinfarkt zählt jede Sekunde. Je früher die Symptome erkannt werden und je schneller ein Notarzt zur Stelle ist, der eine Behandlung beginnt, desto geringer ist die Komplikationsrate. Traurige Tatsache ist, dass jeder zweite Patient mit einem Herzinfarkt innerhalb der ersten 4 Wochen stirbt. Folgende Symptome deuten auf einen Herzinfarkt:

– Plötzlich auftretende, starke drückende oder brennende Schmerzen im vorderen linken Brustbereich. Oft strahlt der Schmerz in den linken Arm, in den Ober-

bauch, in den Rücken oder in den Kiefer aus. Hinzu kommen Beklemmungs-, Enge- oder Angstgefühl, plötzliche schwere Atemnot, plötzliche Bewusstlosigkeit oder schwerste Schwindelgefühle.
– Bei Frauen äußert sich der Herzinfarkt anders als bei Männern. Nur jede dritte Frauen hat Brustschmerzen. Häufig sind Müdigkeit, Schlafstörungen, Kurzatmigkeit und Magenbeschwerden Zeichen eines Herzinfarktes.
– Jeder fünfte Herzinfarkt macht sich nicht bemerkbar. Das wird als stummer Infarkt bezeichnet. Besonders häufig trifft es Menschen mit Diabetes mellitus. 30–50 Prozent der Herzinfarkte treten aus heiterem Himmel ohne vorherige Schmerzen auf.

370. Risikofaktoren fürs Herz

Es gibt viele Risikofaktoren für einen Herzinfarkt. Einige können wir selbst beeinflussen, andere nicht. Meist kann man mit einem Risikofaktor gut leben, bei mehreren potenziert sich das Risiko aber erheblich. Jeder sollte seine individuellen Risikofaktoren kennen. Nur so kann man sie auch gezielt bekämpfen.

– Diabetes gilt als einer der wichtigsten Risikofaktoren. Doch Diabetes ist kein unentrinnbarer Schicksalsschlag. Je besser die Blutzuckerwerte eingestellt sind, desto geringer auch das Risiko fürs Herz.
– Erhöhte LDL-Cholesterinspiegel fördern die Gefäßverkalkung. Sie können vererbt sein, aber die meisten Menschen nehmen auch zu viel Cholesterin über die Nahrung auf. Niedrige HDL-Cholesterinspiegel sind meist angeboren. HDL-Cholesterin transportiert das Cholesterin aus dem Gefäß zurück in die Leber. Sport lässt die HDL-Werte nach oben schießen (siehe auch Kasten rechts).
– Erhöhter Blutdruck (Hypertonie) belastet das Herz, wie eine Pumpe steht es dann immer unter Druck. Neben Medikamenten senken Sport und salzarme Ernährung den Blutdruck.
– Übergewicht (Adipositas) verändert den Stoffwechsel. Meist sind die Zucker- und Cholesterinwerte erhöht, auch der Blutdruck steigt.
– Rauchen lässt Gefäße vorzeitig altern. Die meisten jungen Herzinfarktpatienten sind Raucher.
– Herz-Kreislauf-Erkrankungen in der Familie sind ein vererbtes Risiko, das keiner ändern kann. Gelingt es aber, die anderen Risikofaktoren zu beherrschen, kann man trotzdem 100 Jahre alt werden.
– Zu wenig körperliche Bewegung erhöht die Gefahr, einen Herzinfarkt zu erleiden. Sport ist ein Wundermittel für den Körper. Er senkt Zucker-, Cholesterin- und Blutdruckwerte und somit das Risiko. Und: Er macht glücklich.
– Männer sind gefährdeter als Frauen, bei Frauen steigt das Risiko deutlich nach den Wechseljahren (Postmenopause). Hormonersatztherapien senken das Risiko nicht.
– Erhöhte Werte der Aminosäure Homocystein ist ebenfalls ein Risikofaktor. Dieser Wert kann durch eine einfache Blutuntersuchung gemessen werden. Folsäure senkt den Homocysteinspiegel. Leber, grünes Blattgemüse wie Spinat und Mangold sowie Milch enthalten reichlich Folsäure.

GUTES UND SCHLECHTES CHOLESTERIN

Cholesterin im Blut wird in zwei Untergruppen eingeteilt: HDL-Cholesterin („gutes“ Cholesterin): Ein hoher HDL-Cholesterinspiegel beugt Gefäßverkalkung (Arteriosklerose) vor. HDL-Cholesterin lässt sich durch Medikamente kaum anheben, aber durch regelmäßigen Ausdauersport. LDL-Cholesterin („schlechtes“ Cholesterin): je höher der LDL-Cholesterinspiegel, desto höher das Risiko für Arteriosklerose und Herzinfarkt. Die meisten Menschen haben hohes LDL-Cholesterin, weil sie zu viel Fett essen. Fettarme Ernährung mit einfach ungesättigten Fettsäuren, Ballaststoffen und regelmäßiger Ausdauersport beugen vor. Auch Medikamente, vor allem so genannte Statine, senken das LDL.

371. Herzkrankheiten und Sex

Das Thema Herzkrankheit und Sexualität ist mit vielen Vorurteilen und Mythen belegt. Dabei ist auch nach einem Herzinfarkt eine erfüllte Sexualität möglich.

– Viele Menschen glauben, dass „zu viel“ Sex eine Ursache von Herzerkrankungen sein könnte. Das ist ein Mythos.
– Die körperliche Anstrengung beim Geschlechtsverkehr ist nicht wirklich groß. Konkret heißt das: Kann jemand ohne größere Anstrengung, Atem- und Herz-

beschwerden oder Herzklopfen Treppen steigen, dann kann er auch Sex haben.
– Manche Herzmedikamente können zu Impotenz führen. Hier hilft ein klärendes Gespräch mit dem Arzt.
– Viele Menschen haben nach einem Herzinfarkt Angst, beim Geschlechtsverkehr zu versagen. Im Gespräch mit dem Partner kann verständnisvoll auf die Ängste eingegangen werden. Die körperliche Nähe zum Partner kann auch das Vertrauen in die wiedererlangte Gesundheit festigen.

372. Frauenherzen schlagen anders

Früher traf es gestresste Manager, heute die Frauen. Auch wenn beim männlichen Geschlecht das Risiko größer ist, einen Herzinfarkt zu bekommen, sterben insgesamt mehr Frauen an der Krankheit. Grund: Frauenherzen sind nicht nur etwas kleiner, sondern auch empfindlicher gegenüber vielen Risikofaktoren. Und bei Frauen wird der Herzinfarkt häufig nicht erkannt.

– Frauen mit Diabetes haben ein zwei- bis dreifach höheres Herzinfarktrisiko als Männer mit Diabetes.
– Das „schlechte" Cholesterin (LDL) spielt bei Frauen eine geringere Rolle als bei Männern. Dafür ist ein niedriger Wert an „gutem" Cholesterin (HDL) ein starker Risikofaktor (siehe auch Kasten, Seite 195)
– Rauchen schädigt die Gefäße der Frauen deutlich mehr als die der Männer. Insbesondere die Kombination von Anti-Baby-Pille und Rauchen birgt ein hohes Infarktrisiko.
– Frauen mit hohem Blutdruck haben weniger Gefäßverkalkungen als Männer.

373. Herzschwäche (Herzinsuffizienz)

Wird der Herzmuskel schwächer, kann das Herz nicht mehr genügend Blut in die Organe pumpen. Leistungsschwäche und Atemnot sind die Folge. Herzinsuffizienz ist aber keine unausweichliche Alterserscheinung, man kann etwas dagegen tun.

– Ein hoher Blutdruck schädigt nicht nur die Herzkranzgefäße, sondern auch den Herzmuskel. Wichtig ist daher, Bluthochdruck richtig zu behandeln.
– Verkalkungen der Herzkranzgefäße und Herzinfarkt lassen Herzmuskelzellen absterben. Deshalb gilt auch für die Herzschwäche: weg mit den bekannten Herzgiften wie hohe Cholesterinwerte, Rauchen, Diabetes, Bluthochdruck und Übergewicht.
– Herzmuskelentzündungen können zur Herzschwäche führen. Daher selbst bei banalen Erkältungen keinen Sport treiben. Erst wenn man richtig auskuriert ist, wieder trainieren.
– Alkohol- und Drogenmissbrauch schädigen ebenfalls den Herzmuskel.
– Herzklappenfehler und angeborene Herzerkrankungen können kaum beeinflusst werden. Daher ist es wichtig, sich an die Anweisungen des Arztes zu halten.

374. Mit Herzschwäche leben

Die Diagnose Herzinsuffizienz bedeutet nicht, ein Leben im Rollstuhl führen zu müssen. Im Gegenteil, ein aktives Leben kann die Herzfunktion sogar verbessern.

– Der Satz „Du bist, was du isst" trifft auch bei der Herzinsuffizienz zu. Eine herzgesunde Kost mit viel Obst und Gemüse und wenig Fett ist wichtig. Möglichst wenig Salz essen, nicht mehr als 5 g am Tag wären ideal. Salz bindet Flüssigkeit im Körper und in den Blutgefäßen. Vermehrte Blutflüssigkeit lässt den Blutdruck ansteigen und das Herz muss stärker pumpen.
– Manche Menschen müssen zusätzlich die Flüssigkeitsmenge begrenzen. Hierzu zählt nicht nur Wasser, sondern auch Säfte, Eiswürfel, Kaffee, Tee und Suppen. Einige Nahrungsmittel mit hohem Wassergehalt, wie Speiseeis, Joghurt und Früchte, tragen auch zur aufgenommenen Flüssigkeitsmenge bei.
– Früher war Sport bei Herzschwäche verboten. Jetzt weiß man, dass körperliche Aktivität das Herz wieder effizienter schlagen lässt und die Belastung des Herzmuskels reduziert. Doch vor dem Training immer erst den Arzt nach der Leistungsfähigkeit befragen.
– Training langsam angehen lassen und entsprechend dem eigenen Vermögen steigern. Sport auch in den Alltag integrieren, Treppe statt Lift, Fahrrad statt Auto.
– Über Ängste sprechen. Das Herz ist für die meisten ein besonderes Organ. Funktioniert es nicht mehr richtig, treten Ängste und Frustrationen auf. Das macht auf Dauer Stress. Reden hilft. Gut ist auch ein Gespräch mit anderen Betroffenen, beispielsweise in einer Selbsthilfegruppe.
– Täglich wiegen. Verschlechtert sich die Herzfunktion, lagert sich mehr Wasser im Körper ein. Die Waage zeigt

plötzlich 1–2 kg mehr an. Eine schnelle ärztliche Behandlung kann das Herz entlasten. Ignoriert man die Gewichtszunahme, kann eine schwere Atemnot einen Krankenhausaufenthalt notwendig machen.

375. Schlaganfall erkennen

Kaum ein anderes Organ des Menschen reagiert auf Sauerstoffmangel so empfindlich wie das Gehirn. Meist kommt ein Schlaganfall aus heiterem Himmel. Innerhalb weniger Minuten sterben Nervenzellen ab. Mangeldurchblutungen des Gehirns oder Blutungen sind die Ursache. Folgende Symptome hat ein Schlaganfall:

– Plötzliche Lähmungserscheinungen einer Körperseite. Sehstörungen und Doppelbilder, unversehens auftretende Sprachstörungen, einseitige Empfindungsstörungen wie ein taubes, pelziges oder kribbelndes Gefühl in den Händen oder am Unterarm sind eindeutige Merkmale für einen Schlaganfall.
– Weitere Indizien: die Wange und Zunge sind gefühllos geworden, die Muskeln einer Gesichtshälfte schlaff. Manchen Betroffenen wird plötzlich schwindelig und sie können weder stehen noch sitzen.
– Schlagartig einsetzende, unerträgliche Kopf- und Nackenschmerzen sind Zeichen einer Hirnblutung. Manchmal treten diese Symptome nur vorübergehend auf und verschwinden dann wieder.
– Jeder Schlaganfall ist ein Notfall und muss ärztlich versorgt werden. Am besten ist eine neurologische Abteilung mit einer „Stroke Unit“, einer für Schlaganfälle spezialisierten Abteilung.
– Auch vorübergehende Symptome müssen vom Arzt untersucht werden. Je früher die Therapie einsetzt, desto größer sind die Überlebenschancen und die Chance, keine schweren Behinderungen davonzutragen.

376. Thrombose – Risiken

Blutgerinnsel bei Passagieren von Langstreckenflügen haben in den letzten Jahren Schlagzeilen gemacht. Schwere Beine, ein ziehender Schmerz in den Waden oder Druckempfindlichkeit der Fußsohle sind erste Zeichen einer Beinvenenthrombose. Doch es gibt auch andere Risiken für ein Blutgerinnsel in den Blutgefäßen – auf einige davon kann durchaus vorbeugend Einfluss genommen werden.

– Bewegungsmangel auf Reisen: bei Autofahrten Pausen machen, bei Flugreisen siehe Tipp Seite 561!
– Flüssigkeitsmangel bei starkem Schwitzen: regelmäßig trinken!
– Übergewicht: reduzieren!
– Rauchen, besonders Frauen, die die Pille nehmen: aufhören!
– Längere Bettlägerigkeit, zum Beispiel nach Operationen, und angeborene Gerinnungsstörungen sind weitere Risikofaktoren.

377. Krampfadern

Schwere und dicke Beine am Abend können Zeichen dieser Venenerweiterung sein. Meist bessern sich die Symptome über Nacht. Krampfadern sind sehr häufig, über die Hälfte der Bevölkerung ist betroffen. Die Veranlagung zu Krampfadern ist häufig vererbt, aber man kann auch einiges dagegen tun:

– Regelmäßigen Ausdauersport wie Gehen, Schwimmen oder Radfahren betreiben.
– Extreme Hitze wie Sonne oder Sauna meiden.
– Wechselduschen, Knie- und Schenkelgüsse und Wassertreten verbessern die Blutzirkulation.
– Folgende Regel beachten: Sitzen und stehen ist schlecht, lieber laufen und liegen.
– Bei Übergewicht abnehmen.
– Stützstrümpfe (Sanitätsfachhandel) tragen, sie helfen bei Wasseransammlung.
– Rosskastanien-Extrakte (Apotheke) wirken gefäßabdichtend und verhindern so ebenfalls die Wasseransammlung.

378. Sodbrennen behandeln

Saures Aufstoßen und drückende Schmerzen hinter dem Brustbein sind Zeichen von Sodbrennen.

– Gelegentliches Sodbrennen ist unbedenklich und kann mit Hausmitteln oder rezeptfreien Medikamenten aus der Apotheke behandelt werden.
– Tritt es allerdings 2- bis 3-mal die Woche über einen Zeitraum von etwa 4 Wochen auf, heißt es schnell zum Arzt gehen.
– Treten neben dem Sodbrennen auch noch folgende Beschwerden auf, sollte ebenfalls dringend ein Arzt aufgesucht werden: Schluckbeschwerden, Appetitlosig-

keit und Gewichtabnahme, Erbrechen mit Blutbeimengung, blutiger oder schwarz gefärbter Stuhl, Blässe der Haut, Müdigkeit oder Schwindelgefühl, ausstrahlende Schmerzen in Nacken- und Schulterbereich. Denn immer wiederkehrendes Sodbrennen kann die Schleimhaut der Speiseröhre schädigen und sogar zu Krebs führen.

TIPP

Zum Essen ein Glas Wasser mit 1 TL Apfelessig trinken. Nach dem Essen langsam ein Stück Ingwerwurzel kauen. Hilft das nicht, gibt es so genannte Antazida rezeptfrei in der Apotheke. Diese Medikamente neutralisieren die Magensäure.
Alte Hausmittel wie Milch und Pfefferminztee vergessen. Pfefferminztee entspannt den Schließmuskel am Magen und so kann die Magensäure noch einfacher in die Speiseröhre zurückfließen. Milch tut zwar gut, wenn sie die Speiseröhre runterläuft. Unten angekommen regt sie aber zur vermehrten Säureproduktion an.

379. Sodbrennen vermeiden

Ist der Bauch voll, drängt saurer Magensaft in die Speiseröhre. So entsteht Sodbrennen. Häufig ist ein Überfall auf den Kühlschrank die Ursache. Wer zu Sodbrennen neigt, sollte Folgendes beachten:

– Alkohol, Nikotin oder fette und stark gewürzte Speisen verstärken die Säureproduktion. Wer zu Sodbrennen neigt, sollte das meiden. Ebenso können Zitrusfrüchte, Zwiebeln und Schokolade dem Bauch Ärger bereiten. Kaffee, Tee und Cola reizen ebenfalls, daher den Konsum einschränken.
– Kohlensäurehaltige Getränke wie Mineralwasser oder Cola überblähen den Magen, die Säure kann einfacher entweichen. Ganz weglassen oder weniger davon trinken.
– Übergewicht und Schwangerschaft drängen den Magen nach oben. Er hat weniger Raum zum Ausdehnen, und durch den Druck drängen Säuren und Mageninhalt leichter nach oben. Bei Übergewicht ein paar Pfund abnehmen, bei Schwangerschaft lieber öfters kleine Portionen essen.
– Üppige und fettige Mahlzeiten vor dem Schlafen sind ungünstig, im Liegen läuft die Magensäure noch leichter zurück. Abends am besten 2–3 Stunden vor dem zu Betten gehen essen.
– Tritt das Sodbrennen vor allem nachts auf, ein paar Bücher unter das Kopfende stellen, damit es höher ist.
– Auf enge Gürtel verzichten und lieber auf Hosenträger umsteigen. Gürtel können den Magen zusammendrücken und der Mageninhalt läuft in die Speiseröhre.
– Aufs Rauchen verzichten, es regt die Säurebildung an.

380. Durchfall – was tun?

Durchfall kennt jeder, akuter Durchfall dauert 1–2 Tage. Dauert der Durchfall länger als 2 Wochen, sprechen Ärzte von chronischem Durchfall.

– Säuglinge, Kleinkinder, ältere Menschen und durch andere Krankheiten geschwächte Menschen sollten sofort zum Arzt, wenn sie Durchfall haben.
– Bei gesunden Erwachsenen sind Durchfälle, die nur 1–2 Tage dauern, meist harmlos.
– Bei folgenden Beschwerden sollte dringend ein Arzt aufgesucht werden: Der Durchfall dauert mehr als 1–2 Tage. Zum Durchfall gesellt sich Fieber. Schwere Bauchkrämpfe treten auf. Haut und Augen färben sich gelb. Im Stuhl ist Blut oder Eiter zu sehen. Durchfall, der nach einem Auslandsaufenthalt auftritt.

381. Akuten Durchfall behandeln

Akuter Durchfall ist einer der besten Abwehrmechanismen des Körpers. Die belastenden Stoffe werden rasch und in großer Menge ausgeschleust. Lebensmittelvergiftungen und Darmgrippe sind die häufigsten Ursachen. Was kann man selbst tun:

– Da der Köper bei akutem Durchfall reichlich Flüssigkeit verliert, unbedingt auf eine ausreichende Flüssigkeitszufuhr (3–4 l täglich) achten. Die Getränke müssen Salz, Zucker und Kalium in bestimmten Mengen enthalten, sonst kann der Körper das Wasser nicht speichern: 1/2 TL Salz und 5 TL Traubenzucker in 1/2 l Wasser (vorher abkochen!) auflösen. Wer mag, Orangensaft zugeben.
– Fruchtsäfte sind zuckerhaltig und enthalten Kalium. Sie müssen pro Glas mit der gleichen Menge Wasser verdünnt werden. Beim Obst zu Bananen und Aprikosen

greifen, sie sind kaliumreich. Klare Brühe (selbst gemacht oder aus der Packung) versorgt den Körper mit Salz.
– Tee aus Kamillenblüten und Pfefferminzblättern in kleinen Schlucken über den Tag verteilt trinken. Zu viel Flüssigkeit auf einmal kann den häufig auch empfindsameren Magen überdehnen und zu Erbrechen führen.
– Auf milchhaltige Nahrungsmittel verzichten. Milch regt im Magen die Säureproduktion an und belastet so den empfindsamen Verdauungstrakt noch mehr.
– Eine Wärmflasche auf dem Bauch lindert Schmerzen und Krämpfe. Auch ein warmer Bauchwickel hilft. Dazu ein Handtuch in warmen Kamillentee tauchen, auf den Bauch legen und mit einem zweiten trockenen Handtuch umwickeln. Etwa 1 Stunde ruhen.

TIPP

Medikamente, die akuten Durchfall stoppen, sollten nicht eingesetzt werden, da die Erreger dann weiter im Darm bleiben. Sinnvoll sind sie aber, wenn beispielsweise im Urlaub eine längere Busfahrt überstanden werden muss.

382. Chronischen Durchfall abklären lassen

Durchfälle chronischer Art werden häufig nicht durch Infektionen ausgelöst, sondern sind Zeichen einer anderen Erkrankung. Daher müssen sie immer von einem Arzt untersucht werden. Mögliche Ursachen sind:

– Diverse Medikamente wie beispielsweise Antibiotika
– Nahrungsmittelunverträglichkeit, insbesondere Milch- oder Glutenunverträglichkeit
– Reizdarm-Syndrom
– Chronische Darmentzündungen
– Missbrauch von Abführmitteln
– Schilddrüsenüberfunktion
– Darmoperationen oder Darmtumore

383. Glutenunverträglichkeit (Zöliakie, Sprue)

Etwa einer von 1.000 Menschen in Mitteleuropa verträgt kein Gluten. Chronische Durchfälle sind die Folge. Der Betroffene muss sich lebenslänglich glutenfrei ernähren.

– Gluten kommt vor allem in Weizen, Gerste, Roggen und Hafer vor. Kein Brot, Nudeln, Desserts, Saucen oder Paniertes essen.
– Reis, Hirse, Mais, Kartoffeln, Sojabohnen, Fleisch, Milch, Obst, Gemüse, Eier und Gebäck aus Maismehl können ohne Bedenken verzehrt werden.
– Unbedingt auf verstecktes Gluten in Fertigprodukten achten!
– Ein Ernährungsexperte kann trotz der Einschränkungen einen ausgewogenen Speiseplan erstellen.
– Wird eine glutenfreie Ernährung nicht oder nur teilweise eingehalten, besteht nach Jahren ein erhöhtes Krebsrisiko (vor allem Darmkrebs).

384. Milchzucker-Unverträglichkeit (Laktose-Intoleranz)

Für Kinder ist die Milch ein Hauptnahrungsmittel. Im Lauf der Jahre verliert etwa ein Drittel der Bevölkerung Mitteleuropas die Fähigkeit, Milch zu verdauen. Nach Milchgenuss treten Blähungen, Krämpfe und Durchfälle auf.

– Betroffene sollten unbedingt eine laktosearme oder -freie Kost einhalten. Auf Milch, Butter, Margarine, aus saurer Milch hergestellte Produkte (zum Beispiel Dickmilch) oder Käse verzichten. Schokolade und Milchpulver meiden.
– Joghurt und Quark sowie lange gereifte Hartkäse wie Cheddar oder Parmesan enthalten nur noch wenig Milchzucker und werden deshalb meist vertragen.
– Vorsicht beim Kauf von fertig Gebackenem. Unbedingt die Inhaltsangabe auf dem Etikett nachlesen oder den Bäcker fragen, welche Zutaten verwendet wurden.
– Laktose kommt in vielen Medikamenten vor. Den Arzt oder Apotheker fragen.
– Einige Betroffene können durchaus Milch im Kaffee vertragen, andere bekommen bereits bei den geringsten Mengen von Milchzucker Durchfall. Generell gilt: Eine Milchmenge bis 240 ml pro Tag wird in vielen Fällen gut vertragen.
– Bei leichter Milchzuckerunverträglichkeit kann auch milchzuckerarme (laktosearme) Milch verwendet werden. Diese gibt es in manchen Lebensmittelläden fertig zu kaufen oder sie kann selbst hergestellt werden. Dazu wird der normalen Milch das Enzym Laktase (Apotheke) beigemengt.

– Da Milch und Milchprodukte die Hauptquellen für die Kalziumzufuhr sind, besonders darauf achten, dass stattdessen kalziumangereicherte Lebensmittel wie Fruchtsäfte, Brokkoli, Spinat oder Sardinen gegessen werden.

TIPP

Selbsttest machen: Einige Tage auf Milch und milchhaltige Produkte wie Joghurt, Käse, Dickmilch usw. verzichten. Dann ein Glas Milch trinken. Kommt es unmittelbar danach zu Bauchschmerzen oder Durchfall, liegt eventuell eine Milchzucker-Unverträglichkeit vor. Eine genaue Diagnose kann aber nur der Arzt stellen.

385. Salmonellenvergiftung vermeiden

Es gibt 2200 verschiedene Salmonellen-Arten, die in den meisten Situationen Durchfälle verursachen. Die häufigste Salmonellen-Erkrankung ist die Lebensmittelvergiftung. In tropischen Ländern kann es auch zu Typhus und Paratyphus kommen. So können Sie Vergiftungen durch diese Bakterien vermeiden:

– Auf Hygiene achten: vor dem Kochen und Essen die Hände gründlich waschen.
– Auf sauberes Wasser achten: Trinkwasser abkochen oder anders desinfizieren. Vor allem in südlichen Ländern sind die Gewässer mit Keimen verunreinigt, die ins Trinkwasser gelangen können.
– Im englischen Sprachraum folgt man, was Wasser, Obst und Gemüse angeht, dem Merksatz: „Cook it, peel it or leave it" („Koch es, schäl es oder lass es“).
– Auch Fliegen können Bakterien vom Stuhl auf Nahrungsmittel übertragen, diese nicht offen stehen lassen.
– Lebensmittel, die Salmonellen enthalten können (Geflügel, Wild, Fisch, Krusten-, Schalen- und Weichtiere), unter 4 °C und getrennt von anderen Lebensmitteln aufbewahren. Bakterien können sich dann nicht vermehren und andere Lebensmittel kontaminieren.
– Vorsicht bei rohen Speisen wie Sushi oder Austern oder rohen Eierspeisen: unbedingt im Kühlschrank aufbewahren und noch am selben Tag verzehren. Stehen sie länger, können sich darin Bakterien vermehren.
– Vorsicht mit Kostproben, bevor das Essen gar ist.
– Für rohes Fleisch ein extra Fleischbrett verwenden, das mit sehr heißem Wasser gereinigt werden kann. So werden Keime nicht auf andere Lebensmittel übertragen.
– Putzschwämme regelmäßig reinigen und erneuern. Verschmutzte Schwämme sind ein Eldorado für Keime.
– Gegen Typhus gibt es eine Schutzimpfung. Sie ist für Reisende in Typhusgebiete empfehlenswert.
– Personen, die in Schulen, Kindergärten oder ähnlichen Gemeinschaftseinrichtungen arbeiten oder in Lebensmittelbetrieben tätig sind, dürfen schon bei Verdacht auf eine Salmonellen-Erkrankung nicht arbeiten. Selbstverständlich gilt dies auch für bereits erkrankte Menschen.

S.O.S.-TIPP

Gesellen sich zum Durchfall auch Fieber, Kopf- und Gliederschmerzen, Bauchschmerzen oder Mattigkeit, ist ein Arztbesuch dringend erforderlich.

386. Verstopfung – was tun?

Jeder dritte Erwachsene leidet an Verstopfung. Am allerhäufigsten ist falsche Ernährung die Ursache. Was kann man dagegen tun?

– Ausreichend trinken, am besten 2–3 l Wasser, Tee oder verdünnte Säfte am Tag.
– Viele Ballaststoffe essen. Kleie und Leinsamen sind besonders wirkungsvoll. Getrocknete Feigen, Aprikosen oder Pflaumen über Nacht in Wasser einweichen und morgens nüchtern Früchte und Sud verzehren.
– Vor dem Frühstück ein Glas lauwarmes Wasser oder Sauerkrautsaft trinken. Auch gut: 1 EL Milchzucker in einem Glas Milch auflösen und auf nüchternen Magen trinken.
– Regelmäßige Bewegung bringt auch den Darm in Schwung. Geht wirklich nichts, Zäpfchen oder kleine Klistiere verwenden.
– Abführmittel nicht regelmäßig nehmen, sie machen abhängig. Auch pflanzliche Abführmittel mit Sennesblättern, Aloe, Cascararinde, Rhabarberwurzel oder Faulbaumrinde sowie Glaubersalz (Natriumsulfat) oder Bittersalz (Magnesiumsulfat) meiden.
– Regelmäßigen Stuhlgang kann man lernen. Der beste Zeitpunkt ist oft nach dem Frühstück. Wichtig ist: Zeit lassen. Direkt nach dem Frühstück auf die Toilette

setzten und mindestens 10 Minuten darauf warten, ob der Stuhl kommt oder nicht. Jeden Tag um die gleiche Uhrzeit trainieren. Nach einiger Zeit gewöhnt sich der Darm daran und meldet sich von selbst.

387. Hämorrhoiden behandeln

Hellrotes Blut auf dem Stuhl, Juckreiz und Schmerzen beim Stuhlgang? Hämorrhoiden sind krampfaderartige Erweiterung der Venen im Übergang vom Mastdarm zum Enddarm und ein weit verbreitetes Gesundheitsproblem. Trotzdem sind sie häufig mit Scham und Geheimniskrämerei besetzt. Bitte beachten: Bei Blutbeimengung im Stuhl immer zum Arzt gehen. Es könnte ein Frühzeichen von Darmkrebs sein.

– Salben, Zäpfchen und Analtampons (Apotheke) lindern den Juckreiz und wirken schmerzstillend. Ein kühles Sitzbad, etwa mit Kamillenblüten, tut gut. Blutende Hämorrhoiden mit Hamamelis (Apotheke) betupfen.
– Wattebausch in Eichenrinden-Extrakt (Apotheke) tränken und über Nacht auf die Hämorrhoide legen. Am besten trockene Kompresse darüber geben und mit Pflaster festkleben.
– Make-up-Wattepads statt Toilettenpapier verwenden, das kratzt nicht.
– Der Arzt kann Hämorrhoiden wirksam behandeln. Falsche Scham verlängert nur das Leiden. Entweder werden sie mit einer speziellen Flüssigkeit verödet oder das erweiterte Gefäß wird mit einem kleinen Gummiring abgebunden.

388. Hämorrhoiden vorbeugen

Meist entstehen Hämorrhoiden als Folge chronischer Verstopfung. Das intensive Pressen erweitert die Blutgefäße des Darms.

– Wichtigste Maßnahmen um Verstopfung vorzubeugen: eine ballaststoffreiche Ernährung (mit Vollkornbrot, Müsli, Weizenkleie, Sesam, Leinsamen, Haferflocken, Obst mit Schale und Gemüse), die die Darmtätigkeit anregt. Täglich 2 l Flüssigkeit trinken, damit die Ballaststoffe quellen können. Weißbrot, Schokolade, polierter Reis, Teigwaren und Kartoffeln meiden, sie enthalten wenig Ballaststoffe und können zu Verstopfung führen. Ausreichende Bewegung unterstützt die Verdauung.
– Unbedingt darauf achten, beim Stuhlgang nicht zu hetzen. Starkes Pressen vermeiden.
– Bei Übergewicht nach und nach abnehmen. Keine Abführmittel (auch so genannte natürliche oder pflanzliche Produkte) einnehmen.

389. Analfissuren behandeln

Kleine Schrunden in der Afterschleimhaut können sehr schmerzhaft sein. Meist sind sie harmlos, trotzdem ist ein Arztbesuch notwendig, um andere schwere Erkrankungen auszuschließen.

– Ballaststoffreiche Kost verhindert harte Stühle, die Schleimhaut reißt nicht.
– Nach dem Stuhlgang oder dem Duschen die Haut um den After mit Babypuder einpudern, um sie zu trocknen. Trockene Haut ist weniger empfindlich.
– Trotz Juckreiz nicht kratzen. Das kann zu Verletzungen der zarten Haut führen.
– Vitamin-A- und D-haltige Salben (Apotheke) auftragen, sie lindern die Schmerzen und fördern die Heilung. Ein warmes Sitzbad mit Kamillenblüten entspannt.
– Sanitärfachgeschäfte haben spezielle ringförmige Kissen, die man auf jeden beliebigen Stuhl auflegen kann. So werden Schmerzen beim Sitzen gelindert.
– Toilettenpapier kann die verletzte Haut irritieren. Reinigungs- oder Gesichtstücher mit Feuchtigkeitslotion sind eine Wohltat für den geplagten Po.

390. Blähungen behandeln und vorbeugen

Blähungen sind unangenehm für den Betroffenen – und für die in der Nähe befindlichen Personen.

– Besonders wirksam sind Tees aus Fenchel, Kümmel und Anis (Apotheke). Jeweils 1 TL mit 1/4 l kochend heißem Wasser übergießen und 10 Minuten ziehen lassen. Mehrmals täglich eine Tasse trinken.
– Manchmal kann eine Milchzucker-Unverträglichkeit die Ursache von immer wiederkehrenden Blähungen sein. Hierfür bei Ratschlag Nr. 384, Seite 199 nachlesen.
– Blähende Speisen wie Bohnen, Kohl und Zwiebeln meiden. Für Bohnenfans gilt: Bohnen 12 Stunden einweichen und lange kochen. Das reduziert die gasbildenden Eigenschaften.

– Ballaststoffe sind gesund, können aber Blähungen verursachen. Daher die Ernährung nicht abrupt umstellen, sondern dem Darm Zeit zur Anpassung geben.

391. Erbrechen – was tun?

Plötzliches Erbrechen ist eine sinnvolle Reaktion des Körpers, um Unbekömmliches los zu werden. Danach heißt es, den Magen wieder zu beruhigen und Flüssigkeit zu ersetzen. Finden sich Blutbeimengungen unter dem Erbrochenen, sofort einen Arzt aufsuchen.

– So viel wie möglich trinken. Am besten sind Wasser, dünner Tee oder stark verdünnte Säfte. Kamillen-, Melissen- oder Fencheltee wirken beruhigend auf den Magen. Tee nur in kleinen Schlückchen trinken.
– Lauwarme Getränke werden deutlich besser vertragen als kalte. Auf Kohlensäure ganz verzichten.
– Ist der Urin sehr gelb? Das ist ein Zeichen von Flüssigkeitsmangel, also mehr trinken.
– Klare Suppen und Brühen, am besten selbst gemacht, ersetzen verlorene Mineralstoffe. Auch leichte Gemüsesuppen, vor allem aus Karotten, tun dem Magen gut.
– Nach dem Erbrechen nur Kohlenhydrate wie altes Brot oder Zwieback essen, Vollkornprodukte meiden, da sie den Verdauungstrakt stark belasten. Verträgt der Magen diese, können eiweißreiche Speisen probiert werden. Hühnersuppe (entfettet) mit Reis ist ideal. Vorsicht mit Fetten, sie sind schwer verdaulich und belasten den Magen.
– Wärme in Form von warmen Bauchwickeln lindern Krämpfe. Dazu ein Handtuch in warmen Kamillentee tauchen, auf den Bauch legen und mit einem zweiten trockenen Handtuch umwickeln. Etwa 1 Stunde ruhen.

392. Hepatitis-ABC

Hepatitis ist eine Entzündung der Leber. Am häufigsten wird sie durch Viren verursacht. Müdigkeit, allgemeines Krankheitsempfinden und leichtes Fieber sind klassische Zeichen. Im weiteren Verlauf färben sich das Weiße der Augen, die Haut und alle Schleimhäute gelb. Der Urin wird auffällig dunkel, der Stuhl hell. In manchen Fällen heilt die Hepatitis nicht aus und wird chronisch.

– Hepatitis A wird über Lebensmittel übertragen, die mit Kotrückständen verunreinigt sind. Die Infektion kommt vor allem in Süd- und Südosteuropa, Afrika, Asien sowie Süd- und Mittelamerika vor. In den allermeisten Fällen heilt die Erkrankung ohne Komplikationen aus. Jeder Reisende in gefährdete Regionen sollte gegen Hepatitis A geimpft sein.
– Hepatitis B wird durch Körperflüssigkeiten (Blut oder Blutplasma, Sperma, Vaginalschleim) übertragen. Das Virus ist um ein Vielfaches ansteckender als der AIDS-Erreger. Es genügen bereits mikroskopisch kleine Hautverletzungen, durch die der Erreger in die Blutbahn gelangt. In etwa 10 Prozent heilt die Erkrankung nicht aus, wird chronisch und das Risiko, an Leberkrebs zu erkranken, erhöht sich. Gegen Hepatitis B kann geimpft werden.
– Hepatitis C (früher Non-A- oder Non-B-Hepatitis genannt) wird durch Blut und Blutprodukte übertragen wie Hepatitis B. Jeder zweite Betroffene entwickelt eine chronische Hepatitis. Eine Impfung gibt es nicht.
– Andere Erkrankungen durch Viren oder Bakterien können ebenfalls eine Leberentzündung hervorrufen, genauso wie Vergiftungen, beispielsweise mit dem Knollenblätterpilz.
– Auch Arzneimittel (zum Beispiel eine Überdosierung von Paracetamol oder bestimmte Narkosegase (Halothan) können die Leber schädigen.

393. Übertragung von Hepatitis B vermeiden

Hepatitis B zählt zu den sexuell übertragbaren Krankheiten. In vielen Fällen kann eine Infektion mit dem Virus durch einfache Maßnahmen vermieden werden.

– Kondome beim Geschlechtsverkehr schützen auch vor Hepatitis.
– Keine Rasiersachen, Zahnbürsten, Nagelscheren oder -feilen von infizierten Personen benutzen. Bei Drogenabhängigkeit, Nadeln nicht gemeinsam benutzen.
– Auf Hygiene beim Ohrlöcher stechen und Tätowieren, bei der Maniküre und Akupunktur achten. Auch dabei könnte die Erkrankung übertragen werden.

394. Fettleber vorbeugen

Fettansammlungen in der Leber machen meist keine Beschwerden und werden oft nur zufällig bei einer Ultraschalluntersuchung entdeckt. Wird die Leber dann nicht geschont, kann es nach Jahren zu Leberversagen kommen.

– Häufigste Ursache für die Bildung einer Fettleber ist ein regelmäßiger zu tiefer Blick ins Glas, daher nur gemäßigt Alkohol genießen.
– Übergewicht abbauen und auf fettes Essen verzichten. Soja senkt den Cholesterinspiegel und kann so einen weiteren Fetteinbau in die Leber verhindern.
– Bei Diabetes auf gute Blutzuckerwerte achten, Fettstoffwechselstörungen behandeln. Medikamente nur nach Rücksprache mit dem Arzt nehmen. Viele Medikamente können die Leber schädigen.

395. Gallensteine erkennen

Dickt die Gallenflüssigkeit in der Gallenblase ein, entstehen Gallensteine. Übergewicht und cholesterinreiche, ballaststoffarme Ernährung bilden dafür die größten Risikofaktoren. Drei Viertel aller Gallensteinträger hat kaum Beschwerden und weiß nichts von der Erkrankung. Folgende Beschwerden können auf Gallensteine hinweisen:

– Unverträglichkeit von fetten oder gebratenen Speisen sowie Kaffee
– Völlegefühl im Oberbauch
– Druck im Oberbauch
– Häufige Blähungen

S.O.S.-TIPP

Nur etwa ein Viertel aller Gallensteinträger hat überhaupt Beschwerden. Kann die Gallenflüssigkeit nicht ungehindert in den Darm abfließen, verkrampft sich die Gallenblase und es kommt zur Gallenkolik. Das führt zu heftigen, krampfartigen Schmerzen im rechten und mittleren Oberbauch. Die Attacken können auch in den Rücken und die rechte Schulter ausstrahlen. Die zurückgestaute Gallenflüssigkeit färbt im weiteren Verlauf die Haut und das Weiße in den Augen gelb. Der Urin wird bierbraun und der Stuhl lehmfarben. Manchmal kommen auch Fieber und Schüttelfrost dazu. Jede Gallenkolik muss von einem Arzt untersucht und behandelt werden. Bei Gallenkoliken wird in der Regel zunächst ein Schmerzmittel und ein die Gallenwege weitendes und entspannendes Medikament gegeben.

396. Gallenkolik behandeln

Machen sich Gallensteine in Form von Koliken bemerkbar, ist eine Behandlung beim Arzt notwendig. Heute gibt es diverse Möglichkeiten, die Steine zu beseitigen.

– Meist werden Gallenblasensteine vom Chirurgen entfernt. Im Gegensatz zu früher wird die steingefüllte Gallenblase heute über einen winzigen Schnitt entfernt.
– Kleine Gallengangsteine können über einen Schlauch wie bei einer Magenspiegelung entfernt werden.
– Manche Gallensteine lassen sich auch durch Medikamente auflösen. Die Behandlung dauert länger als die Operation. Da sich nach der Auflösung erneut Gallensteine bilden können, kommt diese Therapie nur in Betracht, wenn eine Operation nicht möglich ist.
– Sehr kleine Steine können manchmal durch Stoßwellen (gebündelte Schallwellen) zertrümmert werden. Auch bei dieser Therapie ist eine erneute Steinbildung in der Gallenblase möglich, sodass sie der Operation unterlegen ist.

397. Zeichen des Diabetes

Typ-1-Diabetes beginnt meist plötzlich und heftig, beim Typ-2-Diabetes dagegen sind die Beschwerden meist sehr gering. Daher wird die Erkrankung oft erst erkannt, wenn sie bereits Schäden an anderen Organen bewirkt hat.

– Großer Durst und häufiges Wasserlassen
– Gewichtsabnahme
– Müdigkeit und Abgeschlagenheit
– Juckreiz am ganzen Körper
– Wundsein in Hautfalten, schlecht heilende Wunden
– Häufige Entzündungen der Mundschleimhaut, von Scheide oder Penis

398. Diabetes selbst managen

Selbstkontrolle und Veränderung des Lebensstils ist für Diabetiker ein wichtiger Bestandteil der Behandlung.

– Den Blutzucker regelmäßig zu messen, ist ein absolutes Muss bei der Insulintherapie des Diabetes. Gemessene Blutzuckerwerte in ein Blutzuckertagebuch eintragen. Die Werte mit dem Arzt besprechen.

– Typ-2-Diabetiker, die ausschließlich mittels einer Diät behandelt werden und nicht den Blutzucker messen wollen, sollten zumindest den Zuckergehalt im Urin bestimmen. Jede Apotheke hat die notwendigen Teststreifen.

– Übergewicht verschlechtert den Stoffwechsel bei Diabetikern. Einmal wöchentlich wiegen. Ist das Gewicht zu hoch, heißt es abspecken. Ziel ist die langfristige Gewichtsreduktion und ausgewogene gesunde Ernährung (siehe auch Ratschlag Nr. 252, Seite 146).

– Täglich die Beine und Füße auf Rötungen, Hautverletzungen oder Geschwüre untersuchen. Im Sohlenbereich geht das am besten mit einem Spiegel.

– Den Blutdruck regelmäßig kontrollieren. Viele Diabetiker haben einen erhöhten Blutdruck, der rechtzeitig behandelt werden muss.

– Nicht rauchen. Nikotin ist wie Diabetes ein Risikofaktor für Gefäßverkalkungen.

– Regelmäßiges Ausdauertraining verbessert den Diabetes. 4- bis 5-mal die Woche flottes Radfahren oder Walken sind ideal. Achtung: Über 35-Jährige sollten sich vom Arzt speziell über sportliche Aktivitäten beraten lassen (siehe auch Ratschlag Nr. 236, Seite 140).

TIPP

Regelmäßige körperliche Bewegung und Gewichtsreduktion verbessern den Diabetes. In manchen Fällen kann dann sogar auf Medikamente oder Insulin verzichtet werden.

399. Diabetes-Schulung

Verschiedene Organisationen wie Diabetes-Fachkliniken, niedergelassene Ärzte und Diabetes-Schwerpunktpraxen bieten Diabetikerschulungen an. Sie klären über Therapiemöglichkeiten und mögliche Folgeerkrankungen auf. Inhalte der Schulungen sind beispielsweise:

– Den Blutzucker richtig zu messen. Tägliche Blutzuckerselbstbestimmungen sind für die Therapie jedes Diabetikers sehr wichtig.

– Die Anzeichen von hohem und niedrigem Blutzucker zu lernen.

– Das Insulinspritzen selbst zu erlernen.

– Die Anpassung der Insulindosis an das Essen und an die Lebensumstände zu lernen.

DIABETES-ARTEN

Diabetes liegt vor, wenn der Blutzucker nach dem Essen über 140 mg/dl liegt. Behandelt wird der Diabetes sowohl vom Arzt als auch vom Betroffenen selbst.

• Typ-1-Diabetes ist eine Autoimmunerkrankung. Der Körper zerstört die insulinproduzierenden Zellen. Meistens beginnt die Erkrankung schon im Kindes- und Jugendalter. Eine lebenslange Insulintherapie ist notwendig. Nur etwa 5 Prozent aller Diabetiker sind Typ-1-Diabetiker.

• Typ-2-Diabetes ist in den meisten Fällen Folge von Übergewicht und mangelnder Bewegung. Die Körperzellen brauchen Insulin, um den Brennstoff Zucker aus dem Blut aufnehmen zu können. Beim Typ-2-Diabetes ist diese Funktion des Insulins gestört. Typ-2-Diabetes ist eine globale Epidemie. Rund 30 Millionen Diabetiker leben in Europa. Bis zum Jahr 2020 wird sich die Zahl voraussichtlich verdoppeln.

• Schwangerschaftsdiabetes (Gestationsdiabetes) ist eine spezielle Form des Diabetes. Sie tritt meist im letzten Schwangerschaftsdrittel auf und verschwindet unmittelbar nach der Geburt wieder. 9 Prozent der Frauen, die während einer Schwangerschaft an dieser Form des Diabetes leiden, entwickeln in den folgenden Jahren einen Typ-2-Diabetes. Der Gestationsdiabetes kann für Mutter und Kind gefährlich werden. Mögliche Folgen sind die starke Zunahme der Fruchtwassermenge und ein abnormales Größenwachstum der Kinder.

– Die Wichtigkeit der regelmäßigen ärztlichen Kontrollen zu erklären. Der Arzt begutachtet dabei das Blutzuckertagebuch und entscheidet, ob weitere Untersuchungen notwendig sind.

400. Ärztliche Kontrollen bei Diabetes

Regelmäßige ärztliche Untersuchungen sind bei Diabetes sehr wichtig, um Folgeerkrankungen wie Herzinfarkt zu vermeiden.

– Den Zuckerspiegel im Blut und manchmal auch im Urin messen. Ebenso im Urin Eiweiß (Albumin) kontrollieren. Der Wert gibt Auskunft, ob die Nieren durch den Diabetes geschädigt sind.
– Nierenwerte wie Kreatinin und Harnstoff im Blut bestimmen. Sie zeigen die Funktionsfähigkeit der Nieren an.
– Fettwerte wie Cholesterin, HDL, LDL und Triglyzeride im Blut kontrollieren
– Blutdruck messen: Bei Diabetikern sollte der Blutdruck unter 130/80 mmHg liegen. Falls Sie an Bluthochdruck leiden, sollten Sie Ihren Blutdruck regelmäßig selbst messen. Ein zu hoher Blutdruck erhöht unter anderem das Risiko für einen Herzinfarkt oder Schlaganfall. Deshalb muss er auf jeden Fall behandelt werden. Die Blutdruckeinstellung ist mindestens so wichtig wie die Blutzuckereinstellung bei Typ-2-Diabetes.
– Das Elektrokardiogramm (EKG) zeigt Veränderungen am Herzen. Tatsache ist, dass 75 Prozent der Diabetiker vorzeitig an Herz-Kreislauf-Erkrankungen sterben.
– Der Arzt untersucht die Pulse an den Füßen. So erkennen Ärzte frühzeitig Gefäßverengungen. Eigene Fußinspektion: Jeder Diabetiker sollte täglich seine Füße beispielsweise auf Rötungen, Verletzungen, Geschwüre und offene Stellen untersuchen. Auch der Arzt wird die Füße bei einer Untersuchung kontrollieren.
– Der Arzt untersucht das Nervensystem. Besonders wichtig ist die Überprüfung der Gefühlswahrnehmung an beiden Beinen.
– Die Netzhaut des Auges beim Augenarzt kontrollieren lassen (Augenspiegelung). Diabetes ist die häufigste Ursache einer Erblindung in den Industrieländern.

401. Diabetes: Alkohol ohne Gefahr

Alkohol gehört zu unserer Ess- und Trinkkultur. Bei Diabetikern aber kann Alkohol schwere Unterzuckerungen auslösen. Deshalb:

– Immer kohlenhydrathaltige Nahrungsmittel zum Alkohol essen, das senkt das Unterzuckerungsrisiko.
– Nicht die Insulindosis dem Kohlenhydratgehalt des jeweiligen alkoholischen Getränks anpassen, sondern nur an die nichtalkoholischen Lebensmittel und Getränke. Und: nach Genuss von Alkohol kein zusätzliches Insulin spritzen.
– Nicht zu viel trinken. Auf keinen Fall die Selbstkontrolle verlieren. Auf Liköre und Süßweine ganz verzichten.

FOLGEERKRANKUNGEN VON DIABETES

Bei Diabetikern treten einige Erkrankungen häufiger auf als bei Menschen, die nicht an Diabetes erkrankt sind. Veränderungen an den blutversorgenden Gefäßen und am Nervensystem sind die Ursache.

- **Diabetische Neuropathie: Veränderungen der Nerven führen zu Missempfindungen, Schmerzen und Funktionsänderungen vieler Organe.**
- **Diabetische Nephropathie: Schädigungen der Niere führen häufig zu Bluthochdruck und Nierenversagen. Dialyse kann die Folge sein.**
- **Diabetische Retinopathie: Durchblutungsstörungen der Netzhaut führen zu Sehstörungen, im schlimmsten Fall zur Erblindung.**
- **Diabetischer Fuß: Auf Grund von Gefühls- und Durchblutungsstörungen in den Füßen entstehen offene, schlecht heilende Wunden. Im schlimmsten Fall ist eine Amputation nötig.**
- **Gefäßerkrankungen: Diabetes mellitus ist ein Risikofaktor für Herzinfarkt und Schlaganfall. 75 Prozent aller Diabetiker versterben an diesen Komplikationen.**

– Begleitpersonen über Diabetes informieren.
– Den Blutzucker häufiger kontrollieren, vor allem auch am nächsten Tag.
– Nach Alkoholgenuss nicht mit Blutzuckerwerten unter 150 mg/dl ins Bett gehen. Der Blutzuckerabfall kann nämlich bis zu 12 Stunden später eintreten. Bei Werten unter 150 mg/dl Getreideprodukte oder Kartoffeln essen.

402. S.O.S. – Unterzuckerung!

Die Unterzuckerung (Hypoglykämie) ist eine Komplikation des Diabetes, die plötzlich während der Insulintherapie oder der Behandlung mit blutzuckersenkenden Tabletten auftreten kann. Jetzt heißt es Ruhe bewahren, aber schnell handeln.

– Bei leichten Unterzuckerungen kommt es zu Heißhunger, Blässe, Muskelschwäche (weiche Knie), Schweißausbruch oder Zittern. Der Diabetiker kann

sich noch selbst helfen. Aufgenommene Kohlenhydrate lassen den Blutzucker schnell wieder ansteigen. Traubenzucker, gesüßter Fruchtsaft oder Cola sind ideal.
– Bei einer schweren Unterzuckerung treten zusätzlich Verwirrtheit, Verständnisschwierigkeiten, Sprachstörungen, Krampfanfälle oder Bewusstlosigkeit auf. Schnellstens den Notarzt holen! Er spritzt eine hochprozentige Zuckerlösung in die Vene. Einem bewusstlosen Patienten darf nichts zu trinken gegeben werden. Angehörige können auch lernen, in diesem Fall ein Fertigpräparat mit Glukagon zu spritzen. Glukagon ist ein Hormon, das den Blutzuckerspiegel sofort erhöht und in diesem Fall lebensrettend sein kann. Es gibt spezielle Glukagon-Fertigspritzen, die im Notfall in den Muskel oder unter die Haut gespritzt werden müssen. Der Hausarzt informiert gerne darüber.

403. Gichtanfall behandeln

Gicht macht lange keine Beschwerden. Erst der akute Gichtanfall zeigt die Erkrankung. Das Großzehengrundgelenk ist plötzlich rot, geschwollen und tut höllisch weh. Selten sind das Kniegelenk oder Sprunggelenk betroffen. Erste Hilfe gegen die Schmerzen:

– Den Fuß hochlegen und ruhig lagern. Eisumschläge um das Gelenk wirken schmerzlindernd.
– **Kohleumschlag:** 1/2 Tasse pulverisierte Aktivkohle (Apotheke) mit einigen Teelöffeln geriebenem Leinsamen und warmem Wasser zu einer Paste rühren. Auf das Gelenk streichen und mit einem Tuch bedecken. Bei Bedarf alle 4 Stunden den Umschlag erneuern. Vorsicht: Aktivkohle macht Flecken, die nur sehr schwer zu entfernen sind.
– **Quarkumschlag:** 1 Packung Magerquark mit 1 Schuss Olivenöl verrühren und etwa 1 cm dick auftragen. Ein Wolltuch darüber legen und das Ganze etwa 20 Minuten wirken lassen.
– **Heilerdeumschlag:** Heilerde aus der Apotheke mit etwas Wasser zu einem Brei anrühren und fingerdick auf das Gelenk streichen. Mit einem trockenem Tuch umwickeln. Den Wickel erst entfernen, wenn die Erde trocken und bröckelig ist.
– **Colchicum D1:** 2- bis 3-mal stündlich 5 Globuli nehmen, dann 3-mal alle 2 Stunden. Bei Bedarf weiter mit täglich 2- bis 3-mal, bis der Schmerz weg ist.
– Bei starken Schmerzen verschreibt der Arzt entzündungshemmende und schmerzstillende Medikamente.

404. Arthrose behandeln

Fast jeder kennt es mit den Jahren, Schmerzen und Steifigkeit in den Gelenken. Arthrose ist eine Volkskrankheit. Im Laufe ihres Lebens sind fast alle Menschen mehr oder weniger stark davon betroffen, am häufigsten am Kniegelenk. Der Gelenkknorpel wird langsam zerstört, Schmerzen unter Belastung sind die Folge. Eine ärztliche Untersuchung ist wichtig, da andere Krankheiten wie Rheuma am Anfang sehr ähnliche Beschwerden machen können.

– Wärme hilft den betroffenen Gelenken: Wärmflasche oder Heizkissen für etwa 30 Minuten aufs Gelenk legen.
– Täglich 10 Minuten Pendelübungen machen. Dazu fürs Kniegelenk auf einen Tisch setzen und das Knie locker hin und her schwingen lassen. Beim Hüftgelenk auf eine Treppe stellen, das ganze Bein pendeln lassen.
– Täglich mindestens 30 Minuten bewegen. Sind Knie- oder Hüftgelenk betroffen, helfen Radfahren oder Schwimmen, da dabei die Gelenke nicht belastet werden. Auch Wassergymnastik ist sinnvoll, da Schmerzen unter Wasser spürbar gelindert werden.
– Ein Arzt oder Physiotherapeut zeigt zusätzlich spezielle Übungen, um die Muskulatur zu trainieren. Denn ein trainierter Muskel hält und entlastet das Gelenk.
– Alles langsam angehen und Pausen einlegen. Morgens den Tag gemütlich beginnen. Das Gelenk ohne Belastung ein paar mal bewegen. So verteilt sich die Gelenkschmiere besser. Anschließend heiß duschen.
– Wacholderbeerenkur gegen Gelenkschmerzen von Pfarrer Kneipp: morgens 5 Wacholderbeeren gründlich kauen und schlucken. Jeden Tag 1 Beere mehr nehmen, bis es 15 sind. Dann jeden Tag 1 Beere weniger kauen bis man wieder bei 5 Beeren angelangt ist.
– Auch gut: etwa 3 TL Teufelskralle (Apotheke) mit 1 l kochend heißem Wasser übergießen und 10 Minuten ziehen lassen. Über den Tag verteilt trinken.

405. Kniegelenksarthrose behandeln

Am häufigsten sind Verschleißerscheinungen am Kniegelenk. Die Arthrose kann zwar nicht geheilt werden, behandelt und gelindert aber schon.

– Die Beine beim Sitzen möglichst oft ausstrecken. So wird der Knorpel weniger an die Kniescheibe gedrückt. Vor dem Aufstehen das Knie einige Male ohne Belastung durchbewegen, um die Gelenkschmiere zu verteilen.

4 MASSNAHMEN um Arthrose zu vermeiden

1. Übergewicht vermeiden. Jedes Kilo zuviel belastet die Gelenke und beschleunigt die Zerstörung des Gelenkknorpels.
2. Auf gesunde Ernährung achten. Das versorgt die Gelenke mit ausreichend Nährstoffen und beugt Übergewicht vor.
3. Regelmäßige Bewegung. Beim Radfahren, Schwimmen oder Walken wird der Gelenkknorpel besser mit Nährstoffen versorgt und kann mehr Gelenkschmiere produzieren.
4. Nässe und Kälte meiden. Dadurch werden die Gelenke schlechter durchblutet und produzieren weniger Gelenkschmiere.

– Beim Aufstehen mit den Armen abstützen.
– Möglichst keine schweren Sachen tragen.
– Beim Radfahren den Sattel unbedingt so hoch stellen, dass die Ferse gerade das Pedal berührt. Bergauffahren vermeiden.
– Bequeme Schuhe mit niedrigen Absätzen tragen.
– Treppensteigen möglichst vermeiden, ansonsten so viel Gewicht wie möglich auf das Geländer abstützen. Manchmal hilft es auch, die Treppe rückwärts rauf zu gehen. Dabei sollte aber ein Partner helfen.
– Bei längerem Stehen oder Gehen immer wieder kurze Sitzpausen einlegen, nach Möglichkeit jede Stunde etwa 5 Minuten.
– Möglichst nicht knien.
– Bei Schmerzen auf einem Stock abstützen.

TIPP

Ist das Kniegelenk überwärmt und tut weh? Hier helfen verschiedene Wickel.
• Kohlblätter mit einem Nudelholz walken, bis etwas Saft rauskommt. Dann für etwa 2 Stunden auf das Gelenk legen.
• Quarkumschläge und Heilerdeumschläge: siehe Ratschlag Nr. 403 auf der Seite links.

406. Fingergelenksarthrose behandeln

Vor allem bei Frauen können die Fingerendgelenke schmerzen. Zudem verdicken sie sich und sind in ihrer Funktion eingeschränkt. Häufig hatten Mutter und Großmutter schon die gleichen Beschwerden.

– Keine schweren Lasten tragen wie Koffer oder Kisten. Einkaufstaschen auf Rollen benutzen. Schwere Dinge wie etwa einen Topf mit Suppe immer mit beiden Händen tragen.
– Öfters Arbeitspausen einlegen, um die Hände immer wieder zu entspannen. Wenn möglich 1–2 Minuten heißes Wasser über die Finger laufen lassen und gleich danach 10–20 Sekunden kaltes.
– Abends ein warmes Handbad nehmen, um die Gelenke ausruhen zu lassen.
– Schwedenbitter-Umschläge (aus der Apotheke) über Nacht lindern die Schmerzen. Aber: Sie wirken erst nach 3–4 Nächten.
– Betroffene Gelenke mit Franzbranntwein einreiben.
– Bei Kälte immer warme Handschuhe tragen.

407. Rheuma erkennen

Im Volksmund werden viele Schmerzen in den Knochen und Gelenken als Rheuma bezeichnet. In der Medizin ist Rheuma eine Entzündungskrankheit des Bewegungsapparats. Rheuma ist keine Alterserscheinung, sondern eine ernste Erkrankung, die von einem Arzt behandelt werden muss. Folgende Beschwerden deuten auf Rheuma hin:

– Die Hand- und Fingergelenke sind morgens steif. Diese Morgensteifigkeit der Gelenke dauert länger als 1 Stunde an.
– Die kleinen Fingergelenke entzünden sich, sie schwellen an, werden rot und schmerzen. Diese Entzündung befällt auch andere Gelenke.
– Es sind beidseits die gleichen Gelenke betroffen, also beispielsweise beide Hände.
– Die Gelenke verformen sich langsam, schmerzen und versteifen. An den Gelenken treten gummiartige kleine Knötchen auf.
– Zusätzlich treten allgemeine Beschwerden wie Müdigkeit, Nachtschweiß, Appetitlosigkeit oder Gewichtsverlust auf.

408. Rheuma behandeln

Behandelt werden sollte Rheuma von einem erfahrenen Facharzt, denn ohne Medikamente geht es nicht. Trotzdem gibt es einiges, was man selbst tun kann.

– Bewegung ist wichtig. Krankengymnastische Übungen auch daheim öfters machen.
– Auch Ausdauersport ist möglich. Abrupte Bewegungen oder extreme Drehbewegungen meiden. Gut sind Schwimmen, Wassergymnastik, Radfahren und Walken.
– Eine richtige Rheumadiät gibt es nicht. Die Ernährung sollte aber unbedingt fleischarm sein, nicht mehr als 1–2 Fleischmahlzeiten pro Woche. Wichtig sind ungesättigte Fettsäuren aus Lein-, Raps-, Weizenkeim-, Soja- oder Walnussöl.
– Fasten mindert die Beschwerden bei vielen Patienten innerhalb von 2 Tagen. Allerdings ist dieser Effekt nicht von Dauer und führt langfristig zu Mangelerscheinungen.
– Häufig entkalken die Knochen beim Rheuma. Daher täglich 1000–1500 mg Kalzium essen: 1 l Milch enthält rund 1000 mg Kalzium, 100 g Emmentaler ebenfalls. Weitere gute Kalziumquellen sind Brokkoli, Grünkohl und Lauch. Je 1 kg des Gemüses enthalten etwa 1000 mg Kalzium.
– Vitamin D stärkt auch die Knochen. Der Körper bildet es selbst mit Hilfe der UV-Strahlung. Daher täglich mindestens 1/2 Stunde im Freien verbringen.
– Rheuma verändert das ganze Leben. Patientenschulungen helfen dabei, besser mit der Erkrankung umzugehen.
– Hilfsmittel benutzen. Tassen mit zwei Griffen, Gefäße mit dicken Griffen oder Greifhilfen unterstützen dabei, den Alltag zu meistern.
– Bei akuten Gelenkschmerzen helfen Wickel mit Quark, Kohle oder Heilerde (siehe Ratschlag Nr. 403, Seite 206).
– Entspannungsübungen wie progressive Muskelentspannung (siehe Ratschlag Nr. 213, Seite 124) zusammen mit Autogenem Training helfen bei der Schmerzverarbeitung.
– Verschiedene Heilpflanzen helfen bei Rheuma: Teufelskrallenwurz, Brennnesselkraut, Weidenrinde, Birkenblätter und Guajakholz. Da es Wechselwirkungen mit verordneten Medikamenten geben kann, sollten diese Heilpflanzen nur nach Anordnung eines Arztes genommen werden.

409. Osteoporose-Risiko erkennen

Frauen leiden deutlich häufiger an Knochenschwund als Männer. Mehr als ein Drittel aller Frauen über 60 Jahre ist betroffen. Witwenbuckel, Rückenschmerzen und Brüche vor allem des Oberschenkelhalses und der Wirbelkörper sind die Folge. Hauptsächlich diese Brüche führen dazu, dass rund ein Drittel dieser Patienten den Alltag nicht mehr allein meisten kann. Folgende Risikofaktoren gibt es:

– In der Familie gibt es bereits Krankheitsfälle mit Osteoporose.
– Die erste Regel hat spät eingesetzt, die Menopause früh. Weibliche Geschlechtshormone schützen vor Osteoporose. Die Eierstöcke sind entfernt worden. Eierstöcke produzieren schützende Hormone.
– Der Körperfettanteil ist gering. Sehr geringes Körperfett führt häufig zu Störungen des Hormonhaushaltes und so zu einem geringeren Östrogenspiegel. Östrogenmangel mindert die Knochenmasse.
– Mangelnde Bewegung. Bewegung fördert den Knochenaufbau.
– Übermäßige Diäten, überhöhter Kaffeegenuss oder Missbrauch von Abführmitteln führen zur Mangelversorgung mit Kalzium und Vitamin D. Eine Milchzucker-Unverträglichkeit verhindert die Aufnahme von Kalzium aus Milchprodukten. Beide Stoffe werden für den Knochenaufbau benötigt.
– Eine langjährige Behandlung mit Kortison entkalkt die Knochen und macht sie brüchiger.
– Rauchen und Alkohol schädigen die Knochen. Der jährliche Knochenverlust ist bei Rauchern etwa doppelt so hoch wie bei Nichtrauchern.

410. Osteoporose behandeln

Mit Hilfe einer Knochendichtemessung kann ein Arzt die Diagnose stellen. Heute gibt es sehr wirkungsvolle Medikamente, die den Knochen wieder aufbauen. Einiges kann man auch selbst tun. Diese Tipps helfen auch, der Osteoporose vorzubeugen:

– Der Körper braucht Kalzium, um Knochen aufzubauen. Frauen ab 45 und Männer über 65 brauchen täglich 1500 mg Kalzium. Beste Kalziumquellen sind Milch und Milchprodukte, Nüsse, Hefe und kalziumreiche Mineralwasser.

– Ohne Vitamin D kann Kalzium nicht aufgenommen werden. Vitamin D ist reichlich enthalten in Fisch, Eiern, Milch und Butter. Außerdem wird es vom Körper mit Hilfe der UV-Strahlung selbst gebildet. Gerade ältere Leute sollten jeden Tag mindestens 1/2 Stunde draußen verbringen. Auch bei bewölktem Wetter reicht die UV-Strahlung für die Vitaminproduktion aus.
– Hohe Phosphatzufuhr verhindert die Aufnahme von Kalzium. Daher Fleisch und Wurst, Schmelzkäse und Softdrinks wie Coca-Cola nur in Maßen zu sich nehmen. Phosphate erkennt man an den Nummern für Lebensmittelzusatzstoffe E 338–341 und E 450.
– Regelmäßig bewegen, dabei Ausdauersport und gezieltes Kraft- und Koordinationstraining kombinieren.
– Nikotin und Alkohol hemmen die Knochenbildung: Deshalb aufs Rauchen verzichten und nur gelegentlich Alkohol trinken.

411. Tennisarm behandeln

Auch wenn sich der Begriff „Tennisarm" eingebürgert hat, werden weniger als 10 Prozent der Tennisarmerkrankungen durch Sport hervorgerufen. Gleichförmige Bewegungsabläufe wie Schrauben drehen, Frühjahrsputz oder falsche Armhaltung am Computer belasten die Streckmuskeln des Unterarmes und führen dann zu Schmerzen am Ellenbogen. So wird man die Schmerzen wieder los:

– Den Arm schonen und ruhig stellen. Am einfachsten mit einem Dreiecktuch.
– Bei akuten Schmerzen mehrmals am Tag Eispackungen auflegen. Achtung: Sie sollten nicht direkt auf die Haut gelegt werden und nicht länger als 20 Minuten dauern.
– Bei chronischen Beschwerden hilft Wärme, beispielsweise durch ein Heizkissen.
– Schmerzhafte Stelle mit Wacholder- oder Rosmarinöl (Apotheke) einreiben.
– Umschläge mit Quark, Kohle oder Schwedenbitter machen (siehe auch Ratschlag 403, Seite 206).
– Das Handgelenk nach oben ziehen, Finger spreizen und Arm weit nach vorne strecken. So werden die schmerzhaften Muskelansätze gedehnt, was als leichter Schmerz spürbar ist. Jetzt den Arm seitlich vom Körper wegstrecken und 4 Sekunden halten. Dann den Arm herunterhängen lassen und zur Entspannung schnell schütteln.
– Die Außenseite des kleinen Zehs massieren, bei Beschwerden am linken Ellenbogen den linken Zeh, bei Beschwerden rechts den rechten Zeh. Dort liegt ein Punkt für die Reflexzonenmassage, über den Verspannungen von Muskeln im Arm gelöst werden können.
– Bleiben die Schmerzen einige Tage bestehen, einen Arzt aufsuchen.

412. Mausarm (RSI) behandeln

Wer viel am Computer mit der Maus arbeitet, kann durch die wiederholten, monotonen Bewegungen seine Muskeln überanstrengen. Schmerzen im Arm und in der Schulter sind die Folge. Der Mausarm wird auch Repetitive Strain Injury, RSI, genannt. Das bedeutet übersetzt: „Verletzung durch wiederholte Belastung". Einige kleine Tricks, um den Mausarm zu vermeiden:

– Zwischen der Arbeit mit der Maus und mit der Tastatur hin und herwechseln. Abwechslung ist besser als einseitige Belastung.
– Immer wieder kleine Pausen zwischendurch machen. Dabei schmerzende Muskeln massieren.
– Finger und Hände möglichst oft dehnen und strecken – das beugt schmerzhafte Muskelverspannungen vor.
– Maus mit entspannter Hand halten. Dabei den Arm beim Arbeiten bequem auflegen. Die Maus sollte gut erreichbar sein. Nach Möglichkeit mit einer ergonomisch geformten Maus arbeiten. Und: Die Hand von der Maus nehmen, wenn nicht geklickt wird.
– Doppelklick-Geschwindigkeit verringern. Das vermindert die Belastung der Finger.
– Tastenkombinationen (shortcuts) statt Mausklicks benutzen. Moderne Programme verfügen über entsprechende Tastenkombinationen, mit denen die Menüpunkte abgerufen werden können. Viele der Tastenkombinationen sind mittlerweile Standard.
– Kalte Muskeln und Sehnen sind empfindlich und nicht gut belastbar. Daher Muskeln warm halten und auf kalte Unterlagen etwa aus Glas oder Stein verzichten.

413. Rückenschmerzen behandeln

Rückenschmerzen treten sehr häufig auf. Selten bringen Tabletten oder Spritzen dauerhafte Schmerzfreiheit. Schonender und effektiver sind Bewegung und physikalische Therapien. Das hilft bei Rückenschmerzen:

– Sport ist die beste Therapie und Vorsorge gegen Rückenschmerzen. Bei Rückenschmerzen nicht länger als 2 Tage Bettruhe einhalten, sondern sich bewegen. Im Zweifelsfall den Arzt fragen.
– Wärme, in Form von Heißluft, Fango-Packungen, Rotlicht oder durchblutungsfördernde Maßnahmen (Rheumasalben, ABC-Wärmepflaster), entspannt die Muskeln.
– Auch eine Massage hilft, verspannte und verhärtete Muskulatur zu lösen. Ebenso eine Reizstrombehandlung (vom Arzt oder Krankengymnast angeführt), sie löst mit Hilfe schwacher elektrischer Ströme die Verspannungen.
– Krankengymnastik versucht Schäden am Bewegungsapparat durch eingeübte Bewegungen zu mildern oder drohende Schäden abzuwehren. Zusätzlich werden Kraftaufbau, Streckbehandlungen, Spannungsübungen, entspannende Lagerung (zum Beispiel Schlingentisch bei Bandscheibenleiden) oder rückenschonende Bewegungsabläufe gemacht.
– Die Rückenschule zeigt Hilfe zur Selbsthilfe. Das Schulungsprogramm umfasst Muskelübungen, Informationen über Aufbau, Funktion und Belastung des Rückens.
– Tiefe Temperaturen (Kältetherapie) können sehr starke Schmerzen lindern. Ultraschalltherapie hilft gegen chronische, unspezifische Schmerzen.
– Akupunktur wird in der Therapie von Rückenschmerzen mit Erfolg eingesetzt. Diese Behandlung sollten nur erfahrene Therapeuten ausüben.
– Osteopathie behandelt den Wirbelsäulenbereich mit speziellen Handgrifftechniken. Auch diese Behandlung sollten nur erfahrene Therapeuten ausüben.

9 MASSNAHMEN bei Rückenschmerzen

1. **Rücken- und Bauchmuskulatur durch Bewegung und Sport trainieren.**
2. **Rücken bei der Arbeit und im Haushalt vor einseitiger Belastung schonen.**
3. **Anspannungsphasen stets mit entspannenden Pausen, Sitz- und Standposition abwechseln.**
4. **Auf die ergonomische Einstellung von Stühlen, Schreibtischen und Arbeitsgeräten achten.**
5. **Für Computerarbeit gilt: Befindet sich der Bildschirm tatsächlich in Augenhöhe? Liegen die Unterarme vor der Tastatur auch wirklich auf? Ist der Unterarm abgestützt, wenn die Maus bedient wird?**
6. **Tragen von schweren Gegenständen belastet den Rücken, besser rollen, schieben oder ziehen.**
7. **Schwere Gegenstände aus der Hocke, nicht aus dem Kreuz heben.**
8. **Entspannungstechniken erlernen und zur Rückenschule gehen. Auskünfte erteilen Ärzte.**
9. **Rückenschmerzen sind oft auch psychisch bedingt. Angst, Wut oder Konflikte nicht in sich hineinfressen, sondern darüber reden.**

414. Rückenschmerzen ergründen

Rückenschmerzen können psychische und organische Ursachen haben. Vermutlich ist ein Großteil der Rückenschmerzen psychisch bedingt. Stress am Arbeitsplatz, Konflikte, Selbstzweifel, Kummer, Angst, Wut und Depressionen wirken sich direkt auf den Rücken aus. Einige körperliche Auslöser können lebensbedrohlich sein, deshalb bei Rückenschmerzen auch vom Arzt untersuchen lassen. Folgende körperliche Ursachen sind häufig:

– Krankhafte Veränderungen der Wirbelsäule wie Knochenschwund, Bandscheibenvorfall, Gelenkflächenschaden, Skoliose (seitliche Krümmung der Wirbelsäule), Hohlkreuz oder Rundrücken.
– Verspannte Muskulatur bei Hexenschuss, Ischias, Hartspann im Schulter-Nacken-Bereich (Muskelschmerzen), Überdehnung und/oder Zerrung der Bänder der Wirbelsäule.
– Diese Erkrankungen können ebenfalls Rückenschmerzen auslösen: Nierenerkrankungen, Herzinfarkt, Lungenerkrankungen, Gebärmuttererkrankungen oder Gefäßveränderungen der Hauptschlagader.

ARTEN VON KOPFSCHMERZ

- **Spannungskopfschmerz:** Beginnt im Nackenbereich und zieht sich wie eine zu enge Badekappe über den ganzen Kopf, da sich die Nacken- und Kopfmuskeln verkrampfen.
- **Migräne:** Der Schmerz ist meist einseitig, klopfend, pochend oder pulsierend. Typische Begleiterscheinungen sind Übelkeit oder Erbrechen sowie Geräusch- und Lichtempfindlichkeit.
- **Cluster-Kopfschmerz:** Äußerst heftige Kopfschmerzattacken, die fast immer einseitig im Augen- beziehungsweise Schläfenbereich auftreten. Dabei läuft auf der betroffenen Seite die Nase, das Auge rötet sich und tränt. Cluster-Kopfschmerzen sind relativ selten, nur einer unter rund 2000 Menschen leidet daran.
- **Medikamentenkopfschmerz:** Fast alle Schmerzmittel können bei Überdosierung selbst Kopfschmerzen auslösen. Der Schmerz ist ein diffuser und dumpf drückender Dauerkopfschmerz. Schmerzmittel nicht länger als an 10 Tagen pro Monat einnehmen.

415. Kopfschmerzen – wann zum Arzt?

Jeder kennt den Kopfschmerz. Für die einen nur gelegentlich störend, macht er anderen hartnäckig das Leben zur Qual. Tritt die Pein im Kopf über mehrere Monate häufiger als 15-mal pro Monat auf, gelten Kopfschmerzen als chronisch. Dann muss sich ein spezialisierter Arzt, ein Neurologe, am besten mit Zusatzausbildung Schmerztherapie, um die Heilung kümmern. Bei folgenden Beschwerden muss unbedingt ein Arzt aufgesucht werden:

– Die Kopfschmerzen treten täglich oder fast täglich auf.
– Intensität, Dauer und/oder der Schmerzort sind anders als bei bisherigen Kopfschmerzen.
– Trotz Behandlung treten die Schmerzen häufiger, stärker und länger als üblich auf. Oder sie lassen sich nicht mehr mit den bisher wirksamen Medikamenten behandeln.
– Die Beschwerden treten erstmals während oder nach körperlicher Anstrengung auf, sind sehr stark und strahlen in den Nacken aus.
– Die Schmerzen treten erstmals im Alter von über 40 Jahren auf.
– Weitere Symptome wie Lähmungen, Gefühls-, Seh-, Gleichgewichtsstörungen, Augentränen oder starker Schwindel kommen zum Kopfschmerz dazu.
– Die Kopfschmerzen treten nach einer Kopfverletzung, etwa einem Sturz auf.
– Sie sind von hohem Fieber begleitet.
– Zusätzlich zu den Kopfschmerzen treten psychische Veränderungen wie Störungen des Kurzzeitgedächtnisses oder Störungen der Orientierung zu Zeit, Ort und Person auf.

416. Ab und zu Kopfschmerzen

Am häufigsten handelt es sich um Spannungskopfschmerz. Die Ursache: Wie Tiere, die ihre Nackenhaare bei Stress aufstellen, so reagieren auch viele Menschen mit einer Anspannung der Nacken- und Kopfmuskulatur. Aber auch Wetterumschwünge, eine durchzechte Nacht oder ein frisch gestrichenes Zimmer können der Auslöser sein. Neben den üblichen Schmerzmitteln helfen auch viele Hausmittel.

– Wärme entspannt die Muskeln und fördert die Durchblutung: Ein Handtuch mit warmem Wasser nass machen und in den Nacken legen.
– Eine Badewanne mit warmem Wasser füllen und bis zum Hals darin versinken. Die Muskulatur von Schultern und Nacken entspannt sich. Badezusätze wie Fichtennadeln und Rosmarin (durchblutungsfördernd), Baldrian und Hopfen (beruhigend) oder Arnika und Heublume (schmerzstillend) verstärken den positiven Effekt.
– Den Schmerz wegföhnen. Einen warmen Luftstrahl über Schultern und Nacken hin- und herbewegen.
– Wechselwarme Fußbäder sind einen Versuch wert. Einen großen Eimer mit etwa 38 °C warmem, einen anderen mit 18 °C kaltem Wasser füllen. Beide Beine nun für 3–5 Minuten in das warme Wasser tauchen, danach für 8–10 Sekunden ins kalte. Das Ganze 3-mal wiederholen.
– Manche Menschen reagieren besser auf Kälte als auf Wärme. Eis oder Kühl-Pat auf die schmerzende Stelle legen. Alternativ: Pfefferminzöl auf die Schläfen tupfen.

– Bahnt sich eine Kopfschmerzattacke an, können Entspannungsübungen helfen, die Schmerzattacke abzuwenden. Yoga, Progressive Muskelentspannung (siehe Ratschlag Nr. 213, Seite 124) und Autogenes Training sind bei stressbedingten Kopfschmerzen besonders wirksam.
– Die Schläfen mit kreisenden Bewegungen und leichtem Druck etwa 5 Minuten massieren. Anschließend den Kopf umfassen: die Daumen setzen am Hinterkopf an, Zeige- und Mittelfinger reichen bis zur Stirn. In dieser Haltung mit den Fingern wieder massieren.
– Manchmal wirkt viel Trinken Wunder. Tees aus Melisse, Pfefferminze oder Johanniskraut sollte man ausprobieren.
– Einige Geplagte legen sich einfach ins Bett und schlafen den Schmerz aus.

417. Chronische Kopfschmerzen behandeln

Migräne und Cluster-Kopfschmerz sind chronische Kopfschmerzen. Das ist eine echte Krankheit. Trotzdem gibt es einiges, was Sie selbst tun können. Es gelten die gleichen Hilfen wie bei gelegentlichen Kopfschmerzen. Und darüber hinaus:

– Wer unter chronischem Kopfschmerz leidet, gehört in die Hände eines guten Schmerztherapeuten. Auf jeden Fall muss ein Arzt aufgesucht werden. Viel zu viele Menschen quälen sich mit den Schmerzen, weil sie den Gang zu einem Mediziner scheuen.
– Biofeedback ist eine Selbsthilfemethode, die ebenfalls bei Migräne hilft. Diese Methode versucht, unbewusst ablaufende Vorgänge wie zum Beispiel Muskelspannung, Atemfrequenz, Herzfrequenz oder Blutdruck durch akustische oder optische Signale bewusst zu machen. Der Betroffene sieht oder hört sofort, was der Körper tut. Im weiteren Verlauf der Behandlung lernt er, Körpervorgänge wie beispielsweise eine bisher unbewusste Anspannung der Nacken- und Kopfmuskeln oder eine Verengung der Kopfschlagader willentlich zu kontrollieren. Erlernt wird die Methode bei einem Schmerztherapeuten, danach kann man sie zu Beginn eines Migräneanfalls anwenden, um diesen gleich zu Beginn zu beenden.
– Ein fest gebundenes Tuch um den Kopf reduziert das Pochen. Bei Migräne hilft ein abgedunkelter Raum.
– Vermeiden Sie Situationen, die bekanntermaßen Kopfschmerzen verursachen können.

418. Kopfschmerzen vorbeugen

Die Veranlagung für Kopfschmerzen bekommen wir in die Wiege gelegt. Trotzdem kann der einzelne einiges tun, um Kopfschmerzattacken vorzubeugen.

– Regelmäßig schlafen. Zu wenig, aber auch zu viel Schlaf kann zu Kopfschmerzen führen.
– Trinken Sie viel. Zu wenig Flüssigkeit ist eine der häufigsten Ursachen für Kopfschmerzen.
– Genau beobachten, ob nach bestimmten Speisen und Getränken Kopfschmerzen auftreten. Diese Lebensmittel meiden.
– Kaffee, Tee und Alkohol immer nur in Maßen trinken. Verzichten Sie ganz auf Nikotin.
– Bewegen Sie sich regelmäßig. Ausdauersport macht nachweislich weniger anfällig für Kopfschmerzen.
– Entspannungstechniken wie Autogenes Training oder die Progressive Muskelentspannung (siehe Ratschlag Nr. 213, Seite 124) beugen Kopfschmerzen vor.
– Besonders sitzende Menschen sollten auf ihre Körperhaltung achten. Gönnen Sie sich täglich mehrmals 5 Minuten gezieltes Training für verspannte Muskelpartien.

419. Umgang mit Schlafstörungen

Einen großen Teil unseres Lebens verschlafen wir. Trotzdem ist der Schlafbedarf sehr unterschiedlich. Von Schlaflosigkeit und Schlafbeschwerden kann man erst dann sprechen, wenn das alltägliche Leben aufgrund von mangelndem Schlaf beeinträchtigt wird. Hier folgen ein paar Ratschläge bei Schlafstörungen:

– Es gibt eine Vielzahl an Schlafmitteln, trotzdem erst versuchen, ohne Schlafmittel auszukommen. Schlafmittel beheben nicht die Ursache der Schlafstörungen und verlieren bei regelmäßiger Einnahme bereits nach kurzer Zeit ihre Wirkung.
– Reichlich Bewegung ist gut und stärkt den Schlaf. Anstrengungen kurz vor dem Schlafengehen aber vermeiden.
– Große Mahlzeiten direkt vor dem Schlafengehen belasten den Magen und den Schlaf. Also nach dem Essen mindestens 3 Stunden mit dem Zubettgehen warten.
– Auch Alkohol fördert den Schlaf nicht wirklich. Man schläft schneller ein, wacht aber auch schneller wieder auf. Also auf Alkohol verzichten oder wirklich nur in Maßen trinken.

– Abends belebende Getränke mit Koffein wie Kaffee, Tee oder Cola meiden.
– Zum gesunden Schlafen braucht es ein gutes Bett und ein dunkles Zimmer mit frischer und kühler Luft. Licht und Geräusche stören den Schlaf.
– Erst zu Bett gehen, wenn man müde ist.
– Vielleicht hilft es auch, in einem langweiligen Buch zu lesen. Das Licht ausmachen, sobald einem die Augen zufallen.
– Ist das Einschlafen nicht möglich, lieber nochmals aufstehen, lesen, Musik hören und es 1/2 Stunde später noch einmal versuchen.
– Morgens immer zur gleichen Zeit aufstehen, auch wenn das Einschlafen schwierig war. So kann man die innere Schlafuhr regulieren.
– Warme Bäder mit Melisse, Hopfen, Lavendel oder Baldrian entspannen vor dem Schlaf. Kamillentee mit Milch und etwas Honig gilt in vielen Ländern als Schlummertrunk.

TIPP

Bei Schnarchern kann es zu kurzfristigen Atemstillständen kommen, die dann Schlafstörungen verursachen. Eine Untersuchung beim HNO-Arzt hilft weiter.

420. Umgang mit depressiven Angehörigen

Der einst aktive und lebensfrohe Partner ist plötzlich mutlos und antriebsarm. Schuld daran ist eine Depression. Gutes Zureden oder Aufmunterungen bringt nichts außer Frust. Dann kommt es häufig zu Schuldgefühlen oder Hilflosigkeit. Hier einige Ratschläge für Angehörige depressiver Menschen:

– Die Depression als echte Erkrankung akzeptieren. Depression ist eine schwere Erkrankung, die den Antrieb, die Stimmung, den Schlaf und die Fähigkeit, Freude zu empfinden, beeinflusst.
– Ärztliche Hilfe vermitteln. Depression ist eine Erkrankung, die behandelt werden kann.
– Geduld zeigen. Viele Depressive klagen und sind verzweifelt, oft ziehen sie sich aber auch zurück und wirken ablehnend. Sie übertreiben ihr Erleben nicht, sie empfinden es so.
– Den Betroffenen nicht überfordern. Dauert die Depression länger, ist es für alle eine große Belastung. Ein Netzwerk aus Familie und Freunden kann helfen.
– Keine gut gemeinten Ratschläge an Depressive. Sich zusammenreißen, mal richtig abschalten und entspannen hilft in diesen Fällen nicht. Es schürt höchstens Schuldgefühle bei den Betroffenen.
– Keine weitreichenden Entscheidungen wie beispielsweise zu einer Trennung treffen. Depressive sind krank und sehen Dinge nicht objektiv, sondern verzerrt. Nach überstandener Krankheit wird alles häufig ganz anders bewertet. Dieses sollte berücksichtigt werden, wenn es um private oder berufliche Entscheidungen geht.

421. Depression – Hilfe zur Selbsthilfe

Etwa 5 Prozent der Bevölkerung leiden an einer Depression. Tiefe Traurigkeit, gedrückte Stimmung, fehlendes Interesse und Freude an normalen Aktivitäten sowie Schlafstörungen können Zeichen dafür sein. Eine Depression ist eine schwere Erkrankung und kein persönliches Versagen. Und ohne Mitarbeit des Patienten gibt es keinen Behandlungserfolg.

– Die Behandlung kann Monate bis Jahre dauern. Daher ist ein gutes Verhältnis zum behandelnden Arzt sehr wichtig.
– Informationen über die Erkrankung und den Umgang mit der Krankheit sammeln. Hier können vor allem andere Betroffene beispielsweise in Selbsthilfegruppen helfen.
– Medikamente sind ein wichtiger Baustein der Therapie. Die Ängste vor Psychopharmaka sind in diesem Fall unbegründet. Trotzdem beim Arzt über Wirkung und Nebenwirkungen der verschiedenen Medikamente informieren.
– Einige Tage sind besser als andere. Gute Tage nutzen, um beispielsweise mit dem Partner gemeinsam etwas zu unternehmen.
– Familie, Freunde und Arbeitskollegen über die Erkrankung informieren.
– Eine Psychotherapie unterstützt die medikamentöse Therapie und kann helfen, besser mit der Krankheit umzugehen.
– Bei leichten Depressionen helfen Johanniskrautpräparate (Apotheke) und regelmäßiger Ausdauersport. Ab und zu kann man einer Depression regelrecht davonlaufen.

422. Alzheimer-Warnsignale erkennen

Manchmal vergesslich? Das muss nichts heißen. Jeder kann sich mal an etwas nicht erinnern und im höheren Alter sind kleine Gedankenlücken durchaus normal. Nimmt aber die Vergesslichkeit zu und beeinträchtigt sie den gewohnten Tagesablauf, könnten das die ersten Anzeichen einer Alzheimer-Erkrankung sein.

– Alzheimer-Patienten vergessen nicht nur gelegentlich, sondern sehr häufig etwas. Das Kurzzeitgedächtnis lässt nach und sie können sich nichts merken. Im weiteren Verlauf ist auch das Langzeitgedächtnis betroffen und sie erkennen auch vertraute Personen nicht mehr.
– Ein Beispiel zur Veranschaulichung: Betroffene kochen etwas, vergessen aber, es zu servieren, und vergessen dann auch noch, dass sie das Gericht jemals gekocht haben. Oder: Sie knöpfen die Jacke falsch zu und binden die Schnürsenkel falsch zusammen.
– An Alzheimer Erkrankte vergessen Ausdrücke, benutzen falsche Worte, kreieren neue Begriffe oder umschreiben Dinge bzw. Worte, die ihnen so nicht mehr einfallen. Mitten im Gespräch verlieren sie den Faden.
– Sie verirren sich in der eigenen Straße, haben vergessen, wie sie dorthin gekommen sind und wie sie wieder nach Hause finden. Sie wissen nicht, welcher Tag und welches Jahr gerade ist. Die Orientierung in Raum und Zeit geht verloren.
– Alzheimer-Patienten vergessen ihnen übertragene Aufgaben völlig. Sie erkennen Gefahren im Straßenverkehr nicht, können alltägliche Schwierigkeiten nicht lösen und berufliche und private Angelegenheiten nicht mehr regeln.
– Ein Alzheimer-Patient verliert die Fähigkeit, vom Konkreten auf das Allgemeine zu schließen, Erklärungen zu begreifen und Rückschlüsse zu ziehen. Ihm fehlt das Verständnis für den Wert des Geldes. Oder er erkennt die Uhrzeit nicht.
– Wenn ein Betroffener aufräumt, legt er die Dinge an vollkommen ungeeignete unlogische Plätze. Das Bügeleisen befindet sich plötzlich in der Tiefkühltruhe, die Armbanduhr taucht in der Zuckerdose auf, die Gläser stehen im Badregal. Leider erinnert er sich dann nicht mehr an die entsprechenden Orte.
– Alzheimer-Patienten neigen zu abrupten Stimmungswechseln: Ausgeglichenheit, Tränen, Wutausbrüche, Niedergeschlagenheit, gute Laune. Alles nur innerhalb weniger Minuten.

7 HINWEISE

für Alzheimer-Patienten, die gerade von ihrer Krankheit erfahren haben

Die Diagnose ist ein Schock. Doch jetzt ist noch Zeit, wichtige Dinge zu regeln.

1. **Angehörige und Freunde offen über die Erkrankung informieren.**
2. **Klären, wie die Zukunft aussehen soll. Auch die Pflege im späteren Stadium ansprechen.**
3. **Ein Anwalt gibt Rat zu finanziellen und rechtlichen Fragen. Eventuell kann dieser eine Patienten- und Betreuungsverfügung verfassen.**
4. **Selbstständige sollten entscheiden, wie es beruflich weiter gehen soll.**
5. **Hobbys genießen, vieles ist noch möglich.**
6. **Die Wohnung etwas umräumen. Stolperstufen, frei liegende Kabel oder kleine Teppiche entfernen.**
7. **Nicht alle Tage sind gleich. An guten Tagen viel Zeit mit den Angehörigen verbringen und auch auf deren Sorgen eingehen.**

– Betroffene verändern sich dramatisch und reagieren oft der Situation nicht angemessen, sind leicht reizbar, ängstlich oder misstrauisch. Manchmal kehrt sich die vertraute Persönlichkeit ins Gegenteil um: Ein liebenswerter Mensch wird streitsüchtig. Bei anderen spitzen sich die Charaktereigenschaften zu: Ein ohnehin ordentlicher Mensch wird regelrecht pedantisch. Oft ziehen sich die Betroffenen gänzlich aus dem familiären und sozialen Leben zurück.
– Alzheimer-Patienten verlieren ihre gewohnte Energie, sind kraftlos, werden inaktiv und haben keine Lust mehr auf Neues. Ihr Interesse an Hobbys und sozialen Kontakten erlahmt.

423. Umgang mit Demenz-Patienten

Demenz ist ein Oberbegriff für alle Krankheiten, die mit einer Verschlechterung der Gedächtnisleistungen und des Denkvermögens einhergehen. Alzheimer ist eine dieser Krankheiten. Es gibt keine Patentrezepte für den Umgang mit Demenz-Patienten, aber einige Tipps, die sich bewährt haben und das Leben vereinfachen. Sie gelten vor allem für das frühe Krankheitsstadium.

– Informationen sind wichtig. Am besten Ärzte und Selbsthilfeorganisationen befragen.
– Nicht auf den Patienten einwirken oder versuchen, ihn zu ändern. Demenz lässt sich nicht wegdiskutieren.
– Die Eigenständigkeit des Patienten so weit und so lange wie möglich aufrecht erhalten. Ihn gewähren lassen, aber im Hintergrund aufpassen. Mögliche Gefahrenquellen wie Gas- oder Elektrogeräte, Treppen und glatte Badewannen sichern.
– Gewohnheiten unbedingt beibehalten. Vertraute Menschen, Dinge und zeitliche Strukturen sind für Demenz-Kranke sehr wichtig.
– Diese Patienten brauchen eine einfache und unkomplizierte Umwelt. Hinweisschilder, farbige Kennzeichnungen und gut lesbare Uhren sind hilfreich.
– Kontakt über Blicke, Gesten und Berührungen erhalten. Kommunikation ist auch ohne Worte möglich.
– Kleinere Auseinandersetzungen mit Demenz-Kranken sind ungefährlich, aber unsinnige Wortgefechte meiden.
– Ängstlichkeit oder Aggressivität der Kranken gelassen hinnehmen. Ratlosigkeit nicht mit Schikane verwechseln.
– Sich selbst Hilfe holen. Gespräche mit anderen betroffenen Menschen lohnen.

424. Mit Angststörungen umgehen

Angst hat jeder mal im Leben. Steht das Gefühl der Angst aber dermaßen im Vordergrund, dass das alltägliche Leben in vielen Bereichen stark eingeschränkt ist, ist die Angst krankhaft. Angststörungen können sich durch eine Verhaltenstherapie deutlich bessern.

– Es kann geholfen werden. Je länger eine Angststörung besteht, desto schwieriger wird die Therapie. Daher möglichst schnell zu einem vertrauenswürdigen Arzt gehen.
– Nicht versuchen, die angstauslösende Situation zu vermeiden, um die Angst in den Griff zu bekommen. Das ist keine dauerhafte Lösung.
– Nicht immer wieder Beruhigungsmittel zur Dämpfung der Angst einnehmen. Das kann zu Medikamentenabhängigkeit führen.
– Keinen Alkohol als Angstlöser einsetzen. Alkohol kann höchstens kurzfristig entspannen. Zu dem Angstproblem kommt dann womöglich noch die Alkoholabhängigkeit dazu.
– Entspannungsübungen wie Yoga oder Progressive Muskelentspannung (siehe Ratschlag Nr. 213, Seite 124) können eine Psychotherapie unterstützen, aber nicht ersetzen.

ARTEN VON ANGSTSTÖRUNGEN

Die Krankheit Angst ist weit verbreitet. Fast jeder Zehnte leidet an einer Angststörung. Folgende Angststörungen sind häufig:
- **Agoraphobie: die Angst vor offenen und weiten Plätzen.**
- **Soziale Phobie: Angst vor dem Umgang mit anderen Menschen.**
- **Spezifische Phobien: Die Angst tritt nur bei ganz bestimmten Objekten oder Situationen auf, wie bei Höhen, Spinnen, Blut, Schlangen und Mäusen.**
- **Panikstörungen: plötzliche, episodische Angstanfälle ohne erkennbaren Auslöser.**
- **Generalisierte Angststörung: Das ganze Leben wird von dauerhafter Angst bestimmt.**

425. Trauerarbeit

Die erste Reaktion auf den Tod ist das Verleugnen. Viele Menschen bleiben in dieser Phase stecken und sind dann nicht mehr offen für das weitere Leben. Hier einige Hilfestellungen für die Zeit der Trauer:

– Trauer ist eine große Wunde, die Heilung braucht Zeit.
– Trauer kann nur überwunden werden, wenn sie zugelassen wird. Tränen gehören zur Trauerarbeit und sollten nicht immer durch Ablenkung unterdrückt werden.
– Den Tod akzeptieren und nicht mit Schuldgefühlen oder Wut reagieren, sonst kann sich die Wunde nicht schließen.
– Hilfe akzeptieren. Trauergruppen helfen in der Zeit der eigenen Ohnmacht.

ZUSAMMEN SEIN

Ich habe ein Dach über dem Kopf. Ich fühle mich wohl in meiner Haut. Und ich bin bei guter Gesundheit. Aber was mache ich nun damit? Jetzt kommt der Härtetest fürs Ich und damit das Herzstück dieses Buchs: Mein kleines Glück wird in der freien Wildbahn ausgesetzt. Dort trifft es – auf die große Liebe, auf die liebe Familie, auf die böse Welt. Wie verkraftet es das? Kann es aus der eigenen Haut heraus? Haut es um sich? Wir werden sehen.

Das ist interessant: Wir haben ein Problem mit anderen, kommen damit alleine nicht zurecht und gehen dann zu jemand ganz anderem. Beispielsweise zum Eheberater oder zum Betriebspsychologen. Und die sagen uns, dass das Problem erst einmal bei uns selbst liegt. Was sie den anderen genauso auch sagen würden. Was sagt uns das? Zusammenleben ist nicht einfach. Aber wir brauchen die anderen: um unsere Stärken zu erkennen und um am Boden zu bleiben, um Hilfe zu bekommen und um Gemeinsames zu schaffen, um uns zu erweitern und zu verbinden. Um uns zu lieben? Nun ja ...

Liebst Du mich?

Ich liebe dich. Ein großer Satz, in den oft sehr viel hineingepackt wird – auch deswegen fällt es so schwer, ihn zu sagen. Manche laufen immer noch mit dem Glauben herum, dass zwei Menschen auf Erden füreinander bestimmt sind wie Adam und Eva im Paradies und dass wahre Ehen im Himmel geschlossen werden. Aber war das nicht damals zwischen Adam und Eva mangels Alternativen eine eher pragmatische Sache? Und so toll ist es ja auch nicht gelaufen. Schließlich sollten die beiden ein Modell für die ganze Menschheit sein. Was selbst die größte Liebe nicht verkraftet. Es schadet ihr ja schon, wenn sie Ersatz für fehlende Freunde und Freuden sein soll.

Liebe ist nicht Schicksal oder Zufall. Man muss für sie erst mal ein gewisses Alter haben, selbst für die Liebe zu Mutter und Vater. Zugleich prägt die Kindheit einen für die Partnerwahl – im Guten wie im Bösen. Auf der anderen Seite liegt es an mir selbst, wie ich mit der Liebe umgehe: Wie ich daran arbeite. Wie ich die Signale richtig verstehe. Wie ich es dem anderen am besten sage. Wann Schluss ist. Was ich daraus lernen kann. Dabei helfen die Ratschläge, die wir zum „Du und ich" auf den nächsten Seiten geben. Garantiert ohne Flirttipps und Erkenntnisse aus Chemie, Physik, Biologie, Betriebswirtschaft, aus der Steinzeit. Die sind vielleicht vernünftig. Aber hier geht es doch um Liebe!

Und all die anderen?

So wie die Liebe es nicht aushält, wenn alles in sie hineingepackt wird, so wäre es ziemlich anstrengend, wenn alles im Leben voller Liebe wäre. Es ist daher erholsam, sich mit Freunden auszuleben und zu wissen, dass man seine Familie nicht immer nur knutschen muss. Das geht aber erst, wenn man sich beim Umgang mit anderen seine Gedanken macht. Und das gilt auch für all die anderen – Nachbarn, Kollegen, die Frau an der Kasse. Die wichtigsten Ratschläge dafür stehen im zweiten Teil dieses Kapitels.

Ein Rat hilft immer im Umgang mit anderen: taktvoll sein. Damit sind nicht spezielle Benimm-Regeln gemeint (die gibt's ab Seite 560), sondern die Kunst, den eigenen Rhythmus dem Rhythmus der anderen anzupassen. Da dieser zu Hause anders ist als im Büro, im Restaurant oder in der Warteschlange an der Supermarktkasse, ist es gut, stets achtsam zu sein auf das Gegenüber und die Situation. Hat man dann den Rhythmus gefunden, kann man in der passenden Tonlage einsetzen. Allerdings eins dabei nicht vergessen: immer man selbst bleiben. Auch wenn man dabei selbst mal das Problem ist.

Du und ich

In der Liebe nichts Neues! Es wird zwar heute weniger geheiratet und mehr geschieden. Und als Single, in Patchwork-Familie oder Wochenendbeziehung gelebt ... und doch: Das Prinzip Liebe hat sich nicht verändert. Für 70 Prozent aller Deutschen ist eine feste Partnerschaft die zwingende Voraussetzung, um im Leben glücklich zu sein!

Sieben Goldregeln fürs Zusammensein

Und was erwarten die Menschen von einer Liebesbeziehung? Abwechslung, Abenteuer, Spannung? Von wegen: Bei der Hitliste der Erwartungen steht ganz traditionell die „Treue" an erster Stelle – dicht gefolgt von „Geborgenheit" und „Sinnfindung" – so richtig schön altmodisch.

Die meiste Zeit des Lebens verbringen wir damit, Leistung zu erbringen, Geld zu verdienen, mit Chef und Kollegen zurechtzukommen ... aber die Seele baumeln lassen, einfach sein, wie man ist, unperfekt und ungeschminkt, und geliebt werden – das ist das Höchste! Das geht nur in einer wirklich vertrauensvollen, intimen, wertschätzenden Beziehung. Und das ist auch der Grund, warum alle nach wie vor nur das eine wollen.

1 Geben ist gar nicht seliger denn nehmen ...

Beziehungen sind nämlich eine Kosten-Nutzen-Rechnung! Romantik hin, Moral her, letztlich sind wir alle wie Computer, die bis ins feinste Detail registrieren – meist unbewusst –, ob der Deal mit dem Partner stimmt. Der Deal, das können sein: Aufmerksamkeit, Anerkennung, Kommunikation, und ja, natürlich auch Geld. Beispiele: Ich hab' doch jetzt schon 3-mal Frühstück gemacht, jetzt ist doch eigentlich er dran ... ich finde, sie sollte auch mal zu dieser langweiligen Mieterversammlung gehen und nicht immer mich vorschieben ...

Was das heißt? Man muss das eben einfach akzeptieren! Zwischen Menschen entstehen nämlich sehr schnell unausgesprochene Verträge. Und das ist nicht schnöde und kleinlich, sondern es ist eben einfach so. Schlimm ist nur, wenn Eigeninteressen unbewusst sind oder geleugnet werden. Wenn man so tut, als könnte man das Wort „Egoismus" nicht mal schreiben – wohin sonst kann das führen als zu Unzufriedenheit, Frust oder Dauervorwürfen? Wer sich aber seiner eigenen Wünsche, Forderungen, Erwartungen oder Ansprüche bewusst ist, der kann schneller, direkter und verständlicher kommunizieren. Und gibt damit dem Gegenüber die Chance, sein Verhalten zu ändern oder den gegenseitigen „Vertrag" neu zu verhandeln.

2 Scharnier runter, Gesicht zeigen, was riskieren!

Es gibt Beziehungen, die sozusagen im ständigen Kampfmodus geführt werden. Man kann sie bei solchen Menschen manchmal richtig sehen, die Aura gegenseitigen Misstrauens. Zwei stehen sich in voller Ritterrüstung gegenüber, und keiner denkt daran, dem anderen gegenüber Blöße zu zeigen – er würde ja sofort hineinschlagen. Das Risiko, verletzt zu werden, ist hier sicher minimiert. Aber dummerweise die Chance, zu lieben und geliebt zu werden, auch! Solche Verhaltensweisen haben sicher eine tiefere Ursache – eine Vorgeschichte in der Beziehung oder bei den Eltern –, aber das ändert nichts daran, dass sie das Beste überhaupt verhindern: eine Beziehung, in der man sich gegenseitig zeigen kann, wer man ist, in der man seine Maske fallen lassen kann, kein Stärkefanatiker sein muss. Und in der man trotzdem oder gerade deswegen vom anderen gesehen und gemocht wird.

Was man dazu braucht: ein wenig, nur ein ganz wenig Grundvertrauen in die Welt und in die Menschen. Und auch ein wenig Mut, weil man ja nie weiß, was passiert.

3 Im Prinzip – ja!

„Ich liebe ihn ja – aber warum kann ich nie mit ihm über Shakespeares Sonette diskutieren? Wenn er das nicht ändert, dann ...!" Gute Voraussetzung – für eine baldige Trennung ... Man hat sich zwar genau mit dieser Eigenschaftsausstattung kennen gelernt und am Partner genau die Tatsache geschätzt, dass er so ein naturverbundener Typ ist, mit dem man eines Tages vielleicht aufs Land ziehen und Apfelbäume pflanzen kann. Und jetzt auf einmal soll er à la Karasek über Bücher plaudern ...

Was hier unbedingt mal gesagt werden muss: Dieses ganze zickige „Sex and the City"-Anspruchsdenken ist für die Katz. Es endete ja auch bei den Heldinnen der TV-Serie stets damit, dass sie sich immer wieder einen Neuen suchen müssen, der alles kann: die Kuh melken, während er ein Sonett zitiert und in einem Fass voller Haferflocken steppt ...

Grundsatz fürs Zusammensein: das, was einem am anderen gefällt, muss überwiegen. Wenn diese einfache Rechnung stimmt, kann man an anderen Punkten ja wohl auch mal ein Auge zudrücken. Oder, wie es so schön heißt, vor der eigenen Tür kehren. Soll heißen: nicht immer auf den Partner starren, damit der einem alles erfüllt, wovon man geträumt hat: Geborgenheit, Bestätigung, Glamour, Ruhm und Ehre, Reichtum ... Mal sehen: Was könnte es wohl geben, was man selbst dazu beitragen kann? Womöglich geht es ja gar nicht um den Partner? Vielleicht hat man ja insgeheim selbst davon geträumt, einmal ein Buch zu schreiben? – Na also, da haben wir doch schon was gefunden. Also nichts wie ab vor den Computer. Und durchs Fenster dem Liebsten beim Laubkehren zusehen.

4 Sich in den anderen hineinversetzen

Wie ginge es mir, wenn ich in dieser Lage wäre? Um sich das vorstellen zu können, braucht man Einfühlungsvermögen. Banal? Gar nicht – die Wissenschaft weiß, dass wir Menschen das erst lernen müssen. Kinder unter drei Jahren sind dazu nicht fähig. Typische Szene im Kindergarten: Knirps 1 nimmt eine Schaufel, haut sie Knirps 2 an den Kopf – und beobachtet mit offenem Mund und völlig fasziniert, wie der heult ...

Die Fähigkeit zur „Empathie" ist etwas ungeheuer Wertvolles. Die meisten Mütter zum Beispiel besitzen sie – wie sollten sie sonst wissen, ahnen, spüren, was ihr Baby will? Auch Psychotherapeuten müssen empathisch sein, sonst können sie die geheimen Botschaften ihrer Klienten nicht verstehen. Es handelt sich dabei wohl um ein Talent – nicht jedem ist es gegeben, sich vorzustellen, man sei in der Lage des anderen. Es gehören Fantasie, Interesse und auch Mut dazu. Wer es nicht so hat: Man kann es üben! Und das sollte man auch, denn Einfühlung ist eine wichtige Voraussetzung, damit die Beziehung glücklich bleibt.

5 Nähe suchen – und das Weite auch

Der Mensch wünscht sich nichts mehr als Nähe. Nur eins braucht er genauso: Distanz! Wir besitzen ein angeborenes Territorialverhalten – wir haben immer das Bedürfnis, den uns umgebenden Raum in „mein" und „dein" zu unterscheiden. Wir brauchen einen je nach Situation und Beziehung mehr oder weniger großen körperlichen Abstand voneinander – ein archaisches Bedürfnis, das einerseits dem Selbstschutz dient und andererseits dazu beiträgt, eine eigene Persönlichkeit zu entwickeln. Kleine Kinder richten die Entfernung zu anderen danach aus, wie vertraut sie ist, und dieses Distanzverhalten wird im Erwachsenenalter noch weiter perfektioniert. Es fällt uns gar nicht leicht, körperlich so richtig auf Tuchfühlung zu gehen, auch nicht bei der Sexualität – damit sich alle Beteiligten dabei gut fühlen, müssen wir erst die typischen Rituale des Distanzabbaus durchexerzieren – Balzverhalten nennen's die Wissenschaftler.

Auch wer in einer Partnerschaft zusammen und glücklich ist, wünscht sich ab und zu, allein zu sein – und die gelungene Balance aus beiden Bedürfnissen ist das Erfolgsgeheimnis glücklicher Beziehungen.

6 Gemeinsam träumen, getrennt marschieren

Auch in einer guten Partnerschaft bleibt man ein eigener Mensch – oder gerade dann! – mit eigenen Meinungen, eigener Zeit, Hobbys oder Freunden. Was aber unbedingt gemeinsam sein muss, sind Werte, Perspektiven oder Träume: irgendwann mal aussteigen und nach Süditalien ziehen, zusammen Musik machen und eine CD herausbringen – gemeinsame Ziele sind Wunderkitt für Beziehungen! Untersuchungen zeigten dabei übrigens, dass der Spruch „Gleich und gleich gesellt sich gern" stimmt: Je ähnlicher sich Partner mit ihren grundlegenden Werten und Zielen fürs Leben sind, desto besser ist und hält die Beziehung.

7 Sag was!

Legen Sie jetzt die Zeitung weg. Richten Sie den Blick auf Ihren Partner. Möchten Sie nicht wissen, wie es dem anderen eigentlich geht? Was er sich erträumt, wovor er Angst hat, was er an Ihnen am meisten mag? Wann haben Sie sich eigentlich zum letzten Mal so richtig gut miteinander unterhalten – vor einer, vor zwei Wochen? Tipp: einfach den Mund aufmachen – jetzt! Fragen Sie Ihren Partner genau das, was Ihnen eben durch den Kopf gegangen ist. Wenn er antwortet und ins Erzählen kommt: Hören Sie gut zu, aufmerksam, wohlwollend und interessiert. Wenn er fertig ist, sind Sie dran!

Ist doch gar nicht so schwer! Und das Allerwichtigste überhaupt! Und dabei wird es so selten wirklich gekonnt praktiziert ... Es ist wissenschaftlich bewiesen: Was Beziehungen auf die Dauer wirklich glücklich macht, ist positive Kommunikation – und die kann man ganz einfach üben. Womit bewiesen wäre: Liebe kann man lernen!

An die eigene Nase fassen!

Eigentlich könnte/müsste/sollte man's ja wissen: Dass man bei Problemen am besten erst mal „vor der eigenen Tür" kehrt. Dass man den Splitter im Auge des anderen übergroß sieht, das Brett vor dem eigenen Kopf aber gar nicht wahrnimmt. Und dass nur, „wer ohne Schuld ist", auch den ersten Stein werfen darf … Lauter bekannte und anerkannte Wahrheiten, die aber komischerweise ihre Anwendungskraft verlieren, wenn es um den Liebes- und Lebenspartner geht. Da heißt der erste Schritt im Konfliktfall nicht Selbstreflexion, in sich gehen und überlegen, was man selbst zu dieser Situation beigetragen hat. Sondern eigentlich (fast) immer: „Wenn du nicht … dann hätten wir auch nicht … du bist Schuld … du musst dich ändern!" Und das ist meist der Anfang vom Ende einer eigentlich mal guten Beziehung. Also: Bevor man anfängt, über andere Menschen nachzudenken, sollte man sich über etwas anderes im Klaren sein: über sich selbst! Denn der traumhafteste Partner, die beste Freundin, die nettesten Kollegen werden uns nicht glücklich machen, wenn wir mit uns selbst nicht klarkommen. Um das zu vermeiden, heißt unser Rettungssatz: an die eigene Nase fassen.

Das Projektions-Prinzip

Der erste Schritt in die richtige Richtung: unbedingt die eigene Kindheit be- und verarbeiten! Wer schwierige Beziehungen aus den ersten, abhängigen Jahren seines Lebens als unbewusste Traumata mit sich rumschleppt, neigt zum Projektions-Prinzip – und das ist beziehungsmäßig brandgefährlich! Die dominante Mutter, der gleichgültige Vater – schlimm genug, wenn man als Kind ungeschützt elterlicher Gewalt oder Missachtung ausgesetzt war. Aber noch schlimmer, wenn man diese Erfahrungen unbearbeitet mit ins Erwachsenenleben nimmt. Was dann leider häufig passiert: Man sucht sich Partner, deren psychische Strukturierung in die Richtung des früheren Hass-Liebe-Objektes geht. Und beginnt mit dem unsinnigen Versuch, im Heute eine Situation aus dem Gestern lösen zu wollen. Jedes Wort wird auf die Goldwaage gelegt, schon Kleinigkeiten wirken wie Allergie-Auslöser. Wie von einer fixen Idee besessen, geht's oft nur noch darum, dieses Mal den Kampf zu gewinnen … oft eigentlich ein Kampf um die Liebe der Eltern, wie man sie sich gewünscht hätte: Wenn ich es dieses Mal auf die Weise versuche, dann muss es doch klappen – dann muss derjenige, den das kindliche Ich mit den Eltern verwechselt, doch endlich nicht mehr gleichgültig, nicht mehr dominant sein. Schlechte Karten: Denn man versucht, die Liebe oder Anerkennung eines Gespenstes aus der Vergangenheit zu bekommen. Wem klar wird, dass seine Beziehung mit derartigen Psycho-Projektionen aufgeladen ist (ein untrügliches Zeichen: wenn der andere eine unsagbar böse, geradezu dämonische und vor allem erstaunlich mächtige Rolle bekommt!), sollte sich nicht scheuen und am besten professionelle therapeutische Hilfe suchen (siehe Kasten „Mehr wissen" auf der rechten Seite). Nicht zuletzt die hohen Scheidungsraten zeigen, dass Paare mit solchen Beziehungs-Altlasten kaum alleine fertig werden können!

Die Dauer-Krise

Wenn in einer Beziehung die Streitigkeiten eigentlich immer um die ewig gleichen Themen gehen („Nie hast du Zeit für mich", „Wenn du mich wirklich liebst, dann würdest du …") dann ist es Zeit, in sich zu gehen. Denn: Wer glaubt, seinen Partner (oder sonst irgendeinen Menschen) ändern zu können, befindet sich absolut auf dem Holzweg! Der wirkliche Weg aus der Krise führt ausschließlich über die Beschäftigung mit der eigenen Psyche. Deshalb: zuerst Bestandsaufnahme. Ist das, was mich an meinem Gegenüber stört, wirklich so unerträglich? Wenn ja, sollte man sich auch ganz ehrlich mit der Frage beschäftigen, ob dieser Mensch tatsächlich der Richtige für einen ist. Unter dem Motto „Besser ein Ende mit Schrecken als ein Schrecken ohne Ende" muss unter Umständen ein Schlussstrich unter die Beziehung gezogen werden. Zweiter Schritt: Wieso nervt mich eigentlich gerade diese Eigenschaft, Verhaltensweise etc. so sehr? Was hat das mit mir zu tun? Kommt mir das bekannt vor (Mutter, Vater, Oma, Bruder)? Und wie funktioniert der Mechanismus, der jedes Mal dazu führt, dass sich Aktion und Reaktion zu einem kaum noch zu durchschauenden Streitgebilde verzahnen? Auch hier gilt natürlich: Wer das Gefühl hat, bei der Selbstreflexion (zu) schnell an seine Grenzen zu stoßen, sollte ohne falsche Scham therapeutische Hilfe in Anspruch nehmen – bei anderen „Dauerschmerzen" geht man ja schließlich auch zum Arzt!

Immer das gleiche Muster …

Möglicherweise hat die Partnerwahl unbewusst ja eine bestimmte Funktion: Vielleicht nimmt einem der andere ja ein unbequemes Stück Psyche ab? Also etwa eine Eigenschaft, die man an sich ahnt, die man aber nicht wahrhaben will? Durch die Partnerwahl braucht man sich dann damit nicht selbst zu beschäftigen, das hat man ja in gewisser Weise wegorganisiert! Aber: So ein Beziehungsmuster verhindert auch, ein wirklich „kompletter" Mensch zu werden …

Symbiose – nein danke!

Werden in einer Partnerschaft Eigenschaften sozusagen unbewusst aufgeteilt – also grob gesagt: Ich bin stark, du bist schwach; ich bin böse, du bist gut; ich bin fleißig, du bist faul –, dann stimmt etwas nicht, denn meistens sind negative Eigenschaften hübsch gemischt verteilt. Wenn man das nicht akzeptieren kann, sondern Machtspiele daraus werden, dann befindet man sich beziehungstechnisch auf höchst gefährlichem Terrain. Denn so eine symbiotische Beziehung beinhaltet automatisch auch immer die Faktoren Abhängigkeit, Eifersucht und Neid.

Oft entsteht das Gefühl, ohne den anderen nicht existieren zu können – aber leider ist das keine Liebe, sondern Schwäche! Für eine glückliche, dauerhafte Beziehung sind deshalb besonders wichtig: die eigenständige Persönlichkeitsentwicklung, die Förderung und Integration „schwacher" psychischer Teilbereiche und das gegenseitige aktive Interesse am gemeinsamen Wachsen! Also: frühere Interessengebiete nicht vernachlässigen, zum Beispiel weiterhin in den Volleyballverein gehen, mit der Freundin ein Theater-Abo teilen, berufliche Seminare besuchen …

Ich bin ein eigener Mensch

Auch Menschen, die sich lieben und zusammenleben, müssen sich nicht unbedingt „Harmonie-gleichschalten"! Das kann auf Dauer nicht gut gehen – jeder Partner hat eben seine ganz eigenen Ecken und Kanten. Wer als Persönlichkeit psychisch sozusagen auf eigenen Beinen steht, sich selbst ausreichend gut kennt und deshalb auch in der Lage ist, die Verantwortung für die eigenen Schwächen und Macken zu übernehmen – der freut sich auch über einen Partner, der mit seiner Individualität neue Aspekte und frischen Wind mitbringt. Im Alltag erfordert die gegenseitige Achtung der jeweiligen Persönlichkeits-Ausformungen natürlich auch mal Großmut und Toleranz.

Wenn das allerdings gemeinsamer Paar-Konsens ist, dann steht auf dem Pfad zu langem Liebesglück (fast) nichts mehr im Weg …

Mehr wissen: Raus aus der Beziehungsfalle

Eins vorweg: Therapien brauchen Zeit. Und die muss man sich einfach nehmen. Mit ein, zwei Beratungsgesprächen ist es meistens nicht getan. Wer's ernsthaft angehen will, muss sich feste Termine einplanen. Um erst einmal herauszufinden, welche Therapieform am besten passt, hilft ein Gang zu einer psychologischen Beratungsstelle, zum Beispiel bei den Gesundheitsämtern. Die können einem dann auch Therapeuten empfehlen und bei der Beantragung von Kostenübernahmen bei den Krankenkassen helfen. Hier drei wichtige therapeutische Anlaufstellen:

VERHALTENSTHERAPIE Die ist besonders geeignet für jemanden, der seine Macken schon kennt und da speziell drangehen will. Hier gibt der Therapeut konkrete Aufgaben für den Alltag, mit denen man neue Verhaltensweisen einübt und die alten sozusagen „verlernt", zum Beispiel bewusst „Nein" zu sagen, statt vor sich hin zu nörgeln, wenn der Partner was einfordert, das einem nicht passt.

PSYCHOANALYSE Wer wirklich Ursachenforschung betreiben will, weil zum Beispiel jede Beziehung immer wieder an ähnlichen Problemen scheitert, sollte – begleitet von einem speziell ausgebildeten Psychotherapeuten – in die Tiefe gehen: Oft liegt der Schlüssel dafür in der Kindheit versteckt, vielleicht haben schlimme Erlebnisse einem erst einmal extremes Misstrauen gegenüber jeder Bindung mitgegeben? Dabei, dass sich so etwas wieder auflöst und überhaupt die Möglichkeit entsteht, sein eigenes Leben ohne die unbewussten Schatten der Vergangenheit zu leben, hilft der Analytiker.

KRISENINTERVENTION Für den akuten SOS-Fall, wenn man gar nicht mehr weiterweiß, hilft die Telefonseelsorge. Sie ist in Deutschland rund um die Uhr kostenlos und auf Wunsch anonym zu erreichen unter der Nummer 0800 / 111 0 111 oder 0800 / 111 0 222 (ohne Vorwahlnummer in Österreich: 142, in der Schweiz: 143). Dort kann man auch erfahren, an welche Einrichtung man sich für weitere Hilfe vor Ort wenden kann.

426. Miteinander reden

Das Allerwichtigste für eine glückliche Beziehung: Auf die Qualität der Kommunikation kommt es an!

– Welches ist der wichtigste Grund, dass sich Menschen trennen? Das wurden geschiedene Paare in einer Schweizer Untersuchung gefragt. Die häufigste Antwort der Männer: die unterschiedliche Entwicklung der Partner. Die häufigste Antwort der Frauen: die unzureichende Fähigkeit der Männer, zu kommunizieren! „Mangel an Liebe“ dagegen wurde von beiden als unwichtigster Grund genannt – daran scheint es also nicht zu liegen ...
– Dabei zeigte sich auch: Häufige Konflikte sind kein Problem – im Gegenteil, sie sind für eine gute Beziehung wichtig und dürfen keinesfalls unterdrückt werden. Entscheidend ist aber die Art, wie gestritten wird: Wenn das konstruktive Streiten nicht gelernt wurde, werden immer mehr Verletzungen angehäuft, und es entsteht eine Abwärtsspirale – letztlich ist es die schlechte Kommunikation, die irgendwann zu ernsthaften Trennungsgedanken führt! Aber: Je besser ein Paar miteinander diskutieren kann, desto günstiger die Aussicht, dass es zusammenbleibt.

427. Richtig streiten

Bloß nichts unter den Teppich kehren – was stört, muss raus! Nur über die Form lässt sich wohl streiten …

– Partnermüll: immer gleich wegräumen! Soll heißen: nur nicht zu viel negative Gefühle – etwa wenn man sich unverstanden oder schlecht behandelt fühlt – aufstauen lassen, sondern am besten möglichst bald darüber reden! Es gibt Paare, die Konflikte und Auseinandersetzungen lieber vermeiden. Alles, was sie wollen, ist Harmonie – aber wie bekommt man die? Auf keinen Fall durch zu viel Anpassung und zu viel „Gutes Wetter“: Schließlich reinigen Gewitter die Atmosphäre!
– Wer richtig streiten will, sollte sich zunächst einmal über seine tiefer liegenden Motive klar werden: Will ich wirklich nur meine Interessen vertreten, für mich so nicht haltbare Beziehungsmissstände deutlich machen und versuchen, eine konstruktive Lösung zu finden? Oder möchte ich dem anderen richtig wehtun, weil er mich ja schließlich auch verletzt hat?
– Die als letztes beschriebene Technik „Auge um Auge, Zahn um Zahn“ kennt wahrscheinlich jeder, und so ganz lässt sie sich wohl auch nicht vermeiden. Aber beim Thema „richtig streiten“ hat sie eigentlich nichts verloren. Auseinandersetzungen, bei denen mit Absicht auf die – gegenseitig natürlich nur allzu gut bekannten – wunden Punkte des Partners eingeschlagen wird, führen nicht zusammen, sondern auseinander.
– Wie schon gesagt: Motiv und Ziel sind entscheidend und die sollten heißen: Natürlich liebe ich dich, eigentlich – aber dies und das stinkt mir total! Dann kann man auch ruhig brüllen, toben, schreien, weinen – in einer halbwegs intakten Beziehung spürt der Partner garantiert, ob es sich hier um verletzende Aggression oder ehrliche Verzweiflung handelt. Und wird (wie gesagt, ausgehend von der Tatsache, dass beide an der Beziehung interessiert sind) den anderen ernst nehmen, nachdenken, wird den anderen, nachdem der Sturm sich gelegt hat, in den Arm nehmen, sich wieder versöhnen, in Ruhe noch einmal reden …
– Übrigens: Oft brauchen Unzufriedenheitspunkte mehrere Streits, bis sich eine wirklich konstruktive Lösung findet. Deshalb nicht den Mut verlieren – und schön weiter streiten!

428. Wachsam sein!

Es gibt genug Frühwarnsignale, wenn etwas nicht stimmt. Augen auf! Wenn man diese Zeichen ernst nimmt, können sich negative und zerstörerische Kommunikationsmuster gar nicht erst einschleichen.

– Das verflixte 7. Jahr fängt früher an! In der Schweiz zum Beispiel wurden 1999 die meisten Ehen nach 5–9 Jahren Ehedauer geschieden.
– Krisenanzeichen bei Männern: Rückzugsverhalten – er schottet sich ab, weicht Konflikten aus, sie erreicht ihn emotional nicht mehr. Krisenanzeichen bei Frauen: nörgeln, meckern, Streit suchen.
– Sein distanziertes Verhalten oder ihr Gemecker kann man anfangs noch entschärfen. Vielleicht braucht der Partner Freiraum oder hat Stress. Allerdings: wenn es zu lange dauert, ist Vorsicht geboten.
– Dringend Partnergespräche führen, sich gegenseitig auf den neuesten Stand bringen: Wie geht es Dir eigentlich? Wo sind unsere gemeinsamen Perspektiven? Wenn das schon nicht mehr geht, ohne dass sofort Streit ausbricht: ruhig in eine Familienberatung gehen – da können schon ein paar Stunden Training im Fach „Grundregeln der Kommunikation“ völlig genügen.

429. Kommunikations-Trick 5:1

5-mal was Nettes und nur 1-mal was Fieses zum Partner sagen – das ist das Erfolgsgeheimnis guter Kommunikation und damit glücklicher Beziehungen. Klingt simpel – ist es aber nicht …

– Wissenschaftlich untermauert: Wenn die Kommunikation in der Beziehung überwiegend positiv ist, bleibt das Paar zusammen. Wird jedoch nur noch kritisiert, gemeckert und abgewertet, war's das bald mit dem Liebesglück. Dabei beträgt in einer glücklichen Beziehung das Verhältnis Positiv:Negativ mindestens 5:1.
– Negative Kommunikation gibt es in vielen Ausprägungen:
– Passiv: Beim „Mauern" wird die Kommunikation verweigert, man dreht sich weg oder sieht den Partner nicht an oder ignoriert ihn ganz: „Jetzt nicht – ich habe keine Lust, mit dir zu reden."
– Verächtlich: Mit die ekligste Form … Man macht den anderen zur Schnecke, gibt ihm – schon allein durch Tonfall oder Mimik – das Gefühl, lächerlich zu sein, gibt Gemeinheiten oder Abwertungen von sich: „Das sind doch wieder alles nur Hirngespinste von dir – bisher sind doch all deine beruflichen Projekte gescheitert."
– Provokativ: Man greift ständig an, macht zynische Bemerkungen oder spielt sein Wissen aus – mit dem Ziel, den anderen zu verletzen: „Frau am Steuer – zu doof zum Einparken!", „Ach nee, plötzlich interessierst du dich dafür, was in mir vorgeht, ist ja echt ergreifend!", „Du bist genau wie dein Vater!", „Wenn du mal mit mir redest, was ja selten genug vorkommt, dann merke ich erst, dass du eigentlich nie mit mir reden willst!".
– Defensiv: Man verteidigt sich nur noch, weist die Verantwortung und Vorwürfe zurück, greift stattdessen selbst mit Anklagen an: „Das stimmt überhaupt nicht, dass ich dich emotional allein lasse, wenn du krank bist – du hast doch selbst gesagt, du willst deine Ruhe haben. Und außerdem warst du, als ich Grippe hatte, praktisch überhaupt nicht zu Hause!"
– Wie geht's besser? Zum Beispiel so – mit liebevoller Anerkennung der unglücklichen Lage des Partners: „Es tut mir wirklich Leid, dass du dich jetzt, als du krank warst, alleine gefühlt hast. Ich hatte so viel zu tun, ich konnte einfach nicht früher weg. Ich weiß, wie blöd es ist, wenn man den ganzen Tag im Bett liegen muss – mein armer Schatz. Aber zum Trost mache ich dir jetzt deine Lieblingshühnersuppe."

430. Sag niemals „nie"

Verräterische Anzeichen für negative Kommunikation: die häufige Verwendung der Wörtchen „nie" und „immer".

– Können Sie keinen Satz mehr sagen, der anders anfängt als „Immer lässt du die Eingangstür offen" oder „Du hast ja nie Lust, zu reden" oder „Jetzt hast du schon wieder …" oder „ … hab ich dir nicht schon 1000-mal gesagt, dass …" oder „Warum musst du immer …" ? Dann sind Sie auf dem besten Weg, die Partnerschaft in der Abwärtsspirale wieder eine Runde tiefer zu drehen.
– Dahinter steckt bereits eine sehr negative Grundhaltung, Kritikpunkte werden nicht mehr individuell und situationsbedingt gesehen, sondern sozusagen in Bausch und Bogen vor-verurteilt. Statt zu denken: „Heute war wieder ein stressiger Tag für sie, sie hat einfach vergessen, die Tür zu schließen.", denkt er: „Es ist ihr ganz egal, was ich will – sie ignoriert mich einfach. Das ist einfach typisch für sie, diese Nachlässigkeit im Umgang mit Dingen."
– Wer sich bei der „Immer-oder-nie-Manie" ertappt: sofort damit aufhören, am besten mitten im Satz. Stattdessen versuchen, den Fall individuell zu sehen – also die Wörtchen „heute" oder „manchmal" oder „selten" zu benutzen. Und wenn bei dem Thema gar nichts mehr ohne Erbitterung geht, weil schon zu viel Frust aufgehäuft wurde, dringend ein ernsthaftes Gespräch ganz konkret zu diesem Thema mit dem Partner führen!

431. Von sich selbst reden

Noch ein einfacher Trick für konstruktive Kommunikation: Beginnen Sie Ihre Sätze mit „Ich … "!

– „Aber du musst doch einsehen, dass …", „Du hast schon wieder …" – diese Art Sätze führen zu nichts, außer zu Beziehungsdramen nach dem Motto „Schuld und Sühne".
– Aber: Wer Schuld hat – wen interessiert das überhaupt? Ist doch ganz egal, wer angefangen hat. Glauben wir doch dem Partner ganz einfach, dass es keine durch und durch böse Absicht war. Besser: nach dem Grundsatz „Im Zweifel für den Angeklagten" sofort das Problem beheben, statt endlos auf der Schuldfrage herumzukauen!

– Bei Problemen muss deshalb die erste Frage immer lauten: Was kann ich tun, damit dieser kritische Punkt nicht mehr vorkommt? Was kann ich von meiner Seite aus dazu beitragen? Das bedeutet nicht, dass man damit die ganze Verantwortung für ein Problem übernimmt. Es bedeutet bloß, dass man intelligent genug ist, sich nicht wie eine Versuchsmaus immer im gleichen (Kommunikations)-Käfig herumzudrehen – das ist nämlich eine Mausefalle … Besser: seine Sätze von nun an konsequent mit „ich" anfangen!

– Beispiel: Sie lässt oft aus Versehen die Flurtür auf – er ärgert sich jedes Mal darüber: „Du bist so nachlässig – was du da an Heizöl verschwendest, geht auf keine Kuhhaut. Da könnte ich mich ebenso gut hinstellen und das Heizöl aus dem Fenster gießen." Worauf sie natürlich sagt: „Du hast es nötig – gerade du, dauernd die Schlafzimmerfenster aufreißen, damit bläst du doch viel mehr Energie raus. Und ich friere mich zu Tode!" Punktestand nach dem Schlagabtausch: 1:1 – und Frust …

– Stattdessen könnte er versuchen, ihr seine Beweggründe zu erklären. Sein Satz fängt mit einem „Ich" an: „Schau – ich möchte dir erklären, warum mich das so ärgert. Das ist einfach ein tief sitzendes moralisches Gebot für mich, das ist ein Nicht-Achten von Werten. Was mich aber eigentlich am meisten ärgert, ist, dass ich dann das Gefühl habe, dass du das auch noch spießig von mir findest." Jetzt wird sie – wenn sie nur ein bisschen ehrlich ist – zugeben, dass sie das bisher tatsächlich ein bisschen spießig fand. Aber, wenn sie so nachdenkt, entdeckt sie vielleicht auch ein vergleichbares inneres Gebot: „Stimmt – ich habe das mit Lebensmitteln. Weil mir meine Oma immer vom Hungern im Krieg erzählt hat, achte ich darauf, nichts Essbares wegzuwerfen." Jetzt versteht sie ihn schon besser und muss nicht durch dauerndes „Vergessen" gegen ihn protestieren.

432. Der große Schweiger und die Quasselstrippe

Männer so und Frauen so …. aber wenn eines Tages SIE nicht mehr reden will, dann war's das …

– Wissenschaftlich bewiesen: Krisen in Beziehungen sind in zwei Fällen besonders kritisch. Zum Ersten, wenn Gewalt im Spiel ist – und zum Zweiten: Wenn die Frau nicht mehr an ihn hinredet, sondern anfängt, sich emotional abzuschotten. Dann ist das Ende der Beziehung nicht mehr weit … denn wenn der Mann dann wirklich eines Tages merkt: „Oha – jetzt wird's ernst" und die offene Auseinandersetzung sucht, dann ist es bei ihr meistens schon fünf nach zwölf.

– Tatsache: Frauen wollen Dinge ausdiskutieren, sie bereinigen. Männer mauern, wenn's um unangenehme Themen geht. Daraus ergeben sich Eskalationsspiralen wie folgt:

– Sie fängt schon wieder an wegen dieser blöden Bemerkung von vor zwei Wochen – die hatte er schon vergessen. Er hatte ihr doch schon gesagt, dass das nicht so gemeint war. Für ihn ist Kommunikation eine funktionale Sache. Wo ist das Problem? Wo ist die Lösung? Wozu noch weiter reden? Was will sie nur von ihm? Er hat einfach nicht das Gefühl, dass all das zu irgendetwas führt, und würde nur zu gerne auf ein weniger vermintes Thema umlenken. Das wiederum macht sie jetzt so richtig wütend. Wollte sie eben noch einfach mit ihm reden, so steigt ihr die Galle hoch, wenn sie merkt, dass er mal wieder passiven Widerstand leistet. Es ist so verletzend von ihm, dass er diese Kränkung von vor zwei Wochen mit so einem lapidaren „sorry" glaubt abtun zu können! Es geht ihr schon gar nicht mehr um den Satz von damals. Sondern jetzt will sie von ihm wissen, wieso er eigentlich nicht in der Lage ist, ihr wirklich glaubhaft zu sagen, dass es ihm Leid tut. So, dass sie es auch spüren kann. Er kriegt Panik und verschwindet ins Badezimmer. Sie lässt ihn nun gerade nicht entkommen und setzt ihm nach … usw., usw.

– Wissenschaftler sagen, dass das männliche Verhalten auch physiologische Gründe hat: Männer vertragen Konflikte einfach körperlich nicht so gut. Bei jedem Streit – vor allem aber bei negativen Konflikten – schüttet der Körper reichlich Stresshormone wie Adrenalin oder Noradrenalin aus. Werden sie mit unangenehmen Gefühlen gekoppelt, kann das bei Männern – viel stärker als bei Frauen – eine regelrechte emotionale Überschwemmung auslösen. Sie fühlen sich überrannt und in die Ecke gedrängt, sind stinksauer, versuchen aber, sich zusammenzureißen, und alles in allem ist ihnen die Situation total unangenehm.

– Was hilft? Zunächst mal die Erkenntnis: Für Frauen ist Kommunikation erfrischend wie ein Gläschen Sekt – für ihn ist es wie bittere Medizin: muss sein, schmeckt aber furchtbar. Also: Eröffnungen à la „Ich möchte mal wieder mit dir reden" führen bei ihm zu sofortiger Angststarre. Besser: ihm die Angst nehmen – und eine glasklare Handlungsanweisung dazuliefern: „Ich würde gerne mal mit dir reden, einfach so. Keine Sorge, Liebling, ich will dir nichts, ich will dich nicht angreifen, es ist alles o. k. Es geht mir nur darum, mit dir meine Gedanken auszutauschen. Du brauchst erst mal nur zuzuhören, doch später würde mich deine Meinung schon interessieren."

433. Gefühle mitteilen

Sie hätten gern, dass der andere Sie versteht? Dass er mitempfinden kann, was Sie meinen? Dann pfeifen Sie auf die Sachebene – und seien Sie emotional!

– Es gibt drei Arten der Kommunikation:
– Sachlich: Mein neues Kostüm hat einen Riss, und ich habe keine Zeit, es umzutauschen.
– Indirekt emotional: Dieser blöde Laden da, einem fehlerhafte Sachen zu verkaufen!
– Direkt emotional: Oh Mist, ich könnte mich schwarz ärgern. Ich wollte dieses Kostüm morgen zu dem wichtigen Meeting anziehen. Ich meine, ich habe richtig gutes Geld in diesem Geschäft gelassen, da könnten sie einem doch wenigstens anständige Ware verkaufen! Ich gehe sowieso ungern einkaufen, das kostet immer so viel Zeit, und dann immer dieses Ausziehen, Anziehen … Und jetzt muss ich noch mal dahin, um das Teil umzutauschen. Stattdessen hätte ich so gerne diesen Samstag in aller Ruhe entspannt und ein bisschen gelesen. Jetzt muss ich wieder in die Innenstadt … was mich das kostet, können die mir gar nicht bezahlen!
– Welche Schilderung, glauben Sie, führt bei einem Zuhörer zu mehr Verständnis und (Mit)-Gefühl? Richtig: Methode Nummer drei. Also: Sag es keinesfalls durch die Blume – niemand kann ahnen, erspüren oder raten, was im anderen vorgeht –, sondern kraftvoll, direkt und emotional!

434. Stress richtig mitteilen

Stress ist eine der Hauptursachen für Trennungen – umso wichtiger ist es, dass Partner richtig damit umgehen und sich gegenseitig helfen können.

– Besonders fies: dauernder, schleichender, alltäglicher Stress. Nichts Besonderes, einfach der ganz normale, tägliche Wahnsinn: die U-Bahn nicht erwischt, also zu spät zum wichtigen Meeting gekommen, der Chef sauer … Herrgott, wozu zahlt man diese blöde Rechtsschutzversicherung, wenn sie so einen kleinen Fall nicht mal übernimmt … Auf die Dauer ist das zermürbend und – Wissenschaftler haben es bewiesen – tödlich gefährlich für Partnerschaften! Viel schlimmer als einmalige Katastrophen – die schweißen im Gegenteil ein Paar oft sogar zusammen. Stress jedoch ist etwas Unspektakuläres, unser täglicher Begleiter. Kein Grund, groß darüber zu reden. Leider hat man deswegen aber gar keine Kraft mehr für Gemeinsames. So zieht sich auf die Dauer jeder immer mehr zurück – logisch, dass sich da Paare auseinander leben.
– Was hilft, ist die so genannte Stressbewältigungskompetenz. Die muss natürlich jeder einzelne schon besitzen, nur dann können sich Partner gegenseitig unterstützen. Gute Strategien, mit Stress klarzukommen, sind zum Beispiel:
– Umbewerten: Statt „Katastrophe!" zu schreien, könnte man's auch anders sehen: „Wer weiß, wozu es gut war, dass es so gelaufen ist."
– Sich Mut zureden, statt Dinge zu denken wie „Das schaffst du doch nie". Genauso gut – zu sich sagen: „Ist doch nicht so schlimm, ich hab schon ganz andere Stürme überstanden."
– Wenn beide Partner eine dieser Strategien beherrschen, können sie sich viel besser unterstützen. Aber die Bedingung dafür ist natürlich: Stress richtig mitteilen! So, dass der andere es merkt, auf einer tieferen Ebene versteht und einem dann helfen kann, besser damit fertig zu werden. Und das geht so:
– Gefühle direkt und emotional äußern (siehe Ratschlag Nr. 433 auf dieser Seite): raus mit der ganzen Geschichte, möglichst lebendig und mit allem Drum und Dran. Wichtig ist, dass man bei sich und seinem Gefühl bleibt, dass man versucht, die tieferen Gründe für den Stress herauszufinden: „Wegen dieser Verspätung darf ich jetzt vielleicht nicht mit auf die Dienstreise nach Japan, dabei hab' ich mich so darauf gefreut. Aber der Chef hat mich den ganzen Tag nicht angeguckt, der tut, als wär' ich Luft. Ich hab' mich entsetzlich gefühlt … ich glaub', das liegt auch daran, dass ich immer alles perfekt machen will. Wenn ich mal einen Fehler mache, dann habe ich Schuldgefühle – und ich glaube, mein Chef merkt das und wird dann erst recht sauer …"
– In dieser Phase kann der Partner zwischendurch Fragen stellen oder kurz zusammenfassen, wie er das Ganze verstanden hat. Aber ansonsten soll er jetzt nur zuhören: aufmerksam, wohlwollend, offen, interessiert.
– Danach ist der Zuhörer dran – mit Trost, Zuspruch, emotionaler Unterstützung: „Schau, das war doch Pech mit der U-Bahn, das wird er schon verstehen. Erklär's

ihm morgen doch einfach. Wenn er dir deswegen einen Strick draus drehen will, dann ist er gemein und ungerecht, und du solltest dir das nicht so zu Herzen nehmen. Wenn er jetzt länger so eklig zu dir ist, dann suchst du dir einen neuen Job! Niemand weiß besser als ich, wie gewissenhaft du bist, sowas brauchst du dir nicht gefallen zu lassen. Niemand ist perfekt. Sei doch nicht so streng mit dir – dein Chef muss froh sein, dass er dich hat. Ich jedenfalls bin es!"

TIPP

Man kann dieses gegenseitige Stress-Bewältigen zu einem festen Ritual machen: Jeder ist 15 Minuten lang dran, von seinem Stress zu erzählen. Dabei immer alle drei Phasen miteinander durchgehen. Langfristig ist das die beste Strategie gegen Stress – und als gegenseitiges Unterstützungs-Training Gold wert für dauerhafte Liebe!

435. Gleichgesinnte treffen

Eine Aufgabe, der man sich regelmäßig widmet und bei der man andere Menschen trifft, ist der sicherste Weg, sich über kurz oder lang zu verlieben.

– Die meisten Paare lernen ihren zukünftigen Partner am Arbeits- oder Ausbildungsplatz, in Vereinen oder auf Partys kennen. Wohl kaum, weil der/die Auserwählte der eine Mensch unter Tausenden ist, der so optimal passt. Sondern im Gegenteil – weil nichts förderlicher für die Partnerwahl ist als eingeschränkte Auswahl. Perfekt: alle Gruppen, Vereine, gleiche Hobbys oder Situationen, in denen man sich regelmäßig über einen längeren Zeitraum hinweg trifft – hier kann man sich wunderbar kennen lernen und näher kommen.
– Wer also neu in der Stadt oder frisch getrennt ist und jetzt keine Lust auf Alleinsein hat: Suchen Sie sich eine regelmäßige Beschäftigung mit anderen, die Ihnen Spaß macht. Manchmal ist so eine Lebensphase der beste Anlass, das endlich in die Tat umzusetzen, was man schon immer mal machen wollte. Hier ein paar Anregungen:
– Musik: in einem Chor oder einer Band mitsingen oder mitspielen – einfach eine Anzeige aufgeben und Gleichgesinnte suchen.
– Kunst, Theater, Literatur: einem Kunstverein beitreten, einen Kunst-Workshop besuchen, eine Theatergruppe gründen, eine Runde für kreatives Schreiben ins Leben rufen.
– Sport: einem Verein beitreten, ob Tanzverein oder Fußballclub, ist egal.
– Ehrenamtliche Tätigkeiten: in der Nachbarschaftshilfe mitarbeiten, eine Bürgerinitiative unterstützen, sich in einem Umweltschutzverein engagieren.

436. Partnersuche über eine Agentur

Vorteil: Es ist ein wenig persönlicher als eine Dating-Börse im Internet. Nachteil: Meistens sind die Adresskarteien und damit die Leistungsfähigkeit recht klein. Worauf man achten muss:

– Ein erstes persönliches Gespräch in der Agentur vereinbaren: Hier werden die Vorstellungen und Möglichkeiten für die Partnersuche ausgelotet. Es ist bei seriösen Firmen nicht kostenpflichtig.
– Nicht sofort einen Vertrag unterschreiben, ruhig noch eine Nacht darüber schlafen. Die vereinbarten Leistungen im Vertrag festhalten (zum Beispiel Zahl der Vermittlungen).
– Auf Kündigungsmöglichkeit im Vertrag achten, das Honorar wird dann zeitanteilig berechnet.
– Das Honorar kann zwischen 1200 und 5000 Euro betragen und ist in der Regel sofort zahlbar. Tipp: Ratenzahlung vereinbaren.

437. Single-Börsen im Internet

Mittlerweile ist das Internet nach Arbeitsplatz und Diskothek schon Flirt- und Kontaktbörse Nummer 3.

– Was macht Online-Partnersuche so attraktiv? Es geht einfach und schnell und man bekommt sofort Kontakt, etwa in einem Chatroom, wo man anonym und unverbindlich flirten kann. Es ist die eigene Entscheidung, wann man zum Beispiel ein Treffen ausmacht. Und: Insbesondere Frauen fühlen sich im Web geschützt vor Übergriffen.
– Anonymität: Es ist empfehlenswert, sich dafür eine extra E-Mail-Adresse mit Fantasienamen zuzulegen. Nicht gleich Anschrift und Nummer preisgeben!

Schließlich kann man sich ja zunächst mal per E-Mail ein bisschen abklopfen.

– Der typische Ablauf: Bei gegenseitigem Interesse ziehen sich zwei aus dem Chatroom zurück. Dann gehen halbe Nächte lang E-Mails hin und her. Ein Foto zu schicken, ist dann der nächste Vertrauensbeweis. Die meisten lassen sich viele Wochen Zeit mit dem ersten Treffen. Die Chancen, dass es dabei endgültig funkt, sind gar nicht so gering: Immerhin 8 Prozent der Internet-Benutzer gaben bei einer repräsentativen Umfrage an, ihren derzeitigen Partner übers Internet kennen gelernt zu haben!

– Tipps fürs erste Date:

– Niemals in der eigenen Wohnung verabreden! Sondern immer als Treffpunkt einen einigermaßen belebten Ort ausmachen, etwa ein Café.

– Sagen Sie einem Freund Bescheid, wann und wo Sie verabredet sind. Machen Sie einen festen Zeitpunkt aus, wann Sie sich bei ihm zurückmelden.

– Eine Notlüge vorher festlegen, weshalb man irgendwann weg muss, zum Beispiel, weil man zu einer Feier eingeladen ist.

– Vorsichtig sein: Unter www.blinddate-security.de kann man sich einen virtuellen Schutzengel bestellen. Die ehrenamtlichen Helfer gibt es in Deutschland, Österreich und in der Schweiz. Sie rufen in vereinbarten Zeitabständen vor, während und nach der Verabredung an. Man kann ein Code-Wort ausmachen, falls man sich bedrängt fühlt. Dann rufen die Leute von Blinddate Security sofort die Polizei. Also eine wirklich gute Absicherung!

– Weil sich unter den rund 2500 Singlebörsen im Web leider viele unseriöse Anbieter tummeln, sollten sich Interessierte unter www.singleboersen-vergleich.de erst einmal einen Überblick verschaffen, welche Agenturen im Web zu empfehlen sind.

– Zum Teil sind diese Singlebörsen kostenlos, zum Teil muss man einen regelmäßigen Beitrag zahlen. Bei Vertragsabschluss liegen die Kosten zwischen 50 und 200 Euro.

438. Partnersuche per Kontaktanzeige

Nur Mut: Das kann wunderbar werden! Wie bei dem Paar nebenan, das jetzt seit zehn Jahren verheiratet ist. Und das klappte über eine einzige kleine Anzeige ohne Bild im Regionalblatt … Darauf muss man achten:

– Machen Sie es sich bewusst: Einsamkeit ist kein persönliches Problem von Ihnen, für das Sie irgendwie verantwortlich sind. Viele Menschen sind einsam, einfach weil die Bedingungen ungünstig sind, beispielsweise bei bestimmten Berufen (Nachtschwester, Fernfahrer, freiberuflich tätig im Home Office). Partnersuche per Kontaktanzeige ist da eine gute Idee.

– Die Preise für eine kleine Anzeige: ca. 30 Euro in einer Regionalzeitung, bis zu ca. 130 Euro in einer großen überregionalen Zeitung.

– Wer jemanden zufällig – etwa auf einer Party – kennen lernt, kann sich schnell wieder verabschieden, wenn es nicht so gut läuft. Kontaktanzeigen bedeuten dagegen viel Arbeit, Nachdenken, Herzklopfen. Die Unbefangenheit ist dahin, zwangsläufig sind die Erwartungen oft recht hoch.

– Wenn Sie ein Antwortschreiben erhalten: Achten Sie genau auf Ihre Gefühle! Wenn Sie irgendetwas an dem Brief unangenehm berührt – zum Beispiel, dass er zu kurz oder zu lang erscheint, dass Formulierungen unglücklich auf Sie wirken, dass er Ihnen zu bescheiden oder zu dick aufgetragen vorkommt –, dann nehmen Sie diese kurz aufblitzenden, kritischen Gedanken ernst! Es ist verständlich, dass man angesichts seiner Hoffnungen geneigt ist, darüber hinwegzugehen. Schließlich wünscht man sich ja sehnlichst, dass dies der/die Richtige sein könnte – und vermutlich ist dieser Wunsch schon recht intensiv, wenn man sich zu dem Schritt entschließt, eine Anzeige aufzugeben.

– Tipps fürs Dating: Eine solche Situation – einen unbekannten Menschen zu treffen – macht nervös. Es ist unmöglich, sich hinter einer lässigen, absichtslosen Haltung zu verstecken – der Wunsch nach Intimität und Nähe steht klar im Raum. Oft wird man sich da gegenseitig mit Informationen geradezu überschütten: Hat sie auch schon Kinder, kann er sich ein Leben mit einer vereinsaktiven Fußballerin vorstellen, könnte sie akzeptieren, dass er als Musiker oft unterwegs ist … Wenn man sich zu ungeduldig und sozusagen ergebnisorientiert (vielleicht gar noch mit Checkliste) „abfragt“, können die Begegnungen sehr enttäuschend sein. Also: erst mal langsam angehen – das ist sowieso die Grundregel für jede Beziehung, die dauerhaft halten soll. Aus dem Bauch an die Sache herangehen – es geht nicht um perfektes Zueinanderpassen, sondern erst einmal nur um Sympathie! Nicht vorschnell urteilen, wenn zum Beispiel seine Frisur nicht so ganz dem eigenen Geschmack entspricht – vielleicht hat er gerade einen „bad hair day“ und sieht beim nächsten Mal viel schicker aus?

BRIEFE AUF ANZEIGEN

– Ein paar Tipps, wann die Alarmglocken beim Briefempfänger immer schrillen sollten:
– Wenn man ein Bild gegen Kostenerstattung ordern soll – unseriös!
– Bei Postfach-Absendern ohne Adresse und Telefon – wenig vertrauenswürdig! Wer nichts zu verbergen hat, geht so nicht vor.
– Bei 0190-Nummern, unter denen der Absender zurückgerufen werden will – das könnte teuer werden!
– Wenn zu schnell von Geld die Rede ist.
– Bei Betrügern: Es gibt Partnersuchende, die fertige Rundschreiben im Computer haben und dann nur noch die Chiffre-Nummer verändern – sozusagen Profis, die auf sexuelle Abenteuer aus sind. Leider gibt es keine Möglichkeit, das zu erkennen – hier hilft nur Intuition.
– Beim Antworten auf eine Anzeige: Im Antwortschreiben sollte man auf die Wünsche und Erwartungen aus der Anzeige genau eingehen. Dabei am besten bei der Wahrheit bleiben.

439. Woran merke ich, dass er/sie mich liebt?

Ich bin schwer verliebt – aber wie steht's mit ihm/ihr? Und was mach' ich, wenn ich „Ich liebe dich" hauche – und der andere sagt: „Aber ich dich nicht?"

– Dieses Bangen und Zittern, ob die Verliebtheit gegenseitig ist … gibt es sichere Anzeichen, die Gefühle des anderen zu erkennen? Wie kann man das Risiko ausschließen, zu voreilig zu sein und den anderen zu verschrecken?
– Anzeichen, dass er verliebt ist: Er bringt auf einmal eine neue CD/DVD/Buch/von ihm selbst zusammengestellten Musik-Sampler vorbei. Er taucht überraschend oft an Orten auf, wo sie zu finden sein könnte. Er bietet seine Hilfe an, zum Beispiel leiht er ihr gerne sein Auto (!). Er lässt sich zum Tanzen überreden (!!!).
– Anzeichen, dass sie verliebt ist: Sie schafft es, bei Treffen in größeren Runden rein zufällig immer neben ihm zu sitzen und ist bei diesen Gelegenheiten immer gut gestylt – ansonsten versucht sie, sich nichts anmerken zu lassen …
– Und wie sagt man nun, dass Liebe im Spiel ist? Bei extrem vorsichtigen oder schüchternen Naturen kann das dauern, und manche gehen nie aus ihrer Deckung heraus. Die Rede ist natürlich von Männern – Frauen machen ihrem Objekt der Begierde schon irgendwie klar, dass sie ihn lieben.

440. Zusammenziehen

Aus zwei mach eins – was es bedeutet, eine gemeinsame Wohnung zu teilen:

– Situation 1: Beide haben vorher schon längere Zeit in eigenen Wohnungen allein gelebt – und sollten deshalb in der gemeinsamen Wohnung eine etwas längere Eingewöhnungsphase mit einkalkulieren. Denn wer gewohnt ist, alles ausschließlich nach eigenen Bedürfnissen einzurichten und zu gestalten, braucht einfach ein bisschen Zeit für die Umstellung!
– Situation 2: Der eine Partner zieht in die (weil größere, schönere, besser gelegene) Wohnung des anderen ein – jetzt heißt es Platz machen! Am besten vorher gemeinsam besprechen, was wohin soll, von welchen Möbeln man sich trennt, welche Zimmer neu gestaltet werden sollen, wie man die Räume verteilt. Auch hier bitte Zeit mitbringen: Der eine muss schließlich von lieb gewordenen Ge-„wohn"-heiten Abschied nehmen. Und der andere im fremden Nest erst einmal heimisch werden.
– Situation 3: Zwei junge Menschen ziehen aus Studentenbude oder Ex-Kinderzimmer gemeinsam in die erste eigene Wohnung. Schön daran: Das Neuland – einrichten, wohnen und zusammenleben ist ein einziges großes Experiment. Meist weniger schön: In der Regel gibt es relativ häufig Auseinandersetzungen, bis erst mal gemeinsame Strukturen gefunden sind und neue Grenzen gesetzt werden können (siehe auch Ratschläge Nr. 441–443).

441. Mein Zimmer, dein Zimmer

Auch als Paar braucht man „Freiräume".

– „My room is my castle": Bei ausreichendem Platz sind ganz persönliche Zimmer absolut empfehlenswert!
– Nicht nur, dass hier jeder ohne Kompromisse seine Einrichtungsvorlieben ausleben kann (von der Messersammlung bis zur Meditations-Ecke). Ein eigenes

Zimmer bietet schließlich auch die ideale Möglichkeit, sich für eine gewisse Zeit aus der gemeinsamen Welt zurückzuziehen.
– Ohne auf den Partner Rücksicht nehmen zu müssen, kann man hier ausschließlich die Eigendrehung leben, um dann ganz erfrischt wieder in die Zweisamkeit einzutauchen.
– Und wenn die Partnerschafts-Zeichen nicht gerade auf Sturm stehen, sollten Besucher natürlich herzlich willkommen sein.

442. Den gemeinsamen Haushalt managen

Über Liebe, Geld und schmutzige Wäsche ...

– Wie regelt man den alltäglichen Haushaltskram möglichst fair und gleichberechtigt? Hier ein paar Vorschläge.
– Geld: am besten ein extra Haushaltskonto einrichten. Davon werden Miete, Strom, Telefon und alle anderen gemeinsamen Kosten (Auto, Versicherungen etc.) abgebucht. Von dem Geld wird alles eingekauft, was man braucht, von Lebensmitteln über den Haushalt bis zur Putzfrau. Womit wir schon beim nächsten Thema wären:
– Dem Putzen: Hier empfiehlt sich – soweit finanziell möglich – absolut die schon angesprochene Putzfrau. Ansonsten sind je nach Persönlichkeit verschiedene Modelle denkbar: Alles wird genau aufgeteilt. Oder: Jeder macht, was er am besten kann. Oder: Einer macht fast alles – dafür kümmert sich der andere um Autos, Bank-Angelegenheiten, Reparaturen, etc. Eine generelle Empfehlung lässt sich kaum geben – jedes Paar muss sich wohl oder übel eine individuelle Lösung erkämpfen … Das gilt auch für:
– Die Wäsche: Eigentlich die gleiche Geschichte wie beim Putzen – es geht um eine gemeinsame, von beiden Seiten für gut befundene Übereinkunft! Ob die so aussieht, dass sie wäscht und er bügelt, dass die Putzfrau einfach für zwei Extra-Wasch-Stunden angeheuert wird oder dass Frau die Wäscheabteilung und Mann die Kochabteilung übernimmt – auch hier besteht einfach Partnerschafts-Diskussionsbedarf!
– Und was hat das alles mit Liebe zu tun? Tja, wer sich bei der Wäsche nicht in die Wolle kriegt, der kann die anderen Probleme wahrscheinlich auch in den Griff bekommen …

443. „Macken“-Management

Mit dem Liebsten haben auch die umfangreiche Comic-Sammlung, der altdeutsche Schreibtisch und lautstarkes Schnarchen Einzug in ihr Leben gehalten …

– Man selbst hat ja eigentlich keine Macken – oder etwa doch? Nur weil man täglich das Spültuch wechselt, morgens um sieben ein bisschen durchlüftet und absolut nur ganz frisch gekaufte Butter essen kann?
– Vielleicht haben Sie's ja schon gemerkt: Hier geht es um Toleranz und Selbsterkenntnis. Denn jeder hat natürlich so seine „Macken“ – manche sind leichter zu ertragen, manche schwerer. Aber mit den gütigen Augen der Liebe sollte sich doch auch der vom Partner heiß geliebte texanische Autoreifen-Couchtisch in ein traumschönes Wohn-Utensil verwandeln!
– Jetzt mal im Ernst: Wer glücklich zusammenleben möchte, muss eine bestimmte Menge an Eigenheiten ohne Murren ertragen können. Und bei den unerträglichen wieder mal eine einvernehmliche Lösung finden: superlaute Musik nur im eigenen Zimmer/wenn der Partner nicht da ist/mit Kopfhörern. Oder: kein eigenmächtiges Auswechseln von Partner-Zahnbürsten oder Handtüchern. Oder: absolutes Aufräum- und Putzverbot bei Lieblingsstücken wie Buddelschiffen, Fliegenfischer-Utensilien oder Computer-Zubehör.
Und wenn man sich an die gemeinsam (meist hart) erarbeiteten Regeln hält, dann klappt's auch mit dem Partner! Ganz bestimmt!

444. Zu zweit nur am Wochenende

Der Partner muss wegen des Jobs in eine andere Stadt. Aber es gibt Trost:

– Klar tut es weh, wenn der andere weg muss. Vor allem, wenn man schon zusammengelebt und die gemeinsame Intimität genossen hat. Was hilft, ist die Tatsache, dass es ja nicht für immer sein muss!
– Solche Fernbeziehungen dauern nämlich durchschnittlich zwei Jahre. Danach entscheiden sich die meisten, ob sie nun zusammenziehen oder sich trennen wollen.
– Etwa ein Viertel der Fern-Paare sind jünger als 30.
– Es gibt gar nicht so wenige, die es schaffen, ihre Beziehung weiterzuführen: Mindestens jede achte Beziehung in Deutschland ist eine Wochenendliebe.

445. Alleinsein genießen

Fernliebe bedeutet nicht nur, dass man jetzt weniger Streicheleinheiten vom Partner kriegt. Sondern auch: mehr Freiraum!

– So schlimm kann das Auseinander-Leben nicht sein: Aus Umfragen weiß man, dass 40 Prozent dieser Paare gar keinen Drang danach haben, zusammenzuziehen – und die müssen es ja schließlich wissen.
– Das gilt besonders für die „LATs“ (LAT = Living apart together, also Paare, bei denen jeder Partner eine eigene Wohnung hat und es keinen „Haupthaushalt“ gibt). Sie genießen ihre Freiheit und den Luxus, in ihrer Wohnung tun und lassen zu können, was ihnen gefällt. Keine Diskussionen darüber, warum schon wieder ein neuer PC im Haus ist statt eines formschöneren Sofas. Niemand kann meckern, wenn dieser PC dann wochenlang aufgeschraubt im Schlafzimmer steht ... ausgeprägte Persönlichkeiten mit raumgreifenden Hobbys schätzen es besonders, wenn sie sich ausbreiten können. Vor allem, wenn sie sich in früheren Beziehungen zu sehr anpassen mussten.
– Sein eigenes Leben leben, auch und gerade abends rausgehen! Wer nur von Wochenende zu Wochenende lebt, überfrachtet die Beziehung mit zu hohen Erwartungen.
– Freunde und Hobbys sind gut für die eigene Ausgeglichenheit – da wird das Wochenende gleich viel entspannter.

446. Sex und die Liebe in der Ferne

Keine Angst – Fernliebe ist gut fürs Liebesleben!

– Auch wenn viele Angst vor Entfremdung haben – die Tatsache, dass der andere nicht ständig greif- und verfügbar ist, steigert die Lust aufeinander sogar, statt sie zu dämpfen.
– Die Kommunikation per E-Mail, SMS oder Telefon kann ungeahnte Potenziale für heißes Liebesgeflüster wecken.
– Und unter der Woche alleine unter der Bettdecke zu liegen, muss man ja auch nicht immer nur enthaltsam sein, im Gegenteil: Wer sich auch solo Freude bereitet, sammelt viele schöne Anregungen, die sich am Wochenende dann umso lebhafter mit dem Partner umsetzen lassen.

KEINE ANGST VOR UNTREUE

Wenn man sich so selten sieht: Wie kann man da sicher sein, dass der Partner nicht untreu wird?
Die Hälfte aller Fernliebenden hat Angst vor einem Seitensprung des Partners. Doch die Statistik zeigt das Gegenteil: Fernbeziehungspartner sind sogar treuer als andere! Seitensprung kommt bei 60 Prozent der fest zusammenlebenden Paare vor – aber nur bei 40 Prozent der Fernliebenden. Na also.

447. Kinderwunsch bei Wochenendpaaren

Alles läuft so schön ... bis eines Tages dann doch der Wunsch nach einem Kind auftaucht und die ganze schöne Planung über den Haufen wirft.

– Kinderwunsch bei Wochenendpaaren – schwieriger Fall. Über 40 Prozent der Männer und 70 Prozent der Frauen sind der Meinung, dass ihre Wochenendbeziehung eine Familienplanung verhindert. Deshalb sind sie häufiger kinderlos als andere Paare.
– Und falls sie sich schließlich doch dazu entscheiden, Eltern zu werden, geschieht dies viel später als bei anderen Paaren.
– Wer als Eltern eine Wochenendbeziehung eingegangen ist, weiß, dass viele Kinder sich schnell als Halbwaisen fühlen, wenn Mama oder Papa erst am späten Freitagabend in Erscheinung treten.
– Auch hier hilft nur eine ehrliche Selbstbefragung: Wollen wir Kinder? Können wir die Familie regeln, wenn einer von beiden so oft nicht da ist? Wenn der Wunsch dringend ist: zusammenziehen! Die Organisation des Lebens mit Kind ist in Deutschland schon schwierig genug – doch für zwei ist es immer noch einfacher als für einen allein.

448. Wochenende ohne Zwangsromantik

Am besten geht man ohne übertriebene Vorstellungen an Vollromantik und Dauerleidenschaft ins Wochenende. Eine schwere Übung. Aber wichtig!

– Einfach unmöglich: aus jedem Wochenende ein Liebesfest machen.
– Der Partner kann nicht alles ausbügeln, was bei einem selbst von Montag bis Freitag schief gegangen ist: Sie hatte beruflich eine äußerst miese Woche, er brütet eine Grippe aus und hat zu nichts Lust – kann alles vorkommen.
– Alltagsfrust nicht aufheben und zum Partner mitnehmen. Sondern unter der Woche schon loswerden: sich bei guten Freunden aussprechen oder beim Sport den Frust von der Seele strampeln.
– Sicher: Harmonie ist eine tolle Sache. Dieses Gefühl, sich ohne Worte zu verstehen, auf einer Wellenlänge zu sein. Aber: Streit ist genauso wichtig!
– Beziehungen brauchen nicht nur innige Nähe, sondern auch Grenzen. Wer Streit auf die Dauer vermeiden will, kann nur scheitern.
– Wenn man sich streitet: unbedingt versuchen, den Konflikt zu bereinigen, bevor man sich am Sonntagabend wieder trennt. Sonst ist das nächste Wochenende von vornherein belastet. Vorfreude kommt da nicht auf.
– Zu viel Programm am Wochenende kann verhindern, dass man Zeit füreinander findet und wirklich miteinander spricht!
– Frust am Sonntagabend ist dann vorprogrammiert. Also: lieber sich mal nichts vornehmen, ausschlafen, den Telefonstecker ziehen, die Bügelwäsche oder sonstige Aufgaben liegen lassen – und entspannte Beziehungspflege betreiben.
– Die Zeit, die man allein zu zweit verbringt, ist äußerst kostbar – andererseits muss man aber auch ab und zu als Paar auftreten, mit Freunden etwas unternehmen, darf sich nicht isolieren.

449. Keine Funkstille während der Woche

Kommunikation ist alles!

– Immer in Tuchfühlung bleiben: per E-Mail, Fax, SMS, Telefon oder Brief.
– Was man sich schon in der Woche mitgeteilt hat, nimmt keine wertvolle Zeit weg, wenn man sich wieder trifft – die braucht man nämlich dringend für neue gemeinsame Erlebnisse. Dann kann man fast so weitermachen, als ob man sich erst gestern gesehen hätte – und nicht vor fünf Tagen.

450. Wochenendpendler

Am unglücklichsten mit ihrer Situation sind die Wochenendpendler.

– Die ganze Woche über leben sie eigentlich nur in Wartestellung. Am Freitag kommen sie dann mit gepacktem Koffer ins Büro – und dann nichts wie ab nach Hause! Kein guter Lebensentwurf – kein Wunder, dass zwei Drittel von ihnen klagen, die Beziehung sei nicht mehr so schön wie früher, viel distanzierter und kühler ... Viele haben sogar Angst vor Trennung.
– Wer so unglücklich ist und dennoch weitermacht, ist in den meisten Fällen aus finanziellen Gründen dazu gezwungen. Hier hilft nur eins: darüber reden und gemeinsame Lösungswege finden. Vielleicht wäre es doch besser, statt zur Untermiete in eine eigene Wohnung zu ziehen? Oder, wenn das Geld nicht da ist, wenigstens in eine WG?
– Und wenn einer von beiden die Situation gar nicht aushält: lieber das Stoppschild heben und versuchen, eine Lösung zu finden ... und wenn es der Komplett-Umzug für die ganze Familie sein muss.

TIPP
Warum dem Staat was schenken? Bei der finanziellen Bilanz nicht vergessen: doppelte Haushaltsführung und Fahrtkosten wegen einer Fernliebe lassen sich bei der nächsten Steuererklärung geltend machen (besonders bei Verheirateten). Da kommt das Geld zum Teil wieder zurück.

451. Liebesbrief schreiben

Ultimativer Vorschlag zur Erklärung der Liebe: einen richtigen, altmodischen Liebesbrief schreiben! Keine SMS – richtig auf Papier.

– Der sollte zur Abwechslung aber nicht mit Hilfe des Internet geschrieben werden wie zum Beispiel bei: www.liebste.de (sonst fühlt der/die Angebetete sich verkohlt). Nein, hier muss man sich auf sich selbst verlassen – und das reicht auch völlig, denn dieser Brief muss nicht perfekt sein – nur ehrlich und eindringlich. Hier ein paar Tipps fürs Schreiben:

– Sich genügend Zeit und ruhige Stunden für diese wichtige Angelegenheit reservieren. Vielleicht sogar das Ergebnis einen Tag liegen lassen, um am nächsten Tag mit ausgeschlafenen Augen noch mal drüber zu gucken. Mit ein bisschen Abstand fällt einem eine vielleicht schräge Formulierung eher auf …
– Wichtig: per Hand schreiben! Bloß nicht mit dem Computer. Im Schreibwarenladen edles weißes Papier (plus Umschlag) nehmen (Muster, Blümchen etc. nur bei völliger Sicherheit, den Geschmack des anderen zu treffen). Füller geben ein schöneres Schriftbild als Kulis. Beim Schreiben rundherum Rand lassen, gerade schreiben und nicht total schief übers Blatt, großzügige Zeilenabstände einhalten und wenn's voll wird, ruhig noch ein Blatt dazunehmen. Erst einen Probebrief schreiben, in dem man herumkorrigieren kann, bis die Formulierungen stimmen.
– Anrede erst mal weglassen (Platz lassen) und gleich den ersten Satz schreiben! Das ist erfahrungsgemäß leichter, weil viele schon gleich zu Beginn scheitern – ein gewöhnliches „Liebe/r XY" ist ihnen einfach zu wenig. Am Schluss die Anrede einsetzen. Beispiele: „Mein/e Geliebte/r!", „Liebling – ", „Liebste/r!" – bloß keine Scheu!
– Sich nicht verkünsteln, sondern schreiben, wie man spricht! Trick: sich vorstellen, man würde mit jemandem reden und seine Gedanken wie im Gespräch äußern – und dann schnell aufschreiben, was man eben gedacht hat. Damit trickst man die Neigung zur literarischen Überblasenheit aus. Der Brief soll ja nachher nicht eitel klingen (sieh mal, wie toll ich formulieren kann), sondern authentisch! Sich selbst das Ganze laut vorlesen. Da merkt man am besten, wo der Schreibfluss ein wenig holpert und nachgebessert werden muss.
– Themenvorschläge: schöne Momente, die man zusammen hatte. Oder gemeinsame Pläne oder Hoffnungen. Oder Eigenheiten, die man am anderen gerne hat. Oder Gefühle, die der andere auslöst. Keine Angst vor Kitsch – der Empfänger, der mit zitternden Händen den Brief öffnet, wird das kaum besonders kritisch sehen.
– Ehrlichkeit siegt! Ruhig eigene Schwächen zugeben. Das ist besonders wichtig bei Liebesbriefen, die aus traurigeren Anlässen geschrieben werden, etwa, um den anderen anzuflehen, einen nicht zu verlassen.
– Einfacher ist besser: keine raffinierten Umschreibungen, um sich selbst keine richtige Blöße zu geben für den Fall, dass der andere doch nicht will. Sondern direkt ansprechen, was man sagen wollte, sonst kommt es vielleicht gar nicht richtig an.

LIEBE AUF DEN ERSTEN BLICK

Gibt es wirklich! Die ersten Sekunden entscheiden darüber, ob wir jemanden anziehend finden – wir zittern, der Puls schlägt schneller, der Serotonin-Gehalt im Blut steigt. Allerdings: Wer so blitzartig gepackt wird, der war überreif dafür, sagen Psychologen. Er hat sich schon lange eine Liebesbeziehung erträumt – das Objekt der Begierde muss nur noch hereinspazieren, um intensive Sehnsüchte auszulösen. Mit guten Aussichten: Jeder 3. Mann und jede 4. Frau heiraten ihre Erste-Blick-Liebe.

452. Warum heiraten?

Gibt es eigentlich noch einen einzigen vernünftigen Grund, zu heiraten?

– Die Ehe als solche wird seltener. Ist ja auch nicht mehr nötig, das ganze Theater – man lebt ja sowieso zusammen. Und wenn heiraten – dann nur wegen der Steuern … oder nicht?
– Gegen das Heiraten spricht eine ganze Menge: allein schon die Statistik – die Zahl der Trauungen in Deutschland hat den niedrigsten Stand seit Kriegsende erreicht. Dann die Tatsache, dass heute niemand verheiratet sein muss, um sich seinen Lebensunterhalt zu sichern. Und dass Scheidungen teurer sind als einfache Trennungen, weil man sich meistens viel mehr zusammen angeschafft hat. Gibt es eigentlich noch einen einzigen vernünftigen Grund, zu heiraten?
– Rechtlich: Ehepaare haben mehr Rechte als Paare, die zusammenleben, beispielsweise darf bei Krankheit der Arzt nur dem Ehepartner Auskunft geben, dem unverheirateten Partner aber nur, wenn der eine Vollmacht besitzt. Oder Thema Erben: Ehepartner sind automatisch erbberechtigt und stehen an erster Stelle, ein „lediger" Partner muss sich ohne Testament hinten anstellen oder geht sogar leer aus.
– Finanziell: Wenn man verheiratet ist, kann man eine andere Steuerklasse wählen. Allerdings lohnt sich das nicht, wenn beide etwa gleich viel verdienen. Die höchsten Steuervorteile haben Eheleute im guten alten Hausfrauenmodell: Mama macht den Haushalt, Papa hat die günstige Steuerklasse III. Und wenn einer deutlich weniger verdient (etwa bei Teilzeit), wird das klei-

nere Gehalt mit der schlechteren Steuerklasse V versteuert, aber der Partner kriegt mit seinem höheren Gehalt verhältnismäßig mehr raus.
– Ethisch: Viele heiraten aus religiösen Motiven. Man schließt den Bund nicht nur vor der Welt, sondern auch vor Gott. In den meisten Religionen symbolisiert das Heiratsritual einen Übergang in ein ernsteres Leben in der Gemeinschaft der Gläubigen.
– Psychologisch: mit weißem Kleid und so, das muss ja nicht unbedingt sein. Aber die Idee, dass man sich voll und ganz aufeinander einlässt, ohne Hintertürchen, die hat schon was. Wer sich traut, sagt eigentlich damit: Ich bin entschlossen, unser Zusammensein über alle anderen Ziele in meinem Leben zu stellen. Ich will mit dir gute und schlechte Zeiten erleben und mich mit dir gemeinsam weiterentwickeln. Ich vertraue dir voll und ganz – und ich werde sogar respektieren, dass du Bücher und Bilder doof findest, aber dafür 20 Computer in die Ehe mitbringst. – Ganz schön mutig, oder?
– Diesen ultimativen Liebesbeweis – kann man den auch ohne Trauschein haben? Sicher. Aber dieses Ritual setzt ein besonderes Zeichen. Schließlich treibt man den ganzen Aufwand nicht, wenn man davon ausgeht, dass man vielleicht in fünf Jahren spätestens doch ein wenig Abwechslung braucht …

453. Liebes- und Heiratserklärung machen

Ganz konventionell auf den Knien und mit Blumenstrauß? Oder ganz normal bei einem Spaziergang zu zweit? Oder in einer Fernseh-Show? Wie sag ich's ihr/ihm bloß?

– „Ich liebe dich. Willst du mich heiraten?" – Wenn es mal so weit ist, dass diese Sätze fallen, ist das Gefühlsaufkommen ziemlich überwältigend – auch ohne Trara oder perfekte Etikette. Hier trotzdem die häufigsten Fragen zum Thema Liebesantrag:
– Ist es in Ordnung, wenn die Frau zuerst ihren Wunsch, zu heiraten, erklärt? Aber gewiss doch – sie darf aber nicht beleidigt sein, wenn er sich noch etwas Bedenkzeit ausbittet oder sagt, er sei doch noch so jung. Sondern am Ball bleiben und das Thema später noch mal anschneiden – das müsste er im umgekehrten Fall ja auch.
– Muss man beim Schwiegervater um die Hand der (hoffentlich) Zukünftigen anhalten? Man muss nicht – kann aber, wenn man der ultra-konservative Typ ist. Allerdings steht dahinter ein bestimmtes Rollenverständnis: nämlich dass der bisherige Versorger der Frau – der Vater – nun die Verantwortung für seine Tochter an einen anderen Mann übergibt. Heute üblich: Nachdem sich beide geeinigt haben, wird die Familie (telefonisch) informiert und eventuell, falls überhaupt noch eine Verlobung stattfindet, die Verwandschaft mit Karten beschickt.
– Gibt es heute noch eine Aussteuer für die Braut? – In konservativen Kreisen vielleicht, ansonsten kriegen Frauen heute eine Ausbildung als Aussteuer. Gegen großzügige Hochzeitsgeschenke (Geld für Waschmaschine oder Schrank) der Eltern beider Seiten ist aber nichts einzuwenden!
– Wie sag ich's bloß? – Die Erfahrung zeigt: Je origineller die Liebes- oder Heiratserklärung war (zum Beispiel mit gemietetem Flieger, ein Transparent mit der Aufschrift „Heirate mich, Gisela" über den Himmel ziehend), je glamouröser die Hochzeit ausfiel (Schloss, ganz in Weiß, Kutsche; oder auch: gemietetes Großzelt, Samba-Show) – desto eher waren die „Stars" dieser Show auch wieder auseinander …
– Das soll keine Verallgemeinerung sein. Aber es ist möglich, dass hinter dem starken Bedürfnis, sein Glück auch für alle sichtbar zu inszenieren, ein „äußerer Blick" steht. Dann wird dieser – doch eigentlich absolut intime – Augenblick zum öffentlichen „Event", das bewundernde Blicke auf sich ziehen und hoffentlich recht viele Zuschauer/innen neidisch machen soll. Warum sonst gestehen sich manche Menschen ihre Liebe im Fernsehen??? Logisch, dass diese Erwartungshaltung sich dann auch in der Ehe fortsetzt: das gemeinsame Glück als Non-Stop-Feuerwerk der Liebe, um das einen jeder beneidet … Das dürfte mit hoher Wahrscheinlichkeit schief gehen.
– Man soll aber auch nicht dogmatisch sein. Die Form ist egal – wenn beide mit dem Herzen dabei sind. Deshalb hier noch ein paar effektvolle Tipps für die Liebeserklärung:
– Beim gemeinsamen Kinobesuch – Liebes-Überraschung! Für unter 100 Euro kann man eine Kinowerbung schalten, etwa: „Im Publikum sitzt die liebste Frau der Welt, und ich frage sie jetzt: Moni, willst du mich heiraten?" (www.der-besondere-heiratsantrag.de). Oder einen Heißluftballon – auf Wunsch in Herzform – für Zwei mieten (ab ca. 550 Euro) und dort „Willst du …?" fragen. Infos für solche Liebesfahrten in ganz Deutschland unter: www.skytours-ballooning.de. Auch beeindruckend: Luftwerbung mit Flieger, zum Beispiel

zwei Stunden über dem eigenen Viertel zwei Eheringe mit verschlungenen Initialen schweben lassen – ist in allen größeren deutschen Städten für ca. 550 Euro (plus Kosten für ein individuell angefertigtes Banner) möglich: www.berlinzeppelin.de. Oder wie wär's mit einer Liebeserklärung als Internet-Banner, platziert auf einer vom Partner oft besuchten Site?

454. Aufgebot bestellen

Heiraten – herzlichen Glückwunsch! Aber das kommt erst später. Zuerst heißt es: ab aufs Standesamt und sich in den Papierkrieg stürzen ...

– ... zur „Anmeldung der Eheschließung" – so heißt „das Aufgebot" auf Amtsdeutsch.
– Die Antragstellung läuft in Deutschland, Österreich und in der Schweiz im Prinzip gleich ab. Gut aufbereitete Informationen gibt es im Internet:
Für die Schweiz: www.ch.ch (Stichwort „Privatleben" / „Zivilstand")
Für Österreich: www.help.gv.at (Stichwort „Heirat" eingeben)
Für Deutschland gibt es leider keine solche zentrale Übersicht. In den Web-Auftritten größerer Städte sind die Formalitäten aber meist ausführlich erklärt.
– Wer auf dem Standesamt heiratet, braucht in Deutschland keine Zeugen mehr mitzubringen. Allerdings kann man, wenn man es sich wünscht. In der Schweiz und in Österreich müssen immer mindestens zwei Zeugen dabei sein. Tipp für Trauzeugen: nicht den Personalausweis vergessen!
– Mit Verzögerungen muss man rechnen, wenn man einen ausländischen Partner heiraten will. Oder auch, wenn einer von beiden oder dessen Eltern schon mal geschieden wurden. Da hilft nur das persönliche Gespräch beim Standesamt! Die haben dann auch Tipps, wie man an die notwendigen Formulare am besten herankommen kann.
– Heiraten bi-national: Wenn die Anmeldung zur Eheschließung noch immer nicht ausgestellt wird: Anwalt nehmen. Gerade im internationalen Wirrwarr um Belege – oder wenn gar der Vorwurf einer „Scheinehe" erhoben wird –, weiß der am besten Bescheid.
– Das Aufgebot bestellen kann man nur auf dem zuständigen Standesamt, also dort, wo einer der Partner seinen Hauptwohnsitz hat. Zur Anmeldung müssen beide erscheinen – Ausnahmen nur mit Vollmacht.
– Man kann sich frühestens sechs Monate vor dem geplanten Heiratstermin anmelden. Die Anmeldung ist sechs Monate gültig. Frühzeitig anmelden, wenn man einen Wunschtermin hat! Die Top-Heiratsmonate sind Mai bis September, da kann es eng werden.

455. Papiere fürs Aufgebot besorgen

Der einfachste Fall: Beide waren noch nie verheiratet, sind kinderlos, volljährig, Deutsche ohne Hauptwohnsitz im Ausland und haben beide nicht geschiedene Eltern. Dann brauchen sie Folgendes:

– Eine neue beglaubigte Abschrift aus dem Familienbuch der Eltern (nicht älter als sechs Monate). Die gibt's beim Standesamt des Wohnorts der Eltern (nicht verwechseln mit dem Familienstammbuch).
– Wer die Familienbuch-Abschrift nicht bekommen kann, braucht eine neue Abstammungsurkunde (nicht älter als 6 Monate). Die gibt es beim Standesamt des Geburtsorts.
– Eine ausgefüllte „Aufenthaltsbescheinigung, ausgestellt zum Zwecke der Eheschließung" (gibt's in der Einwohnermeldestelle des Hauptwohnsitzes). Wenn man auf dem Standesamt der Stadt ist, in der man seinen Hauptwohnsitz hat, kümmert die sich selbst drum.
– Gültigen Reisepass oder Personalausweis.
– Nachweis über akademische Grade, wenn man sie eintragen lassen möchte (Promotions- oder Diplomurkunde im Original mitbringen).
– Bargeld für Gebühren (ca. 100 Euro).

456. Standesamtlich heiraten

Eine standesamtliche Trauung ist ein reiner Verwaltungsakt – er dauert in der Großstadt oft nur sieben Minuten. Ein bisschen wenig. Und leider ist das Ambiente der meisten Standesämter sehr nüchtern ... Wer Pech hat, erwischt einen Standesbeamten, der seinen Text wie im Halbschlaf herunterleiert. Maximal gibt's noch die Möglichkeit einer schrecklichen Keyboard-Einlage. Aber: Es geht auch anders!

– Gar nicht so bekannt: Niemand muss auf seinem zuständigen Standesamt heiraten – dort muss man sich nur anmelden. Das zuständige Standesamt schickt die Unterlagen dann ans Wunsch-Standesamt (kostet dann

SCHÖNER HEIRATEN

Ländlich oder international?
– Schöne Standesämter in Deutschland bzw. außergewöhnliche Orte zum Heiraten findet man unter www.weddix.de/locations (Tropfsteinhöhle, Leuchtturm, Raddampfer ... etc.). Beispiel: Im fränkischen Wirsberg gibt's ein „Hochzeitsdorf im Grünen" – da kann man auf der Wiese heiraten.
– Heiraten im Ausland: Eine im EU-Ausland geschlossene Ehe wird normalerweise in Deutschland, Österreich oder in der Schweiz problemlos anerkannt. Wie das für andere Staaten aussieht, muss man besser im Einzelfall klären.
– Die Stadt Wien bietet einen besonderen Standesamtservice an. Unter der Adresse www.wien.gv.at/amtshelfer gibt's viele Ideen fürs Heiraten: im Prater-Riesenrad, in Kaiserin Sissis Schloss Schönbrunn oder in einer Oldtimer-Straßenbahn.
– Klassiker für Heiratsorte de luxe sind Hawaii, Las Vegas oder Dänemark. Da gibt es Trauungen unter Wasser mit Delfinen als Trauzeugen. Oder Bungee-Jumping mit dem Ja-Wort im freien Fall. Anregungen kann man sich holen unter: www.abenteuer-hochzeit.de.
– Vom Schiffskapitän auf hoher See trauen lassen? Ist laut Seefahrtsrecht möglich! Zu Hause, mit festem Boden unter den Füßen, ist man offiziell dann aber noch nicht verheiratet: Das zuständige Standesamt will nämlich dieselben Bescheinigungen haben wie bei einer üblichen Heirat, sonst wird die Ehe nicht anerkannt.

aber noch mal Gebühren). Tipp: aufs Land oder in kleinere Städte gehen – da sind persönliche Absprachen eher möglich.
– Vorher beim Standesamt erkundigen: Haben dort Freunde und Verwandte Platz? Kann man einen Sekt-Empfang machen? Ist eigene Musik erlaubt, oder muss ich mir den Hochzeitsmarsch von der böse leiernden Amtskassette anhören?
– Viele wollen am Wochenende heiraten. Aber nicht alle Standesämter arbeiten samstags, oder es gibt nur wenige Samstag-Termine. Tipp: Im Internet veröffentlichen manche Standesämter ihre freien Termine, die man online reservieren lassen kann.
– Eher die Ausnahme: ein Vorab-Gespräch mit dem Standesbeamten über die Gestaltung der Trauungszeremonie. Gerade in Großstädten ist oft nicht klar, welcher Kollege die Trauung vornehmen wird.

457. Gemeinsame Namen festlegen

Wie heißen wir denn, nach dir oder nach mir?

– Wer heiratet, gibt bei der Trauung eine „Erklärung über die Bestimmung des Ehenamens" ab (heißt bei Homo-Paaren „Lebenspartnerschaftsname", bedeutet aber dasselbe). Wer sich später anders entscheidet, muss das beim Notar beglaubigen lassen. Diese drei Möglichkeiten für den Nachnamen gibt es:
– Ein gemeinsamer Name (Ehenamen) für beide, den gemeinsame Kinder tragen werden. Das kann der Geburtsname des Mannes oder der Frau sein – nicht aber ein Nachname, den einer der beiden aus einer früheren Ehe mitgebracht hat (wird aber in Zukunft auch möglich sein: Gesetzesvorlage läuft).
– Möglichkeit zwei: der Doppelname. Die Reihenfolge – Geburtsname oder Ehename zuerst? – ist frei.
– Möglichkeit drei: Wenn Partner sich gegen einen gemeinsamen Ehenamen entscheiden, behalten sie ihren Namen einfach weiter. Wenn allerdings das erste Kind da ist, muss sich das Paar spätestens einen Monat nach der Geburt auf einen gemeinsamen Ehenamen einigen.
– Welche Möglichkeit ist die beste? Die Wahl, ob es sein oder ihr Nachname sein soll, ist in Deutschland erst seit 1994 möglich. Bis dahin gab's nur die eine Alternative: Doppelname à la „Leutheusser-Schnarrenberger" – heute wegen leichter Zickigkeits-Anmutung oft leise belächelt. Aber viele Frauen, für die das Modell „Die Frau nehme ihre Bettstatt und folge dem Manne" überholt ist, wollten das auch mit ihrem Namen zeigen. Oder sie waren beruflich unter ihrem „Mädchennamen" (wieso gibt's eigentlich nicht die Analogie: sein „Knabenname"?) bekannt und wollten ihn so weit wie möglich behalten.
– Heute kann man es also halten, wie man will. Aber: Ganz einfach ist es immer noch nicht. Wer als weibliches Wesen beispielsweise aus Berufsgründen den eigenen Namen behält, aber den Nachnamen des Partners als Familiennamen wählt, muss in Zukunft – vor allem mit Kindern – immer mit Fragen rechnen: Ja, wieso heißt die denn ganz anders als der Papa und die Kleinen? – Das kann nerven.

– Es kommt auf den Standpunkt an: Wer sich als Vorreiter der Emanzipation versteht, schöpft aus, was rechtlich möglich ist, und sieht neugierige Fragen als tolle Gelegenheit zur Agitation. Wem leicht was peinlich ist oder wer sich als Pragmatiker sieht, passt sich vielleicht lieber an.
– In Österreich gibt es die gleichen Möglichkeiten zur Ehenamenswahl wie in Deutschland. Ausnahme: Wenn beide Partner ihren Namen behalten und keinen Familiennamen bestimmen, tragen gemeinsame Kinder automatisch den Namen des Vaters.
– In der Schweiz müssen Eheleute immer einen gemeinsamen Familiennamen wählen: entweder seinen oder ihren Geburtsnamen. Die Möglichkeit, dass beide ihren Namen behalten, besteht nicht. Der Partner, dessen Name nicht Familienname ist, kann sich für einen Doppelnamen entscheiden, und dann steht der Geburtsname immer vor dem Familiennamen. Darüber hinaus sieht das schweizerische Namensrecht noch den „Allianznamen" vor, ebenfalls ein Doppelname: Hier steht vor dem Bindestrich der Familienname, gefolgt vom Geburtsnamen. Er ist kein amtlicher Name, sondern für den Alltag bestimmt. Wer will, kann ihn aber in den Pass eintragen lassen.

TIPP

Detaillierte Infos und Vordrucke rund ums Zusammenleben im Internet: • Deutschland: Rechtlich sorgfältig geprüfte Vordrucke und Informationsmaterial gibt es bei den Länder-Justizministerien (zum Beispiel www.justiz.bayern.de). Ärzte, Notare oder örtliche Hospizvereine helfen gerne bei Fragen rund ums Erben, Sorgerecht, Vollmachten etc. • Österreich und die Schweiz: Hier gibt es jeweils eine zentrale Internetadresse für alle behördlichen Angelegenheiten (www.help.gv.at, www.ch.ch), wo man auch Formulare und Vordrucke herunterladen kann. Auch hier helfen Ärzte, Notare und örtliche Beratungsstellen gerne weiter.

458. Partnerschaftsvertrag machen

„Wilde Ehe" – halb so wild. Sogar ziemlich normal. Aber dann optimalerweise mit Partnerschaftsvertrag.

– In Deutschland wird zunehmend weniger geheiratet und einfach so zusammengelebt – auch als Folge der hohen Scheidungsraten: Viele sind nach früheren Trennungen schon gebrannte Kinder und haben von der Ehe erst mal genug. Umso wichtiger ist der Partnerschaftsvertrag vor allem für Paare, die in der „wilden Ehe" ein langfristiges Partnerschaftsmodell sehen, mit allem, was dazugehört – außer dem Trauschein. Für ganz junge Paare, die (noch) nicht viel Geld und Besitz haben, sind solche Verträge ja noch später jederzeit möglich.
– Ein Partnerschaftsvertrag enthält Regelungen für alle Fälle, nicht nur für die Trennung. Wichtig sind vier Bereiche:
– Finanzen und Wohnen: Wer gemeinsame Immobilien oder Schulden hat, muss für den Trennungsfall die Modalitäten klären: Wem gehört was? Wie sollen Kredite zurückgezahlt werden? Wer zahlt die Schulden? Wer bleibt nach der Trennung in der gemeinsamen Wohnung? Ein Partnerschaftsvertrag kann viel Streit ums Geld ersparen.
– Für persönliche Entscheidungen: Wer nicht verheiratet ist, bekommt das oft erst in besonders schwierigen Situationen als Nachteil zu spüren. Unbedingt nötig: gegenseitige Vollmachten, zum Beispiel eine Bankvollmacht. Besonders wichtig ist auch die Vollmacht bei Krankheit und Unfall – sonst erhält man keine ärztliche Auskunft und darf keine Entscheidungen treffen wie etwa die Einwilligung in eine Operation. Wichtig: Auch junge Paare sollten sich gegenseitig eine Vollmacht ausstellen!
– Für gemeinsame Kinder: Wenn beide das Sorgerecht wollen, müssen sie auch gemeinsame Sorgeerklärungen abgeben. Sonst kann es schon bei einer Unterschrift für den Schulausflug Probleme geben, denn der nicht Sorgeberechtigte darf eigentlich nicht mal das unterzeichnen.
– Erben: Wer nicht verheiratet ist, darf kein gemeinschaftliches Testament machen. Einzige Möglichkeit, damit nicht nur die gesetzlichen Erben profitieren: einen gemeinsamen Erbvertrag abschließen. Der Erbvertrag kann nur von beiden verändert oder aufgehoben werden (im Gegensatz zum Testament). Er muss beim Notar beurkundet werden, damit er gültig ist – das ist bei den anderen Regelungen im Partnerschaftsvertrag nicht nötig.

459. Ehevertrag machen

Ein Ehevertrag kann nicht nur bei der Scheidung Ärger und Geld sparen. Sondern auch von vornherein ein paar gegenseitige Regeln festlegen – und damit auch die Beziehung stabilisieren.

– Jede dritte Ehe – in manchen Berufen (z.B. Manager) sogar jede zweite – wird heute geschieden. Trotzdem macht nur ein Zehntel aller Ehepaare einen Ehevertrag.
– Ohne Ehevertrag gilt in Deutschland die „Zugewinngemeinschaft". Heißt: Das Vermögen von Mann und Frau bleibt während der Ehe getrennt; keiner haftet für die Schulden des anderen. Jeder kann allein über sein Vermögen verfügen. Bei der Scheidung kommt es zum Zugewinnausgleich, d.h., das Anfangsvermögen jedes Partners bei der Eheschließung wird mit dem Endvermögen zum Scheidungszeitpunkt verglichen. Wer mehr erwirtschaftet hat, muss die Hälfte des Überschusses an den anderen abgeben. Das ist nur gerecht, wenn ein Partner sich um die Kinder kümmert und dadurch weniger eigenes Einkommen hat. Bei kinderlosen Paaren mit unterschiedlichem Vermögen dagegen oder wenn einer von beiden während der Ehe einen Karrieresprung gemacht hat, kann sich die Zugewinngemeinschaft als finanzieller Nachteil herausstellen.
– Wer das ausschließen will, kann in einem Ehevertrag Gütertrennung vereinbaren – dann gibt es bei Scheidung keinen Vermögensausgleich. Das kann zum Beispiel sinnvoll sein, wenn einer der beiden eine Firma hat und deren Fortbestand nicht durch eine Scheidung gefährden will, weil er dann Teile des Firmenvermögens auszahlen müsste. Allerdings hat die Gütertrennung auch erbrechtliche Folgen: Der Hinterbliebene ist dann unter Umständen sehr schlecht gestellt, wenn er nur seinen Pflichtanteil erhält. Hier muss man zusätzlich zum Ehevertrag einen Erbvertrag beim Notar abschließen, wenn man sich gegenseitig zum Erben einsetzen will. Der Erbvertrag kann nur von beiden verändert oder aufgehoben werden (im Gegensatz zum Testament).
– Um das Erbe für den weniger vermögenden Partner zu sichern, beispielsweise, wenn ein Mann aus erster Ehe noch weitere Kinder hat, gibt es noch eine zweite Möglichkeit: die „modifizierte Zugewinngemeinschaft". Dabei ist bei der Scheidung der Zugewinnausgleich ausgeschlossen. Der Hinterbliebene erbt aber trotzdem die Hälfte des Nachlasses und nicht nur neben allen Kindern einen Pflichtanteil.
– So macht man einen Ehevertrag:
Im Ehevertrag darf nichts stehen, was einen Partner einseitig und unzumutbar belastet oder was nicht freiwillig zustande gekommen ist. So kann zum Beispiel niemand auf den Unterhalt der gemeinsamen Kinder nach der Scheidung verzichten. Was auch nicht geht, sind Eheverträge wie in den USA: Da können seltsame Dinge festgelegt werden, etwa wie oft Sex in der Woche stattfinden muss, wie viel jeder für einen Seitensprung zahlt oder wer das Auto waschen darf. Das ist in Deutschland nicht einklagbar, auch wenn es die Partner in den Vertrag geschrieben haben.
– Für den Ehevertrag: immer zum Notar. Die Gebühren richten sich nach dem gemeinsamen Vermögen (bei einem Gesamtvermögen von 50.000 Euro sind es zum Beispiel 264 Euro). Ein Ehevertrag kann auch während der Ehe geschlossen werden, einen bestehenden Vertrag kann man jederzeit ändern.

TIPP

„Ratgeber Eheverträge" von der Verbraucherzentrale. Bestellung gegen Gebühr unter der Telefonnummer: 029 62/90 86 47 oder per E-Mail: versandservice@vzbv.de

460. „Homo-Ehe": ja oder nein?

Heiraten oder nicht heiraten, das ist bei Homos genauso die Frage wie bei Heteros. Allerdings haben sie noch ein paar spezielle Pros und Contras.

– Die gesellschaftspolitisch eher Pessimistischen unter den Schwulen misstrauen bürgerlichen Konventionen, die ihnen bisher das homosexuelle Leben schon schwer genug gemacht haben. Sie haben Angst, sich dem Staat gegenüber zu „outen" und für diese Offenheit womöglich eines Tages verfolgt zu werden, wenn der gesellschaftliche Wind sich wieder dreht. Ihr Standpunkt: Warum nicht einfach deutlich „anders" bleiben?
– Wer mehr Vertrauen in die Stabilität von Toleranz und Demokratie hat, traut sich schon eher. So wie Nina und Eva: Beide sagen „Die oder keine". Sie wollen heiraten. „Wir sind zusammen und zeigen das auch!" – Für Homosexuelle ist das noch immer nicht selbstverständlich. Viele gleichgeschlechtliche Paare wollen offiziell heiraten, um ein gesellschaftspolitisches Statement für mehr Gleichberechtigung abzugeben.
– Mit der „eingetragenen Lebenspartnerschaft" ist das seit 2001 in Deutschland möglich, je nach Bundesland geht man dafür aufs Standesamt oder zum Notar. In der Schweiz und in Österreich geht das (noch) nicht.
– Außerdem erleichtert die Lebenspartnerschaft den Alltag: bei Geldangelegenheiten, beim gemeinsamen Mietvertrag oder beim Recht auf Krankenakteneinsicht.

461. Schwule und lesbische Lebenspartnerschaften absichern

Die wichtigsten Basics für die Schwulen-Ehe:

– Das Aufgebot für die „eingetragene Lebenspartnerschaft“: läuft genauso wie bei Heteros (siehe Ratschlag 454, Seite 234).
– Nachteil: Verheiratete Homosexuelle gelten steuerrechtlich als „ledig“.
– Wenn einer der Partner ein Kind mit in die Lebenspartnerschaft bringt, hat der andere Partner Anspruch auf ein „kleines Sorgerecht“ (der getrennt lebende Elternteil muss zustimmen). Das betrifft vor allem den Alltag, zum Beispiel die Unterschrift für ein Schulpapier oder wenn das Kind mal zum Arzt muss.
– Adoption: Das Recht auf gemeinsame Adoption gibt es für Homosexuelle derzeit noch nicht. Nur einer darf ein Kind adoptieren, der andere Partner erhält nur das beschriebene „kleine Sorgerecht“.
– Erben: Hier sind Lebenspartnerschaften der Ehe weitgehend gleichgestellt, nur bei der Erbschaftssteuer werden die Lebenspartner noch nicht wie Ehepartner behandelt.
– Partnerschaftsvertrag: im Prinzip wie der Ehevertrag (siehe Ratschlag Nr. 459, Seite 236). Was bei der Ehe unter Zugewinngemeinschaft läuft, heißt bei Lebenspartnerschaften „Ausgleichsgemeinschaft“ und die Gütertrennung wird zur „Vermögenstrennung“.

TIPP
Vordrucke und Informationen für Partnerschaftsverträge gibt es beim Lesben- und Schwulenverband (www.lsvd.de, „Lebenspartnerschaftsgesetz“).

– Ehenamen: Das Namensrecht ist genauso wie bei Hetero- Ehen geregelt (siehe Ratschlag Nr. 457, Seite 235). Also: gemeinsamer Name für beide, oder Doppelname für einen von beiden, oder die alten Namen werden beibehalten.
– Nachnamen für Kinder: Im gemeinsamen Haushalt können Kinder den Lebenspartnerschaftsnamen als Nachnamen bekommen. Voraussetzung: der getrennt lebende Elternteil ist einverstanden (das Recht des „Einbenennens“).

462. Wie viel Sex muss sein?

Und wie toll muss er sein? Sobald man den Fernseher einschaltet oder eine Zeitschrift aufschlägt, springt er einen an: Sex, Sex, Sex – und man denkt so bei sich: Komisch, mein Leben ist irgendwie ganz anders …

– Achtung, Sex-Stress: „Wie oft machen's die anderen?“, „So toll wie die sollte man auch strippen können …“, „Ich möchte keinen Vibrator – was stimmt mit mir nicht?“, „Wenigstens auf dem Küchentisch sollte ich auch mal …“ – all das scheint das Mimimum zu sein, damit man ein tolles Leben hat.
– Wir leben in einer hyper-sexualisierten Öffentlichkeit; Medien und Werbung blasen das Thema auf bis zum Geht-nicht-mehr – und das verändert unsere Erwartungen und Selbstwahrnehmung. „Toller Sex“ wird zur Leistung, zu einem Kriterium, das den glücklichen Erfolgsmenschen von heute auszeichnet. Ist das auch die Wirklichkeit?
– Sex sells: Die „Fleischwarenindustrie“, wie Insider das Porno-Business nennen, ist gut beschäftigt. Das Internet ist eine gigantische Pornovertriebsmaschine. Pornofilmfirmen stellen großes Interesse an Nebenjobs als Laiendarsteller fest, vom Müllmann bis zum Chefarzt. Der Absatz von Sexspielzeug boomt, sogar in Versandhauskatalogen mit umweltfreundlichen Produkten findet man „ökologisch unbedenkliches“ Sexspielzeug wie einen Kork-Dildo zwischen Natur-Kosmetik und Heimtextilien. Und im Fernsehen werden wir ausführlich über Swingerclubs informiert. Alles Angebote, die jedermann gerne nutzen soll und dank Liberalisierung heute auch kann. Für viele Menschen mit spezielleren sexuellen Neigungen, von Exhibitionismus bis SM, war es früher gar nicht möglich, sich auszuleben. Allen Angeboten zum Trotz sind nach einer aktuellen Studie ein Drittel der Deutschen mit ihrem Sexualleben unzufrieden, egal, wie häufig sie Sex haben.
– Werbungs-Profis kommen heute von der „Sex sells“-Erfolgsgarantie ab und behaupten: Sex does not sell – Emotionalität ist wichtiger! Es gibt derzeit einen gegenläufigen Trend hin zu Zärtlichkeit und Gefühl. Eine Untersuchung ergab:
– Quickies – bei der End-Sechziger-Generation imagemäßig das Höchste – sind bei Jugendlichen total out.
– Die meisten Deutschen sagen, dass Liebe und Sex für sie zusammengehören. Das meinen zwar mehr Frauen als Männer, aber auch die deutliche Mehrheit der Männer ist dieser Meinung.

– Viele Menschen haben in ihrem ganzen Leben nicht mehr als fünf bis sechs verschiedene Sexualpartner.
– Über 80 Prozent der Deutschen sagen, dass Sex ein Sammelbegriff ist für: Vertrauen, Liebe, Hingabe, Ehrlichkeit, Treue, sich fallen lassen können …
– Und allen „Schnell-rein-raus"-Vorurteilen zum Trotz: Das Vorspiel wird in deutschen Betten immer wichtiger. Dafür nimmt man sich Jahr für Jahr durchschnittlich immer länger Zeit.
– Die Untersuchung fand auch die Sex-Häufigkeit heraus – die wir aber hier absichtlich nicht verraten! Denn erstens sind solche Zahlen oft nicht zuverlässig, weil keiner sich so richtig in die Karten gucken lassen will. Und zweitens: Hören wir auf, zu vergleichen! Das ist eine dumme Angewohnheit, die durch den Dauerbeschuss der Medien entsteht. Mit dem Sex ist es wie mit all den anderen Träumen und Sehnsüchten auch: Jugend, Reichtum, Schönheit … Wir sollten nur die Realität nicht mit den Medien-Träumen verwechseln. Bei den Liebesschnulzen voller Schafe und Weiden und Gutshofbesitzer von Rosamunde Pilcher wissen wir ja auch, dass sie eher unwahrscheinlich sind, und fragen uns nicht dauernd, ob wir jetzt nicht endlich mal Schafe und Weiden und Gutshofbesitzer kriegen können …

LIEBE GEHT DURCH DIE NASE

Bei der Partnersuche gehen wir nach dem Geruch. Schon das erste Kennenlernen entscheidet, denn Partner, deren Erbanlagen sich deutlich von den eigenen unterscheiden, können wir besonders „gut riechen" – eine arterhaltende Maßnahme, die uns allerdings unbewusst ist. Dieser Mechanismus funktioniert aber nicht, wenn man die Pille nimmt.

463. Verhüten

Sex ja, Kinder nein: die besten Methoden.

– Die Pille: Nach wie vor das verbreitetste Verhütungsmittel! Und eines der sichersten dazu: Ihr Pearl-Index (wie viel von 100 Frauen in einem Jahr trotz dieser regelmäßigen Verhütung schwanger werden) liegt bei 0,1 bis 0,9. Ihre Hormonmischung verhindert Eireifung und Eisprung. Geeignet ist sie für Frauen, die mit viel Selbstdisziplin jeden Tag dran denken.
– Vaginalring: Eine neue Alternative zur Pille, die mit denselben (aber geringeren) Hormonwirkstoffen funktioniert. Ein weicher Kunststoffring ersetzt eine Pillenmonatspackung: Die Frau führt ihn wie einen Tampon in die Scheide ein, wo er drei Wochen liegen bleibt. Nach einer Pause von einer Woche wird der nächste Vaginalring eingesetzt. Die Wirkstoffe werden direkt über die Scheidenwand abgegeben und können deshalb niedrig dosiert sein. Wichtig: Der Ring stört beim Geschlechtsverkehr nicht und kann auch nicht leicht herausrutschen. Der Pearl-Index: 0,65 – damit kann man die Pille ruhig vergessen.
– Spirale: Sie wird vom Gynäkologen direkt in die Gebärmutter eingesetzt. Kupfer oder Hormone verhindern die Empfängnis. Mit dem Pearl-Index von 0,9 bis 3 (je nach Produkt) liegt sie gut im Vergleich der Verhütungsmittel. Die Spirale ist am besten für Frauen geeignet, die schon ein Kind geboren haben, bei kinderlosen Frauen ist die Gebärmutter oft zu eng, und es kann zu Schmerzen oder Entzündungen kommen. Der Vorteil: Man kann das Thema eine Weile vergessen – bei regelmäßiger Kontrolle kann die Spirale gut zwei Jahre in der Gebärmutter bleiben.
– Die Kupferkette schneidet noch besser als die Spirale ab: 0,1 bis 0,3 im Pearl-Index. Bei dieser Weiterentwicklung der Spirale sind sechs kleine Kupferzylinder an einem Faden aufgereiht. So passen sie sich leichter der Gebärmutter an, und insbesondere kinderlose Frauen haben mit ihr viel weniger Beschwerden als mit der Spirale. Nachteil: Sie ist in Amerika längst Standard, in Europa aber leider noch nicht sehr stark verbreitet. Deshalb einfach Frauenarzt/-ärztin nach Erfahrungen fragen.
– Hormonimplantat: Ein etwa streichholzgroßes Stäbchen wird der Frau direkt unter der Haut mit einer kleinen lokalen Betäubung am Oberarm eingesetzt. Normalerweise bleibt auch keine Narbe zurück. Das Implantat gibt etwa drei Jahre lang kleinste Mengen eines Hormons ab, das die Befruchtung verhindert. Vorteil: Für diese Zeit ist das Thema Verhütung erledigt, der Pearl-Index ist mit weniger als 0,1 einfach unschlagbar. Nachteil: Wer doch Kinderwünsche hat, ist auch nach dem Entfernen des Implantats gehandicapped, denn es dauert ein bis zwei Jahre, bis sich der Zyklus wieder normalisiert hat.
– Verhütung für Männer: Da ist die Auswahl (noch) nicht sehr groß: Kondome, Sterilisation und – irgendwann – die Pille für den Mann. Kondome stehen an zweiter Stelle der beliebtesten Verhütungsmittel, bei

AIDS KEINE CHANCE

AIDS ist immer noch eine tödliche Gefahr – AIDS-Grundwissen muss sein!

– Übertragung: Das HI-Virus ist außerhalb des Körpers nicht lange überlebensfähig – zur Übertragung muss es direkt ins Blut kommen. Über reinen Hautkontakt oder Einatmen kann man sich definitiv nicht anstecken! Viren sind im Blut, in der Samenflüssigkeit (nicht in den Spermien selbst), im Vaginalsekret und in der Muttermilch. Und in Urin und Speichel. Die sind aber nur „gering infektiös“: Für eine Infektion müsste man 2 l Speichel schlucken.

– Ansteckungsgefahr besteht: bei Sex ohne Schutz; bei riskanten Sexualpraktiken wie Analverkehr, bei oft wechselnden Sexualpartnern und sexuellem Kontakt mit Risikogruppen wie zum Beispiel Drogenabhängigen; wenn Injektionsnadeln gemeinsam benutzt werden; bei Bluttransfusionen (werden jedoch streng kontrolliert). Für Ungeborene ist das Risiko der Ansteckung ziemlich hoch: Das Übertragungsrisiko durch Muttermilch liegt bei 20 Prozent.

– Der beste Schutz: Kondom nehmen! Leider tun das immer weniger, seit AIDS aus den Schlagzeilen verschwunden ist. Laut einer Studie verwenden nur noch 78 Prozent der Paare beim ersten Geschlechtsverkehr Kondome. Und die Kondomhersteller berichten von Absatzrückgang: Im Jahr 2000 wurden in Deutschland noch 207 Mio. Kondome verkauft, 2003 waren es nur noch 187 Mio. Und besonders Jugendliche sind enorm unvorsichtig, wie Aktive der AIDS-Hilfe berichten. Viele Teenager glauben nämlich, dass die Krankheit nur durch Blut übertragen wird und verzichten deshalb aufs Kondom ... Medizinisches Personal muss Handschuhe tragen, wenn bei der Behandlung Kontakt mit Körperflüssigkeiten eine Rolle spielt. Für Drogenabhängige gilt: unbedingt Einwegspritzen benutzen.

– HIV-Test: frühestens 2–7 Wochen nach einer Infektion mit dem ELISA-Test möglich. Wenn man einen Verdacht hat – weil man ungeschützten Geschlechtsverkehr hatte oder Blutkontakt: unbedingt eine Blutuntersuchung machen lassen (in Deutschland anonym und oft kostenlos bei den meisten Krankenhäusern oder im Gesundheitsamt, in der Schweiz gibt es an den Universitätsspitälern anonyme Teststellen, in Österreich kann man sich an die Einrichtungen der AIDS-Hilfe für einen kostenlosen Test und für Beratung wenden).

– SOS-Tipp: Sofort nach dem ersten ungeschützten Geschlechtsverkehr oder wenn ein Kondom platzt, kann man sich in AIDS-Ambulanzen der Krankenhäuser einer so genannten „HIV-Postexpositionsprophylaxe“ unterziehen. Das ist so ähnlich wie die „Pille danach“: Vier Wochen nimmt man virenhemmende Mittel ein, die die Infektion mit hoher Wahrscheinlichkeit – aber leider nicht mit völliger Sicherheit – verhindern. Den HIV-Test muss man danach auf jeden Fall machen, um sicher zu sein.

korrekter Anwendung sind sie völlig sicher. Ihr Pearl-Index reicht allerdings von 2 bis 12 – weil in der Handhabung viel schief geht. Wichtig bei Kondomen:

– Aufs Verfallsdatum und die richtige Lagerung achten! Leider sind auch die Kondome aus dem Automaten nicht immer die frischesten. Lieber einen Vorrat zu Hause oder in der Jackentasche haben. Zu alte oder zu warm aufbewahrte Kondome reißen leicht und leider oft unbemerkt! Tipp für Männer: die Handhabung zu Hause im stillen Kämmerlein üben. Das Kondom auf den erigierten Penis aufsetzen und den noch aufgerollten Gummi kräftig, aber ohne Gewalt, ganz am Penis hinunterziehen. Wenn das nicht gut funktioniert, stimmt vielleicht die Größe oder das Material nicht. Deshalb sehr wichtig: mehrere Hersteller ausprobieren.

– Vor einem so endgültigen Eingriff wie der Sterilisation schrecken viele Männer verständlicherweise zurück. Die ganze Hoffnung der Frauen ruht nun auf der Einführung der „Pille“ für den Mann: Momentan wird von Medizinern und Forschern der Pharmaindustrie eine Kombination aus Testosteron-Spritzen und Kunststoff-Implantat favorisiert. Genügend Testosteron signalisiert dem Körper „genügend Spermien vorhanden“, er stellt die Spermienproduktion ein. Doch weil ein männlicher Spermienproduktionszyklus etwa 70 Tage dauert, müssen erst drei Monate Hormonbehandlung vergehen, bis der Mann wirklich unfruchtbar ist. – Mal sehen, wie viele Männer sich auf diese Sache einlassen werden …

464. Frauen: Raus mit der Sprache!

„Sie sagt ja nichts – wie soll ich wissen, was sie will?“ Dagegen hilft der wissenschaftliche Partnerschaftstest „zur Steigerung der sexuellen Zufriedenheit“.

– Männer haben’s auch nicht leicht. Die Kommunikationskompetenz, die Frauen sonst so reichlich besitzen, verlässt sie plötzlich, wenn’s um Sex geht – und er muss halt irgendwie herausfinden, was sie gerade will, was Wilderes, was Sanfteres, lieber mehr hier, lieber mehr da … im Bett sind Frauen plötzlich große Schweiger, sagen Untersuchungen. Warum?
– Weil die Äußerung eines Wunsches leicht als Forderung verstanden werden könnte – für Frauen immer noch keine leichte Übung. Weil es – immer noch – als zutiefst weiblich gilt, selbstlos zu sein, die Bedürfnisse des Partners höher zu werten als die eigenen.
– Weil immer noch die Scham zu groß ist, auch in heutigen Zeiten. Das Tabu Sexualität hat sich für Frauen im Grunde erst seit einer Generation – seit der Pille – gelockert. Bis dahin bedeutete sexuelle Freizügigkeit akute Gefahr für sozialen Status und Selbstwertgefühl.
– Eine Studie zeigt: In Partnerschaften wird nur ein kleiner Teil der sexuellen Wünsche wahr – der größere Teil wird nicht ausgelebt. Kein Wunder, wenn sie nicht verraten werden. Das lässt sich ändern, verspricht ein Forschungsprojekt des Psychologie-Instituts der Universität Göttingen: Unter www.theratalk.de kann man im Internet einen Partnerschaftstest machen, der „ungenutzte Reserven zur Verbesserung der sexuellen Zufriedenheit“ zu erschließen verspricht: Jeder Partner füllt den Fragebogen aus und schickt ihn – völlig anonym – an das Institut. Dort werden die Angaben beider Partner ausgewertet und in Form von praktischen, auf die Partnerschaft zugeschnittenen und „sofort umsetzbaren Tipps“ zurückgesendet – für nur 25 Euro und einen guten wissenschaftlichen Zweck. Die Wirkung – die Steigerung der sexuellen Zufriedenheit – ist wissenschaftlich nachgewiesen!

TIPP

Fellatio, Cunnilingus, Anilingus … wie war das noch mal genau? Was muss man beim Analverkehr beachten? Wie erlebt er/sie den Orgasmus? Wie steht’s mit Sex in der Stillzeit? Praxisnahe Antworten auf Fragen zur Sexualität gibt es bei www.gesund.co.at unter „Lust & Liebe“.

465. Coming-out

Sollen wirklich alle von meiner sexuellen Vorliebe fürs gleiche Geschlecht erfahren? Irgendwann muss es ja sein. Oder lieber doch nicht?

– Dass es ein „Coming-out“ oder gar „Outing“ überhaupt gibt, ist ein Beleg für unsere gesellschaftliche Vorstellung, was „normal“ ist. Nämlich, heterosexuell zu sein und deshalb nicht vor Scham in den Boden zu versinken, wenn man sich über seine sexuelle Neigung klar wird. Dass aber sexuelle Lebensläufe alles andere als geradlinig sind, belegen Untersuchungen: Demnach wechselt jede vierte Frau und jeder dritte Mann im Leben mindestens einmal die sexuelle Identität. Männer probieren die Homosexualität oft in der Jugend aus, manche bleiben dann dabei, manche nicht. Frauen wenden sich tendenziell erst, wenn sie älter sind, anderen Frauen zu, bleiben aber dann häufig lesbisch. Homosexuelle oder heterosexuelle Lebensphasen können sich aber auch abwechseln, und nicht wenige Menschen entscheiden sich nie für das eine oder das andere, sie finden einfach beides gut.

– Eins muss deutlich gesagt sein: Ob man homo, hetero, bi oder asexuell ist, geht erst mal niemanden was an. Das gehört zur sexuellen Selbstbestimmung dazu und ist nichts, was man zeigen oder zugeben muss! Wenn also jemand nicht will, dass die eigene Homosexualität „offiziell“ wird, soll man ihn nicht zum Coming-out überreden oder ihn gar outen. Viele Prominente haben sogar große Angst vor den Folgen des Outing: Einem schwulen Regierungsmitglied traut man plötzlich keine Kompetenz mehr in der Familienpolitik zu, ein Schauspieler fürchtet um Rollenangebote als Liebhaber. Und manche kommen dem Outing lieber noch mit einem offiziellen Coming-Out zuvor.
– Warnung: kein ungebetenes Outing im Familien- oder Freundeskreis! Das kann große Krisen auslösen. Unfreiwillig Geoutete berichten nicht nur von spontaner Enterbung und mütterlichen Nervenzusammenbrüchen, sondern auch von Schuldvorwürfen und Spott.
– Das Coming-Out, wenn derjenige also – freiwillig! – zu sich selbst und allen anderen sagt: „Ja, ich bin homosexuell“, besteht aus zwei Phasen: Erst einmal muss man selbst mit seiner „anderen“ sexuellen Orientierung im Reinen sein. Lesben und Schwule nennen diesen Prozess das „innere Coming-Out“. Klar, denn wer auch das äußere Coming-Out wagen will, muss sich einfach seiner selbst ganz sicher sein. Und bevor einen in dieser

Zeit der Mut verlässt, sollte man sich seelischen Beistand holen, beispielsweise in einer Beratungsstelle vom Lesben- und Schwulenverband (www.lsvd.de) oder bei einer Sexualberatungsstelle (etwa www.profamilia.de).

– Viele Schwule oder Lesben, die sich endlich aus der Anonymität „raustrauen", sind oft verblüfft von der Reaktion: „Lass mal, haben wir eh schon gewusst." Ein offizielles Coming-out wäre also gar nicht nötig gewesen. Andere erleben die oben beschriebenen Katastrophen. Deshalb: Bevor man den entscheidenden Schritt tut, kann man erst einmal Testballons starten: das Gespräch auf prominente Homosexuelle lenken, die (noch nicht offizielle) Lebensgefährtin auf jede Party mitbringen und auch immer zusammen mit ihr nach Hause gehen, am Telefon statt „ein Freund" immer „mein Freund" sagen … An den Reaktionen kann man ganz gut abschätzen, was beim echten Coming-out passieren würde.

– Über eins sollte man sich aber klar sein: Coming-out ist wirklich nicht „ohne", man nimmt unter Umständen große Nachteile in Kauf. Die Mobbing-Rate im Job ist bei Homosexuellen wesentlich höher als bei anderen, Freunde ziehen sich zurück, Eltern haben plötzlich ein verklemmtes Verhältnis zu ihren Kindern, und Gewalt gegen Homosexuelle ist ein großes Tabuthema. Trotzdem ziehen viele Homosexuelle die Klarheit vor: „Ich wollte mich nicht länger verstecken und ein schlechtes Gewissen haben müssen. Ich wollte meine Freude an meiner Verliebtheit allen zeigen dürfen. Seit dem Coming-out lebe ich mit ganz leichtem Herzen", erzählt „Michelle" in einem Internetforum für junge Lesben und Schwule (www.purplemoon.ch).

FLIRTEN IST FRAUENSACHE

Wissenschaftlich bewiesen – beim Flirten geben die Frauen den Ton an. Der (unbewusste) Trick: Sie beginnt ganz locker eine Unterhaltung – und gewinnt damit Zeit, sexuelle Signale auszusenden (durch die Haare fahren, Beine übereinander schlagen etc.) und den Mann richtig einzuschätzen. Wenn sie ihr Gegenüber unattraktiv findet, verbirgt sie das zunächst, ihre wahren Gefühle zeigt sie erst später – eine reine Sicherheitsmaßnahme, denn für Frauen bringen sexuelle Beziehungen größere Risiken mit sich.

466. Viagra & Co.

Das „blaue Erektionswunder" Viagra: wann nehmen, wann nicht?

– Seit 1998 ist das Potenzmittel erfolgreich auf dem Markt. Es ist ausdrücklich nur für Männer mit urologischen Problemen gedacht – wo also aufgrund körperlicher Ursachen keine Erektion zustande kommt. Wie funktioniert Viagra? Sein Wirkstoff Sildenafilcitrat ist ein chemischer Erektionsverstärker, der den Schwellkörper des Penis automatisch steuert – egal, ob der Mann sexuell erregt ist oder nicht, ob er mit einer Frau im Bett liegt oder in der Straßenbahn fährt – er kriegt eine Erektion.

– Der springende Punkt: Viagra wirkt nicht auf die Psyche! Wenn die Ursache für den steten Hänger im Bett psychische Gründe hat, wenn der Mann zum Beispiel unter Depressionen oder schwerem Stress leidet, dann schwillt der Penis dank Viagra zwar an – aber Lust verschafft der Wirkstoff nicht. Dabei gehen Experten davon aus, dass nur jede zehnte Potenzstörung organische Ursachen hat – bei allen anderen sind die Ursachen psychisch! Logisch, dass da Männer, die sich das nicht eingestehen wollen, mit Viagra unzufrieden sind. Die Befragungen von Männern, die das Medikament einnehmen, ergaben, dass die Erektion jetzt meistens zwar wieder funktioniere, viele beklagen sich aber, dass der Geschlechtsverkehr immer noch keinen Spaß mache. Klar, denn Erregung findet im Kopf statt, ein chemisch aufgepumpter Penis kann nicht automatisch Lust herbeizaubern. Höchstens als Einstiegshilfe kann es sinnvoll sein, etwa wenn der Mann sich in eine „Nie-krieg-ich-einen-hoch"-Panik hineingesteigert hat und sich dann nach erfolgtem Beweis, dass es noch klappt, wieder entspannen kann.

– Viagra ist verschreibungspflichtig, also muss der Mann erst einmal zum Arzt. Zahlen muss er selbst (bis zu 13 Euro pro Tablette). Vor unkontrollierter Einnahme wird dringend gewarnt! Es ist schon zu Todesfällen gekommen, weil Männer mehr als die eine erlaubte Tablette pro Tag geschluckt hatten, um die Wirkung zu verstärken. Und wer außerdem Herz-Kreislauf-Medikamente einnimmt, muss wegen der Wechselwirkungen aufpassen.

– Trotzdem boomt der Schwarzmarkt weltweit! Was sind das für Männer, die Viagra nehmen, obwohl sie urologisch nichts haben? Ohne sie über einen Kamm scheren zu wollen: Der Verdacht liegt nahe, dass es sich hier um „Leistungs-Freaks“ handelt. Etwa der Marathon-Läufer, der seinen „Iron-Man“ nicht nur beim Joggen, sondern auch beim Sex stehen muss. Oder der ältere „Big Spender“ mit der jungen Dame. Auf ein ausgeprägtes, offenes Vertrauensverhältnis zwischen den Bettpartnern lässt die unnötige Einnahme von Viagra jedenfalls nicht unbedingt schließen.

– Die Pharmaindustrie arbeitet an einem Mittel, das auch Frauen bei Lust-Störungen helfen soll – und stößt auf große Schwierigkeiten. Nicht nur, dass Testreihen wegen zu vieler Nebenwirkungen abgebrochen werden müssen, die Testpersonen können fast keine Wirkung feststellen – keine Erregung, nichts. Dazukommt, dass die weibliche Anatomie als „Beweis“ zur Behebung der Lustlosigkeit nichts so Augenfälliges wie einen erigierten Penis zu bieten hat … Bisher hat es noch kein Hersteller geschafft, für ein „Viagra für Frauen“ die Medikamentenzulassung zu bekommen.

– Wie setzt man Viagra ein: Eine Stunde vor dem Geschlechtsverkehr schluckt der Mann eine Tablette, die Erektionsfähigkeit hält dann laut Hersteller bis zu vier Stunden an.

– Wenn Viagra nicht hilft: zum Sexualtherapeuten gehen. Ziel der Therapie ist es, die Körperwahrnehmung zu verbessern, Ängste abzubauen, Blockaden zu lösen und die Kommunikation zwischen den Partnern zu verbessern. Die Geschlechtsteile des anderen sind dabei übrigens zunächst Tabuzone, erst einmal soll wieder Vertrautheit mit dem eigenen Körper aufgebaut werden. Vorteil: Der Leistungsstress, den viele Männer als Haupt-Liebestöter bezeichnen, wird aus dem Sexualleben verbannt. Und langsam wandelt sich Sex vom Stress-Thema wieder zu dem, was er sein soll: die schönste Nebensache der Welt! Weitere Infos und ein Therapeutenverzeichnis unter: www.sexualtherapien.de oder www.profamilia.de

467. Die Rollen verteilen

Früher war alles klar: Der Mann geht arbeiten und bringt das Geld nach Hause, die Frau hütet Heim und Kinder … Wer das nicht will, muss viel ausprobieren und diskutieren!

– Heute ist nicht alles, aber vieles anders oder zumindest möglich geworden. Gerade jüngere, gut ausgebildete Frauen wollen Kinder und Beruf miteinander vereinbaren – was nur gut funktioniert, wenn neben anderen helfenden Händen (Oma, Tagesmutter, Putzfrau, etc.) auch der Partner mitspielt. Im konkreten Alltagsgeschäft heißt das für Männer zum Beispiel: nachts aufstehen, wenn das Kind schreit, in der Mittagspause schnell den Familieneinkauf erledigen und am Wochenende auch mal zu Lappen und Besen greifen!

– Auch ohne Kinder (oder gerade ohne Kinder!) machen heute immer mehr Frauen Karriere im Job und verdienen gutes Geld – manchmal sogar mehr als ihre Partner! Männer, die damit keine größeren Probleme haben, gibt's gar nicht so häufig … Dabei wäre es eigentlich nicht so schwer: statt sinnloser Konkurrenzkämpfe lieber stolz sein – wer hat schon so eine tolle Frau!

– In langjährigen Partnerschaften ändert sich die Rollenverteilung auch häufig mit dem entsprechenden Lebensabschnitt. Sind die Kinder ganz klein, bleibt' s bei Hausfrau und Alleinverdiener; bei größeren Kindern teilen sich dann beide Berufs- und Familienarbeit. Und sind die Kinder aus dem Haus oder hat ein Paar keine Kinder, dann kann man eigentlich beim Ausprobieren verschiedener Rollen mal so richtig aus dem Vollen schöpfen – vorausgesetzt, beide sind damit einverstanden. Vielleicht will der eine ja mal für eine Zeit ganz aus dem Job aussteigen, der andere sich selbstständig machen und wieder ein anderer endlich einen lang gehegten Traum wahr machen und noch studieren!

– Alles wünschenswert und im Prinzip machbar – die Partner sollten sich nur über ihre jeweiligen „Rollen“ in der Beziehung im Klaren sein, möglichst offen darüber sprechen und sich gegenseitig mit dem ehrlichen Gefühl begegnen, dem anderen alle Möglichkeiten zur optimalen persönlichen Entwicklung offenzuhalten.

468. Der Ton macht die Musik

Beide total im Stress – da bleibt die Freundlichkeit auch in der Partnerschaft des öfteren mal auf der Strecke …

– Eigentlich unfair: Nur weil der Partner einem so nahe steht, erlaubt man sich gerade ihm gegenüber ein Verhalten, dass sonst eigentlich nicht tragbar ist …

– Obermiese Laune, Herumschreien, ungeduldig sein, überhaupt nicht mehr zuhören – klar, zu viel Stress, aber wieso soll der Partner das eigentlich ausbaden?

– Sicher, im Eifer des Gefechts entgleist wohl jeder mal. Aber eigentlich sollte es auch in einer Partnerschaft eine absolute Respektgrenze geben, die das Abladen von eigenem Frust verbietet. Wer zu oft seinen „Müll“ in der

2-MAL 3 SCHNELLE „ICH-MACH-DICH-GLÜCKLICH"-IDEEN

Frauenglück:

– Ihr einfach mal Blumen mitbringen! Nichts Neues, sagen Sie? Stimmt – aber wieso passiert das eigentlich so selten ...? Ohrring-Stecker oder dergleichen sind natürlich auch kein Fehler ... Apropos: erlaubt ist, was gefällt – es geht nicht um Geld oder Geschmack, die Geste zählt.

– Das arabische Couscous-Rezept kochen, das sie so toll findet.

– Der Überraschungs-Ausflug: ein Wochenende in einem schönen Hotel mit super Essen usw. – vielleicht wissen Männer ja nicht, dass alle Frauen dabei ganz mild werden ...

Männerglück:

– Seinen Lieblingskuchen backen – auch nichts Neues, passiert aber auch viel zu selten!

– Gutschein für sein Lieblingsgeschäft (Computerfachhandel, Baumarkt, Plattenladen, Anglerbedarf, etc.)

– Ein (wirklich gutes) Hobby-Utensil: zum Beispiel ein kubanisches Briefmarken-Set, handgebundene Rehhaarfliegen, schwarze Trüffel, Davidoff-Zigarren usw.

Beziehung ablädt (auch wenn's letztendlich nicht so gemeint ist) fährt einfach die gesamte Beziehungsstimmung runter – das dahinter stehende „Na ja, bei dir ist ja egal, wie ich mich benehme" entwertet die Partnerschaft.

– Fazit: Warum sollte man eigentlich gerade den Menschen, den man angeblich am meisten liebt, so ungezogen behandeln …? Also: Respekt zeigen, wann immer es geht!

469. Mit Krisen umgehen

In lang dauernden Partnerschaften lassen sich ein paar Klippen wohl kaum vermeiden – die Frage ist nur, wie man ohne Schiffbruch um sie herumkommt …

– Um das gleich klar zu stellen: Hier geht es um die großen, die existenziellen Krisen im Leben eines Paares. Die Momente, an denen das Wort „Trennung" wie ein Damokles-Schwert in jedem Zimmer der Wohnung zu hängen scheint …

– Eigentlich geht es immer um Geben und Nehmen und das diesbezügliche vermeintliche und/oder auch tatsächliche Missverhältnis zwischen zwei Menschen. Und die Themen sind Dauerbrenner: Liebe (von Aufmerksamkeit bis Sex), Geld (von Abhängigkeit bis Neid), Kinder (gar keine, zu viele, nicht die eigenen).

– Zur Eskalation kommt es in der Regel, wenn bei beiden Partnern neuralgische Punkte getroffen werden. Wenn plötzlich nicht bearbeitete Kindheitstraumata wieder aufleben, wenn die gegenseitige Reaktion entgleist und neurotisch wird.

– So ist es kein Wunder, dass viele Paare in solchen Krisenmomenten das Gefühl haben, in einer Sackgasse zu stecken. Sie finden keinen Weg mehr zueinander, können nicht mehr wirklich miteinander reden (nur noch schreien oder sich beschuldigen) und sehen in einer Trennung den einzigen Ausweg.

– Stimmt aber nicht! Wer seiner Beziehung noch eine Chance gibt, sollte sich jetzt nicht scheuen und gemeinsam eine Paartherapie machen. Die professionelle Hilfe führt nicht immer ohne Umwege zum traumhaften Beziehungsglück. Vielleicht stellt sich heraus, dass mehr aufzuarbeiten ist, als man dachte, und Einzeltherapien sind angeraten. Vielleicht lässt sich auch trotz Paartherapie die Trennung nicht vermeiden. Aber man bekommt als Paar einfach die Unterstützung, die man braucht, um das Rätsel des gordischen Beziehungsknotens zu lösen (siehe Tipp, Seite 247).

470. Romantik als Beziehungskitt?

Seit Wochen viel zu viel Arbeit, nächtliches Kindergeschrei und keine Zeit füreinander. Da hilft nur noch ein „romantisches" Wochenende – oder?

– Romantik auf Kommando – leider ein verhängnisvoller Trugschluss! Ein Wochenende nur zu zweit, weil man schon seit ewigen Zeiten nicht mehr richtig miteinander geredet hat – eigentlich eine gute Idee. Aber man muss dabei realistischerweise einkalkulieren, dass es unter Umständen erst einmal einen handfesten Krach gibt, Tränen fließen und von trauter Zweisamkeit absolut nichts zu merken ist.

– Denn nach einer schwierigen, manchmal nahezu kommunikationslosen Phase kann man nicht einfach zum „schönen" Teil der Beziehung übergehen – da muss man sich erstmal wieder zusammenraufen …

– Auch Urlaube können aus Unkenntnis über diese Tatsache oft ein Desaster werden. Die schönsten Wochen des Jahres – und jetzt nur Zoff! Wer das überbewertet, kann leicht mal die ganze Beziehung in Frage stellen. Kein Wunder, dass gerade nach der Urlaubszeit die Kanzleien der Scheidungsanwälte überfüllt sind. Dabei muss man nur die Gewitterstürme überstehen – danach kann man dann in frisch gereinigter Beziehungs-Luft wieder durchatmen.

– Dabei ist so ein Konflikt (immer vorausgesetzt, dass keine gröberen Untiefen in der Beziehung bestehen) gar nicht schlecht – auch wenn er auf den ersten Blick so überhaupt nicht ins Konzept passt. Denn erst wenn alles, was unausgesprochen zwischen den Partnern steht, ausdiskutiert und wirklich vom Tisch ist, kann man wieder offen und liebevoll aufeinander zugehen.

TIPP

Nicht neu, aber trotzdem wichtig: Gemeinsam Urlaub machen, Radtouren unternehmen, Tanzkurse belegen etc. Und zwar ohne Kinder, Familie oder Freunde, nur als Paar – auch nach vielen Jahren oder gerade dann! Das Wort „Zweisamkeit" ist ja schließlich nicht umsonst erfunden worden. Und – nicht zuletzt – dankbar sein: Ganz ohne Pathos, richtig ehrlich – denken Sie ruhig mal öfter ohne besonderen Anlass daran, wie schön es ist, einen Menschen gefunden zu haben, den man liebt, mit dem man sein Leben teilt, der für einen da ist, und, und, und ... Bei solchen Gedanken wird der Blick auf den anderen gleich ganz sonnig.

471. Was hält Paare zusammen?

Eine Beziehung, die über Jahrzehnte hält, die für beide Partner erfüllt ist, in der man sich (fast) täglich freut, mit dem anderen zusammen zu sein – wie schafft man das?

– Völlig fehl am Platze wäre jetzt die Bemerkung „Ganz einfach" – denn die Liebe (frei nach Konstantin Wecker) war wohl noch nie ein leichtes Spiel. Aber es gibt ein paar Orientierungspunkte, die helfen können, in guten und in schlechten Zeiten zusammenzubleiben.

LIEBE AUF DAUER?

Schweizer Wissenschaftler haben eine „Scheidungs-Wahrscheinlichkeits-Vorhersage" entwickelt: Sie können zu 80 Prozent sagen, ob ein Paar zusammenbleibt. Günstige Faktoren: Kompetenz in Kommunikation und Stressbewältigung (am wichtigsten!), gemeinsamer Grundbesitz, ähnliche Werte und Anschauungen. Ungünstig: mangelnde Kompetenz bei Kommunikation und Stressbewältigung, zu frühe oder zu späte Heirat (optimal: um die 30), voreheliche Schwangerschaft, vorherige Scheidungen, Wohnort in einer liberalen städtischen Umgebung, ökonomische Unabhängigkeit der Frau, Kinderlosigkeit.

– Zum Beispiel der gegenseitige Respekt: klingt banal, ist es aber nicht! Das fängt an beim Nicht-Genervtsein über die sich immer wiederholenden (und durchaus nicht immer angenehmen) Eigenheiten des anderen. Von Kaffeeschlürfen bis Nagelbeißen, von komischen Mützen bis Nie-neues-Klopapier-hinstellen: Wer verstanden hat, dass er selbst auch mit solchen „Macken" geschlagen ist, regt sich einfach nicht mehr so auf.

– Gegenseitige Anerkennung: bei beruflichen, sportlichen oder sonstigen persönlichen Erfolgen – und zwar neidlos, fördernd und im Interesse der Entwicklung des Partners. Aber auch – mit der Betonung auf „Erkennung" – das bewusste gegenseitige Miteinbeziehen von, sagen wir mal, „Mankos". So ist der Partner nun mal eben kein Finanzgenie, Zahlen, Kontoführung und Steuerberater sind nicht seine Welt. Das kann zum ewig wiederaufflammenden Streitpunkt werden, weil man unbedingt will, dass er sich ändert. Es kann aber auch einfach zu einem „anerkannten" Fakt im Gemeinschaftsleben werden – mit dem Ergebnis, dass man sich um dieses Gebiet eben selbst kümmert oder gemeinsam versucht, das Beste draus zu machen.

– Wichtig dabei – und das ist der nächste Punkt: Jeder sollte über seine Schwachpunkte Bescheid wissen, sollte sich darüber bewusst sein, dass die eine oder andere Eigenschaft für sein Gegenüber vielleicht nicht so leicht zu ertragen ist. Ohne dieses „Selbstbewusstsein" entsteht nämlich ein Kommunikationsgefälle und ein weiterer möglicher Punkt für Dauerstreitigkeiten. Ein Beispiel: Der eine Partner neigt bei Stress zu innerem Rückzug, redet kaum noch, will alleine sein. Der andere empfindet gerade dieses Verhalten als persönlichen Affront, fühlt sich ungeliebt, ist unzufrieden und nörgelt dauernd. Jetzt ist der handfeste Beziehungskrach eigentlich nicht mehr weit – es sei denn, beide sind sich als Individuum und als Paar über ihre Verhaltensmuster im Klaren. Also Fazit: Selbstreflexion! Und – ganz wichtig – der ständige Austausch über die dabei gewonnenen Erkenntnisse der eigenen Psyche führt auf Dauer zu wesentlich weniger innerpaarlichen Krisen.

472. Gemeinsamkeit pflegen

Nach ein paar Jahren des Zusammenseins können Liebeskiller wie Stress oder Zeitnot richtig gefährlich werden. Hier ein paar Tipps zum Vorbeugen:

– Die größte Gefahr für Beziehungen kommt auf ganz leisen Sohlen, schleichend und unbemerkt daher: Stress! Es ist wissenschaftlich bewiesen, dass es sich bei Stress um den Beziehungskiller Nummer eins handelt. Dabei sind es nicht die besonders schlimmen Sorgen – ein Kind ist krank, Geldprobleme –, sondern im Gegenteil die kleinen, aber ständigen Belastungen des Alltags: Sie macht schon wieder Überstunden, er hat schon wieder Ärger mit einem Kunden ... Auf die Dauer ziehen sich beide wegen ständiger Überforderung in sich zurück und versuchen, erst einmal alleine mit der Situation klarzukommen. Das wird zum Dauerzustand, der Austausch zwischen beiden wird immer geringer. Man liebt sich, das steht fest, aber im Grunde unternimmt man gar nichts Schönes mehr zusammen ... Streit wegen Nichtigkeiten häuft sich ... Ohne dass etwas Besonderes passiert wäre, wird die Beziehung immer mehr ausgehöhlt, lebloser, bis sich eines Tages beide nichts mehr zu sagen haben ...

– Schrecklich? Allerdings! Aber gottseidank gibt es Mittel und Wege dagegen. Man muss sich nur darüber im Klaren sein, dass man nicht auf die Dauer ein „Spontan-Liebender" bleiben kann. Die Alltagsmühlen lassen Spontaneität nicht wirklich zu – und dann wird es wieder nichts mit dem gemeinsamen Ausflug, dem Kurz-Urlaub, dem Konzertbesuch. Hier hilft nur: die Pflege der Beziehung genauso ernst nehmen wie andere Aufgaben – ja sogar noch wichtiger! Und das bedeutet: gemeinsame Events planen, in den Kalender eintragen und freihalten!

– Unser Lied, unsere Teekanne ... Rituale sind schön und absolut beziehungserhaltend! Zum Beispiel: samstags ausgiebig frühstücken, ein Wochenende zusammen nach Prag fahren, ab und zu in Konzerte von Bands gehen, die einem damals so gefallen haben ...

– Als Omama den Opapa ... Erinnerungen pflegen ist genauso wichtig! Ab und zu nostalgische Gespräche führen à la „Und was hast du damals gedacht, als du mich da in der Tür stehen sahst?" Ganz im Ernst – die liebeserhaltende Funktion solcher Gespräche ist wissenschaftlich bewiesen!

– Sein Bild vom anderen auf den neuesten Stand bringen! Man denkt, man kennt sich – aber eigentlich hat man sich schon lange nicht mehr darüber unterhalten, was im anderen eigentlich wirklich vorgeht.

TIPP

Ideale Anbahnungsstrategie für längere gemeinsame Gedankenspaziergänge ist zum Beispiel „Mein idealer Tag" spielen. Man fragt den anderen einfach, wie sein idealer Tag aussehen würde, wie die Welt für ihn aussehen würde, wenn alles Erträumte plötzlich wahr wäre, und zwar gleich morgen. „Also, stell Dir vor, Du stehst auf. Und dann?" Wenn der Partner jetzt zu fantasieren anfängt: gut zuhören – hier kann man viel Neues über den anderen erfahren, seine aktuellen Sorgen, seine Sehnsüchte. Und danach ist man selber dran, das Spiel zu spielen.

473. Die Gartenbank-Vision

Wagen Sie doch mal einen Blick in Ihre wunderbare gemeinsame Zukunft ...

– Wenn's in der Beziehung mal gerade gar nicht rund läuft, es überall knirscht und kracht, man aber gerne wieder einen anderen, besseren, liebevolleren Blick auf den Partner bekommen möchte – hier zwei heilsame Angebote zum Ausprobieren:

– Angebot 1: Erinnern Sie sich noch an die allererste Begegnung mit Ihrem Partner? An den ersten Kuss, den ersten Sex, den ersten Urlaub? Lassen Sie diese schönen Erinnerungen so richtig vor Ihrem geistigen Auge Revue passieren – und erinnern Sie sich auch unbedingt an Ihre damaligen Gefühle ... Mit etwas Glück und gutem Willen lässt sich nämlich ein bisschen vom damaligen Verliebtsein in die gerade spannungsgeladene Situation hineinziehen – und alles wird wieder gut (auf alle Fälle aber besser).

– Angebot 2: Jetzt kommen wir zur angekündigten Gartenbank-Vision – eine meditative Übung, die nicht in die Vergangenheit, sondern in die Zukunft gerichtet ist. Bitte vorstellen: Sie sitzen – in Ehren ergraut, gesund und fit – bei strahlendem Sonnenschein Händchen haltend auf einer Holzbank an der Wand eines reizenden Bauernhäuschens – glücklich, lächelnd, mit sich, Ihrem Partner und der Welt zufrieden ... Die Vision ist natürlich geschmacklich variabel – es kann sich durchaus auch um ein topmodernes Niedrigenergiehaus und eine coole Stahlbank handeln. Wichtig ist nur die Vorstellung und die intensive geistige Beschäftigung mit einer gemeinsamen guten Zukunft – dann kann man die Gegenwart viel leichter mit einer rosarot gefärbten Brille sehen.

VORBEUGEN IST BESSER ALS TRENNEN

Vorbeugen ist besser als trennen! Und da man Liebe und ihren wichtigsten Verbündeten, die kommunikative Kompetenz, lernen kann – warum nicht einen Kurs besuchen? Zum Beispiel die wissenschaftlich erprobten Angebote „Partnerschaftliches Lernprogramm" (EPL) in Deutschland oder das „Freiburger Stresspräventionstraining" in der Schweiz. Paare erlernen hier (mit Video, Rollenspielen, Paarübungen) die richtige Kommunikation. Anbieter sind Kirchen oder Psychologen in fast jeder Stadt (einfach in einer Internet-Suchmaschine „EPL" und die gewünschte Stadt eingeben).

474. Mit Anstand auseinander gehen

„Wir wollen niemals auseinander gehen ..." sang Heidi Brühl 1961 voller Inbrunst. Die Wahrheit sieht heute leider anders aus – jede vierte Ehe wird mittlerweile schon unterhalb der Zehn-Jahres-Grenze geschieden. Und alle, die sich unverheiratet trennen, tauchen sowieso in keiner Statistik auf.

– Der langsame Prozess, wenn die Liebe erkaltet, wenn der eigene Blick auf den anderen immer verachtender und ablehnender wird, wenn schließlich das, was einen vorher so glücklich machte, nur noch schlechte Gefühle hervorruft ... Die Trennung von einem Partner – ob aktiv oder als Verlassener – gehört sicher zu den schmerzhaftesten, traurigsten Gefühlen überhaupt.

– Und weil das so sehr weh tut, hätte man gern, dass es dafür einen klaren, eindeutigen Grund gibt. Einfach, weil man es dann ein wenig besser aushält. Naheliegend: Der andere ist schuld! Vorteil: Man ist selbst fein raus und kann sein – sowieso angeschlagenes – Selbstbewusstsein schonen. Aber wenn man das Ganze wirklich verdauen will, ist Selbsterkenntnis besser: Was hat man selber dazu beigetragen, dass es so gelaufen ist, bei der Partnerwahl angefangen.

– Szenario 1: Ein Partner will sich trennen, einer nicht. Ein schwieriger Fall – hier lassen sich Tränen und erbitterte Kämpfe wohl kaum vermeiden. Erste Maßnahme: die sofortige räumliche Trennung. Der trennungsbereite Partner sollte jetzt auch ein paar Wochen auf dem Sofa eines Freundes oder im Gästezimmer der Eltern nicht scheuen, um die Situation zumindest etwas zu entspannen. In den meisten Fällen kann man beim zurückgelassenen Partner kaum so schnell auf die „Wir können ja gute Freunde bleiben"-Einsicht hoffen. Viel wahrscheinlicher: ein unerbittlicher Kampf um jeden noch so billigen schwedischen Küchenstuhl („Von mir kriegt der gar nichts mehr!"); Grabenkämpfe, die sich durch den kompletten Freundes- und Familienkreis ziehen. Und – wenn's ganz schlecht läuft – lebenslanges Nicht-Verzeihen und Nie-Wiedersehen …

– Ist es dem einen Partner wirklich ernst mit der Trennung, bleibt dem anderen nur noch die Trauerarbeit. Und die sollte im eigenen Interesse – und wenn nötig mit professioneller therapeutischer Hilfe – so „durchlitten" werden, dass man danach auch wieder eine möglichst unbelastete Beziehung zu einem neuen Partner eingehen kann.

– Szenario 2: Die Trennung ist beschlossene Sache, aber die „Gegner" sind inzwischen so verfeindet, dass kein normales Gespräch mehr möglich ist. In diesem Fall und ganz besonders, wenn Kinder mit betroffen sind, sollten die Beteiligten wenigstens vernünftig genug sein, einen Mediator oder eine Familienberatungsstelle einzuschalten. Die sonst hinterlassene „verbrannte Erde" kann nämlich allen Betroffenen das zukünftige Leben sehr schwer machen.

– Szenario 3: Beiden ist eigentlich klar, dass ihre Partnerschaft wohl keine Zukunft mehr hat – traurig, aber wahr. Ein erster Schritt kann eine Trennung auf Probe sein. So eine Aus- und Bedenkzeit hat manchmal eine heilsame Wirkung – und beide entschließen sich doch noch einmal, es gemeinsam zu versuchen. Bleibt's auch nach der Probetrennung beim Auseinandergehen, sollte man versuchen, so fair wie möglich Tisch, Bett und alles Sonstige zu trennen – schließlich hat man diesen Partner ja einmal geliebt, oder? Und wer es bis zur Trennung schafft, sich (im übertragenen Sinne natürlich!) nicht gegenseitig umzubringen, der hat eine reelle Chance, das Verhältnis nach einer angemessenen Zwischenphase in eine – distanzierte – Freundschaft übergehen zu lassen. Vielleicht können beide im besten Fall nach einer Trennung voneinander sagen: Es hat eben einfach nicht gepasst.

475. Scheidung: Der Rechtsweg

Schuld und Sühne, das ist in Sachen Ehescheidung zum Glück vorbei. Das heißt: Eine Ehe wird geschieden, wenn sie gescheitert ist. Wer die Schuld hat, warum alles vorbei ist, interessiert den Richter dabei nicht.

– Eine Ehe gilt rechtlich als gescheitert, wenn mindestens ein Trennungsjahr vergangen ist. Dann kann einer von beiden oder können beide gleichzeitig beim Familiengericht den Scheidungsantrag einreichen.
– Trennungsjahr bedeutet wirklich „getrennt von Tisch und Bett“! Wer noch in einer gemeinsamen Wohnung lebt, hat mit Schwierigkeiten bei der Anerkennung des Trennungsjahres zu rechnen. Deswegen: jeder am besten in einer eigenen Bleibe!
– Wenn einer von beiden die Scheidung partout nicht will: Dann kann der andere Pech haben und muss sogar drei Trennungsjahre vergehen lassen. Ab dann erklärt der Scheidungsrichter jede Ehe für zerrüttet. Wer unbedingt vorher geschieden werden will, muss dafür triftige Gründe haben, warum es für ihn unzumutbar ist, noch mit dieser Person verheiratet zu sein. Im Klartext: Da fällt viel schmutzige Wäsche an – ohne Anwalt kaum zu bewältigen!
– Das Trennungsjahr sollte man nutzen, um mit dem Ex-Partner Vereinbarungen für die Zeit nach der Scheidung zu treffen, dann wird's vor Gericht kein (teurer) „Rosenkrieg“.
– Sobald einer von beiden auszieht, muss der Hausrat wertmäßig zur Hälfte geteilt werden. Jetzt heißt es bei den Vernünftigen: „Du die Spülmaschine, ich das Fitness-Laufband.“ Bei anderen rückt der Verlassene aber schon mal mit der Motorsäge an und teilt die traumschöne Eiche-Rustikal-Schrankwand in der Mitte durch ...
– Nie ohne Anwalt: Den muss man spätestens dann suchen, wenn man den Scheidungsantrag eingereicht hat. Vernünftigerweise allerdings schon früher, zum Beispiel wegen Unterhaltsregelungen für gemeinsame Kinder im Trennungsjahr. Wer sich mit seinem Ex-Partner in allem einig ist, kann für den Scheidungstermin auch nur einen gemeinsamen Anwalt beauftragen. Wer wenig Einkommen hat, kann Prozesskostenhilfe beim Gericht beantragen.
– Es empfiehlt sich, beim Scheidungstermin vor dem Familiengericht gleich alles in einem Aufwasch zu erledigen: also nicht nur die Trennung besiegeln, sondern auch gleich Unterhalt, Güterausgleich (siehe Ratschlag 459, Seite 236) und alles, was gemeinsame Kinder betrifft, vereinbaren. Beide Partner und evt. auch die Kinder werden zu den strittigen Punkten gehört, damit der Richter sich ein eigenes Bild von der Scheidungsfront machen kann.
– Was immer geregelt wird: „Versorgungsausgleich“. Da werden die in der Ehe erworbenen Rentenansprüche beider Partner verglichen. Oft ist es ja so, dass einer von beiden die eigene Karriere wegen der Familie aufgegeben hat – der soll nicht benachteiligt werden. Beispiel: Er hätte jetzt Anspruch auf 500 Euro Rente, sie auf nur 100 Euro. Dann bekommt sie die Hälfte der Differenz, also 200 Euro zugesprochen, sodass für beide ein Rentenanspruch von 300 Euro entsteht.

TIPP

Namensrecht nach der Scheidung – hier gibt's folgende Varianten: Ehenamen einfach beibehalten oder zum vorehelichen Namen zurückkehren. Oder man wählt einen Doppelnamen aus Geburts- und Ehenamen. Das kann in Zukunft Verwirrung sparen, damit zum Beispiel die Kinder nicht auf einmal ganz anders heißen als man selbst.

476. Von Scheidungswaisen und Alleinerziehenden

Noch vor 30 Jahren ein gesellschaftliches Drama, heute praktisch normal – und trotzdem noch immer schwierig: Familien nach der Scheidung.

– Kinder sind echte Leidtragende einer Trennung, bei der sie kein Mitspracherecht hatten. In der Regel hängen sie an beiden Elternteilen, und deshalb sollte die oberste Regel

einer sauberen Scheidung heißen: niemals die Kinder zu Kampfobjekten machen, das heißt, auf keinen Fall Rachegelüste über die Kinder (Besuchsregelungen ständig in Frage stellen, Schlechtmachen des Partners) ausleben!
– Regel 2: Auch wenn man kein Paar mehr ist – Eltern bleibt man ein Leben lang (darüber sollte man sich klar sein, bevor man Kinder kriegt …). Das bedeutet: auch als geschiedenes Paar, über alle wichtigen Fragen, die das Kind betreffen, vernünftig zu kommunizieren.
– In den meisten Fällen leben die Kinder nach der Trennung auch heute noch bei der Mutter. So bleibt an ihr als „Alltags-Elternteil" die Hauptlast der Erziehung hängen. Deshalb ist es besonders wichtig, dass der kindmäßig weniger belastete Elternteil – in der Regel eben der Vater – nicht nur finanziell, sondern auch mental zur Verfügung steht.
– Ganz wichtig: Lassen Sie den Kindern ihre Liebe zu Vater und Mutter. Auch wenn Sie selbst Ihren Mann/Ihre Frau am liebsten nie wieder sehen wollen: fair bleiben und die Kinder in den Partnerkonflikt nicht mit hineinziehen.

TIPP

Auch wenn sich beide Ehepartner über die Trennung einig sind, dauert eine Scheidung oft Monate. Grund: Der Versorgungsausgleich (Rente) muss berechnet werden, und dafür sind oft zweitaufwändige Nachfragen nötig. Tipp zur Scheidungsbeschleunigung: frühzeitig sein Versicherungskonto klären – wer in einer gesetzlichen Rentenversicherung ist (BfA oder LVA), kann das jederzeit verlangen. Dafür stellt man bei der Rentenversicherung einen „Kontenklärungsantrag" (www.bfa.de).

477. Die frühere Schwiegerfamilie

Kontakt halten? Oder abbrechen?

– Wenn vor der Trennung ein gutes persönliches Verhältnis zu den Schwiegereltern bestanden hat, wünscht man sich vielleicht die Fortsetzung auch in der neuen Situation – zumindest Anrufe oder sporadische Besuche. Immerhin hatte man ja mal einen Platz in dieser Familie. Aber vielleicht kommen die Schwiegereltern in einen Loyalitätskonflikt zum eigenen Kind, oder sie hatten immer schon Ressentiments, die jetzt herauskommen … Wer unsicher ist und Angst vor einem Anruf hat, kann sie gerade heraus in einem Brief fragen. Wenn dann nichts passiert: Keine Antwort ist auch eine …
– Wenn Kinder da sind, sollte man den Kontakt zu den früheren Schwiegereltern auf jeden Fall aufrechterhalten, sonst verlieren die Kinder bei einer Scheidung auch noch Oma, Opa, Tante und Onkel. Wesentlich schwieriger wird es, wenn die Schwiegereltern bei der Trennung Partei ergriffen haben – natürlich für ihre Tochter/ihren Sohn. Und man selbst würde sie ab jetzt einfach am liebsten nie mehr sehen müssen … Trotzdem sollte man möglichst vernünftig dafür sorgen, dass die Verbindung – so wie es die Kinder selbst wollen – weiterbestehen kann.

478. Nach der Trennung: meine Freunde, deine Freunde

Trennungen sind auch für Freundschaften eine Belastungsprobe. Wer hält zu wem?

– Die eigenen Freunde von früher hat man meistens hinterher auch noch, schwieriger ist es bei den gemeinsam erworbenen. Das gilt besonders bei Beziehungen zu anderen Paaren, denn wenn hier einer wegfällt, ist die neue Konstellation plötzlich ein Trio – könnte problematisch sein.
– Bloß nicht in seiner Verletztheit darauf bestehen, dass Freunde gegen den Ex Partei ergreifen! Kommentare à la „Ach weißt du, da halte ich mich raus" tun weh – aber sie schaffen auch Klarheit: Echte Freundschaft wird hier wohl nicht mehr draus werden.
– Hier hilft nur Ehrlichkeit: Will man diese Freunde überhaupt weiterhin sehen? Sich in der Stammkneipe treffen, wo der Ex an der Bar sitzt? Am besten ist es, offen zu fragen: Wie können wir in Zukunft weitermachen? Sollten wir uns vielleicht erst einmal eine Weile nicht sehen, bis Gras über die Sache gewachsen ist? Danach kann man weitersehen …
– Oder, wenn man lieber einen sauberen Schnitt machen will: dann sollte man nicht sang- und klanglos verschwinden, sondern das per Rundruf schon erklären. Ein solcher „Abschied" (mit einem diplomatischen Angebot, dass man sich natürlich über eine Fortsetzung der Freundschaft freuen würde) kann sogar der Anfang von neuen wunderbaren Freundschaften sein. Dann nämlich, wenn die Rückmeldung kommt: „Spinnst du??? Ohne dich können wir uns den Freundeskreis nicht mehr vorstellen."

S.O.S.-TIPP

Im Schlachtengetümmel einer Trennung kann man schnell die Nerven verlieren. Bevor es so weit kommt, sollte man sich Hilfe holen:

- **Mediation: In den Familiengerichten (also dort, wo Scheidungen und alles Drumherum passieren) vermitteln Psychologen und Pädagogen kostenlos bei Trennungsstreitigkeiten. Sie arbeiten auch mit Experten der Jugendhilfe zusammen, wenn es um die Regelung des Kinder-Unterhalts geht. Man kann sich alleine – oder besser: zusammen mit dem (Ex-)Partner – an sie wenden, sobald man den Scheidungsantrag eingereicht hat.**
- **Auch niedergelassene Psychologen und Sozialberatungsstellen (karitative oder freie Träger) bieten Mediation an. Stichwörter im örtlichen Telefonbuch sind „Familienberatung" oder „Sozialberatung".**
- **Wer durch eine Trennung zur „Einelternfamilie" geworden ist: Beim bundesweiten „Verband allein erziehender Mütter und Väter" kann man sich beraten lassen. Unter www.vamv.de gibt es ständig aktuelle Infos für „Eineltern".**

479. Harte Fälle: häusliche Gewalt

„Wenn Männer sich vor Verbrechen schützen wollen, sollten sie zu Hause bleiben, wenn Frauen Gewalt aus dem Weg gehen wollen, sollten sie auf die Straße gehen", so das bittere Fazit einer Polizistin. Von häuslicher Gewalt durch den Partner ist jede vierte bis fünfte Frau in ihrem Leben betroffen!

– Erst einmal vorweg: Häusliche Gewalt ist keine Privatsache, sondern geht den Staatsanwalt an! Neue Gesetze in Österreich und Deutschland haben dabei besonders den Opferschutz im Blick. In der Schweiz gibt es ähnliche Vorschriften, die für die einzelnen Kantone in Varianten gelten. Infos unter: www.verbrechenspraevention.ch.

– Nicht nur, wer geschlagen und misshandelt wird, hat Recht auf Hilfe. Häusliche Gewalt ist auch: Das gemeinsame Geld wird vorenthalten, die Familie wird eingesperrt, Kontakte werden verboten, Telefonate werden kontrolliert etc. Und – besonders schlimm – das „Recht" auf Sex wird mit Drohungen eingefordert.

– Anzeige erstatten: bei jeder Polizeidienststelle, oder wenn die Polizei in einer Notsituation nach Hause kommt. Keine Angst davor – denn nur so kann man sein Recht auf körperliche und seelische Unversehrtheit und seine Selbstachtung wahren! Frauen können auf Wunsch mit einer Beamtin sprechen. Tipp: eine Freundin zur Unterstützung mitnehmen.

– Bevor es die neuen Opferschutzgesetze gab, hatten Frauen oft nur eine Möglichkeit: schnell raus mit den Kindern aus der gemeinsamen Wohnung. Um nach einer vergeblichen Suche nach einer neuen Bleibe wieder zurückzukehren. Das ist heute zum Glück anders geregelt:

– Das Gewaltopfer bleibt, der Täter muss weg! Dafür sorgt die Polizei, die ein „Wegweisungsrecht" hat: Wenn sie in einer Notsituation gerufen wird, muss der Mann unter Bewachung das Notwendigste packen und die Schlüssel abgeben. Wie und wo er die nächste Zeit unterkommt, ist seine Sache. Dabei ist es sogar egal, wenn er der alleinige Eigentümer oder Mieter der Wohnung ist. Es ist ihm verboten, die Frau mit Anrufen, SMS oder dergleichen zu belästigen. Außerdem legen die Beamten gleich fest, welchen Umkreis der Wohnung, welche Aufenthaltsorte der Frau (Arbeitsplatz) und der Kinder (Kindergarten, Schule) er erst einmal nicht mehr betreten darf. Diese „Wegweisung" gilt mindestens einige Tage, damit das Opfer Zeit hat, das weitere Vorgehen in Ruhe zu regeln (diese Frist kann bei Bedarf auch verlängert werden).

– Ins Frauenhaus gehen: Trotzdem wollen viele Frauen erst einmal nicht in der alten Wohnung bleiben. Klar, die Erinnerungen sind dort zu präsent, und manche Frauen haben Angst, dass der Mann trotz Verbot vor der Tür steht ... Zuflucht bieten Frauenhäuser (im Telefonbuch unter Stichwörtern wie „Frauen helfen Frauen" oder „Frauennotruf" suchen oder in der Frauenhaus-Koordinierungsstelle anrufen: 069/6706-252 oder -260). Wichtig: die Polizei über den neuen Aufenthaltsort informieren, aber sonst absolut NIEMANDEN. Es macht wenig Sinn, wenn die Täter wissen, wo das Frauenhaus steht ...

– Wie es weitergeht: Vor dem Zivilgericht (bei Unverheirateten) oder dem Familiengericht (bei Verheirateten) läuft das Verfahren wegen der Gewalttätigkeiten an. Innerhalb von drei Monaten muss das Opfer vom Täter schriftlich die künftige alleinige Nutzung der Wohnung verlangen und eine Regelung vorschlagen (Miet- bzw. Ratenzahlungen). Bei Verheirateten kann das Opfer bis zum Scheidungstermin immer unbehelligt wohnen bleiben, auch wenn der Täter protestiert.

– Einen neuen Anfang wagen: Nur wer sich als Täter professionelle psychologische Hilfe holt, um seine Gewaltbereitschaft in den Griff zu bekommen, überzeugt das Gericht vom guten Willen zur Besserung und kann auf Milde hoffen. Wenn das Opfer zu einem Versuch bereit ist, die Beziehung fortzusetzen, helfen Mediatoren (beim Zivil- oder Familiengericht) oder Beratungsstellen. Aber keine Illusionen: Die Verletzungen sind meistens sehr tief, in dieser Situation wieder Vertrauen zu fassen, ist schwer ...

– Hilfe für Opfer von Gewalt: Organisation „Weißer Ring" für Kriminalitätsopfer: 01803/343434 (bundesweites Infotelefon, Infos zu den Außenstellen vor Ort gibt es hier); bei den Gerichten bieten außerdem „Zeugenbetreuungsstellen" ihre Unterstützung für die Dauer des Verfahrens an.

– Hilfe für Täter: Den Gewaltkreislauf zu durchbrechen, gelingt nicht ohne Hilfe von außen. Unter dem Motto „Männer gegen Männer-Gewalt" finden Täter Anlaufstellen und können für Therapien vermittelt werden (Infos unter: www.gewalt-hotline.net). An der telefonischen „Täter-Hotline" sitzen männliche Berater, die für die Täter oft die ersten Menschen sind, mit denen sie über dieses Thema sprechen. Das Ziel der telefonischen Beratung ist, zu helfen, die ersten Schritte raus aus der Gewalt zu gehen. Die Telefone sind von 10–20 Uhr täglich besetzt (Deutschland: 01805/439258, Österreich: 0820/439258, Schweiz (Luzerner Büro): 078/7448888). Während der folgenden Therapie werden die Täter mit den Auswirkungen ihrer Gewalt – oft auch schonungslos – konfrontiert, damit sie lernen, Selbstverantwortung für ihre Taten zu übernehmen.

480. Nicht zum Opfer werden

War doch bloß eine kleine Ohrfeige ... Nein! Bei allen körperlichen und psychischen Übergriffen auf andere gilt die Null-Toleranz-Grenze! Wie man sich schützen kann, um gar nicht erst zum Opfer zu werden:

– Sofort handeln: Gewalt in Beziehungen ist ein langsam wirkendes Gift. Erst ist sie ein „Ausrutscher", allmählich wird sie zur ständigen Bedrohung. Deshalb bereits beim ersten Mal (das kann auch unkontrolliertes Herumbrüllen oder das Zerschmettern von Geschirr sein) dem anderen die Grenzen zeigen: „Dein Verhalten ist brutal und zerstört mein Vertrauen zu dir. Wenn ich mich vor dir schützen muss, hat unsere Beziehung keine Basis, und ich verlasse dich."

– Keine Ausflüchte akzeptieren: „Hab' heute so viel Stress gehabt", „Ich hatte zu viel getrunken". Alles Quatsch: Niemand anderer als der Gewalttätige selbst ist schuld an dem, was passiert. Opfer übernehmen leider oft die Schuldrolle („Ich hab ihn provoziert") und heizen die Gewaltbereitschaft damit an. Klar, denn der Täter fühlt sich jetzt ja im „Recht" zuzuschlagen.

– Sich wehren: Gegenstände, die man auf dem Kopf des anderen zertrümmern kann, gibt es in jeder Wohnung. Die meisten Frauen trauen sich das leider nicht ... In einem Selbstverteidigungskurs lernen Frauen deshalb vor allem: eine gesunde Wut auf den anderen zu entwickeln und Unrecht nicht einfach hinzunehmen.

– Anderen helfen: Der kleine Neffe fängt an zu stottern, wenn sein Papa hereinkommt? Aus der Nebenwohnung hört man oft Kinderschreie? Wer das ignoriert, macht sich mitschuldig. Die Polizei rät, sich nicht selbst mit dem Täter anzulegen, sondern sofort Hilfe zu holen. Bei Erwachsenen kann man Unterstützung anbieten, indem man die Telefonnummer einer Opferorganisation weitergibt.

– Wer zögert, sollte abwägen: Was ist schlimmer – völlig Unschuldige zu verdächtigen und sich damit Ärger einzuhandeln – oder zu riskieren, dass hier tatsächlich jemand weiterhin unter Gewalt leiden muss?

– Schon indem man als Außenstehender deutlich signalisiert: „Ich achte darauf, was geschieht", macht man es potenziellen Tätern weniger leicht. Ein Anruf bei den Nachbarn während des beunruhigend lauten Streits („Ich wollte nur fragen, ob alles in Ordnung ist?") ist erst einmal völlig ungefährlich – schlimmstenfalls hat man sich eben geirrt. Und im besten Fall weiß das Gewaltopfer, dass es da jemanden gibt, an den es sich wenden kann. Sicher kann man sich Ärger einhandeln, wenn man sich ungebeten einmischt. Aber das ist eindeutig besser als zuzulassen, dass jemand Gewalt ausgesetzt ist. – Also bitte Zivilcourage!

S.O.S.-TIPP

Besonders Frauen leiden unter „Stalking": Sie werden vom verlassenen oder verschmähten Mann terrorisiert. Das können unerbetene Blumen sein, Geschenke, Liebesbriefe. Aber auch: Drohungen, Telefonterror, Auflauern vor der Wohnungstür. Spätestens, wenn die Verfolgte immerzu Angst lebt: Anzeige erstatten! Die meisten Stalker hören danach auf. Wenn es ganz gefährlich ist, gibt's Personenschutz.

Alle anderen und ich

Richtig alleine sind wir eigentlich nur im Schlaf. Ansonsten teilen wir unser Leben mit Mann oder Frau, mit Eltern, Großeltern und Verwandten, mit Freunden, Nachbarn und Kollegen – und als ob das noch nicht reichen würde, sogar noch mit Leuten, die man überhaupt nicht kennt. Für all die Menschen, mit denen wir auskommen wollen oder müssen, gibt es auf den folgenden Seiten Ratschläge für den Umgang miteinander.

Sechs Goldregeln fürs Miteinander

1 Ein gutes Selbstbewusstsein

Ebenso selbstverständlich wie lebensnotwendig: wissen, wer man ist, seine Stärken und Schwächen kennen und akzeptieren. Nur dann wird man auch mit anderen Menschen zufrieden stellende Beziehungen führen können, seien es Eltern, Nachbarn oder Kollegen. Voraussetzung ist, dass man sich von den Eltern abgenabelt hat, sein eigenes Leben lebt und nicht mehr versucht, so zu sein, wie man glaubt, dass sie es sich gewünscht hätten … Wer das nicht gründlich erledigt, unter Umständen auch mit Hilfe einer Therapie, wird sein Leben lang von diesen unbewussten Erwartungen an sich selbst verfolgt – mit fatalen Folgen für das Zusammenleben mit anderen: Der Chef wird unbewusst zum Stellvertreter des grundsätzlich unzufriedenen Vaters, und als Freundin sucht man sich immer wieder genau den egozentrischen Typ, wie es die Mutter ist …

Die so genannte Individuation (ein Begriff von C.G. Jung) ist unsere eigentliche Lebensaufgabe: die Entwicklung unserer authentischen Persönlichkeit. Die lässt sich dann auch nicht mehr so beeinflussen durch all die vermeintlichen Gebote, wie man zu sein hat – schön, stark, erfolgreich, jung, berühmt –, sondern betrachtet die Dinge zunehmend mit einem „inneren Blick" und gewinnt innere Freiheit.

2 Ein inneres Gleichgewicht

Eigentlich bestehen wir ja aus mehreren „Ichs": dem Eltern-Ich, dem Erwachsenen-Ich und dem Kindheits-Ich – das behauptet jedenfalls eine weitere psychologische Theorie, die Transaktionsanalyse. Dieses Trio ist immer dabei, wohin man auch geht, und es handelt sich dabei einfach um unterschiedliche Gefühlszustände, in die wir alle jederzeit geraten können.

Beispiel: Ihr Mann hätte seinen Sohn vom Spielplatz zum Essen holen sollen, kommt aber nicht nach Hause. Schließlich müssen Sie selbst gehen und beide einsammeln. Und was sehen Sie? Da kickt Vater begeistert mit Sohn und Freunden um die Wette – offensichtlich gerade im Zustand seines Kindheits-Ichs.

Es ist ziemlich wahrscheinlich, dass Sie jetzt – leicht ungeduldig, weil die Suppe, die Sie extra gekocht haben, langsam kalt wird – erzieherische Sachen sagen wie zum Beispiel „Es ist unhöflich, andere warten zu lassen". Eindeutig: Sie sind soeben in Ihr Eltern-Ich geschlüpft. Das heißt, dass Sie im Moment die gleiche Geisteshaltung haben wie einer Ihrer Elternteile: Sie reagieren so wie Vater oder Mutter es getan haben würden, in Haltung, Gestik, Wortwahl, Empfindungen …

Und das Erwachsenen-Ich? Das ist der Zustand, in dem wir selbstverantwortlich empfinden und handeln. Das Erwachsenen-Ich ist vernünftig und sozusagen die ausgleichende Instanz: Es erlaubt den beiden anderen Zuständen, in Erscheinung zu treten, und zwar je nachdem, ob es der Gesamt-Persönlichkeit von Nutzen ist. Das Kindheits-Ich ist beispielsweise gefragt, wenn wir kreativ sein wollen, das Erwachsenen-Ich, wenn wir die Kontrolle zu verlieren drohen. Diese Ich-Zustände sind übrigens keine „Masken", die man nach Bedarf auf- und absetzt, sondern eine psychische Realität, die wir nicht bewusst beeinflussen können.

Und was will uns das sagen? Eine ganze Menge – denn wie gut wir uns mit anderen verstehen, hängt wesentlich davon ab, welches Ich wir gerade einzunehmen belieben. Die Kommunikation kann schön schräg laufen, wenn unpassende Ichs in unpassenden Situationen aufeinander treffen! Etwa wenn man gerade mitten im Kindheits-Ich steckt – vielleicht ausgelöst durch ein Telefonat mit der Mutter – und in diesem Moment der noch dazu sehr steife, überkorrekte Chef hineinkommt … Oder auch umgekehrt: Das Ich, das wir beispielsweise bevorzugt unseren Eltern gegenüber einnehmen, sagt viel über uns selbst aus. Beispiel gefällig? Mutter sagt im Brustton der Überzeugung und hundertprozentig im Eltern-Ich-Zustand: „Meine Liebe, du ernährst deine Kinder nicht richtig. Du kaufst die falsche Joghurt-Sorte. Ich werde dir die richtige mitbringen." Wer jetzt zum Beispiel antwortet: „Wieso kritisierst du mich immer? Wieso mischst du dich immer in meine Erziehung ein?" hat sein Kindheits-Ich aktiviert und ist voll auf Mutters Spiel eingegangen. Als Anregung hier eine Antwort, die vielleicht das Erwachsenen-Ich – auf gleicher Augenhöhe mit der Mutter – geben würde: „Ganz ehrlich, mir ist meine Joghurt-Sorte ziemlich egal. Aber wenn dir eine bekannt ist, die die Kinder mögen und die noch dazu gesünder ist, kannst du sie gerne mitbringen."

3 Ein gutes Drehbuch

Es gibt eine psychologische Theorie, die unser Leben mit einem Drehbuch aus dem Film vergleicht: Demnach sind wir in bestimmten Rollen und Mustern so gefangen, als hätten wir einen unveränderlich festgelegten Text zu sprechen (etwa wie in dem Film „Und ewig ruft das Murmeltier"). Solche Drehbücher oder „Scripts" drängen uns immer wieder in dieselbe Rolle, etwa als die Naive, die dauernd auf denselben Typ „väterlicher Chef" hereinfällt, der sich jedes Mal wieder als Ausnutzer entpuppt ... oder als das Opfer, das regelmäßig von derselben Art Technokraten-Kollegen gemobbt wird ... Glücklicherweise muss man aber nun nicht sein Leben lang in einem Film mitspielen, in dem man eine ganz blöde Rolle hat. Lebens-Drehbücher lassen sich nämlich auch umschreiben. Notfalls mit Hilfe einer Psychotherapie.

4 Ein öffentliches Ich

Klar, dass man sich im so genannten gesellschaftlichen Zusammensein – ob mit Bekannten oder Kollegen, Freunden oder Nachbarn – nicht benehmen kann wie zu Hause. Dieses öffentliche Ich ist aber nicht Verstellung oder Heuchelei, sondern etwas Lebenswichtiges – eine Art Teilpersönlichkeit, die wir für Menschen annehmen, die wir nicht so gut kennen. Ihnen zeigen wir natürlich nur die Charaktereigenschaften, die uns nicht gefährlich werden können, die nicht zu viel von uns verraten und uns einen guten Platz in der Gesellschaft versprechen.

Das bedeutet aber nicht, dass es empfehlenswert wäre, vor anderen stets mehr scheinen zu wollen – mein Haus, mein Auto, mein Pferd und so. Denn damit betrügt man sich selbst um eine mögliche echte Begegnung. Wenn der andere dann Interesse zeigt: Was hat der Angeber schließlich davon? Nichts – es gilt ja nicht ihm, sondern seinem Haus, Auto, Pferd. Schade – es hätte vielleicht der Anfang einer wunderbaren Freundschaft werden können ... Dieses öffentliche Ich muss nämlich nicht perfekt, sondern authentisch sein. Alles, was man dann noch braucht, ist genug Selbstvertrauen, um auszuhalten, dass einen jemand anderes halt mal nicht so toll findet.

5 Genug Streicheleinheiten

Worauf sind wir Menschen am meisten aus? Zärtlichkeit! Das behauptet jedenfalls die oben schon erwähnte psychologische Theorie der „Transaktionsanalyse". Ohne sie kann der Mensch als soziales Wesen nicht überleben: Kleinkinder, die von der Mutter getrennt werden und über längere Zeit körperliche Zärtlichkeit entbehren müssen, werden später öfter körperlich und seelisch krank. Aber auch als Erwachsene treibt uns immer noch der Hunger nach „Streicheleinheiten" – nur dass wir diese jetzt in sublimierter Form austauschen: als Anerkennung und Aufmerksamkeit. Deswegen ist es für uns auch so wichtig, im Umgang miteinander höflich und anerkennend behandelt zu werden, denn jedes freundliche „Hallo" streichelt unsere Psyche ...

6 Das rechte Maß

Soll und Haben muss immer ausgeglichen sein – die fundamentale Voraussetzung, damit Beziehungen zwischen Menschen funktionieren. Und zwar gilt das für alle Menschen, von uns ganz nahe stehenden bis hin zu ganz fremden. Und es gilt für einfach alles, was man geben und nehmen kann: Geld, Aufmerksamkeit, Freundlichkeit, die oben erwähnten Streicheleinheiten ... dieser zwischenmenschliche „Güteraustausch" muss immer exakt ausgewogen sein, sonst entstehen sehr schnell Konflikte oder Irritationen.

Wir berechnen unsere gegenseitigen Streicheleinheiten-Bilanzen besser und genauer als jeder Computer. Beispiel: Seit Jahren begegnen Sie Ihrem Nachbarn morgens an der Garage, und seit Jahren begrüßen Sie sich gegenseitig mit einem „Hallo", einem Lächeln und einem Nicken. Der angemessene Austausch von Streicheleinheiten, um sich seiner Wertschätzung in einem gewissen Rahmen zu versichern. Lassen Sie eines der drei weg, entweder das Lächeln oder das Hallo oder das Nicken: Garantiert wird der Nachbar gekränkt sein oder denken, Sie seien sauer auf ihn. Oder gehen Sie stattdessen auf ihn zu, sehen ihm herzlich in die Augen und schütteln seine Hand – dann wird er sich vermutlich Sorgen um Ihren Geisteszustand machen ... mit Blick auf den Handelscharakter zwischenmenschlicher Beziehungen heißt das: anderen gegenüber immer schön wertschätzend, angemessen und höflich sein!

481. Eltern und Familie

Es gibt wohl wenige Dinge, die einen Menschen mehr prägen als seine Familie.

– Die Ursprungs-Familie: die so genannte „Keimzelle" der Gesellschaft. Sie kann lebenslangen Rückhalt bieten, Kinder groß und stark machen – aber auch Neurosen und Missbrauch in sich bergen.

– Eines hat die Familie im Normalfall allen anderen Bindungen voraus: Sie ist, wenn es hart auf hart kommt, die einzige Adresse, an die wir uns rückhaltlos wenden können. In einer Lebenskrise, bei der es um Leben und Tod geht, also z.B. einer ernsthaften Krankheit, ist auf Eltern und Familie mehr Verlass als auf Freunde – das sagten jedenfalls 63 Prozent der Deutschen in einer Umfrage. Und rund 75 Prozent bezeichneten ihre persönlichen familiären Bindungen als stark.

– Überhaupt sind die Bindungen in der immer wieder totgesagten Familie äußerst lebendig – sie verändert sich nur: Männliche und weibliche Rollenmuster lösen sich auf, stattdessen wird alles von Fall zu Fall ausgehandelt. Patchwork-Familien nehmen zu. Kinder bleiben heute – ganz ohne Generationenkonflikt – viel länger im „Hotel Mama" als früher, bis sie ausziehen, und auch dann verläuft die Ablösung friedlich. Eltern unterstützen ihre Kinder finanziell oder bei den Enkeln. Neun von zehn Pflegebedürftigen werden zu Hause betreut. Und man ist sich nahe: Rund 60 Prozent der Eltern wohnen im selben Ort wie ihre erwachsenen Kinder, 80 Prozent nicht weiter weg als eine Fahrtstunde. Bei so viel Solidarität in der Familie kann von einem Auslaufmodell nicht die Rede sein.

482. Gute Geschwisterbeziehungen

Brüderlein und Schwesterlein – eine unkündbare Beziehung fürs Leben.

– Geschwister können ganz unterschiedliche Persönlichkeiten sein – entsprechend einzigartig und nicht vorhersagbar sind auch die jeweiligen Beziehungen, die sich mit den Eltern entwickeln. Die Mutter übersieht vielleicht das künstlerische Talent der Tochter, während der Vater gerade im schwierigen Wesen seines Sohnes einen Teil von sich selbst sieht und ihm viel Verständnis entgegenbringt. Aber, sagen Familienforscher, das muss weder zwingend Selbstbewusstsein noch Komplexe hervorrufen: Es kommt immer auch auf die Gene und damit die Persönlichkeit des Kindes an. Was sich auf das Selbstwertgefühl des einen Geschwisters stark auswirkt, geht beim anderen gar nicht so tief.

– Auch, wie sich Geschwister als Erwachsene verstehen, hängt weniger vom Erziehungsstil im Elternhaus als von ihren Persönlichkeiten ab: Manche Geschwister haben sehr nahe und intensive Bindungen. Andere einigen sich auf „Gentlemen's agreement" – man ist höflich und vermeidet heikle Themen. Und wieder andere interessieren sich einfach nicht füreinander und sehen sich selten.

– Was aber in jeder Geschwisterbeziehung eine entscheidende Rolle spielt, ist die Rivalität um eine begrenzte Ressource: die Aufmerksamkeit der Eltern. Die dauernde Konkurrenz führt dazu, dass Geschwister sich ständig vergleichen und dadurch oft zurückgesetzt fühlen (oder auch bevorzugt), gekränkt und neidisch sind. Starke negative Gefühle wie Konkurrenz, Eifersucht, Neid und Aggression sind nämlich bei Geschwistern ganz normal – ebenso wie die positiven: Liebe, Solidarität, Vertrautheit. Viele Forscher halten genau diese brisante Mischung sogar für ein typisches Merkmal aller Geschwisterbeziehungen.

– Das gegenseitige Aufeinander-Schielen kann bis ins Erwachsenenalter hineingehen: So so, da kriegt der andere also schon wieder einen Zuschuss von den Eltern – da sieht man's mal wieder, ich bin einfach Nummer zwei ... Besser: damit aufhören! Vergleiche mit Geschwistern („Er hat einen tollen Beruf und ich nicht – er wurde ja auch gefördert") sind ebenso sinnlos wie mit Hollywood-Stars oder anderen vermeintlich mehr vom Glück Begünstigten – sie führen zu Unzufriedenheit und sonst gar nichts. Jeder hat sein eigenes Leben und soll sich an dem freuen, was er hat!

TEST

Wie ist mein Verhältnis zu den Eltern? Überlegen Sie sich drei Dinge – Eigenschaften oder Erinnerungen – , die Sie an Ihren Eltern richtig toll finden. Wem auch nach einer Weile gar nichts einfallen will, der sollte das als Anzeichen für eine tiefgreifendere Störung im Verhältnis zu den Eltern ernst nehmen. Wer nach 20 Sekunden noch keine Idee hat, liegt im kritischen Bereich. Wem gleich etwas einfällt: Freuen Sie sich über so viel positive Gefühle!

483. Meine Mutter versteht mich nicht

Geschenke sind heikel – und oft symptomatisch für die Beziehung zwischen Müttern und Töchtern. Wie „bedank" ich mich für diesen grauenhaften Pullover? ...

– Da liegt es, Mutters Geschenk: ein Alptraum von einem Pullover. Die Tochter trägt meistens Schwarz, ganz schlicht. Auf dem Pullover sieht man rosa Mäuse, die golden glitzernde Tintenfässer umschmeißen ... die eigene Mutter müsste doch wissen, was zu einem passt!
– Klare Sache – glaubt die Tochter – der Pullover bedeutet in Wahrheit: „Du könntest etwas weiblicher sein, mein Kind. Andere in deinem Alter sind schon verheiratet und haben Kinder. Dann hätte ich endlich eine Tochter, auf die ich stolz sein kann." So richtig mit Hintergedanken hat die Mutter den Pullover aber gar nicht gekauft. Sie fand ihn einfach originell – und, ja klar, an ihrer Tochter würde sie sich so was Hübsches wirklich mal wünschen ...
– Die Folge: Die Tochter fühlt sich von der Mutter nicht anerkannt, nicht respektiert und nicht geliebt, so wie sie ist. Und die Mutter ist mit ihrer Tochter zu sehr verbunden, sieht sie als Teil ihres eigenen Ichs an und realisiert nicht, dass die Tochter ein eigener, anderer Mensch ist.
– Was jetzt? Soll man sich mit zusammengebissenen Zähnen bedanken? Und den Pullover – je nachdem mit schlechtem Gewissen oder wütend – zur nächsten Kleidersammlung bringen? Hier gibt es kein Richtig und kein Falsch – es kommt auf die Beziehung an:
– Wer spürt, dass die Verbitterung hochsteigt, wer den Pullover gleichsetzt mit allen erlittenen Ablehnungen, der würde sich wahrscheinlich grausam selbst verleugnen, wenn er auch noch „danke" sagt ... Allerdings: Der Mutter den Pullover hinzupfeffern mit der Klage „Warum kannst du mich nicht akzeptieren, wie ich bin? Den kannst du selber tragen!" ist nicht gerade ein Zeichen dafür, dass man sich von der Mutter abgelöst hat. Es ist vielmehr der Beweis, dass die Tochter noch immer voll in der Kinder-Rolle steckt, dass sie mit der gleichen Intensität wie als Kind darauf wartet, dass die Mutter endlich so ideal wird, wie sie sich das vorstellt.
– Wer innerlich erwachsener ist, nimmt's leichter. Und ist vielleicht sogar ein wenig amüsiert über die Krassheit des Missgriffs. Dieses „Kind" hat akzeptiert, dass es für die Mutter nicht die ideale Tochter ist – und trotzdem lebt es sein eigenes Leben und ist mit sich selbst zufrieden, Mutters Meinung hin oder her. Ohnehin kann man sie nicht ändern. Also: Wozu streiten? Vielleicht kann man dann so etwas Salomonisches sagen wie: „Dieser Pullover war bestimmt sehr teuer, und er ist toll verarbeitet – aber das ist so wenig mein Stil, der passt zu rein gar nichts, was ich im Schrank habe. Aber weißt du, wem er wirklich toll stehen würde? Dir! Probier ihn doch mal an."

5 GESCHENK-IDEEN für die Eltern

Egal, wie sie sich bei der Erziehung angestellt haben – die meisten Eltern tun für ihre Kinder ihr Bestes. Wenn die erwachsen sind, könnten sie da nicht ab und zu auch mal den Eltern was geben? Darüber freuen sich Eltern nämlich genauso wie Kinder.

1. Aufmerksamkeit! Auch Eltern wollen manchmal Problemchen loswerden – und als Erwachsener kann man da ja mal zur Seite stehen und einfach zuhören.
2. Ab und zu einen Brief schreiben! Mit nichts Besonderem – einfach nur kurz erzählen, was es Neues gibt. Die altmodische Form des Briefs hat nämlich im Unterschied zum Normalo-Medium E-Mail was sehr Gepflegtes. Außerdem mögen es Eltern, wenn sie am Briefkasten stehen und zum gerade vorbeilaufenden Nachbarn sagen können: „Ein Brief von meiner Tochter."
3. Zu Ostern: Früher gab's Ostereier für uns, heute sind wir dran, was zu verstecken – für die eigenen Kinder und für die Eltern, zum Beispiel Lieblings-Krimi und Rätselheft.
4. Zur Silber-, Gold- oder Diamant-Hochzeit: ein selbstgemachtes Album mit Fotos, allen Reden usw. Auch immer sehr beliebt: Jahreskalender mit eigenen Fotos bekleben – Garten, Enkel, Hund – Eltern-Freude garantiert!
5. Ein Event-Gutschein für einen ganzen Tag: Museumsbesuch, Essen gehen, Boot fahren.

484. Meine Familie, deine Familie

Eine Beziehung ist mehr als zwei einzelne Menschen – denn hinter jedem Partner stehen auch Mutter, Vater, Oma, Opa, Schwester, Bruder, Tante, Onkel …

– Und das heißt für Schwiegerfamilien: Man kommt als Außenstehender in ein völlig neues, unbekanntes Kommunikationssystem! Wer keine Lust hat, schon in kürzester Zeit in alle Fettnäpfe zu treten, der sollte sich gerade bei den ersten interfamiliären Begegnungen eher etwas zurücknehmen und dafür die anderen mehr beobachten.

– Wer kann mit wem, wer hört auf wen, wer ist der Boss, wie ist der Umgangston und welche Rolle spielt eigentlich der eigene Partner im „Familienstück"? Lauter Fragen, die man erst beantworten kann, wenn man die Beteiligten wenigstens etwas näher kennen gelernt hat.

– Wichtig ist natürlich auch, wie man sich selbst „einbringen" möchte: Freue ich mich über den Familienzuwachs, möchte ich in die neue Gemeinschaft wirklich aufgenommen werden, hab' ich tatsächlich Lust darauf, mich auf diese fremden Menschen einzulassen? Oder ist es für mich (wenn ich mal ganz ehrlich bin) mehr eine lästige, wohl nicht zu vermeidende Pflicht – schließlich hat man ja mit der eigenen Familie schon mehr als genug am Hals …

– Deshalb: Wer die neue Familienbeziehung erfolgreich gestalten möchte, sollte sich als erstes über seine eigenen Motive im Klaren sein – denn gerade alles Unausgesprochene, Unbewusste hat große emotionale Durchschlagskraft.

– Zusätzlich erschwerend: Wenn unterschiedliche Lebenswelten und Kulturkreise aufeinander prallen. Also grob gesagt: „Ein Bayer in Hamburg" oder „Fräulein Doktor in der Bergarbeiterfamilie". Abgesehen von echten Sprach- und Verständigungsschwierigkeiten können hier auch die unterschiedlichen sozialen Codes zu Problemen führen (von der Form der Begrüßung über Essmanieren über Geschenkgepflogenheiten bis zu Höflichkeitsfloskeln).

– Die Lösung: bloß nichts überstürzen! Lieber allen Beteiligten bei der gegenseitigen Annäherung ausreichend Zeit lassen und der neuen Familie mit asiatischer Höflichkeit begegnen: viel lächeln, immer freundlich sein, mehr zuhören als selbst reden, die nötige Distanz wahren, respektvoll sein – und sich freuen, wenn man spürt, wie die gegenseitige Zuneigung langsam, aber sicher wächst …

485. Vom Umgang mit Familienfesten

Ob Omas Geburtstag, Weihnachten oder Onkel Dieters Hochzeit: schön, wenn alle mal wieder zusammen kommen – oder?

– Wer die überwiegende Anzahl seiner Familienmitglieder mag und gerne wiedersieht, dem macht so ein Treffen mehr Freude als Stress. Und einen ekligen Onkel oder eine zickige Kusine kann man für ein paar Stunden schließlich leicht verkraften!

– Schwieriger wird es, wenn man auf Grund ausreichend schlechter Erfahrungen schon von vornherein weiß, dass Chaos droht: weil der schwierige Vater regelmäßig jedes Fest sprengt, der ältere Bruder sich immer bis zum Blamieren betrinkt oder der nicht mehr lustige Dauerzwist zwischen zwei Onkeln jedes Mal unweigerlich zum Eklat führt. In solchen Fällen sollte man versuchen, möglichst bei sich zu bleiben, sich nicht für die anderen verantwortlich zu fühlen und sich schon vorher innerlich die Erlaubnis zu geben, einfach zu gehen, wenn's unerträglich wird …

– Auch problematisch: Der Fest-Terror – besonders häufig an Weihnachten zu beobachten. An Heiligabend von 6–8 Uhr zu den Eltern, dann schnell zu den Schwiegereltern. Oder: Heiligabend bei den einen, am ersten Feiertag zu den anderen. Oder: ein Jahr hier, ein Jahr

4 GESCHENK-IDEEN für die liebe Verwandtschaft

1. **Zur Hochzeit – romantisch: einen Gutschein, beispielsweise für ein Wochenende auf einer Berghütte.**
2. **Zum Nachwuchs – zukunftsweisend: ein Kirsch-, Apfel- oder sonstige Früchte tragendes Bäumchen.**
3. **Zur silbernen, goldenen oder diamantenen Hochzeit – revivalmäßig: die „Love-CD" mit „ihren" Liedern.**
4. **Zu allen Anlässen – rückblickend: die Dia- oder sonstige Fotoshow. Der Jubilar im Kinderwagen – da kommt Stimmung auf!**

dort feiern. Man versucht sein Bestes – mit dem Ergebnis, dass irgendwie immer gemeckert wird und man selbst total gestresst ist! Eine mögliche Lösung: Vielleicht einfach schon im Vorfeld, also lange vor dem Termin, in einer ruhigen Minute das Problem anpacken und mit den Beteiligten – unter Berücksichtigung der eigenen Interessen – Alternativen ausdiskutieren. Dazu kann durchaus auch der Vorschlag „Wir möchten dieses Jahr mal bei uns feiern" gehören …

– Bei grundsätzlich allen Familienfesten wärmstens empfohlen: die Grundregeln der Diplomatie! Also: keine kritischen Themen (Politik, Geld etc.), immer lächeln, immer höflich sein – und immer daran denken, dass man die anwesenden Damen und Herren in dieser Häufung ja nur äußerst selten ertragen muss!

486. Wenn die Eltern alt werden

Es ist schwer, mit ansehen zu müssen, wie sie richtig alt werden. Gestern noch waren die Eltern die „jungen Alten", wie sie im Buche stehen: heute ins Theater, morgen zu den Enkeln, ein Event jagte das nächste! – Und jetzt? Heute hat schon wieder einer von beiden vergessen, den Herd auszuschalten. Hecke schneiden, Einkaufstüten schleppen, Staubsauger aus dem Keller holen – das geht alles nicht mehr so gut. Es ist Zeit, dass sich die Sache umdreht und wir uns um unsere Eltern kümmern.

– Öfter anrufen! Am besten zu regelmäßigen Terminen, etwa jeden Samstag. Bei den Eltern entsteht dann nicht das Gefühl, auf Anrufe warten zu müssen. Das ist eine klare Vereinbarung, die man auch einhalten muss.

– Vorher ausmachen, was zu tun ist, wenn niemand abnimmt: Hat die Nachbarin einen Schlüssel und schaut dann sicherheitshalber nach?

– Kurzwahlnummern speichern, damit die Eltern nur einen Knopf drücken müssen, wenn sie selbst anrufen wollen.

– Sich abmelden, wenn man längere Zeit unterwegs ist (Geschäftsreise etc.), immer eine Handynummer hinterlegen.

487. Hausnotruf einrichten

Gute Idee, wenn im Alltag und im Prinzip noch alles klappt – aber trotzdem medizinische Hilfe im Fall des Falles schnell zur Stelle sein müsste.

– In die Wohnung kommt eine kleine Funkstation. Ein kleiner Sender am Handgelenk kann jederzeit Verbindung zu einer Sozialstation aufnehmen (zum Beispiel zum Roten Kreuz).

– Der Sender funktioniert überall in der Wohnung, sogar in der Badewanne.

– Wenn tatsächlich was passiert, hat man sofort Sprechverbindung zur Notrufzentrale. Die schicken dann jemanden vorbei: eine vertraute Person, einen Arzt oder die Polizei.

– Nicht nur für Notfälle gut: Mit einer „Täglich"-Taste kann man sich einmal am Tag in der Zentrale melden und so signalisieren: Alles in Ordnung! Wenn diese Meldung ausbleibt, funken die sofort an, und wenn dann keiner reagiert, wird automatisch der Notarzt geschickt.

– Die Kosten werden in der Regel von der Krankenkasse übernommen, weil der Hausnotruf ja die Selbstständigkeit so lange wie möglich erhalten hilft.

488. Haushaltshilfe organisieren

Wenn man als Kind weiter weg wohnt und nicht mal schnell vorbeikommen kann, um die Glyzinie zu schneiden: Haushaltshilfe besorgen.

– Am besten im Supermarkt einen Zettel aufhängen oder im Gemeindeblatt eine Anzeige schalten, dass man jemanden als Haushaltshilfe sucht. Wichtig: nur Telefonnummer, Name und Stadtteil angeben, sonst lockt man noch ungebetene Gäste ins Haus.

– Am wichtigsten bei der Auswahl der Person: Vertrauen! Schließlich kommt da jetzt jemand regelmäßig in die Wohnung. Deshalb zum Beispiel erst einmal abwarten, bevor die Haushaltshilfe einen Wohnungsschlüssel bekommt.

– Tipp: Ehrenamtliche Organisationen wie die „Nachbarschaftshilfe" fragen (im Telefonbuch). Vorteile: Die Helfer kommen aus der Umgebung und arbeiten meist für einen geringen Stundensatz.

– Weitere Informationen zu Haushaltshilfen finden Sie im Kapitel „Arbeiten" ab Seite 466.

TIPP

Weitere Informationen in Sachen Pflegefall siehe Seite 469, Kapitel „Arbeiten".

CHECKLISTE: IST MEIN ANGEHÖRIGER EIN PFLEGEFALL?

Ab wann muss man sich eigentlich wirklich Sorgen machen? Brauchen die Eltern professionelle Pflege? Oder müssen sie gar ins Heim? Die folgende Checkliste kann helfen, die Situation besser zu beurteilen:

- Körperlicher Zustand: starke Gewichtsschwankungen in kurzer Zeit, Körpergeruch, ungepflegtes Äußeres
- unsaubere oder unpassende Kleidung
- Ernährung: Lebensmittel im Kühlschrank, deren Verfallsdatum abgelaufen ist, oder keine Lebensmittel im Haus
- Kommunikation: unpassende Äußerungen, begrenzte Themenauswahl, Namen und Wörter fallen nicht mehr ein
- Verwirrtheit über Zeit und Ort; Familienangehörige werden nicht mehr erkannt
- Isolation: Der Angehörige zieht sich zurück, weil er Wege nicht wiederfindet, weil er die Treppen nicht mehr steigen kann etc.
- Verfall und Unordnung in der Wohnung

489. Wie findet man ein gutes Heim?

Horrorgeschichten übers Leben im Heim gibt's viele. Zur eigenen Beruhigung sollte man sich gut informieren, bevor die Eltern ins Altersheim ziehen. Ein paar Tipps, wie man das richtige Heim findet:

– Immer vorher zusammen hingehen. Auf alles – besonders auf das Bauchgefühl – achten: Wie ist die Atmosphäre – hell und freundlich oder nur funktional? Wird die Intimsphäre geachtet, oder darf man nicht mal eigene Möbel haben? Machen die Menschen (Bewohner wie Angestellte) einen zufriedenen Eindruck?
– Checklisten für Heimverträge und Qualitätsstandards in Heimen gibt es zum Beispiel bei „Bundesarbeitsgemeinschaft der Senioren-Organisationen“ unter www.bagso.de oder Telefon 0228/249993-0.

TIPP

Bloß nicht ins Heim ? Wie wär's mit einer Alters-WG? Individuelle Wohnformen gibt's immer mehr: WGs für Senioren. Oder auch Jung und Alt gemischt. Oder für Behinderte. Wie man mitmachen kann oder selbst eine WG gründet, erfährt man beim „Forum für gemeinschaftliches Wohnen im Alter“ unter: www.fgwa.de oder Telefon 0511/924001-827.

490. Echte Freunde

Sind Gold wert – aber auch leider genauso selten …

– Echte Freunde – das bedeutet: Hier muss man sich nicht verstellen, hier kann man so sein wie man ist, weil die anderen einen genau so mögen!
– Echte Freunde – das bedeutet: Diese Beziehung hat Entwicklungs-Potenzial, man wächst gemeinsam, man kommt sich immer wieder wirklich näher.
– Echte Freunde – das ist die schon von Goethe beschriebene „Wahlverwandtschaft“. Der Vorteil zu echten Verwandten: Geschwister, Onkel, Tanten und Kusinen kann man sich nicht aussuchen – Freunde schon!
– Echte Freunde – das bedeutet (mit etwas Glück) oft eine lebenslange Beziehung, eine wirkliche Partnerschaft, etwas, das das Leben absolut bereichert.
– Wie kommt man zu „echten“ Freunden? Wie zu einem Schatz – den kann man nicht suchen, nur finden … Und um den zu finden, muss man bei Begegnungen mit Menschen sozusagen mit Herz und Gefühl dabei sein. Sonst merkt man nämlich unter Umständen gar nicht, wenn man sich zu jemandem besonders hingezogen fühlt (das ist bei der Liebe wohl auch nicht anders …).
– Wie man echte Freunde auch noch findet: mit Geduld und Zeit! Richtig lebenslange Freundschaften entwickeln sich langsam, über Jahre. Was zu schnell hochkocht, verdampft auch schneller …
– Und dann? Sollte man viel miteinander reden oder unternehmen – was nicht schwer fallen dürfte! Denn mit echten Freunden ist man einfach gerne zusammen.

491. Falsche Freunde

Wie man sie erkennt – und nicht auf sie reinfällt.

– Falsche Freunde sind (Mehrfachnennungen möglich!): intrigant, berechnend, ausnutzend, egozentrisch, ignorant und auf keinen Fall förderlich! Bei dieser hübschen kleinen Liste stellt sich natürlich die Frage, wieso solche Exemplare überhaupt in die Kategorie „Freunde" kommen können …

– Die Antwort findet man nur in der eigenen Psyche, die mit solchen Missgriffen auf verdrängte und nicht bearbeitete Negativ-Beziehungen aus der Kindheit aufmerksam macht.

– So merkt der eine nicht, dass er sich ständig ältere, männliche Freunde raussucht, die schlecht über ihn reden, sich über ihn lustig machen, so tun, als ob sie über ihm stehen. Dabei ist es eigentlich kein Wunder, wenn man weiß, dass er seine Jugend mit einem dominanten Stiefvater verbracht hat, der immer eifersüchtig war und ihn absichtlich „klein" gehalten hat.

– Und eine andere merkt gar nicht, dass die vermeintliche Freundin immer nur von sich redet, immer im Mittelpunkt stehen will, sich überhaupt nicht für die Probleme der anderen interessiert. Kennt man die dazu gehörende Diva-Mutter, wird schnell alles klar …

– Fazit: Wer „dunkle" Stellen in der eigenen Psyche hat, ist stärker als andere gefährdet, auf falsche Freunde hereinzufallen. Da hilft auf Dauer nur die intensive, wenn nötig auch therapiemäßige Beschäftigung mit der eigenen Vergangenheit. Und: auch mal auf den Rat von echten guten Freunden zu hören – die können nämlich oft mehr sehen (und fühlen) als man selbst!

492. Freundschaften pflegen

Aufmerksamkeit, Interesse, Zeit, Zuwendung – und das alles von Herzen: Dann klappt's auch mit den Freunden!

– Hört sich an wie „Wäsche pflegen" – hat aber auch tatsächlich was davon … nämlich: die Regelmäßigkeit, die intensive Beschäftigung und das Ziel.

– Um mit dem letzten, aber wichtigsten zu beginnen – das Ziel: Man wünscht sich, dass die Freundschaft lange hält, man möchte sie intensivieren, man ist froh, so einen Freund gefunden zu haben – und dafür muss man (wie eigentlich immer im Leben) etwas tun.

– Wer alle Jubeljahre mal bei einem „Freund" anruft, macht es sich wohl etwas zu einfach. Denn wachsen können Freundschaften nur, wenn man sich regelmäßig und intensiv um sie kümmert. Also: anruft, schreibt, sich trifft, gemeinsame Abende verbringt, Ausflüge macht, Urlaube plant, sich tröstet, hilft und unterstützt. Und sich so langsam, aber stetig wirklich näher kommt.

493. Freunden helfen

Nicht zu viel und nicht zu wenig und vor allem so, dass es auch wirklich vom eigenen Gefühl her stimmt: Hier ist die „goldene Mitte" der richtige Weg!

– Echte Freunde unterstützen und fördern sich gegenseitig! Sie nehmen im besten Fall füreinander die Rolle eines Mäzens ein und helfen sich, ihren Lebensträumen näher zukommen. Das ist selten genug – die meisten Menschen erlauben sich selbst nicht genug innere Freiheit, um dem anderen gegenüber wirklich großzügig zu sein … Wenn der eine mit reifen 40 Kunst studieren will, sagt ein echter Freund nicht: „Du spinnst doch – dafür bist du zu alt!" Sondern: „Warum solltest du nicht noch etwas tun, um dein Talent zu fördern? Mal sehen – welche Möglichkeiten kämen denn für dich in Frage?"

– Wir befinden uns mitten im sensiblen Bereich „Geben und Nehmen", wo das Nicht-Einhalten ungeschriebener Regeln ganz schnell zum Ende einer Freundschaft führen kann. Die wichtigsten Bereiche:

– Ungefragte Hilfe: Dahinter steckt meist ein unbewusster Machtkampf oder eine Unten-Oben-Beziehung. Wer, ohne darum gebeten worden zu sein, einem anderen Dinge abnimmt oder Aufgaben für ihn erledigt, sagt eigentlich: „Ich traue dir das nicht zu, ich kann's besser." Ein Beispiel: Besuch bei der Freundin, die erst vor kurzem Mutter geworden ist. Man hat sich zum Kaffeetrinken verabredet, aber das Baby schreit, die Wohnung ist chaotisch, es geht drunter und drüber. Statt vielleicht ganz einfach zu fragen: „Wie kann ich dir helfen?" fängt die Freundin eigenmächtig an, die Wohnung aufzuräumen! Mit solchen „Grenzverletzungen" kann eine Freundschaft auf Dauer nicht gut gehen.

– Geld: Bei diesem heiklen Thema sollte der um Hilfe Gebetene zuerst einmal mit sich selbst ganz ehrlich sein: Will ich mein Geld überhaupt verleihen? Habe ich überhaupt so viel übrig? Macht es mir nichts aus, eventuell auch etwas länger auf die Rückzahlung zu warten? Gehe ich eine zu große Verpflichtung ein (etwa bei einer Bürgschaft)? Bitte nur dann zusagen, wenn es einem wirklich nichts ausmacht! Auch der Bittsteller sollte sich darüber im Klaren sein, dass er hier auf brüchigem Eis wandelt. Was er verlangt, ist ja nicht wenig – für dieses Geld hat man selbst hart genug gearbeitet. Freunde anpumpen sollte die letzte aller Möglichkeiten sein – erst wenn sonst (Bank, Eltern, Sparverträge auflösen) nichts mehr geht. Denn wegen des schnöden Mammons sollte man kostbare Freundschaften nicht aufs Spiel setzen!

– Immaterielle Hilfe: Dazu gehören Trost, Ratschläge, Zeit, Krankenbesuche, Kinder- und Hundesitten, Pannenhilfe, Reparaturdienste usw. Hier kommt es auf das Gleichgewicht des Helfens an. Ist einer der Beteiligten vom Stamme „Nimm", wird die Freundschaft wohl keine große Zukunft haben. Dabei muss nicht jeder mit gleicher Münze bezahlen, also nach dem Motto: Helfe ich dir beim Umzug, hilfst du auch mir. Kleinkariert Hilfe gegenseitig aufzurechnen, ist nicht gerade ein Beweis von echter Freundschaft!
– Wer allerdings dauernd das Gefühl hat, übervorteilt zu werden, sollte die vermeintliche Freundschaft vielleicht noch einmal überdenken.

494. Freunde einladen

Hier können wir von unseren süd- und osteuropäischen Nachbarn noch eine Menge lernen – die wissen nämlich, was Gastfreundschaft bedeutet!

– Freunde nach Hause einladen macht einfach Spaß! Wenn die richtige Mischung (und das ist wichtig!) zusammenkommt, wird's in der Regel ein schönes Fest. Allerdings sollte der Gastgeber ein paar unabdingbare Voraussetzungen mitbringen: Er darf nicht faul, nicht geizig und nicht pingelig sein. Das bedeutet:
– Auf keinen Fall die Sparvariante fahren, sondern: großzügig planen, einkaufen und auftischen. Je mehr sich die Tische biegen, desto besser! Rauschende Feste feiert man einfach nicht mit ein paar Chips!
– Bequem darf man natürlich auch nicht sein – Einladungen machen eben Arbeit. Menü ausdenken, Tisch decken, kleine Gastgeschenke besorgen, kochen, bedienen, Aschenbecher leeren, aufräumen, sauber machen ... aber das muss man in Kauf nehmen.
– Knickrigkeit zahlt sich nicht aus! Wer für seine Freunde nicht mehr übrig hat als Billig-Wein, sollte vielleicht besser gar nicht feiern.
– Bitte auch Abstand nehmen von: Hausschuhzwang, Rauchverbot, „Bitte keinen Krach machen!", ständigem Wischen und Aufräumen – je mehr Reglements, desto weniger Party!

495. Neuer Partner – neue Freunde?

Die Integration alter Freunde in neue Partnerschaften ist kein leichtes Spiel ...

– Große Liebe, neuer Partner – und was sagen die Freunde?
– Sie mögen ihn/sie! Dann stehen alle Wege offen und man braucht nur auf Zeit zu spielen. Denn dem neuen Partner fehlt ja schließlich ein mehr oder weniger großes Stück „Beziehungsgeschichte". Das lässt sich natürlich nicht aufholen. Aber bei gegenseitiger Sympathie besteht die nicht unwahrscheinliche Möglichkeit, dass neuer Partner und alte Freunde eine ganz eigene Beziehung aufbauen können.
– Sie mögen ihn/sie nicht! Tja, jetzt wird's schwierig. Ganz gute Freundschaften können eine solche Konstellation bei gegenseitigem diplomatischem Geschick und mit viel Offenheit vielleicht überstehen. In den meisten Fällen muss aber wohl eine Seite dran glauben und wird, je nach Lage der Dinge, für Partner oder Freunde, geopfert. So zwischen allen Stühlen (sprich Beziehungen) hält es nämlich niemand lange aus.
– Alarmsirenen sollten aber dann losgehen, wenn man auf einmal außer dem neuen Partner keinen mehr hat, weil alle alten Freunde rausgekickt wurden. Auf Dauer geht so ein Käseglocken-Glück ohne Außenkontakte nämlich garantiert schief.

4 GESCHENK-IDEEN für Freunde

1. **Wochenend-Trip: alles schon geplant und bestellt – und man selbst kommt auch mal aus dem Haus, reihum wird der jedes Jahr von jemand anderem organisiert.**
2. **Geburtstags-Frühstück – ideal auch fürs Büro: feinste Brotzeit-Delikatessen, ein köstlicher Kuchen, ein paar Blumen und Kerzen – und schon sind alle happy.**
3. **Das „Wie die Zeit vergeht"-Album: alte Bilder aus gemeinsamen Tagen rauskramen und per Scanner und Drucker oder in Handarbeit liebevoll zusammenstellen.**
4. **Die „Ach, warst du süß"-Shirts: Babyfoto organisieren, im Copy-Shop T-Shirts für die Freunde damit bedrucken lassen und am Geburtstag damit gemeinsam einlaufen.**

– Manchmal muss man auch ehrlich zu sich sein: Vielleicht ist es gar nicht so schlimm, sich von ein paar alten Freunden zu trennen, weil eine neue Partnerschaft auch einen ganz neuen Lebensabschnitt bedeutet? Da hat mancher von früher keinen Platz mehr.
– Aber einige der alten Beziehungen gehören einfach in die Biografie, schließlich gab's ein Leben vor dem Liebesglück. Zugegeben: Für den Partner mag das manchmal ein bisschen Toleranzaufwand bedeuten gegenüber der alten Clique vom Gymnasium, die sich kichernd in die alten Alben verkriecht. Aber diese Toleranz ist schließlich ein Liebesbeweis.

496. Schulfreunde finden im Internet

„Was macht eigentlich die Pia? Die immer ganz hinten am Fenster saß?“ Nach dem Schulabschluss laufen alle auseinander, und man verliert sich aus den Augen.

– Im Internet nach Schulfreunden zu suchen, wird immer beliebter: Man schreibt seine E-Mail-Adresse bei der Schule (von der Grundschule aufwärts bis zu den Abschlussjahrgängen) ein und kann dann in der Schulfreunde-Suchbörse nachsehen, wer von den anderen schon eingetragen ist. Wer will, kann gleich Kontakt aufnehmen oder das nächste Klassentreffen ankündigen. Inzwischen tragen sich Abi-Jahrgänge fast komplett ein.
– Qualitätsmerkmale von Schufreunde-Suchbörsen: Eintrag kostenlos und Kontaktaufnahme nur im eigenen Postfach, nicht im Chatroom oder im Forum. Die Daten werden nicht zu Werbezwecken weitergegeben. Als Eintrag ist nur der Name sichtbar, keine weiteren Daten. Löschen des Eintrags auf Wunsch sofort.
– Tipps für die Suche: www.freundedirekt.de (in Österreich: www.klassentreffen.at) und www.stayfriends.de (ca. 50.000 eingetragene Schulen, fast 900.000 registrierte Nutzer – die Chance ist also relativ groß, jemanden zu finden!)

497. Stammtisch ins Leben rufen

Klingt furchtbar spießig, ist aber eine furchtbar praktische Form der Beziehungspflege …

– Jeden ersten Montag treffen sich die ehemaligen Studienkolleginnen in der gleichen Ecke, am gleichen Tisch. Die Kellner wissen schon Bescheid und stellen den Damen erst einmal eine Runde Espresso hin. Grundsätzlich zu Hause bleiben: Männer und Kinder.
– Der Vorteil: Feste Termine lassen langfristige Planungen zu. Ein „Aber da wollte ich doch in das Konzert von Fanny Van Dannen gehen“ des Göttergatten gilt dann nicht mehr, schließlich steht seit Jahr und Tag fest, dass er an diesem Abend Babysitter spielt.
– Es ist fast unmöglich, mehr als zwei Menschen spontan an einem Abend unter einen Hut zu kriegen, oft versucht man das schon gar nicht mehr. Der Stammtisch sorgt dafür, dass nicht wieder Monate verstreichen, bis man sich einmal wiedersieht.
– Auch etwas, das Freundschaften am Leben hält: Rituale pflegen. Dazu gehört beispielsweise diese besondere Art der Kommunikation, die alte Freunde pflegen: sich die Bälle zuspielen, über dieselben Sachen lachen … Oder aber:
– Bei Heimatbesuchen gemeinsam den alten Lehrer besuchen, der damals alle Augen zudrückte.
– Gemeinsam alte Erinnerungen herauskramen, etwa an die tollen Kicheranfälle von damals …
– Bei allem gilt: Der Partner sollte dem anderen diese Rituale lassen und sich der Ehre bewusst sein, wenn er einbezogen wird.

498. Mit Freunden in Urlaub fahren

… ist purer Sprengstoff! So vermeidet man Explosionen:

– Vorher fand man sich gegenseitig so interessant und nett. Und nach dem Segel-Törn oder der Skihüttenwoche ist's auf einmal aus mit der Freundschaft … Wenn man sich kaum kennt, kann es sein, dass die Macken des anderen – so hautnah miterlebt – mehr sind, als man vom anderen jemals wissen wollte. Aber auch am langjährigen Freund kann man im Urlaub durchaus noch unbekannte nervtötende Eigenschaften entdecken … Zu große Nähe vertragen die wenigsten Beziehungen. Besonders im Umgang mit Freunden sollte man sich darüber im Klaren sein, dass auch diese Beziehung Grenzen braucht – und wenn man sich noch so sympathisch ist.
– Bei der Urlaubsplanung schon daran denken: Wie viel Gemeinsamkeit schaffen und wollen wir, was kann man nicht mehr ertragen? Zwei Wochen mit Meiers auf dem Hausboot zum Beispiel – wie steht's da um jederzeitige Rückzugsmöglichkeiten? Also: nicht überfordern, nicht zu lange Urlaube mit noch relativ neuen Freunden

machen, und immer im Hinterkopf behalten, dass man vielleicht auch mal eine Tür hinter sich schließen will.
– Gehören Sie zu den Langschläfern, für die exzessives Ausschlafen fast das schönste am Urlaub ist? Möglich, dass man Sie schief ansieht, wenn Sie gähnend zum Frühstück erscheinen, während die anderen schon die Skischuhe anschnallen … Sobald man mit mehreren unterwegs ist, entsteht eine Gruppe – und die entwickelt schnell ihre eigenen Regeln und übt einen nicht zu unterschätzenden Gruppendruck aus. Obwohl einem der Sinn eigentlich nach inniger Zweisamkeit stünde, ordnet man sich der Gesamtheit unter und spielt zu viert Monopoly … Wenn man das weiß und einkalkuliert, kann's ein schöner Urlaub werden.
– Was gut klappt: gemeinsamer Urlaub am gleichen Ort, aber in verschiedenen Unterkünften. Abends trifft man sich zum Essen, zu Unternehmungen verabredet man sich je nach Lust und Interesse. Aber im Prinzip macht jeder, was er will.

499. Wenn der Nachbar nervt

Kaum zu glauben – aber jedes Jahr werden allein in Deutschland eine halbe Million Prozesse nur wegen Nachbarschaftsstreitigkeiten geführt!

– Eigentlich auch klar, warum: Nachbarn sind einem eben eine Spur zu nah. Man hört und sieht einfach mehr voneinander, als man eigentlich will. Und das, wo man doch das eigene Heim als Refugium empfindet, den Ort, wo man tun und lassen kann, was einem einfällt. Umso mehr empfindet man es als Bedrohung, wenn wildfremde Menschen in diese Intimität einbrechen können.
– Wer wirklich das Pech hat, einen „bösen" Nachbarn zu haben, ist echt geschlagen: Wegen jedem bisschen Kinderlärm gibt's einen Riesenaufstand, bei jeder Party steht die Polizei vor der Tür, mindestens einmal pro Monat wird die Wohngemeinschaft beim Vermieter angeschwärzt, keine Sekunde dürfen Fahrräder im Hausgang stehen bleiben und und und. Meistens können solche „Blockwarte" die in Mietshäusern übliche Hausordnung auswendig und wähnen sich hundertprozentig im Recht.
– Dagegen ist ein Kraut gewachsen – und das heißt Solidarität. Die anderen Mieter mit ähnlicher Interessenlage müssen sich austauschen, zusammenhalten und die Nervensäge ganz gezielt öffentlich – zum Beispiel in der nächsten Mieterversammlung – zur Rede stellen oder über Änderungen in der Hausordnung abstimmen. Ist der Terrorist erst einmal geoutet, kann man die Störaktionen nicht nur gleich zuordnen, sondern auch viel besser abwehren. Und darauf hoffen, dass er vielleicht (hoffentlich bald) anderswo eine Wohnung findet.
– Wichtig: Psychisch sollte man möglichst „locker" bleiben und sich auf keinen Fall auf den Querschießer fixieren – der kann einem nämlich sonst schon durch seine bloße Anwesenheit im Nachbarhaus das Leben zur Hölle machen. Also: nicht in den Gedanken verbohren, es müsse doch eine Gerechtigkeit geben – gegen Neurotiker hilft das nicht. Wenn man selbst erst mal mit der „Das lasse ich mir nicht gefallen"-Eskalationsspirale angefangen hat, kann man sich schnell so richtig das Leben verderben – besonders fatal in den eigenen vier Wänden, in denen man sich sammeln und zu sich kommen sollte, statt sich in Hass-Fantasien zu ergehen.

TIPP
In Amerika gibt's jetzt (wie schon länger bei Scheidungen) auch Mediatoren für Nachbarschaftsstreitigkeiten. Sie versuchen, nicht nur den juristischen, sondern auch den tieferen psychischen Ursachen der Auseinandersetzung auf den Grund zu gehen – und haben damit offenbar viel Erfolg. Eine gute Idee, die auch bei uns nachahmenswert wäre!

500. DOs and DON'Ts für Nachbarn

Gibt es ein Recht auf Party? Was Nachbarn akzeptieren müssen – und was nicht:

– Hausordnung: Hier steht drin, was das Zusammenwohnen unter einem (Mietshaus-)Dach regeln soll. Benutzung von Keller, Speicher, Waschküche, Hof und Treppenhaus sind ebenso geregelt wie Haustierhaltung oder Ruhezeiten. Wer einen Mietvertrag unterschreibt, akzeptiert damit auch die entsprechende Hausordnung. Es sei denn, es steht was drin, was aus rechtlichen Gründen unwirksam ist (zum Beispiel, dass Kinderweinen verboten ist).
– Lärm ist Streitpunkt Nr. 1 in Deutschland: Ob Wellensittichzwitschern, Kinderlachen oder Wagner-Opern, manchen ist jedes Geräusch oberhalb der Grabesstille schon zu viel. Die Grundregeln lauten:

– Man sollte im Sinne der guten Nachbarschaft die gesetzlich festgelegten Ruhezeiten zwischen 12 und 15 Uhr und zwischen 22 und 6 Uhr möglichst einhalten und sich bei Geräuschquellen in der eigenen Wohnung generell an Zimmerlautstärke orientieren. Zimmerlautstärke heißt, dass die Geräusche nur in der eigenen Wohnung hörbar, beim Nachbarn aber kaum wahrnehmbar sein sollten. Das heißt aber zum Beispiel nicht, dass Staubsaugen oder Wäschewaschen verboten sind – diese Geräusche sind „üblich und zumutbar", haben Gerichte festgestellt, auch am Sonntag und sogar nach 22 Uhr. Auch Baden, Duschen oder Toilettenbenutzung kann man während der Ruhezeiten nicht verbieten! Genauso wie auch fernsehen, Musik hören oder musizieren, denn laut Gericht gehört das zum „sozial üblichen Verhalten". So wie auch Kinder-„Lärm" in normalem Umfang, also Babyschreien bei Tag und Nacht oder Toben im Hof – alles auch außerhalb der Ruhezeiten – nicht zu verbieten ist. Kreissägen im Hobbyraum oder stundenlanges Hundegebell gelten dagegen zum Beispiel als unzumutbar zu jeder Tageszeit.

– Wenn schon normales Sprechen oder Gehen beim Nachbarn übermäßig laut ankommt: zusammen zum Vermieter gehen. Eine solche Hellhörigkeit gilt nämlich als „Wohnungsmangel", der durch Umbauten behoben werden muss.

– Party feiern: Leider gibt es kein Recht auf regelmäßiges Feiern, auch wenn das manchmal als Behauptung durch die Sommerloch-Saison der Medien geistert. Zwar kann niemandem eine Fete verboten werden, aber für manche Anlässe sollte man doch lieber eine gute Party-Location buchen, um Konflikte zu vermeiden. Selbst Hochzeit, Abi-Feier oder Volljährigkeit, hier ist das Gesetz eisern: Zimmerlautstärke ist der Richtwert, ob vor oder nach 22 Uhr – auch bei Festen auf dem Balkon und im Garten.

– Grillfeste: Wenn Grillschwaden von Balkon und Terrasse zum Nachbarn ziehen, kann er das unterbinden lassen, wenn er sich dadurch belästigt fühlt. Hier schwanken die Gerichtsentscheidungen bei den Zumutbarkeitsgrenzen für Nachbarn: zwischen 6 Stunden pro Jahr (!!) und einmal im Monat (wenn man das Grillen immer vorher angekündigt hat).

– Haustiere: dürfen in Mietvertrag oder Hausordnung nicht generell verboten werden. Die Haltung von Kleintieren gehört nämlich zur freien Entfaltung der Persönlichkeit, wobei alles „Kleintiere" sind, die in Käfigen, Aquarien oder Terrarien wohnen. Einen singenden Wellensittich oder einen nachtaktiven Hamster müssen Nachbarn also hinnehmen. Erst wenn Gefahr droht, weil die Boa constrictor immer im zweiten Stock spazieren geht, oder wenn der strenge Geruch der Meerschweinchenzucht zur Belästigung wird, dürfen Nachbarn das Stoppschild heben. Hunde oder Katzen muss der Vermieter aber leider als Mitbewohner nicht akzeptieren. Deshalb immer vorher anfragen!

– Geruch: Zwei Beispiele: Rauchen muss im Mietshaus generell erlaubt sein, Nachbarn können aber eine freiwillige Nichtrauchervereinbarung fürs Treppenhaus treffen. Kohl- und Knoblauchfahnen sowie andere „haushaltsübliche" Essensgerüche muss der Nachbar immer hinnehmen.

– Ordnung: Fahrräder herrenlos im Flur, das Laub überall im Hof verteilt, der Dreck von Kinderstiefeln bis in den zweiten Stock – in Fragen von Sauberkeit und Ordnung droht oft Ärger. Auskunft gibt meist die Hausordnung: Reihum muss jeder mal den Hof fegen, Räder müssen ins eigene Kellerabteil, grober Dreck muss gleich weg.

– Kinderwagen: Wenn der Kinderwagen unten im Flur abgestellt ist, darf niemand meckern!

DAS NACHBARSCHAFTSFEST

Beim Feiern kommt man sich tatsächlich etwas näher ...

• Da hängt plötzlich dieser Zettel im Treppenhaus: Wer hat Lust auf ein Hoffest – bitte eintragen! Und tatsächlich – alle wollen, finden einen passenden Termin, einigen sich ganz unbürokratisch darüber, wer was mitbringt. Und – wer hätte das gedacht – es wird ein sehr schöner, lustiger Abend! Endlich erfährt man mal, wie die neuen Mieter aus der Dachgeschosswohnung heißen, dass Ines aus dem 2. Stock ein Baby bekommt und die kleine Susi von Schneiders bald als Au-Pair nach England geht.

• Und wenn man sich dann in der nächsten Woche mal wieder im Hausgang trifft, ist das Lächeln garantiert eine Spur freundlicher, und vielleicht bleibt man nach dem Guten-Tag-Sagen doch noch auf zwei, drei Sätze stehen ...

• Merke: Nachbarschaftsfeste sind eine kommunikationsfördernde, vertrauensbildende Maßnahme – mit ihrer Hilfe lassen sich Atmosphäre und Stimmung im Haus gleich um ein paar Grad erwärmen.

501. Nachbarschaftshilfe

Wie schön, wenn man sich auf nette Nachbarn verlassen kann …

– Blumen gießen, Katze füttern, Kinder sitten, dem alten Herrn von nebenan was Leckeres zum Essen bringen – mit Menschen, die sich gegenseitig helfen, lebt man einfach gerne unter einem Dach. Schwierig wird's aber, wenn aus der freiwilligen Unterstützung plötzlich ein Anspruch entsteht: Weil man im letzten Jahr im Urlaub die Blumen gegossen hat, wird selbstverständlich davon ausgegangen, dass es auch dieses Jahr wieder so ist. Und wenn die Kinder von oben mittags einmal mitessen, heißt das noch lange nicht, dass hier jeden Tag für alle aufgekocht wird!
– Hier handelt es sich um das Nähe-Distanz-Problem, eine Gratwanderung. Denn Nachbarn sind eben auch Menschen – und die haben nun mal völlig unterschiedliche Persönlichkeiten und Standpunkte.
– So ist einer vielleicht der „Reichst du mir den kleinen Finger, dann nehme ich gleich die ganze Hand"-Typ, und man muss ganz klipp und klar Grenzen setzen, um von ihm nicht überrollt zu werden.
– Und der andere braucht ganz eindeutig Hilfe (krank, alt, einsam), will aber niemandem zur Last fallen. In diesem Fall sollte man von sich aus aktiv werden und Hilfe direkt anbieten.
– Fazit: Mit Nachbarn ist es eigentlich wie mit anderen Menschen – man muss sie einfach differenziert betrachten und mit Einfühlungsvermögen und emotionaler Intelligenz Nachbarschaftshilfe betreiben.

502. Mit Macht umgehen

Wie geht man um mit dem Faktor Macht? Wieso sind Chefs eigentlich so wichtig, wieso spricht man so viel über sie, fürchtet sich vor ihnen oder bewundert sie?

– Egal, wie perfekt ein Chef auch sein mag – er hat de facto immer Macht über Menschen und kann sie einsetzen, indem er andere rausschmeißt, sie kaltstellt oder aber coacht und befördert.
– Diese Hierarchie bewirkt höchst unterschiedliche Perspektiven: Logisch, dass der „Untergebene" den „Machthaber" viel aufmerksamer beobachtet als umgekehrt – für ihn hängt einfach mehr davon ab, den anderen gut zu kennen und einschätzen zu können. Fehler des Chefs, die in einem gleichberechtigten Verhältnis keine Rolle spielen würden, erscheinen dadurch massiv vergrößert wie unter der Lupe.
– Das Gute an Hierarchien: Man trägt immer nur einen Teil der Verantwortung.
– Wer seinen Chef intensiv verabscheut, kann sich ja mal fragen: Wie wäre ich denn als Chef? Würde ich das Mehr an Verantwortung besser tragen? Würde ich wirklich meine Mitarbeiter besser „führen", oder gäbe es da auch Dinge, die andere nicht so toll fänden? Oder bin ich vielleicht auch gar nicht so geeignet für Hierarchien? Sollte ich vielleicht besser in einem Umfeld arbeiten, wo mir niemand direkt vor der Nase sitzt?
– Vielleicht tragen solche Überlegungen dazu bei, die eigene Perspektive – den Blick von unten nach oben – zu ändern: Wer sich in die Rolle eines Vorgesetzten hineindenken kann, sieht sich selbst auch ein wenig mehr in gleicher Augenhöhe. Vielleicht wäre das ja gar nicht so schlecht für das Arbeitsverhältnis und für die Leistung?

503. Hierarchie – aber wie?

In jedem Betrieb muss man sich einordnen – und das ist gar nicht so einfach.

– Kein Arbeitsplatz (es sei denn, man ist selbstständig und arbeitet allein) ohne hierarchische Machtstruktur! Ob Schulkollegium, Zeitungsredaktion, Krankenhaus oder Gaststätte: Überall gibt's Mächtige, Halb-Mächtige, Mittel-Mächtige – und natürlich das Fußvolk …
– Für Neulinge in einem Betrieb gar nicht so leicht, sich da einzufinden und zu wissen, wann man wen wegen was fragen muss.
– Wer – sei es auch nur aus Unkenntnis – einen „wichtigen" Entscheider übergeht, hat schon die ersten Minuspunkte gesammelt. Bevor man in diverse Fettnäpfchen tritt, sollte man sich also bei länger gedienten Kollegen nach den Sitten und Gebräuchen im Haus erkundigen.

504. Im Team arbeiten

Ein Team ist nur so gut wie seine einzelnen Mitglieder – und die sollten möglichst optimal zusammenpassen.

– Ein gut funktionierendes Team kann man sich als Puzzle vorstellen: Da gibt es Eckstücke, Mittelteile, Rand oben, Rand unten – und nur zusammen wird's ein Bild!

– Das heißt: Für ein optimales Team braucht man oft grundverschiedene Menschen, um die ganze Bandbreite der zu bewältigenden Arbeit abdecken zu können. Vom kreativen Überflieger über den peniblen Listenschreiber bis zum kommunikativen Moderator – jeder ist wichtig, und nur zusammen ist man richtig gut!
– Deshalb unerlässlich: gegenseitige Toleranz. Der Technokrat ist genauso wichtig wie der Visionär! Und: ein guter Teamleiter, der jeden Einzelnen im Blick hat, eine Gesamt-Strategie entwickelt und auch tatsächlich die Fäden in der Hand behält.
– Mögliche Gefahrenzonen bei der Teamarbeit: Man mag sich ein bisschen zu sehr – und macht lauter Meeting-Marathons, sodass vor lauter Rederei niemand mehr zum Arbeiten kommt. Oder man mag sich nicht so sehr oder es sind Eigenbrötler im Team – dann redet keiner mit keinem. Was hilft, sind klare Strukturen wie Tagesordnung, Gesprächsführer und Zeitbegrenzung – aber: das durchzusetzen, ist ebenfalls Aufgabe des Teamleiters.
– Außerdem: Auch in einem Team herrscht selten Friede, Freude, Eierkuchen! Eifersucht, Neid und Mobbing-Attacken sind auch hier möglich. Dann sollte der Teamleiter schleunigst seine Mitarbeiter-Auswahl überprüfen.

505. Mit Kollegen feiern

Achtung, Glatteis! Auch wenn der Alkohol in Strömen fließt – letztendlich ist man immer noch in der Arbeit …

– Jetzt wird's lustig, Senf an die Decke – ja von wegen! Bitte bloß nicht drauf reinfallen: Eine Firmenfeier ist noch lange keine Party …
– Wenn sich Chefs und Mitarbeiter in „zwangloser" Atmosphäre zu Weihnachtsfeiern, Jubiläen und Betriebsausflügen treffen, ändert sich eigentlich nichts – nur, dass es Alkohol gibt!
– Und das ist gefährlich: Denn der lockert bekanntlich die Zunge und lässt sonst eher zurückhaltende Menschen auch mal auf Tischen tanzen.
– Da sagt dann der Chef den lieben Mitarbeiterinnen zu später Stunde, was er ihnen schon immer mal sagen wollte. Und am nächsten Morgen folgt prompt die Kündigungswelle! Und sonst eher unauffällige Mitarbeiter setzen ihre Karriere aufs Spiel, weil sie aus bloßem Übermut mit erheblicher Promille dem Pförtner auf den Kopf spucken oder die Mädels belästigen …
– Was will uns das alles sagen? Chefs sind Chefs, auch wenn plötzlich Wein im Spiel ist. Ausgelassen feiern sollte man besser mit Freunden. Und bei den wohl unvermeintlichen Firmen-Events am besten immer die Contenance bewahren …

506. Mobbing erkennen

Das Wort ist neu, aber Intriganten, Stuhl-Säger, Missgünstige und Neider hat es eigentlich schon immer gegeben.

– Gleich als Erstes: Wer jeden Tag zu einer Arbeitsstelle geht, an der er sich nicht wohl fühlt, wo er das Gefühl hat, dass man ihn nicht schätzt und mag, wo er Schikanen ausgesetzt ist und ausgegrenzt wird – der sollte ganz dringend die Notbremse und die einzig richtige Konsequenz ziehen: nichts wie weg dort! Denn einer solchen psychischen Unterminierung sollte sich im Interesse der eigenen Gesundheit und Lebensfreude niemand aussetzen.
– Sehr interessant: Die meisten nachgewiesenen Mobbing-Attacken finden sich in karitativen und gemeinnützigen Einrichtungen, also Krankenhäusern, Sozialstationen und dergleichen. Vielleicht kein Wunder: Da soll man ja eigentlich von Amts wegen „gut" sein – und muss die bei jedem Menschen vorhandenen Negativ-Strömungen wie Neid und Eifersucht erst einmal unterdrücken. Gut vorstellbar, dass sich solche unbewussten, nicht ausgelebten Tendenzen dann in Form von Kollegen-Mobbing einen Weg nach draußen suchen …
– Ein „Wesensmerkmal" von Mobbing: die fiese, hinter dem Rücken der Opfer laufende Denunziation und Demontage. Also kein offener Konkurrenzkampf, keine klare Auseinandersetzung – sondern beinhartes Intrigantentum, gegen das man sich nur sehr schwer zur Wehr setzen kann.
– Mobbing ist immer verallgemeinernd, nicht konkret. Der Mobber gibt einem ja nicht nur zu verstehen, dass man einen Fehler gemacht hat – das wäre nicht so wild. Sondern er sagt eigentlich: „Du bist grundsätzlich unfähig, du machst immer alles falsch." Das eigentlich Schlimme daran: Der Gemobbte glaubt in der Regel tatsächlich, dass er unfähig ist, er hat Schuldgefühle, geht in die Defensive. Kein Wunder also: Bei so einem Dauerbeschuss von nebelhaften Vorwürfen müsste man schon überirdisch stark sein, um nicht an sich selbst zu zweifeln.

– Wichtig ist hier die Rückendeckung durch gute Freunde oder den Partner. Viele offene Gespräche helfen! Freunde kennen einen, wie man ist, und können helfen, die Weltsicht wieder zurechtzurücken: „Wieso, du bist doch gar nicht unzuverlässig, so kenne ich dich gar nicht – merkst du denn nicht, dass der Kollege dich offensichtlich austrickst? Er hätte dir die Unterlagen rechtzeitig geben müssen!“ In solchen Gesprächen kann es sein, dass es einem plötzlich wie Schuppen von den Augen fällt – und plötzlich wird einem bewusst, dass man gar nicht der totale Looser ist, sondern es tatsächlich mit einer Intrige zu tun hat.

507. Mobbing bekämpfen

Mobbing-Alarm – jetzt heißt es: unbedingt kämpfen! Glücklicherweise sind gegen Mobbing viele Kräuter gewachsen.

– Mobber erkannt? Dann nix wie hin in die Höhle des Löwen und ihn unter vier Augen ganz direkt darauf ansprechen! Wer diesen Konflikt fürchtet, ist in Gefahr, so richtig zum Opfer zu werden. Dem Mobber müssen jetzt Grenzen gesetzt werden. Also ruhig sagen, was man denkt!
– Mögliche weitere Lösungen: Verbündete suchen, sich mit Gleichgesinnten zusammenschließen – das macht stärker. In sich gehen und kritische Selbstreflexion betreiben: Vielleicht passt man hier wirklich nicht hin – und vor allem: will's auch gar nicht? Sondern sieht den Job bloß als Notnagel? Das wäre ja nicht so schlimm, solange man sich dessen bewusst ist. Falsch ist es aber, die eigenen negativen Gefühle auszublenden und sich Job und Kollegen schönzureden. Denn dann rumort es im Unterbewusstsein weiter – und genau dafür haben Kollegen eine feine Nase und rächen sich auf ihre Weise.
– Wenn gar nichts hilft – noch mal: der schon vorher beschriebene Rückzug. Damit sollte man nicht zu lange warten – und sich im absoluten Eigeninteresse einen Arbeitsplatz ohne Psycho-Stress suchen.
– Mobbing dokumentieren: Wenn es wirklich darauf hinausläuft, dass man aus dem Unternehmen herausgeärgert werden soll, raten Anwälte, die Mobbing-Aktionen festzuhalten. Zum Beispiel: „Nötige Unterlagen für die Besprechung am 10. 10. nicht bekommen. Am 14. 11. meine Notizen dem Chef auf den Schreibtisch gelegt.“ Vorteil: Für sich selber wird einem schwarz auf weiß vieles klarer. Und bei einem Arbeitsgerichtsprozess kann das Protokoll hilfreich sein, etwa für eine Abfindung. Schließlich hat ein Arbeitgeber seine Fürsorgepflicht verletzt, weil er nicht auf die Arbeitsbedingungen geachtet hat, damit sein Mitarbeiter bei Gesundheit bleibt. Das Mobbing-Tagebuch ist dann ein Beweismittel.
– Nach der Kündigung: Gerade Mobbing-Opfer sind vor allem nur froh, wenn der Spuk vorbei ist, wenn man aus der Firma draußen ist. Aber faule Eier kann man unbemerkt mitnehmen: mit einem fiesen Arbeitszeugnis nämlich, das einem für die Arbeitssuche Steine in den Weg legt. Deshalb: das Zeugnis jemand mit Erfahrung oder gleich einem Arbeitsrechtler vorlegen, der die Stolperfallen entdecken kann.

TIPP

Gar nicht so seltenes Mobbing-Mittel: dem herausgeekelten Mitarbeiter ein schäbiges Zeugnis ausstellen. Inhaltlich ist zwar alles o.k. – aber die Optik! Das Zeugnis sieht einfach schlampig aus: schlechtes oder zerknittertes Papier, viel zu enger Zeilensatz ... das Signal ist klar: Dieses Zeugnis ist nichts wert. Tipp: auf sein gutes Recht auf ein neues, gepflegtes Zeugnis bestehen!

508. Wie sag ich's meinem Kollegen?

Der Kollege hat: eine Dauer-Alkoholfahne, Körpergeruch, schlechte Angewohnheiten (Nase bohren, rülpsen etc.), unpassende Kleidung, keine Manieren – und was jetzt?

– Keine einfache Angelegenheit, da man die sonst zwischen Kollegen üblichen Grenzen überschreiten muss.
– Wichtigste Regel in diesem Fall: nie vor anderen auf das peinliche Thema ansprechen. Besser warten, bis sich eine Gelegenheit unter vier Augen ergibt!
– Außerdem: nicht plötzlich ruppig rauspoltern, weil's einem so unangenehm ist. Versetzen Sie sich in die Lage des anderen. Wie könnten Sie so eine Kritik am besten annehmen? Nur, wenn man spürt, dass der andere einen mag und es wirklich gut meint …
– Aber auch dann muss man immer mit einer heftigen Reaktion rechnen. Machen Sie sich nichts vor: Wenn Sie etwas sagen, gehen Sie wahrscheinlich das Risiko ein, dass das Verhältnis zum Kollegen richtig schwierig wird.

– Der schwierigste Fall: Alkohol. Es kann nämlich sein, dass der/die betreffende Kollege/Kollegin bereits ein echtes Problem hat und alkoholkrank ist. Dann sind laientherapeutische Versuche meistens aussichtslos. Wenn Sie dem Betreffenden wirklich helfen wollen, dann versuchen Sie ihn von professioneller Hilfe zu überzeugen.
– Wenn das nichts nützt – und dies dürfte die Regel sein – und Ihre Arbeitsleistung und Ihr Wohlbefinden zu leiden beginnen, dann sollten Sie – natürlich unter vier Augen – mit dem Chef sprechen. Es geht nicht an, dass Sie in Ihrem Büro ab dem frühen Nachmittag niemand mehr empfangen können, weil der Alkoholgeruch in der Luft hängt. Hier zu schweigen, wäre falsch verstandene Loyalität.
– Absolut grenzwertig: Das Thema Kleidung und Frisuren. Auch wenn die Kollegin mit dem eher biederen Chic nicht so recht in die durchgestylte Zeitschriftenredaktion passt – das ist eigentlich ihre Angelegenheit. Einerseits – denn andererseits kann sie dadurch tatsächlich ihre Karrierechancen verringern. Wenn sie also fragt, warum sie nie zu den tollen Modeshows geschickt wird, obwohl sie doch so gut schreiben kann … was tun? Antwort: Wenn das Verhältnis vertrauter ist und man sich wirklich mag, kann man ja eine Andeutung riskieren. Wenn die Kollegin gekränkt reagiert, ist das das Stopp-Zeichen: Einmischung unerwünscht!
– Wenn Chefs eine „uniforme" Belegschaft wünschen, sollten Sie am besten schon beim Einstellungsgespräch auf das richtige Outfit achten. Denn Kleidung ist auch ein Ausdruck von Identität – und wer möchte sich für die Arbeit schon gerne verbiegen lassen …? Einerseits. Denn andererseits muss man sich schon fragen, warum man nun als Modemuffel in eine Fashion-bewegte Welt will. Vielleicht passt da etwas doch nicht so ganz?

509. Echte Tierliebe

Kaum ein Thema polarisiert so sehr wie unser Verhältnis zum Tier. Es gibt nicht viele, die eine entspannte, tolerante Haltung einnehmen.

– Für den „Tier-nein-danke"-Typ sind Tierbesitzer einfach nur zu faul zum Kinderkriegen – während sie als Eltern was für das Weiterbestehen Deutschlands tun, sorgen sich in ihren Augen die dekadenten Tier-Freaks höchstens, ob Bonzo genug Filet zum Abendessen hatte.
– Die Tierrechtler leiden unter dem zweifellos vorhandenen Tierelend um uns herum. Viele können keine Grenze ziehen. Sie nehmen zu viele streunende Katzen bei sich auf oder halten einem ungefragt Alptraum-Fotos von gefolterten Meerkatzen unter die Nase.
– Die Gefühllosen: erst der Fressnapf de luxe aus der Wohnwelt-Halle für den Hund, dann Entsorgung des Tiers auf der Autobahn …
– Das spiegelt einfach nur die Beziehung wider, die unsere Gesellschaft zur „Natur" generell hat: Wir kennen sie einfach nicht mehr wirklich. Wir sind unsicher – und Tiere eignen sich wunderbar als Projektionsflächen für unsere eigenen Probleme.
– Tiere sieht man heute höchstens im Zoo oder beim Fernsehen – wer mehr will, hat ein teures „Hobby": Die Gesamtlebenskosten beispielsweise für einen Hund können inklusive Kaufpreis, Tierarzt, Impfungen, Futter usw. leicht auf insgesamt rund 7000 Euro kommen. Und die Betreuung eines Tieres ist zeitaufwändig und bedeutet oft viele Einschränkungen (etwa bei Hotel- oder Restaurantbesuchen).
– Die meisten, die heute ein Tier besitzen, wollen es weder essen noch daran verdienen, sondern es liebhaben. Sie behandeln es wie ein vollwertiges Familienmitglied – nur von einer anderen Art. Ist das nun dekadent? Ja – aber dann sind es Heizungen und fließend warmes Wasser auch …

510. Wenn Kinder sich ein Haustier wünschen

Die Kinder wünschen sich ja so sehr einen Hund. Weil man mit dem aber so viel Arbeit hat, wird es dann eben ein Meerschweinchen oder ein Wellensittich. Nach ein paar Wochen sind die dann langweilig geworden – und verbringen ihr Leben im dumpfen Halbkoma in einer Wohnzimmerecke …

– Kinder sollen Berührung mit Tieren haben, unbedingt. Aber: Sie sind überhaupt noch nicht in der Lage, Verantwortung zu übernehmen. Für Hund oder Katze kann ein Kind frühestens mit zwölf Jahren sorgen. Und es ist auch Unsinn, ein Tier anzuschaffen, damit das Kind „Verantwortung lernt" – das kann es genauso im Umgang mit allem anderen, etwa mit Spielsachen, Kleidung, Geschwistern … Also: ein Tier nur dann, wenn Eltern klar ist, dass sie es sind – sie ganz allein! –, an denen Verantwortung und Arbeit hängen bleiben.
– Welches Tier passt zu Familien mit Kindern? Keine Goldhamster – die wollen tagsüber schlafen, und es ist

eine Quälerei, wenn man sie zum Spielen aufweckt. Vögel und Fische: zu scheu und zu langweilig. Am besten ab Kindergartenalter: Meerschweinchen oder Zwergkaninchen – die gewöhnen sich schnell an Menschen. Und natürlich die Klassiker Hund und Katze.

– Hunde brauchen viel Zeit für Spaziergänge. Hunde sind nicht angeboren kinderlieb! Im Gegenteil: Manche Hunde wollen in der Rangordnung des Rudels über den Kindern stehen. Daraus leiten sie auch das Recht ab, ein herankrabbelndes Kind genervt wegzujagen …

– Um das von vornherein zu verhindern: Hundeschule besuchen! Hier lernt man, wie man dem Hund den Respekt vor Kindern beibringt.

TIPP

Welcher Hund / welche Katze passt? Statt auf die Rasse des Hundes, besser darauf achten, wo und wie er seine ersten Wochen verbracht hat. Wenn zum Beispiel ein Welpe 8 Wochen nur in der Scheune auf dem Bauernhof war und keinen Menschenkontakt hatte, wird er sich schwerer anschließen.

Wer sich eine Katze anschaffen will, muss vorher wissen: Kann oder darf sie raus? Wenn nicht, braucht sie in der Wohnung Rückzugs- und Spielmöglichkeiten. Manche Rassen (wie Britisch Kurzhaar oder Maine Coone) fühlen sich in der Wohnung sogar sehr wohl.

Wer tagsüber nicht viel zu Hause ist: Katzen immer zu zweit halten, am besten Tiere im gleichen Alter und vom gleichen Geschlecht.

511. Verantwortung fürs Haustier übernehmen

Wer sich ein Tier anschafft, kauft sich nicht einen Stuhl, sondern ein lebendiges Wesen mit Gefühl und Verstand.

– Neuerdings geben sogar die Verhaltenswissenschaftler zu: Tiere haben Empfindungen, Wünsche, Ängste, eine ihrer Art entsprechende Intelligenz. Sie brauchen „artgerechte Haltung“, das heißt körperliche Bewegung und Kontakt mit anderen ihrer Art; genug Spiel und Beschäftigung; genug Gesellschaft mit uns; genug Körperkontakt und natürlich die richtige Nahrung, Reinlichkeitspflege usw.

– No-Nos: seinen Hund den ganzen Tag alleine lassen – abends ist er dann aufgeladen wie eine Bombe. Meerschweinchen grob anfassen und aus ihrer Ruhe herausreißen – niemals werden sie wieder freiwillig zu einem kommen. Tiere verschenken – eine schlechte Idee, denn dieses Geschenk ist womöglich nicht willkommen. Tiere aussetzen – das Allerletzte, das versteht sich von selbst.

– Der Kauf eines Tiers ist eine Lebensentscheidung! Ein Hund beispielsweise kann bis zu 20 Jahre und älter werden – so lange werden Sie für ihn da sein müssen.

– Zur Verantwortung, die man als Tierbesitzer übernimmt, gehört auch jene anderen Menschen gegenüber! Wer sich einen kräftigen Dobermann zulegt und dann nicht in der Lage ist, ihn an der Leine zu halten – der sollte schleunigst eine Hundeschule besuchen. Denn das ist wohl klar: Hundeschulen sind in Wirklichkeit Hundebesitzerschulen …

– Leider gibt's kein Zertifizierungssiegel für Hundeschulen. Tipp vom Tierarzt: ohne Tier zur Hundeschule fahren und aus dem Gefühl heraus entscheiden: Wie ist der Umgangston? Wie ist der Trainer? Wenn's mir da gefällt, ist es auch gut für meinen Hund.

TIPP

Manche Tierärzte führen als Zusatzbezeichnung „Verhaltenstherapeut“: Sie beraten bei Problemfällen etwa wenn der Hund den ganzen Tag kläfft oder die Katze immer auf den Teppich statt ins Katzenklo macht.

512. Tiere verstehen und sich verständlich machen

Schon verblüffend, wie gut man sich kennen und wie genau man sich verstehen lernen kann.

– Kommunikation mit einem Tier muss man erst lernen. Versuchen Sie doch mal, als Laie Ihren Welpen dazu zu bringen, zu Ihnen zu kommen – wenn Sie „Komm jetzt“ rufen, sagt ihm das erst mal rein gar nichts.

– Tiere sind keine Roboter und müssen nicht auf Teufel komm raus „gehorchen“ . Klar müssen Sie sich durchsetzen – aber nur, wenn es Sinn macht und nicht aus Prinzip.

– So wird's gemacht: Sie warten, bis er gerade sowieso zu Ihnen unterwegs ist – und dann packen Sie die Gelegenheit beim Schopf, rufen schnell „Komm!“ und loben ihn ganz fürchterlich. Das machen Sie so oft, bis er merkt: Wenn ich komme, werde ich gelobt – klasse, das mache ich jetzt öfter. Dieses so genannte „positive Verstärken" wird heute in modernen Hundeschulen gelehrt und ist die einzig wahre Erziehungsmethode! Es gibt auch Leute, die es mit Bestrafen und Kontrolle versuchen – das sind dann die, die mit Fernsteuerung herumlaufen und ihrem Hund mittels Elektrohalsband einen Stromschlag versetzen, wenn er nicht pariert.

– Die goldene Regel: einfach und sofort! Sätze wie „Ich hab Dir doch gesagt, du sollst nicht über die Straße laufen" sind sinnlos. Da der Hund voll und ganz im Hier und Jetzt lebt, versteht er einfach nicht, wenn man mit ihm über etwas Vergangenes schimpft.

– Mindestens genauso wichtig für die Kommunikation: Mimik und Melodie. Ruhig Fantasieworte singen, schnurren, gurren ... Einsteigern, insbesondere männlichen, ist es manchmal peinlich, Sätze zu sagen wie: „Ja wo isser denn? Ja da isser ja!" Tiere hören den Klang und spüren das, worauf es ankommt: unsere Zuneigung.

– Das wichtigste: Körperkontakt. Wie es Hund oder Katze geht, kann man ihnen anfühlen: Ist der Körper ganz entspannt und weich? Oder sind alle Muskeln voller Energie und angespannt? Kraulen, kämmen, streicheln – trägt alles dazu bei, eine vertrauensvolle, genussvolle Beziehung aufzubauen. Und außerdem beruhigt es so schön ...

513. Tier-Krankenversicherung abschließen

Hund reißt sich los, rennt Katze nach und wird vom Auto angefahren – ein komplizierter Trümmerbruch am Vorderbein. Kosten für Tierarzt mit OP und Nachbehandlungen: 2000 Euro! Tier-Krankenversicherungen können sich lohnen.

– Eine Versicherung für Hunde kostet ca. 30–40 Euro monatlich, für Katzen ca. 13–20 Euro. Enthalten sind: Vorsorge, Kranken- und Unfallschutz (inklusive Operationen und Tierklinik) und Auslandsschutz.

– Billiger wird es durch Selbstbeteiligung (zum Beispiel jährlich 150 Euro).

– Bei Abschluss unbedingt darauf achten, dass der Vertrag mit der Abgabe oder dem Tod des Tieres endet!

– Noch günstiger: eine reine Operationsversicherung, die gibt es schon ab ca. 4 Euro (für Katzen) bzw. ca. 12 Euro (für Hunde) im Monat.

DIE ANGST VOR HUNDEN RESPEKTIEREN

„Der tut doch nichts" – sicher einer der meistgehassten Sätze, die Hundebesitzer so von sich geben.

- **Gerade große Hunde machen vielen Menschen Angst (insbesondere Müttern mit Kindern!). Die Versicherung, wie lieb das Ungetüm mit den prachtvollen Hauern in Wirklichkeit sei, ist nicht nur sinnlos, sondern auch ignorant.**
- **Hundebesitzer aufgepasst: Wenn jemand Angst zeigt, dann gebietet es der Respekt anderen Menschen gegenüber, das gefälligst ernst zu nehmen und seinen Hund zurückzurufen – und zwar ungebeten und sofort!**

514. Hilfe – meine Freundin ist jetzt Mutter

... und hat plötzlich keine Zeit mehr für mich! Hier helfen Geduld, Toleranz und ein wenig ganz praktische Unterstützung.

– Ein „frisches" Baby stellt die Welt der Eltern, insbesondere die der Mutter, komplett auf den Kopf. Und verursacht neben viel Stolz und Freude auch absoluten Stress! Stillen, schlafen, nicht schlafen, schreien, herumtragen – man kennt sich ja noch gar nicht aus mit dieser neuen Situation, ist oft unsicher und ängstlich.

– Freunde ohne Kinder, die diese Situation nicht schon mal am eigenen Leib erlebt haben, stehen oft etwas ratlos daneben. Die Freundin, mit der man sonst stundenlang am Telefon wichtigste Beziehungsgespräche führen konnte, hat plötzlich nicht einmal mehr 5 Minuten für einen übrig!

– Jetzt bloß keine falschen Schlüsse ziehen: Das ist nämlich keine böse Absicht, sondern einfach eine Phase. Wer kaum Gelegenheit zum Duschen findet, hat für niemanden mehr ein offenes Ohr.

– Deshalb: Wer auch in dieser stressigen Zeit am Leben der Freundin teilhaben möchte, sollte ihr jetzt am besten ganz praktisch unter die Arme greifen. Fragen Sie einfach, wo's am meisten brennt. Wäsche waschen, einkaufen, etwas Gutes kochen – jede Hilfe ist sicherlich willkommen. Und man ist sich – zwar anders als sonst – auch so ganz nah.

515. Kinder sind auch nur Menschen

Und das heißt: Auch zwischen Erwachsenen und Kindern muss die „Chemie" stimmen – es gibt eben auch kleine Menschen, mit denen man einfach nicht klarkommt.

– „Ein echt blödes Kind!" – Darf man so etwas überhaupt denken? Sind nicht alle Kinder irgendwie nett, lieb, süß usw.? Irgendwie vielleicht schon – aber in Wirklichkeit nicht. Soll heißen: Mit Kindern ist es nicht anders als mit anderen Menschen – manche mag man einfach nicht …
– Stimmt natürlich: Kinder sind extrem geprägt von ihren Eltern, man hört Mama und Papa direkt aus ihnen sprechen. Und wenn man ein Kind nicht so nett findet, gefallen einem in der Regel die Eltern auch nicht.
– Aber Kinder kommen auch schon als Persönlichkeiten auf die Welt. Sogar bei kleinen Babys merkt man bereits charakterliche Eigen-Tendenzen, auf die Eltern noch gar keinen Einfluss haben konnten. Und so kann es einfach passieren, dass auch zwischen Kindern und Erwachsenen die Chemie nicht stimmt: Sie können nicht miteinander, finden keinen Draht.
– Ist so ein Kind im Freundes- oder Bekanntenkreis, sollte man als Erwachsener bei unvermeidlichen Zusammenkünften sachlich, gelassen und geduldig bleiben. Auch wenn Mamas Liebling total nervt – Sie sind groß und stark und überblicken die Situation. Und Sie können – im Unterschied zu Ihrem unreifen Gegenüber – trotz fehlender Zuneigung immer noch souverän reagieren!

516. Respekt für Kinder!

Kann man leider oft beobachten, sollte aber eigentlich verboten werden: allein einkaufende Kinder übersehen und nicht bedienen, Kinder in Babysprache anreden, Kindern über den Mund fahren usw.

– „Kinder sind Gäste, die nach dem Weg fragen." Dieses Zitat eines klugen Menschen sollte man sich wirklich zu Herzen nehmen und alle Kinder (nicht nur die eigenen) genau so behandeln: höflich, zuvorkommend, respektvoll, ernsthaft – so wie man eben mit Gästen normalerweise umgeht.
– Die Realität sieht leider häufig anders aus: In Geschäften, an Auskunftsschaltern, in Bussen und Bahnen werden Kinder und Jugendliche oft wie Menschen zweiter Klasse behandelt. Nicht bedient, weggeschoben, nicht ernst genommen. Sie bekommen falsche Auskünfte, müssen zu viel bezahlen, werden abgekanzelt. Jeder an Kindern interessierte Erwachsene, der so eine „Behandlung" mitbekommt, sollte sofort einschreiten!
– Wie kann es dazu kommen – Kinder sind doch unsere Zukunft? Leider steht vor der Zukunft die unbewältigte eigene Vergangenheit. Menschen, die so mit Kindern umgehen, sind selbst in ihrer Jugend oft nicht respektiert worden. Nur: Das ist eine Erklärung, aber keine Entschuldigung! Denn als Erwachsener hat man schließlich die Möglichkeit, in Eigenarbeit oder per Therapie, sich damit auseinander zu setzen und zu einer anderen, besseren, positiven Haltung zu gelangen. Und das ist nicht nur gut für alle heutigen Kinder – sondern auch für das Kind, das man selbst einmal war …

517. Fremden Kindern helfen

Bitte nicht wegschauen, sondern eingreifen: wenn Kinder weinend herumlaufen, wenn sie geschlagen werden (egal, ob von größeren Kindern oder Erwachsenen), wenn Kinder vernachlässigt werden, wenn sie psychischer Gewalt ausgesetzt sind.

– Erstaunlich: Da steht eine höchstens Vierjährige mitten im belebten Park und heult sich die Seele aus dem Leib – aber kein Mensch kümmert sich darum! Es scheint niemand zu irritieren, dass da ein total verzweifeltes Kind mutterseelenallein herumsteht. Niemand scheint etwas von seiner existenziellen Angst zu merken. Wie kann das sein? Was denken die Leute in ihren erwachsenen Köpfen eigentlich? „Ist ja nur ein Kind – Kinder heulen dauernd?" Oder: „Die Mutter ist bestimmt gleich in der Nähe?" Wie wär's mal mit hingehen und nachfragen? Vielleicht hat es sich verirrt und braucht einen Erwachsenen, der mit ihm zusammen auf die Suche geht oder es bei der Polizei abliefert? Also: Gefälligst Augen auf und einen etwas schärferen Blick für Kinderkummer!
– Wirklich schwer abzuschätzen, ob der Kleine von nebenan nur ein totaler Schreihals ist oder ob er geschlagen wird. Ob die Kleine, der man so oft auf der Straße begegnet, nur sehr selbstständig ist oder ob sich niemand um sie kümmert.
– Ist schon klar, dass man sich hier in vermintem Gelände bewegt. Natürlich kann man nicht als selbsternannte Moralpolizei durch die Gegend streifen und vermeintlich geschundene Kinder retten. Aber denken

Sie doch mal nach, wahrscheinlich fällt auch Ihnen etwas ein – es gibt nämlich auch eindeutige Situationen:
– Zum Beispiel den weinenden, völlig durchgefrorenen Kleinen auf der Skipiste, der vor lauter Angst nicht mehr vor und zurück kann. Und seine Mutter? Sitzt völlig ungerührt unten im Hotel und trinkt Kaffee! Der darf, nein, der muss man sogar den Marsch blasen. Einen Vierjährigen allein auf einer stark befahrenen Skipiste zu lassen, ist fahrlässig, gefährlich und eine eindeutige Vernachlässigung.
– Ansonsten gilt: Jeder Erwachsene, der direkt sieht, wie ein Kind geschlagen wird, der (speziell als Erzieher, Lehrer, Verwandter) genügend Einblick hat, um Vernachlässigung und psychische Gewalt zu bemerken, hat die Pflicht, einzugreifen.

AGE-ISM

Nach „Sexismus" und „Rassismus" die derzeit meistdiskutierte Form der Diskriminierung. Age-Ism ist ein Sammelbegriff für alle Vorurteile aufgrund des Alters – auf dem Arbeitsmarkt, in der Politik oder gesellschaftlich. Age-Ism beginnt schon bei der Sprache: Wörter wie „Rentnerschwemme", „Alterslawine", „Überalterung" sind demagogisch und diskriminierend!

518. Respekt für ältere Menschen

„Na Oma, was darf's denn sein?" – Wer so mit älteren Menschen spricht, müsste eigentlich zu einem Menschenwürde-Nachholkurs verdonnert werden.

– In früheren, leider längst vergangenen Tagen stand das Alter nicht nur für körperlichen Verfall und arbeitstechnische Ausmusterung – sondern auch für Weisheit und den Reichtum an Lebenserfahrung. Die Jüngeren schauten nicht mitleidig und mit kaum versteckter Verachtung auf die nicht mehr so gut funktionierenden „Greise". Sondern waren dankbar, mit Ratschlägen auf ihrem Lebensweg unterstützt zu werden.
– In unserer Welt bedeutet älter zu werden entweder Dauerstress, um mit Fitness, Wellness und Anti-Aging einen natürlichen Prozess so lange wie möglich aufzuhalten. Oder „unnütz" zu sein und sich auch so zu fühlen: Kein Wunder, dass viele gleich zu Beginn der Rente einen Herzinfarkt bekommen.
– Wie soll man heute also älteren Menschen korrekt begegnen? Ganz einfach, nämlich wie allen Menschen – mit Respekt, Anstand, Einfühlungsvermögen und dem Gedanken im Hinterkopf, dass man selbst ja auch über kurz oder lang in diese Lage kommen wird.
– Und wer Zeuge wird, wie ein älterer Mensch von anderen nicht mehr für voll genommen und respektlos behandelt wird, sollte auf alle Fälle dazwischengehen!

519. Alten Menschen helfen

Wie man alten Menschen das Leben erleichtern kann, ohne sie zu diskriminieren oder ihrer Selbstständigkeit zu berauben:

– Im ganz normalen Alltag sollten für jedermann bestimmte Hilfestellungen für ältere Menschen selbstverständlich sein: im Bus den Platz anbieten, an der Supermarktkasse vorlassen, auf der Rolltreppe behilflich sein usw. Einfach, weil sie weniger belastbar sind.
– Und zwar sollte man das nicht herablassend tun und womöglich ohne zu fragen, sondern mit aller gebotenen Höflichkeit: „Entschuldigen Sie, ich glaube, ich könnte Ihnen mit dem Parkautomat behilflich sein. Ist Ihnen das recht?"

520. Vom Umgang mit kranken Menschen

Von Ehrlichkeit, eigenen Ängsten und effektiver Hilfe.

– Wer selbst schon einmal ernstlich erkrankt war, kennt die Situation aus eigener Erfahrung: Man ist stigmatisiert! Freunde, Bekannte, Familienmitglieder, Partner und Kinder verhalten sich – je nach Persönlichkeit – plötzlich einfach anders. Die einen reden nur noch mit leiser Stimme, kennen unzählige ähnliche Krankengeschichten von sich selbst oder aus dem Bekanntenkreis. Und die anderen spielen alles runter, wollen den Ernst der Lage nicht erkennen und sich gefühlsmäßig gar nicht einlassen. Der unsensibelste Satz am Krankenbett lautet: „Das wird schon wieder!" Sollte man sich als Besucher unbedingt verkneifen, das kann ausgesprochen zynisch klingen.
– Wie hilft man einem Kranken wirklich? Indem man zuerst mal ehrlich zu sich selbst ist! Wer von sich weiß, dass Krankheit ihm Angst macht und das auch noch

sagen kann, macht dem Kranken das Leben zumindest nicht durch zusätzlichen Psycho-Stress noch schwerer. Wenn man weiß, wieso der sonst zuverlässige Freund plötzlich kneift, lässt sich die Reaktion wenigstens nachvollziehen …

– Was Kranke wirklich brauchen: Beistand von jemandem, der das aushält – über die eigenen Ängste reden können. Ohne vorschnellen Trost auch mal weinen dürfen. Und mit praktischer Unterstützung (Wärmflasche machen, Tee aufbrühen, Lieblingsessen kochen) sich einmal so richtig gehen und wie ein Kind umsorgen lassen – das tut nämlich auch mal gut.

– Und noch was ist wichtig: Grenzen akzeptieren. Nicht beleidigt sein, wenn der Kranke einen regelrecht rauswirft, weil ihm der Rummel zu viel wird oder er lieber mal alleine sein will. Überfürsorge kann nämlich auch nerven. Und bitte nicht jedes Wort des Kranken auf die Goldwaage legen: In einem solchen psychischen Ausnahmezustand muss man verbale Ausrutscher wirklich verzeihen können.

521. Vom Umgang mit behinderten Menschen

Anders als in südlichen Ländern gehören geistig oder körperlich Behinderte bei uns kaum ins tägliche Leben. Es ist noch gar nicht so lange her, da wurden sie sogar versteckt.

– Erst mit dem Contergan-Skandal in den 60er-Jahren, als viele Kinder mit verkürzten oder fehlenden Gliedmaßen auf die Welt kamen, wurden Behinderte auf einmal sichtbarer – und bekamen mehr Aufmerksamkeit. Die Förderung in speziellen Einrichtungen oder in integrativen Schulen sorgte für mehr Mobilität der Menschen mit Behinderungen: körperlich wie politisch. Und dass es heute niedrige Buseinstiege, breite Aufzüge an U-Bahnen oder akustische Signale an Fußgängerampeln gibt, kommt in einer immer älter werdenden Bevölkerung allen zugute. Denn mit dem Alter sinkt die körperliche und – leider auch geistige – Mobilität.

– Behinderte sind nicht außergewöhnlicher als der Rest der Menschheit, der einem täglich begegnet. Die meisten Behinderten sind froh, wenn alles so normal wie möglich ist.

– Einfach ganz normal höflich sein: Unhöflich sind Grenzüberschreitungen (Geld schenken, einfach duzen) und Rücksichtslosigkeiten (wenn sich alle in den Aufzug drängeln und der Rolli-Fahrer übersehen wird). Übertriebene Hilfsbereitschaft ist ebenso fehl am Platz: Es passiert sogar, dass Behinderte unaufgefordert irgendwohin geführt oder geschoben werden, ihr Protest wird ignoriert. Aber: Wer als Behinderter in der Öffentlichkeit alleine unterwegs ist, muss nicht wie ein Kleinkind behandelt werden, das sich verirrt hat. Diese Menschen sind erwachsen und kommen genauso zurecht wie alle anderen. Wer Hilfe braucht, wird darum bitten. Also: Hilfe nicht aufdrängen.

– Freundliche Distanz einhalten! Einmischungen ins Private durch Wildfremde würde sich jeder verbitten – bei Behinderten sind manche völlig ungeniert. Blanke Neugier: „War's ein Unfall?" trifft man genauso wie lautes Unverständnis – besonders an die Adresse von Müttern mit geistig behinderten Kindern gerichtet: „So was" muss heutzutage doch wirklich nicht mehr sein – sprich: hätte sie mal besser frühzeitig abgetrieben … Auch nervig für Mütter: hypernettes Überhäufen mit Lieblichkeiten, wenn man mit so einem „armen Hascherl" unterwegs ist … niemand will diese Mitleidsnummer.

– Völlig überfordert sind viele im Umgang mit geistig behinderten Erwachsenen: weil diese oft distanzlos wirken und zum Beispiel körperliche Nähe auch Fremden gegenüber nicht scheuen. Einfacher Tipp: sein gesundes Gefühl nicht abschalten vor lauter „Ich muss ja Verständnis haben", sondern freundlich und bestimmt die eigenen Grenzen zeigen: „Nein, ich will jetzt nicht umarmt werden, nein, ich will mich jetzt nicht unterhalten." Wie sonst sollten diese Menschen begreifen, was geht und was nicht? Leider wird geistig Behinderten die mangelnde Grenzziehung immer wieder zum Verhängnis. So sind sie beispielsweise überproportional häufiger sexuellen Übergriffen ausgesetzt als andere.

522. Rund – na und?

Nachdem heute schließlich alles, was stört, schnell weg- und umoperiert wird, erscheint ein dicker Mensch vielen wie der lebende „menschliche Makel" …

– Wieso ist „dick sein" eigentlich schlechter als grässlich aufgespritzte Lippen? Weil sich Dicke nicht an die Regeln halten! Und die besagen, dass man dünn sein muss – das bedeutet nämlich auch erfolgreich, fit, agil, jung und hungrig. Und auf keinen Fall phlegmatisch und bequem, zwei Eigenschaften, die man sehr schnell mit „dick" in Verbindung bringt.

– Was in einer Gesellschaft schön und angesagt ist, ändert sich von Zeit zu Zeit. In Mangelzeiten sind Dicke begehrenswert, in Zeiten des Überflusses, wie heute, die Dünnen. Als Rubens seine Bilder malte, galten Damen mit XL-Ausmaßen noch als prächtig. Und in vielen afrikanischen Ländern haben auch heute noch Frauen erst mit ausreichender Körperpolsterung Chancen auf dem Heiratsmarkt. Dort gibt es sogar Zunehm-Institute: 5 Kilogramm mehr in einer Woche garantiert! Und bei uns ist eben „Barbie" angesagt – um so auszusehen, nehmen viele sogar schmerzhafte Operationen in Kauf.

– Dicke anzupöbeln ist entsetzlich menschenverachtend. Oft haben gerade Kinder häufig ein sicheres Gespür für soziale Normen, aber das Heucheln beherrschen sie noch nicht. Hier ein paar Zitate aus Forum-Beiträgen der Internet-Seite www.deutschlands-dicke-seiten.de, die die Einfühlung vielleicht erleichtern: „Wenn Bastian mit den roten Haaren mir ‚Fette Sau!' hinterherrief, antwortete ich: ‚Mohrrübe!', aber er lachte nur, und die Schmerzen in meinem Herzen blieben." Oder noch ein Beispiel: „Am Nebentisch saß eine, die ist auch ziemlich moppelig, und aß halt ganz normal ihr Mittagessen, worauf meine Bekannte sagte: ‚Mann, guck mal, die Dicke da, alles leer gefressen.' Ich saß mit offenem Mund da und sagte gar nichts mehr. Ich hatte mich eigentlich mit ihr zum Schwimmen verabredet, was ich dann erst mal absagte, denn ich möchte potenziellen Bemerkungen lieber aus dem Weg gehen."

– Es geht hier nicht darum, ob dick sein gut oder schlecht ist. Vielmehr geht es darum, dass solche Menschen wegen einer Äußerlichkeit ausgegrenzt und verachtet werden – ein Verhalten, das durchaus rassistische Züge in sich trägt …

– Deshalb: Lasst dicke Menschen um uns sein – und schwarze, dünne, gelbe, große, kleine und … und … und …!

TOLERANZ ZEIGEN

„Freiheit ist auch immer die Freiheit des anderen!" Ein weiser Spruch, der Toleranz und Großzügigkeit gegenüber Andersgläubigen, Andersessenden, Andersdenkenden beinhaltet.

- Wenn man mal ehrlich ist, denkt man natürlich, dass so, wie man's selber macht, alles am besten ist. Ist ja auch in Ordnung – wenn man gleichzeitig dem Nachbarn dasselbe Recht zugesteht. Und damit nicht nur erträgt, dass bei ihm alles anders läuft – sondern das vielleicht sogar als Bereicherung und Denkanstoß versteht.
- Aber: Wie weit kann Toleranz gehen – und wann schlägt sie in Schwäche um? Derzeit heiß diskutiertes Beispiel: das islamische Kopftuch. Sollen wir es nun tolerieren und ruhig auf Lehrerinnenköpfen dulden? Oder lassen wir damit zu, dass damit unseren Töchtern und Söhnen Rollenmodelle vorgelebt werden, die wir überhaupt nicht gutheißen? Die Verlegerin und Emanzipations-Expertin Alice Schwarzer hat dazu eine klare Antwort: Kopftuch und das damit verbundene Signal zu einer wie auch immer gearteten Sonderstellung der Frau – nein danke. Sollen sie's sonst tragen, wie sie wollen, aber nicht in der Schule, wo sie ein Vorbild sein sollen.
- Dafür sollten freizügige Westlerinnen im Gegenzug aber auch nicht oben ohne an tunesischen Stränden herumliegen – damit verletzen sie ebenso die Werte des Gastlandes wie umgekehrt im besagten Kopftuchfall.
- Karl Valentin hat's gewusst: „Fremd ist der Fremde nur in der Fremde." Deshalb unser Tipp für eine bessere Welt: sich immer wieder dran erinnern und schön tolerant bleiben.

523. Smalltalk

Die Kunst, mit fremden Menschen nett zu reden, ohne gleich die persönlichen Hosen runterzulassen.

– Geschäftsessen, Elternabende, Zugabteile und Kaufhäuser haben eins gemeinsam: Sie bringen einen in Situationen, in denen man fremden Menschen zwangsläufig näher kommt.

– Bei diesen Gelegenheiten ist zwischenmenschliches Fingerspitzengefühl angesagt! Denn nur die richtige Kommunikationsmischung aus höflicher Freundlichkeit, distanzierter Zurückhaltung und zum Anlass passenden Gesprächsbeiträgen lässt auch Begegnungen zwischen sich eigentlich Unbekannten interessant und anregend werden.

– Unbedingt persönliche Themen vermeiden wie Krankheiten, Geldsorgen und Ehekrach – das bespricht man besser mit guten Freunden.

– Gut geeignet: Alle Themen, die irgendwie zum Anlass passen. Beim Elternabend den interessanten Fernsehbeitrag über das schwedische Schulsystem ansprechen; beim Einkaufen ruhig über das Wetter reden – warum nicht? Weitere Themen: Autos, Mode, Fußball, Golf, Urlaub, Kochen …
– Denn Smalltalk ist ja eigentlich eine Art von gegenseitigem „Beschnuppern". Mag ich mein Gegenüber, möchte ich mehr von ihm wissen oder geht er mir auf den Geist?
– Oft zählt hier die nonverbale Kommunikation sogar mehr als der tatsächliche Gesprächsinhalt. Stimme, Mimik und Gestik entscheiden darüber, ob man jemanden auf Anhieb sympathisch findet.
– Und falls man ganz schnell feststellt, dass der neue Gesprächspartner wohl nicht der eigenen Kragenweite entspricht: immer schön höflich bleiben! Solange es irgendwie möglich ist, niemandem „das Gesicht rauben", sondern Nervensägen besser elegant abprallen lassen.

524. Distanz halten!

Besonders unangenehm: die erzwungene Nähe zu völlig Fremden, etwa im Fahrstuhl.

– Kein Wunder: Verhaltenswissenschaftler sagen, dass eine Entfernung zwischen zwei Menschen, die 60 Zentimeter unterschreitet, bereits eine absolute Intimzone darstellt – diese Nähe halten Menschen nur stressfrei aus, die wirklich vertraut miteinander sind.
– So, wie es auch als extrem unhöflich gilt, jemandem im direkten Kontakt länger als 3 Sekunden in die Augen zu blicken: Das empfinden nur Verliebte als angenehm!
– Logisch, dass es da ungemütlich wird, wenn völlig Fremde sich in der U-Bahn oder im Fahrstuhl so nahe kommen müssen. Damit das unangenehme Gefühl wegen der erzwungenen körperlichen Nähe überhaupt auszuhalten ist, stoppen wir unwillkürlich alle anderen Signale, die als Kontaktaufforderung verstanden werden könnten: Wir vermeiden Blickkontakt, starren auf den Boden, drehen uns weg oder bewegen uns möglichst wenig.
– Deshalb: nicht versuchen, in Fahrstuhlsituationen die Lage zu lockern – die anderen könnten das als äußerst störend empfinden. Also: Zähne zusammenbeißen und durchhalten!
– Wenn man jemanden neu kennen lernt: auf keinen Fall dem anderen auf die Pelle rücken! Am Anfang einer Beziehung kann das extrem aufdringlich wirken – der andere wird immer unwillkürlich zurückweichen.
– Der richtige Abstand für Menschen, die sich fremd sind, aber miteinander eine funktionale Beziehung haben, etwa Käufer und Verkäuferin: 1,20 bis etwa 3,60 m in der so genannten „sozialen Zone".
– Mehr als 3,60 m beträgt die „öffentliche Zone": der richtige Abstand bei Konzerten, Seminaren oder Vorlesungen – in dieser Entfernung betrachtet das Publikum den Musiker oder Seminarleiter.
– Während es sonst unmöglich wäre, jemanden dauernd anzustarren, gilt Lächeln und längerer Blick – in dieser Situation die einzige Kontaktmöglichkeit – hier als Zeichen des Interesses. Ein Lächeln ist bis zu einer Entfernung von 45 m erkennbar.

525. „Nein" sagen erlaubt!

Klingt leichter, als es ist: Nein, an diesem Tisch ist leider nichts mehr frei! Nein, tut mir leid, ich kann Sie nicht vorlassen, ich habe es auch eilig! Nein danke, aber ich möchte vorerst lieber beim „Sie" bleiben!

– Auch nach allen Regeln der guten Erziehung hat man einfach das Recht, in bestimmten Situationen nur an sich und an den eigenen Vorteil zu denken:
– So sind am eigenen Restaurant-Tisch zwar noch zwei Plätze frei. Aber das dringend gewünschte, intime Partnergespräch würde durch Fremde empfindlich gestört. Also: klar, deutlich und höflich „Nein" sagen – sonst ist der Abend gelaufen! Etwa so: „An jedem anderen Abend – sehr gerne. Aber gerade heute ist sehr ungünstig. Vielen Dank für Ihr Verständnis." Oder an der Supermarktkasse: „Darf ich bitte vor, ich habe nur zwei Sachen?" Auch wenn's ein bisschen peinlich ist, sagen Sie: „Bitte verstehen Sie, dass mir das nicht recht ist – ich bin selbst in Eile." – Sonst ist man selbst der Dumme!
– Manchmal reicht ein einfaches „Nein" nicht aus – es gibt genug Zeitgenossen, die wenig Respekt zeigen oder auch einfach nicht besonders sensibel sind. Wenn jemand einem etwas aufzwingen will, muss man sein „Nein" mit Nachdruck vorbringen. Beispiel: Der mit allen Wassern gewaschene Versicherungsvertreter, der einfach nicht locker lässt. Hier kann man nach vergeblichen Versuchen deutlicher werden: „Ich habe Ihnen bereits deutlich gemacht, dass das für mich im Moment nicht in Frage kommt. Ich möchte das Gespräch jetzt sofort abbrechen. Bitte respektieren Sie das."

– Das Schwierige an diesen Situationen: Sie kommen eigentlich immer überraschend, man ist unvorbereitet, sagt vielleicht aus Gewohnheit „Ja" oder weil man nicht kleinlich erscheinen will. Deshalb: nicht sofort antworten und erst einmal eine kleine Bedenkpause einschieben. Stellt man dabei eine deutliche innere „Nein"-Tendenz fest, sollte man sie auf keinen Fall unterdrücken. Wer „Ja" sagt und „Nein" meint, ärgert sich hinterher eigentlich immer – vor allem über sich selbst. Denn wieder einmal hat man die eigenen Interessen nicht vertreten, hat sich überrumpeln lassen ... So ein Gefühl kann einem den ganzen Tag verderben. Deshalb lieber mal wie ein Spielverderber, Eigenbrötler oder Geizhals dastehen – dafür aber sich selbst treu bleiben!

526. Verhaltens-Tipps fürs Ausland

60 Prozent aller geschäftlichen Auslandseinsätze werden vorzeitig und ergebnislos abgebrochen – sie scheitern an interkulturellen Missverständnissen. Diese soziale Kompetenz kann man schon im Urlaub üben – hier Tipps, wie man Fettnäpfe im Ausland vermeidet:

– Anrede: In Österreich bei der Anrede, ob persönlich oder brieflich, immer den Namen plus Ehrentitel, akademischem Grad und Ähnlichem vollständig nennen! Also: „Frau Doktor XY", „Herr Magister/Professor XY" usw. Auch hierarchische Bezeichnungen nicht unterschlagen: „Herr Direktor", „Herr Primar" (= Chefarzt). Unterschlagung wird als unrespektierlich und unhöflich empfunden!

– Händedruck: In den USA kann's gar nicht zupackend genug sein – in asiatischen Ländern gilt man als Trampeltier. In Asien ist ohnehin eine kleine Verbeugung besser. Ausländern kommen Japaner oft entgegen, indem sie ihnen die Hand für einen leichten (!!) Händedruck reichen, allerdings unter Vermeidung von direktem Blickkontakt, das gilt als Respektlosigkeit. Auch in arabischen Ländern gehört Händeschütteln nicht zur normalen Begrüßung, und hier hat man sogar jede Sympathie verspielt, wenn ein Mann in der Öffentlichkeit einer Frau die Hand schüttelt. Lieber abwarten, ob die Dame von sich aus die Hand ausstreckt. Wenn ja, genügt auch hier ein leichter Händedruck ohne Blickkontakt.

– Fotografieren: Es ist ziemlich unhöflich und in manchen Kulturen sogar beleidigend, wenn Touristen einfach jeden Einheimischen fotografieren. Besser: freundlich fragen (notfalls mit einem fragenden Zeigen auf den Fotoapparat). An Verbotsschilder, auf denen deutlich eine durchgestrichene Kamera zu sehen ist – etwa an und in heiligen Stätten – muss man sich unbedingt halten: Bei Verstoß kann die Kamera eingezogen werden. In Japan dagegen gehört es zu jeder geselligen Runde, möglichst viele Bilder zu machen, die man sich hinterher zukommen lässt.

– Essen interkulturell: Sich bei Tisch die Nase zu putzen oder mit dem Zahnstocher im Mund zu bohren, gilt eigentlich überall auf der Welt als unappetitlich. Unterschiede zu heimatlichen Essensgewohnheiten gibt es aber viele. Ein paar Beispiele:

– An chinesischen Tischen darf gerülpst werden, es ist ein Zeichen dafür, dass es geschmeckt hat.

– In japanischen Restaurants wird kein Trinkgeld gegeben.

– In vielen Ländern (beispielsweise in Indien oder Tunesien) gilt es als grobe Beleidigung, eine Essenseinladung abzuschlagen!

– Wer in Ägypten oder in anderen arabischen Ländern etwas auf dem Teller zurücklässt, zeigt damit, dass es von allem reichlich gab und dass man sehr zufrieden mit dem Essen war.

– Trinksprüche spielen in Russland eine wichtige Rolle: Wer zu einem Essen eingeladen ist, sollte sich deshalb nicht entziehen, wenn die Runde an ihn kommt, sondern sich mit einem kleinen Trinkspruch für die Gastfreundschaft bedanken.

S.O.S.-TIPP

Wie man sich gegen Autodrängler wehrt

Tatort Autobahn auf der Überholspur: Dichtes Auffahren, Lichthupe, permanentes links Blinken, Grimassen im Rückspiegel:Dagegen kann man Anzeige erstatten wegen „vorsätzlicher Gefährdung des Straßenverkehrs" oder „Nötigung" (wenn der Autodrängler einen zu Handlungen zwingt, die einen selbst und andere gefährden). Wichtig: sich das Kennzeichen merken, den Autotyp und besondere Merkmale einprägen. Auch wenn man keine Zeugen hatte! Den Drängler erwarten – selbst dann, wenn kein Unfall passiert ist – Führerscheinentzug bis zu sechs Monaten, Punkte in Flensburg und hohe Geldstrafen.

527. In der Öffentlichkeit auftreten

Stellen Sie sich ins richtige Licht!

– Der Traum von vielen: berühmt sein – ins Fernsehen kommen – Pop-Sänger werden. Oder dann wenigstens den Beziehungskrach im Fernsehen austragen.
– Das Schönste, das man je zum Thema Ruhm und Ehre gehört hat, kommt von der Tanztheaterleiterin Pina Bausch. Eine Reporterin fragte sie für das Zeitungsinterview: „Ist es eine Lust, berühmt zu sein?" Und sie antwortete: „Ist es eine Lust, berühmt zu sein ... ist es eine Lust, berühmt zu sein ... kann ich mir nicht vorstellen." – Pina Bausch ist weltberühmt – und es ist völlig belanglos für sie. Sie geht ganz und gar in ihrer künstlerischen Arbeit mit dem Tanztheater Wuppertal auf und sieht die Dinge mit ihrem inneren Blick – ausschließlich.
– Trotzdem wollen viele unbedingt berühmt werden. Und sie sind bereit, fast alles dafür zu tun – ihr Privatleben auszubreiten oder sich in „Superstar"-Shows demütigen zu lassen ... Berühmtheit um jeden Preis: Lohnt sich das denn?
– Im Sinne eines ganzheitlichen, glücklichen Lebens: nein! Es gibt genug „Stars", deren neurotische Abhängigkeit von der schwankenden Gunst „ihres Publikums" ganz offensichtlich ist. Die wirken, als würden sie ohne ständigen Medienrummel in sich zusammenfallen.
– Öffentlich sein, einen Namen haben, das ist sicher alles toll – aber noch lange nicht alles. Viel besser als Berühmtheit oder Anerkennung um jeden Preis: die Anerkennung einer Leistung, die angemessene Aufmerksamkeit für etwas, das man gut gemacht hat. Es ist wünschenswert für jeden, gesehen zu werden, seiner Leistung entsprechend wahrgenommen zu werden. Diese Art von Öffentlichkeit kann jeder erreichen, und er sollte sie auch anstreben, um in seiner Branche einen Namen zu bekommen und sich Gehör zu verschaffen.
– Passende „Bühnen": beispielsweise Branchenforen, wo Reden gehalten werden, Messeveranstaltungen oder Seminare, wo jemand sein Wissen weitergibt, Konferenzen und Besprechungen, Veranstaltungen und Fernsehsendungen, Interviews, Podiumsdiskussionen oder Fachartikel. Diese Art von Öffentlichkeit startet nicht mit dem Superstar-Status, sondern baut sich allmählich auf.
– Fazit: Übersteigerte Geltungssucht macht nicht glücklich und krankhafte Bescheidenheit führt sicher nicht zum Erfolg. Wer sich für den gesunden Mittelweg Unterstützung wünscht: Es gibt genügend Seminare, in denen man diese „Öffentlichkeitsarbeit für sich selbst" lernen kann.

ANRUFBEANTWORTER BESPRECHEN

Wer mit Rauschen seine Anrufer begrüßt, macht einen schlechten Eindruck. Absolute No-Nos sind auch pseudo-lockere Ansagen oder Standardtexte mit Computerstimme. Ideal: mit ruhiger Stimme kurzen Text aufsprechen (die Zeit des Anrufers ist kostbar). Für ein externes Gerät mit passabler Sprach- und Aufzeichnungsqualität muss man ca. 100 Euro investieren.

528. Eine Rede halten

Goldene Hochzeit der Eltern oder Präsentation vor Kollegen: Ab und zu muss jeder mal eine Rede halten. Hier die wichtigsten Grundregeln.

– „Macht hat, wer reden kann", sagte einst der britische Premierminister Marquess of Salisbury. Rhetorik ist ein Teil der sozialen Kompetenz, der immer wichtiger wird. Eine amerikanische Untersuchung hat bewiesen, dass der wichtigste Erfolgsfaktor für eine Karriere nicht die Qualität der Arbeit ist – das macht nur zehn Prozent aus. Sondern die Fähigkeit, sich ins rechte Licht zu setzen: 60 Prozent hängen davon ab, ob man auf den Vorgesetzten einen guten Eindruck machen konnte. Rhetorik lässt uns attraktiver und überzeugender wirken.
– Zur Rhetorik gehört: Den Vortrag vorzubereiten und zu üben, Sprechhemmungen zu überwinden, Lampenfieber in den Griff zu kriegen, lebendig zu präsentieren, Zwischenrufe zu nutzen, Blickkontakt aufzunehmen, die Gestik zu kontrollieren, Pausen zu machen, frei zu reden, das Publikum anzusprechen, überzeugend zu wirken und einen eigenen Vortragsstil zu entwickeln. Ganz schön anspruchsvoll! Deshalb kann es sich lohnen, ein Rhetorikseminar zu besuchen. Für die Geburtstagsrede geht es aber auch ohne.
– Wann ist eine Geburtstagsrede erfolgreich? Wenn sich der Gratulant freut. Wann ist die Präsentation eines Konzepts erfolgreich? Wenn es nachher verabschiedet wird. Niemand muss mit geschliffenen Formulierungen oder nie da gewesener Schlagfertigkeit glänzen – es gilt nur, das Ziel zu erreichen. Hier die wichtigsten Schnell-Tipps für eine gelungene Rede:

– Der beste erste Satz: Bauen Sie mit Ihrem Publikum eine Beziehung auf, stellen Sie ein Wir-Gefühl her. Wie? Ganz einfach: Überlegen Sie, welche Gemeinsamkeiten es gibt, sei es die Branche, der Beruf, das Alter, der Ort ... Prominentestes Beispiel von John F. Kennedy: „Ich bin ein Berliner." Praxisbeispiel: „Ich habe eine ganz spezielle Beziehung zu Berlin – meine Mutter und meine Großmutter haben in der Friedrichstraße gewohnt. Deshalb freue ich mich besonders, heute hier zu sein."

– Denken Sie nicht nur über die Inhalte Ihrer Rede nach, sondern auch darüber, welchem Publikum Sie den Stoff vermitteln wollen: Was sind das für Menschen? Welche Fragen hat Ihre „Zielgruppe" auf der Seele?

– Üben Sie vor Freunden. Lernen Sie auswendig und wiederholen Sie so oft, bis Sie Ihren Text wie im Schlaf herunterbeten können!

– Nehmen Sie schon vor Ihrem Auftritt mit Leuten aus dem Publikum Kontakt auf: Kommen Sie früher zum Termin und führen Sie im Gang oder an der Garderobe kurze lockere Gespräche. Mit diesen „Bekannten" können Sie während der Rede immer wieder Blickkontakt aufnehmen.

WAS ANZIEHEN?

Enge Röcke, freier Blick auf den Bauchnabel oder schimmernder Lippenstift – das alles schadet beim öffentlichen Auftritt. Denn je größer die Betonung der weiblichen Reize, desto weniger Autorität und Kompetenz strahlt die Rednerin aus. Übrigens auch zu kurze Hosen bzw. Socken, die das nackte Männerbein sehen lassen. Für Frauen wie Männer gilt: am besten elegante, aber bequeme Kleidung tragen, die das freie Atmen beim Sprechen nicht behindert.

529. Lampenfieber in den Griff bekommen

Zittern, Rotwerden, Stammeln ... so kann doch kein Mensch eine tolle Rede halten. Aber dagegen kann man was tun.

– Herzrasen, Schweißausbrüche, Text vergessen ... das passiert vielen Menschen, die plötzlich die Aufmerksamkeit aller auf sich gerichtet sehen. Dabei waren sie doch so gut vorbereitet – und jetzt? Eine unsterbliche Blamage; hat doch bestimmt jeder gemerkt, dass man fast gestorben ist vor Angst. Oh je, ... und nächste Woche ist wieder so ein Vortrag fällig ...

– Das ist ganz normal! Öffentlich auftreten ist eine Kompetenz, die man sich erst erwerben muss – mit der Erfahrung wird es immer leichter. Und mit ein paar Maßnahmen:

– Zuerst die Analyse – man sollte sich fragen: Warum ist auf einmal diese fundamentale Unsicherheit über mich hereingebrochen? An welcher Stelle gab es einen Auslöser? Psychologen wissen die Antwort: Es gibt eine innere, uns unbewusste Stimme in unserem Kopf, die unaufhörlich auf uns einredet, das so genannte „Affengeschnatter". Sie sagt Dinge, wie: „Was fällt dir eigentlich ein, dich hier aufzuführen." Oder: „Mein Gott, deinen Kram will doch keiner hören." Diesen dauernden verbietenden, negativen inneren Kommentar haben viele Menschen – es sind internalisierte Werte, die sicher mit der Erziehung und dem Elternhaus zu tun haben. In diesem heiklen Moment, da man aufs Podium soll, ist man natürlich für diese Einflüsterungen besonders anfällig.

ZUSAMMEN SEIN
Alle anderen und ich

– Erste Maßnahme: die innere Stimme laut stellen! Durch Konzentrationsübungen, durch Aufmerksamkeit in kritischen Situationen kann man manchmal ein Stückchen davon erhaschen – und stellt verblüfft fest: Wie konnte ich gerade etwas so Fieses über mich denken? Allerdings ist dieses Bewusstmachen nicht ganz einfach – man kann sich dafür aber jederzeit Unterstützung in Workshops holen.

– Die zweite Maßnahme ist wesentlich einfacher und sehr Erfolg versprechend: Man kann sich auch über ganz einfache körperliche Übungen wieder beruhigen. Denn der Auslöser für schweres Lampenfieber ist zwar psychisch, aber wenn durch all die Aufregung der Körper verrückt spielt, geht gar nichts mehr: Wem das Herz bis zum Hals schlägt, der kann kein vernünftiges Wort mehr herausbringen. Also: erst mal den Körper beruhigen, die Herzschlagfrequenz runterdrehen. Wer körperlich ruhig ist, kann sich gar nicht so aufregen, vermag wieder klar zu denken und kommt gar nicht erst in Panik. Und wie macht man das, wenn man sowieso angespannt ist? Ganz einfach: indem man die Spannung noch höher treibt – erst danach kann man die „Ent"-Spannung wieder spüren.

– Und so geht's: Hinsetzen, tief atmen, konzentrieren. Den rechten Fuß auf den Boden pressen, bis man fast ein Loch in den Boden stemmt, und die Spannung so lange halten, wie man nur irgend kann. Dann loslassen und tief atmen – und genießen, wie die Spannung entweicht! Weiter geht's: dieselbe Prozedur mit dem Oberschenkel – alle Muskeln anspannen, loslassen. Dann die rechte Faust: ballen, loslassen. Und weiter: rechte Schulter, dann Nacken und Unterkiefer. Danach kommt die linke Seite dran. Alles in allem sollte das anfangs 10 Minuten dauern, am besten zwei Runden. Das macht man täglich mehrere Wochen lang. Das Tolle: Es funktioniert – und zwar nach einer Weile auch schon, wenn man nur die Faust ballt und entspannt. Und das Allerbeste: Das kann man auch in aller Öffentlichkeit machen, während man noch im Hintergrund steht und wartet, dass man gleich nach vorne geht. Merkt kein Mensch – und wirkt!

– Maßnahme Nummer 3: Video! Wer sich einmal mit dem distanzierten Blick als „Fremder" auf Video gesehen hat, merkt womöglich: Ich bin ja ganz o.k. – warum hatte ich eigentlich solche Bedenken? Dieses didaktische Mittel bieten ebenfalls die meisten Seminare an.

TIPP

Wenn gar nichts hilft, wenn zum Beispiel beim Besuch eines Seminars sogar fundamentale Verunsicherung auftritt, während alle anderen mehr Selbstsicherheit zu gewinnen scheinen, dann steckt vielleicht doch ein tiefer sitzendes Verbot dahinter. In dem Fall sollte man es sich wert sein und sich professionelle therapeutische Unterstützung gönnen.

530. Bürgerinitiative gründen

„Keine neue Startbahn am Flughafen!" – Ja, dann gründen Sie doch eine Bürgerinitiative (BI):

– Gleichgesinnte finden – je mehr, umso besser.

– Seine Meinung schriftlich formulieren: Was soll das Ziel der BI sein?

– Regelmäßige Treffen organisieren und Aufgaben verteilen: Der Journalist schreibt die Texte, der Grafiker entwirft den Flugzettel, der Gastwirt stellt Räumlichkeiten zur Verfügung.

– Die Initiative publik machen: Welche Werbeaktionen sind angemessen? Handzettel im Kindergarten verteilen, Rundschreiben an die Schulen verschicken, Leserbriefe an die örtliche Presse verfassen, Plakate entwerfen, Informationsstände bei Veranstaltungen planen. Initiativen sind umso erfolgreicher, je mehr Resonanz sie in der Öffentlichkeit erzielen.

– Plakate aufhängen, zum Beispiel in Geschäften, Vereinsheimen, Kneipen. Oder bei der „Deutschen Städtereklame" Litfasssäulen und große Reklamewände, aber auch kleine Flächen in Bushaltestellen für eine bestimmte Zeit mieten. Die DSR übernimmt das Auf- und Abhängen. So zahlt man zum Beispiel in Bamberg (70.000 Einwohner) für das Aufhängen eines Plakates an 58 Stellen in der Stadt für 10,5 Tage ca. 1.500 Euro (www.dsr.de).

– Zwischenbilanz ziehen: Wie groß ist das Interesse an meinem/unserem Anliegen? Hat die Sache Aussichten auf Erfolg, und braucht man Geld für weitere Aktionen? Gibt es öffentliche Fördermittel? Wo kann man die beantragen?

– Behörden: Erste Anlaufstellen sind in größeren Städten Bezirksausschüsse, in kleineren Gemeinden Gemeindeausschüsse. Monatliche regelmäßige Treffen dieser Gremien werden öffentlich bekannt gegeben (Aushänge am Rat- oder Gemeindehaus, Bekanntgabe der Termine in der Regionalpresse).

– Jeder Bürger hat das Recht, dabei zu sein (mit Personalausweis), er hat ein Mitspracherecht und kann hier seine Anträge stellen oder gegen solche öffentlich argumentieren. Zum Beispiel können hier die Anwohner eines Restaurants beantragen, dass der Gastwirt wegen des Lärms draußen keine Tische hinstellen darf.

– Bezirks- und Gemeindeausschüsse können auch in der Regel Auskünfte erteilen, welches Amt für welche Anliegen zuständig ist, das erspart langwierige und sinnlose Behörden-Laufereien.

– Wenn eine BI Erfolg hat und die Öffentlichkeit aufmerksam die Aktivitäten verfolgt – Gratulation! Die Kehrseite: Auf einmal braucht man noch mehr Zeit, Geld und Organisationsaufwand. Also: Wenn das Ganze die Grenzen einer „Nebenbeschäftigung" überschreitet, macht es Sinn, eine andere Rechtsform zu wählen, siehe Ratschlag Nr.1005 „Einen Verein gründen", Seite 552).

TIPP

Sie haben ein Anliegen (zum Beispiel, dass eine Unterführung oder eine Kinderspielstraße gebaut werden soll)? Vielleicht kommt es für einen Bürgerentscheid (auf kommunaler Ebene) oder Volksentscheid (auf Länderebene) in Frage (Anwalt fragen). Infos gibt es unter www.mehr-demokratie.de.

SICH ENGAGIEREN

Sie wollen sich engagieren: Dazu eignen sich Ehrenamt, Stiftung, Vereinsgründung. Informationen in Kapitel „Frei haben", Seite 552.

531. Straßenfest organisieren

Was man wissen muss, damit die Polizei das Fest nicht vorzeitig beendet:

– Grundsätzlich: Straßenfest beim Ordnungsamt genehmigen lassen (dort nach jemandem fragen, der für Veranstaltungen zuständig ist). Das kann von 0 bis 2000 Euro kosten – je nach Stadt und Größe des Festes. Der Antrag muss mindestens 2 Monate vorher gestellt werden, früher ist besser. Den Organisationsaufwand (6–9 Monate) nicht unterschätzen! Wichtig: Das Fest muss „Öffentlichkeitscharakter" haben, also von einer größeren Gruppe, etwa einer Nachbarschaftsinitiative, veranstaltet werden. Der Antragsteller gilt als rechtlich Verantwortlicher, er muss also haften, wenn was schief geht!
– Wo feiern? In der Stadt eher in Nebenstraßen und nur in solchen ohne öffentliche Verkehrsmittel. Feuerwehr und Rettungswagen müssen durchfahren können. In der Fußgängerzone oder auf historischen Plätzen kriegt man meistens keine Genehmigung.
– Eine Haftpflichtversicherung ist ein Muss (Kosten: etwa 50 Euro, bei jeder größeren Versicherung).
– Was zum Beispiel noch genehmigungspflichtig ist: beim Ordnungsamt: Tombolas oder Spendensammlungen; bei der GEMA: Musikaufführungen; bei der Flugsicherung: Luftballons (!!) steigen lassen.
– Organisiert werden muss: Anwohner spätestens eine Woche vorher informieren (etwa per Handzettel im Briefkasten – am besten natürlich mit Einladung zum Fest!), Essen und Getränke, Sitzgelegenheiten (kann man bei Brauereien ausleihen), Mehrweggeschirr und Pfandsystem (ist mittlerweile in den meisten Städten Pflicht), genügend Abfallbehälter und Toiletten (evtl. beides mieten).
– Während des Festes gilt: keine Musik von 12–15 Uhr, um 22 Uhr muss Schluss sein. Übrigens darf ein Straßenfest inklusive Aufräumen in den meisten Städten nicht länger als 8 Stunden dauern.
– Hinterher piccobello aufräumen, sonst kommt eine dicke Rechnung von der Stadt für Reinigungskosten …

3 GRÜNDE in die Politik zu gehen

1. **Weiterdenken**
Aktive Mitarbeit ist größtenteils Tageskram: Flugblätter verteilen, Diskussionsrunden organisieren, Klohäuschen für Konzerte organisieren ... aber manchmal auch sehr spannend: die Hintergründe von Kommunalpolitik kennen, intelligente Leute und Ideen kennen lernen und selbst – ein bisschen – mit am Weltrad drehen ...

2. **Weiterkommen**
Gesellschaftliche Chancengleichheit? Die gibt's eigentlich gar nicht. Eine Untersuchung hat bewiesen: Wer wirklich Macht hat – in der Hochfinanz, in Industrie und Wissenschaft –, kommt zwingend aus ebenso reichen wie einflussreichen alten Familien ... Aber die Untersuchung brachte noch ein anderes Ergebnis: Echte Chancengleichheit gibt's in den politischen Parteien! Sie sind die einzige durchlässige Institution, in der auch sozial weniger Privilegierte an die Spitze kommen können. Beispiel: Arbeiterkind Gerhard Schröder wurde Bundeskanzler.

3. **Weitermachen**
In verächtlichem Ton „Politiker!" sagen und abwinken, das ist irgendwie angesagt. Wieso eigentlich? Eine Demokratie braucht Politiker – Leute, die diesen gar nicht so einfachen Job machen. Sie müssen medienkompetent sein, sich gut ausdrücken und in verschiedenste Sachgebiete einarbeiten können, und wenn sie Karriere machen, verdienen sie ziemlich wenig im Vergleich zu Managern. Todsicher sind auch schwarze Schafe dabei – aber warum denen das Feld überlassen? Je mehr engagierte Menschen mitmischen, umso besser. Besonders in der Kommunalpolitik kann man vieles bewegen. Also einfach Unterlagen von den Parteien anfordern oder mal zu einem Parteitreffen gehen – vielleicht macht's ja sogar Spaß?

KINDER HABEN

Zusammen sein ist ein Zustand, Kinder haben ein Besitz. Und Besitz bedeutet Verantwortung. Die hat man mit Kindern aber nicht nur für eine Beziehung oder einen Körper. Als Eltern haben wir Verantwortung für einen ganzen Menschen mit Seele, Haut und Haaren, den es ohne uns nicht geben würde und der ohne uns nicht leben kann. Daraus wird fast immer große Liebe. Und dazu gehört manchmal auch tiefe Sorge.

Stellen Sie sich vor, da zieht ein wildfremder Mensch eines Tages bei Ihnen ein. Einer, den Sie im Leben noch nie gesehen haben und der kein Wort von sich erzählt, dafür aber rumschreit und verlangt, dass ab sofort alles nach seiner Pfeife zu tanzen hat. Wobei er seine Meinung dauernd ändert – wenn Sie überhaupt einen Schimmer davon haben, was er will. Und das alles zu einem Zeitpunkt, an dem Sie sowieso schon fix und fertig sind, Ihr Partner rumzickt und die Finanzen zum Problem werden. Wenn wir Ihnen jetzt sagen, dass das nun jahrelang so bleiben wird – können Sie sich vorstellen, so jemanden auch noch zu lieben? Wenn ja, dann müssen Sie Kinder haben.

Eltern werden – total normal?

„Sie sind schwanger" – eine Nachricht, die alles auf den Kopf stellen kann und einen täglich völlig neue Erfahrungen fürs Leben machen lässt. Da ist es kaum zu glauben, dass kein Jahr später diese neue Welt schon wieder völlig vergessen zu sein scheint, weil nun ein ganz neues Leben mit im Haus ist. Mit der Geburt eines Kindes tauchen Eltern in eine Parallelwelt ein, für die die Schwangerschaft nur die Vorbereitung war. Man war zwar selbst einmal Kind, ist vielleicht schon Tante oder Patenonkel, aber erst mit dem eigenen Kind wird einem vieles klar, über das man sich bei seinen Geschwistern oder Freunden mit Familie nur gewundert hat. Dafür staunt man nun über andere Dinge. Etwa über die große, ganz neue Liebe und das Gefühl von Verantwortung, die man plötzlich in sich spürt, und über die heftigen Gefühle und Probleme, die das auslösen kann. Das alles ist völlig überwältigend und ganz normal zugleich – siehe oben.

Das Beste in dieser Situation ist, alles möglichst so hinzunehmen, wie es ist, und nicht zu hohe Ansprüche an sich zu stellen. „Du musst Dein Kind lieben!", „Die ersten Tage sind wichtig!" – nicht dran denken, einfach machen. Es wird noch so viel Zeit zusammen geben. Wichtig ist, sich selbst treu zu bleiben, um sich nicht zu verlieren. Denn wer sich ganz für die Familie aufgibt, kann bald keine Kraft mehr für sie haben. Und wie soll man echtes Vorbild sein, wenn von seinem Selbst wenig zu sehen ist? Was auch wörtlich gemeint ist: Seien Sie da. Als Mutter beim Baby, als Vater zu Hause. Sie können auch an sich Neues entdecken.

Eltern sein und weiter sehen

Wer Kinder hat, entdeckt die Welt aufs Neue. Das ist eine großzügige Entschädigung für ausgefallene Kinoabende und Fernreisen. Das Größte dabei ist, die Entwicklung des eigenen Kindes zu beobachten. Wie es die Welt wahrnimmt, wie es Kontakt zu ihr sucht, wie es seine Sinne bildet. Später ist faszinierend zu erleben, wie direkt Kinder auf Lob, Trost und Zuwendung oder Überforderung und Unklarheit reagieren. Das ist ein gutes Training, um den Umgang mit anderen zu üben, und eine Lehre darin, sich nicht so wichtig zu nehmen. Das heißt, die Sorgen des Kindes ernst zu nehmen und die eigenen Sorgen erst einmal genau zu prüfen – wann sind sie falsch, wann berechtigt und was muss ich dann tun? Das heißt auch, Reaktionen nicht zu persönlich zu nehmen (es sind immer noch Kinder) und die eigene Meinung nicht durchzudrücken (sie sind schon fertige Menschen). Denn erziehen heißt: Kindern lieber zeigen, wie etwas geht, statt ihnen zu sagen, was sie zu tun und lassen zu haben.

Mit Kindern leben

Die Beziehung eines Paares zueinander verändert sich mit einem Baby oder Kleinkind grundlegend. Nicht alle überstehen die anstrengende Zeit ohne Schaden. Doch wenn beide es schaffen, ganz Mutter und Vater zu sein und trotzdem ein Paar zu bleiben, kann sie kaum noch etwas auseinander bringen.

Eltern werden

Auch wenn sich Eltern noch so sehr auf ihr Baby gefreut haben, erleben viele in der ersten Zeit nach der Geburt widersprüchliche Gefühle. Das Kind, das die Frau so lange in ihrem Körper getragen und gefühlt hat, ist ihr vertraut und nahe – und gleichzeitig doch so neu und fremd. Der Mann muss erfahren, dass das Baby seine Partnerin vollkommen in Anspruch nimmt. Er hat das Gefühl, am Rand zu stehen.

Ohne Schuldgefühle durch den „Baby-Blues"

Statt überwältigender Mutterliebe fühlt eine Frau nach der Geburt oft auch bald ihre Erschöpfung. Sie ist möglicherweise noch immer ein wenig erschrocken über die Wucht der Geburtsschmerzen, sie mag ihr übernächtigtes Gesicht und ihren veränderten Körper nicht gern im Spiegel anschauen. Sie ist eine andere Frau geworden und fühlt sich in sich noch nicht wieder zu Hause. Doch viel Zeit für Selbstfindung bleibt ihr nicht, das Baby fordert ihre ganze Kraft. Und das auch dann, wenn seine Mutter die größte Sehnsucht nach Ruhe hat.

Viele junge Mütter sind bestürzt über diese innere Zerrissenheit, mit der sie ihrem Kind begegnen. Manche quält die Frage, ob sich bei ihnen vielleicht nimals die viel beschriebene und oft besungene Mutterliebe einstellen wird, ob sie womöglich gar nicht Mutter hätten werden dürfen. Was diese Frauen erleben, ist jedoch ganz normal: Die Bindung an ihr Kind überfällt eine Mutter nicht schlagartig wie ein Naturereignis. Diese Bindung wächst stetig, mit jedem Tag, mit jeder Woche.

Es ist eine Zeit, in der die Mutter sich sehr zurückstellen und über große Strecken auf eigene Bedürfnisse verzichten muss. Erst recht, wenn sie allein erziehend ist. Das geht nicht ohne Konflikte. Zumal eine junge Mutter „nach außen" Glück und Freude versprühen soll und möchte – so nicht nur die Erwartungen der Umwelt, sondern auch die eigenen. Da tut es gut, sich bewusst zu machen, dass der Haushalt nicht glänzen muss, dass die Freunde warten werden und dass der Job erhalten bleibt. Es tut gut, sich für eine Weile ganz der großen Veränderung zu widmen und gelassen zu schauen, wie man am besten damit umgehen kann.

Auch Väter brauchen eine Weile, bis sie sich in ihre Rolle finden. Ihnen fehlt die Erfahrung der Schwangerschaft und der Geburt. Diese im Leben einmalige enge körperliche Verbindung ist unnachahmlich, deshalb erleben Männer die erste Zeit mit ihrem Kind häufig mehr aus der betrachtenden Distanz.

Gefühle wachsen durch Erlebnisse

Gefühle sind nicht angeboren. Kinder erlernen sie durch ihr eigenes Erleben und durch das elterliche Vorbild. Hinter einer beglückenden Kindheit stecke das große Geheimnis einer gelungenen Kommunikation zwischen Kind, Eltern und Umwelt, so hat es Dr. Inge Flehmig vom Institut für Kindesentwicklung (IKE) in Hamburg einmal ausgedrückt. Es kommt also nicht allein darauf an, dass Eltern immer gütig, verständnisvoll und ständig um das Wohl des Kindes bemüht sind und permanent das eigene Verhalten kritisch auf den Prüfstein legen. Es geht um Authentizität.

Von Geburt an beginnen Kinder das Verhalten von Erwachsenen nachzuahmen. Das macht Eltern – ob sie das beabsichtigen oder nicht – zu Vorbildern. Mehr noch als durch gezielte Erziehungsmaßnahmen oder wortreiche Erklärungen prägen sich einem Kind die Verhaltensweisen, die Einstellungen und Lebensgefühle seiner Eltern ein.

Mehr wissen: 10 Artikel aus den UN-Konventionen der Rechte des Kindes

Die Generalversammlung der Vereinten Nationen hat die Kinderrechts-Konvention 1989 angenommen. Innerhalb von 10 Jahren haben 191 Länder sie verabschiedet, und sie somit zum historisch weltweit anerkanntesten Instrument der Menschenrechte gemacht. Heute haben alle Länder der Welt, mit Ausnahme von 2 Staaten (Somalia, das keine zentrale Regierung hat, und die Vereinigten Staaten von Amerika) die Kinderrechts-Konvention ratifiziert.

ARTIKEL 2,2 Alle Kinder haben den gleichen menschlichen Wert, unabhängig von Geschlecht, Hautfarbe, Sprache, Religion, Meinung oder Herkunft.

ARTIKEL 3,3 Alle Kinder müssen bei Entscheidungen, die sie direkt betreffen, angehört werden.

ARTIKEL 16 Alle Kinder haben das Recht auf persönliche Geheimnisse. Briefe und Tagebücher dürfen ohne ihre Erlaubnis nicht gelesen werden. Ebenso sind ihre Ehre und ihr guter Ruf zu schützen.

ARTIKEL 9 UND 18 Alle Kinder haben das Recht, zu beiden Elternteilen den Kontakt zu halten, wenn diese getrennt leben. Kommt es zum Streit der Eltern, haben sie das Recht auf Hilfe.

ARTIKEL 19 Alle Kinder müssen vor schlechter Behandlung, Ausbeutung und Misshandlung durch Eltern oder andere Erwachsene geschützt werden.

ARTIKEL 28 Alle Kinder haben das Recht, in die Schule zu gehen. In ihrer weiteren Ausbildung sollten sie unterstützt werden.

ARTIKEL 31 Alle Kinder haben ein Recht auf Freizeit, Ruhe und Spiel sowie ihrem Alter angemessene Aktivitäten.

ARTIKEL 34 Alle Kinder müssen vor Gewalt und allen Formen der sexuellen Ausbeutung geschützt werden.

ARTIKEL 36 Alle Kinder müssen vor wirtschaftlicher Ausbeutung geschützt werden. Sie dürfen keine Arbeit verrichten, die ihrer Gesundheit schadet oder ihre Entwicklung und Bildung verhindert.

ARTIKEL 38,4 Alle Kinder stehen in bewaffneten Konflikten unter besonderem Schutz; Kinder unter 15 Jahren sollen nicht an Kriegskämpfen teilnehmen.

Der Reichtum der Eltern

Viele Jahre geht es Müttern und Vätern nur richtig gut, wenn es auch den Kindern gut geht. Das ist eine Art von Abhängigkeit, die man sich vor dem Kinderkriegen nicht vorstellen kann. Eltern gehen manchmal jahrelang nicht mehr ins Kino, nicht mehr auf Reisen, nicht mehr ins Museum. Aber ist ihr Leben deshalb schlechter? Es ist anders, und es gibt ganz viele Dinge, die man ohne Kinder nicht erleben würde. Eltern sein macht sehend – für den strahlend gelben Löwenzahn, der sich durch einen engen Spalt im grauen Asphalt zwängt, für die Wolken, die sich zu bizarren Bildern formen, für das Moos, das so weich ist wie ein Puppenbett.

Die Liebe zwischen Eltern und Kindern ist bedingungslos. Im Familienkosmos muss man nicht schön, klug, sportlich oder sonstwie begabt sein, um geliebt und anerkannt zu werden. Hier wird man geliebt, weil man so ist, wie man ist. Das ist eine Erfahrung, die man ohne Kinder nicht machen kann.

Mein Kind entwickelt sich

Ein Kind ist keine Miniatur-Ausgabe eines Erwachsenen, die nur noch wachsen muss. Alles an einem Kind entwickelt sich: die Sinneswahrnehmungen, die Bewegungen, die Körpergröße, die Proportionen, das Sprechen, das Denken und das Fühlen. Es grenzt an ein Wunder, dass (fast) jeder Mensch diese Entwicklung ohne Probleme vollzieht.

„Mein Kind konnte schon mit 5 Monaten sitzen ..." „Meins ist schon mit 7 Monaten gekrabbelt ..." Aus solchen stolzen Elternäußerungen ist zu entnehmen, dass letztlich alle Mütter und Väter wie gebannt auf die Entwicklung ihrer Kinder starren und jeden Schritt mit begeistertem Applaus bedenken. Das ist etwas Wunderbares, und alle Kinder brauchen diese anerkennenden und fördernden Blicke ihrer Eltern, um neugierig zu bleiben und Spaß am Leben zu haben. Eltern wiederum sind darauf angewiesen, zu sehen, dass ihr Kind Fortschritte macht. Und dies nicht etwa nur, damit sie die Bestätigung bekommen, dass mit ihrem Nachwuchs alles in Ordnung ist. Erst recht nicht, um sich als „erfolgreiche" Eltern zu fühlen. Instinktiv wissen Eltern, dass eine altersgerechte Entwicklung ihres Kindes zur Selbstständigkeit lebenswichtig ist: Eltern werden eines Tages alt sein und nicht mehr für ihr Kind sorgen können – spätestens bis dahin muss der Sprössling auf eigenen Füßen stehen. Geht die Entwicklung nicht planmäßig vonstatten, macht sich Unruhe, eventuell auch die unbewusste Angst breit: Wie soll das Kind ohne uns zurechtkommen?

Die allermeisten Kinder entwickeln sich gesund, manche in bestimmten Bereichen schneller als die anderen, manche sind dagegen richtige Spätzünder. Was Kindern und Eltern am meisten hilft: das Vertrauen darauf, dass ein gesundes Kind aus eigener Kraft fähig ist, sich gut und normal zu entwickeln. Dass es einen Schritt nach dem anderen machen wird und dass es sein ganz persönliches Tempo hat.

Ernährungsverhalten lernt man im Elternhaus

Mit einer gesunden, vollwertigen Ernährung schenkt man dem Kind nicht nur gute körperliche Voraussetzungen für sein Wachstum, sondern ein lebenslang segensreich wirkendes Ernährungsbewusstsein. Denn der Ernährungsstil des Elternhauses prägt ein Kind bleibend. Diese Prägung übersteht auch Phasen – wie die Pubertät – in denen ein Kind bestimmte Nahrungsmittel rundweg ablehnt. Oft „erinnert" man sich aber als Erwachsener wieder all der wichtigen Regeln, die die Ernährung gesund und bekömmlich machen.

Andererseits sind die in der Kindheit erlernten falschen Essgewohnheiten auch im Erwachsenenalter erstaunlich konstant. Man denke nur an die vielen Diätversuche und vergeblichen Neuanfänge nach dem Motto: „Ab morgen esse ich mehr Obst und Gemüse!" Viele Erwachsene schaffen es nur durch einen markanten Lebenseinschnitt wie etwa eine schwere Krankheit oder eine große Liebe, ihre Ernährung nachhaltig umzustellen.

Trotz und Pubertät: Meilensteine der Seele

Im Alter zwischen 2 und 3 Jahren entdecken Kinder, dass sie eigenständige Wesen sind. Diese Entdeckung treibt sie in einen Zwiespalt zwischen Trennungsangst und Abenteuerlust. Sie möchten jetzt vieles selbst in die Hand nehmen, brauchen gleichzeitig aber die Hilfe und Geborgenheit der Eltern. Dieses Hin und Her zwischen ihren Bedürfnissen verunsichert sie und führt oft zu heftigen Gefühlsausbrüchen. Sie müssen nun erleben, dass Wollen und Können zweierlei sind, dass nicht jede Idee sich verwirklichen lässt, dass nicht jedes Bedürfnis erfüllbar ist. Das sind Erfahrungen, die für das spätere Leben von großer Bedeutung sind. In dieser Zeit macht das Kind Entwicklungsschritte, die für sein weiteres Leben und das Zusammenleben mit anderen Menschen wichtig sind. Es lernt, mit seinem Willen umzugehen.

Die emotionale, körperliche und soziale Verselbstständigung der Kinder beim Eintritt in die Pubertät ist ein schwieriger und schmerzhafter Prozess, der sowohl die Eltern als auch die Jugendlichen oft vor eine Zerreißprobe stellt. Jugendliche werden ihren Eltern oft sehr fremd, sie provozieren durch Benehmen, Kleidung, Haarmode, Musikgeschmack oder Freundeskreis ihre Väter und Mütter und machen ihnen

Mehr wissen: Vorsorgeuntersuchungen

Von der Geburt bis zur Pubertät: Was wird geprüft? Die Vorsorgetermine U1 und U2 werden noch in der Klinik gemacht. Ist das Baby durch eine Haus- oder eine ambulante Geburt zur Welt gekommen, müssen die jungen Eltern für die U2 den Kinderarzt aufsuchen.

U1/DIREKT NACH DER GEBURT Geprüft werden Hautfarbe (sagt etwas aus über die Sauerstoffversorgung des Babys), Atmung, Herztätigkeit, Reflexe, Muskeltonus.

U2/1. LEBENSWOCHE Knochenaufbau, Reflexe, Stoffwechsel (Fahndung nach angeborenen Stoffwechselstörungen, die unbehandelt zu schweren Störungen führen würden).

U3/4.–6. WOCHE Kopfwachstum, Fontanellen-Zustand, Hüftentwicklung (sofern nicht schon in der Geburtsklinik eine Ultraschall-Untersuchung gemacht worden ist). Jetzt möchte der Arzt auch wissen, wie die Eltern mit ihrem Baby zurechtkommen (das sagt sehr viel über das gesunde Verhalten des Kindes aus!) und ob es in den jeweiligen Familien von Vater und Mutter besondere Krankheiten gibt.

U4/3.–4. MONAT motorische Entwicklung, Hörvermögen. Diese Untersuchung gilt als eine der wichtigsten, da man Entwicklungsstörungen jetzt besonders gut und meist noch rechtzeitig erkennen kann.

U5/6.–7. MONAT Sehvermögen, Gleichgewichtssinn, Muskeltonus. Hier wird unter anderem geprüft, ob das Baby seinem Gegenüber in die Augen sieht und ob es nach Dingen greift, die man ihm hinhält.

U6/10.–12. MONAT Jetzt wird das Verhalten des Babys insgesamt beobachtet – was kann es schon und wie macht es das? Ist es neugierig oder eher scheu? Haben die Eltern irgendwelche Sorgen mit ihm?

U7/21.–24. MONAT Bei diesem Termin steht die Sprach- und Sozialentwicklung im Vordergrund. Außerdem werden Fragen der Sauberkeitserziehung besprochen.

U8/43.–48. MONAT Nun steht der Kindergarten-Eintritt vor der Tür. Anlass dafür, das Kind erneut hinsichtlich seiner sozialen Fähigkeiten (Fragen beantworten, Aufforderungen folgen, Wünsche äußern) zu untersuchen. Eine genaue Seh- und Hörprüfung steht ebenfalls an.

U9/60.–64. MONAT Wichtig ist nun die Frage, ob sowohl die körperliche wie auch die mentale Reife für den Schuleintritt gegeben ist. Besonderer Wert wird nun auch auf die Auffrischung bzw. Vervollständigung notwendiger Impfungen gelegt.

J1/12.–15. LEBENSJAHR Die letzte Vorsorgeuntersuchung findet vor dem Eintritt in die Pubertät statt. Schwerpunkte sind jetzt: Entwicklung der sekundären Geschlechtsmerkmale, Impfstatus, Ernährungszustand, Haltung, Blutuntersuchung mit Schwerpunkt Cholesterin und Schilddrüsenhormone sowie ein Aufklärungsgespräch hinsichtlich Sexualität, Alkohol und Drogen.

nicht selten mit ihrem unverständlichen Verhalten Angst. Viele Eltern wissen nicht, ob das, was sie da an ihrem Kind erleben, noch „normal" ist. Erst recht wissen sie nicht, wie sie mit diesem „unerziehbaren" Kind umgehen sollen.

Ob schwierige Babyphase oder Pubertätskrisen – wenn man als Mutter oder Vater darüber informiert ist, was auf einen zukommen kann, bringt man eher die nötige Geduld und Gelassenheit auf, die aufregenden Entwicklungen seines Kindes zu begleiten.

532. Eltern werden – und auf sich achten

Die Super-Eltern gibt es nur in Magazinen. Hinter den Kulissen schreit auch hier das Baby, es mischt sich die Schwiegermutter ein, und die Fenster sind ungeputzt. Junge Eltern sollten nur zwei Dinge im Auge haben: ihr Baby und ihre Liebe.

– Geistiges Futter nicht vergessen! Egal, ob man ein Nachrichtenmagazin liest, ob man sich online weiterbildet oder für die Firma etwas arbeitet – die meisten Mütter empfinden die geistige Ansprache als Wohltat. Deshalb sollten sie die Stunden, in denen das Baby schläft, möglichst nicht mit Hausarbeit verschwenden.
– Wut ist erlaubt. Es gibt keine Liebe ohne aggressive Elemente. Das gilt auch für die Mutterliebe. Regen sich negative Gefühle dem Baby gegenüber, darf man nicht erschrecken, sondern sollte sie als normal wahrnehmen. Je mehr eine Frau diese Gefühle in sich zulässt, desto weniger gerät sie in Gefahr, sie am Kind auszulassen. Mit der Zeit gelingt der Umgang mit Frust und Zorn immer besser. Erleichtert wird das Ganze, wenn man freundlich und versöhnlich mit sich selbst umgeht.
– Der Einsamkeit keine Chance! Zwar ist es verständlich, dass man sich zurückzieht, wenn man sich überlastet fühlt. Doch Rückzug ist jetzt das Schlechteste, was man tun kann. Der Kontakt zu anderen Müttern ist besonders wichtig, weil man erfahren kann, dass auch andere mit Widrigkeiten zu kämpfen haben und sich beim Blick in den Spiegel oft gar nicht leiden können.
– Einen Babysitter engagieren. Einem Babysitter, der selbst Kinder hat, vertraut man sein Kind leichter an als einem, der den Umgang mit Kindern nicht gewöhnt ist. Viele Gemeinden bilden Teenager in Kursen zum „geprüften Babysitter" aus. Dabei lernen die Anwärter alles – von Wickeln und Füttern bis zum Handeln im Notfall. Man sollte dem Baby möglichst nicht mehrere Babysitter zumuten, schon gar nicht in der Fremdelphase zwischen 8. und 9. Lebensmonat.
– Gut haushalten mit seiner Zeit. Die Tage allein erziehender und berufstätiger Mütter sind oft so vollgestopft, dass die kleinste Panne den kompletten Zeitplan zusammenbrechen lässt. Das Gefühl des Gehetztseins und ewigen Ungenügens macht krank. Deshalb sollten Pufferzonen zwischen zwei Terminen eingebaut sein. Übrige Zeit kann man gut für Entspannungsübungen nutzen. Außerdem wichtig: Auch die Kinderbetreuung sollte flexibel auf einen längeren Arbeitstag reagieren können.

TIPP

In den ersten Monaten, in denen ein Baby in einen eigenen Schlafrhythmus finden muss, ist vor allem eine stillende Mutter besonders gefordert. In dieser Zeit machen sich auch aufgrund des chronischen Schlafmangels Erschöpfung, manchmal sogar Hilflosigkeit, Angst und mitunter Wut breit. Um nicht in einen Teufelskreis aus Nervosität, Ungeduld mit dem Kind und Schuldgefühlen hineinzugeraten, sollten Mütter jede Hilfe annehmen, die ihnen angeboten wird. Und wenn keiner kommt und Unterstützung anbietet, so ist es wichtig, sie zu fordern: vom Partner, von einer Freundin, von Verwandten. Wird das Baby von einer anderen Person versorgt, sollte die Mutter nicht putzen oder Wäsche waschen, sondern etwas für sich tun: ein Bad nehmen, shoppen, zum Friseur gehen, schlafen, eine Freundin treffen.

533. Auf Babyschreien reagieren

Babys haben noch kein Zeitgefühl. So können sie nicht verstehen, was „Mami kommt gleich" bedeutet. Sie müssen ihre Rückkehr immer und immer wieder erlebt haben, um auch dann ruhig zu bleiben, wenn die Mutter eine Weile aus dem Zimmer geht.

– Die Vorstellung, man könne einem Kind beizeiten Geduld beibringen, indem man es immer erst mal eine Weile schreien lässt, ist die Folge erschreckender Desinformation und Unwissenheit.
– Ein Baby, das solche Erfahrungen macht, entwickelt unbewusst die Einstellung: Meine Bedürfnisse sind nicht wichtig – ich bin für niemanden wichtig.
– Eltern, die sich immer sofort um ihr Baby kümmern, wenn es sich meldet, hören oft die Warnung: „Ihr verwöhnt das Kind!" Doch ein kleines Baby kann man nicht verwöhnen, aber man kann ihm die Erfahrung schenken, dass jemand zur Stelle ist, wenn es jemanden braucht.
– Mit der Zeit entwickelt sich ganz von selbst so etwas wie Geduld. Das Kind liegt dann nach dem Erwachen brabbelnd in seinem Bettchen, wohl „wissend", dass bald die Tür aufgehen und die Mutter oder der Vater hereinkommen wird.

534. Quengeln richtig deuten

Alle Eltern kennen es und wissen, dass Kindergequengel sehr an den Nerven zerren kann. Auf keinen Fall möchte das Kind seine Eltern ärgern. Gequengel heißt: Ich fühle mich irgendwie unwohl, bitte hilf mir!

– Gequengel kann erster Vorbote für einen Infekt sein. Das kennen auch Erwachsene: Man fühlt sich elend, weiß aber nicht weshalb. Deshalb sollten Eltern immer auch auf erste Anzeichen einer Virus-Infektion achten.
– Quengel-Phasen können ein Hinweis auf einen bevorstehenden Entwicklungsschub sein. Kurz vor so einem Schritt stehen kleine Kinder oft unter einer großen Anspannung, die sie mit Quengeln und Jammern zum Ausdruck bringen.
– Beistand ist jetzt wichtig, allerdings darf man darunter nicht ständiges Beglucken oder Entertainment verstehen. Wichtig ist, dem Kind immer wieder Spielideen zu zeigen. Nach einer Weile sollte man sich aber wieder zurückziehen und sich seinen eigenen Dingen widmen. So lernt das Kind, dass es in seinem Kummer durchaus auch mal eine Zeit lang allein zurechtkommen kann.
– Quengeln ansonsten zufriedene Kinder bei Anlässen wie Familienfeiern oder wenn Gäste da sind, sollten Eltern verstehen, dass solche ungewohnten Situationen Angst machen. Vor allem Erstgeborene, die ansonsten viel mit der Mutter allein sind, haben an solchen „Events" meist keinen großen Spaß. Da ist es besser, wenn das Kind während der Zusammenkunft der Erwachsenen von einer Person, die ihm vertraut ist, in einem ruhigen Raum betreut oder auf einen Ausflug mitgenommen wird.
– Anlass zum Quengeln bieten oft auch die Gegenstände, die so herrlich nach Spielzeug aussehen, aber keine sind. Kleinen Kindern kann man den Unterschied zwischen Spielsachen und Wohnzimmer-Dekor oder gefährlichen Küchen-Utensilien schlecht erklären, deshalb sollten solche Sachen möglichst außer Sichtweite des Kindes geräumt werden.

535. Fremdeln verstehen

Es kann lästig und peinlich sein, wenn sich das Baby wild schreiend an die Mutter klammert, sobald sich die Nachbarin nähert oder die Schwiegermutter zu Besuch kommt. Trotzdem ist es wichtig, die Reaktion des Babys zu respektieren und wohlmeinenden Betroffenen die Situation geduldig zu erklären.

– Eltern sollten niemals zulassen, dass sich jemand über die Barriere, die ein Kind in der Fremdelphase aufbaut, hinwegsetzt und es anfasst oder gar aus Mutters oder Vaters Armen nimmt.
– Am besten geht man mit dem Kind etwas auf Abstand zu der „fremden" Person, redet beschwichtigend zu dem Kind und drückt dabei Verständnis aus. Vielleicht siegt dann die natürliche Neugier über die Angst.
– Wenn die Mutter/der Vater sich mit der „fremden" Person freundlich und gelassen unterhält, gewinnt das Baby auch eher wieder Sicherheit.
– Nimmt die Mutter/der Vater schon vor lauter Angst vor einem Fremdelanfall das Kind auf den Arm, sobald jemand auf der Bildfläche erscheint, muss das Kind annehmen, dass tatsächlich Anlass zum Fürchten besteht.
– In der Fremdelphase sind Kinder ganz auf Verlässlichkeit angewiesen, deshalb sollte in dieser Zeit möglichst weder die Rückkehr der Mutter in den Beruf noch eine Mütterkur ohne Kind anstehen.
– Lässt sich die Abwesenheit der Mutter einfach nicht vermeiden, dann muss man darauf achten, die Annäherung zwischen Kind und Betreuungsperson besonders langsam zu vollziehen: Die ersten Begegnungen sollten immer im Beisein der Eltern stattfinden, und diese sollten nicht versuchen, sich heimlich wegzustehlen.
– Erst wenn Eltern wirklich das Gefühl haben, dass schon eine gewisse Vertrautheit zwischen dem Baby und seiner Betreuungsperson entstanden ist, können Vater und/oder Mutter für einige Minuten den Raum verlassen.
– Dieses Aus-dem-Blickfeld-verschwinden kann man dann – sofern es keine Angstszenen gegeben hat – schrittweise verlängern.
– Trotz bester Planung bringt jeder Trennungsschritt in dieser Zeit immer auch eine kleine Krise mit sich, die oft nicht ohne Tränen und Rückschritte über die Bühne geht. Aber das ist kein Grund zur Besorgnis. Jeder Mensch wächst vor allem an überwundenen Schwierigkeiten.
– Auch für manche Mutter ist es hart, zu erleben, dass sich ihr Kind bei anderen Menschen wohl fühlen kann und die Mama dann offensichtlich gar nicht vermisst wird.
– Für das Kind ist es eine elementare Erfahrung: Auch andere Menschen können ganz gut spielen, füttern, vorsingen und trösten. Dem Stellenwert der Mutter tut das keinen Abbruch.

536. Mit Schreibabys umgehen

Babys, die stundenlang schreien, können ihre Eltern an den Rand des Wahnsinns treiben. In solchen Situationen müssen Eltern konsequent an sich selbst denken.

– Erste Hilfe für überforderte Eltern: aus dem Zimmer gehen und sich für 2–3 Minuten die Ohren zuhalten oder – besser noch – Kopfhörer aufsetzen und schöne Musik in voller Lautstärke hören.
– Niemals das Baby schütteln! Es könnten irreparable Schäden entstehen, da wichtige Blutgefäße und Nervenfasern im Gehirn abreißen können.
– Entnervte Eltern sollten sich ein Kissen oder einen Sitzsack greifen – aber niemals ihr Kind! Oder rechtzeitig zu Schrei-Sprechstunden gehen, die von Universitätskliniken angeboten werden.

TIPPS

• Das Baby wird nach Bedarf gefüttert, so fühlt es sich verstanden und gewinnt eine Art innere Stabilität.
• Das Stillen oder Füttern mit der Flasche sollte möglichst immer nach demselben Schema ablaufen, also am selben Ort und mit derselben Vorgehensweis, zum Beispiel erst füttern, dann wickeln – nicht mal so und mal andersrum.
• Andere feste Rituale in den Tag einbauen wie nach der Mahlzeit eine bestimmte Musik abspielen, dann ein wenig auf der Krabbeldecke schmusen und anschließend mit dem Baby spielen.
• Beim nächtlichen Füttern und Wickeln kein großes Brimborium machen. Dabei muss deutlich werden: Es ist jetzt Nacht, und da wollen die meisten Menschen schlafen.
• Nach 3–4 Monaten haben die Babys, die sich auf solche regelmäßigen Abläufe verlassen können, einen stabilen, inneren Rhythmus erlangt.

537. Urlaub mit Baby

Die ungünstigste Zeit, um als junge Familie in den Urlaub zu fahren, ist das zweite Lebenshalbjahr des Babys. In diesem Zeitraum gibt es zu viele Stressfaktoren.

– In diese Zeit fällt meist das Abstillen bzw. das Füttern vom Löffel, was in aller Regel nicht von Anfang an reibungslos klappt. Wer will schon in Apartement oder Hotel Flecken von Karottenbrei auf Polstern oder Teppichböden hinterlassen?
– Auch können Zähnchen jederzeit durchbrechen. In diesen Phasen geht es vielen Babys nicht so gut, sie quengeln viel und schlafen schlecht.
– Eine fremde Umgebung beunruhigt ein Baby in dem Alter, regt es zum Schreien an, was die Eltern unter Druck setzt, da andere Urlauber nicht gestört werden sollen.
– Im ersten Lebenshalbjahr sind Babys dagegen oft sehr „pflegeleicht". Urlaubsziele mit kurzer Anreise, moderatem Klima und vertrauter Küche (für die stillende Mutter) sind jetzt angesagt. Wochenendtrips lohnen nicht, sofern man sich davon Erholung verspricht.

538. Gerne Vater sein

Viele Männer empfinden sich nicht mehr nur als Ernährer der Familie, sondern sie wollen wirklich Anteil nehmen an Erziehung und Begleitung ihrer Kinder. Manche brauchen nur noch etwas mehr Mut.

– Väter sollten hartnäckig bleiben, auch wenn Müttern das Spiel mit den Kindern mal zu wild erscheint. Ob die rasante Fahrt in der Wasserrutsche, die Crash-Kurse mit Matchbox-Autos, das Immer-höher-Schaukeln am Spielplatz oder der Kampf mit Gummi-Giganten im Kinderzimmer – alle Kinder lieben diese spannenden Spiele, die (fast) nur Väter spielen können.
– Auch wenn die meisten Väter wochentags nur am Abend bei ihren Kindern sind, sollten sie sich nicht in der Rolle des Elternteils sehen (oder drängen lassen!), der keine Ahnung hat. Wichtig: Am Abend immer nachfragen, wie der Tag war, was die Kinder gemacht haben, ob es mit ihnen Konflikte gegeben hat usw. Nur so können auch Väter „dranbleiben" und im Fall des Falles sagen: „Nein, jetzt gibt es keine Schokolade mehr, du hattest heute schon zwei Riegel!"
– Männer sollten sich immer wieder bewusst machen, wie bedeutsam, ja unverzichtbar sie im Leben ihrer Kinder sind. Sie sollten ihren Kindern zeigen, dass sie sich für sie interessieren („Zeig mir doch mal, was du gemalt hast!"), dass sie ihre Stimmungen wahrnehmen („Kann es sein, dass du heute traurig bist?") und dass ihnen daran liegt, ihnen etwas von dieser Welt zu zeigen („Wollen wir einen Staudamm bauen?").

539. Den Draht zum Job erhalten

Die Sorge, nach der Elternzeit beruflich „weg vom Fenster“ zu sein, kann ganz schön quälen. Diesem schlechten Gefühl sollte man mit gezielten Schritten entgegenwirken.

– Den Kontakt zu den Kollegen pflegen, ab und zu in die Firma gehen oder sich beim Stammtisch einfinden, sofern es den gibt.
– Wenn möglich, sollte man Urlaubs- oder Krankheitsvertretung machen. Falls es etwas gibt, was man von zu Hause aus erledigen kann, sollte man sich anbieten.
– Sobald wie möglich sollte man sich darüber im Klaren sein, in welchem Umfang man wieder einsteigen möchte. Dieses Konzept muss die Geschäftsleitung kennen – am besten ein Gespräch vereinbaren und die eigenen Vorstellungen in einem Schriftstück mitbringen.
– Beizeiten regeln, welche Art der Kinderbetreuung für den Zeitpunkt der Rückkehr in den Beruf in Frage kommt – das gibt ein sicheres Gefühl.
– Wer während der Elternzeit etwas verdienen möchte, dies jedoch nicht in der eigenen Firma tun kann, muss seinen Arbeitgeber um Erlaubnis bitten. Ein Nein muss binnen 4 Wochen schriftlich erfolgen. Triftige Gründe wären: Der Arbeitnehmer wird an seinem angestammten Arbeitsplatz gebraucht oder die andere Firma steht in direkter Konkurrenz zum Arbeitgeber.
– Stillen + Job = 1 Stunde weniger. Frauen, die bald nach der Geburt wieder im 8-Stunden-Tag arbeiten, bekommen 1 Stunde fürs Stillen zur Verfügung gestellt.

540. Entwicklungsschritte abwarten

Eltern sollten nichts für ihr Kind tun, wozu es schon selbst fähig ist. Genauso wenig sollten sie das Kind zu etwas animieren wollen, was es noch nicht aus freien Stücken tut. Kinder haben ein sehr genaues Gespür dafür, wann sie was ausprobieren möchten.

– Bemüht sich ein Baby darum, ein Spielzeug zu erreichen, sollte man ihm nicht gleich das Begehrte in die Hand drücken. Je weniger man sich bei solchen Experimenten einmischt, umso öfter wird das Kind die Erfahrung machen, dass es immer mehr aus eigener Kraft schaffen kann.
– Eltern sollten ihr Baby im versunkenen Spiel nicht stören. Wenn es ganz versonnen mit seinen Füßchen spielt, seine Hände betrachtet oder ein Spielzeug dreht und wendet, dann möchte es bei diesem „Lernprogramm“ nicht unterbrochen werden.
– Wichtig ist auch, das Baby möglichst oft auf seine Krabbeldecke zu legen und es nicht zu viel herumzutragen, sonst bekommt es zu wenig Chancen, zu lernen, wie man sich umdreht und wie man rollt.
– Babys brauchen eine feste Unterlage. Flächen, die sehr federnd und nachgiebig sind, bieten zu wenig Abstützmöglichkeiten. Dadurch könnte das Kind bei seinen Bewegungsübungen frustriert werden und zu rasch aufgeben.
– Es tut einem Kind nicht gut, zu bestimmten Bewegungen aufgefordert zu werden und erst dann ein Lob zu bekommen, wenn es seine Sache „richtig“ macht. Auch jede Anstrengung verdient Beachtung und Anerkennung.

541. Babys wiegen und tragen

Wenn Mütter und Väter ihr Kind in den Armen wiegen, wenn sie es im Tragetuch oder in einer Kraxe tragen, verschaffen sie ihm nicht nur den lebensnotwendigen Körperkontakt. Die wiegenden Bewegungen fördern auch die Entwicklung des Gehirns.

– Wenn Eltern ihrem Kind häufig wiegende Bewegungen verschaffen, regen sie zunächst vor allem das Gleichgewichtsorgan im Innenohr an. Dieses Training des Gleichgewichtssinns wirkt sich auf alle anderen Sinnesorgane aus. Durch sein „Lotsensystem“ ist das Bewusstsein ständig darüber informiert, ob und wie sich der Organismus bewegt und ob die Bilder, die das Auge vermittelt, dazupassen.
– Eltern, die sich viel mit ihrem Kind bewegen, unterstützen die Entwicklung des kindlichen Bewegungsapparats – und immer auch gleichzeitig die Entwicklung des Gehirns. Bewegung wirkt ganzheitlich „kompetenzsteigernd“, wie Fachleute das nennen, weil Sensorik, Emotion, Kognition, Soziales und Sprache mitgefördert werden.
– Flieger: Das Baby liegt bäuchlings auf dem Arm seiner Mutter oder seines Vaters, die Finger der elterlichen Hand sind gespreizt und stützen so Babys Brust. Die kleinen Ärmchen sind frei vor Mutters oder Vaters Unterarm. So hält das Kind seinen Kopf für einige Sekunden oder Minuten selbst. Wenn die Kraft des Kindes nachlässt, kann man die Hand so weit nach vorn

schieben, dass auch das Köpfchen gestützt wird. Diesen Griff sollte man vor allem bei Jungen nur anwenden, wenn sie angezogen sind. Das Windelpaket schützt das Baby vor zu großem Druck auf die Hoden.

– Das Baby während bestimmter Arbeiten auf der Hüfte herumzutragen, hat ebenfalls einen stimulierenden Effekt: Das Kind will den Kontakt zum Elternkörper nicht verlieren und presst seine Beinchen bei jeder Bewegung der Mutter oder des Vaters ein wenig an ihren bzw. seinen Körper. Wichtig für Eltern: Die Hüfte, auf der das Kind „sitzt“, immer mal wechseln, sonst bekommt man womöglich Beschwerden wegen einer Über- bzw. Fehlbelastung.

542. Laufen lernen in kleinen Schritten

Im ersten Lebensjahr arbeitet sich ein Kind ans Laufen heran: Es setzt sich auf, es krabbelt, es zieht sich hoch, es tastet sich an Schränken oder niedrigen Tischkanten entlang. Das Stehen – eine Hand oder beide Hände an einem Haltepunkt – glückt immer länger.

– Reichen Eltern ihrem Kind die Hände, kann es in dieser Phase auch schon einige wacklige Schrittchen gehen.

– Jetzt lieben es die meisten Kinder, wenn sie von ihren Eltern immer wieder mal ein Stück weit geleitet werden. Das entsprechende Bild ist jedem vertraut: Ein breitbeinig laufender Erwachsener, vor ihm ein tapsiges Kleinkind, das seine Ärmchen nach oben streckt, um den Halt der Erwachsenenhand zu haben und im Notfall vor einem Sturz aufgefangen zu werden.

– Mit der Zeit wird das Kind immer häufiger den Halt zumindest einer Erwachsenenhand nicht mehr bedürfen. Und eines Tages kommt der unvergessliche Moment, in dem das Kind beide Hände loslässt und seine ersten Schritte ganz allein geht.

– In der nächsten Zeit werden diese Schritte noch kurz, unregelmäßig und wacklig sein. Das Kind benötigt seine Arme noch gewissermaßen als Steuerruder.

– Stolpern und Hinfallen sind nun für eine Weile tägliche Ereignisse. Auch wenn das Kind sich hin und wieder weh tut – es wird diese Stürze rasch vergessen! Es wird sich durch nichts entmutigen lassen, sondern sich immer wieder auf seine Füßchen stellen und loslaufen.

– Für diese „Stehaufmännchen“-Mentalität sollte man dem Kind Anerkennung zollen („Ja, prima, du versuchst es gleich wieder!“). Ungünstig ist jetzt ausführliches Bemitleiden oder – das Gegenteil – das Abtun eines schmerzhaften Missgeschicks („Ach, geh, das hat doch gar nicht wehgetan! Wer wird denn da gleich weinen?“).

– So genannte Lauflernhilfen kaufen glücklicherweise immer weniger Eltern. Es hat sich herumgesprochen, dass diese Geräte ungünstig, manchmal sogar gefährlich sind. Der Rücken des Kindes wird in diesen Apparaturen gerade gehalten, auch wenn die Muskulatur von sich aus dazu noch gar nicht in der Lage ist.

– Wird die Lauflernhilfe viel benutzt, kann eine Haltungsstörung die Folge sein. Außerdem kommt ein Kind mit diesen Lauflernhilfen zu schnell voran. Ist eine Treppe nicht durch ein Gitter abgesichert, kann schon mal ein schlimmer Sturz passieren.

ALARMSIGNALE IN DER ENTWICKLUNG

• Ende des dritten Monats: Das Baby hebt das Köpfchen nicht, reagiert nicht auf Geräusche und beachtet Spielsachen kaum.

• Ende des siebten Monats: Das Baby lächelt wenig, ist niemals so richtig vergnügt, greift nicht nach Spielsachen, hat kein Interesse daran, Geräusche zu erzeugen, brabbelt nicht vor sich hin.

• Ende des ersten Jahres: Das Baby kann noch nicht sitzen, nur schwer greifen und loslassen. Wenn es weint, ist es schwer zu beruhigen, Spiele mit Mutter oder Vater interessieren es nicht.

543. Den Weg frei machen

Eltern staunen oft, wie ihre Kinder losstürmen, ohne sich umzudrehen. Sie laufen, als gingen sie davon aus, dass ein Schutzengel hinter ihnen herschwebt. Alleine laufen ist ein Entwicklungsschritt für Körper und Geist.

– Je mehr Sicherheit und Geborgenheit Eltern ihren Kindern geben können, desto selbstbewusster werden Kinder und desto leichter machen sie Fortschritte in ihrer Entwicklung.

– Wenn ein Kind gerne laufen (und eben nicht im Wagen sitzen) möchte, sollten Eltern es so oft wie möglich laufen lassen.

– So gilt es beispielsweise bei Einkäufen oder vor Arztterminen immer genügend Spielraum einzuplanen.
– Das Kind strebt nun zum ersten Mal nach Trennung von den Eltern. Eine „kleine" Trennung auf Probe.
– Damit ein Mensch sein „Ich" erfahren kann, muss beides gegeben sein: die Beziehung zu anderen und das Allein-sein-Können. Im Alter von etwa 2 Jahren vollzieht ein Kind erste Ansätze dazu.

544. Bewegungen fördern

Die Bewegungen eines Menschen sind niemals ein rein körperlicher Vorgang. Sie sind immer eng gekoppelt an die seelisch-geistige Befindlichkeit.

– Wenn Bewegungen immer und immer wieder misslingen, fühlt sich ein Kind entmutigt, es vermeidet neue Versuche, verliert die Freude am Spiel.
– Belastend ist eine Atmosphäre von Ängstlichkeit, die besorgte Eltern schaffen können, wenn sie ihr Kind mit Argusaugen überwachen und jeden etwas gewagteren Schritt oder jeden Kletterversuch mit einem „Pass auf, Florian!", „Lass das lieber, Lena!", „Vorsicht! Dass du da nicht runterfällst!" kommentieren.
– Kleine Kinder glauben ihren Eltern alles unbesehen. Und wenn Mutter oder Vater (oder gar beide!) sich vor einem Lauf- oder Klettermanöver fürchten, so „denkt" das Kind, dann besteht da wohl auch echte Gefahr.
– Werden Kinder häufig durch „Angstmache" in ihrer Bewegungsfreude gebremst, werden aus ihnen ängstliche Kinder – und leider in aller Regel auch ungeschickte.
– Ungeschicklichkeit ist keine liebenswerte Schwäche, sie kann das Leben eines Menschen beeinträchtigen. Weil diese Kinder weniger spielen, haben sie weniger Möglichkeiten, sich selbst zu inszenieren und sich selbst zu erfahren. So fehlt ihnen womöglich eines Tages eine Grundvoraussetzung für eine glückende Kommunikation.

545. Sprechen fördern

Bilderbücher ansehen, Alltagstätigkeiten kommentieren, miteinander malen oder basteln, Reime aufsagen oder singen – all das trägt zur Sprachentwicklung eines Kindes bei. Eltern sollten immer bedenken, dass auch die Sprachentwicklung etwas sehr Individuelles ist. Was das gleichaltrige Nachbarskind schon kann, kann das eigene vielleicht erst Wochen später – oder umgekehrt.

– Es ist nicht wichtig, dass Eltern „druckreif" sprechen, allerdings sollten sie sich bemühen, viele Verben zu benutzen, denn durch Tätigkeitswörter kommt Ordnung in die Sätze.
– Ständiges Korrigieren macht stumm. „Nein, das heißt nicht „Tatze", es heißt „Katze"!" Einem Kind, das häufig so verbessert wird, vergeht die Lust am Sprechen. Schlimmer noch: Es verliert den Mut. Besser ist es, den Satz mit den richtigen Wörtern bzw. der korrekten Aussprache zu wiederholen. Etwa so: „Ja, da sitzt eine Katze!" Mit der Zeit wird das Kind die Wörter richtig aussprechen können.
– Von einer behandlungsbedürftigen Sprachstörung gehen Experten aus, wenn ein vierjähriges Kind so undeutlich spricht, dass es von Nicht-Familienmitgliedern kaum verstanden wird. Meist kommt hinzu, dass es nicht gern spricht, sein Wortschatz klein ist und dass es kaum grammatikalisch richtige Sätze bilden kann.

546. Sieht mein Kind gut?

Die Sehentwicklung findet fast vollständig in den ersten zwei Lebensjahren statt, ist jedoch bis zum sechsten Lebensjahr verbesserungsfähig.

– Wenn Eltern das Gefühl haben, dass ihr Kind beim Bilderbuch-Ansehen Schwierigkeiten hat, bestimmte Dinge zu erkennen, sollten sie es unbedingt bald einem Augenarzt vorstellen.
– Viele Eltern merken oft nicht, dass ihr Kind eine Schwachsichtigkeit hat, denn auch wenn ein Kind nur 30–40 Prozent Sehschärfe besitzt, verhält es sich normal und somit fällt keine Einschränkung auf.
– Muss der Arzt dem Kind eine Brille verordnen, sollte man nicht mit dem Gedanken spielen, dass man damit doch noch warten könnte. Ein Augenarzt wägt sehr genau ab, ob man einem Kleinkind schon eine Brille zumuten kann oder nicht.
– Die Vorstellung, die Sehkraft eines Kindes würde durch so frühes Brille tragen immer schlechter, ist falsch. Das Kind bekommt die Brille ja gerade deshalb verordnet, um eine Schwachsichtigkeit zu verhindern oder eine bereits vorhandene zu heilen.
– Ein Kleinkind-Brillengestell sollte aus Metall bestehen, und es darf maximal so breit sein wie das Gesicht. Und: eine Brille keinesfalls auf Zuwachs kaufen. Der Kinderkopf wächst nicht so rasch, dass man in 1/2 Jahr schon wieder eine Brille bezahlen muss.

– Kleinkinder haben einen relativ flachen Nasenrücken, deshalb muss ein Nasenblocksteg eingearbeitet sein, der silikonbeschichtet ist, um ein Rutschen zu vermeiden.
– Kinderbrillen haben Kunststoffgläser, damit sich ein Kind beim Toben und bei eventuellen Beschädigungen der Brille keine Verletzungen durch Splitter zuzieht.

547. Erklären und erzählen

Kleine Kinder kann man fördern, indem man viel mit ihnen spricht und alles erklärt, was man tut. Wiedererkennungserlebnisse sind dabei ganz wichtig. Das verschafft Kindern das wachsende Gefühl, dass sie sich in dieser Welt auskennen.

– So könnte das aussehen: beim Anziehen erklären „Jetzt ziehen wir die Strümpfe über die Zehen ...“ oder „Nun muss der Kopf in den Pullover tauchen ...“
– Eltern sollten ihre Sprache nicht auf „Baby-Niveau“ herunterfahren, in dem Wunsch, sich damit ihrem Kind besser verständlich zu machen. „Wau-wau“, „töff-töff“ oder ähnliche Wortschöpfungen sind zwar putzig und witzig, aber sie fördern die Sprachentwicklung eines Kindes nicht. Nur zwei Vereinfachungen sind sinnvoll: Mama und Papa. Diese jeweils besonders einfach auszusprechenden zwei Silben sind von einer so tiefen und lebenslangen Bedeutung, dass es schade wäre, darauf verzichten zu wollen.
– Geschichten wollen Kinder immer wieder hören. Den Gefallen sollte man ihnen als Eltern tun, denn auch dadurch hilft man dem Kind bei seinem geistigen Vorankommen. Im zweiten Lebensjahr mögen Kinder ganz besonders gern Geschichten mit Geräuschen, also beispielsweise eine Geschichte einer Löwenmama, die knurrt, wenn sich ihre Kleinen nicht ordentlich aufführen. Oder die Geschichte einer Biene, die lustig summt, während sie von Blüte zu Blüte fliegt. Auch hier sollten Eltern nicht müde werden, immer wieder die gewünschten Laute nachzuahmen.
– In den Gesprächen mit einem kleinen Kind sollten jetzt auch Farben, Konsistenzen und andere Eigenschaften mit einfließen. Man kann beispielsweise beim Spielen beschreiben, wie schön kuschelig weich sich der Stoffhase anfühlt, dass der Stein, den man beim Spaziergang auf dem Feldweg gefunden hat, hart, kalt und glatt ist, dass die Lampe auf dem Schrank hell und gelb leuchtet. Auch wenn das Kind diese Eigenschaftswörter möglicherweise nicht wirklich verstehen und erst recht noch nicht behalten kann – wird auch hier die Wiederholung zunächst einen Wiedererkennungseffekt und später eine „abrufbare“ Erinnerung schaffen. Für das Kind wird durch die Beschreibung der Eltern auch deutlich: Die Welt ist bunt und vielfältig – ganz einfach ständig zum Staunen. Dieses Lebensgefühl ist eng an eine positive Grundeinstellung gekoppelt.
– Positive Rückmeldungen sind wichtig. Ab etwa dem zweiten Geburtstag können Kinder beispielsweise um etwas zu trinken bitten, wenn sie auch meist noch nicht sagen können, worauf sie Lust haben. Oft muss dann die Mutter oder der Vater alle vorhandenen Getränke „durchfragen“, um irgendwann eine positive Rückmeldung zu bekommen. Dann sollten die Eltern den Satz wiederholen, etwa „Du möchtest einen Apfelsaft trinken.“

548. Kinder malen lassen

Kinder sollten möglichst viele Ausdrucksformen kennen lernen. Schon sehr früh kann man ihnen die Möglichkeiten, die das Malen hat, eröffnen.

– Im Alter von 1 Jahr sollte man einem Kind Stifte in die Hand geben, mit denen es auf Schmierpapier seine ersten Zeichnungen anfertigen kann. Hier geht es selbstverständlich noch nicht darum, das Kind konkrete Formen und Figuren zeichnen zu lassen, sondern gewissermaßen um abstrakte Kunst.
– Wesentlich bei diesen ersten Versuchen mit (möglichst nur mittellangen Stiften oder Wachsmalkreiden) und Papier ist die Erfahrung des Kindes, dass es mit diesen Malwerkzeugen etwas bewirken kann.
– Die meisten Kinder durchbohren auch das Papier hin und wieder mit dem Stift (deshalb auf stabile Unterlage achten). Auch das ist eine Form der Selbsterfahrung und der Einübung manueller Fertigkeiten.
– Beim Malen sollten Eltern in der Nähe bleiben, denn häufig stecken sich Kinder dieses Alters die Stifte noch in den Mund. Zwar enthalten Markenstifte keine Giftstoffe, aber zum Essen sind sie dennoch nicht geeignet.
– Eltern sollten weder dem Kind die Hand führen noch ihm etwas „vorzeichnen“ wollen.
– Mutter und Vater sollten sich erklären lassen, was das Kind gemalt hat, jedoch niemals werten („Aber eine Katze sieht doch ganz anders aus!“). Die Phantasie eines Kindes übertrifft die Vorstellungskraft eines Erwachsenen bei weitem.

549. Konzentrations- und Merkfähigkeit des Kindes fördern

Im Kleinkindalter können sich Kinder schon mit großer Hingabe und Selbstvergessenheit ihrem Spiel widmen, das heißt aber nicht, dass sie dieselbe Konzentration aufbringen, wenn Eltern sie verlangen. Wichtig ist jetzt, ein Kind möglichst nicht in seinem Spiel zu stören, denn diese Konzentration ist eine Vorübung für späteres konzentriertes Arbeiten.

– Bis etwa zum sechsten Lebensjahr darf man nicht davon ausgehen, dass sich ein Kind zuverlässig bestimmte Dinge, die ihm gesagt werden, merken kann.
– Manche Kinder können mit vier Jahren schon ihren Vornamen schreiben, dafür behalten sie beispielsweise den Titel ihres Lieblingsmärchens nicht, jedenfalls nicht in korrekter Form.
– Merk- und Konzentrationsfähigkeit lassen sich in bestimmten Grenzen fördern, indem man dem Kind echte Aufmerksamkeit schenkt. Diese Form von Aufmerksamkeit ist für viele Eltern gar nicht so einfach aufzubringen, denn man muss dafür wirklich die eigenen Interessen, Gedanken und Sorgen mal ganz wegschieben und sich vollkommen auf das Kind konzentrieren und einlassen. Das bedeutet, dass man die eigene Tätigkeit unterbricht, dem Kind in die Augen sieht, gefühlsmäßig ganz bei ihm ist und ihm zuhört. Nur dann fühlt es sich wirklich beachtet und wahrgenommen.
– Spiele wie beispielsweise Kinder-Memory im Vorschulalter oder Quartett, „Rummikub" oder „Zehn Gegenstände" im Schulalter fördern Merk- und Konzentrationsfähigkeit.
– Kinderlieder wie „Hänschen klein" oder „Backe, backe Kuchen" sind in ihrer Länge gerade so ausgelegt, dass sie die Aufmerksamkeitsspanne eines Kleinkindes nicht überschreiten. Außerdem haben sie einen einfachen, gleich bleibenden Rhythmus, so dass man das Kind zum Mitklatschen anleiten oder mit ihm auch kleine Tanzschritte machen kann. Kinderlieder fördern nicht nur Konzentration, Merkfähigkeit, Rhythmusgefühl und Bewegung, sondern auch das Sprachvermögen.
– Reime (wie „In unserem Häuschen sind viele Mäuschen …") und Verse (wie „Das ist der Daumen, der schüttelt die Pflaumen …") eignen sich ebenfalls.
– Gedächtnis- oder Rechenübungen sind allerdings nicht die entscheidenden Mittel, um die geistige Entwicklung grundsätzlich voranzutreiben. Ausschlaggebend ist vielmehr die Zuwendung der Eltern – mit Gesten, Zuspruch, Zärtlichkeiten, gemeinsamen Unternehmungen und einer harmonischen Atmosphäre in der Familie.

TIPP

Wer sein Kind immerzu mit geistiger Nahrung füttert, ihm vor allem „Lernspielzeug" wie Holzbuchstaben und Puzzles anbietet und „fördernde" Bastelarbeiten mit ihm macht, riskiert eine geistige Überfütterung. Der US-amerikanische Erziehungswissenschaftler Matthew Mehmed aus Boston hat bei derart überfütterten Kleinkindern eine geistige Rückentwicklung beobachtet, wie man sie vom Burnout-Syndrom der Erwachsenen kennt. Matthew Mehmed warnt Eltern davor, ihre Kinder durch „Intensivförderung" in gute Startpositionen bringen zu wollen. Viel wichtiger sei es für Kleinkinder, Zeit zu bekommen, um die Welt für sich zu entdecken.

Eine Stunde LEBEN!

550. Mitspielen

Wer sind die liebsten, weil vertrautesten Spielkameraden der ganz Kleinen? Immer wieder Mama und Papa. Eine echte Geduldsprobe für viele Eltern – aber auch die einmalige Chance, sich zumindest ab und zu auf ein mentales Abenteuer der besonderen Art einzulassen …

– Vorab zur Kenntnis: Ein- bis Zweijährige brauchen ihre Eltern zumindest in Ruf- und Hörweite. Schickt man ein kleines Kind immer wieder allein ins Kinderzimmer, fühlt es sich ungeliebt oder bestraft.
– Das zur Beruhigung: Eltern müssen keineswegs dauernd neben ihrem spielenden Kind sitzen. Kinder müssen nämlich auch lernen, allein zu spielen. Es hemmt ihre Entwicklung, wenn sie permanent angeleitet werden.
– Und nun zum Kern: Wenigstens am Wochenende – möglichst aber öfter in der Woche – sollten Eltern sich dieser Aufgabe freiwillig stellen und sich mindestens 1 Stunde aus ihrem Kopfstress ausklinken. Wer beim Spielen an Wäscheberge, die überfällige Steuererklärung, den Kollegenzwist im Büro denkt, bringt garantiert nicht die nötige Gelassenheit auf, um mit dem Junior gefährliche Löwenjagden zu durchleben, die Puppen tanzen

zu lassen oder aus einem Klumpen Knete Monster zu formen.
– Einfach mal ausprobieren: Sich bedingungslos darauf einlassen! Beobachten, was sich ergibt, mitmachen, wenn es drauf ankommt, sich reinfühlen, fallen lassen und voll Staunen erkennen, dass die Welt der Kinder ein ganz eigenes, wunderbares Universum ist. Das Glück ergreifen, solange sie uns noch daran teilhaben lassen, bevor dann ab Kindergartenalter ganz schnell andere Spielkameraden bevorzugt werden. Dann nämlich ist die Chance des hemmungslosen Mit-Spiels schon wieder vorbei – für die Eltern ...!

551. Spielzeug auswählen

Auch wenn Spielzeughersteller es für sich bzw. für ihre Produkte in Anspruch nehmen: von speziellem Lernspielzeug kann keine Rede sein. Kinder erfinden ihre eigenen Spiele.

– Aus Anregungen, die Kinder aus ihrer Umgebung bekommen, machen sie ein Spiel. Sie „erfinden" auch Spielsachen, machen aus einem einfachen Holzklotz einen Traktor.
– Über die Liebe, die ein Kind zu einem Spielzeug entwickelt, kann man meist keine Vorhersage treffen. Oft sind es einfache Plastikfiguren (die manche Eltern niemals kaufen würden), die den Kindern über Monate Freude machen. Und das Holzflugzeug wird kaum angerührt.
– Eltern sollten sich innerlich darauf einrichten, dass sie mit jedem neuen Spielzeug gewissermaßen einen Versuchsballon starten. In Anzeigenblättern findet man dann das von den Kindern verschmähte Spielzeug oft preisgünstig angeboten („neuwertig").
– Ein mit reichlich Spielzeug überladenes Kinderzimmer blockiert jede Kreativität. Gerade für die Basis eines kreativen Spiels gilt: weniger ist mehr.
– Günstig ist ein übersichtliches Regal mit Spielzeug – und ein Raum, in dem das Kind seine Sachen ausbreiten kann und wo ein Spielszenario mal stehen bleiben kann.

552. Das Baby baden

Ein Baby darf von Anfang an gebadet werden, doch ein Vollbad 1- bis 2-mal die Woche genügt. Der längere Aufenthalt im Wasser zerstört den Säureschutzmantel und trocknet die Haut aus.

– Als „Badewannen" eignen sich für Babys runde Schüsseln, Eimer, spezielle Baby–Badeeimer – oder das Waschbecken. Ins Waschbecken kann man auch ein Handtuch legen, damit das Baby nicht so leicht wegrutscht.
– Das Wasser sollte nicht höher als 5–10 cm eingefüllt werden. Zum Nachgießen stellt man im Eimer oder in einer Kanne warmes Wasser bereit.
– Die Wassertemperatur liegt idealerweise zwischen 35 °C und 37 °C. Am besten zum Messen ein Badethermometer mit ins Wasser legen. Die Badedauer sollte zwischen 3 Minuten (für Wasserscheue) bis 10 Minuten (für Genießer) betragen.
– Einen Badezusatz braucht die Babyhaut eigentlich nicht – schon gar nicht ein Schaumbad (trocknet die Haut aus!). Wer gerne einen rückfettenden Badezusatz oder einen Schuss Olivenöl verwenden möchte, muss darauf achten, das Baby wirklich gut festzuhalten. Haut und Wanne können unter Umständen durch diese Badezusätze sehr glitschig sein. Besser geeignet: 1 Schuss Vollmilch oder Sahne.
– Wenn man das Baby mit einem Waschlappen abwäscht, sollte man darauf achten, immer von oben nach unten zu streichen. Der Lappen kommt nach jedem Gebrauch in die Wäsche. Schwämme sind unhygienisch, in ihnen könnten sich Bakterien vermehren.

553. Windeln wechseln

Ein häufiger Windelwechsel (mindestens 6-mal in 24 Stunden) hält die Babyhaut trocken und beugt Rötungen und Wundwerden vor. Besonders saugfähig sind Wegwerfwindeln, die in Sekundenschnelle angelegt sind – Klebestreifen rechts und links und fertig!

– Den Windelbereich sowie die Falten an den Oberschenkeln muss man regelmäßig mit Babyöl (oder mit einem Öltuch) säubern. Seife ist bei der Reinigung des Windelbereichs tabu, sie zerstört den Säureschutzmantel.
– Bei Mädchen weder Schamlippen noch Scheidenöffnung spreizen. Das ist dem Kind unangenehm, außerdem ist hier eine Säuberung vollkommen unnötig (hier herrscht Selbstreinigung!). Immer von der Scheide in Richtung After wischen, und nicht umgekehrt, sonst könnte man Darmkeime zum Scheiden- und Blaseneingang befördern.
– Bei Jungen die Vorhaut nicht zurückschieben, das könnte zu winzigen Hautrissen führen. Wichtig ist die zarte Säuberung der Region unter dem Hodensack.

554. Babynägel schneiden

Etwa alle 1–2 Wochen müssen Babys Nägel geschnitten werden, damit sich das Kind nicht selbst aufkratzt.

– Da das Baby noch nicht versteht, was da vor sich geht, kann es während der Maniküre unbedachte Bewegungen machen und dadurch unter Umständen verletzt werden. Deshalb sollten Eltern mit Bedacht vorgehen.
– Am besten nimmt man das Baby auf den Schoß, hält seine Hand gut fest, spreizt seine Fingerchen auseinander und schneidet mit einer speziellen Baby-Nagelschere (mit abgerundeten Spitzen) die Nägelchen.
– Auch zum Schneiden der Fußnägel hat man das Baby auf dem Schoß, hält das jeweilige Füßchen mit der einen Hand fest umschlossen, während man mit der anderen die Nägel schneidet.
– Am leichtesten geht diese Prozedur, wenn das Baby tief schläft.

555. Zähne putzen – von Anfang an

Sobald die ersten Zähnchen da sind – in der Regel sind das die oberen Schneidezähne – beginnt die Zahnputzpflicht, denn auch Milchzähne sind wichtig. Sie sind die Platzhalter für die bleibenden Zähne.

– Optimal ist eine weiche Kinderzahnbürste mit dem kleinsten Bürstenkopf, den man ergattern kann.
– An die Zahnputz-Premieren geht man am besten ganz spielerisch heran. Man kann beispielsweise das Baby ein bisschen auf der Bürste kauen oder daran lutschen lassen.
– Eltern sollten bei diesen ersten Zahnbürsten-Kontakten jedoch unbedingt dabei sein, damit sich das Kind nicht verletzt (beispielsweise indem es mit der Bürste im Mund beim Krabbeln hinfällt).
– Es gibt auch Beißringe mit Borsten. Die sind optimal für Babys, um das Gefühl kennen zu lernen, Borsten im Mund zu haben.
– Die Zahnbürste sollten die Eltern mit sanften kreisenden Bewegungen über die Zähne führen. Auch das Zahnfleisch soll dabei behutsam stimuliert werden.
– In vielen Kindergärten gibt es heute schon eine Unterweisung im richtigen Zähneputzen. Eltern sollten sich jedoch nicht darauf verlassen, dass eine einmalige Lektion – zumal eine theoretische – Grundlegendes bewirken kann.
– Ein individuelles Zahnputztraining bieten heute alle modernen Zahnarztpraxen an. Dies macht ab dem Vorschulalter Sinn und sollte mindestens 2-mal im Jahr stattfinden. Eltern sollten davor mit ihrer Krankenkasse über die Kostenübernahme sprechen.
– Manche Kinder brauchen Unterstützung bis etwa zum zehnten Lebensjahr, die Geschicklichkeit ist sehr unterschiedlich.
– Beim Putzen sollte systematisch vorgegangen werden: Erst werden die Kauflächen gereinigt, dann die Außenflächen, anschließend die Innenflächen. Dann lernen die Kinder, in kleinen kreisenden Bewegungen zu putzen.
– Wichtig: halbjährliche Kontrolltermine beim Zahnarzt und dies möglichst vom ersten Zähnchen an. So gewöhnt sich ein Kind daran, dass es etwas Normales ist, für die Frau oder den Mann im weißen Outfit den Mund zu öffnen.

556. Körperpflege für die Kleinen

Kinderhaut braucht nur wenig Kontakt mit Wasser und Seife. Da die Schweißdrüsen ihre Produktion erst in der Pubertät in vollem Umfang aufnehmen, reichen in aller Regel kleinere Säuberungsaktionen.

– Die Haare kann man beim Baden mitwaschen, jedoch erst am Schluss, damit der Kopf nicht auskühlt. In den ersten drei Lebensmonaten reicht klares Wasser; danach kann man ein mildes Shampoo verwenden.
– Absonderungen im Augenwinkel oder an den Wimpern werden zur Nase hin vorsichtig weggewischt.
– Nasenlöcher sollten normalerweise nicht gereinigt werden. Verkrustungen kann man mit etwas Öl aufweichen und dann behutsam entfernen.
– Die Ohren brauchen keine besondere Pflege – sie reinigen sich selbst. Ohrenschmalz ist kein Schmutz, sondern eine Schutzsubstanz, die – zusammen mit Staub- und Hautpartikeln – durch Saug- und Kaubewegungen in Richtung Gehörgang-Ausgang befördert wird. Vom Ohrenschmalz wird nur entfernt, was man mit einem Zellstofftuch, das man sich um den kleinen Finger gewickelt hat, im äußersten Bereichen des Gehörgangs erreichen kann. Nie mit einem Gegenstand (auch nicht mit einem Wattestäbchen) in den Gehörgang hineinfahren. Ohrenschmalz und Staubpartikel werden sonst in Richtung Trommelfell geschoben. Im schlimmsten Fall verletzt man das Trommelfell.
– Hände müssen täglich mehrmals gewaschen werden.

S.O.S.-TIPP

Bei Minusgraden braucht Kinderhaut einen „Schutzschirm“ aus Fettcreme – besonders Wangen, Lippen und Nasenrücken. Auf keinen Fall darf man eine Feuchtigkeitscreme verwenden, weil das darin enthaltene Wasser auf der Haut verdunstet, was bei Minustemperaturen zu Erfrierungen führt.

557. Sonnenschutz für Kinder

Kinderhaut reagiert superempfindlich auf UV-Licht. Intensiver Schutz ist lebenswichtig, denn jeder Sonnenbrand erhöht das Hautkrebsrisiko.

– Babys gehören grundsätzlich nicht in die Sonne, schon gar nicht während der Mittagszeit.
– Kopfbedeckungen und ein T-Shirt, das die „menschlichen Sonnenterrassen“ Nacken und Schultern schützt, dürfen auch im Schatten nicht ausgezogen werden. Denn auch dort bekommt man noch eine satte Portion UV-Licht ab.
– Beim Eincremen mit Sonnenschutzmitteln werden oft große Fehler gemacht, sodass unter Umständen überhaupt kein Schutzeffekt erreicht wird. Falsch: Eincremen in der Sonne. Ein Schutzpräparat braucht mindestens 30 Minuten, um seine volle Wirksamkeit entfalten zu können. Falsch: gleich nach dem Eincremen anziehen. Die Creme landet größtenteils im Stoff. Falsch: zu sparsames Auftragen.
– Experten raten dazu, alle Kinder zu Sonnenschutzverhalten zu erziehen – vergleichbar mit der Erziehung zu regelmäßiger Mundhygiene. Allen Kindern sollte in Fleisch und Blut übergehen, dass man sich im Sommer zwischen 11 und 15 Uhr nur bekleidet ins Freie begibt. In diesem Zeitraum herrscht die intensivste UV-Strahlung. Das gilt erst recht für den Urlaub in südlichen Regionen.

558. Kinder richtig anziehen

Für die gesunde Entwicklung ist es wichtig, dass sich der Körper eines Kindes auf unterschiedliche Temperaturen einzustellen lernt. Doch je kleiner ein Kind ist, desto weniger Anpassungsfähigkeit hat sein Organismus.

– Aus Sorge, dass sich die zarten kleinen Wesen erkälten könnten, werden vor allem Babys häufig zu dick eingepackt. Sie fangen an zu schwitzen, der Schweiß verdunstet auf der Haut, die Kinder beginnen zu frieren – und erkälten sich.
– Die Gefahr, dass es im Winter im Kinderwagen zu kalt wird, ohne dass die Eltern das merken, ist allerdings auch nicht gering. Denn je kleiner das Baby ist, desto weniger protestiert es gegen Kälte. Deshalb muss man zum Beispiel auch unbedingt immer wieder nach dem Baby sehen, wenn man es auf den Schlitten gepackt hat.
– Optimal ist der Zwiebellook, also mehrere dünne Schichten liegen übereinander, zum Beispiel über das Hemdchen ein langärmeliges T-Shirt ziehen, dann einen dünnen Pullover, darüber Anorak, Overall oder Schneeanzug. Zwischen den „Zwiebelschalen“ halten Luftschichten die Körperwärme fest.
– Empfehlenswert ist Unterwäsche aus Naturfasern (Baumwolle, Wolle), weil sie luftdurchlässig (Luft = Wärmepolster!) ist und Feuchtigkeit aufsaugt.
– Wolle hält zwar am besten warm, wird aber vor allem von trockener Haut meist nicht vertragen. Für Babys, denen Wolle auf ihrer nackten Haut angenehm ist, ist diese Faser ideal. Wollfasern bilden eine isolierende Luftschicht, sie nehmen Feuchtigkeit auf, ohne auf die Haut feucht zu wirken. Wollbodys oder Unterwäsche aus einer Woll-Seiden-Mischung (leider sehr teuer!) bekommt man in Spezialgeschäften, in Öko-Läden und bei entsprechenden Versendern.
– Hände und Füße brauchen einen besonderen Kälteschutz, weil die Wärmeregulation an der Peripherie des Körpers noch nicht ganz so gut funktioniert wie bei größeren Kindern. Also: gute Babyfäustlinge und ein paar Extrasocken (nicht zu eng!) anziehen.

S.O.S.-TIPP

Wenn man selbst in Bewegung und dementsprechend aufgewärmt ist, kann man sich nicht vorstellen, dass andere frieren. Skifahrer oder Langläufer mit einem Baby in der Kraxe auf dem Rücken riskieren viel. Auch wenn das Kind noch so dick eingepackt ist – in dieser Zwangshaltung fängt es nach kürzester Zeit zu frieren an, zumindest an den Beinchen. Der Fahrtwind vor allem beim Skifahren trägt das Übrige zur Auskühlung bei.

559. Für regelmäßigen Schlaf sorgen

Ein Kind sollte möglichst zu festen Zeiten ins Bett gelegt werden. Eltern können rasch herausfinden, zu welchem Zeitpunkt das Kind am besten einschläft. Denn jeder Mensch hat „Schlaffenster", zu denen ihm das Einschlafen besonders leicht fällt.

– Damit man zu einer festen Zu-Bett-geh-Zeit kommt, ist auch ein geregelter Tagesablauf wichtig.
– Willkürlich einen Schlafenszeitpunkt festzusetzen, hat meist keinen Sinn. Die Schlafenszeit sollte sich weitgehend danach richten, wann das Kind erfahrungsgemäß müde wird. Auf diese Zu-Bett-geh–Zeit sollten Eltern dann konsequent achten.
– Bei Babys und Kleinkindern sind feste Schlafenszeiten besonders wichtig. Einerseits könnte das Baby noch nicht müde genug sein und sich mit Geschrei dagegen wehren, ins Bett gebracht zu werden. Dann besteht die Gefahr, dass es sich in seine Misere hineinsteigert und auch später nur schwer in den Schlaf findet. Andererseits könnte man mit einem willkürlich festgesetzten Zeitpunkt womöglich das „Schlaffenster" verpassen, das nur in etwa 50-minütigen Abständen offen steht.

560. Sanfte Einschlafhilfen

Manche Kinder sind am Abend so „aufgedreht", dass sie eine kleine Ewigkeit brauchen, um einzuschlafen. Anderen gehen offenbar Ängste durch den Kopf, die sie noch nicht aussprechen können. Mit Hausmitteln kann man diesen Kindern helfen, rascher in Morpheus' Arme zu finden.

– **Lindenblütenbad:** 5 EL Lindenblüten mit 1 l kochend heißem Wasser überbrühen, 10 Minuten ziehen lassen, dann abseihen. Etwa 37 °C warmes Wasser in die Wanne einlaufen lassen und den Sud dazugeben. Nicht länger als 15 Minuten baden.
– **Heublumenbad:** 500 g Heublumen in 3 l Wasser geben und zum Kochen bringen. 15 Minuten ziehen lassen, abseihen und den Sud dem etwa 37 °C warmen Badewasser zugeben.
– **Hopfentee:** 1 EL Hopfenblütentee mit 1/4 l kochend heißem Wasser übergießen und 10 Minuten ziehen lassen. Abseihen, nach Belieben mit Honig süßen und vor dem Schlafengehen (und vor dem Zähneputzen) dem Kind zu trinken geben.
– **Honigmilch:** Auch Großmutters Milch mit Honig kann bei manchen Kindern Wunder wirken, allerdings sollte man nach dem Trinken die Zähne putzen.
– **Einschlafkissen:** Ein kleines Leinenkissen mit 50 g Hopfenzapfen, 50 g Johanniskraut, 30 g Lavendelblüten und 30 g Baldrianwurzel füllen und unters Kopfkissen legen. Der Duft hilft beim Einschlafen.

561. Gesundes Laufen von Anfang an

Ein Großteil aller Kinder läuft bereits vor Vollendung des ersten Lebensjahres das erste Mal. Ob die Füßchen für den Rest des Lebens ihrer Aufgabe gerecht werden – das entscheidet sich durchaus auch schon im ersten Jahr.

– Damit die Füßchen ungestört wachsen und kräftig werden können, ist vor allem Bewegungsfreiheit nötig. Es müssen nicht einmal zu enge Schuhe sein, die die Füße schon so früh verderben. Auch zu enge Strampler und Söckchen können den formbaren Füßen so zusetzen, dass sie auf Dauer regelrecht verbogen werden und schlimmstenfalls bleibenden Schaden nehmen.
– Ein gesundes und kräftiges Fußgewölbe entwickelt sich am besten, wenn sich die Füße barfuß oder in Socken (mit rutschfester Sohle) ausreichend bewegen können.
– Fühlen sich die Füße des Kindes kühl an, müssen sie nicht unbedingt dicker eingepackt werden. Die Durchblutung in der Peripherie, also in Händen und Füßen, ist noch mangelhaft. Wirkt das Kind zufrieden, fühlt es sich trotzdem wohl.
– Laufen über Unebenheiten kräftigt die Muskulatur, stärkt das Fußgelenk und seinen Halteapparat und macht den Gang sicherer. Auf der Straße, auf steinigen Wegen, aber auch auf blühenden Wiesen sind Schuhe wegen der drohenden Verletzungsgefahr natürlich ein Muss, aber auch nur da.
– Schuhe, die nicht richtig passen, zwingen den Fuß in eine Haltung, die seiner Natur widerspricht. Weiche Schuhe mit dünnen, biegsamen Sohlen bieten dem Fuß die Bewegungsfreiheit, die er für seine gesunde Entwicklung braucht.
– „Passend" ist ein Schuh dann, wenn er einen ausreichend großen Zehenraum für uneingeschränkte Bewegungsfreiheit bietet. Ein zu kurzer Vorfußraum im Schuh zwingt die Zehen in eine Krümmungshaltung, ein zu langer Schuh erschwert das Abrollen. Hat der Fuß keinen festen Fesselsitz, droht er bei jedem Schritt

aus dem Schuh zu rutschen, also müssen die Zehen sich festkrallen. Ist die Fersenkappe zu nachgiebig, rutscht das Kind mit jedem Schritt neben die Sohle – gut zu beobachten, wenn man hinter dem Kind geht.
– Atmungsaktives Schuhmaterial sorgt dafür, dass die natürliche Keimbesiedelung des Fußes nicht gestört wird. Fuß-Deodorants zerstören das Keimmilieu. Füße sollte man entweder nur mit klarem Wasser waschen oder aber mit Salzwasser. Meerwasser tut der Haut an den Füßen besonders gut.
– Beim Schuhkauf sollte man die unterschiedliche Größe der Füße berücksichtigen. Eine Größendifferenz bis zu 1/2 cm ist keine Seltenheit. Der größere Fuß ist der Maßstab.

562 Fitnesstraining für Kinderfüße

Diese Übungen können Kinder ab Kindergartenalter machen. Sie sollten jeweils 5-mal am Tag durchgeführt werden. Am schönsten ist es, wenn die Eltern mitmachen. Das macht dem Kind Spaß – und tut den Erwachsenenfüßen auch sehr gut.

– Die Zehen so weit wie möglich spreizen, dann in Krallenstellung gehen und wieder ausstrecken.
– Auf die Zehenspitzen stellen, ein wenig ausharren und die Ferse wieder langsam absenken.
– Ein Tuch, einen Stift oder eine ausgediente Zahnbürste mit den Zehen greifen, aufheben und wieder loslassen.
– Den Weg ins Bett abwechselnd auf Zehen und dann wieder auf den Fersen gehen.

563. Abwehrkräfte stärken

Temperaturwechsel erhöhen die gesamte Widerstandskraft. Ein gesundes Kind sollte täglich an die frische Luft kommen.

– Die ersten Ausfahrten eines Babys sollten nicht länger als 20 Minuten dauern. Nach 1 Woche kann man die Ausflüge Tag für Tag um je 10 Minuten bis auf 1 Stunde steigern.
– Bei Nebel, kaltem Wind, Schneetreiben oder Temperaturen unter -10 °C ist es allerdings besser, auf die Ausfahrten zu verzichten. Wiegt das Baby unter 3000 g (das betrifft am häufigsten Frühchen), sollte man vor allem in der kalten Jahreszeit in den ersten 3–4 Wochen noch nicht ganz ins Freie gehen, sondern das Bettchen oder den Kinderwagen 2-mal am Tag für eine Viertelstunde ans offene Zimmerfenster oder auf einen windgeschützten Balkon stellen.
– Grundsätzlich sollten Kinder jeden Tag Bewegung an frischer Luft haben.

564. Allergierisiko senken

Die Neigung zu Allergien ist erblich bedingt, also nicht veränderbar. Man kann jedoch viel tun, um ein Kind so lange wie möglich vor allergischen Reaktionen zu bewahren.

– Mit der Muttermilch erhält das Baby Abwehrstoffe. Diese so genannten Immunglobuline bilden im Darm des Babys eine Art Schutzfilm. Die prophylaktische Wirkung der Muttermilch kann sich allerdings nur dann optimal entfalten, wenn das Kind ausschließlich damit ernährt wird.
– Das junge Immunsystem sollte nicht zu früh mit Fremdeiweiß „gereizt“ werden. Mehr als 6 Monate voll zu stillen, verstärkt den antiallergischen Effekt der Muttermilch allerdings nicht weiter.
– Keine Kuhmilch als Ersatz für Muttermilch geben! Beim Kauf von industriell hergestellter Babynahrung darauf achten, dass man HA-Produkte (HA = Hypoallergen = so wenig wie möglich Allergie auslösend) wählt. Bei der Herstellung dieser Produkte wird das Kuhmilcheiweiß auf spezielle Weise gespalten, so dass das menschliche Immunsystem in ihm keinen „Feind“ mehr erkennen kann.
– Erblich vorbelastete Kinder dürfen niemals – auch nicht mal ausnahmsweise – normale Säuglingsmilch (also solche auf Kuhmilchbasis hergestellte) bekommen.
– Wenn man mit Beikost beginnt, sollte man so wenig wie möglich experimentieren. Babys brauchen noch keine Abwechslung im Geschmackserleben. Jedes neue Nahrungsmittel, jeder neue Bestandteil wird vom Immunsystem „abgescannt“ und bringt es in Unruhe.
– Grundsätzlich empfehlen Allergie-Experten: keine Zitrusfrüchte, keine Nüsse, kein Weizen, kein Ei – außerdem auch keine Haustiere halten! Und das bis mindestens zum ersten Geburtstag.
– Zusätzlich sollte man bis zum 15. Lebensmonat darauf verzichten, Sellerie und Fisch anzubieten. Auf Zusätze und Farbstoffe in industriell hergestellten Lebensmitteln (deklariert durch die berühmten E-Nummern) sollte ebenfalls verzichtet werden.

– Außerdem wichtig: „No smoking“ – und zwar im ganzen Haus!
– Schadstoffarme Wohnumgebung schaffen. Teppichböden und andere Bodenbeläge, Wandfarben, Tapeten und Möbel sollten den blauen Umweltengel tragen.
– Richtiges Lüften, vor allem in der kalten Jahreszeit, beugt der Bildung von Schimmelpilzsporen vor.
– Zu Hause bleiben, wenn Pollenflug angesagt ist.

TIPP

Wegen möglicher Chemierückstände in neuer Kinderkleidung möglichst bereits getragene Kleidung aus der Verwandtschaft übernehmen oder aus dem Second-Hand-Laden kaufen. Andernfalls die neuen Kleidungsstücke vor dem ersten Anziehen mehrmals waschen. Nach jedem Waschgang immer sehr gut spülen (auch Waschmittelreste können Allergien auslösen!), dabei nie Weichspüler verwenden.

565. Sinnvoll sauber machen für Kinder

Klinische Reinheit ist in einem Haushalt nicht nötig. Im Gegenteil, die Auseinandersetzung mit den üblichen Umweltkeimen ist nötig, um das kindliche Abwehrsystem zu trainieren. Besonders in Haushalten, in denen allergiegefährdete Kinder leben, sollte man es mit der Hygiene nicht übertreiben.

– Für gesunde Kinder gilt: Das kindliche Immunsystem braucht Trainingsmöglichkeiten. Kommen ihm „normale Krankheitserreger“ wie Viren, Bakterien und Parasiten in die Quere, wird es sich auf deren Bekämpfung stürzen. Hat es Langeweile, nimmt es sich eigentlich harmlose Substanzen vor. So werden Allergien gefördert.
– Wenn das Baby zu krabbeln anfängt, hat sich auch sein Immunsystem schon an vieles gewöhnt, und deshalb muss man sich auch nicht aufregen, wenn das Kind mal etwas in den Mund nimmt, was unserer Vorstellung von „sauber“ ganz und gar nicht entspricht.
– Auch täglicher Kleidungswechsel ist übertrieben, selbstverständlich sofern sich das Kind nicht von oben bis unten bekleckert hat.
– Die Bettwäsche sollte wöchentlich gewechselt, muss aber nicht gekocht werden, wenn das Baby gesund ist.
– Waschmittel sollte man sparsam verwenden, Weichspüler möglichst weglassen – Reste davon in der Wäsche reizen die empfindliche Haut.
– Die Wickelauflage täglich mit Seifenreiniger abwaschen.
– Den Schnuller im ersten Lebenshalbjahr täglich auskochen, danach reicht heißes Abspülen. Ist der Schnuller mal runtergefallen – nicht ablecken! Dadurch bekommt das Baby eventuell Kariesbakterien ab.
– Spielzeug muss nur dann gereinigt werden, wenn das Kind krank war, oder wenn es ein krankes Kind zu Besuch hatte.
– Jede Art von Haustieren sollten regelmäßig tierärztlich betreut werden.
– Die Katzentoilette muss für kleine Kinder unerreichbar sein, weil sie womöglich als vermeintlicher Heimsandkasten wunderbare Spielbedingungen bietet.
– Mit Straßenschuhen sollten sich Krabbelkinder möglichst nicht eingehend beschäftigen. Der anhaftende schadstoffreiche Staub ist nichts für sie! Diese Schuhe lässt man am besten vor der Tür, wenn man sie nicht in einem Schuhschrank verstauen oder in einen Nebenraum sicher verwahren kann.
– Teppichböden oder Teppiche sollten keinesfalls mit chemischen Reinigern bearbeitet werden, so lange man ein Krabbelkind hat. In den Fasern bleiben Rückstände, deren Dämpfe das Kind unter Umständen einatmet.

566. Hausmittel gegen Halsweh

Kinder haben häufig Infekte – und die beginnen nicht selten mit den besonders unangenehmen Halsschmerzen. Aus der Hausapotheke kommen Mittel zur Linderung.

– **Halswickel mit verdünntem Zitronensaft**: Dazu wird der Saft 1/2 (möglichst unbehandelten) Zitrone mit etwa 400 ml Wasser verdünnt. Man faltet ein Leinentuch so, dass es den Hals vollständig bedecken kann, aber die Wirbelsäule frei lässt. Nun rollt man dieses Tuch von beiden Seiten zur Mitte hin auf, taucht es in das Zitronenwasser, wringt es aus, legt es auf den Kehlkopf und rollt es nach beiden Seiten so aus, dass sich keine Falten bilden. Darüber wird ein Wollschal geschlungen. Der Wickel sollte mindestens 1 Stunde am Hals liegen. In dieser Zeit sollte man das Kind nicht allein lassen.

– **Heißer Zitronenwickel**: Dieser Wickel hat eine viel kürzere „Liegezeit" als der gerade beschriebene, wird aber ganz ähnlich gemacht. Unterschied: das Zitronenwasser erhitzen. Und: Der Wickel muss besonders gut ausgewrungen und behutsam aufgelegt werden, damit man sieht, ob das Kind die Temperatur vertragen kann. Der Wickel sollte 10–30 Minuten am Hals liegen.
– **Quarkwickel**: Dazu bekommt das Kind ein mit Quark bestrichenes Leinentuch angelegt. Darüber werden noch ein Baumwoll- und schließlich ein Wolltuch geschlungen. Der Wickel sollte möglichst mehrere Stunden am Hals liegen.
– **Salzwasser-Waschungen**: Neigt ein Kind zu häufigen Halsentzündungen, sollte man versuchen, es mit regelmäßigen Salzwasser-Abwaschungen abzuhärten. Dazu wird 1 EL Meersalz abends mit 1 l kaltem Wasser verrührt. Am Morgen werden damit Brust, Rücken und Arme mit einem gut ausgedrückten Waschhandschuh abgerieben. Das Kind wird nach der Anwendung wieder zugedeckt und soll noch eine Weile im Bett bleiben.
– Kinder akzeptieren solche Anwendungen leichter, wenn man ihnen währenddessen eine spannende Geschichte erzählt oder ein Lieblingslied vorsingt. Sträubt sich ein Kind trotzdem gegen eine Maßnahme, sollte man es niemals dazu zwingen. Schließlich soll sich Ihr Kind später nicht mit Grauen an Wickel und Waschungen erinnern!

567. Hustensaft hausgemacht

Dazu braucht man:
1 große Zwiebel (etwa 120 g)
1 TL getrockneter Salbei
1 TL getrockneter Thymian
100 g brauner Kandiszucker.

– Für einen Hustensaft die Zwiebel schälen und grob hacken. Zwiebel mit Salbei, Thymian und Kandiszucker in einen Topf geben, 1/4 l Wasser aufgießen. Alles aufkochen und so lange köcheln lassen, bis sich der Kandis aufgelöst hat.
– Die Flüssigkeit durch ein Sieb gießen und in eine gut gesäuberte, dunkle Glasflasche füllen, verschließen. Der Saft ist 1 Woche lang im Kühlschrank haltbar.
– Hustenden Kindern gibt man 3-mal täglich 1 TL davon.
– Zwiebelknollen enthalten entzündungshemmende, antibakterielle und auswurffördernde Stoffe.
– Gegen hartnäckigen Husten wirkt auch folgender Saft: 1 Rettich raspeln und einige Stunden mit reichlich Kandiszucker oder Honig stehen lassen. Von dem sich absetzenden Saft sollte das Kind stündlich 1 TL nehmen.

568. Zwiebeln gegen Alltagsbeschwerden

Zwiebeln sind das ideale Hausmittel, denn sie sind eigentlich immer vorrätig und haben antibakterielle und entzündungshemmende Wirkung.

– **Splitter leichter entfernen**: Hat sich ein Splitter unter der Haut festgesetzt, für 2–3 Stunden 1 frische Zwiebelscheibe auf die betroffene Stelle legen, mit einem dünnen Tuch umwickeln und mit Pflaster fixieren. Das weicht die Haut auf, und der Splitter lässt sich leichter herausholen.
– **Zwiebelwickel bei Ohrenschmerzen**: 1/2 Zwiebel schälen, sehr fein hacken, in die Mitte eines Taschentuchs legen oder in ein Leinensäckchen stecken. Das Tuch zusammenfalten oder die Öffnung des Säckchens umbiegen, mit Pflaster oder Klebeband zukleben. Diese Kompresse wird möglichst für einige Stunden auf oder hinter das Ohr gelegt. Damit sie nicht verrutscht, kann man dem Kind ein Kopftuch umbinden.
– **Insektenstiche behandeln**: Die Stiche möglichst sofort mit frisch aufgeschnittener Zwiebel einreiben oder 1 fein gehackte Zwiebel in Verbandmull wickeln und auflegen.
– **Abschürfungen und kleinere blutende Wunden desinfizieren**: siehe Insektenstiche behandeln.
– **Zwiebelwickel bei Blasenentzündung** (als unterstützende Maßnahme – kein Ersatz für Arztbesuch!): 3 Zwiebeln schälen, in Ringe schneiden und in ein Stoffsäckchen füllen. Das Säckchen im Ofen erhitzen und so heiß, wie es das Kind ertragen kann, auf den Unterbauch legen. So lange dort belassen, bis es dem Kind unangenehm wird.
– **Erkältungen und Husten lindern**: Zwiebelsaft mit Honig vermischt. Dafür wird 1 Zwiebel fein gehackt und mit 1/8 l Wasser 10 Minuten lang gekocht. Eine Weile abkühlen lassen, abseihen und mit ewa 3 EL Honig vermengen. Das Kind sollte stündlich 1 TL voll von dieser Mischung bekommen. Oder den Hustensaft links einnehmen (Ratschlag Nr. 567).
– **Verstauchungen und Prellungen lindern**: Auf die entsprechende Stelle ein Zwiebelsäckchen (siehe Zwiebelwickel bei Ohrenschmerzen) auflegen und mindestens 10 Minuten einwirken lassen.

569. Infektabwehr bei Kindern

Das Kind sieht blass aus, es ist launisch und lustlos und klagt über ein Kratzen im Hals ... Mit einigen Maßnahmen kann man dem Infekt möglicherweise noch Einhalt gebieten.

– **Ansteigendes Fußbad:** Man beginnt mit einer Wassertemperatur von 35 °C und lässt langsam und schrittweise heißes Wasser hinzufließen, bis eine Endtemperatur von etwa 39–40 °C erreicht ist.
– **Nux vomica D12 (bei Kratzen im Hals):** je 5 Globuli im Abstand von 30 Minuten über höchstens 3 Stunden auf der Zunge zergehen lassen.
– **Erkältungsbad mit Teebaumöl:** 8–10 Tropfen Teebaumöl werden mit 1 EL Sahne vermischt und in das 37 °C warme Badewasser (höhere Temperaturen strengen den angegriffenen Körper zu sehr an) gegeben. 10 Minuten in der Wanne bleiben lassen, abfrottieren und sofort ins Bett legen.
– Das Kind sollte möglichst früh schlafen gelegt werden – und zwar mit dem Gefühl, das am meisten geliebte Kind der Welt zu sein!

570. Fieber natürlich senken

Fieber ist eine natürliche Abwehrreaktion des Körpers. Experten raten daher, auch bei Temperaturen von 40 °C nicht „automatisch" zum Fieberzäpfchen zu greifen. Beunruhigte Eltern sollten einen naturheilkundlich orientierten Kinderarzt zu Rate ziehen.

– Wadenwickel sind ein bewährtes Mittel, um Fieber zu senken. Hierfür nur Wasser verwenden, das 2 °C weniger als die gemessene Körpertemperatur hat.
– Zunächst wird ein Frotteetuch als Schutz für Laken und Matratze auf dem Bett ausgebreitet. Dann zwei Leinentücher (etwa 30 x 70 cm) in eine Schüssel mit lauwarmem Wasser tauchen und leicht auswringen, so dass sie nicht mehr tropfnass sind. Zwischen Knöchel und Kniekehlen faltenfrei um die Waden legen.
– Über diesen ersten Wickel kommt ein trockenes Tuch aus Baumwolle, danach noch um jede Wade ein Wolltuch oder einen alten, nicht zu eng schließenden Wollstrumpf (ohne Füße) legen.
– Das Kind gut zudecken und am besten eine Uhr stellen, damit man den Wickel wieder rechtzeitig abnehmen kann.
– Die Wickel sollten alle 10 Minuten erneuert werden. Nach 3 Runden zeigt sich oft schon eine Fiebersenkung.
– Bringen 6 Wickelwechsel keinen Effekt, kann man Zäpfchen, Saft oder homöopathische Mittel geben. Außerdem braucht das Kind viel Ruhe und sollte ausreichend trinken (leicht gesüßte Früchte- oder Kräutertees).

571. Arznei geben

Kinder können oft nicht verstehen, weshalb sie eine übel schmeckende Arznei einnehmen sollen. Mit einigen Tricks kann man die Einnahme erleichtern.

– Ein bitterer oder seltsamer Nachgeschmack bei Medikamenten wie beispielsweise bei Antibiotikasäften lässt sich manchmal nicht vermeiden. Also am besten dem Kind sofort nach der Einnahme ein Stück Obst oder einen Schluck Fruchtsaft geben.
– Tropfen in einen Saft zu geben, bringt meist nicht viel, weil der Saft zu stark nach dieser Arznei schmeckt. Das geringere Übel: Tropfen auf einen Würfelzucker träufeln und lutschen lassen. Danach Zähne putzen nicht vergessen!
– Tabletten werden kleinen Kinder eher selten verordnet. Da Schlucken noch nicht geht, muss man die Tabletten zerdrücken und beispielsweise in Kartoffelpürree oder geriebenem Apfel verstecken.

572. Homöopathische Arzneien geben

Nach Ansicht der Homöopathen können die Globuli, Tropfen oder Pulver nur dann ihre heilenden Informationen an den Körper übertragen, wenn man bestimmte Regeln beachtet:

– Mindestens 10 Minuten vor und nach der Einnahme nichts essen, trinken oder lutschen und auch nicht den Mund ausspülen.
– Das Mittel soll im Mund zergehen und möglichst lange in der Mundhöhle bleiben, bevor es hinuntergeschluckt wird.
– Das zu verstehen und zu bewerkstelligen ist für kleine Kinder noch recht schwierig. Babys schiebt man die Globuli mit dem sauberen kleinen Finger in die Tasche zwischen Wange und unterer Zahnreihe. Ist das Kind schon etwas älter, setzt man sich ihm gegenüber, nimmt

7 HEILTEES

für alle Fälle

Seit Jahren mehrt sich der Glaube, dass gegen jedes Leiden ein Kraut gewachsen ist. Doch wer die Wirkstoffe der Heilpflanzen richtig nutzen möchte, muss bewährte Rezepte kennen. Die jeweiligen Zutaten kann man sich in der Apotheke mischen lassen. Hinweise zur Dosierung: Man rechnet für Kinder bis zum zehnten Lebensjahr 1/2 TL Teegemisch pro Tasse (150 ml).

1. **Abwehrschwäche** – Zutaten: 20 g Sonnenhutwurzel, 20 g Wermutkraut, 20 g Pfefferminzblätter. Zubereitung: 2 TL der Mischung mit 150 ml kochend heißem Wasser überbrühen, 15 Minuten ziehen lassen, abseihen. 2 Wochen lang täglich 2 Tassen trinken.

2. **Bronchitis** – Zutaten: 20 g Ackerschachtelhalm, 20 g Huflattichblüten, 20 g Spitzwegerichkraut, 10 g Lindenblüten, 10 g Hagebutten, 10 g Fenchelfrüchte, 10 g Kamillenblüten. Zubereitung: 1–2 TL der Mischung mit 150 ml kochend heißem Wasser übergießen, 10–15 Minuten ziehen lassen, dann abseihen. Mehrmals täglich 1 Tasse trinken.

3. **Magen-Darm-Verstimmung** – Zutaten: 20 g Pfefferminzblätter, 20 g Kamillenblüten, 10 g Schafgarbenkraut. Zubereitung: 2 gehäufte TL der Mischung mit 300 ml kochend heißem Wasser übergießen, 10 Minuten ziehen lassen, dann abseihen. Bei Beschwerden warm trinken.

4. **Nasennebenhöhlenentzündung** – Zutaten: 25 g Thymiankraut, 25 g Wermutkraut, 25 g Lavendelkraut, 25 g Rosmarinblätter. Zubereitung: 2 EL der Mischung mit 3 l kochend heißem Wasser übergießen, 10 Minuten lang die Wirkstoffe per Dampfbad inhalieren. Bis die Beschwerden abklingen, täglich 3-mal wiederholen.

5. **Reizhusten** – Zutaten: 20 g Spitzwegerichkraut, 20 g Isländisch Moos, 20 g Eibischwurzel, 20 g Anisfrüchte. Zubereitung: 1–2 TL der Mischung mit 150 ml kochend heißem Wasser übergießen, 15 Minuten ziehen lassen. 3- bis 4-mal täglich 1 Tasse trinken, bis die Beschwerden abklingen.

6. **Schlafstörungen** – Zutaten: 20 g Hopfen, 10 g Baldrianwurzel, 10 g Melissenblätter, 10 g Orangenblüten. Zubereitung: 2 TL der Mischung mit 150 ml kochend heißem Wasser übergießen, 10 Minuten ziehen lassen, dann abseihen. 30 Minuten vor dem Zubettgehen trinken.

7. **Überanstrengung/Überreizung** – Zutaten: 30 g Melissenblätter, 20 g Engelwurz, 20 g Gartenrautenkraut, 20 g Kamillenblüten, 10 g Orangenblüten. Zubereitung: 1 TL der Mischung mit 150 ml kochend heißem Wasser übergießen, 10 Minuten ziehen lassen, dann abseihen. Über einige Tage hinweg 2 Tassen täglich trinken.

auch etwas in den Mund (zum Beispiel ein kleines Pfefferminzdragee) und schaut sich nun gegenseitig an beim Zergehen-lassen der „Bonbons“ zu.

– Wenn Tropfen oder Pulver genommen werden sollen, muss man nach Auffassung der Homöopathen einen Löffel aus Kunststoff, Glas oder Porzellan wählen. Ein Metalllöffel hat elektrische Eigenschaften, die die Informationsweitergabe der Arznei stören.

– Pfefferminze, Kamille, Kampfer und Menthol gelten ebenfalls als Störfaktoren in der Behandlungsphase mit Homöopathie (daher sollte man auch entsprechende Zahncremes meiden).

– Auf Flugreisen sollen die Arzneien ihre Wirkung aufgrund der Strahleneinwirkung verlieren; also besser erst am Zielort kaufen.

– Mehrere Mittel gleichzeitig einzunehmen gilt als problematisch. Wirkt das eine nicht, sollte man es absetzen und ein anderes probieren.

573. Hausmittel gegen Bauchweh

Zwischen Blähungen und Weltschmerz kann Kinderbauchweh zahllose Ursachen haben. Wenn zum Bauchweh Übelkeit, Erbrechen oder Fieber hinzukommt, wenn die Schmerzen im rechten Unterbauch lokalisiert sind (Blinddarmentzündung?) oder wenn sie stärker werden und länger als 1 Stunde anhalten, muss man unbedingt zum Arzt gehen. Kann der Arzt nichts Beunruhigendes feststellen, sollte man erst einmal abwarten, dem Kind Aufmerksamkeit schenken und Tee kochen. Zum Beispiel:

– **Bei Blähungen**: 50 g Anissamen, 50 g Kümmelsamen und 50 g Fenchelsamen zerdrücken. 1 TL der Mischung mit 150 ml kochend heißem Wasser übergießen, 10 Minuten zugedeckt ziehen lassen, dann abseihen. Mehrmals täglich 1 Tasse trinken.
– **Bei Durchfall**: 1 EL getrocknete Heidelbeeren mit 300 ml kaltem Wasser übergießen und etwa 10 Minuten lang bei geringer Hitze kochen lassen, dann abseihen. 3 Tassen täglich trinken.
– **Bei Magenverstimmung**: 20 g Kamillenblüten, 20 g Pfefferminzblüten, 10 g Brombeerbätter vermengen. 1–2 TL dieser Mischung mit 150 ml kochend heißem Wasser übergießen, 10 Minuten zugedeckt ziehen lassen, dann abseihen. Jeweils 1 Tasse vor den Mahlzeiten trinken.
– **Bei Verstopfung**: 2 gehäufte TL Leinsamen in 1/2 l Wasser über Nacht einweichen. Am Morgen abseihen und dem Kind auf nüchternen Magen und vor dem Mittag- und Abendessen 1 Glas von dem Sud zu trinken geben. Was auch helfen kann: 1 EL Haferflocken ausgiebig kauen und dann schlucken.
– **Bei unruhigem Darm**: 1 TL Fenchelsamen mit 1/4 l kochend heißem Wasser übergießen, 5 Minuten ziehen lassen, abseihen. 2–3 Tassen täglich trinken lassen. Oder einen Melissentee zubereiten: 2 TL Melissenblätter mit 150 ml kochend heißem Wasser überbrühen, 10 Minuten ziehen lassen, abseihen. Mehrmals täglich 1 Tasse trinken lassen.

TIPP

Nicht alle Kinder vertragen Pflanzenwirkstoffe, in seltenen Fällen kommt es sogar zu allergischen Reaktionen. Deshalb bedenken: Auch in der Natur gibt es Substanzen, die man weder hoch dosiert noch langfristig anwenden sollte.

574. Massagen gegen Bauchweh

Vor allem kleinere Kinder haben häufig Blähungen oder andere eher harmlose Beschwerden im Bauchraum. Die Zuwendung der Eltern und die warmen Hände auf ihrem Bauch können Wunder wirken.

– **Rahmenausstreichen**: Zeige-, Mittel- und Ringfinger im rechten Unterbauch aufsetzen und mit leichtem Druck im Uhrzeigersinn einen Dreiviertelkreis beschreiben. Die Finger streichen also über den Oberbauch nach links und kommen schließlich im linken Unterbauch an. Das dient der Unterstützung des Stuhltransports und der besseren Durchblutung des Darms.
– **Nabelkneten**: Die Handfläche wird mit leichtem Druck auf den Nabel gelegt. Nun macht man Bewegungen, als wolle man etwas greifen. Dabei kommt es automatisch zu einer sanften Knetmassage. Fördert die Durchblutung und Aktivität des Dünndarms.
– **Flankenwackeln**: Beide Hände etwa in Taillenhöhe des Kindes unter seine Flanken schieben. Nun mit ganz lockeren, rhythmischen Bewegungen den Bauch zum Wackeln bringen. Auf jeder Seite etwa 3–5 Minuten durchführen. Regt die Motorik des Dickdarms an.
– **Organdrücken**: Die Finger der flachen Hand werden in kurzen Abständen vorsichtig mal rechts, mal links unter den Rippenbogen gedrückt. Fördert die Arbeit von Galle, Milz und Leber.
– Sobald einem Kind etwas an diesen Massagen unangenehm ist, sollte man damit aufhören.

S.O.S.-TIPP

- **Um die richtigen Schmerzmittel für Kinder zu finden, muss zuallererst die Schmerzursache entdeckt werden, wie etwa die Entzündung des Mittelohrs bei starken Ohrenschmerzen.**
- **Schmerz muss behandelt werden, sonst entwickelt sich ein Schmerzgedächtnis bzw. eine hohe Schmerzempfindlichkeit. Kindern gibt man am besten Ibuprofen oder Paracetamol.**
- **Auf keinen Fall sollte das Kind aus der Hausapotheke eine kleine Dosis von irgendeinem Schmerzmittel für Erwachsene bekommen. Aspirin kann unter ungünstigen Umständen zu dem lebensgefährlichen Reye-Syndrom führen, eine Leber-Hirn-Erkrankung mit Erbrechen, Bewusstseinstrübung und Krämpfen.**

575. Beulen und Wunden versorgen

Gesunde Kinder kommen nicht ohne Schrammen durch ihre Kindheit. Wie gut, wenn Eltern wissen, was im Fall des Falles nötig ist.

– Die betroffene Körperstelle hoch lagern und kühlen. Kühlung durch fließendes Wasser eignet sich für Prellungen an Armen oder Beinen. Beulen und Blutergüsse am Kopf mit einem feucht-kalten Waschlappen oder mit Gelkompressen aus der Apotheke kühlen, die man für solche kleinen Notfälle im Kühlschrank haben sollte.
– Gekühlte Gelkompressen nie direkt auf die Haut legen, sondern immer mit einem dünnen Baumwolltuch umwickeln.
– Wenn man keine Gelkompressen zu Hause hat, tut es für eine kurzfristige Anwendung auch ein Beutel Tiefkühlgemüse. Unbedingt in ein Frotteetuch einpacken, um Hautschäden zu vermeiden.
– Kühlende Sprays, Salben oder Gele darf man nur verwenden, wenn die Haut intakt geblieben ist – ansonsten brennt es fürchterlich! Salben werden, im Gegensatz zu Gelen, einmassiert, denn sie wirken auch in tieferen Hautschichten.
– Große Wunden sollte immer ein Arzt versorgen.
– Verschmutzte Wunden spült man am besten mit sauberem Wasser, physiologischer Kochsalzlösung oder der so genannten Ringer-Elektrolyt-Lösung (Apotheke).
– Für eine Desinfektion kleiner Wunden eignen sich Salben, Gele, Lösungen oder Pudersprays mit Jod. Am besten lässt man sich in der Apotheke beraten. Pflaster müssen täglich gewechselt werden und sollten luftdurchlässig sein, damit genügend Sauerstoff an die Wunde gelangt.
– Sofort zum Arzt gehen, wenn sich die Wunde an ihren Rändern zu röten beginnt, wenn sie anschwillt, wenn sie erneut schmerzt oder nässt, erst recht, wenn sie eitert oder wenn sich Blasen bilden.
– Alarmierend ist auch ein roter Streifen von der Wunde zu einem nahe gelegenen Lymphknoten. Dann sofort zum Arzt!
– Eine Wunde, die einfach nicht heilen will, muss ebenfalls einem Arzt gezeigt werden.
– Hilfreich gegen Wundinfektionen sind silberhaltige Wundauflagen. Sie wirken gegen viele Keime. Blut und Wundsekret lösen die in der Wundauflage enthaltenen Silberionen langsam heraus, diese dringen in die Bakterien ein und blockieren deren Zellfunktionen.
– Unter den natürlichen Schmerzmitteln sind Arnikapräparate die unumstrittenen Favoriten. Arnikasalbe lindert die Schmerzen ebenso wie Umschläge mit verdünnter Arnikatinktur oder Arnikatee.
– Auch Johanniskrautöl oder -tinktur hat eine schmerzlindernde und heilungsfördernde Wirkung.

ELTERNBEISTAND IM KRANKENHAUS MACHT SCHNELLER GESUND

Kinder ausgerechnet dann von ihren Eltern zu trennen, wenn sie sich elend fühlen, ist keine gute Voraussetzung fürs Gesundwerden. Eltern wollen ihrem Kind beistehen und sollten wissen: Nur wenn der Klinikarzt die elterliche Anwesenheit von Mutter oder Vater als medizinisch notwendig erachtet bzw. bescheinigt, werden die Kosten für die Übernachtung des Elternteils auch von der Krankenkasse übernommen. Dies gilt auch, wenn Eltern sich auf eine Luftmatratze auf den Fußboden des Klinikzimmers legen! Hinauswerfen darf niemand die Eltern, denn Eltern nehmen ihr Sorgerecht wahr und lassen ihr Kind nicht allein.

576. Erste Hilfe bei kleinen Verbrennungen

Verbrennungen sind die häufigsten Unfälle hierzulande. Kinder kommen Flammen oder Herdplatten schnell mal zu nah, und selbst kleine Verbrennungen tun sehr weh.

– Die wichtigste Notfallmaßnahme: sofort ausgiebiges Spülen mit kaltem Wasser. Zuvor sollte man eventuell angesengte Kleidung vorsichtig von der Haut entfernen. Das kalte Leitungswasser lässt man 20–30 Minuten über die verbrannte Stelle laufen.
– Sind größere Areale verbrannt, sollte das Wasser lauwarm sein und nur maximal 15 Minuten über die Haut fließen, damit das Kind nicht auskühlt.
– Das kühlende Nass hält die Ausdehnung der Hitzeschädigungen in tiefere Gewebeschichten in Schach, lindert die Schmerzen und wirkt Schwellungen entgegen. Nach dem Spülen vorsichtig trockentupfen.
– Gegen die Schmerzen hilft Ibuprofen. Bei größeren Verbrennungen muss der Notarzt verständigt werden!

S.O.S.-TIPP

Oberstes Gebot bei Verdacht auf Vergiftungen: einen klaren Kopf behalten! Vergiftungsunfälle sind nicht immer gleich lebensbedrohlich. Trotzdem sollte die Telefonnummer des nächsten Giftnotrufs unübersehbar notiert und sofort parat sein. Und man sollte vor dem Anruf schon mal Antworten auf folgende Fragen notieren:

- **Was hat das Kind zu sich genommen (Putzmittel-, Medikamenten- oder Pflanzenname)?**
- **Wann (möglichst genaue Uhrzeit) hat das Kind die giftige Substanz zu sich genommen?**
- **Wie viel wiegt das Kind?**
- **Wie viel hat das Kind eingenommen? Oder: Wie viel kann das Kind maximal genommen haben?**
- **Wie ist das derzeitige Befinden des Kindes? Hat es Husten oder Muskelzuckungen? Leidet es unter Übelkeit oder Benommenheit?**

Wenn ein Kind eine eher selten in Haushalten vorzufindende Substanz eingenommen oder von einer exotischen Pflanze gekostet hat, die hier kaum jemand kennt, müssen sich die Notärzte selbst erst einmal informieren. Sie rufen dann so schnell wie möglich zurück.

577. Wann unbedingt zum Kinderarzt?

Wenn Sie bei Ihrem Kind Folgendes beobachten, sollten Sie auf alle Fälle den Arzt aufsuchen. Und natürlich immer dann, wenn Sie sich unsicher sind!

– Gerötete Augen mit Jucken, Brennen, ein Fremdkörpergefühl und auch Absonderungen (häufig eine Infektion!)
– Hautausschlag (viele verschiedene Ursachen; muss nicht ansteckend sein)
– Plötzlich auftretende oder sich rasch verschlimmernde Bauchschmerzen (Blinddarmentzündung?)
– Halsschmerzen, geschwollene Lymphknoten am Hals und süßlicher Mundgeruch (Mandelentzündung? Bei Ungeimpften: Verdacht auf Diphtherie)
– Fieber, das länger als 5 Tage andauert und/oder bei dem es dem Kind miserabel geht
– Wesensveränderungen, Benommenheit, Schläfrigkeit, plötzliche Aggressivität, oder – bei größeren Kindern – Kopfschmerzen, Übelkeit, Bewusstseinseintrübung (Verdacht auf Gehirnentzündung)
– Fieber, Abgeschlagenheit, schmerzhafte Schwellungen der Gelenke, vor allem nach einem Racheninfekt (rheumatische Erkrankung?)
– Fieber in Kombination mit Schmerzen in der Nierengegend und beim Wasserlassen, Druckschmerz über der Blase und/oder Blut im Urin (Harnwegsinfekt?)
– Fieber in Kombination mit Nackensteife, Kopfschmerzen, Erbrechen (Verdacht auf Hirnhautentzündung)
– Müdigkeit, Antriebslosigkeit, Nachtschweiß, Lymphknotenschwellung, Appetitlosigkeit, immer wieder kehrendes Fieber (Verdacht auf bösartige Erkrankung)
– Hohes Fieber, Lymphknotenschwellung und geschwollene Mandeln (Verdacht auf Pfeiffersches Drüsenfieber)
– Ständiger Juckreiz auf der Kopfhaut und im Nacken (Läuse?)
– Schmerzhafter Husten, Fieber, Abgeschlagenheit, Blässe (Verdacht auf Lungenentzündung)

578. Abwechslungsreich essen

Gesund zu essen, bedeutet nicht, ständig strikte Vorschriften zu befolgen. Es bedeutet vor allem, viel Abwechslung in den Speiseplan zu bringen. Für Kinder ist das besonders wichtig, damit sie mit allen Nährstoffen versorgt werden.

– Jedes Kind bringt Geschmacksvorlieben mit auf die Welt. Trotzdem sollten Eltern ihrem Kind immer wieder auch Gerichte anbieten, die nicht zu seinen Lieblingsspeisen gehören.
– Auf keinen Fall sollte ein Kind gezwungen werden, bestimmte Nahrungsmittel zu essen, weil sie „gesund" sind. Unersetzlich ist kein Lebensmittel.
– Die wichtigsten Grundlagen in der Ernährung der ganzen Familie sind Cerealien (jegliche Art von Getreide und natürlich Produkte daraus wie Brot oder Nudeln), Hülsenfrüchte und Obst. An zweiter Stelle kommen eiweißhaltige Nahrungsmittel (Fleisch, Fisch, Milch- und Milchprodukte, Eier), an dritter Stelle stehen Fette und Öle. Nur in geringer Menge gehören gezuckerte Lebensmittel wie Marmelade, Kuchen und Süßigkeiten dazu.

– Sobald wie möglich sollten Kinder beim Kochen assistieren dürfen. So lernen sie die Nahrungsmittel kennen und wertschätzen.
– Bis zur Pubertät gehen die meisten Kinder gern mit zum Einkaufen. Eltern sollten dieses Interesse nutzen, um mit ihren Kindern gemeinsam Speisepläne zu entwerfen und nach unbekannten Nahrungsmitteln auf Wochenmärkten oder in Supermärkten Ausschau zu halten.
– Kinder sollten hin und wieder mit Gerichten aus anderen Ländern Bekanntschaft machen – entweder zu Hause gekocht oder beim Besuch eines Restaurants. Weltläufigkeit in Sachen Essgewohnheiten wird immer wichtiger, denn beruflich wie privat sind viele junge Menschen heute Gast in fremden Kulturkreisen.

579. Appetit bei Kindern

Gewicht und Größe eines Menschen werden in erster Linie durch erbliche Veranlagung bestimmt. Wenn ein Kind nicht so viel Hunger hat wie es „im Lehrbuch" steht, machen sich viele Eltern Sorgen.

– Wie groß der Appetit eines Kindes ist, bestimmt grundsätzlich seine Veranlagung. Es gibt gute Esser und solche, die wenig Interesse am Essen haben. Normal ist beides.
– Ob gesegneter Appetit oder eher Desinteresse – die Einstellung bleibt meist ein Leben lang stabil. Eltern sollten solche Wesensunterschiede akzeptieren.
– Appetitfördernd wirkt sich eine harmonische Atmosphäre bei Tisch aus. Tadel und Ermahnungen aber auch Schweigen hemmt bei vielen Kindern die Freude am Essen.

580. Tischmanieren üben

Ein gesundes Essen kann man auch mit den Fingern vertilgen, man kann dabei schlürfen und schmatzen. Es bleibt ein gesundes Essen. Doch Essen ist ein ganzheitliches Geschehen, und die Nahrung bekommt jedem sehr viel besser, wenn sich alle am Tisch wohl fühlen.

– Sobald ein Kind einen Löffel selbst halten kann, sollte man es üben lassen. Als Lätzchen kann ein Laken vom Kinderbett dienen, als Abdeckung des Fußbodens eine Plastikplane oder ebenfalls ein altes Laken.
– Es genügt meist nicht, dass die Eltern mit gutem Vorbild vorangehen und stilsicher bei Tisch sitzen. Kinder brauchen behutsame Anleitung, wie man das Besteck in der Hand hält – und viel Lob für gelungene Handgriffe.
– Zur Förderung der manuellen Fertigkeiten gehört, dass man das Kind möglichst oft allein essen lässt. Die meisten Kinder wollen im zweiten Lebensjahr selbstständig essen, manschen aber noch gelegentlich im Essen herum und benutzen Löffel und Gäbelchen auch oft zum Spielen. Dennoch: Wenn man das Kind keine Experimente machen lässt, kann es zum einen nichts lernen, zum anderen könnte es zu einem Machtkampf ums Essen kommen, der möglicherweise unterschwellig jahrelang anhält.
– Die Mahlzeit für kleinere Kinder sollte eine Konsistenz haben, die sich gut löffeln lässt. Suppen oder dünnflüssige Breie sind ebenso ungeeignet wie große oder lange Nudeln. Festeres Kartoffelpüree eignet sich gut, aber auch Gemüsebrei oder Reis, der mit einer angedickten Sauce vermischt ist.
– Im zweiten Lebensjahr sollte man ein Kind auch möglichst allein essen lassen, selbst wenn man sich vor den Auswirkungen fürchtet.
– Ständige Ermahnungen oder gar Wegschicken vom Tisch sind destruktiv. (Miteinander) Essen ist ein äußerst sensibler Bereich. Permanente Korrekturversuche („Halte den Löffel nicht wie eine Mistgabel!" oder „Du hängst wie ein Fragezeichen am Tisch!") machen die Mahlzeit verkrampft und können sogar zu späteren Essstörungen beitragen.
– Spielsachen haben bei Tisch nichts verloren. Ebenso wenig sollten Eltern während der Mahlzeit telefonieren, Fernseher oder Radio laufen lassen.
– Steht ein Besuch im Restaurant an, ist es vor allem für kleinere Kinder wichtig, dass Eltern für die Wartezeit gerüstet sind, indem sie Malhefte, Stifte, Bilderbücher oder kleine Spiele dabei haben. Von kleinen Kindern kann man nicht erwarten, dass sie lange untätig stillsitzen.

581. Ausreichend trinken lassen

Kinder brauchen verhältnismäßig viel Flüssigkeit, weil sie über die Haut und durch die Atmung eine große Menge an Wasser verlieren. Sie trinken aber nach wissenschaftlichen Beobachtungen zu wenig.

– Säuglinge brauchen noch keine Extra-Flüssigkeit – und zwar unabhängig davon, ob sie gestillt oder mit der vorschriftsmäßig angerührten Säuglingsmilch ernährt werden. Gegen etwas ungesüßten Kräutertee an heißen Tagen ist nichts einzuwenden.

– Sobald das Kind Brei bekommt, gehören Getränke mit zu seinem Speiseplan. Es sollte so früh wie möglich lernen, aus der Tasse zu trinken. Das Trinken aus Teefläschchen schädigt die Zähne.

– Je größer das Kind, umso größer der Flüssigkeitsbedarf. Ein- bis Dreijährige brauchen etwa 900 ml pro Tag, Vier- bis Siebenjährige zwischen 1 und 1,2 l.

– Das Flüssigkeitsangebot sollte gut über den Tag verteilt sein. Um nicht ständig abmessen zu müssen, wie viel ein Kind trinkt, kann man sich an der Farbe des Urins orientieren: Hat ein Kind hellen Urin, hat es genug getrunken.

– Leitungswasser ist ein ideales Getränk, denn es wird in Deutschland so streng kontrolliert wie kein anderes Lebensmittel. Nur in Altbauten, in denen Wasserrohre aus Blei oder Kupfer verlegt worden sind, empfiehlt sich eine Analyse des Trinkwassers. Bleihaltiges Wasser eignet sich grundsätzlich nicht als Getränk. Aus Kupferrohren sollte man vor dem ersten Gebrauch am Morgen erst einige Liter ablaufen lassen.

– Trinkt eine Familie lieber Mineralwasser, sollte sie beim Kauf darauf achten, dass möglichst wenig Kochsalz (bestehend aus Chlorid und Natrium) enthalten ist, und dass der Kohlensäuregehalt gering ist. Wenn ein Baby Mineralwasser bekommen soll, greift man zu entsprechend gekennzeichneten Flaschen.

– Als Alternative zum Wasser eignen sich ungesüßte Kräuter- und Früchtetees oder Saftschorlen.

– Milch und Saft sowie alle Mischgetränke daraus (wie Milchshakes, Nektare oder Fruchtsaftgetränke) sind zu kalorienreich, um als Getränk gelten zu dürfen.

582. Aus der Tasse trinken lernen

In der Mitte des ersten Lebensjahres ist der ideale Zeitpunkt, den Abschied von der Flasche einzuläuten.

– Damit das Baby nicht gleich Misserfolgserlebnisse hat, sollte man eine „Lerntasse“ (Schnabeltassen oder Tassen mit einem Deckel, der zwei Öffnungen hat – eine zum Trinken, die andere hat Ventilfunktion) besorgen. Der Boden dieser Tassen ist beschwert, so dass sie nicht so leicht umkippen können.

– Immer wenn das Kind Durst hat, sollte es ein paar Schlucke aus der Tasse bekommen und dann erst die Flasche.

– Hat das Kind Erfahrung mit der Tasse, kann man die Flasche ganz weglassen. Wenn das nicht so einfach ist, in die Flasche beispielsweise nur Wasser füllen, in die Tasse etwas, was dem Kind gut schmeckt wie Saft.

5 TRICKS

für Milch-Muffel

Milch dient als wichtiger Kalziumlieferant. Kalzium ist ein wesentlicher Knochenbestandteil und im Wachstum ganz besonders wichtig. Alle Eltern, deren Kinder keine Milch mögen, müssen sich etwas einfallen lassen:

1. Täglich eine Quark- oder Joghurtspeise anbieten. Milch so oft wie möglich bei der Zubereitung von Suppen, Soßen, Kartoffelbrei, Milchreis und Aufläufen verwenden. Kalziumreiche Käsesorten regelmäßig in den Kostplan einbauen: Mozzarella, Bergkäse, Emmentaler, Gruyère, Hobelkäse, Lindenberger („light“ hat mehr Kalzium als die vollfette Version!) oder Parmesan.
2. Trockenmilchpulver aus Magermilch (gibt es im Reformhaus) einfach unter verschiedene Speise rühren.
3. Öfters Amaranth auf den Tisch bringen. Diese Getreideart ist besonders kalziumreich. Erhältlich ist Amaranth ebenfalls in Reformhäusern, aber auch in Supermärkten mit Naturkost-Abteilung.
4. Falls das Kind Kakao trinkt, sollte man ein fett- und zuckerreduziertes Kakaogetränke-Pulver wählen und dies stets sparsam verwenden, denn bestimmte Stoffe im Kakao blockieren die Kalziumaufnahme.
5. Wesentlich ist: Ein Kind sollte erleben, dass Milch für seine Eltern zum täglichen Speiseplan gehört. Immerhin stammen auch im Erwachsenenalter 50–60 Prozent der Kalziumzufuhr aus Milch und Milchprodukten. Und was Hänschen nicht lernt …

583. Nitrat vermeiden

Nitrat ist ein natürlicher Bestandteil unseres Bodens, für Pflanzen lebenswichtig und für uns Menschen harmlos. Giftig, genauer gesagt Krebs erregend, ist das, was in unserem Körper daraus entstehen kann: Nitrosamine. Wer Kinder ernährt, sollte die Gefahren kennen.

– Der Grenzwert für Nitrat in unserem Trinkwasser liegt bei höchstens 50 mg pro Liter. Für die Säuglingsernährung dürfen es nur 10 mg Nitrat pro Liter sein. Zum Vergleich: 1 kg Treibhaussalat (starke Stickstoffdüngung!) hat bis zu 3500 mg Nitrat. Kopfsalat gilt generell als Nitratspeicherpflanze.
– Ebenfalls nitratreich sind: Spinat, Rote Beete, Blattsalat (besonders betroffen: Rucola), Radieschen, Rettich. Nitratarm sind: Tomaten, Gurken, Paprika, Hülsenfrüchte, Obst und Getreide. Deutsche Produkte sind nicht grundsätzlich nitratärmer als Importe, beispielsweise aus Italien.
– Erntet man aus dem eigenen Garten, dann sollte man das am besten abends tun, da sich Nitrat über Nacht in der Pflanze anreichert und am Morgen die höchste Konzentration erreicht.
– Vitamin C vermindert die Bildung von Nitrosaminen, deshalb viel Orangensaft und Obst anbieten.

584. Auf die Jodversorgung achten

Wenn die Kost nicht genügend Jod enthält, kann die Schilddrüse ihre Hormone nicht bilden. Die Schilddrüsen-Hormone sind aber gerade im Wachstumsalter von ganz entscheidender Bedeutung. Sie beeinflussen nicht nur die körperliche Entwicklung, sondern auch Reifungsvorgänge im Gehirn und unterstützen somit die intellektuelle Leistungsfähigkeit.

– Vor allem Süddeutschland ist ein Jodmangelgebiet – die Region liegt zu weit ab vom Meer. Wer in dieser Gegend lebt, sollte besonders auf die Jodzufuhr achten.
– Besonders jodreich ist Seefisch, vor allem Kabeljau, Seelachs und Schellfisch. 2-mal pro Woche sollte Seefisch auf den Tisch kommen.
– Um den Jodbedarf eines Kindes zu decken, müsste es allerdings täglich Fisch geben. Das ist unrealistisch, deshalb sollte man zum Kochen jodiertes Speisesalz verwenden und darauf achten, Produkte zu kaufen, die mit Jodsalz hergestellt worden sind (zum Beispiel Brot).

585. Eisenversorgung sichern

Eisen spielt eine wesentliche Rolle bei der Blutbildung. Eisenmangel kann bei Kindern nicht nur zu Blässe und Blutarmut (= Eisenmangelanämie) führen, sondern wirkt sich auch in Konzentrationsproblemen, Müdigkeit und Antriebslosigkeit aus. Auf das Wachstum hat Eisenmangel ebenso negative Auswirkungen.

– Getreidesorten wie Hafer und Hirse enthalten ansehnliche Mengen an Eisen, ebenso Hülsenfrüchte und dunkle Gemüsesorten (Grünkohl, Zucchini, Spinat). Allerdings ist Eisen in pflanzlichen Nahrungsmitteln sehr fest gebunden, was bedeutet, dass der Körper nur schwer an dieses Eisen herankommt.
– Wenn man pflanzliche Nahrungsmittel mit Milch zubereitet bzw. verzehrt, wie das etwa bei Frühstücksflocken üblich ist, wird die Eisenverwertung noch schlechter. Mineralstoffe beeinflussen sich gegenseitig bei der Aufnahme. Kalzium kann also die Eisenresorption hemmen.
– Besonders reich an Eisen ist auch Fleisch. Und aus Fleisch kann der Organismus das Eisen wesentlich leichter „herauslösen".
– Gibt man dem Kind zu einer eisenreichen Mahlzeit Vitamin-C-haltige Lebensmittel wie Orangensaft oder Paprikagemüse, wird die Eisenaufnahme deutlich verbessert.

AUF ZINK ACHTEN

Zink ist Bestandteil vieler Enzyme und spielt damit an vielen Orten des Stoffwechsels eine Rolle. Zinkmangel schwächt das Immunsystem, verzögert die Wundheilung und verursacht Appetitlosigkeit. Wenn der Kostplan viel Getreide (besonders zinkreich: Weizenkeime, Haferflocken), Milch- und Milchprodukte sowie Fleisch enthält, wird ein Kind ausreichend mit Zink versorgt.

586. Folsäure nicht vergessen

Folsäure, ein Vitamin der B-Gruppe, ist an der Zellneubildung beteiligt, es unterstützt die Bildung der roten Blutkörperchen und ist in alle Wachstums- und Entwicklungsprozesse involviert. Dieses Vitamin zerfällt rasch und ist deshalb im Körper oft Mangelware.

– Ein siebenjähriges Kind braucht 300 Mikrogramm Folsäure pro Tag. Wenn man bedenkt, dass 100 g Roggenbrot oder 100 g Reis nur 16 Mikrogramm Folsäure enthalten und 100 ml Milch gar nur 5 Mikrogramm, dann wird klar, dass Folsäure ein knappes Gut ist.
– Folsäure ist besonders reichlich vorhanden in Blattsalaten, Grünkohl, Hülsenfrüchten, Sojabohnen, Weizenkeimen, Hühnerleber, Brokkoli, Spinat, Bierhefe (als Flocken) und Erdnüssen.
– Die Folsäure-Anreicherung in Vitaminsäften oder in Frühstücksflocken ist nach Meinung vieler Experten zu gering. Gerade viele Frühstücksflocken müssen bei der Herstellung hocherhitzt werden, dabei gehen Nährstoffe verloren. Diese Verluste auszugleichen, war ursprünglich mal der Ansatz zur Anreicherung.
– Seit einiger Zeit gibt es Speisesalz, das mit Jod und Folsäure angereichert ist. Dieses Salz ist weger der Folsäure leicht gelblich. Zwar sollen kleine Kinder nur schwach gesalzene Speisen zu sich nehmen, dennoch kann man mit der Verwendung dieser Salzart etwa die Hälfte des Folsäurebedarf eines Kindes decken.

587. Obst und Gemüse anbieten

Manche Kinder sind wenig für Obst und Gemüse zu begeistern. Eltern sollten ihnen jedoch immer wieder Früchte oder Gemüsegerichte anbieten, denn diese liefern die so wichtigen sekundären Pflanzenstoffe wie Carotinoide, Flavonoide und Terpene, die vor Infektionen schützen und sehr wahrscheinlich das Krebsrisiko senken können.

– Kleinen Kindern bietet man zunächst nur wenige Obst- und Gemüsesorten an, zum Beispiel nur Äpfel, Bananen, Orangen und Karotten sowie Kohlrabi.
– Das Lieblingsobst und -gemüse bereitet man auf unterschiedliche Art zu und nimmt allmählich auch andere Sorten dazu. Obst lässt sich besonders gut als kalte Soße, in Cremes oder in einer Quarkspeise anbieten.
– Jedes Obst – auch das vom eigenen Apfelbaum – muss gut gewaschen und anschließend trockengerieben werden. Direkt unter der Schale der Früchte sitzen die meisten gesunden Inhaltsstoffe. Deshalb Obst möglichst nicht schälen. Zwar unterliegt die Behandlung mit Pflanzenschutzmitteln und die Vorernte-Spritzung strengen Vorschriften, aber Reste von Schadstoffen oder Schmutzpartikel aus der Luft können auf der Schale der Früchte haften.
– Gemüse lässt sich auch in pürierter Form als Suppe oder Soße reichen. Das ist vor allem zu empfehlen, wenn das Kind „die Stücke“ ablehnt. Eine Sauce Bolognese beispielsweise kann man gut mit Gemüsepürree aus gekochten Karotten, Lauch und Paprika zubereiten. Oder Gemüse in Aufläufen oder Aufstrichen verstecken.
– Lehnt ein Kind Gemüse rundum ab, so sollten ihm viel Obst und Kartoffelgerichte angeboten werden.
– Wenn ein Kind rohes Gemüse ablehnt, es in gekochtem Zustand aber gern isst, sollten Eltern sich freuen. Gemüsesorten, die die Vitamin-A-Vorstufe Beta-Carotin (ein sehr wichtiges Schutzvitamin!) enthalten, sollten sogar unbedingt zerkleinert, gegart und mit etwas Fett gereicht werden, da andernfalls das Beta-Carotin ungenutzt den Darm wieder verlässt.
– Je bunter es auf dem Teller aussieht – zum Beispiel orange Karotten, rote Paprika und grüner Brokkoli –, desto mehr Lust haben Kinder zum Essen. Außerdem haben Obst und Gemüsesorten mit kräftigen Farben mehr wertvolle Inhaltsstoffe als blassere Exemplare. Vor allem die so genannten sekundären Pflanzenstoffe sind für die Gesundheit wichtig.

588. Die richtigen Fette wählen

Fett kommt als Butter, Margarine oder Sahne direkt auf den Tisch, aber auch auf den ersten Blick unsichtbar in Fleisch, Wurst, Käse, Nüssen, Samen, Saucen, Desserts und vielen anderen Nahrungsmitteln. Genauso sitzen Fette in Öl oder Bratemulsion, die man zum Garen nimmt.

– Kinder sollten vor allem pflanzliche Fette bekommen und weniger tierische Fette aus Fleisch und Wurst.
– Besonders wichtig sind die mehrfach ungesättigten Fettsäuren. Das sind die Fettsäuren, die der menschliche Organismus nicht selbst aufbauen kann und die deshalb essenzielle (= lebenswichtige) Fettsäuren genannt werden. Hierzu gehören auch die Omega-3-Fettsäuren. Man weiß heute, dass ein Mangel an Omega-3-Fettsäuren bei Kleinkindern entzündliche Hauterkrankungen und Ekzeme begünstigen kann.
– Unbedingt auf versteckte Fette achten. Sie können sich vor allem in Fertiggerichten, aber auch in Salat- oder Nudelsaucen, Müsliriegeln oder Desserts befinden. Auf der Verpackung wird nicht immer der genaue Fettgehalt verraten. Je weiter vorne in der Reihenfolge der Zutaten das Fett erwähnt wird, desto höher ist der Fettgehalt eines Produkts.

S.O.S.-TIPP

Nüsse sollten Kinder unter 3 Jahren nur in gemahlenem Zustand zu sich nehmen; sie verschlucken kleine Dinge zu leicht, schlimmstenfalls gerät ein Stück Nuss in die Luftröhre.

589. Süßes genießen lernen

Fast alle Menschen essen „von Natur aus" gern Süßes, denn Süßes verspricht Reife und Bekömmlichkeit. Süßigkeiten sinnvoll zu genießen, ist in unserer Zeit fast eine hohe Kunst, und es sollte allen Eltern ein Anliegen sein, ihre Kinder darin zu unterweisen.

– Mit gutem Beispiel voran erreichen Mütter und Väter am meisten. Wenn sie sich ab und zu zum Nachmittagskaffee oder zu besonderen Gelegenheiten ein gutes Stück Schokolade gönnen oder auch mal einen Griff in die Weingummitüte, die voller Kindheitserinnerungen hängt, wird sich das dem Kind positiv einprägen.
– Wenn ein Kind sehr hartnäckig nach Süßem verlangt und dabei alle Register zieht, sollte man etwas zur Ablenkung parat haben wie etwa ein schönes Bilderbuch oder die Kasperlpuppe, die eine Geschichte erzählt.
– Essen tut der Seele gut, beruhigt, tröstet, lässt Einsamkeit vergessen, macht auch psychisch „satt". Dies sollte Eltern bewusst sein. Es ist sinnvoll, sich selbst eine Weile zu beobachten, wie oft man zur Beruhigung oder zum Trost zum Kühlschrank geht oder in die Schublade greift. Wer zu diesen Kompensationen neigt, gibt auch seinem Kind leichtfertiger einen Riegel in die Hand, wenn es sich im Einkaufswagen langweilt oder bietet ihm ein Bonbon an, wenn es hingefallen ist.
– Süßes grundsätzlich zu verbieten, ist unrealistisch. Besser ist es, sich hin und wieder gemeinsam mit dem Kind „ganz offiziell" zum Nachtisch oder zum Kaffee etwas Süßes zu gönnen.

590. Dünnen Kindern helfen

Dicke Kinder haben ein Problem, dünne auch. Das können sich viele Menschen nicht vorstellen. Eltern leiden mit ihren dünnen Kindern und fürchten Hänseleien („Spargeltarzan" oder „Zaunlatte"). Aus zarten Kindern kann man keine athletischen machen, dennoch hilft eine kalorienreiche, gleichzeitig gesunde Ernährung ihnen, um in stressigen Zeiten nicht noch abzunehmen. Nahrhaft und gesund sind:

– Pflanzenöle wie Oliven-, Raps-, Distel-, Maiskeim- und Sonnenblumenöl
– Nüsse oder Studentenfutter und Fruchtschnitten (Reformhaus, Apotheke)
– Quark, Joghurt und Käse mit hohem Fettgehalt
– Bananen, Kirschen, Trauben, Avocados und Trockenobst
– unverdünnte Obstsäfte (besonders gehaltvoll: Trauben- und schwarzer Johannisbeersaft)

591. Dicken Kindern helfen

Dicke Kinder haben es schwer – ihre Eltern auch. Allein diese Blicke, die sagen: Wie kann man ein Kind so dick werden lassen und nichts dagegen unternehmen? Wer weiß schon, dass Abspecken bei Kindern ein seelischer Balanceakt ist?

– Dicke Kinder müssten weniger essen, sich mehr bewegen und nicht so viel Zeit vor dem Fernseher oder Computer verbringen. Das ist der banale Ratschlag, den Eltern von betroffenen Kindern zu hören bekommen.
– Fest steht: Dicke Kinder haben oft mindestens ein übergewichtiges Elternteil. Experten schätzen, dass Übergewicht zu annähernd 70 Prozent vererbt wird. Wer dazu neigt, leicht zuzunehmen, muss ein Leben lang kontrolliert essen. Ein übergewichtiger Vater/eine übergewichtige Mutter dürfen nicht hoffen, dass ihr Kind ohne Selbstdisziplin und Verzicht mit der ererbten Veranlagung wird leben können. Doch Eltern und Kind können es gemeinsam schaffen, ihr Essverhalten so zu regulieren, dass sich „das schwere Erbe" nicht allzu sehr auf der Waage niederschlägt.
– Falschen Essgewohnheiten in der Familie kann ein Kind nicht entrinnen. Essen die Eltern beide sehr unkontrolliert und haben beide aus diesem Grund Gewichtsprobleme, kann man von ihrem Kind nichts anderes erhoffen.
– Väter und Mütter von betroffenen Kinder sollten zunächst verstehen: Nahrungsmittel können die Stimmung heben, Spannungsgefühle dämpfen und Ängste vermindern. Dicke Kinder sind nicht einfach nur stramme Esser, sie befinden sich oft in einem unvorstellbaren Gemisch aus Ängsten, Wut, Scham und Verzweiflung. Die Kommunikation in der Familie ist so

beschaffen, dass niemand die Not dieses Kind erkennt und es auffangen kann – ein Teufelskreis.

– Viele dicke Kinder haben das Gefühl, nicht genug oder nicht das Richtige zu bekommen. Häufig fehlen ihnen auch klare Strukturen (etwa weil die Eltern ihnen keine klare Orientierung bieten). Diese Kinder konnten nicht lernen, Konflikte zu bewältigen und sich mit ihren Interessen durchzusetzen. Das alles trägt dazu bei, dass sich diese Kinder unsicher fühlen. Unsicherheit macht Spannungsgefühle und die lassen sich mit Essen lindern.

– Diäten für Kinder müssen viel sanfter sein als Schlankheitskuren für Erwachsene. Kinder sind im Wachstum und dürfen auf keinen Fall in einen Nährstoffmangel geraten. Beispiel: Ein siebenjähriges Kind benötigt durchschnittlich 1800 Kalorien. Eine Diät sollte täglich 1500 Kalorien haben. Sportliches Training sollte unbedingt zu einer Diät gehören.

– Wenn Eltern ihr Kind beim Abnehmen unterstützen wollen, sollten sie bedenken: In der sensiblen Phase, in der viele übergewichtige Kinder sind – mit ersten zaghaften Ablösungsversuchen, aber auch mit großer (Lern)Sensitivität – brauchen sie vor allem eine einfühlsame Unterstützung und kein Regelkorsett. Ständige Ermahnungen wie „Du isst ja schon wieder!“ oder „Das ist zu fett für dich!“ oder „Hast du etwa schon wieder zugenommen?“ können die Eltern-Kind-Beziehung so belasten, dass es erst recht kein Entfliehen aus der (auch seelisch schützenden!) Speckschicht gibt.

– Trotz aller Mühen und Misserfolge, sollten Eltern am Thema „dranbleiben“: Die verbreitete Hoffnung, dass dicke Kinder ihren „Babyspeck“ verlieren, sobald das Längenwachstum in der Pubertät einsetzt, erfüllt sich leider oft nicht. 70 Prozent der übergewichtigen Elfjährigen bleibt zeitlebens zu dick. Und: Je länger man eine Behandlung gegen das Übergewicht aufschiebt, desto geringer sind die Erfolgsaussichten.

592. Eltern sein – mit Selbstbewusstsein

Haben Eltern Probleme mit ihrem Selbstbewusstsein, besteht die Gefahr, dass sie diesen Mangel durch eine entsprechende Erziehungshaltung weitergeben. Väter und Mütter sollten deshalb auch sich selbst nie aus den Augen verlieren.

– Eltern dürfen nicht ausweichen. Im Erziehungsalltag heißt das: klare Richtlinien verfolgen. Fühlen sich Eltern unsicher, sollten sie diese Richtlinien für sich schriftlich festlegen, angefangen von Benimm-Regeln bis hin zu Vorgaben, dass beispielsweise zuerst die Hausaufgaben zu erledigen sind, bevor gespielt werden darf.

– Wenn Eltern sich immer wieder dabei ertappen, dass sie nachgeben („Eigentlich wollte ich meinem Kind das nicht erlauben, aber dann habe ich es doch nicht geschafft, ‚nein‘ zu sagen.“) oder sich nicht entscheiden können, wie sie sich verhalten sollen, sollten sie hinterfragen: Möchte ich, dass ich von meinem Kind viel Liebe zurückbekomme? Bin ich auf das Gefühl angewiesen, eine besonders „gute“ Mutter, ein besonders „guter“ Vater zu sein? Kann ich es nicht ertragen, dass mein Kind auch einmal wütend auf mich ist? Habe ich im Grunde meines Herzens Angst, dass mein Kind sich von mir abwendet? Wer diese Fragen überwiegend mit Ja beantwortet, läuft Gefahr, von seinem Kind unbewusst die Heilung alter Wunden zu erhoffen bzw. eine Linderung des Gefühls, selbst als Kind nicht ausreichend geliebt worden zu sein.

– Wenn Eltern unter ihrer Nachgiebigkeit und Inkonsequenz leiden, sollten sie beginnen, an sich arbeiten, gegebenenfalls mit fachlicher Hilfe. Wichtig ist, dass Väter und Mütter sich selbst mögen.

593. Positives Selbstbild fördern

Das Bild, das Eltern von ihrem Kind haben, entwickelt sich in einem Kind über die Jahre zu seinem Selbstbild. Wenn Mütter und Väter sich bemühen, vor allem die Stärken ihres Kindes in den Mittelpunkt zu rücken, geben sie ihrem Kind eine gesunde Einstellung zu sich selbst mit auf den Weg.

– Bestätigung brauchen alle Menschen, besonders aber die ganz Kleinen. Auch wenn man nicht sicher sein kann, was ein sehr kleines Kind schon von dem versteht, was man zu ihm sagt – es kommt vor allem auf den Ton an. Kinder „lesen“ in der Sprachmelodie und in der Stimmlage und finden darin Anerkennung und Ermutigung. Deshalb sollten Eltern sich bemühen, ihr Kind mit einer freundlichen Stimme und mit einem Lächeln anzusprechen.

– Wichtig ist, dass Eltern immer auf ihr Kind reagieren, wenn es sie braucht – auch wenn sie eigentlich gerade keine Zeit haben, sich intensiver mit ihm zu befassen. Doch das Kind muss immer spüren: Meine Signale werden gehört und gesehen. Fühlt sich ein Kind häufig ignoriert, wird es entweder zu deutlicheren „Methoden“ greifen oder sich resigniert in sein Schneckenhaus zurückziehen.

– Kinder wollen bedingungslos angenommen werden, auch wenn sie Fehler machen oder durch bestimmte Wesenszüge Sorgen oder Ärger bereiten. Wichtig ist für sie die immer wiederkehrende Botschaft „So wie du bist, wirst du von uns geliebt“.

– Kinder wollen ermutigt werden, eigene Wege zu gehen. Mütter und Väter sollten ihr Kind mit seinen Ideen und Talenten experimentieren lassen, auch wenn es dabei so manche Fehlversuche geben wird, wie etwa ein Gitarrenunterricht, der mit Begeisterung begonnen und nach kurzer Zeit wegen erlahmten Interesses abgebrochen wird.

– Kinder nicht in Watte packen! Kinder sollen im Alltag mit anpacken. Verlangen Eltern zu wenig Mithilfe von ihren Kindern, entwickeln die das Gefühl, dass man ihnen zu wenig zutraut und ihnen keine Verantwortung übertragen möchte. Das schwächt ihr Selbstbewusstsein.

TIPP

Kinder sollen spüren, dass ihre Gegenwart eine Freude ist. Mit einer Schmuseminute oder mit einem spontanen Kuss geben Eltern ihrem Kind immer wieder ein Zeichen, dass es willkommen ist. Körperkontakt ist lebenswichtig, ganz besonders für Kinder. In der Familie zeigt man durch Schmusen, dass man zusammengehört, dass man einander gern hat.

594. Einfühlsam sein

Kinder brauchen Einfühlsamkeit und Anteilnahme. Sie wollen in ihrer gesamten Persönlichkeit gesehen und angenommen werden – mit ihren Stärken und mit ihren Schwächen.

– Eltern sollten sich immer mal fragen: Wie gut kenne ich mein Kind? Weiß ich um seine Wünsche und Ängste? Kann ich davon ausgehen, dass sich mir mein Kind in der Not anvertraut?

– Wenn Eltern fühlen können, was in ihrem Kind vorgeht und was es braucht, können sie angemessen auf die kleine Persönlichkeit reagieren. Fachleute nennen es „spiegeln“ und meinen damit, dass Eltern ihr Kind trösten, wenn es Trost braucht, dass sie mit ihm spielen, wenn es sich verloren fühlt oder dass sie ihm Ruhe gönnen, wenn es keine Ansprache haben möchte. Wird auf seine Bedürfnisse nicht angemessen reagiert, bekommt das Kind ein verzerrtes Bild von sich selbst. Beispiel: Ein Kind weiß nichts Rechtes mit sich anzufangen und fühlt sich ein wenig verlassen. Es geht zu seinen Eltern, die aber ungestört Fernsehen wollen und ihr Kind zurück in sein Zimmer schicken. Passiert so etwas häufiger, speichert das Kind: Ich bin lästig. Es lernt nicht nur: Ich bin meinen Eltern lästig. Es entwickelt das grundsätzliche Gefühl, ein lästiger Mensch zu sein.

– Körperkontakt ist ein wesentliches Element gelebter (Eltern-)Liebe. Über Millionen von Nervenzellen werden Berührungen gewissermaßen „über die Haut zum Herzen“ transportiert. Wärme, Nähe und Geruch der Eltern vermitteln dem Kind Geborgenheit. Kinder, denen diese Liebesbezeugungen vorenthalten werden, haben später meist große Schwierigkeiten mit Körperkontakt – sie sehnen sich sehr danach und lehnen ihn oft gleichzeitig angstvoll ab. Wer Eltern-Sein ernst nimmt, bemüht sich, eigene Launen und Seelenflauten unter Kontrolle zu haben. Eine lebensverneinende Ausstrahlung von Mutter oder Vater werten Kinder als Zeichen, dass sie nicht so geraten sind, wie sich ihre Eltern das wünschen. Grundsätzlich neigen Kinder dazu, sich für das Wohlergehen ihrer Eltern verantwortlich zu fühlen. Gelingt es ihnen nicht, ihren Eltern Freude zu bereiten, fühlen sie sich „ungenügend“ und entwickeln ein negatives Selbstbild.

595. Eltern sein – Mensch bleiben

Eltern haben ihren Kindern gegenüber eine ganz natürliche Autorität, die auf dem enormen Vorsprung an Lebenserfahrung basiert. Dennoch sollten Eltern zugeben können, wenn sie unsicher sind.

– Je kleiner das Kind, desto klarer die Richtlinien. Kleinen Kindern macht es Angst, wenn ihre Eltern sich unsicher zeigen.

– Je größer die Kinder, umso eher dürfen sie auch mal spüren, dass ihre Eltern nicht alles im Griff haben. Eltern sollten vor allem nicht so tun, als seien sie die Selbstsicherheit in Person, wenn sie es eigentlich nicht sind. Kinder spüren diese Diskrepanz und werden dadurch verunsichert.

– Im täglichen Zusammensein mit Kindern sollten Eltern zugeben können, wenn sie etwas nicht wissen, wenn sie traurig sind oder wenn sie einen Fehler gemacht haben.

– Das heißt nicht, dass Eltern sich mit jeder Gefühlsregung ihren Kindern mitteilen sollten. Doch Kinder stärkt es, wenn sie erleben, dass auch ihre Eltern Schwächen haben. Beispiel: Wenn der Vater erzählt, dass er Angst vor Hunden hat, weil er als kleiner Junge einmal von einem Hund gebissen worden ist. Oder wenn die Mutter gestehen kann, dass sie sich fürchtet, wenn sie bei Einladungen niemanden kennt und zunächst schüchtern in der Ecke steht. Wichtig ist dabei die Botschaft: Ich weiß, dass ich diese Schwäche habe, aber ich kann damit umgehen. Um bei diesem Beispiel zu bleiben: Der Vater nimmt sich zusammen, wenn ihm ein Hund entgegenkommt. Die Mutter bemüht sich bei jeder dieser Einladungen erneut, auch mit Fremden ins Gespräch zu kommen.

TIPP

Vor allem zwischen dem zweiten und vierten Lebensjahr haben Kinder eine Sturm- und Drangzeit und wollen fast alles selbst machen. Der Balanceakt für Eltern: Man darf das Kind nicht überfordern, sondern muss klare Regeln aufstellen. Man darf das Kind aber auch nicht unterfordern und ihm erst recht nicht sagen, dass es für dies oder das „noch zu klein“ sei. Eltern sollten ihren Kindern immer ein bisschen mehr zutrauen, als es gerade selbst kann. Sonst wagt das Kind mit der Zeit nicht mehr, etwas auszuprobieren und mitzumachen.

596. Kinder in den Alltag einbeziehen

Die Erwachsenenwelt ist spannend für Kinder, auch wenn es nur um Einkaufen, Kochen oder Putzen geht. Sie fühlen sich gut, wenn sie kleine Aufgaben übernehmen dürfen.

– Herausforderungen sind der Grundstein, auf dem ein Kind mit den Jahren Selbstsicherheit aufbaut. Deshalb sollten auch schon kleine Kinder in Haushalt, Garten oder Heimwerkstatt etwas tun dürfen: Püree rühren, Obst waschen, Wäsche legen, Laub rechen, Äpfel einsammeln oder ein Holzstück mit dem Schleifpapier bearbeiten.

– Eltern kostet dieses Mitarbeiten-Lassen des Kindes Kraft, Zeit und Nerven. Deshalb sollten sie versuchen, das Mithelfen als Spielzeit für das Kind einzuplanen.

– Wenig sinnvoll ist es, einem Kind zu sagen „Dafür bist du noch zu klein!“. So verlieren Kinder die Lust zum Mittun. Besser: Pseudoaufgaben geben wie etwa Mehl in Wasser einrühren zu lassen (was man später einmal wegkippen kann, allerdings nicht vor den Augen des Kindes – das wäre kränkend!) oder den bereits gefegten Küchenboden noch einmal fegen zu lassen.

– Je größer die Kinder sind, desto seltener packen sie freiwillig mit an. Jetzt hilft nur ein klarer Arbeitsplan: Tischdecken, Abräumen, Geschirrspüler einräumen, Staub saugen, Hauseingang kehren – all diese Arbeiten sollten in der Familie verteilt sein.

– Größere Kinder neigen zur Bequemlichkeit und erledigen Arbeiten häufig eher halbherzig und unvollständig. Eltern sollten ihr Missfallen über Nachlässigkeiten klar zum Ausdruck bringen und Nachbesserungen verlangen. Schonung und zu viel Nachsicht rächt sich, wenn junge Erwachsene eines Tages für sich selbst sorgen müssen.

597. Klare Aussagen machen

Kinder wollen wissen, woran sie sind. Das bedeutet, dass sie auch wissen wollen, was ihre Eltern gut und was sie schlecht finden. Denn nur so können sie sich in einer Welt, die ihnen noch weitgehend fremd ist, zurechtfinden.

– Wenn Kinder unsicher sind, wie ernst es Eltern mit ihren Prinzipien ist, testen sie es aus. Geben Eltern keine klaren Anweisungen wie etwa „Stell bitte deine Schuhe unter diesen Schrank!“ oder „Ich erwarte, dass du um sieben Uhr zu Hause bist!“, werden Kinder unsicher und provozieren ihre Eltern.

– Ein unmissverständliches Nein ist in der Erziehung besser als ein vorsichtiges Drumherum-Reden („Ich denke, dass du das besser lassen solltest!“).

– Wichtig ist vor allem für kleinere Kinder, dass Eltern nicht mal so und mal anders reagieren. Beispiel: Das Spiel am Musikschrank ist tabu. Macht das Kind sich daran zu schaffen, trägt Mutter oder Vater es jedes Mal weg oder schließt den Schrank ab – ohne lange Vorreden oder Zugeständnisse wie „Ach na ja, dann dreh’ halt heute mal an den Knöpfen rum“.

598. Loben

Kinder brauchen Lob, damit sie spüren: Was ich versuche und was ich mache, geht in die richtige Richtung.

– Kinder sollten lieber einmal zu oft als einmal zu wenig gelobt werden.
– Lob muss sich dabei nicht durch verbale Äußerungen zeigen („Gut hast du das gemacht!"). Wenn Eltern sich mit ihrem Kind über einen Erfolg freuen und diese Freude auch deutlich zeigen können, dann ist das oft mehr wert als eine Lobeshymne. Denn diese Freude geht dem Kind unter die Haut und bleibt unvergessen. Auch Anstrengungen sind ein Lob wert, selbst dann, wenn sie nicht zum gewünschten Ziel führen.
– Wichtig: Nicht für Dinge loben, die das Kind schon lange beherrscht. Kinder haben feine Antennen und spüren, dass solch ein Lob nicht ernst gemeint und bestenfalls ein Höflichkeits- oder Verlegenheits-Lob ist.

599. Trösten

Und zwar immer, wenn es nötig ist! Je kleiner ein Kind, desto rascher muss es getröstet werden, wenn es weint. Auch wenn man manchmal den Grund des Kummers nicht herausbekommen kann. Wichtig sind diese Schritte:

– Liebevollen Blickkontakt zum Kind aufnehmen und in beruhigendem Ton zum Kind sprechen (zum Beispiel: „Was ist passiert? Kannst du's mir sagen?").
– Das Kind auf den Arm oder auf den Schoß nehmen und langsam hin- und herwiegen.
– Mit einem kleineren Kind, das man auf dem Arm trägt, kann man ruhig und entspannt im Raum auf- und abgehen.

600. Gemeinsam etwas unternehmen

Kinder wollen, dass ihre Eltern sich mit ihnen beschäftigen, damit sie sich geborgen und ernst genommen fühlen. Es ist nicht so wichtig, was man tut – nur altersgerecht muss es sein.

– Unternehmungen zu Hause: Plätzchen oder Kuchen backen, Pudding oder Brei kochen, Bilderbücher ansehen, Vorlesen, Ausmalen und Malen, Spiele machen.
– Unternehmungen im Freien: Spielplatzbesuch, Fahrrad- oder Wandertour, Besuch eines Museums (zum Beispiel Heimatmuseum, Puppenmuseum, Spielzeugmuseum), Besuch von Tierausstellungen oder Flohmärkten, Besuch eines Puppen- oder Kasperletheaters, Zoo- oder Zirkusbesuch; mit größeren Kindern kann man zusätzlich Theaterstücke oder Konzerte besuchen, Beach-Volleyball spielen, Kanufahrten unternehmen oder Bergtouren machen.
– Je älter die Kinder sind, desto mehr dürfen und sollen sie bei der Planung von Unternehmungen mitwirken. Oft bringen sie Ideen von Spiel- oder Klassenkameraden mit. In der Pubertät wollen viele Kinder kaum noch etwas mit ihren Eltern unternehmen. Das ist normal und sollte gelassen gesehen werden.

601. Rituale finden

Regelmäßig wiederkehrende Abläufe geben einem Kind Sicherheit und innere Festigkeit. Rituale sind zudem Ausdruck der innigen und vertrauten Beziehung zwischen Eltern und Kind.

– Vor allem kleine Kinder brauchen eine feste Struktur im Alltag – und Rituale.
– Immer wiederkehrende Vorgänge wie das gemeinsame Frühstück, der Schwimmbadbesuch am Donnerstag, die Schmusestunde nach dem Mittagessen, das Zubettgeh-Ritual am Abend vermitteln dem Kind das Gefühl: Hier bin ich zu Hause, hier kenne ich mich aus.
– Rituale müssen einen klaren Schlusspunkt haben. Beispiel: Das Kind wird, sobald es bettfertig ist, noch einmal durchs Zimmer getragen, man sieht gemeinsam mit ihm aus dem Fenster, lässt dann die Spieluhr laufen und läutet zum Schluss ein sanftes Glöckchen.
– Beliebtes Ritual bei Vorschulkindern: Märchen vorlesen. Märchen haben Ritual-Charakter, weil ganz sicher immer das Gute siegt. Dies als Kind zu erfahren – auch wenn einen das spätere Leben immer wieder mal eines Besseren belehrt – ist ein wichtiger Grundstein für eine positive Lebenseinstellung. Wenn Eltern ihren Kindern Märchen vorlesen, sollten sie emotional ganz bei der Sache sein. So kann sich das Kind auf die Figuren einlassen und auch mal Wut abladen, indem es beispielsweise in die Rolle einer Hexe oder des Teufels schlüpft.
– Eltern können ihrer Phantasie beim Erfinden von Ritualen freien Lauf lassen. Hauptsache ist, dass der Ablauf wirklich immer gleich ist und dass alles ruhig und ungestört vonstatten geht.

602. Mit Zorn umgehen

Kinder machen bekanntlich nicht nur Freude. In ihrem ungebremsten Forscherdrang und Unternehmungsgeist geraten sie immer wieder auf Abwege, die Eltern korrigieren müssen. Zudem müssen Kinder lernen, Regeln zu befolgen. Das sehen sie nicht immer ein. Die Eltern erfüllen auch in ihrem Umgang mit Zorn eine Vorbildrolle.

– Manchmal bringt sich ein Kind selbst so in Rage – es attackiert Spielkameraden oder beschimpft die Tante –, dass es keinen Ausweg mehr findet. Da kann es helfen, das Kind beiseite zu nehmen und von ihm zu verlangen, dass es eine bestimmte Zeit nicht mehr am Spiel im Sandkasten teilnimmt, sondern bei den Erwachsenen auf der Bank sitzt.
– Größere Kinder kann man zum Zwecke des „cool down" auch in ihr Zimmer schicken, allerdings sollte man das nie mit der Anmerkung tun, dass man das Kind nicht mehr ertragen könne, sondern ihm klar sagen, dass in so einer verfahrenen Streitsituation Abstand gut tut. Erwachsene gehen schließlich auch erst einmal auf Distanz.
– Eltern sollten auch in der Wut ihr Kind niemals in Bausch und Bogen verdammen! Kein Kind ist ein schlechtes Kind, weil es faul, schlampig oder launisch ist. Deshalb sollten Eltern niemals Sätze sagen wie „Dich kann man ja nicht lieb haben!" oder „Was bist du nur für ein Kind!". Selbst wenn ein Kind aggressiv ist und häufig mit anderen rauft, darf es nur Aussagen geben wie etwa „Ich verstehe nicht, weshalb du Anke hauen musstest" oder „Es gefällt mir nicht, dass du manchmal wegen Kleinigkeiten so wütend wirst". Damit wird klar: Es geht nur um diesen einen Wesenszug, nicht um die gesamte Persönlichkeit.
– Wichtig ist, Eskalationen rechtzeitig zu erkennen und zu stoppen. Wenn Eltern schlagen, dann sind das oft Kurzschlusshandlungen. Damit es nicht so weit kommt, sollte man vorbeugen. Eltern müssen vor allem für sich selbst sorgen, damit es ihnen gut geht. Übermüdete, frustrierte Mütter und Väter schlagen eher mal zu als ausgeruhte und zufriedene. Außerdem wichtig: Wenn man spürt, dass sich eine Auseinandersetzung mit dem Kind hochschaukelt – Auszeiten einlegen! Aus dem Zimmer gehen und langsam bis zehn zählen. Oder erst mal eine Tasse Tee aufbrühen, Blumen gießen oder die Katze füttern ...
– Wenn Kinder erleben dürfen, dass ihre Eltern nicht losschreien oder -schlagen, auch wenn ihnen die Wut im Gesicht geschrieben steht, lernen sie etwas Wertvolles. Sie werden es später sowohl im Berufsleben wie auch im privaten Bereich leichter haben, denn nichts prägt Kinder so wie das wortlose Vorbild. Vorgelebte Selbstbeherrschung ist ein Rezept fürs Leben.
– Konsequenzen wirken besser als Strafen. Eine Strafe macht die meisten Kinder still, wütend oder verletzt. Anders ist es, wenn sie die Folgen ihres Handelns „ausbaden" müssen. Beispiel: Ein Kind hat mit seinem Gehampel, das allen Ermahnungen trotzt, das Glas Orangensaft umgestoßen. Wenn es nun den Saft vom Tisch tupfen, die Tischdecke zur Waschmaschine tragen und den Boden aufwischen muss, wird es sehr wahrscheinlich in Zukunft besser auf sich achten.

OHRFEIGEN – JEDE IST EINE ZU VIEL

Seit Januar 2001 ist ein Gesetz in Kraft, das Schläge in der Erziehung verbietet. „Körperliche Bestrafungen sind unzulässig", heißt es da unter anderem. Auch mit einer Ohrfeige beschädigen Eltern die Beziehung zu ihrem Kind. Das Kind fühlt sich nicht nur ungeliebt, sondern abgelehnt und verachtet. Da Kinder die Einstellung ihrer Eltern zu ihnen häufig verinnerlichen, kann dies in eine Selbstverachtung führen.

603. „Richtig" schimpfen

Wenn Eltern schimpfen, spüren Kinder, dass sie zu weit gegangen sind. Doch Schimpfen kann unter bestimmten Bedingungen verletzend sein. Das sollten Eltern vermeiden.

– Wer beim Schimpfen zu laut wird oder gar außer sich gerät, erreicht meist das Gegenteil des Erwünschten, denn ein Kind geht dann in Abwehrhaltung und schaltet „auf Durchzug".
– Besser: Ruhig und sachlich bleiben und wirklich nur das aktuelle Problem ansprechen und nicht alte Vergehen bei dieser Gelegenheit wieder aufwärmen. Das, was es zu bemängeln gilt, muss kurz und prägnant gesagt werden (zum Beispiel „Ich möchte, dass du in Zukunft deine Schulsachen am Abend packst und nicht erst kurz vor dem Frühstück!"). Eine lange Rede

darüber, wie schlecht es ist, wenn man seiner Zeit hinterherrennen muss und damit auch noch andere belastet, hat bei einem Kind wenig Wirkung.
– Dauernörgeln stumpft Kinder ab. Lieber einmal mit der Faust auf den Tisch hauen.
– Eltern sollten nicht in Gegenwart anderer (auch und besonders nicht vor den Geschwistern!) mit dem Kind schimpfen. Das ist verletzend und demütigend.
– Eine gewisse Zeit nach einem „Donnerwetter" sollten Eltern sich mit ihrem Kind versöhnen. Lang anhaltendes, düsteres Schweigen macht dem Kind Angst und lähmt seine Kommunikationsfreude.

604. Schlechte Tage durchstehen

Die Mutter hat Kopfschmerzen, der Vater hat eine Beule ins Auto gefahren – und das Kind benimmt sich wie ein wild gewordener Handfeger. Patentrezepte gibt es nicht, aber auch solche Tage kann man überstehen.

– An Tagen, an denen es den Eltern schlecht geht, geraten manche Kinder außer Kontrolle. Sie ziehen alle Register schlechten Benehmens. Am besten ignoriert man all diese Attacken wie Schmatzen bei Tisch, keine Bereitschaft zum Aufräumen, chronisches Genörgel.
– Wenn man sich selbst nicht gut fühlt, werden die schwachen Versuche, sich durchzusetzen, zu einem Desaster. Besser also an diesen Tagen keinen Machtkampf versuchen, sondern nach dem Motto verfahren: Morgen ist auch noch ein Tag!
– Gehen die Provokationen jedoch zu weit, sollten sich Mütter oder Väter überlegen, in welche Aufgaben sie das Kind einbinden könnten. Gemeinsames Einkaufen (mit Kindern ab Schulalter!), Socken sortieren oder Wäsche aufhängen kann oft Wunder wirken. Mit größeren Kindern kann man ins Gespräch kommen, beispielsweise so: „Ich weiß nicht, was du mit deinem Verhalten erreichen möchtest, aber im Moment verstehe ich es einfach nicht. Vielleicht kannst du mir sagen, was dir auf der Seele liegt. Wenn nicht, dann erspare mir bitte deine Übellaunigkeit."
– Schlechte Tage haben alle Familien hin und wieder. Wichtig sind vor allem zwei Dinge: 1. Das Kind darf nicht das Gefühl bekommen, für die schlechte Verfassung seiner Eltern verantwortlich zu sein. Eltern sollten konkret sagen, dass sie Kopfschmerzen haben, dass sie Ärger hatten oder dass sie „schlecht drauf" sind, ohne recht zu wissen, warum. 2. Wenn sich der Himmel lichtet, können Eltern wieder Nähe zu ihrem Kind schaffen, indem sie beispielsweise sagen „Gestern hatten wir es alle schwer miteinander, aber solche Tagen gehen auch vorbei und heute sieht die Welt schon wieder freundlicher aus."

605. Mit Schimpfwörtern umgehen

Um ein Kind, das niemals ein Schimpfwort benutzt, muss man sich Sorgen machen. Schimpfwörter gehören meist ab dem Kindergartenalter zum Sprachschatz der Kleinen. Dass es sich dabei um für Erwachsene oft erschreckende und abstoßende Wörter handelt, steht auf einem ganz anderen Blatt.

– Kindern geht es nicht um die Bedeutung der Worte – die verstehen sie oft gar nicht – sondern allein um ihre Wirkung. Je schockierender, desto toller!
– Fällt ein Schimpfwort zum ersten Mal, kann man es einfach überhören. Das beugt manchmal einer weiteren Verwendung vor.
– Hilft Ignorieren nicht, sollten Eltern so gelassen wie möglich signalisieren, dass sie dieses oder jenes Wort nicht mögen.
– Ist damit das Thema noch immer nicht beendet oder werden üble Worte im (nicht mehr spielerischen) Geschwisterstreit eingesetzt, dann muss man sich als Eltern stärker engagieren bzw. einmischen.
– Oft reicht es, wenn man dem Kind erklärt, dass manche Worte kränkend und verletzend sind. Größere Kinder verstehen, wenn man ihnen sagt, dass grobe Schimpfworte eine schlechte Atmosphäre schaffen.

606. Medien sinnvoll einsetzen

Ein heißes Eisen in der Erziehung sind die Themen „Fernsehen und Computer". Bildschirme vermitteln eine pseudoreale Welt, deshalb sollten Eltern den Umgang mit diesen Medien kontrollieren und das Kind zu einer sinnvollen Anwendung anleiten.

– Kleinkinder sollten nie zum Zwecke der Ruhigstellung vor den Fernseher gesetzt werden. Sie können dem Bildwechsel nicht folgen, das verwirrt und beunruhigt sie.
– Kinder im Kindergartenalter dürfen gelegentlich eine altersgerechte, niveauvolle Sendung sehen. Mehr als 3 Stunden in der Woche sollten es allerdings nicht sein.

– Mit Vorschulkindern kann man Natur- oder Tiersendungen und gut gemachte Kinderprogramme ansehen. Eltern sollten während der ganzen Sendung bei ihren Kindern sein, um notfalls abschalten zu können, falls das Kind überfordert ist (beispielsweise wenn ein Löwe ein junges Gnu reißt).

– Ab Schulalter kann die Fernsehzeit auf 7 Wochenstunden ausgedehnt werden. Wichtig bleibt weiterhin die sorgfältige Auswahl der Sendungen. Fernsehen kann klüger machen, so eine amerikanische Studie, sofern das Gesehene von guter Qualität war.

– Älteren Kindern, die unbedingt eine wenig niveauvolle Soap ansehen wollen, weil die halbe Klasse diese Serien sieht, sollten Eltern zwar ihre Missbilligung zeigen, aber letztlich tolerieren, dass ihre Kinder mitreden wollen. Die Einstellung der Eltern zum Niveau des Programmangebots prägt Kinder trotz ihres Protestes.

– Computer sind heute nicht mehr wegzudenken. Eltern sollten den Umgang mit diesem Gerät ähnlich regulieren wie den Fernsehkonsum. Bis zu einem bestimmten Alter brauchen Kinder Begleitung und eine zeitliche Begrenzung. Beschäftigen sich größere Kinder mit einem PC, der Internetzugang hat, sollten Eltern dafür sorgen, dass Seiten mit pornografischen und politisch fragwürdigen Inhalten gesperrt werden. Es gibt dafür spezielle Schutzprogramme.

607. Spielen unterstützen

Kinder spielen nicht zu ihrer Unterhaltung wie Erwachsene. Kinder spielen, um „dem Ernst des Lebens" gewachsen zu sein. Zunächst ahmen sie den Erwachsenenalltag nach, später geht es mehr um das Befolgen von Regeln, um logisches Denken und um Geschicklichkeit.

– Kleinen Kindern genügt es nicht, ein Kinderzimmer mit Kisten voller Spielzeug zu haben. Eltern sollten bis zum Kindergartenalter immer wieder anregend und begleitend mitspielen. Im ersten Lebensjahr können sich Kinder oft noch nicht lange allein beschäftigen. 5–10 Minuten selbstvergessenes Spiel, doch dann kommt der Ruf nach den Eltern. Bis zum vierten Lebensjahr steigert sich diese Zeit auf 15–30 Minuten

– Die Basics in den ersten Monaten: Stofftiere und -puppen (möglichst waschbar), bunte Mobiles über Bett und Wickeltisch, Greifspielzeug, Rassel, Spieluhr, Kinderwagenkette. Und spätestens zum ersten Geburtstag sollte jedes Baby sein erstes Plüschbilderbuch besitzen …

TIPP

Spielsachen, die zum Beißen und Saugen bestimmt sind, dürfen keine PVC-Weichmacher enthalten. Diese Stoffe stehen seit längerer Zeit im Verdacht, Krebs zu erzeugen, sind aber nicht grundsätzlich in Spielsachen verboten. Um sicher zu gehen, dass Spielsachen frei von PVC-Weichmachern sind, kann man nur Kunststoffspielzeug mit dem Aufdruck PP (Polypropylen) oder PE (Polyethylen) kaufen. Hierin befinden sich keine dieser Weichmacher.

– Vor allem in der zweiten Hälfte des ersten Lebensjahres übt ein Kind Greifen, Festhalten, Loslassen und Werfen. Es liebt auch Körperspiele, die mit Festhalten, Loslassen, Verschwinden und Wiederauftauchen zu tun haben: Hoppe-hoppe-Reiter, Versteckspiel („Guck, guck") oder Spiele mit Händen und Fingern („Backe, backe Kuchen").

– Nicht zu viel Spielzeug anschaffen. Die Phantasie eines Kindes wird durch ein Meer an Spielzeug gehemmt. Es lernt nicht, eigene Ideen und Gedanken einzusetzen und auf sich zu vertrauen.

– Einen Teil der Spielsachen kann man im Keller oder auf dem Speicher verstauen und das eine oder andere Stück gezielt für einige Tage hervorholen.

– Eltern sollten nicht sofort etwas Neues anbieten, wenn dem Kind langweilig zu sein scheint und sich auch nicht als Rundum-Entertainer ihres Kindes verstehen. Es tut einem Kind nicht gut, wenn Eltern zu oft versuchen, es „anzuleiten". Im eigenständigen Spiel entwickeln Kinder Handlungsstrategien und Selbstvertrauen.

– Die Natur bietet Spielzeug in Hülle und Fülle an, angefangen von Kastanien über Wasserläufe bis hin zu Kletterbäumen.

– Im Spiel ahmen Kinder die Wirklichkeit nach. Wichtig dafür sind Aufstellspielsachen (zum Beispiel Menschen, Tiere, Mobiliar). Zunächst sollten es nur wenige sein, damit die Phantasie angeregt wird. Auch Küchengeräte und Werkzeuge werden jetzt gern ins Spiel einbezogen, um die Beschäftigungen der Erwachsenen nachzuahmen.

– Wenn Eltern vor allem Förderprogramme und eine möglichst intellektuelle Entwicklung ihres Kindes im Kopf haben, schnüren sie seine kreativen Potenziale regelrecht ab. Kinder brauchen Zeit und Raum zum „freien" Spielen.

608. Reisen mit Kindern

Eltern haben nur dann Urlaub, wenn es ihren Kindern richtig gut geht. Deshalb sollten Väter und Mütter ihr Reiseziel vor allem danach aussuchen, wo ihre Kinder den meisten Spaß haben werden.

– Mit Kindern zwischen 1 und 3 Jahren zu verreisen, hat manchmal mit Erholung wenig zu tun. So kleine Kinder brauchen ihren gewohnten Rhythmus und sehnen sich nicht so sehr nach Tapetenwechsel. Am besten geeignet sind überschaubare Ferienanlagen, in denen Familien sowohl Individualurlaub machen als auch von den Unterhaltungs- und Sportangeboten sowie von der Kinderbetreuung Gebrauch machen können.
– Wichtig für Familien mit Kindern: Sonnenziele haben zwar Schönwetter-Garantie, aber die intensive UV-Strahlung vor allem in der Mittagszeit ist Gift für Kinderhaut. Man sollte sich darauf einrichten, die Zeit von 11–15 Uhr im Schatten bzw. in der Unterkunft zu verbringen.
– Mit Kindern zwischen 4 und 12 Jahren hat man viele Möglichkeiten, den Urlaub zu gestalten. Attraktiv sind Bauernhof- oder Reiterhof-Urlaube (letzteres interessiert allerdings fast ausschließlich Mädchen) sowie Club-Urlaube. Wichtig ist, dass gleichaltrige Kinder am Ort sind. Der Urlaub wird für die ganze Familie zum Fiasko, wenn das Kind sich langweilt bzw. nur etwas mit den Eltern unternehmen kann und muss.
– Reisen mit Pubertierenden haben ihre Tücken. Wenn die Jugendlichen am Urlaubsort keine Altersgenossen kennen lernen können, beispielsweise weil in diesem Hotel vor allem Familien mit kleinen Kindern Ferien machen, dann kann der Aufenthalt für die Eltern zur Hölle werden. Kinder in der Pubertät können mit ihrem Verdruss und mit ihrer schlechten Laune selbst optimistische Eltern zur Verzweiflung treiben.

609. Fernreisen mit Kind planen

Wer mit kleinen Kindern Fernreisen macht, sollte sich bewusst sein, dass er gewisse Risiken eingeht und vor Ort einige Sicherheitsvorkehrungen treffen muss. Kleine Kinder kann die Zeitverschiebung ziemlich aus der Bahn werfen, sodass zumindest die ersten Tage des Traumurlaubs sehr gestört sein können.

– Eiserne Regeln für ferne Länder: Leitungswasser, Eiswürfel, offene Fruchtsäfte, Salate und Speiseeis unbedingt meiden. Zähne nur mit Mineralwasser aus der Flasche putzen, Milch vor dem Trinken abkochen, nie barfuß laufen, da Würmer oder Larven in die Haut eindringen könnten. So oft wie möglich Hände waschen und selbst anhängliche, liebebedürftige Tiere niemals streicheln (bzw. vom Kind streicheln lassen) – Tollwut und Hautpilze drohen!
– Bei großer Hitze schwitzen auch Kinder stärker und verlieren demnach viel Flüssigkeit. Es ist außerordentlich wichtig, dass diese umgehend ersetzt wird, weil Kleinkinder viel rascher austrocknen als größere Kinder und Erwachsene. Hinzu kommt: Ein Kind, das zu viel Flüssigkeit verloren hat, hat keinen Durst, sondern wird immer stiller. So kann es passieren, dass die Eltern erst sehr spät merken, in welchem Zustand sich ihr Kind befindet. Elekrolytpräparate gehören deshalb in jede Reiseapotheke – als erste Hilfe gewissermaßen.
– Außerdem sollte man wissen: Hohe Temperaturen und intensive UV-Strahlung schwächen das Immunsystem. Erreger von (Haut-)Infektionen haben leichteres Spiel.
– Spätestens 6 Wochen vor Reiseantritt sollte man mit dem Kinderarzt besprechen, ob der bisher erzielte Impfschutz für die zu bereisende Region ausreicht. In komplizierten Fällen müssen Tropenmediziner eingeschaltet werden. Je nach Reisegebiet können Impfungen gegen Gelbfieber, Typhus, Hepatitis A und Gehirnhautentzündung nötig sein.
– Impfungen werden auch von kleinen Kindern erstaunlich gut vertragen. Aber nicht immer erreichen sie ihre volle Wirksamkeit. Zudem muss man sich darüber klar sein: Impfungen bieten keinen Rundumschutz. Es bleiben noch genügend andere Risiken wie die in heißen Regionen so häufig auftretenden, meist durch Viren verursachten Magen-Darm-Erkrankungen.
– Besondere Sorge macht den Tropenmedizinern die immer wieder unterschätzte Malaria-Gefahr. Zwar gibt es eine medikamentöse Malaria-Prophylaxe, doch weder die, noch das konsequente Schlafen unter einem Moskitonetz und das Tragen von körperbedeckender Kleidung kann eine Infektion mit hundertprozentiger Sicherheit verhindern. Malaria ist schwer zu diagnostizieren, bei Kindern kann sie sich zunächst als Mittelohrentzündung tarnen. Zudem kann die Erkrankung auch noch Monate nach der Reise auftreten – da hat man die Urlaubsfreuden schon fast vergessen und gibt dem Arzt womöglich nicht rechtzeitig den entscheidenden Hinweis.

– Aktuelle Infos zu Fernreisen bekommt man bei einer der Beratungsstellen für Tropenmedizin in Großstädten wie Berlin, München, Hamburg. Es gibt auch etliche Internetadressen („Tropenmedizin" in die Suchmaschine eingeben), unter denen man Aktuelles erfahren kann.

5 TRICKS

Wenn Kinder im Auto quengeln

Ums Gewinnen geht's bei den Spielen gar nicht – sondern vor allem darum, dass die ganze Besatzung so viel Spaß miteinander hat, dass die Fahrt wie im Flug vergeht ... Also dran bleiben und munter mitmachen!

1. Autofarben-Spiel: Einfach rausschauen und Punkte sammeln. Schwarze Autos kriegen nur 1 Punkt, weil sie so oft vorbeirauschen, grüne 3 Punkte, blassblaue 5 Punkte – je seltener die Farbe, desto mehr Punkte fürs Entdecken! Die Regeln findet man gemeinsam und wenn sich spontan zwei Mannschaften bilden, wird's noch spannender.
2. „Ich sehe was, das du nicht siehst, und das ist ..." ... blau (Autobahnschild), ... grau (Straße), ... weiß (Nummernschilder), ... schwarz (Schrift), ... grün (Grünstreifen). Verschärft sich, wenn es nicht nur draußen, sondern auch im Auto gilt – dann könnte das Blaue auch Luis' Zipfelmütze sein ...
3. Lieder lernen – mit Kindern als Lehrern und Eltern als Schüler. Dann singen alle gemeinsam. Und nun machen wir einen Kanon draus.
4. Fragen stellen, auf die man nicht mit ja/nein/vielleicht antworten darf. Wem das verbotene Wort rausrutscht, fragt als nächster.
5. Niemals sagen „Es dauert nicht mehr lange", wenn es noch lange dauert – wobei schon 1/2 Stunde lange ist. Zeit so erklären, dass die Kinder es verstehen können: „Noch 2-mal Sesamstraße auf Kassette hören, dann sind wir da."

610. Kontakte zwischen Kindern fördern

Obwohl sich Kinder zwischen 1 und 3 Jahren als Nabel der Welt fühlen, brauchen sie den Kontakt zu Gleichaltrigen. Soziale Fähigkeiten können Kinder nur von denen lernen, mit denen sie „auf einer Stufe" stehen.

– Kleine Kinder fühlen sich in einem großen Kreis von Leuten oft nicht wohl. Die Zahl der Gäste, die ein Kleinkind hat, sollte überschaubar bleiben; man richtet sich am besten nach dem Alter des Kindes. Ein 1-jähriges hat am meisten davon, wenn es sich auf einen Altersgenossen konzentrieren kann, ein 2-jähriges Kind kommt schon ganz gut zurecht, wenn es 2 Spielkameraden um sich hat.
– Kinder unter 3 Jahren brauchen nicht ständig neue Spielfreunde. Vertraute Gesichter sind ihnen am liebsten.
– Eltern sollten akzeptieren, dass Kleinkinder eher nebeneinander als miteinander spielen. Anregungen zu einem „sinnvollen" Spiel sind in diesem Alter überflüssig.
– Je größer die Kinder werden, desto sicherer werden sie in ihrer Auswahl der Spielkameraden und Freunde. Es tut gut, wenn Eltern ein „offenes Haus" führen, in dem andere Kinder jederzeit willkommen sind.

611. Hilfsbereitschaft fördern

Eltern, die gern helfen – ihrem Kind, ihren Freunden, ihren Nachbarn –, haben fast immer auch hilfsbereite Kinder. Wer selbst „gut drauf" ist, hilft anderen viel lieber als jemand, der in einer bedrückten und lustlosen Stimmung lebt.

– Grundsätzlich: Kinder, die sich wahrgenommen und geliebt fühlen, helfen gern.
– Schon gegen Ende des 2. Lebensjahrs kann man ein Kind zu kleinen Hilfeleistungen auffordern. Man kann es etwa bitten, ihm vertraute Gegenstände „aufzuräumen".
– Noch brauchen Kinder eine Weile die begleitenden Hände der Eltern. Wenn man ein Kind beispielsweise das Katzenfutter aus einer Aluschale dem Haustiger auf das Tellerchen löffeln lässt, wird voraussichtlich etwas daneben gehen. Aber das Kind bekommt das Gefühl, sowohl seinen Eltern eine Hilfe gewesen zu sein als auch noch das hungrige Haustier versorgt zu haben – das wiegt ein bisschen Kleckerei leicht wieder auf.
– Größere Kinder brauchen manchmal einen kleinen Schubs, um ihre Hilfsbereitschaft einzusetzen.

612. Kinderstreit schlichten

Kinder vor dem Kindergartenalter sind noch nicht in der Lage, Rücksicht, Einfühlsamkeit und Verständnis aufzubringen. Deshalb geht es manchmal zwischen Kleinkindern, gerade auch Geschwistern, ziemlich rau zu.

– Eltern sollten sich nur einmischen, wenn eine Auseinandersetzung so zu eskalieren droht, dass die Kinder einander weh tun.
– Zunächst kann man mit Worten versuchen, die Kinder zur Ruhe zu bringen. Wenn das nichts nützt – bei so kleinen Kindern ist das die Regel – ist es hilfreich, das umstrittene Spielzeug einfach an sich zu nehmen und an einen Ort zu legen, an dem es keines der Kinder sehen kann.
– Was „teilen" bedeutet, verstehen Kinder in diesem Alter noch nicht. Eltern können allenfalls Vorschläge machen, in welcher Reihenfolge oder zu welchem Zweck ein Spielzeug benutzt werden darf (Beispiel: „Andreas lädt die Steine auf den LKW und Lukas fährt sie fort." oder „Miriam badet die Puppe und Sarah sucht in der Zwischenzeit heraus, was sie danach anziehen soll."). Große Wunder darf man allerdings von solchen vernünftigen Regelungen nicht erwarten, vor allem nicht für längere Zeit.
– Tun Kinder im Streit einander weh, sollten Eltern deutlich sagen, dass sie das nicht dulden. Es ist nicht nötig, laut zu werden. Wichtig ist ein ruhiger, klarer, eventuell scharfer Ton („Nein, das geht nicht! Ich sehe nicht dabei zu, wie ihr euch weh tut!"). Wichtig ist nicht, dass die Kinder den Inhalt dieser Worte genau verstehen. Kleine Kinder spüren sehr wohl, dass plötzlich ein anderer Wind weht.
– Helfen Worte nicht, schafft man räumliche Distanz zwischen den Streithähnen. Entweder trägt bzw. führt man eines der Kinder mit seinen Spielsachen ans andere Ende des Raumes oder (bei sehr kleinen Zimmern) in einen anderen Raum. Die Kinder werden bald wieder zueinander finden.
– Aggressive Kinder, ob nun das eigene oder das Gastkind, sollte man nicht ausgrenzen bzw. nach Hause schicken. Wer aggressiv ist, ist in Not und hat keine andere Möglichkeit, sich auszudrücken. Deshalb sollten Eltern sich die Zeit nehmen, diese Kinder beim Spielen intensiver zu begleiten und schon bei Ansätzen zu Streitereien Schlichtungsangebote machen („Jetzt darf Daniel die Schaufel einmal haben, er möchte auch ein Loch graben.").

7 DON'Ts bei der KIGA-Eingewöhnung

1. **Sich immer wieder durch Tränen davon abhalten lassen, zu gehen. Die meisten Kinder hören bald auf zu weinen, nachdem die Eltern verschwunden sind.**
2. **Das Kind abgehetzt und in der allerletzten Sekunde in den Kindergarten bringen, so dass sich die Erzieherin kaum mit dem Neuankömmling beschäftigen kann.**
3. **Sich ohne Abschied davonstehlen, in dem Glauben, dem Kind so Schmerz zu ersparen.**
4. **Geschenke versprechen für den Fall, dass das Kind „tapfer" ist.**
5. **Das Kind zu Hause zu lassen, wenn es keine Lust hat, in den Kindergarten zu gehen.**
6. **Das Kind immer auf den letzten Drücker vom KIGA abholen.**
7. **Ein schüchternes Kind drängen, mit den anderen zu spielen. Das Kind muss ganz nach seinem Gefühl entscheiden dürfen, was es wann mitmacht.**

613. Auf den Kindergarten richtig vorbereiten

Kleine Kinder können mit theoretischen Beschreibungen, wie es im Kindergarten sein wird, wenig anfangen. Sie brauchen praktische Hilfen und „Übungen":

– Den Kontakt zu gleichaltrigen Kindern fördern und pflegen, etwa an einem Spielplatz in der Umgebung.
– Das Kind ab und zu bei einer Nachbarin oder Freundin mit einem potenziellen Kindergarten-Genossen lassen.
– Im Kindergarten nach Schnupperstunden fragen.
– Bilderbücher über den Kindergarten ansehen.
– Wichtigste Voraussetzung dafür, dass Kinder sich im Kindergarten von Anfang an wohl fühlen: das volle

Vertrauen der Eltern in die Erzieherinnen. Kinder spüren Unsicherheit und Misstrauen ihrer Eltern und bekommen Angst. Dem Kind hilft es, wenn es ein Kuscheltier oder eine Puppe von zu Hause mitnehmen darf und wenn die Eltern in den ersten Tagen noch ein wenig dableiben. Diesen Beistand sollte man allerdings nicht zu lange ausdehnen. In der ersten Kindergarten-Zeit brauchen die meisten Kinder zu Hause vor allem Erholung, also nicht zu viel in diese Tage packen!

614. Schule richtig anpacken

ABC-Schützen gehen noch voller Enthusiasmus in die Schule, doch nicht selten lässt die Freude am Lernen bald nach. Wenn auch Eltern über den Schulerfolg ihres Kindes nicht entscheiden können, so können sie ihr Kind zumindest so unterstützen, dass ihm die Schulzeit in guter Erinnerung bleibt.

– In den ersten beiden Schuljahren können Kinder ihre Leistungen selbst noch kaum einschätzen und das nicht nur deshalb, weil es in diesem Zeitraum noch keine Noten gibt. Jetzt haben Eltern noch den allergrößten Einfluss auf ihre Kinder. An ihrem Lob und an ihrer Kritik orientieren sich die kleinen Schüler. Deshalb ist es so wichtig, dass Eltern ihr Kind nicht drängen oder tadeln, sondern es vor allem ermutigen.
– Außerdem wichtig: Geduld! Kinder zwischen 5 und 9 Jahren befinden sich in einer Übergangsphase. Bislang haben sie die Welt hauptsächlich über den Tastsinn erfahren, jetzt wollen sie sie denkend begreifen. Das klappt ganz unterschiedlich schnell – 2 Jahre Reifungsabstand unter Gleichaltrigen sind keine Seltenheit.
– Es hilft kaum, das Kind immer wieder zum Üben aufzufordern, wenn es nicht mag. Ein Kind braucht seine Zeit – und die Liebe der Eltern, die das zu würdigen wissen, was es gut kann.
– Mit einem guten Konzentrationsvermögen erfasst man den Unterrichtsstoff schneller und leichter. In den ersten Schuljahren darf man von einem Kind allerdings noch keine langen Konzentrationsphasen erwarten. Mehr als 20 Minuten können sich die wenigsten ABC-Schützen auf eine Sache einlassen, dann brauchen sie eine Pause, einen Themenwechsel oder eine andere Lerntätigkeit wie Malen oder Schreiben.
– Langes Stillsitzen ist Kindern nun einmal ein Gräuel – und das ganz zu Recht. Denn Kinder müssen sich bewegen, nicht nur zur Entlastung ihrer Wirbelsäule, sondern für ihr körperliches, geistiges und seelisches Wohlbefinden. In den meisten Schulen werden während des Unterrichts immer wieder Lockerungsübungen gemacht. Eltern sollten mit dem Lehrer/der Lehrerin sprechen, falls ihr Kind nichts von solchen Übungen zu berichten weiß.

615. Mit Schulsorgen umgehen

In vielen Familien mit größeren Kindern ist die Schule das Sorgenthema Nr. 1. Hilfreich wäre etwas mehr Gelassenheit. Die Schule ist ein sehr wichtiges Kapitel im Kinderleben, aber sie entscheidet nicht über das Lebensglück eines Menschen.

– Leistungsdruck ist häufig hausgemacht. Eltern sollten sich kein allzu fest gefügtes Bild davon machen, was aus ihrem Kind später mal werden soll.
– Schlechte Noten kommen nicht selten daher, dass sich Kinder auf der falschen Schule befinden. Es hat keinen Sinn, ein vorwiegend künstlerisch begabtes, aber wenig lernbereites Kind auf ein normales Gymnasium zu schicken. Die Devise bei der Schulauswahl sollte lauten: Nicht das Kind muss sich der Schulform anpassen, die Schulform muss passend für das Kind sein.
– Wenn es so aussieht, als ob ein Lehrer ein Kind benachteiligt, müssen Eltern diesem Lehrer ihre Beobachtungen und Gefühle mitteilen. Wichtig ist es dabei, möglichst sachlich zu bleiben. Findet man keinen Konsens bzw. leidet das Kind weiterhin unter diesem Lehrer, sollte man ohne Vorwurfshaltung die Schulleitung einschalten und um Vermittlung bitten.

616. Den Geist „füttern" – nicht ohne Frühstück in die Schule

Wer nicht richtig frühstückt, kann nicht richtig denken. Das ist kein Ammenmärchen, sondern wissenschaftlich erwiesen.

– Damit die Leistungskurve bis zum späten Vormittag auf einem hohen Niveau gehalten werden kann, sollte das Frühstück (ebenso wie das notwendige Pausenbrot) kohlenhydratreich sein, denn das regt die Bildung wichtiger Gehirnbotenstoffe (Neurotransmitter) an.
– Ideal sind komplexe Kohlenhydrate, wie sie vor allem in Vollkornprodukten vorkommen. Sie sorgen dafür,

dass der Blutzuckerspiegel für längere Zeit auf einem sanft erhöhten Level gehalten wird und die Kinder konzentriert dem Unterricht folgen können.

– Kohlenhydrate aus Marmelade, Schokoaufstrichen oder stark gezuckertem Müsli „schießen“ dagegen ins Blut, produzieren vorübergehend einen hohen Blutzuckerspiegel, der dann rapide abfällt – und das macht ziemlich müde.

– Empfehlenswert ist ein Frühstücksangebot aus Haferflocken oder Vollkornmüsli mit fettarmer Milch, Jogurt, Quark und Obst oder Vollkornbrot bzw. -brötchen mit etwas Margarine, magerem Käse oder Schinken, Tomate oder Ei, dazu Apfelschnitze oder ein kleines Schüsselchen Obstsalat aus Früchten der Saison.

– Kinder können bestimmte kognitive Aufgaben besser erledigen, nachdem sie gefrühstückt haben. Insbesondere Tests zum Kurzzeitgedächtnis wurden in verschiedenen Studien von den Kindern, die nicht gefrühstückt hatten, langsamer und mit mehr Fehlern bewältigt.

– Auch andere Denkleistungen, die nicht ans Gedächtnis gekoppelt sind (beispielsweise Kombinationsaufgaben, Feststellung von Bildunterschieden, Sprach-, Rechen- und Aufmerksamkeitstests), scheinen nachzulassen, wenn das Frühstück ausgefallen ist.

– Reaktionsschnelligkeit, Problemlösungsvermögen, logisches Denken und mathematische Fähigkeiten sind nach einem ordentlichen Frühstück deutlich verbessert. Auch auf die emotionale Stabilität wirkt sich die erste Mahlzeit des Tages positiv aus.

TIPPS

• Orthopäden und Kinderärzte warnen seit Jahren davor, das junge, biegsame Knochengerüst eines ABC-Schützen mit allzu großen Lasten zu beladen. Die Faustregel lautet: Der Schulranzen sollte mit Inhalt nicht mehr als 10 Prozent des Körpergewichts des Kindes wiegen. Manche Kinder schleppen doppelt so viel! Schon beim Kauf sollte man also darauf achten, dass der Ranzen zwar stabil gebaut ist – mit gut gepolstertem Rückenteil und breiten Trageriemen –, aber ein möglichst geringes Gewicht hat.

• In den ersten beiden Schuljahren kommen die meisten Eltern nicht drum herum, tägliche Ranzenkontrollen durchzuführen. Viele Kinder lassen Bücher und Hefte auch dann im Ranzen, wenn diese am nächsten Tag nicht gebraucht werden. Sinnvoll ist es oft, mit den Lehrern zu sprechen, ob besonders schwere Bücher nicht in der Schule bleiben können.

617. Schulprobleme abklären

Ein Kind, das ungern lernt und schlechte Noten hat, ist niemals einfach „nur faul“. Schwierigkeiten beim Lernen haben immer tiefere Gründe. Lern- und Leistungsstörungen sind – durchschnittliche Intelligenz vorausgesetzt – häufig die Folge seelischer Probleme.

– Sobald die ersten schlechten Noten auftauchen, sollten Eltern abklären lassen, ob ihr Kind richtig sieht und hört.

– Bestehen die Probleme vor allem beim Lesen und Rechtschreiben, ist es wichtig zu prüfen, ob das Kind möglicherweise Legastheniker ist. Wird das nicht rechtzeitig erkannt und von den Lehrern nicht entsprechend berücksichtigt, fällt das Kind mit seinen Leistungen oft auch in anderen Lernbereichen zurück, es reagiert mit Resignation oder mit Verhaltensauffälligkeiten.

– Ist das Kind gesund und kommt trotz vorübergehendem Nachhilfe-Unterricht nicht mehr mit den Anforderungen zurecht, sollten Eltern darüber nachdenken, ob ihr Kind mit der Schulform überfordert ist.

– In seltenen Fällen steckt hinter schlechten Noten eine Hochbegabung. Eltern, deren Kind sich schon immer früher als seine Altersgenossen für bestimmte Themen interessiert hat und dennoch in der Schule nicht recht mitzukommen scheint, sollten sich bei der Schule oder beim Kultusministerium danach erkundigen, wo man eine mögliche Hochbegabung testen lassen könnte.

618. Mit Lernschwierigkeiten umgehen

Haben sich bei einem Kind hartnäckige Lernschwierigkeiten herausgebildet, so braucht das Kind Hilfe. Solche Schwierigkeiten verschwinden nicht von selbst. Auch Nachhilfe ist dann oftmals nicht mehr ausreichend.

– Nachhilfe-Unterricht hat dann Sinn, wenn das Kind nur in einem bestimmten Bereich Unterstützung braucht, wenn ein Schulwechsel stattgefunden hat oder wenn das Kind länger in der Schule gefehlt hat.

– Eltern sollten auf Vorwürfe, Drohungen oder gar Strafen verzichten, wenn das Kind mit schlechten Noten nach Hause kommt. Zum einen bringen diese Maßnahmen nichts, zum anderen fühlt sich das Kind ungeliebt, weil es nicht das leistet, was die Eltern von ihm erwarten.

– Ebenfalls wenig Sinn macht es, dem Kind Freizeitaktivitäten zu verbieten, damit es mehr lernt.

– Ein Kind kann nur dann wieder Freude am Lernen entwickeln, wenn es ermutigt wird und wenn seine Eltern ihm zeigen, dass sie Interesse an dem Stoff haben, der gerade in der Schule durchgenommen wird.

– Väter und Mütter können ihr Kind unterstützen, indem sie es abfragen und auf Lücken aufmerksam machen. Größeren Kindern kann man Tipps zum richtigen Lernen geben (wie etwa das Aufschreiben von Vokabeln auf Karteikärtchen), ein entsprechendes Buch über Lernmethoden miteinander durchsehen oder Computer-Lernprogramme besorgen.

– Ob das Kind durch seelische Probleme an seiner Konzentration gehindert wird, können Eltern kaum selbst herausfinden. Zu sehr sind sie in aller Regel in die Problematik ihres Kindes mit verstrickt. Scheitern alle Versuche, das Kind mehr zum Lernen zu motivieren, sollten Eltern fachlichen Rat suchen. Erste Anlaufstelle kann die Schulberatung sein oder der schulpsychologische Dienst. An vielen Schulen gibt es auch speziell ausgebildete Beratungslehrer für Lernschwierigkeiten (insbesondere für Legasthenie und Dyskalkulie = Rechenschwäche).

ADHS

Einfach nur temperamentvoll – oder wirklich hyperaktiv? Niemand kann bis heute Genaues über die Ursachen von ADHS (Aufmerksamkeits-Defizit-Hyperaktivtäts-Syndrom) sagen, es gilt aber als gesichert, dass neurobiologische Abläufe im Gehirn gestört sind. Mit einer Kombinationstherapie aus Verhaltenstherapie, psychomotorischen Bewegungsübungen und dem Präparat Ritalin, das in den Hirnstoffwechsel eingreift, erreicht man am meisten. Medikamente, die zur Konzentrationssteigerung in der Schule angeboten werden, sollten Eltern mit Skepsis betrachten. Eine kurzfristige Erhöhung der Konzentration mögen sie bewirken, doch die Gefahr der Gewöhnung ist sehr groß.

619. Zeugnis richtig beurteilen

Ein gutes Zeugnis macht stolz und selbstbewusst. Aber über Zukunftschancen sagen Schulnoten (auch heute noch!) wenig aus. Eltern erfahren aus einem Zeugnis etwas über die Kenntnisse ihres Kindes in Englisch, Erdkunde, Chemie oder Mathematik. Über Kommunikationsfähigkeit, Verantwortungsbereitschaft, Wertschätzung der eigenen Möglichkeiten, Teamfähigkeit oder die übrigen heute so gefragten Schlüsselqualifikationen erfahren sie relativ wenig.

– Normalerweise dürften Zeugnisnoten keine Überraschung für Eltern sein, denn wenn man die Ergebnisse der Stegreifaufgaben und Schulaufgaben verfolgt hat, ist ziemlich klar, was im (Zwischen-)Zeugnis zu erwarten ist.

– Wenn Eltern von Zeugnisnoten überrascht sind, dann kann das nur drei Gründe haben: 1. Ein Lehrer hat sich „verrechnet". 2. Die mündlichen Leistungen haben zu einer anderen als der erwarteten Note geführt. 3. Mit dem „Draht" zwischen Eltern und Kind stimmt etwas nicht. Das Kind hat entweder aus Angst vor Schelte und Liebesentzug Noten verschwiegen, oder die Eltern haben zu wenig Interesse an dem Alltag des Kindes signalisiert (zum Beispiel weil sie selbst überlastet sind).

– Eine Fünf in einem Vorrückungsfach (und das sind in fast allen Bundesländern alle Fächer mit Ausnahme von Sport, Kunst und Musik) führt zu dem Vermerk: „Das Vorrücken in die nächsthöhere Jahrgangsstufe ist gefährdet."

– Zwei Fünfer in jeweils einem Vorrückungsfach oder eine Sechs in einem solchen führen zu dem Vermerk: „Das Vorrücken in die nächsthöhere Jahrgangsstufe ist sehr gefährdet."

– Die Note Vier in fast allen Fächern führt nicht zu einem Vermerk; dies ist aber vor allem dann kritisch, wenn es sich um „schwache" Vierer handelt.

– Eltern und ihre Kinder sollten möglichst nicht abwarten, dass diese Vermerke im Zeugnis stehen, sondern bereits bei der ersten Fünf in einer Schularbeit etwas unternehmen (Gründe suchen, Gegenmaßnahmen mit dem Kind besprechen).

– Steht tatsächlich der unheilvolle Vermerk im Zeugnis, hat auch das Kind daran zu knabbern. Es braucht Trost – und die Bestätigung „Wir haben dich lieb, egal, was kommt!". Das kann man am besten dadurch zeigen, dass man sich Zeit nimmt und einen schönen Tag mit dem Kind gestaltet – einen Ausflug, einen Kinobesuch, einen Stadtbummel oder ein Essen beim Italiener.

620. Mit schlechtem Zeugnis umgehen

Schlechte Noten bewirken immer eine ungünstige Veränderung der Lernmotivation und der Einstellung zur Schule. Das Fehlen der Selbstbestätigung führt dazu, dass das Kind häufig träumt, passiv wird und sich beispielsweise in Computerspiele zurückzieht.

– Zu den betreffenden Lehrern gehen! Man erfährt in der Regel noch eine ganze Menge über sein Kind, aber auch über den Stoff, der verlangt wird (da haben manche Kinder eher dürftige Informationen!) Und – über die Einstellung des Lehrers zu dem Kind ...
– Alltagshektik in der Familie so weit wie möglich reduzieren. Schlamperei im Schulkoffer und zu langes Lesen im Bett sollten angegangen werden.
– Beratung beim Schulpsychologen. Diese Experten sind unter anderem dafür ausgebildet, Leistungskiller herauszufinden und Lernstrategien zu erläutern.
– Auf keinen Fall sollte man dem Kind Geschwister oder Mitschüler als Beispiel zitieren (auch nicht mit der Frage: „Und warum hat der ... /die ... eine Zwei in Mathe?"). Und ebenfalls nicht: Das Kind von nun an zu stundenlangem Lernen (mit oder ohne Nachhilfe) verdonnern. Die Gefahr dabei: „soziale Verarmung".

621. Verzichten lernen

Kleine Kinder können noch nicht verstehen, dass man nicht alles haben kann, was in Kaufhäusern oder Supermärkten in den Regalen sieht. Sie wissen auch nichts davon, wie lange man arbeiten muss, um bestimmte Dinge kaufen zu können.

– In Supermärkten und Kaufhäusern sind vor allem die Regale in Kassennähe so bestückt, dass sie in Augenhöhe von Kindern besonders attraktive Angebote enthalten.
– Vor Beginn des Einkaufs kann man mit dem Kind besprechen, was für den Haushalt gekauft werden muss. So fühlt sich das Kind mit verantwortlich für den Einkauf und hat weniger Anlass, vor Langeweile nach Brauchbarem Ausschau zu halten.
– Eltern sollten klare Regeln aufstellen. Beispiel: Einmal pro Woche darf sich das Kind beim Einkaufen etwas Süßes auswählen. Oder: Das Kind darf sich bei jedem Einkauf etwas am Obststand raussuchen. Oder: Grundsätzlich wird kein Spielzeug spontan gekauft.
– Vor allem bei größeren Kindern wird es immer wichtiger, dass Eltern mit gutem Beispiel vorangehen. Frust- oder Spontankäufe sind menschlich, ist aber „Shopping" ein Mittel, um eine innere Leere zu füllen, dann spüren Kinder das. Wenn sie aber beispielsweise ihre Mutter erleben, wie sie sich im Kaufhaus hübsche Dessous, eine teure Tasche oder modische Schuhe betrachtet, die Ware aber dann mit dem Kommentar „Na, ich hab' ja eigentlich alles, was ich brauche" zurück ins Regal stellt, lernen Kinder fürs Leben.

TIPP

Bekommt das Kind bei fast jedem Einkauf einen Wutanfall, weil es nicht das haben kann, was es sich in den Kopf gesetzt hat, sollte man drüber nachdenken, es vorübergehend nicht mehr zum Einkaufen mitzunehmen und beispielsweise bei einer Nachbarin zu lassen. Gerade in der Öffentlichkeit ist so eine Situation für Eltern eine extreme Belastung, weil sie sich einerseits nicht so anstarren lassen wollen und weil sie andererseits nicht so lange Zeit damit zubringen können (und wollen), das ausgerastete Kind mit ruhigem Zuspruch „wieder auf den Teppich" zu bekommen.

622. Taschengeld geben

Kinder müssen beizeiten lernen, mit Geld umzugehen. Das Taschengeld soll dazu dienen.

– Ab dem Schulalter sind Kinder so weit, dass sie mit dem Wert von Münzen etwas anfangen können. Laut Taschengeld-Tarif der Jugendämter sollen Sechsjährige zwischen 1.50 und 2.50 Euro pro Woche bekommen. Allerdings sollten sich Eltern bei der Bestimmung der Taschengeldhöhe auch ein wenig nach ihrer eigenen wirtschaftlichen Situation und nach der Umgebung, in der sich die Kinder bewegen, richten. Bekommt ein Kind mit Abstand am wenigsten Taschengeld in der Klasse, obwohl die Eltern keine armen Leute sind, könnte das belastend für es sein.
– Mit dem zehnten Geburtstag kann das Taschengeld monatlich ausbezahlt werden. In diesem Alter sind 13–16 Euro zu empfehlen. Zehn- bis Zwölfjährige müssten mit 18 Euro pro Monat auskommen, 13- bis 15-Jährige mit 38 Euro.

– Sehen Eltern, dass ein Kind sein gesamtes Taschengeld in kürzester Zeit „auf den Kopf haut“, sollten sie zum einen herauszufinden versuchen, wofür das Kind das Geld ausgibt, und zum anderen in Erfahrung bringen, weshalb das Kind dem Kaufwunsch nicht widerstehen kann, auch wenn es dann lange Zeit ohne Geld auskommen muss.

– Helfen Ermahnungen und klärende Gespräche nichts, sollten Eltern dazu übergehen, das Taschengeld in Teilbeträgen auszuzahlen und das so lange durchzuführen, bis das Kind mit seinem Budget umgehen kann.

TIPP

Jeder Mensch durchläuft in seinem Leben immer wieder Krisenzeiten. Das griechische Wort „krisis“, von dem sich das Wort Krise ableitet, heißt auch „Entscheidung“ oder „Chance“. In diesem Sinne sollten Eltern schwierige Phasen mit ihrem Kind sehen. Für die seelische Entwicklung und Reifung sind Zeiten, die die Eltern als problematisch erleben, oft unersetzlich. Sollten bestimmte Schwierigkeiten allerdings länger als 1/2 Jahr anhalten oder sollte das Kind belastende Verhaltensauffälligkeiten zeigen, ist es ratsam, sich an eine der zahlreichen Beratungsstellen für Kinder, Eltern und Familien zu wenden.

623. Trotz verstehen

In der Trotzphase – irgendwann zwischen dem zweiten und vierten Lebensjahr – „erkennen“ Kinder, dass sie eine eigenständige Persönlichkeit sind. Sie wollen jetzt selbst bestimmen, wie die Welt um sie herum zu funktionieren hat. Doch sie scheitern sowohl an den Grenzen, die die Eltern setzen, wie auch an den eigenen Grenzen, die in diesem Alter noch so schmerzlich eng sind. Was „Trotz“ genannt wird, ist also ein Stück weit Verzweiflung.

– Trotz kann sich durch verbissenes Schweigen, Sich-nicht-von-der-Stelle-rühren, Schreien, Kreischen, Toben, Trampeln, Beißen, Schlagen, Sich-hinwerfen und Treten äußern. Viele Kinder haben gerade in der Trotzphase eine große Sehnsucht danach, Zärtlichkeiten zu bekommen und sich anschmiegen zu dürfen. Eltern, die ihr Kind souverän durch die Trotzphase begleiten, können diesem Wechsel zwischen Auflehnung und Anlehnungsbedürfnis einfühlsam folgen.

– Sind Trotzreaktionen an der Tagesordnung, so sollten Eltern ihre Erziehungshaltung überdenken und sich gegebenenfalls mit guten Freunden beraten. Häufig sehen Außenstehende (sofern sie selbst Eltern sind) sehr klar, dass ein Elternpaar etwa viel zu nachgiebig ist, sodass ein Kind keinerlei Orientierung bekommt. Oder sie erkennen das andere Extrem, nämlich, dass ein Kind sich zu stark den Wünschen (und Ängsten) seiner Eltern unterwerfen muss und wenig Raum für die eigene Entfaltung bekommt. Beide Extreme können Trotzverhalten fördern.

– So sehr ein Kind auch trotzen mag – es wünscht sich (natürlich unbewusst), dass seine Eltern ihm weiterhin klare Grenzen setzen. Grenzen bieten Orientierung, und die braucht ein Kind jetzt ganz besonders.

– Signale der Ablehnung (kein Blickkontakt, Schweigen) oder gar verbal geäußerter Liebesentzug („Wenn du so bist, habe ich dich nicht mehr lieb!“) sind zerstörerische Reaktionen. Ausnahmslos jedes Kind bekommt Angst, wenn Eltern damit drohen, es nicht mehr lieb zu haben, sich nicht mehr um es kümmern zu wollen. Manche Kinder verstärken als Reaktion ihr Trotzverhalten, um Aufmerksamkeit zu bekommen, andere geben sich Mühe, ihre Gefühle zu unterdrücken und „pflegeleicht“ zu sein. Die meisten Kinder, die ihre Gefühle auf Dauer verbergen müssen, um von ihren Eltern akzeptiert zu werden, haben als Erwachsene seelische Schwierigkeiten.

624. Trotzanfälle managen

Trotzanfällen vorzubeugen – das gelingt nur selten. Sie ganz zu vermeiden, gelingt gar nicht. Letzteres würde bedeuten, dem Kind in all seinen Wünschen nachzugeben und sich gewissermaßen zum Sklaven seines Kindes zu machen. Diese Kinder entwickeln die Vorstellung, das Leben richte sich nach ihnen – sie werden zwangsläufig eines Tages bitter enttäuscht.

– Grundsätzlich können Eltern Situationen aus dem Weg gehen, von denen sie wissen, dass sich da leicht ein Konflikt entzündet. Ob das der Gang in den Supermarkt ist, in dem ein Kind garantiert etwas entdeckt, was es unbedingt haben muss, oder ob es die Schuhe mit Schnürsenkeln sind, an denen es jedes Mal scheitert – hier kann man Abhilfe schaffen, indem man eine Zeit lang ohne Kind einkaufen geht bzw. Schuhe mit Klettverschluss kauft.

– Manchmal lässt sich das Kind auch auf einen Kompromiss ein. Beispiel: Das Kind will mit einer schweren Gießkanne dem Oleander auf dem Balkon Wasser geben; es akzeptiert dass Mutter oder Vater mithelfen.
– Ist der Anfall erst einmal da, ist das Kind meist kaum mehr ansprechbar. Wichtig ist jetzt die gelassene (jedoch nicht gleichgültige!) Haltung der Eltern. Sie sollten dem Kind sagen, dass sie Verständnis für seinen Ärger haben („Ich kann mir vorstellen, dass es dich wütend macht, wenn du nicht mit der Kamera spielen darfst.").
– Einen Trotzanfall in der Öffentlichkeit zu managen, ist deutlich schwerer als in den eigenen vier Wänden. Wirft sich ein Kind im Geschäft oder auf dem Parkplatz kreischend auf den Boden, bleibt kaum etwas übrig, als das (dann voraussichtlich wild strampelnde) Kind wegzutragen – an einen Ort, wo es sich austrotzen kann, ohne dass Dutzende von Augenpaaren auf es gerichtet sind bzw. ohne dass es ein Verkehrshindernis darstellt.
– Die Gelassenheit während eines Trotzanfalls hat da ihre Grenzen, wo Dinge zerstört werden, Gegenstände geworfen, Türen fortwährend geschlagen werden oder wenn ein Geschwisterkind leiden muss. Hier müssen Eltern dazwischengehen – jedoch niemals durch Schlagen, sondern indem sie Gegenstände wegnehmen oder das Kind in einen anderen Raum bringen.
– Keinesfalls sollten Eltern ihr Kind allein in ein Zimmer sperren. Das macht ihm Angst und schüchtert es so ein, dass es sich mit seinen Gefühlen in sich zurückziehen könnte. Besser: sich gemeinsam mit dem Kind in ein Zimmer sperren.
– Steigert sich die Wut derart, dass das Kind auf die Eltern losgeht, kann man das Kind vorübergehend festhalten. Dieses Festhalten dient dazu, dem Kind Grenzen zu setzen, dennoch mit ihm in Kontakt zu sein.
– Ein Kind, das für einen Trotzanfall bestraft wird, empfindet seine Hilflosigkeit und Ohnmacht noch stärker. Es kann das Ausmaß seines Gefühlssturmes gar nicht willentlich steuern, es wird davon regelrecht „angefallen". Wird es für seinen Trotzanfall bestraft, lernt es mit der Zeit: Es hat wenig Zweck, seine Absicht gegen den Widerstand Stärkerer durchsetzen zu wollen.

625. Cool down beim Trotzanfall

Wenn ein Trotzanfall abgeklungen ist, sind Kinder oft erstaunlich zugänglich. In diesen Augenblicken kann man am besten über die Enttäuschung sprechen, die das Kind hat hinnehmen müssen.

– Eltern sollten ihrem Kind nach dem Trotzanfall besonders deutlich zeigen, dass sie es lieb haben und dass sie sich an ihm freuen. Man kann ein Eis essen gehen, ein Buch ansehen, ein lustiges Spiel machen oder gemeinsam ein Bad nehmen.
– Mütter und Väter sollten ihrem Kind sagen, dass sie seine Wut verstehen, jedoch sich selbst auch an Regeln halten müssen. Sehr kleine Kinder verstehen zwar noch nicht viel vom Inhalt des Gesagten, trotzdem spüren sie, dass sie ernst genommen werden.
– Von dem Trotzanfall sollte dann keine Rede mehr sein. Schon gar nicht sollten Eltern beim Zubettgehen ein Versprechen haben wollen, dass „so etwas" nicht wieder vorkommt. Ebenso wenig sollten sie im Beisein des Kindes anderen von einem besonders schlimmen Trotzanfall erzählen. Auf diese Weise muss das Kind das Gefühl bekommen, es habe mit seinem Verhalten sehr viel Unheil angerichtet.

COMPUTERSPIELE

Computer sind heute aus dem Alltag nicht mehr wegzudenken. Die meisten Kinder finden sich leicht mit diesen Geräten zurecht. Eltern sollten den Umgang reglementieren:

- **Für Kleinkinder sind Computerspiele ungeeignet. In diesem Alter sollen Kinder erst mal die reale Welt kennen lernen.**
- **Für Kinder ab Kindergartenalter gibt es gute und sinnvolle Computerspiele, die allerdings keinesfalls täglich auf dem Programm stehen sollten. 2- bis 3-mal pro Woche 1 Stunde sind genug.**
- **Bis zum Alter von etwa 12 Jahren sollten Eltern ihr Kind am Computer begleiten, damit sie mitverfolgen können, was das Kind tut.**
- **Bevor Eltern ihr Kind allein an einem Computer mit Internetanschluss lassen, sollte durch eine entsprechende Sicherung gewährleistet sein, dass das Kind nicht (versehentlich) auf Gewalt verherrlichende oder pornografische Seiten gelangt.**
- **Sollte ein Kind seine gesamte Freizeit vor dem Computer verbringen, so kann das ein Hinweis auf Kontaktprobleme sein. Ist das Kind nicht dazu zu bewegen, sich wieder mehr mit Gleichaltrigen zu treffen, sollten Eltern fachlichen Rat suchen.**

626. Mit Aggressionen umgehen

Aggressionen gehören zum Leben und sind Ausdruck von Ärger, Frustrationen oder Verletzungen. Kinder müssen erst lernen, mit der Wucht dieser Gefühle klar zu kommen.

– Eltern sollten verstehen: Aggressionen sind nicht „böse“, sondern im Grunde ein Ausdruck der Hilflosigkeit. Aggressive Kinder fühlen sich unterlegen und wissen keinen Weg, in eine angenehmere Position zu gelangen.
– Wichtig ist, dass immer nach den Ursachen einer Aggression gesucht wird, sofern sie nicht einen aktuellen Anlass hat. Ursachen können sein: Das Kind bekommt zu wenig Aufmerksamkeit, es gibt unterschwellige Konflikte in der Familie (Kinder spüren wie Seismographen, wenn es beispielsweise in der Ehe kriselt), das Kind möchte sich für Benachteiligungen rächen (vielleicht wird ein Geschwister bevorzugt?), das Kind hat Konflikte im Kindergarten, in der Schule oder in der Clique).
– Aggressionen mit Aggressionen (Schreien oder gar Schlagen) zu beantworten, führt immer in eine Sackgasse. Das Kind fühlt sich noch mehr unterlegen und wird noch aggressiver.
– Aggressionen zu ignorieren würde bedeuten, den Hilferuf, der hinter diesem störenden Verhalten steckt, zu überhören. Das Kind erlebt, dass es mit seinen Gefühlen nicht wahrgenommen wird und es lernt, dass es nicht gut ist, wenn es seine Wut zeigt. Das kann dazu führen, dass es sich später alles gefallen lässt, weil es glaubt, niemals im Recht zu sein.
– Mütter und Väter sollten ihrem Kind zeigen, dass sie seine Wutgefühle wahrnehmen, aber im Augenblick nicht verstehen („Ich spüre, dass du sehr wütend bist. Was macht dich so wütend?“). Wichtig ist, dass Eltern sich nicht grundsätzlich angegriffen fühlen, wenn ihr Kind einen Wutausbruch hat. Souveräne Eltern können ihrem Kind gut dabei helfen, die Wut kontrollierter auszudrücken.

627. Bettnässen richtig einordnen

Manche Eltern machen sich bereits im dritten Lebensjahr ihres Kindes Sorgen, dass es zum Bettnässer werden könnte. Diese Sorge ist in fast allen Fällen vollkommen unbegründet. 70 Prozent der Vierjährigen sind nachts noch nicht trocken. Nächtliches Einnässen bis zum fünften Lebensjahr gilt als normal und bedarf keiner Behandlung. 5–20 Prozent der Fünfjährigen machen noch gelegentlich nachts ins Bett.

– Ein Großteil der vermeintlichen Bettnässer gehört ganz einfach zu den „Spätzündern“. Diese Kinder haben eine Unreife des Steuerungssystems, das die nächtliche Harnproduktion reduziert. Es gibt familiäre Veranlagungen, die über eine Reifungsverzögerung zum Bettnässen führen können.
– Unter besonderen psychischen Konflikten leiden die wenigsten Kinder, die lange ins Bett machen. Sie bekommen aber oft Probleme, wenn sie spüren, wie sehr das nasse Bett ihre Eltern belastet.
– Zu frühes Sauberkeitstraining erhöht das Risiko für Bettnässen.
– Die komplette neurologische Kontrollfähigkeit des Blasenschließmuskels kann sich bei manchen Kindern erst im Alter von zwölf bis 15 Jahren einstellen. Auch hier scheint eine familiäre Veranlagung eine Rolle zu spielen.

BETTNÄSSEN – WANN ZUM ARZT?

- **Wenn ein Kind plötzlich anfängt, ins Bett zu machen, nachdem es schon eine ganze Weile trocken war.**
- **Wenn ein Kind nach seinem fünften Geburtstag noch ins Bett macht.**
- **Wenn das Kind Schmerzen beim oder kurz nach dem Wasserlassen hat.**
- **Wenn der Urin eigenartig riecht.**
- **Wenn ein Kind auch mit dem Stuhlgang Probleme hat, gleichgültig ob Verstopfung oder unfreiwilliger Stuhlabgang.**

628. Spätzündern helfen

Auch wenn Eltern sich große Sorgen machen, sollten sie nicht zu viel Aufhebens von einem nassen Bett machen. Die meisten Kinder sind selbst ganz unglücklich über die Situation. Sie brauchen das Gefühl, dass das Einnässen nichts Schlimmes ist und dass die Eltern helfen werden.

– Das Kind sollte vor dem Zubettgehen noch einmal zur Toilette gehen.

– Abends das Kind nicht mehr allzu viel trinken lassen. Doch durstig sollte kein Kind zu Bett gehen müssen. Die Tagestrinkmenge so verteilen, dass der Hauptteil bis Mittag getrunken ist.
– Zum Schutz der Matratze gibt es gummierte Unterlagen und Bezüge.
– Wenn das Kind keine Windel mehr anziehen möchte, weil es daran glaubt, dass es in der nächsten Nacht bestimmt trocken bleiben wird, dann sollten Eltern ihm diesen Wunsch nicht abschlagen. Es demütigt das Kind, gegen seinen Willen gewindelt zu werden.

629. Schüchternheit vorbeugen

Schüchternheit kann ein Kind sehr quälen, denn jedes gesunde Kind möchte mit anderen Kindern toben. Doch wenn die Angst vor Kontakten übermächtig ist, zieht es sich lieber zurück. Schüchterne Kinder finden deshalb auch schwer einen Freund, was ihr Leid noch vergrößert.

– Wenn Eltern ihr Baby immer mal eine Weile schreien lassen, damit es nicht „verwöhnt" wird, schwächen sie unter Umständen schon in diesem frühen Stadium das Durchsetzungsvermögen des Kindes. Es macht die Erfahrung, dass niemand auf seinen Willen und seine Bedürfnisse reagiert.
– Schüchternheit hat immer etwas mit dem Gefühl der Minderwertigkeit zu tun. Sensible und ängstliche Kinder brauchen besonders einfühlsame Eltern mit einem verständnisvollen Erziehungsstil, der Raum lässt für die eigenen Ideen und Aktivitäten des Kindes.
– Wenn Eltern zu hohe Anforderungen an ihr Kind stellen und es zu häufig kritisieren, kann das Kind nicht lernen, sich selbst wertzuschätzen. In der Folge kann es sich nicht vorstellen, dass andere Menschen Freude daran haben könnten, mit ihm zusammen zu sein.
– Auch wenn die Eltern überängstlich sind oder das Kind zu stark behüten, können Schüchternheit, Unsicherheit und Ängstlichkeit des Kindes im eigenständigen Umgang mit seiner Umgebung die Folge sein.

630. Rückzug des Kindes verstehen

Wenn ein Kind sich häufig „in sich selbst" zurückzieht, sollten Eltern aufmerksam werden. Denn in aller Regel stecken traurige und belastende Erlebnisse wie Hänseleien, Gewalt oder Versagenserfahrungen dahinter.

– Entwickelt ein Kind nach dem Eintritt in den Kindergarten Schüchternheit, sollten Eltern ihre Beobachtungen mit der Erzieherin besprechen. Möglicherweise wird das Kind ausgegrenzt, oder es hat Angst vor einem bestimmten Kind. Manchmal liegt das Problem auch an der Art, wie das Kind versucht, Kontakt zu knüpfen. Vielleicht stößt es dabei andere vor den Kopf, ohne es zu bemerken.
– Ein Grund für Schüchternheit kann Schulangst sein. Dahinter verbergen sich oftmals Minderwertigkeitsgefühle, entweder weil die Schulleistungen unterdurchschnittlich sind oder weil das Kind von seinen Mitschülern ausgegrenzt wird. Auch in diesen Fällen sollten Eltern in die Schule gehen, um herauszufinden, was ihr Kind belastet. Lehrer sehen die Not eines Kindes nicht immer.
– Schüchternheit und Rückzug kann auch ein Zeichen dafür sein, dass ein Kind einen offensiven wie auch unterschwelligen Familienkonflikt schwer erträgt. Um ihres Kindes willen sollten Eltern sich nach Kräften bemühen, ihre Probleme so weit wie möglich zu lösen. Sich unsicher in der eigenen Familie zu fühlen, macht Kinder schüchtern.
– Sätze wie „Sei doch mal spontan und geh auf andere zu" sollten Eltern ihren Kindern ersparen, auch wenn sie in manchen Situationen noch so ungeduldig sein mögen. Das Kind fühlt sich „geoutet" und nicht ernst genommen. Kein Mensch kann sich zwingen, „spontan" zu sein.
– Eltern können ihr Kind allmählich aus der Reserve locken, indem sie viel mit anderen Familien unternehmen.

631. Unwahrheiten nicht überbewerten

Kindern fällt es schwer zu verstehen, wie Erwachsene mit der Wahrheit umgehen. Einerseits sagen die, Lügen sei inakzeptabel, andererseits erleben Kinder die täglichen Notlügen ihrer Eltern. Kinder können den Unterschied noch nicht erkennen zwischen der Lüge, die einen Menschen täuschen soll und der Lüge, die dazu dient, einen anderen nicht zu verletzen.

– Bis etwa zum Schulalter können Kinder zwischen Phantasie und Realität noch nicht sehr gut unterscheiden. Wenn sie „Geschichten" erzählen, sind das also keine Lügen.

– Kinder können sich in ihren ersten Lebensjahren meist nicht an den Hergang eines Erlebnisses genau erinnern, so erzählen sie ziemlich durcheinander und mit Ausschmückungen. Auch dies darf nicht als Lüge missverstanden werden.
– Bei Kindern im Vorschulalter ist das Gewissen noch nicht ausreichend ausgeprägt. Sie leben quasi nach dem Motto „Was nicht sein darf, das nicht sein kann". Sie können sich schlecht vorstellen, dass sie selbst etwas Unerwünschtes tun. Wenn sie also behaupten, die Katze hätte das Glas vom Tisch geworfen, dann ist dies keine vorsätzliche Lüge.

632. Lügen durchschauen

Wer lügt, hat es nötig – so ein Sprichwort. Wenn Schulkinder häufig lügen, müssen sie etwas verstecken oder kompensieren.

– Wenn Eltern beobachten, dass ein Kind in seiner Umgebung sehr angibt, dann ist es mit seinem Selbstwertgefühl vermutlich nicht weit her. Das sollte man zu ändern versuchen, indem man seine Fähigkeiten (wie zum Beispiel ein Zeichentalent) und besonders netten Wesenszüge (wie beispielsweise Humor) explizit hervorhebt.
– Kinder können oft nicht einschätzen, wie schwerwiegend etwas ist, was sie „angestellt" haben. Deshalb verschweigen sie manchmal Missgeschicke oder lügen, um sich aus der Affäre zu ziehen. Eltern sollten ihr Kind damit konfrontieren, dass sie seine Lüge durchschauen und dass Lügen Vertrauen beschädigt. Danach sollte man jedoch möglichst bald wieder zur Tagesordnung übergehen.
– Wenn Kinder einmal erlebt haben, wie wütend Eltern werden können, wenn sie sich über ihr Kind ärgern, vermeiden sie nach Kräften – unter Umständen eben auch durch Lügen – eine Wiederholung solcher Szenen. Deshalb sollten Eltern sich selbst fragen, wie heftig sie auf „Fehltritte" ihrer Kinder reagieren. Möglicherweise tragen ihre Zornesausbrüche dazu bei, dass ihre Kinder lügen.
– Wenn ein Kind niemals einen Fehler zugeben kann und die Schuld immer auf andere schiebt, sollten Eltern sich fragen, ob sie nicht zu streng reagieren. Ein Kind, das Angst vor sehr harten Reaktionen hat, wird eher lügen als ein Kind, das sich angenommen und verstanden fühlt.

633. Pubertät akzeptieren

„Pubertät ist, wenn die Eltern schwierig werden" heißt ein lockerer Spruch zu diesem komplizierten Thema. Tatsächlich muss es Jugendlichen so vorkommen, als verstehen ihre Eltern nicht mehr, was in ihnen und was in der Welt vor sich geht. Dieser Ablösungsprozess ist für Eltern wie für die Jugendlichen anstrengend und schmerzlich.

– Eltern von Pubertierenden hilft es oft, wenn sie sich an ihre eigene Pubertät erinnern. Da haben sie möglicherweise ihren Eltern auch das Leben schwer gemacht.
– Nicht alle Jugendlichen können die Veränderungen, die mit ihrem Körper vorgehen, ohne Ängste und Unsicherheiten begrüßen. Ihre Selbstzweifel lassen sie oft (unbewusst) an den Eltern aus. Die Erwachsenenwelt, in die sie nun hineinwachsen sollen, erscheint ihnen nicht erstrebenswert. Und an all diesem Ungemach sind ihre Eltern schuld ... gegen diese Gefühle kommen Pubertierende nur schwer an.
– Typisch für die Pubertät: der Rückzug aus dem Familienleben. Gemeinsame Unternehmungen finden Jugendliche jetzt „ätzend". Stattdessen können sie stundenlang damit verbringen, sich in ihrem Zimmer zu verschanzen und lautstark Musik zu hören. Die Haartracht und die Mode verändern sich mitunter in erschreckender Weise.
– Es lindert die Seelenqualen der Eltern, wenn sie sich immer wieder klarmachen, dass zu jeder Zeit aus noch so wild Pubertierenden beruflich und privat erfolgreiche und glückliche Erwachsene hervorgegangen sind. Das hilft Vätern und Müttern, gelassen zu bleiben.

634. Das Erwachsenwerden begleiten

Eltern sollten jetzt verstehen: Das Kind ist kein Kind mehr – es ist auf dem Weg zum Erwachsenen, wenn es auch diesen Weg noch finden muss.

– Pubertierende wollen keine Einmischungen. Das sollten Eltern weitgehend respektieren. Ermahnungen, häufiger zu duschen, nicht mit „solchen Typen rumzuhängen", das Zimmer regelmäßiger aufzuräumen oder sich endlich eine ansprechende Frisur machen zu lassen, sind überflüssig und destruktiv. Das ist jetzt die Privatsphäre des jungen Heranwachsenden.

– Väter und Mütter sollten verstehen, dass nun die Zeiten, in denen sich ihr Kind ihnen mit all seinem Kummer anvertraut hat, vorbei sind. Es wäre sogar bedenklich, würde ein Jugendlicher keine Geheimnisse vor den Eltern haben. Trotz allem sollten Väter und Mütter ihr Kind danach fragen, wie es ihm geht, und sie sollten weiterhin an seinem Leben Anteil nehmen. Gleichzeitig sollten sie mit Zurückweisungen souverän umgehen.
– Erzählungen über die eigene Pubertät sollten Eltern ihrem Kind nicht aufdrängen, auch nicht mit dem Ziel, wieder mehr Kontakt herzustellen. Viele Jugendliche interessieren sich jetzt nicht für die Geschichte ihrer Eltern, sie sind zu stark mit sich selbst beschäftigt.
– Pubertierende können sehr kränkend sein. Das sollten Eltern nicht persönlich nehmen und vor allem sollten sie nicht daran zweifeln, dass ihr Kind sie liebt. Am besten ist eine gelassene und souveräne Reaktion wie beispielsweise „Ich bin sicher, dass du das nicht so meinst, wie du das eben gesagt hast. Du solltest mal darüber nachdenken, ob es nötig ist, so verletzend zu sein".
– Eltern sollten die Kraft aufbringen, möglichst über dem zu stehen, was sie mit ihren jugendlichen Kindern erleben. So können sie den Pubertierenden am besten das Gefühl geben, trotz aller Kämpfe für sie da zu sein. Denn dieses Gefühl brauchen auch Heranwachsende.

PROBLEM: DROGEN

Bei Jugendlichen ist eine mögliche Drogenproblematik unterlagert durch allgemeine Verhaltensveränderungen, die in diesem Alter nun mal auftreten. Ständige Kontrolle oder Beobachtung der Jugendlichen sollte man unter allen Umständen vermeiden. Das Wichtigste: im Gespräch bleiben und eine vertrauensvolle Atmosphäre schaffen. Alarmzeichen können sein: totaler Rückzug von der Familie und Freunden, permanent abweisendes oder aber aufgekratztes Verhalten, massive Leistungseinbrüche in der Schule. Das alles muss aber nicht zwangsläufig mit Drogen zu tun haben. Bei 20 Prozent der Jugendlichen ist damit zu rechnen, dass sie zumindest vorübergehend Cannabis rauchen, etwa 7 Prozent probieren Ecstasy. Wenn Eltern Tabletten oder Haschischpfeifen finden, sollten sie den Kontakt zu den Vertrauenslehrern der Schule suchen oder sich an eine Drogenberatungsstelle wenden.

635. Magersucht erkennen

Jede Essstörung ist aus psychologischer Sicht eine Sucht. Das mag sich zunächst seltsam anhören, wenn es um die Magersucht geht, denn hier gibt es kein Suchtmittel. Doch das betroffene Kind – meist sind es Mädchen – ist von einem unbezwingbaren Drang getrieben, das Essen zu verweigern. Die Selbstkontrolle wird als Beweis persönlicher Stärke und Unanfechtbarkeit gewertet, gleichzeitig appelliert der geschwächte Körper an die Eltern, mehr Fürsorge und Zuwendung zu schenken.

– Eltern sollten wissen, dass Magersucht hauptsächlich Mädchen trifft, die es besonders gut machen wollen, die ehrgeizig und intelligent, willensstark und selbstbewusst sind. Wegen all dieser Eigenschaften gelingt es ihnen meist, sehr lange von ihrer Krankheit abzulenken.
– Verdacht sollte man schöpfen, wenn ein normalgewichtiges Mädchen deutlich abnimmt, ohne krank zu sein. Meist geschieht dies mit Beginn der Pubertät, manchmal auch später.
– Ein Warnzeichen der Magersucht ist, dass die Betroffenen sich selbst als „zu dick" erleben, auch wenn ihre Umgebung bereits erschrocken auf den mageren Körper reagiert.
– Charakteristisch für diese Essstörung ist auch, dass das Thema Essen eine überdimensionale Rolle spielt. Zutatenlisten auf Nahrungsmittelverpackungen werden gründlich studiert, der Essenszubereitung wird viel Zeit geschenkt, mitunter wird die ganze Familie bekocht – nur die Kranken selbst nehmen kaum etwas zu sich, wofür sie immer neue Begründungen liefern können.
– Aufmerksam sollten Eltern auch dann werden, wenn ihre Tochter (sehr viel seltener ihr Sohn) weite Kleidung oder mehrere Kleidungsstücke übereinander anzieht, um den abgemagerten Körper vor Kommentaren zu schützen. Die Betroffenen wollen nicht sehen, dass sie ein Problem haben.
– Alarmierend sollte auch ein intensives sportliches Training sein. Magersüchtige versuchen damit, jede aufgenommene Kalorie wieder loszuwerden bzw. ihre Gewichtsabnahme voranzutreiben.
– Der Gebrauch von Abführtees und Appetitzügler ist bei pubertierenden Mädchen verbreitet. Ist er gekoppelt mit einer Gewichtsabnahme, deutet sehr viel auf Magersucht hin.
– Ist das Kind/der Jugendliche doch einmal seinem Appetit erlegen und hat innerhalb kürzester Zeit große Nahrungsmittelmengen vertilgt, wird der Drang zu

erbrechen übermächtig. Die Kranken ertragen das erniedrigende Gefühl nicht, ihrem Hunger erlegen zu sein und einen „vollen" Bauch zu haben.
– Magersüchtige brauchen unbedingt fachliche Hilfe. Eltern sollten behutsam versuchen, ihrem Kind ihre Beobachtungen mitzuteilen und es zu einem Arztbesuch zu bewegen. Es muss klar ausgesprochen werden, dass diese Erkrankung lebensgefährlich werden kann und meist nicht ohne fachliche Hilfe zu bewältigen ist.

636. Bulimie erkennen

Bulimie bedeutet Ess-Brech-Sucht und ist weitaus schwerer zu erkennen als Magersucht, denn die Betroffenen haben meist Normalgewicht. Ihre Essstörung treibt die Kranken dazu, immer wieder anfallartig Unmengen von Nahrungsmitteln in sich hineinzustopfen, dazu meist sehr viel zu trinken, um das Aufgenommene anschließend wieder zu erbrechen. Die Übergänge zwischen Magersucht und Bulimie sind fließend.

– Wie bei Magersüchtigen drehen sich auch bei Bulimikern viele Gedanken um das Thema Essen. Ihre Verhaltensweisen ähneln sich bis auf den Punkt, dass Bulimiker entweder bei Tisch oder anschließend (heimlich) sehr viel essen. Das Gegessene muss wieder erbrochen werden.
– Heißhungerattacken sind an der Tagesordnung, doch davon bekommen viele Eltern nichts mit, weil das Kind – auch hier sind in der Regel Töchter betroffen – sich seines „Ochsenhungers" (das deutsche Wort für Bulimie) schämt und heimlich isst.
– Typisch sind ständige Diätvorhaben. Dafür werden immer wieder Zutaten eingekauft, das Diätprogramm wird gut sichtbar in der Küche ausgehängt, manchmal wird auch noch ein möglichst ungünstiges Foto von sich selbst zur Abschreckung an den Kühlschrank geheftet.
– Weil die Diäten regelmäßig scheitern, versuchen die Kranken, ihr Gewicht mit Hilfe von Appetitzüglern und Abführtees zu halten.
– Eltern sollten aufmerksam werden, wenn Vorräte immer wieder stark dezimiert sind. Bulimiker können während einer Heißhungerattacke zum Beispiel 3 Dosen Ravioli, 1 ganzes Weißbrot, 2 Tafeln Schokolade und 2 l Cola aufnehmen.
– Alarmierend sollte auch die Entdeckung von Nahrungsmittelvorräten im Zimmer des Kindes/der Jugendlichen sein. Aus Angst, von der zwanghaften Gier angefallen zu werden und dann nicht an Essbares heranzukommen, treibt die Kranken zum heimlichen Horten.
– Wichtig ist auch bei dieser Essstörung, dass Eltern sich nichts vormachen und das Problem nicht verharmlosen („Das haben doch heute alle jungen Mädchen"). Sie sollten ihr Kind einfühlsam damit konfrontieren, was sie sehen. Kontrollgänge durch das Zimmer sollten sie allerdings unterlassen.
– Die Bulimie kann nicht lebensgefährlich werden, doch das häufige Erbrechen schädigt den Verdauungstrakt, die Speiseröhre und die Zähne. Nicht zuletzt aus diesen Gründen brauchen die Betroffenen dringend fachliche Hilfe.
– Eltern sollten ihrem Kind Unterstützung bei der Suche nach fachlicher Hilfe anbieten, es jedoch nicht zu einer Therapie nötigen wollen. Drohungen oder Klagen machen die Sache nur schlimmer. Man sollte versuchen, sachlich über die Essstörung zu sprechen, jedoch ohne dabei in die Rolle eines Therapeuten oder der besten Freundin schlüpfen zu wollen.

VERSTECKTE GEFAHREN: ALCOPOPS

Der Konsum von Alcopops verstärkt den Trend, dass Jugendliche heute grundsätzlich zu früh, zu häufig und zu viel Alkohol trinken. Der Erfolg dieser alkoholisierten bunten Limonaden basiert nicht zuletzt auf der Überdeckung des Alkoholgeschmacks. Jugendliche, insbesondere Mädchen, mögen den fruchtigen Geschmack der Getränke. Kinder und Jugendliche können mit Alcopops in kurzer Zeit größere Alkoholmengen zu sich nehmen, als es beim Konsum von klassischen Alkoholika möglich ist. Die körperliche und psychische Gewöhnung an Alkohol vollzieht sich somit viel früher.

Was können Eltern tun? Aufklärung ist wichtig – Verbote nützen selten. Versuchen Sie, gemeinsam mit den Jugendlichen Konsumregeln zu erstellen. Das nächste Gespräch könnten Sie dann nach einigen Wochen mit der Frage nach den Erfahrungen einleiten. Und: Beobachten Sie Ihren eigenen Alkoholkonsum – und überdenken Sie Ihre Vorbildfunktion.

Kinder kriegen

Ein (Wunsch-)Kind zu bekommen gehört für alle Frauen und Männer zu den großartigsten und schönsten Erlebnissen. In dem Augenblick, in dem die Schwangerschaft festgestellt wird, ändert sich nicht nur das Leben der werdenden Mutter, sondern auch das des Paares.

Schwangerschaft ist ein Geschenk

„Lasset uns Menschen machen, ein Bild, das uns gleich sei" – ein Zitat aus der Bibel, das man am Anfang der Geschichte des Menschen findet. Seit es Menschen gibt, „machen" sie Menschen. Das ist ein Urbedürfnis, dessen Befriedigung zwar letztlich der Arterhaltung dient, doch die Sehnsucht, die hinter dem Kinderkriegen steckt, ist eine andere. Menschen sehnen sich nach Kindern, weil es schön ist, für jemanden zu sorgen, weil nach dem eigenen Tod etwas von einem weiterlebt, weil es Freude macht, einen Menschen aufwachsen zu sehen und weil man alles einmal besser machen möchte als die eigenen Eltern ...

Seit es die Pille gibt, hat sich die Sache mit dem Kinderkriegen geändert. Frauen können – ganz ähnlich wie Männer – ihre Sexualität genießen, ohne Angst vor einer Schwangerschaft haben zu müssen. Ein Kind zu bekommen, ist schließlich nicht für alle Menschen etwas Schönes. Kinder werden auch dann gezeugt, wenn der Zeitpunkt ungünstig, das Geld knapp, das Paar zerstritten ist oder wenn die Frau ihren Körper grundsätzlich niemals in dieser umfassenden Weise für einen anderen Menschen zur Verfügung stellen möchte.

Die Entscheidung für ein Kind ist heute eine sehr bewusste. Kinder sind Kostbarkeiten – und so werden sie von ihren Eltern vom Moment des positiven Schwangerschaftstests an auch behandelt. Die Schwangerschaft wird nicht als Last empfunden, sondern als spannendes und zutiefst berührendes Erlebnis.

Jeder Freiheit wohnt eine Unfreiheit inne, nämlich der Zwang, sich entscheiden und Verantwortung übernehmen zu müssen. Es gibt nicht viele Frauen, die sich ganz eindeutig gegen Kinder entscheiden. Viele von ihnen hätten gern ein Kind, wenn die Umstände anders wären – wenn sie einen verantwortungsvollen Partner hätten, wenn sie ohne Risiko ihren Beruf ein wenig ruhen lassen könnten, wenn sie einen Kindergartenplatz hätten ... Und wer wollte es Selbstsucht nennen, wenn Frauen ganz einfach deshalb auf Kinder verzichten, weil sie darin den Weg zu größerer persönlicher Freiheit sehen? Es ist kein Geheimnis, dass ein Kind jahrelang liebende Fürsorge und viel Zeit braucht. Ein Kind kann man nicht „einpassen" in das stressige Berufsleben, in eine teuer eingerichtete Wohnung und in chice Urlaubsreisen.

Letztlich ist es genauso egoistisch, Kinder zu bekommen, wie keine zu bekommen. Letztlich erfüllen sich heute die Menschen mit dem Kinderkriegen Wünsche und Träume. Früher gingen kinderlose Frauen ins Kloster, konnten dort ihre Selbstständigkeit weitgehend bewahren und hatten die Möglichkeit, sich zu bilden. Heute müssen Frauen eher Nachteile befürchten, wenn

Das braucht's: im Klinikkoffer

Lange T-Shirts oder Sweatshirts, weite Leggings oder Jogginghosen, weiche Bustiers oder Still-BHs, Stilleinlagen, Wegwerfslips oder kochfeste Slips, Baby-Garderobe für die Heimfahrt, Fettstift gegen trockene Lippen, Körperlotion und andere gewohnte Kosmetika, Kaugummi oder Pfefferminzbonbons, Brille statt Kontaktlinsen, CD mit Entspannungsmusik, Massageball für den Rücken, Massageöl, Chipkarte und Kostenübernahmeschein der Krankenkasse sowie folgende Papiere: Mutterpass, Personalausweis, ggf. Heiratsurkunde und Familienstammbuch, Geburtsurkunde bei unverheirateten Müttern.

Mehr wissen: Wie ein Baby heranwächst

1. MONAT In dem Augenblick, in dem Ei- und Samenzelle miteinander verschmelzen, ist bereits unabänderlich festgelegt, welcher Mensch nun heranwachsen wird. Augen- und Haarfarbe, Statur und Größe, aber auch Begabungen und Schwächen stehen schon fest, ohne dass die Eltern von der Existenz ihres Kindes etwas ahnen.

2. MONAT Millionen von Zellen werden gebildet, damit der Embryo mit allem ausgestattet wird, was ein Mensch braucht: Herz, Niere, Leber, Magen, Darm. Jede einzelne Zelle „weiß" genau, welches ihre Aufgabe sein wird, zu welchem Organ sie wandern muss.

3. MONAT Gegen Ende dieses Schwangerschaftsmonats sind alle Organe funktionstüchtig und nehmen ihren Dienst auf. Die Nieren scheiden Harn aus, der Magen produziert erste Verdauungssäfte, das Herz pumpt Blut durch den Körper ... Nun entscheidet sich, ob die Entwicklung weitergeht. Läuft zu diesem Zeitpunkt nicht alles nach Plan, bricht der Körper das Unternehmen ab – es kommt leider zu einem Abgang.

4. MONAT Ab sofort wird vom Fötus gesprochen – das Menschlein ist zwar noch winzig klein, aber „fertig". Es bewegt sich munter in der Gebärmutter, in der es jetzt noch reichlich Platz hat. Die Bewegungen fördern die Ausbildung des Gehirns.

5. MONAT Die Bindung des Ungeborenen an seine Mutter wird von nun an auch emotional enger, denn das Baby kann nun intensiver an ihrem Gefühlsleben teilnehmen. Glück, Stress oder Unruhe werden per Botenstoffe zum Kind übertragen.

6. MONAT Allmählich rüstet sich das Baby für das Leben „draußen". Es legt sich eine Fettschicht zu, vor allem im Nackenbereich, um die Nieren und hinter den Brustknochen. Die zarte Haut wird von der so genannten Käseschmiere, einer dicken, weißen Fettschicht, überzogen.

7. MONAT Nun ist es bald vorbei mit der Beweglichkeit, denn das Baby ist nun schon so groß, dass es knapp wird mit dem Platz. Dennoch kann seine Mutter das vergnügte Strampeln spüren – ein Gefühl, das eine Mutter nie mehr vergessen wird.

8. MONAT Das Kind hört mittlerweile die Stimme seiner Mutter aus anderen Hintergrundgeräuschen heraus. Mimik und Bewegungen sind nun schon so ausgeprägt wie bei einem Neugeborenen. Ab sofort könnte das Baby auch außerhalb des Mutterleibs ohne größeres Risiko überleben und seine Entwicklung vollenden.

9. MONAT Die Bewegungen einer Mutter, die ihr ungeborenes Baby sanft hin- und herschaukeln, prägen sich jedem Menschen ein. Selbst wenn Erwachsene einander trösten, machen sie intuitiv wiegende Bewegungen. Am Ende dieses Monats ist das Kind etwa 45 Zentimeter groß.

10. MONAT Nun ist es Zeit, sich in Startposition zu begeben. Trotzdem ist jeder Tag kostbar, den ein Baby noch im Mutterleib verbringt, denn jetzt werden dem Kind noch wichtige Antikörper mit auf den Weg gegeben. Diese Eiweißmoleküle schützen das Baby in seinen ersten Lebensmonaten vor all den Krankheiten, gegen die seine Mutter Antikörper hat.

sie Kinder haben. Sie können beruflich aus der Bahn geworfen werden, sie können sich angehängt und isoliert fühlen. Kinder kann man nicht zurückgeben. Doch die Liebe zu einem Kind vergeht nie mehr. Nur deshalb ist es möglich, all die Sorgen und Nöte, die es mit Kindern zu tragen gibt, durchzustehen.

637. Fruchtbarkeit fördern

Der Körper der Frau ist von der Natur dafür ausgestattet, ein Kind auszutragen. Trotz dieser Selbstverständlichkeit sollte eine Frau mit sich sorgsam umgehen, denn nur in einem gesunden Körper kann das Baby gut gedeihen. Und auch für die Väter heißt es nun, sich fit zu machen für die gemeinsame Zukunftsplanung.

– Rauchen hat nur Nachteile, besonders für Frauen, die schwanger werden wollen. Aber auch für Männer, die Väter werden möchten, denn ihre Spermienqualität leidet. Raucherinnen müssen durchschnittlich länger warten, bis sich ein Baby ankündigt. Und Rauchen während der Schwangerschaft schadet zusätzlich dem Baby, sodass es nun höchste Zeit dafür ist, sich das Rauchen abzugewöhnen. Es gibt in der Apotheke verschiedene Präparate, die die Entwöhnung erleichtern. Wer mehr Motivation braucht, kann sich auch zu einem Raucher-Entwöhnungs-Kurs anmelden. Die Krankenkassen geben darüber Auskunft (siehe auch Ratschläge Nr. 255–257, ab Seite 148).
– Auch den Alkoholgenuss sollten Paare einschränken. Er beeinträchtigt ebenfalls bei beiden die Fruchtbarkeit.
– Männer sollten auf eine ausreichende Magnesiumzufuhr achten, denn dieser Mineralstoff kann die Anzahl und die Beweglichkeit der Spermien erhöhen. Reichlich Magnesium ist enthalten in Getreide wie Amaranth, Grünkern, Hafer sowie in Weizenkeimen, in Hülsenfrüchten, Sesamsamen, Cashewnüssen, Mohnsamen, Sonnenblumen- und Pistazienkernen.
– Für Frauen ist jetzt eine gute Folsäure-Versorgung wichtig. Nach Absetzen der Verhütungsmethode sollten sie damit beginnen, pro Tag 400 Mikrogramm Folsäure aufzunehmen. Das lässt sich nur mit einem entsprechenden Präparat realisieren. Am besten beim Frauenarzt oder in der Apotheke beraten lassen.
– Frauen, die streng auf ihre Figur achten, nehmen meist zu wenig Fette und Öle auf und damit zu wenig Vitamin E. Vitamin E ist in allen pflanzlichen Ölen, in Weizenkeimen sowie in Nüssen und Samen enthalten. Wer Angst um sein Gewicht hat, sollte sich in der Apotheke nach einem Vitamin-E-Präparat erkundigen.
– Grundsätzlich sollten Frauen mit Kinderwunsch auf eine ausgewogene Ernährung mit vielen Vollkornprodukten, reichlich Obst und Gemüse, magerem Fleisch und Fisch sowie Milch und Milchprodukten achten. Strenge Diät halten beeinträchtigt den Hormonhaushalt und damit möglicherweise die Chancen auf ein Baby.

638. Fruchtbare Tage erkennen

Pro Minute werden weltweit 190 Frauen schwanger, ohne es zu wollen. Diese Zahl könnte zu der Annahme verleiten, es sei nichts leichter als schwanger zu werden. Doch dass Ei- und Samenzelle zum richtigen Zeitpunkt aufeinander treffen, miteinander verschmelzen und sich als Embryo in der Gebärmutter einnisten, ist ein hochkompliziertes Geschehen. Damit ihnen dieses Wunder geschieht, müssen manche Paare viel Geduld aufbringen.

– Wer sich ein Kind wünscht, sollte grundsätzlich unbedingt wissen: der Zeitraum 3–6 Tage vor dem Eisprung bis 2 Tage danach sind die Chancen am größten, ein Kind zu zeugen.
– Mit der Temperatur-Methode lassen sich die fruchtbaren Tage leichter bestimmen, da 1–2 Tage nach dem Eisprung die Körpertemperatur, die man direkt nach dem Aufwachen misst, um bis zu 1/2 Grad ansteigt. Führt man einige Monate lang Buch über diese Temperatur – gemessen immer an derselben Körperstelle – lernt man die Zeit des Eisprungs im eigenen Körper gut kennen und vorherzusagen.
– Der Schleim, den man am Scheidenausgang findet, verändert sich in der Zyklusmitte so, dass man ihn zwischen Zeigefinger und Daumen „spinnen" kann. Das bedeutet, der Schleim zieht Fäden, wenn man die beiden Finger auseinander bewegt.
– Der Muttermund ist in der Zeit rund um den Eisprung weich, in der übrigen Zeit ist er fest und beinahe hart. Mit etwas Übung kann eine Frau mit Zeige- und/oder Mittelfinger ihren Muttermund ertasten und die fruchtbaren Tage eingrenzen.
– Mit Hilfe eines kleinen Mikroskops, das man in der Apotheke kaufen kann, lässt sich die veränderte Speichelstruktur während der fruchtbaren Tage erkennen.
– Ebenfalls in der Apotheke gibt es Teststäbchen, mit denen man einen bestimmten Hormonwert im Urin anzeigen lassen kann. Verändert sich der Wert, sind die fruchtbaren Tage da.
– Es sind etliche Mini-Computer auf dem Markt, mit denen man sowohl über die Körpertemperatur bequem Buch führen als auch Schleimveränderungen bestimmen lassen kann. Manche Geräte können zusätzlich den veränderten Hormonwert im Urin messen. Diese kleinen Computer sind praktisch, aber nicht ganz billig.

639. Späte Schwangerschaften

Mit 30 hat eine Frau ihre besten Zeiten hinter sich – was ihre Fruchtbarkeit angeht. Trotzdem werden immer mehr Frauen später schwanger. Und dagegen spricht nicht viel: Ärzte sehen heute keinen nennenswerten Unterschied zwischen Schwangerschaften bei jungen und bei älteren Müttern.

– Eine Frau, die mit Mitte 40 noch einmal schwanger wird, spürt die Jahre. Trotzdem kann man nicht sagen, dass die ältere Frau generell größere Probleme hat als die jüngere. Hier spielt nämlich nicht so sehr die Biologie eine Rolle, sondern die Motivation. Ältere Frauen tragen fast immer Wunschkinder aus. Die Vorfreude wirkt sich auf die körperliche Verfassung aus.
– Mit 20 geht's noch ganz fix. 2 Monate ohne Verhütung, und schon ist der Test positiv. Natürlich rein statistisch. 40-jährige Frauen brauchen bis zu 2 Jahre für dieses Vorhaben. Mit der Fruchtbarkeit geht es schon nach dem 25. Lebensjahr allmählich abwärts. Bei der einen Frau schneller, bei der anderen langsamer.
– Eine Faustregel: Je mehr ausgetragene Schwangerschaften, desto leichter wird eine Frau auch im „fortgeschrittenen" Alter noch einmal schwanger. Unter den wenigen Frauen, die mit Ende 40 schwanger werden, ist extrem selten mal eine Erstgebärende. Dahinter steckt das komplexe Zusammenspiel zwischen mütterlichen Funktionssystemen und dem Embryo.
– Späte Schwangerschaften werden vor allem deshalb allgemein intensiver überwacht, weil bei älteren Erstgebärenden mehr Probleme auftreten können (wie etwa eine Mangeldurchblutung der Gebärmutter oder Stoffwechselstörungen), gegen die der Arzt rasch etwas unternehmen muss und kann.
– Wogegen die moderne Medizin noch nichts tun kann: Das Risiko eines genetischen Defekts beim Embryo wächst mit dem Alter der Mutter (nach neueren Studien sehr viel weniger mit dem des Vaters!) rasant. 35-jährige Frauen haben ein Risiko von ungefähr 0,5 Prozent, ein Kind mit Down-Syndrom zu bekommen, bei 40-jährigen Frauen ist dieses Risiko bereits rund 4,5 Prozent, jenseits der 45 liegt es bei annähernd 50 Prozent. Außerdem endet bei 45-Jährigen fast jede zweite Schwangerschaft durch einen Abgang, in den allermeisten Fällen wird dabei ein kranker Embryo abgestoßen. Bei den 35-Jährigen liegt diese Abgangsrate zwischen 15 und 20 Prozent, bei Frauen bis 25 bei rund 9 Prozent.

640. Schwanger werden mit medizinischer Hilfe

Die moderne Medizin hat heute viele Möglichkeiten, einem Paar mit unerfülltem Kinderwunsch zu helfen. Voraussetzung: Beide Partner sind bereit, einige Mühen auf sich zu nehmen.

– Die Stimulation der Eierstöcke durch bestimmte Medikamente lässt mehrere Eizellen reif werden, was die Aussicht auf eine erfolgreiche Befruchtung erhöht. Hat der Spezialist für Kinderwunsch (Reproduktionsmediziner) gemeinsam mit dem Paar eine In-vitro-Fertilisation (IVF = Befruchtung im „Reagenzglas") geplant, muss zunächst die Hypophyse (Hirnanhangdrüse an der Basis des Gehirns), die für die Steuerung der Aktivität der Eierstöcke verantwortlich ist, ruhig gestellt werden. Nur so kann die Stimulation der Eierstöcke kontrolliert und der Eisprung zu einem ungünstigen Zeitpunkt vermieden werden. Diese Ruhigstellung der Hirnanhangdrüse wird für gewöhnlich mit Hilfe eines Nasensprays oder einer Injektion erzielt.
– Wird eine IVF vorbereitet, so wird die Reaktion der Frau auf die Stimulation der Eierstöcke ständig durch Blutproben und Ultraschallaufnahmen überwacht, um das Wachstum der Eibläschen zu beobachten und die Dosen der Medikamente auf ihre persönliche Reaktion abzustimmen.
– Das Hauptrisiko der künstlichenen Stimulation der Eierstöcke ist nach wie vor eine Mehrlingsschwangerschaft. Vor allem wenn die Frauen mehr als zwei Babys in sich tragen, kommt es häufiger zu Frühgeburten und Entwicklungsstörungen bei den Kindern. Paare mit unerfülltem Kinderwunsch sollte sich deshalb vor dieser Maßnahme ausführlich beraten lassen.
– Manchen Paaren kann auch eine psychologische Beratung helfen. Nicht selten verhindern unausgesprochene Konflikte oder subtile Machtkämpfe eine Schwangerschaft.

641. Schwangerschaft erkennen

Vom Einnisten des befruchteten Eis merkt eine Frau nichts. Sie ahnt in diesen Tagen nicht, dass sie „guter Hoffnung" ist, wie das früher hieß. Doch es dauert gar nicht lange, dann beginnt sich in ihrem Körper vieles zu verändern.

– Das allererste, aber nicht immer ganz sichere Zeichen für eine Schwangerschaft ist das Ausbleiben der Regelblutung.
– Frauen, die regelmäßig ihre Aufwach-Temperatur messen, stellen fest, dass die zum Eisprung angestiegene Temperatur nicht wieder absinkt.
– Ein ungewohntes Spannungsgefühl in den Brüsten sowie eine oft extreme Berührungsempfindlichkeit sind ein ziemlich sicheres Zeichen dafür, dass sich ein Embryo in der Gebärmutter eingenistet hat.
– „Verdächtig": Die Hosen werden enger, obwohl der Bauch kein bisschen größer geworden ist. Die Hüften werden schon in den ersten Wochen der Schwangerschaft etwas breiter, weil sich das Becken erweitert.
– Eine ungewöhnliche Müdigkeit trotz ausreichendem Nachtschlaf deutet auf eine Schwangerschaft hin.
– Übelkeit am Morgen ist charakteristisch für die ersten Wochen einer Schwangerschaft. Verantwortlich dafür sind Hormone, die nun in viel größerer Menge durch den Körper geschleust werden als sonst.

TIPP

Nicht krampfartig, sondern eher wie Muskelkater fühlen sich Mutterbandschmerzen an: Es ist ein unangenehmes Ziehen in der Leistengegend oder im Kreuzbeinbereich. Dahinter stecken (auch hormonell bedingte) Dehnungsschmerzen der Mutterbänder, die die Gebärmutter an den Beckenknochen halten. Lindernd ist vor allem Bewegung im Wasser, am besten unter Anleitung. Watsu (Wassershiatsu) oder Wata (Wassertanz) sind sanfte Formen der Aquagymnastik, bei denen sich der ganze Körper entspannt. Gut gegen die Dehnungsschmerzen sind auch die homöopathischen Mittel Aletris farinosa D6 und Aristolochia clematis D12 (3-mal täglich 5 Globuli).

642. Übelkeit und Erbrechen lindern

Übelkeit und Erbrechen haben mit der einschneidenden Hormonumstellung zu tun. Die Beschwerden sind in aller Regel spätestens nach der zwölften Schwangerschaftswoche vorbei.

– Werdende Mütter sollten sich abends einen Pfefferminztee in einer Thermoskanne neben das Bett stellen und einige Zeit vor dem Aufstehen ein paar Schluck trinken. Das beruhigt die Magennerven.
– Tagsüber hilft das Knabbern und gründliche Kauen von klein geschnittenem, rohem Gemüse (zum Beispiel Karotten, Kohlrabi, Gurken), von Vollkornkeksen, Kürbiskernen oder Zwieback.
– Viele Schwangere leiden unter einer starken Geruchsempfindlichkeit, an der vermutlich ebenfalls die erhöhte Konzentration an weiblichen Sexualhormonen schuld ist. Die Geruchsempfindlichkeit verstärkt die Neigung zu Übelkeit. Das homöopathische Mittel Sepia D6 hilft in vielen Fällen (Standarddosis: 3-mal täglich 5 Globuli).

643. Blutgefäße entlasten

„Schwere" Beine und geschwollene Füße sind ein Zeichen dafür, dass die Venen mehr Flüssigkeit ins Gewebe durchlassen als sonst. Die Hormone sorgen dafür, dass auch die Gefäßwände lockerer werden. Hinzu kommt, dass die wachsende Gebärmutter auf die Beckenvene drückt, das führt zu unangenehmen Stauungen. Die Beine fühlen sich schwer an, Krampfadern werden sichtbar.

– So oft es sich einrichten lässt, sollte sich die werdende Mutter auf eine weiche Unterlage auf den Boden legen, sich mit einer Decke zudecken und die Füße so an die Wand oder an einen Schrank stellen, dass das Becken etwa im 45-Grad-Winkel abgeknickt ist. So ruht sie aus und tut gleichzeitig etwas für die Venen.
– Wechselduschen sind eine gute Vorbeugung gegen Stauungen in den Beinen.
– Empfehlenswert ist auch Venentraining im Sitzen oder Liegen: „Winken" mit den Füßen. Oder im Stehen: immer wieder auf die Zehen stellen, Fersen absenken und wieder auf die Zehen stellen.
– Kühlende Gels aus dem Drogeriemarkt lindern das Gefühl, dicke, schwere Beine zu haben. Sie werden einfach aufgetragen und ziehen rasch ein.
– Hilfreich ist auch ein leichter Entwässerungstee: 2 TL Birkenblätter mit 1/4 l kochend heißem Wasser übergießen und nach 10 Minuten abseihen. Je nach Beschwerden bis zu 3 Tassen täglich trinken.
– Wohltuend: Morgens die Beine von unten nach oben mit einer Mischung aus Calendula- und Mandelöl und einigen Tropfen Lemongras, Myrrhe, Schafgarbe und Zypresse einreiben.

TIPPS

- **Niedriger Blutdruck geht in der Schwangerschaft oft noch weiter in den Keller. Kreislaufprobleme mit Schwindel und Abgeschlagenheit sind die Folge. Gegenmittel: Viel Bewegung an frischer Luft. Fürs Büro: Akupressur. Der Punkt „Meer der Energie" liegt zwei Finger breit unterhalb des Bauchnabels. Mit Daumen und Zeigefinger diesen Punkt mit leichtem Druck kreisend 1 Minute lang massieren. Die Anwendung kann jederzeit wiederholt werden.**
- **Häufiger Harndrang ist im letzten Drittel der Schwangerschaft normal, da die Gebärmutter auf die Blase drückt. Macht das Wasserlassen Schmerzen, sollten man allerdings sofort zum Arzt gehen. Harnwegsinfekte steigen in der Schwangerschaft leichter in Richtung Nieren auf und können schlimmstenfalls zu einer Nierenbeckenentzündung führen. Um Infektionen vorzubeugen, eignet sich ein durchspülender Tee aus Brennnesselblättern sowie Brennnessel- und Löwenzahnwurzel. 2–3 TL dieser Mischung werden mit 1/4 l kochend heißem Wasser übergossen und nach 10 Minuten Ziehen abgeseiht. 4–8 Wochen lang davon täglich 1 Tasse trinken.**

644. Wadenkrämpfen vorbeugen

Die Krämpfe in den Waden, die werdende Mütter vor allem gegen Ende der Schwangerschaft oft nachts aus dem Schlaf reißen, sind ein Zeichen für Magnesiummangel.

– Vorbeugend sollten werdende Mütter regelmäßig magnesiumhaltige Heilwässer trinken.
– Je 1 TL Honig vor jeder Mahlzeit soll auch vorbeugend wirken, ebenso Beinbäder mit Schachtelhalmtee. Dazu 1 Tasse Ackerschachtelhalmkraut in 1 l kaltes Wasser geben und zum Kochen bringen, 15 Minuten köcheln lassen, abseihen. Diesen Sud dem Badewasser zusetzen.
– Gegen Wadenkrämpfe gibt es auch Schüssler-Salze, und zwar die Nr. 2 (Calcium phosphoricum), die Nr. 5 (Kalium phosphoricum) sowie die Nr. 7 (Magnesium phosphoricum). Man wählt eines davon. 10–20 Tabletten pro Tag im Mund zergehen lassen oder in 1 Glas Wasser auflösen und in kleinen Schlucken trinken.
– Das Schüssler-Salz Nr. 7 wird bei krampfartigen Schmerzen als „heiße Sieben" verabreicht: 7–10 Tabletten werden in Wasser, das einmal kurz aufgekocht wurde, aufgelöst und so heiß wie möglich schlückchenweise getrunken.

S.O.S.-TIPP

Bei akuten Wadenkrampf-Schmerzen hilft es, sich im Liegen mit beiden Füßen fest gegen die Wand zu stemmen.

645. Haare pflegen in der Schwangerschaft

Die Hormone machen die Haare voller, aber auch trockener. Die Pflege sollte sich darauf einstellen.

– Haare mit kaputten Spitzen sollte man alle 4 Wochen nachschneiden lassen
– Mit Shampoo sollten Schwangere besonders sparsam umgehen. Je mehr Shampoo man verwendet, desto mehr waschaktive Substanzen werden ins Haar gebracht – und die machen das Haar stumpf und schwer. Erst recht, wenn man den Schaum nicht mindestens 2 Minuten lang ausspült.
– Ideal ist eine gut verdünnte Shampoo-Mischung (Shampoo:Wasser = 1:3), die man sich in einer leeren Shampoo-Flasche herstellen kann.
– Eine qualitativ hochwertige Intensivkur alle 14 Tage macht das Haar geschmeidig und glänzend.
– Dauerwellen und Colorationen sind während der Schwangerschaft mit Vorsicht zu genießen, denn diese chemischen Prozeduren können nun andere Ergebnisse bescheren, als man das vor der Schwangerschaft gewohnt war. Am besten wählt man pflanzliche Pigmente, die Friseure in großer Auswahl anbieten.

646. Gesichtspflege in der Schwangerschaft

Östrogene sind die reinsten Schönheitshormone. Sie polstern die Haut auf, Fältchen verschwinden. Die erhöhte Durchblutung sorgt für eine rosige Gesichtsfarbe. Manchmal fördern Östrogene aber auch Hautunreinheiten.

– Die gewohnte Gesichtspflege sollte man während der Schwangerschaft besonders konsequent durchführen. Zeigt es sich, dass die Haut trockener wird oder spannt, sollte eine reichhaltigere Pflegecreme verwendet werden.
– Das Eincremen sollte die werdende Mutter genießen. Es hat viel mit Sich-selbst-verwöhnen zu tun. Kreisende Bewegungen auf den Wangen und streichende Bewegungen auf der Stirn (dazu legt man die Handflächen so auf die Stirn, dass sich die Fingerspitzen der beiden Hände in der Mitte treffen und dann auf der Haut liegend voneinander weg bewegen) entspannen und pflegen zugleich. Besonders wohltuend ist es, wenn man sich dazu hinlegt bzw. wenn man diese Gesichtsmassage mit der Nachtcreme abends im Bett macht.
– Vielen Schwangeren tut es gut, hin und wieder ein Peeling (aus Drogerien oder Apotheken) zu machen. 1-mal pro Woche genügt allerdings.

647. Die Brust vorbereiten

Die Brüste werden während der Schwangerschaft größer und schwerer – sie bereiten sich aufs Stillen vor.

– Was der Brust Halt gibt, ist die Haut zwischen Kinn und Brustansatz und die Muskulatur rund um den Brustkorb. Beiden Stellen sollte die werdende Mutter besondere Aufmerksamkeit schenken.
– Tägliche Wechselduschen, bei denen der Duschkopf abwechselnd mit warmem, dann mit kühlem Wasser kreisend um die Brust geführt wird, straffen die Haut und das Gewebe.
– Empfehlenswert sind auch kühle Abreibungen. Dazu taucht man einen Waschlappen in kaltes Wasser, in das man ein paar Spitzer Obstessig gegeben hat, und reibt die Brust damit ab.
– Nach Duschen oder Abreibungen ist das Eincremen mit einer reichhaltigen Körpermilch oder -creme wichtig.
– Die Brustwarzen sollten nicht eingecremt werden, sonst werden sie zu weich und geschmeidig, und dann kann das Baby sie schlecht zu fassen bekommen.
– Von einer „Abhärtung“ der Brustwarzen, wie sie noch in manchen Büchern oder Zeitschriften empfohlen wird, raten die meisten Fachleute inzwischen ab. So kann beispielsweise das Bürsten der Brustwarzen feine Risse in der Haut hinterlassen, die sich unter Umständen infizieren können. Auch die Anwendung von Zitronensaft oder Salbeitinkturen ist nicht ratsam, weil solche Maßnahmen den Säureschutzmantel der Haut zerstören können.
– Folgende Übung stärkt den großen Brustmuskel: Handflächen aneinander legen, Ellenbogen seitlich in Schulterhöhe heben und nun die Handflächen so fest wie möglich aneinander pressen. Die Spannung etwa 30 Sekunden halten, dann lösen. Diese Übung sollte man möglichst 10-mal pro Tag machen.
– In Sportgeschäften gibt es ein spezielles Trainingsgerät für Schulter- und Brustmuskulatur. Es sieht aus wie eine große Wünschelrute.

TIPP

Einen Dammschnitt, den Schnitt also, der die Scheide beim Durchtritt des Babyköpfchens etwas erweitert, kann man nicht immer vermeiden, aber man kann einiges tun, um seine Wahrscheinlichkeit zu senken. Dammtraining und Massagetechniken sollten heute in jedem Geburtsvorbereitungsprogramm angeboten werden. Hilfreich für die Massage sind Öle mit viel Vitamin E wie etwa Weizenkeimöl. Es gibt auch ein spezielles Damm-Massageöl.

648. Sonne in der Schwangerschaft mit Vorsicht genießen

Sonne schenkt eine schöne Hautfarbe und macht gute Laune. Trotzdem sollten sich werdende Mütter der UV-Strahlung nicht ungeschützt aussetzen.

– Während der Schwangerschaft bildet der Körper auch ein Mehr am Melanozyten stimulierenden Hormon (MSH). Das führt zu stärkerer Pigmentierung an den Brustwarzen aber auch im Gesicht. UV-Strahlung verstärkt die Wirkung dieses Hormons, was aber nicht zu einer schönen Brauntönung des Gesichts führt, sondern eine so genannte Schwangerschaftsmaske (typisch ist eine Verfärbung um den Mund herum) hinterlässt.
– Ohne Sonnenschutzmittel (mindestens Lichtschutzfaktor 20) sollte sich eine werdende Mutter nicht in die Frühjahrs- oder Sommersonne begeben. Wichtig ist, dass das Präparat das gesamte UVA- und UVB-Spektrum abdeckt, denn die Pigmentflecken werden vor allem durch UVA-Strahlung gefördert.
– Für den Aufenthalt im Solarium gilt dasselbe. Die verstärkte Bildung der Pigmentflecken führt zu einem „scheckigen“ Aussehen.

649. Schwangerschaftsstreifen vorbeugen

Diese auch als Dehnungsstreifen bezeichneten Veränderungen sind zu einem großen Teil hormonell bedingt und entstehen besonders häufig während der Schwangerschaft, bevorzugt an den seitlichen Bauchpartien, an den Hüften, den Oberschenkeln und den Brüsten.

– Frauen mit schwachem Bindegewebe neigen mehr zu Schwangerschaftsstreifen. Entgegen anderslautender Werbeversprechen kann man die Struktur des Bindegewebes selbst nicht verändern. Man kann aber seine Lebensweise und Pflegemaßnahmen darauf einstellen.
– Bewegung ist eine der besten Vorbeugungsmaßnahmen. In der Schwangerschaft besonders geeignet: Schwimmen, Gymnastik, Radfahren, Walking.
– Wichtig ist, dass die Schwangere möglichst in regelmäßigem Tempo zunimmt.
– Die Ernährung sollte vollwertig sein und viel Vitamin E enthalten. Der Tagesbedarf liegt ab dem vierten Schwangerschaftsmonat bei 14 mg pro Tag (enthalten zum Beispiel in je 1–2 EL Distel-, Sonnenblumen- oder Walnussöl oder in gut 50 g Weizenkeimen).
– Regelmäßige Wechselduschen wirken Wunder. Das Wasser sollte kühl, auf keinen Fall eiskalt sein.
– Massagen von Bauch, Hüften und Oberschenkeln mit einem Körperöl (besonders gut: Johanniskrautöl) oder mit einer Spezialcreme sollen die Streifenbildung eindämmen. Bewährt und einfach durchzuführen ist die Zupfmassage: Mit Daumen, Zeige- und Mittelfinger wird ein Stück Haut gegriffen, etwas von der Unterlage abgehoben und wieder losgelassen. Optimal wäre es, jede Zone 2-mal am Tag 5 Minuten zu massieren. Mit diesen Massagen sollte man früh beginnen, das heißt zu einem Zeitpunkt, da dem Bauch noch nicht anzusehen ist, dass jemand darin wächst. So bereitet man das Gewebe ein wenig vor auf die Strapaze, die es aushalten muss.
– Manche Frauenärzte raten zu Hautpflegepräparaten mit Coffeinzusätzen. Sie wirken durchblutungsfördernd und dürfen auch in der Schwangerschaft angewendet werden.

650. Sex in der Schwangerschaft

Es ist ein Ammenmärchen, dass Geschlechtsverkehr dem Baby schadet. Wenn keine vom Arzt festgestellten Risikofaktoren vorliegen, dürfen werdende Eltern die Liebe wie immer genießen – und vielleicht noch mehr!

– Sex in der Schwangerschaft ist für viele Frauen eine Offenbarung. Noch nie zuvor haben sie die körperliche Lust so genossen. Werdende Mütter sollten sich von alten Tabus befreien und sich daran erfreuen, dass die Hormone für eine stärkere Durchblutung ihrer Klitoris sorgen und sie damit empfindsamer für Berührungen machen. Die Scheide wird schneller feucht und auch die Brüste reagieren sensibler auf Zärtlichkeiten.
– Es wäre schön, wenn werdende Mütter diese unglaubliche und einmalige Zeit des Ganz-Frau-seins in vollen Zügen genießen könnten. Wenn sie sich bewusst darauf einlassen, jetzt endlich weiblich und rundlich sein zu dürfen und das aktuelle Schönheitsideal vorerst über Bord werfen zu können, haben Frauen sehr viel Freude am eigenen Körper – und das ist die beste und wichtigste Voraussetzung für genussvollen und erfüllenden Sex.
– Die meisten Männer finden es wundervoll, ihre Frau etwas fülliger zu erleben. Sollte die werdende Mutter Sorge haben, dass ihr Partner Probleme mit dem wachsenden Bauch hat, so ist es wichtig, dies anzusprechen. Fast immer wird sich herausstellen, dass Berührungsängste („Wie gehe ich jetzt mit ihr um? Muss ich sie schonen? Muss ich meine Leidenschaft bremsen?") dahinterstecken, wenn ein Mann in der Liebe zurückhaltender wird.
– Das Paar darf seine Lust so wie immer ausleben. Gegen Ende der Schwangerschaft wird der Baby-Bauch die Missionarsstellung schwierig machen, doch der Experimentierfreude sind keine Grenzen gesetzt (Alternative: „Löffelchen"-Stellung).

651. Schlaf finden in der Schwangerschaft

Ab dem zweiten Schwangerschaftsdrittel machen oft die zunehmenden Östrogene seelisch labiler, was aus Mücken mitunter Elefanten werden lässt. Grübeleien darüber, ob man eine gute Mutter werden wird oder ob das Kind auch gesund zur Welt kommt, sind jetzt ganz normal, können den Schlaf allerdings erheblich beeinträchtigen. Alles, was am Schlaf hindern könnte, muss deshalb ausgeschaltet werden.

– Schwangere sollten nicht vor der Müdigkeit ins Bett gehen, denn wach liegen macht nervös und führt in einen Teufelskreis („Weil ich spüre, dass ich nicht einschlafen kann, kann ich nicht einschlafen").

– Alles Aufwühlende wie Streitgespräche, ergreifende Filme oder Literatur vor dem Einschlafen meiden.
– Nächtlichen Toilettengängen kann man vorbeugen, indem man abends nur noch wenig trinkt und tagsüber Kompressionsstrümpfe trägt, die Wassereinlagerungen verhindern (was tagsüber eingelagert worden ist, wird nachts wieder ausgeschwemmt).
– Eine Schlafposition mit leicht erhöhtem Oberkörper beugt einerseits dem Schnarchen vor, das von gefährlichen kurzen Atempausen (Schlaf-Apnoe) begleitet sein kann. Andererseits hilft es, besser Luft zu bekommen, falls die Nasenschleimhaut angeschwollen ist.
– Im dritten Schwangerschaftsdrittel kommen etliche Dinge zusammen, die am Schlaf hindern können: Wadenkrämpfe, Rückenschmerzen, Hautjucken, Sodbrennen. Außerdem kann der Bauch ganz schön im Weg sein, und das Baby seine täglichen Strampelübungen beginnen, wenn seine Mutter sich zur Ruhe gebettet hat.
– Außerdem beginnt bei vielen Müttern nun das, was Hebammen den „Ammenschlaf" nennen: der Schlaf wird flacher, Tiefschlafphasen nehmen ab – die Vorbereitung auf die Nächte mit einem hilflosen Wesen, für das man 24 Stunden erreichbar sein muss.
– Was den Schlaf dennoch unterstützt: Milch mit Honig kann Wunder wirken; der Honig lockt Insulin und dieses Hormon wirkt schlaffördernd.
– Ein Absenken der Zimmertemperatur (18 °C reichen vollkommen) hilft ebenfalls.

652. Babys erste Garderobe

Werdenden Müttern macht es viel Freude, Kleidungsstücke für ihr Baby einzukaufen. Doch so entzückend die kleinen Hosen, Sweatshirts und Söckchen sind – man sollte bedenken, dass zur Geburt sehr gerne Babysachen geschenkt werden.

– Die Grundausstattung für die ersten Lebenswochen des Babys sollte man etwa 8 Wochen vor dem errechneten Geburtstermin zu besorgen beginnen. Dann kann man in aller Ruhe aussuchen und einkaufen. Nicht wenige Babys kommen vor dem Termin, den die Eltern im Kopf haben.
– Die Erstausstattung kostet viel Geld, wenn man alles neu beschafft. Man sollte sich in der Verwandtschaft und im Bekanntenkreis umhören, ob es da nicht abgelegte Stücke gibt. Heute werden viele Babysachen nur wenig genutzt, vor allem in den Familien, in denen es nur ein Kind gibt. Sehr vieles lässt sich auch gut erhalten in einem Second-Hand-Laden kaufen.
– Die so genannten Erstausstattungspakete, die es von diversen Anbietern gibt, sind eher nicht zu empfehlen. Oft braucht man einiges davon nicht, dafür fehlt anderes. Außerdem lässt die Qualität häufig zu wünschen übrig.
– Babykleidung sollte man nicht in der kleinsten Nummer kaufen, sie passt oft nur 2–3 Wochen. Am besten besorgt man Stücke in Größe 62 und 68.

DAS RICHTIGE VERHALTEN IM JOB

Mit der Schwangerschaft ändert sich für manche Frauen auch etwas im Berufsleben. Es ist wichtig, sich beizeiten darüber zu informieren, wie man sich am besten verhält.

• Der Zeitpunkt, zu dem die Geschäftsleitung von der Schwangerschaft unterrichtet werden muss, ist nicht gesetzlich fest gelegt. Wer in den Genuss der Schutzvorschriften kommen möchte, sollte die Information so bald wie möglich abgeben.
• Bestimmte Aufgaben dürfen Schwangeren nicht übertragen werden. Die Schutzvorschriften besagen, dass Schwangere keine Lasten über 5 kg heben oder tragen dürfen, dass ihnen weder Akkord- oder Fließband-, noch Nacht- oder Sonntagsarbeit zugemutet werden darf, dass sie nicht in Bussen, Taxis oder U-Bahnen beschäftigt werden und dass sie keinen Kontakt mit giftigen Stoffen haben dürfen.
• Besteht das Risiko, dass Chef und Kollegen nicht sonderlich begeistert auf die Schwangerschaft reagieren, dann sollte man, sofern man einen körperlich wenig belastenden Büro-Arbeitsplatz hat, die Nachricht erst nach Ende des 3. Monats verkünden. Dann bleibt die Schwangerschaft in aller Regel stabil.
• Mit dem Bekanntgeben der Schwangerschaft beginnt auch der Kündigungsschutz, der bis 4 Monate nach der Entbindung bestehen bleibt.
• Die Kontrolluntersuchungen beim Frauenarzt sollten nach Möglichkeit nicht während der Arbeitszeit stattfinden. Erst recht nicht, wenn man als Teilzeitkraft beschäftigt ist. Die Geschäftsleitung hat gegebenenfalls das Recht, das Gehalt zu kürzen.

– Um nicht ständig waschen zu müssen, sollte der Bekleidungsvorrat nicht zu klein sein: mit 6 Bodys und 6 Stramplern ist das Kind vorerst gut versorgt. Babys spucken sehr häufig, und oft geht auch aus der Windel etwas daneben.
– Empfehlenswert ist der Kauf von Kleidung aus Naturfasern. Bevor alles in den Schrank bzw. in die Wickelkommode eingeräumt wird, sollten alle Kleidungsstücke einmal gewaschen werden, damit mögliche chemische Rückstände entfernt werden.
– Die Ausfahrgarnitur (Jacke, Mütze) sollte man in Göße 62 oder 68 besorgen. Angora- und Mohairwolle ist für Babys ungeeignet, weil es die feinen Härchen einatmen kann. Auch Bommeln und Quasten sind ungünstig, vor allem, wenn das Kind beginnt, alles in den Mund zu stecken.
– Ein Fellsack tut in der kalten Jahreszeit gute Dienste. Für kalte Tage braucht ein Baby auch Handschuhe. Für den Sommer leichteres Material wählen, eine Mütze (Baumwolle oder Batist) ist aber auch in der warmen Jahreszeit ein Muss, denn es schützt vor Sonne und Zugluft.

653. Ausgang mit Baby vorbereiten

Auch mit Babys ist man schon unterwegs. Dafür brauchen sie eine geeignete „Ausrüstung", mit der sie sicher und bequem transportiert werden können.

– Ein Tragetuch oder Tragesack hat viele Vorteile: Man kann das Baby ganz nah bei sich tragen und hat dennoch die Hände frei. Außerdem ist das Baby am Bauch von Mutter oder Vater zufrieden.
– Auch wenn man sein Baby meistens im Tragetuch haben möchte, sollte man auf die Anschaffung eines Kinderwagens nicht verzichten. Es wird Situationen geben, in denen man froh ist, das Baby einmal ablegen zu können. Am besten kauft man eine Kombination aus Kinderwagen und Buggy.
– Für die Heimfahrt aus der Klinik ist ein sicherer Babysitz unbedingt erforderlich.
– Autositze für Kinder sollten immer im Fachgeschäft gekauft werden. Erwirbt man so einen Sitz aus zweiter Hand, ist es wichtig, dass der Vorbesitzer sämtliche Unterlagen zu Einbau und Nutzung weitergibt.
– Wenn Kinder häufig bei Verwandten oder Freunden mitfahren, sollten auch diese einen passenden Sitz in ihrem Auto haben. Experten warnen davor, Kinder in einem x-beliebigen Sitz sichern zu wollen.

KINDERWAGEN- UND BUGGY-KAUF

Kinderwagen:

- **Wichtig ist eine gute Federung, ein großer Radabstand (Kippsicherheit) und eine Feststellbremse (stabil und gut zugänglich), die mindestens auf zwei Räder wirkt.**
- **Das Wagengestell sollte mit einer Sicherung ausgestattet sein, die ein plötzliches Zusammenklappen verhindert. Ein TÜV- oder GS-Zeichen (unabhängige Prüfsiegel) bürgt für Sicherheit und Qualität.**
- **Man sollte vor der Kaufentscheidung wissen, wo der Wagen „geparkt" wird (oft sind die Eingangsbereiche vor allem in Mehrfamilienhäusern knapp bemessen) und wie groß der Kofferraum des Autos ist, um die passenden Kinderwagengröße zu finden. Wichtig ist auch, dass der Wagen einfach zusammenklappbar ist.**
- **Der Wagen sollte eine feste und ausreichend große Liegefläche haben. Das Verdeck sollte ausreichend groß sein, um effektiv gegen Sonne, Regen, Wind und Kälte zu schützen.**
- **Von Bedeutung ist auch eine Zusatzausstattung wie Sonnenschirm, Tasche, Wagenkette, Regenhaube oder Winterfußsack.**
- **Sollte schon ein Geschwisterchen da sein, wäre ein Kiddy-Board hilfreich.**
- **Markenkinderwagen sind teuer, aber oft in Bestzustand aus zweiter Hand zu haben.**

Buggy-Kauf:

- **Die Rückenlehne misst mindestens 50 cm, ist gut gepolstert und im Kopfbereich mit Seitenwangen ausgestattet (fängt den Kopf auf).**
- **Der Sitz ist fest und stabil (nicht durchhängend). Die Sitzfläche ist leicht nach hinten geneigt, damit das Kind nicht nach vorn rutscht.**
- **Die Sitzvorderkante darf nicht in die Kniekehlen drücken. Die Bein- bzw. Unterschenkelauflage ist mehrfach verstellbar. Die Fußstützen sind höhenverstellbar und mit einem groben Belag gegen das Abrutschen der Füße versehen.**
- **Empfehlenswert sind außerdem: breite Sicherheitsgurte, ein gut und sicher handhabbarer Verschluss, ein gepolsterter (und möglichst abwaschbarer) Sicherungsbügel.**

KOCHEN

Warum gibt es immer noch so viele neue Kochbücher? Und warum werden die auch noch immer gekauft? Weil wir jeden Tag Hunger haben. Und weil wir nicht jeden Tag das Gleiche essen wollen, zum Glück. Denn Kochen macht glücklich. Besonders dann, wenn die Küche passt, wenn die Lebensmittel ihren Namen verdienen, wenn die Bekochten es genießen – und wenn ich weiß, wie ich das alles hinbekomme.

Das vorweg: Auf den folgenden Seiten stehen keine Rezepte für klassischen Schweinebraten, ein schnelles Nudelgericht oder originelle Party-Desserts. Dafür gibt es Kochbücher (siehe hintere Klappe). Wer aber wissen will, wo er ein gutes Stück Schwein bekommt, wie Nudeln bissfest kochen und was es zu einer Einladung außer Desserts noch braucht, der wird hier viel finden. Fangen wir im Zentrum an.

Die Küche – das Herz des Hauses

In keinem Raum des Hauses herrscht so viel Leben, Arbeit und Bewegung wie in der Küche. Sie ist die Mitte im alltäglichen Kreislauf. Tag für Tag werden frische Lebensmittel hineingebracht und verarbeitet, bis ein Essen daraus geworden ist. Dann wird der Arbeitsplatz zum Treffpunkt, der Tag wird besprochen, Erlebnisse werden ausgetauscht. Schließlich zieht jeder gestärkt weiter, um etwas Neues anzugehen oder auch bloß, um etwas Neues einzukaufen. Soweit das Ideal. Ihm lässt sich dann am besten nahe kommen, wenn die Küche gut zum eigenen Leben und Kochen passt. Das kennen Küchenplaner und Hersteller von Design-Kochwerkzeugen nicht immer, weswegen man ihnen beim Einrichten der Küche auch nicht immer folgen muss. Und wenn diese schon fertig in der Wohnung steht? Dann lassen sich mit ein paar Tricks trotzdem Lösungen finden. Mehr dazu auf der nächsten Seite.

Einkaufen – Energie fürs Kochen

Ein guter Herd ist wichtig fürs gute Kochen. Noch wichtiger sind aber die Zutaten, mit denen wir täglich in der Küche arbeiten. Beim Einkauf von Gemüse und Obst, Fleisch und Fisch, aber auch von Nudeln, Gewürzen und einem guten Wein entstehen immer wieder Fragen, auf die es in diesem Kapitel Antworten gibt: Wie finde ich einen guten Metzger? Woran erkenne ich frisches Fischfilet? Wie bleiben Kräuter lange frisch? Was muss ich über Zusatzstoffe wissen? Eines können Sie sich nur selbst beantworten: Muss man noch mehr bei den Lebensmitteln sparen? Wenn jemand wirklich sein Geld zusammenhalten muss, ist das keine Frage. Aber wenn genug da ist fürs Wohnen (neue Stehlampe), Wohlfühlen (mehr Kosmetik), Kinder haben (ein PC-Spiel geht noch), Arbeiten (einen neuen PC auch noch) und Freihaben (teures Fitness-Studio, in das man nicht geht), warum dann nicht genug für das, was wir jeden Tag unserem Körper geben? Es lohnt sich, darüber nachzudenken.

Kochen und Essen

Wenn die Küche passt und die Zutaten stimmen, dann kann Kochen Freude machen und Erfolg bringen. Man sollte einfach versuchen, es nicht als niedere Arbeit zu sehen – aber auch nicht als hohe Kunst. Es ist vielmehr ein schönes Handwerk, das Zufriedenheit bringt, wenn man es beherrscht. Und dem sollte man auch beim Essen seinen Respekt zollen, indem man die „Handwerksstücke" richtig genießt. Das fällt bei einem guten Essen natürlich schon mal leichter, aber die Atmosphäre drumherum zählt ebenso. Und wenn alle an einem schön gedeckten Tisch sitzen und etwas erzählen, statt sich gleich um die besten Stücke zu raufen – dann fällt vielleicht gar nicht richtig auf, dass es heute mal nicht ganz so geklappt hat beim Kochen. Vielleicht lag es ja auch am Kochbuch …

Planen und einkaufen

Gut zu kochen ist eine Kunst, aber eine Küche richtig einzurichten eine noch größere. Fehler beim Kochen verderben nur einmal ein Essen, Fehler bei der Planung und Einrichtung sind aber immer wieder ärgerlich. Dabei muss eine Küche gar nicht super gestylt sein. Es genügt, sich darin wohl zu fühlen und ungehindert arbeiten zu können.

Wozu ist die Küche da?

Eine Küche ist mehr als nur eine Herdstelle: Vorräte verstauen, Geräte und Töpfe unterbringen, Essen vorbereiten, kochen, braten, backen, anrichten, garnieren, vielleicht noch essen, auf jeden Fall spülen – all das passiert hier. Eine ganze Reihe unterschiedlicher Arbeiten, die eigentlich verschiedene Bereiche erfordern. Das ist bei den meisten Küchen kaum möglich, weil sie zu klein sind. Und weil die meisten Küchenhersteller und Planer sich noch an Vorgaben halten, die 50 Jahre alt sind und aus der Zeit stammen, als die ersten Einbauküchen im großen Stil entwickelt wurden: Spüle mit Abtropffläche, rechts davon der Herd und dazwischen Arbeitsflächen. Geplant für den rechtshändigen Küchenalltag, in dem Einkäufe noch in der Spüle gesäubert, daneben vorbereitet und auf dem Herd gekocht wurden, am Ende kam das schmutzige Geschirr neben die Spüle. Heute haben die meisten Haushalte eine Spülmaschine, die Spüle ist nicht mehr Vorbereitungszentrum fürs Gemüse und Arbeitsplatten werden oft als Stellfläche für Küchengeräte benötigt. Richten Sie Ihre Küche darauf ein, auch wenn sie schon steht und nach den alten Regeln geplant wurde. Ein erster Schritt zum besseren Arbeiten: sich Bereiche überlegen, in denen bestimmte Tätigkeiten ausgeführt werden. Wo sollen Gemüse geputzt, Teller bereitgestellt, schmutziges Geschirr deponiert werden? Und auf eigene Vorlieben achten: Verräume ich das Geschirr mit der linken oder rechten Hand? Bin ich eher Handarbeiter oder Maschinist? Entsprechend die Küche optimieren.

Optimal auch ohne Umbau

Stichwort „Arbeitsdreieck“: Spüle, Herd und Kühlschrank sollten im Dreieck so angeordnet sein, dass die Wege kurz sind. Geht bei 2-zeiligen, L- oder U-förmigen Küchen. Mehr dazu finden Sie im Kapitel „Wohnen“ ab Seite 22. Aber auch ohne großen Umbau gibt es Dinge zu verbessern.

Platz muss sein: An jedem Arbeitspunkt soll genug Bewegungsraum zur Verfügung stehen. Neben der Spüle muss Geschirr, neben dem Herd ein heißer Topf

Das braucht's: in Schrank und Schublade

- **Töpfe und mehr:** kleiner und größerer Stieltopf (ca. 1/4 l und 1 l Inhalt), Kartoffel- und Reistopf (ca. 1,5 l), flacher, breiter Kochtopf für Gemüse und Ragouts (ca. 2,5 l), Brat- und/oder Schmorpfanne (22 cm Durchmesser), Nudelkochtopf (ca. 5 l), Wok (3–4 l), alles mit Deckel; Auflaufform, Abtropfsieb
- **Messer und mehr:** kleines Gemüsemesser mit 10 cm langer Klinge, großes Kochmesser mit breiter Klinge (20 bis 26 cm lang), kleines Schälmesser mit gebogener Klinge, Sägemesser mit Wellenschliff, Fleischmesser (Tranchiermesser mit schmaler, langer Klinge), Küchenschere, Apfelausstecher, großes und kleines Schneidbrett
- **Kochlöffel und mehr:** 3 Kochlöffel in verschiedenen Größen, Suppen- und Saucenschöpfer, Sieblöffel, Pfannenwender, Fleischgabel, Dosenöffner, Universalreibe, Schneebesen, Gummispatel, Schüsseln, Drahtsieb, Messbecher, Waage

abgestellt werden können, sonst Plätze schaffen. Neben dem Kühlschrank sollte wenigstens eine Ecke für ein Tablett sein. Schaffen Sie zur Seite, was im Weg ist.

Wege verkürzen: Was stets gebraucht wird, nahe bei seinem Arbeitsbereich unterbringen. Wer in der Küche herumläuft, um Töpfe zum Herd zu schleppen oder Kleinteile aus weit entfernten Schubladen zu kramen, legt mehr unnütze Strecken zurück als bei einem ungünstigen Arbeitsdreieck.

Arbeitsabläufe unter die Lupe nehmen: Statt mehrmals zum Kühlschrank zu laufen und nacheinander Butter, Speck, Milch und Gemüse herauszunehmen einmal überlegen, was alles fürs Essen gebraucht wird, auf ein Tablett stellen und zur Arbeitsfläche tragen.

Zuneigung hat Vorrang: Wenn Sie so arbeiten, dass Sie den Kindern beim Spielen zuschauen können, ist das wichtiger, als ein paar Schritte einzusparen. Ihre Küche gefällt Ihnen „unergonomisch" besser? Dann lassen Sie sie so. Es ist schließlich Ihre.

Eine Küche für bestimmte Mahlzeiten

Die Küche ist nicht nur zum Kochen da. Auch Frühstück und Abendbrot werden dort vorbereitet, und danach sollte sie ebenfalls ausgerichtet sein. Überlegen Sie, welche Arbeitsschritte, Geräte und Zutaten dafür nötig sind und stellen Sie sich darauf ein. Das kann zum Beispiel beim Frühstück passieren: Kaffeemaschine mit Wasser, Filterpapier und Kaffeepulver bestücken, anschalten; Butter aus dem Kühlschrank holen; Brot aufschneiden; Wurst und Käse aus dem Kühlschrank holen; Müsli in Schalen füllen; Milch holen; Zuckerdose aus dem Schrank nehmen. Je weniger Schritte Sie dazu brauchen, desto schneller ist das Frühstück fertig. Das heißt, zusammengehörende Geräte, Hilfsmittel und Zutaten bündeln. Zum Beispiel fürs Frühstück: Kaffeemaschine als Zentrum nah am Wasserhahn, von dem aus Kaffeefilter, Kaffeepulver, Messlöffel greifbar sind. Wenn der Kühlschrank sowie alles für Brotaufstrich und Müsli auch noch nahe sind, passt es schon fast. Jetzt noch Frühstücksteller und -tassen an einem Platz versammeln (statt alle Teller hinter einer Tür und alle Tassen hinter einer anderen), dann sitzt es. Genauso beim Abendbrot (Brettchen, Käsemesser, Bier- und Weingläser usw.) oder Mittagessen (Schneidbrett, Messer, Töpfe, Zwiebeln, Öl, Salz, große und tiefe Teller usw.) vorgehen.

Mehr wissen: Küchengenerationen

Im Lauf der Zeit ändern sich die Ansprüche an die Küche. So können Sie reagieren:

SOLOKÖCHE Oft zählt nur das Frühstück, aber dann kommen Freunde zum Essen und es wird groß aufgekocht. Genügend Arbeitsfläche und ein Tisch zum Frühstücken und Abendessen sollten vorhanden sein, sonst Platz dafür schaffen.

WOHNGEMEINSCHAFT Verschiedene Essenszeiten, gemeinsames Kochen oder einer kocht für alle. Viel Stauraum und mehrere Arbeitsplätze mit Kochstellen schaffen (notfalls eine zusätzliche Kochplatte) – wenn einer sich Tee kochen will, während andere in Töpfen rühren.

BERUFSTÄTIGE DUOS Vom Laden auf den Tisch. Viele Vorbereitungen müssen gleichzeitig nebeneinander geschehen können. Genügend Arbeits- und Ablageflächen schaffen, möglichst ein Doppelspülbecken mit extra Ausguss. Statt großer Vorratsschränke ist ein Tisch zum Arbeiten und für kleine Mahlzeiten zu zweit praktischer.

KLEINKINDERFAMILIE Kinderhände dürfen nichts Gefährliches erreichen können, Herdplatten und Schalter müssen vor Zugriff geschützt sein. Optimal ist eine offene Küche. Alternative: Schiebetür statt Zimmertür, lässt sich nachträglich einbauen und vergrößert die nutzbare Fläche.

FAMILIE MIT GROSSEN KINDERN wie WG, aber mit hohen Ansprüchen an Chefkoch/-köchin und die Logistik. Vorratsschrank und Tiefkühler sind ein Muss. Neben dem großen Esstisch ist ein Imbisstresen mit Barhockern eine prima Lösung für Einzelesser, die sich dann nicht so isoliert fühlen.

GENERATIONENFAMILIE Am besten für alle (Kinder, Eltern, Großeltern) eigene Bereiche zum Kochen schaffen oder mehrere Herdplatten nebeneinander statt hintereinander einbauen lassen. Zwei getrennte Spülen wären optimal, sonst mindestens ein doppeltes Becken, um Staus zu vermeiden.

Einkaufen leichter gemacht

Kochen fängt beim Kaufen an. Daher lohnt es sich schon mal, sich vor dem Einkaufen ein paar Gedanken zu machen – über die Wünsche der anderen, den eigenen Vorrat, die Angebote der Woche. Denn nur wenige können sich spontan vom Angebot inspirieren lassen und wissen sofort, was daraus werden soll. Aber das lässt sich lernen – wenn man seine Linie gefunden hat.

Was Urgroßmutter kochte …

Auch dem kreativsten Koch und der findigsten Köchin stellt sich öfters die Frage: „Was koche ich heute Gutes?" bzw. „Was soll ich einkaufen?" Da hilft ein wenig System im Kochalltag. Man muss ja nicht gleich einen ganzen Wochenspeiseplan wie früher anlegen. Aber auf der Suche nach der Linie beim Kaufen und Kochen kann einem das Muster der Urgroßeltern helfen. Da hieß es: montags Bratenreste vom Sonntag (auch weil es dann beim Händler oft nur Gemüse der letzten Woche gibt), dienstags Kartoffeln, mittwochs Gemüse, donnerstags Würstchen, freitags Fisch, samstags alle Reste in einem Topf, sonntags Braten. Das könnte heute so aussehen: Montag Pasta mit Sauce (Reste vom Sonntagsessen plus Tomaten aus der Dose), Dienstag Curry mit Kartoffeln, Mittwoch vegetarischer Tag (etwa Gemüsebuletten), Donnerstag Fisch (ist dann oft frisch beim Händler), Freitag ist Reistag (gebraten aus dem Wok mit den Resten der Woche), Samstag Würstchentag, weil's schnell gehen muss (Wurstgulasch, Würstchen mit Kartoffelsalat, Eintopf mit Würstchen). Und Sonntag wie früher Braten und Kuchen. Kein Dogma, aber eine Anregung, wie man es sich beim Planen leichter machen könnte.

Wer weder blind nach Vorschrift noch völlig im Chaos kocht, wird sich auch nach anderen Gegebenheiten richten. Die Jahreszeit spielt natürlich eine Rolle – weil dann bestimmte Zutaten besonders frisch, gut und günstig zu haben sind, weil dann eine bestimmte Art von Gerichten besser ankommt (leicht und schnell im Sommer, deftiger im Winter). Die Prospekte der Lebensmittelgeschäfte und Supermärkte können erste Inspiration sein, dazu das Lieblingskochbuch und natürlich die eigenen Vorräte – vor allem jene, die weg müssen. Und mit diesen ganzen Informationen verliert die Idee eines Speiseplans vielleicht sogar ihren Schrecken.

Kochen heute – mit Plan

Setzen Sie sich hin und überlegen Sie sich – zumindest für ein paar Tage der Woche – was Sie kochen könnten. Das kann am Wochenende oder vor dem nächsten Großeinkauf sein. Dabei dient Omas Muster als Fahrplan, die Saison als Lieferant, das Kochbuch als Inspiration und der Grundvorrat als Basis. Schauen Sie, was da ist, was sich damit in den nächsten Tagen machen lässt und was Sie dazu noch brauchen. Dabei Gerichte mit zartem Gemüse, frischem Fisch und empfindlichem Fleisch auf Einkaufstage legen, damit es frisch in den Topf kommt. Steht der Plan, ihn auf einem großen Blatt Papier, auf einer Tafel in der Küche oder auf kleinen Zetteln für die Pinnwand notieren.

So ein Plan macht das Schreiben einer Großeinkaufsliste leichter. Aber auch der alltägliche Einkaufszettel sollte System haben. Etwa so nach Produktgruppen sortiert, wie diese im Lebensmittelgeschäft angesteuert werden: entweder der Reihe nach (dann Gemüse und Obst zuerst, Extra-Kiste zum geschützten Transport nicht vergessen) oder bei längeren Einkäufen der Frische nach: zuerst die haltbaren Lebensmittel, danach Gemüse, Salat, Obst, zum Schluss Fleisch, Fisch, Wurst, Milchprodukte und zuallerletzt die Tiefkühlprodukte. Falls Sie in verschiedenen Geschäften nacheinander einkaufen, danach sortieren – Supermarkt, Asienladen, Gemüseladen, Metzger, Fischhändler.

Einkaufen mit Schwung

Wer die Möglichkeit hat, nutzt zum Einkauf die Zeiten, in denen wenig los ist, dann erledigt sich das in einem Schwung. Stoßzeiten sind am frühen Vormittag, mittags, wenn Schulkinder und hungrige Handwerker die Läden stürmen und die Zeit rund um den Feierabend. Gleich morgens zur Ladenöffnung, im Laufe des Nachmittags (gerade am Samstag) und am späteren Abend kann man ruhiger und überlegter einkaufen, was auch gut fürs Budget ist. Und ehe Sie zum großen Rundkurs ansetzen, besser vorher schon zu kritischen Lebensmitteln eine Ausweichmöglichkeit planen. Es gibt keine frische Leber? Dann eben Putenschnitzel oder Hähnchenbrust nehmen. Kein Wirsing? Dann Chinakohl. Das ist besser, als noch woanders danach zu suchen.

Das braucht's: im Grundvorrat

- **Trockenes: Nudeln, Reis, Hülsenfrüchte, Mehl, Zucker, Stärke, Semmelbrösel, Salz, Pfeffer, Zucker, Instant-Brühe, Gewürze und Trockenkräuter nach Wunsch**
- **In Dose, Glas und Flasche: Bohnen, Linsen, Tomaten, Würstchen, Fisch; Pflanzen- oder Olivenöl, Essig, Ketchup, Tomatenmark, Senf, Meerrettich im Glas, Sojasauce; Eingelegtes wie saure Gurken, Mixed Pickles, Oliven**
- **Süßes: Müsli usw., Konfitüre, Honig, dunkle Schokolade, Vanillezucker, Trockenfrüchte**
- **Getränke: Kaffee, Tee, Kakao; Mineralwasser, Fruchtsäfte; Weiß- und Rotwein, Bier**
- **Tiefgekühlt: Spinat, Erbsen, Bohnen, Fischfilet, Hackfleisch, Hähnchenschenkel, Toast, Eis**
- **Für Notfälle: Knäckebrot oder Dosenbrot, Salzstangen, Erdnüsse, Grissini, Cracker; Wurst in Glas oder Dose, Schmelzkäse, eingeschweißter Reibkäse; Tiefkühl-Pizzen; fertige Tomatensauce, Instant-Püree, gute Fertiggerichte; H-Milch, Dosenmilch, Instant-Kaffee**

Allerdings: Von einem Sonderangebot zum nächsten zu jagen kostet Zeit, und zum Schluss hat man doch nicht so viel gespart wie gedacht. Besser ist es, einmal alle Lebensmittelgeschäfte in der Nähe unter die Lupe zu nehmen und dabei darauf zu schauen, was man für sein Geld bekommt. Was bieten Obst- und Gemüseabteilungen? Stammt die Ware aus der Umgebung? Ist die Qualität in Ordnung? Wer liefert Fleisch und Wurst? Wie ist das Fischangebot – frisch wie tiefgekühlt? Gibt es eine Käsetheke oder nur fertig verpackte Ware? Wie ist die Auswahl an Bioprodukten? Wie gepflegt und sortiert ist das Geschäft? Wie freundlich das Personal? Und wie gut ist es informiert? Wie groß ist der Preisunterschied zu anderen Geschäften bei Produkten, die Sie täglich brauchen? Da gibt es einen Lebensmittelladen, wo das alles ganz gut passt? Und in dem fühlen Sie sich auch noch wohl, die Artikel sind übersichtlich angeordnet und die Wege breit genug? Dann sollten Sie ihn zur Basis Ihrer Einkäufe machen. Denn wo man sich auskennt, ist der Einkauf blitzschnell erledigt. Und wo man Sie als – auch mal kritischen – Stammkunden schätzt, werden Sie auf lange Sicht nicht draufzahlen.

Wie es frisch bleibt – und wie lange

Licht, Luft und Wärme lassen frische Lebensmittel schneller verderben, deshalb gehören sie gleich nach dem Einkauf richtig untergebracht. Obst und Gemüse aus Plastiktüten nehmen (darin verderben die meisten besonders schnell) und in Papier wickeln. Gemüse im Gemüsefach des Kühlschranks, im Keller oder notfalls im kühlen Flur aufbewahren. Wurst in Vorratsdosen, Fleisch und Fisch in Pergamentpapier packen und an der kühlsten Stelle des Kühlschranks lagern. Dabei erst einmal alles zum Einkühlen vor dem Kühlschrank sammeln, damit die Tür nicht andauernd geöffnet werden muss. Haltbares für das heutige Essen bereitstellen und den Rest in den Vorratsschrank einsortieren, in dem es kühl, dunkel und trocken sein sollte. Die Küche ist vielleicht nicht der ideale Ort für solche Bedingungen, aber eben doch der praktischste zum Lagern von Lebensmitteln, die man oft braucht. Vorräte dann nicht in Hochschränken (Wärme steigt nach oben) sowie in Nähe von Herd oder Heizung aufbewahren. Wer einen nahen Keller oder gar eine Speisekammer hat, ist gut dran. Zur Not kann auch die relative Kühle in Flur oder Schlafzimmer genutzt werden.

Achten Sie beim Einkauf wie beim Einlagern auf die Haltbarkeit. Das Mindesthaltbarkeitsdatum (kurz: MHD) auf Packungen und Dosen nennt den Zeitpunkt, bis zu dem der Hersteller mindestens eine gleich bleibende Qualität garantiert. Danach muss diese nicht nachlassen, doch sie kann. Und das Produkt muss auch nicht verdorben sein (vor allem wenn die Frist eher lange war). Bei frischen Lebensmitteln aber können sich dann Keime vermehren, die für den Menschen gefährlich sind. Anzeichen für Verderb können sein: Veränderungen der Farbe, trüber Sud, unangenehmer Geruch und Schimmelbildung. Wölben sich Dosendeckel oder zischt es beim Öffnen, ist der Inhalt auf jeden Fall verdorben. Selbst beim geringsten Zweifel müssen Sicherheit und Gesundheit Vorrang vor Sparsamkeit haben. Also ab in den Müll damit, wenn Sie Bedenken haben. Selbst verschimmelte Konfitüren und erst recht Brot sollten weggeworfen werden, da ein Laie nicht erkennen kann, ob ein Schimmelpilz harmlos ist oder schädlich.

654. Sich in der Küche wohl fühlen

Die Küche ist kein Labor und auch nicht nur Arbeitsplatz, sondern oft das Zentrum des Familienlebens, die Quelle für Wärme, Geborgenheit, Kreativität im Haus. Und zu essen gibt es dort auch immer etwas. All das sollte man ihr anmerken. Selbst auf die Gefahr hin, dass etwas dann mal nicht so praktisch oder stilsicher ist, wie es die Hauswirtschaftslehre oder die Wohnzeitschrift gerne hätten.

– Wer in der Küche arbeitet, soll sich wohl fühlen. Dazu gehört nicht nur Nützliches und Praktisches, sondern auch Schönes. Ein frischer Blumenstrauß am Fenster oder auf dem Küchentisch, ein Handschmeichler für zwischendurch, ein knuddeliger Teddybär, ein Kinderbild, eine Pinnwand mit Urlaubsfotos, schöne Geräte und Vorratsdosen bringen Schönheit in die Küche. Eben alles, was man gerne anschaut oder in die Hand nimmt, schenkt auch beim Arbeiten Freude.

– Für Wärme sorgen. Warm wird es schon beim Kochen, aber Wärme strahlen auch natürliche Materialien aus. Edelstahl ist kalt, weiße Kacheln und Küchenfronten sind ebenfalls kalt. Schaffen Sie einen Ausgleich durch naturbelassene Holzbretter, bunte Plastikgeräte, Obst in Strohkörbchen, grobe Leinentücher, schön geformte Tontöpfe oder Dekoratives aus Großmutters Küche.

– Platz schaffen. Nicht nur für Küchengeräte und Geschirr, sondern auch für Neugierige, Kinder und Gäste. Auch in der Miniküche sollte ein Plätzchen zum Sitzen sein, ein Tischchen für Hausaufgaben und Basteleien bereitstehen. Wo das nicht möglich ist, kann ein Mauerdurchbruch Durchblick und Nähe verschaffen – selbst wenn er nur die Größe einer Durchreiche hat.

– Die Küche öffnen. Auch wer keine offene Küche hat, kann sie fürs Leben aufmachen. Also die Tür beim Kochen ruhig auflassen (wo gut gekocht wird, riecht es auch nicht unangenehm) und das Fenster nicht mit Vorhängen oder Ähnlichem abschotten, sodass man nicht mehr raussehen kann. Auch die kleinste Küche kann durch einen bequemen Stuhl, einen Teppich oder durch gleiche Farben wie im Wohnbereich gemütlicher werden und in Verbindung mit dem Rest der Wohung treten.

– Mehr Ratschläge zum Thema Küchenplanung finden Sie im Kapitel „Wohnen“ ab Seite 22.

5 TRICKS zum Wassersparen

1. **Spülmaschine sinnvoll nutzen. Eine voll beladene Maschine reinigt mit weniger Wasser und Energie als fürs Handspülen gebraucht wird. Wird die Spülmaschine nur halb befüllt in Betrieb gesetzt, ist Handspülen sparsamer.**
2. **Durchflussbegrenzer. Statt der handelsüblichen Perlstrahler in die Spülarmatur einbauen. Reduziert die maximal durchfließende Wassermenge.**
3. **Fettfreies Geschirr nur mit klarem heißem Wasser spülen, spart das gründliche Nachspülen, um Spülmittelreste zu entfernen.**
4. **Klarspülen nur mit dünnem Wasserstrahl oder besser noch mit Brause.**
5. **Salate, Blattgemüse in Schüssel oder Eimer waschen, Wasser zum Gießen nehmen.**

655. Mit dem Elektroherd arbeiten

Auch wenn Profis und Puristen für Gas schwärmen, sind Elektroherde Standard in deutschen Küchen. Bei ihnen können Kochvorgänge einfacher gesteuert und automatisiert werden, dazu sind die inzwischen üblichen Glaskeramikfelder leichter zu reinigen – aber empfindlicher gegenüber Abnutzung. E-Herde nehmen der Küche weniger Luft als Gasherde, fressen aber mehr Energie und sind ökologisch im Nachteil. Ihre Elektronik ist störanfälliger, und sie erfordern mehr Aufmerksamkeit (Nachwärme). Halogen- und Induktionsherde heben einige Nachteile auf.

– Klassische Kochplatten aus Gusseisen haben Normgrößen von 14,5, 18 oder 22 cm Durchmesser. Töpfe und Pfannen sollten dazu passen, sonst wird Energie ungenügend genutzt und die Geräte verziehen sich. Glaskeramik-Kochfelder können diverse Größen und Formen (z. B. für längliche Bräter) haben. Oft gibt es noch Zuschaltmöglichkeiten, um die Felder zu vergrößern.

– Es gibt mehrere Arten von Kochplatten bzw. -feldern, insgesamt Kochstellen genannt. Normalkochstellen sind meist in drei Schaltstufen mit Zwischenstufen unterteilt wie auch Schnellkochstellen, die sich dank höherer Wattzahl sehr rasch aufheizen. Automatik-Kochstellen regeln selbstständig die Temperatur (z. B. Runterschalten nach dem Anbraten) und können mit Ein- und Ausschaltzeiten programmierbar sein. Sie haben bis zu 12 Schaltstufen.
– Halogenkochfelder werden schneller heiß und reagieren schneller auf die Hitze von Topf oder Pfanne. Induktionsfelder lassen in bestimmten Töpfen (z. B. Gusseisen oder emailliertes Eisen) nur den Topfboden heiß werden. Die Hitze lässt sich so ähnlich direkt wie beim Gas regulieren, auch bleibt der Herd selbst kalt, Vorheizen wie Nachwärme entfallen. Beide Systeme machen aber den Herd wesentlich teurer.
– Topfböden müssen auch dann, wenn der Topf heiß ist, völlig plan auf der Herdplatte aufliegen (sie dürfen sich nicht leicht drehen lassen), sonst verbrauchen sie fast doppelt so viel Energie wie notwendig (siehe Ratschlag Nr. 659, „Töpfe und Pfannen auswählen“, Seite 352).
– Zur Reinigung siehe Ratschlag 776, Seite 416.

TIPP

Herkömmliche Elektrokochstellen halten etwa fünf Minuten ihre Hitze. Rechtzeitig zurückschalten, ehe Milch überkocht. Frühzeitig ausschalten und die Restwärme ausnutzen.

656. Mit dem Gasherd arbeiten

Kochen mit Erdgas ist preiswert, ökologisch günstiger (55 % der Energie werden in Wärme umgesetzt, bei Strom nur etwa 20 %). Die Hitze lässt sich direkt und stufenlos regulieren, was vor allem schnelle Köche bzw. solche mit Sinn für Feinabstimmung schätzen. Allerdings ist die kleinste Flammenstufe für viele Garmethoden immer noch zu heiß, dafür kann man hier auch mal richtig Gas geben – etwa beim Wokken. Die Bedienung ist simpel, wenn man einmal den Dreh raus hat, der je nach Modell unterschiedlich sein kann. Nachteile: Ein Gasanschluss muss vorhanden sein (Flüssiggasflasche geht aber auch), Gefahr durch offene Flammen, Verbrennungsgase verlangen größere Küche mit gutem Abzug, Töpfe stehen nicht immer stabil, Herdreinigung kann mühsam werden.

– Auf Gaskochfeldern mit offenen Flammen können Töpfe und Pfannen aus jedem Material verwendet werden, nicht einmal der Boden muss plan sein. Dabei steckt in der Flammenspitze die größte Hitze – wenn Flammen also rund um den Topf züngeln, verpufft die meiste Hitze in die Küche. Daher lieber breite als hohe Töpfe nehmen, deren Böden die Hitze gut leiten, sonst brennt der Topfinhalt über den Flammenspitzen an. Und zu jeder Topfgröße immer die richtige Brennergröße verwenden.
– Wer von Strom auf Gas umsteigt, sollte die rasche Hitze nicht unterschätzen. Stets erst bei großer Flamme rasch ankochen oder -braten, dann gleich auf kleine Flamme zurückdrehen und gleichmäßig weitergaren. Zum Fertiggaren bei kleinster Hitze auf den Minibrenner wechseln. Es gibt so genannte Wärmeverteiler (Drahtnetz oder Metallplatte mit Öffnungen) zum Unterlegen, die aber Energie verschwenden und den Vorteil der Direkthitze mindern.
– Wichtig ist, dass beim Kochen mit Gas genügend Luft da ist – also immer die Fenster öffnen. Um ein Anbrennen jenseits des Herds zu vermeiden, wird der Bereich rundherum frei gehalten – vor allem frei von leicht Brennbarem wie Küchenrollen, Topflappen oder gar Vorhängen. Küchenplaner montieren Dunstabzugshauben mindestens 90 cm über den Gasherd und Hochschränke mindestens 30 cm versetzt vom Herd.
– Zur Reinigung siehe Ratschlag 777, Seite 416.
– „Profis kochen lieber mit Gas“, heißt es. Doch ist damit nicht unbedingt die offene Gasflamme gemeint, die in Restaurantküchen gerne fürs schnelle Braten und Wokken genutzt wird. Das eigentliche Kochen geschieht auf großen Eisenplatten, die durch Gasflammen erhitzt werden. So bilden sich verschiedene Temperaturzonen, die Garhitze wird durch das Verschieben von Topf oder Pfanne geregelt. Solche Herde gibt es auch für den Hausgebrauch – zum Preis eines guten Gebrauchtwagens.

TIPP

Vorsicht bei Pfannen mit Kunststoff- oder Holzgriffen: Herauszüngelnde Flammen können sie so stark erhitzen, dass sie zu brennen beginnen. Auf diese Weise können auch Metallgriffe glühend heiß werden – daher immer mit Topflappen o. Ä. zugreifen. Und darauf achten, dass auch diese nicht zu brennen beginnen.

657. Mit dem Backofen arbeiten

Strom oder Gas? Umluft oder reguläre Hitze? Unterm Herd oder in Augenhöhe? Beim Backofen gibt es einiges zu entscheiden – oder auch nicht, weil er bereits in der Küche steht. Dann sollte man ihn gut kennen lernen. Denn so ein Ofen entwickelt schnell ein Eigenleben, auf das man sich einstellen sollte. Doch dann liefert fast jeder erstklassige Kuchen, Braten, Aufläufe und mehr.

– Die allermeisten Backöfen laufen mit Strom. Ihre Vorteile sind das leichtere Bedienen und Anschließen sowie die konstantere Temperatur. Doch auch Elektroöfen haben ihre Klimazonen und -schwankungen, besonders wenn sie nicht mit Umluft heizen.

– Gasbacköfen müssen nicht vorgeheizt werden und erreichen höhere Temperaturen als E-Öfen. Ihre Regelung ist aber häufig nicht so konstant und eindeutig wie beim Strom, da es statt Gradzahl Schaltstufen gibt (von 1–8). Profis schätzen jedoch gerade die direkte Hitze und das eigene Wesen des Gasofens, da er so auf natürliche Weise bäckt und damit etwa Brot besonders gut gelingen kann.

– Herkömmliche Öfen arbeiten mit Ober- und Unterhitze, wobei die jeweilige Zone im Backraum erhitzt wird. Normalerweise sind beide Zonen eingeschaltet (nur Oberhitze beispielsweise, wenn eine Kruste gewünscht ist), aber auch dann kann nur auf einer Schiene gebacken werden: Flaches wie Plätzchen in der Mitte, Großes wie Braten oder Gugelhupf eine Schiene tiefer.

– Bei Umluftöfen wird die Wärme in den Backraum und direkt ins Gargut geblasen, so dass nur eine niedrigere Temperatur nötig ist (siehe Kasten rechts). Braten werden so zarter und saftiger, jedoch nicht so knusprig. Empfindliches wie Soufflé oder Baiser gelingt besser im herkömmlichen Ofen. Am besten ist es, wenn man beide Möglichkeiten des Garens hat. Im Umfluftofen kann auch auf mehreren Schienen zugleich gebacken werden. Aber auch für Umluftöfen gilt, dass die Hitze hinten etwas höher ist als vorne, besonders bei öfterem Türöffnen.

– Ein Grill ist ein sinnvolles Extra für Backöfen, etwa um Braten zu bräunen oder Toasts zu überbacken. Achten Sie auf eine gleichmäßig verlaufende Heizschlange. 300-Grad-Hitze (gut für Pizza), eingebaute Mikrowelle (für Schnellbrater) oder Dampfgarer (für Profis) sind weitere Extras.

– Der Einbau des Ofens unter dem Herd hat Vorteile, wenn man beides oft kombiniert, wie etwa beim Anbraten und Garen von Braten, oder die Küche klein ist. Ein ausziehbarer Backwagen macht dann das Arbeiten leichter, eine mehrfach verglaste Tür hält die Hitze im Ofen und schützt Kinderhände. Bequemer ist es, wenn der Ofen in Augenhöhe eingebaut (dann aber ohne Backwagen) und dabei trotzdem in der Nähe des Herds ist – aber nicht neben dem Kühlschrank.

– Zur Reinigung siehe Ratschlag 778, Seite 416.

TEMPERATUREN IN ÖFEN

In Gasöfen wird meistens bei Stufen von 1–5 gegart, in Elektro-Öfen von 150–250 °C, zum Teil auch von 80 °C (Niedrigtemperatur) oder 300 °C (wie für Pizza). Umluftöfen sind weniger heiß einzustellen. Die Entsprechungen:

Ohne Umluft	Mit Umluft	Gas
150 °C	140 °C	Stufe 1
175 °C	160 °C	Stufe 2
200 °C	180 °C	Stufe 3
225 °C	200 °C	Stufe 4
250 °C	220 °C	Stufe 5

658. Kühlschrank und Tiefkühler nutzen

Kühlgeräte haben unterschiedlich kalte Zonen. Da die gekühlte Luft nach unten sinkt, ist es dort am kältesten. Das ist vor allem im Kühlschrank mit seinem empfindlichen Inhalt wichtig.

– Die kälteste Zone im Kühlschrank liegt bei herkömmlichen Modellen auf der Fläche direkt über dem Gemüsefach. Auch ist es in der Nähe des Verdampfers, der meistens an der Rückwand liegt, sehr kühl. Fleisch, Fisch und Wurst werden möglichst unten und hinten aufbewahrt. Neuere Modelle haben spezielle Null-Grad- oder Frischefächer, in denen leicht Verderbliches länger hält.

– In den oberen Fächern können vorbereitete Gerichte, kühl zu lagernde Vorräte, eingeschweißte Fleisch-, Fisch- und Wurstwaren, Quark und Joghurt gelagert werden, wobei ganz oben weniger Empfindliches stehen sollte.

– Eier, Butter, Milch und Getränke lagern am besten in den Ablagefächern der Kühlschranktür, hier ist es weniger kalt.

– Salat, Gemüse, Kräuter, Obst gehören ins Gemüsefach, dort sind Temperatur und Luftfeuchtigkeit am höchsten.

– Alles im Kühlschrank sollte weitgehend luftdicht verpackt sein (in Plastik- oder Metalldosen, in Butterbrotpapier gewickelt und in Gefrierbeutel gesteckt), da es sonst leicht austrocknet. Außerdem werden Gerüche und Aromen so nicht übertragen. Alles was ins Gemüsefach kommt, in leicht angefeuchtetes Papier oder Küchenpapier wickeln, dann locker in Plastikbeutel stecken und ebenfalls locker einschichten.

– Bei eingebauten Gefrierfächern auf die Sterne achten: 1- bis 3-Sterne-Geräte eignen sich zwar zum Lagern von Tiefkühlkost (* = etwa 3 Tage, ** = etwa 3 Wochen, *** = etwa 3 Monate), aber nur in 4-Sterne-Fächern (****) kann Frisches in kleineren Mengen eingefroren werden. Gefriergeräte nicht zu voll packen, Hinweise der Hersteller beim Einfrieren beachten.

– Moderne Tiefkühler haben eine Abtauautomatik (siehe auch Ratschlag Nr. 775, Seite 415), Gefrierfächer oft nicht. Abtauen ist erst nötig, wenn die Eisschicht dicker als 1 cm ist. Tiefgekühltes in Kühltaschen mit Kühlelementen zwischenlagern, Kühlgerät ausschalten, Gefrierfach mit kaltem Föhn rasch abtauen, auswischen, wieder einschalten. Fach erst wieder füllen, wenn es eiskalt ist.

– Tiefkühlgeräte haben ihr eigenes unabhängiges Kälteklima von mindestens –18 °C, neuere Modelle können auch tiefer kühlen (mittels der gelben Supertaste). Es gibt mit Kühlschränken kombinierte Geräte (mit eigener Tür und Kühlraum), separate Tiefkühlschränke (meist mit Schubladen) sowie Tiefkühltruhen für „Großverbraucher".

– Was bei Tiefkühlgeräten zählt, ist ihr Nutz- bzw. Nettoinhalt, der kleiner als der bloße Inhalt ist und besagt, was wirklich hineinpasst. 100 l Nutzinhalt entsprechen rund 60 kg Gefriergut, mindestens 50 l sollte man pro Person rechnen. Das Gefriervermögen gibt an, wie viel Gefriergut je 100 l Nutzinhalt in 24 Stunden eingefroren werden kann. Die Werte liegen zwischen 5 und 15 kg, größere Mengen brauchen länger zum Einfrieren.

– Mehr zum Einräumen, Pflegen und Reinigen von Kühlgeräten im Kapitel „Ordnung haben" ab Seite 415.

TIPP

Das Verblüffende an Kühlgeräten: Sie heizen auch. Die Kühlflüssigkeit wird im geschlossenen Kreislauf verdampft, dabei entsteht Kälte, die das Innere kühlt. Außerhalb des Geräts, in einem Gitter auf der Rückseite, wird der Dampf wieder abgekühlt und verflüssigt, dabei gibt er Wärme ab und heizt den Raum. Damit die Wärmeabgabe nach außen funktioniert, muss das Kühlgitter von Luft umströmt werden. Bei Einbaugeräten genügend große Zu- und Abluftöffnungen hinter dem Gerät vorsehen. Die Öffnungen nicht zustellen oder -hängen.

5 SICHERHEITS-CHECKS

in der Küche

1. **Hitze** Können heiße Töpfe oder Pfannen versehentlich herabgerissen werden? Stiele und größere Henkel immer nach hinten drehen, bei kleinen Kindern Sicherheitsgitter (Fachhandel, Mitnahme-Möbelhaus) um den Herd anbringen.

2. **Feuer** Um und über Gasherden dürfen keine brennbaren Gegenstände sein. Aber auch glühende Herdplatten ohne Topf und rauchheißes Fett können Brände verursachen. Sind die Schalter sicher vor versehentlichem Einschalten? Können Kinder sie betätigen? Werden die Töpfe beim Erhitzen immer im Auge behalten?

3. **Strom** Sind die Steckdosen kindersicher und weit weg von der Spüle? Keine Verlängerungskabel in der Küche verwenden, erst recht nicht auf Arbeitsplatten und nahe Spüle oder Herd. Elektrogeräte sofort ausstecken, wenn sie nicht benötigt werden.

4. **Gift** Scharfe Reinigungsmittel, Säuren und Laugen können schwerste Gesundheitsschäden verursachen und sollen nie in der Küche gelagert werden. Im Putzbereich so unterbringen, dass Kinder sie nicht erreichen können. Am besten in einem Schrank verschließen.

5. **Glätte** Ist der Küchenboden rutschfest, auch wenn er nass wird? Geben die Sohlen der Hausschuhe auf feuchtem Untergrund genügend Halt? Lassen sich die Griffe von Messern, Scheren und Wasserkochern auch mit feuchten Händen gut halten?

659. Töpfe und Pfannen auswählen

Womit ich am besten koche und brate, hängt von verschiedenen Bedingungen ab. Zum einen spielen meine Vorlieben beim Essen eine Rolle. Dann meine Gewohnheiten beim Garen. Dazu natürlich, auf welchem Herd ich gare. Und schließlich: Was habe ich schon im Topfschrank, und was sollte ich da lieber ersetzen bzw. aussortieren? Folgende Fragen stehen am Anfang:

– Für welchen Kochvorgang benötige ich einen Topf oder eine Pfanne? Gibt es dafür ein spezielles Kochgerät oder eignet sich auch ein universell einsetzbares? Wer Wokgerichte liebt, braucht einen Wok. Zum Gulaschschmoren im kleinen Haushalt ist eine vielseitig zu gebrauchende Pfanne mit höherem Rand und fest schließendem Deckel sinnvoller als ein spezieller Schmortopf.
– Was für eine Kochstelle habe ich? Ein Gasherd kommt mit jedem Material klar, braucht aber z. B. einen anderen Wok als der Elektroherd. Gusseisen- und Glaskeramikkochplatten benötigen glatte, gut wärmeleitende Topfböden. Induktionskochstellen funktionieren nur bei magnetisierbaren Böden (den Händler danach fragen).
– Auf welcher Herdplatte soll der Topf eingesetzt werden? Um beim Wok zu bleiben: Er erfordert ständiges Wenden und Rühren und muss deshalb auf einer Platte vorne stehen. Beim Schmorgericht muss nur ab und zu der Deckel gehoben werden, er steht besser auf einer hinteren Herdplatte. Durchmesser der Platte ausmessen und notieren.
– Wieviel Inhalt sollen Topf oder Pfanne fassen? Dabei lieber ein bisschen mehr ansetzen, zu knappe Töpfe kochen schnell über oder spritzen den Herd voll. Zu große dagegen verbrauchen unnötig viel Energie und das Essen haftet darin leichter an.
– Beschichtet oder nicht? Antihaftbeschichtung spart Fett, lässt sich leicht reinigen, ist aber empfindlich gegen zu große Hitze und kratzendes Küchengerät wie Messer, Metalllöffel und Pürierstab. Bei billigen Töpfen kann sich nach einiger Zeit die Beschichtung ablösen. Unbeschichtetes ist anspruchsvoller in Handhabung und Reinigung, gart aber perfekt, wenn es „läuft".
– Solo oder Serie? Soll das gute Stück also ein Einzelkind sein oder aus einer Topffamilie stammen, aus der später weiteres Gerät gekauft werden kann? Serien haben den Vorteil, dass Deckel und Einsätze auf verschiedenes Kochgerät passen. Der Nachteil ist, dass nicht jedes Gerät nach eigenen Vorstellungen verfügbar ist.
– Eine Basic-Ausrüstung der wichtigsten Töpfe und Pfannen finden Sie auf Seite 344, unter „Das braucht's".

4 STEPS um den Topfschrank auszumisten

1. **Überblick verschaffen:** Kochgeschirr aus allen Ecken der Küche und des restlichen Haushalts sammeln, gerade auch aus den verborgenen.
2. **Müll zu Müll:** Ist das Emaille gesprungen, die Beschichtung zerkratzt oder der Innenboden so rau, dass alles nur noch anhängt, kommt das Stück in den Sperrmüll.
3. **Nutzloses kann anderen nützen:** Warum wurde etwas lange nicht mehr benutzt? Die Crêpepfanne, weil man immer die normale Pfanne nimmt? Der Schnellkochtopf, weil man lieber sieht wie es kocht? Ab in die Kiste zum Verschenken, Verkaufen oder Versteigern.
4. **Der Sympathie-Test:** Stücke, die man eigentlich gern mag, die aber lange Zeit nicht genutzt wurden, kommen entweder noch in dieser Woche zum Einsatz oder in eine Kiste zum Zwischenlagern (so man Platz hat). Datum drauf, nach einem Jahr noch mal durchsehen. Immer noch keine Idee? Dann vielleicht doch davon trennen.

660. Neue Töpfe und Pfannen vorbereiten

Das braucht man:
mildes Spülmittel
weicher Spülschwamm
neutrales hoch erhitzbares Öl (Palmöl, Erdnussöl)
Küchenpapier
Salz

– Alle neuen Töpfe und Pfannen vorm ersten Gebrauch mit sehr heißem Wasser und etwas Spülmittel waschen, sie sind meist noch leicht fettig von der Herstellung.
– Mit klarem Wasser nachspülen, abtrocknen und leer bei mittlerer Hitze erwärmen. Wenn Topf oder Pfanne

heiß sind, mit Öl und Küchenpapier (dick falten, sonst verbrennt man sich!) innen hauchdünn ausreiben. So zieht das Öl in die feinen Poren ein. Noch etwas mehr erhitzen, das Öl darf aber nicht rauchen. Abkühlen lassen. Jetzt ist das Kochgerät gebrauchsfertig.

– Anders funktioniert es bei rohen, nicht emaillierten Eisenpfannen. Sie sind ideal für Bratkartoffeln, Pfannkuchen und Steaks, dürfen aber nicht mit Spülmittel gereinigt werden, da sie dann bald kleben.

– Eisenpfannen vor dem ersten Gebrauch mit Öl einbrennen: Pfanne erhitzen, 2 mm hoch Öl eingießen, Pfanne schwenken und das Öl bis kurz vor den Rauchpunkt erhitzen. Pfanne von der Herdplatte nehmen und mit dem Öl darin abkühlen lassen. Den Vorgang noch zwei- oder dreimal wiederholen.

– Zuletzt das noch heiße Öl mit Küchenpapier auswischen und die Pfanne mit Salz ausstreuen. Wieder erhitzen und das Salz in der Pfanne mit Küchenpapier fest verreiben. Nicht mit Wasser ausspülen, sondern nur das Salz auskippen und die Pfanne mit Küchenpapier sauberreiben.

– Pfanne nach Gebrauch nur trocken mit Küchenpapier säubern. Bei stärkerer Verschmutzung wieder mit Salz erhitzen und ausreiben.

– Mehr Tipps zur Pflege von Töpfen und Pfannen im Kapitel „Ordnung haben", Ratschlag Nr. 783, Seite 419.

661. Messer auswählen

Messer sind die wichtigsten Arbeitsgeräte in der Küche. Und ein gutes Messer kann viele Jahre lang treue Dienste erweisen, wenn es seinen Zweck erfüllt und man gut mit ihm arbeiten kann. Es kann dann sogar zum Lieblingsstück werden. Hier ein kleiner Leitfaden, um solch ein Stück zu finden.

– Das Messer wie beim Arbeiten in die Hand nehmen. Liegt der Griff gut in der Hand? Lässt er sich auch mit nassen Händen sicher greifen? Ist der Übergang von Griff zu Klinge so geformt, dass man nicht versehentlich in die Klinge abrutschen kann?

– Wo liegt der Schwerpunkt? Messer über einem Holzbrett an der Übergangsstelle von Griff zu Klinge mit zwei Fingern halten, so dass es pendeln kann. Ist die Klinge nicht viel schwerer als der Griff lässt es sich gut damit arbeiten.

– Wie hart ist das Material? Klingenspitze flach auf das Brett legen und vorsichtig drücken (nicht bei Keramikmessern, sie können dabei zerbrechen!). Wenn sich die Spitze wenig biegt und energisch Widerstand bietet, ist die Klinge aus hartem Stahl und hält länger ihre Schärfe. Weiches Metall biegt sich gummiartig, bietet wenig Widerstand oder bleibt sogar krumm.

– Finden Sie heraus, welche Art Messer ihnen am besten liegt. Wer viel auf dem Brett schneidet, sollte auf jeden Fall eines mit breiter Klinge nehmen, bei dem man mit der Hand um den Griff nicht bei jedem Schnitt anstößt (ähnlich wie auch beim asiatischen Kochbeil). Ungeübte greifen hier lieber zu kleineren Modellen, statt gleich zum professionellen Kochmesser mit einer Klinge von 20 cm aufwärts. Aber auch dieses sollte nicht zu schwer sein, damit es vielseitig genug ist – es sei denn, man will damit täglich Knochen hacken.

– Wer seine Messer mag, spült sie von Hand. In der Spülmaschine können ihre Griffe aufweichen und die Klinge kann beim Ein- wie Ausräumen anschlagen.

– Eine Basic-Ausrüstung der wichtigsten Messer finden Sie auf Seite 344, unter „Das braucht's".

TIPP

Messer aus rostfreiem Edelstahl sind zwar pflegeleicht, doch die Klingen aus rostendem Stahl sind wesentlich schärfer. Asiatische und traditionelle europäische Messerschmieden ziehen sie vor. Solche Klingen laufen schnell grau an (nicht so schlimm) oder rosten, wenn sie feucht werden (schon schlimm). Dann die gut trockenen Klingen mit Stahlwolle abreiben, bis die gröbsten Unreinheiten entfernt sind. Messerklinge etwas anfeuchten, mit Scheuerpulver bestreuen und mit einem Korken so lange reiben, bis sie wieder glänzt. Pulverreste nun abwaschen, die Klinge gut trocknen und hauchdünn mit Holzpflege- oder Waffenöl (Spezialladen) einreiben, damit sie nicht wieder anläuft. Normales Pflanzenöl enthält meist Säuren, die Messer rasch wieder rosten lassen.

662. Messer schärfen

Jedes gute Messer wird beim Gebrauch etwas stumpfer. Deshalb sollte man es öfter mit dem Wetzstahl abziehen. Wer viel mit Messern schneidet, macht das jeden Tag. Dafür gibt es zwei Methoden:

– Bei Methode 1 nehmen Rechtshänder den Wetzstahl in die linke, das Messer in die rechte Hand. Den Wetzstahl wie einen Dolch von sich wegstrecken, die Messerklinge zeigt parallel zum Körper und wird – Messergriff nahe am Handgriff – mit dem hinteren Ende fast flach auf den Wetzstahl gelegt.
– Jetzt das Messer mit einer halbkreisförmigen Bewegung aus dem Handgelenk heraus vom Körper weg über den Wetzstahl ziehen, wobei die Klinge bis zur Spitze abgezogen wird. Dann die Messerklinge auf der Unterseite des Wetzstahls anlegen und ebenso wegziehen, so wird die andere Seite der Klinge geschärft. Diesen Vorgang etwa 5-mal wiederholen, dann sollte das Messer wieder scharf wie eine Rasierklinge sein.
– Methode 2 funktioniert umgekehrt: Wetzstahl etwas aufrecht von sich weghalten, Messer mit dem Ende der Klinge fast flach an der Spitze des Stahls ansetzen und so nach unten in Richtung Griff des Stahls abziehen, dass am Ende die Spitze noch geschliffen wird. Nun das gleiche an der anderen Seite des Stahls wiederholen und so die Klinge abwechselnd von beiden Seiten schärfen. So machen es Köche und Metzger, weil es rascher geht. Aber Vorsicht – dabei geht das Messer in Richtung Hand!
– In beiden Fällen Messerklinge und Wetzstahl mit Küchenpapier vom Metallstaub säubern. Damit der Wetzstahl funktionsfähig bleibt, ab und zu mit Spülmittel und Bürste reinigen; gut abtrocknen, damit er nicht rostet.
– Wenn durchs Abziehen ein Messer nicht mehr scharf genug wird, muss die Klinge neu geschliffen werden. Sehr gute Messer sollte man ins Fachgeschäft bringen. Bei einfachen kann man es selbst versuchen: Einen feinkörnigen Schleifstein nass machen, die Messerklinge im Winkel von etwa 15 Grad aufsetzen und mit leichtem Druck über den Stein ziehen. Das auf beiden Seiten so oft wiederholen, bis die Schneidenkante wieder flach genug ist. Danach mit dem Wetzstahl abziehen.

TIPP

Schärfetest für Messer mit glatter Klinge: Halten Sie ein Blatt Papier mit einer Hand in der Luft und schneiden Sie es ohne Druck ziehend mit dem Messer ein. Wenn das leicht geht und der Schnitt glatt ist, ist die Schärfe in Ordnung. Sonst das Messer schärfen. Schärfetest für Wellenschliffmesser: weiche Tomate schneiden. Wird die Haut zerrissen, ist die Klinge zu stumpf. Im Fachgeschäft schärfen lassen.

663. Kuchenformen auswählen

Bestimmte Teig- und Kuchenarten werden in speziellen Formen gebacken. Auf diese Formen beziehen sich auch die in Rezepten angegebenen Backzeiten. Kuchenformen gibt es aus verschiedenen Materialien, nicht alle sind für jeden Backofentyp gleich gut geeignet.

– Das bekannte Schwarzblech mit dunkler Oberfläche ist für Elektroherde gedacht, seine Außenwände nehmen Hitze besser auf als helle. Bei Gasöfen wird die Kruste jedoch zu dunkel. Dafür eignet sich Weißblech mit silberglänzender Oberfläche besser, das in Elektroöfen dafür zu wenig bräunt. Einfetten bzw. Auslegen mit Backpapier ist bei beiden Typen nötig.
– Eine Antihaftbeschichtung verhindert das Ankleben des Teigs, die Formen sollten trotzdem leicht gefettet werden. Achten Sie auf eine gute Kratzfestigkeit, sonst hält die Beschichtung nicht lange.
– Traditionelle Formen aus Gusseisen nehmen die Hitze gut auf und leiten sie gleichmäßig an den Teig weiter. In solchen Formen gehen Kuchen gut auf und bräunen schön, benötigen aber meist längere Backzeiten. Ideal und typisch etwa für Guglhupf.
– Springformen sind für alle runden Kuchen und Tortenböden aus nicht zu weichem Teig geeignet (der Boden wird nur eingeklammert, deswegen kann flüssiger Teig dazwischen auslaufen). Mit dem Kranzkucheneinsatz können auch runde Kranz- und Napfkuchen aus Rührteig gebacken werden.
– Kastenformen sind für Rühr- und Hefeteige geeignet, sie geben Sandkuchen, Königskuchen, Teekuchen und Honigkuchen die typische Form.
– Guglhupfformen werden traditionell für schwere, gehaltvolle Hefekuchen genommen. In ihnen gelingen auch Napfkuchen aus Rührteig, Marmor- und Früchtekuchen.
– Obstbodenformen mit niedrigem glatten oder gerillten Rand sind nicht nur für flüssige Biskuitteige geeignet. Wenn sie einen flachen Boden haben, lassen sich darin auch Pies und Tartes aus Mürbeteig backen.
– Muffinformen (gibt es mit 6 oder 12 Mulden) nimmt man für kleine Rührteiggebäcke. Auch kleine Hefeküchlein oder Pfitzauf aus Eierkuchenteig gelingen darin.
– Relativ neu sind flexible Silikonformen, die es in bunten Farben gibt. Sie halten maximal 240 °C Ofenhitze aus und haben gute Antihafteigenschaften. Allerdings leiten sie die Hitze nur wenig – daher sind die Backzeiten länger, die Kruste bräunt nur wenig und bleibt ziemlich weich. Das Gleiche gilt für Formen aus Stein und Glas.

TIPP
Alle Backformen vor dem ersten Gebrauch mit Spülmittel waschen und mit klarem Wasser nachspülen, dann gleich gut abtrocknen, damit sich keine Kalkreste an der Innenwand absetzen. An ihnen würde der Teig bevorzugt kleben bleiben.

664. Waage und Messbecher auswählen

Anders als beim Kochen kann beim Backen schnell eine Menge schief gehen, wenn die Mengenverhältnisse der Zutaten nicht ganz stimmen. Also immer wiegen und messen statt schätzen und scheitern.

– Waagen gibt es von nostalgisch bis elektronisch. Die altmodischen Pendelwaagen mit Gewichten sind umständlich zu bedienen, können aber auch Mengen über 2 kg wiegen.
– Mechanische (mit ziffernblattähnlicher Anzeige) und elektronische (mit digitaler Anzeige) Waagen sollten „Zuwiegewaagen“ sein. Das heißt, nach dem Abwiegen einer Menge sollte die Anzeige wieder problemlos auf Null zu stellen sein, damit die nächste Menge zugewogen werden kann. Das gilt auch für den Fall, dass ein anderes Gefäß als die Waagschale mit gewogen werden soll.
– Wandgeräte sind immer schnell zur Hand, können aber oft nicht so belastet werden wie Standwaagen. Bei elektronischen Waagen darauf achten, dass sich die Batterien auswechseln lassen, sonst muss das ganze Gerät weggeworfen werden. Außerdem sollte ihre Bedienung und Anzeige klar verständlich sein und die Waage sich nicht schon nach kurzer Zeit wieder ausschalten.
– Beim Backen muss man auch öfter messen als beim Kochen. Ein farbiges, unübersehbares Lineal sollte immer griffbereit liegen – um Teigdicken, Formen und Plätzchen ausmessen zu können.
– Noch wichtiger ist ein Messbecher für Flüssigkeiten wie Wasser und Milch. Aber auch wenn er eine Skala für Mehl, Grieß und ähnliches hat: Solches Schüttgut misst er zu ungenau. Je nachdem, wie locker das Mehl rieselt, gibt es jedes mal eine andere Gewichtsmenge. Lieber auf die Waage vertrauen.
– Für Löffelangaben (Esslöffel, Teelöffel) ist ein Messlöffelsatz, den es in Haushaltsgeschäften gibt, am besten zum Abmessen geeignet. Die in der Küchenschublade vorhandenen können nämlich sehr unterschiedliche Mengen ergeben: Ältere Esslöffel sind so groß, dass 20–30 g hinein passen, die heute üblichen fassen nur 15–20 g Schüttgut. Und: In anderen Ländern gelten andere Löffelmaße, die bei Kochbuchübersetzungen oft nicht an unsere Löffel angepasst werden.
– Steht bei Löffelangaben nicht ausdrücklich „gehäuft“ dabei, ist immer ein gestrichen voller Löffel gemeint, also gerade nur so viel, dass die Mulde des Löffels bis zum Rand gefüllt ist, aber kein Berg darüber ragt.

3 TRICKS
zum Spülen von Kochwerkzeug und -geschirr

1. **Holzbretter: nie in den Geschirrspüler geben. Gleich nach der Benutzung mit heißem Wasser und Drahtschwamm gründlich reinigen, möglichst ohne Spülmittel. Trockenwischen, mit Salz bestreuen und dies nach 5 Minuten mit trockenem Lappen abwischen. Aufrecht völlig trocknen lassen. Ab und zu dünn mit Speiseöl einlassen.**
2. **Messer: immer von Hand spülen, vor allem jene mit Holzgriffen. Nicht ins Spülwasser legen, sondern unter laufendem heißem Wasser gleich nach der Benutzung abwischen – vor allem wenn Zitrusfrüchte geschnitten wurden (Säure macht stumpf).**
3. **Angebrannte Töpfe und Pfannen: Essigwasser in einem Extra-Topf (!) aufkochen und dazugießen, am besten über Nacht einwirken lassen. Dann mit heißem Wasser, Spülbürste und -mittel reinigen. Starke Rückstände mit etwas Salz auf dem Drahtschwamm abreiben – jedoch nicht bei beschichtetem Geschirr. Unbeschichtete Pfannen mit reichlich Salz ausstreuen, erhitzen, Salz mit einem Tuch in der Pfanne verreiben, auskippen, trocken ausreiben.**

Grundsätzliches zum Reinigen von Küchenwerkzeug und -geschirr in „Ordnung haben“ ab Seite 418.

3 GERÄTE
die man in der Küche braucht

1. **Schneidemaschine** Entweder nur für Brot (auch per Hand betrieben) oder als Allesschneider für Käse sowie Wurst und Schinken, von denen sich aber nur harte Sorten sauber dünn aufschneiden lassen. Nach jedem Schneiden die Schnittstärke stets auf „0“ stellen, damit das Rundmesser geschützt und entschärft ist, und den Stecker ziehen. Zum Reinigen nach dem Brotschneiden mit einem Pinsel von Bröseln befreien. Bei Wurst, Schinken und Käse muss das Rundmesser ausgebaut und gereinigt werden. Gut, wenn das leicht geht und es keine versteckten Ritzen gibt. Vorher Stecker ziehen.

2. **Küchenmaschine** Für kleine Mengen (bis 500 g), weiche Teige, Eischnee und Sahne sind Handrührgeräte gut geeignet, die weder groß noch lange aufgebaut werden müssen. Auf das Typenschild achten: Dort steht neben den Buchstaben „KB“ eine Zahl, die angibt, wie lange das Gerät ununterbrochen laufen darf. Vorm Wechseln von Einsätzen immer den Stecker ziehen. Größere Mengen (bis 1,5 kg) und schwere Hefeteige schafft nur eine Standküchenmaschine, die aber für kleine Eischnee- und Sahnemengen nicht geeignet ist, da die Rührschüssel zu groß ist.

3. **Zerkleinerer** Rohes, hartes Gemüse, sehnenfreies Fleisch und Fischfilet, Zwiebeln, Nüsse, Käse und Schokolade lassen sich am besten mit einem Blitzhacker zerkleinern. Dessen Reinigung ist aber nicht ganz einfach, auch wegen des scharfen Messers. Weiches Gemüse, heiße Suppen und Saucen, Beeren und Mixgetränke werden am besten im Mixer püriert (gibt es auch als Zusatz zu Standküchenmaschinen). Kleinere Mengen von gekochtem Gemüse, Mixgetränke, aber auch Suppen und Saucen lassen sich mit einem Pürierstab mit sternförmigem Messer am schnellsten mixen. Weniger geeignet ist er für Hartes wie Käse, Nüsse, Schokolade.

4 GERÄTE
die man in der Küche brauchen kann

1. **Entsafter/Zitruspresse** Um aus Obst oder Gemüse rohen Saft herzustellen, wird es im Entsafter klein geraspelt und an eine sich rasch drehende Siebtrommel geschleudert, durch die der Saft dann aus den Raspeln gepresst wird. Das macht Arbeit – auch beim Putzen, das sofort geschehen muss –, holt aber Saft aus fast allem raus. Zitrusfrüchte werden mit der Zitruspresse entsaftet – ob per Hand oder elektrisch, hängt von der Menge ab, die zu verarbeiten ist. Die Reinigung ist weniger aufwändig (je technischer, desto mehr), muss aber auch gleich gemacht werden.

2. **Nudelmaschine** Die simple italienische aus Edelstahl mit Kurbel ist ideal für Lasagneplatten, Bandnudeln und flache Spaghetti. Die Zutaten (Mehl, Eier oder Wasser) werden nur kurz vermischt, dann so lange durch die Walzen mit immer engerem Abstand gedreht, bis der Teig glatt ist. Nun durch den gewünschten Vorsatz, um die Nudeln zu formen. Für Hohlnudeln wie Penne und Rigatoni gibt es große, schwere elektrische Maschinen, die zum Teil auch selbst kneten und bei denen der Teig wie beim Fleischwolf durch Lochscheiben gedrückt wird. Sie sind sehr teuer und nur was für Großverbraucher. Es gibt auch kleine handbetriebene Alternativen, die aber teuer, aufwändig und oft nicht praktisch sind. Dann lieber gute Frischnudeln kaufen.

3. **Getreidemühle** Für grob geschrotetes Getreide im Müsli reicht eine Handmühle. Für größere Mengen Schrot oder Mehl ist eine elektrisch betriebene Getreidemühle sinnvoll. Stahlmahlwerke sind robuster, liefern aber ein eher grießiges Mehl. Wer die Mühle nur ab und zu verwendet, muss sie nach dem Mahlen zerlegen und mit einem trockenen Pinsel säubern. Bei täglichem

Gebrauch ist das nicht nötig. Einzelgeräte sind schwer und benötigen einen festen Platz auf der Arbeitsfläche, es gibt aber auch Mahlvorsätze zur Küchenmaschine. Bei deren Einsatz nur niedrige Drehzahlen verwenden, damit sich das Mahlgut nicht zu stark erwärmt und die Backfähigkeit nachlässt. Steinmahlwerke geben ein feines Mehl, sind aber nicht für ölhaltige Samen (Mohn, Leinsamen) geeignet.

4. **Doch kein Gerät** Für viele Vorgänge in der Küche braucht es keine Geräte, auch wenn es sie gibt. Denn das Zusammenbauen, Auseinandernehmen und Reinigen nimmt oft viel mehr Zeit in Anspruch als ein paar beherzte Handgriffe, von der Platzverschwendung gar nicht zu reden. Orangen auspressen, Basilikum zerkleinern, Mandeln hacken, Schokolade reiben – das geht alles auch per Hand. Und es schult die Geschicklichkeit. Und es ist billiger.

665. Ein gutes Gemüse- und Obstangebot erkennen

Glücklich ist, wer sein Gemüse und Obst nicht nur im Supermarkt kaufen muss, sondern auch noch einen guten Händler fürs Grüne und Bunte in der Nähe hat. Dazu dann noch einen wohlsortierten Wochenmarkt oder entsprechende Hofläden in der Nähe – besser kann es kaum gehen für Frische-Fans.

– Aber auch im Supermarkt muss die Auswahl nicht schlecht sein. Einige Ketten geben sich hier inzwischen Mühe, ein abwechslungsreiches und gepflegtes Sortiment zu bieten, das von geschultem Personal betreut wird. Regionale Ketten sind oft auch offen für regionale Angebote.
– Im Laden wie in der Gemüseecke lässt sich die gute Pflege schnell an der Frische erkennen. Vertrocknete Kräuter, angestoßene und nicht aussortierte Gemüse oder wegen falscher Kühlung fleckiges Obst sind klare Minuszeichen. Finger weg davon. Aber auch unzerstörbare Gemüse und Früchte wie aus der Fabrik sind keine Alternative.
– Entdecken Sie dagegen in einer frisch wirkenden und riechenden Umgebung appetitlich aussehende Früchte der Saison, die nicht Platz sparend gehäuft oder gequetscht wurden, dazu noch eine Auswahl von gängigem Obst über die Standardsorten hinaus, ist viel gewonnen. Dazu eine gute Mischung aus Regionalem, Exotischem und ab und zu auch etwas Unbekanntem – noch besser.
– Ist jetzt noch jemand da, den Sie um Rat fragen können, der Ihnen eine Antwort gibt und Ihnen vielleicht sogar das Gewünschte aus dem Kühlhaus holen oder zumindest besorgen kann – fast perfekt. Stimmt dazu der Preis und das Angebot an Bio-Ware – perfekt.

666. Früchte und Beeren frisch halten

Ob heimisch oder exotisch, ob mit Kern oder Stein, ob noch unreif oder schon überreif – Früchte und Beeren sind wegen ihres hohen Wassergehalts sehr empfindlich und mögen es oft nicht kalt.

– Kernobst (Äpfel, Birnen) gibt es das ganze Jahr direkt aus den Ernteländern der Welt oder aus Lagern, in denen zur längeren Haltbarkeit der Gehalt von Kohlendioxid/Stickstoff in der Luft gesteuert wird. Auch bei loser Ware auf die Herkunft achten, sie muss bei der Preisauszeichnung stehen.
– Kernobst lässt sich in einer Plastiktüte einige Tage frisch halten, wenn mit einer Nadel einige Löcher in die Tüte gestochen werden. Möglichst kühl, aber nicht im Kühlschrank lagern. Zu unreifen Birnen einen Apfel legen, dann werden sie schneller reif.
– Grüne Bananen reifen bei Zimmertemperatur schnell nach und schmecken am besten, wenn die Schale die ersten braunen Pünktchen zeigt. Überreif sind die meisten Sorten unangenehm mehlig.
– Je kleiner die Beeren, desto aromatischer schmecken sie. Aber Beeren sind sehr druckempfindlich und können in wenigen Stunden schimmeln. Solche Beeren wegwerfen. Zur kurzfristigen Lagerung locker in flache, mit Küchenpapier ausgelegte Schalen oder Körbchen füllen, diese in eine Plastiktüte stecken und im Gemüsefach des Kühlschranks höchstens 1 Tag lagern. Sonst flach auf einem Tablett ausstreuen und im Tiefkühler offen gefrieren, bis sie hart sind. In Tiefkühlbeutel packen und höchstens 6 Monate aufheben. Oder im Mixer pürieren und das Püree in Plastikdosen einfrieren.
– Unreifes Steinobst entwickelt auch bei Zimmertemperatur nicht mehr Aroma, also schon beim Einkaufen auf schöne Farbe und aromatischen Duft achten. Reifes Steinobst (Pflaumen, Aprikosen, Mirabellen) wie Beerenobst im Gemüsefach des Kühlschranks lagern, es ist 2–3 Tage haltbar.

4 HANDGRIFFE

bei der Arbeit mit Obst

1. Äpfel und Birnen: warm waschen, trockenreiben und mit dem Sparschäler schälen, für schwierige Stellen braucht man kleine Messer. Sollen sie gefüllt und gedünstet werden, Kerngehäuse mit einem Apfelausstecher ausbohren. Für Obstsalat und Kompott Obst vierteln, Kerngehäuse mit dem Messer halbkreisförmig ausschneiden. Viertel zuschneiden und entweder gleich verarbeiten oder mit etwas Zitronensaft mischen, damit sie nicht anlaufen.

2. Orangen filetieren: Orangen an den Enden leicht flach schneiden, sodass das Fruchtfleisch gerade zu sehen ist. Mit dem Anschnitt aufs Küchenbrett stellen und mit einem scharfen Messer die Schale der Wölbung folgend in breiten Streifen so abschneiden, dass auch die weiße Haut und wenig vom Fruchtfleisch entfernt wird. Am Ende übrige Schalen- und Hautreste abschneiden. Orange in die Hand nehmen und über einem Teller die Fruchtspalten zwischen den hellen Trennhäuten keilförmig ausschneiden, Trennhäute auspressen.

3. Zitrusschalen: Bio-Zitrusfrüchte heiß waschen und abtrocknen. Für Streifen die Schale so dünn abschneiden, dass das Weiße zurückbleibt (es schmeckt bitter). Schale in Streifen schneiden. Oder mit der gelochten „Klinge" des Zestenreißers kräftig über die Schale streichen, sodass feine Streifen (Zesten) sich lösen. Zum Reiben für Kuchen Zitronenreibe verwenden, für grobere Raspel geht auch die Küchenreibe.

4. Früchte pürieren: Beeren, Kiwis, Melonen, Mangos oder Papayas je nach Frucht waschen, schälen, entsteinen oder putzen und klein schneiden. Mit Puderzucker (3 EL auf 300 g Obst) und etwas Zitrone im Mixer oder mit dem Pürierstab pürieren. Püree durchs feine Sieb streichen.

667. Tiefkühlgemüse auswählen

Gemüse aus der Tiefkühltruhe ist vitaminreicher als frisches, das bis zum Gemüsestand weite Strecken zurücklegen und dort auf Käufer warten musste. Vom Feld in den Frost – schon wenige Stunden nach der Ernte sind Spinat und Erbsen schockgefrostet und verpackt.

– Tiefgekühltes Gemüse (TK-Gemüse) ist fertig geputzt und daher schnell und ohne Abfall zubereitet. Grüne Erbsen und Bohnen, Spinat und Suppengemüse sind ideale Partner für die fixe Küche. Sie werden nicht aufgetaut, sondern gefroren oder nur leicht angetaut gegart – dann geht kein Auftauwasser verloren.
– Beim Einkauf überfüllte Truhen, die einen dicken Reifmantel tragen, besser meiden. Eiskristalle auf der Packung zeigen unsachgemäße Lagerung. Packungen mit Erbsen, Bohnen und Beeren schütteln, sie müssen klappern, sonst war die Ware zwischendurch aufgetaut.
– In Kühltaschen oder dick in Papier eingewickelt transportieren, damit die Ware nicht antaut, sonst verringern sich Haltbarkeit und Geschmack.
– Möglichst Naturbelassenes kaufen. Statt Buttergemüse ein Stück Butter zum Schluss zugeben, statt Rahmspinat (mit Bindemitteln) einen Schuss Sahne unterrühren. Und auch wenn die Werbeweisheit stimmt, dass viele TK-Gemüse „frischer" als viele Frischgemüse sind, so schmecken sie doch nur selten besser (Ausnahmen siehe oben).
– Gemüse-Fertiggerichte wie „Asia-Pfannen" nur als Notlösung sehen. Sie enthalten Zusatzstoffe, ohne die die zubereiteten Gerichte ziemlich unansehnlich wären.

668. Kräuter frisch halten

Frische Kräuter bringen sofort Farbe und Geschmack in jedes Gericht. Probieren Sie auch mal etwas aus, das Sie noch nicht kennen. Freilandkräuter haben mehr Aroma und Standfestigkeit.

– Kräuter beim Einkauf immer zuletzt besorgen oder geschützt von anderen Lebensmitteln in den Wagen legen. Ganz oben in die Tasche packen.
– Zu Hause die Kräuter gleich auf Küchenpapier ausbreiten, verlesen und in stehendem Wasser kurz waschen. Etwas abtropfen lassen, noch feucht locker in Küchenpapier wickeln und in eine Plastiktüte stecken. Die Tüte verschließen und im Gemüsefach lagern. So bleiben feste Kräuter etwa 3 Tage frisch.

– Bei Kräutern im Töpfchen darauf achten, dass die Kraft in den Blättern und nicht in den aufgeschossenen Stielen sitzt. Dichter gedrungener Wuchs und intensiver Duft sprechen dafür.

669. Salat und Blattgemüse frisch halten

Salat vom Freiland ist haltbarer als aus Unterglasanbau (von November bis Mai). Krausblättrige Sorten sind robuster als glattblättrige. Am haltbarsten sind Eisberg- und Romanasalat, die kleinen Salatherzen und Chicorée.

– Die Frische der Salate erkennen Sie an der Schnittstelle auf der Unterseite. Kurz nach der Ernte ist sie hell, mit der Zeit verfärbt sie sich dunkelbraun. Warm und hell gelagert (offener Marktstand, Gemüseabteilung) verlieren Salate in 1 Stunde bis zu 4 % ihres Vitamin-C-Gehalts. Daher möglichst morgens früh einkaufen, am besten locker in Papier einschlagen und im flachen Einkaufskorb mit dem Strunk nach unten transportieren.
– Zu Hause gleich äußere Blätter und Sandreste entfernen, den Salat leicht mit kaltem Wasser besprühen, in Küchenpapier wickeln und in eine große Plastiktüte stecken, in der viel Luft ist, und zubinden. So hält auch Kopfsalat 3–4 Tage, wenn er nicht gedrückt wird oder mit Obst zusammen lagert, das ihn schneller welken lässt.
– Blattgemüse wie Spinat locker verpacken und transportieren, eventuell Plastiktüten bei der Selbstbedienung mit viel Luft fest verschließen, damit er nicht gedrückt wird.
– Spinat zu Hause gleich verlesen (verfaulte Blätter entfernen), sandigen derben Wurzelspinat vorsichtig in stehendem kaltem Wasser waschen, gut abtropfen lassen und wie Salat in Küchenpapier und große Plastiktüten verpackt im Gemüsefach lagern. Höchstens 1 Tag haltbar, dann verliert er seine Frische und wertvollen Inhaltsstoffe.

TIPP

Bio-Gemüse mit Bio-Siegel hält meist besser als solches aus konventionellem Anbau. „Integrierter Anbau" heißt nur, dass chemische Dünge- und Spritzmittel erst dann eingesetzt werden, wenn es notwendig ist. Und das ist es oft bei hochgezüchteten Gemüsesorten.

670. Gemüse aufbewahren

Nicht alle Gemüse müssen in den Kühlschrank – vor allem die aus sonnigen Gegenden nicht.

– Wurzelgemüse wie Möhren und Sellerie ist robust und gut lagerfähig. Wird es aber zu feucht gelagert, schimmelt es rasch. Beim Einkauf soll es frisch aussehen und riechen. Zu Hause gleich waschen und bürsten, von Sellerie und Bundmöhren das Grün abschneiden (es entzieht den Knollen Feuchtigkeit und lässt sie schneller welken), am besten in Papiertüten kellerkühl und nicht zu feucht oder im Gemüsefach lagern. Hält bis zu 1 Woche.
– Fruchtgemüse wie Tomaten, Auberginen und Zucchini müssen eine straffe, glatte Haut haben, die beim sanften Drücken kaum nachgibt. Wie lange sie schon gelagert sind, erkennt man an den Blütenansätzen, die mit der Zeit vertrocknen und bräunlich werden. Kühl, aber nicht im Kühlschrank aufbewahren (lieber im Keller oder im Flur).
– Aber Achtung: Auberginen sind empfindlich gegen das Gas, das reifendes Obst und Tomaten absondern, sie werden dann schnell schwammig und faulen. Am besten locker in Papier einwickeln und separat lagern.
– Zum Einfrieren geeignete Gemüse waschen, putzen oder schälen und zerteilen, in Salzwasser 3–5 Minuten blanchieren. In Eiswasser rasch abkühlen und abtropfen lassen, dann luftdicht in Beutel verpacken und mit Klammern verschließen. Mindestens 6 Monate haltbar.

RATSCHLÄGE ...

... zur Zubereitung von Gemüse finden Sie ab Seite 380.

671. Zuchtpilze frisch halten

Frische Zuchtpilze erkennt man an samtigen Hüten und hellen Schnittflächen. Sind die Hüte am Rand dunkler, die Schnittflächen angetrocknet oder die Stiele klebrig, sind sie schon älter.

– Pilze dürfen nicht gedrückt werden, sonst verderben sie schneller. Nach dem Einkauf gleich auf Küchenpapier ausbreiten und säubern.
– Pilze nicht waschen, sie saugen sich voll Wasser und

lassen sich nicht mehr braten. Substratreste mit einem Küchenpinsel wegbürsten, Verunreinigungen an Hüten und Stielen mit einem kleinen Messer abschaben, dann die Pilze vorsichtig mit leicht angefeuchtetem Küchenpapier abreiben.
– Vom unteren Teil der Stiele nur ganz wenig abschneiden, in den Stielen stecken die meisten Geschmacksstoffe. Ausnahme: Shiitake, deren Stiele zu hart sind.
– Gesäuberte trockene Pilze lassen sich notfalls in Papiertüten locker verpackt 1 bis 2 Tage im Gemüsefach des Kühlschranks aufheben. Pilze, die unangenehm bis fischig riechen, unbedingt wegwerfen.

5 TRICKS für richtiges Einkaufen

1. **Nie mit knurrendem Magen in Geschäfte gehen. Wer hungrig ist, kauft immer wesentlich mehr ein als er tatsächlich vorhat und ist für alle Sonderangebote besonders empfänglich. Also vorher etwas essen.**
2. **Öfter strecken und sich tief beugen. In der Regalmitte werden nämlich die Produkte platziert, an denen der Händler am meisten verdient. Ganz oben und unten im Regal wird das untergebracht, was günstig ist.**
3. **Aufs Aussehen achten. Obst und Gemüse sollen knackfrisch aussehen und nicht schlaff oder vertrocknet. Je frischer, desto weniger Abfall und umso kürzer die Putz- und Vorbereitungszeit.**
4. **Auf die Herkunft schauen. Es gibt Länder, die immer noch zu viel oder unerlaubte Spritzmittel verwenden. Was in der Nachbarschaft wächst, muss nicht weit transportiert werden und ist in der Regel frischer als Importware.**
5. **Mindesthaltbarkeitsdatum beachten. Auch haltbare Lebensmittel werden irgendwann unbrauchbar. Ältere Hülsenfrüchte brauchen länger zum Garen als solche aus der letzten Ernte.**

672. Kartoffeln auswählen

Beim Einkauf von Kartoffeln spielen vor allem ihre Kocheigenschaften eine Rolle, die von der Sorte wie auch von der Erntezeit abhängen.

– Fest kochende oder auch speckige Kartoffeln werden für Salat oder Bratkartoffeln in der Schale gegart. Sorten sind Nicola, Sieglinde oder Bamberger Hörnchen.
– Vorwiegend fest kochende Kartoffeln eignen sich für Salz- und Pellkartoffeln, Reibekuchen, lockere Pürees, Suppen und Aufläufe. Sorten sind Agria, Desirée, Gloria.
– Mehlig kochende Kartoffeln sind ideal für Knödel, feste Pürees, Kroketten. Sorten sind Adretta, Aula, Likoria.
– Neue Kartoffeln kommen im Mai/Juni aus Deutschland, sind vorwiegend fest kochend und werden vor allem gekocht oder gebacken samt Schale als Beilage genossen. Sie lassen sich nur 1–2 Wochen lagern. Im Herbst kommen späte Sorten, die oft mehlig kochend sind. Gute Lagerware.
– Kartoffeln am besten in geschützter Papiertüte kaufen, da Licht oder ein Wärmestau in Plastiktüten schädlich für sie ist. Zuhause luftig und trocken (in Korb oder Holzlattenkiste), kellerkühl (aber nicht unter 3 °C) und dunkel lagern.
– Ratschläge zur Zubereitung von Kartoffeln finden Sie ab Seite 386.

673. Einen guten Metzger finden

Fleisch ist ein wertvolles Nahrungsmittel, das unserem Körper leicht verwertbare Eiweißstoffe, Mineralien und wichtige Vitamine liefert. Knusprig gebraten oder zart gekocht schmeckt es einmalig unter den Nahrungsmitteln. Deswegen ist es so beliebt, deswegen wird es billig und in Massen produziert, deswegen sorgt es immer wieder für Schlagzeilen. Wer aber auf Qualität achtet und bewusst einkauft, muss nicht auf ein gutes Stück zum Kochen oder Braten verzichten.

– Gute Metzger oder Fleischer, die erstklassige Qualität anbieten und ihre Kunden kompetent beraten sind Gold wert. Und durchaus zu finden: Ein Blick ins regionale Branchenbuch kann bei der ersten Auswahl helfen, ebenso ein Gespräch mit Menschen aus der näheren Umgebung, die gutes Essen schätzen. Der Gang zur Kühltheke beim Discounter hilft allerdings nicht bei der Suche.

– Gute Fleischerfachgeschäfte suchen sich „ihr“ Schlachtfleisch auf dem Schlachthof aus und zerlegen es selbst. Das geschieht sorgfältiger als in Großmetzgereien.
– Noch besser: Der Metzger schlachtet selbst (fragen Sie ihn danach). Dann wird er von einem kleinen, festen Erzeugerkreis meist aus der näheren Umgebung beliefert. Er kennt die Landwirte und weiß, wie sie arbeiten. Und die Tiere werden nicht über weite Strecken transportiert, was sie unter Stress setzt und ihr Fleisch zäh und wässrig werden lässt.
– Aber auch am Geschäft lässt sich vieles erkennen: Wirkt es hygienisch und technisch modern? Wie ausgewählt ist das Angebot? Wobei ein großes Sortiment nicht für hohe Qualität stehen muss. Manche Metzger konzentrieren sich auf das, was sie gut können und machen das dann auch ganz besonders gut – gereiftes Rindfleisch, saftiges Schweinefleisch, würzige Räucherwaren, regionale Spezialitäten. Auch gut informiertes Personal spricht für eine gute Metzgerei.
– Machen Sie einen Testkauf, wenn Ihnen die Metzgerei vertrauenswürdig erscheint. Sagen Sie, was Sie mit dem Fleisch vorhaben – Kurzbraten, Schmoren, für eine Suppe kochen. Lassen Sie sich Tipps geben, wie es am besten gelingt. Je mehr brauchbare Antworten Sie bekommen, desto brauchbarer ist auch der Metzger.
– Und wenn das Fleisch so gerät, wie Sie es sich vorstellen und es versprochen wurde, könnte es ein stabiles Vertrauensverhältnis werden.

TIPP

Fleischsiegel, also Warenzeichen für verpacktes oder unverpacktes Fleisch, gibt es viele. Prüfen Sie, welche Maßstäbe an diese „Markenprogramme“ angelegt werden. Sind sie leicht zu erfahren, ist das schon mal gut. Sagen sie tatsächlich etwas über Qualität aus, ist das besser. Das bekannte „QS-Siegel“, steht für „Qualität und Sicherheit“ und soll die lückenlose Kontrolle über alle Produktionsstufen garantieren. Im Prinzip wird aber damit nur die Einhaltung der bestehenden Gesetze garantiert. Konkreter ist das „Bio-Siegel“, das artgerechte Haltung der Tiere, Futter vom eigenen Hof und Verzicht auf Masthilfen sicherstellt. Außerdem werden für Biofleisch robuste alte Tierrassen gezüchtet, die gehaltvolleres und ergiebigeres Fleisch liefern.

674. Schweinefleisch auswählen

Ein Schwein besteht nicht nur aus Schinken und Kotelettstrang, es hat noch viele preiswerte und gute Teile zu bieten. Relativ frisch schmeckt es am besten.

– Schnitzel, Koteletts, Filet und Schweinesteaks zum Kurzbraten sollten von jungen Tieren stammen, dann sind sie besonders zart. Merkmale: hellrote Fleischfarbe, feine Faserung, feste reinweiße Fettränder. Wenn das Fleisch von feinen Fettadern durchzogen ist, trocknet es in der Pfanne nicht so aus.
– Fleisch für große Braten aus Schulter oder Hinterschinken darf nicht zu mager sein, sonst gerät es trocken und faserig.
– Zum Grillen taugen vor allem fettdurchzogene Fleischstücke wie Halsgrat und Bauch (Spareribs).
– Fleisch von älteren Tieren ist dunkelrot, die Fleischfasern sind gröber, die Fettränder gelblicher. Ihr Fleisch schmeckt zwar würziger, eignet sich aber nicht zum Kurzbraten, sondern nur zum langsamen Schmoren.
– Beim Fleisch aus der Selbstbedienungstheke auf hellrote Farbe und frisch-feuchte Oberfläche achten. Leicht schillernde Farbtöne und Fleischsaft in der Packung sind Hinweise auf schlechtere Qualität.
– Zu Hause das Fleisch auspacken, mit Küchenpapier trockentupfen und in Plastikdosen an der kältesten Stelle des Kühlschranks höchstens 2 Tage lagern.

675. Rind- und Kalbfleisch auswählen

Im Gegensatz zu Schweinefleisch muss Rindfleisch vor der Verwendung „abhängen“, das heißt, im Kühlhaus bei bestimmter Temperatur und Luftfeuchtigkeit reifen. Erst dadurch werden die Fleischfasern zart. Beim Kalb, dem jungen Rind, sind sie das von Natur aus.

– Rindfleisch zum Kurzbraten (Filet, Rücken, Huft) muss besonders lange abhängen, für ein Roastbeef für durchwachsene Steaks sind 3–4 Wochen ideal und 2 Wochen Standard. Rindfleisch ist mit seinem kräftigen Geschmack perfekt für Schmorgerichte (Schulter, Brust und Teile der Keule für Braten und Ragouts) und Siedefleisch (Brust, Tafelspitz, Beinfleisch). Sagen Sie Ihrem Metzger, wofür Sie das Fleisch verwenden wollen.
– Gutes Rindfleisch erkennen Sie an der Farbe. Jungtiere haben hellrotes Fleisch und weißes Fett, sie liefern die zartesten Stücke zum Kurzbraten. Bei älteren Tieren ist

das Fleisch dunkler, bräunlicher und grobfaseriger (was bei langem Schmoren mehr Aroma bringen kann), das Fett gelblicher. Allerdings wird die Fleischfarbe auch durchs Abhängen dunkler und gelblicheres Fett haben ebenso Rinder, die auf der Weide frisches Gras gefressen haben – deren Fleisch ist ein besonderer Genuss. Ochsenfleisch und noch mehr Weideochsenfleisch gilt als besonders zart.

– Das Wichtigste ist die Marmorierung, das zwischen den Fleischfasern eingelagerte Fett, das das Fleisch beim Garen saftig hält. Ist das Stück von hellen Fettadern durchzogen, wurde das Rind gut gemästet, das Fleisch schmeckt aromatisch.

– Rindfleisch nach dem Einkauf mit Küchenpapier trockentupfen und leicht mit Öl einreiben. So bleibt es an der kältesten Stelle im Kühlschrank je nach Art ungefähr 2-5 Tage frisch.

– Kalbfleisch stammt meist von 3-4 Monate alten Tieren, die Fleischfarbe ist hell bis zartrot, der Fettrand weiß. Bevorzugen Sie etwas dunkleres Fleisch, das schmeckt würziger.

– Kalbfleisch ist zart, weil die Muskeln noch nicht voll entwickelt sind – besonders beim Milchkalb, das nur mit Milch ernährt wurde. Da im Fleisch nur wenig Fett eingelagert ist, verträgt es beim Garen keine zu große Hitze. Zum Kurzbraten: Filet, Rücken, Huft, Nuss (Schnitzel). Für Braten: Rücken, Schulter, Brust (gefüllt), Bauch (Rollbraten).

676. Hackfleisch auswählen

Hackfleisch gibt es vom Rind und vom Schwein, beim türkischen Metzger auch vom Lamm. Es ist günstig und vielseitig, aber sehr empfindlich und muss nach strengen hygienischen Vorschriften zubereitet werden.

– Der Fettgehalt ist höchst unterschiedlich: Tatar vom Rind (zum roh Anmachen) darf nur 6 % Fett, Rinderhack (für Bolognese, Hamburger) 20 % Fett und Schweinehack (Frikadellen, Füllungen) bis 35 % Fett enthalten. Gemischtes Hackfleisch (Rind und Schwein) eignet sich für die meisten gegarten Zubereitungen.

– Hack sollte immer frisch hergestellt und am gleichen Tag verbraucht werden, weil es durch das Zerkleinern sehr anfällig für Verderbnis ist.

– Nach dem Einkauf in der Verpackung lassen und an der kältesten Stelle im Kühlschrank höchstens bis zum Abend aufheben.

3 STÜCKE

Fleisch für Feinschmecker

1. **Lammfleisch: Es stammt von Jungtieren, die nicht älter als 12 Monate sein dürfen, sonst heißt es „Schaffleisch“. Es schrumpft kaum beim Garen, ist sehr ergiebig und schnell gar. Besonders in Verbindung mit Fett und Knochen wie beim Kotelett entwickelt es sein typisches Aroma. Beliebt sind auch Rückenfilet und Keule zum Rosabraten. Gutes Lammfleisch ist hellrot mit weißem Fett, eine grau schimmernde Oberfläche ist ein Zeichen für schlechtere Qualität. Tiefgefrorenes Lammfleisch stammt meist aus Neuseeland und ist von guter Qualität.**

2. **Innereien: Leber, Nieren, Herz und Zunge sind für machen Gourmets das Nonplusultra der Fleischküche, gerade wegen ihres kräftigen Geschmacks, der von anderen verschmäht wird. Von Kalb und Lamm sowie vom jungen (!) Rind und Schwein und von Geflügel sind sie noch zart und nicht so heftig im Aroma. Außerdem haben sich noch keine Schadstoffe in den Organen angereichert. Allerdings sind auch sie leicht verderblich, möglichst am Schlachttag kaufen und zubereiten. Frische erkennen Sie an der glänzend schimmernden, leicht feuchten Oberfläche. Farbveränderungen oder ein strenger Geruch sind Anzeichen für zu lange Lagerung.**

3. **Wildfleisch: gehört zu den teuren Delikatessen, stammt meist aus Wildgehegen. Das Fleisch ist mager, sollte dunkelrot und zartfaserig, das Fett sehr hell sein. Gibt es frisch von Herbst bis Winter im Fachgeschäft, tiefgekühlt das ganze Jahr im Lebensmittelhandel. Hirschfleisch ist kräftiger, Rehfleisch zarter und noch magerer, Wildschwein saftig und fettreicher. Wildfleisch muss stets gut durchgegart werden, damit eventuell vorhandene Krankheitserreger abgetötet werden.**

677. Geflügel auswählen

Geflügelfleisch ist zart, meist schnell gegart und für jede Haushaltsgröße gibt es die passenden Stücke, von Schenkeln und Filets bis zur Pute im Backofenformat.

– Am populärsten ist das Brathähnchen, gefolgt von der Pute (bzw. ihrer Brust). Enten sind etwas für Festtage und werden je nach Region und Saison geschätzt, besonders als Flugente und solo als Entenbrust. Wildgeflügel wie Wachteln, Perlhühner und Fasane stammen fast immer von Zuchtfarmen, schmecken aber würziger als Hähnchen und Puten.
– Kaufen Sie möglichst Geflügel aus artgerechter Haltung, dessen Fleisch voller schmeckt, auch wenn es wegen der längeren Reifung nicht ganz so zart ist wie beim normalen Brathähnchen – dafür aber saftiger. Frisches Geflügel ist tiefgekühltem vorzuziehen.
– Frisches Geflügel wird wegen möglicher Salmonellen im Laden immer getrennt von übrigem Fleisch angeboten, und auch im Kühlschrank sollte es hermetisch verschlossen in einer Tüte oder Box an der kältesten Stelle aufbewahrt werden – ganze Tiere höchstens 2–3 Tage, Teile 1–2 Tage lang.

RATSCHLÄGE …
… zur Zubereitung von Fleisch und Geflügel finden Sie ab Seite 389.

678. Fleisch und Fisch einfrieren

Beim Tiefkühlen ist wichtig, dass die Stücke schnell eingefroren werden, dann verlieren sie beim Auftauen nicht so viel Saft. Viele Geräte haben dafür eine Extra-Taste (Gebrauchsanweisung).

– Stücke wie Steaks, Hähnchenkeulen oder Fischfilets, aber auch Hackfleisch und Ragout immer in so viele Portionen teilen, wie im Haushalt gegessen werden – im Zweifel Einzelportionen wählen.
– Fett, dass nicht mitgegart werden soll, vor dem Einfrieren entfernen. Stücke möglichst flach in Gefrierbeutel packen, Luft herausdrücken bzw. saugen und die Beutel mit Beutelklemmen fest verschließen. Wer oft einfriert, kann ein Folienschweißgerät verwenden, das die Luft absaugt.
– Die möglichst flachen Päckchen an der kältesten Stelle des Tiefkühlgerätes (Boden) bei stärkster Kühlstufe rasch gefrieren. Mageres ist gute 6 Monate, Fetteres nur rund 3 Monate haltbar.
– Beachten Sie das „Gefriervermögen“ in der Gebrauchsanweisung, das angibt, wie viel in 24 Stunden eingefroren werden darf. Mehr zum Thema Gefriergeräte in Ratschlag Nr. 658, Seite 350.

679. Fleisch und Fisch auftauen

Am besten im Kühlschrank auftauen – das ist am sanftesten und hält Fleisch und Fisch am frischesten. Vor allem bei Geflügel ist das wichtig.

– Fleisch oder Fisch aus der Tüte nehmen (zum Lösen kurz warmes Wasser drüber laufen lassen) und in einen tiefen Teller oder eine Schüssel legen, die abgedeckt in den Kühlschrank gestellt wird – am besten auch hier an die kälteste Stelle, damit es langsam auftaut und so wenig Saft austritt. Kann 1 Tag und 1 Nacht dauern.
– Kleine zarte Stücke, die mit Flüssigkeit gegart werden (zum Beispiel Fischfilet zum Pochieren) werden bei Zimmertemperatur nur angetaut. Zartes niemals in der Mikrowelle auftauen.
– Geflügel dicht verschlossen auftauen lassen, Saft wegschütten und alles sofort gründlich reinigen.

680. Ein gutes Fischangebot erkennen

Anders als Metzgereien sind Fischgeschäfte bei uns rar. Auch in Kleinstädten gibt es manchmal nur die Fischtheke im Supermarkt. Doch die kann sich oft sehen lassen. Schauen Sie aber genau hin, bevor Sie viel Geld für alten Fisch ausgeben.

– Frischer Fisch ist noch empfindlicher als Fleisch. Scholle und Snapper sind uns nicht so vertraut wie Schnitzel und Steak. Daher sind rund um die Fischtheke Sauberkeit und fachkundiges Personal noch viel wichtiger.
– Wenn die Vitrinen glänzen, ganze Fische unter gestoßenem Eis aufbewahrt und nicht mit frischen Kräutern oder Gemüse dekoriert werden, spricht das für beides. Meiden sollten Sie Geschäfte, in denen es „fischig“ riecht, Fischfilets offen auf oder unter Eis gestapelt werden oder ganze Fische im eigenen Saft liegen und vielleicht noch von starken Lampen angestrahlt werden.

– Achten Sie auf das Angebot: Frische Konsumfische wie Kabeljau können jenseits der Kühltruhe eine Entdeckung wert sein. Kommen dazu noch saisonale und regionale Angebote, frische Süßwasserfische (auch lebend aus dem Becken) und beliebte Meeresfrüchte sowie ab und zu neue Spezialitäten auch aus fernen Ländern, ohne dass alles lange liegen bleibt, haben Sie Ihren Händler gefunden.
– Weiß der Händler dann auch noch gut zu beraten, mit der Ware umzugehen und sie für Sie gekonnt vorzubereiten, sollten Sie Fisch und Meeresfrüchte öfter auf den Tisch bringen.

RATSCHLÄGE ...
... zur Zubereitung von Fisch- und Meeresfrüchten finden Sie ab Seite 392.

681. Ganze Fische auswählen

Fische können aus den Meeren gefischt oder aus Teichen geangelt sein, das ist aber für den Einkauf und die Zubereitung ziemlich egal. Auf jeden Fall sollten sie nach Meer oder Wasser riechen und nicht nach Fisch, denn ihr Eiweiß verdirbt sehr schnell und fängt dann an, unangenehm zu riechen. Pro Person rechnet man etwa mit 350 g ganzen Fisch.

– Schauen Sie sich den Fisch genau an. Die Augen müssen klar und glänzend sein und sich nach außen wölben wie ein Uhrglas. Eingefallene, trübe Augen sind ein Kennzeichen für ältere Fische.
– Die Kiemendeckel sollten fest anliegen, die Haut soll feucht glänzen und straff gespannt sein, die Schuppen dürfen sich nicht abspreizen.
– Die Fische müssen bereits ausgenommen und küchenfertig sein, bei unausgenommenen Fischen schmeckt das Fleisch bitter.
– Nach dem Einkauf den Fisch gleich in der Verpackung in den Kühlschrank legen und noch am gleichen Tag zubereiten.
– Ausnahme: Bei ganz frisch geschlachteten Fischen (Forellen, Karpfen) ist das Fleisch hart, die Fische krümmen sich beim Braten, die Haut platzt auf. Wenn Sie frisch geschlachtete Fische kaufen, über Nacht im Kühlschrank ruhen lassen, damit sich das Fleisch entspannen kann.

682. Fischfilet auswählen

Filetierten Fisch kann man entweder ganz im Filet kaufen und zu Hause portionieren (so ist er nicht ganz so empfindlich) oder gleich fertig in Stücken kaufen. Manche werden mit Haut oder als Kotelett an der Mittelgräte angeboten, sodass sie saftiger garen. Nicht immer kann man die Haut wie beim Lachs mitessen. Man braucht etwa 175 g Fischfilet oder 200 g Fischkotelett pro Person.

– Filets oder Fischkoteletts müssen feucht und samtig schimmern, auf keinen Fall dürfen die Ränder glasig oder gar angetrocknet sein.
– Struktur und Farbe des festen Fischfleischs müssen deutlich zu erkennen sein, sonst lag es zu lange unter Eis und hat zu viel Wasser aufgenommen.
– Ob der Fisch unangenehm riecht, merkt man meist erst zu Hause beim Auspacken. In diesem Fall die Filets kalt abspülen, mit Zitronensaft rundum beträufeln und auf einer Platte zugedeckt an der kältesten Stelle im Kühlschrank aufbewahren. Aber nicht länger als 4 Stunden aufheben.
– Taufrische Fischfilets nur ganz kurz kalt abspülen, nicht abtropfen und auf eine Platte legen, mit Klarsichtfolie fest abdecken und im Kühlschrank höchstens bis zum nächsten Tag lagern.

683. Meeresfrüchte auswählen

Wenn Sie nicht gerade in Ausflugsnähe zur Küste wohnen oder einen echten Gourmet-Fischladen besuchen, werden in der Fischtheke die meisten der sehr empfindlichen „frischen" Meeresfrüchte dort schon einmal tiefgekühlt gewesen sein – Garnelen, Scampi und Tintenfische auf jeden Fall. Achten Sie besonders bei den Muscheln auf die Frische.

– Garnelen werden selten nach Art, sondern meist nach Größe verkauft. Nordseekrabben sind die kleinsten, Shrimps ziemlich klein (beide stets gegart), Garnelen und Riesengarnelen sind groß, Jumbos die größten. Scampi gehören zur Hummerfamilie und werden vor allem als ganze Tiere oder nur die Schwänze angeboten.
– Von ungeschälten Garnelen 350 g pro Person kaufen, bei geschälten genügen 175 g.
– Bei allen Garnelen steckt das ganze Fleisch im Schwanz, im Kopfteil ist nur der Magensack. In der

Schale gegart, schmecken Garnelen würziger als ohne – oft werden sie bereits gegart verkauft (am roten Panzer zu erkennen), da sie roh sehr rasch verderben.

– Tintenfische (Calamari) werden fast nur tiefgekühlt oder aufgetaut angeboten. Pro Person mit gut 250 g rechnen.

– Muscheln (Miesmuscheln) werden ungeputzt und geputzt lose verkauft oder in Plastikschalen verschweißt angeboten. Etwa 500 g Muscheln pro Person zum Sattessen rechnen.

– Die hellbraunen Venusmuscheln (ital. Vongole) haben keine Bärte und müssen nur gründlich in kaltem Wasser gewaschen werden. Vor allem für Pastagerichte oder als Vorspeise – dann genügen 200 g pro Person.

684. Tiefkühlfisch – warum nicht?

Wer keinen Fisch oder keinen guten in seiner Nähe bekommt, kann immer noch auf die Tiefkühltruhe ausweichen – besser als gar nichts und bei Meeresfrüchten manchmal gar nicht so übel. Tiefkühlfisch wird bereits auf dem Fangschiff im Ganzen oder als Filets eingefroren – im Gegensatz zum Frischfisch, der während der Fahrt nur auf Eis liegt.

– Zuerst auf die Kühltruhe achten. Bei einer zu dicken Eisschicht besteht die Gefahr, dass die Lagertemperatur des Fisches nicht kalt genug ist. Außerdem sollte es in der Kühltruhe ordentlich zugehen, denn die Packungen dürfen nicht beschädigt sein.

– Auch sollte sich kein Reif auf dem Fisch gebildet haben, sonst ist es ihm zwischendurch – also auf dem Weg vom Fangschiff zur Kühltruhe beim Händler – einmal zu warm geworden. Bei Klarsichtpackungen lässt sich am leichtesten erkennen, ob sich am Inhalt Eisnadeln gebildet haben – ein Zeichen, dass die Kühlkette einmal unterbrochen oder die Temperatur in der Truhe nicht tief genug war. Achten Sie auch auf das Mindesthaltbarkeitsdatum.

– Tiefkühlware in einer Isoliertasche oder dick in Papier eingewickelt transportieren. Zum Auftauen aus der Verpackung nehmen und im Gemüsefach des Kühlschranks in einer zugedeckten Schale langsam auftauen lassen. Forellen brauchen hierfür etwa 12 Stunden.

– Bei Fischfilets genügt es, sie aus der Packung zu nehmen und nur so lange im Kühlschrank antauen zu lassen, bis sie sich mit einem Messer schneiden lassen. Dann sofort zubereiten.

685. Butter und andere Fette kennen lernen

Butter ist das natürlichste Fett zum Kochen. Beim Erhitzen entwickelt sie ein unnachahmliches Aroma, sodass nur wenig gebraucht wird, um Gemüse und Kartoffeln zu verfeinern. Sie eignet sich – anders als Margarine – auch zum zarten Braten. Für härtere Fälle gibt es andere Fette.

– Butter von besonders guter Qualität heißt „Markenbutter“, die Stufe darunter „Molkereibutter“, diese ist kürzer haltbar und nicht zum Tiefkühlen geeignet. Beide werden auch gesalzen angeboten.

– Außerdem gibt es drei Geschmacksvarianten: Sauerrahmbutter mit würzigem, säuerlichem Geschmack, der am besten beim Abrunden von Gemüse zur Geltung kommt. Mild gesäuerte Butter ist etwas zarter, aber nicht ganz so abgerundet wie die klassische Sauerrahmbutter. Süßrahmbutter schmeckt sahnig-mild wie frische Sahne, ist ideal zum Kochen und Backen geeignet und bindet am besten Saucen, weil sie beim Erhitzen nicht ausflockt.

3 FETTE die es auch noch gibt

1. **Schmalz: Wenn Fettstücke von Schwein (Innereien wie Flomen) oder Gans erhitzt werden, trennt sich das bloße Schmalz von knusprigen Grieben. Schmalz macht Deftiges wie Bratkartoffeln, Grün- und Rotkohl, Braten noch deftiger. Auch als Aufstrich (mit Grieben) und Ausbackfett (Schmalzgebackenes).**
2. **Talg: Ähnlich wie Schmalz aus Rinder- oder Lammfett (am besten Nierenfett) gewonnen. Für Fleischpasteten (auch im Teig) und Eintöpfe in der englischen Küche ...**
3. **Ghee: In Indien zum Garen verwendetes reines Butterfett, für das die Butter (traditionell vom indischen Büffel) langsam köchelt, bis Fett und Molke sich getrennt haben – Profis sprechen vom Klären. Wird vor allem im Nahen Orient auch gereift bis ranzig und gewürzt verwendet (smen, samna).**

– Butter darf nicht zu stark erhitzt werden, weil sie Eiweiß und Wasser enthält. Zum scharfen Braten und Frittieren gibt es Butterschmalz – reines Butterfett, das hoch erhitzbar ist, weil ihm das Wasser und Eiweiß entzogen ist.
– Margarine wird aus pflanzlichen Fetten und Ölen hergestellt, die teilweise chemisch verändert bzw. „gehärtet" wurden, damit die Mischung streichfähig wird. Zum Kuchenbacken gut geeignet, wenn sie keine gehärteten Fette (steht auf der Zutatenliste) enthält.
– Frittierfett besteht aus pflanzlichen Fetten (Palmfett, Kokosfett) und stark gehärteten Ölen, ist lange haltbar, lässt sich sehr hoch erhitzen, hat aber kaum Eigenschmack. Frittierfett ist schwer verdaulich und eher ungesund.

686. Milch – von frisch bis steril

Ursprünglich nur für das Kalb gedacht, ist Kuhmilch heute ein echtes Grundprodukt, ohne das unsere Küche und unser Körper um vieles ärmer wären. Angeboten wird sie in verschiedenen Formen (zu den Produkten daraus mehr im nächsten Ratschlag) und auch von anderen Tieren.

– Frischmilch aus dem Kühlregal ist homogenisiert (Fetttröpfchen werden so fein zerkleinert, dass sie sich nicht mehr als Sahne absetzen) und pasteurisiert (sekundenlang auf etwa 75 °C erhitzt, um Keime unschädlich zu machen). Solche Milch kann ohne Erhitzen getrunken werden und ist im Kühlschrank bis 5 Tage haltbar (Mindesthaltbarkeitsdatum auf der Packung beachten). Angebrochene Milch muss früher verbraucht werden. Gut verschließen, sie nimmt leicht die Kühlschrankaromen an.
– Haltbare Milch (die „H-Milch") wird kurz auf über 100 °C erhitzt und keimfrei abgefüllt. So ist sie ungeöffnet ohne Kühlung etwa 2 Monate haltbar. Bei der hohen Temperatur werden zwar Eiweiß und einige Vitamine etwas geschädigt, aber weniger als beim Kochen von Rohmilch (siehe unten). Bei kühler Lagerung bleiben Geschmack und Inhaltsstoffe besser erhalten als bei Zimmertemperatur.
– Rohmilch ist die unbehandelte Milch direkt von der Kuh. Man bekommt sie direkt vom Bauern (muss dann vorm Trinken aber abgekocht werden) und als Vorzugsmilch in Bioläden und Reformhäusern. Dort ist sie auf Keime kontrolliert und kann ohne Erhitzen getrunken werden. Für Kinder aber dennoch besser abkochen. Im Kühlschrank etwa 2 Tage haltbar.
– Milch gibt es in verschiedenen Fettstufen. „Milch mit natürlichem Fettgehalt" enthält über 3,5 Prozent, aber meist weniger als 4 Prozent Fett. Vollmilch wird von Molkereien auf einen Fettgehalt von 3,5 Prozent reduziert. Fettarme Milch enthält immer noch 1,5 bis 1,8 Prozent Fett, Magermilch nur noch höchstens 0,3 Prozent. Je mehr Fett in der Milch enthalten ist, umso aromatischer und voller schmeckt sie.
– Sterilmilch und Kondensmilch werden stark erhitzt, sodass sie sehr lange haltbar sind. Bei Kondensmilch wird außerdem Wasser entzogen, bis sie dick wie Sahne (aber mit weniger Fett) wird. Kann außer für Kaffee auch als Sahneersatz beim Kochen verwendet werden.
– Ziegenmilch gibt es ebenfalls als H-Milch in Bioläden und in Lebensmittelgeschäften. Eiweiß und Fett sind bei ihr anders aufgebaut, sie ist leichter verdaulich und wird oft auch von Milchallergikern vertragen. Allerdings ist ihr Geschmack für viele gewöhnungsbedürftig.

TIPP
Probieren Sie verschiedene Sorten von H-Milch nebeneinander. Bei neuen Erhitzungsverfahren unterscheidet sich der Geschmack wenig von Frischmilch, bei älteren ist ein leichter Karamellgeschmack erkennbar.

687. Sahne, Joghurt und Quark

Einst entstanden durch Aufrahmen, Säuerung oder Reifung auf ganz natürliche Art und Weise alt bekannte Produkte aus der Milch und ihren Bestandteilen. Heute werden diese von einer ganzen Industrie mit ausgeklügelter Technik hergestellt und in die Kühlregale transportiert.

– Der Rahm, der sich auf frischer, nicht homogenisierter Milch absetzt, ist die Sahne. Pur ist das süße Sahne (mindestens 28 Prozent Fett), Schlagsahne (mindestens 30 Prozent, extra ab 36 Prozent) oder Crème double (40 Prozent). Gesäuert ergibt es saure Sahne (10 Prozent), Crème fraîche (30 Prozent und mehr) oder Schmand (24 bis 36 Prozent). Je fettreicher die Sahne, desto leichter lässt sie sich steif schlagen und desto weniger flockt sie beim Erhitzen aus.

– Wird Milch mit Säuerungskulturen versetzt, entsteht Joghurt, Dickmilch, Kefir oder Quark in verschiedenen Fettstufen. Buttermilch und Molke sind ursprünglich die übrige Flüssigkeit beim Butter- und Käsemachen, werden heute aber extra hergestellt. Alle sind empfindlich gegen Fremdgerüche, also gut verschlossen im Kühlschrank aufbewahren, eventuell in Plastikdosen umfüllen.
– Wer ursprünglichen Joghurtgeschmack bevorzugt: auf Bulgara-Joghurt achten. Für „Joghurt mild" sind Bakterien am Werk, die mehr rechts drehende Milchsäure bilden. Und probiotische Milchprodukte entstehen mit Hilfe von Milchsäurebakterien, die unser Wohlbefinden fördern sollen. Wichtiger: aufpassen, dass der Joghurt nicht wärmebehandelt ist, sonst sind die wertvollen Bakterien abgetötet.
– Erhitzen lässt sich nur fetter Sahnejoghurt. Oder dicker Vollmilchjoghurt: in eine Kaffeefiltertüte füllen und über Nacht abtropfen lassen.
– Quark ist ein Frischkäse, dem überschüssige Flüssigkeit entzogen wird. Sein Fettgehalt reicht von Magerstufe mit unter 1 Prozent bis zum Sahnequark mit 40 Prozent Fett i. Tr. (siehe Tipp unten). Noch mehr Fett enthält Doppelrahm-Frischkäse mit bis zu 85 Prozent Fett i. Tr.

TIPP

„Fett i. Tr." heißt „Fett in der Trockenmasse" – also in der Masse ohne Wasser. Da dessen Gehalt in Quark sehr hoch ist, enthält er tatsächlich weit weniger Fett – so etwa nur 10 g in 100 g Sahnequark.

– Schichtkäse ist ein Quark, der lagenweise in Formen geschichtet wird. Er eignet sich besonders gut zum Backen. Für eine trockene Quarkmasse ein Sieb mit einem Leinentuch auslegen, Quark einfüllen und über Nacht abtropfen lassen.
– Für körnigen Frischkäse wird Quark klein zerteilt und leicht erhitzt, damit sich die Bröckchen zu festen Kügelchen zusammenballen. Eignet sich zum Füllen von Tomaten, als Salat-Topping oder für Desserts.
– Dickmilch entsteht durch Selbstsäuerung oder wie Joghurt durch Zusatz von Milchsäurebakterien.
– Kefir wird durch alkoholische und milchsaure Gärung gewonnen. Das verdauungsfördernde Getränk stammt ursprünglich aus Russland.

688. Käse – von Gouda bis Feta

Käse ist, einfach gesagt, gereifter Quark. Je nach Milchsorte, Pressung und Lagerung ergeben sich Tausende verschiedener Sorten.

– Schnittkäse wie Butterkäse, Edamer, junger Gouda, Mimolette und Tilsiter eigenen sich außer aufs Brot in der Küche auch zum Überbacken, werden aber bei zu starker Hitze oder zu langer Garzeit bitter. Besser zum Schmelzen (in Saucen, für Käsefondue) nehmen.
– Weichkäse wie Camembert oder Brie sind mild bis würzig je nach Reifegrad und haben meist einen Überzug aus weißem Edelschimmel. Besonders pikant schmecken Ziegenkäse und Weichkäse mit Rotschmierhülle (Munster). Da Weichkäse von außen nach innen reifen, können zu junge Stücke noch einen quarkähnlichen Kern haben.
– Hartkäse sind lange gereift, würzig und aromatisch und eignen sich gut zum Überbacken (Bergkäse, Emmentaler, Greyerzer/Gruyère, alter Gouda) und für Pastagerichte (Parmigiano Reggiano, Grana Padano, Pecorino).
– Edelpilzkäse wie Bergader, Gorgonzola und Roquefort sind würzig bis scharf, schmelzen gut und sind ideal für schnelle würzige Saucen.
– Eine Sondergruppe ist der Mozzarella, aus würziger Büffelmilch (roh mit Tomaten und Basilikum am besten) oder aus Kuhmilch (zum Überbacken). Ebenso Feta-Käse aus Schafsmilch (original) oder Kuhmilch (beide für Salate oder Aufläufe). Beide sollten immer in Flüssigkeit liegen.
– Käse, die aus Rohmilch hergestellt werden, können besonders intensiv und aromatisch schmecken – wie echter Camembert etwa. Junge weiche Rohmilchkäse können aber Bakterien enthalten, die von kleinen Kindern, Kranken und Älteren nicht gut vertragen werden.
– Schnittkäse am Stück und möglichst frisch vom Laib geschnitten ist würziger als fertige Scheiben. Käse

TIPP

Rinde abschneiden oder mitessen? Hart- und Schnittkäse sind oft mit Antipilzmittel behandelt oder mit einer Wachsschicht überzogen, daher die Rinde abschneiden. Bei Weichkäse mit weißer oder roter Rinde kann diese mitgegessen werden, wenn es einem schmeckt.

braucht Luft, sonst verdirbt das Aroma. Optimal ist eine Lagerung bei 12 °C unter einer Käseglocke, wenn man viel und oft Käse isst. Sonst in Pergamentpapier wickeln, in eine Kunststoffdose legen und im Gemüsefach des Kühlschranks aufbewahren. Käse am Stück hält so bis zu 2 Wochen, Schnittkäse in Scheiben nur etwa 3 Tage. Wichtig: Schimmelkäse einzeln getrennt von anderen Käsesorten aufbewahren.
– Bei verpacktem Käse gibt das Mindesthaltbarkeitsdatum (MHD) einen Anhaltspunkt: 1 Monat vor Ende des MHDs schmeckt der Käse sahnig-mild, 2–3 Wochen vorm MHD mild-aromatisch und 1 Woche vorm MHD vollmundig-würzig.

689. Eier auswählen

Ohne Ei geht fast gar nichts in der Küche und sie sind besser als ihr Ruf: Ihr Cholesterin etwa spielt für den Blutgehalt nur eine untergeordnete Rolle. Achten Sie auf Frische und Haltung.

– Ob die Schale braun oder weiß ist, macht für den Geschmack keinen Unterschied. Vorteil der braunen Eier: Sie haben meist eine festere Schale und zerbrechen nicht so leicht.
– Wichtiger ist der Zahlencode auf der Packung (manchmal auch auf dem Ei selbst), bei dem vor allem die erste Ziffer zählt. Sie informiert über die Haltungsform: 0 = Bioeier, 1 = Freilandhaltung, 2 = Auslaufhaltung, 3 = Käfighaltung. Dahinter stehen Erzeugerland (zum Beispiel DE für Deutschland oder NL für die Niederlande) und die Nummer des Legebetriebs.
– Die Größe der Eier wird heute nach Kleider-Art gemessen: von kleinen S- (unter 53 g) über M- (53–63 g, meistens für Rezepte vorgegeben) und L-Eiern (63–72 g) bis sehr große XL-Eier (über 72 g).
– Das Legedatum errechnet sich aus dem auf der Schachtel aufgedruckten Mindesthaltbarkeitsdatum minus 28 Tage. Legefrische Eier schmecken noch nicht, erst nach 3 Tagen haben sie ihr volles Aroma, dann sind sie etwa 1 Woche lang frisch genug für Eischnee, verlorene Eier und andere Gerichte mit rohen Eiern. Für hart gekochte Eier sollten sie älter sein, sonst lässt sich die Schale schlecht abpellen.
– Lagerung im Eierfach des Kühlschranks verhindert die Vermehrung von Salmonellen, die Eier trocknen aber schneller aus. Kellerkühle ist eine Alternative bei schnellem Verbrauch.

RATSCHLÄGE ...

... zum Garen von Trockenprodukten finden Sie ab Seite 388.

690. Nudeln kaufen und aufbewahren

Nudeln sind ideal für ein fixes Essen, weil sie sich gut lagern und schnell kochen lassen und dazu immer wieder anders aussehen.

– Beim Einkaufen genau auf die Packung schauen. Im üblichen Nudelregal gibt es zwei Typen. Hartweizennudeln wie italienische Spaghetti werden nur aus eiweißreichem Weizengrieß, Salz und Wasser hergestellt. Sie eignen sich für Pasta-Gerichte. Eiernudeln wie viele deutsche Bandnudeln bestehen aus Weichweizenmehl und Eiern, sie werden als Beilage zu Gerichten mit eigener Sauce verwendet. Meist sind auch die in Kühltheken angebotenen Frischnudeln mit Ei zubereitet.
– Ein Kapitel für sich sind Asia-Nudeln, unter denen die größte Gruppe Weizennudeln mit und ohne Ei sind, daneben gibt es auch noch Glasnudeln (aus Stärke), Reisnudeln (Reismehl) und andere Sorten. Zubereitung und Verwendung sind vielseitig, folgen Sie dabei den Anweisungen auf der Verpackung.
– Trockennudeln am besten in großen Vorratsdosen (für Spaghetti gibt es hohe Gläser) aufbewahren, Aufkleber mit Nudelsorte, Kochzeit und Haltbarkeitsdatum anbringen oder entsprechende Packungsteile mit in die Dose stecken. Sie werden trocken, luftig und von duftenden Lebensmitteln fern aufbewahrt, da sie leicht fremde Aromen annehmen.

691. Reis kaufen

Man glaubt es kaum, aber vom Reis gibt es fast noch mehr Sorten als von der Nudel. Die Form der Körner lässt grob auf die Kocheigenschaften schließen.

– In Europa gilt, dass lange Körner (etwa vom Patna-Reis) körnig und locker kochen, runde dagegen weich und suppig (Milchreis, Risottoreis). Der langkörnige Duftreis aus Thailand dagegen klebt auch etwas beim Kochen, was ideal fürs Essen mit Stäbchen ist.
– Parboiled-Reis ist vorbehandelt, die Vitamine aus der Schale werden vor dem Schleifen in das Korn einge-

dampft, dadurch ist er nahrhafter, zerfällt nicht beim Kochen, hat aber eine etwas gummiartige Konsistenz.
– Vollkornreis (Naturreis) enthält noch den Keim und die Samenschale und ist vitaminreicher, braucht aber länger zum Garen und quillt nicht so stark auf.
– Beim Einkauf auch auf die Qualitätsstufe achten: Spitzenreis darf höchstens 5 Prozent zerbrochene Körner in der Packung enthalten, Haushaltsreis bis zu 25 Prozent. Je mehr Körnerbruch, desto klebriger kocht der Reis.
– Den Reis in Vorratsdosen füllen (frisch gekauften nicht mit älterem Reis mischen). Aufkleber mit Sorte und Mindesthaltbarkeitsdatum bzw. Packungsabschnitt nicht vergessen. Reis wird wie Nudeln trocken, luftig und von duftenden Lebensmitteln fern aufbewahrt.

692. Hülsenfrüchte – von Linsen bis Kichererbsen

Hier handelt es sich um die nach dem Reifen in ihrer Hülse bzw. Schote getrockneten fleischigen Samen von Rank- und anderen Gewächsen. Ein gutes Sortiment bieten vor allem Bioläden und türkische oder asiatische Lebensmittelgeschäfte.

– Zu den Hülsenfrüchten zählen Linsen (braune Tellerlinsen, kleine dunkle Puy- oder Beluga-Linsen, rote bzw. geschälte gelbe Linsen aus dem Orientladen), Bohnenkerne (von dicken hellen Saubohnen über gesprenkelte Borlottibohnen zu roten Kidneybohnen) und Erbsen (grün oder geschält und halbiert in Gelb) sowie Kichererbsen.
– Beim Einkauf aufs Mindesthaltbarkeitsdatum achten. Getrocknete Hülsenfrüchte sind zwar bis 2 Jahre (geschälte nur etwa 6 Monate) haltbar, aber je älter sie sind, umso länger brauchen sie zum Garen.
– In durchsichtigen Packungen sind sie am besten zu beurteilen: glatte und glänzende Schale, möglichst wenig zerbrochene Samen sind Kennzeichen für gute Qualität. Hülsenfrüchte mit Löchern oder runzeliger Schale besser liegen lassen.
– Nach dem Kauf verlesen: auf einem großen Blatt Papier oder einem hellen Backblech ausstreuen und gleichmäßig verteilen. Gebrochene oder wurmstichige Samen, Schalenreste und Steinchen aussortieren.
– Wattige oder spinnwebenähnliche Gespinste zwischen den Körnern stammen von Schädlingen. Die befallene Ware zurückgeben oder sofort entsorgen.
– Die verlesenen Hülsenfrüchte am besten in Vorratsdosen füllen (aber nie frisch Gekauftes mit Resten mischen). Aufkleber bzw. Packungsabschnitte mit Inhalt und Haltbarkeitsdatum ergänzen. Dunkel, trocken und gut verschlossen aufbewahren.

693. Mehl und Zucker aufbewahren

Mehle, also das Gemahlene von Getreidekörnern, und Zucker in verschiedenen Reinigungsgraden spielen vor allem beim Backen eine wichtige Rolle in der Küche.

– Beim Mehl sollte man auf die Type achten – je mehr Mineralstoffe vom vollen Korn noch enthalten sind, desto dunkler ist das Mehl, desto höher ist die Typenzahl und desto „schwerer“ bäckt das Mehl. Die Typenzahl reicht von 405 bei normalem Weizenmehl (Auszugsmehl) bis knapp unter die 2000. Vollkornmehle haben keine Typenangabe, sie werden aus ungeschälten Körnern gemahlen.
– „Griffige“ oder „doppeltgriffige“ Mehle sind gröber und besonders für Strudel- und Spätzleteige sowie als Streumehl für die Arbeitsfläche geeignet.
– Mehl am besten gleich nach dem Einkauf in dicht schließende Vorratsdosen oder -gläser füllen, es zieht leicht Schädlinge an. Aufkleber mit Mehltype und Haltbarkeitsdatum nicht vergessen.
– Zucker gibt es in Weiß und Braun. Er wird durch Extraktion und anschließendes Eindicken aus Zuckerrüben oder Zuckerrohr gewonnen. Brauner Rohzucker enthält natürliche Bestandteile des Rübensirups oder Zuckerrohrsaftes, andere braune Zuckerarten (Farinzucker, Kandiszucker) sind mit Zuckercouleur gefärbt.
– Zucker ist lange haltbar, wird aber in feuchter Luft klumpig. Also trocken aufbewahren, am besten in beschrifteten Gläsern oder Dosen.

694. Honig und Sirup kennen lernen

Honig ist ein Naturprodukt mit vielen gesunden Inhaltsstoffen, der als Brotaufstrich und zum natürlichen Süßen – wie auch Sirup– verwendet wird.

– Honig enthält vor allem Zucker (Fruktose, Glukose), Enzyme und Vitamine. Bakterien tötende so genannte Inhibine und Pollen machen ihn wertvoll und konservieren auf natürliche Weise.

– Honig ist so aromatisch, dass man zum Süßen von Obst oder Desserts nur wenig braucht. Zum Backen (außer bei bestimmten Weihnachtsgebäcken) ist er weniger geeignet.
– Die meisten Honige sind Mischhonige (Blütenhonig), Trachtenhonige sind nach den Blüten benannt: Akazien- und Lindenhonig (mild), Edelkastanien- und Tannenhonig (kräftig würzig).
– Wird Honig bei etwa 18 °C dunkel aufbewahrt, kann er bis zu 4 Jahre haltbar sein. Helle Honige werden schnell dick und kristallisieren aus, was ganz natürlich ist. Sanftes Erwärmen im Wasserbad bei 40 °C macht sie wieder flüssig.
– Der bekannteste Sirup ist der Ahornsirup, der aus dem Saft kanadischer Zuckerahornbäume gewonnen wird. Je heller, desto feiner und teurer ist er. Gut zu Müsli, Pfannkuchen und Waffeln und für warme Desserts.
– Dicksäfte werden aus Apfel- oder Birnensaft durch schonendes Einkochen konzentriert, Rübenkraut aus Zuckerrübensaft. Sie sind fürs Kuchenbacken (vor allem Weihnachtsgebäck), süße Aufläufe und Pfannkuchen bestens verwendbar.
– Melasse ist ein dicker, herber Sirup, der bei der Zuckerherstellung anfällt. Vor allem in der Schweiz und im englischsprachigen Raum sehr beliebt.

695. Nüsse und Gewürze aufbewahren

Für Nüsse und Kerne wie für Gewürze gilt: nur beste Qualität kaufen. In der Schale bzw. im Ganzen halten sie länger als geschält und zerkleinert.

– Echte Nüsse sind eigentlich nur die Walnüsse, aber auch Hasel-, Para- oder Pekannüsse werden dazu gezählt. Mandeln, Cashew- oder Pinienkerne werden ähnlich behandelt, da sie allesamt sehr ölhaltig und damit schnell ranzig sind. Frische Nüsse sind ein Nährboden für Schimmelpilze, die äußerst giftige Stoffe entwickeln können – daher Haltbarkeit beachten.
– Nüsse in der Schale wie Hasel- und Walnüsse sind etwa 1 Jahr haltbar, geschälte und zerkleinerte Nüsse nur wenige Wochen. Geschälte Nüsse sowie Kerne aus der Tüte gleich nach dem Öffnen in luftdicht schließende Dosen oder dunkle Gläser verpacken, beschriften (Haltbarkeitsdatum!) und bald verbrauchen – gekühlt halten sie länger.
– Ganze Gewürze halten ihr Aroma länger als gemahlene. Am besten ist es, die Kapseln, Körner oder Samen erst unmittelbar vor der Verwendung mit einer Gewürzmühle zu zerkleinern oder im Mörser zu zerstoßen.
– Ob ganz oder gemahlen, stets gilt: Kaufen Sie besser kleine Mengen als Großpackungen, wenn die nicht in kurzer Zeit aufgebraucht werden. Nachfüllbeutel sind preiswerter als Dosen. Frische Gewürze aber nicht mit alten mischen – lieber einen Rest wegwerfen.
– Gewürze verlieren rasch ihr Aroma, wenn sie nicht aromadicht in dunklen Gläsern möglichst kühl aufbewahrt werden – also bitte nicht über dem Herd im Gewürzregal.

TIPP

Öfter die Vorräte durchsehen: Paprika- und Zimtpulver, Currymischungen und getrocknete Kräuter verlieren schon nach 6 Monaten ihr Aroma. Gewürznelken, Korianderkörner, Kümmel, Pfefferkörner und ganze Muskatnüsse können bis zu 2 Jahre gelagert werden.

696. Senf – von Delikatess bis Dijon

Senfkörner werden für Marinaden und Beizen, für Fischsud und sauer Eingemachtes gebraucht. Fein gemahlen und mit Essig und Salz vermischt, entsteht der cremige Speisesenf daraus, den es in verschiedenen Sorten von scharf bis süß und von fein bis grob gibt.

– Delikatess- oder Tafelsenf (so genannter mittelscharfer Senf) aus gelben Körnern ist eher milder, eignet sich gut für Salatdressings, Senfsaucen und als Zugabe zu Würstchen. Für scharfen französischen Dijon-Senf wie für den Düsseldorfer Senf werden schwarze, geschälte Senfkörner gemahlen.
– Süßen Senf isst man in Bayern zu Weißwürsten, er besteht vor allem aus gemahlenen gelben und wenig dunklen Senfkörnern und braunem Zucker. Auch gut für dunkle Schmorsaucen.
– Rôtisseur-Senf ist grobkörnig und wird zum Bestreichen und Würzen von Fleisch und Fisch vorm Braten genommen, passt auch gut in Senfsaucen und zu kaltem Braten.
– Aus England kommt Senfpulver, das mit kaltem Wasser angerührt einen scharfen Senf ergibt. Muss ziehen, bis er sein Aroma entwickelt. Das Pulver eignet sich auch gut zum Würzen.

– Senf ist lange haltbar, wenn er kühl und dunkel aufbewahrt wird, sonst verliert er rasch seine Farbe. Angebrochene Gläser im Kühlschrank aufheben und die Ränder sauber halten, damit nichts antrocknet.

697. Essig – von Branntwein bis Sherry

Essige sind in reicher Geschmacksvielfalt vom fruchtigen Apfelessig bis zum raffinierten Zitronenessig erhältlich und können nicht nur Salat veredeln. Sie halten kühl und trocken aufbewahrt sehr lange, vor allem hochwertige Sorten sollten nach dem Öffnen gekühlt werden.

– Beim Kauf auf den Säuregrad achten, er liegt zwischen 5 und 7,5 Prozent Säure. Französische Essige sind spürbar saurer als italienische.
– Der einfache Branntweinessig wird aus Industriealkohol hergestellt, Weinessig aus vergorenem Wein, in Wein-Branntwein-Essig steckt ein Viertel Weinessig.
– Balsamessig (Aceto Balsamico) wird aus eingekochtem Traubensaft gewonnen. Der teure geschützte „Tradizionale" kommt aus Modena und Reggio Emilia und erhält durch lange Lagerung sein Aroma. Davon genügt schon wenig zum Würzen von Vorspeisen, Salaten und dunklen Saucen. Daneben gibt es preiswertere Sorten ohne den Zusatz „tradizionale", die sehr gut sein können, aber auch mit Zuckercouleur und anderem gepanscht werden – selbst in der Ursprungsgegend.
– Ein Obstessig, ein guter Weiß- oder Rotweinessig und ein guter Aceto Balsamico gehören zur Grundausstattung. Ergänzen lässt sich das durch aromatischen Estragonessig, rassigen Sherryessig, duftenden Himbeeressig und neutralen Reisessig für asiatische Gerichte.

TIPP

Auch andere würzige Substanzen und Essenzen kommen aus Tuben, Gläschen und Flaschen: Asiatische Sojasaucen (die helle ist salziger, die dunkle aromatischer) sowie Fischsaucen, Meerrettich-Zubereitung (Würz-Meerrettich ist reiner als Sahnemeerrettich), fertiges Pesto (enthält im Idealfall nur Basilikum, Knoblauch, Pinienkerne, Parmesan und Olivenöl), Sardellenpaste bzw. eingelegte Anchovis, Wasabi (japanischer grüner Meerrettich, in Spuren in Tuben oder in Pulver zum Anrühren).

698. Öle – von Olive bis Erdnuss

Pflanzenöle gibt es in vielen Sorten, sie können Salate geschmacklich bereichern sowie zum Dünsten und auch zum Braten verwendet werden.

– Kalt gepresste Öle schmecken kräftiger, dürfen nicht stark erhitzt werden und sind angebrochen nur kurze Zeit haltbar. Man sollte sie in kleinen Flaschen kaufen und kühl und dunkel aufbewahren – aber nicht im Kühlschrank, sonst werden sie flockig. Rasch verbrauchen, sie werden leicht ranzig.
– Raffinierte Öle werden bei höheren Temperaturen gepresst und chemisch von Begleitstoffen befreit. Sie schmecken neutral, dürfen stärker erhitzt werden und sind besser haltbar.
– Gut für Salate und kalte Saucen: neutrales Raps- und Maiskeimöl sowie mild-würziges Sonnenblumen- und Weizenkeimöl. Kräftigeres Aroma haben Olivenöl extra nativ (siehe Tipp), Walnuss-, Sesam- und Kürbiskernöl. Schmeckt es zu intensiv, mit neutralem Öl mischen.
– Zum Braten und Frittieren sind raffinierte Öle (Erdnuss-, Raps-, Soja- oder Sonnenblumenöl) am besten geeignet, aber auch einfaches Olivenöl eignet sich, da es besonders stabil beim Erhitzen ist.

TIPP

Steht bei Olivenöl „natives Olivenöl extra" oder „Olio extra vergine" auf dem Etikett, enthält es weniger als 1 Prozent Ölsäure und wurde so aus ganz frischen Früchten gepresst. Natives Olivenöl (Olio vergine) enthält maximal 2 Prozent Säure, bloßes Olivenöl (Olio miscelanto) ist ein Verschnitt aus rafffiniertem und einem der beiden genannten Öle.

699. Konserven auswählen und aufbewahren

Konserven sind durch starke Hitze haltbar gemachte Lebensmittel in Dosen oder Gläsern. Vollkonserven werden auf über 100 °C erhitzt, „sterilisiert", sodass alle Keime abgetötet werden, die den Inhalt verderben könnten. Wer selbst einkocht, kann nicht so hohe Temperaturen erreichen, das Verfahren heißt „Pasteurisieren" und ergibt weniger haltbare Konserven.

– Dosen und andere Vollkonserven sind jahrelang ohne Kühlung haltbar, somit ideal für den Vorrat außerhalb des Kühlschranks.
– Beim Einkaufen auf unbeschädigte, nicht verbeulte Dosen achten. Heutige Innenbeschichtungen geben zwar keine giftigen Metalle mehr ab, aber der Inhalt könnte metallisch schmecken und die Dosen sind nicht so lange haltbar wie unbeschädigte.
– Zwar gibt es genormte Dosen- und Glasgrößen, wichtiger ist aber das „Abtropfgewicht". Es gibt an, wie viel tatsächlich vom Inhalt übrig bleibt, wenn das Wasser abgegossen wird. Und das kann bei gleicher Packungsgröße um mehr als 10 Prozent unterschiedlich sein.
– Den Inhalt von angebrochenen Dosen in Schraubdeckelgläser oder Plastikdosen umfüllen, Säurehaltiges wie Obst und Tomaten greift an der Luft schnell das Metall an. Gläser oder Plastikdosen dann höchstens 2 Tage im Kühlschrank aufheben.
– Konservendosen trocken, luftig und nicht zu warm lagern, dann sind sie etwa 2 Jahre ohne Qualitätsverlust haltbar.
– Gläser müssen dunkel stehen, sonst verändert der Inhalt seine Farbe und der Vitamingehalt sinkt. Zu hohe Luftfeuchtigkeit kann die Deckel rosten lassen.
– Auch Konserven können verderben. Wenn sich Deckel wölben oder Dosen beim Öffnen zischen, ist der Inhalt verdorben und muss weggeworfen werden. Auch Gläser, deren Inhalt seltsam milchig-trüb wirkt oder beim Öffnen schaumig aufsteigt, gehören unbedingt in den Müll.

700. Lebensmittel-Zusatzstoffe kennen lernen

Zusatzstoffe sollen Haltbares noch haltbarer, bunter, bissfester und schmackhafter machen. Sie müssen auf der Verpackung angegeben werden.

– Die Angabe erfolgt meist durch rätselhafte „E-Nummern". Listen dazu gibt es im Internet und bei Verbraucherberatungen, einen Auszug finden Sie im Ratschlag Nr. 250 auf Seite 146.
– Zusatzstoffe sind zum Beispiel Konservierungsmittel (verzögern Verderb und Schimmelbildung), Antioxidantien (erhöhen die Haltbarkeit, verhindern das Ranzigwerden von Fetten), Farbstoffe („verschönern" das Aussehen), Verdickungsmittel oder Stabilisatoren (verbessern die Konsistenz und das „Kaugefühl"), Geschmacksverstärker und Aromastoffe (intensivieren

5 DOSEN

die besser sind als ihr Ruf

Manches Gemüse und Obst aus Dosen hat mehr Vitamine als Selbstgekochtes. Vorausgesetzt, die Ernte wird auf ihrem reifen Höhepunkt schnell und schonend verarbeitet. Und manchmal ist Dosenware einfach praktischer. Fünf gute Dosen als Beispiel:

1. Dosentomaten sind aromatischer als Treibhaustomaten, weil sie reif geerntet werden; außerdem sind sie schon geschält. Der Krebsschutzstoff Lycopin wird durch das Erhitzen sogar noch besser wirksam. Verschiedene Marken testen, es gibt auch aus Italien Dosen mit viel Saft und wenig Tomaten, die dazu geschmacklos und schlecht geschält sind.
2. Hülsenfrüchte wie Linsen und Bohnen sind nicht schlechter als frisch eingeweichte und gegarte. Vor allem Kidney- und dicke Bohnen brauchen selbst zubereitet endlos lang.
3. Steinobst wie Kirschen, Pflaumen oder Mirabellen schmeckt aus dem Glas oft besser als selbst gekochtes Kompott. Auch Apfelmus ist empfehlenswert.
4. Exoten wie Ananas, Litschis, Mangos: beim Kauf aber unbedingt auf die Dosenangaben achten. Mit sehr viel Zucker konservierte Früchte schmecken oft nur süß und haben wenig Aroma. Solche „ohne Zuckerzusatz" oder „leicht gezuckert" sind aromatischer.
5. Fischkonserven werden auch von Ernährungsfachleuten empfohlen, denn die wichtigen Inhaltsstoffe bleiben darin erhalten. Ölsardinen und Tunfisch passen gut zu gemischten Salaten. Bei Tunfisch darauf achten,dass er nicht mit Treibnetzen gefangen wurde (steht auf den Dosen: delfinfreundlich). Weißer Tunfisch ist fettarmer und feiner als roter. Gibt es naturell, in Pflanzen- und in Olivenöl eingelegt.

den Geschmack oder verdecken Schwächen der verwendeten Rohstoffe).

– Je weniger Zusatzstoffe auf der Zutatenliste stehen, umso besser sollte das Produkt eigentlich sein.

– Alle Zusatzstoffe, die Lebensmitteln zugesetzt werden, müssen vom Gesetzgeber zugelassen sein. Dies steht in einer eigenen Verordnung.

– Auch wenn die erlaubten Zusatzstoffe nicht gesundheitsschädlich sein dürfen, bleibt doch bei manchen ein Risiko bestehen. Deshalb gibt es für die meisten Stoffe einen so genannten ADI-Wert („Acceptable Daily Intake" = duldbare Tagesdosis). Das ist die Menge, die ein Mensch sein ganzes Leben lang täglich essen könnte, ohne davon krank zu werden (bei Verbraucherberatungen zu erfragen).

701. Wasser – von sprudelnd bis still

Ja, auch bei Wasser hat man inzwischen die Wahl, in jedem besseren Lokal und erst recht in jedem Getränkemarkt.

– Tafelwasser heißt die einfachste Qualität, das ist eigentlich nur Leitungswasser mit einigen Salzen versetzt und mit Kohlensäure aufgesprudelt.

– Mineralwasser kommt aus tiefen Erdschichten und muss einen hohen Mineralstoffgehalt aufweisen. Der bestimmt den Geschmack und kann in seiner Zusammensetzung je nach Region stark schwanken. Wässer aus Deutschland sind meist kräftiger als die aus Frankreich oder Italien.

– Heilwasser muss bestimmte heilende Wirkungen aufweisen und ist eher als Medizin denn als Erfrischungsgetränk zu sehen.

– Außerdem unterscheiden sich die Wässer durch ihren Gehalt an Kohlensäure. Es gibt sie klassisch sprudelnd über „Medium" bis still oder sanft. Zum Essen oder für Magenempfindliche ist stilles Wasser oder „Medium" Wasser besser geeignet, es schmeckt weniger sauer.

– Auf den Flaschen ist zwar ein Mindesthaltbarkeitsdatum angegeben, aber natürliches Mineralwasser mit viel Kohlensäure ist in Original-Glasflaschen fast unbegrenzt haltbar. Nicht so die Kunststoffflaschen, die doch ein wenig gasdurchlässig sind.

– Für Babys auf den Zusatz „geeignet für die Zubereitung von Säuglingsnahrung" achten. Solches Wasser darf nur eine bestimmte Menge von Natrium, Nitrat und anderen Mineralien enthalten. Stilles Wasser aus Plastikflaschen ohne diesen Hinweis vorher abkochen.

EINE AUSWAHL VON GETRÄNKEN …

… zum Essen sowie zum Servieren von Getränken finden Sie ab Seite 396.

– Kaffee und Tee schmecken mit neutralen stillen Mineralwässern wie Evian, Vittel oder Volvic oft besser als mit hartem Leitungswasser.

– Mineralreiches Wasser ist prima zum Kochen. Es gibt den Gerichten mehr Geschmack und hilft Salz zu sparen. Ideal zum Dünsten von Gemüse.

– Ein Schuss kohlensäurereiches Wasser macht Pfannkuchen- und Waffelteige lockerer. Etwas Sprudelwasser zuletzt ans Sauerkraut lässt es extra zart werden.

6 NAMEN die man bei Softdrinks wissen sollte

1. **Fruchtsaft: reiner Saft aus Früchten, wird meist aus Konzentrat mit Wasser wieder rückverdünnt.**
2. **Naturtrüber Fruchtsaft: reiner Saft mit Fruchtfleisch.**
3. **Direktsaft, Direktpresssaft: wird aus frischem Obst direkt gepresst und nicht rückverdünnt.**
4. **Fruchtnektar: enthält nur 25 bis 50 Prozent Fruchtsaft, der Rest ist Wasser und Zucker. Schmeckt süßer als die bisher genannten Säfte, hat mehr Kalorien und enthält weniger wertvolle Stoffe.**
5. **Fruchtsaftgetränk: hat noch weniger Fruchtanteil, bei Zitrusfrüchten nur 6 Prozent, sonst 10 bis 30 Prozent Fruchtsaft. Der Rest ist Wasser, Zucker, Aromen und Säuren.**
6. **Limonaden: mit Aromen, Säuren und Zucker (mindestens 7 Prozent) versetztes Wasser. Dazu gehören Zitruslimonaden, Cola- und Bittergetränke wie Tonic Water. Für Kinder nicht empfehlenswert.**

702. Bier – von Pils bis Bock

Biere werden in vielen Ländern gebraut, manche sogar nach deutschem Reinheitsgebot von 1516, laut dem nur Wasser, Malz (aus Gerste oder Weizen) und Hopfen zum Brauen verwendet werden dürfen. Heute lässt das Gebot auch Hefe und Hopfenextrakt (steht auf dem Etikett) zu.

– Unterschieden wird zwischen dem herben Pils(ener) und dem milderen Export- oder Lagerbier, in Süddeutschland auch Helles genannt. Dazu kommen das süffige Weizenbier (kristallklar oder trüb als Hefeweißbier) und dunkle Spezialitäten von Bockbier bis Guiness. Alkoholfreie oder Leichtbiere sind für Autofahrer eine Alternative.
– Dunkel und angenehm kühl gelagert, hält sich Bier am besten, daher nur zum Kühlen in den Kühlschrank stellen. Achten Sie auf das Haltbarkeitsdatum: Zu altes oder verdorbenes Bier schmeckt wie feuchte Pappe und muss weggegossen werden.
– Helle Biere schmecken kälter besser, dunkle Biere sollte man nicht ganz so kalt servieren. Beim Eingießen von Weizenbieren (Weißbier, Berliner Weiße) das kalt ausgespülte Glas sehr schräg halten und langsam gießen, dann schäumt es nicht so stark. Den letzten Schluck beim Weißbier in der Flasche kreisen lassen, damit die abgesetzte Hefe mit ins Bier kommt. Profis rollen dazu die Flasche einige Minuten vor dem Servieren und kippen sie mit einem Schwung ins Glas

703. Wein kennen lernen

Einkaufsquellen für Wein gibt es genügend, vom Discounter über die Weinboutique bis direkt beim Weinbauern. Ein guter Einstieg in die Welt der Weine sind Weindepots, in denen verschiedene Weine nebeneinander probiert werden können.

– Ob ein Wein leicht oder schwer ist, erkennt man am Alkoholgehalt, der in Volumenprozenten auf dem Etikett stehen muss. Leichte Weine haben etwa 8–11 Prozent, schwere 14 und mehr Prozent.
– Ausländische Weine sind fast immer trocken, das heißt, sie schmecken nicht süß. Deutsche Weine können dagegen eher süß sein, außer es steht ausdrücklich „trocken“ auf dem Etikett. Zum Essen passen trockene oder halbtrockene Weine am besten. Edelsüße Weine werden zum Dessert oder auch Käse serviert.
– Die Flaschen sollten nach dem Einkaufen ein paar Tage ruhen, empfindliche Weine können nach dem Transport unharmonisch schmecken.
– Wer Wein nur einige Wochen aufhebt, braucht keinen Weinkeller. Wichtiger als kühle Lagerung ist eine möglichst gleichmäßige Temperatur, wie sie meist in Schlafzimmern herrscht.
– Für längere Lagerung wäre ein kühler, dunkler Kellerraum ideal. Die Flaschen liegend lagern, damit die Korken von innen feucht gehalten werden.
– Weiß- und Roséweine kühlschrankkalt, Rotweine mit etwa 14–16 °C servieren.
– Die meisten Weine schmecken besser, wenn man sie 1–2 Stunden vorm Trinken öffnet.
– Tipps zur Wahl des richtigen Weines zum Essen finden Sie im Ratschlag Nr. 747 auf Seite 398.

704. Kaffee kennen lernen

In fast allen Kaffeesorten stecken Mischungen von Bohnen aus verschiedenen Ländern, um einen immer wieder ähnlichen Geschmack zu komponieren. Das feinste Aroma haben Arabica-Sorten, eher deftig sind Kaffees mit Robusta-Sorten, die einen höheren Koffeingehalt haben.

– Durch die Röstung wird das Aroma in den Kaffeebohnen geweckt. Je frischer geröstet wird, desto besser schmeckt der Kaffee. Für Espresso und türkischen Kaffee werden die Bohnen besonders stark geröstet.
– Spezielle Kaffeesorten sind „entkoffeiniert“ (weitgehend vom Koffein befreit), „Schonkaffee“ wurden die Säuren und magenreizenden Röststoffe entzogen. Instant-Kaffee ist löslicher Kaffee, dessen Aroma aber nicht an das von frisch aufgebrühtem heranreicht.
– Land- oder Malzkaffee wird aus geröstetem Getreide und Zichorienwurzeln hergestellt und ist für Kinder bestens geeignet.
– Vorräte gut verschlossen in Kühlschrank oder Tiefkühlgerät aufheben, den Tagesbedarf in einer aromadichten, kleinen Dose.

705. Tee kennen lernen

Wer nicht nur einen Teebeutel mit heißem Wasser übergießen will, kann sich heute intensiv mit dem Thema Tee befassen. Spezielle Teegeschäfte sind dabei hilfreich.

6 TIPPS für den Kaffeegenuss

1. Frisch muss er sein, der Kaffee: möglichst frisch geröstet und am besten frisch gemahlen, am allerbesten kurz vor dem Brühen.

2. Grob oder fein gemahlen? Kommt auf die Zubereitungsmethode an. Für Presskannen wird die Bohne grob gemahlen, für Kaffeemaschine und Espressokanne mittelfein, fürs Handfiltern fein und für türkischen Kaffee staubfein.

3. Frisches Wasser verwenden: Kalkreiches eventuell filtern, ansonsten erst einmal etwas kaltes Wasser ablaufen lassen – nie heißes Wasser aus der Leitung nehmen.

4. Bei Kaffeemaschinen für Filterkaffee auf die Wattzahl achten: Je höher, desto besser; sonst tröpfelt das Wasser zu langsam und der Kaffee schmeckt bitter.

5. Am besten ist es immer noch, Filterkaffee per Hand aufzugießen. Dazu Wasser kalt aufsetzen und nur einmal aufwallen lassen. Einen Moment warten, denn es darf nicht kochendheiß auf das Kaffeepulver gegossen werden. Einmal aufgießen, warten und quellen lassen, dann die restliche Wassermenge nachgießen.

6. Kaffee nicht lange warm halten. Am besten ist eine Thermoskanne, die Heizplatte der Kaffeemaschine wird oft zu heiß und der Kaffee darauf schon nach 10–15 Minuten bitter.

– Schwarzer Tee wird aus Teestrauchblättern durch eine Reifung (Fermentation) hergestellt, dabei entstehen die typischen Aromen. Grüner Tee ist nicht fermentiert und hat einen feinen, leicht bitteren Geschmack. Oolong-Tee ist nur leicht fermentiert. Achten Sie auch auf Sorten bzw. Herkunft (Assam ist herber, Darjeeling blumiger), Pflückung (First Flush steht zum Beispiel für die erste und beste Pflückung) und die Blattgröße.

– Tee braucht weiches, eventuell gefiltertes Wasser, damit sich Farbe und Aroma entfalten. „Englische Mischungen" sind robuster, sie vertragen sich auch mit härterem Wasser.
– Die Ziehzeit bestimmt die Wirkung. Nach 2–3 Minuten ist das anregende Tein (entspricht dem Koffein im Kaffee) ins Wasser übergegangen. Nach 5 Minuten und mehr lösen sich die Gerbstoffe, die zwar den Tee herber machen, aber auch beruhigend auf Gemüt und Magen wirken. Grüner Tee wird nicht mit kochendem, sondern mit auf etwa 80 °C abgekühltem Wasser aufgegossen – das ist der Fall, wenn das Wasser etwa 10 Minuten steht.
– Robuster Tee hält sich luftdicht verschlossen und trocken etwa 2 Jahre. Feine, duftige oder aromatisierte Sorten sollten aber in 2–3 Monaten verbraucht werden.

706. Kakao ist nicht gleich Kakao

Kakaopulver oder einfach „Kakao" braucht man für das heiße Getränk, für Desserts und zum Backen.

– Was in großen bunten Dosen mit lustigen Bildern angeboten wird, ist Instant-Kakao. Er besteht aus Zucker, Milchpulver, Traubenzucker, Emulgatoren, Aroma und etwas echtem Kakaopulver und kann direkt in kalter Milch aufgelöst werden. Das ist zwar praktisch, aber mit echtem, selbst gekochtem Kakao nicht zu vergleichen.
– Dafür wird direkt aus der Kakaobohne gewonnener, schwach entölter Kakao verwendet, der noch mindestens 20 Prozent Kakaobutter enthält und dunkler, milder und voller im Geschmack ist. Zur Zubereitung mehr im Tipp.
– Holländischer Kakao wird durch ein spezielles Verfahren so aufgeschlossen, dass er sich leichter in Flüssigkeiten auflöst.
– Zum Backen und Puddingkochen eignet sich am besten fettarmes Kakaopulver (stark entölter Kakao).

TIPP

Für heißen Kakao erst das Pulver mit wenig Zucker und etwas heißem Wasser auflösen, dann in die heiße Milch gießen. Mit einem Schneebesen kräftig durchschlagen, dann gibt es keine Haut und das Aroma wird besser aufgeschlossen.

Zubereiten und genießen

Der eine wirbelt einmal durch die Küche und schon steht ein komplettes Menü auf dem Tisch. Der andere werkelt und werkelt und kommt trotzdem nicht zu Potte – immer geht was schief. Beides sind extreme Beispiele, aber in manchen Momenten fühlen wir uns ihnen ganz schön nahe. Nur warum eigentlich? Warum können wir nicht immer der Wirbelkoch sein, warum ist es manchmal so ein Gewerkel? Nur die Ruhe – die Wahrheit liegt in der Mitte.

Schritt für Schritt kochen

Kochen ist schöpferisches Handwerk. Dabei kommt der am besten über die Runden, der in der Küche zuerst das Handwerkliche erledigt (nachdem er bei der Wahl des Essens schon mal kreativ war) und sich erst dann dem schöpferischen Teil widmet. Ein guter Handwerker überlegt sich als erstes, was er braucht. Welches Material er verarbeiten will und welches Werkzeug er dazu braucht. Danach geht er in Gedanken alle Arbeitsschritte durch und legt fest, was wann getan werden muss. Macht er das oft, geht das ganz automatisch. Machen Sie es auch so. Und lernen Sie von den Profiköchen, ohne gleich so sein zu wollen wie sie:

„Mise en place" (frei übersetzt: „alles zur Hand") heißt ihre Zauberformel in der französischen Küchensprache, mit der sie mehrere leckere Gerichte zur gleichen Zeit fertigbekommen. Sowohl Zutaten als auch Töpfe, Messer, Geräte und Gewürze sollten also bereitstehen, wenn Sie loslegen. Wer sich das schon beim alltäglichen Kochen zur Gewohnheit macht, kommt auch dann nicht ins Trudeln, wenn er für Gäste ein ganzes Menü vorbereiten will.

Zuerst die Hardware

Töpfe und Messer können nicht welken oder Vitamine verlieren, deshalb kann man sie als erstes bereit stellen. Was an seinem Platz ist, muss nicht später geholt werden. Vorher aber Spüle, Herd und Arbeitsflächen freiräumen. Überlegen, wo welche Arbeit erledigt werden soll. Die benötigten Töpfe und Pfannen dürfen schon auf dem Herd stehen, das Schneidbrett liegt auf dem Platz, an dem am besten zerteilt und gehackt werden kann. Koch- und Schälmesser sind dort zur Hand, wo danach Gemüse geputzt und vorbereitet wird. Salz, Pfeffer und Knoblauchpresse warten neben dem Herd auf ihren Einsatz. Nudelmaschine oder Fleischwolf sind an ihrem Platz, fürs Backen stehen Waage und Rührschüssel, Teigschaber, Fettpinsel und Backformen bereit.

Ruhen lassen, was Ruhe braucht

Fangen Sie nun mit den Dingen an, die oft kaum Arbeit, aber viel Zeit benötigen. Manche Teige brauchen vorm Backen eine Ruhezeit, damit das Mehl quellen kann. Hülsenfrüchte müssen quellen, sonst werden sie nicht weich. Fleisch und Fisch sollen langsam auftauen, damit sie hinterher nicht trocken werden. Oder in Marinade ziehen, damit sie die Würze aufnehmen können. Das sind Ruhephasen, die Sie bei der Zeitplanung berücksichtigen müssen, denn beschleunigen lassen sie sich nicht. Verlängern geht schon eher, denn die Ruhezeiten können fast immer ums Doppelte vergrößert werden, ohne dass deswegen etwas schief läuft. Teige können im Kühlschrank ruhig viel länger bleiben, Hülsenfrüchte doppelt so lange quellen und an einer kühlen Stelle im Kühlschrank tauen Fleisch oder Fisch langsamer auf, in der kältesten Zone halten sich nicht zu zarte Stücke in Marinade bis zum nächsten Abend.

Anpacken, was mehr Arbeit macht

Nun wird zunächst alles, was viel Platz einnimmt und Zeit zum Bearbeiten braucht, in Angriff genommen. Wurden Obst und Gemüse gewaschen und grob vorgeputzt, dann abgetropft oder getrocknet, sind später Spüle und Abtropfflächen frei für anderes. Dabei mit dem am wenigsten Verschmutzten beginnen, mit dem Sandigsten aufhören, danach die Spüle säubern. Für Beeren und Salate, die in stehendem Wasser gewaschen werden, ist es ökonomischer, einen kleinen Kücheneimer zu füllen als das ganze Spülbecken. Viel Muße braucht das Vorbereiten von Gemüse. Kleinblättriges wie Feldsalat, Rucola und Kräuter zu putzen, Erbsen aus ihren Schoten zu palen oder die Fäden vom Staudensellerie abzuziehen sind Geduldsarbeiten. Die werden am besten gleich angepackt. Der Trick dabei ist, die Arbeiten zu entzerren, nicht zuviel auf einmal zusammenkommen zu lassen. Vieles können Sie auch in eine Zeit verlegen, in der Sie Lust und Laune dazu haben. Mal Erbsen statt Erdnüsse beim Fernsehen palen, mal Möhren schälen, wenn Sie gerade beim Text für eine Geburtstagskarte feststecken. Wenn das Geputzte zugedeckt in einer Schale in den Kühlschrank kommt, hält es sich bis zum Kochen frisch.

Nächster Schritt auf dem Frischepfad: das Schneiden von Gemüse, das Zerkleinern von Salat, das Herrichten von Fleisch oder Fisch und zuletzt das Hacken oder Würfeln von Zwiebeln und Knoblauch (werden an der Luft schnell ranzig). Empfindliches in Schalen füllen und mit Klarsichtfolie abgedeckt in den Kühlschrank stellen – aber rechtzeitig vorm Garen herausnehmen, vor allem Fleisch sollte Zimmertemperatur haben, wenn es in Pfanne, Topf oder Ofen kommt.

Es darf gekocht werden

Jetzt geht es gut vorbereitet an Herd und Ofen fürs Finish. Was Sie da alles machen können (und was alles passieren kann), erfahren Sie konkret in den nachfolgenden Ratschlägen. Im Grunde läuft es wie bei der Vorbereitung: Erst das Langwierige, Aufwändige – Braten ins Rohr schieben, Sauce ansetzen – und dann den Frischepfad gehen – am Ende die Sauce vollenden, den Salat anmachen, den Braten aufschneiden. Zwischendurch immer wieder sauber machen und abspülen, dann geht alles leichter von der Hand. Profis schaffen es, die Vorbereitung und die Zubereitung so miteinander zu verquicken, dass keine Pausen entstehen. Das ist was für Fortgeschrittene – sonst sich lieber Zeit und Ruhe lassen. Denn denken Sie dran: Man spürt beim Essen, ob es mit Hingabe und Liebe gekocht oder nur gestresst zusammengerührt wurde. Die Begeisterung und die Sorgfalt bei der Arbeit übertragen sich auf geheimnisvolle Weise in das fertige Gericht, es schmeckt einfach besser. Und das gelingt am besten, wenn man sich sicher beim Kochen fühlt.

Mehr wissen: Gemüse putzen

175 g garfertiges Gemüse rechnet man pro Portion als Beilage. Manches wie Zucchini muss kaum geputzt werden, anderes wie frische Erbsen verliert einiges dabei. Hier die Einkaufsmengen pro Person und was damit zu tun ist. Für Gemüse als Hauptgericht verdoppeln.

200 g AUBERGINEN – grüne Blütenansätze und Enden entfernen
200 g GRÜNE BOHNEN – Enden abschneiden, eventuell Fäden abziehen
200 g PILZE (Champignons) – Stielenden abschneiden, Substratreste entfernen
200 g STAUDENSELLERIE (Stangen) – Enden kürzen, Fäden abziehen
200 g ZUCCHINI – Stiel- und Blütenansätze entfernen

225 g PAPRIKASCHOTEN – Stielansätze ausschneiden, Trennwände und Samen entfernen
225 g SPARGEL – schälen, Stangenenden abschneiden

250 g BLUMENKOHL – Blätter entfernen, Strunk ausschneiden, evtl. in Röschen teilen
250 g BROKKOLI – Strunk stark kürzen, Rest schälen, in Röschen zerteilen
250 g WIRSING – Strunk ausschneiden, dicke Blattrippen entfernen

300 g SCHMORGURKEN – schälen, halbieren, Kerne auskratzen
300 g SPINAT (Wurzelspinat) – Wurzeln, welke Blätter und dicke Stiele entfernen

350 g LAUCH – dunkelgrüne Blätter entfernen, Wurzelansatz abschneiden
375 g GRÜNKOHLBLÄTTER – Blätter von den Stielen streifen

500 g PALERBSEN (grüne Erbsen in den Schoten) – auspalen
500 g DICKE FRISCHE BOHNEN (Saubohnen) – aus den Hülsen pulen

In Ruhe genießen

Ein mit Hingabe gekochtes Essen schmeckt noch besser, wenn die Atmosphäre stimmt. Das gilt auch für ein einfaches Mittagessen. Ist der Tisch dafür schön gedeckt, sind alle darum versammelt (oder hat man sich für ein Solo-Essen gesammelt), geht man nett miteinander um, liegt was Leckeres auf dem Teller und ist dazu noch was Gutes im Glas, dann hat das Leben für die nächste Stunde seinen Sinn. Kümmern Sie sich drum und genießen Sie es. Und dann nutzen Sie dies als tägliche Übung, wenn es richtig drauf ankommt – wenn also Gäste kommen. Denn für sie ist Ihre Küche wie im Restaurant nur ein Teil des Vergnügens. Ein gut abgestimmtes Menü, die passenden Getränke dazu, die richtige Mischung der Leute am Tisch, gute Gespräche und Gastgeber, die das alles gut vorbereitet haben und deswegen sehr entspannt sind – da hat das Leben einen ganzen Abend und noch länger seinen Sinn. Genießen Sie es so lange wie möglich.

Ernähren Sie sich oder essen Sie?

Für die meisten bedeutet Ernährung wenig Genuss – sie wird mit gesund, vollwertig und vitaminreich verbunden. Essen dagegen: Guter Geschmack, Freude und angenehme Gefühle. Aber selbst bei einem guten Essen sind viele nicht mit Aufmerksamkeit bei der Sache. Weil der Fernseher im Hintergrund läuft oder Grundsatzdiskussionen am Tisch ausgetragen werden. Dafür sollte nicht die Essenszeit herhalten. Lieber die Gerichte warm halten und erst Meinungsverschiedenheiten besprechen, dann sich in Ruhe der Mahlzeit widmen. Das gilt auch für jene, die in der Küche zu Gange sind. Gönnen Sie sich nach dem Kochen selbst einen Moment der Ruhe und Besinnung statt mit wehender Schürze und zerzausten Haaren so schnell wie möglich das fertige Essen auf den Tisch zu stellen – während die anderen erst nach und nach eintröpfeln. Nutzen Sie den Moment zwischen Kochen und Essen. Gehen Sie ins Bad und waschen Sie sich die Hände, schauen Sie aus dem Fenster oder holen Sie noch ein kleines Kräutersträußchen zum Garnieren aus dem Garten oder von der Fensterbank.

Gute Stimmung schaffen

Was bei Gästen selbstverständlich ist, sollte auch im Alltag zur Methode werden. Alles, was nicht zum Essen benötigt wird, vom Esstisch räumen. Tischsets oder Decke auflegen, Teller und Bestecke schon eindecken, ehe man mit dem Kochen anfängt. Fürs Auge eine Überraschung bieten, ein kleiner Blumenstrauß, lustige Salz- und Pfefferstreuer, Essig und Öl in schönen Flaschen, Mineralwasser oder Wein mal in Krug oder Karaffe bereitstellen. Es muss ja nicht gleich ein Candlelight-Dinner werden, aber ein wenig Sorgfalt sorgt gleich für bessere Laune am Tisch und mehr Respekt gegenüber dem Essen.

Gemeinsam essen

Wenn Essen eine Freude ist, dann macht man es gerne. Wenn die Essenszeit in der Familie eine Zeit der Gemeinsamkeit ist, in der genossen wird und Interessantes passiert, dann essen auch die Kinder gerne. Wenn Sie aber einmal allein in einem Restaurant gegessen haben, können Sie vielleicht nachempfinden, wie es Kindern geht, die nach der Schule einsam ihr Essen zu sich nehmen müssen. Dann vielleicht noch ein „Iss schnell deinen Teller leer, dann kannst du spielen" – wie soll da die Freude am Essen selbst gelernt werden? Wenn ein gemeinsames Essen einmal nicht geht, setzen Sie sich trotzdem mit dazu und essen Sie wenigstens einen Apfel. Und wenn die gemeinsame Mahlzeit einmal lästig ist, vielleicht weil gerade etwas Spannendes im Fernsehen läuft oder weil man noch etwas Wichtiges zu tun hat: Bestehen Sie sanft aber hartnäckig darauf, dass zusammen gegessen wird. Und sorgen Sie dann dafür, dass dies spannend und wichtig wird.

Gutes Essen für alle

Wissen Sie eigentlich, was die Menschen am liebsten essen, mit denen Sie täglich zusammen sind und für die Sie vielleicht auch noch kochen? Und wussten Sie, dass in den meisten Haushalten der lebenslange Speiseplan meist nur um fünf persönliche Standardgerichte kreist? Obwohl es keine zwei Menschen gibt, bei denen Vorlieben und Geschmack völlig übereinstimmen? Jeder ist sich darüber klar, dass das Zusammenleben ein ständiges Abstimmen von Gewohnheiten erfordert. Nur beim Essen scheint das immer noch anders zu sein. Achten Sie einmal darauf, wie oft das Wörtchen „wir" auftaucht, wenn darüber gesprochen wird, was einer gerne mag und was nicht. Arbeitsaufwand, Ernährungsgewohnheiten, Sorge um

Gewicht oder Gesundheit bestimmen das Kochen, und wenn für viele gekocht wird, ergibt das ein Vielfaches an Ansprüchen. Weswegen man oft am liebsten auf das Einfachste setzt.

Aber es geht auch anders. Fragen Sie, was Ihre Leute wirklich essen würden, wenn sie die freie Wahl hätten. Oder finden Sie beim Essen im Restaurant heraus, wo die tatsächlichen Vorlieben liegen. Dort bestellen die Gäste meistens das, was sie zu Hause nicht bekommen, aber gerne essen würden. Nun die Wünsche vergleichen und überlegen, wie die Neigungen unter einen Hut gebracht werden könnten. Nehmen Sie die Verschiedenheiten als gegeben hin, überlegen Sie, wo Gemeinsamkeiten sind. Ein bisschen zu- und nachgeben muss jeder, sonst gäbe es vielleicht jeden Tag Spaghetti. Es lohnt sich, einmal über das Essen zu sprechen, die Persönlichkeiten der anderen als Esser näher kennen zu lernen, statt zu viel als selbstverständlich hinzunehmen, wenn die Gemeinschaft am Tisch funktionieren soll. Und noch etwas lohnt sich:

Gutes Benehmen

Ordentlich am Mittagstisch – das heißt jetzt nicht, dass beim Essen höfische Etikette oder militärischer Drill herrscht. Wenn die Kinder mal übersprudelnd von der Schule erzählen (was ja nicht oft vorkommt) und sich eigentlich noch um den Bissen Nudeln kümmern müssten, wird niemand gleich den Kopf schütteln. Aber wenn dabei mit der Gabel in der Luft herumgefuchtelt wird und auch nach Minuten niemand anderes zu Wort kommt, sieht das anders aus. Der Esstisch ist ein guter Platz, um täglich guten Ton und Takt von klein auf spielerisch zu üben. Kinder, die schon früh gelernt haben, sich am Tisch gepflegt zu benehmen, tun sich im Leben viel leichter – und müssen nicht später in Seminaren den rechten Umgangsstil trainieren. Und für manche Eltern ist es auch gleich eine gute Übung, Vergessenes wieder aufzufrischen, um dann bei Geschäftsessen oder offiziellen Einladungen wirklich ganz sicher im Umgang zu sein.

Ein paar Beispiele dafür, dass sich Üben auszahlt: Wer zu Hause gleich kommt, wenn zum Essen gerufen wird, der wird auch als Gast selten so spät kommen, dass der Rest auf einen warten muss. Wer dafür mit dem Essen wartet, bis alle etwas auf dem Teller haben, wird sich auch unter Kollegen nicht durch einsames Reinhauen blamieren. Und wer vielleicht doch lieber zu Ende isst, bevor er was zu sagen hat, wird bald ein Gefühl für den richtigen Zeitpunkt zum Reden bei Tisch entwickeln. Dazu gehört auch, das Essen und die damit verbundene Arbeit zu respektieren. Denn irgendwann ist das Rummatschen auf dem Teller nicht mehr schön – spätestens , wenn Ihre eigenen Kinder Sie fragen, was Sie da eigentlich Ekliges machen. Machen Sie lieber einen auf Vorbild – und zeigen Sie ihnen gleich mal, wie man Spaghetti gekonnt auf die Gabel wickelt.

Mehr wissen: Portionsgrößen

Jeder isst unterschiedlich viel und hat bestimmte Vorlieben, aber es gibt Anhaltswerte für die durchschnittliche Menge, die eine Person isst. Praktisch für die Planung von Menüs für Gäste. Werden mehr als drei Gänge serviert, genügen etwa jeweils zwei Drittel der Mengen.

BROT – 150 bis 250 g
VORSUPPE – 200 ml (knapp 1/4 l)
SUPPE ODER EINTOPF ALS HAUPTGERICHT – 1/2 l
SALAT ALS BEILAGE (geputzt) – 50 bis 75 g
SALAT ALS HAUPTGERICHT (geputzt) – 150 bis 200 g

FISCH (mit Kopf und Gräten) – 300 g
FISCHFILET – 175 bis 200 g
HACKFLEISCH – 125 g
FLEISCH MIT KNOCHEN, BRATEN – 250 g
FLEISCH OHNE KNOCHEN, STEAKS, SCHNITZEL – 150 bis 180 g

GEMÜSE ALS BEILAGE (geputzt) – 175 g
GEMÜSE ALS HAUPTGERICHT (geputzt) – 400 g
NUDELN UND REIS ALS BEILAGE – 75 g
NUDELN UND REIS ALS HAUPTGERICHT – 100 bis 125 g
KARTOFFELN ALS BEILAGE – 200 g

KÄSE ALS NACHTISCH – 75 g
OBST- UND CREMEDESSERTS – 150 g
EISCREME – 100 g

RATSCHLÄGE ZUM EINKAUF ...
... und Aufbewahren von Gemüse finden Sie ab Seite 357.

707. Kräuter hacken

Frisch gehackte Kräuter machen ein Essen fast immer schöner, vor allem aber geben Sie ihm Aroma – setzen Sie sie also bewusst ein, statt das Grün nur als Dekoration zu sehen. Zum Hacken braucht man ein stabiles großes Brett und ein großes Messer mit breiter Klinge.

– Von einem Kräuterbündel die Schnur lösen, Stängel packen und alles abbrausen. Bündel in der Spüle trockenschütteln oder bei großen Mengen in der Salatschleuder schleudern, dann auf Küchenpapier zum Abtropfen auslegen und die Blättchen abzupfen.
– Von Kräutern im Töpfchen entweder Stiele abschneiden und wie oben waschen oder gleich die Blätter zupfen – sie verlieren allerdings beim Waschen Aroma.
– Da Kräuter ein sensibles Aroma haben, muss das Schneidbrett gut gereinigt sein und frei von anderen Düften. Ein völlig trockenes Brett würde wiederum die Säfte der Kräuter aufsaugen, daher kurz Wasser drüberlaufen lassen und trockenwischen.
– Ein Hand voll Kräuter aufhäufen, das Messer in die Hand nehmen und die Klinge auf Kräuter und Brett setzen. Die Fingerspitzen der anderen Hand vorne auf die Klinge legen, um sie auf dem Brett zu halten. Nun die Klinge zum Hacken möglichst schnell auf und ab bewegen, wobei die Spitze auf dem Brett bleibt. Dabei das Messer langsam übers Brett führen und die Kräuter ab und zu wieder zusammen schieben – aber nicht mit der Schneide übers Brett schaben, das macht sie stumpf.
– Die Kräuter mit dem Messer aufnehmen und am besten gleich zum Gericht geben. Je frischer, desto besser. Sonst in einer Schale abdecken, kühlen. Spätestens nach 1 Stunde verbrauchen, zarte Kräuter nicht mehr aufkochen.

708. Zwiebeln und Knoblauch schneiden

Zwiebeln, Schalotten, Knoblauch und Frühlingszwiebeln enthalten Senföle, die ihnen den typischen Duft und die Würze geben. Allerdings entwickelt sich das Aroma erst, wenn sie zerkleinert werden.

– Zum Schälen das spitz zulaufende Ende von Zwiebeln und Knoblauch großzügig, das entgegengesetzte Ende mit den Wurzelresten knapp abschneiden, dann mit dem kleinen Messer die spröde Haut von oben zum Wurzelansatz abziehen. Feine Häute mit den Fingern abreiben.
– Schalotten und andere kleine Zwiebeln lassen sich oft nur mühsam schälen. Erst ein paar Minuten in heißes Wasser legen, dann wird die spröde Haut weich und lässt sich besser abpellen.
– Bei Frühlingszwiebeln die grünen Enden (für die Gemüsebrühe, siehe Tipp) abschneiden, den Wurzelansatz ebenfalls entfernen. Bei Frühlingszwiebeln genügt es, sie kurz abzuwaschen.
– Zum Würfeln Zwiebeln und Schalotten längs halbieren, die Hälften dann senkrecht fein einschneiden, so dass sie am Strunk noch zusammen halten. Profis setzen nun noch ein bis zwei waagerechte Schnitte dazu. So oder so werden die Hälften dann quer zum Strunk hin in feine Scheiben geschnitten, die in Würfel zerfallen.
– Knoblauch kann theoretisch ebenso gewürfelt werden – wenn man es beherrscht. Sonst in feine Scheiben schneiden und kurz hacken. Drücken durch die Presse schadet seinem Aroma ebenso wie das bloße Hacken von Zwiebeln. Frühlingszwiebeln nur in Scheiben schneiden, je schräger, desto zarter sind sie hinterher.
– Kurzes Stehen schadet nichts, da entwickeln sich die ätherischen Öle sogar noch. Aber nicht länger als 30 Minuten, sonst beginnen Zwiebeln & Co ranzig und bitter zu werden.

TIPPS

- **Zum Hacken eignet sich auch ein Wiegemesser mit gebogener Klinge oder ein asiatisches Hackbeil, das dann nur mit einer Hand geführt wird (geht auch mit einem normalen Messer).**
- **Empfindliches wie Basilikum, Schnittlauch, Koriandergrün und Dill kann auch mit einer scharfen Schere geschnitten werden, dabei geht nicht so viel Saft verloren.**
- **Die Stängel von Petersilie und anderen würzigen Kräutern mit Küchengarn binden und in Suppen oder Saucen ziehen lassen.**
- **Übrig gebliebene Kräuter in Alufolie oder feuchtes Küchenpapier einwickeln; bleiben im Kühlschrank 2 Tage frisch.**

5 TRICKS
wenn es Reste gibt

1. **Fleischreste einfrieren oder zugedeckt in den Kühlschrank stellen, am nächsten Tag als Gulasch, Fleischsalat zubereiten oder für Frikadellen durch den Fleischwolf drehen.**

2. **Fischfilet mit Zitronensaft beträufeln und mit Klarsichtfolie gut verschlossen im Kühlschrank aufheben (wenn die Oberfläche gut feucht bleibt, entwickelt es auch keinen Fischgeruch). Für gebratenen Reis, Salat, Fischfrikadellen.**

3. **Gegartes Gemüse am nächsten Tag mit Essig und Öl als Salat anmachen. Oder mit Béchamelsauce in Pfannkuchen füllen. Zerkleinertes rohes Gemüse gleich für eine Suppe aufsetzen.**

4. **Aus übrigen Pellkartoffeln einen Kartoffelsalat anmachen oder für Bratkartoffeln verwenden. Oder in Scheiben mit Butterflöckchen und Käse im Ofen überbacken.**

5. **Reis und Nudeln mit Schinken in der Pfanne braten, verquirlte Eier darüber gießen und stocken lassen. Oder einen Nudelauflauf machen. Kalter Reis lässt sich gut für asiatische gebratene Reisgerichte verwenden.**

709. Salate putzen

Die meisten Salate werden als mehr oder weniger runde Köpfe angeboten, deren Blätter gezupft, bei festeren Köpfen auch geschnitten werden. Lose Salate wie Rauke oder Feldsalat werden einfach geputzt. Wichtig: So früh wie möglich waschen, später werden Aroma und Nährstoffe ausgewaschen. Am besten nicht auf eine Sorte versteifen, sondern nehmen, was gerade Saison hat. Je knackiger ein Salat, desto mehr Vitamine enthält er und desto leichter ist er zu waschen. Freilandware ist zwar schmutziger, aber enthält mehr Nährstoffe und Aroma, sowie weniger Nitrat.

– Von allen Salatköpfen erst einmal die äußersten festen Blätter ablösen und wegwerfen, auf ihnen sitzen die meisten Schadstoffe, auch wenn der Salat aus Bioanbau stammt.

– Den Strunk auf der Unterseite der Köpfe mit einem kleinen Messer keilförmig ausschneiden und ebenfalls wegwerfen. Jetzt werden bei lockeren Salaten die nachfolgenden Blätter vorsichtig abgelöst, bis das dicht geschlossene Innere, das „Herz", erreicht ist. Das bleibt ganz oder wird, um Streitigkeiten am Tisch zu vermeiden, mit dem Messer in entsprechend viele Stücke längs geteilt.

– Die abgelösten Blätter in der Spüle oder in einer großen Schüssel in stehendem kalten Wasser mit leichtem Schwenken waschen, das Wasser so oft erneuern, bis kein Sand mehr an den Blättern hängt. Bei Freilandsalat einen Schuss Essig ins erste Waschwasser geben, das treibt Ungeziefer aus seinem Versteck.

– Das Trocknen ist wichtig, damit die Blätter die Sauce annehmen. Die unzerteilten Blätter im Sieb gut abtropfen lassen und ab und zu schütteln. Allerdings bleiben dann immer noch Wassertropfen hängen. Gründlicher trocknet eine Salatschleuder, die mit den Blättern gefüllt und mit kräftigem Zug an der Schnur in Gang gesetzt wird. Aber vorsicht, zarte Salatblättchen können dabei zerdrückt werden.

– Behutsame und gründliche Methode: die Blätter auf ein sauberes Geschirrtuch legen, die Zipfel zusammenfassen und das Bündel draußen vor der Tür oder auf dem Balkon mit ausholender Kreisbewegung des Armes schleudern.

– Fest geschlossene Köpfe wie Chicorée, Eisbergsalat oder Radicchio nur kurz unter fließendem Wasser abspülen, bei ihnen sind höchstens die äußeren Blätter verschmutzt. Sie werden – wie auch Endivie oder Romana – geschnitten statt gezupft. Am besten die Köpfe nach dem Vorputzen und Waschen vierteln (Chicorée halbieren), im Sieb abtropfen lassen oder in der Salatschleuder trocknen und dann in Streifen oder Stücke schneiden.

– Kleinblättrige Salate wie Rucola und Feldsalat erst verlesen und dann waschen, denn da kleben sie zusammen und die Blätter sind nur mühsam zu trennen. Vor allem bei Feldsalat bleiben fast immer Sandreste zurück. Entweder beim Waschen die Stiele vorsichtig aufbiegen und die Pflänzchen kräftig schwenken, damit der Sand ausgespült werden kann oder einfach die Stielenden über dem Wurzelansatz abschneiden. Dann sehen die Blattrosetten nicht mehr so schön aus, aber knirschen nicht zwischen den Zähnen.

– Sehr bitterer Endivien- oder Löwenzahnsalat verliert zwar Vitamine, schmeckt aber milder, wenn die Blätter 30 Minuten (länger sollte es aber nicht sein) in warmem Wasser liegen.

TIPP

Beim Putzen von Salaten und anderem Gemüse fällt vor allem Biomüll an (in den aber keine tierische Lebensmittel kommen), der getrennt entsorgt wird. Damit man nicht jedes Mal zum Abfalleimer laufen muss, ist es einfacher, neben der Arbeitsfläche eine Schüssel oder gleich die Plastikschale vom Selbstbedienungs-Gemüse bereitzustellen, die ab und zu geleert wird.

710. Salat anmachen

Blattsalate kurz vorm Servieren anmachen, da sie schnell zusammenfallen. Rohkostsalate besser etwas durchziehen lassen (auch wenn rohes Gemüse unter Blattsalat gemischt wird). Bei den meisten reichen 30 Minuten bei Zimmertemperatur oder 2–3 Stunden im Kühlschrank.

– Die gut getrockneten Salatblätter erst kurz vorm Anmachen mit den Fingern in mundgerechte Stücke zerpflücken, damit sie später ohne Grimassen zu essen sind. Geviertelte Salatköpfe in breite Streifen, Endiviensalat in sehr schmale Streifen schneiden, dann schmeckt er milder.
– Am schönsten kommt ein gemischter Salat zur Geltung, wenn er in einer großen, flachen Salatschüssel oder auf einer Platte angerichtet wird. Essig und Öl, Salz und Pfeffer extra dazustellen, damit sich jeder seine Portion selbst anmachen kann.
– Die einfachste Salatsauce ist eine Vinaigrette aus Essig und Öl. Dafür einen Teil guten Essig mit Salz und Pfeffer so lange verrühren, bis sich das Salz aufgelöst hat. Zwei Teile Öl mit dem Schneebesen nach und nach unterschlagen, bis eine cremige Sauce entstanden ist. Über den Salat träufeln und vorsichtig mit dem Salatbesteck vermischen.
– Ergänzen lässt sich die einfache Vinaigrette durch etwas Senf, eine Prise Zucker und gehackte Kräuter, Zwiebel oder Knoblauch. Wer dezent mit Knoblauch würzen möchte, reibt nur die Schüssel mit einer halben geschälten Zehe aus.
– Sollen für ein festliches Essen nur ein paar ausgesuchte Salatblätter als Dekoration dienen, eine ordentliche Menge einfacher Vinaigrette quirlen und die gut getrockneten Blätter einzeln durch die Sauce ziehen, auf Küchenpapier kurz abtropfen lassen und anrichten. Die übrig gebliebene Salatsauce in eine Flasche füllen und im Kühlschrank aufheben.

4 TIPPS

Wofür welches Fett?

1. **Salate: Zum Anmachen kalt gepresste Öle (Olivenöl extra nativ, Weizenkeimöl, Rapsöl, Sonnenblumenöl); zum Aufpeppen Walnuss- oder Haselnussöl, ein paar Tropfen geröstetes Sesamöl (für Asia-Aroma) oder etwas Kürbiskernöl.**
2. **Dünsten: Butter, gute Margarine, raffiniertes Sonnenblumen- und Maiskeimöl, Olivenöl extra nativ.**
3. **Braten und Wokken: Butter (für Schnitzel, zarten Fisch), Butterschmalz, Palmöl, raffiniertes Erdnussöl, Rapsöl, Sojaöl, Sonnenblumenöl.**
4. **Frittieren: Butterschmalz, Palmfett, ungehärtetes Kokosfett, raffiniertes Erdnussöl, Sonnenblumen- und Olivenöl (höchstens auf 175 °C erhitzen).**

711. Gemüse blanchieren

Gemüse werden dabei in kochendem Wasser kurz vorgegart, dann in eiskaltem Wasser schnell abgekühlt. Farbe und Vitamine bleiben weitgehend erhalten, Gemüse kann danach tiefgekühlt oder kurz gedünstet werden. Geht mit fast allen Gemüse die auch gekocht werden.

– Zum Blanchieren reichlich Wasser aufkochen. Wenn das Wasser sprudelt, Gemüse hineingeben, kräftig salzen (gut 1 TL Salz pro Liter Wasser) und ohne Deckel

1–3 Minuten (Blattgemüse bis es zusammenfällt) darin kochen.
– Mit einem Schaumlöffel in eine Schüssel mit reichlich Eiswasser heben, kurz abkühlen lassen, dann im Sieb abtropfen lassen.

712. Gemüse dünsten

Gemüse werden dabei im eigenen Saft meist mit etwas Fett gegart. Dabei bleiben Inhaltsstoffe am besten erhalten. Gemüse dazu in gleich große Stücke zerteilen, damit es gleichmäßig gart. Mit fast allen Gemüsen möglich, Wurzelgemüse oder Blattgemüse können zuvor blanchiert werden.

– Zum Dünsten in einem breiten Topf oder in einer Schmorpfanne etwas Butter, Öl auf mittlerer Stufe erhitzen. Gemüse hineingeben, ohne Deckel erwärmen, bis es Flüssigkeit abgibt.
– Bei längerer Garzeit Brühe oder Wasser zugeben, zudecken und bei schwacher Hitze bissfest garen.

713. Gemüse schmoren

Gemüse werden angebraten, damit sie Aroma entwickeln, dann mit wenig Flüssigkeit fertig gegart. Geht mit aromatischen und robusten Gemüse, die längere Garzeit vertragen.

– Beim Anbraten in Butterschmalz oder Öl zwischen den Stücken Platz lassen, damit austretende Flüssigkeit verdampfen kann. Wenig Flüssigkeit angießen, zugedeckt bei ganz schwacher Hitze garen. Ab und zu Flüssigkeit nachgießen.
– Je geringer die Hitze und desto länger die Schmorzeit, umso würziger wird das Gericht

714. Gemüse wokken oder pfannenrühren

Schnelles schonendes Braten im Wok oder in einer Pfanne mit hohem Rand. Gemüse müssen so fein geschnitten werden, dass sie in kürzester Zeit gar sind. Je fester, desto feiner zerteilen. Flüssigkeit zum Ablöschen bereitstellen. Geht mit fast allen Gemüsen, die kleingeschnitten rasch garen.

– Dazu Wok oder Pfanne stark erhitzen, dann hoch erhitzbares Fett zugeben und bis kurz vor den Rauchpunkt erhitzen.
– Gemüse ins Fett geben und unter ständigem Wenden sekunden- bis höchstens minutenlang garen.
– Mit Flüssigkeit ablöschen, aufkochen, servieren. Nur 1–2 Portionen zusammen zubereiten.

715. Gemüse frittieren

Auch Ausbacken genannt. Rasches Garen in reichlich sehr heißem Fett, Gemüse in Teig werden so schnell gar und knusprig. Geht mit Fritteuse oder tiefem Topf.

– Fritteuse oder Topf zu drei Vierteln mit Frittierfett oder hoch erhitzbarem Öl füllen. Auf etwa 175 °C erhitzen (dann steigen von eingetauchtem Holzstäbchen sofort Bläschen auf, ohne dass das Fett raucht).
– Gleichmäßig geschnittenes und evtl. vorgegartes Gemüse pur oder mit Teig ins Fett geben, dabei nicht zuviel, sonst kühlt es zu sehr ab.
– Sobald das Frittierte schön gebräunt ist, mit Siebeinsatz oder Sieblöffel herausheben, abtropfen lassen und auf Küchenpapier entfetten.

716. Blattgemüse zubereiten

Blattspinat und Mangold werden zum Blattgemüse gezählt. Da sie beim Garen stark zusammenfallen, darf man sich nicht vom großen Volumen täuschen lassen. 300–500 g davon sollte man pro Person rechnen.

– Wurzelspinat wird als ganze Pflanze mit Wurzel angeboten, Blattspinat sind die einzelnen Blätter davon. Er wird trocken verlesen, dann mehrmals in kaltem Wasser gewaschen, bis kein Sand mehr enthalten ist. Nun die Stiele entfernen. Wurzelspinat wird vor dem Waschen geputzt, da an den Wurzeln oft viel Sand hängt. Trocknen ist nur bei Verwendung für Salat nötig.
– Zarter Spinat vom Frühling und Frühsommer kann roh genossen oder ganz kurz angedünstet werden, derbere Blätter (ab Spätsommer) werden zuvor in Salzwasser gegart, fix in Eiswasser abgeschreckt und ausgedrückt.
– Beim Mangold die Blätter vom Strunk ziehen oder diesen herausschneiden. Die Blätter gründlich waschen, die grünen Blattteile abschneiden und von den weißen Stängeln die Häute abziehen (bei größeren Pflanzen).

Grün in Stücke schneiden, die Stängel in feine Streifen oder Würfel.
– Die Stängel brauchen länger zum Garen als die Blätter und werden deshalb entweder getrennt zubereitet oder früher in den Topf gegeben. Zum Beispiel ein paar Minuten in Butter oder Öl gedünstet und dann noch kurz mit dem Grün fertig gegart.

TIPP

Spinat und Mangold können recht viel Nitrat und Oxalsäure enthalten, was dem Körper in größerem Maß nicht bekommt. Pflanzen aus dem Freiland oder die am Nachmittag geerntet wurden, enthalten weniger Nitrat. Dieser Stoff wird erst dann zum Problem, wenn er sich zu Nitrit umwandelt, was durch Welken oder langes Warmstehen geschehen kann. Das Aufwärmen von Spinat und Mangold ist jedoch erlaubt – wenn er gleich nach dem Garen und Abkühlen kühl gestellt wurde und am Tag darauf rasch erhitzt wird. Der Gehalt an Oxalsäure spielt erst bei den derberen, später im Jahr geernteten Pflanzen eine Rolle. Auch deswegen werden diese immer blanchiert.

717. Kohlgemüse zubereiten

Familie Kohl hat viele verschiedene Mitglieder. Weiß-, Rot- und Spitzkohl sowie Wirsing haben große Köpfe in Gegensatz zum kleinen Rosenkohl. Den Grünkohl zählt man eigentlich eher zum Blattgemüse und Kohlrabi zum Wurzelgemüse (wo Sie ihn hier auch finden werden).

– Ob Rot- oder Weißkohl, ob Wirsing oder Spitzkohl – für die Köpfe brauchen Sie ein großes stabiles Messer. Sie werden von den äußeren Blättern befreit, durch den Strunk geviertelt oder geachtelt und gewaschen. Für Salat wird ein Krautkopf nun bis zum Strunk gehobelt oder in ganz feine Streifen geschnitten. Dann mit etwas Salz bestreuen und mit den Händen kräftig durchkneten, das macht ihn weicher und besser verdaulich.
– Für Gemüse den Strunk und die von ihm ausgehenden dicken Blattadern wegschneiden, die Viertel waschen und in Streifen oder Stücke teilen. Kohl und Wirsing werden meist gedünstet oder geschmort.
– Für Kohlrouladen den ganzen Kopf in reichlich Wasser aufsetzen, so lange garen, bis sich die ersten Blätter ablösen lassen. Den verbliebenen Kopf wieder ins Wasser geben und so fortfahren, bis genügend Blätter zum Füllen abgelöst sind.
– Vom Rosenkohl die äußeren Blätter ablösen, die Stielansätze kürzen und kreuzweise einschneiden, dann garen die Röschen gleichmäßiger. Wenn man ihn vor dem dünsten blanchiert, schmeckt er etwas milder.
– Beim Grünkohl die Blätter mit der Hand von den harten Stielen streifen, Blätter in Streifen schneiden. Wie Spinat wird er erst blanchiert (man kann ihn auch

5 FRUCHTGEMÜSE

und was man damit macht

Tomaten, Auberginen, Zucchini, Paprikaschoten und Kürbis zählen zum Fruchtgemüse – Exoten, die Sonne in unsere Küche bringen. Sie haben ein saftiges Fruchtfleisch, das schnell gart. Doch mit zäher Haut und vielen Kerne können sie für manchen Esser zum Problem werden.

1. **Tomaten: Für Salate die ganze Tomate samt Haut mit Sägemesser in Scheiben schneiden. Für Suppen und Saucen häuten und entkernen – einige Sekunden in sprudelnd kochendes Wasser geben, abgießen und mit kaltem Wasser überbrausen. Die grünen Stielansätze keilförmig herausschneiden, dünne Haut abziehen. Die Früchte entweder durch den „Äquator" halbieren, die Kerne mit einem Teelöffel oder der Fingerspitze herausheben. Die Fruchthälften in Stücke oder Würfel schneiden. Oder aber die Tomaten komplett verwerten und einfach durch ein Sieb streichen.**
2. **Paprikaschoten: Nach dem Waschen und Abtrocknen mit dem kleinen Messer entlang der „Nähte" aufschneiden, die aufgeschnittenen Stücke kräftig zum Stielansatz biegen, bis sie abbrechen. Reste vom Stielansatz, helle Trennwände und Kerne entfernen. Die Schotenstücke in Streifen, Stücke oder Würfel schneiden. Schmecken roh, gedünstet, gebraten und gegrillt.**

3. Auberginen: Nach dem Waschen von den Stielansätzen befreien, auch das gegenüberliegende Ende etwas kürzen. Auberginen sind leichter verdaulich, wenn sie mit einem Sparschäler wie Kartoffeln geschält werden. Einsalzen zum Entbittern ist nicht nötig. Werden gewürfelt (zum Schmoren und Dünsten) oder in Scheiben geschnitten (zum Braten, Grillen, Frittieren). Auch im Ganzen gefüllt. Werden dunkel, wenn sie lange liegen oder garen.

4. Zucchini: Wie Auberginen vor- und zubereiten, jung schmecken sie auch roh. Zucchiniblüten mit kleinem Fruchtansatz sind gefüllt ein besonderer Leckerbissen. Sehr dicke Zucchini enthalten grobe Kerne. Am besten längs halbieren und die Kerne mit einem Teelöffel auskratzen.

5. Kürbis: Hat für gewöhnlich eine sehr harte Schale und muss mit einem starken Messer zerteilt, dann geschält werden. Die Kerne und das faserige Fleisch dahinter mit einem scharfkantigen Löffel entfernen. Das Fruchtfleisch in Stücke schneiden, es wird relativ schnell gar (dünsten, braten, in Suppen). Beim kleineren aromatischen Hokkaido-Kürbis kann die Schale mitgegessen werden.

danach schneiden) und dann gedünstet – beim traditionellen nordischen Grünkohlessen meist sehr lange.

BOHNEN, FENCHEL, LAUCH, PILZE & SPARGEL

Grüne Bohnen: Bohnen waschen, dunkle und vertrocknete Schoten aussortieren. Spitzen abschneiden, Fäden ziehen ist nicht mehr nötig. Bohnen in Salzwasser 8-10 Minuten blanchieren, damit sie gut verdaulich sind. Dann dünsten oder braten.

Fenchel: Waschen, das Grün beiseite legen, schadhafte Stellen entfernen. Knolle vierteln, Strunk entfernen. Für Rohkost hobeln, sonst in Streifen schneiden und dünsten, mit Grün vollenden.

Lauch: Schlappe Außenblätter, Wurzelfäden und dunkles Grün entfernen, längs bis fast vor den Strunk halbieren und unter fließendem Wasser Erde gründlich auswaschen. Ganz halbieren und in Streifen oder Stücke schneiden. Kochen, dünsten, wokken, schmoren.

Pilze: Gleich nach dem Kauf putzen (siehe Ratschlag Nr. 671, Seite 359). Große Pilze zerteilen, schneiden oder würfeln, kleine ganz lassen. Champignons, Austernpilze, Shiitake oder Steinpilze nur kurz braten oder dünsten, Pfifferlinge brauchen länger.

Spargel: So frisch wie möglich kaufen und in feuchtem Tuch im Gemüsefach lagern, dann zubereiten. Enden sollten noch saftig sein. 1–2 cm davon abschneiden, weißen Spargel unterm Kopf zum Ende hin sauber mit Spargelschäler schälen. Bei grünem Spargel falls nötig das untere Drittel. Klassisch gekocht (grüner braucht weniger Zeit), aber auch gedünstet, gebraten oder hauchdünn als Rohkost.

718. Wurzeln und Rüben zubereiten

Möhren, Knollensellerie oder Petersilienwurzel gelten als klassische Wurzelgemüse, die beim Ansetzen von Suppen und Saucen gefragt sind. Rote Bete, Kohlrabi und Steckrüben sind ebenfalls Gemüse, die in der Erde (Kohlrabi auch oberhalb) wachsen. Alle gründlich waschen und eventuell mit einer Gemüsebürste reinigen.

– Möhren und ähnliches Gemüse mit glatter Oberfläche wird mit dem Sparschäler dünn geschält, junge Möhren können auch mit dem Messer geschabt werden. Bei Knollensellerie muss das Schälmesser her, damit alle sandigen Vertiefungen ausgeschnitten werden können.
– Auch Rüben, Beten oder Kohlrabi lieber mit dem Messer schälen. Saubere Abschnitte für Brühe oder Sauce verwenden.

– Kohlrabi sind an der Wurzelseite oft holzig – an der Stelle so lange dünne Scheiben abschneiden, bis das Messer leicht durch das Gemüse gleitet.
– Beim Verarbeiten von Roten Beten am besten Gummihandschuhe anziehen, der Saft färbt sehr dauerhaft.
– Nach dem Schälen schadhafte Stellen entfernen, noch einmal kurz kalt abwaschen, mit Küchenpapier abtrocknen und in Stücke zerteilen. Diese können gekocht, gedünstet oder geschmort werden.
– Sollen die Gemüse in feine Streifen (Julienne) oder in ganz kleine Würfel (Brunoise) etwa für Suppeneinlagen oder Füllungen geschnitten werden, tut man sich leichter, wenn man die Wurzeln erst längs viereckig zurechtschneidet, dann liegen sie besser auf und können der Länge nach in Scheiben (geht auch mit der Aufschnittmaschine), diese in Streifen und eventuell in Würfel zerteilt werden. Dann blanchieren oder dünsten.
– Rote Bete, Kohlrabi und Steckrüben können im Ganzen gekocht werden, dann genügt es, sie gut zu waschen, ansonsten unbeschädigt zu lassen, damit ihr Geschmack beim Garen nicht verwässert wird. Rote Beten lassen sich nach dem Garen ganz einfach aus der Schale drücken.
– Zarte Blätter von Roten Beten, Kohlrabi und Steckrüben lassen sich auch wie Kräuter direkt ans Gericht geben oder in größeren Mengen als Gemüse wie Spinat verwenden.

RATSCHLÄGE ZUM EINKAUF …

… und Aufbewahren von Kartoffeln finden Sie auf Seite 360.

719. Kartoffeln vorbereiten

Je nach Gericht werden Kartoffeln mit unterschiedlichen Kocheigenschaften gewählt: Vorwiegend fest kochende für Salzkartoffeln, Puffer, Suppen und Aufläufe, fest kochende für Salate, Bratkartoffeln, mehlige sind ideal für Knödel und Massen – sonst vorwiegend fest kochende nehmen. Mehr dazu in Ratschlag Nr. 672, Seite 360.

– Die Kartoffeln gründlich waschen und bürsten (behutsam bei neuen Sorten), vor allem wenn die Schale mitgegart oder mitgegessen werden soll. Denn auf den Schalen sitzen Erdreste und Behandlungsmittel, die das Keimen verhindern.
– Eventuell die „Augen“ (dunkle Keimansätze) mit einem spitzen Messer keilförmig ausschneiden. Grüne Stellen wegschneiden, sie enthalten giftiges Solanin.
– Zum Garen ohne Schale Kartoffeln mit einem Sparschäler dünn schälen und nochmals abwaschen, um Schmutz und andere Stoffe von der Schale abzuwaschen.
– Kartoffeln je nach Verwendung zerteilen. Werden Sie nicht gleich verwendet, mit kaltem Wasser bedecken, damit sie nicht braun anlaufen. Aber Achtung: Nach einigen Stunden können sie „wasserhart“ werden und lassen sich kaum noch weich kochen.

720. Kartoffeln kochen

Das braucht man:
pro Person 200–250 g Kartoffeln als Beilage,
Kocheigenschaft je nach Verwendung
evtl. Salz
Gemüsebürste
kleines Küchenmesser
evtl. Sparschäler
breiter Topf mit gut schließendem Deckel
Küchenhandtuch

– Ob Sie Kartoffeln geschält oder ungeschält garen, ist Geschmackssache und eine Frage der Verwendung. Pellkartoffeln schmecken purer und sind für Salate oder Bratkartoffeln ideal, Salzkartoffeln schmecken würziger und sind gut für Massen. Vitamine bleiben auch beim Schälen erhalten, wenn sie nicht durch zu viel Kochwasser ausgeschwemmt werden.
– Kartoffeln in einen breiten Topf geben, salzen und höchstens zur Hälfte mit kaltem bis lauwarmem Wasser bedecken. Salz kann, muss aber nicht sein. Deckel auflegen und bei starker Hitze zum Kochen bringen, dabei aufpassen, Kartoffeln kochen schnell über.
– Sobald das Wasser zu sieden beginnt, die Hitze klein schalten und zugedeckt fertig kochen und dämpfen, dabei öfters am Topf rütteln. Geschält und in Stücke geschnitten sind sie in 15–20 Minuten, ungeschält in 25–30 Minuten gar. Fest kochende und neue Kartoffeln brauchen etwas länger. Garprobe: mit der Messerspitze in eine Kartoffel stechen, wenn sie fast von selbst zurück ins Wasser gleitet, ist sie gar.
– Zum Abgießen den Deckel einen Spalt breit zur Seite schieben, ein längs gefaltetes Küchenhandtuch so darüberlegen, dass der Deckel gehalten wird. Topf mit dem

Tuch an den Griffen halten und das Kochwasser so abgießen, dass der heiße Dampf Hände oder Gesicht nicht verbrühen kann. Kartoffeln im Topf rütteln und 2–3 Minuten offen ausdampfen lassen.

4 TRICKS

Pannenhilfe

1. Suppe oder Sauce versalzen: etwas rohe Kartoffel hineinreiben, bindet Salz. Mit etwas Sahne oder Milch mildern. Mit Brühe oder Wasser strecken oder mehr Suppe daraus kochen.
2. Gemüse ist zu weich: mit Stabmixer pürieren und einkochen, bis es als Püree serviert werden kann.
3. Fleisch zieht beim Braten Wasser: aus der Pfanne nehmen, Flüssigkeit in ein Schüsselchen abgießen, Pfanne stark erhitzen, wieder anbraten. Flüssigkeit zum Ablöschen verwenden.
4. Auflauf ist schwarz: Kruste abheben, Sahne mit geriebenem Käse verquirlen, drübergießen und nochmals in den Ofen schieben, bis die Oberfläche schön gebräunt ist.

721. Kartoffeln knusprig braten

Das braucht man:
pro Person 200–250 g fest kochende Pellkartoffeln, möglichst am Vortag gekocht und gepellt
Fett (Öl, Pflanzenfett, Schweine- oder Butterschmalz)
Salz, Pfeffer
große schwere Pfanne
Pfannenwender

– Die Pellkartoffeln abziehen und in knapp 1 cm dicke Scheiben schneiden, ohne dass sie stark zerfallen.
– Pfanne auf mittlerer Stufe erhitzen und darin nicht zu wenig Fett erhitzen.
– Kartoffelscheiben gleichmäßig auf dem Pfannenboden verteilen, dabei nicht stapeln, und ohne Umwenden etwa 7 Minuten braten, bis sie zu bräunen beginnen.
– Jetzt die Hitze höher schalten und die Kartoffelscheiben mit dem Pfannenwender umdrehen. Unter gelegentlichem Wenden die Kartoffeln in 5–7 Minuten rundum knusprig braten, und dabei mit Salz und Pfeffer würzen.

4 TRICKS

für leckere Kartoffeln

1. Die richtige Größe: Ungeschälte Kartoffeln müssen etwa gleich groß sein, sonst werden sie unterschiedlich gar. Geschälte in etwa gleich große Stücke zerteilen.
2. Kochwasser auffangen: Das Wasser von geschälten Kartoffeln für Suppen und Saucen verwenden, durch die ausgekochte Stärke gibt das eine schöne Bindung, außerdem sind wertvolle Vitamine enthalten.
3. Ausdampfen lassen: Nach dem Abgießen den Topf ohne Deckel noch einmal auf die heiße Herdplatte stellen, bis die Kartoffeln trocken sind.
4. Pellkartoffeln noch heiß schälen, dann geht die Schale leichter ab. Auch kurzes Abschrecken mit kaltem Wasser kann helfen. Für Salat und Bratkartoffeln dann offen weiter ausdampfen und abkühlen lassen.

TIPP

Für rohe Bratkartoffeln fest kochende Knollen putzen, schälen und waschen, dann in dünne Scheiben schneiden oder hobeln. Unterm Sieb kalt abbrausen, tropfnass ins heiße Fett geben, salzen und zugedeckt 10 Minuten bei mittlerer Hitze garen. Dann offen braten, bis sie von unten gebräunt sind und bei starker Hitze unter gelegentlichem Wenden in 5–7 Minuten fertig braten.

722. Kartoffeln frittieren

Das braucht man:
pro Person 200–250 g große,
vorwiegend fest kochende Kartoffeln
Frittierfett, Salz
Fritteuse oder großen hohen Topf
Schaumkelle oder Sieb

– Die Kartoffeln waschen, putzen, schälen und unter fließendem kaltem Wasser abspülen, dann je nach Zubereitung in Stäbchen (Pommes frites) oder dünne Scheiben (Chips) schneiden.
– Fritteuse oder Topf zu drei Vierteln mit Fett füllen und auf 160 °C (Bläschen steigen träge vom Kochlöffelstiel in Fett auf) bzw. 175 °C (Bläschen sprudeln) erhitzen.
– Pommes frites in 160 °C heißem Fett portionsweise in 4-5 Miunten vorgaren und wieder mit Kelle oder Sieb herausfischen.
– Das Fett auf 175 °C erhitzen und Pommes frittes in 2–3 Minuten fertigbraten. Die Chips gleich bei 175 °C in 4–5 Minuten knusprig braten.
– Stücke gut abtropfen lassen, salzen und servieren.

723. Nudeln „al dente" kochen

Das braucht man für 4 Personen:
400-500 g Nudeln als Hauptgericht, 200-250 g als Beilage
4–5 l Wasser
Salz
großer Topf
Kochlöffel oder Spaghettigabel
Nudelsieb

– Im Topf bei starker Hitze das Wasser (etwa 1 l pro 100 g) aufkochen, eine Tasse mit kaltem Wasser bereitstellen. Sobald das Wasser sprudelnd kocht, die Nudeln einstreuen, Spaghetti auffächern und im Wasser rühren, bis sie weich sind.
– Jetzt kräftig salzen, 1 TL Salz pro Liter. Ein Schuss Öl hindert das Wasser etwas am Überkochen.
– Unter Rühren alles aufwallen lassen, jetzt beginnt die Kochzeit. Wenn das Wasser überkochen will, einen Schuss kaltes Wasser zugießen, bis es sich wieder beruhigt hat. Ständig am lebhaften Kochen halten, damit die Nudeln nicht zusammenkleben. Ab und zu umrühren.
– Kurz vor Ende der auf der Packung angegebenen Garzeit eine Nudel probieren (mit Spaghettigabel herausfischen).
– Nudeln sind gar, wenn sie nicht mehr mehlig schmecken, aber noch einen spürbar festen Kern haben. Dann sofort etwas kaltes Wasser ins Kochwasser gießen, damit die Nudeln nicht weitergaren.
– Nudeln sofort ins Sieb gießen, einmal kräftig schwenken. Italienische Art: nicht abspülen, sondern sofort auf Teller verteilen, dabei zuvor mit Sauce vermischen. Spaghetti einfach im Topf mit der Pastagabel aufrollen und auf Teller gleiten lassen.
– Nudeln als Beilage nur kurz mit heißem Wasser überbrausen, damit sie nicht zusammenkleben, in einer vorgewärmten Schüssel mit etwas Butter oder Öl vermischen.

724. Reis kochen

Das braucht man:
pro Person 1 Tasse Reis und 1 1/2 Tassen Wasser
Salz
breiter Topf mit dicht schließendem Deckel
Küchenhandtuch

– Reis kann man in viel Wasser kochen, aber besser schmeckt er mit der Quellmethode zubereitet. Dafür wird der Reis mit einer abgemessenen Menge Wasser gegart, die er dabei aufnimmt, und wird so körnig und aromatisch.
– Für Langkorn-, Basmati- oder Duftreis pro Person 1 Tasse Reis im Sieb waschen, bis das Wasser klar abläuft. In einen Topf geben, gut 1 1/2 Tassen Wasser und 1/4 Teelöffel Salz zugeben. Bei starker Hitze ohne Deckel aufkochen. Dabei aufpassen, Reis kocht schnell über.
– Sobald Schaum aufsteigt, Hitze ganz klein stellen und warten, bis das Wasser fast nicht mehr kocht.
– Deckel auflegen und den Reis bei geringster Hitze in 12–15 Minuten körnig garen. Topf vom Herd nehmen, Deckel abnehmen, mit einem Küchenhandtuch abdecken, Deckel wieder auflegen, den Reis 5 Minuten ausdampfen lassen. Mit einer Gabel auflockern und servieren.

TIPP

Für Risotto Rundkornreis nicht waschen, sondern trocken in etwas Butter oder Olivenöl andünsten, bis er glasig aussieht. Nach und nach heiße Brühe (gut 1/4 l pro Portion) angießen und unter ständigem Rühren garen. Je nach Sorte in 20–35 Minuten körnig garen. Zuletzt noch einmal kräftig durchrühren.

725. Bulgur, Couscous und Polenta garen

Bulgur und Couscous sind Weizengrieß, der in orientalischen Ländern als Beilage gegart wird. Polenta ist mehr oder weniger feiner Maisgrieß, der traditionell in Norditalien als würziger Brei serviert wird. Sie alle passen gut zu Gerichten mit viel Sauce.

– Für Salate oder Füllungen wird Bulgur (gedämpfter, getrockneter und gemahlener Hartweizen) für eine bis mehrere Stunden eingeweicht. Als Beilage nach kurzem Quellen mit kalter Flüssigkeit 15–20 Minuten garen, nach Wunsch vorher in Öl braten.
– Couscous-Grieß wird nach dem Mahlen gequollen und wieder getrocknet. Klassischer Couscous dämpft stundenlang, der bei uns erhältliche Instant-Couscous wird für Salate wie Bulgur eingeweicht (aber nur 15-30 Minuten) und als Beilage nur wenige Minuten gegart.
– Polentagrieß lässt man in kochende Flüssigkeit (Wasser, Brühe oder Milch) rieseln und kocht sie unter Rühren bei kleiner Flamme in einer halben bis mehrere Stunden gar – je länger, desto feiner.

726. Hülsenfrüchte garen

Getrocknete Bohnenkerne, Erbsen und Kichererbsen werden vor dem Garen eingeweicht, bei Linsen und geschälten Erbsen ist das nicht nötig. Wichtig: immer ohne Salz garen.

– Zum Einweichen Hülsenfrüchte in ein Sieb geben und waschen, in einer Schüssel mit so viel kalkarmem (eventuell gefiltertem) Wasser übergießen, dass es handbreit über den Samen steht. Samen, die an der Oberfläche schwimmen, aussortieren, sie sind meist alt und werden nicht weich. Linsen und Schälerbsen nur abspülen.
– Große dicke Bohnen und Kichererbsen bis 24 Stunden im Wasser lassen, bei kleineren Bohnen und ungeschälten Erbsen genügen 12 Stunden.
– Einweichwasser abgießen, Hülsenfrüchte nochmals abspülen und mit frischem Wasser aufkochen. Nicht salzen oder säuern, da sie dann nicht weich werden.
– Garzeiten: dicke Bohnen und solche mit harten Schalen wie Kidneybohnen etwa 2 Stunden, sonst 1 bis 1 1/2 Stunden. Uneingeweichte Schälerbsen brauchen etwa 1 Stunde, Linsen 15 (rote Linsen) bis 45 Minuten (Tellerlinsen) zum Garwerden.
– Dann mit Salz und Pfeffer würzen und nach Wunsch mit Essig oder Zitrone säuern.
– Wenn Sie nach dem Garen die Hülsenfrüchte vom Herd nehmen und zugedeckt noch ein paar Minuten quellen lassen, sind sie besser verdaulich.

TIPP

Kichererbsen werden auch im Schnellverfahren weich: mit reichlich Wasser bedeckt in einen Topf geben und bei mittlerer Hitze ohne Deckel langsam aufkochen. 5 Minuten kochen lassen, den Herd abschalten und die Kichererbsen 2 Stunden zugedeckt abkühlen lassen. Danach sind sie gar.

RATSCHLÄGE ZUM EINKAUFEN ...

... und Aufbewahren von Fleisch finden Sie ab Seite 361.

727. Steaks braten

Das braucht man:
pro Person 200-250 g Steakfleisch ohne Knochen
hoch erhitzbares Fett (Butterschmalz, Erdnuss- oder Palmöl), Salz, Pfeffer
schwere, unbeschichtete Pfanne mit Deckel
Pfannenwender

– Steaks sollten aus zartfaserigen Muskelpartien des Rückens von Rind, Kalb, Schwein (immer durchbraten) und Lamm stammen, edel und teuer sind Steaks aus dem Filet, günstiger und nicht ganz so zart Stücke aus der Hüfte. Putensteaks können aus Brust oder Oberkeule geschnitten sein und werden ebenfalls immer durchgebraten. Artgerechte Aufzucht und ein zuverlässiger Metzger lassen ein besseres Ergebnis erwarten. Mehr dazu im Ratschlag Nr. 673, Seite 360.
– Steaks müssen gleichmäßig und nicht zu dünn geschnitten sein. Etwa 1 Stunde vor der Zubereitung zimmerwarm werden lassen, so garen sie gleichmäßiger.
– Fleisch nicht waschen, nur mit Küchenpapier gut trockentupfen, sonst spritzt das Fett. Fettrand und Sehne von Rindersteaks wie Roastbeef, Entrecôte oder

Rumpsteak mit scharfem Messer mehrmals bis ans (nicht ins!) Fleisch einschneiden, damit sie sich beim Braten nicht wölben. Wird vor dem Braten gewürzt, muss das Fleisch gleich in die Pfanne. Sonst nach dem Braten würzen.

– Steaks brauchen Hitze. Je dünner die Scheiben, desto heißer die Pfanne und desto kürzer die Garzeit. Erst die Pfanne stark erhitzen, dann etwas Fett in die Pfanne geben und warten, bis es fast zu rauchen beginnt. Dann die Steaks schnell einlegen, auf mittlere Hitze runterschalten und warten, bis sich an der Oberfläche Tröpfchen zeigen. Mit dem Pfannenwender umdrehen und wieder auf die Tröpfchen warten. Die Pfanne vom Herd nehmen, zudecken und die Steaks 5–10 Minuten ruhen lassen, damit sich das Fleisch entspannen kann.

– Steaks auf vorgewärmten Tellern servieren, damit sie nicht abkühlen.

– Ob das Fleisch innen noch roh (rare), halbroh (medium) oder durch (welldone) ist, hängt von der Dicke der Steaks und der Anbratzeit pro Seite ab. Für ein 2 Zentimeter dickes durchwachsenes Rindersteak vom Rücken als Anhaltspunkt:

• pro Seite 1 Minute gibt blutig-rosa Fleisch;
• pro Seite 2 Minuten gibt rosiges (medium) und
• pro Seite 4 Minuten gibt durchgebratenes Fleisch.

Hinzu kommt die Nachziehzeit (die kürzere für blutiges, die längere für durchgebratenes Fleisch).

TIPP

Beim Grillen ist die Hitze stärker als in der Pfanne, daher eher dicke und durchwachsene Steaks verwenden, auch solche mit Knochen. In der heißen Mitte angrillen, am Rand fertig garen und anschließend neben dem Grill ruhen lassen.

728. Braten im Ofen garen

Das braucht man:

pro Person 250 g Bratenfleisch
hoch erhitzbares Fett (Butterschmalz, Kokosfett)
scharfes Messer
hitzefester Bräter
evtl. Fleischthermometer
Schöpfkelle

– Große Ofenbraten gibt es vom Schwein (Rücken, Nacken, Schulter, Keule), Rind (Roastbeef), Kalb (Rücken, Schulter, Keule, gefüllte Brust, gerollter Bauch), Lamm (Keule, Rücken samt Knochen).

– Sie gelingen im Backofen bei gleichmäßiger Hitze am besten. Fettränder von Schweinebraten und Roastbeef mit sehr scharfem Messer bis knapp ans Fleisch rautenartig im Abstand von 1–2 cm einschneiden, damit sich der Braten nicht verzieht.

– Den Bräter auf der Herdplatte erhitzen, etwas Fett hineingeben, heiß werden lassen, dann das Fleisch rundum anbraten, bis es gebräunt ist. Würzen und in den heißen Ofen (der Braten soll in der Mitte der Backröhre sein) schieben und garen. Dabei öfter mit Wasser oder Brühe begießen, damit das Fleisch nicht austrocknet. Nebenbei können noch Zwiebeln, Wurzelgemüse und Gewürze für eine Sauce mitgegart werden.

– Fleisch zum rosa braten (Roastbeef, Lammkeule) wird trocken ohne Flüssigkeit gegart.

– Eventuell ein Fleischthermometer so in den Braten stecken, dass die Spitze an der dicksten Stelle ist (aber nicht an einem Knochen). Fleisch von Wild und Geflügel immer durchbraten (Kerntemperatur 80 °C), sonst können Krankheitserreger überleben.

– Garzeiten für große Braten (etwa 1 kg für 6 Personen) nach dem Anbraten (bei Umluft 20 °C weniger einstellen):

• Roastbeef – bei 180 °C 30 Minuten, dann den Ofen ausschalten und das Fleisch noch 15 Minuten nachziehen lassen;
• Kalbsnierenbraten, gefüllte Kalbsbrust – bei 200 °C 1 3/4 Stunden, wie Roastbeef nachziehen lassen;
• Schweinebraten – bei 200 °C 1 Stunde, dann bei 175 °C noch 45 Minuten;
• Lammkeule – bei 175 °C 1 Stunde (rosa), bis 2 Stunden (durch).

TIPP

Grobfaserige Bratenstücke ohne viel Fett (vor allem vom Rind wie Tafelspitz oder Sauerbraten) gelingen besser, wenn sie mit viel Flüssigkeit sanft geschmort werden, was eine kräftige Sauce ergibt. Dies kann im Topf auf dem Herd oder im Ofen geschehen. Große Schmorbraten (2,5 kg) vom Rind brauchen 2 1/2–3 Stunden.

S.O.S.-TIPP

- Der Braten wird zu dunkel – sofort mit Alufolie abdecken und die Temperatur etwas zurückschalten.
- Der Braten ist verbrannt – die schwarze Kruste abschneiden und den Bratfond weggießen, wenn er bitter schmeckt. Die Oberfläche mit Sahne übergießen, noch einmal kurz im Ofen ziehen lassen.

729. Ragout im Topf schmoren

Das braucht man:
pro Person 250 g grobfaseriges Fleisch ohne Knochen
hoch erhitzbares Fett (Butterschmalz, Bratöl)
Schmortopf mit dicht schließendem Deckel

– Wie beim Schmorbraten ist hier eher grobfaseriges und mageres Fleisch gefragt, das durch Anbraten und anschließenden Garen in reichlich Flüssigkeit würzig und mürbe wird, sowie auch eine aromatische kräftige Sauce entwickelt.
– Auch älteres Geflügel ist besser zu Schmoren, wobei es einen besonders intensiven Geschmack entwickelt. Dazu Geflügel zerlegen: Keulen nach außen biegen, das Gelenk am Körper erfühlen, rundum einschneiden und den Schenkel abtrennen (eventuell mit einer Geflügelschere). Körper längs halbieren, Flügel mit etwas Brustfleisch mit der Schere abtrennen, das ergibt sechs etwa gleich große Stücke.
– Zum Schmoren Topf erhitzen, dann Fett zugeben und das Fleisch bei starker Hitze anbraten, bis es bräunt.
– Kleine Stücke nach und nach anbraten – immer nur so viele in den Topf geben, dass zwischen ihnen noch 2 cm Platz ist. Gebratene mit einem Schaumlöffel herausheben, auf Küchenpapier abtropfen lassen. Zum Schluss alles wieder in den Topf geben.
– Nur etwa 2 cm hoch Flüssigkeit zugießen. Zugedeckt bei ganz schwacher Hitze schmoren, wenn Sie den Deckel abheben, darf sich die Flüssigkeit nur leise bewegen.
– Garzeiten: Geflügelteile und Kalbsragout 45–60 Minuten, Gulasch und Rouladen 2 Stunden, große Schmorbraten (2,5 kg) 3 Stunden, Ochsenschwanz 3 1/2 Stunden.

730. Fleisch und Geflügel kochen

Geeignet sind nicht all zu magere, grobfaserige Stücke vor allem vom Rind (Tafelspitz, Ochsenbrust; 250 g pro Person) oder Kalb und ein nicht zu altes Hähnchen (Suppenhühner nur für Brühe). Dazu kommen noch Gewürze und Suppengemüse sowie Kräuter nach Geschmack.

– Im Grunde werden dabei große Stücke eher bei sanfter Hitze gar gezogen statt gekocht – für gekochte Fleischgerichte oder auch für Salate oder eine kräftige Suppe.
– Das Fleisch mit den Knochen unter fließendem kaltem Wasser kurz waschen, um Knochensplitter zu entfernen. Wasser aufkochen lassen, salzen, das Fleisch einlegen und die Hitze verringern, sodass die Flüssigkeit sich nur noch leise bewegt.
– Den Schaum, der sich an der Oberfläche bildet, immer wieder mit einem Schaumlöffel abschöpfen, sonst wird die Brühe trübe.
– Gemüse und Gewürze erst nach dem Abschäumen zugeben. Topf zudecken, ab und zu nachsehen, ob sich die Fettaugen auf der Brühe wirklich nur ganz leise bewegen.
– Garzeiten: Rindfleisch 2–3 Stunden, Kalbfleisch 1 1/2 Stunden, Hähnchen 1 Stunde

731. Fleisch und Geflügel pochieren

Dazu werden besonders zarte Stücke in einer würzigen Flüssigkeit (Brühe verkocht mit Wein, Gewürzen und Aromen) in kurzer Zeit gar gezogen.

– Magere und sauber geputzte Filets vom Rind, Kalb, oder Schwein im Ganzen eignen sich hierfür, ebenso Hähnchenbrustfilets ohne Haut und Knochen.
– Die Flüssigkeit aufkochen lassen und kräftig abschmecken, anschließend die Hitze auf kleinste Flamme reduzieren.
– Fleisch hineinlegen und bei leise siedender Flüssigkeit garen. Garzeit:
• ganzes rosa Rinderfilet (800 g) in 15–20 Minuten
• Kalbsfilet rosa (600 g) in 10–12 Minuten
• Schweinefilet durch (350 g) 10–12 Minuten
• Hähnchenbrustfilet durch (150 g) in 8 Minuten

RATSCHLÄGE ZUM EINKAUFEN …

… und Aufbewahren von Fisch und Meeresfrüchten finden Sie ab Seite 364.

732. Fisch vorbereiten

Hier geht es nicht um das Filetieren von Fischen – das sollte der Händler schon für Sie erledigt haben. Ebenso das Ausnehmen, wenn Sie einen ganzen Fisch garen wollen. Trotzdem gibt es immer noch Arbeiten, die man selbst und erst kurz vor dem Garen erledigen sollte.

– Filets müssen oft noch entgrätet werden. Dazu mit dem Finger vom dünnen zum dickeren Ende des Filets streichen, um die Gräten zu erspüren. Mit einer Messerspitze oder einer Pinzette (bei größeren Fischen) vorsichtig herausziehen bzw. eine Reihe Gräten herausschneiden.
– Zum Ablösen der Haut Fischfilet auf die Hautseite legen, von der schmalen Seite Fleisch mit einem schmalen, scharfen Messer mit biegsamer Klinge bis zur Haut einschneiden. Hautende in eine Hand nehmen und mit der anderen das Messer etwas schräg mit leichtem Druck auf das Brett nach vorne ziehen, ohne es dabei hin und her zu bewegen. So löst sich das Fleisch sauber von der Haut.
– Ganze Fische vor der Zubereitung innen und außen unter fließendem Wasser waschen. Dunkle Stellen in der Bauchhöhle mit dem Daumennagel dabei gründlich abschaben, sonst schmecken die Fische bitter. Die Kiemendeckel anheben und die Kiemen ebenfalls gründlich ausspülen, damit auch darin kein Blut zurückbleibt.
– Falls nötig die Flossen etwas stutzen und den Fisch schuppen, wenn es der Händler nicht getan hat (kann einem auch bei einer Lachsseite mit Haut passieren). Fisch auf die Spüle legen und mit umgedrehter Klinge eines großen Messers die Schuppen schräg vom Schwanz zum Kopf gründlich abschaben. Danach gleich den Arbeitsplatz reinigen und darauf achten, dass die Schuppen nicht den Abfluss verstopfen.

TIPP

Filets, die leicht riechen, sind nicht verdorben, aber eben nicht mehr fangfrisch. Gut abwaschen, mit etwas Zitronensaft beträufeln, das festigt das Fleisch und verhindert Fischgeruch.

TIPP

Auf der Haut braten: Das Fischfilet mit Haut (Zander, Saibling oder Petersfisch) würzen und in Mehl wenden, bei starker Hitze zuerst auf der Hautseite 4–5 Minuten braten, bis die Haut knusprig ist. Dann die Hitze verringern und die Fischfilets kurz (2–3 Minuten) auf der Fleischseite garen.

733. Portionsfische oder Filets braten

Das braucht man:
pro Person 175–200 g Fischfilet oder
300 g ganzer Fisch
Salz, evtl. Mehl
Fett (Butter, Öl, Butterschmalz)
große Pfanne, eventuell sogar zwei
Palette oder Pfannenwender

– Erst kurz vorm Start den Fisch bratfertig machen: Salzen und nach Wunsch in Mehl wenden und abklopfen, damit Fische und Filets nicht anhängen und eine leichte Kruste bekommen. Kann aber auch feine Aromen übertönen oder zu schwer wirken. Zarte, dünne Fischfilets (Schollen-, Seezungenfilets) würzen, mehlen und dann durch verquirltes Ei ziehen, sonst zerfallen sie.
– Zum Braten für zarte Filets stets frische Butter verwenden, sonst mit Öl mischen oder Butterschmalz oder nur Öl nehmen. Dabei nicht zu wenig Fett verwenden und dies gut heiß werden lassen. Dann bildet sich rasch eine Kruste, das Fischfleisch saugt kein Fett auf und bleibt kalorienarm.
– Die Pfanne (oder zwei Pfannen, wenn nicht alles in einer Platz hat) erhitzen, Fett zugeben und die Fische oder die Filets bei starker Hitze kurz auf einer Seite anbraten, einmal wenden und dann bei mittlerer Hitze fertig braten, so werden sie außen knusprig und innen zart.
– Ganze Fische (Forellen) brauchen etwa 10 Minuten pro Seite, Filets benötigen lediglich 4–5 Minuten. Bei vorher tiefgekühlten muss die Bratzeit um 3–5 Minuten verlängert werden. Fertige Filets und Fische nicht im Ofen warm halten (sonst besteht die Gefahr dass sie austrocknen), sondern gleich auf vorgewärmten Tellern servieren.

734. Fisch grillen

Zum Grillen eignen sich festfleischige, nicht zu magere Fische oder Fischkoteletts wie Lachs, Tunfisch, Forelle, Makrele und frische Heringe.

– Fische trockentupfen und nur innen salzen, die Haut mit Öl bestreichen. Am besten in ein geöltes Fischgrillgitter legen, damit sie sich ohne Risiko wenden lassen.
– Grill anheizen. Beim Holzkohlengrill Fisch auflegen, wenn Kohle mit einer weißen Ascheschicht überzogen ist. Bei nicht zu starker Hitze garen, damit die Haut nicht verbrennt.
– Mittelgroße Fische und dicke Fischkoteletts brauchen so etwa 10 Minuten pro Seite.

735. Fischfilet pochieren

Starkes Kochen macht zartes Fischfleisch sofort trocken und faserig bis hin zum Zerfallen. Durch Pochieren – Garziehen knapp unter dem Siedepunkt – wird es schonend gegart und bleibt zart. Eignet sich für Filets (175-200 g) mit und ohne Haut oder Fischkoteletts (250 g). Nicht für fette Fische wie Lachs oder Tunfisch.

– Garflüssigkeit ist ein kräftiger Sud oder Fond, idealerweise mit Fischabschnitten, Suppengemüse, Gewürzen und Wein angesetzt. Davon wird soviel in einem weiten flachen Topf aufgekocht, dass die Fischstücke gerade darin schwimmen können.
– Hitze auf kleinste Stufe herunterschalten (oder bei kleinen Filets auf dem E-Herd auch ganz ausschalten). Sobald das Kochen gestoppt hat, Fisch einlegen und zugedeckt gar ziehen lassen, das dauert 3 (Schollenfilets) bis 8 Minuten (Schellfischkotelett)
– Fisch mit Palette oder Pfannenheber herausnehmen und servieren. Aus dem Sud kann eine Sauce oder für später eine Suppe gekocht werden

736. Fisch blau kochen

Für Süßwasserfische wie Forellen, Felchen, Karpfen geeignet. Sie werden in Essigsud gar gezogen, wobei sich Haut samt Schleimschicht blau verfärbt. Zum Garen ist ein länglicher Fischkochtopf mit Siebeinsatz zum Herein- und Herausheben ideal

– Stets frische Fische nur von innen waschen und mit nassen Händen anfassen, damit der Schleim erhalten bleibt.
– Größere Fische wie Karpfen mit der Bauchhöhle über eine umgestülpte Kaffeetasse aufrecht stellen. Heißes, aber nicht kochendes Essigwasser darüber gießen.
– Fisch in siedenden mit Essig gesäuerten Würzsud (siehe Fischfilet pochieren) heben, bis er ganz bedeckt ist. Bei schwacher Hitze 15 (Portionsfische) bis 30 Minuten (große Fische) ziehen, nicht kochen lassen.

737. Fisch dünsten

Gut für Filets von Rotbarsch, Kabeljau, Wels, Lachs und Steinbutt. Auch tiefgekühlte Fischfilets lassen sich so gut zubereiten – diese dann nur antauen lassen.

– Vorm Garen mit etwas Zitronensaft beträufeln, das festigt das Fischfleisch, leicht salzen und pfeffern.
– Im breiten Topf, in dem die Fischfilets Platz haben (größere quer halbieren), etwas Butter mit wenig Gemüsebrühe oder Weißwein aufkochen, die Filets einlegen, kurz erhitzen, dann den Topf vom Herd nehmen und zudecken In spätestens 5 Minuten sind sie gar.

TIPP

Fisch in der Mikrowelle: Ideal zum Garen von Fischfilets und zum Erhitzen von Meeresfrüchten, das Fleisch gart rasch bis in die Mitte durch und das Aroma bleibt erhalten. In einer geeigneten Form oder auf einer Platte mit etwas Flüssigkeit beträufeln oder mit Sauce überziehen. Meist genügt eine etwas kürzere Garzeit als in der Gebrauchsanleitung des Gerätes angegeben ist.

738. Fisch dämpfen

Gut für nicht zu große Fische oder dicke Fischfilets, bei denen der reine Geschmack erhalten bleiben soll.

– Fisch nur wenig salzen, Dämpfkörbchen oder Siebeinsatz mit Butter bestreichen, asiatischen Bambusdämpfer mit Salat- oder Kohlblättern auslegen.
– Fisch oder Filet darauf legen und so über kochenden

Sud setzen, dass sie nicht vom Wasser berührt werden.
– Ganze Fische brauchen je nach Größe 15 (zum Beispiel Scholle) bis 30 Minuten (zum Beispiel Snapper), Filets sind nach 8–10 Minuten gar.

739. Fisch in der Folie

In der Folie garen Fische schonend und aromatisch im eigenen Saft. Sie können einen fertigen Bratschlauch verwenden oder ein Päckchen aus Alufolie falten.

– Alufolie oder Bratschlauch mit etwas Butter bestreichen, Fisch würzen und darauf legen, Butterflöckchen darüber streuen.
– Folie über dem Fisch zusammenfassen, die Enden fest einrollen und zufalten, dabei genügend Luft über dem Fisch lassen. Bratschlauch an den Enden fest verschließen, auf der Oberseite 1 oder 2 Löcher mit einer Nadel einstechen, damit Druck entweichen kann.
– Im Ofen bei 200 °C 25 (Forellen) bis 40 Minuten (größere Fische) garen.

740. Garnelen zubereiten

Rohe Tiefseegarnelen und Scampi sind fast immer tiefgefroren, da die empfindlichen Tiere ihre weite Reise aus fernen Gegenden der Welt nur tiefgekühlt optimal überstehen. Daher ist auch TK-Ware in Ordnung. Sie werden mit Schale (aromatischer und saftiger) und ohne Schale (unkomplizierter bei der Zubereitung und beim Essen) gar gezogen, gebraten oder frittiert. Mehr zu den Arten in Ratschlag 683, Seite 364.

– Das Kopfteil ist nicht essbar. Garnelenschwanz fest packen und das Kopfteil abdrehen.
– Zum Schälen bei größeren Tieren den Panzer auf der Rückenseite mit einer Schere aufschneiden und das Schwanzfleisch aus der Schale pellen. Bei kleineren Garnelen lässt sich die Schale nur mit der Hand lösen.
– Der dunkle Darm liegt unter der Rückenseite und kann das Aroma stören. Anfang frei legen, zwischen Daumen und Messerspitze legen und herausziehen. Geht das nicht, Garnele am Rücken einschneiden und Darm herausnehmen. Ist der Darm durchsichtig und kaum zu erkennen, muss er nicht entfernt werden, denn dann haben die Tiere vorher gehungert. Schwänze abspülen und trockentupfen.
– Geschälte, tiefgekühlte Garnelen in ein Sieb geben, kurz kalt abspülen, bei Zimmertemperatur in etwa 30 Minuten auftauen lassen. Dann wie beschrieben vorbereiten.
– Zum Garziehen Salzwasser oder einen würzigen Sud aufkochen, Garnelen einlegen, Topf vom Herd nehmen und die Garnelen gar ziehen lassen. Dann färbt sich ihr Panzer und meist auch ihr Fleisch von außen rot. Kleine geschälte Garnelen sind nach 1 Minute gar, größere in 3 Minuten, große Garnelen mit Schale in 5–6 Minuten.
– Richtig gekocht werden lebende Flusskrebse, Hummer und Langusten. Sie müssen in gesalzenes, stark sprudelnd kochendes Wasser geworfen werden, kochen dann für Sekunden (Krebse) oder Minuten, um dann sanft fertig gegart zu werden.

741. Muscheln zubereiten

Muscheln in der Schale leben noch, wenn man sie kauft – offene sind verdorben, diese gleich wegwerfen. Sie werden bei starker Hitze gegart.

– Früher musste man gekaufte Muscheln für längere Zeit in einer Schüssel unter fließendes Wasser stellen, damit der Sand ausgewaschen wird. Das erledigen heute Fischer oder Händler. Daher Muscheln nur noch reichlich mit kaltem Wasser gründlich waschen, um Sand- und Algenreste zu entfernen. Bei ungeputzten Muscheln die Barthaare mit kräftigem Ruck abreißen. Muscheln, die beschädigt sind, wegwerfen. Auch solche mit offenen Schalen, die sich auch beim Antippen nicht schließen, sind verdorben und müssen weggeworfen werden.
– Frische Muscheln nur mit wenig Wein oder Tomatenwürfeln mit Würze nach Wunsch (Zwiebeln, Knoblauch, Chili, Ingwer, feste Kräuter) bei starker Hitze kochen oder auch Dämpfen, sie geben genügend Flüssigkeit ab. Nach 5–7 Minuten sind sie bereits gar. Muscheln, die sich beim Garen nicht öffnen, müssen ebenfalls aussortiert werden, da sie verdorben sind.

742. Das Hauptgericht auswählen

Ob Menü, Buffet oder nur ein kleines Essen: Fangen Sie bei der Planung mit dem Hauptgericht an, nach dem sich dann das übrige Essen richten kann. Traditionell wäre das ein großer Braten, Geflügel oder ein ganzer Fisch, sodass nur einmal serviert werden muss, der Rest geschieht am Tisch. Ein Ragout, ein Auflauf oder ein Pfannengericht gehen aber genauso.

3 FRAGEN vor dem Fest

1. **Was ist der Grund für dieses Fest? Eine fröhliche Party braucht eine andere (nicht immer weniger) Vorbereitung als ein feierliches Abendessen. Für ein zwangloses Beisammensein muss anders geplant werden (fast immer weniger) als wenn man ein besonderes Ereignis wie Hochzeit, Taufe oder bestandene Prüfung feiert.**

2. **Habe ich genug Platz für meine Gäste? Bei einer Fete mit Buffet kann es eng zugehen. Beim festlichen Essen muss genügend Platz für jeden am Tisch sein. Falten Sie die Hände und spreizen Sie die Ellbogen ab – so viel Freiraum sollte jeder links und rechts haben. Sonst lieber anbauen: Vielleicht gibt es einen Tisch von gleicher Höhe und ähnlichen Maßen im Haushalt, der mit dem Esstisch unter einer schönen Decke verschwinden kann. Oder einen Tapeziertisch nehmen. Unbedingt seine Stabilität prüfen!**

3. **Wie wird gegessen? Großes Menü oder Buffet? Ein großes Gericht oder lauter Kleinigkeiten? Auf Tellern, auf Platten, auf die Hand? Selbstbedienung oder Service? Möglich ist vieles, aber der Grund fürs Fest wie der Platz für die Gäste geben da schon einiges vor. Besonderer Anlass, aber wenig Platz? Eine Tafel voller Kleinigkeiten, bei der sich jeder selbst bedienen kann – feiern auf orientalisch.**

– Suchen Sie sich ein Hauptgericht aus, bei dem Sie nicht dauernd zwischen Tisch und Küche hin- und herlaufen müssen – weil viele Arbeitsschritte vor allem gegen Ende zu erledigen sind, weil alles auf Tellern angerichtet wird. Lieber die Arbeit zuvor erledigen.
– Überlegen Sie, ob Sie den Geschmack aller Ihrer Gäste damit treffen. Lamm oder Wild sind nicht immer jedermanns Sache. Und für Vegetarier kann es schwierig werden. Vielleicht könnte gleichzeitig mit einem Braten auch ein fleischloser Auflauf im Ofen garen.
– Wenn Sie außer dem Hauptgang weitere warme Gerichte zubereiten wollen, darauf achten, dass Backofen und Herdplatten gleichmäßig genutzt werden, dass also ein Gericht in Ruhe im Ofenrohr schmurgeln kann, während Sie ein anderes oben auf dem Herd fertig stellen. Und vor allem gegen Ende nicht zu viele Töpfe auf einmal köcheln lassen. Wer einmal Spargel mit Hollandaise und gepellten Kartoffeln warm und frisch servieren wollte, weiß, was gemeint ist.
– Keine Experimente! Folgen Sie der goldenen Regel, kein neues Rezept auszuprobieren, wenn Sie für Gäste kochen. Sonst kann das Timing (oder auch das ganze Rezept) daneben gehen, die Arbeit geht Ihnen nicht locker von der Hand und Sie stellen sich selbst unnötig unter Stress.
– Besondere Stücke wie Wild, edles Geflügel, ganze Fische oder ein spezielles Gemüse beim Händler vorbestellen. Nichts ist ärgerlicher als im letzten Moment umplanen zu müssen, weil das gewünschte Stück nicht zu bekommen ist. Vor allem vor Festtagen sind Braten und Geflügel besonders gefragt, dann kann es leicht zu Engpässen kommen.

743. Ein Menü planen

Gute Zutaten und gutes Kochen sind die Basis, die richtige Dramaturgie und Abwechslung sind Bedingung für ein interessantes Menü. Ein Höhepunkt nach dem anderen kann ebenso schnell langweilig sein wie eine Reihe von gleichförmigen Gerichten. Sehen Sie nicht nur jedes einzelne Gericht an, sondern denken Sie auch an die Abfolge. Alles zusammen soll ein harmonisches Menü ergeben. Die einfache Grundregel: keine Wiederholungen. Auge und Zunge möchten immer wieder neu überrascht werden.

– Ziehen Sie die Register nach und nach. Eine gut geplante Abfolge fängt nicht mit einem Paukenschlag an, sondern steigert sich langsam bis zum Höhepunkt, dem Hauptgericht.
– Nach dem Hauptgericht eine Entspannungspause gönnen. Zum Beispiel ein erfrischender Salat oder auch eine kleine Käseplatte mit frischem Obst und Knabbergemüse wie Radieschen, Stangensellerie und Möhrenstreifen. Käse hat noch den Vorteil, dass ein eventuell verbliebener Resthunger leicht damit gestillt werden kann.
– Zum Abschluss sollte es noch einmal einen kleinen

Höhepunkt geben: das Dessert. Denken Sie daran, selbst wenn Sie kein großer Fan von süßen Abschlüssen sind: Für viele ist ein Essen ohne feinen Nachtisch nur die halbe Freude. Das kann auch ein simpler, aber guter Obstsalat sein, oder etwas Kleines, Feines, Leichtes vom Konditor zum Kaffee danach.

– Abwechslung bei den Zutaten: Zu einem Kalbsbraten als Hauptgericht wären Pastetchen mit Kalbsfrikassee als Vorspeise langweilig. Bei einem ganzen Lachs als Höhepunkt keinen Räucherlachs für Vorspeisen. Fisch, Fleisch und Gemüse während des Menüs wechseln lassen.

– Unterschiedliche Garmethoden wählen: nicht nur im Ofen gegartes oder geschmortes servieren. Frittiertes abwechseln mit Gedünstetem, Gekochtes mit Rohem. Das ergibt von selbst einen Wechsel von Zartem und Festem, also Abwechslung in der Konsistenz.

– Einen Geschmack nicht wiederholen: nach verlorenen Eiern kein mit Ei gebundenes Dessert wie Sabayon servieren, auf Salat mit Tomaten keine Tomatensuppe oder -sauce folgen lassen. An die Variation von Saucen denken, also nicht gleichzeitig Sahnesauce für Vor- und Hauptgericht.

– Farben wechseln lassen: nach einer Rote-Bete-Suppe würde ein himbeerrotes Dessert dem Auge zu wenig Abwechslung bieten. Spinat als Beilage nach einem grünen Salat wäre ebenso langweilig.

– Im Grunde gelten diese Regeln auch für ein Buffet – wobei es hier natürlich Gerichte wie Salate gibt, die in mehreren Arten variiert werden. Aber auch da: nicht nur Nudel, nicht nur Sahne-Dressing, nicht nur mediterran.

TIPP

Steht das Menü, schreiben Sie alle benötigten Zutaten auf verschiedene Zettel – einen für haltbare, einen für Fleisch und Geflügel, für Fisch und für Gemüse und Obst. Auch Kleinigkeiten wie Salz und Pfeffer nicht vergessen. Überprüfen Sie die Vorräte. Vielleicht ist manches da, woran Sie gar nicht mehr gedacht haben. Oder etwas, das Sie reichlich im Bestand glaubten, ist gerade am Ausgehen. Mit dem Einkauf rechtzeitig beginnen. Haltbares kann schon eine Woche oder länger vorher besorgt werden. Auch an Getränke denken. Wein schmeckt besser, wenn er vor dem Öffnen ein paar Tage Ruhe hatte. Sekt und Champagner neigen noch Stunden nach dem Einkauf zum „Korkenschießen".

DAS KLASSISCHE MENÜ

Die klassische Menüfolge entspricht der Dramaturgie: Erst kommt etwas Leichtes, Kaltes, dann folgt eine warme Vorspeise oder eine Suppe. Es steigert sich zum Hauptgericht, danach kommt der leichte Ausklang, der wieder kalt wie Eiscreme sein kann. Der traditionelle Menüaufbau sieht so aus: kleine Appetitanreger (Amuse gueules) – kalte Vorspeise – Suppe – warme Vorspeise – Hauptgericht – Käse – Dessert. Doch daran muss man sich nicht zu streng halten. Appetithäppchen können die kalte Vorspeise ersetzen, statt einer warmen Vorspeise darf ein Salat mit einem kleinen gebratenen Fischfilet oder Geflügelleber serviert werden oder Sie servieren das Gemüse als eigenen Gang vor dem Hauptgericht.

744. Alkoholfreie Getränke servieren

Viele trinken, vor allem wenn sie mit dem Auto unterwegs sind, überhaupt keinen Alkohol. Deshalb sorgen gute Gastgeber dafür, dass genügend Mineralwasser, alkoholfreies Bier oder nicht zu süße Säfte bereitstehen.

– Mineralwasser passt zu jedem Gericht. Am besten sind nicht zu stark sprudelnde, also milde oder stille Wasser. Französische und italienische sind meist weniger salzhaltig als deutsche, schmecken neutraler, aber manchen zu langweilig. Deshalb am besten verschiedene Sorten anbieten.

– Alkoholfreies Bier schmeckt nur, wenn es gut gekühlt ist. Rechtzeitig in den Kühlschrank oder in eine Wanne mit Eiswürfeln stellen.

– Es gibt auch Weine und Sekte, denen der Alkohol entzogen wurde. Die Verfahren sind inzwischen so gut, dass sie durchaus eine Alternative sind. Am besten die Flaschen deutlich kennzeichnen, damit sie auch ohne Lesebrille als alkoholfrei erkennbar sind (zum Beispiel mit farbigen Klebestreifen am Flaschenhals).

– Im Sommer sind kalte Früchte- oder Kräutertees sehr erfrischend. Etwas stärker zubereiten, in Karaffen füllen und kurz vorm Servieren mit Zitronensaft und einem Schuss Mineralwasser spritziger machen. Zucker nach Belieben extra servieren.

– Limonaden, sehr süße oder aromatische Säfte oder Saftersatz geben einem guten Essen kaum eine Chance. Lieber Apfel- und Orangensaft als Schorle servieren, dafür kohlensäurereiches Mineralwasser verwenden.

TIPP

Viele Gastgeber stellen sich die Frage, welche Mengen an Getränken pro Gast eingeplant werden müssen. Als Faustregel kann man für einen Abend jeweils 1 l alkoholischer Getränke, wie Wein, Bier oder Sekt einplanen. Zusätzlich rechnet man pro Gast noch die gleiche Menge antialkoholische Getränke wie Wasser, Saft oder Limonade. Vergessen Sie nicht, entsprechende Kühlmöglichkeiten einzuplanen: Im Winter können Sie die Getränke einfach draußen auf Terrasse oder Balkon kühl stellen. Falls im Sommer der Platz im Kühlschrank nicht reicht, kann ein mit Eiswasser gefüllter Eimer oder die Badewanne die Getränke kühl halten. Auch Weinkühler leisten gute Dienste.

745. Bier servieren

Zu deftigen oder zu scharf gewürzten Gerichten, zu Grillpartys und anderen lustigen Feiern gehört einfach ein gutes Bier. Helle Lager- und Exportbiersorten passen am besten als Durstlöscher und zu deftigen Gerichten. Diese kann man zünftig in großen Bierkrügen servieren.

– Ein gut gehopftes, also herbes Pils schmeckt als Aperitif und passt auch zu feinen Gerichten mit Meeresfrüchten, Fisch und hellem Fleisch. In tulpenförmige Pilsgläser langsam eingießen.

– Weißbier (obergäriges Hefe-Weizenbier) und Kellerbiere sind erfrischende Durstlöscher und gehören zu Brotzeit und Imbiss mit Weißwurst, Leberkäse und Brezen oder Buletten und Soleiern, aber auch zu Geflügel vom Grill oder in heller Sauce. Das entsprechende Glas ist am Boden schmal und erweitert sich nach oben. Beim Eingießen das kalt ausgespülte Glas sehr schräg halten und langsam gießen, dann schäumt es nicht so stark. Den letzten Schluck beim Weißbier in der Flasche kreisen lassen, damit die abgesetzte Hefe mit ins Bier kommt. Profis rollen dazu die Flasche einige Minuten vor dem Servieren und kippen sie mit einem Schwung ins Glas

– Dunkle obergärige Biere wie Altbier harmonieren mit würzigen Gerichten und Schmorgerichten wie Gulasch. Original in geraden Altbiergläsern serviert.

– Die alkoholreichen dunklen Sorten wie die bayerischen Starkbiere (ihr Name endet immer auf „ator“), Köstritzer Schwarzbier oder Bamberger Rauchbier schmecken am besten zu gehaltvollen Gerichten mit dunklen Saucen. Sie müssen nicht unbedingt in Bierkrügen serviert werden, ein geradwandiges, nicht zu großes Altbierglas passt ebenso zu diesem Biertyp.

– Zu scharfen, würzigen oder fruchtigen Gerichten mit exotischem Einschlag passt Bier oft besser als Wein – und das noch besser, wenn Sie zum Wokgemüse ein Asia-Bier oder zum Chili ein mexikanisches Bier servieren.

746. Welche Weine für Gäste?

Bevor Sie sich viele Gedanken darüber machen, welcher Wein zu welchem Essen passt, sollten Sie erst einmal schauen, was überhaupt geht für Gäste – und was nicht. Dann fällt die Entscheidung schon viel leichter

– Es gibt gute Weine, die zwei Kriterien erfüllen: sie schmecken und sie sind bekömmlich. Ob sie Ihnen oder Ihren Gästen schmecken, ist Geschmackssache. Die Vorlieben der Familie und guten Freunde lernt man mit der Zeit kennen, die der weiteren Gäste sind oft unvorhersehbar. Aber man kann sich absichern.

– Erste Grundregel: Zu einem guten Essen gehört ein guter Wein, also nicht unbedingt einer vom Discounter. Am besten sich in einem Fachgeschäft beraten lassen.

– Allgemeine Zustimmung finden vor allem Weine, die nicht zu üppig und füllig sind. Bei den Weißweinen zum Beispiel deutsche Silvaner aus Franken, österreichische Grüne Veltliner aus der Wachau, französische Muscadet oder Saumur von der Loire. Unter den Rotweinen liegt man mit einem Spätburgunder aus Baden oder Franken, einem guten Dornfelder, einem französischen Corbières oder Bergerac selten falsch.

– Schwierigere Weine sind vor allem Bordeauxweine sowie Rotweine aus der neuen Welt (Kalifornien, Südamerika, Australien), die oft sehr üppig und füllig schmecken.

747. Welcher Wein zu welchem Gericht?

Um zu Ihrem Essen den passenden Wein zu finden, braucht es kein großes Gedächtnis für große Namen und Jahrgänge. Ein paar Regeln und ein gewisses „Denken in Aromen" genügen.

– So wie die Gerichte von leichten Vorspeisen zu gehaltvolleren übergehen, sollen auch die Weine sich langsam steigern. Also mit leichten, spritzigen anfangen, dann zu schwereren übergehen. Und wie beim Essen nach dem Höhepunkt etwas Entspannenderes servieren.
– Die alte Regel, dass zu Fisch und hellem Fleisch ein Weißwein, zu dunklem Fleisch und Wild ein Rotwein besser passt, sie gilt auch heute noch trotz aller Tabubrüche. Allerdings mit der Einschränkung: Das Wichtigste ist die Zubereitung und die Sauce. Zu allem Gebratenen mit einer dunkler Sauce passt ein Rotwein besser, auch wenn es Fisch ist. Und zu Pochiertem mit heller Sauce passt Weißwein – auch wenn es Rindfleisch ist.
– Zu Vorspeisen passen leichte, trockene Weißweine, ein guter Sekt oder Champagner. Sind die Vorspeisen gehaltvoller wie Pasteten, dunkelfleischiges Geflügel oder Gänseleber, darf der Weißwein schwerer und süßer sein wie eine deutsche Spätlese, ein französischer Alsace Grand Cru aus dem Elsass oder ein Vin Doux Naturelles aus dem Roussillon, auch ein milder Sherry Oloroso käme in Frage.
– Zu Meeresfrüchten und Fisch schmeckt ein Weißwein. Je mehr Sahne in der Sauce, desto üppiger und cremiger muss der Wein sein. Ein fülliger Chardonnay, ein Vermentino aus Sardinien, sogar ein leichter italienischer Pinot Nero aus dem Friaul oder ein Rosésekt aus Spätburgundertrauben passen.
– Helles Fleisch und Geflügel in heller Sauce mögen etwas fülligere Weißweine, in dunklerer Sauce vertragen sie sich auch gut mit leichten Rosé- und Rotweinen.
– Dunkles Fleisch und Geflügel aus dem Ofen verlangen nach weichen und fülligen Rotweinen. Es muss nicht immer ein teurer Bordeauxwein sein, auch ein Spätburgunder aus dem Barrique (Baden oder Pfalz), ein französischer Burgunder aus der Bourgogne oder ein Zweigelt aus Niederösterreich harmonieren gut mit diesen Gerichten.
– Zum Käse passen am besten Weißweine, die füllig und nicht zu trocken sind. Rotweine können, vor allem mit Ziegenkäse, metallisch-unangenehm wirken. Eine Riesling-Spätlese, ein fast süßer Weißburgunder oder Gewürztraminer passen eigentlich immer.
– Dessertweine oder Süßweine wie Beerenauslese, Vino Santo, süßer Sherry oder Portwein haben einen hohen Zuckergehalt und werden vorzugsweise zu Desserts serviert. Oder sogar erst danach.

5 TRICKS für den richtigen Aperitif

1. **Zur Begrüßung eignet sich vor allem etwas Prickelndes – ein guter Sekt, italienischer Prosecco oder trockener Spumante, spanischer Cava oder französischer Crémant und Champagner.**
2. **Wenn es ausgefallener sein soll: ein prickelnder Weißwein wie ein weißer Graves oder ein Muscadet aus Frankreich, ein eiskalter Vinho Verde aus Portugal oder ein kleines Gläschen gut gekühlten edelsüßen Riesling aus Deutschland.**
3. **Gehaltvoller sind die klassischen Aperitifs wie trockener Sherry oder Wermut, Bittergetränke wie Campari und Apérol oder der „Kir": Ein Löffelchen Crème de Cassis (schwarzer Johannisbeerlikör) mit herbem Weißwein aufgießen. „Kir Royale" heißt er, wenn mit Champagner aufgefüllt wird.**
4. **Ungeeignet als Aperitif sind süße (wirken zu sättigend), alkoholreiche (machen zu schnell beschwipst) und anishaltige Getränke wie Ouzo, Pernod oder Pastis – sie betäuben den Geschmackssinn.**
5. **Was gar nicht geht: kein Aperitif. Es geht dabei ja nicht darum, die Gäste abzufüllen (auch Wasser, Saft oder im Sommer eine selbst gemachte Limonade sind ein schöner Einstieg), sondern sie willkommen zu heißen und einzustimmen. Daher erst einmal Mantel ausziehen und eventuelle Geschenke überreichen lassen, bevor die Frage kommt: „Was wollt ihr trinken?" Und dann eine kleine Auswahl anbieten.**

MEHR RATSCHLÄGE ...

... zum Einkauf der Getränke finden Sie ab Seite 373.

748. Tischtücher und Servietten auflegen

Ein schöner Holztisch hat als Unterlage für ein rustikales Essen durchaus seinen Reiz. Doch unterschätzen Sie nicht die Signalwirkung von guter Tischwäsche, die den Gästen sagt: Dieses Essen ist etwas Besonderes!

– Auch wenn es sonst beim Essen bunt zugehen darf, bei festlichen Anlässen sollten Tischtuch und Servietten weiß oder höchstens zart pastellfarben sein. Rechtzeitig vor dem Fest durchsehen, eventuell noch einmal waschen und bügeln.
– Für die Größe von Tischtüchern gilt: Die Tischplatte muss gut abgedeckt sein, das Tischtuchende darf aber nur bis zur Sitzfläche der Stühle reichen.
– Ein weiches Tuch, zum Beispiel ein Molton- oder Betttuch, als erstes auf den Tisch legen, darüber erst die Tischdecke ausbreiten. So klappern Geschirr und Bestecke nicht so laut.
– Ein farbiger Läufer in der Mitte kann das Ganze auflockern oder einen bestimmten Stil vorgeben. Auf einer schönen Tischplatte sind auch Sets möglich, wenn das Essen eher zwanglos sein soll.
– Die Serviette kann gefaltet auf den obersten Teller oder zu den Bestecken auf der linken Seite gelegt werden.

749. Geschirr und Besteck eindecken

Für ein festliches Menü wird natürlich anders gedeckt als für ein einfaches Abendessen. Aber es gibt zum Glück keine strengen Normen mehr. Decken Sie den Tisch so, wie es für Ihre Gäste am bequemsten ist. Aber nehmen Sie sich genügend Zeit dafür.

– Geschirr und Bestecke durchsehen, ob genügend für die Gästezahl und die verschiedenen Gänge vorhanden sind. Fehlendes eventuell bei Nachbarn, Freunden oder einem Partyservice ausleihen. Ein oder zwei Teller und Bestecke in Reserve zu haben ist günstig, falls etwas zu Bruch geht oder ein Besteckteil zu Boden fällt.

TIPP

Blumen schmücken jede Tafel. Sie dürfen aber nicht so hoch und ausladend sein, dass sie den Blick aufs Gegenüber versperren, sonst müssen sie tatsächlich „durch die Blume" miteinander sprechen. Keine Probleme gibt es, wenn Sie einfach Blüten auf dem Tisch auslegen. Das gleiche gilt für Kerzen: Lieber kleine als ausladende Kerzenleuchter.

oder der Teller für das Hauptgericht, der als erstes auf den Tisch gestellt wird. Darauf kommen die Teller für die ersten Gänge, die Suppenteller oder -Tassen.
– Oben links vom Platzteller (etwa bei elf Uhr auf dem Ziffernblatt) wird der Salatteller platziert. An diese Stelle kommt auch die Fingerschale, falls mit den Händen gegessen werden kann.
– Das Besteck wird bei mehreren Gängen von außen nach innen aufgelegt. Dabei liegen die Messer rechts vom Teller (die Schneide zeigt dabei zum Teller) und die Gabeln links. Der Löffel für die Suppe wird, entsprechend der Reihenfolge, rechts vom Teller bei den Messern angelegt. So können sich die Gäste beim Essen einfach von außen nach innen durch die Bestecke durcharbeiten.
– Dazu kommt das Dessertbesteck: Kaffeelöffel für Pudding, Cremes oder Eis und dazu noch eine Kuchengabel, sobald es etwas zum Aufspießen wie Obstsalat oder zum Zerteilen wie eine Tarte gibt. Es liegt so oberhalb des Tellers, wie linke und rechte Hand es greifen sollen. Also Messer- oder Löffelgriff nach rechts und den Griff der Gabel nach links zeigend.
– Asiatische Essstäbchen (es gibt sie aus unterschiedlichen Materialien, oft aus Holz) werden – am besten in einer Hülle – parallel zur Tischkante mit dem Griff nach rechts aufgelegt, am besten mit einem Bänkchen zur Ablage. Beim Essen werden sie rechts abgelegt.

750. Gläser eindecken

Achten Sie vor dem Servieren darauf, dass Ihre Gläser gut gespült und auf Hochglanz gebracht worden sind bzw. keine Fingerabdrücke beim Eindecken daran kommen. Nicht oft genutzte Gläser, die länger in einem Holzschrank stehen, können Geruch annehmen. Spülen hilft.

– Nach dem Prinzip „von außen nach innen“ werden die verschiedenen Gläser auf den Tisch gestellt. Begonnen wird rechts vom Platzteller bei etwa zwei Uhr mit dem Wasserglas, gegen den Uhrzeigersinn folgen Weißwein- und Rotweingläser in der Folge, wie Sie das Menü und die dazu passenden Weine servieren wollen.
– Biergläser sollten zunächst extra stehen und können dann auf Wunsch mit Weingläsern austgetauscht werden.
– Der Aperitif wird meist vor dem Essen im Stehen genommen, deshalb braucht es keine Gläser dafür auf dem Tisch. Wird Sekt oder Champagner auch zu einer Vorspeise serviert, kann rechts vor dem Weißweinglas noch ein Sektglas stehen.
– Dessertwein- oder Digestifgläser werden den Gästen erst gereicht, wenn alle Teller abgeräumt sind.

TIPP

Für ein Buffet mit Selbstbedienung: Falls Sie nicht zwischendurch den Geschirrspüler anwerfen wollen, rechnen Sie pro Gast mit zweimal Teller und Besteck. An Gläsern sollten Sie mit drei Gläser pro Gast rechnen. Für ein gepflegtes Buffet einheitliches Geschirr verwenden.

751. Die Gäste platzieren

In kleiner Runde mit Freunden oder Familie findet (oder hat) jeder seinen Platz selbst. Doch bei größeren Festessen, wenn mehrere Fremde zusammenkommen oder auch wenn höherer Besuch ins Haus steht ist eine Sitzordnung (schicker: Placement) praktisch und wird zum Teil sogar erwartet.

– Tischkärtchen sind die Klassiker, die Sie je nach Anlass kreativ auflockern können. Bei kleinen, aber wichtigen Runden (Chef kommt zum Essen) können Karten steif wirken – überlegen Sie sich zuvor, wer wo sitzt und weisen Sie die Plätze zu, bevor es zu unklaren Situationen kommt.
– Für die Tischordnung gibt es ein paar Regeln: Frauen und Männer wenn möglich abwechslen. Ehrenplätze sind links und rechts von den Gastgebern. Dort werden besonders zu ehrende oder ältere Gäste platziert. Da Paare als Gastgeber – außer wenn sie selbst gefeiert werden – normalerweise getrennt sitzen, lässt sich so die Zahl der Ehrengäste erhöhen.
– Nach dieser alten Sitte sitzen die „vom unteren Ende der Skala“ weit weg von den Gastgebern. Das lässt sich auffangen: durch die Plätze gegenüber, durch runde Tische oder durch besonders gute Freunde und Familienmitglieder, die freiwillig die Trostplätze besetzen – sie brauchen sich ja der Nähe nicht zu versichern.
– Als Faustregeln merken: Ältere vor Jüngeren, Fremde vor eigener Verwandtschaft, fremde Firma vor eigenen Mitarbeitern. Wichtiger ist letztendlich, dass die Gäste sich wohl fühlen. Gibt es einen Platz, wo man sich jenseits der Tischordnung auch mal zusammensetzen kann, hilft das immer.
– Kinder getrennt setzen? Kommt auf die Art des Festes, die Gäste und die Kinder an. Die Kleinen bleiben nicht lange am Platz und schaffen dann Lücken, hier hilft ein Extra-Tisch für die, die schon alleine sitzen können. Teenager sehen sich nicht mehr als Kinder und sitzen lieber bei Erwachsenen.
– Achten Sie generell bei der Sitzordnung darauf, dass die Leute nicht zusammenglucken. Der Etikette nach werden sogar Paare getrennt gesetzt, aber schon ein Gegenübersitzen kann hier lockern. Ebenso sollten Sie Familien, Abteilungen oder Freundeskreise mischen. Ausnahme: Leute, die sich zwar nahe sind, aber trotzdem selten genug sehen – Paare, die viel arbeiten; entfernte Verwandte.
– Bei Hochzeiten gilt die alte Regel, dass das Brautpaar nebeneinander sitzt, links und rechts anschließend die Eltern, danach folgen Großeltern und weitere Familienmitglieder und schließlich die besten Freunde.
– Und so wie Sie bei der Wahl der Sitznachbarn auf Gemeinsamkeiten achten sollten (Reisen, Hobby, Herkunft – jedoch nicht der Beruf, denn davon hat man tagsüber genug), müssen Sie auch auf kritische Punkte achten (Abneigungen, Ansichten, alter Streit), soweit Sie davon wissen

752. Getränke einschenken

Der Wein zu den Gerichten wird schon eingegossen, bevor serviert wird. So kann er sein Aroma im Glas entwickeln und die Gäste dürfen probieren, ehe sie mit dem Essen beschäftigt sind.

– Einer der Gastgeber öffnet den Wein (Rotweine sind schon vorher geöffnet und in Karaffen umgegossen worden) und probiert einen kleinen Schluck. Dann geht er gegen den Uhrzeigersinn um den Tisch herum und

gießt von der rechten Seite her den Gästen ein, zuerst natürlich den Damen.
– Die Flasche dabei am unteren Drittel halten, das Etikett zeigt nach oben. Die Gläser nur zu einem Drittel füllen (den Flaschenhals nicht auf den Glasrand aufsetzen) und mit einer kleinen Drehung die Flasche wieder aufrichten, damit kein Tropfen herabfällt.
– Warten Sie als Gast mit dem Trinken, bis einer der Gastgeber sein Glas hebt und einen Blick in die Runde wirft. Anstoßen ist nur im kleinen Kreis erlaubt, in einer größeren Runde wirkt es unangemessen.
– Weißwein darf nachgegossen werden, wenn noch etwas im Glas ist. Bei Rotwein, der sich an der Luft entwickelt, erst warten, bis die Gläser geleert sind.

753. Gerichte servieren und abräumen

Bei mehrgängigen Menüs ist es recht stressig, die einzelnen Gänge selbst zu servieren. Und da nach alter Knigge-Regel die Gastgeber nicht selbst die Schüsseln schleppen, könnte man sich vielleicht nach einer Hilfe aus dem Familienkreis umsehen. Doch im privaten Kreis darf es ruhig lockerer zugehen.

– Heute üblich: erst die weiblichen, dann die männlichen Ehrengäste bedienen, danach die übrigen Damen und zuletzt die Herren. Bei größeren Runden sollten Sie das nicht alleine machen, denn sonst müssen die höflich zuerst Bedienten ebenso höflich zu lange warten. Dann lieber nach kurzer Zeit auffordern, dass man schon mit dem Essen anfangen kann.
– Gerichte, die auf Tellern angerichtet sind, werden von rechts serviert. Das dauert bei vielen Gästen, deshalb die Teller gut vorwärmen. Zum Tragen weiße Servietten verwenden und darauf hinweisen, dass die Teller heiß sind.
– Das Tranchieren von Braten und Geflügel passiert besser in der Küche als am Tisch. Angerichtete Platten und Schüsseln werden von links den Gästen zur Selbstbedienung angeboten. Das Servierbesteck liegt so, dass der Gast es leicht zur Hand nehmen kann.
– Von links werden auch Salatteller und Fingerschalen gereicht, die links vom Gedeck ihren Platz haben.
– Auch wenn es altmodisch wirkt: Höfliche Gäste warten mit dem Essen, bis die Gastgeberin das Zeichen dafür gibt. Ein „Guten Appetit“ gilt nach der hohen Etikette zwar als unfein, aber ist für viele immer noch gute Tradition. Sie wissen selbst, wer bei Ihnen am Tisch sitzt.
– Alternativ bei einer größeren Runde dezent nach allen Seiten leicht nicken und die Serviette aufnehmen.
– Sind alle bei einem Gang fertig mit dem Essen, wird möglichst unauffällig abgeräumt. Lassen Sie eine kleine Pause, damit die Leute sich nicht beobachtet oder gehetzt fühlen. Teller stapeln und Besteck obenauf legen, das Reste zusammenschieben sollte aber in der Küche geschehen. Kümmern Sie sich bei großen Runden schon zuvor um Hilfe, damit niemand sich dazu verpflichtet fühlt – außerdem kann es die Runde stören, wenn ein Teil plötzlich abräumt.
– Auch nach einem zwanglosen Essen sollte irgendwann der Tisch abgeräumt werden, wenn die Leute dort sitzen bleiben. Nach dem Hauptgericht werden alle Servierplatten, Schüsseln und Teller samt Besteck sowie die nicht mehr benötigten Gläser abgeräumt und falls nötig etwas gesäubert und geordnet. Dann für Käse, Dessert oder Kaffee neues Geschirr eindecken.

754. Das Lokal betreten

Zu Zeiten, als es in Wirtshäusern noch nicht so gesittet zuging wie heute, war es durchaus angebracht, dass der Mann als erster die Gaststube betrat, um die Frau seines Herzens zu schützen. Das hat sich bis heute so gehalten, aber mit Ausnahmen.

– Hat eine Dame das Lokal ausgesucht und einen Tisch reserviert, wird sie vorausgehen. Schließlich kennt sie das Terrain. Auch wenn ein Kellner Sie zum Tisch führt, folgt ihm die Dame zuerst. Und wenn sie nach dem Aufhalten der Tür auch weiter den Vortritt haben will, sollte man sie lassen statt hektisch zu werden.
– In vielen Ländern und auch immer mehr im deutschsprachigen Raum ist es üblich, dass man auch in einfachen Lokalen seinen Platz zugewiesen bekommt. Das ist jedoch nicht als Bevormundung gemeint, sondern als Aufmerksamkeit gedacht. Haben Sie nicht diesen Eindruck, können Sie freundlich einen anderen Platz wünschen.
– Treffen Sie als Gast vor dem Einladenden ein, so lassen Sie sich nicht gleich am reservierten Tisch nieder, sondern warten an der Bar, bis der Gastgeber eintrifft. Gibt es keine Bar, können Sie sich schon mit Blick auf den Eingang an den Tisch setzen.
– Sind Sie der Einladende, weisen Sie Ihren Gästen die Plätze zu. Setzen Sie sich so, dass Sie das Personal im Auge haben.

755. Aperitif bestellen

Die erste Hürde ist die Frage, was man trinken möchte. Sind Sie noch unsicher, bestellen Sie ein Mineralwasser. Oder ein kleines Pils als Aperitif, was auch in guten Restaurants angemessen ist.

– Haben Sie eingeladen, können Sie Ihrem Gast oder Ihren Gästen einen Aperitif empfehlen, zum Beispiel einen trockenen Sherry (konservativ), einen Rieslingsekt oder Prosecco (modisch) oder einen Champagner (edel). Letzteres signalisiert, dass Sie bereit sind, etwas mehr auszugeben.
– Mit der Lektüre der Weinkarte sollten Sie erst beginnen, wenn das Essen feststeht. Es sei denn, der Wein ist für alle am Tisch wichtiger als das Essen – dann kann es auch umgekehrt sein.

MEHR RATSCHLÄGE ...
... zur Wahl der Getränke und des Menüs finden Sie ab Seite 394.

756. Das Essen auswählen

Ein guter Gastgeber hilft seinen Gästen bei der Auswahl mit Empfehlungen. Bestellt wird erst, wenn alle Gäste da sind. Signalisieren Sie dem Service, wenn Sie noch Gäste erwarten.

– Schlägt der Gastgeber ein Menü vor, so gibt er damit den Spielraum vor, in dem Sie sich mit Ihren Wünschen bewegen können. Ausnahmen aus gesundheitlichen Gründen sind natürlich erlaubt.
– Wenn Sie Gast sind, suchen Sie etwas aus dem preislichen Mittelfeld aus. Achten Sie darauf, wie viele Gänge Ihr Gastgeber ins Auge fasst. Lassen Sie ihn im Zweifelsfall zuerst bestellen.
– Das Zuklappen der Speisekarte sagt dem Personal, dass Sie Ihre Wahl getroffen haben. Falls Sie sich die Gerichte nicht merken können, lassen Sie einen Finger zwischen den Seiten, damit Sie die Karte schnell wieder aufschlagen können.
– Ein höflicher Mann bestellt für seine Partnerin mit – was aber nicht heißt, dass er für sie auch auswählt. Es ist jedoch kein Fauxpas, wenn sie ihr Menü selbst aufzählt.

757. Getränke auswählen

Selbstverständlich können Sie zum Essen Mineralwasser trinken. Doch meist verbindet man ein gutes Essen mit einem guten Wein. Zur Auswahl studiert man erst einmal die Weinkarte.

– In manchen Restaurants wird nur dem Gastgeber eine Karte gebracht. Erbitten Sie für jeden Ihrer Gäste eine Karte, damit sich diese selbst umfassend informieren können.
– Versuchen Sie durch schnelles Studieren, den Aufbau der Karte zu verstehen. Meist sind Weinkarten nach Farbe – Weißweine, Roséweine, Rotweine – und innerhalb derer nach Regionen gegliedert. Bleiben Sie beim raschen Überfliegen bei einem Wein hängen, der Ihnen sympathisch scheint und in der Preisgruppe liegt, die Sie ins Auge gefasst haben, so bestellen Sie diesen einfach.
– Sehr gute Restaurants beschäftigen einen Getränkeberater, Sommelier genannt. Nehmen Sie auf jeden Fall seine Hilfe in Anspruch, denn er kennt die Weine und die Gerichte und berät gern, ob Ihre Wahl glücklich oder unglücklich ist.
– Sagen Sie der oder dem Sommelier, wieviel Sie für Wein ausgeben möchten. Dafür gilt die Faustregel: Soviel, wie das Essen insgesamt kostet, sollte auch der Wein kosten. Weniger wäre knauserig, mehr wäre Angabe.
– Wenn Sie sagen, Sie hätten gerne einen Wein, der zum ganzen Menü passt, deuten Sie damit durch die Blume an, dass Sie nur eine Flasche trinken möchten. Fügen Sie noch hinzu, dass Sie einen leichten, frischen Wein bevorzugen, heißt das für den Sommelier, dass Sie nicht zuviel Geld ausgeben möchten.
– Lassen Sie sich seinen Vorschlag in der Weinkarte zeigen, das verhindert Missverständnisse. Merken Sie sich etwas Charakteristisches, einen Teil des Weinnamens, die Rebsorte oder den Erzeuger. Und vor allem den Jahrgang.

758. Den Wein probieren

Wenn eine Flasche Wein bestellt wurde, wird sie demjenigen zum Probieren angeboten, der den Wein bestellt hat. Derjenige kann natürlich die Verantwortung an einen anderen Gast weitergeben, der kundiger ist und das mit Freude tun wird.

5 REIZWORTE im Lokal

1. Handy: Sollte ausgeschaltet sein, schon bevor man das Restaurant betritt. Als Ausnahme gilt nur, wenn man einen dringenden Anruf erwartet oder in Kontakt etwa mit dem Babysitter sein muss. Trifft ein Anruf ein, entschuldigt man sich und führt das Gespräch an der Bar oder im Vorraum.

2. Rauchen: Im Kreis von Rauchern ist es erlaubt, zum Aperitif noch eine Zigarette zu genießen, dann sollte der Aschenbecher Pause haben. Zwischen den Gängen eine Zigarette zu rauchen, betäubt die eigenen Geschmacksnerven und zeugt von wenig Respekt dem Koch gegenüber. Beim Essen zu rauchen ist grob unhöflich. Rauchen nach dem Essen ist genehmigt, wenn die anderen am Tisch sich nicht belästigt fühlen. Fragen Sie. Bei sehr enger Stellung an die Nachbartische denken – vor allem bei Zigarre.

3. Rechnung: Wenn in großer Runde getrennt bezahlt wird, kann das mühsam sein und kleinlich wirken. Entweder Sie teilen durch die Zahl der Gäste (im Zweifel voher absprechen) oder einer zahlt und rechnet mit allen ab. Laden Sie ein, verlangen und begleichen Sie die Rechung dezent. Wer es unauffällig machen und ein Hin und Her vermeiden möchte, kann einen Weg zur Toilette vortäuschen.

4. Trinkgeld: Je nach Zufriedenheit sind zwischen 5 und 10 Prozent angemessen. Sind Sie besonders zufrieden gewesen, darf es auch etwas mehr sein. Fast noch wichtiger: Sprechen Sie Service und Küche ein Lob aus. Das wiegt oft mehr als übertriebenes Trinkgeld – vor allem für die Köche, die selten etwas davon abbekommen. Wird mit Karte gezahlt, sollte das Trinkgeld dem Service in bar übergeben werden.

5. Hallo: Für den Ruf nach dem Service empfiehlt der gute Ton „Herr Ober" oder „Frau Ober", wenn die Angesprochenen in normaler Hörweite sind. Sonst lieber aufstehen statt laut zu rufen, denn die anderen Gäste können nichts dafür, wenn man sie nicht beachtet. Ein freundliches „Wir möchten gerne bestellen" oder „Können wir bitte zahlen?" geht auch – auf „Hallo" oder ähnliches könnte allergisch reagiert werden. In Wirtshaus oder Kneipe gelten eigene Regeln – richten Sie sich im Zweifel nach den anderen Gästen.

– Der Kellner wird zunächst die ungeöffnete Flasche präsentieren und Ihnen das Etikett zeigen. Achten Sie auf die Merkmale des Weines, die Sie sich gemerkt haben.

– Gibt es Abweichungen, so fragen Sie den Kellner. Es könnte ja sein, dass er Ihnen einen anderen, möglicherweise teureren Wein unterschieben möchte. Lassen Sie sich im Zweifelsfall den Wein in der Karte zeigen und achten Sie auf den Preis.

– Nicken Sie dagegen mit dem Kopf, darf der Kellner die Flasche öffnen. Seien Sie nicht irritiert, wenn er selbst probiert – besser, als Ihnen einen problematischen Wein einzuschenken.

– Achten Sie vor allem auf den Duft und nehmen Sie einen kleinen Schluck. Entspricht der Wein nicht Ihren Vorstellungen oder den Versprechungen, so sagen Sie das dem Kellner freundlich und am besten mit einer Begründung. In guten Restaurants wird der Wein selbstverständlich zurückgenommen, wenn er Ihnen nicht schmeckt.

– Ein Weinfehler wie ein so genannter Korkschmecker (der Wein riecht unangenehm muffig-modrig nach feuchtem Karton und schmeckt auch so) ist ein klarer Grund zur Reklamation. Bitten Sie den Kellner um seine Beurteilung. Er wird den beanstandeten Wein durch eine neue Flasche ersetzen.

ORDNUNG HABEN

Was macht ein Aktenordner? Er hält alles zusammen an seinem Platz. Und was macht ein Saalordner? Er sorgt dafür, dass alles seinen Lauf nimmt und nichts ausufert. Genau darum geht es auch bei der Ordnung im Haus: alles am Platz haben (beispielsweise durch Sortieren und Ausmisten), den Weg für die täglichen Abläufe freimachen (durch Aufräumen und Putzen) und nichts ausufern lassen – vor allem nicht den Wäschekorb.

„Ordnung. Da weiß man, was man hat!“ Das klingt nach Waschmittelwerbung, aber es stimmt. Denn was nützt einem das Schöne, wenn das Designer-Shirt in den schicken Ruhesessel geknäult wird und dabei noch die geerbte Brosche fürs nächste Vierteljahr in der Ritze verschwindet? Und was habe ich von meiner tollen Espresso-Maschine, wenn sie vor lauter Kalk nur noch braune Brühe spuckt? Natürlich wäre es lästig, wenn man den ganzen Tag nur räumen, putzen, waschen müsste. Aber das muss heute niemand mehr machen. Am allerwenigsten die, die es jeden Tag ein bisschen machen. Beginnen wir gleich damit:

Aufräumen – alles auf Anfang

Wer darauf achtet, dass seine Dinge nicht irgendwo herumliegen, sondern gleich an ihren richtigen Platz kommen, der kann lange den Überblick behalten. Das gilt sowohl für Betttücher, die frisch vom Bügeln kommen, als auch für die Schuhe, die wir im Moment ausziehen und in Richtung Garderobe schicken wollen. Das nächste Kapitel verrät nicht nur, wie wir solch drohende Mini-Dramen im Flur und vor dem Wäscheschrank verhindern können. Es legt auch Ordnungs-Stopps am Schreibtisch, im Bücherregal und bei der Parfumflaschensammlung (oder einer anderen Sammlung) ein. Nun wäre es aber doch vermessen, hier nur von der Kunst der kleinen Schritte zu reden. Denn für viele wird Aufräumen erst dann zum Thema, wenn das große Chaos droht. Wie ich das gerade noch in den Griff kriege, steht ebenfalls auf den nächsten Seiten – ebenso wie das Rezept dafür, es beim nächsten Mal gar nicht erst so weit kommen zu lassen. Womit wir wieder beim Anfang wären.

Putzen – immer im Rhythmus

Bei diesem Thema zeigt sich der Unterschied zwischen „ordentlich sein“ und „Ordnung haben“: Ich kann noch so ordentlich sein – wenn andere es nicht sind, werde ich nie Ordnung haben. Handelt es sich bei den anderen um Menschen, lässt sich was machen. Doch irgendwann bekommen Staub und Schmutz die Oberhand und es muss geputzt werden. Wie oft, hängt von der Größe des Haushalts und von der Toleranz seiner Bewohner ab. Anders als beim Aufräumen zählt hier der gewisse Rhythmus, der starke Schmutzquellen und die Angewohnheiten der Bewohner berücksichtigt. Ist der Rhythmus gefunden, kann das Putzen zu einem „Flow“ werden – tägliche „Highs“ inklusive. Wir zeigen, wie das geht; manchmal mit ganz alten Methoden.

Waschen

Wer weder gerne aufräumt noch putzt, kann immer noch die Tür zumachen und das Chaos hinter sich lassen. Wer aber seine Wäsche liegen lässt, kann nicht einmal das tun, wenn ihm die Wirkung von Knitterfalten, Fettflecken und fehlenden Knöpfen auf andere nicht egal ist. Ein Glück ist es da, dass es Maschinen gibt, die einem die meiste Arbeit zwischen Wäschekorb und -schrank abnehmen. Allerdings braucht es dazu etwas Vorarbeit mit System, etwa um die Wäsche richtig zu sortieren. Sind Sie sicher, dass alle Mitglieder im Haushalt dieses System kennen, müssen Sie sich auch nicht lange mit Entfärben aufhalten. Vielleicht findet sich ja beim Verteilen der Aufgaben jemand, der gerne Knöpfe und Flicken annäht – wie das geht, steht auch in diesem Kapitel

In Ordnung leben

„Wie vieles gibt es doch, was ich nicht brauche!" Ein weiser Ausspruch von Sokrates – und genau das richtige Motto wenn's ums Aufräumen geht. Nur wer sich von unnützen Dingen trennt, schafft Platz und Klarheit in den eigenen vier Wänden. Und kann Trick Nummer Eins beim Dauerordnung halten ganz leicht anwenden: möglichst wenig Sachen übersichtlich ordnen – sozusagen der „Königsweg" zu einem Leben mit möglichst geringen Aufräumarbeiten.

Wie ich mich ordne

Betrachten Sie Ihre Wohnung einmal mit den Augen eines Besuchers. Der sieht nicht, dass ihre Wäscheschränke mit einem klaren, praktischen System eingeräumt sind oder dass die Bücher im obersten Regal jede Woche abgestaubt werden. Aber er bermerkt bestimmt, wenn sich die Schuhberge im Flur häufen, sich schmutziges Geschirr in der Küche stapelt oder ein Trauerrand das Waschbecken ziert. Dann nimmt er gleich an, dass es in dieser Wohnung mit der Ordnung nicht weit her sein kann. Merken Sie was? Genau: Ordnung fängt mit „o" wie Oberfläche an. Das heißt: für einen ordentlichen Eindruck muss zuerst die oberste Schicht, also alles, was einem direkt ins Auge springt, aufgeräumt werden!

Die Lösung: jeden Tag ein bisschen!

Wer sich eine tägliche Aufräumroutine angewöhnt, hat einfach ein leichteres Leben. Zum Beispiel beim Kaffeekochen die Spülmaschine ausräumen – dann hat man den ganzen Tag Platz fürs schmutzige Geschirr und in der Küche steht nichts rum. Außerdem ist die Zeit bis der Kaffee durchgelaufen ist, sinnvoll genutzt. Oder nach dem Duschen schnell mit Sprühreiniger Becken oder Wanne putzen oder mit einem Mikrofasertuch das Nass trocknen. Oder Schmutzwäsche nicht auf dem Boden deponieren, sondern in den Wäschekorb stopfen. Also zusammengefasst: die Unordnung nicht auflaufen und sich anhäufen lassen, sondern den Dauerkampf mit der Materie so entspannt wie möglich akzeptieren. Das Einzige, was man dafür braucht, ist etwas Zeit. Je nach Typ vielleicht eine halbe Stunde früher aufstehen, etwas weniger fernsehen, kürzer telefonieren – dafür aber wohnungskosmetisch jeden Tag weit vorne sein und sich stundenlange Aufräumaktionen sparen.

Am besten mit System

Stark erleichtern kann ich mir das Aufräum-Leben, wenn ich mit System arbeite und Dingen ihren ganz bestimmten Platz gebe. Zum Beispiel: ein großes Schuhregal kaufen, damit wirklich alle Paare darin verstaut werden können und nicht immer ein paar heimatlos herum stehen. Oder: die weißen Teller immer rechts in den Schrank stellen – dann findet man sie auch beim nächsten Mal gleich und kann ohne Überlegen schnell Geschirr in den Schrank räumen. Und: Socken in einen Extra-Korb, Unterwäsche in eine bestimmte Schublade, Besen und Eimer an einen festen Abstellplatz. Auf jeden Fall: im Bad einen ausreichend großen Schrank oder eine Kommode aufstellen, damit das ganze Kleinzeug hineinpasst und nicht immer vollstaubt. Mit System kann jeder einfach schneller und vor allem effektiver Ordnung machen! Aber: Vor lauter Aufräumarbeiten nicht vergessen, dass in ihrer Wohnung mindestens einer, meistens mehrere Menschen wohnen, die neben Ordnung und Sauberkeit auch Gemütlichkeit und Zuhause-Feeling brauchen. Daher unser Tipp:

Mit Absicht „unordentlich" sein!

Das erreicht man – wieder je nach Typ – gut sichtbar zum Beispiel mit Zeitungsstapeln, Büchertürmen oder Chaos-Pinnwänden. Und – mehr innerlich – mit Kramschubladen, alten Schachteln und geheimnisvollen Schränken. Hier kann man all die unsäglichen und natürlich meist unnützen Dinge unterbringen, an denen das Herz hängt und die einer durchgestylten Neubauwohnung gleich etwas vom Flair des Unentdeckten geben. Ist doch toll, wenn man nach längerer Zeit in einer Schachtel in der letzten Kommodenecke wieder die tollen Ohrringe aus den Seventies findet.

Oder den ersten Liebesbrief, die Milchzahnschachtel der inzwischen pubertierenden Kinder. Oder in der Küchen-Kram-Schublade noch ein paar Kerzen für den Kuchen. Merke: eine Portion „Unordnung“ sollte sich einfach jeder gönnen! Damit die Wohnung aber vor lauter schönen und alten, aber unnützen Sachen nicht aus den Nähten platzt, muss man einfach …

… immer wieder ausmisten!

Also nichts wie raus mit all dem, was kein Mensch mehr braucht und an dem das Herz nicht mehr hängt. Klar, die alte Motorradjacke muss da bleiben, auch wenn sie schon längst nicht mehr passt … Aber die verlatschten Winterschuhe von Wer-weiß-wie-vielen-Saisons, die angeschlagenen Blumentöpfe oder die völlig verwaschenen Bettüberzüge, die könnten doch ohne Probleme den Weg aus Ihrer Wohnung nehmen, oder? Für manche Menschen ist aber genau das ein Riesenproblem, und die heißen in Amerika (und immer mehr auch bei uns) „Messies“. Das kommt von „mess“ und bedeutet einfach Chaos … Auch wenn das Modewort lustig klingt, steht es für eine oft ernste Sache. Denn echte Messies können einfach nichts wegschmeißen, müssen zwanghaft alles horten (auch Müll, alte Zeitungen und vieles mehr) und ertrinken in ihren Wohnungen bald im Materialmeer. Dabei sind sie nicht eigentlich unordentlich. Ihre Gedanken kreisen sogar viel häufiger um das Thema Ordnung als bei anderen Menschen. Nur: Sie kriegen das Thema, ihre Wohnung und letztlich ihr Leben alleine nicht in den Griff. Dann sollte man ohne Scheu professionelle Hilfe von Ärzten, Psychologen oder auch Selbsthilfegruppen in Anspruch nehmen.

Nun gibt es aber auch den „Light-Messie“, der sich einfach schwerer als andere von unnützem Kram trennen kann, ohne dabei gleich zur schweren Belastung für sich und seine Umwelt zu werden. Platzraubende Lagerecken, zeitraubende Großaufräumaktionen und – wenn man nicht alleine lebt – immer wiederkehrende Diskussionen können aber auch ziemlich unzufrieden machen. Ein einfacher Trick hilft: Auf Probe einen Bereich mit vollen Händen (ist ja noch nicht endgültig) und klarem Kopf (das erste Zeugnis wäre vielleicht mal was für die eigenen Kinder) ausmisten, alles in einen Umzugskarton packen und im Keller zwischenlagern. Wer nach, sagen wir mal, einem halben Jahr nichts davon gebraucht oder vermisst hat, könnte doch getrost davon Abschied nehmen.

Mehr wissen: Unordnungstypen

Ordnung hat jeder – auch wenn der andere sie nicht erkennt und Unordnung nennt. Leben beide in einem Haushalt, wird’s kritisch. Was hilft, sind Reservate, in denen jeder allein sein System lebt plus Tabuzonen, wo eine gemeinsame Ordnung versucht wird. Hilft alles nicht, muss man auf die Unordnung eingehen. Die wichtigsten Typen und die beste Hilfe für sie:

DER BODENDECKER: Was er anfasst, zieht es auf den Boden, wo es sich rasch kaum sortierbar vermischt – besonders schmutzige Wäsche, Zeitungen, wichtige Unterlagen. **Das hilft:** Attraktive Ordnungssysteme, zum Beispiel schöne Körbe oder Metallkisten, zur Ablage gleich auf den Boden stellen.

DER SAMMLER: Er nutzt jedes Plätzchen für seine „Schätze“ – denn lässt sich im Bad nicht prima die Muschel- und Steinesammlung aus aller Welt unterbringen? **Das hilft:** Vitrinen, Glasschränke, Sideboards anschaffen, um dem ganzen Kleinzeug Ausstellungscharakter zu verleihen.

DER ZWISCHENLÖSER: Bei ihm bleibt die nackte Glühbirne gerne mal ein paar Jahre so hängen und das neue Regal leer, bis endlich die richtige Farbe fürs Streichen gefunden ist. **Das hilft:** Gemeinsam Wohnungskataloge wälzen und in aller Ruhe Kaufentscheidungen treffen – auch wenn’s etwas länger dauert …

DER HOCHSTAPLER: Sein Schreibtisch hat Alpenqualität, vor lauter Ablagehaufen kann er kaum das Telefon finden, ohne Bücherberge neben dem Bett ist er todunglücklich. **Das hilft:** formschöne Zeitungsablagen und beschriftete Kistensysteme, die schon die Ablage erleichtern.

DER TEILPEDANT: Egal, wie unordentlich der Rest der Wohnung aussieht, Hauptsache die Schuhe stehen blank geputzt in Reih und Glied und die CD-Sammlung ist nach Alphabet sortiert. **Das hilft:** Teilordnung ausnutzen, etwa die schön geordnete Sammlung in einem edlen Regal zum Hingucker werden lassen. Und ansonsten sein Ding machen.

Sauber machen

„Wie war zu Köln es doch vordem mit Heinzelmännchen so bequem …" Wissen Sie noch, wie's weitergeht? Da kamen bei Nacht völlig lautlos und unauffällig kleine Männchen, die so fleißig räumten und putzten, dass am nächsten Morgen alles blitzte und strahlte. Diesen Super-Service haben sich die Menschen – so das Gedicht – leider vereitelt und die Männchen nachhaltig vergrault und müssen deswegen nun tagsüber wieder selbst ran. Gerade dann ist aber noch anderes zu tun, das zum Teil auch noch mehr Spaß bringt als Putzen. Daher sollte man es sich so leicht wie möglich machen. Unser erster Ratschlag dafür:

Putzen mit Plan

Und das heißt: Bringen Sie Struktur in die Reinhaltung ihrer Wohnung! Dafür sollte man als erstes eine ehrliche Bestandsaufnahme machen und mit der Grundsatzfrage „Was ist mir wie wichtig?" alle Wohnungsbereiche durchgehen. Eine saubere Küche: total wichtig; saubere Fußböden: wichtig; saubere Fenster: nicht unwichtig; saubere Lampenschirme: na ja. Das Putz-Fazit wäre dann: in der Küche täglich putzen. Die Fußböden nach Bedarf – auf alle Fälle aber 1-mal pro Woche – kehren, saugen und nass wischen. Die Fenster so alle 3 Monate putzen, die Lampenschirme: 1-mal im Jahr!

Putzen mit Plan heißt auch, dass man für die immer wiederkehrenden Arbeiten am besten genaue Termine festlegt. Also zum Beispiel: Saugen und Wischen samstags (für alle Berufstätigen wohl realistischer als abends nach der Arbeit). Bad putzen: im Schnellgang täglich, gründlich am Sonntag. Mit so einem einfachen Zeit-Raster kommen wir unserem Ziel schon einen entscheidenden Schritt näher und das heißt:

Effektiv in einem Aufwasch

Wer keine Putzteufel-Gene besitzt, ist froh, wenn er alle Reinigungsaktionen auf ein nötiges, aber wirksames Mindestmaß reduzieren kann. Effektiv ist es zum Beispiel, sich im individuell festgelegten Rhythmus ein Zimmer nach dem anderen vorzunehmen statt erst mal alles durchzuwischen und dann keine Lust mehr zu haben. Lieber gleich alles in einem Aufwasch erledigen: aufräumen, Staub wischen, saugen, Böden putzen, Bettwäsche erneuern (Schlafzimmer), Handtücher wechseln (Badezimmer). So kriegt man am besten das Gefühl, dass die ganze Putzerei wirklich was gebracht hat (das ganze Zimmer sieht zumindest für kurze Zeit super aus!). Und wenn man reihum alle Zimmer dran nimmt, ist die Wohnung eigentlich automatisch sauber genug, um darin gemütlich zu leben.

Aber selbst bei täglicher Standard-Beputzung bleibt immer was ungetan, besser gesagt ungesäubert. Die zitierten Lampenschirme zum Beispiel. Aber auch Türen, oberste Küchenregale, Wandecken (Spinnweben!) und die so genannte „Unter"-Fraktion: unter Sofa, Bett, Kleiderschrank etwa. Hier hilft nur eins:

Das braucht's: im Putzschrank

- **Zum Wischen bis Spülen: Schwammtücher, Scheuerschwämme, Fensterleder, Mikrofasertücher (sparen Putzmittel, sind pflegeleicht), Bodentücher (am besten Mikrofaser), antistatisches Mikrofasertuch (für elektrischen Geräte), Stahlschwämme, Handbürste, Spülbürste, Küchenpapier, Küchenhandtücher, Fensterreiniger (mit Griff), Toilettenbürste**
- **Zum Saugen bis Schrubben: Staubsauger (mit Beutel, Ersatzfilter), Besen, Handfeger, Kehrschaufel, Schrubber, Eimer (groß, klein), Teleskop-Wischer (mit Putzaufsatz und Spezialeimer)**
- **Die wichtigsten Reiniger: Spülmittel, Schmierseife (fest, flüssig), Neutralreiniger, Essigreiniger, Scheuermilch, Sprühreiniger für Glas sowie Fliesen**
- **Nach Bedarf: Möbelpolitur, Boden-Spezialreiniger (Parkett, Steinböden, Kunststoffböden), Edelstahlputzmittel (Spüle, Gasherd), Ceranfeld-Reiniger (plus Schaber), Keramik-Putzmittel (Spüle), Silberputzmittel, Spülmaschinen-Tabs (mit Entkalker und Klarspüler), Spülmaschinen-Salz, Spülmaschinen-Reiniger, Zitronensäure, (Reinigungstabletten für Kaffee-Vollautomat), Antistatic-Cleaner (a.d. Computer-Fachhandel)**

Mehr wissen: Inhaltsstoffe in Putzmitteln

Was macht rein im Reinigungsmittel? Und was verschmutzt die Umwelt? Orientierung fürs Etikett:

TENSIDE stecken in Allzweck- und Neutralreinigern (haut- und umweltschonend), Scheuerpulver, Spülmittel. Sie lassen Wasser besser an verschmutzte Oberflächen herankommen und schließen gelöste Schmutzteilchen ein, damit sie sich nicht mehr absetzen. Natürliche Tenside (Seife) wirken gut in heißem Wasser, synthetische Tenside auch in kaltem und warmem Wasser und sie sind weniger abhängig vom Härtegrad (Kalkgehalt).

SCHEUERKÖRPER sind kleine Schleifteile aus Kreide, Marmormehl, Tonerde oder Bimsstein, die den Schmutz mechanisch abreiben und die Tensidewirkung unterstützen. In Scheuerpulver und Scheuermilch.

ALKOHOL unterstützt als Lösungsmittel in Sprühreinigern (Glas) die Schmutz lösende Wirkung der Tenside und verdunstet schnell und streifenfrei. Wirkt gut bei Fettverschmutzungen, konserviert dazu das Reinigungsmittel.

STARKE ALKALIEN wie Ammoniak, Soda, Natrium- und Kaliumhydroxid sind in speziellen Haushalts- oder Küchenreinigern enthalten, um als Grundstoff für Laugen intensive Öl- und Fettverschmutzung zu lösen. Sie sind stark ätzend und belasten die Umwelt – besser darauf verzichten.

ORGANISCHE SÄUREN wie Zitronensäure und Essigsäure (in Essigessenz) beseitigen Kalk wirksam und umweltfreundlich, da sie gut abbaubar sind.

ANTIBAKTERIELLE INHALTSSTOFFE wie Halogene oder Phenole stecken gerne in speziellen Haushaltsreinigern (Chlorreiniger) für Küche, Bad und Toilette. Oft sind sie „pro" statt „anti", da sie resistente, schädliche Keime leben lassen und unschädliche „Haushaltskeime" vernichten. Dazu belasten sie das Abwasser und sind nicht ungefährlich – Chlorreiniger können in Kombination mit anderen Mitteln giftiges Chlorgas entwickeln. Allzweckreiniger und organische Säuren reichen völlig aus, ohne groß zu schaden.

DUFTSTOFFE wie Zitrus- oder Orangenduft überdecken zwar den Geruch des Putzmittels, können aber beim Einatmen (Sprühreiniger) oder bei Hautkontakt Allergien auslösen. Daher: duftneutrale Produkte wählen!

Der klassische Hausputz

Einst nutzte man die erste Frühlingswärme zum gnadenlosen Durchputzen inklusive Teppich klopfen, Betten lüften und Großwäsche aufhängen. Aber auch heute hat der Frühjahrsputz Vorteile: Die „junge" Sonne zeigt nicht nur den liegen gebliebenen Winterschmutz, sondern fördert auch die körpereigenen Putz-Energien. Dabei ist es wieder sinnvoll, ein Zimmer nach dem anderen gründlich aufzuräumen und sauber zu machen. Erstens herrscht dann nur in einem Raum vorübergehend Tohuwabohu. Und zweitens bleibt die anstehende Arbeit im überschaubaren Rahmen. Wer beim Großputz versucht, alles auf einmal zu machen, hat praktisch schon verloren! Dann kann höchstens noch der moderne Heinzelmännchen-Ersatz helfen:

Die Putzhilfe

Für viele Menschen ist sie (seltener er, noch seltener eine ganze Truppe) die Rettung in letzter Putz-Not. Kinder, Berufstätigkeit, keine Lust – es gibt viele gute Gründe, um den Großteil der häuslichen Putzarbeiten in Profihände zu legen (den täglichen Kleinkram nimmt einem niemand ab!). Der Vorteil: Grundarbeiten wie Böden und Fenster putzen, Staub wischen sind vom Tisch, in vielen Haushalten übernimmt die Putzhilfe auch das Bügeln. Der Nachteil: Es kostet Geld und man muss aufräumen, auch wenn man gerade gar keine Lust oder Zeit hat – sonst kommt die Hilfe nicht ans zu Putzende ran. Und man braucht Glück, um eine gute Putzhilfe zu finden, der man die Wohnung auch noch alleine und ohne Kontrolle anvertrauen kann.

759. Schlüssel und Geldbörse zur Hand haben

Hier könnten auch noch Brille, Handy oder Lieblingslippenstift stehen – es geht um die täglich wichtigen Dinge, die manche Leute täglich aufs Neue suchen. Ihnen kann geholfen werden

– Bitte nicht: Rein in die Wohnung und den Schlüsselbund völlig wahllos irgendwo hinlegen. Schon kurze Zeit später befinden sich garantiert Jacken, Taschen, Zeitungen, Schulranzen oder ähnliches auf gerade dieser Ablagestelle – ohne große Suchaktion geht jetzt nichts mehr!
– Besser: Schlüssel immer am selben Ort deponieren – in der Handtasche, in der Aktentasche, am Schlüsselbrett oder in einer Schlüsselschale neben dem Telefon.
– Sehr ungünstig: Handtaschen oder Aktentaschen oft wechseln. Wenn man dabei nicht alles Wichtige systematisch umräumt, ist der nächste Tag ohne Handy, Geldbeutel oder Schlüssel praktisch schon vorprogrammiert.
– Mögliche Gegenmaßnahme: Alles im Doppelpack anschaffen, also: Zweitbrille, Zweitschlüssel, Zweitgeldbeutel (Zweit-Handy kann eher zu mehr Unordnung führen). So steigt die Wahrscheinlichkeit, nicht ganz ohne dazustehen.
– Der klassische Fall: In völliger Hektik morgens aus dem Haus stürzen und dann am Arbeitsplatz feststellen, dass man weder Brille noch Geld noch Schlüssel dabei hat!
– Die Alternative: Sich antrainieren, vor dem Verlassen der Wohnung noch einmal einen Schnell-Check durchzuführen: Brille – ach ja, die liegt noch im Schlafzimmer; Geldbeutel – den hatte ich doch gestern Abend noch in der anderen Hose; Schlüssel – der könnte noch in der schwarzen Jackentasche sein. Alles eingesammelt? Dann kann's ja losgehen …

760. Ein fester Platz für Wichtiges

Das gilt für die Jeden-Tag-Dinge wie für Wertvolles und Wichtiges: Wer dafür einen festen Platz findet, der hat den Überblick, kann leichter Ordnung halten und findet schneller etwas – wenn er überhaupt suchen muss. Wie das an den einzelnen Plätzen aussieht, steht auf den folgenden Seiten. Immer gelten dabei ein paar allgemeine „Platzregeln“:

55 DINGE die ihren festen Platz haben sollten

Das Kleid in den Kleiderschrank, den Besen in die Besenkammer – na klar. Viel mehr Probleme in der Haushaltsordnung machen die kleinen Dinge, die nie da sind, wenn man sie immer wieder braucht – ein Stift, der Knopf, die Luftpumpe. Haben die einen festen Platz, an dem sie schnell greifbar sind, spart man sich täglich Ärger.

01–10 Zum Rausgehen: Schlüssel, Geldbeutel, Ausweise, Handy, Brille, Armbanduhr, Schmuck, Hand- oder Aktentasche, Einkaufsbeutel o. ä.

11–21 Zum Nachschauen: Adressbuch, Telefonbücher, Straßenatlas, Kalender, Gebrauchsanweisungen, Garantie-Erklärungen, Urkunden, Verträge, offene Rechnungen, Belege, Kontoauszüge

22–35 Bürokram: Stifte, Zettel, Schere, Klebestreifen, Kleber, Schnur, Gummiringe, Reißnägel, Büroklammern, Schreibpapier, Umschläge, Briefmarken, Geschenkpapier, Geschenkbänder

36–44 In der Küche: Korkenzieher, Flaschenöffner, Streichhölzer/Feuerzeug, Kerzen, Deckel für Boxen, Beutel für Müll bis Tiefkühler, Kleingeld

45–55 Sonstwo: Batterien, Glühbirnen, Taschenlampe, Fernbedienung, Fotoapparat, Allround-Schraubenzieher, Luftpumpe, Fahrradhelm, Knöpfe, Hausschuhe, Lieblingskuscheltier und ... dieses Buch

– Alles an einem Platz: Alles, was man für bestimmte Aufgaben braucht, sollte an einem Platz sein, der nahe am Ort des Geschehens ist – also alle Putzmittel im

Schrank unter der Spüle, das Nähzeug in einer Box im Kleiderschrank (oder in der Küche, wenn am Küchentisch geflickt wird), das Werkzeug im Kasten oder Schrank neben dem alten Tisch zum Schrauben. Bei Platznot gehen auch zwei Plätze, einer für das oft gebrauchte, einer für Spezialfälle.
– Gerade genug Platz: Genug, damit man nicht jedes Mal erst nach langem Hin und Her den richtigen Schraubenzieher, Drahtschwamm, Kugelschreiber findet. Aber nur so viel, damit Wichtiges nicht unter ausrangierten Plastiktüten („kann man immer mal brauchen") oder dem ungenutzten Entsafter („räum' ich später weg") verschwindet.
– Jeder kennt den Platz: Im Idealfall entfällt dann im Haushalt neben langem Suchen („Wo ist nur wieder …?") auch unnötiges Streiten („Wer hat schon wieder …?") und Herumschreien („Hat jemand gesehen, wo …?"). Entfällt das nicht, muss entweder der Platz oder die Kommunikation verbessert oder die folgende Regel verinnerlicht werden:
– Alles zurück an den Platz: Sobald ich meine Schraube reingedreht oder die Reste der Vase zusammengekehrt habe, kommen Schraubenzieher und Kehrblech wieder dahin, wo man sie hergeholt hat bzw. wo sie hingehören.
– Platzordnung einhalten: Dazu muss sie erst einmal gefunden werden, was in Mehrpersonenhaushalten am besten eine Person (noch besser in Absprache mit den anderen) macht. An diese Ordnung sollten sich alle halten, wobei der „Platzwart" um die regelmäßige Pflege nicht herum kommt. Wenn alle anderen Regeln erfüllt werden, macht das nicht viel Arbeit.

761. Etwas suchen und finden

Wer nicht sucht, der lügt. Auch die aufgeräumtesten Menschen kennen den Moment, in dem das Denken kurz das Flattern kriegt – weil der Schlüssel nicht an seinem Platz ist, der Einkaufszettel nicht mehr auf dem Küchentisch liegt, das Handy eben noch in der Jackentasche steckte. Was tun, damit das Flattern vorübergeht?

– Erst mal nur überprüfen: Habe ich den Schlüssel schon in der Hand- oder Hosentasche, den Einkaufszettel im Geldbeutel und hängt das Handy an der Aufladestation, dann ist ja alles an seinem Platz – nur dass der wo- anders ist als gedacht. Daher:
– Zuerst Vertrautes abklopfen: die Sonnenbrille, auf die man nach der 5-Minuten-Suche im eigenen Haarschopf stößt, der Hausschlüssel, den man nach der hektischen halben Morgenstunde im Türschloss entdeckt – meist liegt das Gesuchte näher als man denkt. Vor allem wenn etwas dringend gesucht wird, gibt man sich gerne und dramatisch dem Es-ist-weg-Gefühl hin, ohne sich lange mit Selbstverständlichkeiten aufzuhalten. Also:
– Ruhig bleiben: So lange man nur gezielt „fahndet", ist noch nichts verloren. Wer allerdings sofort davon überzeugt ist, dass der Führerschein sowieso schon in der Müllverbrennung ist, wird ihn auch kaum finden. Und wer eigentlich gar keine Zeit zum Suchen hat und daher an vielen Stellen zugleich herumwühlt, wird niemals und nirgends das Gesuchte finden. Viel besser:
– Gründlich der Reihe nach: Also den Schlüssel erst am vertrauten Platz (Schlüsselbrett), dann am bestmöglichen Platz (Türschloss) und nun an anderen möglichen Plätzen (Jacken, Taschen) suchen. Und das so gründlich, dass man nicht noch mal nachschauen muss. Nützt das nichts, überlegen, wann man ihn zuletzt benutzt hat (gestern nach dem Kneipenabend) und was man danach getan hat (aufs Klo gegangen, Wasser getrunken). Reicht oft schon zur Erinnerung. Wenn nicht, einfach noch mal die Stationen von Anfang an durchlaufen. Manchmal sieht man aber den Wald vor lauter Bäumen nicht. Dann empfiehlt sich:
– Hilfe suchen: Alle Leute im Haushalt fragen und um Hilfe bitten – ohne sie dabei mit wilden Aus- und dramatischen Zusammenbrüchen zu verschrecken. Lieber sagen, was man genau sucht und sie ruhig noch mal alles durchgehen lassen. Hilft das alles nichts, hilft oft nur eins:
– Nicht mehr suchen: Ist das Gesuchte nicht so wichtig, macht man einfach mit dem weiter, mit dem man aufgehört hat. Bei Wichtigem muss sich oft erst noch um Ersatz gekümmert und Missbrauch (Kreditkarten) verhindert werden. Die Erfahrung lehrt: Je schneller die Aufregung vergessen ist, desto eher findet sich auch alles wieder. Ein Haus verliert nichts.

762. Flur-Garderobe in Ordnung halten

Feng Shui weiß es, und der gesunde Menschenverstand weiß es auch: Ordnung im Flur ist das oberste Gebot. Ob es nun um die ungehindert fließende Energie oder den ersten Eindruck geht, ist letztlich einerlei – Chaos im Flur sorgt immer für Ärger, besonders wenn es von der Garderobe ausgeht.

– Deshalb: Dort unbedingt einen Jacken-Mäntel-Stau vermeiden/ständig beseitigen: Als erstes alle Kleidungsstücke, die man gerade nicht braucht (Winterjacken im Sommer und umgekehrt) in Kleiderschränke, auf Kleiderstangen in Abstellkammern (Modell „Zweitgarderobe") oder in Kleidersäcke verstauen.
– Garderobenständer mit Kleiderstange, an denen alles auf Bügeln aufgehängt werden muss, bieten weniger Unordnungs-Potenzial als Haken-Garderoben – die laden schlicht zum Jacken-Türmen ein!
– Und: immer nur gerade genug Kleiderbügel aufhängen, auch das reduziert die Mantellast automatisch.
– In Wohnungen mit Mini-Flur am besten die Garderobe in andere Zimmer verlagern – zum Beispiel hinter der Kinderzimmertür eine nette, vielleicht selbst angemalte Garderobenleiste anbringen oder an der Schlafzimmertür Haken für Jacken installieren.
– Über die Garderobe geworfene Trainingsjacken, Pullover, Schals usw. lassen sich nie ganz vermeiden. 1-mal pro Woche (Minimum!) sollte aber alles wieder weggeräumt werden.

763. Schuhe einräumen

Das braucht man:
großer Schuhschrank oder ausreichend Regalfächer
Schuh- und Stiefelspanner
Plastikkisten

– Das Wichtigste vorweg: Man braucht unbedingt genügend Stauraum, um wirklich alle Schuhe unterbringen zu können. Ohne den wachsen Schuhhaufen in der ganzen Wohnung, vor allem im Flur.
– Welche Aufbewahrungs-Methode man wählt, ist Ansichtssache – oft ist eine Kombination von Methoden die beste Lösung. Erste Wahl für den Flur: ein kleiner, stabiler Klappschuhschrank, der mit Dübeln sicher an der Wand befestigt werden kann. Oder ein Mini-Schuhregal aus Metall, das aber wirklich nur Platz für die drei oder vier Paare bietet, die gerade benutzt werden.
– Der Rest kann dann in Keller oder Abstellkammer verschwinden – da sind sie zwar nicht griffbereit, liegen aber auch nicht ständig im Weg rum. Gut dafür ist zum Beispiel ein hoher Schuhschrank mit schrägen Metallstangen-Regalen und einem Stoffmantel (gibt's in Bau- und Möbelmärkten), der viel Luft und Platz bietet. Normale Regale gehen auch, solange dort nicht gestapelt wird – sonst gibt es Dellen und Falten. Und Winterstiefel werden im Sommer mit Stiefelspannern in Schuhkartons beiseite geschafft, Sommersandalen und Badeschlappen im Winter in Plastikkisten aufbewahrt.
– Leben mehrere Menschen im Haushalt, wird es wahrscheinlich trotzdem zu Schuhbergen kommen. Dann am besten 1-mal pro Woche komplett drangehen und wieder reichlich Platz schaffen – für die nächste Woche.
– Macht Mühe, aber lohnt sich zumindest fürs Schuhlager jenseits vom Flur: Alle Schuhe vor dem Einräumen sauber machen, putzen und in Lederschuhe Schuhspanner stecken.
– Wer mag, kann seine Schuhe noch nach einem für ihn praktischen System sortieren: nach Farbe (alle schwarzen zusammen), nach Gebrauchszweck (Sportschuhe, Anzugschuhe, Stiefel usw.) oder einfach nach Lieblingsschuhen!

764. Hemden, Kleider, Röcke und Hosen aufhängen

Das braucht man:
Kleiderbügel mit abgerundeten Ecken
Kleiderbügel mit Haken
Spannkleiderbügel
Klappkleiderbügel

– Frisch gebügelte Hemden und Blusen auf Kleiderbügel mit abgerundeten Ecken hängen (so vermeidet man spitze Druckstellen). Obersten Knopf schließen, damit auch der Kragen im Schrank „in Facon" bleibt.
– Kleider und Röcke mit Schlaufen auf Bügel mit seitlichen Haken hängen – so haben sie die optimale Fallmöglichkeit. Kleider ohne Schlaufen ebenfalls auf Bügel mit abgerundeten Ecken hängen. Und Röcke am besten mit Spannbügeln (sind variabel und passen sich der jeweiligen Größe an) im Schrank aufbewahren.
– Bei Hosen die Hosenbeine ordentlich übereinander legen, die Hosenbein-Enden in Klappkleiderbügel einklemmen, mit dem Bund nach unten aufhängen.

TIPP
Auch Polohemden wie Hemden auf abgerundete Kleiderbügel hängen und den obersten Knopf schließen – so vermeidet man die hässlichen Falt-Knicke, die entstehen, wenn Polo-Shirts wie Pullover zusammen gelegt werden!

765. Unterwäsche und Strümpfe ordnen

Das braucht man:
Kommodenschublade oder
wahlweise Schachteln, Kisten oder Körbe,
die in den Kleiderschrank passen

– Unterwäsche sortieren: zum Beispiel nach Farben oder Tangas und Höschen mit Bein getrennt – so findet man einfach schneller, was man braucht.
– In einer Kommodenschublade können Unterhosen, Unterhemden oder BH's nebeneinander gestapelt werden. Bei der Aufbewahrung in Schachteln und Kisten am besten eine nur für BH's, eine nur für Unterhosen verwenden. Die Unterwäsche „einfach so" in Schrankregale zu räumen, ist nicht so empfehlenswert – nach einmal Suchen ist hier die Ordnung meist schon zerstört.
– Strümpfe am besten übereinander legen, an der Ferse zusammenhalten und von oben einen Strumpf über beide ziehen, so dass ein „Strumpfknäuel" entsteht. So bleiben die passenden zwei garantiert zusammen, können gut in Kisten, Körben, Schubladen usw. aufbewahrt werden und lassen sich auch bei heftigem Suchen („Wo sind denn nur die weichen grauen?") nicht auseinander bringen.

766. Pullover aufbewahren

Das braucht man:
Kommodenschubladen
Schrankfächer
Seidenpapier
Mottenschutz

– Pullover zum Zusammenfalten mit der Vorderseite nach unten auf einen Tisch legen. Ärmel locker auf der Pulloverrückseite übereinander legen, Pullovervorderseite hochheben, über die Ärmel klappen.
– Bei „feinen" Pullovern (aus Kaschmir, Mohair usw.) empfiehlt es sich, auf die Ärmel einen Bogen feines Seidenpapier zu legen – so vermeidet man unliebsame Druckstellen.
– Pullover in Kommodenschubladen oder Schrankfächern am besten nach Verwendungszweck (dicke Outdoor-Pullis, Sportpullover, Büropullover usw.) locker aufeinander gelegt stapeln.
– Wer auf Nummer Sicher gehen will, sollte in die Pulloverabteilung einen Mottenschutz wie Lavendelsäckchen oder Mottenpapier legen.

TIPP
Unbedingt darauf achten, dass „haarende" Pullis eine Extra-Abteilung bekommen – die Wollfussel lassen sich von anderen Pullover, vor allem dunklen, nur mühsam mit einer Fusselrolle oder per Hand wieder entfernen!

767. Bettwäsche einräumen

Vor dem Einräumen sollte Bettwäsche gebügelt (noch besser gemangelt) und ordentlich zusammengefaltet sein. So braucht man am wenigsten Platz und die Wäsche ist nicht völlig zerknüllt, wenn man sie längere Zeit nicht benutzt.

– Bettwäsche in vier Abteilungen aufteilen: Überzüge für Bettdecken, Kopfkissenbezüge, Leinentücher und Spannbetttücher. Je nach vorhandenem Bettwäsche-Besitz jede Abteilung in ein eigenes Schrank- oder Kommodenfach räumen. Oder Überzüge für Bettdecken und Kopfkissenbezüge gleich als Sets aufeinander stapeln.
– Leinentücher (braucht man zum Beispiel im Sommer statt Bettdecken) ebenfalls gebügelt und gefaltet aufeinander legen. Spannbetttücher kann man auch ungebügelt locker zusammenlegen oder sogar zusammenrollen – auch wenn das nicht so toll wie frisch von der Reinigung aussieht. Sie straffen sich von selbst, wenn man die Matratze überzieht.

768. Handtücher einräumen

Vor dem Einräumen erst einmal die Handtücher nach Gebrauch sortieren: Küchenhandtücher, Badehandtücher, Gästehandtücher …

– Küchenhandtücher gebügelt und gefaltet wenn möglich in der Küche in einer Extra-Schublade unterbringen – so hat man sie schnell zur Hand.
– Große Badehandtücher am besten zweimal übereinander legen, dann eng aufrollen und als Rollen neben-

einander in Fächern oder Schubladen aufbewahren. So lassen sie sich am leichtesten rausziehen, ohne alles durcheinander zu bringen.
– „Normal" große Handtücher und Gästehandtücher zusammenfalten (entweder 2-mal quer oder 1-mal längs und 1-mal quer) und gestapelt in Fächer oder Schubladen räumen (auch gern nach Farben geordnet).

769. Gürtel und Krawatten aufbewahren

Das braucht man:
stabile Holzkleiderbügel mit rutschfesten Querstangen
Kommodenschubladen
Kisten

– Aufbewahrungsmethode eins: Auf den Holzkleiderbügeln werden die Gürtel durch die Schnallen gesteckt an den Querstangen aufgehängt. Und die Krawatten so über die Querstangen gelegt, dass beide überhängenden Enden gleichlang sind (so fallen sie nicht runter).
– Aufbewahrungsmethode zwei: Gürtel und Krawatten werden aufgerollt und eng nebeneinander als „schlafende Schlangen" in Schubladen oder Kisten geräumt.

770. Sommer- und Wintersachen einlagern

Das braucht man:
Kleidersäcke
Schachteln
Mottenschutz

– Frühling und Herbst sind die idealen Jahreszeiten, um dem Kleiderschrank etwas Luft zu verschaffen.
– Wintersachen wie Mäntel, Daunenjacken und ähnliches am besten mit Mottenpapier in Kleidersäcke verpacken (gibt's zum Beispiel sehr günstig in einem großen schwedischen Möbelhaus und allseits bekannten Kaffeegeschäften) und je nach Platz auf dem Speicher, im Keller oder in einer Abstellkammer aufbewahren.
– Dicke Winterpullis ebenfalls mit Mottenschutz in große Pappschachteln packen. Sommerkleider und -anzüge wie Wintermäntel in Kleidersäcken aufheben.
– Andere Sommerteile (Bikinis, Badehosen, Tops, Sommerhemden) in Pappschachteln oder einem ausgedienten Koffer aufbewahren.

771. Alte Kleidung aussortieren und entsorgen

Vor der eigentlichen Arbeit steht hier eine Psycho-Schranke: Um den Kleiderschrank effektiv entrümpeln zu können, braucht man nämlich den festen Willen, sich wirklich von etwas zu trennen!

– Zuerst Bestandsaufnahme machen: Welche Sachen passen beim besten Willen nicht mehr (auch nicht nach der wahrscheinlich demnächst erfolgreich abgeschlossenen Diät)? Was hängt im Schrank und ist garantiert seit Monaten nicht angezogen worden? Was war ein Fehlkauf und hängt nach nur einmaligem Anziehen immer noch im Schrank?
– Was ist einfach verwaschen, abgetragen, hat Flecken, Löcher oder ähnliches (ausgenommen natürlich Erinnerungsstücke wie der erste Mini-Rock, die Motorrad-Lederjacke oder das Hochzeitskleid)?
– Die aussortierten Kleidungsstücke genau betrachten: Gibt es vielleicht jemanden im näheren Bekanntenkreis, der gerade nicht oft getragene Sachen (zu klein gekauft, falsche Farbe) gerne nehmen würde? Wenn ja, die Sachen gleich in eine schöne Einkaufstüte packen. Kaputte, verfärbte und nicht mehr schöne Kleidungsstücke am besten sofort wegschmeißen.
– Für die restlichen, noch ordentlichen Altkleider gibt es mehrere Entsorgungsmöglichkeiten: Bekannten mitgeben, die Kontakt in Länder oder Haushalte haben, in denen Menschen wenig Geld haben und etwas damit anfangen können; in die an Straßen aufgestellten Altkleider-Container werfen; oder zu Sammelstellen von wohltätigen Organisationen bringen.
– Die mit Flyern angekündigten Altkleidersammlungen sollte man meiden. Die hier gesammelten Kleidungsstücke werden nachweislich meist in Entwicklungsländer gebracht und dort verkauft – zum Nutzen der hiesigen Sammler und zum Schaden der dortigen Wirtschaft!

772. Kleidermotten vertreiben

Das braucht man:
Mottenpapier/Mottenkugeln
Lavendelblüten (getrocknet)
Zedernholzstückchen

– Kleidermotten lieben warme, trockene Wohnungen. Versperrt ihnen kein Fliegengitter den Einflug in die

Wohnung, nisten sie sich gerne zwischen (am liebsten getragenen) Kleidungsstücken im Schrank, auf dem Kleiderständer oder im Regal ein.
– Gegen Motten im Kleiderschrank gibt es zwei Schutzmaßnahmen. A: Mottenpapier oder Mottenkugeln auslegen – der ausdampfende Stoff (meist Paradichlorbenzol) hält die Motten fern, kann uns aber auch Kopfschmerzen und Schwindel bringen. B: Natürlicher sind Säckchen mit getrocknetem Lavendel oder Zedernholzstückchen. Das riechen wir lieber und es schadet nichts – außer den Motten, die hier die Flucht ergreifen.
– Auch gut zu wissen: Wolle, Pelze und Federn sind besonders beliebt bei Kleidermotten, Kunstfaser mögen die Tierchen gar nicht, Baumwolle nur im Notfall. Vor allem dicke Wollpullis und Wollmäntel sollte man daher öfter lüften und überprüfen, ob sich Motten oder gar Mottenlöcher darin befinden.

773. Lappen & Co sauber halten

Putzlappen unter dem Mikroskop – diesen Blick auf die Vielfalt der Bakterien sollte sich eigentlich jeder Mal gönnen! Hygieneforscher haben herausgefunden, dass gerade im Küchenbereich die Mikrobenfalle lauert: selbst in der Toilettenschüssel hat man weniger Keime gefunden als in ganz normalen Küchenspülen!

– In der Küche: Schwammtücher je nach Benutzungs-Frequenz (wie viele Menschen kochen und essen wie oft), aber mindestens 2-mal pro Woche wechseln. Die Schwammtücher lassen sich in der Waschmaschine mit Handtüchern problemlos reinigen und dann in der Zweitverwendung fürs Bad, zum Schuhe putzen oder für sonstige Reinigungsarbeiten einsetzen. Für die Küche am besten immer neue Schwammtücher nehmen (gibt's äußerst günstig als No-Name-Produkte in Supermärkten). Grund: nur bei 90 Grad gewaschene Tücher würden wirklich Keimfreiheit gewährleisten – und da Kochwäsche selten nötig ist und viel Strom verbraucht, sollte man zur Frischware greifen.
– Scheuerschwämme in der Küche mindestens 1-mal pro Woche austauschen, gleich entsorgen oder für Grobschmutzarbeiten wie Gartenbank reinigen weiterverwenden (ebenfalls im Billigangebot erhältlich).
– Spülbürsten (am besten aus Plastik) können in der Spülmaschine gereinigt werden – das bitte auch am besten mindestens 1-mal pro Woche. Alle 4–6 Wochen sollte eine neue Spülbürste im Budget drin sein.
– Im Bad: Schwammtücher und Scheuerschwämme hier getrennt von anderen Putzmaterialien vor Ort aufbewahren, alle 2–3 Wochen erneuern, alte entsorgen.
– Andere Putzlappen (Bodentücher, Mikrofasertücher, Staubtücher, Putzaufsätze für Teleskopwischer usw.) mindestens alle 2–3 Wochen in einem Extra-Waschgang bei 60 Grad in der Maschine reinigen.

774. Kühlschrank sauber halten

Wissenschaftler haben bei neuesten Untersuchungen herausgefunden, dass die Keimdichte in den meisten Kühlschränken höher ist als auf Küchenfußböden! Deshalb: Kühlschränke auch bei nicht sichtbaren Schmutzspuren am besten alle 2 Wochen reinigen!

– Wichtig: Wurst und Käse am besten in Plastikdosen mit Deckel aufbewahren – so sind sie geruchsgeschützt. Wenn Wurst und Käse frisch eingekauft werden, sollte man gleich die Gelegenheit nutzen und auch die Dose wechseln. So ist ganz automatisch eine Reinigungsroutine gewährleistet.
– Genauso wichtig: Mindestens 1-mal pro Woche den Kühlschrank nach abgelaufenen, angeschimmelten oder vertrockneten Lebensmitteln durchforsten und diese sofort entsorgen!
– Nachdem heute alle Kühlschränke mit einer Abtau-Automatik ausgestattet sind, kann man sich diese mühsame Arbeit zum Glück sparen. Nicht sparen sollte man sich aber, den Kühlschrank regelmäßig sauber zu machen. Das heißt: Platten, Gemüseschubladen und Türfächer herausnehmen, mit Spülmittel und heißem Wasser putzen und mit einem sauberen Küchentuch oder Küchenkrepp trocknen. Und auch Kühlschrankwände, Boden, Decke und Tür mit heißem Spülmittelwasser nass auswischen und trockenreiben.

775. Tiefkühlschrank ordnen und sauber halten

Das braucht man:
tiefkühlgeeignete Plastikdosen mit Deckel
Gefrierbeutel
Klammerverschlüsse

– Alles, was im Tiefkühler aufbewahrt werden soll, muss verpackt sein: entweder in fest schließenden, tiefkühl-

geeigneten Plastikdosen. Oder in Gefrierbeuteln, die am besten mit Klammerverschlüssen aus Plastik zugemacht werden.
– Tiefkühlware am besten nach Lebensmittelgruppen ordnen. Bei einem Tiefkühler mit drei Fächern zum Beispiel im untersten Fach Fleisch und Fisch lagern, im mittleren Gemüse, Frühlingsröllchen und Vorgegartes, im obersten Fach Früchte, Eis, Blätterteig und Kuchen.
– Wichtig: Alles sollte beschriftet sein, damit man weiß, was drin ist und seit wann!
– Der Bestand im Tiefkühler sollte regelmäßig, mindestens aber 1-mal pro Monat, überprüft werden, um auch schon länger eingefrorene Lebensmittel zu verbrauchen.
– Da – wie bei den Kühlschränken – heutige Tiefkühler über eine Abtau-Automatik verfügen, bildet sich normalerweise auch keine Eisschicht, die entfernt werden muss. Ansonsten: siehe S.O.S.-TIPP.
– Zum Saubermachen den Tiefkühler ausräumen, feucht mit Spülmittelwasser auswischen, trockenreiben und schnell wieder einräumen.
– In der Regel reicht es, wenn man den Tiefkühler 1- bis 2-mal pro Jahr reinigt. Wer allerdings zum Beispiel viel frischen Fisch einfriert, sollte öfter putzen: Fisch ist auch als Tiefkühlware nicht geruchsfrei!

S.O.S.-TIPP

Zum Enteisen Gerät ausschalten, Stecker raus, alles ausräumen, Handtücher auf den Geräteboden und eine Schüssel mit kochend heißem Wasser hineinstellen. Tür zu und nach kurzer Zeit hat sich das Eis aufgelöst. Nun das Gerät auswischen, trocknen und wieder einschalten.

776. Küchenherd mit Ceranfeld putzen

Das braucht man:
Schwammtuch
Spezialreinigungsmittel für Ceranfelder
Spezialschaber für Ceranfelder

– Küchenherde mit Ceranfeld am besten immer gleich nach dem Kochen mit einem feuchten Schwammtuch abwischen. 1- bis 2-mal pro Woche das Ceranfeld mit einem Spezialreinigungsmittel (gibt's in allen Supermärkten) säubern.
– Bei gröberer Verschmutzung (Milch übergekocht) zuerst die Verkrustung mit einem Spezialschaber (ebenfalls in den Reinigungsabteilungen von Super- und Drogeriemärkten erhältlich) lösen. Dann die Platte mit dem Spezialreiniger putzen, mit klarem Wasser nachwischen, mit einem Küchentuch trockenreiben.

777. Gas-Küchenherd putzen

Das braucht man:
Schwammtuch
Scheuerschwamm
Spülmittel/Haushaltsreiniger
Edelstahl-Pflegemittel

– Zum Reinigen des Gasherdes äußere Rahmen abnehmen und in heißem Spülmittelwasser reinigen, Abtropfen lassen und trocknen.
– Gasherd-Fläche nass mit Spülmittelwasser putzen, verkrustete Stellen mit dem Scheuerschwamm reinigen. Da die meisten Gasherd-Flächen aus Edelstahl sind, nach der Grundsäuberung am besten mit ein paar Spritzern Edelstahl-Pflegemittel zusätzlich reinigen (so glänzt es schön). Mit klarem Wasser nachwischen, gut trockenreiben, gesäuberte Rahmen wieder einsetzen.

778. Backofen sauber machen

Das braucht man:
Allzweckreiniger (Neutralreiniger)
Schwammtuch/Mikrofasertuch
Scheuerschwamm
Stahlwolle-Schwamm

– Backofen am besten immer sofort nach dem Benutzen (wenn er noch etwas warm ist) reinigen, damit sich Pizza-Käse und Bratensaft beim nächsten Erhitzen nicht erst richtig darin einbrennen.
– Heißes Putzmittelwasser in eine Schüssel oder einen Eimer füllen, Backofen mit nassem Schwammtuch einmal richtig nass auswischen, Verkrustungen einweichen. Mit dem Scheuerschwamm oder (bei hartnäckigen Fällen) einem Stahlwolle-Schwamm die eingeweichten Verkrustungen entfernen. Nochmals nass nachwischen, mit Küchentuch oder Küchenpapier trockenreiben.
– Nach Bedarf, aber mindestens 1-mal im Monat auch Einschubleisten und Rost herausnehmen, in der Spül-

maschine oder im Handspülbecken mit dem Stahlwolle-Schwamm reinigen. Bei der Gelegenheit auch die unzugänglicheren Stellen im Ofen (oben und an den Seiten) reinigen.

TIPP

Backofen-Spray ist eine absolute Chemie-Keule, deshalb möglichst nicht benutzen. Da ist es wahrscheinlich sogar gesünder, den Schmutz einfach an Ort und Stelle zu lassen ... Genial für Putzmuffel: Selbst reinigende Backöfen – hier werden die Verschmutzungen bei sehr hohen Temperaturen verbrannt, die zurückbleibende Asche wird nach dem Abkühlen einfach feucht aufgewischt. Beim Katalyse-Verfahren sind die Öfen mit spezieller Emaille beschichtet, gereinigt wird mit Temperaturen über 200 °C; Pyrolyse-Öfen arbeiten sogar mit Temperaturen bis 500 °C!

779. Abzugshaube reinigen und pflegen

Das braucht man:
Öl
Küchenpapier
Spülmittel oder Neutralreiniger
Schwammtuch/Mikrofasertuch
Edelstahl-Pflegemittel

– Abzugshauben je nach Benutzungs-Frequenz, aber mindestens 3- bis 4-mal pro Jahr gründlich reinigen, sonst setzt sich der Schmutz zu sehr fest.
– Zuerst das Abzugsgitter lösen und den alten Filter entfernen.
– Bei sehr starken Fettablagerungen auf ein altes Hausmittel zurückgreifen: einfach etwas Öl auf ein Stück Küchenpapier geben und das verhärtete Fett damit wegreiben.
– Spülmittel oder Neutralreiniger in heißes Wasser geben und damit nachwischen, trockenreiben. Dann den neuen Filter einlegen und das Gitter schließen.
– Die Außenflächen der Abzugshaube ebenfalls nass wischen, trocknen und mit Edelstahl-Pflege nachbehandeln (oder bei anderer Oberfläche mit einem entsprechend geeigneten Mittel).

780. Spüle putzen und pflegen

Das braucht man:
Allzweckreiniger (Neutralreiniger)
Scheuerschwamm
Schwammtuch/Mikrofasertuch
Edelstahl-/Keramik-Pflegemittel
Essigessenz
Scheuermilch

– Die Spüle komplett abräumen, mit viel heißem Putzmittelwasser (Allzweck- bzw. Neuralreiniger) und einem Scheuerschwamm gründlich säubern, mit Schwamm- oder Mikrofasertuch nachwischen (das sollte man täglich machen).
– Spüle je nach Material mindestens 1-mal pro Woche mit Edelstahl- oder Keramikpflege nachbehandeln, nass nachwischen und mit einem Küchentuch trockenreiben, damit keine Kalkflecken entstehen.
– Kalkränder mit Essigreiniger entfernen (eine alte Zahnbürste erleichtert das Putzen rund um die Armaturen).
– Um Kratzer in Stahl oder Keramik zu vermeiden, bei hartnäckigen Verschmutzungen kein Scheuerpulver, sondern lieber Scheuermilch verwenden. Die ist sanfter, kann trotzdem zum Beispiel auch Verfärbungen auf Keramikoberflächen entfernen.
– Das Ausguss-Sieb am besten täglich mit einer Bürste unter fließendem Wasser säubern, mindestens 1-mal pro Woche in der Spülmaschine mitreinigen oder für etwa 1 Stunde in Essigwasser legen.
– Am besten täglich 1-mal kochend heißes Wasser in den Ausguss gießen (löst Fettreste, vernichtet Bakterien, verhindert Verstopfungen). Darauf achten, dass möglichst keine Essensreste in den Ausguss gelangen und auf keinen Fall Bratfett hineingießen – das lagert sich im Abfluss ab und kann ihn verstopfen, belastet dazu Abwasser und Kläranlagen. Brat- und Frittierfett in alte Gläser füllen und (ausnahmsweise samt Glas) im Restmüll entsorgen. Oder: Fett ganz abkühlen lassen, in Müll- oder Gefrierbeutel füllen und so in den Haushaltsmüll geben.
– Bei Verstopfungen immer zuerst die mechanische Problem-Lösung wählen und mit einer Saugglocke mit Gummiaufsatz (Haushaltswaren-Geschäft) durch Unterdruck versuchen, den Stau zu beseitigen. Weitere Bio-Lösungsansätze: Essig oder Soda (Apotheke). Chemische Abflussreiniger sind echte Umweltbomben – wenn möglich, bitte ganz darauf verzichten!

781. Geschirr spülen und abtrocknen

Das braucht man:
Küchenpapier
Spülmittel
Spülbürste
Scheuerschwamm
Abtropf-Gestell
Besteckbehälter
Küchenhandtücher

– Vor dem eigentlichen Spülen Geschirr vorbereiten: Teller mit Küchenpapier von Essensresten reinigen, Getränkereste in Gläsern und Tassen wegschütten. Sehr stark verschmutztes Geschirr einmal unter kaltem Wasser abspülen.
– Jetzt im vorher geputzten Spülbecken oder in einer Spülschüssel möglichst heißes Wasser(so dass man gerade noch mit den Händen hinein kann, eventuell Gummihandschuhe anziehen) mit 2–3 Spritzern normalem Spülmittel einlaufen lassen.
– Immer von sauber nach schmutzig spülen, das heißt zuerst Gläser und Tassen, dann die Teller. Alles mit einer Spülbürste oder einem Scheuerschwamm gründlich reinigen, jedes Teil kurz unter fließendem Wasser abspülen. Dann am besten auf einem Abtropf-Gestell vortrocknen lassen und mit dem Tuch abtrocknen.
– Für das Besteck noch einmal sauberes, heißes Spülmittelwasser zubereiten. Jedes Besteckteil einzeln mit Bürste oder Schwamm säubern, ebenfalls kurz kalt nachspülen, mit den Griffen nach oben in einen Besteckbehälter stellen.
– Damit das Besteck keine Wasserflecken bekommt, sollte es eigentlich immer mit einem sauberen Küchenhandtuch einzeln abgetrocknet werden.
– Das Geschirr kann natürlich auch auf dem Abtropf-Gestell so lange stehen, bis es komplett trocken ist. Dann entfällt das Trocknen mit dem Tuch, eventuell Gläser noch einmal nachpolieren.

TIPP

Verwendet man ein hoch konzentriertes Spülmittel, reichen 1–2 Tropfen für eine Spülbecken-Füllung: Geschirr und Besteck werden bei dieser Dosierung wirklich richtig sauber – mehr Mittel bringt hier nicht mehr Sauberkeit, schadet aber der Umwelt!

782. Spülmaschine richtig nutzen

Das braucht man:
Spülmaschinen-Tabs mit integriertem Entkalker und Klarspüler oder
Reinigungspulver, Klarspüler und Entkalker
Spülmaschinen-Salz und Spülmaschinen-Reiniger (nur bei Bedarf, siehe 3-Tricks-Kasten)

– Bei aller Liebe zur Handarbeit: Unabhängige wissenschaftliche Tests haben gezeigt, dass Spülmaschinen beim Reinigen einer gleich großen Geschirrmenge weniger Strom, weniger Wasser und weniger Spülmittel verbrauchen als ein per Hand spülender Mensch. Das sollte man ausnutzen!
– Das Geschirr vor dem Einräumen von allen Essensresten befreien, Getränkereste aus Gläsern und Tassen weggießen, sehr grob verschmutzte Teile kurz kalt abspülen.
– Alles mit ausreichendem Abstand in die Maschine räumen, nicht übereinander stapeln, nicht zu viel Besteck in den Besteckkorb packen.
– Damit kein Geschirr zu Bruch geht, beim Einräumen von hinten nach vorne, beim Ausräumen von vorne nach hinten arbeiten.
– Schmutzige Töpfe oder große Schüsseln am besten mit der Hand spülen – sie nehmen zu viel Platz weg und werden auch häufig nicht sauber. Das gilt auch für Pfannen – unbeschichteten Eisen- oder Gusseisenpfannen schadet die Spülmaschine sogar.
– Auch Küchenmesser mit Holzgriffen (Messerliebhaber sagen: alle Küchenmesser!), Holzbrettchen, Silberbesteck und Töpfergeschirr eigenen sich nicht für die Maschinenwäsche – sie gehen kaputt, laufen an oder verlieren die Farbe.
– Eingeräumte Spülmaschine entweder mit Tabs, die schon Entkalker und Klarspüler integriert haben, bestücken oder alle Reinigungsmittel einzeln einfüllen. Maschine nach Verschmutzungsgrad des Geschirrs einstellen (in der Regel reicht das ganze normale Spar-Spülprogramm).
– Das saubere Geschirr am besten immer gleich ausräumen – dann kann das schmutzige ohne Zwischenparken auf Anrichte oder Spüle auch wieder gleich eingeräumt werden.
– Das Besteck wenn möglich mit einem Küchentuch trockenreiben – so ist es garantiert fleckenfrei und Flugrost (bei Besteck aus Chromnickelstahl) kann nicht entstehen.

3 TRICKS damit die Spülmaschine spurt

1. Jeden zweiten bis dritten Tag den Siebeinsatz herausnehmen, um Speisereste zu entfernen. Etwa 1-mal pro Woche das ganze Sieb herausnehmen und unter fließendem Wasser mit einer Bürste reinigen.
2. Bei Bedarf an Spülmaschinen-Salz leuchtet bei den meisten Maschinen eine Lämpchen auf – dann bitte gleich auffüllen.
3. Etwa 1-mal pro Monat die Maschine mit einem speziellen Spülmaschinen-Reiniger ohne Geschirr laufen lassen und die Gummidichtungen rundherum mit einem feuchten Schwammtuch reinigen.

S.O.S.-TIPP

Sind die Gläser nach der Maschinenwäsche trüb und angelaufen? Dann fehlt Klarspüler oder dessen Dosierung ist zu niedrig! Nach zahlreichen Maschinenwäschen kann man Trübungen bei Gläsern allerdings leider nicht ganz vermeiden. Bestimmte Glasbestandteile (Alkaliionen) werden aus der Glasoberfläche herausgewaschen, so dass der Grauschleier-Eindruck entsteht. Bei niedrigen Waschtemperaturen (maximal 55 °C) und einer Wasserhärte zwischen 3 und 8 bleiben die Gläser am längsten strahlend schön!

783. Töpfe und Pfannen spülen

Das braucht man:
Küchenpapier
Spülmittel
Scheuerschwamm
Stahlwolle-Schwamm
Edelstahl-Pflege

– Essens- und Fettreste aus Töpfen und Pfannen mit Küchenpapier entfernen.

– Töpfe und Pfannen in heißer Spülmittellösung mit einem Scheuerschwamm von innen und außen reinigen. Bei beschichteten Pfannen nur die weiche Schwammseite verwenden, damit die Oberflächen nicht verkratzt werden – am besten vorher mit etwas Spülwasser einweichen!

– Bei Edelstahltöpfen und Edelstahlpfannen kann man die stark verschmutzten Stellen mit einem Stahlwolleschwamm entfernen, dann mit ein paar Tropfen Edelstahl-Pflege nachreinigen, alles noch einmal unter fließendem Wasser nachspülen, abtrocknen oder auf dem Abtropf-Gestell trocknen lassen.

– Essen angebrannt? Dann den Topf mit Wasser und je 2 EL Salz und Essig füllen, aufkochen lassen, vom Herd nehmen, über Nacht einweichen. Am nächsten Morgen lässt sich der angebrannte Bodensatz leicht beseitigen.

– Unbeschichtetes Spezial-Kochgeschirr wie echte China-Woks, Paella-Pfannen oder Pfannen aus Eisen oder Gusseisen nur mit wenig Spülmittel und heißem Wasser reinigen, gut abtrocknen, mit ein paar Tropfen neutralem Speiseöl und Küchenpapier einreiben. Wenn diese Pfannen länger nicht benutzt werden, vor dem Gebrauch unbedingt reinigen – es kann sich Rost gebildet haben. Koch-Profis lassen übrigens gar kein Spülmittel an ihre Eisenpfannen, da es auf Dauer den Fettfilm zerstört und sie haften lässt. Wer aber nicht täglich mehrere Stunden brät, muss nicht so streng sein – was dann auch hygienischer ist.

784. Aschenbecher und Blumenvasen reinigen

ORDNUNG HABEN
In Ordnung leben

Zwei mögliche Quellen schlechter Gerüche, die man unbedingt beseitigen sollte.

– Benutzte Aschenbecher nicht einfach nur ausleeren und wieder in Gebrauch nehmen oder sogar wegstellen: sie (das muss gesagt werden!) stinken und sehen äußerst unattraktiv aus.

– Aschenbecher deshalb immer mit heißem Wasser, einem Tropfen Spülmittel und Küchenpapier säubern, klar nachspülen und abtrocknen.

– Aus hygienischen Gründen schmutzige Aschenbecher auf keinen Fall zum Geschirr in die Spülmaschine geben oder im Spülwasser reinigen!

– Auch benutzte Blumenvasen brauchen Pflege, das merkt man schon beim Wasser ausgießen – da macht sich nämlich meist ein nicht sehr angenehmer Geruch bemerkbar … Deshalb immer unter fließendem Wasser mit 1 Tropfen Spülmittel gründlich ausspülen oder mit Wasser und 2–3 EL Essig füllen, 30 Minuten stehen lassen, dann ausspülen, mit Küchenpapier polieren (Glasvasen) oder an der Luft trocknen lassen.

785. Geschirrschrank einräumen und sauber halten

Ist das denn überhaupt ein Problem? Aber ja – denn wenn mehrere Personen im Haushalt leben und demzufolge auch Geschirr einräumen, kann es ohne System ganz schnell zum totalen Schrank-Chaos kommen!

– Das am häufigsten benutzte Alltagsgeschirr sollte den besten Platz bekommen: da, wo man schnell und ohne Problem dran kommt.
– „Gutes" Geschirr, große Schüsseln und Platten für Gäste können im hinteren Teil des Schrankes Platz finden oder werden ausgelagert (Vitrine, Sideboard).
– Geschirr immer zusammenhängend einräumen, also: das Kaffeegeschirr an eine Stelle, Suppen- und Essteller, Tassen, Weingläser, Wassergläser, Salatschüsseln. Stellplätze möglichst immer beibehalten – so kann man das Schrank-Durcheinander gleich im Ansatz verhindern!
– Kochgeschirr (Plastikschüsseln, Salatschleuder, Käsereibe usw.) nicht zwischen dem Essgeschirr verstauen, sondern in einem Extra-Schrank (oder Fach oder Regal) unterbringen.
– Beim Hausputz (1- bis 2-mal pro Jahr) Geschirrschrank am besten komplett ausräumen, mit heißem Spülmittelwasser ausputzen und alles schon länger nicht mehr benutzte Geschirr einmal durchspülen.

786. Besteck einräumen und sauber halten

Das braucht man:
Besteckkasten
Magnet-Messerschiene oder Messerblock
Aufhängestange (eventuell mit Haken)

– Sauberes Essbesteck nach Messern, Gabeln, Löffeln sortiert in den in einer Küchenschublade untergebrachten Besteckkasten einräumen. Besteck, das nicht für den täglichen Gebrauch bestimmt ist, am besten in der Original-Verpackung aufbewahren.
– Küchenmesser an einer Magnet-Messerschiene an die Wand hängen oder in einem Messerblock aufbewahren. Die meist doch recht scharfen Messer in einer Schublade zu lagern, empfiehlt sich nicht – man kann sich beim Herausnehmen einfach zu leicht schneiden.
– Kochbesteck wie Schneebesen, Schöpflöffel, Spaghettizange, Siebe usw. am besten an Aufhängestangen (mit oder ohne Haken) aufbewahren – so sind sie schneller griffbereit!
– Kleinere Koch-Utensilien wie Sparschäler, Nussknacker, Küchen- und Geflügelschere, Apfelausstecher am besten in einem separaten Besteckkasten in einer weiteren Küchenschublade unterbringen.
– Beim Hausputz (1- bis 2-mal pro Jahr) alle Besteckschubladen ausräumen, mit heißer Spülmittellauge auswaschen, mit einem Küchentuch abtrocknen, neu sortiert wieder einräumen. Rostige Teile mit Edelstahl-Pflege behandeln, klar nachspülen, abtrocknen.
– Beim Hausputz auch alle außen hängenden Kochbesteck-Teile von den Aufhängestangen nehmen. Stange mit heißem Spülmittelwasser abputzen, bei starker Verschmutzung mit Schwamm und Schmierseife scheuern (Schmierseife ist ideal bei Fettschmutz), mit klarem Wasser nachputzen, abtrocknen, wenig benutztes Kochbesteck spülen.

787. Kaffeemaschine entkalken und reinigen

Das braucht man:
Zitronensäure (Drogerie/Supermarkt)
Schwammtuch/Mikrofasertuch
Neutralreiniger
Spülmittel
Spülbürste

– Kaffeemaschinen, durch die stark kalkhaltiges Wasser (Härtebereich 3–4, bei den Stadtwerken nachfragen!) läuft, monatlich entkalken, ansonsten vierteljährlich.
– Dazu 2–3 EL Zitronensäure in die Kaffeekanne geben, mit Wasser auffüllen, gut umrühren.
– Zitronensäure-Lösung in den Wassertank der Kaffeemaschine füllen, anschalten und zur Hälfte durchlaufen lassen. Ausschalten, 10 Minuten einwirken lassen, dann weiter laufen lassen, Lösung wegschütten. Anschließend noch 3-mal klares Wasser durchlaufen lassen.
– Zum Reinigen Netzstecker ziehen, Kaffee-Einsatz und Glaskanne in die Spülmaschine geben. Maschine von

außen mit feuchtem Schwammtuch oder Mikrofasertuch und 1 Spritzer Neutralreiniger säubern, mit klarem Wasser nachwischen, trockenreiben. Thermos- und Edelstahlkannen mit heißem Wasser, Spülmittel und Spülbürste reinigen.

TIPP

Für das Entkalken von Kaffeemaschinen besser keine Essigsäure nehmen: Die wirkt zwar auch gegen Kalk, kann aber die Dichtungen der Maschine beschädigen!

788. Espressomaschine entkalken

Das braucht man:
Zitronensäure
Spülbürste
Spülmittel
Mikrofasertuch

– Vierteljährlich, bei Wasserhärte 3–4 (hart bis sehr hart) monatlich entkalken. Dafür 3–4 EL Zitronensäure in Wasser auflösen und in den Wassertank geben, Maschine anstellen und die Reinigungslösung durchlaufen lassen. Anschließend noch 3-mal den Wassertank füllen, zum Nachspülen durchpressen und weggießen.
– Siebeinsätze herausnehmen und im Handspülbecken mit der Spülbürste und 1 Spritzer Spülmittel reinigen, abtrocknen und wieder einsetzen. Anschließend Gehäuse mit einem feuchten Mikrofasertuch polieren.

789. Kaffeevollautomat reinigen

Das braucht man:
Zitronensäure oder Spezial-Entkalker vom Hersteller
Reinigungstabletten (vom Hersteller)
Spülbürste
Mikrofasertuch

– Kaffeeautomaten müssen regelmäßig entkalkt und von innen gereinigt werden. Kontrolllampen oder Displays zeigen an, wenn Entkalkung oder Reinigung fällig sind. Teure Maschinen haben automatische Reinigungsprogramme, bei denen folgt man einfach Schritt für Schritt den Anweisungen der Betriebsanleitung.
– Zum Entkalken nimmt man wie bei Kaffee- oder Espressomaschine Zitronensäure. Für die Reinigung gibt man spezielle Reinigungstabletten (vom Hersteller) in den Pulverschacht. Die lösen sich auf und spülen Kaffeereste und Keime aus dem Inneren der Brühvorrichtung (enthalten reinigende Inhaltsstoffe, wie zum Beispiel Phosphate und Bleichmittel). Die Maschine spült am Ende des Reinigungsprogramms mit klarem Wasser nach.
– Abnehmbare Siebe, Auffangschale, Gitter und Düsen mit der Bürste im Handspülbecken reinigen, abtrocknen und wieder einsetzen, Gehäuse mit einem feuchten Mikrofasertuch polieren.
– Sollte der Kaffeestrahl trotz Pflege im Laufe der Zeit dünner werden, kann man vom Kundenservice eine Komplettreinigung mit Wartung machen lassen – da werden auch Verschleißteile (wie Dichtungen) ausgewechselt: leider meistens nicht ganz billig!

TIPP

Praktisch, wenn man die „Brühstation" ganz herausnehmen und unter fließendem Wasser reinigen kann. Sind Brühstation und Technikraum dagegen fest verschraubt, kann sich in der warmen Feuchtigkeit des Gehäuses leicht Schimmel bilden.

790. Küchenmaschine und Mixer reinigen

Das braucht man:
Spülmittel
Spülbürste
Schwammtuch/Mikrofasertuch

– Bei allen Geräten unbedingt zuerst den Netzstecker ziehen! Dann alle ab- und herausnehmbaren Teile in die Spülmaschine geben oder mit heißem Spülmittelwasser und Spülbürste per Hand reinigen. Wichtig: die Gebrauchsanweisung der Geräte studieren, um herauszufinden, welche Teile man in der Spülmaschine reinigen darf! Vor allem der Messereinsatz kann sonst verbiegen und komplett unbrauchbar werden.
– Geräte von außen mit heißem Spülmittelwasser, Schwamm- oder Mikrofasertuch feucht abwischen, trockenreiben.

791. Mülleimer kaufen und sauber halten

Lange genug sind sie stiefmütterlich behandelt worden und mussten in mausgrau oder maulwurfbraun ein Schattendasein in deutschen Wohnungen führen. Damit ist jetzt Schluss: das mit am häufigsten benutzte Wohnungsutensil darf in fröhlich-bunt, edelstahl-cool und designer-schön ein verdientes Coming-Out erleben!

– In vielen Einbauküchen ist der Mülleimer schon in einer speziellen Schranktür integriert – hier muss beziehungsweise kann man keine Kaufentscheidung mehr treffen. Bei teuren Küchen sollte man schon bei der Planung auch an das Mülleimerproblem denken und den Küchenbauern individuelle Wünsche vortragen.
– In allen anderen Fällen kommt es auf den persönlichen Geschmack und den Stellplatz an. Zur Auswahl stehen zum Beispiel: ein Krümelmonster-Plastikeimer mit abnehmbarem Deckel (für Familien – passt viel rein, hält lange, kann man leicht sauber machen), ein eleganter Mülleimer mit Schwingöffnung (ein optisches Küchen-Highlight – die Schwingöffnung verschmutzt leider leicht und muss oft gereinigt werden) oder ein ganz klassischer Tret-Mülleimer (unbedingt auf gut funktionierenden Mechanismus achten – Billigmodelle machen schnell schlapp).
– Wichtig für alle: die passenden Mülltüten. Bei zu kleinen Beuteln rutscht die Tüte samt Müll in den Eimer; zu große Beutel sind einfach Verschwendung!
– Alle Küchen-Mülleimer unbedingt regelmäßig ausleeren (spätestens alle 2 Tage) – sonst fängt es an zu riechen und der Mülleimer wird zum Anziehungspunkt für Ungeziefer. Bei Single-Haushalten aus diesem Grund lieber zur kleineren Eimergröße greifen. Und: Küchen-Mülleimer nach dem Leeren immer kurz ausspülen, bei Verschmutzungen den Eimer mit heißem Spülmittelwasser und Küchenpapier reinigen und abtrocknen. Auch nicht direkt sichtbar verschmutzte Mülleimer sollten etwa alle 2 Wochen so gereinigt werden, Deckel und Gehäuse dabei nicht vergessen.
– Für das Badezimmer empfiehlt sich ein kleiner Tret-Eimer, in den man ebenfalls Beutel einhängen kann und der sich genauso reinigen lässt wie Küchen-Mülleimer.
– Auch für das Kinderzimmer am besten einen abwaschbaren Mülleimer wählen – zum Beispiel aus Plastik oder Metall. Neben Papier landet doch dort auch immer mal ein angebissener Apfel, ein altes Kaugummi oder ein Stückchen Schoko-Nikolaus. Wie gut, wenn man die Müllfänger dann auch wieder richtig sauber machen kann!
– Im Arbeitszimmer sollte man zweigleisig fahren: einen Papierkorb, der aber tatsächlich nur mit Altpapier gefüllt wird, so dass alles in der Papiertonne entsorgt werden kann. Und einen abwaschbaren Mülleimer aus Plastik oder Metall, der ausschließlich für den Restmüll zur Verfügung steht.
– Mülleimer in Bad, Kinder- und Arbeitszimmer nach Bedarf, mindestens aber 1-mal pro Woche entleeren und reinigen.

792. Müll trennen und lagern

Auch wenn es manche nur noch als reine Schikane empfinden („die schütten ja eh wieder alles zusammen"), ist es doch wichtig und sinnvoll, Wiederverwertbares vom Müll zu trennen – so wird zum Beispiel weniger Erdöl zur Kunststoffherstellung verbraucht und senkt Energiekosten.

– Was wie getrennt und eingesammelt wird, bestimmen die Bundesländer bzw. Kommunen – und das steht alles auf dem Infoblatt von Stadt oder Gemeinde. Das hängt man am besten bei der zentralen Müllsammelstelle im Haushalt auf, so dass jeder sofort einen Blick darauf werfen kann, ohne lange kramen zu müssen.
– Womit wir beim eigentlichen Problem wären. Denn bei allen guten Vorsätzen: Nicht nur in einer kleinen Wohnung kann Mülltrennen mangels Stauraum zum Problem werden. Deshalb am besten:
– Abfallsammler besorgen, die gleich mehrere Eimer (zum Beispiel für Restmüll, Biomüll, gelber Sack) enthalten, mit Auszugleisten unter Spüle oder Küchenschrank anbringen.
– Dosen, Flaschen und Altglas nicht erst groß anhäufen, sondern gleich beim nächsten Einkauf an den Sammelstellen entsorgen und die Pfandsachen zurückbringen.
– Getränkekartons und Verpackungen mit dem grünen Punkt so platt und klein wie möglich machen und – falls gelber Sack – darin fest zugeknotet bis zur Abfuhr in Keller oder Garage sammeln.
– Zeitungen und ähnlichen Papierabfall möglichst gleich in die Papiertonne bringen.
– Große Verpackungen direkt noch beim Einkauf entfernen und in den dafür aufgestellten Behältern in den Geschäften entsorgen.

793. Lebensmittelmotten bekämpfen

Das braucht man:
Mottenfallen
Schlupfwespen

– Diese Motten ernähren sich von Mehl, Getreide, Trockenobst, Nüssen und anderen Lebensmitteln aus dem Vorratsschrank. Sie werden durch den feinen Geruch angezogen, flattern direkt ins Lebensmittelregal und legen dort auch gleich ihre Eier ab, aus denen Larven schlüpfen.
– Steckt in einer Verpackung etwas Interessantes für diese Larven, kämpfen sie sich so ziemlich durch alles hindurch – ob Alufolie, Plastikfolie oder nicht dicht schließende Einmachgläser. Drinnen verpuppen sie sich, sondern Ausscheidungen ab und nach einiger Zeit schlüpft schon eine neue Mottengeneration.
– Dann ist spätestens Groß-Alarm! Wer die ungebetenen Flattertiere möglichst schnell wieder loswerden möchte, sollte gleichzeitig und ganz rigoros alle angebrochenen Lebensmittel (auch die in Gläsern und Blechdosen) wegschmeißen, alle Schränke und Regale aussaugen und mit Essigwasser putzen sowie Mottenfallen (gibt's in der Drogerie) in Küche, Vorratskammern usw. aufstellen und aufhängen.
– Die Fallen locken mit Sexuallockstoffen (Pheromonen) die Motten an, die dann kleben bleiben. Wichtig: die Fallen mehrere Wochen lang immer wieder auswechseln, damit man wirklich alle neu geschlüpften Motten erwischt hat.
– Neben den klassischen Fallen gibt es auch eine relativ neue Bio-Methode für zu Hause: Winzig kleine Schlupfwespen! Die natürlichen Feinde der Lebensmittelmotten schlüpfen aus kleinen, verpackten Kärtchen, die man im Vorratsraum aufstellt. Die absolut unschädlichen, kaum sichtbaren Mikrowespen zerstören abgelegte Motteneier und verschwinden ganz von selbst, wenn es keine Motten mehr gibt.
– Damit es aber erst gar nicht zur unerwünschten Mottenplage kommt: Lebensmittel nie offen stehen lassen, Packungen nach dem Öffnen immer in gut verschließbare Dosen und Gläser umfüllen, dazu Einkäufe und Vorräte regelmäßig auf Spinnfäden und Verunreinigungen kontrollieren.
– Und: Schränke, Regale und Schubladen, in denen Lebensmittel aufbewahrt werden, regelmäßig ausräumen, saugen und mit Essigwasser putzen.

S.O.S.-TIPP

Wer in seiner Wohnung Kakerlaken entdeckt (wie etwa beim plötzlichen Lichteinschalten in der Nacht) sollte sofort den Kammerjäger rufen: Meistens haben sie sich dann schon in allen möglichen verborgenen Winkeln eingenistet und sind mit Gift-Spray aus dem Drogeriemarkt nicht mehr zu bändigen! Kakerlaken sind Allesfresser und ständig auf der Suche nach Nahrung. Sie lieben hohe Luftfeuchtigkeit und Wärme – und sie können durch Abwasserschächte, Keller- und Heizungsräume auch plötzlich in der saubersten Wohnung auftauchen (und sich in den abenteuerlichsten Ecken einrichten – von der Teppichleiste bis zum Geschirrspüler)! Wer vorbeugen will, sollte unbedingt so oft wie möglich den Küchen-Mülleimer leeren, Kartons oder Papier nicht lange im Keller aufbewahren und alle Leitungsschächte gut abdichten.

794. Obstfliegen und Silberfischchen entfernen

Obstfliegen kommen überall dort vor, wo Obst und Gemüse gelagert wird. Richtig schädlich sind die Tierchen nicht, sie können aber Schädliches auf Lebensmittel übertragen. Silberfischchen in Spüle und Bad sind meist ein Hinweis auf ein bautechnisches Problem: irgendwo ist es dauerfeucht – das ideale Biotop für die kleinen Tierchen.

– Obstfliegen lieben alles, was schon langsam in den Zustand der Zersetzung übergeht. Absolutes Highlight für sie: der Komposteimer. Den sollte man deshalb so oft wie möglich leeren und mit heißem Spülmittelwasser auswaschen – so entfernt man auch gleich die Eier der nervigen kleinen Fliegen! Ein Weibchen kann übrigens mehrere hundert Eier ablegen – bevorzugt in Lebensmitteln oder an den Rand von Obstschüsseln, Komposteimern, Essigflaschen.
– Deshalb: vor allem im Sommer keine angeschnittenen Lebensmittel offen liegen lassen, Abfälle schnell beseitigen, Obstkörbe täglich auf angeschlagenes Obst untersuchen, Essig und andere Würzmittel bei Hitze im Kühlschrank aufbewahren, Obstsäfte immer verschlossen und gekühlt lagern.

– Soforthilfe: Schälchen mit etwas Essig- oder Zitronenwasser aufstellen, darin gehen die gierigen Tierchen dann sprichwörtlich „baden“!
– Silberfischchen sind zwar eklig, aber harmlos. Köderdosen aus der Drogerie können ihre Zahl reduzieren, doch die Ursache beseitigen sie nicht – und die ist alles andere als harmlos: dauerfeuchte Stellen im Haus.
– Die müssen gefunden und trockengelegt werden – wenn nötig mit Hilfe vom Installateur oder Sanitärfachbetrieb. Das nützt dem Haus und vertreibt die Silberfischchen auf Dauer.

795. Kehren

Natürlich kann man heute eigentlich jeden Schmutz aufsaugen, aber: auch im High-Tech-Zeitalter möchten viele auf den guten alten Besen einfach nicht verzichten!

– Die wichtigsten Besen-Einsatzgebiete: Küche, Keller, Balkon und Terrasse!
– In der Küche wird dem Schmutz mit einem Indoor-Besen (am besten aus Naturhaar-Borsten), einer Kehr-Schaufel und einem Handbesen zu Leibe gerückt (natürlich nach Bedarf – und der besteht meistens nach dem Kochen).
– Immer von außen nach innen kehren, das heißt alles von den Seiten und aus den Ecken zu einem Punkt in der Zimmermitte zusammenkehren. Große Räume am besten in einzelne Kehrzonen aufteilen und wie oben beschrieben verfahren.
– Staub- und Schmutzhaufen mit dem Handbesen auf die Schaufel kehren und in den Mülleimer befördern.
– Besen und Kehrschaufel nach Bedarf (wenn sie schmutzig sind!), mindestens aber 2- bis 3-mal pro Jahr in Schmierseifen- oder Spülmittelwasser waschen, mit klarem Wasser nachspülen, ausschütteln und mit einem alten Küchentuch trockenreiben.
– Ungeflieste Kellerräume, Balkon und Terrasse am besten mit speziellen, hartborstigen Straßenbesen reinigen – die werden auch mit Lehm, Laub, Erde und Steinen fertig (Tätigkeitshäufigkeit: auch hier natürlich nach Bedarf – wenn Keller, Balkon und Terrasse in Betrieb sind, sollte man auf alle Fälle mindestens 1-mal pro Woche kehren).
– Wer auch im Outdoor-Bereich lieber saugen als kehren möchte, sollte sich einen kleinen Industrie-Staubsauger (Baumarkt) zulegen – der saugt ohne Probleme praktisch alles weg!!!

796. Staubsaugen

Ein Haushalt ohne Besen – vielleicht. Aber ohne Staubsauger – das geht eigentlich gar nicht! Ohne diesen Schmutz fressenden Allround-Künstler kann man die sich täglich stellende Putz-Problematik wohl kaum in den Griff kriegen …

– Alle Böden im Wohnbereich – von Parkett bis Teppichboden – als ersten Reinigungsschritt saugen.
– Je nach Bodenbelag den dafür passenden Saugeraufsatz wählen, von Bürste für Teppichboden bis Filzsauger für Parkett. Für die „Unter“-Fraktion – unter Bett, Schrank und Sofa – die kleinsten und flexibelsten Saugdüsen wählen, mit denen man wirklich in alle Ecken kommt. (Saug-Frequenz: natürlich nach Bedarf, mindestens aber 1-mal pro Woche).
– Kleine Saugdüsen eignen sich auch für das Absaugen von Vorhängen, Möbeln und Matratzen (beim Hausputz, 1- bis 2-mal pro Jahr).
– Staubsaugerbeutel regelmäßig wechseln (je nach Schmutzmenge etwa alle 2 Wochen) – spätestens aber, wenn die Saugleistung nachlässt!
– Moderne beutellose Staubsauger haben einen Schmutzfangbehälter – der sollte schon nach 3- bis 4-maligem Saugen geleert werden. Ein Vorteil gegenüber herkömmlichen Staubsaugern: Beim Aufklappen des Behälters findet man problemlos versehentlich aufgesaugte Kleinigkeiten (Legosteine, Haarklammern, Ohrringe und so manches mehr) wieder. Hier ganz wichtig: Schaumgummi-Filter immer gut ausklopfen, ab und zu mit warmem Wasser auswaschen, ausdrücken, vor dem Wiedereinsetzen gut trocknen lassen, nach 4–6 Monaten einen neuen Filter einsetzen.

TIPP

Wenn der Staubsauger nicht mehr richtig saugt, sind oft Schlauch oder Rohr verstopft. Dann beides abnehmen, wenn möglich trennen und mit einem Besenstiel durchstoßen. In hartnäckigen Fällen können Saugrohr und -schlauch (immer abgelöst!) auch mit der Dusche (bei der Vario-Brause den kräftigen Strahl einstellen), dem Gartenschlauch oder einem Dampfreiniger durchgeblasen werden. Danach gut trocknen lassen, bevor weiter gesaugt wird.

797. Nass aufwischen

Das braucht man:
Teleskop-Wischer (praktisch, da Größen verstellbar) mit Putzaufsatz und passendem Eimer
oder
Schrubber, Mikrofaser-Bodentuch und Eimer
spezielle Pflegemittel für Parkettböden, Steinböden und Kunststoffböden
Scheuerschwamm

– Alle Böden sollten vor dem Nasswischen schon von Staub und grobem Schmutz gereinigt sein, also bereits gekehrt oder gesaugt.
– In einem Eimer lauwarmes Wasser mit ein paar Spritzern des zum Boden passenden Pflegemittels vorbereiten.
– Teleskop-Wischer mit Putzaufsatz in den Eimer tauchen und ausdrücken. Oder Mikrofaser-Bodentuch nass machen, auswringen, flach auf den Boden legen, Schrubber in die Mitte setzen, Tuch von beiden Seiten straff über den Schrubberkopf legen.
– Jedes Zimmer am besten von links nach rechts in Schlangenlinien putzen, dabei an der Fensterfront beginnen und an der Zimmertür enden, Putzaufsatz oder Bodentuch immer wieder auswaschen. Nach dem Reinigen eines Zimmers das Putzwasser wechseln.
– Stark verschmutzte Stellen mit einem Extra-Spritzer Pflegemittel und dem Scheuerschwamm vorbehandeln.
– Bei regelmäßiger Pflege reicht es, Böden 1-mal pro Woche nass zu wischen. Vor allem in Küche und Hausflur kann allerdings – je nach Benutzung und Witterung – auch mal tägliches putzen vonnöten sein!
– Wer nicht dauernd putzen will, sollte unbedingt für einen funktionstüchtigen Fußabstreifer vor der Haustür sorgen und allen Familienmitgliedern und Gästen wärmstens ans Herz legen, gleich beim Betreten der Wohnung in Hausschuhe zu schlüpfen!

798. Teppichböden reinigen

Das braucht man:
flüssige Schmierseife
Mikrofasertuch
Bürste/Schrubber
bei Bedarf Teppich-Shampoonierer (beim Baumarkt ausleihen)

– Gerade bei hellen Teppichböden sieht man schnell Flecken und Laufspuren. Aber auch unempfindlichere Böden mit Muster sollten zumindest beim Hausputz etwas „erfrischt“ werden.
– Dazu handwarmes Wasser mit ein paar Spritzern Schmierseife in einen Eimer geben. Bei wenig Fläche per Hand mit feuchtem Mikrofasertuch und Bürste den Boden von links nach rechts, von der Fensterfront bis zur Tür, feucht abreiben. Größere Flächen in derselben Art mit einem Schrubber säubern.
– Bei hartnäckigen Flecken etwas Schmierseife auf das Mikrofasertuch geben und den Fleck damit von außen nach innen behandeln. Mit einem in klarem Wasser ausgespülten Tuch nachwischen.
– Bei stärkeren Verschmutzungen kann allerdings auch Schmierseife nicht mehr helfen! Letzter Versuch vor dem Neukauf: eine chemische Reinigung mit dem Teppich-Shampoonierer. Den kann man gegen Entgelt samt Reinigungsmittel im Baumarkt ausleihen.

TIPP

Chemische Teppich-Sprays helfen – wenn überhaupt – nur für kurze Zeit: Und falls der Fleck tatsächlich weggeht, bleibt die Stelle meist klebrig und zieht den Schmutz noch mehr an. Oft taucht der Fleck nach ein paar Tagen auch in Originalschönheit wieder auf ... Fazit: Von dieser Reinigungsmethode profitieren vor allem die Teppich-Spray-Hersteller!

799. Teppiche reinigen

Das braucht man:
Staubsauger
flüssige Schmierseife
Mikrofasertuch/Bürste
Waschmaschine und Color-Waschmittel

– Teppiche gründlich absaugen (nach Bedarf, mindestens aber 1-mal pro Woche). Große Teppiche mindestens 1-mal pro Monat aufrollen und die Fläche unter dem Teppich saugen und/oder nass wischen.
– Beim Hausputz (etwa 2-mal pro Jahr) große Teppiche mit handwarmem Schmierseifenwasser und einem Mikrofasertuch feucht abreiben (Schmierseifenlösung lässt die Farben bei Wollteppichen wieder strahlen und

die Teppiche riechen schön frisch). Die traditionelle Methode, Teppiche über einer Teppichstange mit dem Teppichklopfer zu reinigen, ist Dank moderner Staubsaugertechnik eigentlich nicht mehr nötig!
– Teppiche aus Naturfasern wie Kokos oder Stroh mit Schmierseifenwasser und Bürste abreiben.
– Kleine Bettvorleger, Fleckerl-Teppiche oder Läufer aus Baumwolle können auch mit Color-Waschmittel in der Waschmaschine gereinigt werden (bitte unbedingt Waschzeichen beachten!). Am besten einen Waschgang mit Schonschleudern wählen, damit keine bleibenden Falten entstehen. Die Teppiche noch feucht zusammenrollen, dann gut auseinander ziehen, einzeln über einen Wäscheständer legen und so trocknen lassen.
– Verschmutzte Teppiche kann man auch in die Reinigung geben. Bitte vorher nach dem Preis erkundigen – das kann nämlich teuer werden! Außerdem wird der Teppich hier natürlich chemisch gereinigt – und diese Stoffe hat man dann auch in der Wohnung.
– Für Schmutz-Gefahrenzonen wie Küche und Kinderzimmer am besten Teppiche aus möglichst unempfindlichen und leicht zu reinigenden Materialien wählen.

800. Dampfreinigen

Das braucht man:
Dampfreiniger als Handgerät,
tragbares Gerät oder Bodengerät
saubere Wischtücher

– Im Prinzip kann man außer empfindlichen Textilbezüge oder Vorhängen so ziemlich alles mit dem Dampfreiniger bearbeiten, was Hitze und Feuchtigkeit verträgt: Abflüsse, WC's, Fenster, Böden, Armaturen, Autofelgen, Teppiche, Heizungen … Parkett, Holzmöbel und Textilbezüge quellen auf oder verändern eventuell die Farbe.
– Wasser in vorgesehenen Tank füllen und verschließen. Passende Düse und eventuell Verlängerungsschlauch oder -rohr ansetzen (wie breite Polsterdüse fürs Sofa, feine Schlitzdüse für Kacheln, Fugen, Armaturen).
– Das Gerät anschalten, warten bis sich Dampfdruck aufgebaut hat (siehe Anzeige am Gerät) und loslegen.
– Ein paar trockene Tücher bereithalten, um Tropfspuren und Kondenswasser wegzuwischen.
– Vorteil: Man spart Reinigungsmittel. Richtig feste Verkrustungen und alte Fettflecken kriegt man allerdings (auch wenn's die Werbung verspricht) mit Dampf nur schlecht oder gar nicht weg.
– Dampfreiniger nicht zu lange benutzen – der Dampf schlägt sich nämlich (vor allem wenn's kalt ist) im Haus an den Wänden nieder und kann Schimmel verursachen.
– Achtung: Man kann sich mit dem über 100 Grad heißen Wasserdampf heftig verbrühen. Also nicht in den Dampfstrahl fassen und Gerät auf keinen Fall öffnen, wenn es noch unter Druck steht!

TIPP
Bevorzugen Sie handliche Geräte, die mit normalem Leitungswasser arbeiten. Sonst ist der Umgang mit dem Dampfreiniger anstrengend und unnötig teuer.

801. Staub wischen

Das braucht man:
Mikrofasertuch
Neutralreiniger

– Regale, Schränke, Sideboards, Tische und andere Möbel mit einem trockenen Mikrofasertuch etwa 1-mal pro Woche abstauben. Bei regelmäßiger „Wartung" reicht das wöchentliche Trockenabstauben – mindestens 1-mal pro Monat aber auch mit warmem Neutralreinigerwasser und Mikrofasertuch feucht abwischen.
– Auch beim Staubwischen gibt's Stellen, die man gern verdrängt, weil zu hoch (oberstes Bücherregal) oder zu umständlich (hinter der CD-Sammlung). Ganz easy, wenn man sich diese Stellen immer mal wieder gezielt, zum Beispiel beim turnusmäßigen Zimmerputzen vorknöpft und dem Staub mit Staubsauger und dann mit feuchtem Mikrofasertuch zuleibe rückt.
– Falls Sie sich schon immer gefragt haben, was sie da eigentlich wegwischen oder -saugen: Staub besteht aus winzigen, in der Atmosphäre fein verteilten Teilchen – Rauch, Russ, Mineralien, Pollen, Bakterien, Pilzsporen, Tier- und Pflanzenfasern. Bei jedem Lüften und Türöffnen kommt Staub in die Wohnung, wird aus Kissen und Teppichen aufgewirbelt und lagert sich auf Flächen, besonders elektrostatisch aufgeladenen Oberflächen (Computer-Monitor, Fernseher, Stereoanlage) ab.
– „Wollmäuschen" finden sich bevorzugt in Zimmerecken, sind eine Zusammenballung von Staub, Haaren und gröberen Faserteilchen und mehr ein Fall für den Staubsauger (so oft wie nötig).

802. Polstermöbel pflegen und reinigen

Das braucht man:
Staubsauger
flüssige Schmierseife
Mikrofasertuch

– Polstermöbel nach Bedarf, mindestens aber 1-mal pro Monat gründlich absaugen, dabei auch Sitz- und Rückenkissen entfernen.
– Beim Hausputz (2-mal pro Jahr) Polstermöbel (aus Stoff und Leder) mit warmem Schmierseifenwasser und einem Mikrofasertuch feucht abreiben.
– Abnehmbare Polsterbezüge nach Bedarf, sonst 1-mal pro Jahr nach Waschanleitung in der Maschine reinigen. Nur schonend schleudern, mit der Hand auseinander ziehen, beim Trocknen an der Wäscheleine so aufhängen, dass keine Wäscheklammerspuren entstehen. Bei Bügelbedarf die Bezüge antrocknen lassen und bügeln.
– Hartnäckige Flecken auf Polstermöbeln sind ein Problem: Probieren Sie die Fleckentfernung mit unseren „5 Anti-Flecken-Tricks“, Seite 436. Bitte vorsichtig ans Werk gehen – sonst ist vielleicht der Fleck weggerubbelt, aber dafür hat die Couch dann eine nicht weniger unschöne weiße oder verfärbte Stelle!

803. Holzmöbel reinigen und pflegen

Das braucht man:
Mikrofasertuch
Möbelpolitur (für alle Holzarten)
Schmierseife
Schwammtuch
Scheuerschwamm

– Holzmöbel 1-mal pro Woche mit einem feuchten Mikrofasertuch reinigen. Lackierte, geölte und lasierte Holzmöbel mindestens 2-mal pro Jahr (Hausputz) mit trockenem Mikrofasertuch und Möbelpolitur pflegen.
– Unbehandelte Holzmöbel (zum Beispiel Tisch- und Arbeitsplatten aus Ahorn) und geölte Holzmöbel kann man auch mit Schmierseife, Schwammtuch und warmem Wasser reinigen. Bei Flecken (Rotwein, Fett, Farbe usw.) Schmierseife direkt auf einen Scheuerschwamm geben, Fleck damit einreiben, mindestens 10 Minuten einziehen lassen, nochmals scheuern, mit klarem Wasser nachwischen.

804. Betten pflegen und säubern

Das braucht man:
Staubsauger
Mikrofaser-Bodentuch/Mikrofasertuch
Neutralreiniger
Feinwaschmittel

– Die tägliche Anforderung: Schlafzimmer lüften, Kissen und Decken ausschütteln, möglichst ansehnlich auf dem Bett drapieren. 1-mal die Woche unter dem Bett saugen und mit Mikrofaser-Bodentuch und Neutralreinigerwasser feucht wischen.
– Öfters mit lauwarmem Wasser, einem Spritzer Neutralreiniger und einem Mikrofasertuch das Bettgestell feucht abwischen
– Beim Hausputz (2-mal pro Jahr) Kissen und Decken gründlich reinigen, das heißt mit Feinwaschmittel in der Maschine waschen oder – bei Seide, Daunen usw. – in die Reinigung geben (für Hausstaubmilben ist gerade das Bettzeug ein beliebter Tummelplatz!)
– Matratzen gründlich absaugen, mit Mikrofasertuch und Neutralreinigerwasser feucht abwischen (auch das Bettgestell). Matratzen hochkant stellen und für mehrere Stunden bei offenem Fenster auslüften lassen. Anschließend am besten wenden, so dass nicht nur eine Seite „Schlafbeulen“ bekommt, und auf den Rost legen.

TIPPS

- **Allergie gefährdet? Dann am besten spezielle, anti-allergische Kissen und Decken fürs Bett besorgen!**
- **Daunenkissen immer in ausreichend große Bezüge stecken. Bei zu kleinen Bezügen können sich die Daunen nicht entfalten, man liegt hart und unbequem!**

805. Betten beziehen

Alle 2 Wochen, besser jede Woche, sollten Matratze und Bettzeug neu bezogen werden – schließlich läuft man ja auch nicht wochenlang in denselben Kleidern herum.

– Nach dem Abziehen werden Kissen und Decken (ohne Bezüge) für 2–3 Stunden am offenen Fenster oder (über einen Stuhl gelegt) auf Balkon oder Veranda gelüftet.

– Für die Matratzen absolut zu empfehlen: Spannbetttücher, die muss man nicht bügeln (wenn sie der Matratzengröße entsprechen, sitzen sie so stramm, dass sie automatisch glatt werden). Und sie lassen sich am leichtesten auf die Matratze ziehen: Zuerst Betttuch über die beiden oberen Ecken spannen, dann über die beiden unteren, Ränder noch etwas glatt ziehen. Bei normalen Laken schon beim Kauf darauf achten, dass sie nicht zu knapp sind, sonst haben sie keinen guten Halt und rutschen herum.
– Zum Beziehen Bett- und Kissenbezug auf links wenden (oder dies gleich vor dem Waschen machen und dann alles auch so bügeln, mangeln und falten). Nun beide Hände durch die Öffnung des Bezugs stecken und von innen die beiden Ecken der schmalen Seite fassen, damit die entsprechenden Ecken von Kissen oder Bettdecke greifen und den Bezug darüber schütteln.
– Je nach Bezugsmodell zuknöpfen oder ein Bezugsende in den vorgearbeiteten Saum stecken.

806. Toilette putzen

Ein wichtiger Ort – und sozusagen die putztechnische Visitenkarte eines Haushalts!

– Brille, Deckel, Schüsselrand und den Aktionsradius um die Toilette am besten täglich im Schnellputz-Gang mit Bad-Sprühreiniger und Toilettenpapier säubern. Etwas flüssiges Scheuermittel in die Toilettenschüssel geben, mit der Toilettenbürste reinigen, nachspülen (dauert insgesamt maximal 5 Minuten – eher weniger – und garantiert auch bei mehreren Mitbewohnern einen soliden Hygienestatus!).
– Nach Bedarf (aber mindestens 1-mal in der Woche) die gesamte Toilette mit extra nur für diesen Zweck deponierten Putzutensilien (Schwammtuch, Scheuerschwamm – sollten auf alle Fälle 1-mal im Monat erneuert werden) und flüssigem Scheuermittel von außen (samt Toilettenkasten) reinigen, mit klarem Wasser nachwischen. Die Toilettenschüssel ebenfalls mit etwas Scheuermittel und der Toilettenbürste reinigen, nachspülen.
– Beim Hausputz (etwa 2-mal pro Jahr) auch alle Rohre (falls vorhanden) mit Schwammtuch und Neutralreinigerwasser reinigen.
– Kalkrückstände als erste Maßnahme mit Essig oder Essigessenz beträufeln, mindestens 1 Stunde einwirken lassen. Dann mit der Bürste scheuern und nachspülen.
– Nur bei wirklich starken Kalkablagerungen und Verschmutzungen (Toilette vom Vormieter übernommen!) zur Chemielösung greifen. Spezielle WC-Reiniger sind meist sehr aggressiv, können zu Atemwegsreizungen führen und sollten in einem Haushalt mit Kindern nicht im Putzschrank stehen (Vergiftungsgefahr!). Außerdem sind sie bei Toiletten, die regelmäßig wie gerade beschrieben „gewartet“ werden, absolut unnötig!
– Was man auch nicht braucht: Duftsteine und ähnliches! In normal geputzten Toiletten gibt es keine Gerüche, die mit penetrant nach billigem Parfüm riechenden Mitteln übertüncht werden müssten. Und die enthaltenen Wirkstoffe belasten nachweislich die Umwelt.

807. Wenn die Toilette verstopft ist

… kann man als erste Maßnahme, den guten alten Gummi-Sauger mit Holzstiel zum Einsatz bringen und mit Unterdruck versuchen, das Problem zu beseitigen. Wenn das nicht klappt: den Sanitär-Installateur rufen! Damit es aber gar nicht erst dazu kommt, muss man ein paar Dinge beachten:

– Keine Binden, kein Zeitungspapier und kein Küchenkrepp in die Toilette werfen (nehmen viel Wasser auf und vergrößern so ihr Volumen).
– Auf keinen Fall Essensreste in der Toilette entsorgen – es sei denn, man ist Rattenfreund und möchte, dass es den lieben Tierchen in der Kanalisation gut geht!
– Niemals Fett in die Toilette gießen – verschmutzt und belastet unnötig das Abwasser. Und die Rohre können durch erstarrtes Fett undurchlässig werden!

808. Waschbecken, Dusche und Badewanne sauber machen

Das braucht man:
Scheuerschwamm/Schwammtuch
Bad-Sprühreiniger
flüssiges Scheuermittel
Essig/Essigessenz/Essigreiniger
Neutralreiniger
Mikrofasertuch

– 1-mal täglich (vor allem wenn mehrere Menschen in der Wohnung leben) mit Scheuerschwamm, Schwammtuch und Bad-Sprühreiniger den 5-Minuten-

Putz durchführen – so kann es eigentlich nie zu unangenehmen Schmutzrändern kommen!

– Bei Bedarf (mindestens aber 1-mal pro Woche) alles mit Scheuerschwamm, Schwammtuch und flüssigem Scheuermittel reinigen (Putzutensilien fürs Bad am besten direkt im Zimmer deponieren, damit nicht zufällig mal auch Küchentisch und Spüle damit gewischt werden ...). Außerdem: Tuch und Schwamm mindestens 1-mal pro Monat erneuern.

– Regelmäßig Abfluss-Siebe von Haaren oder sonstigen Rückständen reinigen. Kalkflecken und -ablagerungen auf Armaturen mit Essig oder Essigessenz beträufeln, mindestens 1 Stunde einwirken lassen, mit Scheuerschwamm und Scheuermittel nachreinigen, klar spülen.

– Bei Bedarf (aber mindestens 2-mal pro Jahr) Abfluss-Siebe, Duschkopf- und Wasserhahneinsätze abschrauben oder rausnehmen, in eine Schüssel mit Essigwasser legen und 3–4 Stunden ruhen lassen. Dann mit dem Scheuerschwamm und ein paar Spritzern Neutralreiniger putzen, klar nachspülen, wieder einsetzen.

– Badezimmer-Kacheln 1-mal pro Woche mit Bad-Sprühreiniger und Mikrofasertuch reinigen. Beim Hausputz (oder bei Bedarf) mit Essigreiniger abreiben (um eventuelle Kalkrückstände zu beseitigen) und mit klarem Wasser nachspülen.

809. Badezimmerschränke und Spiegel pflegen

Kennen Sie Alibert? Das ist kein orientalischer Hausfreund, sondern das Wirtschaftswunder-Synonym für Badezimmerschrank samt Spiegel...

– Der tiefere Sinn von Badezimmerschränken: Dinge, die nicht für die Öffentlichkeit bestimmt sind (Rasierpinsel, Nagel-Kneifzangen, Ohrenputzer und ähnliches) möglichst formschön verschwinden zu lassen!

– Wichtig: auch diese Schränke am besten mit System einräumen, also zum Beispiel alle Bürsten, Lockenwickler und Haarspangen an einen Platz; die Zahnputz-Utensilien in ein Regal und unbedingt pro Bewohner ein eigenes Fach für den ganz persönlichen Bedarf einrichten. Die Wahrscheinlichkeit, dass man etwas findet, wenn man es sucht, ist so wesentlich größer.

– Schränke am besten 1-mal pro Monat, auf alle Fälle aber beim Hausputz (etwa 2-mal pro Jahr) ausräumen, mit Mikrofasertuch und Neutralreinigerwasser auswischen und wieder frisch sortiert einräumen (übrigens auch ein guter Moment, um spätestens jetzt die Zahnbürsten zu erneuern). Schränke auch von außen mit feuchtem Mikrofasertuch und Neutralreiniger putzen.

– Badezimmerspiegel (am Schrank oder als Einzel-Exemplare) bei Bedarf (auf alle Fälle aber 1-mal pro Woche) mit einem trockenen Mikrofasertuch und etwas Glas-Sprühreiniger von links nach rechts, von oben nach unten in Schlangenlinien putzen.

5 DOs fürs Bad

1. **Regelmäßig und gründlich lüften: nur so kann die durchs Duschen und Baden entstandene Feuchtigkeit wieder entweichen (Schimmelbildung!).**
2. **Handtücher zum Hände abtrocknen täglich erneuern – Bakterienfalle! Außerdem: Seifenspender aufstellen – Optik, Hygiene!**
3. **Bei nicht so gut zu belüftenden Badezimmern mit Toilette Streichhölzer zum „abfackeln“ auf dem Wasserkasten oder in der Nähe des Toilettenpapiers deponieren. Mit diesem alten Berghüttentrick (einfach 2–3 Zündhölzer nacheinander anzünden und abbrennen lassen) kann man unangenehme Gerüche in kurzer Zeit auf ein zumindest erträgliches Maß reduzieren ...**
4. **Neben Toilettenpapier auch Feuchttücher bereitstellen!**
5. **Bei der Toilettenreinigung nicht mit Desinfektionsmitteln arbeiten: die schaden mehr als sie nützen, weil man mit ihnen harmlose „Haushaltskeime“ zerstört und resistente, krankmachende Keime züchtet. Selbst wenn ein Mitbewohner an einer ansteckenden Krankheit wie Durchfall leidet, reicht ein einfacher Essigreiniger (dann lieber zusätzliche Hygienemaßnahmen wie Einmal-Handtücher, vermehrtes Händewaschen und Türklinkenputzen ins Programm aufnehmen).**

810. Türen, Lichtschalter und Lampenschirme reinigen

Oft vergessen – aber trotzdem schmutzig …

– Beim Hausputz (etwa 2-mal pro Jahr) mit Mikrofasertuch und Neutralreinigerwasser Türen, Türstöcke, Lichtschalter und Lampenschirme feucht abwischen.
– Bei Bedarf zwischen den Großputz-Aktionen vor allem Türgriffe und den Aktionsradius um die Türgriffe putzen.
– Wer Deckenlampenschirme von den Innenseiten säubern möchte, sollte erst die für das Zimmer zuständige Sicherung herausdrehen – Stromschlaggefahr!
– Stark verschmutzte Lampenschirme am besten mit Schwamm und flüssiger Schmierseife reinigen.

811. Fernseher und Stereoanlage reinigen

Das braucht man:
antistatisches Mikrofasertuch
Glas-Sprühreiniger

– Bei Fernsehapparaten und Musikanlagen mit einem trockenen, antistatischen Mikrofasertuch 1-mal pro Woche Gehäuse und Bildschirm abstauben. (Alle elektrischen Geräte sind elektrostatisch aufgeladen und ziehen aus diesem Grund den Staub besonders an. Durch den Gebrauch von antistatischen Mikrofasertüchern lässt sich das Staubaufkommen verringern).
– Wichtig: Auf keinen Fall nass wischen! Außerdem sollten alle Teile mit elektrischen Anschlüssen als Feucht-Reinigungs-Tabuzone gelten. Staub und Flusen an Kabeln und ähnlichem ebenfalls höchstens mit dem trockenen Antistatic-Tuch entfernen.
– Etwa alle 4 Wochen etwas Glas-Sprühreiniger auf das Mikrofasertuch geben und den Bildschirm des Fernsehapparates damit reinigen.

812. Fenster putzen

Das braucht man:
Neutralreiniger/Glas-Sprühreiniger
Kombi-Reinigungsgerät für Fenster
(mit Wischer und Abzieher
Mikrofasertuch/Schwammtuch
Zeitungspapier/Fensterleder

– Eimer mit warmem Wasser und ein paar Spritzern Neutralreiniger vorbereiten. Zuerst die Innenseiten der Fenster mit nassem Wischer oder Mikrofasertuch von links nach rechts, von oben nach unten in Schlangenlinien putzen. Entweder mit dem Abzieher oder dem gut ausgedrückten Mikrofasertuch nachwischen.
– Nachpolieren (dann wird's garantiert streifenfrei) kann man mit einem trockenen, sauberen Mikrofasertuch, einem Fensterleder oder – ganz klassisch – mit zusammengedrücktem Zeitungspapier.
– Fenster bei normaler Verschmutzung etwa 3-mal pro Jahr (mit inneren und äußeren Fensterbrettern) putzen. Mindestens 1-mal pro Jahr auch die Fensterrahmen mit Neutralreiniger, Wasser und Schwammtuch feucht abwischen.
– Für die Zwischendurchreinigung die Schnellputz-Variante wählen und die Fenster mit Glas-Sprühreiniger und Mikrofasertuch säubern (besonders schmutzgefährdet: Küchenfenster, Balkontüren und Kinderzimmer-Fenster).

TIPP
Bei sehr schönem Wetter mit viel Sonnenschein Fensterputzen am besten verschieben – durch das zu schnelle Trocknen dank Sonne kommt es leichter zur Streifenbildung!

813. Computer, Drucker, Fax und Telefon sauber halten

Das Ergebnis neuester wissenschaftlicher Untersuchungen: Auf Computer-Tastaturen und Telefonen wimmelt es nur so von krankmachenden Keimen. Warum? Die macht einfach niemand sauber …!

– Dabei ist es eigentlich ganz einfach: Mit technischen Reinigungstüchern oder einem antistatischen Mikrofasertuch und Antistatic-Cleaner (spezielles Reinigungsmittel) – alles im Computer-Fachhandel erhältlich – Tastatur, Bildschirm, Telefon sowie Drucker-, Fax- und Computergehäuse nach Bedarf (auf alle Fälle aber 1-mal pro Woche) abwischen.
– Dabei den Cleaner direkt aufs Tuch geben, auf keinen Fall die Geräte ansprühen!
– Wichtig: Vor dem Reinigen der Tastatur immer die Kabelverbindung zum Computer lösen!

TIPP

Kaffee, Tee oder Wasser über die Tastatur geschüttet? Die Tastatur sofort umdrehen, damit sich die Flüssigkeit nicht zwischen allen inneren Folienschichten (wo die elektrischen Impulse laufen) verteilt. Kabelverbindung zum Computer lösen, Tastatur mindestens 1 Tag trocknen lassen. Lässt sich mit dem Fön oder durch Heizungsnähe beschleunigen – aber zu starke Hitze vermeiden! Dann Tasten abbauen (sind nur aufgesteckt), mit feuchtem Mikrofasertuch reinigen, wieder zusammenbauen. Funktioniert die Tastatur dann nicht (bei klebrigem Cola hält sich der Reinigungserfolg eher in Grenzen), muss man die nächsten Schritte abwägen: Meist kostet eine neue Tastatur weniger als eine Reinigung im Fachhandel! (Wenn sich beim Notebook der Kaffee über mehrere Tastensensoren ausgebreitet hat, hilft nur noch der Einbau einer neuen Tastatur durch die Fachwerkstatt).

814. Bücherregale einräumen und pflegen

Hier scheiden sich wieder mal die Geister (siehe Unordnungstypen, Seite 407): von chaotisch-kunterbunt bis straff-durchorganisiert ist alles möglich …

– Ganz ohne Ordnung ist es einfach schwer, ein bestimmtes Buch ohne stundenlanges Suchen wiederzufinden. Es gibt aber auch Regal-Ordnungssysteme, die sich nur dem Besitzer erschließen und für andere undurchschaubar sind (alle Bücher aus dem Studium, meine Lieblingsbücher, die gehören Peter usw.) – das ist natürlich auch in Ordnung!

– Durchschaubarer wird's, wenn man die Bücher zum Beispiel nach Autor und Alphabet, nach Themengebieten und zusätzlich nach Größe, Hardcover oder Paperback sortiert.

– Da sich ein gewisser Schlendrian beim Benutzen des Regals wohl nicht vermeiden lässt, sollte man beim Hausputz (etwa 2-mal pro Jahr) die Gelegenheit nutzen und wieder Ordnung in die Bücher bringen.

– Dann auch am besten mit einem Mikrofasertuch oder dem Staubsauger die Oberseiten der Bücher entstauben.

5 SCHRITTE

mit denen Frau den Mann zum Putzen bringt

Reines Klischee, dass Männer ungern putzen? Wir meinen nicht und geben Anregungen, wie frau ihn für diese Arbeit begeistern kann.

1. **Auf Fairplay bestehen: Gleiches Recht für alle! Appellieren Sie an die sportliche Ehre, fordern Sie gerechte Arbeitsteilung. Wobei Sie ruhig listig sein dürfen, in dem Sie:**
2. **Vorlieben ausnutzen: Der Hobby-Koch kriegt die Küchenverantwortung, der Computer-Freak ist zuständig für Reinigung und Wartung aller Geräte, der Schuh-Fanatiker für blanke Schuhe. Da ansetzen, wo der Erfolg am ehesten einsetzt. Damit er auch nachhaltig ist, hilft aber nur eins:**
3. **Stur bleiben: Sind Vereinbarungen getroffen, auf keinen Fall schwach werden! Passiert mal nach dem Essen nichts: weggehen, lesen, fernsehen; wie das mit dem Geschirr weitergeht ist nicht Ihr Problem! Gute Übung für den nächsten Schritt:**
4. **Gemeinsame Schmutzgrenze finden: Was ist Dreck? Unordnung? Das sehen Frau (Wie sieht's denn hier aus?) und Mann (Ist doch alles prima!) oft ganz anders. Da hilft nur aufeinander zuzugehen: Er saugt jeden Samstag die Wohnung, auch wenn er es mal nicht für nötig hält. Und sie übersieht öfters mal was, das eigentlich sofort aufgeräumt oder weggeputzt werden sollte – da lebt es sich oft gemütlicher als in der ständig gewienerten Meister-Proper-Wohnung. Und jetzt der wichtigste Tipp für Familien:**
5. **Jugendarbeit leisten: Also junge Herren im Haushalt so früh wie möglich an der Hausarbeit teilnehmen lassen … Und die Töchter? Können das hier schon mal auswendig lernen.**

Wäsche machen

Kennst du das Land, wo es penetrant nach Oleander und Jasmin duftet? Wo weiße Riesen Unmengen an Wäsche auf kilometerlange Leinen hängen? So strahlend rein, dass man es kaum aushält – vor allem wenn man vor einem riesigen Wäscheberg statt auf der frühlingsfrischen Reklamewiese steht? Halte durch, wir wollen hier ohne Reinheits-Pathos zeigen, wie man dem alltäglichen Waschzwang zu Leibe rücken kann – ohne „Riesen"-Aufwand!

Gut waschen – nicht nur für Riesen

Wie wird man eigentlich Herr (Frau) der Wäscheberge? Wenn man alleine lebt und über genügend Geld verfügt, kann man die leidige Aufgabe zum Beispiel delegieren – und einfach in die Hände einer professionellen Wäscherei geben: Schmutzwäsche hin, alles gebügelt und gestriegelt zurück, toll! Wer nicht über die entsprechenden Barmittel verfügt oder gar Familie hat, muss sich mit dem Thema Wäsche leider täglich selbst auseinander setzen. Erste Problemstellung:

Wohin mit der schmutzigen Wäsche?

Die Lösung: zentrale Sammelstellen, also spezielle Behälter für Schmutzwäsche an strategisch günstigen Punkten der Wohnung aufstellen (Bad, Kinderzimmer, Schlafzimmer). Je nach Einrichtungsstil gibt es hier Exemplare aus geflochtenem Korb, Holz oder Metall – unbedingt mit Deckel! Wenn jetzt noch alle ihre Sachen da hineinstopfen, statt sie überall zu verstreuen, ist viel gewonnen. Dann kann man mit Arbeitsschritt zwei beginnen: richtig sortieren.

Das geht zum einen nach Farbe: schwarz, weiß, rot, helle bunte Sachen, dunkle bunte Sachen. Aber das reicht nicht, wir müssen auch noch nach der Waschtemperatur sortieren: 30, 60 oder 90 °C – bei Einordnungsproblemen helfen die Wäschezeichen weiter, die wir auf der rechten Seite erklären. 90 °C, also Kochwäsche, wählt man heute nur noch selten: bei wirklich stark verschmutzten Handtüchern etwa oder für die Bettwäsche, wenn jemand krank war. Im Normalfall reichen auch sauber machende 60 °C. Sonst noch etwas? Ja, der Schleuderfaktor! Gerade Hemden, Hosen, Vorhänge oder Decken aus Kunststoff-Materialien müssen oft in den Schonwaschgang ohne Schleudern – sonst gibt's Knitterfalten, die nie mehr rausgehen. Und: Wer seinen Lieblingspulli aus feinster Wolle noch länger haben möchte, wäscht ihn am besten mit der Hand. Denn auch mit Woll- und Superschongang gibt es bei der Maschinenwäsche leider keine Nicht-Verfilz-Garantie! Und nach der Wäsche geht's ab in …

… unser Trocken-Dock

Wie trockne ich meine Wäsche am besten? Es gibt Menschen, die schwören auf im Wind getrocknete Frischluft-Wäsche. Und andere können sich ein Leben ohne Trockner nicht vorstellen – im Unterschied zu denen, die Trockner aus Umweltgründen ablehnen (Stromverbrauch!). Und wieder andere lieben den Frische-Wäsche-Duft im Schlafzimmer, auch wenn der Wäscheständer nicht gerade ein Wohnungs-Highlight ist. Fazit: Trocknen Sie, wie sie wollen (und können) – aber achten Sie darauf, dass die Wäsche stets auch wirklich ganz trocken ist. Wer Wäsche zu feucht wegräumt, den bestraft nämlich das Müffel-Aroma!

Leichter bügeln und besser falten

Bügeln – muss das sein? Damit frisch gewaschene und getrocknete Wäsche auch wirklich anzieh- und gebrauchsfertig im Schrank Platz nehmen kann, eigentlich schon. Aber man kann es sich ja leicht machen: Also schon beim Einkauf darauf achten, dass die Sachen möglichst „bügelfrei" sind. Dazu ein leichtgängiges, modernes Dampfbügeleisen im Schrank haben, damit bügelt es sich fast wie von selbst. Und alles, was nicht unbedingt gebügelt werden muss (Handtücher, weiche Shirts, Sportsachen), am besten gleich schön zusammenlegen und ordentlich verstauen. So vermeidet man diese „Krumpel"-Falten, die gerne durch Zwischenlagerung in Wäschekörben entstehen!

Die Wäschezeichen

Diese Pflegekennzeichen findet man auf dem kleinen, in Textilien eingenähten Etikett. Sie geben Infos darüber, wie das Wäschestück am besten gewaschen, gereinigt, getrocknet und gebügelt werden kann. Sind sie unterstrichen, soll schonend gewaschen oder gereinigt werden (besonders bei gestrichelter Linie), durchgestrichen stehen sie für NICHT waschen, reinigen, trocknen oder bügeln. Die Zeichen sind in Europa einheitlich und gelten auch in einigen anderen nicht-europäischen Ländern, aber keinesfalls in USA, Kanada, Australien, Japan.

Waschen in der Waschmaschine bei der angezeigten Temperatur

Handwäsche (kalt oder lauwarm, bis maximal 30 °C), ein Wasserhahn steht nur für Kaltwäsche

Chemische Reinigung (A – alle üblichen Reinigungsarten; P, F, W – Spezialreinigung)

Bleichen (CL steht für Chlor)

Bügeln (1 Punkt für niedrige Temperatur, 2 Punkte für warmes, 3 Punkte für heißes Bügeln)

Wäschetrockner möglich (1 Punkt für niedrige, 2 Punkte für hohe Temperatur)

Weitere Infos zu den Waschzeichen unter:
www.waschsymbole.de
www.waesche-waschen.de

Mehr wissen: Waschmittel

VOLLWASCHMITTEL taugen für jede Wäsche (Bunt- und Weißwäsche) und alle Waschtemperaturen (von 30–95 °C) – praktisch, aber wenig umweltfreundlich, da oft Stoffe in den Abfluss gelangen, die man nicht gebraucht hätte.

KOMPAKTWASCHMITTEL enthalten weniger Füll- und Hilfsstoffe (zum Beispiel Natriumsulfat), die nichts sauber machen, aber das Wasser verunreinigen. Es gibt sie auch flüssig oder als Tabs, oft tragen sie Beinamen wie „mega“, „supra“ oder „ultra“. Sie werden in Packungen von etwa 1,5 kg angeboten – einfach lesen, wie viele Wäschen drin sind. 1,5 kg Kompaktwaschmittel kann oft genau so viel waschen wie 10 kg Vollwaschmittel.

COLOR-WASCHMITTEL schonen die Farben, da sie keine Bleichmittel oder optischen Aufheller enthalten. Dafür Enzyme, die Flecken schon bei niedrigen Temperaturen entfernen. Für Waschtemperaturen von 30, 40 und 60 °C.

WOLL- UND FEINWASCHMITTEL sind gut für Empfindliches wie Seide, Spitzenstoffe, Wolle und Buntes. Speziell für Mikrofaser- und Membrantextilien (zum Beispiel Gore-Tex) oder Daunenjacken eignen sich Feinwaschmittel. Ohne Enzyme, da die Naturfasern angreifen.

BAUKASTEN-WASCHMITTEL machen ein wenig mehr Arbeit, dafür kommt beim Waschen auch weniger Unnützes ins Abwasser. Dazu werden die Komponenten Basiswaschmittel, Enthärter und Bleichmittel (gibt's in gut sortierten Drogerien und Supermärkten) nach Wäschetyp, Wasserhärte und Verschmutzung dosiert und komponiert.

WEICHSPÜLMITTEL machen die Wäsche auch nach dem Lufttrocknen weich (im Trockner überflüssig). Nachteil: Sie nimmt dann weniger Wasser auf, daher Handtücher usw. lieber ohne waschen. Und: Weichspüler enthalten Stoffe, die die Haut reizen können. Außerdem reichern sie sich im Klärschlamm an und sind nicht biologisch abbaubar. Daher am besten ganz darauf verzichten.

Nähen und Flicken

Früher – da war gerade beim Nähen eigentlich alles anders. Da haben Mädchen (natürlich nur die!) schon in der Schule von Strümpfe stopfen bis Kleider nähen alles gelernt. Und das war auch nötig: denn Kleidung war teuer, musste geschont werden (Sonntagskleider) und wurde auch schon mal weitervererbt. Von der berühmten Aussteuer wollen wir jetzt gar nicht reden. Wer noch vor ein paar Jahrzehnten selbstständig mit Schnittmustern hantieren konnte, der (oder besser: die) war fein raus. Deswegen war der Nähteil in den Hausbüchern (die es damals auch noch öfter gab) immer ein ganz dicker.

Heute – ist alles anders! Es gibt überall große Modehaus-Ketten, die chice, hochaktuelle Kleidung so günstig verkaufen, dass alleine der Stoffkauf teurer wäre und sich beim ersten Schaden der Gang zum Schneider kaum lohnt. Strümpfe stopfen ist komplett unrentabel – gemessen am eigenen Zeit- und Energieaufwand ist der Neukauf wirklich die bessere Lösung. Also warum heute noch nähen? Erst einmal, weil's Spaß macht – denn kreativ mit Nadel und Faden etwas Schönes herzustellen, kann ein echtes Freizeit-Vergnügen sein, das auch noch bleibende Ergebnisse bringt! Das ist nicht zu glauben? Dann wird jetzt aus dem Nähkästchen geplaudert.

Das braucht's: im Nähkorb

Nähnadel-Set, Stecknadeln, Universal-Nähnadeln für die Nähmaschine, eine Auswahl bunter Nähseide (schwarz, weiß und dann gezielt die zur Kleidung passenden Farben kaufen), schwarzes und weißes reißfestes Garn (Sternzwirn), je 1 große Rolle schwarzes und weißes Nähmaschinengarn (andere Farben nach Bedarf), kleine spitze Schere, große Schere, Zackenschere, Naht-Auftrenner (spezielles kleines Werkzeug), Sicherheitsnadeln, Einfädler, Stoffkleber, Fertig-Flicken, Knöpfe, Knopfschachtel

So näht man heute

Wie gesagt: im 21. Jahrhundert hat sich das Nähverhalten geändert. Im Mittelpunkt steht der Spaß und nicht das Sparen, das fehlende Angebot oder weil das Geld fehlt. Es ist einfach die Lust auf etwas Eigenes, ganz Individuelles, die heute gerade wegen der vielen Massen- und Wegwerfware wieder zur Nadel greifen lässt. Eine selbst gemachte Patchwork-Überdecke oder die süße kleine Badezimmer-Gardine – das hat sonst niemand, das kann man nicht kaufen! Was da alles aus der eigenen Nähstube kommen kann, hängt zum einen natürlich von der eigenen Geschicklichkeit und zum anderen vom vorhandenen Arbeitsmaterial ab. Ein paar Tipps dazu finden Sie rechts in unserem Mehrwissen-Kasten.

Wer nur per Hand und ohne Nähmaschine in den Schneidersitz geht, beschränkt sich bei der Auswahl der Näharbeiten ganz natürlich – ein hübsches Kissen, eine kleine Tasche oder ein Deckchen sind aber auch von Anfängern schnell gemacht. Wobei das Nähen mit der Hand richtig entspannen kann und eine fast meditative Tätigkeit ist, bei der früher wie heute die Leute gern ins Gespräch kommen. Dafür reicht unsere Nähkorb-Grundausstattung (siehe oben) völlig aus. Geduldige können sich damit auch an eine Tischdecke oder einen Vorhang setzen, doch perfekter wird das oft mit der Nähmaschine. Wer aber nach Schnittmuster-Vorlage Kleider, Röcke oder Hosen nähen will, sollte bei Könnern oder in Kursen Rat suchen – das sprengt einfach den Rahmen eines Hausbuchs von heute. Das ist etwas anderes, wenn es ums Reparieren geht:

Frisch geflickt …

Der Knopf am Jackett ist ab, die Naht vom neuen Rock aufgerissen, ein Hose muss gekürzt werden – das sind Probleme, die man auch ohne große Nähfertigkeit in den Griff kriegt. Übrigens selbst als Mann – also, liebe Mütter (und die nähenden Väter sowieso), bitte mit Töchtern UND Söhnen zumindest das Knopfannähen und Säumen üben. Ansonsten ist unser Rat: Wer nicht wirklich ein Näh-Freak ist, über eine Nähmaschine und technisches Know-How verfügt, sollte besser die Finger von größeren Aufgaben lassen. Da macht es eher Sinn, die Hilfe von richtigen Profis in Anspruch zu nehmen und die Sachen zur nächsten Schneiderei zu bringen! Etwa das Enger-

Mehr wissen: Stoffe

BAUMWOLLE wird aus den bauschigen Blüten der Baumwollpflanze gewonnen. Baumwolle ist hautsympathisch und sehr saugfähig. Typische Gewebe sind: Jeansstoff, Denim, Frottee, Jersey, Batist, Oxford, Damast.
Verarbeitung: gut zu verarbeiten, manche Nähmaschinen scheitern allerdings am festen Jeansstoff, für dehnbaren Jersey gibt's Spezialnadeln.
Pflege: Buntes behält bei 30- bis 40-°C-Wäsche am besten die Farbe. Weißes, Bettwäsche und Handtücher werden bei 60–95 °C gewaschen. Kann beim Waschen und im Trockner stark einlaufen. Wird langsam getrocknet und kann heiß gebügelt werden.

WOLLE: Meist wird Schafwolle zu Wollstoffen verstrickt oder verwebt, seltener die von Ziege (Mohair), Kaninchen (Angora) oder Lama (Alpaka). Wolle weist Schmutz ab, wärmt gut und kann viel Feuchtigkeit aufnehmen. Typische Wollstoffe sind Tweed, Loden, Bouclé, Mantelflausch.
Verarbeitung: für normale Nähmaschinen bei dickeren oder dehnbaren Wollstoffen eher schwer zu bewältigen. Ausnahme: Filzstoffe – sie sind super zuzuschneiden, müssen nicht gesäumt werden und lassen sich ganz einfach mit Hand oder Maschine nähen.
Pflege: am besten Handwäsche, filzfreie Wolle verträgt auch eine 30-°C-Wäsche in der Maschine (Wollwaschgang). Zum Trocknen nicht in die Sonne hängen oder auf die Heizung legen, keinesfalls in den Wäschetrockner geben. Gebügelt wird bei kleiner Hitze mit einem feuchten Dämpftuch.

LEINEN ist eine Naturfaser aus den Stängeln der Leinpflanze. Raues, sehr haltbares Gewebe, das Feuchtigkeit gut aufnimmt. Typische Stoffe sind: Reinleinen, Halbleinen, Leinenbatist.
Verarbeitung: franst beim Zuschneiden stark aus, deshalb sofort säumen. Lässt sich problemlos nähen.
Pflege: in Natur kochfest, buntes Leinen bei 40 °C waschen. Es läuft bei der Wäsche stark ein. Trocknet schnell und verträgt auch Wäschetrockner. Ebenso gut geht Bügeln bei hoher Temperatur (vorher mit Wäschesprüher befeuchten), jedoch knittert es sehr leicht. Das dem Leinen ähnliche **RAMIE** (aus den Pflanzenfasern einer Nesselpflanze) wird genau so behandelt.

SEIDE nennt sich das Gewebe aus den Kokonfäden der Seidenraupe. **Pflege:** nur mit Feinwaschmittel im Schonwaschgang reinigen, kein Wäschetrockner, bei mittlerer Temperatur bügeln.

POLYESTER, POLYAMID, POLYACRYL sind die wichtigsten vollsynthetische Fasern, dazu kommen halbsynthetische Fasern aus zellulosehaltigen Abfallprodukten (Holz, Stroh, Baumwolle) wie **VISKOSE** und **RAYON**.
Verarbeitung: Die Stoffe aus diesen Materialien lassen sich gut nähen, am besten mit einer dünnen Jerseynadel im Zickzackstich, was die Nähte elastisch und reißfest macht.
Pflege: pflegeleicht, können bis 40 °C in der Maschine gewaschen werden, Polyester bis 60 °C. Trocknen schnell, sind aber hitzeempfindlich – deshalb nicht in den Trockner geben. Weitgehend bügelfrei.

machen von Röcken, Hosen oder gar Kleidern sieht leichter aus als es ist – ein klarer Fall für die Fachfrau bzw. den Fachmann. Einen neuen Reißverschluss einzunähen, ist gar nicht so einfach. Wird es in Heimarbeit (Modell „Krumm und schief") gemacht, sieht man ihm das gleich an und er funktioniert noch schlecht dazu. Deswegen ist der Preis für diese Arbeit in der Schneiderei oft recht hoch – also vorher fragen, bevor man die Billig-Jeans für teures Geld richten lässt.

Und wenn es zu viel kostet – lieber kreativ werden, das Recyling-Programm starten und was dazugewinnen: Kosmetik-Täschchen, Türschlangen, Buchumschläge, Haarbänder und so weiter, und so weiter aus der alten Jeans nähen.

5 ANTI-FLECKEN-TRICKS

1. **Öl und Fett: Hier hilft einreiben mit Gallseife (Drogerie) – sie löst das Fett aus den Fasern. Nach dem Einwirken wie gewohnt waschen. Soforthilfe: Einen Spritzer Spülmittel auf ein feuchtes Mikrofasertuch geben und den Fleck damit wegtupfen.**
2. **Obst: Stelle mit dem Fleck über Nacht in Milch einweichen, danach auswaschen.**
3. **Blut / Rost: Frische Blutflecken zuerst mit kaltem Wasser ausspülen. Dann Flecken mit Zitronensaft beträufeln und mit Salz bestreuen. Nach 10–15 Minuten auswaschen und die Behandlung wiederholen. Wie gewohnt in der Maschine waschen.**
4. **Rotwein: Zitronensaft und Salz auf den Fleck geben, einwirken lassen und mit feuchtem Tuch abtupfen.**
5. **Kugelschreiber / Filzstift: Spiritus auf ein Tuch geben und auf den Fleck tupfen, Haarspray darüber sprühen, antrocknen lassen. Dann mit einem trockenen Tuch auswischen.**

815. Flecken entfernen

Zack, ein kleiner Spritzer Sauce und das neue T-Shirt ist ruiniert – das kann man wohl gleich wegschmeißen… Halt! Ruhe bewahren und dem Flecken mit der richtigen Methoden zuleibe rücken. In alten Hausbüchern gibt es zig Anleitungen – heute reichen einige wenige.

– Grundsätzlich nie am Fleck herumreiben, sondern tupfen – und zwar von außen nach innen.
– Zum Vorbehandeln ist Mineralwasser (mit Kohlensäure) das erste Mittel der Wahl. Kurz einwirken lassen, abtupfen, mancher Fleck verschwindet schon nach Anwendung dieser ganz unspektakulären Methode.
– Gute „Fleck-weg-Mischung" für hartnäckigere Fälle: Je 1–2 EL Essig und Feinwaschmittel verrühren und auf den Fleck geben. Nach dem Trocknen auswaschen und eventuell wiederholen.
– Oder: Flecken mit Handwaschmittel aus der Tube einreiben, gut einziehen lassen, dann wie gewohnt in der Maschine reinigen.
– Drogerien führen mittlerweile ganze Batterien an „Ätz-weg-Fläschchen", die nicht nur teuer sind, sondern oft auch nicht die gewünschte Wirkung zeigen. Auch die großen blauen Flaschen mit dem intensiven Chlorgeruch sollten aus Umwelt- und Gesundheitsgründen nicht das Mittel der Wahl sein.

816. Schmutzwäsche erkennen

Klingt ganz einfach, sollte aber differenziert betrachtet werden. Also: Wäsche gehört in die Wäsche, wenn …

– … sie sichtbar verschmutzt ist, das heißt Flecken und Schmutzränder hat.
– … sie nicht mehr frisch riecht, verschwitzt oder verraucht ist (bei letzterem kann mehrstündiges Lüften am offenen Fenster oder auf dem Balkon schon helfen).
– … sie zur Abteilung „Bitte täglich wechseln!" zählt, also: Unterwäsche, Strümpfe, Strumpfhosen.
– … sie dran ist: Bettwäsche am besten wöchentlich, spätestens aber alle 2 Wochen wechseln. Badehandtücher sollten mindestens 1-mal pro Woche, Küchenhandtücher jeden zweiten bis dritten Tag und Toiletten-Handtücher am besten täglich gewechselt werden.

TIPP

Hemden, die unterm Anzug getragen wurden, täglich wechseln. Sonstige Hemden nach bestandener Augenschein- und Geruchsprüfung auf einen Bügel hängen (Knitterfalten vorher wegbügeln) und noch mal anziehen.

817. Schmutzwäsche sammeln

Das braucht man:
Wäschekörbe aus Korb, Plastik oder Metall
(je nach Geschmack und Wohnungseinrichtung)
Duftseife

– Damit die schmutzige Wäsche nicht überall in der Wohnung herumliegt, sollte man sich einen oder mehrere Wäschekörbe zulegen. Grundbedingung: Sie

sind luftdurchlässig und mit einem Deckel ausgestattet – die Wäsche kann „atmen", ist ordentlich und nicht sichtbar untergebracht.
– Gute Stell- und Sammelplätze: Kinderzimmer, Schlafzimmer und Badezimmer. Wer mag, kann gut riechende Duftseifen oder kleine Säckchen mit Lavendel unten in die Behälter legen – verhindert das Schmutzwäsche-Müffel-Aroma!
– Wichtig: Keine feuchte Wäsche in den Wäschekorb stopfen – dadurch können unter Umständen nicht mehr zu entfernende Stockflecken entstehen. Außerdem riecht der ganze Wäschekorb so schon nach kurzer Zeit richtig modrig!

818. Wäsche für die Maschine vorbereiten

Egal ob Waschtag-Liebhaber oder Nebenbei-Wäscher: Bevor die Wäsche in die Maschine kommt, gibt es einiges zu beachten!

– Zuerst muss die Schmutzwäsche sortiert werden – nach Farbe (Weiß oder Schwarz; helles Buntes: Gelb, Hellblau, weiß mit Aufdruck, hell gemustert; dunkles Buntes: Rot, Dunkelblau, Grün – uni oder gemustert), Temperatur und Schleuderempfindlichkeit. Dabei sind die Unterscheidungsmerkmale nicht einzeln, sondern zusammenhängend zu betrachten. Das heißt zum Beispiel: Alle schwarzen Sachen, die mit 40 °C gewaschen werden sollen und den normalen Schleudergang vertragen, kommen in eine Maschine. Oder alle hellen Handtücher, Bettüberzüge und weiße Unterwäsche auf einen Berg und bei 60 °C reinigen.
– Bei neuen Kleidungs- und Wäschestücke am besten die eingenähten Wäschzeichen studieren (ihre Bedeutung wird auf Seite 433 erklärt). Mit der Zeit kennt man natürlich seine Sachen und weiß, wie sie gewaschen werden müssen.
– Jetzt ist auch der richtige Moment, um einfache Flecken vor dem Waschen mit Gallseife einzureiben. Spezielle Flecken brauchen eine besondere Behandlung – mehr dazu bei unseren Anti-Flecken-Tricks und dem Ratschlag Nr. 815 auf der linken Seite.
– Je nach Zeit, Lust und Waschtyp den kompletten Waschkorb ausleeren, sortieren und alle Wäschehäufchen an 1 Tag nacheinander wegwaschen. Oder über die Woche verteilt immer wieder mal eine Maschine waschen!

TIPP

Wie testet man ohne Waage, ob die Waschmaschine nicht überfüllt ist? Einfach oberhalb der eingefüllten Wäsche eine zur Faust geballte Hand in die Trommel stecken. Ist für sie noch genug Platz, stimmt die Wäschemenge.

819. In der Maschine waschen – bei 30 und 40 °C

Das braucht man:
Color-Waschmittel (kompakt)
Woll- oder Feinwaschmittel

– Wäsche nach Farben (helle Farben: uni, mit Aufdruck oder bunt; dunkle Farben: uni, mit Aufdruck oder bunt) und empfohlener Waschtemperatur (siehe eingenähte Wäschezeichen, Seite 433) für Normal- oder Feinwaschgang bei 30 oder 40 °C sortieren.
– In die Normalwäsche kommt Buntwäsche aus Baumwolle (T-Shirts, Sweatshirts, Jeans, Baumwollhosen, Jacken), Baumwollmischgewebe und Polyester, in die Feinwäsche empfindliche Blusen, Hemdchen, Hemden, waschbare Wollsachen, pflegeleichte Textilien aus Viskose, Kunstfasern, Membrangewebe wie Gore-Tex – Pflegesymbole beachten! Fällt nicht genügend Wäsche für die einzelnen Wäschesortierungen an, kann man 30- und 40-°C-Wäsche auch mal in einem 30-°C-Waschgang zusammen erledigen.
– Wäsche abwiegen. Dazu den Korb erst leer, dann voll auf die Personenwaage stellen. Meistens sind die Maschinen mit 4,5–5 kg Wäsche ausgelastet. Überlädt man die Maschine, wird die Wäsche nicht richtig sauber, mit zu wenig Wäsche verschwendet man Wasser und Energie.
– Anschließend das Waschmittel richtig dosieren. Für Normalwäsche Color-Waschmittel nehmen (Vollwaschmittel sind für farbige Sachen ungeeignet, weil sie bleichende Substanzen enthalten), für Feinwäsche Fein- oder Wollwaschmittel. Die Dosierung richtet sich nach der Tabelle auf der Packung, und diese wiederum richtet sich danach, wie schmutzig die Wäsche und wie kalkhaltig das Leitungswasser ist (die Stadtwerke anrufen). Bitte an die Dosierung halten: Zuviel Waschmittel macht die Wäsche nicht sauberer, belastet aber die Gewässer.

– Bei Normalwäsche auf Vorwaschgang verzichten (es sei denn die Wäsche ist superdreckig) und das Normalprogramm einstellen. Bei geringer Verschmutzung reicht ein Kurzprogramm.
– Für Feinwäsche Schonprogramm wählen und bei besonders empfindlichen Sachen Maschine nur abpumpen oder leicht anschleudern lassen.

820. In der Maschine waschen – mit 60 und 90 °C

Das braucht man:
Color-Waschmittel (kompakt)
Vollwaschmittel (kompakt oder Baukasten)

Ums gleich vorweg zu nehmen: Mit heutigen Waschmitteln kann man auf die sogenannte „Kochwäsche" bei 90 °C eigentlich verzichten. Schon Temperaturen um 60 °C reichen für hygienisch einwandfreie Wäsche aus: Die Inhaltsstoffe der Waschmittel machen's möglich (siehe auch „Mehr-Wissen"-Kasten, Seite 433).

– Für die Buntwäsche bei 60 °C (farbige Handtücher, Bettwäsche, Unterwäsche) unbedingt Color-Waschmittel verwenden, damit die Farben erhalten bleiben.
– Wäsche in die Maschine geben und ein Normalwaschprogramm ohne Vorwäsche einstellen. (Ausnahme: die Hose vom Sohn hat beim Fußballspiel reichlich Matsch abbekommen o. ä.).
– Für Weißwäsche (helle Handtücher, Bettbezüge, weiße Unterwäsche, weiße Hemden) bringt ein Kompakt-Vollwaschmittel mit integrierten optischen Aufhellern und Vergrauungshemmern sowie Bleichmittel den erwünschten „Weißeffekt". Beim Baukasten-Vollwaschmittel gibt man die Zusatzstoffe nach Bedarf selbst dazu.

821. Waschmaschine pflegen

Ein bisschen Zuwendung für ihren unermüdlichen Frondienst hat sich die Waschmaschine schon verdient: das erhöht außerdem ihre Lebensdauer und hilft teure Reparaturen zu vermeiden.

– Flusensieb (Fremdkörperfalle) jeden Monat reinigen – die Klappe findet man meist an der Vorderseite der Maschine, rechts unter dem Bullauge. Klappe öffnen, dahinter Drehverschluss öffnen. Fusseln und Schmutzteilchen (oder Spielzeugteile) entfernen, Drehverschluss und Klappe wieder schließen. Ist das Flusensieb erst mal verstopft, kann die Waschmaschine nicht mehr abpumpen und dann hilft nur noch der Anruf beim Kundendienst.
– Die Waschmittelschublade reinigen – das ist alle 2–3 Monate nötig, weil sich dort Waschmittelreste festsetzen. Bildet sich in der Feuchtigkeit Schimmel, gelangen die Schimmelsporen mit jedem neuen Waschmittelspülgang in die Wäsche und können Hautallergien auslösen. Deshalb: Spülschublade ganz herausnehmen und mit der Spülbürste in heißem Wasser abschrubben.
– Wasserzulaufschlauch kontrollieren – der sollte mindestens 1-mal im Jahr abmontiert und an beiden Seiten von abgelagerten Sandkörnchen befreit werden. Sie verstopfen sonst im Laufe der Zeit den Wasserzulauf.

S.O.S.-TIPP

Waschmaschinen-Killer entwaffnen: Wer's nicht schon mal selbst erlebt hat, kann's kaum glauben: Ein einziger Bügel-BH kann im Hand- bzw. Trommel-Umdrehen – eine ganze Waschmaschine zu Schrott verwandeln! Wie das geht? Ganz einfach: Ein Bügel löst sich während des Waschvorgangs langsam aber stetig aus seiner Stoffumhüllung, bohrt sich durch die Löcher der Wäschetrommel und kann so unbemerkt großen Schaden anrichten. Ohne Kundendienst geht jetzt nichts mehr – und wenn man Pech hat, ist die Reparatur so kostenaufwändig, dass man gleich eine neue Maschine kaufen kann! Die Lösung: Büstenhalter mit Metallbügeln unbedingt immer in gut schließenden Wäschesäckchen mit Reißverschluss (gibt's in Haushaltswarengeschäften) waschen. Ohne Ausnahme – die kann nämlich schon das Ende ihrer schönen Waschmaschine sein ...

822. Mit der Hand waschen

Das braucht man:
Waschmittelpaste
flüssiges Woll-oder Feinwaschmittel
Handtücher, die Nässe und Feuchtigkeit sehr gut aufsaugen

– Wer sich für die Handwäsche entscheidet, hat in der Regel zwei unterschiedliche Motive:
– Motiv Eins: Man braucht unbedingt und ganz schnell ein bestimmtes, nur leicht verschmutztes oder verschwitztes Kleidungsstück oder man ist im Urlaub! Dann in ein Waschbecken oder eine Schüssel handwarmes Wasser einlaufen lassen, etwa 1 EL Waschmittelpaste zugeben und mit der Hand auflösen. Wäschestück hineinlegen, etwa 5 Minuten einweichen lassen.
– Dann das Kleidungsstück zwischen den Händen leicht reiben, mindestens 5- bis 6-mal ins Wasser tauchen und immer wieder leicht ausdrücken. Wasser auslaufen lassen, klares Wasser einfüllen, Kleidungsstück darin gut ausspülen, wieder 5- bis 6-mal eintauchen und leicht ausdrücken. Dann richtig auswringen, ausschütteln und an einem möglichst warmen Ort zum Schnelltrocknen aufhängen.
– Motiv Zwei: Das Kleidungsstück ist zu empfindlich für die Waschmaschine – wie zum Beispiel der feine neue Wollpulli! Hierfür lauwarmes Wasser einlaufen lassen und Woll- oder Feinwaschmittel zugeben. Wie oben beschrieben waschen, auch mit klarem Wasser ausspülen, aber nur sehr vorsichtig ausdrücken.
– Wollpulli dann auf ein gut saugendes, sauberes Handtuch legen, Handtuch von unten nach oben mit dem Pullover aufrollen, jetzt alles gut ausdrücken. Wollpulli etwas ausschütteln, mit der Hand leicht in Form ziehen. Ein zweites, trockenes Handtuch auf einen Wäscheständer legen, Pulli darauf ausbreiten, trocknen lassen, dabei einmal wenden.

Eine Stunde LEBEN!

823. Wäsche färben

Das braucht man:
Textilfarbe – zum Färben mit der Hand oder der Waschmaschine (Drogeriemarkt)
Stoffmalfarben
Fixiersalz
Color-Waschmittel

– Wer von Oma zum Beispiel einen Stapel weißer Bettlaken, Tischtücher oder Stoff-Servietten geerbt hat, oder wem die Freundin das Sommerkleid von vor 5 Jahren geschenkt hat und der dies auf den neuesten modischen Stand bringen will, ist hier genau richtig!
– Die zu färbenden Stoffe müssen aus Naturfasern wie Baumwolle, Leinen, Viskose oder ähnlichem sein – Kunststoffe sind zum Selberfärben nicht geeignet.

5 IDEEN für „dufte" Wäsche

So bekommt man schnell und ohne Weichspüler (zusätzliche Umweltbelastung, potenzieller Allergieauslöser) Lavendel-, Oleander- und Jasminduft in den Schrank:

1. Mit Duftpapier: die mit Blumenmuster bedruckten Papierbögen legt man einfach zwischen die Wäsche. Kommen aus England, gibt's von Rose bis Sommer-Mix, erhältlich in English Shops sowie guten Haushalts- und Wäschegeschäften.
2. Mit Duftsäckchen: Kleine Stoffsäckchen mit getrockneten Duftblüten von Lavendel (Klassiker, auch gut gegen Motten) bis Orange. Kann man kaufen (in gut sortierten Parfümerien, Bio-Läden, auf südländischen Märkten), aber auch selber machen: einfach aus schönem Baumwollstoff kleine Säckchen nähen (das geht sogar mit der Hand – siehe Ratschlag Nr. 840 und 841, Seite 446), mit selbst getrockneten Blüten von Balkon oder Garten oder gekauften Trockenblüten füllen und dann in Wäscheregale, Kommodenschubladen usw. unterbringen.
3. Mit Duft-Kugeln: elegante Holzkugeln von klein bis groß, zart duftend. Sie können in Schränke gelegt oder gehängt werden. Gibt's in Bio-Parfümerien und Bio-Läden.
4. Mit Seife: Fein riechende Seifenstücke ohne Verpackung in Wäscheschränke, Schubladen und Wäschekörbe (für Schmutzwäsche) legen.
5. Mit Parfüm-Taschentüchern: War schon Omas Trick – einfach ein paar Tropfen vom Lieblingsparfüm auf ein schönes Stofftaschentuch geben und zwischen die Wäsche legen. Aber sparsam sein – nicht dass man plötzlich Tag für Tag parfümiert ist.

– Außerdem sollten die Wäschestücke gewaschen, ohne Flecken und nicht imprägniert sein – nur so können sie die Farbe gut und gleichmäßig annehmen.
– Unbedingt nach Packungsanweisung vorgehen – und so aus einem unattraktiven gräulich-weißen Laken ein top-modernes, himbeerrotes Bett-Accessoire zaubern.
– Wer mag kann nach dem Grundfärben noch mit Stoffmalfarben kreativ werden und so wirklich unverwechselbare Einzelstücke herstellen!
– Fixiersalz festigt die Farben und sorgt dafür, dass sie nicht so schnell wieder ausbluten.
– Wäsche nach dem Färben vorsichtshalber 2- bis 3-mal alleine oder mit farbgleichen Stücken und Color-Waschmittel waschen.

824. Verfärbte Wäsche entfärben

Schnell passiert: Eine kleine rote Socke verirrt sich beim Wäschesortieren in die helle Buntwäsche und verfärbt sämtliche Hemden und T-Shirts – was tun?

– Den unerwünschten Farbton entfernt man mit Heiß-Entfärber. Den gibt's in Pulverform oder flüssig in Supermärkten und Drogerien. Auf Chlorreiniger bitte verzichten – der ist aggressiv zum Gewebe und schädlich für die Umwelt.
– Verfärbte Wäsche wieder in die Maschine geben und den Entfärber in die Pulverkammer für die Hauptwäsche füllen. Maschine im Normalprogramm (Temperatur je nach Wäsche) durchlaufen lassen – fertig!
– Bei kleinen Wäschemengen, kann man die Prozedur auch im 10-l-Eimer vornehmen: Dafür 1 Päckchen (oder entsprechende Flüssigmenge) im heißen Wasser auflösen, die Wäsche mit Gummihandschuhen einlegen, so dass sie ganz mit der Flüssigkeit bedeckt ist und mindestens 2 Stunden, am besten über Nacht stehen lassen, gut ausspülen.
– Wo der Entfärber nicht wirkt: Bei Kunstfasern, manchen Mischgeweben, Nähten aus Kunstfasern und bei Flecken.

TIPP

Trotz Entfärben nicht mit dem Ergebnis zufrieden? Helle Sachen einfach in dunkleren Tönen in der Waschmaschine einfärben (siehe Ratschlag „Wäsche färben").

825. Vorhänge waschen

Das braucht man:
Feinwaschmittel
Color-Waschmittel
Kompakt-Vollwaschmittel

– Pflegesymbole an den Gardinen beachten – manche Stoffe vertragen nur eine chemische Reinigung.
– Vorhänge abnehmen, eventuell Ringe oder Klammern entfernen, Vorhangröllchen zusammennehmen und in einem Wäschesäckchen bündeln (das vermeidet Ziehfäden). Vorhänge einzeln in die Maschine geben.
– Für Gardinen aus dünnen, empfindlichen Fasern (zum Beispiel Chiffon) und Kunstfaser generell ein Feinwaschprogramm bei maximal 30 °C einstellen. Wasser abpumpen lassen und nicht schleudern, damit der Stoff keine Knitterfalten bekommt.
– Vorhänge aus Baumwollstoff vertragen auch eine 40-°C-Normalwäsche mit leichtem Anschleudern. Bei weißen Gardinen Kompakt-Vollwaschmittel verwenden – das hat den besten „Weiß-Effekt".
– Vorhänge nie in den Wäschetrockner geben, sondern tropfnass über der Wanne oder draußen aufhängen, feucht werden lassen. Dann am Fenster aufhängen. So fallen sie in Form und bekommen weder Knitterfalten noch Abdrücke von der Wäscheleine. Aber: Vorhänge aus Baumwolle oder Leinen vor dem Aufhängen bügeln.
– Sind die Gardinen so groß, dass sie nicht in die Maschine passen, gibt's zwei Möglichkeiten: Die Handwäsche in der Badewanne bei etwa 30 °C (ziemliche Schufterei und nur zu zweit zu bewältigen: Staub abduschen, Vorhänge mit Feinwaschmittel einweichen, ausspülen und ausdrücken) oder man bringt die Vorhänge in die Reinigung. Dort gibt's besonders große Waschmaschinen für die Nassreinigung oder die Möglichkeit einer chemischen Reinigung.

826. Knitterwäsche waschen

Das braucht man:
Fein- oder Wollwaschmittel

– Für Wäsche, die leicht knittert (Polyamid, Polyacryl, waschbare Seide, feines Leinen) besonders schonende Fein- oder Wollwaschprogramme (siehe Pflegesymbole) bei 30 oder 40 °C wählen. Fein- oder Wollwaschmittel benutzen.

– Die Wäsche nur leicht anschleudern lassen, in Form ziehen und gleich zum Trocknen aufhängen (nicht direkt in die Sonne hängen, nicht auf die Heizung legen und keinesfalls in den Wäschetrockner geben). Noch leicht feucht bei niedriger Temperatur bügeln. Dabei ein feuchtes Tuch zwischen Stoff und Bügeleisen legen – schont die Fasern.

TIPP

Knitterfalten aus Baumwoll- oder Leinenvorhängen einfach ausbügeln: Stoff mit dem Wäschesprüher anfeuchten und von links glatt bügeln. Kunstfasergardinen noch mal richtig nass machen (Wäschesprüher oder kurzes Tauchbad in der Badewanne), abtropfen lassen, aufhängen und beim Trocknen mehrmals richtig in Form ziehen. Wenn das nicht hilft, bei niedrigster Temperatur (mit Tuch dazwischen) von links bügeln.

827. Möbelbezüge waschen

Das braucht man:
Color-Waschmittel
Kompakt-Vollwaschmittel

– Möbelbezüge oder Hussen abziehen und alle Flecken vorbehandeln (siehe Anti-Flecken-Tricks und Ratschlag Nr. 815, beides Seite 436).
– In die Waschmaschine geben und passendes Waschmittel zugeben: Color-Waschmittel für gemusterte und uni-farbene Bezüge, Kompakt-Vollwaschmittel für weiße, natur- oder cremefarbene Bezüge.
– Normalwaschprogramm bei 40 oder 60 °C (Pflegesymbol beachten) einstellen – eventuell bei starker Verschmutzung mit Vorwäsche.
– Nach dem Schleudern die Bezüge gleich herausnehmen und in Form ziehen – das geht bei großen Stücken am besten zu zweit.
– Auf der Wäscheleine trocknen lassen, dabei so festklammern, dass später keine Klammerabdrücke zu sehen sind. Nicht in den Wäschetrockner geben – Hussen und Bezüge aus Baumwolle und Leinen können so eingehen, dass sie sich nicht mehr über Sofa, Sessel oder Stuhl ziehen lassen.
– Stoffe eventuell bügeln und sofort aufziehen.

828. Wäsche trocknen – im Trockner

Sortieren ist angesagt, denn nicht jedes Wäschestück eignet sich für den Trockner. Problemlos: Bettwäsche, Handtücher, Bekleidung aus Baumwolle und Baumwoll-Mischgeweben, Textilien aus Polyester und Polyamid (bei niedriger Temperatur). Bei reinen Baumwoll- und Leinenstoffen abwägen: Die Sachen können um 1–2 Größen schrumpfen – vor allem bei neuer, eng sitzender Kleidung also lieber auf den Trockner verzichten. Ideal: Daunenjacken und Kopfkissen werden im Trockner wieder richtig schön bauschig! Nicht in den Trockner dürfen: Wollsachen, Textilien aus Seide und der Kunstfaser Polyacryl – sie vertragen die Hitze nicht.

– Gut geschleuderte Wäsche verkürzt den Trockenvorgang und spart Energie. Deshalb: Schleuderprogramm der Waschmaschine mit möglichst hoher Drehzahl laufen lassen (mindestens 1200, besser 1400 oder 1600 Umdrehungen)
– Wäsche aufschütteln, locker in die Trocknertrommel einlegen, gewünschte Trockenstufe (zum Beispiel schrank- oder bügeltrocken) und Temperatur einstellen (normale Temperatur: 2 Punkte in einem Kreis, reduzierte 1 Punkt – siehe Pflegesymbole).
– Nach dem Trocknen möglichst gleich entnehmen (damit nichts knittert) und sofort zusammenfalten – spart bei vielen Sachen später lästige Bügelarbeit …
– Im Idealfall nach jedem Trocknerdurchlauf das Flusengitter säubern.
– Öfters (vor allem bei gutem Wetter) auf den Wäschetrockner verzichten: er ist nämlich ein ziemlicher Stromfresser!

829. Wäsche trocknen – auf der Leine

Wer über Garten oder Balkon verfügt, sollte die Wäsche bei schönem Wetter dort auf Wäscheleine oder Wäschespinne trocknen lassen. Das geht vor allem im Sommer ganz schnell und die Wäsche riecht toll frisch!

– Wäscheleinen – vor allem die im Freien – vor dem Benutzen immer mit einem feuchten Tuch abwischen, damit die Wäsche später keine schwarzen Streifen hat. Praktisch: Wäschespinnen, die man bei Nichtgebrauch einklappen kann, so dass die Leinen vor Schmutz und Feuchtigkeit geschützt sind.

– Wenn's draußen zu feucht oder kein Trockenplatz im Freien vorhanden ist, auf Trockenräume im Haus ausweichen (Speicher oder Keller). Vor allem die Kellerräume sollten warm und trocken sein, regelmäßig gereinigt und gut gelüftet werden.
– In der Wohnung die Wäsche auf einem ausreichend großen Wäscheständer trocknen, den man am besten im Schlafzimmer oder Gästezimmer aufstellt (tagsüber nicht benutzt, kein Rauch, keine Küchendämpfe – frische Wäsche nimmt Gerüche ganz schnell an!)
– Auf einer Wäscheleine im Badezimmer höchstens mal kleine Sachen trocknen – eine ganze Waschmaschinenladung bringt zu viel Feuchtigkeit in den Raum (Schimmelbildung) und die Wäsche trocknet hier auch nicht so gut.
– Wäschestücke vor den Aufhängen ausschütteln und mit Wäscheklammern aufhängen. Darauf achten, dass die Abdrücke der Klammern später nicht an markanten Stellen zu sehen sind.
– Bei Wäscheklammern kann man vom Designerteil, der klassischen Holz- oder Plastikklammer oder dem verspielten Steckklammer-Bärchen so ziemlich alles kriegen – ausreichend viele sollten es jedenfalls sein. In einem Klammerbeutel mit Haken verstauen und beim Aufhängen auf der Leine mitschieben – so hat man die Klammern immer gleich zur Hand.

830. Hemden bügeln

Am besten geht's mit einem Dampfbügeleisen. Bei einfachen Bügeleisen den Wäschesprüher bereithalten und den Stoff vor dem Bügeln damit befeuchten

– Zuerst die passende Temperatur einstellen (1 Punkt: niedrigste Temperatur für Seide und Kunstfasern, 2 Punkte: mittlere Temperatur für Viskose und Wolle, 3 Punkte: höchste Temperatur für Baumwolle und Leinen) und warten, bis sie erreicht ist.
– Beim Bügeln systematisch vorgehen! Zuerst Kragen von innen und außen, dann beidseitig die Ärmel bügeln.
– Nun die Vorderseite (Knopfleiste beidseitig), den Rücken und die zweite Vorderseite aufs Bügelbrett ziehen und mit gleichmäßigen Bewegungen glätten.
– Zuletzt die Schulterpartie aufs Brett ziehen und mit Übergang zu Rücken und Vorderteil glatt bügeln.
– Auf bereitgelegte Kleiderbügel hängen, obersten Kragenknopf und einen Knopf in Bauchhöhe schließen, Hemd auskühlen lassen und weghängen.

831. Hosen bügeln

Eine Lederhose braucht keine Bügelfalte ... und Jeans mit Bügelfalten sind auch nicht gerade der Hit – aber glatt werden müssen sie trotzdem!

– Bei Jeans- und Baumwollhosen nur die Vorder- und Rückseiten bügeln, dabei darauf achten, dass die Seitennähte übereinander liegen. Am unteren Ende der Hose beginnen und bis zum (zugeknöpften) Hosenbund weiterbügeln. Zuletzt Hosenbund und Taschen nacharbeiten.
– Bei Hosen „mit Kniff" ist die Bügelfalte dagegen absolut erwünscht. Deshalb: Falte an der Vorderseite eines Hosenbeins nachfalten, zuerst die Außenseite, dann die Innenseite von unten nach oben bügeln. Beim zweiten Hosenbein genauso arbeiten. Dann den Bund aufs Bügelbrett aufziehen und Taschen, Bügelfalten und die „Popartie" nachbügeln. Auf spezielle Hosenbügel hängen und auskühlen lassen.
– Leinen- und Wollhosen auf links drehen und dämpfen: feuchtes Tuch auf den Stoff legen, das Bügeleisen aufdrücken.

832. Was muss in die Reinigung?

Alles, was die Reinigung mit Wasser nicht verträgt oder nicht in die eigene Waschmaschine passt, muss „fremd"-gewaschen werden. Die Reinigungen können die Sachen ganz normal waschen (in besonders großen Waschtrommeln) oder mit speziellen Lösungsmitteln (meist Perchlorethylen) chemisch reinigen. Unbedingt auf die Pflegesymbole achten!

– Feder- und Daunenbetten am besten alle 3–4 Jahre (Federn und Hülle getrennt) reinigen lassen. Im Bettenfachgeschäft können dabei Daunen nachgefüllt oder ausgetauscht werden.
– Weitere Kandidaten für die Reinigung: große Vorhänge und Bettüberwürfe, Schlafsäcke und Sofabezüge – wenn sie zu voluminös für die eigene Waschmaschine sind. Teppiche, wenn die normale Teppichpflege (siehe Ratschlag Nr. 799, Seite 425) nicht mehr den gewünschten Erfolg zeigt. Kostüme und Anzüge, Kleidung aus feinen Wollstoffen, Seide oder Samt, Abendkleider, voluminöse Jacken oder Mäntel, Mikrofaserjacken. Jacken und Mäntel zum Nachimprägnieren.

833. Bei der Reinigung reklamieren

Was tun, wenn der Lieblingsblazer nach der Reinigung zwei Konfektionsgrößen kleiner ist oder mehr Flecken hat als vorher?

– Wenn Sie Ihre Sachen zur Reinigung bringen, muss dort geprüft werden, ob in der Kleidung Schäden oder Flecken sind, und darauf hingewiesen werden, wenn bestimmte Flecken nicht zu entfernen sind.
– Wird alles kommentar- und fleckenlos angenommen und kommt es dann nach der Reinigung mit dem Vermerk: „Fleck nicht zu entfernen“ zurück, können Sie die Reinigung auffordern „die nicht erbrachte Dienstleistung richtig zu erfüllen“. Das muss 5 Tage nach dem Abholen passieren (Reinigungszettel dabei nicht vergessen).
– Theoretisch gilt: Ist die Reklamation berechtigt und lässt sich nichts mehr machen, muss der Reiniger Schadensersatz zahlen. Streitet er die Schuld aber ab oder weigert er sich, noch mal zu reinigen, liegt es beim Kunden – er muss nachweisen, dass die Reinigung einen Fehler gemacht hat.
– Dafür: Gutachten erstellen lassen – zum Beispiel von einer Schiedsstelle für Schäden bei chemischer Reinigung (Adressen bei der Verbraucherzentrale erfragen). Das kostet im günstigsten Fall zwischen 10 und 30 Euro, kann aber je nach Kleidungsstück wesentlich teurer sein. Dabei kann auch festgestellt werden, ob der Hersteller eine falsche Pflegekennzeichnung (siehe Wäschezeichen, Seite 433) an der Kleidung angebracht hat.
– Liegt die Schuld laut Gutachten beim Reinigungsbetrieb, haftet dieser mit dem Zeitwert des Kleidungsstücks oder maximal mit dem 15-fachen vom Reinigungspreis.

834. Schuhe klassisch putzen

Gemeint sind hier glatte Lederschuhe, die mit Schuhcreme aus der Dose eingelassen und dann auf Hochglanz poliert werden. Eine besinnliche Übung mit verblüffendem Ergebnis, bei der selbst der fortgeschrittenste Tubenputzer noch was lernen kann – sich Zeit nehmen zum Beispiel.

– Vor dem Putzen, wenn nötig, die Schnürsenkel entfernen – nur so kommt man auch an die versteckten Stellen! Dann den gemeinen Schmutz beseitigen (siehe Punkt 1 bei den „5 MUSTs“ auf dieser Seite.)

5 MUSTs fürs Schuhe putzen und pflegen

Ungeputzte Schuhe kommen in der No-No-Skala gleich nach schmutzigen Fingernägeln! Nicht umsonst achten viele Personalchefs bei Einstellungsgesprächen ganz speziell darauf.

1. Schmutz weg: Groberen Dreck mit einer festen Brüste entfernen, ohne den Schuh zu zerkratzen. Dann immer Staub und Straßenschmutz entfernen, am besten mit klarem, lauwarmem Wasser und einem Schwammtuch. Mit dem feuchten Tuch Schuhe samt Schuhrändern leicht abreiben.
2. Die richtigen Mittel: Für Glattlederschuhe kann man Schuhcreme klassisch aus Dose (mit Tuch oder weicher Bürste) oder Tube (mit Schwamm an der Öffnung) auftragen, wobei nachpoliert wird. Nicht nötig ist das bei Schuhcreme mit Selbstglanz-Faktor (aus der Tube inklusive Auftragsschwamm). Wildlederschuhe werden mit einer Bürste mit zwei Pflegeseiten behandelt – Gumminoppen zum Aufrauen, Kunststoffborsten zum Glätten. Flecken entfernt ein spezieller Wildleder-Radiergummi.
3. Wasser weg: Imprägniersprays schützen Glattleder-, Wildleder- und Goretex-Schuhe vor Regen- und Schneeflecken. Am besten Pumpsprays (oder Imprägnierer mit Auftragsschwämmchen) kaufen, die arbeiten ohne umweltschädigendes Treibgas.
4. Stets Spannung: Wer länger schöne Schuhe haben möchte, sollte Schuh- und Stiefelspanner einsetzen, die unschöne Falten und Dellen im Leder auf Dauer vermeiden.
5. Öfters Pause: Gönnen Sie Ihren Schuhen eine Atempause, dann bleiben sie länger in Form und stabil. Also 1 Tag tragen und 1–2 Tage stehen lassen. So können sie richtig auslüften, was dem Leder gut tut.

– Nun die passende Schuhcreme aus der Dose zuerst mit einem Lappen (ein altes Küchentuch oder T-Shirt tun gute Dienste) auftragen, dann mit einer kleinen weichen Bürste langsam kreisend in das Leder einmassieren. Nun die Schuhe 20–30 Minuten stehen lassen, damit die Schuhcreme auch richtig einziehen kann (oder einfach über Nacht ruhen lassen).
– Zum Schluss mit einer weichen Polierbürste schwungvoll vorpolieren, dann mit einem speziellen Poliertuch oder einem Nylonstrumpf (damit wird's besonders schön) langsam kreisend für den gewünschten Glanz am Leder sorgen.

TIPP

Achten Sie auf die Farbe der Schuhcreme. Vor allem bei braunen Schuhen kann der falsche Ton schnell die ganze Lederfarbe ändern. Lieber im Zweifel die hellere oder eine farblose Creme wählen, die allerdings kleine Macken nur unzureichend verdeckt. Und Vorsicht bei Lederfett – es macht auf Dauer den Schuh weich und formlos.

835. Schuhe nass reinigen und trocknen

Das braucht man:
Sattelseife oder
Schmierseife
Schwamm
Zeitungspapier

– Was tun, wenn Leder- und Wildlederschuhe sehr stark verschmutzt oder verschwitzt sind? Einfach richtig nass machen – denn auch diese Schuhe vertragen ein Reinigungs-Vollbad!
– Dafür Schuhe mit Sattelseife (oder Schmierseife), Schwamm und handwarmem Wasser innen und außen reinigen, mit einem alten Handtuch trockenreiben, mit Zeitungspapier ausstopfen und bei normaler Raumtemperatur trocknen lassen.
– Wichtig: Schuhe zum Trocknen auf keinen Fall neben Ofen oder Heizung stellen – bei Hitze kann das Leder brechen! Und: schmutzige, nasse Schuhe vor dem Trocknen immer reinigen – auch getrockneter Straßenschmutz schadet dem Leder.

836. Stoffschuhe waschen

Das braucht man:
Kompakt-Vollwaschmittel oder Color-Waschmittel
neue Einlegesohlen (bei Bedarf)
Gallseife
Bürste
Zeitungspapier

– Bei Turnschuhen (oder anderen Stoffschuhen mit Kunststoffsohle) zuerst die Schnürsenkel entfernen und mit etwas Waschmittel in einer kleinen Schüssel einweichen. Einlegesohlen (falls vorhanden) herausnehmen, am besten entsorgen und neue kaufen.
– Stoffschuhe mit Gallseife und Bürste einreiben, etwa 1 Stunde einziehen lassen.
– Ein Paar Schuhe (nicht mehr, das verträgt die Waschmaschine nicht!) und die eingeweichten Schnürsenkel am besten mit farblich passenden Handtüchern oder Bettlaken zusammen in die Maschine stecken.
– Je nach Farbe mit Vollwaschmittel (weiß) oder Color-Waschmittel (bunt) bei 40 oder 60 °C waschen.
– Schuhe zum Trocknen mit Zeitungspapier ausstopfen, Schnürsenkel auf die Leine hängen, Zeitungspapier nach 3–4 Stunden entfernen, alles über Nacht gut trocknen lassen. Nach Bedarf neue Einlegesohlen in die Schuhe legen, Schnürsenkel wieder einfädeln.

TIPP

Natürlich kann man Stoffschuhe auch ohne Maschine reinigen. Dafür die Schuhe nach dem Einweichen mit Gallseife mit Waschmittelpaste, lauwarmem Wasser und einer Bürste abschrubben und gründlich mit klarem Wasser nachspülen. Mit einem alten Handtuch abreiben und wie oben beschrieben trocknen lassen!

837. Den Faden auf die Nadel bringen

Damit Nadel und Faden beim Nähen mit der Hand zusammenbleiben, braucht es zwei Dinge: genug Spiel bei der Fadenlänge und einen „Stopper" am Fadenende.

– Farblich passenden Faden in gewünschter Länge abschneiden. „Langes Fädchen, faules Mädchen" –

stimmt natürlich nicht! Was aber stimmt: zu lange Fäden machen beim Nähen oft Probleme, weil sie schnell „verwursteln".

– Fadenende mit einem Einfädler oder per Hand in die Öse einer passenden Nähnadel einfädeln. So durchziehen, dass das eingefädelte Fadenstück etwa bis zur Hälfte der anderen Fadenseite reicht.

– Ans Ende der längeren Fadenseite nun den Stopper machen, damit es beim Nähen nicht durchrutscht. Dafür das lange Fadenende zwischen zwei Fingern reiben, bis ein kleiner Knäuel entsteht. Den jetzt zwischen den Fingern halten und den Faden strammziehen – fertig ist der Stopper. Und jetzt kann es losgehen mit Knöpfen, Säumen und Kissen.

838. Knöpfe annähen

Damit das wirklich perfekt wird, braucht man vor allen Dingen eins: den passenden Knopf! Und der findet sich manchmal gar nicht so leicht. Deshalb: neue Kleidungsstücke auf eingenähte Ersatzknöpfe absuchen, heraustrennen und in einer extra Knopf-Schachtel aufbewahren!

– Alte Fadenreste von der Knopfstelle entfernen (mit der Hand oder einer kleinen Schere), Nadel und Faden wie in Ratschlag Nr. 837 beschrieben vorbereiten. Nadel von hinten in die Knopfstelle einstechen und mit dem Faden bis zum Stopper durchziehen.

– Nadel durch eines der Löcher im Knopf stecken und den Knopf am Faden entlang bis nach unten auf den Stoff ziehen.

– Bei nur zwei Löchern im Knopf Nadel jetzt von oben in das gegenüberliegende Loch einstechen, Nadel durch den Stoff drücken und den Faden gut nachziehen, bis der Knopf stramm am Stoff sitzt.

– Jetzt die Nadel von unten durch den Stoff in das erste Loch einstechen, Faden nachziehen. Diesen Vorgang etwa 6- bis 8-mal wiederholen

– Der letzte Stich geht von unten nach oben, wobei die Nadel nicht mehr ins Knopfloch geht, sondern den Faden unter dem Knopf herauszieht.

Fadenstränge umwickeln

– Jetzt dieses verbleibende Fadenstück 5- bis 6-mal um die Fadenstränge unter dem Knopf herumwickeln. Am Ende die Nadel dort so weit durchstechen, dass eine Fadenschlaufe zurückbleibt. Durch diese die Nadel samt Faden ziehen und alles gut festzurren, Fadenende abschneiden.

TIPP

Bei Knöpfen mit vier Löchern die Nähtechnik bei den anderen Knöpfen am Kleidungsstück ansehen und diese, entweder Parallel- und Über-Kreuz-Methode, übernehmen. Es sähe nicht sehr elegant aus, wenn ein einziger Knopf plötzlich anders angenäht wäre. Ansonsten vorgehen wie gerade beschrieben.

839. Säumen und Kürzen mit der Hand

Das empfiehlt sich vor allem dann, wenn dünne Säume aufgerissen sind und wenn man etwa beim Kürzen von einem eleganten Rock oder einer feinen Hose möglichst wenig von der Naht sehen soll.

– Farblich passenden Faden wie in Ratschlag Nr. 837 beschrieben in eine möglichst feine Nadel einfädeln und einen Stopper anbringen.

– Bei einem offenen Saum das Kleidungsstück auf links ziehen und das aufgerissene Saumstück (je nach Länge) eventuell mit Stecknadeln zusammenstecken.

– Ersten Stich an der Sauminnenseite setzen, so dass der Knoten später außen nicht sichtbar ist.

Säumen mit Zickzackstich

– Jetzt mit möglichst kleinen Stichen vorsichtig im Zickzackmuster einmal in das Kleidungsstück, einmal in den Saum einstechen.

– Faden immer wieder locker nachziehen (wenn man den Faden zu fest anzieht, wird der Saum wellig) und am Ende vernähen, indem man 2- bis 3-mal auf der Stelle näht.

– Für das Kürzen von Hose oder Rock das entsprechende Kleidungsstück samt gebräuchlichen Schuhen anziehen und am besten von einer zweiten Person die gewünschte Länge mit Stecknadeln abstecken lassen.
– Rock oder Hose ausziehen, auf links drehen und mit Orientierung an den zuvor eingesteckten Nadeln rundherum einen möglichst an allen Stellen gleichbreiten Saum feststecken, wie weiter vorn beschrieben umnähen.

TIPP
Abgesteckte Säume von links mit feuchtem Tuch und Bügeleisen in Form dämpfen – so verrutschen sie beim Nähen nicht so leicht!

S.O.S.-TIPP
Wenn die Schnur aus dem Saum (Profis sprechen hier vom Tunnelzug) an Anorak-Kapuze, Trainingshose oder Wäschebeutel komplett rausgerutscht ist, dann ist eine Sicherheitsnadel Gold wert. Sie wird in der passenden Größe zum Tunnelzug gewählt und an einem Ende der Schnur festgesteckt. Dann die Nadel mit der Schnur hintendran soweit wie möglich in ein Tunnelzug-Ende stecken und mit den Händen über dem Stoff wie eine Schlange durch den Tunnelzug befördern. Wird es eng, das hintere Ende mit der Schnur fest halten und von vorne den Stoff mit zwei Finger soweit nach hinten stauchen, wie es geht. Nun die Nadel vorne halten, Stoff nach hinten stramm ziehen und alles wiederholen. Am Ende des Tunnelzugs die Schnur behutsam herausziehen und verknoten, damit sie nicht rausrutscht!

840. Mit der Hand nähen

Eigentlich passt diese Nähmethode wieder in die heutige Zeit: Sie ist mobil (man braucht nur Nadel, Faden und Schere mitzunehmen), meditativ (mit der Hand nähen beruhigt überanstrengte Büro-Gehirne), kreativ (gerade bei Bastelarbeiten ist die Maschine oft unbrauchbar) und kostengünstig (abgesehen von der eigenen Arbeitszeit handelt es sich beim Materialeinsatz um „peanuts"). Und praktisch ist es auch, wenn kleinere Stoffteile stabil vernäht werden sollen wie etwa beim Flicken, Ausbessern von eingerissenen Nähten oder Anfertigen eines Kissens.

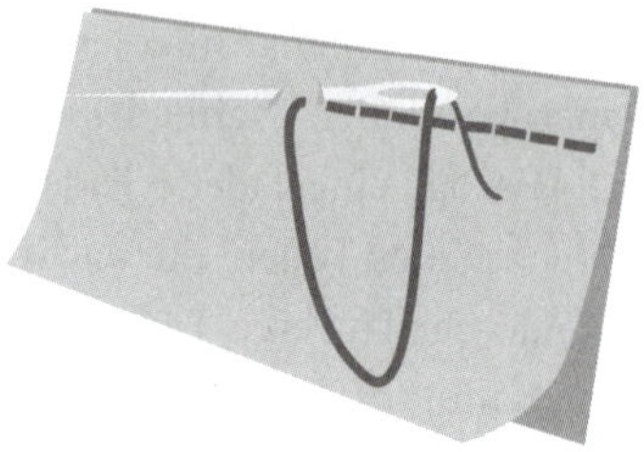

Vor-und-zurück-Stich

– Für solche kleine Näharbeiten eignet sich besonders gut der „Vor-und-zurück-Stich", auch Steppstich genannt. Dazu die Nadel von der unteren „unschönen" Seite („links" bzw. innen) nach oben durchstechen und den Faden bis zum Stopper durchziehen.
– Nun auf der oberen schönen Seite etwas zurückgehen (zum Beispiel 1/2 cm), einstechen, Faden durchziehen. Dann auf der unschönen Seite die doppelte Länge vorgehen und einstechen. Nun wieder einen halben Schritt zurückgehen. Dieses Nähmuster nach der Methode „Zurück, vor, zurück, vor" fortsetzen, bis man das Ende erreicht hat. Zum Schluss 2- bis 3-mal auf der Stelle den Faden vernähen.

TIPP
Wer aufgerissene Nähte flicken will, sollte farblich passendes Garn auswählen. Damit wird auch am Anfang wie am Ende 2- bis 3-mal „auf der Stelle" genäht, damit sich gerade an diesem Sollbruch-Punkt die Naht nicht wieder löst!

Eine Stunde LEBEN!

841. Ein Kissen mit der Hand nähen

Das braucht man:
2 Stoffquadrate für die Hülle
Stecknadeln
Nähnadel
passender Faden
Kissenfüllung

– Die Stoffquadrate so übereinander legen, dass die später außen liegenden Seiten jetzt innen sind. Mit Stecknadeln die Stoffstücke an den Rändern rundherum zusammenstecken.

– Nun die Nadel samt Faden (siehe Ratschlag Nr. 837, Seite 444) an einer Ecke etwa 2 cm vom unteren Rand und 1 cm vom Seitenrand von unten nach oben durchstechen und den Faden bis zum Knoten durchziehen.
– Nun etwa 1/2 cm in Richtung des unteren Rands zurückgehen, einstechen, Faden durchziehen. Dann 1 cm vorgehen und einstechen. Dieses Nähmuster nach der Methode „Zurück, vor, zurück, vor" fortsetzen, bis man die nächste Ecke erreicht hat.
– Wenn man während der Strecke merkt, dass der Faden nicht reicht, schon rechtzeitig (wenn noch genug Garn da ist) 2- bis 3-mal auf der Stelle der Faden vernähen. Neuen Faden einfädeln, wie oben beschrieben festnähen, bis zum Ende der Bahn weiter nähen, am Ende vernähen.
– Für ein Kissen drei Bahnen so zusammennähen. Nun die Stecknadeln lösen, alles umstülpen, Kissenfüllung hineingeben, Stoffränder der noch offenen Seite leicht nach innen umschlagen und wieder mit Stecknadeln fest stecken.
– Jetzt mit Nadel und Faden in möglichst kleinen Zick-Zack-Stichen die beiden letzten Stoffseiten zusammen nähen, am Ende den Faden wieder vernähen.

NÄHMASCHINEN-TYPEN UND -STICHARTEN

– Freiarm-Maschinen: Ein Teil der Arbeitsfläche lässt sich wegklappen, was wichtig ist beim Nähen von schwer zugänglichen Stellen, zum Beispiel engen Hosenbeinen und Ärmeln.
– Flachbett-Maschinen: Der Arbeitstisch ist mit der Maschine fest verbunden, gut fürs Nähen schwerer, üppiger Stoffteile.
– Overlock-Maschinen: spezielle Maschinen, die in einem Arbeitsgang auf 1 oder 2 Nadeln mit mehreren Fäden nähen, schneiden, versäubern.
– Maschinen mit elektronischer Motorsteuerung bewegen die Nadel mit gleich bleibender Stärke und Geschwindigkeit. Mikrocomputergesteuerte Maschinen bieten außerdem noch zahlreiche Näh- und Stickprogramme an.
– Nutz- und Zierstiche: Für die alltägliche Nutzung, zum Beispiel Kürzen und Flicken, Nähen von geraden Teilen, Tischdecken, Kissen, Gardinen, reicht eine normale Variationsbreite an Nutz- und Geradestichen aus. Für komplizierte Arbeiten, zum Sticken von Mustern, Umsäumen von feiner Wäsche muss die Maschine ausgefeilter sein und auch so genannte Zierstiche bieten.

842. Nähen mit der Maschine

Für einfache große Stücke wie Vorhänge bis hin zu Kleidung, die gut sitzen soll (nur was für Näh-Profis) ist eine Nähmaschine nützlich. Das Angebot reicht vom tragbaren Koffermodell bis zur professionellen Superautomatik. Die einfache Zickzack-Nähmaschine beherrscht Stepp- und Zickzackstich, die für alle hier beschriebenen Arbeiten ausreichen. So wird sie genutzt:

– Zuerst muss im Nadelhalter im Nähfuß (das, was beim Nähen wie ein Ski über den Stoff fährt) eine Nadel sitzen. Dazu bei ausgesteckter Maschine das Halteschräubchen an der Seite lösen, die passende Nadel („Das braucht's im Nähkorb", Seite 434) einstecken, festschrauben – fertig.
– Oberfaden einfädeln: Garnrolle im passenden Farbton auf Garnrollenhalter aufstecken, Faden auf vorgegebenem Weg (Anleitung ist entweder auf die Maschine geklebt oder in der Betriebsanleitung) zur Nadel führen und einfädeln.
– Unterfaden einfädeln: Er ist wie der Oberfaden für die komplette Naht nötig und sitzt versteckt in einer kleinen Spule unter dem Nähfuß. Zum Herausnehmen der Spule mit dem Kipphebel den Nähfuß nach oben stellen und den Schieber des Spulenkastens öffnen. Spule aus der Fassung nehmen. Ist genügend Faden im passenden Farbton vorhanden, Spule wieder einlegen. Wenn nicht, muss man einen neuen Faden aufspulen (siehe Betriebsanleitung unter „Spulen" und „Unterfaden nach oben holen").
– Nähmaschine starten: Zuerst versichern, dass der Nähmaschinen-Schalter auf „OFF" steht. Vom Kabel das kürzere Teil an der Seite der Nähmaschine einstecken, von wo ein Kabel zum Tretpedal führt und das andere den Stecker trägt. Diesen in die Steckdose stecken. Den Stoff unter den Nähfuß legen, mit dem entsprechenden Schalter die Stichart wählen (Zickzack zum Versäubern von Rändern; Normalstich zum Zusammennähen oder Säumen) und je nach Stoffart und Maschine Stichgröße und -länge mit dem Schalter einstellen (siehe Betriebsanleitung).
– Losnähen: Schalter auf „ON" stellen. Per Druck aufs Gaspedal fängt die Nadel zu Nähen an, wobei der Stoff mit beiden Händen geführt wird. Das richtige Gefühl für Tempo und Rhythmus kommt mit der Zeit – also erst mal mit alten Stoffstücken üben und fummelige Kleinarbeiten mit Ecken und Kurven lieber ganz lassen – sonst lässt man bald das Nähen ganz.

843. Säumen mit der Nähmaschine

Gut geeignet für alle Säume, bei denen man die Naht von außen ruhig sehen darf – zum Beispiel bei Jeans oder Kinderhosen.

– Nähfuß nach oben stellen (mit Kipphebel hinter bzw. oberhalb des Nähfußes). Stoffseite, die gesäumt werden soll, zuerst zum Versäubern mit dem rechten oberen Rand darunter legen, Nähfuß nach unten stellen (rechts neben dem Nähfuß sollte ein Stoffrand von etwa 2 cm rausschauen). Zickzackstich auswählen, Schalter auf „ON" stellen und vorsichtig mit dem Tretpedal „Gas geben".
– Nach den ersten 2–3 Stichen anhalten, und zum Vernähen 2–3 Stiche im „Rückwärtsgang" nähen (dabei die Rückwärtstaste gedrückt halten), dann weiternähen.
– Für normale Baumwoll- oder Leinenstoffe erst mal mittlere Stichlänge und Stichgröße einstellen (siehe Betriebsanleitung). Nach Bedarf verändern: kleine, feine Stiche sind eher was für dünne Stoffe, große, breite Stiche für dicke Stoffe.
– Die Stoffbahn bis zum Ende nähen, durch jeweils 2–3 Rück- und Vorstiche vernähen, Faden 5–6 cm rausziehen und abschneiden.
– Den Saum 2-mal nach innen umklappen und mit Stecknadeln auf die gewünschte Länge fixieren.
– Nähmaschine auf Normalstich einstellen, Stoff mit Stecknadelseite unter den Nähfuß legen, absenken und den Saum entlangnähen. Beim Nähen Stecknadeln nach und nach herausnehmen („drübernähen" geht nicht!). An Anfang und Ende der Naht Faden wie oben beschrieben vernähen. Faden 5–6 cm rausziehen und am Nahtende abschneiden!

S.O.S.-TIPPS

• Die Naht an der falschen Stelle gesetzt: Stoff aus der Nähmaschine nehmen, mit dem Nahtauftrenner oder einer kleinen spitzen Schere die Naht auftrennen, Fadenreste herauszupfen, neu beginnen.
• Der Oberfaden ist zu fest, reißt ständig und muss neu eingefädelt werden: Fadenspannung reduzieren (auch dafür gibt's einen Extraschalter, siehe Betriebsanleitung).
• Die Naht ist zu locker, es entsteht kein gleichmäßiger Stich: hier ebenfalls die Fadenspannung überprüfen (Betriebsanleitung) und neu (fester) einstellen.
• Die Nadel ist abgebrochen: Maschine ausschalten (am besten Stecker ziehen), Stoff herausnehmen, Faden abschneiden. Halteschräubchen am Nadelhalter lösen und die zerbrochene Nadel herausnehmen. Eine neue Nadel einsetzen, die Schraube festdrehen. Faden neu einfädeln und die Naht an gleicher Stelle fortsetzen.

844. Tischdecke und Vorhang nähen

Auch für Näh-Neulinge geeignet: da hat man im Handumdrehen mal was richtig Selbstgemachtes …

– **Tischdecke nähen:** Den Stoff passend zur Tischgröße abmessen und zuschneiden (dabei unbedingt daran denken, dass die Decke weit genug über den Tischrand nach unten fallen soll und dass später an den Rändern durchs Säumen jeweils etwa 4 cm wegfallen). Die Ränder (siehe „Säumen mit der Nähmaschine", Ratschlag Nr. 843 oben) zuerst mit Zickzackstich versäubern.
– Zunächst die Kopfseiten, dann die Längsseiten etwa 2x2 cm nach innen umklappen und dort mit Stecknadeln fixieren (eventuell einmal drüberbügeln, dann kann beim Nähen wirklich nichts verrutschen).
– Jetzt mit der Sauminnenseite (wo auch die Nadeln stecken) nach oben unter den Nähfuß legen und rundherum mit Normalstich festnähen.
– Stoffe werden meist in einer Breite von 1,20 bis 1,50 m angeboten – falls das für einen großen Tisch nicht ausreicht, kann man zwei Stoffbahnen (rechts auf rechts) an einer Längsseite zusammennähen.
– **Vorhang nähen:** Den Stoff abmessen in gewünschter Länge zuschneiden. Dabei für den oberen Saum etwa 4 cm, für den unteren Saum – je nach Geschmack – 4–20 cm zugeben. Reicht die Breite einer Stoffbahn für den Vorhang nicht aus, wird die zweite Stoffbahn an einer Längsseite „rechts auf rechts" angenäht. Dazu zuerst Längsseiten jeweils etwa 1 cm nach innen klappen, dabei am besten mit dem Bügeleisen kurz am „Knick" entlang fahren um ihn zu fixieren. Die beiden umgeknickten Streifen aneinander legen und mit Stecknadeln fixieren. Dann von links mit Normalstich festnähen.
– Nun den oberen Saum versäubern, 2x2 cm breit nach innen umschlagen, bügeln und wie beschrieben nähen.

– Unteren Saum versäubern, so breit wie gewünscht umstecken, Knick bügeln und mit Normalstich nähen.
– Die einfachste Möglichkeit zum Aufhängen sind Ösen mit anhängenden „Stoffkrallen" die man in den oberen Saum kneift. Andere Möglichkeiten: Fertige Vorhangbänder von der Rolle aufnähen (hier werden die Ringe eingehakt) oder Stoffschlaufen annähen, die direkt auf die Stange geschoben werden.

845. Löcher flicken

Macht Sinn bei Kinderhosen und Papas Lieblings-Jackett aus Schottland. Und ist bei Socken heute absolut nicht mehr en vogue …

– Für Löcher an Kinderhosenbeinen und an den Ellbogen eines alten Tweed-Jacketts nimmt man am besten Fertig-Flicken. Die gibt es in Fachgeschäften oder in den Kurzwarenabteilungen von Kaufhäusern – für Kinder zum Beispiel aus Stoff mit angesagten Tierfiguren, für Herren zum Beispiel aus echtem Leder.
– Manche Flicken kann man ganz einfach aufbügeln. Das ist natürlich praktisch, hält aber meist nicht so lange, weil sich die Ränder schnell wieder lösen. Andere werden klassisch aufgenäht. Bei Lederflicken sind dann meist schon die Einstichlöcher vorgestanzt, damit nicht jedes Mal die Nadel mühsam durchgestoßen werden muss. Sie werden wie auch Flicken aus Stoff mit farblich passendem Garn und möglichst kleinen Zickzackstichen rundherum am Kleidungsstück festgenäht.
– Aber es gibt auch Fälle, da macht Flicken oder Stopfen wirklich keinen Sinn. Bei durchgelaufenen Socken etwa – die gibt's heute auch in wirklich guter Qualität so günstig, dass sich das Stopfen absolut nicht lohnt. Es ist außerdem gar nicht so einfach – das muss man richtig lernen! Und man könnte es höchstens beim Handgestrickten von Oma oder Tante einsetzen. Aber wenn die ohnehin so gut in Handarbeiten sind, dann fragt man direkt bei ihnen nach. Vielleicht werden sie sich gern selbst um die Reparatur kümmern.
– Auch Mottenlöcher in Pullis und anderen Strickwaren sind leider meistens hoffnungslose Fälle. Denn auch wenn man noch so schön stopfen kann – man wird die Ausbesserung immer sehen! Bei echt teuren Lieblingspullis können hier höchstens professionelle Kunststopf-Experten helfen – die sind allerdings auch echt teuer.

3 IDEEN

für kreatives Nähen für Kids

1. **Aschenputtels Traum. Man nehme: Kunstseide, Tüll, ein Kinderunterhemd mit dünnen Trägern (mit etwas Spitze dran). Mit der Zackenschere die Stoffe auf Beinlänge (von der Taille ab messen) zuschneiden. Dann übereinander legen und gerafft rundherum ans Unterhemd nähen. Turnanzug an, Kleid drüber, Krone auf – fertig ist die Kindergarten-Prinzessin.**

2. **Das Sockenmaul. Man nehme: bunte Socken (unbedingt ohne eingearbeitete Ferse), dicke bunte Wolle, roten Filz, Stoffkleber und 2 große Holzperlen. Erst mal kurz die Hand in die Socke und den Daumen abspreizen, um das Maul zu öffnen und anzudeuten. In diese „Öffnung" eine ovale Filzscheibe als Riesenzunge kleben. Oberhalb des Mauls die Holzperlen annähen (Augen) und obenauf mit der dicken Nadel Wollfäden durchziehen und festknoten (Haare, können auch geflochten oder zugeschnitten werden). Nun die Hand wieder rein und losquatschen (am besten mit einem zweiten Sockenmaul).**

3. **Ein Bett mit Himmel. Man nehme: 1 Moskitonetz mit Aufhängung (Baumärkte oder Möbelhaus), himmelblauen Satinstoff, gelben Filz, Stoffkleber, ein Seidenband. Mit einer Zackenschere Satin auf Netzlänge plus 3 cm Saumzugabe (oben) zuschneiden, Zugabe umklappen und mit kleinen Stichen säumen. Aus dem Filz Sonne, Mond und Sterne ausschneiden und auf die Satin-Innenseite kleben. Jetzt das Seidenband mit einer Sicherheitsnadel durch den Saum ziehen. Moskitonetz über dem Kinderbett aufhängen. Satinüberwurf so darüber legen, dass Mond und Sterne innen sind und der Saum sich über dem Holzring befindet. Mit Seidenband zusammenziehen, festknoten, Kind ins Bett legen und staunen lassen …**

ARBEITEN

Im Paradies war nichts zu tun. Zu essen war da, zum Anziehen brauchte man nichts, mit Statussymbolen war niemand zu beeindrucken – wofür also arbeiten? Aber dann wollten Adam und Eva mehr und naschten vom Baum der Erkenntnis. Das Ergebnis: Sie verloren Paradies und Unschuld und mussten sich fortan ihr Brot selbst verdienen. Die Erkenntnis: Wer mehr will, muss etwas dafür tun. Und lernt dabei etwas fürs Leben.

„Im Schweiße seines Angesichts“ musste der Mensch nach der Vertreibung aus dem Paradies sein Brot verdienen. So säte, erntete, mahlte, knetete er und backte sich seinen Laib selbst. Einer, der das besonders gut konnte, tauschte sein Brot mit einem anderen, der ihm im Gegenzug ein Werkzeug schmiedete – das war dann der Tauschhandel. Heute läuft der nur noch indirekt mittels Geld: Der Bäcker verkauft sein Brot, damit er sich einen Sonntagsbraten kaufen kann. Und die Metzgerin kauft mit dem Geld wieder ihr Brot beim Bäcker. Doch wäre nur das der Sinn der Arbeit, dann wäre das ein bisschen wenig für acht Stunden am Tag. Der Sinn der Arbeit? Darf man danach überhaupt noch fragen? Reicht es heute nicht schon, einen Job zu haben? Nein – gerade jetzt ist diese Frage wichtig.

Der Sinn der Arbeit liegt in mir

Wer morgens nur aus dem Haus geht, damit er sich dieses Haus auch am nächsten Morgen noch leisten kann, der wird an seinen Arbeitstagen nicht viel Spaß und Freude haben. Und wer montags schon an Freitag und das folgende Wochenende denkt, der hat noch einen langen Weg vor sich. Es hat einfach keinen Sinn, den ganzen Tag, die volle Woche oder gar das ganze Arbeitsleben lang mit seinem Job zu hadern. Dabei geht es gar nicht darum, immer schön dankbar zu sein, dass man einen Arbeitsplatz hat. Das kann sogar lähmen, etwa wenn es wichtig wäre, etwas zu ändern. Das Einzige, was sich nicht ändern lässt, ist die Notwendigkeit von Arbeit fürs Aus- und Weiterkommen. Und wenn das nun mal so ist, dann sollte man daraus doch das Beste machen. Und zwar aus sich selbst heraus, bevor es jemand von außen tut.

Wir reden hier noch nicht von Karriere. Erst einmal geht es darum, das zu akzeptieren, was man tagtäglich bei seiner Arbeit tut. Wenn das nun keine so tolle Aufgabe ist, dann konzentriert man sich eben auf jenes, was man kann und gerne tut. Arbeitet an seinem Wissen, feilt an seinen Fähigkeiten und Techniken, an seinem Umgang mit den Kollegen und verknüpft das alles dann zu einem „inneren Netzwerk“, um für sich selbst neue Möglichkeiten im Beruf zu entdecken. Die Effekte dieser Innenarbeit können Sie selbst und andere an den Ergebnissen der äußeren Arbeit bald erkennen. Und das kann dann tatsächlich Folgen haben – vor allem positive natürlich. Ein weiterer Effekt dieser „inneren Karriereleiter“: Sie gibt einem auch in Zeiten inneren Halt und Möglichkeiten, in denen die Arbeitsplätze nicht mehr so sicher sind und die Auswahl an Arbeitsmodellen unübersichtlich groß ist.

Die Arbeit im Griff – auch zu Hause

Damit Arbeit etwas bringt und zufrieden macht, braucht es auch Organisation: einen ordentlichen Arbeitsplatz, einen Aufgabenplan, Wissen ums Budget, Ziele und Prioritäten, ein Team, die Fähigkeit zu delegieren, zu kontrollieren und zu kritisieren. Plus die Möglichkeit, Erfolge zu feiern. Es gibt einen Arbeitsplatz, wo das alles sehr nützlich ist und sich wunderbar einüben lässt, und diesen Platz kann einem keiner nehmen – es ist der eigene Haushalt. Vor allem Mütter von kleinen Kindern leisten hier täglich einen harten Job, bei dem es ein echter Gewinn ist, wenn man das meiste im Griff hat. Der Lohn: das Gefühl, es gepackt zu haben; weniger Stress, wenn (wieder mal) etwas Ungeplantes passiert; und mehr Zeit für sich selbst.

Mein Zuhause managen

Geborgenheit kommt von „Burg" – und für viele ist das eigene Zuhause so ein Art Burg: eine Wohnung oder ein Haus, wohin man sich zurückziehen kann und wo genug Raum für sich und andere vorhanden ist. Das Problem dabei: Für den Wohlfühl-Effekt muss etwas getan werden – Tag für Tag wie in einem kleinen Unternehmen. Und das Management der Privatsachen ist alles andere als Kleinkram: Rechnungen bezahlen und abheften, einen Babysitter engagieren, Kontakt zur Erbtante halten, Kindergeburtstag organisieren – das ist richtig Arbeit. Packen wir's an.

Alles im Griff auf Burg „Meindaheim"?

Kennen Sie dieses „Wochenendgefühl"? Wenn das Zuhause zur Burg wird, in der man sich auf der Couch ausstreckt, ein gutes Buch liest und was Feines trinkt, während aus den Boxen das Lieblingslied klingt. Zeit zum Träumen, zum In-den-Tag-Leben, ... wenn nicht der Kühlschrank leer wäre, die Post sich stapeln würde, der Rasen gemäht werden müsste. Wenn das alles nicht wäre, könnte aus diesem Wochenendgefühl richtig was werden. Es ist vertrackt: Zeit, erst recht Freizeit, ist ein wertvolles Gut, von dem viele zu wenig besitzen. Aber um sie auskosten zu können, muss man sie erst in die häuslichen Pflichten investieren und seinen Haushalt gut organisieren – ganz wie im Job. Dabei will man sich doch gerade von dem jetzt mal erholen ...

Eine Frage der Prioritäten

Wer sein Zuhause fest im Griff haben will, agiert am besten wie ein Selbstständiger. Der ist unabhängiger als ein Angestellter, hat aber mehr Aufgaben und braucht mehr Disziplin. Da gibt es verschiedene Strategien: entweder Altpapier jeden Samstag fix entsorgen – oder lieber samstäglich lange frühstücken, bis dann in einer Großaktion der Müll zur Deponie gekarrt wird. Jeder nach seiner Façon, so lange niemand drunter leidet. Denn wenn der Kühlschrank leer ist und man trotzdem beim Samstagsfrühstück hocken bleibt, wird die Party am Abend ziemlich kleinkariert ablaufen.

Eine Frage des Arrangements

Vier Fünftel aller Menschen müssen sich mit Mitbewohnern arrangieren: Partnern, Kindern, anderen Familienmitgliedern, WG-Kollegen, einem Au-Pair. Häufig sieht es so aus, dass die einen das Altpapier stapeln und andere es entsorgen. Das kann zu Spannungen führen. Einer Erhebung der EU zufolge wenden Männer weitaus mehr Zeit für Gartenarbeit, Handwerk und Reparaturen auf als Frauen, denen sie zu gerne das Waschen, Bügeln, Putzen und Kochen überlassen. Aber das ist die eigentliche Arbeit im Haus. Wir wollen lieber nicht ausrechnen, was der klassische Rollenmann weni-

Das braucht's: fürs Haushaltsmanagement

Für alle: ein Schwarzes Brett / Magnettafel im Flur, Post-it-Blöcke (für jedes Familienmitglied eine eigene Farbe), genügend greifbare Stifte für Notizen, eine gut sichtbar platzierte Liste mit allen wichtigen Telefonnummern (Arbeitsstelle der Eltern, Babysitter, Putzfrau etc., kann auch am Schwarzen Brett hängen), Anrufbeantworter für die Familie, Haushaltsbuch

Für den Papierkram: Behälter oder Schubladen zum Sammeln; einen Arbeitsordner für laufende Vorgänge; Ordner für die längerfristige Ablage, Trennblätter (Register) für die Ordner, Locher, Hefter mit Klammern. Wichtig: Kiste oder Tonne für Altpapier in der Nähe. Außerdem: Stifte in verschiedenen Farben, Marker, Radiergummi, Spitzer, Klebestreifen, Klebstoff

Mehr wissen: Haushaltsformen

In Deutschland, Österreich und der Schweiz gibt es insgesamt etwa 45 Millionen Haushalte, in denen im Durchschnitt eine immer kleinere Zahl von Menschen wohnt (derzeit 2–3) – weswegen die Menge der Haushalte trotz sinkender Bevölkerungszahlen wächst.

SINGLE-HAUSHALTE: Jede sechste Frau und jeder siebte Mann sind Singles. Deren Haushalte lassen sich zwar gut individuell organisieren, da kaum Kompromisse mit anderen nötig sind. Allerdings ist man auch selbst für alles verantwortlich. Freiwillige Singles legen sich häufig Haushaltshilfen zu, da sie aus Überzeugung alleine leben, unfreiwillige Singles erledigen die täglichen Arbeiten lieber selbst. Wichtig dabei ist Selbstdisziplin, Organisationstalent – und ein ordentliches Maß an Routine.

ZWEI-PERSONEN-HAUSHALTE: Ihre Anzahl nimmt stetig zu. Hier leben meist Paare ohne Kinder oder Eltern, deren Nachwuchs ausgezogen ist. Bei ihnen herrscht oft klare Aufgabenteilung. Jeder macht, was er am besten kann, was am meisten Spaß macht, was der andere nicht erledigen kann. Auch hier ist Kompromissbereitschaft gefragt, aber es fällt leichter, gemeinsam die Arbeit hinter sich zu bringen. Steigende Ausnahme: Alleinerziehende.

FAMILIEN-HAUSHALT: Hier fällt die meiste Arbeit an – mehr Raum, mehr Mitglieder (von denen die Kinder viel Betreuung brauchen, aber oft nicht voll mithelfen können), mehr zu organisieren, mehr zu arrangieren. Gegenseitiges Helfen funktioniert nicht perfekt, muss – im Kleinen wie im Großen – in die Wege geleitet werden. Häufig übernimmt ein Familienmitglied die Organisation der „inneren Angelegenheiten".

WOHNGEMEINSCHAFT: Die Zweck-WG findet aus Kostengründen zusammen. Mitbewohner organisieren sich weitgehend getrennt, müssen aber feste Regeln aufstellen, die von allen befolgt werden. Die wichtigsten Fragen am besten bei einem festen Termin einmal im Monat regeln. WGs, deren Mitglieder eher freundschaftlich zusammenleben, funktionieren oft auch mit weniger strengen Strukturen. Aber da es dann eher „menschelt", braucht es auch hier klare Regelungen, damit keine Missverständnisse entstehen, zum Beispiel beim Haushaltsgeld, bei der Besorgung und Verwendung der Lebensmittel, bei Erledigungen und Putzdiensten.

BETREUTE WOHNFORMEN: Für hilfsbedürftige Menschen (Behinderte, Senioren, Kinder und Jugendliche ohne Familie), die nicht mehr alleine die Organisation eines Haushalts leisten können, gibt es sehr unterschiedliche Wohnformen. Das reicht von Anlagen mit abgeschlossenen Wohnungen, in denen zentrale Dienste bestimmte Verrichtungen übernehmen, bis hin zu Pflegeheimen mit einer Rundumbetreuung. Alte Menschen organisieren sich immer häufiger selbstständig in Senioren-WGs, um sich gegenseitig zu unterstützen, einzelne Mitglieder zu pflegen oder möglichst lange einen eigenen Haushalt führen zu können, manchmal sogar in der Rechtsform eines Vereins oder als Eigentümergemeinschaft.

ger verdienen würde, müsste er zu Hause voll ran. Denn das wäre genau das Gehalt, das eigentlich seiner klassischen Rollenfrau zu Hause zusteht – mindestens. Stattdessen hat „mann" heute auch noch 22 Minuten mehr Freizeit pro Tag als „frau" – sagt die EU. Wichtiger als Minutenstatistik ist aber das Selbstverständnis der Mitglieder im Haushalt: Wer kann was – etwa gut mit Formularen klarkommen oder effektiv einkaufen? Und wer macht es tatsächlich? Sind alle mit ihren Rollen zufrieden? Ist das nicht geklärt, kann aus der heimischen Trutzburg schnell ein Schlachtfeld werden. Denn ganz oben in den Charts der Scheidungsgründe steht: die ungerechte Arbeitsteilung zu Hause. Und: Probleme mit den Finanzen. Auch um die in den Griff zu bekommen oder gar nicht erst aufkommen zu lassen, ist unternehmerisches Denken im Haushalt gefragt: Ein- und Ausgaben kontrollieren, Kassensturz machen, Budget anpassen, Rücklagen bilden – und das Feiern dabei nicht vergessen. Wie man das organisiert, steht auch in diesem Kapitel. Packen Sie's an. Blättern Sie um.

846. Zeit und Arbeit planen

Wer Zeit für die wirklich wichtigen Dinge haben will, muss auch bei häuslichen Erledigungen planen. Dafür gibt es einige wichtige Regeln.

– Die 50-Prozent-Regel einhalten: Sie besagt, dass man im familiären Alltag grundsätzlich nur 50 Prozent seiner Zeit mit Arbeit oder Erledigungen verplanen sollte. Die anderen 50 Prozent bleiben frei. Sie dienen als Pufferzonen und entzerren unvorhergesehene Ereignisse (Stau, kranke Kinder, Telefonate). Und die gibt es schließlich immer.
– Eine Liste erstellen, die alle wichtigen Tätigkeiten enthält, die an diesem Tag erledigt werden sollen. Eine Rangordnung strukturiert dabei wesentliche Vorhaben. Alles, was wichtig ist, bleibt stehen, der Rest wird vertagt. Eine Wochen- bzw. Monatsliste im Hintergrund kann dabei helfen.
– Auch Pausen einplanen, in denen man auftanken kann. Das kann ein Abend mit Freunden sein, eine Yoga-Stunde auf dem Wohnzimmerteppich oder ein Einkaufsbummel. Solche Auszeiten vom Alltag unbedingt einhalten.
– Größere Aufgaben in kleinere Teilschritte zerlegen. Der Wäscheberg wird nicht kleiner? Gebügelt und aufgeräumt muss er nach dem Waschen auch noch werden? Für jeden Schritt realistische Zeitfenster festlegen und die dann auch einhalten. Dann klappt's mit der Organisation.
– Die Art und Weise, wie man arbeitet, überprüfen: Vielen Menschen macht es nichts aus, im allergrößten Trubel Alltagsarbeiten zu erledigen. Andere fühlen sich schon gestresst, wenn zwischendurch nur das Telefon klingelt oder der Briefträger an der Tür läutet. Es lohnt sich also, Störfaktoren aufzuspüren und wenn möglich auszuschalten.
– Mini-Jobs gleich erledigen: Da noch ein Anruf, die Zeitungen sortieren, Schuhe putzen: Lauter Minuten-Aufgaben, die einem auf der Seele liegen, weil sie Energie für größere Vorhaben blockieren. Wer sie gleich erledigt beim „Drüberstolpern", schafft Platz für neue Aufgaben.
– Und wenn das alles trotzdem nicht klappt? Alle Tätigkeiten und deren Dauer notieren, die einem wertvolle Zeit stehlen. Die Zeiten zusammenzählen. Am Ende hat man schwarz auf weiß, wo die Zeit geblieben ist. Und man kann entsprechende Gegenmaßnahmen ergreifen.

847. Entrümpeln nach Plan

Die meisten von uns besitzen so viele Dinge, dass der Überfluss zur Belastung wird. Dann gilt es, auszurümpeln – und oft genug emotionale Bindungen zu Dingen abzubrechen.

– Unterscheiden Sie Hobby von Belastung: Mit welchen Dingen beschäftigen Sie sich wirklich gerne, welche Sachen belasten Sie eher?
– Daran erkennt man die Belastung: Das Chaos nimmt zu, weil Sie nicht ran wollen; das Putzen der Dinge nimmt wertvolle Zeit von anderen Tätigkeiten weg; sie finden nichts mehr in dem Chaos, wissen gar nicht mehr, was Sie alles haben, und brauchen dafür immer mehr Stauraum.
– Lassen Sie sich von solchem Gerümpel nicht beherrschen. Da ist dieser halbe Raum voll von alten Sachen aus Jugendtagen? Und der sollte dringend neu gestrichen werden? Aber das ganze Gerümpel auszuräumen wäre viel zu viel Arbeit? Machen Sie es trotzdem, denn

4 SORTEN

Gerümpel und wie es entsorgt wird

1. **Blanker Müll: Im bereit gestellten Müllsack, in der Tonne oder in der Müllkiste landet sofort alles, was weg soll: doppelte Sachen, kaputte Dinge, Müll.**
2. **Herzensdinge: Sie wandern in eine (möglichst kleine) Kiste.**
3. **Give-aways: In einen dritten Behälter kommen Sachen, die Sie weggeben wollen, etwa an Freunde, karitative Sammelstellen, den Wertstoffhof, junge Familien usw. Denken Sie daran, wie sich andere Menschen über für Sie wertlose Dinge freuen können. Oder machen Sie Flohmarkt- oder Ebay-Kisten daraus.**
4. **Fragliches: Dinge, zu denen Sie momentan keine Entscheidung fällen können, kommen ebenfalls in einen Karton. Gibt es nach einer längeren Zeit immer noch keine Entscheidung dazu – weg damit!**

so was bringt nichts Gutes – Ihnen fehlt bloß der Platz und Sie hängen gedanklich nur in der Vergangenheit, was Sie nicht wirklich weiterbringt.
– Aber nicht mit der Brechstange vorgehen, das stresst. Was sich über Jahre angesammelt hat, darf ruhig seine Zeit brauchen, um wieder entsorgt zu werden. Dafür insgesamt ein paar Wochen oder Monate Zeit nehmen und es in kleine Abschnitte teilen. Beginnen Sie mit den Dingen, die schnell zu Erfolgserlebnissen führen. Mit der Zeit bekommen Sie Routine, es wird immer schneller gehen.
– Immer nur einen Schrank, statt die ganze Küche, nur einen Kellerraum statt den ganzen Keller vornehmen. Nur eine Schublade mit Bildern statt das ganze Regal angehen – jeweils in Einheiten von wenigen Minuten bis wenigen Stunden. Machen Sie jede Einheit (Schublade, Ordner, Kiste, Schrank) immer fertig.
– Handelt es sich um große, schwere Gegenstände, die es zu bewegen gilt, ruhig externe Hilfe holen. Entrümpelungsdienste haben darin Erfahrung. Das geht schnell und muss nicht viel kosten.
– Mehr zum Thema Räumen und Entsorgen erfahren Sie im Kapitel „Ordnung haben“ ab Seite 405.

TIPP

Zeitschriften und Kataloge stapeln sich oft zu hohen Türmen und schweren Stapeln. Daher alles Gedruckte mit aktuellem Bezug immer sehr schnell entsorgen. Einzelne, interessante Artikel raustrennen oder ausschneiden. Der Rest ins Altpapier. Das gilt auch für Ratgeberartikel, zum Beispiel aus Frauenzeitschriften. Besser einzelne Rezepte im eigenen Ordner abheften als ganze Jahrgänge an Zeitschriften archivieren. Bei alten Stapeln ein kleines Programm aufsetzen. Jeden Tag einen ganzen oder halben Stapel abarbeiten. Nach ein paar Tagen ist schon alles erledigt.

848. System in den Papierkram bringen

Schnell sammelt sich zu Hause der Papierkram von Wochen und Monaten: Korrespondenzen mit Versicherungen und Behörden, Werbesendungen, Kontoauszüge, Rechnungen, Mahnungen. Ein Ablagesystem ist dringend nötig. Wie es aussieht, auch eine Typfrage.

– Wichtig: Was geht, sofort wegwerfen. Also leere Umschläge, unnötige Werbebriefe, lästige Prospekte.
– Den Rest am besten gleich vorsortieren und griffbereit ablegen. Gut geeignet dafür: dekorative, günstige Boxen aus Karton, Kunststoff oder Holz mit Schubfächern (3 bis 5). Jeder Schublade wird ein bestimmtes Thema zugeordnet: zum Beispiel eine für Kontoauszüge und andere Finanzdokumente, eine für Versicherungen, eine für alles, was mit Einkaufen zu tun hat (beispielsweise Werbesendungen, Gutscheine, Quittungen), usw. Die genaue Einteilung hängt natürlich von Ihren Schwerpunkten ab.
– Wenn das nicht geht, erst mal alles in ein Ablagefach packen, das möglichst leicht zugänglich ist. Ein Karton, unterm Bett verstaut, ist umständlich hervorzukramen und gerät leicht in Vergessenheit.
– Dann je nach Aufkommen ein- bis mehrmals im Monat 1/2 Stunde oder mehr Zeit nehmen, diese Ablage wieder zu leeren. Kontoauszüge abheften, Rechnungen erledigen (wenn diese nicht schon früher anfallen), wichtige Korrespondenzen von unwichtigen trennen.
– Üblicherweise wird in Ordnern abgeheftet. Unterscheiden Sie grundsätzlich zwischen zwei Arten: langfristige Ablage (zum Beispiel Policen, Fahrzeugbrief, abgeschlossene Verfahren usw.) und laufende Vorgänge.
– Der Ordner „laufende Vorgänge“ sollte immer möglichst dünn gehalten und gut sortiert werden. Regelmäßig erledigen hilft da! Zur Sortierung eignen sich am besten neutrale Trennblätter (Register), die individuell beschriftet werden.
– Viele Menschen orientieren sich gerne an Farben: Unter einem rot markierten Trennblatt finden sich etwa besonders dringende Vorgänge wie Mahnungen und andere Terminsachen. Unter dem gelb markierten alle bezahlten Rechnungen, die man wegen der Garantiefristen oder der Steuererklärung noch einige Zeit aufbewahren möchte, usw.
– Wem Farben nicht so liegen, kann die Trennblätter natürlich auch anders kennzeichnen, etwa mit Stichwörtern, Zahlen oder mit dem Alphabet (die beiden Letzteren gibt es schon fertig zu kaufen).
– Jeder abgeschlossene Vorgang wird ein letztes Mal bearbeitet: Das heißt, alles, was nicht mehr benötigt wird, landet gnadenlos im Papierkorb, wichtige Dokumente wandern in die Ordner für die Langzeitaufbewahrung. Diesen bei Gelegenheit ebenfalls durchforsten, ob sich das eine oder andere inzwischen überlebt hat. Auch dann gilt: wegschmeißen.

– Kontoauszüge: Fragen Sie bei Ihrer Bank nach speziellen Heftern, in die Kontoauszüge genau hineinpassen. Diese erhält man in der Regel kostenlos. Die so abgehefteten Auszüge passen dann auch in eine Schublade und sind immer wohl sortiert. Alternative. Es gibt spezielle Stehordner, in die zwei Reihen der meistens im Querformat gedruckten Kontoauszüge passen.

849. Computer auswählen

In mehr als 70 Prozent der Haushalte steht mindestens ein Computer. Die Hälfte der Bevölkerung zwischen 14 und 65 Jahren hat damit Zugriff auf einen Rechner. Aber für was eignet sich der elektronische Helfer? Und was muss man beachten?

– Ein Computer wandelt sich immer stärker von einem System, mit dem man Briefe schreibt, Statistiken erstellt oder Computergames spielt, hin zu einem Mediencenter, das Bilder, Filme und Musik abspielt, vervielfältigt und verwaltet. Auch das Internet gehört fast schon zum Standard.

– Texte, Grafik und Tabellen sind Standardanwendungen, die jeder Computer können sollte. Vorinstalliert sind entsprechende Programme aber nicht immer. Sie kosten zusätzlich Geld. Reden Sie mit Ihrem Händler, ob er Ihnen im Rahmen des Kaufes ein günstiges Softwarepaket „obendrauf packt".

– Mit der Textverarbeitung können Sie alle Korrespondenzen schneller erledigen als ohne Computer, weil Sie stets alte Vorlagen schnell abändern können. Mit vielen Textprogrammen lassen sich heutzutage auch Einladungskarten und andere grafische Produkte gestalten. Besser ist aber ein DTP-Programm (Desktop-Publishing-Programm).

– Mit der Tabellenkalkulation können Sie nicht nur Ihre Finanzen erfassen, sondern auch Budgetpläne erstellen, Zinsen ausrechnen lassen oder Bauvorhaben planen. Haben Sie einmal solche Tabellen aufgebaut, rechnen diese Ihnen alles weitere automatisch aus. Wer ein Archiv pflegt, zum Beispiel als Briefmarken- oder Münzensammler, kann mit Tabellenprogrammen oder einer kleinen Datenbank seinen Bestand erfassen, aktualisieren und auswerten lassen.

– Lerncomputer: Wer für sein Kind – oder auch für sich selbst – einen Lerncomputer anschaffen möchte, sollte unbedingt an einen guten Bildschirm und gute Lautsprecher denken. Da Lernsoftware häufig mit Animationen und Filmen arbeiten, müssen Rechnergeschwindigkeit, Sound- und Grafikkarte entsprechende Leistungen erbringen, sonst macht das Lernen keinen Spaß.

– Medien: Wer Bilder, Musik und Filme liebt, braucht einen Multimediacomputer mit entsprechenden Anschlüssen, beispielsweise für eine Videokamera, und mit einer leistungsfähigen Innenausstattung, denn die Verarbeitung der Mediendaten fordert vom Rechner Höchstleistungen. Ein großer, gut auflösender Bildschirm und gute Lautsprecher sind für ungetrübten audiovisuellen Genuss notwendig.

– Ein CD-/DVD-Laufwerk bzw. ein CD-/DVD-Brenner sollten vorhanden sein, um Daten zu archivieren oder weiterzugeben. Auch die Festplatte muss eine große Kapazität besitzen, damit die Speicherplatz raubenden Filme hier ihren Platz finden.

– Wer sich eine Digitalkamera angeschafft hat, wird ohne leistungsfähigen Computer und guten Drucker nur die halbe Freude haben. Immer mehr Menschen digitalisieren zu Hause ihre alten Medien – Kassetten, Schallplatten, Super-8- und VHS-Filme, Dias. Wenn Sie dies ebenfalls vorhaben, sollten Sie sich im Fachhandel dringend nach dem passenden Computersystem erkundigen – und viel Zeit dafür einplanen, um mit den Programmen vertraut zu werden.

– Mehr zum Thema „Arbeiten mit Computer" finden Sie ab Seite 478.

TIPP

... für den Computerkauf:
Bei einer Computeranschaffung sollten Sie sich also immer klar machen, wofür das Gerät verwendet wird und wer es benutzt: Reicht eine einfache Textverarbeitung, sollen Medien bearbeitet und verwaltet werden oder wollen Ihre Kinder oder Sie vor allem Spiele spielen? Muss es kindgerecht sein oder für knallharte Games herhalten. Muss das Gerät internetfähig sein? Im Fachhandel sich immer nach dem passenden System erkundigen und unbedingt Preise und Komponenten per Checkliste vergleichen. Komplettangebote sind häufig günstig, auch wenn sie Komponenten enthalten, die vielleicht nicht unbedingt notwendig sind. Eine spätere Aufrüstung wäre sicherlich teurer. Manchmal kommt der Appetit erst mit dem Essen.

850. Laptop oder Desktop?

Waren Laptops früher sündhaft teuer, ist der Unterschied im Anschaffungspreis zum Desktop stark geschrumpft. Sie eignen sich also durchaus für den Heimgebrauch.

– Wer sich daheim keinen festen Computerarbeitsplatz einrichten will oder kann, für den ist ein Laptop sicherlich die bessere Alternative. Laptops sind tragbare Computer mit integriertem Bildschirm. Seine Ausmaße sind nicht größer als die eines großen Buches.
– Sein Vorteil: Er kann jederzeit zusammengeklappt in einem Schrank oder in einer Schublade verstaut werden, nimmt also wenig Platz weg. Außerdem kann man mit ihm praktisch überall im Haus arbeiten. Ein Drucker nimmt natürlich zusätzlichen Platz weg.
– Desktops haben größere Ausmaße. Der Bildschirm ist immer getrennt vom Rechner und kann sehr groß ausfallen – zum Beispiel, wenn man gerne grafisch arbeitet oder Filme bearbeitet. Desktops sind oft besser aufrüstbar, da bestimmte Bauteile einfacher ausgetauscht werden können als beim Laptop.
– Müssen beim Laptop zum Beispiel ein zusätzlicher CD-Brenner oder eine Festplatte als separates „Kästchen" angeschlossen (und dann auch verstaut) werden, finden diese Bausteine in der Regel noch im Gehäuse eines Desktops Platz.

851. Internet zu Hause nutzen

Die überwiegende Mehrheit der Computer in Haushalten hat bereits einen Internetanschluss. E-Mails schreiben ist die beliebteste Online-Anwendung. Neben der Vermittlung von neuen oder intensiveren Kontakten mit der Außenwelt kann das Internet aber auch Geld und Zeit sparen.

– E-Mails: Es ist offenbar schon verlockend, mit anderen Menschen, egal, wo sie sich gerade auf dem Globus aufhalten, zu kommunizieren. Viele Familien halten per E-Mail viel engeren Kontakt miteinander als früher. Auch so manche alte Schulfreunde haben sich im Internet wieder gefunden. Viele Dienstleister und Behörden bieten inzwischen Informationen per E-Mail an, sodass sich so manches Telefonat oder so mancher Briefwechsel erübrigt. Aber nicht jedes! Mehr zur E-Mail-Etikette in Ratschlag Nr. 921, Seite 499.

– Informationsbeschaffung: Wer den Autor eines Buches sucht, den Text eines Gedichtes, eine Anleitung zum Bau eines Tisches, die neuesten Nachrichten, ein Medizinlexikon und tausend andere Dinge mehr: Über Suchmaschinen findet man im Internet die passende Information, oder zumindest einen ersten Hinweis, wo es mehr dazu gibt. Und das meistens sogar kostenlos. Die Gefahr besteht allerdings, sich bei der Suche an Plätze zu verirren, wohin man eigentlich gar nicht wollte – und dabei viel Zeit zu verlieren.
– Reiseplanung: Ob Pauschalreise, nur Flug, Abenteuerurlaub oder Privatbuchungen direkt vor Ort – Online ist alles möglich, bis hin zur Bezahlung. Immer mehr Menschen nutzen die virtuelle Welt zur Verwirklichung von Urlaubsträumen. Datenbanken suchen die günstigsten Angebote. Die Reiseplanung und -buchung gehört zu den am häufigsten genutzten Möglichkeiten im Internet. Nachteil: kein Service, keine direkten Ansprechpartner.
– Online-Banking: Den gesamten Zahlungsverkehr über das Girokonto abwickeln – und zwar von zu Hause aus. Das gehört inzwischen zu den Standardangeboten der Banken. Reine Direktbanken arbeiten ganz ohne Filialen nur noch über Online- und Telefontransaktionen sowie -beratungen und bieten dafür oft Zinsen auf Guthaben. Mehr dazu im Ratschlag Nr. 856, Seite 461.
– Online-Shopping: Preisvergleich im Internet lohnt sich immer, denn zahllose Versandhändler bieten ihre Ware feil mit erstaunlichen Preisspannen, die oft weit unter den Preisen des Einzelhandels, auch der Discounter, liegen. Preisvorteile von 20 bis 30 Prozent sind durchaus drin. Nicht die größten Anbieter sind immer die billigsten. Fast alle Arten von Waren sind vertreten von Asthmatikerzubehör, Küchengeräte, Hifi-Anlagen bis Ziegenkäse. Einschlägige Suchmaschinen vergleichen die Angebote der Händler und suchen das Günstigste heraus. Der große Trend: Filme und Musik aus dem Internet, nicht über illegale und halblegale Tauschbörsen, sondern ganz legal über kommerzielle Anbieter.
– Ebay & Co.: Online-Marktplätze wie der große Vorreiter Ebay boomen immer noch. Hier wird Gebrauchtes oder Neues feil geboten, Sie können selbst wenig oder Ungebrauchtes wieder loswerden. Natürlich gegen Provision, die an den Marktplatz bezahlt werden muss. Besonders gut ist man hier aufgehoben, wenn Sie speziellere Dinge suchen, etwa Sammlerartikel, weil ein großes Angebot vorherrscht. Aber Vorsicht: Da hier versteigert wird, kann sich ein Preis schnell nach oben

schrauben. Billig muss deshalb die ersteigerte Trophäe nicht unbedingt sein.
– Jobsuche: Der gesamte private Jobmarkt hat sich in den vergangenen Jahren von den Zeitungen in das Internet verlegt. Wer also gezielt eine Arbeitsstelle sucht, kommt am Internet nicht vorbei. Von großen Stellenbörsen bis hin zu hochspezialisierten Jobvermittlungen für ganz bestimmte Branchen ist alles vetreten.
– Weitere Bereiche im Internet: Wohnungsmarkt, Automarkt, Büchermarkt, Partnersuche und mehr.

852. Finanzen organisieren

Nur wer im Dickicht seiner eigenen Finanzen den Überblick behält, hat seine Ausgaben im Griff und kann am Ende sparen.

– Der Umgang mit Geld sollte nicht zum zentralen Thema im Leben werden. Darum immer zwei Prinzipien beachten. Erstens: Man kann auf Dauer nicht mehr ausgeben, als man einnimmt. Und zweitens: Vorhandenes Kapital, sprich: übriges Geld, kann unterschiedlich risikoreich vermehrt werden.
– Jede solide Finanzplanung beginnt daher mit einem Kassensturz. Dazu sollte man in Form einer Tabelle aufschreiben, welche Einnahmen jeden Monat zur Verfügung stehen (netto). In der Spalte gegenüber werden die monatlichen Ausgaben aufgeführt. Für die präzise Aufstellung eignet sich ein Haushaltsbuch. Wer lieber mit einem PC arbeitet, findet eine große Auswahl an Finanzplanungs-Software, die es meist für zweistellige Euro-Beträge zu kaufen gibt. Vorteil: Die Software übernimmt die Sortierung der einzelnen Posten und ermöglicht die Erstellung unterschiedlicher Szenarien nach dem Was-wäre-wenn-Prinzip.
– Ehrlichkeit und Selbstkritik ist angesagt. Auf keinen Fall vergessen darf man folgende Punkte: Miete bzw. Hypothek, Hausrate, Strom, Gas, Erdöl, Wasser und Abwasser, Telefon, weitere Wohnungsnebenkosten wie Müllabfuhr oder Grundsteuer, Kosten rund ums Auto: Benzin, Kfz-Versicherung, Kfz-Steuer, Kundendienste, Leasingrate.
– Auch die jährlichen Ausgaben wie Haftpflicht-, Grundbesitz-, Hauseigentümer- oder Wohngebäudeversicherungen gehören in die Liste. Nicht fehlen dürfen des Weiteren: Hausratversicherung, Krankenversicherung, weitere Versicherungen wie private Haftpflicht, Lebensversicherungen, Steuern.
– Bei der Aufstellung der Lebenshaltungskosten muss man realistisch rechnen. Denn dazu gehören auch: Verbindlichkeiten (Kredite), Steuerschulden und ein Betrag von rund 300 bis 400 Euro pro Familienmitglied im Monat, in dem alle weiteren Ausgaben wie Kauf einer Glühbirne oder der Theaterbesuch enthalten sind.
– Ist dieser Teil der Finanzplanung absolviert, kann man sich den langfristigen Anlagen und Ausgaben widmen. Welche Kredite laufen über wie viele Jahre und zu welchen Konditionen? Welchen festen Betrag legt man regelmäßig an – etwa für die Altersvorsorge oder als Eigenkapital für den Haus- bzw. Wohnungskauf?
– Bei jeder langfristigen Finanzplanung sollte man auf die Zurückstellung einer eisernen Reserve achten. Und: Im Notfall sollte man dieses Geld auch von einem Tag auf den anderen abheben können.

853. Haushaltsgeld berechnen

„Wer zahlt, schafft an“ – diese Maxime gilt beim Haushaltsgeld schon lange nicht mehr. Wer sich zusammentut, muss auch zusammenlegen. Die Einteilung des Geldes sollte dann nur noch Rechensache sein.

– In vielen Partnerschaften ist Geld für tägliche Ausgaben das Konfliktthema Nummer 1. Vor allem, wenn nur ein Verdiener die ganze Familie versorgen muss. Das grundsätzliche Recht auf Haushaltsgeld ist sogar gesetzlich geregelt. Auch für den Hausgebrauch sind diese Richtlinien hilfreich: Danach wird ein Drittel des Einkommens fürs Haushaltsgeld reserviert, ein Drittel für Miete und Nebenkosten, ein Drittel für Anschaffungen, Sparverträge, Freizeit-Aktivitäten, Taschengeld für Kinder.
– Vom Haushaltsgeld werden laufende Kosten bestritten, also: Essen, Kleidung, Benzin, Schulsachen, Zeitungen/Zeitschriften, Körperpflege- und Putzmittel. Teure Extras wie ein Designer-Kleid, die Golfausrüstung oder der Wäschetrockner sollten aus den Ersparnissen finanziert werden.
– Im Idealfall setzen sich beide Partner zusammen und überlegen gemeinsam, wie viel Geld wofür zur Verfügung stehen soll.
– Für den persönlichen Luxus (Zigarretten, Stadionbesuch, Kosmetika, teure Schuhe etc.) am besten jedem ein „Taschengeld“ berechnen. Fünf bis sieben Prozent des Nettoeinkommens gelten dabei als ungefähre Messlatte.

TIPP

... zur Kontoführung ohne Zoff:

- **Damit beide Partner Zugriff auf Konten und damit Geld für den täglichen Bedarf haben, empfiehlt sich das Dreier-Modell. Die Partner haben ein gemeinsames Konto und je ein eigenes. Auf das gemeinsame Konto gehen sämtliche Einkünfte (Haupteinkommen des Partners, aber auch geringe Nebeneinkünfte des anderen). Davon werden sämtliche Fixkosten (Miete, Telefon, Sparverträge) und das Haushaltsgeld bestritten. Was am Monatsende übrig bleibt, geht zu gleichen Teilen auf die eigenen Konten der Partner.**

Zweite Variante: Jeder Partner zahlt von seinem Konto einen vorher ausgemachten Anteil auf das gemeinsame Konto. Der Rest vom Gehaltskonto ist für die freie Verwendung.

854. Haushaltsbuch führen

Alle Einnahmen und Ausgaben notieren – das ist mit Aufwand verbunden, doch es zahlt sich aus, vor allem, wenn wegen schwarzer Löcher in der Kasse das Geld am Monatsende notorisch nicht reicht: Man erhält einen genauen Überblick darüber, wo das Geld bleibt.

– Für die individuelle Haushaltsbuchführung (in einem kompakten, karierten DIN-A-5-Buch) kann man ein eigenes Monats-Raster entwickeln, getrennt nach Einnahmen (Haushaltsnetto-Einkommen, Urlaubs- und Weihnachtsgeld, Geldgeschenke etc.) und Ausgaben (Miete, Strom, Kleidung, Urlaub, Lebensmittel etc.).
– Wer sich damit auskennt, kann natürlich mit einer Tabellenkalkulation am Computer die Sache etwas professioneller angehen und automatische Berechnungen anstellen lassen. Nachteil: Nicht jedes Familienmitglied ist gleich firm mit der Technik, ein handschriftliches Verzeichnis lässt sich da wohl nicht umgehen.
– Zunächst alle festen Ausgaben wie Miete, Strom, Versicherungen auflisten. Dazu gehören auch Rechnungen oder Versicherungsbeiträge, die viertel- oder halbjährlich anfallen. Diese Beträge auf den Monat umrechnen.
– Die Zahlungsart wird daneben gekennzeichnet. Zum Beispiel mit Ü = Überweisung oder B = Bargeld oder E = Einzugsermächtigung.
– So zeigt sich, welche Beträge – oft sind das weit mehr als 50 Prozent des Familieneinkommens – bereits verplant sind. Was unterm Strich übrig bleibt, gibt den Rahmen für die variablen Ausgaben vor. Diese aktuelle Summe mit Rotstift notieren.
– Nun ist Disziplin gefragt: Alle Kassenbons müssen gesammelt werden – und zwar in einem eigenen Fach im Geldbeutel. Für Ausgaben ohne Bon immer einen Notizblock und Stift mitführen und Beträge gleich nach dem Kauf notieren!
– Möglichst jeden Tag, spätestens jedoch alle 2 bis 3 Tage, sämtliche Ausgaben in das Buch eintragen. Für den besseren Überblick sorgen eigene Sparten. Zum Beispiel: Lebensmittel, Genussmittel, Zeitschriften, Kleidung etc. Ausgaben, die nicht in den Rahmen eines Monats hineinpassen (Handwerker etc.), unter „Besondere Ausgaben“ vermerken.
– Ausgaben, die mit der Karte bezahlt wurden, mit einem K kennzeichnen, um später die Zahlungen besser nachvollziehen zu können.
– Nach der ersten Monatshälfte die Zwischensumme berechnen. So wird schnell klar, wie viel Geld für den restlichen Monat noch zur Verfügung steht.
– Am Monatsende werden alle veränderlichen Ausgaben addiert. Diesen Betrag sowie die Summe der fixen Ausgaben zieht man von den Gesamteinnahmen (in der Regel sind das Gehalt bzw. Lohn plus eventuelle Geldgeschenke oder Zusatzeinnahmen wie Weihnachts- oder Urlaubsgeld) ab. Unterm Strich hat man dann das Monatsergebnis schwarz auf weiß – oder auch in roten Zahlen.
– Die Ergebnisse der einzelnen Monate miteinander vergleichen. So stellt sich recht schnell heraus, wo man eventuell über die Stränge geschlagen hat und gegebenenfalls den Rotstift ansetzen kann.

855. Die richtige Bank finden

Banken werben mit markigen Sprüchen oder vermitteln das Gefühl der Exklusivität. Hinter den Angeboten verbergen sich aber große Unterschiede.

– Bevor man sich für seine Hausbank entscheidet, sollte man wissen, was man will. Wer sein Konto ausschließlich als Girokonto bzw. Gehaltskonto benötigt, findet bei zahlreichen Geldinstituten verlockende Angebote.
– So bieten viele Banken bei einem regelmäßigen monatlichen Geldeingang über einem bestimmten Be-

BANKGESCHÄFTE

• Überweisung: So gelangt das Geld elektronisch vom Konto des Absenders zum Empfänger – per schriftlichem Auftrag (kostet oft), über den Bankautomat oder per Internet bzw. Telefon. Je nach Bank werden hierfür unterschiedlich hohe oder gar keine Gebühren fällig. Normalerweise sollte bei einer Inlandsüberweisung das Geld nach spätestens 2 Tagen auf dem Konto des Empfängers verbucht sein. Das Absenderkonto wird sofort belastet.

• Auslandsüberweisung: Sie funktioniert nach dem gleichen Prinzip, unterscheidet sich aber bei der Höhe der Gebühren deutlich von Inlandsüberweisungen. Die genauen Konditionen muss man bei seiner Bank in Erfahrung bringen. Auslandszahlungen erfolgen mithilfe zweier Kennzahlen: IBAN und BIC. Die IBAN (International Bank Account Number) ist eine standardisierte, internationale Bankkontonummerierung mit bis zu 34 Stellen. Der BIC (Bank Identifier Code, auch SWIFT-Code genannt) ist ein Code für die Empfängerbank. Fragen Sie bei Ihrer Bank nach.

• Verrechnungsscheck: Jeder Kunde kann sich von seiner Bank Scheckvordrucke aushändigen lassen. Diese werden dann als Zahlungsmittel eingesetzt – wenn der jeweilige Geschäftspartner das akzeptiert. Denn Schecks sind in der Regel nicht automatisch gedeckt. Ist das Konto überzogen, wird die Bank den Scheck nicht einlösen. Wer einen Scheck als Zahlungsmittel akzeptiert, muss dem Scheckaussteller vertrauen. Beim Einlösen des Verrechnungsschecks wird der Betrag auf das Konto des Scheckempfängers gutgeschrieben, es erfolgt also keine Barauszahlung, sichtbar an dem Verweis: „nur zur Verrechnung".

• Barscheck: Der Empfänger des Schecks muss damit zur Kasse der ausstellenden Bank gehen und sich den Betrag in bar aushändigen lassen. Barschecks können in jeder Bank eingelöst werden – aber fremde Institute können dafür eine bestimmte Gebühr einbehalten.

• Orderscheck: Wer hohe Beträge über Scheck bezahlen möchte, kann auf den so genannten Orderscheck zurückgreifen. Der Geldbetrag wird nur dann ausgezahlt bzw. gutgeschrieben, wenn der Empfänger den Scheck eigenhändig unterschrieben hat. Auf diese Weise wird sichergestellt, dass das Papier in die richtigen Hände gelangt ist.

• Einzugsermächtigung: Mit ihrer Hilfe erspart man sich lästige Bankwege oder mühevolles Eintippen der Überweisungen am PC. Die Einzugsermächtigung erlaubt es dem Empfänger, einen genau festgelegten Betrag vom Konto des Ausstellers abbuchen zu lassen. Besonderer Vorteil dieser Methode: Gegen jede Abbuchung kann der Aussteller der Einzugsermächtigung ohne Angabe von Gründen einen Widerspruch einlegen. Das möglicherweise versehentlich oder falsch abgebuchte Geld ist dann binnen eines Tages wieder auf dem Konto des Ausstellers.

• Dauerauftrag: Diese Methode garantiert die regelmäßige Überweisung eines bestimmten Geldbetrages zu einem festen Zeitpunkt. Sinnvoll ist der Dauerauftrag beispielsweise bei Mietüberweisungen oder Vorauszahlungen an die Energieversorger.

trag das Girokonto kostenlos an. Achten Sie aber auf Überziehungszinsen und die Kulanz beim Dispo.

– Und Vorsicht: Auch die Nebenkosten der Kontoführung spielen eine wesentliche Rolle, zum Beispiel die Gebühr am Bankautomat fremder Banken, die bis zu 5 Euro je Abhebung beträgt. Wer zuvor eine günstige Bank, aber ohne ein ausreichendes Filialnetz hat, kann da mächtig draufzahlen.

– Für die Finanzierung größerer Anschaffungen kann unter Umständen neben der Hausbank auch eine andere Bank her, etwa die Banken der Warenanbieter. So bieten Autobanken führender Fahrzeughersteller Finanzierungspläne für den Kauf des Autos zu weitaus günstigeren Konditionen als herkömmliche Kreditinstitute an. Der Zinsunterschied kann mehrere Punkte zum Angebot der Hausbank ausmachen.

– Wer seine Immobilie finanziert, kann die Hausbank wechseln und nach günstigeren Kreditgebern Ausschau halten. Schlauer allerdings ist es, den günstigsten Anbieter zu ermitteln und dann die Hausbank zu bitten, die gleichen Konditionen einzuräumen. Während Direktbanken die Kundenbetreuung ausschließlich über Telefon und Internet anbieten und kaum mit sich reden lassen, sind Filialbanken – innerhalb ihrer Möglichkeiten – oft zu einem Entgegenkommen bereit. Das hängt aber auch stark von der momentanen Finanzierungsstrategie des Instituts ab.

856. Telefon- und Internet-Banking

Nahezu jede Bank bietet den Service an, bei dem man von zu Hause aus auf sein Konto zugreifen kann.

– Bankgeschäfte können allein mit dem Telefon getätigt werden. Man ruft eine spezielle Telefonnummer der Bank an. Die Bankgeschäfte werden im Dialog mit einem automatischen Sprachsystem getätigt, etwa Abfrage des Kontostandes, Überweisungen oder Kauf und Verkauf von Wertpapieren.
– Eine Geheimzahl sorgt für die Sicherheit beim Telefon-Banking. So kann niemand außer Ihnen auf die Konto- und Depotinformationen zugreifen. Die Geheimzahl wird verschlüsselt und in einem speziellen Computersystem gespeichert.
– Auch beim Internet-Banking kann man seine Bankgeschäfte von zu Hause aus erledigen. Überweisungen, Daueraufträge, Wertpapierhandel und anderes ist damit möglich. Allerdings braucht man einen Computer mit Internetzugang.
– Um diesen Service in Anspruch zu nehmen, muss man sich jedoch zuvor bei seiner Bank anmelden. Sie verschickt dann per Brief die geheimen Zugangsdaten für die Transaktionen.
– Um die für das Internet-Banking nötigen Sicherheiten zu bieten, gibt es immer das so genannte PIN/TAN-Verfahren. Die PIN (persönliche Identifikationsnummer) ist eine nur dem Nutzer bekannte Nummer, die die Funktion eines Passwortes hat.
– Die Transaktionsnummern (TANs) sind wie Unterschriften, die für jeden Vorgang eingegeben werden. Jede der nach dem Zufallsprinzip erzeugten Ziffernfolgen kann nur einmal verwendet werden und verfällt dann. Der Zugang wird automatisch verweigert, wenn die Identifikationsnummer drei Mal hintereinander falsch eingegeben wurde.
– Weitere Verfahren, etwa die Verschlüsselung der Inhalte, die übers Internet versendet werden, erhöhen die Sicherheit des Internet-Bankings.

4 TIPPS für sicheres Internet-Banking

1. **PIN und TAN nie auf dem Rechner speichern und nie zusammen einem Dritten zeigen.**
2. **PIN regelmäßig ändern. Leicht zu erratende Kennwörter wie gleiche Zeichen und regelmäßige Zeichenfolgen (12345) ebenso wie Geburtstage, Postleitzahlen, Telefonnummern oder bekannte Zeichenfolgen (wie 4711 und 0815) sind ein Risiko.**
3. **Unklare Buchungen unverzüglich bei der Bank melden.**
4. **Auf telefonische, schriftliche oder per E-Mail gestellte Anfragen nach Bekanntgabe der PIN/TAN niemals antworten. Auch dann nicht, wenn der Absender die Bank zu sein scheint. Kein Mitarbeiter der Bank darf den Kunden nach diesen Daten fragen.**

857. Schulden machen

Jeder macht Schulden, fast jeder hat Schulden, selbst der Staat. Das ist nicht anrüchig, solange die Rückzahlung des geliehenen Geldes gesichert ist. Dazu gibt es ein paar wichtige Regeln zu beachten.

– Kredite sind eine sinnvolle Methode, um eigene flüssige Reserven zu schonen und trotzdem Anschaffungen zu finanzieren. Doch Vorsicht: Immer nach günstigen Zinskonditionen Ausschau halten. Die Spanne zwischen günstig und teuer kann je nach Bank mehrere Prozentpunkte betragen.
– Ob Dispkredit auf dem Girokonto, ein Darlehen von der Bank oder Ratenkauf: Es ist immer das gleiche Prozedere: Stets den effektiven Jahreszins als Vergleichswert geben lassen. In ihm sind die Nebenkosten bereits enthalten (nicht so im nominalen Zinssatz). Es geht aber noch weiter mit der kritischen Begutachtung eines Angebots: Gibt es zusätzliche Nebenkosten, die nicht im effektiven Jahreszins bereits enthalten sind?

Und: Nach der Höhe der Verzugszinsen erkundigen, also wenn die Raten nicht pünktlich gezahlt werden können. Erst nach Vergleich dieser Werte von mehreren Kreditangeboten zugreifen.
– Es ist viel Rechnerei, aber gerade bei kleineren Kreditsummen können Bearbeitungsgebühren sehr stark ins Gewicht fallen. So wird ein Kredit auch umso teurer, je kürzer die Laufzeit des Darlehens ist.
– Nie leichtsinnig werden: Ratenkauf ist heute in Minuten über die Bühne gebracht. Sobald man zum Beispiel anfängt, eine solchen „Finanzkauf" mit einem Kredit bei der Bank zu finanzieren, schaukelt man die Nebenkosten für die ursprüngliche Kaufsumme weiter nach oben.
– Auf Dauer kann dies zur Zahlungsunfähigkeit führen. Testen Sie daher immer erst Ihr Budget (siehe dazu Ratschlag Nr. 852, Seite 458).

858. Schulden abbauen

Zu viele Verpflichtungen, fehlende Reserven oder schlichtweg Pech – etwa Arbeitslosigkeit oder schwere Krankheit – können dazu führen, dass man zahlungsunfähig wird. Also seine Rechnungen nicht begleichen kann oder sogar allein die Schuldzinsen schon die Einnahmen auffressen. Dann helfen nur ein aufrechter Gang und ein straffes Entschuldungsprogramm.

– Die sinnvollste und wirklich einzige Art, mit seinem eigenen Konkurs umzugehen, ist Offenheit und die Bereitschaft, seine Schulden wenigstens zum Teil zu begleichen.
– Dazu sollte man sich als erstes mit den Gläubigern in Verbindung setzen. Wer die Karten auf den Tisch legt und eine angemessene Ratenzahlung anbietet, die deutlich unter der Belastungsgrenze liegt, wird fast jeden Gläubiger überzeugen. Wichtig dabei: nur versprechen, was man auch einhalten kann. Auch ein Gespräch mit der Bank ist wichtig.
– Sind Haus oder Wohnung in Gefahr, weil man die Hypothekenraten nicht mehr aufbringen kann, hilft meistens ein Gespräch mit dem Steuerberater und der Bank. Der Steuerberater wird mit der Bank die Aussetzung der Tilgung aushandeln. Wer dann die Darlehenszinsen pünktlich aufbringt, gewinnt wertvolle Zeit – und behält sein Eigentum.
– Auf jeden Fall ist der Besuch einer Schuldnerberatungsstelle hilfreich, in manchen Fällen sogar ein Muss. Denn dort wird man gemeinsam mit dem Schuldner die individuelle Lage erörtern und Lösungswege aufzeigen – in der Regel ein straffes Entschuldungsprogramm.
– Auch Schuldnern stehen alle Sozialleistungen (Arbeitslosengeld, Wohnhilfe) zur Verfügung. Diese unbedingt nutzen. Sie rechtzeitig zu beantragen, schützt vor dem Absturz – und zeigt zudem den Gläubigern, dass ohne eine Einigung im Sinne beider Parteien nichts mehr zu holen ist.
– Einen zusätzlichen Weg bietet die gerichtliche Schuldenregulierung. In Deutschlang gibt es je nach Bundesland Unterschiede in der Verfahrensweise – die Schuldnerberatung hilft auch bei der Abwicklung dieses wichtigen Schrittes, bei dem am Ende einem Neuanfang nichts mehr im Wege steht.

TIPP

Wie finden Sie eine Schuldnerberatungsstelle?
• Im Branchenbuch und im Internet unter dem Stichwort „Schuldnerberatung"
• Bei den Verbraucherberatungsstellen
• Aber auch Ihre Bank, Ihr Steuerberater oder das Arbeitsamt kann Ihnen weiterhelfen.

859. Eine private Haftpflichtversicherung abschließen

Egal, ob man als Radfahrer einen Unfall verursacht, bei Freunden Rotwein auf dem Teppich verschüttet oder sich versehentlich auf die neue Designerbrille des Chefs gesetzt hat: Die private Haftpflichtversicherung bietet Schutz und gehört zur absoluten Minimalausstattung eines jeden Haushalts.

– Für rund 90 Euro im Jahr ist man in der Regel mit bis zu einer Million Euro pauschal für Personen- und Sachschäden versichert.
– Besser und sicherer ist es jedoch, eine Versicherung mit hoher Deckungssumme (bis zu 5 Millionen Euro) abzuschließen.
– Sie sparen 10 Prozent des Versicherungsbeitrags, wenn Sie einmal pro Jahr zahlen. Noch einmal 10 Prozent gibt es, wenn Sie von vornherein einen Fünfjahresvertrag abschließen. Die 10 Prozent bekommen Sie auch, wenn Sie Ihren alten Vertrag entsprechend ändern.

– Der Schutz der privaten Haftpflichtversicherung gilt rund um die Uhr und besteht auch bei weitergehendem Auslandsaufenthalt bis zu 1 Jahr.
– Mitversichert ist die ganze Familie, auch unverheiratete, volljährige Kinder, die sich noch in der Schul- oder einer unmittelbar daran anschließenden beruflichen Erstausbildung (Lehre und/oder Studium) befinden. Bei eheähnlichen Lebensgemeinschaften genießen beide Partner den vollen Schutz, wenn sie namentlich im Versicherungsantrag genannt werden.
– Die Kündigungsfrist der Versicherung beträgt meistens 3 Monate. Kündigen Sie nicht, verlängert sich der Vertrag automatisch jeweils um 1 Jahr.
– Wichtig zu wissen: Kinder bis zum 7. (im Straßenverkehr bis zum 10.) Lebensjahr haften nicht für die von ihnen angerichteten Schäden. Haben die Eltern des Kleinkindes nachweislich ihre Aufsichtspflicht verletzt, zahlt die Haftpflichtversicherung der Familie.
– Es lohnt sich nicht, in den Vertrag eine Klausel mit Selbstbeteiligung aufzunehmen, da es meist um hohe Summen geht. Allerdings sollte man kleinere Schäden nicht über die Versicherung regeln, da jeder Vertrag nach einer Schadensregulierung gekündigt werden kann.
– Es lohnt sich immer, die Angebote der Versicherungen zu vergleichen. Im Internet gibt es mehrere einschlägige Seiten, die einen regelmäßig aktualisierten Vergleich anbieten.

860. Hausratversicherung abschließen

Sie ist unverzichtbar für den Fall, dass die Waschmaschine ausläuft, Einbrecher ein Fenster aufhebeln, ein Sturm das Dach abdeckt oder ein Feuer die Wohnung verwüstet: die Hausratversicherung.

– Über eine Hausratversicherung sollte man spätestens dann nachdenken, wenn mit der Einrichtung ein paar Tausender zusammengekommen sind. Das gilt für Mieter wie für Eigentümer.
– Was die Hausratversicherung kostet, richtet sich nach der persönlichen Lebenssituation, der versicherten Summe und nach dem Wohnort. Der Standardschutz für einen Hausrat im Wert von 50.000 Euro kostet etwa 170 Euro im Jahr.
– Die Versicherungssumme kann man nach einer Formel selbst berechnen: Quadratmeter der Wohnfläche multipliziert mit 600 Euro.
– In der Regel kommt die Versicherung für Schäden durch Feuer, Leitungswasser, Sturm ab Windstärke acht und Hagel sowie Einbruchdiebstahl und Vandalismus auf. Versichert ist der komplette Hausrat, von Möbeln, Gardinen, Wäsche, über Schrankinventar bis hin zu Elektrogeräten.
– Die Versicherung bezahlt den Wiederbeschaffungswert der zerstörten oder abhanden gekommenen Gegenstände. Wertsachen wie Bargeld, Schmuck oder Pelze, Wertpapiere oder Kunstwerke können mit einem Anteil der Versicherungssumme (zum Beispiel 20 Prozent) abgesichert werden.
– Wer besonders kostbare Dinge besitzt, etwa sehr wertvollen Schmuck, teure Kunstgegenstände oder Antiquitäten, sollte eine Spezialversicherung abschließen bzw. die Deckungssumme aufstocken.
– Tipp: Legen Sie eine Liste der wertvollen Gegenstände an, die Sie auch immer wieder aktualisieren sollten, und hinterlegen Sie diese zusammen mit den Kaufbelegen außerhalb Ihrer Wohnräume (zum Beispiel in einem Schließfach). Bei einem Schadensfall wird nur gezahlt, was nachgewiesen werden kann.
– Fahrräder sind nicht automatisch in der Hausratversicherung mitversichert. Deshalb die Vertragsklauseln genau studieren und evtl. eine eigene Fahrradversicherung abschließen!

861. Sparsam sein ohne Geiz

Geiz war nie geil – das merkt man spätestens dann, wenn der Chef beim Gehalt geizt, weil er nichts mehr für gutes Geld verkaufen kann. Oder wenn die billige Jacke auch ganz schnell billig aussieht. Sparsam statt geizig lautet daher die Alternative.

– Immer genau auf die Preise achten: Bei den Dingen des täglichen Bedarfs, also bei Lebensmitteln und Verbrauchsmaterial, sind Vergleiche und das Aufspüren von Angeboten die wirksamsten Methoden, um zu sparen. Und: Mit Spontankäufen zurückhaltend sein!
– Bei Lebensmitteln muss man flexibel bleiben: Zwar hätte es am Sonntag Braten geben sollen, aber das frische Hühnchen im Angebot ist günstiger. Dann gibt es eben Hühnchen.
– Wer ernsthaft sparen möchte, sollte immer mit Einkaufszettel einkaufen gehen – und sich an ihn halten. Wer mit knurrendem Magen Lebensmittel besorgt, wird mehr ausgeben.

– Wer genug Zeit hat, kann einen Blick in die Sonderangebote und Werbeblätter werfen. Aber Vorsicht: So manches Sonderangebot entpuppt sich bei näherer Betrachtung als Schwindel. Es kann sein, dass die Waren erst überteuert angeboten werden, um sie anschließend als „Sonderangebot" auszuloben und normalpreisig an den Mann zu bringen.
– Wegen der langen Wege lohnt es sich kaum, die Supermärkte der Umgebung nach Sonderangeboten abzuklappern. Discounter sind eine preiswerte Alternative zur Grundversorgung. Und wenn's mal was richtig günstig gibt, dann gleich auf Vorrat einkaufen, beispielsweise Waschmittel und Tiefgefrorenes.
– Aber denken Sie daran: Gute Lebensmittel wachsen nicht im Discount-Regal. Sie zu produzieren, kostet mehr Zeit und Aufmerksamkeit als die Herstellung von Fastfood und Massenware. Wer nur nach dem Preis isst, darf sich nicht wundern – über schlechtes Essen, Billigfleischskandale und das Verschwinden kleiner, aber guter Erzeuger. Ratschläge zum Einkauf von guten, aber günstigen Lebensmitteln finden Sie ab Seite 357.
– Bei größeren Anschaffungen gelten ohnehin andere Regeln: Generelle Billigprodukte bieten meistens nicht die Qualität von hochwertigen. Ihre Lebensdauer ist kürzer. Wer billig kauft, kauft zweimal, heißt es.
– Trotzdem Augen auf: Die echten Schnäppchen, also Qualitätsware zu günstigem Preis, gibt es zwar selten, aber es gibt sie immer wieder. Auf Sonderverkäufe, Geschäftsauflösungen, Räumungsverkäufe und Ähnliches achten.
– Über Preise reden: Ein paar Prozentpunkte sind bei hochwertigen Waren in den meisten Fällen drin.

862. Richtig verhandeln beim Kauf

Kein Preis hält ewig. Durch geschicktes Verhandeln kann man sich sein eigenes Schnäppchen erwirtschaften.

– Achten Sie immer darauf, mit wem Sie verhandeln. Verlangen Sie im Zweifel den Chef oder einen Mitarbeiter, der Preisnachlässe geben darf.
– Richtig zu verhandeln, ist bei großen Anschaffungen angebracht. Denn hier wird der Verkäufer ein großes Interesse haben, sein Produkt an den Mann zu bringen. Sein Verhandlungsspielraum ist auch größer. Daher sind freundliche, aber klare Worte angesagt: Wer mit dem günstigeren Angebot der Konkurrenz kontert, hat oft schon gewonnen.
– Allerdings spielt dabei auch Psychologie eine wichtige Rolle. Man sollte seinem Gegenüber einräumen, auch einen Erfolg verbuchen zu können. Die goldene Mitte ist daher angesagt. Wer aufrichtig verhandeln will, muss vernünftig bleiben. Am Ende sind dann beide Seiten zufrieden. Dies kann für das spätere Miteinander, etwa bei Reklamationen oder beim Kundendienst, nützlich sein.

863. Schnäppchenjagd im Internet

Das Internet scheint jede Schnäppchenjagd zu gewinnen. Tatsächlich ist hier vieles günstiger als im Laden, vor allem Technikartikel und bei Reisen. Sparen lässt sich vor allem bei reinen Internet-Händlern.

– Der Preisvorteil im Internet beträgt bis zu 20 Prozent im Vergleich zum Ladenverkauf.
– Einkaufen im Internet ist bequem: Bis auf die Online-Gebühr und Portokosten fallen keine weiteren Kosten an. Manche Onlinehändler übernehmen auch das Porto. Die Befürworter loben vor allem die Zeitersparnis. Stundenlanges Shopping zu Fuß wird überflüssig. – Allerdings ist eine pfiffige Recherche gefragt. Ungeübte kommen bei der Vielzahl der Anbieter – es sind wesentlich mehr als im Zentrum einer City – leicht ins Schleudern. Außerdem differieren die Preisunterschiede zum Teil beträchtlich.
– Man kann auf zwei Arten vorgehen: Entweder ist genau bekannt, was man will, das heißt, man sucht nach einem ganz bestimmten Produkt. Oder es werden zuerst Verbraucherportale angesteuert. Hier äußern Käufer ihre Meinung, hier gibt es Tipps und Zusatzinformationen zu den Produkten. Die Produkturteile sind oft nach Hersteller und Gerätetypen geordnet.
– Dann kann man auf die Internetseite des Herstellers klicken, um die unverbindliche Preisempfehlung abzurufen. Weitere Informationsquellen sind Testberichte von Fachmagazinen, Stiftung Warentest oder dem Händler vor Ort. Je mehr man weiß, desto leichter fällt die Kaufentscheidung.
– Das Objekt seiner Begierde sollte man auf verschiedenen Preisportal-Websites suchen. Diese Suchmaschinen finden entweder das passende Produkt im Internet, zum Beispiel nach Preis sortiert. Das macht es einfacher, das Schnäppchen zu finden.
– Einen Nachteil des Interneteinkaufs: Die meisten Händler akzeptieren nur eine Versendung per Nach-

nahme mit der Post – und das ist teuer. Oder sie verlangen eine Bezahlung über die Kreditkarte. Kreditkartenkäufe bergen Sicherheitsrisiken, wenn die Daten nicht verschlüsselt übertragen werden. Die günstigste und sicherste Lösung für den Kunden ist der Bankeinzug oder der Kauf auf Rechnung. Mit etwas Verhandlungsgeschick ist es manchmal möglich, sich mit dem Verkäufer darauf zu einigen.

TIPP

... für E-Pharmacy:
Medikamente, sogar auf Rezept, sind auch im Internet zu haben. Vor allem bei Standardpräparaten, etwa die Antibaby-Pille, kann auf diesem Weg gutes Geld gespart werden. Wo allerdings intensive Beratung nötig ist, eher in die nächste Apotheke gehen.

864. Auf dem Flohmarkt einkaufen

Wer die besten Schnäppchen möchte, muss sehr früh aufstehen. Denn gleich zu Beginn des Marktes suchen Profis nach günstigen Angeboten auf dem Markt, die sie dann auch am gleichen Tag zu höherem Preis wieder verkaufen. Am besten schon vor der offiziellen Eröffnung auf dem Markt erscheinen.

– Flohmarkt-Profis ziehen eher einfache Kleidung an, um nicht als potente Käufer erkannt zu werden. Sie kleiden sich aber nicht wie ein Bettler, um dann nach dem Feilschen große Scheine aus der Brieftasche zu holen: das würde den „Geschäftspartener“ verärgern.
– Ein gut Maß Gleichgültigkeit beim Annähern an einen Stand ist angebracht. Glitzern in den Augen treibt den Preis in die Höhe.
– Hat ein Gegenstand das Interesse geweckt, ist es ratsam, den genannten Preis nicht gleich zu zahlen, sondern mit dem Feilschen zu beginnen. Dabei eigenes Limit setzen und einen Preis darunter nennen. Klappt nicht? Abwinken und erst einmal gehen.
– Bedenken Sie, dass es kein Rückgabe- oder Umtauschrecht gibt. Ein Kauf vor allem von höher preisigen Artikeln sollten Sie sich deshalb von vornherein gut überlegen.
– Denken Sie sich auch in den Verkäufer hinein. Mehr dazu im nächsten Ratschlag.

865. Auf dem Flohmarkt verkaufen

Verstaubtes oder nie Gebrauchtes, aus der Mode gekommenes oder Evergreens. Was zu Hause im Weg ist oder nicht mehr gefällt, kann auf dem Flohmarkt verkauft werden.

– Wer seine Wohnung zu entrümpeln hat, sollte nicht gleich an Sperrmüll oder Altkleidersammlung denken. Denn der Cocktailstuhl mit orangefarbigem Kunstlederbezug oder das vollsynthetische Oberhemd mit Schmetterlingskragen lässt so manches Retro-Herz höher schlagen.
– Die feilgebotenen Sachen sollten weder schmutzig noch defekt sein. Nichts wirkt abstoßender als lieblos auf dem Tisch ausgebreitete Ware, die aussieht wie aus dem Müll gezogen. Es lohnt sich, die Dinge nach Kategorien zu ordnen wie Haushalt, Freizeit, Einrichtungsgegenstände, Kiste mit Kleinkram (nicht zu groß, sonst geht Einzelnes zu Bruch). Bücher sollten nach Autoren von A bis Z sortiert sein. Das erleichtert potenziellen Käufern wie dem Verkäufer selbst die Übersicht.
– Die Basis für den Verkauf bilden entweder der Festpreis oder der Höchstpreis als Verhandlungsbasis. Wenn Sie sich über den Preis unsicher sind, erkundigen Sie sich bei anderen Verkäufern nach ihrem Preis für einen ähnlichen Gegenstand.
– Das Geschäft mit Gebrauchtem ist schlecht kalkulierbar: Meist muss die Gebühr für den Stand im Voraus bezahlt werden. Dauerregen ist dann der denkbar ungünstigste Fall. Daher immer besser mehrere Anläufe einplanen.
– Auf großen Flohmärkten ist die Konkurrenz enorm. Deshalb: Als Amateur besser auf einem kleinen Flohmarkt ausstellen.
– Für jeden Markt gelten Bestimmungen, die es einzuhalten gilt. Diese beim Veranstalter nachfragen! Zum Verkauf dürfen meist nur solche Waren stehen, die eindeutig gebraucht sind. Dazu zählen keine Liquidationsposten. Es gibt aber auch Ausnahmen.
– Gute Vorbereitung ist alles. Mindestens zwei Böcke, dazu ein Tapezierbrett, ein wasserdichtes Zelt und Planen zum Abdecken gehören zur Grundausstattung. Im Falle eines Wetterumschwungs muss man schnell reagieren können. Deshalb auch an einen zusätzlichen warmen Pulli für sich selbst denken.
– Denken Sie sich auch in den Käufer hinein. Mehr dazu im vorigen Ratschlag.

5 GUTE GEISTER

die im Haushalt helfen

Für fast alle Tätigkeiten im Haushalt gibt es externe Hilfen. Die folgende Liste bietet den schnellen Überblick.

1. **Putzhilfe: Macht vor allem sauber. Einzeltätigkeiten genau besprechen und feste Zeit mit fester Entlohnung vereinbaren. Wird häufig illegal angestellt, was vor allem in puncto Versicherung problematisch ist. Sie anzumelden, bedeutet für Privatleute nicht viel Aufwand. Die Kosten können teilweise steuerlich geltend gemacht werden.**

2. **Bügelhilfe: Kann identisch mit der Putzhilfe sein. Wird oft separat abgerechnet, da bügeln viel Aufwand bedeutet. Ansonsten gibt es Bügelstuben. Besonders lästig sind Hemden. Halten Sie Ausschau nach Reinigungen, die Waschen und Bügeln zum Komplettpreis anbieten und Mengenrabatt geben, wenn Sie wenig Zeit haben, aber täglich frische Hemden brauchen.**

3. **Gartenhilfe: Macht das Gartenleben leichter. Finden Sie auf verschiedenen Wegen: vom Profigärtner, der regelmäßig vorbeikommt, bis zum Nachbarjungen, der Ihnen gelegentlich den Rasen mäht.**

4. **Entrümpelungs- und Renovierungsdienste: Spezielle Dienstleister fürs Grobe bieten sich normalerweise über Kleinanzeigen an. Darauf achten, dass keine komplizierten und speziellen handwerklichen Tätigkeiten anfallen, wie Installationen – diese lassen Sie besser von einem Spezialisten erledigen.**

5. **Babysitter und andere gute Geister für Besorgungen und Behördengänge: Meistens Jugendliche oder ältere Menschen aus der Nähe, die sich ihr Taschengeld aufbessern. Vertrauensverhältnis ist wichtig – das kann dauern und braucht vielleicht mehrere Anläufe. Trennen Sie sich lieber von einer Hilfe, wenn Sie mit ihr nicht zurechtkommen, als sich ständig nur zu ärgern. Empfehlungen aus der Bekanntschaft sind viel wert.**

866. Babysitter und Kinderbetreuung organisieren

In fast allen Familien mit Kindern fallen Zeiten an, in denen der Nachwuchs zu Hause von anderen Personen betreut werden muss. Worauf es bei Auswahl und Organisation ankommt:

– Welche Betreuungsform für ein Kind infrage kommt, ist individuell verschieden und lässt sich nicht allgemein gültig sagen.
– Generell aber gilt: Je jünger das Kind, desto sorgfältiger muss die Bezugsperson ausgewählt werden. Ein Säugling braucht einen anderen emotionalen Rückhalt als ein älteres Schulkind, das mit der Bezugsperson vielleicht „nur“ die Hausaufgaben macht oder von ihr ins Bett gebracht wird.
– Es gibt verschiedene Möglichkeiten, eine Betreuung zu finden. An den Infobrettern in Supermärkten bieten oft Teenager, rüstige Omas oder Nachbarn ihre Betreuungsdienste an. Ebenso gibt es verschiedene Dienste im Internet, die bundesweit Babysitter vermitteln, zum Beispiel unter www.babysitter.de oder www.leihopa.de. Andere Formen der Kinderbetreuung gibt es unter anderem bei www.kinderhut.de und www.familien-service.de.
– Hilfreich ist immer Mund-zu-Mund-Propaganda, da man weitgehend sicher sein kann, dass die empfohlene Person zuverlässig und vertrauenswürdig ist. Es lohnt sich daher immer, im Freundeskreis oder in der Nachbarschaft herumzufragen.
– Mindestens einen Kennenlern-Termin mit ausreichend Zeit einplanen, damit sich das Kind auf die neue Bezugsperson einstellen kann. Auf jeden Fall muss die Chemie zwischen Eltern, Kind und der fremden Person stimmen.
– Wenn der Babysitter (vor allem erstmals) anrückt, muss schwarz auf weiß ein Notfallplan mit folgenden Daten vorhanden sein:

– Die Telefonnummer, unter der man selbst während der Abwesenheit erreichbar ist.
– Telefonnummern der Kinderklinik/des Kinderarztes.
– Eventuelle Allergien/Unverträglichkeiten des Kindes und die Medikamente, die ihm dann gegeben werden müssten.
– Einige Tipps, wie das Kind zuverlässig getröstet werden kann.
– Ein Netz aus mehreren Betreuungspersonen, die mal Feuerwehr spielen, wenn's brennt, ist generell sinnvoll. Schließlich kommt es immer wieder mal vor, dass ein Babysitter unvorhergesehen absagen muss.

867. Günstige Hilfen finden

Gerade für Arbeiten rund ums Haus gibt es viele Möglichkeiten, Hilfskräfte zu moderaten Preisen zu organisieren – ganz legal und manchmal auch für eine gute Sache.

– Soziale Projekte: Sehr häufig gibt es Einrichtungen, deren Ziel es ist, Langzeitarbeitslosen und anderen im Arbeitsmarkt schwer zu vermittelnden Personen eine Perspektive zu geben. Je nach Schwerpunkten bieten sie Gartenhilfen, Entrümpelungen, Renovierungen, kleinere Reparaturen, beispielsweise von Fahrrädern, und andere Dienstleistungen an. Erkundigen Sie sich bei Ihrer Stadt- bzw. Gemeindeverwaltung nach diesen Einrichtungen. Oft inserieren diese Unternehmen fast wie normal agierende Betriebe in den Tageszeitungen und Wochenblättern.
– Studentenvermittlung: Überall wo es Studenten gibt, suchen diese auch Jobs. Die Hochschulen helfen bei der Vermittlung mit eigenen Büros oder in Kooperation mit den Agenturen für Arbeit. Die Entlohnung richtet sich nach Standardsätzen und nach den Anforderungen des Jobs. Wer schlecht arbeitet und ständig Beschwerden verursacht, wird nicht mehr vermittelt. Daher sind Studenten meist gute Hilfen.
– Nachbarschaftshilfe: Eine Hand wäscht die andere. Die allein stehende ältere Dame von nebenan nimmt gerne Ihre Bügelwäsche oder passt eine Stunde zwischendurch auf Ihr Kind auf, während Sie Ihren wöchentlichen Einkauf erledigen. Dafür kaufen Sie ihr mit ein oder fahren sie mal zum Friseur. Das klappt natürlich nur, wenn man sich gut versteht. Übrigens: Rüstige Ruheständler aus der Nachbarschaft nehmen oft gerne kleinere Jobs gegen ein kleines Entgelt an.

868. Gute Handwerker finden

Selbst mit zwei linken Händen geboren? Oder es steht ein besonders kniffliger Fall ins Haus? Dann müssen öfter mal Handwerker her, vor allem wenn Qualität und Sicherheit gefragt sind. Das sollten Sie beachten.

– Kümmern Sie sich frühzeitig um einen Termin und lassen Sie sich diesen wenige Tage vorher bestätigen.
– Kleinere Aufträge können mündlich vereinbart werden. Diese Vereinbarungen gelten als Werkvertrag, die gesetzlich sehr gut geregelt sind. Aufträge über größere Summen sollten schriftlich festgelegt werden.
– Lassen Sie sich dann einen Kostenvoranschlag geben: Dieser darf begründet um 15 Prozent überschritten werden. Besser: Handeln Sie einen Festpreis aus, der auf jeden Fall eingehalten werden muss. Kostenvoranschläge sind normalerweise kostenlos.
– Lassen Sie sich von mehreren Handwerkern Kostenvoranschläge machen. Dann können Sie das beste Preis-Leistungs-Verhältnis für sich heraussuchen.
– Denken Sie daran, dass Anfahrten immer separat berechnet werden. Diese müssen auf der Rechnung ausgewiesen sein. Muss noch einmal gefahren werden, weil etwa trotz klarer Information ein Werkzeug fehlt, dürfen dafür keinesfalls zusätzliche Anfahrtskosten berechnet werden.
– Pausen sind keine bezahlte Arbeitszeit. Angefangene Stunden niemals mit dem vollen Stundensatz bezahlen.
– Eine Rechnung müssen Sie sich immer geben lassen. Zahlen Sie aber erst, wenn Sie zufrieden sind mit der Leistung. Das heißt auch, dass Sie auf Nacharbeiten bestehen, wenn zum Beispiel eine Wand uneben verputzt ist, wenn ein Lichtschalter an der falschen Stelle angebracht wurde oder wenn durch die Arbeiten Schäden woanders entstanden sind.

TIPP

... zu Notfalldiensten:
Noteinsätze von Handwerkern können schnell doppelt so teuer werden wie ein normaler Termin. Auch wenn die Heizung leckt oder Sie sich ausgeschlossen haben – ein kühler Kopf und ein Preisvergleich kann viel Geld sparen. Leider grassiert unter den Notdiensten der Wucher, daher immer erst nach dem Preis erkundigen und hartnäckig verhandeln.

TIPP

Gesetzlich Krankenversicherte haben in Deutschland Anspruch auf eine Haushaltshilfe, wenn ... sie nicht in der Lage sind, ihren Haushalt zu versorgen, und im Haushalt mindestens ein Kind lebt, das noch nicht 12 Jahre alt ist; oder ein älteres Kind wegen einer Behinderung auf Hilfe angewiesen ist. Voraussetzung: Es kann keine andere im gemeinsamen Haushalt lebende Person einspringen. In der Regel muss man sich die Haushaltshilfe selbst suchen. Die Krankenkasse kommt für die Kosten auf, allerdings abzüglich einer Zuzahlung von 10 Prozent der kalendertäglichen Kosten, jedoch höchstens 10 Euro und mindestens 5 Euro.

869. Haushaltshilfe auf Mini-Job-Basis beschäftigen

Auch wenn in vielen Haushalten „Perlen" unter der Hand für Sauberkeit sorgen – das ist illegal und kann mit einem Bußgeld bis zu 5000 Euro bestraft werden. Seit Einführung der „Mini-Jobs" in Deutschland im April 2003 ist es einfacher geworden, ganz offiziell eine Haushaltshilfe einzustellen.

– Zum Lohn hinzu kommen pauschal 12 Prozent für Renten- und Krankenversicherung, Krankheitsumlage, Pauschalsteuer und Unfallversicherung plus 1,3 Prozent Umlage für die Lohnfortzahlung. Das macht bei maximalen 400 Euro plus 53,20 Euro monatlich aus. Dafür kann man 10 Prozent der Ausgaben (maximal 510 Euro jährlich) direkt von der Steuerschuld abziehen.
– Das Arbeitsverhältnis muss bei der Mini-Job-Zentrale angemeldet werden. Dafür benutzt man einen „Haushaltsscheck", den man sich auf der Website der Mini-Job-Zentrale unter www.minijob-zentrale.de. herunter laden kann. Die Zentrale zieht die Pauschalabgaben 2-mal jährlich, am 15. Juli und am 15. Januar ein.

870. Kleine Jobs in der Familie

Putzen, Aufräumen, einkaufen, den Müll wegbringen – die Liste täglicher Hausarbeiten ist lang. Mit der richtigen Mini-Job-Vergabe werden die Aufgaben angemessen auf alle Familienmitglieder, bzw. Bewohner verteilt.

– Dazu setzen sich alle Mitglieder zusammen, die älter als 3 Jahre sind, und erstellen eine Liste mit anfallenden Tätigkeiten, die die ganze Familie betreffen. Dazu gehören neben dem üblichen Haushaltskram auch Tätigkeiten wie Auto waschen, Computer warten, Gartenarbeit usw.
– Dann arbeiten alle gemeinsam an einem „Einsatzplan". Dafür werden die anfallenden Arbeiten zunächst nach Schwierigkeit sortiert (leichte Aufgaben für Jüngere, schwierige für die Älteren) und erstmal nach dem Prinzip der Freiwilligkeit übertragen. Jeder darf sagen, welche Aufgaben er gern übernehmen würde. Gerechtigkeit ist hier oberstes Gebot. Für einen Jubel-Job (Spagettisauce rühren, Altglas mit Karacho in den Container feuern) muss man auch einen Mecker-Job (Bad putzen, Spülmaschine ausräumen) in Kauf nehmen. Das Ganze funktioniert am besten nach einem rotierenden Prinzip, sodass jeder mit allem mal dran ist.
– Für die Tätigkeiten werden Zeiten festgelegt und im Kalender notiert. So haben auch „Vergessliche" die Chance, ihren Job wahrzunehmen.
– Auch jüngere Kinder lassen sich gern fordern, wenn sie gelobt und ernst genommen werden. Und wenn man sie einfach werkeln lässt (zum Beispiel beim Gemüse schnippeln). Es ist schließlich noch kein Meister vom Himmel gefallen.
– Sollten Aufgaben nicht klappen: komplexe Arbeiten in überschaubare Schritte unterteilen. Zum Beispiel: Statt „Räum den Tisch ab", heißt es konkreter: „Bring erst die schmutzigen Schüsseln, dann die großen Teller, zum Schluss die gebrauchten Servietten!" Dann klappt's sicher besser.

871. Kleine Jobs für die Kinder finden

Kinder können oft mehr als man denkt – wenn man sie nur mal machen lässt und dabei nicht die eigenen Maßstäbe anlegt. Denn dann ist alleine das Mitmachen schon ein Erfolg. Und recht schnell können auch die Jüngsten so zu einer echten Hilfe in der Familie werden. Hier einige Beispiele für passende Mini-Jobs.

– Drei- bis Vierjährige: In der Küche erreichbare Dinge (Deckel, Kochlöffel) reichen, Saucen rühren, Besteck auftragen, den eigenen Teller in die Küche tragen, Familienmitglieder zum Essen oder ans Telefon rufen.
– Fünf- bis Siebenjährige: Brötchen beim Bäcker holen, das eigene Zimmer aufräumen, leichte Mülltüten runtertragen, abtrocknen.

– Acht- bis Zehnjährige: die eigenen Zahnpastareste aus dem Waschbecken putzen, Haustiere füttern und Käfig sauber machen, Altpapier- und Glas wegbringen, kleinere Einkäufe mit Einkaufszettel erledigen.
– Ab Zwölf: Eine Mahlzeit aufwärmen oder eine leichte Mahlzeit zubereiten, Waschmaschine ein- und ausräumen (vorsortierte Wäsche!), das eigene Zimmer staubsaugen, Küche fegen, Rasen mähen, Spülmaschine ausräumen und Geschirr in die Schränke räumen.

872. Pflegefall – die ersten Schritte

Rund zwei Millionen Menschen in Deutschland sind ständig auf Hilfe angewiesen. Das bedeutet immer eine große Belastung für die Angehörigen. In der Regel muss die Unterstützung bei der Pflegeversicherung beantragt werden. So läuft die Antragsstellung ab.

– Um Leistungen von der Pflegekasse zu erhalten, muss ein Antrag gestellt werden. Ratsam ist es, ein formloses Schriftstück aufzusetzen. Es genügt der Satz: „Ich beantrage Pflegeleistungen, weil ich pflegebedürftig bin."
– Die Pflegekasse schickt automatisch einen Antragsvordruck, der ausgefüllt dorthin zurückgesandt wird. Um das Feststellungsverfahren zu beschleunigen, ist es sinnvoll, die Pflegekasse bereits mit dem Antrag zur Einsicht ärztlicher Unterlagen zu ermächtigen.
– Die Pflegekasse prüft, ob die rechtlichen Voraussetzungen erfüllt sind, und leitet den Antrag zum medizinischen Dienst der Krankenkassen (MDK) weiter.
– Der MDK vereinbart mit dem Antragsteller einen Termin, an dem ein Gutachter (Pflegekraft, Arzt) die Person zu Hause besucht. Nach Möglichkeit sollten bei diesem Gespräch Angehörige anwesend sein.
– Anhand von Fragen ermittelt der Gutachter den täglichen Hilfsbedarf im Bereich Körperpflege, Ernährung, Mobilität und hauswirtschaftliche Versorgung.
– Das Gutachten des MDK dient der Pflegekasse als Grundlage für die Entscheidung, ob eine Pflegebedürftigkeit vorliegt und in welche Pflegestufe der Antragsteller eingestuft wird.
– Die Leistungen sind gesetzlich festgelegt. Bei der häuslichen Pflege kann der Pflegebedürftige grundsätzlich frei entscheiden, ob er die Hilfe eines ambulanten Pflegedienstes oder die nahe stehender Personen bzw. Familienangehöriger in Anspruch nehmen will.
– Auch im Fall einer vollstationären Pflege besteht grundsätzlich eine Wahlfreiheit zwischen jenen Pflegeheimen, die von der Pflegekasse zugelassen sind.
– Bei den Pflegekassen können sich Angehörige und Pflegebedürftige grundsätzlich ausführlich und auf die individuelle Pflegesituation bezogen beraten lassen.

873. Einen guten Pflegedienst finden

Wenn ein Mensch pflegebedürftig wird, kann die Hilfe durch einen ambulanten Pflegedienst nötig werden. Was man bei der Wahl des Anbieters beachten sollte.

– Mittlerweile gibt es ein fast unüberschaubares Angebot an ambulanten Pflegediensten. Neben privaten Anbietern offerieren auch gemeinnützige Träger wie etwa Wohlfahrtsverbände, die ihre Hilfe an. Deshalb ist es ganz wichtig, vor Vertragsabschluss mehrere der Anbieter zu vergleichen.
– Ein guter Pflegedienst kommt ins Haus, um vor Ort über seine Leistungen zu informieren.
– Im Vorfeld sollte man überlegen, was einem wichtig ist. Zum Beispiel: Sollen bestimmte Besuchszeiten eingehalten werden? Will man einen Personalwechsel tolerieren? Soll es eine jüngere oder ältere, männliche oder weibliche Pflegekraft sein? Den Pflegedienst fragen, ob diese Wünsche erfüllt werden können.
– Nachfragen, ob der Anbieter alle notwendigen Hilfen leisten kann. Falls nicht: Kann er diese vermitteln?
– In vielen ambulanten Diensten werden sowohl ausgebildete Fachkräfte als auch Hilfskräfte eingesetzt. Deshalb sollte man sich erkundigen, für welche Aufgaben die Pflegekräfte jeweils eingesetzt werden.
– Einen Kostenvoranschlag vereinbaren. So wird klar, ob die von der Pflegekasse bewilligten Mittel ausreichen und wie viel man gegebenenfalls aus eigener Tasche dazuzahlen muss.
– Der Abschluss eines Pflegevertrags ist verpflichtend! Nach der Unterzeichnung kann er vom Pflegebedürftigen bzw. dessen Vormund innerhalb von 2 Wochen fristlos gekündigt werden.
– Nicht immer verläuft der Kontakt zwischen Pflegekraft und Pflegebedürftigem ohne Reibungspunkte. Deshalb: Den Namen einer Kontaktperson des Pflegedienstes erbitten, die für Fragen und Beschwerden ansprechbar ist.
– Eine Liste von Pflegediensten in der Nähe kann man über die Kranken- und Pflegekassen erhalten. Auch kirchliche Beratungsstellen und Wohlfahrtsverbände helfen weiter.

874. Familienkalender führen

Tim muss zum Zahnarzt, Tine zum Geigenunterricht, man selbst zum Elternabend. Ein Familienkalender sorgt für den nötigen Überblick aller Termine.

– Einen großen, übersichtlichen Familienkalender besorgen und an einer zentralen Stelle (Küche, Flur) aufhängen.
– Überlegen, welche festen Termine es in der Familie gibt: Zum Beispiel Nachmittagssport, Musikunterricht, Fahrdienste etc. Diese werden fürs 1. Halbjahr fest eingetragen.
– Weiter geht's mit der Wochenplanung. Damit das auch klappt, werden alle Familienmitglieder am Sonntagabend nach anstehenden Terminen befragt. Dann werden diese mit einem farbigen Filzstift eingetragen – für jedes Mitglied gibt es eine eigene Farbe.
– Die aktuelle Tagesplanung erfordert besondere Flexibilität. Damit es nicht zu unübersichtlich wird, anstehende Termine oder Tätigkeiten wie Müll- oder Tischdeckdienst auf kleinen farbigen Post-it-Zettelchen notieren und in die jeweilige Namensspalte heften. Sobald die Termine erledigt sind, wandern die Tages-Zettelchen in den Müll.
– An einem bunten, kreativ geführten Familienplaner haben auch die Jüngsten ihren Spaß. Sie lernen spielerisch, sich zu organisieren und sich hilfreich in das Familienleben zu integrieren.
– Ein Familienplaner eignet sich natürlich nicht nur für Familien. Ein zusammenlebendes Paar, oder eine Wohngemeinschaft, wo jeder Bewohner ein ausgeprägtes Eigenleben führt, kann sich damit auch besser abstimmen – und so manche Ausrede des Anderen entkräften.

TIPP

Beim Kauf eines Familienkalenders auf folgende Einteilung achten:
• Die Terminspalten sollten sich nach der Anzahl der Familienmitglieder richten.
• Übersichtliche Jahresplaner gibt es auch für Singles und Paare.
• Praktisch sind Kalender mit einer eigenen Spalte für Geburtstage. Hier werden sämtliche Ehrentage eingetragen und nicht vergessen.

KREATIV-TIPP

Rund-Mails oder -Briefe verfassen, in denen man von wichtigen Ereignissen in der eigenen Familie berichtet. Richtig lustig und informativ wird's mit Ketten-Mails: Den Empfänger bitten, die Mail durch eigene Statements oder Berichte zu ergänzen und ans nächste Familienmitglied zu senden. So bleiben immer alle auf dem Laufenden und aus der lästigen Pflicht wird ein amüsanter Austausch. Aber Achtung: Manchen ist das zu unpersönlich oder lästig.

Eine Stunde LEBEN!

875. Familiäre Kontakte pflegen

Wer dem Opa regelmäßig ein paar Zeilen schreibt, den 70. Geburtstag der Tante nicht vergisst und dem Enkel zum bestandenen Abi gratuliert, zeigt persönliche Wertschätzung und Familiensinn. Mit der richtigen Organisation kein Problem.

– Eine Liste erstellen, auf der alle Geburtstage und Termine (zum Beispiel Hochzeits- oder Namenstage) wichtiger Familienmitglieder notiert werden.
– Auf Vorrat schreiben: Auch wenn Tante Frieda Ihren 80. erst im nächsten Monat feiert, kann es nicht schaden, die Glückwünsche fertig formuliert ans schwarze Brett zu pinnen – aber nicht vergessen, sie rechtzeitig in den Briefkasten zu werfen!
– Dazu einen Tag im Monat fest fürs Karten- oder Briefeschreiben reservieren.
– Karten auf Vorrat bunkern: Wenn man sie braucht, hat man nämlich oft keine zur Hand. Wer von Reisen oder dem Einkaufsbummel regelmäßig ein paar mitbringt, kommt nicht in Verlegenheit. Wichtig: Briefmarken nicht vergessen.
– Die Lieblingsoma freut sich vielleicht über regelmäßige Grüße viel mehr als über das einmal jährliche Pflicht-Telefonat zum Geburtstag. Deshalb: Geschätzten Familienmitgliedern beim nächsten Anlass ein Briefe-Abo schenken. Was in den Umschlag kommt? Ein Zeitungsausschnitt, Fotos vom letzten Skiausflug oder auch mal eine Zeichnung von den Kindern.
– E-Mails schreiben: Wer ohnehin viel am Computer sitzt, erreicht mit dieser Kommunikationsform gleich den halben Clan. Was allerdings kein Ersatz für persönliche Aufmerksamkeit sein sollte.

876. Eine Bestattung organisieren

Nach dem Tod eines Angehörigen oder nahe stehenden Menschen müssen viele Formalitäten erledigt werden. Was im Einzelnen zu tun ist.

– Wenn ein Mensch zu Hause gestorben ist, muss umgehend ein Arzt (in der Regel der Hausarzt) verständigt werden. Ist dieser nicht zu erreichen, den Notarzt rufen. Er stellt den Totenschein aus.

– Als nächstes ein Bestattungsinstitut hinzuziehen. Im Branchenbuch finden Sie Unternehmen in Ihrer Nähe. Die Mitarbeiter beraten die Angehörigen umfassend, bestellen den Sarg und auf Wunsch den zugehörigen Schmuck, organisieren auf Wunsch die Trauerfeier und bieten Hilfe bei allen Formalitäten an. In Absprache mit den Angehörigen und der Stadt bzw. Gemeinde wird ein Bestattungstermin festgelegt.

– Alle wichtigen Unterlagen wie Geburtsurkunde des Verstorbenen, Krankenversicherungskarte, Versicherungs- und Rentenunterlagen, eventuelle Willenserklärungen zu Bestattungswünschen des Verstorbenen heraussuchen. Welche Dokumente im Einzelnen benötigt werden, darüber informiert Sie das Bestattungsunternehmen.

– Oft tun sich Angehörige schwer, die Papiere zu finden. Daher möglichst frühzeitig nachfragen, wo wichtige Unterlagen aufbewahrt werden – am besten alle zusammen in einem eigenen Ordner („für den Fall meines Todes").

– Eine Liste machen, welche Freunde und Verwandte benachrichtigt werden sollen. Sicher gibt es nahe stehende Menschen, die einen in den schweren Stunden und Tagen unterstützen.

– Wer sich nicht stark genug fühlt, kann einen nahe stehenden Menschen bitten, eine Telefonkette zu organisieren, damit alle wichtigen Personen benachrichtigt werden.

– Das Bestattungsinstitut bestellt einen Pfarrer oder Redner, sofern man selbst keinen kennt. Je nach Konfession des Verstorbenen kann man auch selbst in der zuständigen Pfarrgemeinde nachfragen.

– Wird eine kirchliche Trauerfeier gewünscht, wird der Pfarrer mit den Angehörigen die Grabrede besprechen. Will man selbst eine Ansprache halten, sollte man sich Gedanken machen, was man über den Verstorbenen sagen möchte.

– Nach der Bestattung beginnt für die Hinterbliebenen oft erst die eigentliche Trauerarbeit. Für diese Zeit sollte man sich nahe Menschen oder spezielle Gesprächskreise suchen, die einen auf diesem Weg begleiten und unterstützen (dabei können Bestattungsunternehmen oder Kirchengemeinden helfen). Mehr zum Thema „Trauerarbeit" im Kapitel „Gesund sein" auf Seite 215.

TRAUERFALL – ALLES AUF EINEN BLICK

- **Bestattungsunternehmen bestellen**
- **Verwandte und Freunde benachrichtigen**
- **Anzeige in die Zeitung setzen lassen**
- **Termin für die Beerdigung / Trauerfeier bei Feuerbestattung festlegen**
- **Lokalität auswählen für die private Trauerfeier nach der Beerdigung**
- **Sterbeurkunde beantragen**

877. Ein Fest organisieren

Klassentreffen, Jubiläen, Geburtstage oder Taufe – wenn man sich rechtzeitig Gedanken über die Planung macht, steht einem gelungenen Fest nichts mehr im Wege.

– Das Datum: Für manche Events gibt es fixe Termine, bei anderen bleibt ein gewisser Spielraum. Um sicher zu gehen, dass wichtige Leute zum Wunschtermin Zeit haben, rechtzeitig bei den betreffenden Personen nachfragen. In der Regel sagen 10 Prozent der geladenen Gäste ab.

– Von der Anzahl der Gäste hängt auch die Wahl des Ortes ab. Je mehr Gäste geladen werden, desto aufwändiger die Organisation. Einen Großteil davon kann man sich sparen, wenn man eine Lokalität mietet, die das Catering übernimmt. Das ist zwar nicht gerade billig, entlastet die Gastgeber aber ungemein.

– Wer zu Hause feiern möchte, sollte bedenken, dass Geschirr oder Teile der Einrichtung zu Bruch gehen können. Das ist meistens kein böser Wille der Gäste, sondern schlicht unvermeidliches Chaos, wenn viele Menschen auf engem Raum zusammen sind. Alternative: Einen Party-Service wählen, der neben den Speisen auch Geschirr und Gläser liefert. Allerdings müssen defekte Teile bezahlt werden.

– Auf den Einladungen grundsätzlich folgende Punkte vermerken: Datum, Uhrzeit, Ort, Art des Outfits (beispielsweise leger oder festlich), eventuell gewünschte

FESTE FEIERN

Noch mehr nützliche Ratschläge zum Thema „Gäste und Feste“ finden Sie im Kapitel „Kochen“ ab Seite 395.

Mitbringsel. Und natürlich der Zusatz: „Um Zu- oder Absage wird bis zum … gebeten.“ Mindestens 4 (besser 6) Wochen vor dem Fest verschicken. Bei ganz wichtigen Anlässen auch früher und erst einmal bei den wichtigsten Gästen vorfühlen – wer will schon Hochzeit ohne seine Lieblingstrauzeugen feiern?

– Das Geheimnis der perfekten Organisation steckt im Detail. Deshalb am besten jede noch so kleine Aufgabe akribisch auflisten. Die Liste am besten nach Zeiten unterteilen (vier, drei, zwei, eine Woche … drei, zwei, einen Tag vor dem Fest) und die zu erledigenden Aufgaben einsortieren.

– Damit man am Tag X die Früchte seiner Arbeit auch ernten, sprich: genussvoll feiern kann, Freunde organisieren, die auf dem Fest mithelfen – und sei es auch nur, um die Gäste zu begrüßen. Am besten vorher auch schon organisieren, wer hinterher beim Aufräumen hilft. Tipp: Die Kinder von Freunden helfen oft gern, wenn sie sich dabei ein kleines Taschengeld verdienen können …

878. Hochzeitsfeier organisieren

Bevor auf der Hochzeitsfeier die Korken knallen, müssen viele traditionelle Programmpunkte und Aufgaben organisiert werden.

– Die Planung sollte in dem Moment beginnen, in dem der Hochzeitstermin feststeht – in der Regel mindestens 3 Monate im Voraus. Wählt man eine besonders beliebte Hochzeits-Location (Schlösser, Burgen, Schiffe) oder einen begehrten Termin (etwa im Mai oder an Schnapszahl-Wochenenden), dann gilt: mindestens 1 Jahr im Voraus mit der Planung beginnen.

– Der Ort: Die meisten Locations verlangen einen Pro-Kopf-Betrag für Speisen und Getränke und zusätzlich eine Mietpauschale für die Räumlichkeiten. Oft kommen noch andere Posten (zum Beispiel Blumen, Tafelschmuck) hinzu. Daher den Wirt um eine Liste aller möglichen Einzelkosten bitten. Außergewöhnlich, aber immer beliebter: Manche Gärtnereien und botanische Gärten bieten (gepflegte) Gewächshäuser mit exotischen Pflanzen als Ambiente an. Wer es mag?!

– Das Menü: Die Speisen einige Wochen vor dem Fest mit dem Koch bzw. Caterer absprechen. Faustregel: Sieben Gänge gelten als Obergrenze. Immer gut: Ein Testessen arrangieren. Auch beim Menü gilt: Einen detaillierten Kostenvoranschlag anfordern.

– Die Sitzordnung: Generell sollten sich beide Familien mischen. Dazu können Sie auch durch Verteilen von Platzkarten beitragen. Das Paar sitzt immer in der Mitte, die Eltern aufgeteilt (Vater der Braut/Mutter des Bräutigams und umgekehrt) links und rechts vom Paar, bei einer U-Form dem Paar direkt gegenüber im Innenbereich des Hufeisens, bei Kreisform des Tisches am gegenüberliegenden Punkt der Peripherie. Wird der Pfarrer zum Fest geladen, gebührt auch ihm als Ehrengast ein Platz in unmittelbarer Nähe des Paares. Mehr dazu erfahren Sie im TIPP-Kasten unten.

– Die Musik: Soll getanzt werden? Eigentlich immer. Dann muss ein Diskjockey oder eine Live-Band für den guten Ton sorgen. Vorher klären, ob sie nur zum Tanz aufspielen sollen oder auch während des Essens, welches Stück zum Eröffnungswalzer gespielt wird und wie viele Tanzpausen gewünscht werden.

– Das Programm: Eine kleine Rede, Sketche oder die Dia-Show aus Single-Tagen: Zu viele Programmteile sollten es nicht werden. Die frühe Absprache zwischen Programm-Machern und Hochzeitspaar ist für den koordinierten Ablauf besonders wichtig. Dies ist auch wichtig, um rechtzeitig auf genügend Platz für eventuelle Darbietungen Einfluss nehmen zu können.

– Mehr zum Thema „Heiraten“ im Kapitel „Zusammen sein“ ab Seite 232.

TIPP

… zur Frage: Wer sitzt neben wem?
Vor allem beim Zusammentreffen großer Familien kann der Zoff an der Tafel wegen falscher Tischnachbarn oft vorprogrammiert sein. Gespräche mit beiden Elternpaaren können helfen, brenzlige Kombinationen zu entschärfen. Oder Sie mischen die Gesellschaft: Wenn Sie ein gutes Gefühl haben, lassen Sie es drauf ankommen und nutzen das Fest, dass sich die Mitglieder beider Familien mal näher kennen lernen. In vielen Fällen dürfte es eine einmalige Gelegenheit sein.

879. Feiern ohne Streit mit Nachbarn

Einen runden Geburtstag oder besondere Anlässe mit vielen Freunden und lauter Musik feiern? In Mietwohnungen nicht immer unproblematisch. Es sei denn, die Nachbarn stoßen auch mit an …

– Ab 22 Uhr gilt generell Nachtruhe. Doch um diese Zeit gehen die meisten Partys erst richtig los. Die Gäste werden lockerer, Musik und Gelächter lauter. Wenn die Bässe ordentlich dröhnen, Absätze auf dem Parkett klappern und Gläser klirren, wälzt sich so mancher Nachbar vielleicht unruhig im Bett, weil er nicht schlafen kann. Die Lösung: Hausbewohner einfach mit einladen, aber ohne sich lächerlich zu machen – denn was soll eine 90-Jährige auf einer Heavy-Metal-Party?

– Zwei Tage vor dem Fest im Eingangsbereich oder am schwarzen Brett einen Zettel aufhängen, auf dem die Mitbewohner informiert werden, dass es am besagten Abend ausnahmsweise etwas lauter zugehen kann.

– „Schwierige“ Kandidaten brauchen vielleicht eine extra Einladung. Am besten klingeln und persönlich in das Vorhaben einweihen. So nimmt man Hausdrachen vorsorglich den Wind aus den Segeln. Und die müssen schon mal ein Auge zudrücken, wenn aus besonderem Anlass gefeiert wird. Ein kleines Geschenk am Tag danach nimmt den Wind aus den Segeln.

– Auch Gartenfeste in einem typischen Wohngebiet müssen Nachbarn als Ausdruck üblicher Geselligkeit hinnehmen. Vorausgesetzt, es wird nicht regelmäßig, zum Beispiel jedes Wochenende im Sommer, gefeiert. Auch dann gilt nämlich die übliche Nachtruhe ab 22 Uhr. Am besten die Party ab diesem Zeitpunkt in den Keller oder nach drinnen verlegen.

– Klingeln dennoch Polizeibeamte an der Tür, muss man den Lärmpegel runterfahren. Oft hilft es schon, wenn Gäste etwas leiser treten, indem sie die Schuhe ausziehen.

– Bei Feiern im Sommer an einem schönen Abend sind Grillfeste sehr beliebt. Im Garten kein Problem, vorausgesetzt, der Nachbar wird nicht zugeräuchert – da kann im Zweifelsfall sogar eine Geldbuße nach sich ziehen.

– Wie oft und wie lange gegrillt werden darf, ist meist nicht eindeutig geklärt. Je nach Bundesland und Gerichtsurteil gibt es sehr unterschiedliche Ansichten. Daher immer: Grillen ja, aber ohne andere zu beeinträchtigen.

– Bei Partys an einem See oder Fluss bitte bedenken: nur an ausgewiesenen Stellen grillen; nur auf dem mitgebrachten Grill, nicht direkt am Boden grillen; kein Holz aus der Umgebung nehmen, sondern Grillkohle mitbringen.

Eine Stunde LEBEN!

880. Gäste zum Tanzen bewegen

Leider viel zu häufig: Selbst zur vorgerückten Stunde lümmeln die Gäste lieber bequem auf der Couch, statt das Tanzbein zu schwingen? Da hilft nur eine musikalische Initialzündung.

– Ein guter Diskjockey oder DJ ist schon die halbe Miete für eine volle Tanzfläche. Damit er für den perfekten Sound sorgen kann, muss er über die Altersgruppen der Gäste im Bilde sein.

– Gäste über 40 möchten nicht notwendigerweise zu Techno das Tanzbein schwingen und solche unter 20 nicht zu den Beatles. Deshalb dem DJ ein paar Beispiele oder CDs nennen, die man gerne hören möchte. So kann er leichter die richtige Wahl treffen.

– Absolut keine Idee? Die Hitparaden aus den vergangenen Dekaden oder die jährlich erscheinenden Hit-Zusammenstellungen auf CD sind schon mal ein guter Denkanstoß.

– Den Abend mit bekannter, anregender Musik beginnen. Wenn nach einer Stunde die Tanzfläche noch immer gähnt, „Abba Gold“ oder „Grease Mega-Mix“ auflegen. Zieht bei allen Altersstufen.

– Wenn die Gesellschaft trotzdem nicht zu bewegen ist, muss man selbst als erster aufs Parkett. Blickkontakt zu einem/r möglichen Partner/Partnerin suchen und mit wiegenden Hüften zielstrebig auf die Tanzfläche ziehen. Funktioniert zum Beispiel zu „Staying Alive“ von den Bee Gees oder „Satisfaction“ von den Rolling Stones. Ebenfalls gute Dampfmacher: „Rock around the clock“ von Bill Hailey oder „Sex Bomb“ von Tom Jones.

– Jetzt gilt es, die Tänzer bei Laune zu halten. Die entstandene Stimmung nicht durch eine schmalzige Ballade unvermittelt unterbrechen. Das würde nur dazu führen, das sich die meisten Tänzer wieder hinter ihren Platzkarten an der Tafel verstecken oder in die Küche verschwinden. Sie dann wieder aus der Reserve zu locken, wird umso schwieriger.

– Verschiedene Stilrichtungen so aneinander reihen, dass ein Höhepunkt entsteht. Wenn die Gäste erst einmal richtig durchgeschwitzt sind (unbedingt genügend alkoholfreie Getränke für zwischendurch bereitstellen!), die langsamen, romantischen und ruhigeren Stücke auflegen. Wenn es dem Ende zugeht, dem Publikum noch einmal richtig mit „Tutti Frutti“ von Little Richard einheizen und als ultimativen Rausschmeißer was zum Träumen wie „Underneath your clothes“ von Shakira.

Meinen Beruf pflegen

Die Arbeitswelt hat sich in den letzten 20 Jahren im Großen wie im Kleinen gewandelt. Globalisierung, Internet, steigende Arbeitslosigkeit, neue Arbeitszeitmodelle sind nur einige der Faktoren dabei. Der Arbeitsplatz als sicherer Hafen hat ausgedient – was auch sein Gutes hat. Denn so sind die Möglichkeiten gewachsen, mit seinen Fähigkeiten auf die Reise zu gehen. Flexibilität, stetes Lernen und Selbstverantwortung sind da gefragt. Und wenn Sie erkennen, dass Arbeit nicht alles ist – pflegen Sie sie trotzdem wie der Fischer sein Boot. Wer weiß, wo die Reise noch hingeht.

Abenteuer Arbeit

Das war noch vor einem Vierteljahrhundert für viele normal: Man wählte die solide Ausbildung zum Bankkaufmann, Chemiker, Zimmermann. Dann suchte man sich ein profiliertes Unternehmen, in dessen Schoß man sich einrichtete, in dessen vorgezeichneten Hierarchien man sich mehr oder weniger hochdiente und sich stetig dem Ruhestand entgegenarbeitete. Das gibt es auch jetzt noch – allerdings nur in einigen Nischen. Ansonsten bestimmt heute im Berufsleben eher der Weg das Ziel als das Ziel den Weg. Die Laufbahn ist nicht mehr so vorhersehbar, immer wieder gibt es Weggabelungen, Loopings, Berge und Täler voller Risiken und Möglichkeiten – ob man will oder nicht. Unternehmen können sich heute rasant verändern, wechseln ihre Besitzer, verschmelzen, spalten sich auf, erobern weltweite Märkte und neue Geschäftsfelder oder verschwinden einfach – ob nun die Firma eine Filiale in den USA eröffnet oder der Bäcker am Eck plötzlich zur großen Kette gehört. Längerfristige Abmachungen zwischen Arbeitgebern und -nehmern werden seltener. Dafür ist bei Mitarbeitern Flexibilität, Mobilität und Weitblick gefragt.

Selber schalten statt Rädchen sein

Wer die neuen Möglichkeiten clever und für sich passend nutzt, kann mehr sein als das berühmte „Rädchen im Getriebe". Der „Soloist" kristallisiert sich heraus – ein Arbeitnehmer, der seinen Berufsweg mit Gangschaltung statt Automatikgetriebe zurücklegt, Leerlauf und Rückwärtsgang inklusive. Zehn Arbeitgeber im 40-jährigen Berufsleben – was vor 20 Jahren noch für Unbeständigkeit stand, kann heute ein Zeichen für Zielstrebigkeit sein. Die „Stelle" wird oft nur als längerfristiges Projekt betrachtet, bei dem man sich weiterentwickeln kann, um die nächste Sprosse auf der äußeren wie inneren Karriereleiter zu nehmen. Die Zahl der Selbstständigen hat sich in den letzten zehn Jahren etwa verdoppelt, auch weil in den Firmen selbst viele Aufgaben als Projekte gesehen werden, für die man sich Spezialisten von außen auf Zeit holt.

Das hat Folgen: Ein Akademiker sieht sich trotz bester Noten mit vielen anderen im Wettstreit und muss sich schon während des Studiums zusätzlich qualifizieren. Ein Ingenieur, der wegen seiner Leidenschaft zur Elektronik einst den Beruf gewählt hat, findet sich plötzlich im Kundenservice wieder (und entdeckt dort vielleicht die Freude am Umgang mit Menschen). Ein 45 Jahre junger Mann sieht sich vor die Alternative gestellt, als Langzeitarbeitsloser zu enden oder sein Können und seine Erfahrung als Selbstständiger mit viel Eigeninitiative und Risiko in Bares umzusetzen. Ob Soloisten sich nun zwischen den Abteilungen oder auf dem freien Markt bewegen wollen, eines sollten sie stets beherrschen: feinfühliges Ich-Marketing. Das heißt, die eigene Person so darzustellen, dass ein authentisches Bild von ihr entsteht. Ein Bild, das ihre Leistungen und Möglichkeiten zeigt, ohne den Blick auf den Menschen dahinter zu verstellen.

Netzwerke knüpfen statt Ellenbogen ausfahren

Aber Achtung: Nicht den Solisten mit dem Egoisten verwechseln. Wer zwar was kann, aber seine Ellenbogen als wichtigste Werkzeuge einsetzt, gewinnt auf Dauer nicht in der modernen Arbeitswelt. Die basiert nämlich auf gut funktionierenden und harmonischen Netzwerken und damit auf zwischenmenschlichen Beziehun-

Mehr wissen: Lernphasen des Lebens

KINDHEIT In dieser Zeit werden die großen Weichen gestellt – durch die Prägung der Persönlichkeit, die Wahl der Schulbildung. In dieser Zeit wird gelernt zu lernen, zu handeln und mit anderen Menschen umzugehen. Besonders die Eltern sind in der Pflicht, das richtige und passende Gleis für ihren Nachwuchs zu finden. Dafür sollten sie sich Zeit nehmen und sich dabei durchaus auch beraten lassen.

JUNGE ERWACHSENE Sie beginnen mit der Ausbildung und treten ins Berufsleben ein – und sollten diese Zeit als wichtige Zwischenstation beim lebenslangen Lernen sehen. Jetzt eignet man sich das grundlegende Handwerkszeug an und übt den Umgang damit. Da ist auch viel Eigenverantwortung gefragt: Wer ins Ausland möchte, muss die entsprechende Sprache lernen; wer später in einem bestimmten Unternehmen arbeiten möchte, sollte sich früh um ein Praktikum dort bewerben. Die Lernberatung spielt noch eine große Rolle.

ERWACHSENE Sie stehen mitten im Job, haben häufig Verantwortung für eine Familie oder pflegen einen intensiven Lebensstil. Das alles nimmt viel Zeit in Anspruch. Vorteil: Sie können jetzt vom Erlernten profitieren. Nachteil: die Zeit, Neues von A bis Z zu lernen, ist knapp. Die Lösung: informelles Lernen „on the job“ – seine Arbeit selbstkritisch beobachten, gezielt verbessern, mit Experten reden, sich austauschen, genau zuhören, eigene Schlüsse ziehen – und Netzwerke knüpfen.

DAS ALTER Man ist zwar kurz vor oder bereits im Ruhestand, aber das Leben geht weiter. Dies ist eine gute Gelegenheit, das angesammelte Wissen an die nächsten Generationen weiterzugeben. Es ist auch die Zeit für Interessen, die über die Jahre auf der Strecke blieben. Und man sollte jetzt daran arbeiten, möglichst lange selbstständig zu sein und selbstbestimmt leben zu können. Also nicht nur körperlich, sondern auch geistig fit bleiben.

gen. Da gilt umso mehr die Regel: „Man trifft sich immer zweimal“ – und wer weiß, wo man selbst und der andere beim nächsten Treffen stehen? Ebenso entscheidend ist die Fähigkeit zum Teamwork: Abgekapselte Abteilungen, in denen man sein Können und seine Macken wie den Gummibaum pflegt, werden immer seltener. Heute schließen sich oft wechselnde Teams quer durch die Ebenen zusammen. Ein Projekt, verschiedene Experten, viele gemeinsame Erfahrungen ist die Formel, und das Ergebnis qualifiziert für weitere Projekte – oder eben nicht. Da steht am Ende die Qualität der Arbeit im Vordergrund, nicht allein das Diplom oder der Status in der Firma. Auch Chefs müssen sich darauf einstellen und erfolgreiche Arbeitnehmer durch interessante Aufgaben fördern – sonst suchen sie sich diese eine andere Firma.

Selbst bestimmen, statt bestimmt zu werden

Starke Betonung auf Effizienz und Leistung, wenig Gelegenheit für Rückzug und Innehalten – die Veränderungen in der Arbeitswelt lassen sich nicht immer mit links bewältigen. Besonders wenn der Arbeitsplatz nicht sicher ist, wenn sich gute und schlechte Phasen immer wieder abwechseln, wenn die Absicherung im Alter längst nicht mehr so klar ist. Das alles kann großen Stress verursachen. Und es sind alles Dinge, die von außen bestimmt sind. Da hilft es, von innen gegenzusteuern. Erster Schritt: sich selbst besser beobachten. Eigene Stärken entdecken und nutzen, Schwächen erkennen und damit arbeiten. Zweiter Schritt: flexibel denken. Das bedeutet nicht nur, dass man mal in Hamburg, mal in München und mal in Wien arbeitet. Flexibilität heißt auch, sich weiterzuentwickeln, seinen eigenen Weg zu gehen und ein gesundes Selbstbewusstsein zu entwickeln, das auf der eigenen Leistung beruht. Auch dafür braucht man die anderen – zum Loben, Helfen, Erfolg haben. Womit wir beim dritten Schritt sind: säen, was man mal ernten will. Wer gut arbeitet, dem tut sein Job auch eher gut. Wer die Kollegen schätzt, wird auch von ihnen geschätzt. Wer in seine Aufgaben investiert, hat bessere Chancen, dass sich das auszahlt. Und wenn einem die Arbeit nicht alles ist, dann wird man auch mal ohne sie sein Selbstbewusstsein behalten.

Veronicas Welt: Jahrmarkt der Möglichkeiten

Veronica, 30 Jahre alt, Chefsekretärin in einem mittelständischen Unternehmen, steht vor einer großen Herausforderung: Ihr Chef hat ihr vorgeschlagen, für einige Monate in die italienische Niederlassung zu gehen, um dann wieder von Deutschland aus den Vertrieb dort zu unterstützen. Eine echte Chance für Veronica – der Aufwand hat sich also gelohnt, in den letzten Jahren nach Feierabend Italienisch zu lernen. Aber da gibt es ein Problem, denn eigentlich war jetzt Familienplanung an der Reihe. Was tun? Veronica redet mit denen, die es angeht: mit ihrem Partner und mit ihrem Chef. Und man findet eine Lösung. Plan A: Veronica arbeitet sich sechs Monate in Italien ein und unterstützt dann zurück in der Heimat den Vertrieb erst einmal für weitere sechs Monate. Wenn dann der Nachwuchs kommt, tritt Plan B in Kraft: Stichwort „Elternzeit". Die können Paare in Deutschland nämlich gemeinsam nehmen, das heißt, dass beide ihre Arbeit reduzieren und sich bei der Betreuung des Kindes abwechseln. Außerdem gründet Veronica mit anderen Eltern aus dem Kollegenkreis eine Krabbelgruppe und Kindertagesstätte, die dank der Zuschüsse vom Betrieb sogar eine Fachkraft beschäftigt.

Doch bald wird Veronicas Arbeit mit der Filiale in Italien zu zeitaufwändig für einen Teilzeit-Job. Zum Glück kommt „rechtzeitig" eine Kollegin nach der Kinderpause wieder ins Unternehmen zurück. Mit ihr teilt sich Veronica im Job-Sharing-Verfahren nun die Aufgaben. Dazu kann sie tageweise von zu Hause aus arbeiten, wofür die Firma ihr einen Computer und das Telefon stellt, Zugang zum Firmennetzwerk verschafft und auch alle Gebühren zahlt. Im Gegenzug spart man sich die Einrichtung des Arbeitsplatzes im Büro.

Soweit, so perfekt. Nur wo ist diese Welt, in der so was funktioniert? Bevor wir dazu kommen, schauen wir erst einmal, warum das alles so gut funktioniert hat. Schauen wir uns Veronicas Weg an: Trotz ihrer Familienplanung hat sie die angebotene Chance wahrgenommen, ausgebaut und dabei großes Engagement für das Unternehmen bewiesen. Dazu kamen Entscheidungsstärke („Ich will nach Italien gehen") und Eigeninitiative (Organisation der Elterngruppe). Und: Wer wie sie stark in Kommunikation und Teamfähigkeit ist, dem traut man Job-Sharing und Telearbeit eher zu. Wer dazu gut organisieren, seine Zeit managen, schnell lernen und dadurch effizient arbeiten kann, dem gibt man dann eine Aufgabe mit Verantwortung und Perspektive. So ist die Geschichte aus Veronicas Arbeitswelt auch ein Fallbeispiel dafür, was Arbeitgeber an ihren Mitarbeitern schätzen.

Was im Job gefragt ist

Veronicas Welt wirkt für viele Angestellte immer noch recht unwirklich. Denn nicht jeder hat so flexible Partner und Arbeitgeber. Aber jedes Beispiel für sich ist heute nichts Ungewöhnliches mehr im Arbeitsleben. Im Grunde ließe sich auch das ganze Paket realisieren – die Gegebenheiten sind alle da. Das zeigt: Die Änderungen in der Berufswelt haben aus ihr einen Jahrmarkt der Möglichkeiten gemacht, auf dem man nicht unbedingt den Job wechseln muss, um viel zu erleben. Allerdings ist dafür Einsatz gefragt – aber der imponiert ja den Vor-

Das braucht's: Computer für Telearbeit

- Hardware: Rechner mit ausreichenden und passenden Anschlüssen (Schnittstellen) für Ihre Anwendungen, Bildschirm, Drucker, Tastatur, Maus, Lautsprecher
- Medien: Papier für den Drucker, CD- bzw. DVD-Rohlinge sowie Aufbewahrungsmöglichkeit für Medien (Disketten, CDs, DVDs, Speicherkarten)
- Software: passende und möglichst aktuelle Anwendungsprogramme für Ihre nötigen Arbeiten, die kompatibel mit der Firmensoftware sind
- Internet: Telefonanschluss, Modem, Zugang von einem Internet-Provider (Zugangsanbieter), eventuell ISDN- oder DSL-Anschlüsse, Virenschutz-Software, Firewall

gesetzten, oder? Dadurch, dass jemand seine eigene Arbeitswelt so aktiv gestaltet, schafft er die Voraussetzung dafür, damit neue Arbeitsformen auch funktionieren: In einer Fabrik mit flexiblen Arbeitszeiten müssen sich die Kollegen im Team absprechen, damit trotzdem alle Aufgaben gemeistert werden können. Wenn Hierarchien flacher werden und der allmächtige Chef mehr und mehr verschwindet – dann bedeutet das, dass der Einzelne stärker Verantwortung übernehmen und mehr eigene Entscheidungen treffen muss. Für sich wie auch für andere.

Persönlichkeit zählt

Die Merkmale der Persönlichkeit spielen eine große Rolle beim Fortkommen im Beruf. Das fängt schon bei der Jobsuche an. Daher sollte man im Bewerbungsgespräch weniger eine Prüfung als einen Persönlichkeitstest sehen. Ein erfahrener Chef wird genau beobachten, wie man kommuniziert und wie man sich in der Stresssituation verhält. Dieser Eindruck kann mehr zählen als ein Diplom, das viele andere Bewerber ebenfalls in ihrer Mappe liegen haben. Ab einem bestimmten Punkt im Bewerbungsprozess wird die Persönlichkeit sogar zum letzten Kriterium für die Entscheidung. Wer da Angst vorm Vorstellungsgespräch hat, wird sich so präsentieren, wie sich Chefs ihre Mitarbeiter eben nicht vorstellen: gehemmt oder nervös, unkonzentriert oder zu forsch.

Allerdings ist Unsicherheit im Umgang mit anderen nichts Ungewöhnliches. Kann gut sein, dass Veronica damals beim Bewerbungsgespräch noch weit weg war von ihrem heutigen Auftreten, für das der Personalchef aber schon damals ein gutes Gespür hatte. Vielleicht, weil sie da bereits gewisse Ziele vor Augen hatte: einmal ins Ausland gehen, eine Familie gründen. Wie das funktionieren sollte, wusste sie selbst noch nicht. Und es sind auf dem Weg dorthin auch immer wieder Fragen, Krisen und Sackgassen aufgetaucht. Dass sie trotzdem so weit gekommen ist, war nicht selten Zufall und hatte oft mit dem Rat und der Hilfe von anderen zu tun. Gegangen ist sie die Strecke aber letztendlich alleine.

Übrigens: Veronica steigt als Mutter wieder früh in den Job ein. Das ist nur möglich, weil sich auch ihr Partner kümmert und weil sie mit anderen Eltern eine eigene Krabbelgruppe organisiert, in dem ihr Nachwuchs gut aufgehoben ist. O.k., Veronicas Welt ist sicher der Idealfall. Wer weiß, vielleicht gibt es sie auch gar nicht. Dennoch lohnt sich der Einsatz. Viel Erfolg dabei.

Mehr wissen: Arbeitszeitmodelle

JOB-SHARING Zwei Partner teilen sich eine Stelle und sprechen sich untereinander ab, was wann erledigt wird. Erfordert sehr enge Abstimmung. Stimmt die Chemie, ist es eine gute Möglichkeit, gemeinsam Projekte erfolgreich zu bewältigen. Im Einzelfall können beide gleichzeitig länger arbeiten und dadurch ihre Kapazitäten kurzfristig erhöhen.

TELEARBEIT Die Mitarbeiter sind in einem festen Anstellungsverhältnis, erledigen aber entweder die ganze oder einen Teil der Arbeit (alternierende Telearbeit) von zu Hause aus.

ALTERSTEILZEIT Ab dem 55. Lebensjahr bis zum Ruhestand um die Hälfte verringerte Arbeitszeit mit anteilig etwas höheren Gehaltszahlungen. Wird oft als Blockmodell genutzt, das heißt, die Hälfte der Zeit wird voll gearbeitet, die andere Hälfte gar nicht mehr. Unternehmen verjüngen so ihre Belegschaft, Arbeitnehmer können früher in den Ruhestand gehen bzw. weniger arbeiten.

ARBEIT AUF ABRUF Ein Rahmenvertrag legt die Gesamtarbeitszeit fest, etwa zehn Stunden je Woche. Mit einer Vorankündigungsfrist wird der Arbeitnehmer ins Unternehmen bestellt. Kann auch als Jahresarbeitszeit, also als bestimmtes Zeitkontigent innerhalb eines Jahres, vereinbart werden.

LANGZEIT- UND LEBENSARBEITSKONTEN Über einen Zeitraum von mehreren Jahren bis zu einem gesamten Berufsleben wird immer wieder mehr gearbeitet, um in bestimmten Zeiten ohne Gehaltseinbußen reduzieren zu können, etwa für Weiterbildungen, das Hobby, für die Familie oder längere Reisen.

SABBATICAL Berufliche Auszeit. Entweder durch Verzicht auf einen Teil des Gehalts oder nach Ansammlung von Arbeitsstunden nimmt der Arbeitnehmer über einen längeren Zeitraum frei, in der Regel zwischen drei Monate und einem Jahr. Wird häufig als Therapie gegen Burn-out oder für einen längeren Auslandsaufenthalt genutzt.

881. Den Schreibtisch ordnen

Schere, Heftklammern, Ablagekästen, Stifthalter: lauter unentbehrliche Utensilien, die einem die Arbeit am Schreibtisch erleichtern – vorausgesetzt, sie blockieren nicht wertvolle Arbeitsfläche.

– Schaffen Sie sich für häufig benötigte Büro-Utensilien ein Regal an, in dem Locher, „Klammeraffe", Ablagen und anderes ihren festen Platz finden. Auch Papierwaren (Schreibpapier, Umschläge, Notizzettel) geordnet greifbar halten.
– Stifte, Spitzer und Büroklammern am besten in der Schreibtischschublade aufbewahren – geordnet nach Stammplätzen. Abgebrochene Radiergummis und nicht funktionierende Stifte radikal ausmisten. Gegen schwarze Finger hilft, die Schublade einmal im Monat mit einem feuchten Tuch auswischen.
– Damit die Papierstapel auf dem Schreibtisch nicht unermüdlich wachsen, muss man sie wegsortieren. Idealerweise in exakt beschriftete Hängeordner, die stets einen aktuellen Zugriff ermöglichen. Es gibt praktische Mappensysteme in Rollwagen, die problemlos unter dem Schreibtisch geparkt werden können.
– So manch einer kritzelt wichtige Namen, Termine und Telefonnummern auf kleine Zettel, Zeitschriften oder gar abgerissene Papierecken – und er findet sie dann garantiert niemals wieder. Wesentlich sinnvoller: ein dickes Buch (mit Gummiband, das die Seiten zusammenhält) anschaffen. Dort hinein kommen sämtliche Notizen – auch wenn sie auf einer Serviette stehen. Damit garantiert nichts wegkommt, lose Notizen einkleben. Das mag chaotisch anmuten, aber im Ernstfall hat man so alle Notizen parat.
– Platzfresser Nummer 1 ist immer noch der Computer. Der Rechner parkt vielleicht schon unterm Tisch, aber Bildschirm und Tastatur belegen wertvolle Arbeitsfläche. Die Lösung: ein eigener PC-Arbeitsplatz auf Rollen. Er ist niedriger als übliche Schreibtische und ermöglicht zudem ein ergonomischeres Arbeiten. Vor allem Menschen, die viel am PC sitzen, sollten an solchen Extras nicht sparen.

3 TIPPS für die richtige Schreibtischoberfläche

1. **Beim Kauf eines Schreibtisches sollte man darauf achten, dass die Fläche der Arbeitsplatte nicht zu glatt und glänzend ist. Glas beispielsweise sieht zwar schick aus, wirkt aber sehr kalt und ungemütlich. Ränder von Kaffeetassen, Fingerabdrücke oder sonstige Flecken sind auf Glas gut sichtbar, daher sind solche Arbeitsplatten nur bedingt für vielschaffende Ästheten geeignet.**
2. **Tiefschwarze und rein weiße Platten „nerven" das Auge. Deshalb wird man leere Flächen solcher Tische unbewusst mit allerlei Krimskrams zuparken. Müssen Sie an solchen Flächen arbeiten, können Sie mit mattgrauen oder dunkelroten Unterlagen gegensteuern.**
3. **Ideal sind Arbeitsplatten aus Hölzern oder furnierten Spanplatten – die Maserung beruhigt das Auge, trotzdem wirken leere Flächen aufgeräumt.**

882. Computerarbeitsplatz einrichten

Wer bei der Arbeit die meiste Zeit am Computer in sitzender Haltung verbringt, muss sich seinen Arbeitsplatz auf jeden Fall folgendermaßen einrichten.

– Unverkrampfte Körperhaltung ist wichtig. Wenn die Hände auf der Tastatur liegen, müssen die Ellenbogen im rechten Winkel stehen. Auch Ober- und Unterschenkel sollten diesen Winkel einnehmen, wenn man mit beiden Füßen den Boden berührt. Der Oberschenkel darf die Tischunterseite nicht berühren.
– Die Tastatur muss so weit von der vorderen Schreibtischkante entfernt stehen, dass ausreichend Fläche vorhanden ist, auf der die Hände bzw. Arme abgelegt werden können.
– Der Kopf sollte gerade in den Monitor schauen. Der Bildschirm sollte daher dreh- und neigbar sein.
– Der Abstand zwischen Augen und Bildschirm sollte 1/2 m betragen. Aus dieser Entfernung muss die Schrift noch gut lesbar sein. Der obere Rand des Monitors sollte auf Augenhöhe sein.
– Der Bildschirm sollte nicht direkt vor dem Fenster stehen, damit Sie nicht gegen eine helle Fläche blicken müssen. Das strengt die Augen unnötig an.

Zehn Minuten LEBEN!
883. Gymnastik für die Augen

Lange Bildschirmarbeit bedeutet Schwerstarbeit für die Augen. Entlastung bringen folgende Übungen für Zwischendurch.

– Hände vor die Augen halten: Augen schließen und mit den vorher warm geriebenen Händen bedecken. Nicht gegen den Augapfel drücken. Sich möglichst bunte Gegenstände oder Landschaften möglichst bunt vorstellen. Dauert 2 Minuten, danach Hände langsam wegnehmen.
– Massage: Daumen und Mittelfinger an die Nasenwurzel und den Zeigefinger zwischen die Augenbrauen setzen. Mit den Fingern etwa 10 Sekunden massieren. Dann der Wechsel: Beide Mittelfinger auf die Mitte der Stirn legen. Sanft in Kreisbewegungen nach außen Richtung Ohren bis zum Ohrenansatz 20 Sekunden lang massieren.
– Augenspaziergang: Den Blick immer von nahen auf entfernte Dinge springen lassen. Jeweils den Blick entspannt über Gegenstände gleiten lassen. Die Fernsicht ist eine gute Abwechslung zum nahen Bildschirm.

884. Richtig am Schreibtisch sitzen

Büromenschen verbringen den Großteil der Zeit im Sitzen und gehen oft mit Verspannungen nach Hause. Ein guter Stuhl kann das ändern.

– Wer den ganzen Tag sitzend verbringt, sollte sich auf dem Stuhl bewegen und öfter die Position wechseln. Ein ergonomisch guter Stuhl erlaubt dieses „dynamische“ oder „aktive“ Sitzen.
– Ein Bürostuhl muss zur Körpergröße passen.
– Jeder Bürostuhl braucht fünf Rollen, denn bei nur vier kann er kippen.
– Für die Sitzfläche empfehlen sich folgende Maße: 40–45 cm breit, 35–40 cm tief. Die Sitzfläche sollte muldenartig geformt sein, damit niemand aus dem Sitz rutscht. Die Sitzvorderkante sollte abgerundet sein, um schädlichen Druck auf Nerven und Beingefäße zu verhindern. Idealerweise ist die Sitztiefe verstellbar.
– Die Rückenlehne ist bei einem guten Bürostuhl etwa 38 cm breit und im oberen Bereich leicht nach vorn geneigt. Die Neigung der Sitzfläche und der Rückenlehne passen sich bei ergonomisch geformten Stühlen aneinander an. Eine wulstförmige Ausbuchtung in der Rückenlehne unterstützt den unteren Lendenbereich. Die gesamte Rückenlehne oder die Lendenwirbelstütze sollten höhenverstellbar sein.
– Beim Hinsetzen darf die Sitzfläche nicht starr reagieren, sondern muss das Gewicht abfedern. Die Polsterung darf nicht zu weich und nicht zu hart sein. Der Bezug sollte durchlässig für Wasserdampf sein, damit die Wärme besser abgegeben wird.
– Armlehnen braucht ein Stuhl grundsätzlich. An den Schultern hängt ein Gewicht von mehreren Kilogramm, und das sollte sich am Ellenbogen abstützen lassen. Höhenverstellbare Armstützen sind von Vorteil.
– Fußstützen eignen sich vor allem für kleinere Menschen, bei denen der Schreibtisch nicht zur Körpergröße passt und die deshalb oft nur auf der Vorderkante des Stuhles balancieren. Die Aufstellfläche für die Füße sollte etwa 35–45 cm breit sein, die Höhe bis 11 cm über dem Boden verstellbar.
– Mehr zur Wahl eines Bürostuhls erfahren Sie im Ratschlag Nr. 42, Seite 34.

4 ALTERNATIVEN zum Bürostuhl

1. **Sitzball: Die richtige Größe für den Sitzball wird so ermittelt: Körpergröße minus 100 cm. Der Ball fördert das dynamische Sitzen, ist jedoch gewöhnungsbedürftig.**
2. **Kniehocker: Sie unterstützen zwar die richtige Rückenhaltung, können aber bei zu langem Gebrauch zu Knieschäden führen.**
3. **Pendelstühle: Sie vereinen die Bequemlichkeit eines Bürostuhls mit den gesundheitlichen Vorteilen des Sitzballs, ohne dass man dabei um die Balance kämpfen muss.**
4. **Stehpulte: Sie sind eine weitere Alternative zum Bürostuhl. Gelegentliches Stehen während der Arbeit ist gesund.**

Tipp:
Da Sitzball, Kniehocker und Pendelstühle keine Rückenlehne haben, ist es ratsam, nicht den ganzen Tag darauf zu verbringen.

885. Gutes Licht am Arbeitsplatz

Gutes Licht ist entscheidend für eine Wohlfühlatmosphäre am Arbeitsplatz. Und es schützt davor, dass die Augen leiden.

– Die Beleuchtung ist extrem wichtig. Licht entlastet nicht nur das Auge, es beeinflusst auch die Psyche. Falsche Beleuchtung kann das Arbeiten erschweren und Beschwerden hervorrufen.
– Die Lichtempfindlichkeit ist von Person zu Person anders. Finden Sie Ihr eigenes Optimum heraus und richten Sie Ihren Arbeitsplatz danach aus.
– Die Lichtstärke sollte unabhängig vom Deckenlicht regulierbar sein, beispielsweise durch Schreibtischlampen. Gleichmäßige Beleuchtung ohne zu starke Kontraste bzw. zu viel oder zu wenig Schatten ist dabei das Maß der Dinge.
– Tageslicht allein reicht nicht. Die Lichtverhältnisse schwanken, es können Blendungen und Reflexionen auftreten. Fenster müssen sich gegen direkte Sonneneinstrahlung entsprechend abdunkeln lassen, am besten mit Lamellenvorhängen oder Jalousien.
– Wegen der Reflexionen Bildschirme nie frontal oder mit dem Rücken zu einem Fenster hin aufstellen. Schreibtische und Möbel sollten keine glänzenden Oberflächen haben. Auch Glastüren von Schränken, Zierspiegel und Ähnliches sollten keine Störungen verursachen. Den Bildschirm entsprechend drehen bzw. die störenden Gegenstände abhängen, abschirmen oder ganz entfernen.

886. Mit Lärm am Arbeitsplatz umgehen

Jeder empfindet Geräusche und Lärm unterschiedlich. Was den einen nicht juckt, kann den anderen völlig aus dem Takt bringen. Hier ein paar Anhaltspunkte fürs Arbeiten mit Geräuschkulisse.

– Verkehrsgeräusche, telefonierende Kollegen, Klimaanlagen, Drucker, Kopiergeräte und nicht zuletzt Computer – Lärm entsteht in jedem Büro. Ein zu hoher Pegel kann aber Stress verursachen. Die vorgeschriebenen Grenzwerte für einfache Bürotätigkeiten liegen bei 70 dB (Dezibel), für kreative und geistig anspruchsvolle Arbeit bei 55 dB. In anderen Bereichen, etwa in der Produktion, gelten 85 dB. Zum Vergleich: Schon ein Flüstern entspricht einer Lautstärke von 15–40 dB, ein Rasenmäher bringt es auf satte 100 dB.
– Das Wort „Lärm“ beinhaltet aber auch eine Bewertung des Geräusches: Manche Menschen empfinden es als unangenehm und störend, wenn jemand mit einer Chipstüte raschelt, anderen ist das egal.
– Die wichtigsten Maßnahmen: Machen Sie Ihre Kollegen auf störende Geräusche aufmerksam. Bieten Sie an, sich auch gerne anzupassen. In Großraumbüros sind schallschluckende Trennwände hilfreich, vor allem wenn viel telefoniert wird. Pflanzen, Vorhänge und andere dämpfende Accessoires können ebenfalls den Lärm mindern.
– Wer viel Lärm ausgesetzt ist, sollte einen Hörschutz tragen (ab 85 dB), sonst drohen auf Dauer Hörschäden. Der Arbeitgeber muss den Hörschutz bereitstellen.

887. Gutes Raumklima am Arbeitsplatz

Wenn Temperatur, Luft und Optik bei der Arbeit stimmen, geht sie gleich viel leichter von der Hand.

– Die richtige Temperatur: Während der eine Kollege sich immer weiter „entblättert“, hüllt sich der andere in Pullover und Mantel. Allgemein lässt sich sagen: Die Lufttemperatur sollte zwischen 20 und 22 °C liegen und möglichst 26 °C nicht übersteigen. Eine relative Luftfeuchtigkeit zwischen 30 und 70 Prozent dürfte für alle angenehm sein.
– Gut belüftet: Sorgen Sie für ausreichend Frischluft. Besonders in kleinen Räumen ist dies ein Problem. Dann immer Stoßlüften, das heißt für wenige Minuten ein Fenster, besser zwei gegenüber liegende Fenster ganz öffnen, statt durch ständig geöffnete Fenster während der Heizperiode Energie zu verschwenden oder Zugluft zu riskieren. Bei notorisch schlechter Raumluft die Ursache suchen und wenn möglich entfernen. Kopierer und Laserdrucker etwa sind Ozonquellen. Auch Klebstoffe, Bodenbeläge, Wand- und Deckenverkleidungen können durch Ausdünstungen Ursache für die schlechte bis schädliche Raumluft sein.
– Blumen und Pflanzen machen nicht nur eine gute Stimmung, sondern sind auch was fürs Auge. Das Gleiche gilt für Bilder, Poster, Fotografien etc. Erlaubt ist, was gefällt – es sei denn, es stört einen Kollegen vehement. Hier gilt Rücksicht zu nehmen! Nebeneffekt von Zimmerpflanzen: Als „grüne Leber“ filtern sie Schad-

stoffe aus der Luft, Ficus benjamina und Grünlilie zum Beispiel besonders gut das Formaldehyd.

Zehn Minuten LEBEN!

888. Wenn die Füße schmerzen

Nach einem langen Arbeitstag auf den Beinen schmerzen häufig die Füße. Ein paar Minuten sollten Sie dann Ihren „Lastenträgern“ widmen.

– Ein warmes Bad macht müde Füße munter. Am besten mit speziellen Ölzusätzen oder einem Löffel Salz. Danach immer gut abtrocknen, speziell zwischen den Zehen. Fußbadschalen mit Whirlpool-Effekt für besonders gequälte Treter gibt es günstig im Handel.
– Füße mit den Händen oder einem Igelball massieren.
– Eine Creme auftragen und dabei die Füße massieren.
– Regelmäßiges Training, zum Beispiel barfuß gehen, Laufen auf Zehenspitzen oder Fersen, stärkt die Füße.
– Fragen Sie einen Orthopäden, wenn die Füße öfter schmerzen. Eventuell brauchen Sie Einlagen. Auch eine Fußpflege kann Linderung verschaffen.

889. Den Schreibtisch aufräumen

Stifte ohne Kappe, eingetrockneter Kaffee in der Tasse, Zettelwirtschaft, Akten und jede Menge Schnickschnack auf dem Schreibtisch ersticken jegliche Kreativität. Weg mit dem Ballast.

– Aller guten Dinge sind vier: Der Traum vom aufgeräumten Schreibtisch wird mit der Vier-Stapel-Methode Wirklichkeit:
– Einen leeren, kleinen Tisch neben den Schreibtisch stellen, zur Not tut's für kurze Zeit der Fußboden. Die Fläche in 4 Felder einteilen.
– Feld 1 ist fürs Wegschmeißen reserviert. Hier wird alles großzügig gehortet, was später in den Müll wandern kann.
– Auf Feld 2 kommt alles, was man zwar nicht wegwerfen oder vergessen darf, aber auch nicht unbedingt selbst erledigen muss. Zum Beispiel der Merkzettel mit dem Stichwort „neue Druckerpatrone“ (später den Haustechniker anrufen und die Sache ist erledigt).
– Auf Feld 3 alles stapeln, was man innerhalb der nächsten Woche selbst erledigen muss (Telefonate, neuen Kaffee kaufen usw.).
– Bleibt noch Feld 4: Das ist der Stapel, der in Ordnern bzw. in der Hängeregistratur unterkommt. Hier werden alle Unterlagen und Papiere gesammelt, die mittelfristig gebraucht werden. Wichtig: den Stapel unmittelbar nach dem Aufräumen abheften bzw. ablegen.
– Generell gilt: jedes Papier nur einmal anfassen. Wenn sich Zweifel melden, spricht das dafür, dass es ein Fall für den Papierkorb ist. Der sollte nach der Aktion gut gefüllt sein. Und der Schreibtisch dafür schön leer.

890. Archivieren und wegwerfen

Wer zum x-ten Mal wichtige Unterlagen auf dem Schreibtisch oder gar im Papierkorb sucht, sollte Ordnung in das wilde Durcheinander bringen.

– Es darf nur einen einzigen Ort für eine gesuchte Information geben – das gut geordnete und sortierte Archiv. Nicht der Schreibtisch und auch nicht der Papierstapel daneben. Ziel ist es, kurze Zugriffszeiten zu schaffen. Deshalb heißt die Grundregel: Aktuelles in Griffnähe aufbewahren, etwa in einem schmalen Ordner und seltener Benötigtes archivieren. Hierfür eignen sich beispielsweise Büroschränke.
– Was soll alles ins Archiv? Schalten Sie bei dieser Entscheidung den Jäger- und Sammlertrieb aus, denn sonst landet dort alles Mögliche, was sich auch nur vielleicht und irgendwann einmal verwenden lässt. Dagegen hilft nur das „ewige Archiv“ – der Papierkorb.
– Ordner nutzen: Die Unterlagen in Rubriken (wie Meetings, Urlaub, Presse) und Unterrubriken (etwa für Meetings: Protokolle, Termine) einteilen und nummerieren. Belege, die unbedingt in streng chronologischer oder numerischer Reihenfolge aufbewahrt werden müssen, werden in Ordner geheftet. So lässt sich im Archiv alles leicht wiederfinden.
– Stehen oder hängen: Prospekte, Kataloge, Zeitschriften sowie Informationen in Klarsichthüllen in Stehsammlern oder Kassetten unterbringen. Vorgänge und Unterlagen, die entweder dünn sind oder sich gut gliedern lassen, gehören in ein Loseblatt-Ablagesystem, zum Beispiel in eine Hängeregistratur. Später für die Fachliteratur, Zeitschriften und Broschüren jeweils Jahresordner anlegen und einen kompletten Jahrgang der betreffenden Zeitschrift sammeln. Das Archivieren und auch das Entsorgen fallen dann bedeutend leichter.
– Das Archivsystem sollte unkompliziert sein, damit sich auch andere Mitarbeiter zurechtfinden.

– Auch für die Pflege des Archivs gilt: Ausmisten statt hamstern. Das erfordert zwar Disziplin, ist aber wichtig im Kampf gegen Papierberge, überquellende Ordner und Archive. Und ist immer noch besser als Dokumente zu horten, die hoffnungslos veraltet sind und nur unnötig Platz wegnehmen. Man sollte sich einen festen Termin fürs Aufräumen setzen, beispielsweise einmal im Monat, mindestens aber einmal pro Jahr.
– Um die E-Mail-Flut in den Griff zu kriegen, gelten ähnliche Regeln wie fürs Papier: Menge reduzieren, Spreu vom Weizen trennen, Posteingang sortieren, Ordner anlegen und Wichtiges speichern, Mut beim Löschen, den so genannten Regelassistenten nutzen, der die E-Mails automatisch nach vorgegebenen Regeln organisiert. Und schließlich: ab und zu ausmisten.

891. Mit dem Biorhythmus arbeiten

In jedem von uns tickt eine innere Uhr. Wer seinen täglichen Rhythmus kennt, arbeitet wesentlich effektiver und konzentrierter.

– In den Morgen- bzw. Vormittagsstunden sind die meisten Menschen am leistungsfähigsten. Die Kernzeit zwischen 9 und 12 Uhr sollte deshalb anspruchsvollen Aufgaben gehören.
– Es bringt allerdings wenig, nonstop sein Pensum durchzuhecheln, nur weil man die Zeit optimal nutzen will. Die Leistungsfähigkeit sinkt kontinuierlich ab, deshalb sind kurze Pausen, auch während schwieriger Aufgaben, spätestens nach 2 Stunden Pflicht.
– Mittags stellt sich automatisch das erste Leistungstief ein. Der Blutzuckerspiegel sinkt, der Körper meldet „Ich habe Hunger, brauche Nachschub“. Die Konzentration lässt nach. Deshalb ist jetzt eine Stärkung angebracht. Auch wenn der Schweinebraten in der Kantine oder die Currywurst an der Frittenbude locken: Fette und schwere Speisen meiden, da sie wie ein Stein im Magen liegen. Ein Salat, Gemüse und leicht verdauliches, helles Fleisch oder Fisch sind gesündere und weniger belastende Alternativen. Den „Nachtisch“ für die Nachmittagsstunden aufheben, wenn sich das zweite Leistungstief, etwa 3 Stunden nach dem Mittagstisch, ankündigt.
– Nach dem Essen wäre ein Nickerchen recht? Dieser würde zwar der Leistungskurve entsprechen, ist aber an den meisten Arbeitsplätzen Utopie. Wer kann, legt am Schreibtisch einfach den Kopf auf die Arme und tankt beim Power-Nap (siehe Tipp rechts) neue Kraft.
– Auf den obligatorischen Kaffee kann verzichtet werden. Er kurbelt zwar den Kreislauf an, doch ein kurzer Spaziergang an der frischen Luft erfüllt mindestens den gleichen Zweck – und die Wirkung hält länger an.
– Routinetätigkeiten in den Nachmittag verlegen. Sie erfordern weniger Konzentration und lassen sich auch mit „halber Kraft“ bewältigen. Am späteren Nachmittag stellt sich oft wieder ein Leistungshoch ein. Es erreicht zwar nicht die Stärke des Vormittags, kann aber bei großem Arbeitspensum zum effizienten Endspurt genutzt werden.
– Nachtarbeit ist normalerweise wenig ergiebig. Lieber etwas früher zu Bett gehen und ausgeruht am nächsten Morgen früher mit dem Tagwerk beginnen. Allerdings: Wer zu normalen Geschäftszeiten zum Beispiel durch viele Telefonate oder Besucher abgelenkt ist, profitiert sicher ab und an von einem Abend ohne Störungen, um sich konzentriert einer Sache zu widmen.
– Zwischendurch einen Apfel, einen Becher Joghurt oder – in Maßen – ein Stück Schokolade essen. Kleine Zwischenmahlzeiten nehmen Heißhungerattacken die Spitze und sorgen dafür, dass die Leistungsfähigkeit relativ konstant bleibt.
– Mehr Details zum Biorhythmus und zum Umgang damit erfahren Sie im Ratschlag Nr. 200, Seite 119.

TIPP

Leider noch immer nicht überall möglich, aber äußerst sinnvoll: das erfrischende Nickerchen nach dem Mittagessen, der Power-Nap. Es dauert mindestens 15, höchstens 30 Minuten. Es bringt erwiesenermaßen mehr als die gleiche Zeit morgens länger zu schlafen. Einschlafen ist möglich, aber nicht unbedingt nötig. Mit geschlossenen Augen auszuruhen reicht schon. Vorher am besten ein Glas Wasser trinken.

892. Selbst gemachten Stress entschärfen

Nicht immer sind es die anderen, die Stress machen. Schnell steigert man sich selbst in eine Sache hinein und treibt den inneren Druck unnötig stark auf.

– Fehlerfrei – das gibt es nicht. Daher: Keine Angst vor kleinen Fehlern bei der Arbeit. Häufiges Kontrollieren

4 PAUSEN BEI DER ARBEIT

	Abstände	Dauer	Tätigkeiten
Mini-Pause	Nach Bedarf	1 Minute	kurz abschalten
Kurzpause	nach 30 Minuten	5 Minuten	aufstehen, Fenster öffnen, usw.
Pause	nach 2 Stunden	15 Minuten	etwas trinken, Unterhaltung, aufstehen
Erholungspause	nach 4 Stunden	1–2 Stunden	essen, ein Nickerchen machen, spazieren gehen

kann viel Zeit verschwenden und von den wesentlichen Dingen ablenken. Überlegen Sie lieber gezielt, wo Akribie wirklich notwendig ist und investieren Sie dafür etwas mehr Zeit.

– Wenn die Pflicht ruft, hören Sie das besonders laut? Dann haben Sie möglicherweise ein übertriebenes Pflichtbewusstsein. Das führt dazu, dass Sie mehr arbeiten als verlangt und damit länger, als nötig ist. Schätzen Sie immer wieder genau ab, wo die Pflicht ernst zu nehmen und wo weniger Einsatz angebracht ist. Wenn es möglich ist, delegieren Sie und planen andere mit ein. Übernehmen Sie ohne guten Grund keine Arbeiten, die eigentlich von anderen erledigt werden müssten.

– Zu viel Ordnung? Wer zu lange mit dem Aufräumen beschäftigt ist, verschwendet Energie und Zeit. Darum ruhig etwas Unordnung zulassen, wenn das nicht wirklich bei der Arbeit stört.

– Immer der Erste bei Terminen und daher immer in Eile? Das muss nicht sein. Kommen Sie ruhig mal ein paar Minuten zu spät. Und zwar ohne jede Hektik. Vor der Tür kurz durchatmen und die Gedanken sortieren. Und dann beim Termin gleich auf den Punkt kommen.

Zehn Minuten LEBEN!

893. Denkblockaden abbauen

Wenn die Sachen nicht mehr richtig von der Hand gehen wollen, wenn die Gedankenwege wie mit Brettern vernagelt sind – dann ist eine kleine Pause inklusive Entspannung angesagt. Mit ein paar Tricks können Sie schnell wieder Kraft sammeln.

– Wenn möglich, verlassen Sie Ihren Arbeitsplatz für einige Minuten, um abzuschalten. Gehen Sie ein paar Schritte, um den Kreislauf wieder in Schwung zu bekommen. Frische, kühle Luft hilft ebenfalls.

– Eine kleine, einfache Übung: Aufrecht hinstellen. Drei Sekunden lang tief einatmen und die Schultern dabei möglichst weit hochziehen. Dann den Atem für 3 Sekunden anhalten. Anschließend kräftig ausatmen und die Arme entspannt herunterhängen lassen. Das Ganze mindestens 3-mal wiederholen.

– Kompakt-Akupunktur: Ohrmuschel mit Daumen und Zeigefinger fassen und nach hinten ziehen. Dann von oben nach unten am Rand durchmassieren. Das stimuliert mehrere hundert Akupunkturpunkte und macht wieder fit.

– Für die volle Konzentration empfiehlt sich eine 10-Minuten-Übung: Auf einem Stuhl eine bequeme Haltung einnehmen. Augen schließen, die Arme locker nach unten fallen lassen, der ganze Körper soll sich entspannen. Nun die ganze Aufmerksamkeit nacheinander auf einzelne Körperteile richten: auf Arme, Schultern, Kopf, Rücken, Brust, Magen, Hüften usw. In Ruhe alle Regionen durchgehen. Wie fühlen sie sich an? Kalt, warm, hart, weich, angespannt, locker? Dann auf den Atem konzentrieren, wie er durch die Nase einströmt und durch den Mund wieder ausströmt. Schließlich das Finale: Völlig loslassen, die totale Entspannung spüren. Augen wieder öffnen, bis 10 zählen. Fertig.

– Bei starken Spannungen sollten spezielle Techniken eingesetzt werden, die zwar erst erlernt werden müssen (etwa an der Volkshochschule), dafür aber besonders gut helfen: zum Beispiel Autogenes Training, Yoga und Meditation. Bereits jeweils 5–10 Minuten sind dann ausreichend.

894. Vorsätze fassen und umsetzen

Ob Karriereplanung, Organisation, Mitarbeiterführung oder Projektabwicklung – Vorsätze sind wichtig. Aber es müssen die Richtigen sein.

– Schnell nimmt man sich etwas vor. Die Phrase „Ich müsste eigentlich ...“ schwirrt den meisten Menschen durch den Kopf. Wichtig: Erst das Ziel genau definieren, dann die passenden Vorsätze dazu entwickeln. Beispiel: Ich möchte in der amerikanischen Niederlassung arbeiten. Die richtigen Vorsätze lauten dann etwa: Ich muss den Kontakt dorthin aufnehmen, ich muss mich dort bewerben, ich muss meine Sprachkenntnisse verbessern, ich muss das mit meinen Vorgesetzten besprechen. Der falsche Gedankengang ist: Ich müsste mal mein Englisch aufpolieren, damit ich vielleicht mal in der amerikanischen Niederlassung arbeiten kann.

– Jetzt geht es an die Umsetzung: Nicht zu viel auf einmal vornehmen! Einen Vorsatz nach dem anderen umsetzen. Gehen Sie zügig voran, aber bleiben Sie in Ihren Einschätzungen realistisch.

– Beginnen Sie zügig, ihre Vorsätze zu realisieren – aber lassen Sie sich Zeit! Hört sich komisch an, stimmt aber: denn Gewohnheiten zu ändern – das dauert. Geben Sie sich Etappenziele. Also, statt: „Morgen miste ich den ganzen Schrank mit den alten Papieren aus“, besser: „Bis nächsten Monat habe ich den Schrank ausgemistet. Dann räume ich dort die ganzen neuen Akten ein“. Machen Sie sich einen realistischen Plan, den Sie auch einhalten können.

– Geduldig bleiben! Wenn Sie mal auf der Stelle treten, etwa, wenn eine Fortbildung nicht gleich bewilligt wird: Machen Sie sich lieber Gedanken darüber, mit welchen Mitteln Sie es schaffen, möglichst schnell an die Qualifikation zu kommen. Es gibt immer Phasen, in denen sich nichts zu tun scheint, bevor es weiter nach oben geht.

RATSCHLÄGE ...

... zum Herangehen an Aufgaben finden Sie ab Seite 84.

895. Einen Tagesplan machen und befolgen

Keine Ahnung, was heute ansteht? Wichtiges ist unter den Papierbergen verschwunden? Chaos im Kopf und auf dem Schreibtisch kosten Zeit. Ein Plan bringt Struktur in den Tag.

– Der erste Schritt in Richtung Tagesplan ist: immer alle Termine und nötigen Erledigungen notieren, gleich, ob in einem Terminkalender, Notizbuch oder auf einem Zettel, der ständig im Blick oder griffbereit bleibt. Wer alles schwarz auf weiß hat, kommt nicht auf die Idee, zu vergessen, zu verschieben oder es einfach nicht zu tun.

– Der zweite Schritt zum zielorientierten Arbeiten: einen Tagesplan nach bestimmten Regeln erstellen. In diesem sind nicht nur die Tätigkeiten, sondern auch ihr Zeitaufwand und die Prioritäten eingearbeitet. Empfehlenswert ist die so genannte ALPEN-Methode. Mit ihr lassen sich selbst hohe Arbeitsberge erklimmen.

– A – Aufgaben: Der Plan für den nächsten Tag gehört schon heute auf den Schreibtisch, fällige Aufgaben für morgen sofort ergänzen: Wen anrufen, welchen Termin mit wem und wann? Was ist liegen geblieben? Aufgaben bündeln, die zueinander passen, wie Telefonate, Faxe oder E-Mails beantworten. Außerdem gilt: Größere Aufgaben lassen sich leichter bewältigen, wenn man sie in kleine zerlegt. Den Tagesplan für morgen am heutigen Abend fertig stellen. Das erspart schlaflose Nächte und schafft Platz für andere Ideen und Gedanken.

– L – Länge der Aufgaben: Hinter jeder Tätigkeit sollte ein Zeitwert stehen, der halbwegs realistisch ist. Maßstab ist die normale Arbeitszeit – also nicht von vorneherein Überstunden und Pausen, die man ausfallen lassen könnte, mitrechnen.

– P – Puffer: nicht jede Minute mit Aufgaben vollstopfen und alle Zeit verplanen. Unvorhergesehenes kommt bestimmt und braucht Zeit. Es gilt die Faustregel: 60 Prozent der Zeit verplanen, 40 Prozent für Überraschungen und Gespräche mit Kollegen – beruflich wie auch privat – reservieren.

– E – Entscheidungen: Meist sprengen die täglichen Aufgaben die 60-Prozent-Regel. Man sollte trotzdem nicht aus den Augen verlieren, was realistischerweise zu schaffen ist. Was lässt sich auf den nächsten Tag verschieben, was ist wirklich dringend? Aufgaben mit der höchsten Priorität stehen ganz oben auf der Liste oder sind hervorgehoben.

– N – Nachkontrolle: Der Arbeitstag endet damit, dass man den alten Plan kontrolliert und einen neuen aufstellt. Man sollte eine kurze Bilanz ziehen: Ist alles erledigt worden? Was ist liegen geblieben? Haben die Prioritäten Sinn gemacht, war die eingeplante Zeit zu kurz? Fragen, die man sich ehrlich beantworten muss – damit der nächste Plan besser und die Arbeit effektiver wird.

– Bei aller Systematik: Verbrauchen Sie nicht mehr als 10 Minuten täglich, um den Plan zu erstellen. Sonst droht ein Verzetteln. Und vielleicht kommen Sie ja auch mit einem Wochenplan besser zu Recht?

4 TIPPS

gegen einen zu vollen Terminkalender

1. **Alle Termine, auch die regelmäßigen, wirklich in den Kalender eintragen – das Teamtreffen am Mittwoch genauso wie den Besuch im Fitness-Studio am Donnerstag.**
2. **Mit Terminen immer geizig sein. Das Sparziel heißt: so wenige und so kurze Termine wie möglich im Kalender.**
3. **Nicht nur den Tag im Blick haben, sondern die ganze Woche. Denn auch bei einer noch so straffen Zeitplanung müssen Tätigkeiten wegen unvorhersehbarer Gründe auf andere Tage verschoben werden.**
4. **Freie Zeiten, zum Beispiel Wochenenden, sind für Regeltermine tabu. Diese müssen innerhalb der normalen Arbeitszeit untergebracht werden.**

896. Zeitfresser abschalten

Das Telefon klingelt, der Kollege sucht Rat, die Besprechung beginnt – und wesentliche Aufgaben bleiben liegen, weil man einfach nicht voran kommt. Wer seine Zeitfresser kennt, mit ihnen plant und sie bei Bedarf abschaltet, kann das ändern.

– Wird man bei wichtigen Aufgaben dauernd unterbrochen, fährt die Konzentration Achterbahn. Immer wieder muss man neuen Anlauf nehmen, was auf Dauer nicht produktiv ist. Vor allem die unvorhergesehenen Dinge können unendlich viel Zeit und Energie kosten.
– Störenfriede am Telefon entschieden abwimmeln: „Im Moment bin ich sehr beschäftigt. In etwa 1 Stunde rufe ich Sie zurück." Noch besser: Das Telefon mit Rücksprache auf einen Kollegen/eine Kollegin umstellen. Im Gegenzug dessen/deren Telefonate zu einem geeigneten Zeitpunkt übernehmen.
– Wenn es ganz ruhig sein soll: Die Mailbox einschalten. Wenn der Anruf wirklich wichtig ist, hinterlässt der Anrufer eine Nachricht. Und man entscheidet selbst, wann man zu sprechen ist.
– Ein extremer Zeitfresser sind elektronische Nachrichten. Sie laufen den ganzen Tag ein, und immer wieder will man nachschauen, was es Neues gibt. Neugierige Zeitgenossen werden so schnell zum E-Mail-Junkie. Deshalb: Ein festes Zeitfenster fürs Beantworten reservieren. Und schon hat man wieder mehr Zeit fürs Wesentliche.
– Kollege X hat eine Frage, dann kommt Frau Y und will eine Unterschrift. Das kann auf Dauer stören. Planen Sie „Audienzstunden" ein, die für genau solche Fälle reserviert sind – und teilen Sie dies Ihren „Bittstellern" mit.
– Besonders wichtige Aufgaben vor 9 oder nach 16 Uhr erledigen bzw. vor und nach der üblichen Kernarbeitszeit. In dieser Zeit steigt die Chance, dass Sie weniger gestört werden. Schließlich wollen auch Störenfriede Feierabend machen. Und man selbst natürlich auch.
– Hilfreich: täglich eine stille Stunde einrichten, um wichtige Aufgaben zu erledigen. In dieser Zeit keine Störung zulassen: keine Besuche, kein Telefon.

TIPP

Viele E-Mail-Programme geben Laut, wenn eine neue Nachricht eintrifft. Schnell ist man drauf programmiert, kurz mal nachzuschauen, wer da gemailt hat. Und ist schon wieder von seiner Haupttätigkeit abgelenkt. Also Lautsprecher auf Null stellen oder das Signal im Mailprogramm abstellen.

897. „Nein" sagen im Job

Viele Menschen lassen sich mehr Arbeit aufbürden, als sie tatsächlich schaffen. Überstunden und Dauerstress sind die Folgen. Dagegen hilft nur ein höfliches, aber eindeutiges „Nein".

– Wenn der Chef wieder mit einer zeitraubenden Aufgabe vor einem steht, während sich andere Jobs bereits „in der Pipeline stauen" – wie schafft man das dann mit dem klaren „Nein"? Zunächst gilt es herauszufinden, warum man „Ja" sagt, obwohl man eigentlich „Nein" meint. Ist es der Wunsch unentbehrlich zu sein? Die Angst, etwas zu verpassen? Oder fürchtet man, auf dem Abstellgleis zu landen, wenn man Aufgaben ablehnt?

– Jetzt überlegen, wie realistisch das alles wirklich ist – und was ein „Nein“ einem alles Positives bringen kann. Zum Beispiel das Ende des Staus in der Pipeline und Zufriedenheit bei jenen, zu denen Sie bereits „ja“ gesagt haben.
– Ein erster Schritt: Das „Nein“ so verpacken, dass sich der andere nicht vor den Kopf gestoßen fühlt. Bedenkzeit schaffen. Mit Aussagen wie „Ich überlege es mir“ oder „Morgen sage ich Ihnen Bescheid“ kann man das Thema zunächst beenden. Inzwischen wird der Bittsteller über Alternativen nachdenken. Erteilt man ihm ein paar Stunden später die Absage, ist die Sache schon nicht mehr ganz so unangenehm.
– Diplomatisch abwiegeln. „Es freut mich, dass Sie mich mit dieser Aufgabe betrauen, aber diesmal geht es wirklich nicht.“ So würdigt man die Bitte des Gegenübers.
– Absage begründen. Und zwar sachlich, nicht entschuldigend. „Am Wochenende bin ich anderweitig verplant. Dieser Termin lässt sich unter keinen Umständen verschieben.“ Dann weiß der Bittsteller, woran er ist.
– Den Ball wörtlich zurückwerfen. Viele Menschen formulieren ihr Anliegen indirekt. „Wenn mir bei diesem Projekt niemand hilft, kann ich meinen Urlaub vergessen“. Hier gilt: Nicht interpretieren („Der Kollege will wohl, dass ich für ihn einspringe“), sondern den Bittsteller beim Wort nehmen und aufrichtig bedauern: „Das ist aber unerfreulich!“ So zeigt man Verständnis, ohne sich für das Anliegen einspannen zu lassen.

898. Aufgaben im Job delegieren

Von wegen „Alles muss man selber machen!“. Wer gute Arbeit leisten möchte, sollte sich andere Leute ins Boot holen. Und ihnen Aufgaben anvertrauen. Sonst sind Stress und Überlastung vorprogrammiert.

– Man muss nicht alles selbst machen, im Gegenteil: Delegieren ist ein echter persönlicher Erfolgsfaktor und es gilt die Regel: Fast alles ist delegierbar! Das lässt Luft und Raum für das Wesentliche.
– Daher immer überprüfen, was sich auf andere Schultern verteilen lässt: Routine- oder Zuträgerarbeiten, Jobs für Spezialisten, gut vorbereitete Aufgaben oder solche ohne viel Abstimmungsbedarf.
– Dabei eigene Widerstände überwinden: „Bis ich das lang erkläre, habe ich es selbst erledigt.“ Wer so denkt, muss sich nicht wundern, wenn sich alles auf dem eigenen Schreibtisch stapelt.
– Checkliste anfertigen: Delegierbare Tätigkeiten aufschreiben.
– Person festlegen: Wer soll die Aufgaben übernehmen? Die Person schriftlich benennen, dann lässt sich immer nachvollziehen, wer die Aufgabe bekommen hat.
– Warum diese Person? Überlegen, wer Zeit und freie Kapazitäten hat. Wer verfügt über die richtigen Fähigkeiten und Qualifikationen für diese Aufgabe? Den Beteiligten erklären, warum ausgerechnet sie den Job übernehmen sollen.
– Vielleicht gibt es ja noch Fragen? Es lohnt sich, geduldig zuzuhören und alle wichtigen Informationen weiterzugeben. Sonst entspricht das Resultat am Ende nicht den eigenen Vorstellungen.
– Feedback: Nach erledigter Arbeit immer Rückmeldung geben, ob die Arbeit zufriedenstellend erledigt wurde. Diese ist bei jeder delegierten Arbeit wichtig. Erst das Positive: Was war gut? Dann die Kritik, denn so bleibt der Mitarbeiter motiviert, fühlt sich nicht angegriffen und das Lob fällt nicht unter den Tisch.

899. Ein Briefing geben

Wenn man eine Aufgabe im Team erfolgreich erledigt haben möchte, muss man die Kunst des „Briefens“ beherrschen – kurz und knapp (englisch: „brief“) festhalten, was man erreichen möchte und was auf dem Weg dorthin wichtig ist. Ist das klar, kann man sich in Ruhe zurückziehen.

– Was ist die Aufgabe? Der Ärger, dass später nur die Hälfte gemacht ist, kann man sich ersparen, wenn man den Job im Wesentlichen beschreibt. Dann gibt es auch später keine Diskussionen nach dem Motto: „Das haben Sie aber nicht gesagt!“ Ziele und Ergebnisse formulieren: Was soll am Ende rauskommen?
– Wie soll die Aufgabe erledigt werden? Die wichtigsten Punkte notieren, die bei der Erledigung der Arbeit zählen. So ist gewährleistet, dass man bei der Übertragung der Arbeit nichts vergisst und dem Mitarbeiter alles Wesentliche mitgeteilt hat.
– Freiraum lassen: Ein guter Auftraggeber engt den anderen nicht gleich in seinen Aktivitäten ein. Man sollte nur das wesentliche Ziel vorgeben und den Rest den Mitarbeiter gestalten lassen.
– Jede Aufgabe und jedes Projekt braucht ein klares Zeitfenster. Deshalb muss ein genauer Termin her! Nur das ermöglicht eine genaue Planung. Außerdem: Ist die

Frist abgelaufen, lassen sich die Ergebnisse mit Recht einfordern. Bei größeren Aufgaben lieber Zwischentermine festlegen statt ständig nachzufragen.

900. Besprechungen vorbereiten und führen

In vielen Unternehmen grassiert die Besprechungsinflation: Immer mehr Meetings bringen immer weniger wertvolle Ergebnisse. Oft genügen schon ein paar Eckpunkte, um Treffen und Diskussion effizient zu machen – und damit ein weiteres Meeting überflüssig.

– Wenn Sie eine Besprechung vorbereiten, laden Sie alle Teilnehmer rechtzeitig ein – und zwar nur die, die wirklich für das Thema notwendig sind.
– Definieren Sie dabei das Thema genau und stellen Sie – wenn nötig und hilfreich – vorher den Teilnehmern Informationsmaterial zur Verfügung. Wichtig: klar und knapp bleiben.
– Legen Sie einen Zeitrahmen fest, informieren Sie alle darüber (ruhig noch einmal zu Beginn der Sitzung wiederholen) und halten Sie sich strikt daran.
– Lassen Sie einen Moderator bestimmen, wenn Sie es nicht selbst sind. Dieser muss aktiv eingreifen, zum Beispiel, wenn die Runde abschweift.
– Wenn es möglich ist, keine Pausen zulassen. Hören Sie lieber früher auf.
– Am Ende immer ein Protokoll anfertigen, in dem Ergebnisse festgehalten und Aufgaben klar zugewiesen werden: Wer hat was bis wann zu liefern?

901. Von Besprechungen profitieren

Meetings, Berichte, neue Projekte: Wer gekonnt mitmischen will, muss vor allem präsent sein.

– Nie unvorbereitet in geplante Besprechungen gehen. Nichts ist peinlicher, als blank dazusitzen, wenn die eigene Meinung zu wichtigen Themen gefragt ist. Sich eigene Gedanken zu machen und Informationen zu sammeln, ist das A und O. Und wenn für die Vorbereitung doch einmal die Zeit fehlt: sich entschuldigen und das Beste daraus machen.
– Ein Spickzettel hilft, auf Kurs zu bleiben. So verliert man nicht den Faden, wenn sich während des Gesprächs noch andere Teilnehmer zu Wort melden.

4 TRICKS gegen Lampenfieber

1. **Keinen Kaffee vor der Besprechung trinken. Er putscht nur unnötig auf.**
2. **Eigene Beiträge nicht unmittelbar, sondern etwa 1 Stunde vor der Besprechung noch einmal durchgehen. So können sich die Gedanken setzen und sind im Ernstfall leichter wieder abrufbar.**
3. **Werkzeuge bereithalten. Stifte, Papier, Folien und dergleichen auf Vollständigkeit prüfen.**
4. **Wenn es so weit ist: Den Blickkontakt zu einer vertrauten Person suchen, von der man weiß, dass sie einen mag. Die positive Rückkopplung macht es einem leichter, wenn man sich zu Wort meldet oder selbst präsentiert.**

– Zuhören und nachhaken: Nicht immer schafft man es, ein Anliegen auf Anhieb präzise zu vermitteln. Deshalb: nachfragen, ob die Teilnehmer das Gesagte verstanden haben. Umgekehrt sollte man auch die Ausführungen der anderen noch einmal zusammenfassen, um sicher zu gehen, dass man richtig liegt.
– Sich selbst zu Wort melden, ist in Besprechungen nicht immer leicht. Manchmal kann eine Rückfrage das richtige Mittel sein, um anschließend seine eigene Meinung loszuwerden. Andere ausreden lassen, wenn man selbst zur vorlauten Sorte gehört.
– Kollege X ist auf dem Holzweg? Auf keinen Fall persönlich kritisieren. Kommentare wie „Das ist doch schwachsinnig“ oder „Ihre Vorschläge bringen gar nichts“ sind daneben. Stattdessen den Einwand des Kollegen diplomatisch hinterfragen: „Können Sie sich das auch so und so vorstellen?“ Oder: „Haben Sie auch dies und jenes bedacht?“
– In langweiligen Sitzungen greifen manche Menschen gerne zum Stift und kritzeln Strichmännchen oder Figuren. So wirkt man allerdings selbst gelangweilt oder genervt. Besser: sich tatsächlich Notizen machen. Ein Notizzettel gehört sowieso zur Grundausstattung bei einer Besprechung. Wichtige Punkte, die noch geklärt

werden müssen, werden darauf notiert. So kann man der Diskussion wieder folgen, vergisst den Punkt nicht und kann ihn an passender Stelle einbringen.
– Jede Sitzung muss mit Ergebnissen enden: daher immer ein Ergebnisprotokoll führen lassen, das am Ende nochmal laut verlesen wird. Konkrete Aufgaben werden spätestens jetzt verteilt – immer mit einem Zieldatum, an dem sie erledigt sein müssen. Jedes Sitzungsmitglied erhält kurz nach dem Meeting die schriftliche Zusammenfassung, gezeichnet vom Protokollführer und dem Verantwortlichen. Bei wichtigen Entscheidungen den Empfang des Protokolls – zum Beispiel per E-Mail – quitieren lassen.

902. Besprechungskiller unschädlich machen

Endlose Diskussionen, die ewig gleichen Argumente und notorische Besserwisser machen aus Besprechungen nervtötende Zeitkiller. Die besten Tricks für Tacheles.

– Immer wieder kommt es vor, dass sich im vollbesetzten Konferenzraum zwei Kontrahenten einen erbitterten Schlagabtausch liefern. Während sie eifrig Ping-Pong spielen, steigen die anderen Teilnehmer gelangweilt aus. Gegenmittel:
– Beide Teilnehmer bitten, die Argumente noch einmal gebündelt vorzutragen. Die wichtigsten Fakten auf einer Flipchart/Tafel notieren. Sobald das Spiel von vorne beginnt, auf die Notizen verweisen: „Das haben Sie bereits gesagt."
– Je klarer sich die Teilnehmer fassen, desto eher können Detailfragen sortiert und wichtige Inhalte auf den Punkt gebracht werden. Dennoch schaffen es manche Teilnehmer, die Runde mit endlosen Ausführungen zu langweilen. Spätestens dann sollte der Diskussionsleiter eingreifen: „Lassen Sie uns an dieser Stelle folgende Punkte festhalten ..." Ist der Moderator selbst befangen, darf auch ein anderer Anwesender diese Initiative ergreifen.
– Durch witzige Bemerkungen kommen langweilige Diskussionen in Schwung. Das hat durchaus positive Effekte: Nach einem pfiffigen Schlagabtausch sind plötzlich wieder alle hellwach. Der Nachteil: Wenn sich ein Witz an den anderen reiht, bleiben die gewünschten Ergebnisse auf der Strecke. Wenn die Zeit drängt: selbst gelassen und ernst bleiben. Damit nimmt man den Clowns den Wind aus den Segeln und die Besprechung kann weitergehen.

3 TIPPS gegen nervige Kollegen

1. **Der Jammerlappen stöhnt dauernd wegen Überlastung und wirkt immer gehetzt. Einfach ignorieren. Wenn er keine Resonanz bekommt, hört das Gejammer schon auf.**
2. **Der Tratscher ist immer mit Klatsch beschäftig, zieht über Kollegen her, heizt die Gerüchteküche an. Hier durchaus mal eingreifen: mit einem klärenden Gespräch unter vier Augen oder mit hartnäckigen Fragen vor anderen, die ihn aufs dünne Eis führen. Bei Mobbing sofort distanzieren bzw. das Wort verbieten.**
3. **Der Ignorant, der nie grüßt und nie danke sagt. Zum Gegenangriff starten. Aber positiv: selbst immer höflich bleiben, gerne auch mal übertreiben.**

– Herr A hat sich bereits in Rage geredet, Frau B schreit mit hochrotem Kopf und Herr C verdreht nur noch genervt die Augen. Solche Entgleisungen führen schnell ins Chaos. Erste-Hilfe-Vorschlag: Eine 15-minütige Pause, damit die rauchenden Köpfe wieder abkühlen können.

903. Killerphrasen selbst vermeiden

Jedes Unternehmen, jedes Team lebt von den Ideen des Einzelnen. Kritik und Meinungen sollten immer zur Sprache kommen können. Achten Sie darauf, dass Sie nicht selbst konstruktive Gespräche mit Killerphrasen im Keim ersticken.

– „Das hatten wir doch schon mal" macht jeden Anlauf, ein noch ungelöstes Problem zu besprechen, zunichte.
– „Das kann man doch nicht verstehen". Diese Aussage zweifelt die Fähigkeit des Gesprächpartners an. Besser: „Können Sie mir das noch mal erklären" oder „Ich habe das jetzt so verstanden, dass ..."
– „Immer" und „nie" im Zusammenhang mit einer Kritik sollte nie verwendet werden. Besser: auf einen konkreten Fall Bezug nehmen.

– „Das weiß doch jeder, dass …" ist Besserwisserei. Konkreter: „Nach meiner Erfahrung verhält es sich so, dass …"
– Wer sich gegen solche Killerphrasen wappnet, kann Diskussionen eine konstruktive Richtung geben – und das bringt alle Beteiligten schneller ans Ziel.

904. Sich vorstellen am Arbeitsplatz

„Gestatten, dass ich mich bekannt mache?" „Angenehm, Meier!" Das war gestern. Heute geht es schon etwas ungezwungener im neuen Kollegenkreis zu. Aber Regeln gibt es immer noch.

– Sich selbst vorstellen: ausdrücklich erwünscht. Wer neu in einer Runde ist, sollte selbst die Initiative ergreifen: „Guten Tag, mein Name ist Henning Handke." Die „Ich-bin-Formel" dürfen Frauen in der Kurzform so benutzen: „Ich bin Frau Müller." Männer dagegen nennen bei dieser Formulierung Vor- und Nachnamen („Ich bin Klaus Müller"). Auch die Position sollte genannt werden: „Der neue KFZ-Meister." Oder „Sekretärin in der Personalabteilung".
– Andere miteinander bekannt machen: Generell werden Rangniedrige dem Ranghöheren vorgestellt. Also die Auszubildende dem Chef, nicht umgekehrt. Bei gleichrangigen Person wird dem Älteren der Name des Jüngeren zuerst genannt.
– Sitzen die anwesenden Personen, stehen sie höflicherweise auf, um Neuankömmlinge mit Handschlag zu begrüßen. Das gilt für Männer wie Frauen. Je nach Firma ist es aber kein Muss, oft wird auch ein kurzes Kopfnicken akzeptiert, vor allem wenn man sich schon kennt.
– Wie auf die Namensnennung erwidern? Schlicht und freundlich, etwa: „Es freut mich, Sie kennen zu lernen." Zusätzliche Schmeicheleien wie „Habe die Ehre", „Sehr erfreut" oder „Angenehm" sind heute ungebräuchlich und wirken steif.

5 TIPPS zum „Du"

1. **Der Ranghöhere bietet dem Rangniederen das „Du" an. Macht ein Vorgesetzter das Angebot, sollten Sie zustimmen. Passiert es aus einer Laune heraus – etwa auf einem lockeren Fest –, sollten Sie die Reaktion am nächsten Tag abwarten. Vielleicht bereut er es ja jetzt!**
2. **Duzen sich alle auf Ihrer Hierarchiestufe, ruhig mitmachen. Wer auf das „Sie" besteht, sieht sich eventuell ausgeschlossen. Wer das „Du" auf keinen Fall annehmen will, sollte sich gute Argumente zurechtlegen, zum Beispiel einen betrieblichen Grund.**
3. **Wer das „Du" anbietet, sollte dem Gegenüber immer eine Rückzugsmöglichkeit lassen. Zum Beispiel, indem man offen ausspricht: „Wenn es damit gegenüber anderen keine Probleme gibt …"**
4. **Das „Sie" mit Vornamen kann ein Kompromiss sein. In manchen Abteilungen hat sich sogar das „Du" mit Nachnamen eingebürgert.**
5. **Besonderes Taktgefühl zwischen Mann und Frau (und umgekehrt): Das „Du" setzt immer eine gewisse Vertrautheit voraus, kann also im Zweifel auch als aufdringlich missverstanden werden. Daher immer den Grund für das „Du" nennen und erst anwenden, wenn das Angebot akzeptiert wird.**

905. Kollegen (be)grüßen

Im Job begegnet man täglich vielen Kollegen. Muss man alle grüßen? Die Antwortet lautet eindeutig „Ja".

– Selbst an unbekannten Gesichter geht man im Flur nicht mit gesenktem Kopf vorbei, nur weil man sie nicht kennt. Üblich ist ein „Guten Tag" ohne Händedruck.
– Bei Personen, die man gut kennt, denen man aber nicht täglich begegnet, ist ein Händedruck üblich. Das gilt vor allem dann, wenn Kunden oder fremde Personen anwesend sind.
– Lieber einmal zu viel, als zu wenig: Selbst wenn man Kollegen zum zweiten Mal an einem Vormittag über den Weg läuft, kann ein „Hallo" nicht schaden.
– Die Reihenfolge: Im Büroalltag grüßt derjenige zuerst, der den anderen zuerst sieht bzw. den Raum betritt.

TIPP

... zum Treffen auf der Herrentoilette:
• Im Pissoir ist ein Gruß kein Muss. Lieber in Ruhe das Geschäft verrichten lassen.
• Bitte nicht in die geschlossene Kabine sprechen!
• Im Vorraum gilt die ganz normale Begrüßung.

Beim Handschlag gilt: Hier reicht generell der Ranghöhere zuerst die Hand.
– Abstand halten: dem Gegenüber nicht allzu nah auf die Pelle rücken. Eine Armlänge Abstand bei der Begrüßung ist üblich.
– Bei der Begrüßung dem Gegenüber immer in die Augen schauen, Hände aus den Hosentaschen nehmen, Sonnenbrille absetzen (ist höflicher, als sie auf die Stirn zu schieben).
– Auch wenn man den Kollegen/die Kollegin nicht leiden kann, sollte man sich zu einem „Guten Tag" durchringen. Total daneben: einen Gruß überhaupt nicht erwidern, um dem anderen seine Antipathie auszudrücken.

RATSCHLÄGE ...

... zum Umgang mit Kollegen finden Sie im Kapitel „Zusammen sein" ab Seite 264.

906. Mit den Kollegen umgehen

Locker, formal oder distanziert: Im Umgang mit Kollegen herrschen in jeder Firma ganz eigene Gesetze. Manche Spielregeln gelten jedoch überall.

– Ein freundlicher Umgangston ist die Voraussetzung in jedem Job – egal, ob man als Vorgesetzter oder Hilfsarbeiter werkelt.
– Auch wenn es Kollegen gibt, die man nicht besonders mag: in erster Linie kommt es darauf an, reibungsfrei zusammenzuarbeiten. Deshalb: vor allem in brenzligen Situationen immer sachlich bleiben. Wenn das mal nicht gelingt, ist eine Entschuldigung angebracht, um das Betriebsklima wieder zu bereinigen.
– Distanz wahren: Selbst wenn die Kollegin detailliert ihre persönlichen Krankheiten ausbreitet oder der Kollege vom letzten Absturz am Stammtisch prahlt: Derart Privates sollte man selbst besser draußen lassen.
– Ein Mitarbeiter in gleicher Stellung wälzt geschickt Arbeiten auf Sie ab? Ihn direkt ansprechen und hartnäckig in die Schranken weisen. Etwa: „Das gehört ebenso in Ihren Zuständigkeitsbereich." Sich nicht einschüchtern lassen, nach dem Motto: „Das haben wir hier aber schon immer so gemacht."
– Zum Umtrunk in der Abteilung eingeladen? Selbst wenn der Alkohol in Strömen fließt, ist hier Zurückhaltung oberstes Gebot. Wenn der Chef mit einem Glas Sekt anstoßen möchte: das Glas formhalber erheben und bei nächster Gelegenheit gegen ein Glas Wasser oder Saft austauschen.
– Mit den Kollegen auf „Du": In jungen Unternehmen, wie zum Beispiel Werbeagenturen, ist das Usus, allerdings sollte man darauf erst einsteigen, wenn man die Kollegen besser kennt und einem das „Du" angeboten wird. Vorsicht: Vorgesetzte, auch wenn sie jünger sind, grundsätzlich siezen. Mehr dazu in den „5 Tipps zum Du" auf Seite 489.

4 REGELN

für Betriebsfeste

1. **Vorsicht mit Alkohol. Der Anlass Betriebsfest ist ungeeignet, um über den Durst zu trinken. Geht da etwas gründlich daneben, werden am nächsten Tag Blackouts als Entschuldigung nicht akzeptiert.**
2. **Seien Sie sich im Klaren: Flirts werden immer genau beobachtet. Das kann sich später sehr negativ auswirken.**
3. **Solche Feiern sind auf jeden Fall der falsche Rahmen für Aussprachen über berufliche oder private Probleme oder wichtige Gespräche mit Vorgesetzten, vor allem zum Thema Beschwerden, Gehaltserhöhung und Ähnlichem.**
4. **Die Kleidung richtet sich nach dem Anlass. Zum Jubiläum im feinen Lokal ist Abendgarderobe durchaus angebracht. Als Chef beim Betriebsausflug mit Schlips und Anzug zu erscheinen, wirkt dagegen lächerlich.**

10 GUTE AUSREDEN fürs Zuspätkommen

Ehrlichkeit ist natürlich Pflicht im Arbeitsleben. Aber manchmal kann eine kleine Notlüge größere Katastrophen verhindern, gerade wenn es ums Zuspätkommen geht. Hier ein paar Vorschläge für den Ernstfall. Bitte beachten: Keine widerlegbaren Aussagen verwenden und niemand anderen mit seiner Ausrede ins schlechte Licht stellen. Und: Je seltener man sie braucht, desto besser funktionieren sie.

1. Das Navigationssystem im Auto war ausgefallen. Ich hatte mich darauf verlassen.
2. Gerade vor mir passierte ein kleiner Autounfall mit Blechschaden. Der Geschädigte wollte mich nicht gehen lassen, weil er mich als Zeugen brauchte.
3. Ich bin in eine Polizeikontrolle geraten. Die wollten alles sehen: Verbandskasten, Warndreieck, Papiere ...
4. Gerade wollte ich aus dem Haus, da klingelte der Elektriker, weil es einen Kurzschluss im Haus gab. Ich musste noch kurz warten, bis er alles überprüft hatte.
5. Ich stand gerade eingeseift unter der Dusche, als der Installateur das Wasser abdrehte.
6. Ein Kunde hat mich am Telefon aufgehalten – sein Chef hat ihm die Hölle heiß gemacht. Ich musste ihn beruhigen, dass wir natürlich rechtzeitig liefern.
7. Meine Katze/mein Hund/Vogel war ausgebüchst, ich musste sie/ihn erst wieder einfangen.
8. Als ich die Vorlage ausdrucken wollte, hat der Drucker das Papier gefressen. Ich musste ihn erst auseinander nehmen und wieder zusammenbauen. Jetzt geht er wieder.
9. Mir ist doch beim Einsteigen ins Auto die Hose geplatzt/der Rock gerissen. Da musste ich nochmal zurück und mich umziehen.
10. Mein elektronischer Terminkalender war abgestürzt. Datenverlust. Musste alles von Hand nachtragen. Ich hatte den Termin erst eine Stunde später in Erinnerung.

Zehn Minuten LEBEN!

907. Lachen, der Motivationskick

Wieder mal Stress und wenig zu lachen? Machen Sie es trotzdem. Das stärkt nicht nur die Motivation, sondern ist auch noch gesund – medizinisch erwiesen!

– Lachen stärkt das Immunsystem und hält den Körper fit, es senkt den Blutdruck und verbessert die Durchblutung. Bis zu 300 verschiedene Muskeln setzen sich bei einem Lachen in Bewegung. Stresshormone werden im Blut abgebaut.
– Ein Lächeln am Morgen hilft auch Ihren Kollegen über den Berg. Es entschärft Konflikte und verbessert das Klima.
– Wer selber lacht, gewinnt: Die Wirkung auf Ihre eigene Motivation ist nicht zu unterschätzen. Plötzlich erscheinen die Probleme nur noch halb so schlimm. Kreativität und Produktivität erhalten einen Kick.
– Wer lächelt, bekommt den Dank zurück. Der persönliche Erfolg stellt sich eher ein.

908. Schlagfertig sein

Das kennt jeder: Irgendjemand lässt einen dummen Spruch vom Stapel – man selbst steht da wie ein begossener Pudel und ist um eine passende Antwort verlegen. Da ist Schlagfertigkeit gefragt.

– Die Retour-Technik: Beruht auf dem Prinzip, dass man die Attacke wörtlich aufnimmt und in die Antwort einbaut. Zum Beispiel der Spruch: „Wenn ich hier das Sagen hätte, würde ich die Hälfte der Belegschaft rausschmeißen." Der Konter dazu: „Wenn Sie hier tatsächlich das Sagen hätten, würde die Belegschaft von selbst kündigen." Die verschärfte Replik funktioniert nach dem Umkehrprinzip. Beispiel: „Du Depp!" Konter: „Man sollte nicht von sich auf andere schließen."

– Die Besser-als-Technik: Hierbei leugnet man den Vorwurf nicht, lässt aber ein „als" folgen, das ihn schmälert. Beispiel: „Sie sind aber wirklich empfindlich." Konter: „Besser empfindlich, als ein zu dickes Fell, an dem alles abperlt."

– Die Rückfrage-Technik: Wer fragt, lenkt das Gespräch und muss nicht nach einer passenden Retourkutsche suchen. Beispiel: „Wenn Sie erst mal so lang in der Firma sind wie ich, verstehen Sie, was hier abläuft." Frage: „Inwiefern spielt die Dauer der Firmenzugehörigkeit eine Rolle bei diesem Problem?" Oder: „Sie brauchen wohl dringend Urlaub!" Frage: „Brauchen Sie Urlaub?"

– Die Distanzierungs-Technik: Wenn Angreifer mit blöden Sprüchen ausfallend werden, muss man sie deutlich in die Schranken weisen. Beispiel: „Sie sind ja unfähig!" Konter: „Sie sind ausfallend!"

– Die Dazu-steh-ich-Technik: Ein unerwarteter Vorwurf wird entkräftet, wenn man dazu steht. Das nimmt dem Angreifer den Wind aus den Segeln. Beispiel: „Sie lesen offenbar nur den Sportteil der Zeitung." Konter: „Ja, deshalb ist die ganze Abteilung stets bestens informiert." Beispiel: „Sie haben noch nie etwas von Optionsscheinen gehört?" Konter: „Nein. Wovon sprechen Sie?"

– Schlagfertigkeit beherrscht man nicht von heute auf morgen. Wer regelmäßig mit Freunden oder dem Partner fiktive Situationen durchspielt, wird im Ernstfall sicherer.

S.O.S.-TIPP

Wenn etwas gründlich schief gegangen ist, die Initiative ergreifen und sofort handeln. Die Schramme im Auto des Kollegen diesem sofort melden, sich entschuldigen und die Schadensregulierung klären. Keine fadenscheinigen Entschuldigungen suchen, wenn Sie vergessen haben, den Chef über eine wichtige Sache zu informieren. Viel besser ist auf lange Sicht ein klares Eingeständnis, dass das gründlich schief ging und dass es nicht mehr vorkommen wird, da Sie es ja jetzt besser wissen.

TIPP

So helfen Sie gemobbten Kollegen

Mobbing ist kein Kavaliersdelikt, es kann bis zum Selbstmord führen. Es ist nicht nur höflich, sondern eine Pflicht, zu helfen. Halten Sie sich daher von jeder üblen Nachrede fern, machen Sie niemals mit. Tragen Sie selbst zu einem besseren Arbeitsklima bei. Sprechen Sie mit der betroffenen Person und helfen Sie ihr, die Situation zu lösen. Wenn irgend möglich, stellen Sie die Mobber zur Rede.

909. Was tun als Mobbing-Opfer?

Psychoterror ist leider sehr verbreitet. Weit mehr als eine Million Menschen fühlen sich von ihren Kollegen so schikaniert, dass sie um ihren Job und ihre Gesundheit fürchten müssen. Was man tun kann, wenn man sich als Mobbing-Opfer fühlt.

– Mobbing erkennen: Man fühlt sich von mehreren Kollegen ständig ohne Grund kritisiert, es werden einem Fehler vorgeworfen, für die man nicht verantwortlich ist. Die eigene Arbeit wird sabotiert. Die Kommunikation mit den Kollegen ist völlig gestört.

– Ergreifen Sie zuerst selbst die Initiative: Suchen Sie Kontakt zu Ihren Gegenspielern. Versuchen Sie, die Situation zu erklären und machen Sie selbstbewusst klar, dass sich etwas ändern muss. Lassen Sie auch konstruktive Kritik an Ihrer Verhaltensweise zu. Fragen Sie aktiv nach, wo „der Hase im Pfeffer liegt". Wenn diese (ernst gemeinten) Versuche die Situation nicht verbessern, sind weitere Schritte möglich.

– Wichtig: alle Vorkommnisse aufschreiben mit genauer Zeit und Datum sowie allen beteiligten Personen.

– Meist gibt es einen Rädelsführer: diesen möglichst vor unparteiischen Zeugen zur Rede stellen. Das imponiert so manchem Mitläufer und stärkt die eigene Position und das Selbstvertrauen.

– Wenn der Vorgesetzte beteiligt ist – und das ist in drei Viertel aller Fälle so – eine unparteiische Person ins Vertrauen ziehen. Das kann der Betriebsrat sein oder ein Betriebspsychologe. Einige Krankenkassen und andere Organisationen unterhalten so genannte Mobbing-Hotlines, wo man sich Rat holen kann. Mobbing-Telefone: Deutschland: 040/20 23 02 09, Österreich: 070/76 10 – 36 10, Schweiz: 031/371 56–66.

910. Supervision: Krisen lösen, neu beginnen

Wenn der Arbeitsalltag unter Konflikten leidet, kann professionelle Hilfe nötig werden. Ein Supervisor durchleuchtet als „neutraler Dritter" Konfliktherde, typische Handlungsmuster, prüft Führungsstile, gibt Anleitung zur Konfliktbewältigung sowie Denkanstöße – für den Einzelnen genauso wie für eine ganze Gruppe

– Ein Supervisor, eine Supervisorin ist eine speziell ausgebildete Person, die ihr Können an einer Universität, einer Fachhochschule, einer Berufsakademie oder durch eine qualifizierte Weiterbildung erlernt hat.
– Supervision ist eine Art „Nachdenken unter Anleitung". Gemeinsam mit dem Supervisor wird nach Lösungen gesucht, ohne Vorgaben zu machen. Dabei können die, die Hilfe in Anspruch nehmen, auch mal Dampf ablassen, bevor der eigene Kessel in die Luft geht. So muss ein Supervisor nicht immer von außen kommen – es darf auch eine erfahrene Person aus dem Unternehmen sein, die besonderes Vertrauen genießt.
– Supervision für den Einzelnen kann bedeuten: ein persönliches Problem mit seiner Aufgabe im Unternehmen anzugehen oder – der andere Ansatz – neue Ziele und Wege dahin aufzuzeigen. Auch wer unter starkem psychischem Druck steht (zum Beispiel wer aufgrund seiner Arbeit mit Leid und Tod konfrontiert ist), kann von der Supervision eine Entlastung erfahren.
– Teams, die unter großer Anspannung stehen, sollten Supervisionen regelmäßig in Anspruch nehmen. Auch im Krisenfall – ein Team droht an seiner Eigendynamik zu zerbrechen – kann das Verfahren de-eskalieren.
– Wichtigstes Ziel ist es, das Arbeitsklima zu verbessern. Dabei gilt es auch, die eigene Rolle zu überprüfen und überhöhte Ansprüche zu bearbeiten.
– Durch einen Perspektivwechsel kann sich der Ratsuchende das Problem aus der Distanz anschauen und reflektieren.
– Ein Supervisor hört zu und vermittelt das Gefühl, mit den Problemen nicht ganz alleine dazustehen. Das nimmt den Druck und stößt Lösungsansätze an.
– Supervisoren sollten den Mitarbeitern sympathisch sein. Denn nur dann kann sich eine vertrauensvolle Zusammenarbeit entwickeln.
– Je nach Problemlage können Einzel- (unter vier Augen), Gruppen- oder Peer-Supervision (von Kollege zu Kollege) hilfreich sein. Dafür ist ein klärendes Vorgespräch sinnvoll.
– Supervision ist freiwillig. Wer die Gruppenarbeit ablehnt, darf nicht gezwungen werden. Führungskräfte haben in der Gruppe nichts zu suchen. Nur Mitarbeiter einer Hierarchie-Ebene sollten an der Gruppe teilnehmen. So eröffnet sich allen die Chance, offen reden zu können, ohne Repressalien befürchten zu müssen.
– Auswertungen oder Aussagen über Teilnehmer sind für Chefs tabu und bleiben grundsätzlich geheim.

911. Image pflegen

Jeder Mensch hinterlässt Eindrücke bei anderen, gleich, ob er will oder nicht. Natürlich auch im Job. Wer auf sein Image Wert legt, sollte es pflegen.

– Imagepflege heißt auf keinen Fall, sich zu verstellen, den anderen etwas vorzuspielen.
– Vielmehr geht es darum, seine Persönlichkeit authentisch darzustellen und seine Stärken für das Gelingen der Arbeit wie auch fürs eigene Fortkommen im Beruf zu nutzen – und zwar ohne über Leichen zu gehen.
– Es heißt aber auch, seine Defizite zu erkennen, sie auszugleichen und an ihnen zu wachsen.
– Genau beobachten: Wie wird man von den Kollegen wahrgenommen? Wird man in eine Schublade gesteckt? Erkennt niemand, dass man sich weiterentwickeln will? Dann heißt es, offen auf andere zugehen und deutlich machen, dass Pläne vorhanden sind. Traut man Ihnen keine großen Aufgaben zu? Dann müssen Sie den Beweis antreten. Schmollen bestärkt nur den Eindruck.
– Werden Sie aktiv! Gelegenheiten beim Schopf packen und nicht in Passivität versinken: neue Angebote annehmen, statt im alten Saft zu schmoren. Selbstständig Probleme erkennen und freiwillig Lösungen vorschlagen. Neue Fertigkeiten aneignen, statt sich von ihnen fernzuhalten. Wenn es mal hektisch wird, einfach pragmatisch zupacken und sich nicht überfordert zurückziehen. Mit den Vorgesetzten offen und sachlich umgehen, und immer an der Sache orientiert.

912. Das Jahresgespräch – wie gehe ich es an?

Welche Ziele wurden erreicht, welche sind in Zukunft geplant? Mit einer guten Vorbereitung können Mitarbeiter das Jahresgespräch mit dem Chef für ihre Weiterentwicklung nutzen.

– In vielen Unternehmen setzen sich Vorgesetzte mit ihren Mitarbeitern einmal im Jahr an den runden Tisch, um wichtige Vereinbarungen zu erörtern. Gemeinsam werden erreichte Ziele besprochen und neue festgelegt.
– Der Kerngedanke: Je besser die Mitarbeiter darüber Bescheid wissen, welchen Anteil ihre eigene Arbeit am Erfolg des Unternehmens hat, desto motivierter sind sie. Auch das Unternehmen profitiert von solchen Gesprächen: Es kann Ziele punktgenau kommunizieren und damit den Erfolg der Firma sicherstellen.
– Viele Mitarbeiter sehen diesem Termin mit einem flauen Gefühl entgegen: „Hat der Chef Gutes zu verkünden? Oder muss ich gar Kritik einstecken?“ Ein Vorgesetzter gibt seinen Mitarbeitern im Idealfall ein konstruktives Feedback über erreichte und nicht erreichte Ziele in der vergangenen Periode. Das muss kein Schaden sein. Denn gleichzeitig werden gemeinsam maßgeschneiderte Fördermaßnahmen und Verbesserungsstrategien besprochen.
– Entsprechend gut vorbereitet sollten die Mitarbeiter zum Jahresgespräch erscheinen, wenn sie beruflich weiterkommen wollen. Welche Fähigkeiten habe ich erfolgreich unter Beweis gestellt? In welchen Bereichen könnte ich meine Entscheidungskompetenzen noch erweitern? Welche Fortbildungsmaßnahmen kommen dafür in Frage? Wichtig und sinnvoll: Ziele und Fragen vorab notieren und als Gesprächsgrundlage zum Treffen mitnehmen.
– Insgesamt fördert die Stunde der Wahrheit die Entwicklung einer vertrauensvollen, offenen Arbeitsbeziehung. Durch gegenseitiges Feedback werden Erwartungen beider Seiten klarer, die Arbeit dadurch insgesamt effektiver und angenehmer.

913. Mehr Gehalt aushandeln

Trotz 150-prozentigem Einsatz ist die Lohntüte nicht voll genug, das Gehalt seit Jahren unverändert? Dann gibt es gute Argumente für eine Lohn-/Gehaltserhöhung. Aber auch schlechte.

– Wer mehr Geld will, sollte sich in die Lage des Chefs versetzen. Er schafft an und zahlt. Warum sollte er freiwillig mehr rausrücken? Deshalb vorher gut überlegen: Was schätzt der Chef an mir? Mit welchen Leistungen – über das Normalmaß hinaus – kann ich aufwarten? Profitiert das Unternehmen von meinem zusätzlich erbrachten Engagement? Wenn ja:
– Argumente sammeln, die eine Aufstockung rechtfertigen. Und zwar konkrete. Gut: „Ich habe meine kranke Kollegin drei Monate vertreten und deren Aufgaben vollständig erledigt.“ Schlecht: „Ich habe in den letzten drei Monaten 60 Überstunden gemacht.“ Gut: „Durch die Fortbildung habe ich zwar Privates hinten anstellen müssen, dafür konnte das neue Kostensenkungsprogramm erfolgreich umgesetzt werden.“ Schlecht: „Meine Frau jammert schon, weil sie mich nur noch von hinten sieht, außerdem muss die Eigentumswohnung abbezahlt werden.“
– Fingerspitzengefühl ist gefragt. Zeigt der Chef nicht sofort die rote Karte, kann das Gespräch in die nächste Runde gehen. Auf die Frage: „Was stellen Sie sich denn vor?“ nicht unbedingt gleich konkrete Summen nennen. Besser zum Beispiel: Die Erhöhung in Prozenten ausdrücken (10 Prozent sind realistisch). Dann muss der Chef erst mal rechnen. Wertvolle Zeit, in der sich die Forderung setzen kann, bevor er reagieren muss.
– Mit einem Ziel in die Gehaltsverhandlung gehen und taktisch geschickt vorgehen. Das beste Argument für die Gehaltserhöhung bis zum Schluss aufheben.
– Diplomatisch bleiben, aggressive Drohungen sind kontraproduktiv: Winkt der Chef ab, nicht emotional mit einer Kündigung drohen – selbst wenn Sie zu diesem Schritt auch fest entschlossen sein sollten. Es geht auch souveräner, zum Beispiel: „Durch den Umzug hierher habe ich persönlich höhere Kosten als bisher. Diese müssen jetzt kompensiert werden, sonst muss ich eine Rückkehr in meinen Heimatort in Betracht ziehen.“

TIPP

Seinen Marktwert testen

Wer nicht an Tarifverträge gebunden ist, aber seinen Marktwert nicht kennt, verkauft sich unter Umständen unter Wert. Mehrere Faktoren spielen hier herein: Ausbildung, Branche, Alter, Berufserfahrung und bisherige Arbeitgeber.
Es gibt mehrere Möglichkeiten, seinen Marktwert zu ermitteln: Zum Beispiel durch professionelle Beratungsinstitute, die sich in der Wirtschaftspresse bekannt machen. Auch im Internet findet man Tests zur professionellen Einschätzung. Mehr Aufwand bedeutet, sich auf ausgeschriebene Stellen zu bewerben und bei dieser Gelegenheit die Vorstellungen anderer Arbeitgeber zu ermitteln.

– Eine weitere Möglichkeit, wenn man auf kein Entgegenkommen stößt: „Kann ich damit rechnen, dass Sie Ihre Entscheidung bis zum Jahresende überdenken?" So besteht die Chance, dass die Karten noch einmal neu gemischt werden.

914. Selber Chef – und was nun?

Wer eine Gruppe von Mitarbeitern verantwortlich leitet, ist ein Boss. Aber auf was kommt es dabei an? Hier die wichtigsten Punkte – nicht nur für Einsteiger.

– Nur wer motiviert, hat Erfolg. Das gilt vor allem in Zeiten der Veränderung. Mitarbeiter werden sich nur dann für etwas Neues begeistern und engagieren, wenn der Chef klar machen kann, warum der Wandel wichtig ist. Gute Überzeugungsarbeit ist das A und O einer jeden Führungskraft.
– Damit ein Team eigenständig und erfolgreich arbeitet, ist regelmäßiges Feedback unumgänglich. Nur so erfahren die Mitarbeiter, wo sie stehen und was sie besser machen können.
– Ein guter Chef zeigt für gute Leistung auch Anerkennung. Ein freier Tag auch in turbulenten Zeiten, ein Blumenstrauß oder ein ernst gemeintes Lob motivieren die Mitarbeiter.
– Wer seine Mitarbeiter in Entscheidungsprozesse mit einbezieht, baut Frustrationen ab – und das Vorurteil, Entscheidungen würden sowieso nur in den oberen Etagen getroffen. Nur Mitarbeiter, deren Kompetenz und Ideen gefragt sind, fühlen sich als wichtiger Bestandteil des Unternehmens.
– Chefs, die den Mitarbeitern ihre Ziele klar vermitteln können, schaffen Sicherheit. Persönliche Glaubwürdigkeit steht an erster Stelle. Nur wer mit gutem Beispiel vorangeht, kann seine Truppe entsprechend motivieren und zusammenhalten.
– „Worte statt Taten", das zählt nicht: Eine Führungskraft muss demonstrieren, dass sie voll und ganz hinter den Zielen der Firma steht. Sonst geht seine Glaubwürdigkeit flöten.
– Der Führungsstil mit Zuckerbrot und Peitsche ist out, der Chef von heute versteht sich als Coach der Mannschaft. Er fördert die Eigenverantwortlichkeit der Mitarbeiter, weckt ihren Ehrgeiz und lässt auch Freiräume zu. Trotzdem unterstützt er seine Mitarbeiter begleitend beim Umsetzen der Ziele und kontrolliert diese konsequent.

915. Projekte managen

Ob Weihnachtsfeier, Meeting oder Herstellung – wer bei Projekten die Federführung übernimmt, muss klar strukturiert vorgehen. Mit der richtigen Planung sowie je einer guten Portion Organisationstalent und Menschenkenntnis klappt das Management.

— Wichtige organisatorische Fragen rechtzeitig klären: Wie viel Zeit steht zur Verfügung? Welche Gelder werden bewilligt? Wie viele Mitarbeiter bekommt man zur Seite gestellt? Welche Ziele sollen erreicht werden?
– Kernpunkte aufs Papier bringen: Dazu gehören unter anderem der Projektname, Namen und Funktion der Team-Mitglieder, Projektleitung, Auftraggeber, vereinbarte Ziele und Zwischenziele, Termine, mögliche Risiken und Abhilfen sowie Anfang und Ende des Projektes.
– Team bilden: Am besten sind gemischte Teams, also Mitarbeiter aus unterschiedlichen Hierarchiestufen und Geschäftseinheiten, die unterschiedliche Erfahrungen und Sichtweisen einbringen. Wichtig: Aufgaben und Verantwortlichkeiten im Vorfeld verteilen. So weiß jedes Team-Mitglied, für welche Bereiche es zuständig ist.
– Trotz Vorbereitung kommt es bei neu zusammengestellten Teams zu einer so genannten „Storming-Phase", in der die Team-Mitglieder ihre Grenzen abstecken, sich behaupten, ihren Status und ihre Rolle finden. Das geht nicht immer ohne Reibungshitze ab. Als Teamleiter gilt es, die Sachebene der Kommunikation wieder nach vorne zu bringen und die Mitarbeiter für die ihnen zugedachte Aufgabe zu motivieren.
– Zeitbudgets für die einzelnen Projektphasen von Anfang an fix planen und auch Zeitpuffer nicht vergessen! Immer wieder fressen bestimmte Aufgaben mehr Zeit als vorgesehen, und dann könnte es eng werden.
– Am Ende oder wenn bei größeren Projekten Etappen abgeschlossen sind, werden die Ergebnisse beurteilt. Dazu kann es hilfreich sein, einen Zwischen- bzw. Abschlussbericht zu verfassen. Darin werden sämtliche Abläufe festgehalten, sodass man bei späteren Projekten das Rad nicht neu erfinden muss.

916. Ein Team bilden und leiten

Teamarbeit erfordert Fingerspitzengefühl: Nicht immer läuft alles nach Plan. Reibereien, Spitzfindigkeiten und Eifersüchteleien können Arbeitsabläufe behindern. Konstruktive Strategien führen ans Ziel.

– Bei der Zusammenstellung des Teams ist es besonders wichtig, dass unter den Mitgliedern die Chemie stimmt. Zwei Mitarbeiter, zwischen denen es bereits kriselt, sollten nicht gemeinsam in einem Team arbeiten. Lässt sich das nicht umgehen, sollten die Aufgaben so verteilt werden, dass sich schwierige Kandidaten nicht in die Quere kommen.
– Der Umgang im Team braucht klare Regeln, die auch eingehalten werden müssen. Teamleiter und -mitglieder sollten sie gemeinsam erarbeiten.
– Im Team wollen alle gleichberechtigt arbeiten, niemand will als Außenseiter, Clown, Rädelsführer oder Mitläufer abgestempelt werden. Denn diese Rollen bieten reichlich Zündstoff. Wer ständig Machtkämpfe entfacht oder in solche Rollen gedrängt wird, sollte mit besonderen Aufgaben wieder integriert werden. Gezielte Motivation, Anerkennung und Lob können auch Mitläufer wieder aus der Reserve locken.
– Wer gute „Antennen" hat, entdeckt negative Entwicklungen und Veränderungen rechtzeitig und kann gegensteuern. Ein Team unterliegt ständig gruppendynamischen Prozessen. Und diese können zu negativen Veränderungen führen. Bei erhöhten Krankmeldungen und stockendem Informationsfluss gilt es, einzugreifen.
– Auseinandersetzungen sollten sachlich bleiben und nicht „unter die Gürtellinie" zielen.
– Auch wenn es vielleicht verlockend erscheint, sollte man ein Team nicht zur Harmonie zwingen. Der ständige Appell an den Teamgeist und die Solidarität fruchtet meist wenig. Dies führt vielmehr dazu, dass sich die Team-Mitglieder andere Wege für die Auseinandersetzungen suchen – und dass in aller Harmonie oft kein Ergebnis herauskommt.
– Eskalieren die Auseinandersetzungen, dann helfen klärende Gespräche mit den Betroffenen außerhalb der offiziellen Sitzungen.

917. Das Chefgespräch – offene Worte, offene Ohren

Gespräche mit Vorgesetzten wecken bei Mitarbeitern oft unangenehme Assoziationen – meist geht es um Konflikte, nicht erreichte Ziele oder um Probleme, die es gemeinsam zu klären gilt.

– Ein offenes Ohr schafft die richtige Gesprächsatmosphäre. Mitarbeiter sind so viel mehr bereit, das Anliegen auf den Tisch zu legen.
– Fragen stellen: So lassen sich die Motive und Interessen des Gegenübers besser erfassen. Umgekehrt sollte man als Vorgesetzter von Anfang an mit offenen Karten spielen und dem Mitarbeiter ehrlich sagen, welches Ziel das Gespräch hat.
– Vorher Gedanken machen: Damit ein Gespräch erfolgreich verläuft, ist die Wortwahl wichtig. Informationen müssen verständlich sein, damit der Mitarbeiter nicht nur „Bahnhof" versteht.
– Je schwieriger der Inhalt ist, desto einfacher sollte die Darstellung sein, damit sich Mitarbeiter nicht überfordert fühlen.
– Jedes Gespräch braucht einen roten Faden, dem es zu folgen gilt. Das funktioniert mit Hilfe einer klaren Textstruktur, mit Zwischenbemerkungen, Betonung von Aussagen oder durch Pausen. Auch Flipcharts machen das Anliegen visuell fassbar und unterstützen die Ausführungen.
– Das Gespräch zeitlich begrenzen: So müssen sich beide Beteiligten in ihren Ausführungen beschränken oder können Themen vertiefen.
– Um etwas zu ändern, ist Kritik bisweilen unumgänglich. Manchmal entwickelt sich das Gespräch auch zu einem Streitgespräch, weil der Mitarbeiter sich ungerecht angegriffen fühlt. Oder: Ein Mitarbeiter lässt die Kritik zwar ruhig über sich ergehen, signalisiert aber, dass er an seinem Verhalten nichts ändern will. Die Kritik geht „zum einen Ohr hinein, zum anderen hinaus". In diesem Fall gilt es zu vermitteln, dass niemand vor Fehlern gefeit ist – auch der Chef selbst nicht. Mit Fehlern sollte offen umgegangen werden, schließlich geht es um das Schaffen einer „Fehlerkultur".
– Ein Chef sollte sich konsequent und berechenbar zeigen. Dann respektieren Mitarbeiter auch harte Entscheidungen. Meist mögen sie ein offenes, ehrliches Wort eher, wenn sie wissen, dass der Chef klare Führungsziele hat, Zusagen einhält und sich nicht vor der Verantwortung drückt.

918. Geschäftsreise organisieren

Alles mitnehmen, was wichtig ist – das kann Stress und Verspätungen auf der Reise bedeuten. Die Vorbereitung ist das Wichtigste, der Rest geht dann von allein.

– Sobald der Termin feststeht, die Reise buchen. Das gilt besonders für Hotelzimmer, die manchmal, etwa zu Messezeiten, sehr rar sind. Frühbucher bekommen bei

Linienflügen oft günstige Tarife. Wer mit der Bahn und dem Auto fährt, ist flexibler. Alle Reiseunterlagen in einer Mappe sammeln.

– Soweit es sich verhindern lässt: Eine Reise nie auf den letzten Drücker vorbereiten.

– Überlegen Sie: Lässt sich der Pflichttermin mit einem weiteren Termin in der gleichen Stadt verbinden? Das spart später eventuell eine weitere Reise und damit Kosten. Rechtzeitig zum zweiten Termin anmelden. Dann kann sich Ihr Gastgeber noch einrichten und darauf vorbereiten.

– Den Termin/die Termine im Geist durchdenken und auch dafür rechtzeitig alle wichtigen Unterlagen anfertigen bzw. besorgen. Diese ebenfalls zusammen ablegen.

– Wichtige Unterlagen wie Verträge, Aufzeichnungen, Laptop, andere empfindliche Geräte und Notwendiges wie Medikamente immer im Handgepäck transportieren und nie unbeaufsichtigt lassen. Aber auf das Gewicht achten: Handgepäck darf im Flugzeug nicht mehr als 8 kg wiegen. Auch das Tragen wird mühsam.

– Gepäck: Rollkoffer haben sich durchgesetzt, weil sie doch das Schleppen erheblich verringern. Kleine Rollkoffer werden häufig mit den offiziellen Maßen 55 x 40 x 20 cm angeboten. Damit sind sie noch als Handgepäck geeignet. Sie bieten Platz für Gepäck, das für eine zwei- bis dreitägige Geschäftsreise ausreicht. Eine kleine, zusätzliche Aktentasche kann an der Ausziehhalterung des Rollkoffers befestigt werden. Damit lässt sich alles mit einer Hand transportieren. Achten Sie beim Kauf der Aktenmappe auf eine entsprechende Schlaufe, die man in der Ausziehhalterung einhängen kann.

– Kleidung: Achten Sie auf Knitterfreies. Das sind normalerweise hochwertige Kleidungsstücke. Diese sind bei Geschäftsbesuchen sowieso angebracht. Gerollte Krawatten leiden im Koffer weniger als gefaltete.

– Wer häufig und immer wieder relativ kurzfristig verreisen muss, sollte sich eine spezielle Reisegarderobe zulegen und einen vollständig ausgestatteten Toilettenbeutel. Ein bereits fertig gepackter Koffer reduziert die Hektik vor der Abreise.

– Sind während der Reise Wartezeiten vorprogrammiert, nehmen Sie sich Lesestoff mit, beispielsweise einen Roman, eine Fachzeitschrift oder ein Dokument. Dann verstreicht die Zeit nicht einfach so, sondern sie wird genutzt: zur Zerstreuung, zur Bildung oder für Erledigungen.

– Tipps zum richtigen Kofferpacken finden Sie im Ratschlag Nr. 1010, Seite 555.

5 TIPPS

für Wochenendpendler

1. **Doppelte Alltagsführung: Besorgen Sie sich Alltagsdinge wie Föhn, Badebekleidung oder Sportsachen in zweifacher Ausführung für Ihren Arbeits-Wohnort. So ist man für alle Fälle gerüstet, hat auch in der Fremde das Gefühl, ein bisschen zu Hause zu sein und reist nicht mit großem Gepäck. Daher ebenfalls lohnend: eine Waschmaschine in der Zweitwohnung.**

2. **Fahrtzeit nutzen: Wer zwischen zwei Wohnorten pendelt, verbringt wertvolle Stunden im Auto, in der Bahn oder im Flieger. Bücher und Zeitschriften sowie Lernkassetten, Hörbücher oder CDs bringen hier viel. Oder man sichtet Unterlagen für die kommende Arbeitswoche. Dann kann man sich das ganze Wochenende auf die Familie oder die Freunde konzentrieren.**

3. **Durststrecken auf der Fahrt vermeiden: Immer eine Flasche Wasser im Gepäck mitnehmen. Obst und Vollkornkekse schützen vor Heißhungerattacken, die sonst mit Hotdogs oder Hamburgern vom Kiosk gestillt werden müssten.**

4. **Clever gepackt: Ein Rollkoffer schont auf langen Wegstrecken die Bandscheibe im Gegensatz zu schweren Taschen ohne Rollen. Mit den Abmessungen 55 x 40 x 20 cm darf er im Flugzeug auch als Bordgepäck mitreisen. Erlaubt sind 8 kg, mit Vielflieger-Karten mehr. Wer's mag, kann auch einen kleineren Rucksack nehmen.**

5. **Organisiert sein: Flieger, Bahn oder Mitfahrgelegenheit verpasst? Da empfiehlt es sich, wichtige Telefonnummern von Flughafen, Zugauskunft, Mitfahrzentralen im Handy zu speichern oder anderweitig zu notieren. Das spart das Suchen in den Gelben Seiten und erhöht die Chancen, nicht noch später zu kommen.**

919. Telefonieren im Beruf

Ein genervtes Augenrollen kann der Gesprächspartner am anderen Ende der Leitung zwar nicht sehen, aber spüren. Auch beim Telefonieren ist eine korrekte Körpersprache wichtig.

– Zum korrekten Melden gehört der Firmenname, eventuell die Abteilung, dann der eigene Name. Als Letztes genannt, bleibt er am besten in Erinnerung. Heben Sie das Telefon eines Kollegen ab, folgt noch das bewährte „Apparat von Name des Kollegen".
– Wenn man anruft: Erst überlegen, was man sagen will, dann zum Hörer greifen. Papier und Bleistift bereit legen. Hektisches Suchen nach Schreibmaterial wirkt unprofessionell und fördert die Nervosität.
– Bevor man sein Anliegen formuliert: Den Gesprächspartner erst fragen, ob der Zeitpunkt günstig ist.
– Anrufe kommen nie gelegen. Deshalb muss man davon ausgehen, dass der Angerufene gedanklich mit anderen Dingen beschäftigt ist. Hilfreich: ihm eine Einstiegshilfe geben, indem man sein Anliegen mit knappen Worten anreißt. So findet er sich leichter zurecht. Auch neugierig machen hilft. Eine Einleitung wie „Es gibt Neuigkeiten ..." oder „Wussten Sie schon, dass ..." kann das Interesse wecken.
– Rauchen, nebenbei essen, in Akten blättern, E-Mails prüfen – der Anrufer merkt es garantiert, weil man abgelenkt ist. Selbst ein Bonbon in der Backentasche wird durch nuschelnde Geräusche bemerkt. Außerdem ist es unhöflich.
– Das Gleiche gilt für eine nachlässige Körperhaltung. Der Hörer unterm Kinn, die Füße auf dem Schreibtisch, das genervte Augenrollen – alles unsichtbare Störmanöver, die das Gegenüber irritieren können.
– Eine aufrechte Körperhaltung sorgt für eine kräftige, klare Stimme. Gerade weil man das Gegenüber nicht sehen kann, ist Aufmerksamkeit und eine wohlwollende Sprachmelodie oberstes Gebot.
– Das Gegenüber immer mal wieder mit Namen ansprechen. Das schafft Nähe und Verbindlichkeit.
– Auch wenn einem überhaupt nicht zum Lächeln zumute ist, trotzdem ein „Smiley" aufsetzen. Es wirkt sich auf die Stimme aus und kommt garantiert an.
– Kommen Anrufe ungelegen, gibt es mehrere Mittel: Erstens: Den Anrufbeantworter einschalten mit einer Ansage, auf der klar wird, dass man bald zurückruft. Zweitens: Abheben, die Vorstellung des Anrufers abwarten, dann aber sofort einhaken: „Kann ich Sie zurückrufen? Es geht im Moment leider nicht!" Meinen Sie es ernst mit dem Rückruf, gleich einen konkreten Termin ausmachen.
– Bei längerer Abwesenheit von mehreren Tagen das Telefon entweder auf einen Kollegen umleiten oder eine Bandansage laufen lassen, die den Zeitpunkt der Rückkehr klar formuliert. Für dringende Fälle einen Ansprechpartner mit Telefonnummer nennen.

920. Handy-Knigge: Die „DOs" und „DON'Ts"

Vivaldis „Vierjahreszeiten", Musik von „Miss Marple" oder „Digirain": Permanentes Handyklingen kann Kollegen den letzten Nerv rauben. Wer das und andere wichtige Punkte der Handy-Etikette beachtet, macht sich Freunde.

– Klingeltöne sind was fürs Ohr: Ein angenehmer Rufton in einer Lautstärke, die der Umgebung angepasst ist, kann Wunder wirken. Originelle – nicht nervige! – Ruftöne werden auch von anderen nicht als lästig empfunden, wenn sie nicht gerade in maximaler Lautstärke erklingen.
– Kein Endlosklingeln: Ist das Handy eingeschaltet, sollte man es nicht in der Nähe von Kollegen liegen lassen. Ein einsam vor sich hin klingelndes Handy, das niemand abhebt, nagt an den Nerven aller Anwesenden. Alternativ lässt sich die Mailbox so einstellen, dass sie nach maximal viermal Klingeln den Ruf umleitet.
– Handy vom Tisch: Egal, ob beim Essen oder beim Gespräch im Büro – ein Handy gehört nicht auf den Tisch. Es signalisiert dem Gegenüber, dass ein eingehender Anruf wichtiger ist als er/sie. Wenn ein wirklich wichtiger Anruf erwartet wird: vorher um Erlaubnis fragen bzw. die Lage erklären.
– Man muss unbedingt erreichbar sein, aber das Handy soll auf keinen Fall klingeln? Ein klarer Fall für das Handyprofil „Lautlos" oder „Vibrationsalarm". Dazu die Mailbox aktivieren, damit der Anrufer eine Nachricht aufsprechen kann.
– Wer während eines Gesprächs angerufen wird, sollte sich kurz fassen. Ein kurzes „Ja" und „Nein" genügen. Bedenken Sie: Andere Personen im Raum werden zu unfreiwilligen Zeugen. Sie müssen nicht unbedingt Gespräche mithören, die nicht für sie bestimmt sind. Das kann unangenehm werden. Bieten Sie dem Anrufer lieber einen Rückruf an.

– Rührt sich das Handy und lässt es sich absehen, dass dieses Gespräch länger dauern wird, heißt es: ab vor die Tür. Das Gespräch sollte wirklich wichtig sein, sonst sind die Wartenden nicht begeistert.

– Piano, bitte! Niemand muss ins Handy brüllen, um sich verständlich zu machen – auch wenn ein Flugzeug über den Kopf hinwegdonnert. Der Gesprächspartner am anderen Ende der Leitung versteht die Stimme über den Lautsprecher immer noch gut genug.

– Spielen verboten: Wer dauernd mit seinem Handy spielt und auf den Tasten herumdrückt, gerät schnell in den Verdacht, kein Interesse am Gespräch und an seinem Gegenüber zu haben. Während Gesprächen und Sitzungen gehört das Handy aus der Hand, die ungeteilte Aufmerksamkeit gilt den anwesenden Personen und der Situation.

TIPP

Öfter mal abschalten: Es gibt Gelegenheiten, bei denen das Handy besser ausgeschaltet bleibt, beispielsweise bei wichtigen Gesprächen mit Mitarbeitern, Kollegen oder Kunden. Für unfreiwillige Lauscher ist der Anruf nicht immer ein Grund zur Freude. Einfach die Mailbox aktivieren, damit der Anrufer eine Nachricht hinterlassen kann.
Rückruf? Versteht sich von selbst, wenn man wieder auf „Sendung" ist. Aber nicht zu lange damit warten, das gilt ebenfalls als unhöflich.

921. E-Mails schreiben

Als Zwischenform zwischen Brief und Telefonat hat sich diese praktische Kommunikationsform unterdessen etabliert. Doch auch für das Verfassen elektronischer Post gelten Stil und Etikette.

– Auch bei E-Mails immer auf eine höfliche und möglichst korrekte Begrüßungs- und Verabschiedungszeile achten, zumindest im Erstkontakt. Entwickelt sich ein so genannter „Thread", also eine Konversation auf Basis vorangegangener E-Mails, kann die Anrede auch salopper werden oder ganz wegfallen. Das passiert häufig, wenn man im Rahmen eines Projektes sehr viele kurze Botschaften oder Zwischenstände durchgeben muss. Dazu reicht oft schon eine sehr kurze Nachricht in der Betreffzeile. Unsitten: Kürzel wie „mfG" (mit freundlichen Grüßen) oder Emoticons, zum Beispiel Ärger :-(oder Augenzwinkern ;-) verwenden. Solche Stilmittel nur einsetzen, wenn Sie den Rezipienten der Nachricht wirklich gut kennen.

– In schriftlichen Briefen ist ein Absender gang und gäbe, doch in E-Mails fehlt er regelmäßig. Damit der Empfänger auch telefonisch oder auf dem Postweg reagieren kann, ist eine anständige Signatur (automatisch erzeugte Adresse am Ende der E-Mail) unverzichtbar. Sie sollte die komplette Anschrift inklusive Fax- und Telefonnummer enthalten.

– Das Feld „Betreff" wird immer noch gerne ignoriert. Er ist aber wichtig, damit der Empfänger auf einen Blick bereits in der E-Mail-Liste – ohne sie zu öffnen – erkennen kann, worum es in der Mail überhaupt geht. Den Betreff immer knapp und aussagekräftig ausfüllen. Bei E-Mails ohne „Betreff" oder mit „lustigem" Text läuft man Gefahr, dass sie unbesehen im elektronischen Papierkorb landen.

– E-Mails dienen – zumindest im Geschäftsleben – dem reinen Informationsaustausch. Deshalb: kurz fassen, sachlich formulieren und immer höflich bleiben. Wollen Sie Antwort-Mails verhindern, schreiben Sie einfach: „Nur zur Kenntnisnahme" oder „Eine Antwort wird nicht erwartet." Vermeiden Sie dann aber persönliche Fragen wie: „Hatten Sie einen schönen Urlaub?"

– Oft muss es schnell gehen und Rechtschreibfehler sind damit vorprogrammiert. Gegen peinliche Schnitzer das Rechtschreibprogramm über die Mail laufen lassen. Das dauert nur ein paar Sekunden. Und wer denkt, in E-Mails Groß- und Kleinschreibung nicht beachten zu müssen, erweckt nur einen Eindruck: dass er damit Schwierigkeiten zu haben scheint.

– Komplizierte Sachverhalte und erklärungsbedürftige Inhalte besser nicht in eine Mail packen. Verzettel-Gefahr! Ein Telefonat ist oft der bessere Weg. Das spart in der Regel auch Zeit.

– E-Mails mit hoher Priorität (mit Ausrufezeichen als besonders wichtig gekennzeichnet) nur dann anwenden, wenn wirklich etwas außergewöhnlich wichtiges passiert ist. Wer ständig hohe Priorität verwendet, macht sich nicht nur wichtig, sondern auch lächerlich. Wenn es dann mal wirklich drängt, gibt es keine Steigerung mehr.

– Wer auf E-Mails, die eine Reaktion von einem fordern, nicht antwortet, bekommt schnell den Ruf, entweder arrogant oder unfähig zu sein. Die Reaktionszeit sollte höchstens zwei, drei Tage betragen. Bei längerer

Abwesenheit entweder eine Auto-Antwort mit einer Abwesenheitsnotiz einstellen oder einen Kollegen das Postfach checken lassen.
– Möglichst alle Fragen in einer E-Mail beantworten. Dazu kann auch die Ursprungs-Mail als Basis genommen werden. Nach jedem Absatz setzen Sie Ihre Antwort. So sind Frage und Antwort immer gut sortiert. Der Bezug ist klar.

922. Geschäftsbriefe schreiben

Ein guter Geschäftsbrief zeigt, ob der Verfasser im Job ein Profi ist oder ein Laie. Der korrekte Brief ist wie ein Fingerabdruck.

– Selbstverständlich muss ein Briefkopf mit dem Absender vorhanden sein. Die Adresse steht oben links. Fehler im Namen, im Titel und in der Anrede des Empfängers werden meistens übel genommen. Also besonders sorgfältig sein.
– Niemals das Datum vergessen. Überlicherweise wird es oben rechts platziert. Gibt es einen Betreff, eine Kundennummer oder ein anderes Kennzeichen, diese vor der Anrede einfügen. Das erleichtert die Bearbeitung des Vorgangs. Übrigens: Das Wort „Betreff" muss nicht mehr geschrieben werden, die Betreffzeile wird allerdings gefettet.
– Die Standardanrede (zwei Leerzeilen nach dem Betreff) lautet: „Sehr geehrte/r Frau/Herr …". Der bekannte Rhetorikprofessor Walter Jens setzte sich zeitlebens für „Sehr verehrte/r" ein, hat sich aber nicht durchgesetzt. Immerhin: Nicht jeder ist geehrt, aber man kann ihn verehren. Ebenfalls erlaubt ist „Guten Tag, Herr/Frau …". Die Anrede „Liebe/r", ergänzt durch Vorname und/oder Nachname, ist unter gut Bekannten üblich.
– Bei einem normalen Anschreiben mit einer Seite auskommen. Mehr wird oft nicht gelesen. Details als Anhang formulieren. Prinzipiell kurz fassen und schnell auf den Punkt kommen. Kurze Sätze verwenden. Keine altmodischen und umständlichen Floskeln verwenden.
– Schlicht is beautiful. Trotz der vielen Möglichkeiten mit dem Computer: Keine Farben verwenden, kein Mischmasch aus Schriftgrößen und Schriftarten, keine ungewöhnlichen Formatierungen.
– Den Zeilenabstand großzügig wählen (eineinhalb Zeilen). Absätze klar voneinander trennen. Der Text, der nach der Anrede beginnt, wirkt in der Mitte des Blattes und leicht darunter am besten.

KÜRZEL IM BUSINESS

- asap: Steht für „as soon as possible", also „so bald wie möglich". Ist nicht unhöflich gemeint, betont aber die Wichtigkeit einer Sache.
- B2B: Business-to-Business. Geschäfte zwischen Unternehmen.
- B2C: Business-to-Customer. Geschäfte zwischen Unternehmen und Endkunden.
- c/o: aus dem Englischen „care of". Bedeutet „bei" in der Adresszeile.
- IBAN: International Bank Account Number, übersetzt: Internationale Bankkonto-Nummer. Wird zur Identifikation beim internationalen Banking benötigt. Dazu braucht man auch den
- BIC (Bank Identifier Code): acht- bzw. elfstelliger Code, mit dem die am Swift-System beteiligten Finanzinstitute weltweit identifiziert werden können.
- F.Y.I. oder fyi: Englische Abkürzung für „for your interest". Bedeutet so viel wie „zur Kenntnisnahme". Eine Antwort wird nicht erwartet.
- p.m.: Aus dem Französischen „pour memoire", bedeutet „zur Erinnerung", zum Beispiel, um einen Termin zu bestätigen.
- p.r.: Aus dem Französischen „pour remercier", also „um zu danken".
- s.t. und c.t.: Aus dem Lateinischen, ausgeschrieben: „sine tempore" und „cum tempore". Ersteres bedeutet, die Veranstaltung fängt genau pünktlich an, zweiteres, dass erst eine Viertelstunde (die akademische Viertelstunde) nach der angegebenen Zeit begonnen wird.
- uawg oder U.A.w.g.: „Um Antwort wird gebeten" sollte man ernst nehmen. Sonst wirkt man unhöflich.

– Grußformel am Ende nicht vergessen. Standard im Geschäftsverkehr ist „Mit freundlichen Grüßen". Das ist völlig neutral und praktisch immer korrekt. Möchte man eine persönliche Note einbringen, dürfen auch Abwandlungen wie „mit besten Grüßen" und Zusätze wie „aus …" oder „auch von Herrn …" eingefügt werden. „Hochachtungsvoll" ist völlig out. Unterwürfigkeiten wie „mit ergebenen Grüßen" erst recht.
– Wer ganz korrekt sein möchte (oder muss), setzt mit einer Leerzeile Abstand den Firmennamen (wie Chemie & Medizin AG) unter den Text.

TIPP

Ein Doktortitel ist fester Teil des Namens, daher als „Dr." auf der Adresse abkürzen und in der Anrede verwenden.
Bei der Adresse immer genau bleiben, also zum Beispiel „Prof. Dr. med. Dr. Maier", in der Anrede reicht der höherrangige Titel: „Sehr geehrter Professor Maier".
Beim Professor gibt es eine Professorin, der Doktor gilt für beide Geschlechter.

– Dann für die handgeschriebene Unterschrift 3–5 Zeilen leer lassen. Anschließend kommt die Computerunterschrift, also der Name (mit Vorname!) und die Funktion mit Maschinenschrift geschrieben.

– Die Zusätze „i. A.", „i. V." und „ppa." vor dem Namen werden häufig übersehen (und vergessen), sind aus rechtlicher Sicht aber wichtig. „i. A." steht für „im Auftrag": Der Unterzeichner braucht dann eine Vollmacht, diesen Brief zu schreiben, etwa die Sekretärin von ihrem Chef. Das Kürzel „i. V." bedeutet „in Vollmacht" bzw. „in Vertretung": Der Unterzeichner hat eine allgemeine Handlungsvollmacht erhalten. „ppa." steht für „per procura": Der Unterzeichner ist Prokurist bzw. hat Prokura.

– „Nach Diktat verreist" unter die Unterschrift wird nicht mehr verwendet.

– Das Wörtchen „Anlage" mit einer Leerzeile Abstand nach der Unterschrift zeigt, dass dem Anschreiben noch etwas anliegt.

– Das berühmte PS (das heißt Postskriptum) macht eigentlich keinen Sinn mehr. Ursprünglich war es gedacht, in einem handgeschriebenen Brief vergessene Punkte nachzutragen. Dennoch kann es genutzt werden, um eine Sache zu erwähnen, die innerhalb des Textes nicht gut unterzubringen ist, zum Beispiel ein wichtiger Termin, der Hinweis auf den Messeauftritt, und vieles andere mehr.

923. „Smalltalk" führen

Das „kleine Gespräch" hat viele gute Funktionen: Es leitet locker in einen ernsthaften Austausch ein und fördert in vielen Situationen die gute Beziehung zum Chef, zu Kollegen und Geschäftspartnern. Ein paar Punkte müssen aber beachtet werden.

– Ein Smalltalk ist eine lockere Unterhaltung, keine tief greifende Diskussion. Dafür sind nicht alle Themen geeignet, vor allem wenn es sich um offizielle Einladungen im beruflichen Rahmen handelt.

– Wählen Sie die Themen mit Bedacht. Unproblematisch sind häusliche Themen wie Einrichtungen und Garten, Sport, Hobbys, Kultur usw. Politische und soziale Themen können problematisch werden, weil sich daran schnell die Gemüter erhitzen. Vor der Einladung noch einmal die Tageszeitung studieren oder Nachrichten gucken. Aktuelle Ereignisse sorgen immer für Gesprächsstoff. Persönliche Probleme haben im Smalltalk ebenso wenig etwas zu suchen wie abfällige Äußerungen über andere.

– Immer eine Gratwanderung sind Witze. Unverfängliche Knaller können ungemein befreiend wirken, doch die Gefahr, dass ein Witz unter der Gürtellinie landet, ist nicht zu unterschätzen – vor allem, wenn sich ein Witz an den nächsten reiht. Nur was für Profis!

–Smalltalk zu beginnen, ist gar nicht so schwer. Wichtigste Regel: Blickkontakt aufnehmen. Reagiert die Person nicht, sucht man sich einen anderen Partner. Ein Gespräch mit einer (leicht zu beantwortenden) Frage beginnen, wie „Haben Sie auch schon von den Häppchen probiert?" oder „War die letzten Tage bei Ihnen in XY auch so schönes Wetter wie hier?"

– Zeigen Sie sich als geduldiger Zuhörer, sonst wird die Unterhaltung schnell einseitig. Lassen Sie Ihren Gesprächspartner zu Wort kommen. Reißen Sie das Gespräch nicht an sich. Geht der Blick ständig an Ihnen vorbei, ist dem Gegenüber das Gespräch unangenehm.

– Kein intensives Gespräch anderer mit belanglosem Smalltalk stören. Langweilt das Gespräch, mit einer plausiblen Begründung das Weite suchen, etwa: „Tut mir leid, ich muss mal die Toilette aufsuchen …" oder „Ich habe da gerade meine Kollegin entdeckt!"

924. Lebenslanges Lernen

Das Wissen verdoppelt sich heute etwa alle 8 Jahre – eine unglaublich rasante Geschwindigkeit. Sich auf Lorbeeren auszuruhen, die vor vielen Jahren erworben wurden, führt im Berufsleben in die Sackgasse.

– Selbstgesteuert arbeiten: Allein über gelegentliche Fortbildungen Wissen und Fertigkeiten zu erwerben, reicht nicht aus. Vielmehr gilt es, immer die Augen und Ohren aufzuhalten, eigene Schlüsse und Konsequenzen für sein Handeln zu schließen. Wer zum Beispiel als

10 ENGLISCHE FLOSKELN

die kommunizieren helfen

Ein wenig Englisch sollte man heute in jedem Beruf beherrschen – auch im Schriftverkehr. Hier ein paar Formulierungen, die Sie weiterbringen können.

1. Gratulationen: „Happy birthday!“ oder „Best wishes for your birthday!“. Allgemeiner: „Congratulations on ...“ oder „My congratulations to you ...“ .

2. Sich bedanken: „I would like to thank you for ...“ (neutral) oder „I would like to express our appreciation for ...“ (sehr höflich) oder „Thanks for ...“ (lockerer).

3. Anrede in Briefen: „Dear Mr. und Mrs. Miller“ (im britischen Englisch ohne Punkt). Ist lediglich die Funktion bekannt, auch möglich: „Dear Sales Manager“. „Dear Sir/Madam” bzw. „Dear Gentlemen/Ladies“ ist nur üblich, wenn man sehr höflich sein möchte, aber keinen speziellen Namen als Ansprechpartner hat. Möglich ist auch: „To whom it may concern“, was so viel bedeutet wie: „An alle, die es betrifft“.

4. Grußformeln in Briefen: „Sincerely yours“ und dann der Name des Verfassers. Ist Standard wie „mit freundlichen Grüßen“. Lockerer, aber erlaubt: „Kind regards“ oder „Cordially“, was so viel wie „viele Grüße“ oder „herzliche Grüße“ bedeutet.

5. Sich am Telefon melden, wenn man angerufen wird: „This is Hans Müller ...“, gerne auch mit einem „Hello“ davor. Dann kann es weitergehen mit „Can I help you?“ oder „What can I do for you?“.

6. Wenn Sie anrufen, reicht ein „Hello“, ein „Good morning“, „Good afternoon“ oder „Good evening“. Wollen Sie jemand bestimmten sprechen: „Is Mr. Miller available“, also „verfügbar“. Es geht aber auch: „May I speak with/to Mrs. Miller?“ oder „Please put me through to ...“ (Bitte stellen Sie mich durch zu ...).

7. Wird häufig benötigt: „On behalf of ...“. Es bedeutet „im Auftrag von“ oder „im Namen von“.

8. Reservierung: „I would like to reserve ...“. Buchung: „I would like to book ...“.

9. Eine Stornierung: „We are forced to cancel our order of ...“ oder „Regretfully, I have to cancel ...“.
Eine Absage: „We are sorry to inform you that ...“ oder „Unfortunately we have to inform yout that for complex reasons ...“.

10. Termine verabreden: „Are you free on Monday?“ oder „I would like to fix an appointment with you.“

Computerfachmann nicht die einschlägigen Internetseiten und Fachmagazine studiert, sich selbstständig über die neuesten Entwicklungen informiert, wird es schwer haben, bei dem raschen Fortschritt in der Branche noch Schritt zu halten.

– Netzwerke bilden: Weil das Wissen allgemein so rasant anwächst, dass man selbst nicht alles kennen kann, wird es heute immer wichtiger, sein eigenes Knowhow als Teil eines Wissensnetzes zu betrachten, in dem auch andere eine Rolle spielen und ihren Beitrag leisten. Ein reger Austausch zwischen den Beteiligten ist lehrreich und bringt neue Ideen hervor. Wer nicht kommuniziert, wird isoliert.

– Über den Tellerrand schauen: Ist zwar einerseits eine Spezialisierung gefragt, muss andererseits immer der Blick über die eigene Tätigkeit hinausgehen. Wer heute noch ein gefragter Experte auf einem Gebiet ist, kann morgen plötzlich überflüssig sein, weil sich die Welt schon wieder gedreht hat. Eine lebenslange, sichere Anstellung in einem Jobprofil ist inzwischen die große Ausnahme, nicht mehr die Regel.

925. Sich weiterbilden

Was Hänschen nicht gelernt hat, lernt Hans allemal: Es gibt viele Möglichkeiten, seine beruflichen Möglichkeiten oder privaten Interessen auszubauen. Mit gezielter Weiterbildung bringt man sich auf Kurs.

– Ob Chinesisch-Sprachkurs, Reden schwingen, Fernstudium oder Coaching. Bevor man noch einmal die Schulbank drückt, sollte man sich darüber im Klaren sein, in welche Richtung es gehen soll.
– Will man zum Beispiel im Job mehr Verantwortung übernehmen: ausloten, welche Möglichkeiten es in der Firma überhaupt gibt. Ideal für die Zukunftsplanung ist ein Gespräch unter vier Augen mit dem Personalchef. Dabei lohnt es sich, Eigeninitiative zu zeigen und selbst Vorschläge zu machen, welche Ziele auf der Wunschliste stehen.
– An der Spitze der Qualifikations-Charts stehen häufig so genannte Soft-Skills – soziale Kompetenz, Teamfähigkeit, Persönlichkeit. Die kann man in einschlägigen Seminaren lernen, allerdings sind solche Fortbildungen kostspielig. Oft bieten Firmen auch ein eigenes Programm mit entsprechenden Trainings an. Allgemeine Infos gibt es bei den Arbeitsagenturen und bei den Handelskammern.
– Auch Auslandsaufenthalte bringen Punkte. Man lernt nicht nur die Sprache, sondern lernt zudem, mit fremden Kulturen klarzukommen und sich in ungewohnter Umgebung selbst zu organisieren – Fähigkeiten, die sich im Job immer gut machen und unter Umständen attraktivere Positionen eröffnen. Infos gibt es direkt bei Spracheninstituten.
– Für die Karriere grundsätzlich förderlich ist auch Praxiserfahrung. Vor allem während eines theorielastigen Studiums sollte man durch Praktika frühzeitig Berufserfahrungen sammeln.
– Für alle Weiterbildungsanstrengungen gilt: Je weit verzweigter und vielfältiger, desto besser – so lange es dabei einen roten Faden gibt. Denn heute sind Generalisten gefragter denn je.

TIPP

Öffentliche Bibliotheken sind ein guter Platz, um sich auch beruflich zu bilden. Gut sortierte Einrichtungen haben sich auch auf die Bedürfnisse von Berufstätigen eingestellt. Das Spektrum geht von der Zeitschrift, die in der Mittagspause vor Ort gelesen werden kann, bis hin zu Büchern, Lernkassetten, CDs, Videos und Software. Fehlt was, einfach nachfragen, ob es besorgt werden kann.

926. Effizient lesen

Fachinformationen erwarten einen überall. In Zeitungen, Zeitschriften, Hausmitteilungen, E-Mails und Büchern. Wer aus dieser Schwemme möglichst schnell das Wichtigste herausfiltern will, muss zügig lesen – und erfassen. So können Sie vorgehen, um die Lesegeschwindigkeit von den üblichen rund 200 Wörtern auf bis zu 1000 pro Minute zu erhöhen:

– Noch vor dem Lesen überlegen, welche Informationen aus dem Text benötigt werden. Das wirkt wie ein Wahrnehmungsfilter. Geht natürlich nur, wenn keine Überraschungen zu erwarten sind.
– Das Blickfeld erweitern, nicht Wort für Wort lesen, sondern 3–7 Worte auf einmal. Das lässt sich üben.
– Nicht von Stelle zu Stelle springen, sondern kontinuierlich lesen. Trotzdem die Geschwindigkeit drosseln, wenn die Passagen komplizierter werden. Aber nicht in Details verzetteln. Erst ganz zum Schluss unverstandene Stellen wiederholen.
– Bei besonders wichtigen Texten: nach dem ersten schnellen Lesen nochmal durch den Text gehen und die wichtigsten Botschaften herausfiltern.
– Diese Botschaften und wichtige Merksätze laut vorsagen. Dadurch verankern sie sich besser im Gedächtnis.
– Mit Abstand nochmals die wichtigsten Aussagen in Erinnerung rufen. Dann dürfte der Text verstanden sein.
– Grundsätzlich gilt: Wo sich die Pflichtlektüre stapelt, täglich etwas Zeit einplanen, um den Stapel abzubauen. Erst zum Beispiel 10 Minuten, später 15, dann 20.
– Vorsicht mit Markierungen in Büchern. Rot unterstrichene oder gar mit Leuchtstift eingefärbte Passagen können auch vom Inhalt ablenken.

927. Neurobics: die grauen Zellen trainieren

Mit Neurobics bringt man graue Zellen auf Zack. Einfach etwas Ungewöhnliches tun, das hält das Denkorgan flexibel.

– Verblüffen Sie Ihr Gehirn regelmäßig, überraschen Sie es hin und wieder, auch ein bisschen ärgern schadet ihm nicht. Im Gegenteil: Neue, ungewohnte Erfahrungen aktivieren es erst richtig.
– Mit der linken Hand Zähne putzen (bei Linkshändern mit rechts): Gewohnte Bewegungen fallen plötzlich ungelenk aus. Damit das Putzen trotzdem klappt, muss die rechte Gehirnhälfte (steuert die linke Körperseite) vermehrt ran.
– Rücken-Rätsel: Einem Freund/einer Freundin, dem Partner/der Partnerin den Rücken zuwenden und diesen/diese darauf Zeichen, Buchstaben und Zahlen aufmalen lassen. Dann das „Geschriebene" zu „lesen" versuchen. Am Anfang etwas ungewohnt, aber mit Übung lässt sich vieles entschlüsseln.
– Dinge „blind" machen: Den Schlüssel ins Schloss stecken, ohne hinzusehen. Im Auto, an der Wohnungstür, ins Fahrradschloss.
– Neue Wege gehen: Täglich der ewig gleiche Trott von der Arbeit nach Hause langweilt das Gehirn. Bringen Sie eingefahrene Gewohnheitsmuster auf Abwege. Auf neuen Routen muss der Kopf spannende, unvorhergesehene Eindrücke verarbeiten. Aber besser nicht auf dem Weg zur Arbeit ausprobieren, dieser „Umweg" taugt als Ausrede fürs Zuspätkommen nicht.
– Überlegen Sie sich selbst weitere Tätigkeiten, mit denen Sie etwas Abwechslung in Ihre alltäglichen Verrichtungen bringen.

GEDÄCHTNISTRAINING FÜR DEN JOB

• Wer sein schlechtes Gedächtnis überspielt mit Sprüchen wie „mir reicht es zu wissen, wo ich was nachlesen kann", wird an komplexeren Aufgaben erst recht scheitern. Wer dagegen viel weiß, kann kompetenter und schneller entscheiden.
• Telefonnummern, Codes, Personen, wichtige Zahlen und Fakten – wer diese nicht parat hat, gibt sich entweder die Blöße oder verliert viel Zeit beim ewigen Nachschlagen. Ein Verkäufer, der sich nicht die wichtigsten Eckdaten seiner Produkte merken kann, wird nicht als besonders kompetent erscheinen.
• Wer viel weiß, kann sich mehr merken: Wer ein solides Basis- und Expertenwissen hat, wird sich weitere Lerninhalte schneller einprägen, weil er sie mit altem Wissen verknüpfen kann. Beispiel Fremdsprachen: Wer eine beherrscht, wird eine zweite schon besser lernen, wer aber fünf beherrscht, dem wird das Erlernen einer sechsten sehr leicht fallen.
• Insgesamt gilt: Ein gutes Gedächtnis lässt sich trainieren. Bewährte Merktricks finden Sie auf diesen Seiten.

928. Keine Namen mehr vergessen

Kurze Vorstellungsrunde – und gleich hat man schon wieder alle Namen vergessen. Wie hieß doch der Kunde noch einmal? Müller oder Maier? Solche Situationen müssen nicht sein.

– Ein gutes Namensgedächtnis hebt die zwischenmenschliche Stimmung. Wenn man feststellt, dass sich der Gesprächspartner sofort den Namen gemerkt hat, und zwar vollständig, fühlt man sich geachtet, bisweilen geschmeichelt. Im Job eine gute Voraussetzung für eine weitere Zusammenarbeit.
– Wer sein Namensgedächtnis verbessern möchte, braucht eine wichtige Voraussetzung: genau hinhören. Wer sich nicht konzentriert, hat gleich verloren. Im Zweifel lieber gleich noch mal nachfragen.
– Spätestens dann ist etwas Fantasie nötig: in Gedanken den Namen der Person mit einer Eigenschaft von ihr verbinden. Hat beispielsweise Herr Müller ergrautes Haar, passt das ja wunderbar zur Vorstellung, sein Haar sei durch das Arbeiten mit Mehl gepudert. Solche fantasievollen Assoziationen verankern einen Namen fest im Gedächtninis.
– Leicht zu assoziieren sind auch bildhafte Namen wie Brunnenbauer, Schwinghammer oder Schalck. Da fällt einem bestimmt etwas ein.
– Schwieriger wird es schon, wenn ein Herr Schadow vor einem steht. Wer des Englischen mächtig ist, denkt vielleicht an „shadow" – „Schatten". Ist der Herr vielleicht beleibt, wirft er eben einen großen Schatten.
– Herr Bartowski fährt mit seinen Ski über seinen langen Bart. Alle Gedanken sind erlaubt – es kriegt ja keiner mit.
– Und noch ein Tipp: Wird eine Visitenkarte ausgehändigt, diese nicht einfach wegstecken, sondern Namen und die Bezeichnung konzentriert lesen. Und während einer Besprechung auf dem Tisch liegen lassen oder in der Hand halten, um eventuell noch mal nachzulesen.

929. Zahlen leichter merken

Erstaunlich viele Menschen können sich nicht mal ihre eigene Telefonnummer merken. Wie ist das erst mit Geheimzahlen, Kontonummern usw. Dabei lassen sich auch Zahlen sehr leicht im Gedächtnis verankern.

– Grundregel: Zahlen, die bis zu 7 Ziffern enthalten, kann man sich relativ einfach für kurze Zeit einprägen. Wer mehr Ziffern braucht, kann so vorgehen.
– Zahlen zusammenfassen: Aus der 59345231 wird dann 59, 34, 52, 31. Die 8 Ziffern sind auf 4 Einheiten reduziert. Diese lassen sich besser merken.
– Mit folgender Technik lassen sich Zahlen über einen längeren Zeitraum einprägen: Jede Zahl von 0 bis 9 mit einem Symbol verknüpfen und daraus eine Geschichte machen. Aus der Telefonnummer 547791 wird dann die Geschichte. „Ich nehme mit meiner Hand (5 Finger) einen Stuhl (4 Beine), um an der Wand zwei Fahnen (77) zu befestigen. Da packt mich eine Schlange (9), die ich mit einer Kerze (1) verscheuche. Wetten, dass sich eine solche selbst erfundene Geschichte einprägt?
– Und noch ein Trick für Telefonnummern: Einfach das Muster der Ziffernfolge auf der Tastatur einprägen. Wer einen Sinn für Formen und Bewegungen hat, kommt damit schon sehr weit und kann den Trick auch für andere Zahlen, zum Beispiel seine persönlichen Geheimzahlen, einsetzen.
– Für geschickte Kopfrechner gibt es bei Zahlen immer wieder Merkwürdiges, das das Einprägen leichter macht. In der 2652104 erkennt man natürlich immer die Verdoppelung: 52 ist das Doppelte von 26, 104 das Doppelte von 52.

930. Erinnern mit dem Loci-System

Für Erledigungslisten oder feste Abfolgen ist diese alt bewährte Methode aus der Antike der perfekte Gedächtnistrick. „Loci“ bedeutet „Orte“. Hier geht es also um das Orte-System.

– Jeder hat eine gewohnte Umgebung, die er wie seine Westentasche kennt: Das Wohnzimmer mit der Einrichtung zum Beispiel oder den täglichen Weg zur Arbeit mit einigen markanten Wegemarken (Schilder, Geschäfte, Gebäude).
– Diese Umgebung kann man sich zur Eselsbrücke ausbauen: Einfach einige Wegepunkte oder Einrichtungsgegenstände in der richtigen Abfolge einprägen: der Schrank, daneben der Farn, daneben der Fernseher, daneben das Sofa usw. 20 Routenpunkte sind auf diese Weise kein Problem.
– An diesen Punkten hängt man nun den Lernstoff auf: Am Schrank den Brief an Herrn Schmidt, der gleich morgens raus muss, am Farn das Telefonat mit dem Finanzamt, am Fernseher die Schrauben, die man noch bestellen muss.
– Auf diese Weise kann man sich nicht nur mehrere Punkte merken, sondern diese auch noch in die richtige Reihenfolge sortieren.
– Das funktioniert auch prima, wenn man eine freie Rede halten möchte und sich die wichtigen Punkte vorher in der richtigen Abfolge einprägen will.
– Variante: Wer möchte, kann auch seinen Körper als Gedächtnisstütze verwenden. Von oben nach unten wird an jedem Körperteil ein Punkt festgemacht. An der Stirn, der Nase, dem Mund, dem Hals usw. Probieren Sie es mal aus, um sich alle 24 Staaten der Europäischen Union dauerhaft einzuprägen: Dänemark, Deutschland, Estland, Finnland, Frankreich, Griechenland, Irland, Italien, Lettland, Litauen, Luxemburg, Malta, Niederlande, Österreich, Polen, Portugal, Schweden, Slowakei, Slowenien, Spanien, Tschechische Republik, Ungarn, Vereinigtes Königreich, Zypern.

TIPP

Das kleine Merkhelferlein – im Schreibtisch versteckt einen auffälligen Gegenstand bereit halten, zum Beispiel eine gelbe Quietschente, eine geringelte Socke oder Ähnliches. Immer wenn Sie etwas nicht vergessen wollen, zum Beispiel einen Termin oder ein Telefonat, das Merkhelferlein gut sichtbar aufstellen. Ist die Sache erledigt, schnell wieder verschwinden lassen, damit Sie sich nicht an seine Anwesenheit gewöhnen.

931. Mind Mapping

Mind Maps sind Gedankenlandkarten. Diese Erinnerungsmethode hat sich in den vergangenen Jahren sehr durchgesetzt. Mit diesen „Landkarten“ kann man komplexe Zusammenhänge aufschreiben und sich später wieder an sie erinnern.

3 TRICKS um nichts mehr zu verlegen

1. **Für wichtige Dinge (Schlüssel, Brille, Geldbörse) feste Orte reservieren, an denen sie abgelegt werden. Dann sich aber auch zwingen, diese Dinge dort abzulegen!**

2. **Wer ständig seine Brille irgendwo ablegt und dann nicht wieder findet, hat mehrere Optionen: Brillenkette anschaffen, damit sie am Hals hängen kann; sich angewöhnen, die Brille auf den Kopf zu schieben, statt sie abzulegen; sich angewöhnen, die Brille nie ohne Etui abzulegen.**

3. **Für die, die ständig etwas vergessen, wenn sie aus einem Raum oder Haus gehen: die wichtigsten Dinge immer in der Nähe des Ausgangs platzieren. Eine Zeit lang selbstklebende Zettel an der Innenseite der Tür als Erinnerungshilfe anbringen. Auch ein Gegenstand an der Türklinke hilft, daran zu denken. Hilft auch, wenn man gerne vergisst, elektrische Geräte abzuschalten.** **Mehr zum Thema „Suchen und finden" steht ab Seite 410.**

– Mind Maps eignen sich, um Ideen aufzuschreiben, zum Planen von Projekten, zum Zusammenfassen von Vorträgen, Büchern, Artikeln, für persönliche Notizen und um zu lernen.
– So geht es: Das Thema in die Mitte eines Blatt Papiers schreiben oder zeichnen. Davon ausgehend für jeden Unterpunkt eine Linie zeichnen. Auf diese Linien die einzelnen Schüsselwörter zu den Unterpunkten schreiben. Um die Lesbarkeit und Einprägsamkeit der Mind Maps zu erhöhen, Druckbuchstaben verwenden. Die Unterpunkte können wieder gegliedert werden.
– Das Papier im Querformat benutzen. Das lässt mehr Platz für die Seitenäste. Verschiedene Farben machen Unterschiede zwischen Themen deutlicher. Wer möchte, kann auch kleine Bilder malen.
– Die Vorteile von Mind Maps: Alle wichtigen Punkte sind auf einen Blick sichtbar. Zusammenhänge werden sofort erkennbar. Man konzentriert sich auf das Wesentliche.

932. Kreativ sein und bleiben

Ein guter Einfall ist immer gefragt – ob es um ein Jubiläumsgeschenk für einen Kollegen geht oder um die innovative Produktidee. Hier einige wichtige Regeln, mit denen der Funke eher zündet.

– Nie sagen: „Ach, das hatten wir schon". Das ist ein Ideenkiller. Stattdessen eine Sache weiterentwickeln. Eine Flasche Sekt, originell eingepackt, wird um das Vielfache aufgewertet.
– Nie ganz zufrieden sein: immer wieder das Selbstgeschaffene trotz der großen Freude über das Erreichte kritisch betrachten und nach Verbesserungsmöglichkeiten suchen.
– Immer wieder das eigene Tun und das der anderen in Frage stellen. Dabei aber nicht mutwillig Vorhandenes zerstören und Dinge schlecht machen, sondern konstruktiv weiterdenken. Wer etwa seine Arbeitsorganisation straffen möchte, um Zeit und Geld zu sparen, darf nicht über den bestehenden Zustand lamentieren, sondern muss Gedanklich nach vorne streben.
– Das Problem einkreisen: Bevor ein Problem gelöst werden kann, muss es genau erkannt und beschrieben werden. Sonst redet man schnell aneinander vorbei oder denkt in die falsche Richtung.
– Sich motivieren: Ohne Antrieb wird sich schwerlich die Inspiration einstellen, denn das Problem, das es zu lösen gilt, wird schlichtweg verdrängt.
– Weiter Staunen können: immer neugierig bleiben, jeden Tag etwas Neues, Interessantes entdecken. Wer sucht, der findet auch etwas. Wer nicht sucht, stumpft mit der Zeit ab.
– Im Denken flüssig bleiben: ruhig viele Ideen, Assoziationen und Vorstellungen kreieren. Wegschmeißen können Sie diese Ideen immer noch. Bloß nicht in einer Sache festfahren, die sich als Sackgasse herausstellt.
– Mut zur Originalität: eingefahrenes Handeln einfach mal umdrehen. Warum nicht einen Aktenordner als Fußstütze benutzen, warum nicht mit den Äpfeln auf dem Tisch jonglieren? Was hier im Kleinen mal anders gemacht wird, kann dann im Großen zur echten Innovation werden.
– Gelassen und geduldig bleiben: Kreative Menschen sind zwar immer aktiv, aber nicht hektisch. Ohne Ruhephasen mit Tagträumen, bei denen die Gedanken ungehindert schweifen dürfen, ist kreatives Denken kaum möglich.

933. Kreativtechniken im Überblick

Wenn alle wieder im eigenen Saft schmoren, von Betriebsblindheit geschlagen sind und gedanklich einfach kein Fortkommen möglich scheint – spätestens dann sollten bewährte Kreativtechniken zum Einsatz kommen. Einige wichtige kurz erklärt:

– Brainstorming in der Gruppe: Der „Gedankensturm" eignet sich für ein Team von 2 bis höchstens 10 Personen. Zuerst wird das Thema genau festgelegt, zum Beispiel: „Wie kann das Sekretariat besser organisiert werden?" Dann sollen in möglichst kurzer Zeit möglichst viele Ideen produziert werden. Jeder in der Gruppe darf mitmachen, ohne Kritik und Kommentare von anderen. Einer notiert – am besten sichtbar an einer Tafel oder auf einer Flipchart. Sobald die Ideen nur noch tröpfeln und nicht mehr fließen, das Brainstorming beenden. Dann die Ideen sachlich nach einem Schema bewerten, zum Beispiel nach Kosten, Effizienz, Zeitrahmen, Personalbedarf usw.
– Solo-Brainstorming: Ist man alleine in der Pflicht, Ideen zu produzieren, kann folgende Methode helfen: Auf ein Blatt Papier die Aufgabe notieren. Dann in 15–20 Minuten alles aufschreiben, was einem dazu einfällt, ohne jegliche Bewertung. Es dürfen auch auf den ersten Blick abwegige Ideen sein. Erst mit etwas zeitlichem Abstand die Einfälle bewerten, am besten ebenfalls nach einem Schema.
– Brainwriting: Für Gruppen mit 4–8 Personen geeignet. Jeder Teilnehmer erhält ein Blatt Papier, auf dem jeweils drei Spalten aufgezeichnet werden und so viele horizontale Reihen, wie Personen teilnehmen. Das Raster besteht also aus 12–24 Kästchen pro Blatt. Jeder Teilnehmer schreibt dann innerhalb von etwa 3–5 Minuten drei Lösungsvorschläge in die Kästchen der ersten Reihe. Dann wandert das Papier zum nächsten Teilnehmer. Dieser lässt sich vom Vorgänger inspirieren und schreibt weitere drei Ideen – in die nächste Reihe. So geht es weiter, bis alle Blätter mit Ideen ausgefüllt sind. Nun erfolgt die Auswertung wie beim Brainstorming (siehe oben).
– Ideenbuch: Ein kleines Buch anschaffen, das immer in Reichweite ist. Viele gute Ideen kommen spontan, können aber erst später weiter durchdacht oder verwirklicht werden. Eingebungen also besser gleich notieren. Das geht natürlich auch in der Gruppe: Für alle greifbar ein Heft auslegen, in das jeder Ideen notieren kann, auch als Bild, Witz oder Zitat.

934. Coaching

Die Karriere steckt in der Sackgasse, dem Leben fehlt der Kick oder Probleme scheinen unlösbar? Professionelle Berater – Coaches – können Klienten bei der Suche nach neuen Strategien helfen.

– Bei Problemen gleich zum Psychologen? Nicht in allen kniffligen Lebenslagen ist gleich die Couch angesagt. Gerade wer einen klaren Kopf für anstehende Entscheidungen braucht, ist bei einem Coach unter Umständen besser aufgehoben.
– Wie ein Sparringspartner trainiert der Coach mit seinem Klienten dessen Lebensplanung. Er vermittelt Denkanstöße, begleitet mit praktischen Ratschlägen, ist Feedback-Lieferant, ordnet und strukturiert Vorhaben oder Ideen, motiviert bei Durchhängern, bremst bei überzogenen oder unrealistischen Erwartungen.
– Der entscheidende Unterschied zur (Psycho-)Therapie: Das Coaching richtet den Fokus nicht auf unbewusste Aspekte oder Kindheitserlebnisse, sondern bemüht sich um Lösungsansätze für konkrete Aufgaben im Hier und Jetzt.
– Um einen guten Coach zu finden, ist Eigenrecherche angesagt. In der Branche tummeln sich – neben vielen hoch qualifizierten Beratern – leider auch schwarze Schafe. Wichtig: Die Chemie zwischen Klient und Berater muss stimmen.
– Beratungen per Telefon oder via E-Mail sind mit Vorsicht zu genießen. Dieser Weg sollte nur dann eingeschlagen werden, wenn bereits ein längerfristiges Vertrauensverhältnis besteht und man den Berater persönlich kennt.
– Bei einem allerersten Kontakttelefonat sollten folgende Punkte geklärt werden: Ausbildung, Coaching-Erfahrung (wie lange) und Branchenorientierung (bei Karrierefragen), eventuelle Zusatzqualifikationen (etwa Mental-Training, Entspannung).

935. Mein Job – bleiben oder gehen?

Ob und wann der richtige Zeitpunkt zum Jobwechsel gekommen ist, lässt sich oft schwer zu entscheiden. Hier die wichtigen Punkte, die zu beachten sind.

– Jede Arbeitsstelle besitzt Vor- und Nachteile. Wenn die Nachteile überwiegen, sollte ernsthaft ein Stellenwechsel in Erwägung gezogen werden. Steht eine neue Stelle in

Aussicht, aber auch dort kritisch prüfen, ob die Bedingungen in Ordnung sind, bevor der Arbeitsvertrag unterschrieben wird.

– Auch wenn der alte Job zum Wegrennen ist, eine neue Stelle will mit Bedacht gewählt sein. Sie sollte den persönlichen Zielen entsprechen. Daher erst einige Punkte mit sich selbst abklären:

– Unter rein finanziellen Gesichtspunkten sollte eine neue Stelle etwa 10 Prozent mehr Einkommen bringen. Oft ist die Gehaltsverbesserung jedoch weniger wichtig als die persönliche Motivation:

– Grund des Wechsels: Die bisherige Stelle entspricht nicht (mehr) den Schlüsselqualifikationen. Man fühlt sich über- oder unterfordert, falsch eingesetzt, mit zu wenig oder den falschen Kompetenzen ausgestattet, sieht aber keine Möglichkeit, in absehbarer Zeit etwas ändern zu können.

– Es gibt ein Wunschunternehmen, das erfolgreicher im Markt agiert, das zukunftsträchtige Strategien verfolgt, und von dem Sie persönlich profitieren könnten, etwa durch einen Aufenthalt im Ausland.

– Das eigene Unternehmen hat zum Beispiel wirtschaftliche Probleme, eine Kündigung droht. Anzeichen können sein: fähige Mitarbeiter gehen, freiwillige Leistungen werden abgeschafft.

936. Bewerbung schreiben

Für ein erfolgreiches Bewerbungsschreiben gibt es Regeln. Wer sie beherrscht, kann Profil zeigen.

– Beim Bewerbungsschreiben zählt die Kreativität zwischen den Zeilen. Wichtig: übersichtlich gegliedert, inhaltlich fundiert, fehlerfrei und das Ganze nicht länger als eine Seite.

– Der gute Eindruck fängt bei der Anrede an: statt „Sehr geehrte Damen und Herren" den Ansprechpartner beim Namen nennen (lässt sich durch ein kurzes Telefonat bei der Firma klären).

– Dann geht's ans Texten: Schon der erste Satz sollte zünden und nicht aus Standardformulierungen à la „Hiermit bewerbe ich mich auf …" bestehen. Besser: „Vielen Dank für das Telefonat am … Wie besprochen hier nun meine Unterlagen."

– Im nächsten Schritt sich auf die Stellenanzeige beziehen und kurz die derzeitige Tätigkeit beschreiben. Abgedroschene Floskeln wie „Ich bin neugierig, dynamisch, gewissenhaft …" gilt es zu vermeiden. Auch so genannte Weichmacher wie „Ich spreche etwas Englisch." oder „Ich glaube, dass ich in Ihre Firma passe." kommen bei Personalchefs nicht gut an. Selbstbewusster klingt: „Mein Englisch ist ordentlich."

– Keine Abkürzungen verwenden, zum Beispiel „m.f.G."

– Auch wenn die Jobsuche dringend ist, die Not nicht plakativ oder ironisch verpacken: „Ich suche dringend eine neue Aufgabe" oder „Hilfe, wer gibt mir einen Job?" (Die angeschriebene Firma wahrscheinlich nicht.)

– Das betonen, was man anbietet, nicht, was man sucht. Also statt „Als Floristin suche ich eine neue Herausforderung" besser: „Floristin bringt Ihr Geschäft zum Blühen."

– Auch bei Chiffre-Inseraten unbedingt Telefon- und/oder Faxnummer angeben. Bei Interesse wird der Personalchef eher zum Hörer greifen statt ein Schreiben diktieren.

TIPP

Bewerbungs-Check

1. Vollständigkeit: Zu einer kompletten Bewerbung gehören in dieser Reihenfolge: Anschreiben, Foto (kein Automatenbild) mit Namen versehen, Lebenslauf, Zeugniskopien (niemals Originale schicken).

2. Einzelne Blätter gehören nicht in Klarsichthüllen, sondern in eine schlichte, tadellose Klemmmappe.

3. Das Anschreiben sollte nicht mehr als eine DIN-A4-Seite umfassen und in mehrere Absätze gegliedert sein.

937. Arbeitszeugnis verstehen

Wenn ein Jobwechsel bevorsteht, stellt der bisherige Arbeitgeber in der Regel ein Zeugnis aus. Hinter blumigen Sätzen können konkrete Beurteilungen stecken. Beliebte Formulierungen und was sie bedeuten.

– In einem einfachen Zeugnis muss mindestens erwähnt sein: der vollständige Name mit Geburtsdatum und – wenn gewünscht – Adresse, Beginn und Ende des Arbeitsverhältnisses, genaue Tätigkeitsbeschreibung und Befugnisse, etwa als Vorgesetzter, Prokurist oder Ähnliches. Schließlich müssen Ort, Datum und Unterschrift enthalten sein. Ein so genanntes qualifiziertes Zeugnis beinhaltet auch noch Angaben zu Leistungen und Fähigkeiten.

– Zeugnisse dürfen grundsätzlich nur wohlwollend formuliert sein. Das hat zur Folge, dass sich selbst schlechte Beurteilungen noch gut anhören, wenn man die Feinheiten nicht kennt. So bedeutet: „ zu unserer vollsten Zufriedenheit“ die Note eins. Aber schon „zu unserer vollen Zufriedenheit“ ist eine Einschränkung und damit Note zwei. „Zu unserer Zufriedenheit“ klingt vordergründig immer noch gut, rangiert in der Abstufung aber schon auf Platz 3.

– Kritik wird also immer in nette Worte verpackt. „Sie war bemüht“, „Er erledigte seine Aufgaben mit großem Fleiß“ oder „Sie war bestrebt, Aufgaben termingerecht zu erledigen“ lassen auf mangelhafte Leistungen schließen. Ebenso die Verwendung negativer Attribute, denen eine Verneinung vorausgeht: „ohne Tadel“, „außer Zweifel“ usw.

– „Er erledigte Aufgaben ordnungsgemäß“ bedeutet schlicht: „machte Dienst nach Vorschrift“. „War neuen Aufgaben gegenüber sehr aufgeschlossen“ heißt eigentlich „hatte Schwierigkeiten, neue Aufgaben zu erfassen.“

– Auch das Verhalten spielt eine Rolle: „War gesellig und trug zur Verbesserung des Betriebsklimas bei“ meint: „ratscht gerne“. Kann auch für Alkoholkonsum während der Arbeit stehen.

– Wer unermüdlich Kollegen angebaggert hat, liest im Zeugnis oft: „Bewies im Umgang mit Mitarbeitern stets Einfühlungsvermögen.“

– Gerne verwendet werden auch indirekte Zeichen. Ist die Telefondurchwahl des Zeugnisausstellers fett hervorgehoben, kann dies der Hinweis sein: In einem Telefonat ist die Wahrheit über den Mitarbeiter zu erfahren. Zwei Punkte am Zeugnisende sehen nach einem Versehen aus, können aber bedeuten: Es ist nicht alles gesagt, was es zu sagen gibt.

– Wer in seinem Zeugnis auf ungerechtfertigte Aussagen oder Beurteilungen stößt, sollte das Gespräch mit dem Ex-Arbeitgeber suchen und ihn um eine Berichtigung bitten.

TIPP

Lassen Sie sich bei Bedarf ein Zwischenzeugnis ausfertigen. Das muss nicht gleich bedeuten, dass Sie kündigen wollen und gerade auf Jobsuche sind. Günstige, unkritische Zeitpunkte sind: Wenn der Vorgesetzte wechselt, wenn sich die Arbeitsplatzbeschreibung ändert, wenn eine Arbeitsunterbrechung ansteht, etwa vor der Babypause. Wer eine Kündigung ausgesprochen bekommt, sollte auf jeden Fall sofort ein Zwischenzeugnis anfordern. Immerhin stehen dann neue Bewerbungen an.

938. Vorstellungsgespräch vorbereiten

Das Wunschunternehmen lädt zum Vorstellungsgespräch. Doch auch da lauern Fettnäpfchen. Wie man es schafft, sich überzeugend zu präsentieren.

– Vor dem Gespräch gibt es zwei Möglichkeiten, sich auf den Tag X vorzubereiten: erstens gar nicht – nach dem Motto: „Ich lasse alles auf mich zukommen“. Oder zweitens gezielt in das Gespräch gehen, indem man sich Informationen über das Unternehmen/den Betrieb besorgt, beispielsweise die Anzahl der Mitarbeiter, die Umsatzzahlen der letzten Jahre, den Aktienkurs, Geschäftsfelder oder eventuelle Mitbewerber. Die Firmen-Website enthält in der Regel wichtige Basisinfos. Tipp: Auf den „Presse“-Button klicken, um die Selbstdarstellung der Firma kennen zu lernen.

– Falls Sie keinen Zugang zum Internet haben: Informationen bekommen Sie auch über Personalberater, das Regionenbuch oder den Handelsregistereintrag, Einblick gewähren außerdem Geschäftsberichte, Firmenbroschüren oder Jubiläumsschriften. Auch im Wirtschaftsteil der Tagespresse können Sie fündig werden.

– Ein Vorstellungsgespräch ist ein Dialog, kein einseitiges Verhör. Für bestimmte Fragen sollte man aber gewappnet sein: Machen Sie sich im Vorfeld Notizen über Ihre Stärken und Qualifikationen. Und überlegen Sie auch, wie sich das in der Praxis des neuen Jobs zeigen könnte.

– Vorbereitet sollte man auch auf die Frage sein: „Warum haben Sie sich gerade bei uns beworben?“ Belegen Sie Ihre Absicht so konkret wie möglich. Zum Beispiel: „Ich habe erfahren, dass die vakante Stelle Teamfähigkeit voraussetzt.“ Fataler Fehler: „Meine Freundin/mein Freund arbeitet auch schon hier.“

– Klären Sie im Gegenzug offene Fragen zum Arbeitsbereich und zur Arbeitsweise. Zum Beispiel: „Welche Aufgaben würde meine Tätigkeit genau umfassen?“, „Worauf legen Sie bei Ihren Mitarbeitern besonderen Wert?“, „Wieso hat der bisherige Stelleninhaber

gekündigt?". Lassen Sie sich anhand eines Organigramms erklären, wo die offene Stelle in der Firma angesiedelt ist.
– Weitere wichtige Fragen, die Sie unbedingt ansprechen sollten: Gehalt, Sozialleistungen, Arbeitszeit, Urlaub, Reisetätigkeiten, Weiterbildung, Entwicklungsmöglichkeiten.
– Eine Generalprobe bringt Sicherheit. Spielen Sie die Bewerbungssituation mit Freunden oder dem Partner durch und feilen Sie an Fragen und Antworten.
– Angemessene Kleidung: Sie sollte seriös sein, aber nicht aufdringlich und nicht von Ihrem Gesicht ablenken. Für eine Stelle als KFZ-Meister muss es kein Maßanzug sein, allerdings ist ein ordentliches Sakko plus Hemd und Krawatte generell angebracht. Im kaufmännischen Bereich gilt: schlichter Anzug (Männer). Für Frauen ist die Kleiderordnung weniger streng. Ein klassisches Twinset ist ebenso korrekt wie Bluse plus Blazer. Meiden Sie aber auffällige Farben, unruhige Farbkombinationen oder große Schmuckstücke. Allerdings ist beispielsweise für einen Job in einem Friseursalon ein modisches Outfit durchaus erwünscht.
– Sind Sie unsicher in der richtigen Kleidungswahl, dann orientieren Sie sich – wenn Sie es in Erfahrung bringen können – am Kleidungsstil im Betrieb. Auch der Besuch bei einer Stilberaterin kann sinnvoll sein.
– Und noch etwas: Seien Sie pünktlich!

939. Was Chefs gerne fragen

Personalchefs sind neugierig, wenn es darum geht, die Eignung eines Bewerbers auszuloten. Doch nicht bei allen Fragen müssen es Kandidaten mit der Wahrheit genau nehmen.

– Bestimmte Fragen und Themen sind übliche Bestandteile eines Vorstellungsgesprächs. Dazu gehören Informationen über Leistungsbereitschaft, Allgemeinwissen oder fachliche Qualifikationen, aber auch Fragen zum persönlichen Hintergrund. Aber nicht auf alle Fragen müssen Arbeitnehmer in spe wahrheitsgemäß antworten.
– „Wollen Sie Kinder?", „Hatten Sie mal Hepatitis?", „Was sind Ihre Eltern von Beruf?" Solche Fragen sind für Chefs tabu. Im Klartext: Hier, aber nur hier, darf man lügen. Auch die beliebte Frage „Sind Sie schwanger?" dürfen Frauen, die ein Kind erwarten, ruhigen Gewissens verneinen. Der Arbeitgeber darf keine Kündigung aussprechen, wenn sich die Kandidatin später outet.
– Kniffliger ist die Situation bei der Frage nach chronischen Krankheiten. Risiken, die unmittelbar den Beruf betreffen (zum Beispiel die Kontaktallergie einer Friseurin auf bestimmte Chemikalien), müssen Bewerber angeben. Die zurückliegende Blinddarmoperation eines Elektroinstallateurs gehen den Arbeitgeber dagegen nichts an. Generell erlaubt sind Fragen nach Schwerbehinderung und bevorstehenden Operationen.
– Wer in einer kirchlichen oder politischen Organisation arbeiten will, muss Fragen nach der Religions- und Parteizugehörigkeit wahrheitsgemäß beantworten.
– Ebenfalls der Wahrheit verpflichtet ist man auf Fragen nach Vorstrafen und laufenden Ermittlungsverfahren.

940. Arbeitsvertrag richtig lesen

Endlich: Ein neuer Arbeitsvertrag liegt vor einem, fertig zur Unterschrift. Bevor man das wichtige Papier unterzeichnet, gibt es einiges zu beachten.

– Der Arbeitsvertrag regelt nicht nur scheinbar zentrale Dinge wie die Höhe des Gehalts, sondern auch wesentliche Aufgaben und Arbeitsbedingungen, die eine gute Zusammenarbeit gewährleisten sollen. Generell gilt: freundlich, aber bestimmt nachhaken, wenn man Formulierungen oder Klauseln nicht versteht.
– Gilt für das Arbeitsverhältnis der Tarifvertrag, sind gewisse Mindeststandards geregelt, etwa Kündigungsfristen, Höchstarbeitszeiten oder Urlaubsansprüche. Die Geltung des Tarifvertrags sollte im Arbeitsvertrag fixiert sein.
– Aufgaben sollten genau und so detailliert wie möglich festgehalten sein. Je schwammiger die Tätigkeiten beschrieben sind, desto komplexer sind unter Umständen die Aufgaben, die dem Unterzeichner übertragen werden können und für die er möglicherweise keine Qualifikationen besitzt.
– Wichtig, die Überstundenregelungen: Im Vertrag sollte geregelt sein, wie viel Mehrarbeit zu leisten ist und in welcher Form diese vergütet wird.
– Gehalt/Lohn: Insbesondere in außertariflichen Arbeitsverträgen ist die automatische Anpassung an steigende Lebenshaltungskosten nicht immer geregelt. Finden sich im Vertrag dazu keine konkreten Vereinbarungen, dann das Thema vor der Unterzeichnung ansprechen!

941. Wiedereinstieg nach dem Elternzeit

Nach der Geburt eines Kindes ist nichts wie es einmal war. Auch im Job. Mit einer präzisen Vorbereitung ist der Wiedereinstieg zu schaffen.

– Ganz gleich, ob man sich nach ein, zwei oder drei Jahren für die Rückkehr in den Beruf entscheidet: Um den Anschluss nicht zu verpassen, ist es wichtig, regelmäßig Kontakt zur Firma und den Kollegen zu halten.
– Beweisen, dass man dazu gelernt hat: Während der Babypause gehen die beruflichen Kompetenzen nicht verloren. Es kommen sogar neue soziale Errungenschaften hinzu. Erziehungszeiten bringen Kreativität, Flexibilität, Durchsetzungskraft und Improvisationstalent mit sich. Und diese Fähigkeiten lassen sich auch im Beruf anwenden.
– Sich in den letzten Wochen der Elternzeit für alle Eventualitäten rüsten: Wer hilft, wenn das Kind plötzlich krank wird, der Babysitter ausfällt oder im Kindergarten eine Grippeepidemie herrscht. Da man trotzdem den Job nicht einfach liegen lassen kann: Ein soziales Netz aus Hilfskräften und Leihomas schafft Sicherheit. Tipp: Proben Sie den Tagesablauf mit Kind und Arbeit mehrmals, dann sehen Sie am besten, wo es im Ernstfall noch hakt.
– Zurück am alten Arbeitsplatz beginnt die „zweite Probezeit", in der Vorgesetzte besonders genau hinschauen. Deshalb ist Pünktlichkeit besonders wichtig. Vielleicht werden auch Überstunden erwartet. Tipp: Den Arbeitstag straff organisieren und zusätzliche Arbeitszeiten rechtzeitig mit Vorgesetzten absprechen.
– Nach einer längeren Kinderpause über die üblichen Erziehungszeiten hinaus ist ein Wiedereinstieg oft besonders schwierig. Zunächst eine Bestandsaufnahme machen: Welche Qualifikationen habe ich, welche Tätigkeit will ich ausüben? Gehe ich in meinen alten Beruf zurück oder orientiere ich mich völlig neu?
– Ein Gespräch mit ehemaligen Kollegen kann helfen, auf den aktuellen Stand zu kommen. Was hat sich in der Firma verändert, gibt es neue Gepflogenheiten, Kollegen oder gar einen neuen Chef?
– Nach Fort- oder Weiterbildungsmaßnahmen fahnden. Zusatzqualifikationen können eventuelle Lücken füllen.
– Wenn beim früheren Arbeitgeber nichts mehr geht: Eine Bewerbung bei Zeitarbeitsunternehmen ermöglicht in der Regel einen schnellen Wiedereinstieg, auch nach mehreren Jahren Auszeit.

942. Ohne Arbeit – was tun?

Plötzlich ohne Job dazustehen, empfinden die meisten Menschen als persönliches Versagen, als Niederlage. Doch nur Jammern hilft nicht weiter. Wer Arbeitslosigkeit als neue Chance begreift, kann die mentale Krise meistern.

– Zunächst einmal: Arbeitslosigkeit ist meist kein persönliches, sondern ein gesellschaftliches Problem. Zum Beispiel wegen Rationalisierung und Verlagerungen ins Ausland werden Tausende von Arbeitsplätzen schlichtweg vernichtet. Das muss sich jeder klar machen, den es unschuldig erwischt hat.
– Stehen Sie zu Ihrer Arbeitslosigkeit. Es bringt nichts, den schönen Schein vor Freunden und Bekannten zu wahren, aus Angst ausgegrenzt zu werden. Sprechen Sie mit anderen Menschen darüber. Oft stellt sich dabei heraus, dass man mit seinen Sorgen und Ängsten nicht allein dasteht. Und es fällt mit Sicherheit der ein oder andere Tipp ab, der weiterhilft.
– Sich selbst dabei als „arbeitslos" zu bezeichnen, wirkt demotivierend. „Arbeitssuchend" hingegen signalisiert allen: „Ich bin bereit, mich neuen Herausforderungen zu stellen."
– Einen „Tag ohne Auftrag" kann man auf zwei Arten beginnen: endlich ausschlafen – oder die unfreiwillige Auszeit nutzen, um neue Perspektiven zu entwickeln. Deshalb: Wecker wie zur gewohnten Arbeitszeit stellen und Ordnung in den Tagesablauf bringen. Folgendes hilft dabei:
– Auch wenn die Zeiten hart sind: Machen Sie sich selbst immer wieder klar, dass die momentane Arbeitslosigkeit noch lange nicht die Endstation ist, dass darin auch Chancen liegen, die es zu finden gilt. Wenn sich Depression und Selbstmitleid hartnäckig an die Fersen heften, hilft es, immer wieder inne zu halten und sich zu sagen: „Okay, es ist auch mir passiert. Aber ich mache das Beste draus."
– Bevor man mit neuen Bewerbungen loslegt, die alten Bewerbungsunterlagen kritisch anschauen. Was hat sich geändert? Welche Qualifikationen sind hinzugekommen? Welche Stationen sind nicht mehr so wichtig? Hier kann es durchaus sinnvoll sein, die Papiere noch einmal gründlich zu überarbeiten und Kernpunkte neu zu entwerfen. Das klärt und stärkt auch das Bild, das man von sich selbst hat.
– Legen Sie sich einen Karteikasten zu und schreiben Sie jeden Morgen nach dem Aufstehen auf einzelne Kärt-

chen, was der neue Job bringen soll. Und was nicht. Zum Beispiel: „Ich möchte selbstverantwortlicher arbeiten." Oder: „Ich habe mir schon immer gewünscht, in einem Team mit anderen Menschen neue Ideen zu entwickeln." Der Sinn dieser Kärtchen: Sobald sich der Blues ankündigt, kramt man die Kärtchen aus der Jackentasche und nutzt die persönlichen Visionen als Motivationskick. Dann lassen sich Durchhänger leichter durchstehen.

– Betrachten Sie die Zeit ohne Job als Zeitgeschenk: Es gibt viele Dinge, die im normalen Arbeitsalltag liegen bleiben würden: Freunde besuchen, in Konzerte oder ins Theater gehen, Bücher lesen, Museen besuchen. Wer sich Zeiten für derartige Aktivitäten mit gutem Gewissen reserviert, empfindet Arbeitslosigkeit nicht als sinnlose Zeit.

TIPP

Die Kündigung prüfen

Wenn das unvermeidliche Schreiben schwarz auf weiß auf dem Schreibtisch oder im Briefkasten liegt: nicht einfach in den Papierkorb schmeißen oder auf Nimmerwiedersehen in die unterste Schublade verbannen. Hier die wichtigsten Schritte, bevor man sich offiziell arbeitssuchend meldet:

1. Größere Unternehmen haben einen Betriebsrat. Mit ihm kann man alle rechtlichen Möglichkeiten besprechen und vor allem klären, ob die Kündigung rechtmäßig erfolgte.

2. Überprüfen, ob gesetzliche Fristen und tarifliche Ansprüche eingehalten wurden.

3. Kontakt mit einer seriösen Arbeitsloseninitiative oder einem auf Arbeitsrecht spezialisierten Rechtsanwalt aufnehmen und sich im Umgang mit erforderlichem Papierkram beraten und helfen lassen. Oft steckt der Teufel – oder die Chance – im Detail.

943. Abfindung – wann besteht Anspruch?

Beim Verlust des Arbeitsplatzes haben Arbeitnehmer die Chance, mit dem jeweiligen Betrieb die Zahlung einer einmaligen Abfindung zu vereinbaren. Worauf kommt es an und wie viel ist üblich?

– Zunächst einmal: Ein gesetzlicher Anspruch auf eine Abfindung besteht nur, wenn eine Abfindungszahlung im Arbeitsvertrag vereinbart wurde. Das ist nur bei wenigen (meist außertariflich bezahlten) Arbeitnehmern der Fall.

– Wenn dennoch ohne Nachfrage eine Abfindung angeboten wird, hat der Betrieb gute Gründe dafür und zahlt sie in der Regel als Maßnahme innerhalb eines Sozialplans aus. Die Abfindung soll letztendlich den Arbeitnehmer dazu animieren, der Beendigung des Arbeitsverhältnisses ohne weitere Schritte zuzustimmen.

– Besteht kein vertraglicher Anspruch auf Abfindung und wird auch keine angeboten, lohnt es sich zu prüfen, ob bei der Kündigung alles mit rechten Dingen zugegangen ist: Ist sie schriftlich erfolgt? Gilt für den Betrieb das Kündigungsschutzgesetz? Ist die vorgeschriebene Sozialauswahl beachtet worden?

– Sind diese Punkte nicht geklärt, kann der Arbeitnehmer innerhalb von 3 Wochen nach Eingang der Kündigung eine Kündigungsschutzklage vor dem Arbeitsgericht einreichen. Hier ist die Unterstützung durch einen Anwalt zwar nicht zwingend, aber dennoch ratsam.

– Für Arbeitgeber sind die finanziellen Folgen einer Kündigungsschutzklage wegen der arbeitnehmerfreundlichen Gesetzeslage ein Risiko, daher enden solche Verhandlungen oft mit einem Vergleich. Das heißt: Man akzeptiert die unrechtmäßige Kündigung nur dann, wenn der Arbeitgeber dafür eine gewisse Summe zahlt. Doch Vorsicht: Ist das Unternehmen pleite, haben Arbeitnehmer generell schlechte Aussichten auf eine Abfindung.

– In welcher Höhe die Abfindung ausfällt, ist sehr unterschiedlich. Als Faustregel gilt: Pro Beschäftigungsjahr ist ein halbes, manchmal auch ein ganzes Bruttomonatsgehalt drin. Allerdings nur, wenn das Unternehmen wirtschaftlich gesund ist. Deshalb stellt eine Verhandlung immer ein gewisses Pokerspiel dar, das auch seine Grenzen hat.

944. In Teilzeit arbeiten

Wer nicht die volle Zeit arbeitet, genießt mehr Freizeit und Lebensqualität. Betriebe profitieren dafür von motivierten, ausgeruhten Mitarbeitern, die effizient arbeiten. Das Wichtigste dazu, was es bedeutet, starre Arbeitszeiten abzubauen, umzuschichten oder gar aufzustocken.

– Die klassische Teilzeitstelle ist ein Halbtagsjob mit einer Wochenarbeitszeit von etwa 20 Stunden, zum Beispiel von 9 bis 13 oder von 14 bis 18 Uhr. Die Arbeit kann aber auch auf drei oder vier Tage verteilt sein, je nach Absprache und Handlungsbedarf. Diese Teilzeitform bietet Vorteile für alle, die mehr Freizeit anstreben oder sich intensiver um die Familie kümmern wollen.
– Beim Job-Sharing teilen sich zwei Arbeitnehmer eine volle Arbeitsstelle und somit auch Verdienst, Sozialleistungen und Urlaubsanspruch. Genaue Abstimmung und ein eng verzahnter Informationsaustausch sind die Voraussetzung für dieses Modell. Dann allerdings ist es für Arbeitnehmer Gold wert: Die Verantwortung für Projekte bleibt erhalten, trotzdem genießen die Job-Sharer mehr Freizeit und persönliche Flexibilität.
– Arbeitszeitkonten: Wer am Anfang des Jahres mehr arbeitet als vertraglich vereinbart, spart sich auch mehr Freizeit für die zweite Jahreshälfte an. Oder man arbeitet unverändert Vollzeit, bezahlt wird aber Teilzeit. Die Differenz wird auf einem Langzeitkonto angespart und kann beispielsweise zu einer mehrmonatigen Weltreise oder für ein bezahltes Sabbatical, also eine längere Auszeit, genutzt werden.
– Variables Arbeiten im Team: Der Arbeitgeber gibt nur vor, wie viele Mitarbeiter zu bestimmten Zeiten anwesend sein müssen. Im Team wird dann die jeweilige persönliche Arbeitszeit geplant und abgesprochen. Weil bei diesem Modell kurzfristige Änderungen jederzeit möglich sind, können Arbeitnehmer ihre Freizeit sehr flexibel gestalten.

5 FAKTEN

zum Thema Teilzeitarbeit

1. **Es ist schwieriger, mit Kollegen in Kontakt zu kommen bzw. zu bleiben, die ebenfalls in Teilzeit arbeiten.**
2. **Für Absprachen und Meetings sind wesentlich bessere Terminplanungen notwendig als zwischen Beschäftigten, die Vollzeit arbeiten und somit immer anwesend sind.**
3. **Thema Geld im Alter: Wer in jungen Jahren weniger arbeitet, bekommt im Alter natürlich auch weniger Rente. Deshalb rechtzeitig private Vorsorgemöglichkeiten checken.**
4. **Thema Karriere: Arbeitnehmer mit Führungsaufgaben sind in der Regel keine Teilzeitbeschäftigten. Sie arbeiten ohnehin oft mit 120-prozentigem Einsatz. Diesen in einen Teilzeitjob zu quetschen, dürfte schwierig sein.**
5. **Time is money: Wer weniger Zeit zur Verfügung hat, muss häufig dennoch ein großes Arbeitspensum bewältigen. Straffes Arbeiten ohne Trödel-Zonen und Plauder-Pausen ist daher die Regel in Teilzeitjobs.**

945. Zu Hause arbeiten

Keine schlechten Aussichten: statt mit dem Auto ins Büro, im Bademantel ins private Arbeitszimmer. Welche Argumente für das Home-Office sprechen und was Heimwerker in spe wissen sollten.

– Für immer mehr Unternehmen ist das mobile Büro längst fester Bestandteil im Business-Alltag. Die Vorteile liegen auf der Hand: Studien haben ergeben, dass Arbeitnehmer produktiver werden, wenn sie nicht allein an ihren Arbeitsplatz im Unternehmen gebunden sind, sondern einzelne Tage auch von zu Hause oder von unterwegs arbeiten können. Auch Familie und Beruf lassen sich bei freier Zeiteinteilung besser unter einen Hut bringen. Die Zufriedenheit und damit auch die Motivation verbessern sich.
– Es gibt auch Nachteile: Wer zu viel zu Hause arbeitet, droht Einsiedler zu werden, weil weniger Kontakt zu Kollegen besteht und man von innerbetrieblichen Ereignissen abgekoppelt wird.
– Wer den Einstieg ins Home-Working erwägt, sollte diese Arbeitsform vorher realistisch prüfen: Wie viel Arbeit ist in 8 Stunden tatsächlich zu schaffen? Zudem: Bildschirmarbeit ermüdet schneller. Deshalb macht man auch mehr Fehler. Wer eine korrekte Arbeit abliefern muss, sollte bei der Kalkulation seiner Arbeitszeit 20 Prozent draufschlagen – diese Zeit wird für Korrekturen benötigt.
– Sinnvoll ist ein Probelauf von etwa 4 Wochen. In dieser Zeit Schwierigkeiten und Verbesserungswünsche notieren. So offenbart sich, wie viel Leistung von beiden Seiten (Chef und Telearbeiter) erwartet und schließlich festgelegt werden kann.

– Wer nicht durch einen Firmenrechner kontrolliert wird, sollte Anfangs- und Endzeiten akribisch notieren und Pausen (pro Stunde 5 Minuten plus alle 2 Stunden 15 Minuten) einhalten.
– Unbedingt klären, in welchem Umfang die Firma für die Anschaffung der Geräte aufkommt und wie die Kostenerstattung für Datenübertragung und Telefon geregelt wird.
– Wie sieht es aus, wenn die Arbeit nicht so läuft wie erwartet? Am besten die Tätigkeit so regeln, dass bestimmte Tage in der Woche für den Arbeitsplatz in der Firma beziehungsweise regelmäßige Treffen mit dem Arbeitgeber reserviert sind. Dann fühlt man sich auch nicht so isoliert.

946. Zeitarbeit – Brücke mit Ausblick

Zeitarbeit kann Arbeitslosigkeit überbrücken, sie eröffnet aber auch neue Chancen im Job: Man kann eine Firma kennen lernen, ohne dabei gleich vertraglich gebunden zu sein.

– Immer mehr Menschen verdienen ihren Lebensunterhalt, indem sie ihre Arbeitskraft Personaldienstleistern, also Zeitarbeitsfirmen, zur Verfügung stellen.
– Die Beschäftigten werden bei der Zeitarbeitsfirma fest angestellt, beziehen dort ein festes Gehalt und werden je nach Bedarf an andere Unternehmen vermittelt.
– Bei der Zeitarbeit handelt es sich um eine sozialversicherungspflichtige Beschäftigung mit allen Rechten und üblichen Pflichten. Die „geliehenen" Mitarbeiter genießen alle Sozialleistungen wie Renten- und Krankenversicherung. Auch Urlaub und Lohnfortzahlung im Krankheitsfall sind geregelt.
– Als Zeitarbeiter kann man sich während des Einsatzes ein gutes Bild vom jeweiligen Unternehmen machen. Gefällt der Job, ist eine anschließende Festanstellung im jeweiligen Unternehmen nicht ausgeschlossen.
– Außerdem ist es interessant, verschiedene Unternehmen kennen zu lernen, Kontakte zu knüpfen und Berufserfahrung zu sammeln. In jedem Fall ist Zeitarbeit eine gute Gelegenheit, in verschiedene Branchen hineinzuschnuppern.
– So entdecken zum Beispiel immer mehr Frauen nach der Babypause die Zeitarbeit als Chance für den Wiedereinstieg. Aber auch für ältere, berufserfahrene Menschen ab 50 und junge Akademiker ist Zeitarbeit eine interessante Alternative.

947. Sich selbstständig machen

Der eigene Chef werden und innovative Ideen in die Tat umsetzen – mit der richtigen Planung steigen die Chancen auf eine erfolgreiche Existenzgründung.

– Vor jeder Unternehmensgründung steht eine umfassende Beratung. Die kann durch einen versierten Unternehmer erfolgen oder durch Einrichtungen wie Arbeitsagenturen oder Handelskammern. Am besten mehrgleisig fahren. Außerdem eigene Marktrecherchen anstellen. Nur so lässt sich sicherstellen, ob eine Gründungsidee gut durchdacht ist und auf dem Markt überhaupt Chancen hat.
– Die Konkurrenz schläft nicht. Fast immer existieren bereits ähnliche Geschäftsideen, gegen die Sie nun antreten müssen. 95 Prozent der Existenzgründer machen sich in herkömmlichen Branchen selbstständig, nur 5 Prozent können mit wirklich innovativen Ideen aufwarten. Auch hier gilt: Spüren Sie Marktlücken auf und verfolgen Sie aktuelle Trends.
– Überprüfen Sie die eigenen Qualifikationen: Ist das kaufmännische Wissen ausreichend? Wie gut kennen Sie die Branche, in der Sie Fuß fassen wollen? Wie steht es um die eigenen unternehmerischen Fähigkeiten? Erkundigen Sie sich nach Fort- und Weiterbildungsmöglichkeiten, um fehlende Kenntnisse zu erlangen oder mangelhafte zu ergänzen.
– Und wie sieht es in Ihrem privaten Umfeld aus? Selbstständige arbeiten vor allem anfangs sehr viel, was Toleranz und Unterstützung seitens der Familie und der Freunde erfordert.
– Mit der richtigen Finanzierung steht und fällt das Projekt. Ermitteln Sie realistisch den Finanzbedarf für Ihr Vorhaben. Kalkulieren Sie auch persönliche Reserven ein, mit denen sich die anlaufschwache Startphase überbrücken lässt. Sorgen Sie immer für Liquidität in der Firma. Rechnungen und Personal müssen laufend bezahlt werden. Stellen Sie Einnahmen und Ausgaben gegenüber – am besten für 3 Monate im Voraus.
– Machen Sie sich auch Gedanken über die künftige Rechtsform Ihres Unternehmens. Wichtige Faktoren dafür sind Branche und Haftungen.
– Sobald der Kapitalbedarf feststeht, machen Sie sich Gedanken über öffentliche Förderhilfen und Kredite. Sowohl der Staat als auch private Investoren unterstützen Existenzgründer mit Darlehen, Beteiligungen und günstigen Krediten.

– Um Ihre „Sponsoren“ wie auch künftige Partner von der Gründungsidee zu überzeugen, hilft ein detailliertes Konzept, in dem das Vorhaben so klar und konkret wie möglich dargelegt wird. Die Gründerzentren der örtlichen Industrie- und Handelskammern geben Hilfestellung und können das Konzept überprüfen.
– Legen Sie bei Kreditverhandlungen Ihr unternehmerisches Konzept und die Finanzierungspläne vor. Informieren Sie sich auch über Angebote anderer Kreditinstitute.

948. Nebenbei jobben

Das Geld reicht hinten und vorne nicht und ein Nebenjob wäre ideal, um die Urlaubskasse aufzufüllen oder das ersehnte Auto zu finanzieren? Beim Zweitjob gilt es einiges zu beachten.

– „Seriöser Nebenverdienst“, „Bis zu 3000 Euro nebenbei verdienen“, „Lukrativ und ganz einfach von zu Hause aus“ – so oder ähnlich klingen manch verlockende Angebote, sowohl in Zeitungsannoncen als auch an Info-Brettern in Supermärkten oder auf Zettelchen, die im Briefkasten landen oder hinter Scheibenwischern klemmen. Doch Vorsicht: Dahinter stecken oft unseriöse Anbieter. Unbedingt abzuraten ist von Angeboten, bei denen man finanzielle Vorleistungen (Warenmuster, Computerkurse, Schulungen) erbringen muss.
– Wer fest angestellt ist, aber dennoch nebenbei arbeiten will, sollte den Arbeitsvertrag vorher genau studieren. Meistens ist darin geregelt, ob Nebentätigkeiten erlaubt sind. Voraussetzung für den Nebenjob ist meistens, dass er die Interessen der Firma nicht berührt.
– Im Zweifelsfall sollte man den Chef über sein Vorhaben informieren und ihm plausibel machen, warum der Nebenverdienst für einen selbst wichtig ist (weil man beispielsweise auf ein Auto spart).
– Vorsicht, wer trotz Krankschreibung in der Firma seinen Nebenjob verrichtet: das kann eine Abmahnung oder auch die Kündigung nach sich ziehen.
– Seriöse Nebenjobs, die das persönliche Budget aufbessern, sind zum Beispiel: frühmorgens Zeitungen austragen, abends stundenweise in der Gastronomie jobben, auf Babys oder Kleinkinder aufpassen oder Nachhilfe geben. In höher dotierten Bereichen sind Beratertätigkeiten möglich – natürlich nicht für die Konkurrenz. Bei der Suche nach einer solchen Tätigkeit lohnt es, selbst die Initiative zu ergreifen.

949. Nachts und am Wochenende arbeiten

Nicht nur Lkw-Fahrer, Krankenschwestern oder Journalisten müssen die Nacht zum Tage machen. Immer mehr Menschen schieben durch Zusatzjobs abends öfter Überstunden – oder auch am Wochenende Dienst. Was man tun kann, damit die Gesundheit und die Familie nicht leiden.

– Wer nachts schuftet, arbeitet gegen die innere Uhr. Die ist tagsüber auf Leistungsbereitschaft eingestellt und nachts auf Ruhe. Die Arbeit gegen den natürlichen Biorhythmus stört auf Dauer wichtige körperliche Vorgänge. Schlaf- und Verdauungsprobleme treten vor allem bei Schichtarbeitern gehäuft auf.
– Regelmäßige Mahlzeiten sind daher besonders wichtig. Das Mittag- oder Abendessen möglichst immer zur gleichen Zeit einnehmen, egal, in welcher Schicht man gerade arbeitet.
– Schwere Speisen nach 21 Uhr meiden, weil die Verdauungsorgane dann auf Erholung schalten (auch wenn der Kopf noch wach bleiben muss). Ein kleiner warmer Energienachschub (Fleischbrühe, Gemüsesuppe) ist um Mitternacht erlaubt. Außerdem 2 Stunden vor Schichtende nicht mehr viel essen, sonst kann man schlecht einschlafen.
– Selbstständige können ihren Tagesablauf oft ohne geregeltes Timing festlegen und vertagen ihre Tätigkeit daher gern in die späten Abendstunden. Hier gilt: den Schlummer zweiteilen. Ein kleines Nickerchen am Nachmittag (wenn sich das natürliche Leistungstief ankündigt) und den großen dann in der späten Nacht.
– Für optimale Lichtverhältnisse sorgen. Niemand hält es auf Dauer aus, nächtelang in schummrigen Lagerhallen zu schuften oder unter 40-Watt-Glühbirnen konzentriert zu lesen, zu korrigieren oder zu schreiben. Im Fachhandel sind geeignete Lichtquellen erhältlich.
– Regelmäßig am Wochenende eingespannt, und die Familie kommt chronisch zu kurz? Hier hilft es, den Tag gezielt zu strukturieren. Vielleicht lassen sich am Sonntagmorgen (da sind Kinder meistens eh zur gewohnten Zeit wach) 2 Stündchen für das Spiel mit dem Nachwuchs reservieren. Oder man schaufelt sich doch den Samstagabend frei, um mit dem Partner ins Kino zu gehen. Wichtig: lieber kurze, aber intensive Zeiten mit der Familie/dem Partner verbringen, als sich auf schwammige Anwesenheitsphasen einzulassen, in denen man mit den Gedanken nur bei der Arbeit ist.

FREI HABEN

Endlich frei. Und zwar wirklich frei! Also frei von Arbeit, Terminen und Zwängen, frei von Möbeleinkäufen, Wellness-Wochenenden und Kindergeburtstagsfeiern, frei von Kochorgien und Putzattacken. Einfach frei. Nur was tue ich jetzt? Und was tut ihr da eigentlich? Basteln etwa? Es ist gar nicht so leicht, sich freizumachen. Vor allem dann, wenn man sich dabei so unter Druck setzt – mit allem, was man nicht tun will.

Im Englischen gibt es den Begriff „Weekend Escape". Das Wochenende als Flucht aus der drögen Arbeitswoche, das Zuhause als Festung, deren Zugbrücke erst wieder am Montagmorgen heruntergelassen wird – nachdem die Sonntagabend-Depression abgeklungen ist. Ihr Grund: Wieder war das Wochenende nur ein schale Sache, eigentlich ist kaum etwas passiert, auch nichts Gutes. Was kein Wunder ist, denn wer fünf Tage lang nicht bei der Sache ist, aus dem wird auch samstags und sonntags kein neuer Mensch. Wer aber seine freie Zeit genießen will, der macht sich nicht von etwas frei, sondern für etwas frei. Dann verkommen Feierabend und Wochenende auch nicht zur bloßen Erholungsveranstaltung nach der harten Arbeitswoche.

Freimachen für ...

Angenommen, Sie kommen morgens zur Arbeit und Ihr Chef schenkt Ihnen einen freien Tag. Was würden Sie machen – und zwar sofort? In ein Café gehen? Ins Museum? Ein Buch kaufen und sich in den Park setzen? Oder nach Hause fahren und ein Buch schreiben? Aber nur, wenn sonst keiner zu Hause wäre! Zwei Ergebnisse bringt dieser Test: Sie lernen zum einen, was Sie am liebsten an einem freien Tag tun würden. Und Sie merken zum anderen, dass zum Freihaben auch immer Zeit für einen alleine gehört. Stichwort „Frei machen für mich".

Natürlich machen Sie auch gerne für andere frei. Für die Möglichkeit, mit Ihrem Partner in das neue Lokal am Markt zu gehen, mit den Kindern ein Baumhaus zu bauen, mit dem Hund unten am Fluss die Kaninchen zu ärgern. Auch eine Kochaktion mit Freundinnen, eine Nacht auf der Hütte mit dem ganzen Fußballverein sind echte „Freizeit-Highs" – das bringt so richtig Leben in die freie Zeit. Vor allem wenn es draußen in der Natur stattfindet. Die lässt sich aber auch bequemer erleben, zum Beispiel beim Rosenschneiden oder beim Setzen von Kräutern im eigenen Garten – das grenzt schon fast an Meditation. Oder Sie ziehen sich in den Keller zurück, um endlich mal das Fotoalbum vom letzten Urlaub fertig zu stellen, den nächsten Urlaub im Internet zu planen und Ordnung in Ihre gebrannten CDs zu bekommen.

Schließlich können Sie noch für eine gute Sache freimachen. Sich ehrenamtlich in der Kirche, bei einem Verein, einer Partei oder einer Wohltätigkeitsorganisation engagieren – vom Flugblattverteilen übers Schriftführen bis hin zu Wochenendfahrten mit Gleichgesinnten. Hauptsache, Sie finden Erholung und Zufriedenheit dabei, fühlen sich also frei.

Wie frei will ich denn sein?

Sport und Urlaub spielen die größte Rolle, wenn wir unsere Freizeit planen. Und in beiden Bereichen lässt sich gut sehen, welcher Freizeittyp man ist. Die einen wollen frei sein von allen Ansprüchen und Vorgaben – sie gehen lieber alleine zum Joggen ohne großen Ballast in Form von Spezialkleidung und Pulsmesser, sie reisen lieber individuell als pauschal. Andere genießen es gerade besonders, auf einer organisierten Busreise frei von den üblichen Urlaubspflichten wie Kartenlesen und Zimmersuche zu sein, und sie treiben Sport lieber mit anderen im Verein. Jeder hat Recht und jeder hat die Freiheit, so freizumachen, wie wer will.

Rund ums Haus

„My home is my castle". Das hört sich abgedroschen an. Und doch stimmt das Bild noch immer – vielleicht mehr denn je. Die eigenen vier Wände schützen wie Burgmauern vor der hektischen, bisweilen aggressiven Außenwelt. In der Festung kann die notwendige Ruhe hergestellt werden oder das gewünschte Maß an Lebendigkeit, wie es einem gefällt. Zugegeben: Nicht immer ist das einfach zu arrangieren.

Zu Hause ist's am schönsten

Es gibt viele Arten, seine freie Zeit zu Hause zu verbringen. Familien mit Kindern, verliebte Paare, junge und alte, unfreiwillige und überzeugte Singles – jeder folgt anderen Mustern, vermischt mit persönlichen Vorlieben. Die einen versuchen, eher Ruhe ins Leben zu bringen, den anderen fällt die Decke auf den Kopf. Viele Singles führen ein sehr erfülltes und glückliches Leben. Das Alleinsein bietet die Möglichkeit, sein eigenes Leben zu gestalten ohne Kompromisse eingehen zu müssen. Nicht ohne Grund zieht es junge Leute häufig weg von zu Hause – keine Kompromisse eingehen, das muss einfach mal ausprobiert werden. Wer zeitweise und vielleicht unfreiwillig Single ist, kann die Zeit dazu nutzen, sein Leben zu entrümpeln und neu zu ordnen. Um dem großen, leeren Sinnloch vorzubeugen, sollte man seine freie Zeit aber immer gut planen. Was muss ich erledigen, wann gönne ich mir Zeit, um das neue Buch zu lesen? Wen kann ich treffen? Sonst endet der Feierabend schnell allein vor dem Fernseher. Auf Dauer keine schöne Vorstellung. Damit das Zuhause nicht zum Hort von Langeweile und Einsamkeit mutiert, immer wieder Leute einladen, auch wenn die Wohnung noch so klein ist. Das spornt an, sich zu kümmern, für freundliches Ambiente zu sorgen. Gemeinsam kochen kann, mit den richtigen Leuten, auch auf einem Zweiplattenherd in einer Nische ungemein Spaß machen.

Die Zeit im Rhythmus genießen

Wer sich auch daheim Zeitdruck ausgesetzt fühlt, wird auf Dauer Schwierigkeiten bekommen. Entspannungsphasen sind lebensnotwendig. Wie diese aussehen, ist ganz unterschiedlich: ein romantisches Kräuterbad mit dem Partner, ein Bastelnachmittag mit den Kindern oder das Drechseln in der liebevoll eingerichteten Werkstatt. Hier ist der Weg das Ziel, nicht das Ergebnis.

Solche Tätigkeiten machen nicht nur Spaß, sie teilen die verfügbare Zeit ein in Abschnitte, in fühlbare Größen und geben dem Lebenslauf einen Sinn. Denn für die Zeit haben wir kein Sinnesorgan. Wir brauchen Perioden und Ereignisse, damit Zeit Struktur bekommt: Kindheit, Jugend, Alter sind solche Strukturen, der Tagesablauf mit Wachen und Schlafen ist einer und der Wechsel zwischen Arbeit und Freizeit, zwischen Aktivität und Ruhe. Aber: Wer seine ganzen Bedürfnisse wie mit der Stechuhr abarbeitet, läuft Gefahr, aus dem Takt des eigenen biologischen Rhythmus zu kommen. Eine dauerhafte Schere zwischen Bedürfnis und Realität wirkt sich negativ auf Stimmung und Gesundheit aus, auf das soziale Umfeld und die zwischenmenschlichen Beziehungen. Sich zumindest zu Hause Zeit für seine Bedürfnisse zu nehmen, auch spontan, ist kein Luxus, sondern eine Notwendigkeit.

Für sich selber, nicht für andere

Früher träumten viele zukünftige Hausbesitzer davon, eine alte Villa zu besitzen. Heute sind frei stehende Einfamilienhäuser begehrter, weil ihnen die inneren Werte einer Immobilie, die Wohngefühl und Geborgenheit vermitteln, wichtiger geworden sind als die äußeren. Wer ein Haus oder eine Wohnung erwirbt, dem sind Kriterien wie eine attraktiv empfundene Lage, ein Garten oder zumindest Balkon und helle Räume sehr wichtig. Dass die Wohnung dem eigenen Geschmack entspricht, ist also wichtiger als Luxus und Wohlstand zur Schau zu stellen. Gemütlich muss es sein, bequem und Lebensqualität versprechen. Und das ist natürlich auch in einer kleinen Wohnung möglich.

Offenbar fühlen sich immer mehr Menschen in der Welt von Reizen überflutet, von dem Konsumangebot,

Mehr wissen: Welcher Freizeittyp bin ich?

DER BEWEGUNGSTYP Er will immer in Bewegung sein. Ruhepausen und Entspannung gönnt er sich kaum. Er ist viel im Freien unterwegs, denn dort findet er immer eine Möglichkeit, sich sportlich zu betätigen. Er erkundet die Landschaft mit dem Tourenrad oder Mountain-Bike, wandernd oder walkend, reitend oder auf Skiern. Auch Kanu und Kajak sind etwas für ihn, ebenso wie Inlineskates, Climbing oder Rodeln.

DER SPASSTYP Er setzt den Begriff „Freizeit" mit „Spaß haben" gleich. An den Wochenenden macht er regelmäßig die Freizeitparks, Wellenbäder oder Zoos unsicher, nimmt dabei auch längere Anfahrten in Kauf. Er liebt es, Achterbahn zu fahren, exotische Tiere zu beobachten oder die Riesenrutsche im Erlebnispark hinunter zu sausen. Er ist stets offen für Neues: Hauptsache, es wird nie langweilig.

DER KULTURTYP Er bildet sich gerne weiter, ist Natur- wie Kulturfreund. Er interessiert sich für Land und Leute und versucht stets, mehr über die Geschichte seiner Heimat oder seines Urlaubsortes zu erfahren. Er besucht Kirchen und Naturschutzzentren, erkundet Tropfsteinhöhlen und Moore, möchte wissen, wie Römer ihr Reich verteidigten, wie die Adligen in ihren Schlössern residierten. Besichtigungen aller Art sind ganz nach seinem Geschmack.

DER ENTSPANNUNGSTYP Er liebt es, in der Freizeit seine Seele baumeln und sich verwöhnen zu lassen. Ein Besuch imThermal- oder Mineralbad ist genau das Richtige, er genießt ausgedehnte Wohlfühl-Massagen, schwitzt in der Sauna den Alltagsstress aus dem Körper, unternimmt ausgedehnte Spaziergänge durch Gärten oder Parkanlagen.

DER MISCHTYP Er ist kein Freizeittyp in Reinform. Er ist nach vielen Seiten hin offen für abwechslungsreiche Freizeitunternehmungen und entscheidet je nach Stimmungslage mal mehr, mal weniger spontan. Oft tendiert er zu dem einen Freizeittypen mehr als zu dem anderen, legt sich aber nie hundertprozentig fest.

den Informationen. Im Supermarkt, in der U-Bahn oder auf Hauswänden: überall Infotainment, Musik, Monitore. Ungewollt werden wir beschallt, bestrahlt, aufgefordert, zuzuhören und zu sehen. Zwischen den Tapeten ist mehr Raum für die eigene Zukunft, und längst haben sich für den neuen Trend auch Begriffe etabliert: von „Nesting" und „Gardening" ist da die Rede. Das Interesse an Relax-Möbeln wie Liegen und Daybeds, Sitzkissen und tiefen Sesseln wächst, ebenso wie die Nachfrage nach weichem Veloursleder, flauschigen Teppichen, gedämpften Farben, unbehandelten Holzflächen. Fast wichtiger als das Design ist die Sinnlichkeit. Denn das Zuhause soll Wärme ausstrahlen und kuschelig sein.

Natürlichkeit

Je weiter sich der Mensch mit der Industrialisierung und Verstädterung von der Natur entfernt hat, desto mehr sucht er ihre Nähe im Kleinen. Denn wenn alles gesagt und entdeckt ist, bleibt sie das Einzige, das nichts an Faszination einbüßt. Die wachsende Anzahl an Magazinen und Büchern dazu belegen das. Man entdeckt wieder das Ursprüngliche für ein gemütliches Zuhause: Gegenstände, die aussehen, als seien sie in afrikanischen, asiatischen oder sogar mittelalterlichen Werkstätten entstanden, aus Holz, Filz, handgeschmiedetem Eisen, Bast oder Horn. Die Dinge sehen nicht mehr aus wie aus dem Ei gepellt, weisen Unregelmäßigkeiten und Strukturunterschiede auf, vermitteln den Eindruck, sie hätten eine „Seele". Das Selbermachen, das Improvisieren ist wieder erlaubt. Die Accessoires sollen wieder alle Sinne ansprechen – inklusive dem Tastsinn.

Wer keinen eigenen Garten hat, holt sich mit Pflanzen ein Stück Natur ins Heim. Beim Gärtnern geht der Trend hin zum Naturgarten mit vielen Blumen, Duftgewächsen, Schatten- und Sonnenplätzen – um durch den Garten zu schlendern, sich auf eine Bank zu setzen, um sich herum und in sich hineinzulauschen. Stressfrei soll das Gärtnern sein: die Voraussetzungen schaffen, den Dingen ihren Lauf zu lassen.

100 IDEEN für ein Hobby zu Hause

Kuchen backen, Musikinstrument lernen, Geschichten schreiben, Gedichte lernen, Fotodiashows zusammenstellen, im Internet chatten, Malen, Lesen, Partys organisieren, Krimis spielen, Singen, Cocktails mixen, Laubsägearbeiten, alte Landkarten studieren, nostalgische Filme sammeln, Weinverkostungen veranstalten, Spiele erfinden, Walzer tanzen, Garten gestalten, Mineralien studieren, Nähen, Dreherarbeiten, alte Möbel restaurieren, Briefmarken und Münzen sammeln, Yoga lernen, Fremdsprache lernen, Lampen basteln, Gedichte schreiben, Gedächtnistraining machen, alte Uhren reparieren, Theater spielen, Comics zeichnen, Orchideen züchten, Haustiere halten, Puppen basteln, Kreuzworträtsel machen, Tischdecken besticken, Drachen basteln, Brieffreundschaften pflegen, elektronische Geräte basteln, Töpfern, Rätsel erfinden und lösen, Ahnenforschung betreiben, Schach spielen, Schmuck herstellen, Funken, Jonglieren, alte Fahrräder herrichten, Mikroskopieren, Kakteen sammeln, Holzfiguren schnitzen, Kinderbuch ausdenken, Pantomime üben, Kerzen ziehen, Pralinen machen, Japanisch kochen, Autos tunen, Nippes sammeln, Riesenpuzzles legen, Vorlesen, Bierdeckel sammeln, Hinterglasmalerei lernen, Bilder kunstvoll rahmen, Geheimsprache entwickeln, Spitzen klöppeln, Collagen gestalten, mit Freunden Exotisches kochen, alte Schriften studieren, mit Streichhölzern basteln, Witze sammeln, Modellflugzeuge bauen, Ostereier kunstvoll bemalen, Fotokalender gestalten, Tagträumen, alte Radios reparieren, Komponieren, Wohnwagen ausbauen, Trinkgläser sammeln, Aquarium oder Terrarium einrichten, neue Spiele testen, Gartenzwerge sammeln, mit Tusche zeichnen, Yo-Yos bauen und spielen, Homepage programmieren und betreuen, Zitate sammeln, Blumen trocknen und pressen, Mysterien erkunden (Atlantis, Pyramiden, Bermuda), Scherenschnitte machen, Fitnessraum einrichten, Kaninchen züchten, britischen Rasen pflegen, Tagebuch schreiben, Planspiele mit Wertpapieren, alte Korkenzieher sammeln, Computerspiele testen, Autogramme sammeln, Streichholzschachteln sammeln, fleischfressende Pflanzen züchten, Aquarellieren, Kosmetika selber machen …

950. Das richtige Hobby finden

Es gibt Menschen, die leben bereits für ihr Hobby. Andere brauchen keines, weil sie ihre Bestätigung allein aus dem Job, Familie oder beidem holen. Und dann gibt es noch die Menschen, die noch nicht „ihr Ding“ gefunden haben. Für diese hier ein paar Tipps.

– Klar, es gibt Trends. Und es spricht nichts dagegen, mal Nordic Walking auszuprobieren oder einen Single-Kochkurs zu belegen, obwohl man bisher eigentlich über das Spiegelei nie hinausgekommen war. Aber unter Gruppenzwang wird man nicht auf Dauer seine Freude haben. Und darum geht es ja vor allem bei einem Hobby – um die Herausforderung, den Spaß und die Erfüllung.

– Ein Hobby entwickelt sich eben über die Zeit. Man wird darin zum Spezialisten, egal, ob man Eisenbahnanlagen baut, Hochrad fährt oder Gitarre spielt. Ein Hobby muss packen, muss den Ehrgeiz wecken, muss Freude machen, befriedigen, anregen, weiterbringen. Alles, was nach Verpflichtung klingt, ist nicht wirklich zukunftsträchtig.

– Jeder hat aber andere Bedürfnisse und Neigungen. Folgende Überlegungen sollten Sie daher anstellen, damit sie mit dem Hobby in die Balance kommen: Geht es ums Entspannen oder ums Abreagieren? Sind Sie im normalen Alltag eher überfordert oder unterfordert? Wollen Sie etwas Kreatives oder eher etwas, das klare Regeln hat? Brauchen Sie einen Raum zum Zurückziehen oder besser einen Platz unter Menschen? Geht es eher um den Kopf oder um die Hand?

– Was haben Sie früher mit richtiger Leidenschaft gemacht? Wollen Sie das vielleicht wieder aufgreifen? Alte Liebe rostet nicht, das gilt oft auch fürs Hobby. Gehen Sie in gut sortierte Buch- und Bastelläden, da gibt es unglaublich viel Neues zu entdecken, von dem Sie sicher vorher nichts geahnt hatten. Schmökern Sie im Programm der Volkshochschulen. Suchen Sie im Internet.

Kreativ-Tipp: Privater Leseclub

Auch bei Büchern gilt: Geteilte Freude ist doppelte Freude. Das gute alte Vorlesen erlebt eine Art Heim-Renaissance: als privater Literaturclub. Mal beim einen, mal beim anderen veranstaltet, stellen Bücherfreunde an solchen Abenden ihre Lieblingslektüre vor und diskutieren anschließend darüber.

951. Mal wieder lesen

Die einen sind süchtig nach Büchern, die andern lesen gar nicht mehr. Eine Vielzahl von Medien verdrängt das Buch. Wer schon lange kein lesenswertes Buch mehr in der Hand hielt, sollte es unbedingt mal wieder probieren – gleich heute! Es gibt viele Wege, „das gute Buch" zu finden.

– Der deutschsprachige Büchermarkt lockt mit jährlich 80.000 Neuerscheinungen. Wem da der Kopf schwirrt, kann sich auf Webseiten wie www.perlentaucher.de oder www.lesewelt.de kundig lesen. Das Komplettverzeichnis (Verzeichnis lieferbarer Bücher) ist über www.buchhandel.de zu erreichen. Große Online-Buchhandlungen wie www.amazon.de oder www.buchkatalog.de bieten ebenfalls einen guten Überblick.
– Stöbern im gut sortierten Lieblingsbuchladen ist die konventionelle Art, sich durch den Dschungel an Gedrucktem zu kämpfen. Rezensionen in Zeitschriften, Magazinen und Zeitungen können ein Ausgangspunkt sein; oft geben große Magazine einmal jährlich ein Bücher-Special heraus.
– Wem Aktualität weniger wichtig ist, kommt in Antiquariaten auf seine Kosten: Als leidenschaftliche Leser kennen sich Antiquare meist hervorragend im Metier aus und beraten gerne (im Internet auch www.zvab.com).

952. Ein Buch schreiben

Selber zu schreiben, kann den eintönigen Alltag zum Klingen bringen. Mit geringem Aufwand lassen sich eigene Gedichte, Geschichten und Romane sogar veröffentlichen.

– Wer gerne eigene (gute) Geschichten zu Papier bringen möchte, braucht schon etwas Sprachgefühl und Freude am Umgang mit Wörtern und Sätzen. Dazu kommen die Ideen für Geschichten. Jedoch auch hier gilt: Ohne Übung, ohne Routine, geht es kaum. Schreiben ist ein Handwerk, das man erlernen muss. Rat findet man in Schreibworkshops, zum Beispiel bei Volkshochschulen. Zahlreiche Ratgeber informieren darüber, was „gute Schreibe" ist (zum Beispiel „Wie man einen verdammt guten Roman schreibt" von James N. Frey oder „Wie man einen Thriller schreibt" von Patricia Highsmith).
– Wer die Öffentlichkeit scheut, auf den Rat eines Außenstehenden aber nicht verzichten mag, hat mehrere Möglichkeiten. Entweder man gibt auf speziellen Treffs mit Freunden Selbstgeschriebenes zum Besten. Oder man veröffentlicht seine Texte online (zum Beispiel unter der Internetadresse www.online-roman.de oder www.literaturcafe.de). Allerdings: Die Texte sind dem Ideenklau ausgesetzt.
– Den eigenen Roman zu veröffentlichen, muss kein Traum bleiben. Zahlreiche Verlage bieten an, Werke von Hobbyautoren zu veröffentlichen. Allerdings nicht kostenlos. Achten Sie darauf, dass auch ein Lektorat und die Herstellung inbegriffen sind, im besten Fall sogar Werbung und Vertrieb, wenn Sie Wert auf eine breite Veröffentlichung legen. Dann sollte das Buch auch eine ISBN-Nummer erhalten. So kann es von Händlern oder Interessenten bestellt werden. Meistens trägt der Verlag einen Teil der Kosten, aber auch am Autor bleibt was hängen. Entpuppt sich das Buch als Verkaufsschlager, kann die Auflage erweitert werden. Wie viel vom Verkaufserlös der Autor erhält ist Verhandlungssache. Wer bereits eine erfolgreiche Veröffentlichung vorweisen kann, hat in puncto Honorar natürlich bessere Karten.
– Im Netz finden Hobby-Autoren sehr viele nützliche Hinweise. Unter www.autorenforum.de beispielsweise sind Ansprechpartner für Hintergrund-Informationen wie Profi-Kriminalisten aufgelistet, werden viele Expertenthemen wie Verlagspolitik, Marketingstrategien oder Honorarfragen besprochen oder wird auf Schreibkurse, Ausschreibungen und Preise hingewiesen.

953. Theater spielen

Die größte Bühne ist manchmal das Zuhause. Ob Rollenspiele unter Erwachsenen oder Puppenspiele für Kinder – beides hat angenehme Nebeneffekte: eine gepflegte Form der Geselligkeit und Fitness für die grauen Zellen.

– Rollenspiele für Erwachsene sind eine ausgezeichnete Methode, dem Alltag zu entfliehen. Hier schlüpfen die Spieler in die Rolle eines anderen Menschen oder einer Fantasiefigur. Beispielsweise wird ein Spieler Bundeskanzler, ein anderer Finanzminister, der dritte Präsident. Bis zu sechs solcher Figuren begegnen sich dann im eigentlichen Spiel.
– Ein Spielleiter erzählt die Geschichte und lässt fiktive Fremde in die Spielwelt eintreten. Nun müssen die Spieler in ihren Rollen das Geschehen beeinflussen. Natürlich ist die Spielwelt mit Leben ausgefüllt. Bäume, Gebäude, Gelände gehören ebenso dazu wie Schiffe, Autos oder Tiere. Die Spieler bestimmen die Aktionen ihrer Spielfigur. Der Erzähler beschreibt die Reaktion der Umwelt auf diese Aktion.
– Rollenspiele spornen die eigene Fantasie an. Je nach Rollenspiel lassen sich die Probleme unserer Zeit verarbeiten. Kann die Arbeitslosigkeit besser beseitigt werden? Der Kanzler im Spiel müsste es versuchen. Hätte Napoleon bei Waterloo gewinnen können? Im Rollenspiel darf alles ausprobiert werden.
– Kinder lieben Puppentheater und Erwachsene können sich auf schier endlose Weise entfalten. Dabei müssen nicht immer Grimms Märchen die Vorlage bilden. Skurriles aus dem Alltag, dem letzten Urlaub, aus der Zeitung oder aus Comics kann in fantasievolle eigene Stücke eingearbeitet werden. Oft ist ein akribisch vorbereitetes Drehbuch gar nicht so entscheidend. Die Kleinen haben den meisten Spaß, wenn sie als Zuschauer Einfluss auf das Geschehen nehmen können oder sogar mitspielen dürfen. Mit der entsprechenden Anleitung wecken Eltern in ihren Sprösslingen die Liebe zum Erfinden von Geschichten.
– Frei nach dem Motto „Was Hänschen nicht lernt, lernt Hans nimmermehr“ können Eltern in einem Stück auch gut pädagogische und erzieherische Inhalte verstecken: Tanzende Früchtchen und der Ernährungskasper retten Pummel vor dem Fressteufel; oder in Gretchens Kinderzimmer verirrt sich ein Glückskäfer, der drei Wünsche erfüllt, aber er ist unauffindbar, weil überall Sachen herumliegen ...

954. Malen

Malen ist ein hervorragendes, sehr persönliches Ausdrucksmittel – unabhängig von Alter und Lebensphase. Einfach ausprobieren!

– Für Unbedarfte ist „Malen nach Zahlen“ ein guter Einstieg, um den Umgang mit Pinsel und Farbe zu erlernen. Hier bekommt man ein erstes Gefühl für Licht, Schatten, Größenverhältnisse und Perspektive. Die Motive sind nach Fortschritt gestaffelt: Von einfachen Motiven wie Blumen oder Tieren bis hin zu komplexen Landschaften. Nachteil: Das freie Malen wird nicht vermittelt.
– „Jeder Mensch ist ein Künstler“ hat Joseph Beuys gesagt. Nach diesem Motto handelt der Fernseh-Maler Bob Ross. Er zeigt sehr anschaulich, wie freies Malen funktioniert, geht dabei langsam vor und erläutert jeden Pinselstrich.
– Fernunterricht ist eine Möglichkeit, das Malen professionell zu erlernen. Der Lehrgang dauert meist zwei Jahre, kostet pro Monat ca. 60 Euro und wird mit einem anerkannten Zeugnis abgeschlossen. Einige Anbieter ermöglichen Schnupperkurse: 14 Tage kostenloses Probe-Studium. Um unseriöse Angebote auszuschließen, sollte die Einrichtung zugelassen sein, in Deutschland z.B. von der Staatlichen Zentralstelle für Fernunterricht (ZFU) in Köln. Dort ist auch Info-Material erhältlich.
– Autodidakten, die gerne günstig und unverbindlich in Gesellschaft lernen, sind in einem Volkshochschulkurs am besten aufgehoben. Mittlerweile bieten VHS neben Zeichnen, Acryl- und Aquarellmalerei auch das Arbeiten in Mischtechniken, Öl sowie Seidenmalerei an. Wie viel und wie gut man lernt, hängt stark vom didaktischen Können des Kursleiters ab – und ist somit auch etwas Glückssache. Daher gilt auch hier: Erstmal eine Schnupperstunde ausmachen.
– Wesentlich teurer, aber intensiver, sind Malkurse außerhalb des Wohnortes, z.B. als Urlaub. Sie verbinden Genuss mit Lern-Anspruch und werden meist von Kunstmalern begleitet. Reisebüros bieten solche Kurse an.

955. Töpfern

Ton in Händen zu halten ist eine sinnliche Erfahrung und mag manchen an Schlammschlachten im Kindesalter erinnern. Ton bietet eine Vielzahl an Gestaltungsmöglichkeiten. Schalen und Gefäße zu töpfern, schafft auch der ungeübte Einsteiger; für Figuren braucht es schon ein bisschen mehr Übung und Begabung.

– Wer noch nie zuvor mit Ton gearbeitet hat, kann sich Fundamentales in einem relativ günstigen Töpferkurs, zum Beispiel an einer Volkshochschule, aneignen. Denn hier wird handwerkliches Grundwissen vermittelt, das man als Laie aus Büchern nicht leicht herauslesen kann wie z.B. Töpfern auf der Scheibe, figürliches Arbeiten, Aufbautechnik, Wulsttechnik, Paperclay.
– Wesentliche Voraussetzung für ein erfolgreiches Arbeiten sind Modellierhölzer, möglichst aus Buchsbaumholz. In Bastelgeschäften, Baumärkten oder Schreibwarenläden kosten sie häufig – wenn überhaupt angeboten – wesentlich mehr als direkt beim Künstlerbedarf oder im Großhandel, etwa über eine Internetbestellung. Das gilt übrigens auch für andere Kreativ-Techniken. Töpferläden sind Fachgeschäfte für Töpfereibedarf. Sie bieten neben Brennöfen, Glasuren, Engoben, Büchern, Werkzeugen und Gießformen häufig einen umfangreichen Service, sind dafür aber teurer als Großhändler. Deshalb: vorab Preise und Leistung vergleichen! Wie intensiv das Töpfern betrieben wird entscheidet darüber, ob man sich einen eigenen Ofen anschafft oder nicht. Manchmal kann man auch gegen eine Gebühr bei einem professionellen Töpfer oder einer Einrichtung, die Kurse gibt, auch daheim Gebasteltes brennen lassen.

956. Basteln entdecken

Basteln ist ein Evergreen. Es vereint Kreativität und Geschicklichkeit, und am Ende hat man (meistens) auch noch eine dekorative oder nützliche Sache geschaffen. Und wer Kinder hat, sollte auf alle Fälle zumindest einen Anlauf zu diesem Hobby unternehmen ...

– Basteln heißt auch ausprobieren. Sieht ja keiner, wenn was schief geht. Wer möchte, kann ohne besondere Vorbereitung loslegen. Die meisten Utensilien sind ohnehin im Haus: Kleber, Schere, ein paar Farben, Papier, Holz, Pappe oder Früchte.
– Wer professioneller ans Werk gehen möchte, sollte einen gut ausgestatteten Bastelladen aufsuchen. Auch große Kaufhäuser verfügen über ein reichhaltiges Bastelsortiment.
– In Kindergärten und Grundschulen wird viel gebastelt. In diesem Falle lohnt ein Blick über die Schulter des eigenen Nachwuchses. Denn die Bastelobjekte sind leicht zu erstellen und nachzumachen. Weitere Anregungen bieten natürlich Bücher und Magazine.

957. Musikinstrument lernen

Musik soll Spaß machen. Und Musik macht schlau - in jedem Alter. Ein Instrument zu spielen, schult die Intelligenz von Kindern. Und bleibt auch in späteren Jahren das perfekte Gehirnjogging.

– Es ist eigentlich nie zu spät, ein Instrument zu lernen. Dabei muss man gar nicht sonderlich talentiert sein. Es kommt vor allem darauf an, welche Ziele man sich setzt. Also, nicht gleich zu viel erwarten. Eine außergewöhnliche Begabung ist natürlich die Ausnahme.
– Was es auf jeden Fall braucht: etwas Disziplin und Zeit. Das möglichst tägliche Übungsspiel ist nicht zu vermeiden – mindestens eine Viertelstunde. Das geht nur mit Spaß an der Sache. Und der wächst mit den Erfolgserlebnissen. Da schließt sich der Kreis.
– Es gibt zwar keine Abkürzung auf dem Weg zum Ziel, doch Zwischenstationen machen das Lernen leichter. Zum Beispiel ein Ständchen zum Geburtstag, ein Weihnachtslied, das eigene Lieblingsstück. Erst nach einigen Jahren beherrscht man ein Instrument wirklich sicher.
– Welches Instrument am besten passt, ist vor allem eine Frage der Neigung, der Lust und oft auch des Geldbeutels. Ein gutes, günstiges Keyboard kann der Vorläufer zum teueren Klavier sein. Am besten, man probiert erst mal ein Leihinstrument, bevor man sich für den Kauf eines eigenen entscheidet. Sowohl der Musikalienhandel als auch Musikschulen bieten diesen Service häufig an.
– Es gibt sie zwar, die Autodidakten. Oft muss aber ein Musiklehrer her. Öffentliche Musikschulen, etwa von der Gemeinde oder der Stadt, aber auch Musikgeschäfte und Profimusiker, bieten Unterricht an. Der Preisvergleich lohnt sich. Auf jeden Fall nach Schnupperstunden fragen. Denn nicht jeder kann mit jedem gleich gut. Bewährt hat sich, sich von Bekannten einen Lehrer empfehlen zu lassen.

958. Musik hören

Musik ist kein Selbstzweck. Musik hat eine Wirkung. Sie kann magisch sein, entspannend, anregend, gefühlsbetont. Mit Musik geht alles besser, sagt man.

– Klangfarbe, Melodie, Tempo und Rhythmus entscheiden über die Wirkung von Musik auf unseren Körper. Musik regt an, wenn der Takt schneller schlägt als der

Puls. Ein Jogger, der Entspannungsmusik hört, wird sich selten zum Durchhalten animieren. Ärger lässt sich dagegen nicht mit Hardrock lindern. Klaviermusik wirkt auf viele mental anregend, vermindert aber auch Nervosität und Frust.

– Musik kann heilenende Wirkung haben. Durch die Konzentration auf das Angenehme empfinden Patienten Schmerz und Übelkeit als weniger quälend. Weil sie Herzfrequenz und Blutdruck herabsetzt, vermindert Musik Angst. Der Atemrhythmus wird gleichmäßig, Muskelverkrampfungen lösen sich und der Stresshormonspiegel im Blut sinkt. Diese „funktionale" Musik wird deshalb in der Schmerztherapie, bei der Behandlung von stressbedingten Krankheiten, Depressionen und zur Beschleunigung der Heilung nach Operationen eingesetzt.

– Musik muss gefallen. Nicht nur Geschmäcker, sondern auch die Stimmungen des Einzelnen sind verschieden. Um das Richtige zur passenden Zeit parat zu haben, sollte die Sammlung gut sortiert sein. Auch weil Freunde und Bekannte zu Besuch kommen, die den eigenen Musikgeschmack nicht unbedingt teilen.

– Machen Sie Ihre eigene Musiktherapie. Wer gestresst nach Hause kommt, sollte etwas Fetziges auflegen und richtig Dampf ablassen. Danach etwas Ruhiges, Harmonisches – und die Entspannung kommt ganz von allein.

– Bei Einschlafproblemen helfen sanfte Klänge vor dem Schlafen gehen. Morgenmuffel kommen mit heißen Rhythmen besser auf die Beine.

– Der Bauch ist in punkto Musik ein guter Ratgeber. Das Gehirn speichert nämlich auch positive Musik-Erinnerungen ab: beispielsweise einen bestimmen Titel beim ersten Kuss, nach bestandener Prüfung, bei einer gelungen Party. Bei Klängen, die eine angenehme Erinnerung auslösen, setzt das Gehirn Botenstoffe frei, die für Wohlbefinden sorgen. Das gilt für Erwachsene wie für Kinder – und auch für Föten im Mutterleib.

Kreativ-Tipp: Hausmusik

Gut, wer schon einen Musikanten im Haus hat. Einfach ein paar Tricks zeigen lassen. Es muss gar nicht das eigene Instrument sein. Tonleitern und Harmonien sind letztendlich für alle Instrumente gültig. Gemeinsame kleine Vorführungen im Rahmen der Familie spornen zusätzlich an.

959. Richtig fernsehen

Fernsehen ist für die meisten die Freizeitbeschäftigung Nummer 1. Es bildet, kann aber auch verblöden. Hier ein paar Tipps.

– Über Kabel, Satellit oder digital: Fernsehen gibt es rund um die Uhr. Aus diesem Grund ist eine Selektion ratsam. Sehen sollte man nur das, was einen wirklich interessiert. Dumpfes Starren auf die Mattscheibe ist Zeitverschwendung, wer zappt, hat nix Besseres zu tun. Lieber den TV-Konsum zum Erlebnis machen. Eine Programmzeitschrift liefert dazu die nötigen Informationen.

– Je später die Stunde, desto geringer ist die Aufnahmefähigkeit des Gehirns. Das gilt auch für Nachrichtensendungen. Tests zeigen: Wer am Abend fünf verschiedene Nachrichtensendungen sieht, wird sich danach kaum erinnern, wovon eigentlich die Rede war. Details wie Namen, Orte und Zusammenhänge verschwimmen. Die Tagesschau allein tut's für das Wesentliche auch.

– Lästige Werbung unterbricht den TV-Spaß und zwingt zum Konsum. Daher: Lieber auf werbefreie Kanäle umschalten. Davon gibt es mittlerweile eine ganze Menge. Wer seinen Lieblingsfilm nur im privaten Free-TV empfängt, kann Werbung ausblenden. Dazu den Film auf DVD aufnehmen. Spezielle Programme schneiden TV-Werbung automatisch heraus. Die altmodische Variante: aufnehmen und einfach vorspulen.

960. Macht Internet süchtig?

Noch immer wirkt die schier unendliche Vielfalt im Internet eine hohe Faszination aus. Wenn aber Beziehungen darunter leiden, weil Papa jeden Abend nur noch im Internet surft oder sich jedes Wochenende als Workoholic ins Firmennetz einklinkt, entsteht häufig ein Problem.

– Das Internet per se macht niemanden automatisch süchtig. Allerdings hat auch das Internet – wie das Fernsehen – ein gewisses Potenzial, abhängig zu machen. Untersuchungen haben gezeigt, dass hiervon besonders Alleinstehende, Arbeitslose, Menschen mit psychischen Problemen oder in Partnerschaftskonflikten betroffen sind. Heute surfen schon 29 Prozent der Österreicher ab 14 Jahren täglich im Internet, jeder

MEHR FREIZEIT FÜR DIE PARTNERSCHAFT

Wer sich seit Jahren oder Jahrzehnten kennt, droht „betriebsblind" zu werden. Paare leben sich auseinander, die Macht der Gewohnheit ermüdet. Mehr gemeinsame Freizeit kann wieder verbinden.

- Am Anfang steht die Erkenntnis, dass es an der Zeit ist, etwas gegen den Tiefschlaf der Liebe zu unternehmen. Dann steht die Frage an, welche gemeinsamen Aktivitäten früher verbunden haben, welche neuen Aktivitäten heute wieder verbinden könnten.
- Nehmen Sie sich die Zeit. Ohne geht es nicht. Je nach Neigung und Aktivität lieber kürzere, aber regelmäßige und häufige Freizeiten oder längere Phasen, z.B. mehrere Tage oder Wochen mit längeren Pausen dazwischen.
- Nehmen Sie Unternehmungen wieder auf, die wegen des anstrengenden Berufs, wegen der Kinder oder einfach aus Bequemlichkeit hintenüber gefallen sind: Das kann schon der gemeinsame Kinobesuch, die Theateraufführung sein, Essen gehen, einen Tanzkurs absolvieren, eine Kurzreise starten...
- Auch zu Hause kann man einiges tun. Schon Kleinigkeiten wirken manchmal Wunder. Gemeinsam Kräuterbäder genießen, Kerzen auf dem Wannenrand platzieren, dazu ein Glas Rotwein oder Sekt. Oder ein Buch vom Lieblingsautor des Partners besorgen, vielleicht sogar vorlesen. Die Musik auflegen, zu der man sich vor Jahren noch in den Armen gelegen hat, das Buch als Geschenk zwischen Blumen legen. Verwöhnen, sich Zeit für Gespräche nehmen, Wünsche des Partners erkennen, darauf eingehen.
- Es gibt Zeiten, in denen Kinder zwischen dem Paar stehen. Sie dominieren den Alltag, man hat das Gefühl, sich ständig um sie kümmern zu müssen. Man muss aber den Nachwuchs nach und nach loslassen können, damit er seine Selbstständigkeit entwickelt. Darin liegt auch Ihre Chance: Also ruhig nach Freiräumen für sich und die Zweisamkeit mit dem Partner suchen – diese auch nutzen und ein (gemeinsames) Hobby pflegen – das auch einfach aus Liebe und Lust bestehen kann.

zweite Deutsche hat einen Internetanschluss. Ausgehend vom geringsten Prozentsatz Abhängiger aus internationalen Studien – das sind drei Prozent der täglichen Nutzer – sind rund 50.000 Österreicher und sogar 500.000 Deutsche internetsüchtig. Für die deutschen Krankenkassen ist Online-Sucht allerdings kein Krankheitsbild, auch nicht für die Weltgesundheitsorganisation (WHO). Der einzigen deutschen Selbsthilfegruppe (www.onlinesucht.de) war bereits 2001 das Geld ausgegangen. Dennoch ist die Extremform des Surfens problematisch. Als süchtig gilt, wer im letzten halben Jahr täglich mindestens fünf Stunden im Internet surft. Typische Zeichen einer Internetsucht sind: Die Betroffenen essen nicht mehr regelmäßig, vernachlässigen soziale Kontakte, Hobbys und schließlich sich selbst. Sie steigern die Dosis, werden nervös und aggressiv und verlieren in Schule und Beruf die Übersicht.

961. Geräte programmieren

Auch schon mal an der Programmierung eines DVD- oder Videorecorders gescheitert? Dann sind Sie nicht allein. Sogar Forschungsprogramme werden aufgelegt, die grundsätzlich erforschen, wie Geräte gebaut sein müssten, damit sie einfacher bedient werden können.

– Wer damit wirklich Probleme hat, soll sich das Gerät auf jeden Fall bereits im Laden vom Verkäufer erklären lassen. Wenn Sie befürchten, damit überhaupt nicht zurechtzukommen, schauen Sie sich nach einem anderen einfacheren Gerät um.
– Bevor Sie sich mit der umständlichen Bedienungsanleitung abquälen, überlegen Sie sich, was genau Sie eigentlich erreichen wollen. Dann studieren Sie erst das Inhaltsverzeichnis und schlagen gezielt nach. Viele Leute verzetteln sich nämlich in den Heften.
– Learning by doing: Nehmen Sie sich immer erst ein paar Stunden Zeit um sich mit einem komplizierteren Gerät zu beschäftigen und machen Sie verschiedene Testläufe. Programmieren Sie zum Beispiel den Videorecorder in aller Ruhe auf den Start in fünf Minuten und warten Sie ab, ob alles funktioniert. Die wichtigsten Schritte und Handgriffe mit eigenen Worten aufschreiben.
– Vor allem ältere Leute können die kleine Schrift in der Gebrauchsanleitung gar nicht mehr lesen. Vor der Anschaffung also immer einen Beistand suchen, der bereit ist, die Voreinstellungen vorzunehmen.

– Übrigens: Kompetente Hilfe versprechen Foren im Internet. Dazu sollte man den genauen Typnamen seines Gerätes kennen und diesen in eine Suchmaschine wie Google eingeben und in „forum“ oder „newsgroup“ suchen. Dumme Fragen gibt es dort nicht. Und die richtige Beschreibung, sowie wichtige Tipps und Tricks zum Gerät sind praktisch immer dabei. Manche Hersteller betreiben auch Service-Sites, auf denen die wichtigsten Fragen beantwortet sind.

5 TV-REGELN

für Eltern und Kinder

1. **Verbote verstärken die Lust nur noch mehr.**
2. **Mit den Kindern gemeinsam das Programm für eine Woche aussuchen.**
3. **Mit den Kindern übers Fernsehen sprechen, ihnen bei der Verarbeitung helfen.**
4. **Auf die Inhalte achten. Bei harmlosen Sendungen darf's ruhig auch mal länger sein (Richtwerte siehe unten).**
5. **Folgende Richtwerte gelten für den Konsum pro Tag: 0–2 Jahre: 20 Min., 3–5 Jahre 30 Min., 6–9 Jahre 60 Min., 10–13 Jahre 90 Min.** (Quelle: Bundeszentrale für gesundheitliche Aufklärung).

962. Videos ausleihen

Als Alternative zum Fernsehen haben sich Videos einen festen Platz erobert. Sie in Videotheken auszuleihen ist zudem billiger als ein Kinobesuch – wobei diese Läden auch noch massenhaft Blockbuster anbieten.

– Neben dem herkömmlichen Angebot an VHS-Videos verleihen moderne Videotheken längst Spielfilme auf DVD. Je nach Anbieter und Ort kostet ein Film zwischen 50 Cent und 3 Euro pro Tag. Gute Videotheken bieten zudem eigene Kundenkarten an. Diese lassen sich mit einem Geldbetrag „auffüllen“. Abgebucht wird anschließend automatisch.

– Aktuelle Kinohits kommen mit einigen Monaten Verzögerung in die Videothek. Spezielle Kinderfilme sind in entsprechend ausgewiesenen Abteilungen zu finden. Seriöse Videotheken achten darauf, ihr Erotikprogramm durch abschließbare Türen vom Rest des Angebots zu trennen. So haben auch Kinder in solchen Videotheken Zutritt.

– Neben Filmen haben Videotheken auch PC-Spiele im Repertoire. Für rund 1 Euro am Tag lassen sich diese zu Hause testen.

– Zudem bieten die meisten Videotheken auch eine reichliche Auswahl an Spielen für alle herkömmlichen Spielekonsolen an.

– Bei Video-on-demand kann man Filme im Internet buchen und anschauen. Fast alle großen Webportale bieten diesen Service an.

– Um Video-on-demand zu nutzen, benötigt man einen Computer oder ein Notebook. Wer den Film im Fernseher anschauen möchte, muss über eine Grafikkarte mit TV-out verfügen. In diesem Fall genügt ein RGB-Scart-, Video-Chinch- oder S-Video-Kabel zum Anschluss an den Fernseher.

– Falls Fernseher und Computer in getrennten Räumen stehen, kann man Bild und Ton per Funk auf den Fernseher übertragen. Entsprechende durchaus erschwingliche Geräte gibt es im Handel.

963. Einen Film drehen

Einen Film semiprofessionell drehen und bearbeiten, kann ein schönes Hobbyprojekt sein. Doch der richtige Camcorder entscheidet darüber, ob das Filmen auf Dauer Freude oder Frust bereitet.

– Als Faustregel gilt hier: Je kleiner die Kamera, desto teurer – und das unabhängig von der Qualität. Die größeren Kameras verfügen über eine hochwertigere Optik, und sind für den semi-professionellen Einsatz gut gerüstet. Auch wirkt sich die Anzahl der bildumwandelnden Chips auf den Preis aus. Bei Kameras mit drei Chips (so genannte Prosumer) wird das einfallende Licht in die Farbbestandteile rot, grün und blau getrennt und auf jeweils einen Chip gelenkt. Ein-Chip-Modelle (so genannte Consumer) weisen eine geringere Bildqualität auf.

– Wer also großen Wert auf eine hohe Bildqualität legt, Profi-Audio-Anschlüsse verwenden oder seine Bilder auch mal auf einer größeren Leinwand zeigen will, muss einen höheren Preis und größere Abmessungen

6 TRICKS für gute Fotos

1. Die Kamera spielt keine große Rolle. Gute Fotos entstehen im Kopf. Ob Mittel- oder Kleinformat, Hauptsache, die Optik stimmt. Wichtig bei der Kamera ist nur, dass man möglichst viele Einstellungen selber machen kann. Dadurch ist der Kreativität (fast) keine Grenze gesetzt. Das Wesentliche dabei: Nichts sagende Fotos sind schlechte Fotos.

2. Das Hauptmotiv sollte immer im Vordergrund stehen. Deshalb gilt: Möglichst nah ran! Häufige Fehler sind Landschaftsaufnahmen, bei denen das Hauptmotiv, z. B. der Partner, in seiner ganzen Körperlänge abgelichtet wird und dadurch wie eine Ameise vor ihrem Haufen wirkt. Zwar kann das auch eine reizvolle Bildaussage sein. In der Regel sollte man aber den Menschen in den Mittelpunkt rücken: Als Porträt; der in die Weite schaut. Im Hintergrund erscheint die reizvolle Landschaft. Dabei darf der Hintergrund ruhig „verschwommen“ sein.

3. Das Hauptmotiv sollte nicht „zerschnitten“ werden: beispielsweise durch Schornsteine, Strommasten, Fahnenstangen oder Horizontlinien. Auch Ganzkörper-Aufnahmen ohne Füße oder Aufnahmen mit abgeschnittenen Köpfen sollte man vermeiden.

4. Draufhalten und abdrücken ist für Schnappschüsse ein geeignetes Vorgehen, aber nicht für abwechslungsreiche Fotoserien, z. B. vom Urlaubsstrand. Hier sollte man unbedingt öfter die Position wechseln, indem man sich auf den Bauch legt, vielleicht auf einen Fels steigt oder die Kamera schräg hält. Kinder und Tiere fotografiert man ohnehin nicht „von oben herab“, sondern von unten, aus der so genannten Froschperspektive. Landschaften, große Plätze oder Kulturstätten fotografiert man der besseren Übersicht halber aus der Vogelperspektive (auf Turm o.ä. steigen).

5. Der Horizont in der Natur sollte auch dem Horizont auf dem Bild entsprechen. Motive müssen sich nicht unbedingt immer nur im Bildzentrum befinden. Der Fachbegriff hierfür lautet „Goldener Schnitt“. Porträtaufnahmen wirken platt, wenn die Person frontal aufgenommen wurde. Besser ist es, wenn nur das Gesicht dem Fotografen zugewandt ist, der Körper aber leicht zur Seite gedreht wird.

6. Zum Aufhellen von Porträtaufnahmen genügt Alufolie von der Rolle (unters Gesicht halten). Die Glanzseite ergibt ein hartes, die matte Seite ein weiches Licht.

in Kauf nehmen. Zudem kann der Nutzer einer Consumer-Kamera nur „draufhalten und filmen“; manuell einstellbare Funktionen wie Blende, Verschlusszeit und Weißabgleich sind aber für ansprechende Bilder von entscheidender Bedeutung.
– Der Semi-Profi verzichtet auf Zusatzfunktionen seiner Kamera wie Filter oder Tasten zum Umschalten auf Schwarz-Weiß-Bilder. Solche Effekte lassen sich später bei der Bearbeitung der Bilder mit besserer Kontrolle nachholen. Nützlich sind dagegen eine elektronische Bildstabilisation (Steadishot), die das Zittern beim Halten der Kamera reduziert oder solche Filter und Anzeigen, die überbelichtete Partien automatisch verbessern bzw. gestrichelt darstellen.
– Bild und Ton vertragen sich in der Regel schlecht. Auch bei guten Kameras ist die Audio-Qualität eher unbefriedigend, weil das Mikrofon neben den gewünschten auch unerwünschte Geräusche aufnimmt: das Surren der Kamera, das Atmen des Filmers, das Rauschen des Windes. Daher ist es ratsam, stets ein externes Mikrofon anzuschließen, das immer so nah wie möglich an das Motiv herangebracht wird.

TIPP
Ein Thema oder eine kleine Geschichte bringt Ordnung in Ihre Bilder: Familien-Urlaub, der Hund oder der Schulweg Ihres Kindes. Legen Sie Schauplätze fest und skizzieren Sie grob den Inhalt. Immer darauf achten, dass kein Unbeteiligter durch das Bild läuft.

964. Filme am Computer bearbeiten

Wer digitale Filme dreht, muss sie am Computer bearbeiten können. Dabei gibt es ein paar wichtige Punkte zu beachten.

– Die Anschlüsse am Camcorder erlauben, das Aufgenommene auf den Computer oder den Fernseher zu überspielen. Die wichtigste digitale Schnittstelle ist die vierpolige FireWire-Schnittstelle, über die die Übertragung des Videos auf den Computer erfolgt. Bei preiswerteren Modellen ist meist nur die Übertragung von der Kamera zum Computer möglich (DV OUT), bei teureren auch umgekehrt (DV IN). Letzteres hat den Vorteil, dass der fertig geschnittene Videofilm wieder auf Band zurückgespielt werden kann, zum Beispiel um ihn zu archivieren.
– Um Videos zu bearbeiten, genügt ein einigermaßen leistungsfähiger Computer mit einem FireWire-Anschluss. Manche Rechner lassen sich auch nachrüsten. Arbeiten mit vielen Effekten, vor allem in Echtzeit, erfordern eine höhere Rechenleistung. Das Einspielen von Titeln oder Blenden ist dagegen schon mit weniger starken Computern möglich. Videoschnittkarten unterstützen solche Arbeiten.
– Videos verbrauchen viel Speicherplatz. Festplatten sollten mindesten 20 Gigabyte freien Platz haben, was einer Videolaufzeit von ca. 1 1/2 Stunden entspricht.
– Für einen Filmer, der sich die Arbeit nicht machen will, einen Schnitt-Computer selbst zusammenzustellen, sind vorgefertigte Rechner aus dem Fachgeschäft die bessere, wenn auch teurere Alternative. So kann er aber sicher sein, dass alle Komponenten miteinander kompatibel sind und der Video-Schnitt reibungslos funktioniert.
– Einfache Video-Schnitt-Programme genügen für einfache Anwendungen. Schnitt-Programme sind beispielsweise Adobe Premiere Review, MediaStudio Review oder Vegas Video Review.
– Der Markt bietet zahlreiche Bücher und Zeitschriften zum Thema Video und Video-Schnitt, auch in leicht verständlicher Form für Anfänger und Fortgeschrittene.

965. Medien archivieren

Filme, Bilder, Musik. In Zeiten der digitalen Medien hat der CD-Ständer oder das Fotoalbum mancherorts schon ausgedient. Intelligente elektronische Archive helfen, das Datenmaterial zu sortieren – und wiederzufinden.

– Irgendwann finden sich alle Bilder oder Files auf der Festplatte des PC. Nun heißt es: Ordnung halten. Eine Vielzahl von Programmen verwalten die Bilder. Unabhängig vom jeweiligen Programm sollten bestimmte Funktionen nie fehlen. Das Erstellen von Mappen mit integrierter Bildvorschau garantiert schnellen Überblick.
– Verschiedene Provider bieten Online-Archive an, die dann besonders verlockend sind, wenn die Festplatte des eigenen Computers zu klein ist. Nachteil: Missbrauch ist möglich, denn die Bilder und Files der Liebsten lagern quasi im Internet. Ratsam ist es, von solchen Archiven immer eine Sicherungs-CD oder DVD zu brennen.
– Klassisch, praktisch, gut. Das Fotoalbum birgt nach wie vor eine Menge Reize. Und ist nicht wegzudenken – auch wenn digitale Medien eindeutig auf dem Vormarsch sind. Foto-Prints überleben Jahrzehnte. Gut sortierte Alben sind eine Bereicherung für jedes Familienfest.

966. Balkon und Terrasse gestalten

Balkonien ist nicht mehr eine Domäne von Geranie, Petunie, Lobelie und Pantoffelblume. Längst haben sich Wiesenblumen, Gemüse, Obst und Beeren dazugesellt.

– Wer Balkonkästen möchte, sollte auf die Maße achten: Mindestens 18 cm in Höhe und Breite sollten sie schon haben. Mit der Breite nehmen auch die Gestaltungsmöglichkeiten zu, etwa als Zweireiher, das heißt: stehende Pflanzen innen, hängende außen.
– Vor der Bepflanzung gebrauchte Kästen und Töpfe mit heißem Wasser reinigen, gegen Krankheitskeime. Und keinesfalls an der Erde sparen. Das wenige Substrat, das einer Balkonpflanze zur Verfügung steht, sollte gute Qualität haben, etwa selber gemischt aus zwei Drittel gesiebtem Kompost und einem Drittel Rindenhumus.
– Die Pflanzen immer ausreichend gießen und doch

Staunässe vermeiden. Daher sollten alle Gefäße mit einem Abtropfloch versehen sein. Das Loch innen mit einer Tonscherbe abdecken, damit keine Erde ausgeschwemmt wird. Relativ neu: Balkonkästen mit doppeltem Boden, der ein Wasserreservoir enthält.

– Rankpflanzen machen sich gut als Sichtschutz, zum Beispiel die Einjährigen: Ballonrebe, Schönranke, Schwarzäugige Susanne. Mehrjährig sind Japanhopfen, Knöterich oder Wilder Wein.

– Aus Wiese oder Blumenbeet auch gut geeignet sind zum Beispiel Rittersporn, Ringelblumen, Reseda, Leimkraut, Gänseblümchen, Wunderblume oder Bechermalven. Sie setzen bunte Kleckse aufs Geländer.

– Das Auge isst mit: Gemüse und Obst kann auch auf dem Balkon gedeihen. Samen- und Pflanzenhandel haben sich mit speziellen Sorten längst darauf eingestellt: Kirschtomaten, gelbe Tomaten, Salatgurken, Feuerbohnen. Das sind oft Gewächse, deren Früchte nicht nur schmecken, sondern die auch durchaus dekorativ wachsen.

– Selbst Obstgehölze, als Spalier gezogen, funktionieren, etwa Elstar, Jonagold und Rubinette. Daneben Birnen, Kirschen, Nektarinen, Kiwi. Allerdings: Der Topf muss mindestens 30 Zentimeter, später rund 50 Zentimeter Durchmesser besitzen.

967. Einen Garten anlegen

Die einen lieben ihren Garten, weil sie hier ihre Seele baumeln lassen können. Die anderen genießen die Gartenarbeit als willkommene Abwechslung zum Büroalltag, wollen säen und ernten oder auch nur ihren Kindern zeigen, dass Tomaten und Äpfel nicht im Supermarkt wachsen.

– Ein Garten sollte nicht langweilig sein – schließlich spiegelt er den Geschmack des Besitzers wider. Seinen Garten allein mit Rasenflächen und Koniferen zu bestücken mag wenig Arbeit machen, wirkt aber steril und kalt. Außerdem bieten solche Gärten kaum Lebensraum für die ökologisch wichtigen Tiere. Nach einer Umgestaltung des Gartens tauchen selbst in Ballungsgebieten wieder Schmetterlinge und Vögel auf, die bis dahin verschwunden waren. Schon mal einen Schmetterlingsflieder gesehen? Es ist erstaunlich, welche Anziehungskraft er auf seine Namensgeber hat.

– Gärten sind Schöpfungen. Im Idealfall sorgen Licht und Farben für unterschiedliche Stimmungen. Nicht alle Farben harmonieren, und grelles Sonnenlicht bringt die Farben anders zur Geltung als Halbschatten. Zu beachten ist auch, dass nicht alle Blüten- und Fruchtformen miteinander harmonieren. Exoten gehören dort hin, wo sie nicht deplatziert wirken: in Japan- oder Feng-Shui-Gärten, Wassergärten oder historische Gärten. Gartenplaner aus dem Buchhandel und geschulte Mitarbeiter in Gartencentern helfen bei der richtigen Auswahl.

– Jeder Garten sollte einer eigenen Architektur folgen. Durch romantische Naturgärten führen gewundene Pfade zu einer kleinen Laube an Roseninseln und Staudenbeeten vorbei. Formale Gärten dagegen sind durch Mauern, Buchs, gerade Wege und kleine Zäune klar strukturiert. Kunstvoll geschnittene Bäume und Sträucher, aufgebundene Kletterpflanzen oder einzelne Obstbäume setzen weitere Akzente.

– Wem es an Zeit und Wissen mangelt, kann auch einen Landschaftsgärtner mit der Anlage des Gartens beauftragen. Dieser berücksichtigt Sachzwänge wie Geld, Größe, Boden- und Lichtverhältnisse des Gartens, überprüft die Wünsche seines Kunden auf Machbarkeit und entwirft ein harmonisches Gesamtkonzept.

PURE HARMONIE: SCHÖNE PFLANZEN IN SCHÖNEN TÖPFEN

Dekorative Pflanzgefäße sind eine Bereicherung für jeden Balkon und tragen zum besonderen Flair bei.

- **Dekorativ muss nicht gleich teuer sein, wie etwa Terrakotta, das eine warme Ausstrahlung hat, eine edle Patina entwickelt und zu jeder Pflanze passt. Teure, frostfeste Terrakottatöpfe sind handgemacht und haben Abflussöffnungen.**
- **Originell ist ein Mix aus zweckentfremdeten Behältnissen wie einer verwitterten Holzkiste, einer alten Zinkwanne, einem spanischen Oliveneimer, einem Spankorb oder einer Obststeige. Wenn Sie Sommerblumen so „verpackt" auf dem Balkon präsentieren, schaffen Sie einen doppelten Hingucker.**
- **Praktisch sind Balkonkästen und Pflanzgefäße mit Wasserspeicher, die das Nass über Ansaugkegel an die Pflanzen abgeben.**
- **Große, bepflanzte Kübel lassen sich kaum bewegen. Spezielle Tragegurte oder ein rollender Untersatz erleichtern das Umgruppieren.**

TIPP

Schon im Februar Frühlingszauber im Balkonkasten – so geht's: Spätestens Mitte Oktober 5 cm hoch Blumenerde in einen Balkonkasten füllen und Hyazinthen- und Narzissenziebeln darauflegen. Weitere 5 cm Erde „aufschütten" und Tulpenzwiebeln, Traubenhyazinthen, Krokus und Märzenbecher einlegen. In eine dritte 5-cm-Erdschicht stecken Sie Schneeglöckchen-, Anemonen- und Winterlingzwiebeln. In einem 1 Meter langen Kasten haben etwa 50 Zwiebeln Platz, die von Februar bis Mai nach und nach blühen. Zum Schutz vor Frost decken Sie den Kasten mit Laub, Tannenzweigen, Styropor oder Noppenfolie ab.

968. Einen Baum pflanzen

Baum ist nicht gleich Baum. Jeder hat seine eigenen Ansprüche. Nur beim Pflanzen sind die Unterschiede klein.

– Bäume werden in Baumärkten meist im Topf, in Baumschulen dagegen oft wurzelnackt, also ohne Ballen und Erde, angeboten. Die beste Pflanzzeit für Bäume ist der Herbst, vertragen wird aber auch das Frühjahr, wenn in frostfreien Boden gepflanzt wird. Wurzelnackte Bäume müssen möglichst schnell gepflanzt werden, damit die Wurzeln nicht austrocknen. Zuvor stellt man sie mindestens vier Stunden ins Wasser. Faule Wurzelteile entfernen.
– Den Pfahl vor dem Pflanzen einschlagen, damit danach keine Wurzeln beschädigt werden können.
– Zum Pflanzen stellt man eine Gießkanne Wasser bereit. Das Pflanzloch sollte mindestens doppelt so breit sein wie das Wurzelwerk des Baums. Schwere Böden (Lehm, Ton) vorher mit einer Grabgabel auflockern. Den Baum ins Pflanzloch setzen. Bei Obstbäumen darauf achten, dass die Veredlungsstelle etwa zehn Zentimeter über der Bodenoberfläche bleibt. Beim Einschaufeln der Erde immer wieder an dem Baum ruckeln, damit sich die Erde gut in den Hohlräumen verteilen kann. Wenn das Pflanzloch zu zwei Drittel gefüllt ist, kräftig wässern. Der Boden muss verschlämmt aussehen (kein Wasser mehr aufnehmen wollen).
– Die restliche Erde auffüllen, den Baum mit Baumband am Pfahl befestigen – am besten in Form einer Acht. Das verhindert, dass die Rinde bei starkem Wind aufgescheuert wird.
– Bäume nie zu nahe an eine Hauswand oder Mauer pflanzen, da Wurzeln das Fundament zerstören können. Jede Baumart hat ihre eigenen Ansprüche an Boden und Lichtverhältnisse. Bei Obstbäumen auf Befruchtersorten achten: Nicht jede Apfel-, Birnen- oder Pflaumensorte bringt genügend Früchte, wenn nicht eine spezielle andere Sorte zur Befruchtung der Blüten zur Verfügung steht. Deshalb vor dem Pflanzen auf die Sorte achten (Etikett mit Beschreibung am Baum), vielleicht auch mal in der Nachbarschaft nachfragen, welche Sorten dort stehen. Zur Befruchtung müssen die passenden Sorten nämlich nicht unbedingt im selben Garten stehen.

969. Rasen anlegen und erneuern

Rasen bildet den Rahmen für einen schönen Garten. Deshalb muss man schon bei der Aussaat auf die richtige Sorte achten. Regelmäßige Pflege lässt ihn über viele Jahre grünen.

– Eine Rasenfläche anlegen: Unbewachsenen Boden umgraben, bewachsenen Boden erst gründlich jäten oder mähen, dann umgraben. Schwere Böden lässt man am besten über Winter so liegen, damit der Frost die Schollen zerstören kann. Will man nicht so lange warten, sollte man zu schweren (klebrigen, nassen Boden mit hohem Lehm- oder Tonanteil) mit Sand und Torf wasserdurchlässiger machen. Zu sandigen Boden sollte man mit Kompost oder guter Gartenerde verbessern, da er dazu neigt, zu schnell auszutrocknen. Vor dem Säen die Bodenoberfläche mit eine Eisenharke einebnen. Dabei die Harke immer wieder vor und zurück bewegen, um Wurzeln, Steine oder grobe Erdklumpen entfernen zu können. Prinzipiell gilt: Je feiner die Oberfläche, desto besser für die Saat. Das Einebnen ist auch wichtig, weil sonst Hügel das spätere Mähen behindern und zu Kahlstellen führen.
– Die besten Zeiten für die Aussaat sind März bis Anfang Juni, Ende August bis Anfang Oktober. Dazwischen sollte man nicht säen, weil der Samen unter der oft herrschenden Trockenheit stark leidet und nicht aufgeht.
– Gebräuchliche Rasensamen sind meist Mischungen verschiedener Sorten. Park- und Gartenrasen ist der Universelle unter den Sorten. Er ist normal belastbar

und gut kurzschnittverträglich. Bei speziellen Ansprüchen am Samen nicht sparen. Sport- und Spielrasen enthält Rasensorten, die sich auch bei starker Belastung gut regenerieren. Schattenrasen wächst gut im Schatten, Spezialsamen zur Rasenerneuerung keimt besonders schnell.
– Rasen erneuern ohne Umgraben ist auch kein Problem. Dazu den alten Rasen so tief wie möglich abmähen, Schnitt entfernen. Mit dem Vertikutierer (kann man in Baumärkten ausleihen) den alten Filz möglichst vollständig entfernen. Auf diese Fläche Rasensamen gleichmäßig ausstreuen. Darüber eine dünne (!) Schicht Pflanzerde oder Torf ausbringen. Damit der Samen beim Keimen Zugang zum Boden hat, antreten oder walzen. Falls man keine Walze hat, kann man den Boden auch mit einem dickeren Baumstamm, den man hochkant stellt, anklopfen. Die Fläche ständig feucht halten, bis nach 2 bis 3 Wochen die Samen ausgekeimt sind und sich das erste zarte Grün zeigt. Nach etwa 4 Wochen empfiehlt sich Rasendünger mit Langzeitwirkung und nach etwa 8 Wochen der erste Schnitt auf 4 Zentimeter. Danach einmal pro Woche mähen, bis sich ein dichter Teppich gebildet hat.

970. Oasen der Erholung im Garten

Je nach Stimmung kann man in größeren Gärten im Schatten, in der Sonne, in der Nähe zum Haus oder weit davon entfernt Plätze zur Erholung schaffen.

– Unter älteren Obstbäumen laden Rundbänke zum Verweilen ein, an Mauern neben Blumenkübeln und Dekorationen, passend zur Jahreszeit, ein Tisch mit Stühlen. An besonders heißen und regnerischen Tagen bietet ein Pavillon Unterschlupf, der am besten an verwilderten Ecken im Garten wirkt. Ein naturnah angelegter Teich mit Findlingen, Ufergewächsen, Fischen und Wasserpflanzen, an dessen Rand die Sitzfläche eingerichtet ist oder zumindest eine Bank steht, kann den Mittelpunkt des Gartens bilden. Vorsicht ist hier nur bei Kindern geboten. Spezielle Gärten wie Hortensien-, Rosen-, Stauden-, Schatten- oder Kräutergärten – natürlich alle mit Sitzgelegenheit – helfen, sich zu entspannen.
– Auch in einem kleinen Garten ist Platz für eine grüne Insel. Er lebt vom Detail und von der Konzentration auf das Wesentliche. Runde Formen sind gefälliger als eckige. Die Sitzfläche sollte nicht unnatürlich wirken. Wer nicht so viel Geld für Granit & Co. ausgeben will, sollte Beton- oder Waschbetonplatten mit Natursteinen kombinieren. Der Sitzplatz sollte einen freien Blick auf den eigenen Garten bieten, ansonsten aber heimelig und verschwiegen wirken. Öfter blühende Rosen wachsen nicht blickdicht, lassen genügend Sonnenlicht durch, belohnen dazu den ganzen Sommer mit einem Meer an Blüten. An einer Pergola aufgebunden oder als Rampler in einen Baum hineinwachsend verbreiten sie märchenhafte Romantik. Halbhohe Blütenbüsche schließen den Sitzplatz zum Nachbarn oder der Straße hin ab. Großblättrige Stauden bilden den Übergang zwischen höheren Gewächsen und der Rasenfläche (auch im Schatten!). Wer Wasser mag, kann sich einen Brunnen in die Sitzecke bauen, z.B. mit Quellstein. Er ist sehr leise und stört auch die Nachbarn nicht. Oder er setzt sich einen Mini-Teich mit einer Seerose und zwei Goldfischen.

971. Duftgarten anlegen

„Nasenmenschen" lieben Gerüche. Und brauchen sie, um aufatmen zu können. Der eigene Garten kann eine solche Oase sein.

– Für ein intensives Dufterlebnis bieten sich umfriedete Plätze im Garten an: Mauern, separate oder mit Buchs eingefasste Beete. Eine geschickte Pflanzung sorgt zu jeder Tageszeit für herrliche Odeurs: Rosen, verschiedene Stauden sowie Kräuter wie Lavendel, Zitronen-melisse oder Thymian den ganzen Tag über, Engels-trompete, Ziertabak und Geißblatt in der Dämmerung. Duftsteinrich, Heliotrop und Vanilleblume erinnern an Leckereien aus der Backstube.
– Andere Pflanzen wie Myrtus- und Pelargonium-Arten verbreiten nur bei Berührung angenehme Gerüche. Deshalb sollten sie an Stellen gepflanzt werden, an denen man oft vorüber geht. Oder gleich einen Sitzplatz mit einplanen.

972. Kräutergarten anlegen

Kräuter geben Speisen den letzten Pfiff und verbreiten ihre Düfte auch in ungeerntetem Zustand. Frisch sind sie am besten und sollten in keinem noch so kleinen Garten fehlen.

– Die meisten Kräuter sind recht unkompliziert. Regelmäßiges Jäten und Hacken, bei Trockenheit auch Gießen und im Frühling etwas Nährstoffe, etwa als

Komposterde, sind die einzigen Pflegemaßnahmen. Kunstdünger gehört in keinen Kräutergarten.

– Mit einer Kräuterspirale schaffen Sie auf kleinstem Raum verschiedene Standortbedingungen: Unten feucht, humos für Petersilie oder Borretsch, ganz oben eher trocken und mager für mediterrane Kräuter wie Ysop, Thymian oder Rosmarin. Die Kräuterspirale eignet sich daher besonders für kleine Gärten oder solche, die sonst keine idealen Bedingungen bieten. Im zeitigen Frühjahr wird die Kräuterspirale aufgebaut.

– Sie windet sich wie ein Schneckenhaus in die Höhe, am besten in Form einer Trockenmauer. Die Steine dienen als Wärmespeicher. Die Zwischenräume werden mit Erde verfüllt, die kräftig angegossen werden sollte, damit sie sich nicht später setzt. Die Spirale sollte möglichst in Küchennähe liegen, damit man auch bei schlechtem Wetter den Weg zu frischen Kräutern nicht scheut.

973. Teiche und Wasserläufe im Garten anlegen

Wasser im Garten eröffnet die vierte Dimension. Tiere zu beobachten, das Plätschern zu hören oder die Lichtreflexe zu beobachten, die die Sonne auf die Oberfläche malt, kann ungemein zum Wohlgefühl beitragen.

– Teiche eignen sich nur für Singles oder Familien ohne kleine Kinder. Hier heißt es: erst planen, dann bauen. Es gibt Fertigteiche aus Baumärkten. Mit einem individuell gestalteten Teich mit Teichfolie legt man sich aber nicht so in der Form fest. Befinden sich größere Bäume in der Nähe, könnte es Probleme beim Aushub geben. Die meisten Wasserpflanzen lieben die Sonne. Als Richtwert gilt, dass ein Teich etwa für 4 bis 5 Stunden am Tag im Sonnenlicht liegen sollte. Mehr Sonne fördert die lästige Algenbildung. Sträucher oder eine hoch wachsende Uferrandpflanzung kann für den notwendigen Schatten sorgen. Das so wichtige biologische Gleichgewicht wird sich in größeren und tiefen Teichen leichter einstellen als in kleinen und flachen.

– Fertigteiche sind eine gute Wahl für kleinere bis mittlere Biotope. Die kleineren bestehen zumeist aus Polyäthylen, die großen aus glasfaserverstärkten Kunststoffen. Beide Materialien sind frostfest, bruchsicher und UV-beständig sowie widerstandsfähig gegen Wurzeln. Wichtig bei Fertigteichen ist, dass die Schalen einen Sumpfrand aufweisen, damit der Übergang zwischen Teich und Rasenfläche natürlich wirkt.

– Beim Anlegen eines Wasserlaufs ist der Charakter des Gartens, der Geländeverlauf und die Bepflanzung zu berücksichtigen. Ein Gebirgsbach eignet sich für einen Steingarten, ein Wiesenbach für ein leicht abfallendes oder fast ebenes Gelände und ein sachlicher Kanal stellt in einem modernen Garten ein reizvolles Element dar. Für alle Bäche wird nur wenig Gefälle benötigt. In der Regel genügen ein unterirdisch verlegter Schlauch und eine Auffangschale in Form eines kleinen Gartenteichs, in dem die Umlaufpumpe steht. Wie das Verhältnis von Förderleistung zu Förderhöhe ist, geben die Pumpenhersteller auf ihren Geräten an.

– Wasserläufe können problemlos aus besandeten Fertigteilen oder aus Teichfolie selbst hergestellt werden. Dabei ist darauf zu achten, dass die Ränder zur angrenzenden Bepflanzung mit einer niedrigen, senkrechten Folienwand abgegrenzt werden. Ansonsten würde der Boden fortlaufend Wasser absaugen, was das biologische Gleichgewicht stören kann.

KREATIV-TIPP: KLOSTERBEET

Architektonisch und vom Nutzwert her sind die schönsten Kräutergärten wohl in Klöstern und Bauerngärten zu finden. Nach ihrem Vorbild legt man entweder quadratische oder kastenförmige Beete mit einer jeweiligen Größe zwischen 80 und 120 Zentimetern an, in der Mitte mit einem kleinen Rondell. Abgegrenzt werden diese Beet-Winzlinge in der Regel mit Buchsbaum. Und so ermittelt man den Mittelpunkt: Jeweils von einer Ecke der Gesamtfläche zur schräg gegenüber liegenden Ecke eine Schnur spannen. Dort, wo sich die beiden Schnüre kreuzen, liegt der Mittelpunkt des Gärtchens. Dort einen Holzpflock einschlagen. An diesem befestigt man eine Schnur, mit einer sandgefüllten Flasche am anderen Ende als eine Art Zirkel. Damit kann man die Beetlinien exakt markieren.

974. Garten gestalten mit Natursteinen

Natursteine und Pflanzen harmonieren hervorragend. Dank ihrer Formen-, Farben- und Größenvielfalt lassen sie sich in jedem Garten effektvoll in Szene setzen.

– Ist der Blick erst einmal geschärft, finden sich beim Spaziergang prachtvolle Exemplare, die sich in den Garten integrieren lassen. Aber Vorsicht: In Naturschutzgebieten ist das Mitnehmen von Steinen natürlich untersagt – und strafbar. Der Baustoffhandel bietet alle Größen, Farben und Sorten.
– Oft wirken nur solche Steine im Garten nicht deplatziert, die in der Umgebung vorkommen. Kantige Steine bringen vor allem runde Pflanzenformen zur Geltung, z.B. Zwerggehölze. Oder sie verstärken die Wirkung von runden Steinen, die zusätzlich geschliffen oder poliert sein können und neben einer Sitzgelegenheit liegen. Faustgroße Kieselsteine können als Untergrund für einen Quellstein beliebiger Form dienen; weil sie durch das herabtropfende Wasser stets feucht gehalten werden, kommt ihre Maserung besonders gut zur Geltung.
– Mit etwas handwerklichem Geschick lassen sich einfache Gegenstände aus Natursteinen zaubern. Flach-ovale Granitsteine kann man sich mit einer Steinsäge relativ fix in einen Fisch verwandeln. Das ausgeschnittene Stück aus dem Maul wird zur Schwanzflosse, damit die Struktur auch passt. Scheinbar missgestaltete Brocken mit tiefen Höhlungen eignen sich als Vogeltränke. Diese möglichst an einen freien Platz stellen, sonst werden die Vögel leicht Opfer von Katzen.
– Steinhaufen erfüllen nicht nur optische Zwecke. Um Wildbienen und Schmetterlinge zum Sonnen einzuladen, genügen einige wenige an einem sonnigen, geschützten Standort. Sollen Eidechsen und Blindschleichen angelockt werden, muss es die gleiche Stelle, aber ein größerer Haufen sein. Als Versteckmöglichkeit oder Überwinterungsplatz für Amphibien muss der Haufen dagegen unter Bäumen oder Büschen liegen. Und zwar nicht auf blanker Erde, sondern auf einer Schüttung aus Ästen und Zweigen, damit die Tiere auch dorthin gelangen können.
– Beetumrandungen aus Natursteinen geben dem Garten Struktur und erleichtern das Rasenmähen. Um den Geldbeutel zu schonen, kann man diese aus „Lesesteinen“ errichten – was aber viel Geduld und Ausdauer erfordert. Manche Gegenden sind so reich an Steinen, dass die Bauern bei jedem Arbeitsgang Brocken zu Tage fördern und am Wegrand ablagern. Dort kann man nachfragen, ob man den Haufen gegen einen Obolus kaufen und sich vielleicht sogar anliefern lassen kann. Gleiches gilt auch für den Bau von Trockenmauern. Hierfür benötigt man besonders viel Material: für eine 2 Meter lange und 1 Meter hohe Mauer ungefähr 1 Tonne.

TIPP

Auch von Wind und Wetter gegerbte oder besonders bizarre Äste passen zu Steinen. Daher Augen auf: Ob Treibholz am Strand oder Schwemmholz an Teichen und Seen, die Natur ist ein Künstler.

975. Was tun gegen Schnecken?

In manchen Gärten treiben sie uns zur Verzweiflung und durchkreuzen alle Pläne mit hoffnungsfrohen Jungpflanzen. Eine Schnecke frisst in einer Nacht etwa die Hälfte ihres Körpergewichts. Wie die Plagegeister loswerden?

– Mulchen kann eine sinnvolle Variante der Unkrautbekämpfung sein. Doch auch Schnecken lieben Mulch, weil sie sich dort gut verstecken und ihre Eier ablegen können – bis zu 400 Stück pro Tier, 2- bis 3- mal pro Jahr. Wer weitgehend auf das Mulchen verzichtet und stattdessen öfter Unkraut jätet und anschließend hackt, befördert die Eigelege an die Oberfläche, wo sie vertrocknen oder von Vögeln gefressen werden. Zudem mögen Schnecken keine lockeren, fein krümeligen Böden. Mulchen sollte man zurückhaltend, dann nur im Sommer mit dünnen Lagen aus Stroh oder getrocknetem Laub, keinesfalls Rindenmulch.
– Schnecken haben viele natürliche Feinde: Kleiber und Baumwürger, Drosseln, Amseln, Igel, Eidechsen, Laufkäfer, Milben, Mauswiesel, Maulwürfe, Spitzmäuse, Weberknechte und andere. Der durchschnittliche deutsche Garten aber ist überpflegt, ohne Reisighaufen, ohne verwilderte Ecken. Dort finden solche Tierarten weder ausreichend Versteck- noch Nist- oder Brutmöglichkeiten. Wer Nützlinge fördern will, muss solche Plätze schaffen.
– Bierfallen dagegen ziehen Schnecken aus 150 Meter Entfernung an. Denn Schnecken haben einen hervorragenden Geruchssinn. Sinnvoller ist es, Schlafplätze im Schatten herzurichten – feuchte alte Bretter, Kartoffel– oder Pampelmusenschalen, Tontöpfe, Salatblätter, – und diese jeden Morgen und Abend sowie während feuchter Witterung abzusammeln.
– Besonders Unerschrockene können, möglichst in der Dämmerung oder in den frühen Morgenstunden, mit einer Gartenschere bewaffnet auf Jagd gehen. Das Zerschneiden des Schneckenkörpers kurz hinter dem Kopf tötet das Tier rasch und ohne Qual.

– Wer das Töten lieber anderen überlässt, kann Killer anheuern: Laufenten kann man tatsächlich auch mieten. Am besten eignen sich Indische und Türkische Laufenten sowie Khaki-Campell-Enten. Allerdings sind Enten Allesfresser und ernähren sich keineswegs allein von Schnecken. Für ein Schneckenmahl benötigen sie ausreichend Wasser. Enten packen die Schnecken nämlich und tragen sie rasch zum Wasser, wo sie sie durch mehrmaliges Eintauchen „gleitfähiger“ machen.

976. Unkraut an den Kragen gehen

Der Begriff Unkraut ist eigentlich politisch nicht korrekt. Man sollte die unerwünschten Gartenpflanzen besser Begleitkräuter nennen. Was unerwünscht ist, liegt sowieso im Auge des Betrachters.

– Am lästigsten sind die Wurzelunkräuter, denn ihre ausdauernden Organe bleiben meist im Untergrund verborgen, treiben immer wieder aus und bescheren regelmäßige Grabe- und Zupfarbeiten. Am hartnäckigsten ist sicher die Gemeine Quecke, ein Gras, die Acker-Kratzdistel, der Löwenzahn und die eigentlich schön weiß blühende Ackerwinde.
– Um alle Wurzeln zu erwischen muss man wirklich sehr tief graben. Wo das nicht geht, hilft nur zähes Aushacken. Wer jeden neuen Austrieb sofort so tief wie möglich entfernt, kann durchaus der kräftigsten Wurzel den Hahn zudrehen. Denn ohne Grün hält sie auch nur eine bestimmte Zeit lang durch.
– Doch Vorsicht: Beim Zerteilen einer Wurzel kann jede für sich eine eigenständige Pflanze bilden. Daher ist gründliches Entfernen angesagt. Wer also zum Beispiel „verseuchtes“ Gelände mit einer Motorfräse bearbeitet, muss hinterher den Boden nach Wurzelteilen absuchen.
– Wurzeln und Samen nicht auf den Kompost schmeißen, das ist keine Garantie für Verrottung. Saftige Wurzeln kann man zum Beispiel auf einer Steinplatte von der Sonne austrocknen lassen.
– Unkräuter, die aus Samen aufgehen (z.B. Vogelmiere, Melde, Weißer Gänsefuß, Hirtentäschelkraut, Franzosenkraut und andere), sind leichter zu entfernen: Nach der Bodenbereitung im Frühjahr, zum Beispiel für ein neues Gemüse- oder Blumenbeet, einfach noch ein paar Tage abwarten. Die bis dahin entstandenen Unkrautkeimlinge einfach auszupfen. Danach hilft regelmäßiges Jäten zwischen den Nutz- und Zierpflanzen, dass neue Keimlinge kaum eine Chance haben.
– Mulchmaterial wie Kompost, Gras, Stroh, Rindenhäcksel und Bodendeckerpflanzen macht es den lästigen Trieben schwer, sich aus dem Boden zu erheben.
– Um eine Invasion zu verhindern, Unkraut unbedingt vor der Samenreife aus dem Garten entfernen. Eine einzige Franzosenkraut-Pflanze kann bis zu 300.000 Samen hervorbringen.

SOS-TIPP

Im Hausgarten dürfen praktisch keine chemischen Unkrautvernichter eingesetzt werden. Eine Alternative gegen unerwünschten Bewuchs in Ritzen und Spalten sind Abflammgeräte. Sie funktionieren elektrisch oder mit den Brennstoffen Gas bzw. Petroleum. Häufig reichen aber schon mechanische Werkzeuge: Was nicht mit einem einfachen Messer zu entfernen ist, wie etwa Moos, wird mit einem Schuffeleisen (auch Stoßhacke oder Unkrautkuli genannt) oder einem Fugenkratzer angegangen.

977. Schneiden von Bäumen und Sträuchern

Ob klein, ob groß, ob zur Zierde oder als Früchtelieferant. Um den Schnitt kommt man bei Bäumen und Sträuchern nicht herum.

– Ein Radikalschnitt nach Gutdünken schadet der Pflanze. Er schwächt die Abwehrkräfte, mindert Blütenreichtum und Fruchtfülle und kann im Extremfall zu einem verfrühten Absterben führen. Optimale Schnittzeit für Obstbäume und Rosen ist der Spätwinter, im Sommer blühende Büsche können auch im Frühjahr geschnitten werden, im Frühling blühende Büsche dagegen schon im Herbst. Nur kranke und tote Zweige sowie Sprieße (Wassertriebe) sollten gleich nach dem Entdecken entfernt werden. Wer Nadelgehölze bis über den grünen Teil hinaus schneidet, muss sich bewusst sein: Braune Zweige bringen kein Grün mehr hervor.
– Hecken brauchen einen eher trapezförmigen Schnitt. Dadurch werden auch die unteren Äste ausreichend mit Sonne versorgt und sterben nicht ab. Elektrische Heckenscheren schaffen Äste von 4 Zentimeter Durch-

messer, manuelle eignen sich am besten für kleinastige und blättrige Hecken, zum Beispiel Liguster. Hecken wachsen umso dichter, je häufiger sie geschnitten werden. Empfehlung: Weide 4-mal pro Jahr schneiden, Berberitze/Schneebeere/ Ribes/Erle 3-mal, Eibe/Hainbuche/Kirschlorbeer/Buchs 2-mal pro Jahr.

– Im professionellen Obstbau werden Obstbäume zu Höchstleistungen getrieben. Dadurch altern sie sehr schnell. Im Kleingartenbereich dagegen soll ein Obstbaum vor allem gesund sein und eine naturnahe Krone entwickeln. In den ersten Jahren nach der Pflanzung muss der Baum Erziehungsschnitte bekommen. Diese sollten zurückhaltend sein. Ansonsten reagiert er mit einem übermäßigen Austrieb, der ihm ein büschelförmiges Aussehen verleiht. Das Ziel der Erziehungsschnitte ist eine offene Krone. Nur so kann genug Sonnenlicht eindringen. Gut erzogene Bäume sind recht einfach in Form zu halten. Pflegeschnitte wie das Entfernen nach innen wachsender oder zum Hauptast konkurrierende Äste sowie Wassertriebe genügen.

– Der richtige Schnitt von Obstbäumen ist tatsächlich nicht einfach. Daher erlernt man ihn am besten beim Profi. Volkshochschulen, hauswirtschaftliche und landwirtschaftliche Schulen, aber auch Kleingartenvereine, der Bund für Umwelt und Naturschutz (BUND) oder der Naturschutzbund Deutschland (Nabu) bieten Kurse gegen eine geringe Gebühr an. Für autodidaktisch Veranlagte gibt es zahlreiche Fachliteratur.

978. Der richtige Rosenschnitt

Mit Rosen ist es wie mit der Liebe. Sie müssen regelmäßig neu beschnitten werden, damit sie wieder in voller Pracht erblühen.

– Sinn des Beschnitts: Rosen dürfen nicht zu viel altes Holz bilden, da sie sonst zu wenige und zu kleine Blüten treiben. Zudem trocknet ein locker aufgebauter Rosenbusch bei Regen schneller ab, was das Risiko von Krankheiten vermindert. Jeder Schnitt führt zu einer Reaktion der Pflanze, die im Voraus bedacht werden muss.

– Die meisten Rosen sind auf Wildrosen-Unterlagen veredelt. Triebe der Wildlinge stets rechtzeitig entfernen, denn sie rauben der Zuchtrose die Kraft. Diese Wildtriebe stets direkt an ihrer Entstehungsstelle abschneiden, dazu auch ruhig den Wurzelbereich etwas freilegen.

– Beet- und Edelrosen werden im Herbst kaum beschnitten. Lediglich einzelne hohe Triebe werden eingekürzt, damit sie unter der Schneelast nicht brechen. Im Frühjahr zuerst die kranken, schwachen und abgestorbenen Triebe restlos entfernen. Direkt am nächstgrößeren Trieb abschneiden, keine Stummel hinterlassen. Je nach Alter der Rose sollten zwischen vier und acht starke, gesunde Triebe übrig bleiben. Diese werden dann auf etwa vier Augen (Knospen) zurückgeschnitten. Das Auge sollte stets nach außen zeigen, nicht in die Buschmitte.

– Bei Kletterrosen sind Schnitt und Aufbinden die wichtigsten Maßbahmen. Aber Kletterrosen sind nicht gleich Kletterrosen. Junge Kletterrosen werden überhaupt nicht beschnitten, sondern nur am Klettergerüst aufgebunden.

– Einmal blühende Kletterrosen (meist Rambler) unmittelbar nach der Blüte, also noch im Sommer, zurückschneiden, um ein Vergreisen zu verhindern. Dabei die kurzen Seitentriebe auf zwei bis drei Augen (gerechnet von der Basis zum nächst stärkeren Trieb aus) zurückschneiden. Bei älteren Pflanzen werden mehrjährige Triebe an der Basis entfernt. Das regt die Pflanze zur Neubildung von Trieben an und verhindert ein Verkahlen von unten.

– Die Blüten öfter blühender Kletterrosen entwickeln sich an jungen Trieben. Deshalb müssen sie regelmäßig im Frühjahr ausgelichtet werden. Dabei entfernt man krankes sowie altes Holz mit seinen starken Verzweigungen, pro Jahr aber nicht mehr als ein bis zwei. Andernfalls bringt die Pflanze übermäßig viele neue, schwächere Triebe hervor. Schwache Jungtriebe werden um etwa ein Drittel eingekürzt, damit sie besser durchtreiben. Kräftige Seitentriebe, wenn überhaupt, nur leicht zurückschneiden.

– Der Schnitt von Strauchrosen beschränkt sich auf einen leichten Auslichtungsschnitt im Frühjahr. Einmal blühende Strauchrosen sollten erst nach einigen Jahren Wachstum wenig (!) beschnitten werden. Dabei vier bis fünf Jahre alte Grundtriebe direkt über dem Boden entfernen. Bei öfter blühenden Strauchrosen werden einzelne, wenige Triebe nach dem ersten Flor im Sommer entfernt. Nach sechs bis acht Wochen erscheint dann die Nachblüte. Vermeiden Sie einen späten Schnitt, sonst geht der schöne Hagebuttenschmuck verloren.

– Rosen-Stämmchen und Bodendeckerrosen sind ähnlich zu behandeln wie Beetrosen. Rosen-Stämmchen sollen eine kugelförmige Krone erhalten, deshalb alle Triebe im Frühjahr bis auf 20 Zentimeter zurückschneiden. Bodendecker- und Beetrosen sind im Frühjahr auszulichten und auf etwa 30 Zentimeter zurückzuschneiden. Wurzelechte Flächenrosen (sie sind nicht auf einem Wildling aufgepfropft), die quadratmeterweise gepflanzt sind, werden rigoros und zeitsparend mit einer Heckenschere auf 30 Zentimeter eingekürzt.

Schräger Schnitt richtig durchgeführt: 5 mm über dem Auge

979. Richtig kompostieren

Kompost ist schwarzes Gold für den Garten. Er enthält – richtig produziert – alle wesentlichen Pflanzennährstoffe in ausgewogenen Mengenverhältnissen. Mit dem Kompost entsorgt man günstig Garten- und Küchenabfälle. Und die gewonnene Erde muss man nicht zukaufen.

– Vor allem für Stauden ist Kompost eine wichtige Nahrungsquelle. Im Gegensatz zum Kunstdünger gibt Kompost seine Nährstoffe nur langsam ab. Dadurch wird eine Schädigung durch ein kurzzeitiges Überangebot, wie bei Kunstdüngern möglich, vermieden. Weil Mikroorganismen und Regenwürmer den Kompost in der Erde allmählich „verarbeiten", verbessert sich zudem kontinuierlich die Bodenqualität.
– Am besten sind Komposter an einem lichten Schattenplatz aufgehoben, weil das Material weder zu schnell austrocknen noch zu kühl stehen darf. Ansonsten würde der Verrottungsprozess langsamer ablaufen. Außerdem ist es wichtig, dass Komposter auf „gewachsener" Erde stehen und nicht auf Beton, Kies oder Asphalt. Denn zum einen müssen Bodenlebewesen in das Material von unten einwandern können und zum anderen muss der Abfluss von Sickersäften gewährleistet sein. Auf festem Untergrund verfaulen die Abfälle ohne zu kompostieren.
– Welche Form der Komposter hat und aus welchem Material er besteht, ist nicht entscheidend. Vorteilhaft sind zwei Komposter in einem Garten: Der eine wird kontinuierlich befüllt, während im anderen ungestört die Rotte ablaufen kann. Beim Befüllen sollten sich Schichten von weichen Abfällen aus Küche und Garten mit solchen aus Stängeln, Holzhäckseln oder dünnen Zweigen abwechseln. Das dient der besseren Belüftung und Drainage. Brennnesseln, Baldrian, Kamillenblüten oder auch handelsübliche Rottelenker beschleunigen die Abbauprozesse.
– Was nicht auf den Komposter gehört: gekochte Lebensmittel, Samen und Wurzelreste schwer bekämpfbarer Unkräuter (Vogelmiere, Franzosenkraut, Giersch, Quecke) sowie Teile von Rosen und Beeren. Hohe Temperaturen töten zwar viele Samen und Krankheitserreger ab. Aber diese herrscht nicht zwangsläufig in einem Komposter. Sie zu steuern ist nicht möglich.
– Schon nach drei bis vier Wochen hat sich Rohkompost gebildet, der allerdings nicht für Sommerblumen zu empfehlen ist. Optimal ist die Beschaffenheit des Materials erst nach ein bis drei Jahren, dann erkennbar an seiner dunklen Farbe, seiner krümeligen Struktur und seinem Waldboden-Duft. Sollte sich beim Anstechen herausstellen, dass die gewünschte Textur noch nicht erreicht ist, bietet sich ein Umsetzen in den anderen Behälter an. Das fördert die Durchlüftung und den Rottevorgang.

980. Garten und Terrasse winterfest machen

Die kalte Jahreszeit kommt mit Sicherheit, das Leben im Garten, auf Terrasse und Balkon macht erst mal Pause. Damit es im nächsten Jahr ungetrübt weiter gehen kann, hier die Checkliste mit den wichtigsten Tipps.

– Gartengeräte säubern. Erdreste abbürsten oder abspülen, dann Holzgriffe mit Leinöl einölen, Metallteile mit Maschinenöl. Vorher Rostflecken abschmirgeln.
– Den Rasenmäher gründlich reinigen, die Messer bei Bedarf schärfen oder zum Schärfen bringen.
– Alle empfindlichen Gartenutensilien wie Sonnenschirm, Kinderspielsachen oder Gartenmöbel checken,

eventuell reparieren, und möglichst trocken und dunkel lagern, zum Beispiel im Gartenhäuschen oder im Keller.
– Alle empfindlichen Pflanzen vor tiefen Temperaturen schützen: Empfindliche Topfpflanzen wie Oleander, Hibiskus und viele andere an einen hellen, kühlen Platz stellen, zum Beispiel in den unbeheizten Hausflur oder in einen (hellen) Kellerraum. Im Garten gepflanzte Sensibelchen wie Hortensien mit Strohmatten oder Nadelzweigen locker einpacken.
– Den Rasen ein letztes Mal so mähen, dass er nicht zu lang und nicht zu kurz gerät. Fallen die Halme um, können sie Schaden nehmen. Genauso, wenn die Wurzeln der Kälte ohne Schutz ausgesetzt sind.
– Wenn die Terrasse freigeräumt ist, durchaus mal die Beton- oder Steinplatten von Schmutz und unerwünschtem Bewuchs reinigen. Das geht umweltschonend mit einem Dampfdruckreiniger, den man sich auch im Baumarkt leihen kann. Aufpassen, dass nicht die Fugen aus Versehen leer gespritzt werden.
– Bei plötzlichen Wintereinbrüchen mit heftigem Schneegestöber lohnt es sich, kleine Bäume, Sträucher sowie Rosen auch zwischendurch vom Schnee zu befreien. Dazu verwendet man am besten einen Besenstiel. Es verhindert, dass die Schneelast Äste abbrechen kann.

981. Eine Wohnungskatze halten

Reine Wohnungskatzen können bis zu 20 Jahre alt werden – das bedeutet, bis zu zwei Jahrzehnte lang genügend Zeit einplanen für Fütterung, Pflege bei Krankheit, Spielen und Streicheleinheiten. Manche Tiere danken es mit Kuscheln und Schnurren, andere lassen auch nach Jahren nur selten jemanden an sich ran.

– Das katzentypische Verhalten gibt es nicht. Von der Couch-Diva, für die jeder Schritt vor die Haustür ein Greuel ist, bis hin zum Bordstein-Casanova, der nur zur Futterzeit die heimischen vier Wände aufsucht, ist fast jede Lebensart möglich. Für dieses oft als „Charakter“ gedeutete individuelle Repertoire werden die samtpfotigen Vierbeiner heiß geliebt. Einzig bei teuren Rassetieren kann mit einem bestimmten Temperament gerechnet werden.
– Wer Katzen im Haus hält, darf sich von Kratzspuren an Möbeln, Teppichen und Tapeten nicht gleich in Verzweiflung stürzen lassen. Und er sollte für eine Urlaubsvertretung sorgen, möglichst in der eigenen Wohnung. Denn Katzen sind stark ortsgebunden.
– Katzen sind in der Regel nicht günstiger als Hunde, auch wenn viele das glauben. Allein das Futter und die Einstreu belasten den Geldbeutel mit 5.000 bis 10.000 Euro während eines gesamten Katzenlebens.
– Katzen gelten als nicht erziehbar. Dennoch kann man ihnen mit viel Geduld beibringen, eine bestimmte Unart, zum Beispiel das Harnspritzen in der Wohnung, zu unterlassen.

TIPP: ACHTUNG ALLERGIE
Vor dem Kauf eines Pelztieres oder Vogels sollte man sicher sein, nicht an einer Fell- oder Feder-Allergie zu leiden. Notfalls kann ein Test beim Hautarzt Klarheit schaffen.

982. Einen Hund anschaffen

Seit Anbeginn der Kultur begleiten Hunde den Menschen. Typisch ist die enge Bindung an den Menschen, nicht an den Wohnort. Hundeverhalten ist modifiziertes Wolfsverhalten. Der Hund will verstanden werden – er ist kein Mensch auf vier Pfoten.

– Hunde mit Stammbaum kauft man beim Züchter. Um die schwarzen Schafe der Branche auszuschließen, sollte dieser einem anerkannten Hundezuchtverband angehören. Die Preise sind sehr unterschiedlich. Dackel kosten zwischen 400 und 600 Euro, Golden Retriever bis 1.300 Euro. Hunde ohne Papiere genügen aber den meisten Ansprüchen vollauf. Sie kosten zwischen 50 und 150 Euro. Meist können die Pfleger das Wesen der Tiere genau beschreiben, sodass die Auswahl leichter fällt. Ein Hund kostet seinen Halter im Laufe seines Lebens (rund 15 Jahre) zwischen 5.000 und 10.000 Euro. Wird er ernsthaft krank, kann diese Summe weit überschritten werden.
– Es gibt kaum ein Haustier, das so gründlich missverstanden wird wie der Hund. Er ist Hoffnungsträger, soll Ersatz leisten, unterschiedlichste soziale und emotionale Defizite ausgleichen. Vermenschlichung ist typisch für den Umgang mit ihm. Andererseits sind Hunde lebende Waren. Sie werden zu bestimmten Anlässen gekauft, bei Nichtgefallen oder Überdruss abgeschoben oder durch andere ersetzt, als Spielzeug oder Renommierobjekt angeschafft. Welche Hunde am gefragtesten sind, entscheidet die Mode, der Bekanntenkreis, der eigene Status.

983. Den Hund erziehen

Im Familien-Rudel ist der Hundebesitzer das Alpha-Tier. Er muss sich knapp und verständlich mitteilen können, den Klang seiner Stimme, Körperhaltung und Mimik entsprechend steuern können. Ganze Sätze oder Erläuterungen begreift kein Hund. Eine gebückte Körperhaltung münzt der Hund in eine Unterwürfigkeits-Geste um.

– Hunde brauchen Regeln, ein Leben in strenger Rangordnung ist angeboren. Auch Welpen haben keine Narrenfreiheit. Sonst lernt der Hund, dass und wie der Mensch beherrschbar ist. Rivalität um die höhere Position im Rudel ist die Folge. So manch bissiger Hund wurde als Welpe „antiautoritär" erzogen. Die Erziehung muss auf Vertrauen und Zuneigung gegründet sein, wobei der Mensch die führende Stellung innehaben muss.
– Je höher die Rangordnung des Rudel-Mitglieds, desto mehr Rechte besitzt es. Z. B. bleibt die Benutzung des Sofas oder des Bettes allein dem Menschen vorbehalten. Auch sollte der Hund mindestens 15-mal täglich ein Kommando ausführen und seinem Besitzer stets den Vortritt lassen: Durch die Wohnungstür, die Gartenpforte ...
– Der Besitzer legt die Route des Spaziergangs fest, nicht der Hund. Dass der Vierbeiner an jemandem hochspringt, darf niemand dulden. Liegt oder steht der Hund im Weg, muss er ausweichen – nicht sein Herrchen. Selbst wenn er schläft, sollte man keinen Bogen um ihn herum machen, sondern über ihn hinwegsteigen. Immer bestimmt der Mensch Beginn und Ende jedes Handlungsablaufs, egal ob Spiel oder Übung.
– Aufdringliches Fordern von Aufmerksamkeiten wie Nasestubsen, Winseln oder Pfote geben ignoriert man am besten. Obwohl der Hund natürlicherweise auch gegenüber einem Ranghöheren seine Mahlzeit verteidigt, sollte man das im familiären Umfeld unterbinden. Das gilt nicht, wenn er beim Fressen einen rangniederen Hund in die Schranken weist. Geklärte Rangverhältnisse zwischen den beiden Hunden schaffen Ruhe und verhindern gewalttätige Streitigkeiten.
– Lob und Strafe sind die wichtigsten Instrumente einer erfolgreichen Erziehung. Loben heißt: mit heller, freundlicher Stimme reden, Streicheleinheiten oder Leckerlis verteilen. Bestrafen bedeutet: Maßregeln mit lauter, fester Stimme, die durchaus wütend sein darf. Dagegen sind Schreien, den Hund im Nacken packen und schütteln oder gar Tritte und Schläge austeilen als Strafe tabu. Körperliche Gewalt versetzt den Hund nur in Angst, raubt sein Vertrauen und macht das Lernen unmöglich.

TIPP

Viele Hundeschulen bieten Kurse für Einsteiger und Fortgeschrittene. Doch nicht jede Hundeschule ist eine gute Hundeschule. Hinweis auf eine qualitativ hochwertige Ausbildung ist die Option, eines Hundeführerscheines, der von den Behörden als Sachkunde-Nachweis anerkannt wird. Er bescheinigt die Sozialverträglichkeit des Hundes mit dem Ziel, ihn ohne Maulkorb führen zu dürfen. Schwerpunktarbeit wie „Aufbau eines Welpen zum Familienhund", „Erziehung zum Begleithund" oder „Resozialisierung verhaltensauffällig gewordener Hunde" sind weitere hilfreiche Anhaltspunkte.

984. Kaninchen und Meerschweinchen anschaffen

Weil es kaum Vorschriften gibt, ist es besonders wichtig, beim Kauf von Kaninchen und Meerschweinchen einige Regeln zu beachten.

– Beobachten Sie das Tier noch beim Händler genau. Gesunde und verhaltensunauffällige Tiere lassen sich relativ einfach von anderen unterscheiden. Sind die Gehege geräumig, artgerecht und sauber? Gibt es genug Rückzugsmöglichkeiten? Wirken die Tiere ängstlich und schreckhaft oder aufgeschlossen und putzmunter? Sind die älteren Tiere geimpft? Sind Futter und Wasser frisch und ausreichend? Schon die Haltung gibt einen Überblick, wie gut es die Tiere beim Vorbesitzer hatten. Die kleinen Pelztiere bekommt man auch in Tierheimen, wo sie oft in mindestens genauso gutem Zustand sind wie im Fachhandel.
– Auch das Gespräch mit dem Halter kann Einblick geben. Nimmt er sich Zeit für die Beratung und sucht die passenden Tiere für den Interessenten aus, steht er vielleicht sogar auch nach dem Kauf für Fragen zur Verfügung und informiert sich darüber, wie das zukünftige Heim beschaffen ist, gehört er höchstwahrscheinlich zu den seriösen Anbietern.
– Neben den Kosten für das Tier muss man für die weitere Grundausrüstung rund 150 Euro rechnen. Hamster sind in der Haltung etwas günstiger als Kaninchen und Rasse-Meerschweinchen.

– Wie bei allen Tieren sollte man sich vor dem Kauf ausreichend über das Verhalten informieren. Meerschweinchen und Kaninchen sind gesellige Tiere. Allein gehalten, fühlen sie sich unwohl. Zudem genügt ein einfacher, enger Stall nicht ihren Ansprüchen, sie wollen Bewegung, sich verstecken können und etwas von der Welt sehen. Ein kleines Freigehege mit einer Baumwurzel, ein paar Steinen und einem Verschlag sollte dabei sein.
– Kaninchen und Meerschweinchen vertragen sich in der Regel sehr gut. Kaninchen sollten geschlechtlich getrennt untergebracht werden, will man Konkurrenzkämpfe vermeiden und keine Nachkommen heranziehen. Die Erfahrung zeigt, dass das Zusammenleben von Häsinnen mit kastrierten Rammlern nicht immer perfekt klappt. Denn für eine Häsin duftet auch ein kastrierter Rammler und reizt ihren Geschlechtstrieb. Zwei Häsinnen vertragen sich – je nach Sympathie.

985. Aquarium anschaffen

Wer es etwas ruhiger liebt, wer Tiere nicht wegen der Streicheleinheiten und ausgedehnten Spaziergänge anschafft, liegt mit einem Aquarium richtig.

– Wenn man klein anfangen möchte, sind Fische günstig. Eine Grundausstattung mit einem 60-Liter-Becken inklusive Licht, Heizung und Pumpe gibt es schon ab 120 Euro. Größere Becken sind erheblich teurer.
– Fische reagieren äußerst empfindlich auf Veränderungen wie Temperatur, Härtegrad, pH-Wert, Nitrit- und Nitratgehalt des Wassers. Eine 14-tägige Kontrolle der Wasserqualität, vor allem pH-Wert, Nitrit- und Nitratgehalt, ist notwendig. Parasiten und Krankheitserreger finden in der Enge eines Aquariums beste Bedingungen für die Verbreitung. Faustregel: Je größer das Becken, desto stabiler ist die Wasserqualität. Technische Einrichtungen zur Aufrechterhaltung der Wasserqualität wie Filter, Heizung und Lüftung sind unerlässlich.
– Die Einrichtung des Aquariums richtet sich nach den Bedürfnissen seiner Bewohner. Wichtig sind vor allem ein ausreichender Freiraum zum Schwimmen und Versteckmöglichkeiten. Wie viele Fische in einem Aquarium gehalten werden können, kommt auf deren Alter, das Zahlenverhältnis der Geschlechter und die Gliederung des Aquariums in bepflanzte und Freifläche an. Außerdem unterscheiden sich die Fische aufgrund ihrer Sozialstruktur. So gibt es Schwarmfische, Paare, Harems, Einzelgänger und gesellige Fische.

986. Vögel anschaffen

Damit es den bewegungsliebenden Vögeln zu Hause auch gut geht, muss man sich mit viel Verstand und Zeit um die Federtiere kümmern.

– Bei Vögeln sind die Unterschiede im Anschaffungspreis riesig. Wellensittiche sind schon für rund 30 Euro zu haben, Papageien können 1.000 Euro und mehr kosten. Beim Kauf von Vögeln sollte vor allem das erwartete Lebensalter in die Entscheidung einfließen. Schließlich können manche Papageien 80 Jahre alt werden.
– Die Vögel sollten stets aus Nachzuchten stammen, nicht aus Importen, die aus der Wildnis stammen. Unbedingt Artenschutzgesetze beachten!
– Bei Sittichen und Papageien ist artgerechte Haltung zu Hause im Prinzip nicht möglich, denn sie legen in ihrer natürlichen Umgebung sehr weite Strecken zurück. Man kann sich lediglich dem Optimum annähern. Auch große Käfige werden diesen Vögeln nicht gerecht. Sie müssen tatsächlich fliegen können, minimal in einer Zimmervoliere (für zwei Wellensittiche, zwei Nymphensittiche 1 x 0,6 x 1,70 m Breite x Tiefe x Höhe), besser noch in einer Voliere mit mehreren Metern Raumlänge und -breite. Papageien brauchen noch mehr Raum, am besten Freiflug in der Wohnung. Sie dürfen niemals angekettet werden. Als Futter- und Schlafstätte kann man ihnen einen großen Käfig anbieten, der tagsüber stets geöffnet ist. Runde Käfige sind ungeeignet. In ihnen kann sich der Vogel nicht orientieren. In weißen Käfigen fällt ihm die Wahrnehmung seiner Umgebung schwer. Kunst-stoffummantelte Käfigstäbe können bei den nagefreudigen Papageien und Sittichen ernsthafte gesundheitliche Probleme verursachen.
– Sinnvolles Zubehör in Käfigen und Volieren sind: Naturzweige, Badehäuschen oder -schale, Grit- und Kalkstein, Obsthaltestangen, Spielzeug und Edelstahlnäpfe. Unsinniges und überflüssiges Zubehör sind: Plastikvögel, Spiegel, Plastikstangen, Sandpapier als Bodenbelag, „Singperlen“, „Sprechperlen“ und Spielzeug, das zu Verletzungen führen kann wie zu lange Ketten oder Gegenstände mit Spalten.
– Sittiche sind Schwarmvögel, die mindestens zu zweit gehalten werden sollten. Der Mensch ist kein Ersatzpartner. Spielzeuge bieten keinen Ausgleich für 24-Stunden-Gesellschaft, Kraulen und gemeinsames Herumfliegen.
– Um gesund zu bleiben, brauchen Sittiche und Papageien direktes Sonnenlicht (Hitzestau vermeiden!), frische Luft und ausreichend Luftfeuchtigkeit.

Rest der Welt

„Draußen" – das ist alles, was außerhalb der eigenen vier Wände, außerhalb des Gartenzauns existiert. „Draußen sein" heißt Leben schnüffeln, indem man sich unter die Menschen mischt. Und es bedeutet durchatmen, etwa beim Sport, im Grünen oder im Urlaub.

Draußen sein tut gut

Sport ist in allen seinen Ausprägungen die mit Abstand beliebteste Freizeitaktivität der Menschen. Jeder dritte macht in einem der fast 100.000 deutschen Sportvereine mit. Einige Millionen Mitglieder stellen ehrenamtlich ihre freie Zeit zur Verfügung, um anderen das kostengünstige Bewegungsangebot zu ermöglichen. Man führe sich vor Augen, dieses Netzwerk existierte nicht mehr! Geradezu unvorstellbar, denn die Sportvereine entlasten nicht nur das Gesundheitssystem, sie betreuen auch Kinder und Jugendliche, beugen mit ihrer Arbeit Gewalt vor und leisten Integrationsarbeit mit Randgruppen. Oft wird über den großen Hang zur Vereinsmeierei im deutschsprachigen Raum gespöttelt. Aber nicht umsonst gilt das geflügelte Wort vom „sozialen Kitt der Kommunen", die Sport- und andere Vereine darstellen.

Zudem lässt auch der Run auf Fitnessstudios und Co. nicht nach. Bewegung bringt nicht nur den Körper, sondern auch den Geist auf Trab. Dabei ist die Sportart eher zweitrangig. Die Anstrengung und das anschließende Wohlbefinden, die Freude über ein erreichtes Ziel, sind die wichtigsten Erfolgserlebnisse beim Sport. Die Gesundheit dankt es. Dennoch: Nur etwa 30 Prozent der Menschen treiben regelmäßig Sport, zwei von drei selten oder nie. Stattdessen verbringen sie etwa sechs Stunden am Tag im Sitzen – Postboten, Verkäufer und Kellner, die bekanntlich viel auf den Beinen sind, schon mit eingerechnet. Gerade das Heer von Schreibtischarbeitern braucht die Bewegung dringend. Auch wenn der Sport im Verein oder im Studio nicht jedem liegt, so gibt es doch ausreichend Alternativen, die in Bewegung halten, aber nicht gleich mit strömendem Schweiß verbunden sind. Jedes Ausprobieren, jede Anforderung bringt neue Erfahrungen. Ganz egal, ob man durch Sport die Pfunde purzeln lassen will, die Gesellschaft netter Leute genießt, den Wettbewerb liebt oder sich an der Landschaft erfreut.

Die grüne Kraft

Was die Bewegung für den Körper, ist die Natur für die Seele. Grün ist die Farbe der Hoffnung; Gärten, Parks und Wälder schenken Entspannung und lindern Alltagssorgen. Einfach draußen zu sein, wo alle Sinne gefordert sind, kann meditativ wirken. Warum sich der Mensch von lebendem Grün angezogen fühlt und es sich in seiner näheren Umgebung wünscht, ist aus wissenschaftlicher Sicht noch nicht geklärt. Nahe liegt aber, dass die Liebe zum Grün in unseren Genen steckt – schließlich hat sich die menschliche Evolution fast zwei Millionen Jahre lang draußen, „im Grünen", abgespielt. Wahrscheinlich signalisierte das Grün den Frühmenschen: Hier findest du Wasser, Nahrung und Schutz, hier steigen deine Überlebenschancen. Erstaunlich sind die Beobachtungen von Medizinern, dass Kranke, die auf Wiesen und Wälder schauen können, weniger Schmerzmittel brauchen. Im Büroalltag vermindert der Anblick von Grünpflanzen stressbedingte Spannungszustände – und das innerhalb weniger Minuten. Das lässt sich mit Hilfe physiologischer Messungen, z.B. des Blutdrucks, des Hautwiderstandes oder der Muskelspannung eindeutig belegen. Pflanzen beruhigen nicht nur, sie vermitteln Geborgenheit, schaffen Abwechslung, lenken von Problemen ab und erhöhen die Lebenszufriedenheit. Kurz: Die Natur verstärkt den Wert einer Freizeitaktivität.

Fernweh und Reiselust

Schon als Kind entwickeln wir ein ganz individuelles Verhältnis von Nähe und Ferne, Fremde und Vertrautheit, Heimweh und Fernweh. Erste selbstständige „Gehversuche", also stunden- und tageweises Entfernen vom Elternhaus entscheiden sogar mit über den späteren Aktionsradius.

Pfadfinder- und Naturfreundegruppen, Schulen und Vereine ermöglichen schon Kindern ab dem siebten Lebensjahr Ausflüge und Kurzreisen, Wanderungen und Zeltlager. Noch prägender sind die Touren, die Heranwachsende per Fahrrad, Motorrad oder mit dem ersten eigenen Auto wagen. Reisen ohne Eltern vermitteln ihnen ein Gefühl der Selbstbestimmung und der Freiheit und unterstützen sie darin, ihren eigenen Weg und Stil zu finden. Im Vergleich zu früheren Generationen lassen heute die vielfältigen Möglichkeiten der modernen Verkehrsmittel schon Kinder und Jugendliche die Grenzen ihres Dorfes oder ihrer Stadt, ja sogar Landesgrenzen und Kontinente überwinden. Der Reiz des Mobilseins liegt im schmalen Bereich zwischen der Neugier auf Ungewohntes und der Sicherheit, nach bestandenem Abenteuer in das gewohnte Umfeld zurückkehren zu können. Je älter und mobiler die Reisenden werden, desto größer werden die Entfernungen und desto exotischer die Reiseziele.

Dass wir alle so gerne verreisen liegt auch an den vergleichsweise vielen freien Tagen, die unsere Arbeitgeber uns zugestehen. Daneben stiegen auch die Einkommen – perfekte Voraussetzungen für die Reiselust. Weil sich beinahe jeder ein Auto leisten kann, stiegen viele von der Bahn aufs Auto um. Das Flugzeug wandelte sich vom einstigen Prestige-Transportmittel zum Allerweltsflieger. Die Mobilität, auch im Urlaub, wurde in den vergangenen Jahrzehnten höher, der Aktionsradios größer.

Jetzt wollen wir alles: Erholung und Action, Individual- und Massentourismus, Naturerlebnis und Großstadtflair. Was früher das Besondere war, wird nun alltäglicher. Reisen ist für jedermann erschwinglich, der Urlaub wird „normal". Dadurch steigen oft auch die Ansprüche. Der Reisetraum wird zum Lebensstil. Wer etwas auf sich hält, fährt oder fliegt in bestimmte Regionen. Der Trend geht hin zu kürzeren Reisen, Entscheidungen werden eher kurzfristig, manchmal sogar spontan getroffen, spezifische Reisetypen bilden sich heraus: vom Clubfan über den Rucksacktouristen bis hin zum Studienreisenden. Die Sehnsucht nach fernen Inselwelten ergreift beinahe ganz Deutschland. 42 Prozent der Urlauber träumen davon, in die Karibik zu fliegen, 25 Prozent auf die Malediven. Auch die Reiseziele, die Wildnis und Abenteuer, endlose Weite und Einsamkeit versprechen, wie Kanada oder Australien, haben an Attraktivität gewonnen.

Selbst, wenn die Menschen mal nicht so viel Geld in der Tasche haben, verzichten sie nur ungern auf ihre Reise. Aber statt in die Ferne zu schweifen, entdecken sie dann Ziele in der näheren Umgebung, im eigenen Land, das natürlich auch seine Reize hat. Und wo es auch andere Tapeten gibt als die in den eigenen vier Wänden.

Mehr wissen: Wie wenig wir uns bewegen

KINDER UND JUGENDLICHE BIS 14 … bewegen sich im Schnitt nur noch eine Stunde am Tag, und maximal 15–30 Minuten davon treiben sie aktiv Sport. Sie gehen immer seltener zu Fuß. Selbst auf kurzen Strecken werden sie mit dem Auto chauffiert. Während Kinder Mitte der Neunziger noch fast 45 Prozent ihrer Wege zu Fuß gingen, sind es heute kaum mehr ein Drittel. Gesundheitsprobleme wie Übergewicht nehmen stetig zu, die Verkehrssicherheit sinkt. In Gebieten, in denen Kinder selten zu Fuß gehen, sterben doppelt so viele bei Verkehrsunfällen.

ÜBER 15-JÄHRIGE UND JUNGE ERWACHSENE BIS MITTE 20 … sind aktiver als alle anderen Altersgruppen. Untersuchungen in der Schweiz haben gezeigt, dass 40 Prozent von ihnen mindestens 3-mal pro Woche ins Schwitzen kommen. Vor allem junge Männer treiben häufig Sport, junge Frauen dagegen kaum mehr als der Durchschnitt.

ERWACHSENE ZWISCHEN MITTE 20 UND MITTE 30 … werden wieder fauler. Der Anteil der Aktiven nimmt enorm ab, besonders bei den Frauen: Mehr als ein Drittel tut nichts mehr für ihre Fitness.

ERWACHSENE UND RENTNER … haben viel Sitzfleisch. Sie verbringen die meiste Zeit auf Stuhl oder im Sessel. Erwerbstätige verbringen ihren Arbeitstag acht Stunden lang sitzend. Sie stehen nur auf, wenn es unbedingt nötig ist. Zu Hause ist es nicht viel besser. Nach dem Essen sehen sie mindestens drei Stunden lang fern. Rentner müssen zwar nicht mehr ins Büro, ihr Verhalten verändert sich aber nicht mehr. Im Schnitt sitzen sie täglich fünf Stunden lang vorm Fernseher.

Freizeit-Stress, nein danke!

Der Freizeitmarkt boomt. Man folgt aktuellen Trends, genießt das Leben außerhalb von Arbeit und Schule, sucht neue Herausforderungen oder einfach nur einen kurzweiligen Zeitvertreib. Doch auch Freizeit birgt Stress: zwanghafter Körperkult, Zeitdruck, Herdentrieb und übertriebenes Leistungsdenken können Entspannung und Spaß gründlich verderben, sogar mit in die Krise führen. Darum ein Plädoyer für die richtige Mischung.

Zeitplan als Hektikfalle

Viele führen in der Zeit nach der Arbeit einen mindestens ebenso vollen Terminkalender wie im Büro. Die Menschen hetzen von Termin zu Termin, haben vor lauter Verabredungen zum Squash, zum Brunch, ins Kino oder ins Fitnessstudio kaum mehr Luft zum Atmen, kaum mehr Zeit zum Nachdenken. Im Urlaub wird das Fitness- oder Fremdsprachenprogramm straff geplant. Das Leben ist eine Folge von Events, getrieben vom modernen Wunschzettel für ein erfülltes Leben: attraktiv, fit, schlank, und leistungsfähig sein. Bei Umfragen, die mit langem Abstand mit den identischen Fragen durchgeführt wurden, kam heraus: In den 70-ern war Schönheit für zwei Drittel der Frauen erstrebenswert, zwanzig Jahre später für 94 Prozent. Eine Entwicklung, die auch für Männer gilt.

Dazu gesellt sich der Trend, dass die Arbeitszeiten wieder länger und damit die privaten Phasen kürzer werden. Ein immer größeres Freizeitangebot muss in einem immer kleineren Zeitrahmen absolviert werden. Die durchschnittliche Zeitverwendung von Erwachsenen zwischen 20 und 70 Jahren sieht folgendermaßen aus: 5 Stunden arbeiten, 8 Stunden schlafen, 2 Stunden essen, 2,5 Stunden im Haushalt arbeiten und 1,5 Stunden für Wegezeiten. Gerade 5 Stunden täglich bleiben für die Freizeit – alle freien Tage wie Sonn-, Feier- und Urlaubstage schon mit eingerechnet.

Das Paradoxe daran: Zeitmangel gilt nach wie vor als Statussymbol, als Karriere-Gradmesser der Wichtigkeit. In Wirklichkeit aber verliert derjenige, der zu lange und zu viel arbeitet, nicht nur den Überblick, sondern auch seine Kreativität und sein Urteilsvermögen. Je mehr er hetzt, desto mehr kommt er in Verzug. Nur, wer verzichtet und sich eingesteht, nicht alles unternehmen, nicht alles machen zu können, gewinnt den Luxus von wirklich freier Zeit. Die Balance (wieder) finden, das sollte das Ziel sein. Sich und seinen Zeitplan verändern, das ist die Herausforderung.

Was schnell auf der Strecke bleibt, ist echte Freizeit, also die Phasen, in denen man unabhängig von Puls messen und Kalorien zählen wirklich Kraft sammelt und Raum hat, um wichtige Entscheidungen zu fällen, etwa zu den eigenen Lebenszielen. Vielen machen solche Pausen sogar Angst, weil sie Platz für Reflexionen lassen – Reflexionen über das bisherige eigene Tun. Solche wertvollen Stunden, in denen der Blick nach innen gewandt ist oder man einfach nur von oben auf sich selbst und sein Umfeld schaut, sollte sich jeder erhalten. Nur so kann er feststellen, welches seine Schlüsselrollen im Leben sind. Wenn mehr als ein halbes Dutzend Rollen zusammenkommen, ist etwas faul. Es genügt nicht zu rennen, man muss auch wissen, wohin man läuft. Auch Reflexion ist eine Form von Aktivität. Der eine braucht mehr davon, der andere weniger. Aber ohne geht es nicht. Denn sonst droht der plötzliche Knick: Burnout, Sinnkrisen, Entfremdung.

Freie Zeit bedeutet auch, sich wieder mehr seinem Partner zu widmen, seinen Kindern oder, allgemein, seinen Nächsten und Liebsten. Da heißt es, Prioritäten zu setzen. Lieber Autowaschen oder ein gemeinsamer Ausflug ins Grüne? Oder den Kompromiss finden: sich gemeinsam an einem warmen Tag mit viel Wasser, Zeit und Spaß dem Gefährt widmen. Mit ein wenig Fantasie wird aus einer lästigen Routinetätigkeit ein entspanntes, hausgemachtes, vielleicht lustiges Ereignis. Und daran erinnert man sich immer wieder gern.

Mit etwas Fantasie muss Freizeit auch nicht aufwändige Hobbys mit teuren Utensilien oder das kostspielige Wellnesswochenende bedeuten. Einfach einen ausgedehnten Spaziergang im Wald unternehmen, eine Nacht irgendwo im Gelände verbringen, sich sozial engagieren, eine Skulptur aus Holzresten basteln. Alles das sind Ideen, die jeder für sich entdecken kann. Was auf den ersten Blick vielleicht sinnlos erscheinen mag, hat in Wirklichkeit doch Sinn, wenn es – jenseits vom Leistungsdenken – Entspannung, Zufriedenheit, Freude und neue Erfahrungen mit sich bringt.

Gestresste Kinder

Besonders hart trifft Freizeitstress Kinder. Entweder, weil neben Schule, Hausaufgaben und Nachhilfe kaum Zeit bleibt. Oder weil jede Freizeitaktivität gleich mit einem Lernziel verbunden wird. Unabhängig vom Talent wollen ehrgeizige Eltern aus ihren Sprösslingen Sportskanonen machen, gleichzeitig muss aber ein Instrument gelernt werden, weil das auch mathematische Fähigkeiten schult oder weil schon immer jeder in der Familie ein Instrument spielt. Gesellschaftsspiele müssen pädagogisch wertvoll sein, logisches Denken schulen und die schulische Leistung unterstützen. Die Kinderfreizeit dient der Verbesserung der sozialen Kompetenz. Am besten gleich im Ausland, weil ohne Fremdsprachen ja gar nichts mehr geht. Ist ja alles richtig.

Aber Kinder brauchen aus vielen Gründen auch freie Zeit für sich selber, brauchen Phasen, in denen sie einfach entspannen, in denen sie sich ausprobieren, ihre eigentlichen Talente entdecken, kreativ sein können. Sie brauchen die Zeit, die sie alleine mit ihren Freunden verbringen können – unabhängig von den Vorstellungen der Eltern und den Anforderungen der Schule. Nicht ohne Grund hat so mancher Kindergarten gleich am Eingang eine Schild mit der Aufschrift „Kinder sind keine Uhren" angebracht. Zudem brauchen sie mehr Bewegung als Erwachsene, die schier unendliche Kraft in den jungen Jahren muss ausgelebt werden. Eine unterentwickelte Motorik kann sich negativ auf die geistige Wendigkeit auswirken, bringt zappelige Zeitgenossen hervor und fördert das Übergewicht. Trends, die nachweislich vorliegen und vor denen Pädagogen und Gesundheitsexperten immer nachdrücklicher warnen.

Oft reicht es, wenn die Eltern sich Zeit nehmen für ihren Nachwuchs: ein Wochenende lang einfach füreinander da sein, Spiele spielen, rausgehen, sich vorlesen, die ganz normalen, simplen Dinge. Allein das Seifenblasen ist eine hervorragende Entspannungsübung. Damit. Damit lernen sie ganz bewusst, ruhig und tief durchzuatmen. Gleichmäßige Atemzüge ergeben schöne schillernde Seifenblasen.

Luft zum Leben

Gleich, ob Kind oder Erwachsener: Auch in der Freizeit gilt: Die Mischung macht's, der Mix aus Anspannung und Entspannung. Wir leben in der Schlaraffenfreizeit: Das Angebot ist so groß wie nie zuvor, alles scheint möglich. Schade nur, dass man in der Masse fast ertrinkt, vor lauter Wald die Bäume nicht mehr sieht und letztendlich vor der Vielfalt kapituliert: entweder vor dem Flimmerkasten einnickt oder sich in Überaktivität verfährt. Beide Extreme lassen keinen Raum für die wirklich wichtigen Dinge im Leben. Machen Sie es besser. Es liegt allein an Ihnen.

Mehr wissen: Was machen Jugendliche in ihrer Freizeit?

WAS SIE MÖGEN Schüler haben an Wochentagen rund 4 Stunden pro Tag zur freien Verfügung. Musik hören, Fernsehen und Video führen die Hitliste der beliebtesten Freizeitaktivitäten an. Danach folgen Ausgehen und sich mit Freunden treffen. Jugendliche sind Medienfans. Medien nehmen einen hohen Stellenwert ein, und Jugendliche geben viel Geld dafür aus. Junge Leute verfügen über beachtliche Finanzmittel. Im Schnitt füllen Monat für Monat rund 250 Euro die Portmonnaies der 14- bis 24-Jährigen. Dabei nimmt das Taschengeld von durchschnittlich 50 bis 60 Euro nur den kleinsten Teil ein.

WIE SIE VERREISEN Je älter die Kinder werden, desto mehr emanzipieren sie sich von den Aktivitäten ihrer Eltern. Jugendliche verbringen ihre Freizeit autark, erledigen ihre Einkäufe allein und fahren nicht mehr mit den Eltern in den Urlaub. Die Motive Jugendlicher, selbstständig Auslandsreisen zu unternehmen, haben sich in den vergangenen 50 Jahren nicht geändert. Reisen wird als vorübergehender Ausnahmezustand angesehen. Freizeit heißt für Jugendliche: Die alltäglichen Pflichten sind außer Kraft gesetzt – pünktliches Aufstehen, zu festen Zeiten essen, sich ordentlich kleiden. Sie verzichten bewusst auf Gewohntes, leben jenseits jeder Konvention und passen sich scheinbar mühelos fremdartigen Lebenswelten an. Monatelange Aufenthalte in Asien, Afrika und Amerika sind keine Seltenheit. Mit zunehmendem Lebensalter und -standard verliert sich allerdings die Bereitschaft, Unbequemlichkeiten und Unwägbarkeiten in Kauf zu nehmen.

100 IDEEN für ein Hobby draußen

Wandern, eigene Filme drehen, Tauchen, Angeln, Hilfstransporte organisieren, Vereine gründen, Höhlen entdecken, Drachen steigen lassen, als Clown auftreten, Sterne beobachten, Bogenschießen, Rafting, Western-Reiten, Bauchtanz lernen, Boccia und Boule spielen, Bergsteigen, im Chor singen, Beachvolleyball spielen, Modellflugzeuge fliegen lassen, für die Lokalredaktion schreiben, Jagdschein machen, Kanu fahren, Inline-Skaten, auf einen Marathon trainieren, Schnitzeljagd organisieren, Freeclimbing, Flohmärkte abklappern, ungewöhnliche Museen besuchen, Fallschirmspringen, Spuren lesen, Pilze suchen, Fossilien sammeln, Whiskybrennereien in Schottland besuchen, Holz hacken, Hunde erziehen, Segelfliegen, Sommerrodeln, Theater-Abo buchen, Wochenendreisen ins Blaue machen, Baumhaus bauen, Nachtwanderungen, Drachenfliegen, Schlauchboot fahren, Tai-Chi, Garagenflohmarkt veranstalten, Schachspielen im Freien, Mineralien sammeln, Tango tanzen gehen, Laientheater spielen, Vögel beobachten, Joggen, Winterschwimmen, Surfen, Rosen züchten, Pflanzen fotografieren, Open Air Festivals besuchen, Walken, Panorama-fotografien, Tischtennis spielen, Segeln, Trimm-Dich-Pfad, Wassergymnastik, Naturlehrpfad, Pflanzen sammeln, Schlagball spielen, Wetttrennen, Vogelhaus bauen, Klippen springen, Wasserski fahren, Sonnenaufgänge beobachten, Versteck spielen, Zoobesuche, Drachenfliegen, Wattwanderung, Schlitten fahren, Bergwerk besichtigen, Klettergarten besuchen, Ausstellungen besuchen, Sonnenbaden, Wasserball spielen, Eisstockschießen, Lager-feuer machen, Straßenfest veranstalten, Canyoning, Seifenkistenrennen, Golf spielen, Eisskulpturen machen, Strandsegeln, Muscheln sammeln, Sandburgen bauen, Picknick machen, Skateboard fahren, Bilder malen, Paragliding, Radrallye ausarbeiten, Federball spielen, Langlaufen, Schmetterlinge fangen, Blumen pflücken, Fussball spielen ...

987. Raus an Licht und frische Luft

Immer mehr Menschen verbringen ihr Leben in Räumen und im Sitzen. Das macht körperlich träge und auf Dauer krank. Aktivitäten an frischer Luft gleichen das aus, machen allgemein fit und beugen Krankheiten vor.

– Aktivität und Denken stehen in engem Zusammenhang. Erst körperliche Bewegung ermöglicht Verschaltungen im Gehirn, die die Leistungsfähigkeit fördern.
– Reisen bildet, heißt es. Wer hinausgeht in die nähere und weitere Umgebung, erhält neue Eindrücke und Ideen und macht neue Bekanntschaften.
– Bewegung und körperliche Betätigung, besonders Sport, hilft, seinen eigenen Körper besser kennen zu lernen, Zusammenhänge zwischen Gesundheit und Erkrankung besser zu verstehen. Das neue Körpergefühl stärkt die Persönlichkeit und das Selbstbewusstsein.
– Wer rastet, der rostet. Unsere Nomaden-Vorfahren mussten 40 km pro Tag zurück legen, um Nahrung und Unterschlupf zu finden. Heute geht der Durchschnittsmensch kaum mehr als zwei Kilometer. Maschinen nehmen uns die Arbeit ab. Die Folgen sind schlimm. Denn die Natur baut ab, was nicht gebraucht wird: Muskulatur, Knochen, Knorpel. Und der Schmerz kommt.
– Der Körper kann Vitamin D aus Cholesterol selbst herstellen – wenn man sich draußen aufhält und entsprechend ernährt (Fisch, Milchprodukte, Eigelb). Vitamin D reguliert den Kalzium-Phosphat-Stoffwechsel und damit den Aufbau von Knochen. Fehlt Vitamin D, biegen sich die Knochen schmerzhaft (Rachitis bei Kindern, Osteomalazie bei Erwachsenen). Einem Stubenhocker fehlt das UV-Licht, das der Körper braucht, um genügend Vitamin D zu bilden. Zudem hellt Licht auch das Gemüt auf. So macht schon ein Spaziergang Sinn, auch wenn nicht gleich der Schweiß in Strömen fließt.

988. Lagerfeuer machen

Ein Lagerfeuer weckt Urinstinkte. Dem Bann der lodernden Flammen kann man sich kaum entziehen. Aber wie entfacht man Feuer, ohne andere in Gefahr zu bringen?

– Vor dem Anlegen der Feuerstelle darauf achten, dass sie nach außen abgesichert ist. Dazu eine kleine Grube ausheben oder eine unbewachsene Stelle suchen und mit Steinen einfassen. Spaten, Wasser oder Sand bereitstellen, um im Falle eines Falles eingreifen zu können.
– Die Größe des Feuers richtet sich nach Ihrem individuellen Programm: Große Feuer sind zwar eindrucksvoll, aber nur mit entsprechendem Abstand. Man kann wenig gemeinsam machen (plaudern, singen, Geschichten erzählen). Deshalb: lieber ein kleineres Feuer; Kinder können näher an die Flammen rücken und Zweige nachschieben. Soll gegessen werden, Lagerfeuer und Grillen trennen – Warten ist nichts für Hungrige.
– Dicke Äste und Scheite bringen beständige Glut (z.B. zum Grillen oder Kartoffeln-Backen), dünne lassen das Feuer auflodern. Deshalb: rechtzeitig mit dem Feuer beginnen, falls Essen geplant ist, mindestens 1 1/2 Stunden vorher. Das Brennmaterial einige Stunden zuvor holen.
– Beim Entfachen hilft Grillkohle. Auf das entzündete Stück Grillkohle dünne, trockene Zweige, auch dürre Grasbüschel, aufschichten. Darauf achten, dass die Flamme weder erstickt wird noch frei brennt. Am besten Zweige wie ein Indianer-Tipi aufbauen; stärkere Zweige kreuzweise darüber legen. Mit Bedacht starke Äste darüber schichten. Ist keine Grillkohle verfügbar, kann man ein Feuer auch mit Zeitungspapier machen. Dazu Doppelseiten auseinander reißen, jede Seite für sich zerknüllen, die Papierknäuel dicht aufhäufen. Darüber dünne Zweige, dürres Gras oder Laub schichten. Erst dann entzünden.
– Der Umwelt und der eigenen Gesundheit zuliebe nur Naturmaterialien verbrennen, keine Plastiktüten, behandeltes Holz oder Autoreifen. Das Brennmaterial muss richtig trocken sein, sonst entwickelt sich zu viel Rauch.
– Zeigt sich keine Flamme, sondern nur Qualm, muss nachgeholfen werden. Dazu entweder kräftig pusten oder mit einer Pappe o. ä. kräftig Luft zufächern. Niemals brennbare Flüssigkeiten über der Feuerstelle vergießen!
– Das Feuer regelmäßig schüren, denn durch das Verbrennen bilden sich Hohlräume. Auf Dauer verlischt die Flamme, weil es ihr an „Nahrung“ fehlt. Deshalb solche Hohlräume mit einem Schürhaken oder einem dicken Ast zusammenstürzen lassen.
– Keine Strohballen als Sitzgelegenheit verwenden.

989. Raus ans Wasser

Das Element Wasser übt auf viele einen ungeheuren Reiz aus. Möglichkeiten, mit Wasser „zu spielen“, sind vielfältig.

– Wer Binnen-Wasser liebt oder lieben lernen möchte, ist auf einem Kanu, Kajak oder Schlauchboot gut aufgehoben. Überall in Deutschland und Europa ist das Angebot weit gefächert: Flusstrecking, Kanu-ABC-Lernkurse, geführte Flusstouren und Floß-Partys. Fans wie Anfänger können sich auch ohne professionelle Hilfe aufs Wasser begeben. Boot ausleihen und Flüsse befahren.
– Der Urlaub am Meer bietet ein gute Gelgenheit, endlich mehr für die Gesundheit zu tun. Wer nur nachts Party und tagsüber Stranddösen gewohnt ist, kann zum Einstieg Tretbootfahren. In ruhigen Buchten kann man auch mal aussteigen und eine Runde schwimmen, während der Partner das Boot nebenher lenkt. Ein großes Thema ist natürlich das Segeln (siehe Ratschlag Nr. 1001, Seite 550).
– Klassisch sind Ballsportarten am und im Meer wie Beachvolleyball, Wasserpolo, Wasserbasketball, Paddeltennis oder Wasserball. Beim Wasserpolo spielen mehrere Kanu- oder Kajak-Mannschaften gegeneinander. Das Zubehör: Schwimmwesten, Spritzdecken, Tore, Bälle und Helme. Das Paddle-Tennis ist eine dynamische und noch recht junge Racket-Sportart, die sowohl Elemente des Tennis als auch des Squash vereint. Es hat also nichts mit Paddeln auf dem Wasser zu tun. Ein Paddle-Tennis-Court ist von vier Meter hohen Wänden umschlossen – oft Glas – um neben dem Spiel die Umgebung zu genießen.
– Auch Gymnasik macht am Wasser mehr Spaß als in einer muffigen Turnhalle. Ideal sind die Morgenstunden, in denen man sich mit Gleichgesinnten am Strand oder auf der Wiese treffen kann. Wer mag, nimmt einen tragbaren Rekorder mit und turnt zur Musik.

Ein Wochenende LEBEN!

990. Survivaltraining für Einsteiger

Überlebenstraining ist nicht nur etwas für Firmenmanager in der Sinnkrise. Survival im Kleinen erweckt die fünf Sinne des Menschen aus dem Tiefschlaf.

FREI-HABEN
Rest der Welt

– Einfach mal raus, ein Tipi ohne Hightech-Materialien bauen, Lagerfeuer ohne Streichhölzer entfachen oder Wandern mit Hilfe von Sonne, Moosbewuchs an Bäumen und Ameisenhaufen.

– Kurse mit solchen Übungen kann man bei verschiedenen Organisationen – von der Ökogruppe bis zu Veranstaltungsagenturen – buchen, die auch gleich das Überqueren von Schluchten und das Abseilen von Felsen vermitteln oder einfach nur zeigen, wie und wo man einen Donnerbalken im Wald errichtet oder Steine zu Werkzeugen umfunktioniert (Flintknapping).
– Ein kleiner, privater Querfeldein-Ausflug am Wochenende geht natürlich auch. Papa oder Mama wird da schnell zum Idol für den an Gameboy gewöhnten Nachwuchs.

991. Die richtige Sportart für mich

Der Mensch ist ein Bewegungstier. Unser Körper ist für ein Leben in Bewegung programmiert. Damit die 500 Muskeln nicht verkümmern, sollte ein bestimmtes Quantum Sport zum Leben gehören.

– Ziel von Sport sollte immer sein, die individuelle Fitness zu erhalten oder zu verbessern, sich wohler zu fühlen und Stress abzubauen. Perfektionismus und Leistungsdruck sind bei Freizeitsportlern fehl am Platz. Jeder Sport kann – extrem betrieben – ins Gegenteil umschlagen und die Gesundheit gefährden.
– Dagegen bringt die richtige Sportart Schwung in den Alltag und wird Lebensbestandteil. Zuerst sollte man für sich klären, ob man lieber allein, zu mehreren oder im Verein Sport treiben möchte, ob eher ein Mannschaftssport in Frage kommt, eine Kampfsportart, Wasser- oder Bergsport, Kraft-, Ausdauer- oder Geschicklichkeitssport.
– Sport muss vor allem Spaß machen. Nur so bleibt man am Ball. In einer „Testphase“ sollte man zwischen der einen oder anderen Sportart wechseln, bevor die Entscheidung fällt. Falls Vorerkrankungen vorliegen, sollte der Hausarzt aus medizinischer Sicht mitentscheiden.
– Steht die Lieblings-Sportart fest, sollte sie in den Alltag integriert werden. Für den Anfang genügen ein, zwei Termine pro Woche zu einer bestimmten Uhrzeit. Später sollte Sport fester Bestandteil eines jeden Tages sein. In Gesellschaft trainieren fördert das Durchhaltevermögen.
– Das Training sollte nur dann ausfallen, wenn Sie krank sind. Übermäßiges Sporttreiben während dieser Phase schwächt die Abwehrkräfte. Wenn Sie unsicher sind, den Arzt fragen. Trotzdem nicht jedes Zipperlein zum Anlass für eine Ausrede nehmen.
– Vor allem gelenkschonende Ausdauersportarten sind Schwimmen, Radfahren, (Nordic) Walking, teilweise Tanzen, Aerobic.

992. Seifenkiste fahren

Wegen moderner Hobby-Vehikel ist die Seifenkiste fast in Vergessenheit geraten. Aber langsam kommt wieder Bewegung in die Idee ...

– Der Werbegag eines amerikanischen Seifenfabrikanten löste einen kleinen Hype aus: Er ließ auf die stabile Verpackung seines Produkts den Grundriss für ein kleines und leicht herzustellendes Automobil zeichnen. 1948 importierte der Autofabrikant Opel die Seifenkistenidee nach Deutschland.
– Seifenkistenrennen sind nicht nur etwas für Kinder und Jugendliche, auch Erwachsene haben ihren Spaß damit. Eine Seifenkiste kann man ganz einfach bauen – oder wahlweise mit viel Zeit, Liebe und Einsatz perfektionieren. Ausführliche Handbücher informieren über den Bau der eigenen Seifenkiste. Wer mehr wissen möchte, für den gibt es auch im Internet genaue Anleitungen zum Download und in Foren tauschen sich Fans aus.

993. Ballon fahren

Im Ballon fährt man, obwohl man fliegt. Das Treibenlassen mit dem Wind hat zu jeder Jahres- und Tageszeit ihren Reiz. Auch im Winter ist es im Korb nicht kälter als am Boden.

– Der Landeort ist nur in etwa kalkulierbar. Die Fahrtrichtung und die Geschwindigkeit werden vom Wind bestimmt. Der Ballon schwebt in 300 bis 500 Meter Höhe über der Landschaft. Es ist so windstill, dass jeder Laut von unten im Korb deutlich zu hören ist.
– Zu Frühfahrten treffen sich die Teilnehmer bei Sonnenaufgang, zu Abendfahrten etwa drei Stunden vor dem Sonnenuntergang. Nur im Winter sind aufgrund der schwachen Thermik Starts während des ganzen Tages möglich. Die Flugzeit dauert zwischen einer und anderthalb Stunden, einen halben Tag sollte man aber schon einplanen.
– Freizeitbekleidung ist angebracht, der Jahreszeit entsprechend, ebenso wie festes Schuhwerk und eine Kopfbedeckung. Jeder hilft beim Start und beim Zusammenbauen mit.
– Die Ballonfahrten sind allerdings nicht billig: Zwischen 160 und 200 Euro pro Person muss man schon rechnen.

994. Mini-Trampolin – ein kleiner Schritt zu viel Bewegung

Die Riege der Bewegungsverweigerer ist groß. Spätestens, wenn das jahrelange Schonen zu Schmerzen an Gelenken, Knochen und Muskeln geführt hat, ist es wieder Zeit, ins aktive Leben zu treten. Das Grundrezept lautet: dabei bleiben und langsam steigern.

– Hilfreich als Einstieg kann ein Minitrampolin sein. Menschen mit Rücken-, Knie- und Hüftproblemen profitieren vom sanften Training ebenso wie Patienten, die unter Schwindel oder Epilepsie leiden, sowie Ältere.
– Das Trampolin fördert Wahrnehmung und Kontrolle der Körperlage und -position im Raum und außerdem die Muskelkraft. Trainiert man 6 Wochen lang 2-mal wöchentlich 15 Minuten, abwechselnd auf einem Bein zu stehen, gewinnt man genau so viel Kraft wie diejenigen, die im gleichen Zeitraum an Fitnessgeräten üben.
– Man beginnt mit Stehen und Wippen über langsames Gehen bis hin zum Laufen und Hüpfen auf der Stelle.

995. Versicherungen für Sport, Urlaub, Freizeit

Pro Jahr verletzen sich in Deutschland fast 200.000 Menschen während des Sports. Die Unfallversicherung im Rahmen der gesetzlichen Sozialversicherung zahlt meist nur dann, wenn der Unfall während oder auf dem Weg zur Arbeit passiert. Private Unfall- und Haftpflichtversicherungen können Abhilfe schaffen, sind aber nicht billig.

– Fast die Hälfte der Unfälle passieren beim Mannschaftssport, Fußball allein macht knapp 34 Prozent aus.
– Spezielle Sportversicherungen lohnen für den, der häufig Sport treibt. Wer eine private Unfallversicherung abschließt, sollte sich auf jeden Fall gut informieren. Das Kleingedruckte birgt Fallstricke. So sind meist Segeln, Surfen und Schnorcheln versichert, nicht aber Tauchen. Tauchen gilt dann als „Sondergefahr". Extremsportarten (Bungee Jumping, Speedminton, Canyoning, Motocross usw.) können nur selten oder teuer versichert werden.
– Die DAN (Diver's Alert Network) konzentriert sich auf Tauchmedizin, bietet aber auch Versicherungen speziell für Taucher an. Über DAN kann sich jeder Taucher eine individuelle Versicherung zulegen, bei der im Notfall DAN alle notwendigen organisatorischen Handlungen und Kosten des verunglückten Tauchers übernimmt.

4 TRICKS für mehr Bewegung im Alltag

1. **Nach dem Aufstehen: Beim Zähneputzen statt nur vor dem Spiegel zu stehen, lieber abwechselnd auf Zehenspitzen und Fersen balancieren oder wippen. Das kräftigt die Wadenmuskeln.**

2. **Zur Arbeit: Ist der Weg nicht so weit, statt ins Auto auch mal aufs Fahrrad steigen. Wenn's das Auto sein muss, dann bei jeder roten Ampel z.B. solche Übungen ausführen: Beide Hände gleichzeitig gegen das Lenkrad drücken, das kräftigt die Brustmuskeln. Oder die Schultern nach hinten drücken, das beugt Verkrampfungen vor. In der U-Bahn oder im Bus: Aufrecht hinstellen, leicht in die Knie gehen, dann die Bauchmuskeln für einige Sekunden anspannen – der Rücken dankt's. Während der Fahrt nur ausnahmsweise festhalten: Das kräftigt den gesamten Körper und trainiert den Gleichgewichtssinn.**

3. **Bei der Arbeit: Telefonieren Sie doch zur Abwechslung mal im Stehen. Richtiges Sitzen ist entscheidend: Den Oberkörper aufrichten und die Schultern locker hängen lassen. Effekte: Kräftigung der Rückenmuskeln, Strecken der Bauchmuskeln, die Atmung verbessert sich. Die Beine nicht übereinander schlagen, sondern hüftbreit nebeneinander stellen, Füße heben und senken. Leichte Übung gegen verspannten Nacken: Kopf so weit wie möglich zur Seite beugen, in dieser Position einige Sekunden belassen, dann Schultern kreisen. Jede Stunde eine Pause für die Bewegung einlegen!**

4. **Am Abend: Dehnübungen aller Art lassen sich im Stehen, Sitzen und Liegen ausführen – also zum Beispiel statt vorm Fernseher im Sessel zu lümmeln, auf einem Sitzball wippen. Oder die Venenpumpe aktivieren: Gerade Sitzposition, Füße auf den Boden, Fersen abwechselnd heben und senken.**

– Bei Reisen sollte man sich immer privat krankenversichern. Empfehlenswert sind Versicherungen, die im Notfall die Bergungs- und Rückholkosten abdecken. Langfristige Auslands-Krankenversicherungen, beispielsweise über ein Jahr, sind günstiger. Auch manche Kreditinstitute bieten solche Leistungen mitunter an.
– Die Deckung der Haftpflichtversicherung erstreckt sich in der Regel auf ganz Europa. Auch gemietete Geräte (Boote, Taucherausrüstung, Surfbrett, Fahrrad etc.) sind meist versichert. Unbedingt bei der eigenen Versicherung nachfragen! Für Boote müssen eigene Haftpflicht- und Kasko-Versicherungen abgeschlossen werden.

996. Bergwandern

Wo man nicht zu Fuß war, ist man nie gewesen, heißt es. Wandern trainiert die Fitness und ist eine Einsteigersportart, kann praktisch immer und ergänzend zu anderen Sportarten durchgeführt werden.

– Bergwandern ist vielseitig. Man kann es allein, in der Gruppe, auf bequemen Almwegen oder als anspruchsvolle Gipfeltour, im Mittelgebirge ebenso wie in den Alpen betreiben. Belohnt wird der Wanderer nicht nur durch einen Zugewinn an Kondition, sondern durch das Naturerlebnis – ohne Auto, Handy, Computer.
– Spezielles Wissen und eine gute Vorbereitung sind wichtig. Die Tour endet nicht am Gipfel, sondern erst mit der Rückkehr an den Ausgangspunkt. Sie sollte immer der Kondition der Teilnehmer angepasst sein. Bei der Tourenplanung über die Gegebenheiten vor Ort informieren, genügend Ruhepausen einkalkulieren und sich erst dann für ein Ziel entscheiden.
– Vor der Tour bekannt sein sollten vor allem: Wetterprognose, Höhenprofil, Geländebeschaffenheit, Wegeverhältnisse, Anlaufpunkte wie Hütten oder Seilbahnstationen. Solche Informationen enthalten: Alpenvereinskarten, topographische Karten des Bayerischen Landesvermessungsamtes (für die Alpen) und Gebietsführer mit Wandervorschlägen und Routenbeschreibungen. Auskünfte geben außerdem Hüttenwirte, Fremdenverkehrsämter und die örtliche Bergwacht.
– Brechen Sie vor allem bei langen Touren (über acht Stunden) frühzeitig auf, aber auch bei unklaren Wetteraussichten oder Gewitterneigung. Die Rückkehr sollte am frühen Nachmittag geplant sein, damit noch genügend Zeit bis zum Einbruch der Dunkelheit bleibt.
– Die richtigen Schuhe sind für ein gutes Gelingen der Tour entscheidend. Für Wanderwege genügt festes Schuhwerk. Eine anspruchsvolle Bergtour mit Felsen, Nässe oder sogar Schnee erfordert spezielle Trekkingstiefel mit griffiger Profilsohle und wasserdichtem Obermaterial.

Das braucht der Wanderer

• Bergwandern ist schweißtreibend, auf dem Gipfel oder bei Pausen kann es schnell kalt werden. Deshalb: Bekleidung nach dem Mehrschichtprinzip anlegen. Dazu gehören Funktionsunterwäsche aus schweißtransportierendem Material, ein leichtes, atmungsaktives Hemd, Fleecejacke oder Pullover, lange Hosen aus strapazierfähigem Kunststoffmaterial, Wetterschutzjacke (wind- und wasserabweisend), Mütze, Fingerhandschuhe, leichte Ersatzwäsche, Strümpfe mit verstärktem Fußbett aus Mischgewebe oder Frottee.
• Grundsätzlich nur das Wichtigste mitnehmen. Unverzichtbar: Der Rucksack mit einem Fassungsvermögen zwischen 20 und 30 Liter für Tagestouren, Karten, Kompass, Wanderkarten, Sonnenschutzmittel, Sonnenbrille, Erste-Hilfe-Set, Rettungsdecke, voll aufgeladenes Handy (Notrufnummern vorher einspeichern), Teleskopstöcke zur Entlastung der Gelenke (vor allem beim Bergab-Gehen), Taschenmesser mit Mehrfachfunktionen, Taschenlampe oder Stirnlampe beim Wandern im Spätherbst, ausreichend Getränke (2–3 Liter pro Person) und Essen.

997. Jogging – aber richtig

Joschka Fischer ist wohl der bekannteste deutsche Jogger. Doch im Gegensatz zu Fischer trainieren Amateure ohne professionellen Trainer, meist schlecht vorbereitet, im falschen Stil und mit den verkehrten Schuhen.

– Joggen bewegt rund 70 Prozent der Muskeln. Beim Joggen wird das Gehirn mit Sauerstoff geflutet, was das Kreativitätshormon ACTH freisetzt und Stress abbaut.
– Nie ohne ärztlichen Check einfach wie wild losrennen, vor allem nicht bei Vorerkrankungen oder Risikofaktoren (Bluthochdruck, Übergewicht, chronische Krankheiten). Als Untrainierter mit kurzen Strecken beginnen.

Muskeln und Gewebe müssen sich an die neue Belastungssituation erst gewöhnen. Anfangs so laufen, dass man sich nebenher noch unterhalten kann.
– Wer seine Knie schonen will, darf am Laufschuh nicht sparen. Jogging-Schuhe im Fachgeschäft kaufen (siehe Tipp Seite 127). Ratsam ist ein Lauf-Check. Dabei muss der Käufer eine kurze Strecke laufend im Geschäft zurücklegen, eine Videokamera filmt den Bewegungsablauf.
– Bei vielen Läufern knicken die Fußinnenseiten beim Joggen nach innen: tödlich für den Innenmeniskus. Entsprechend angepasste Schuhe stützen den Fuß, so dass er mit dem Bein eine Senkrechte zum Boden bildet. Ein guter Schuh bietet den Zehen 1 Zentimeter Platz, wirft am Mittelfuß keine Falte und ist an der Achilles-ferse gut gepolstert. Er ist dem Straßenbelag angepasst.
– Eine Kombination von Joggen mit anderen Sportarten wie Rudern oder Schwimmen wirkt sich günstig aus.

998. (Nordic) Walking

Walking ist in den 80er-Jahren als Maßnahme der Gesundheitsförderung in den USA und in Schweden groß geworden. Walking entlastet Knie und Wirbelsäule und stärkt die Muskulatur der Beine und des Oberkörpers.

– Walken kann jeder jeden Alters; auch Ungeübte und Ältere erzielen schnell Erfolge. Ideal für Übergewichtige, die langsam anfangen, mehr Bewegung in ihr Leben zu bringen. Walken ist Gehen im flotten Tempo ohne Hilfsmittel mit kräftig schwingenden, angewinkelten Armen.
– Beim Nordic Walking macht's die Mischung: Die Beine walken, während der Oberkörper mit Skilanglauftechnik getrimmt wird. Nicht nur Wintersport-Profis schwören auf das Gehen mit speziellen Stöcken. Besonders für Übergewichtige und Menschen mit Gelenkproblemen ist Nordic Walking empfehlenswert. Denn durch das Abstützen auf die Stöcke werden die Gelenke entlastet. Bauch-, Brust- und Armmuskulatur werden stärker eingesetzt als beim normalen Walking. Verspannungen im Nackenbereich werden gelöst. Nordic Walking ist auch effektiver als Walking, weil mehr Energie verbraucht wird.
– Aufwärmen und Stretching der Muskulatur vor und nach dem Walking sind essentiell. Stöcke mit einbeziehen!
– Erste Stufe: Einstieg. Hier ist die Schrittlänge die gleiche wie beim normalen Gehen, nur die Anzahl der Schritte pro Minute wird erhöht (etwa 110 Schritte pro Minute). Wichtig ist nicht die Geschwindigkeit, sondern der Rhythmus der Bewegungen von Armen und Beinen. Je gleichmäßiger, desto besser. Anfänger sollten erst in flachem oder leicht ansteigendem Gelände beginnen.
– Zweite Stufe: Beginn zum gezielten Training. Die Schritte werden länger, die Schrittzahl erhöht sich (ca. 120 Schritte pro Minute). Die Schulter-Arm-Bewegungen mit den Stöcken werden ausladender und kraftvoller. Die gesamte Körpermuskulatur wird gefordert, aber nicht belastet. Nordic Walking ist am Wirkungsvollsten bei einer Dauer von 1/2 bis 2 Stunden in leicht hügeligem Gelände.
– Dritte Stufe: Krafttraining für Arm-, Schulter- und Beinmuskulatur, Konditionstraining, geeignet für Leistungsorientierte.

TIPP

Essen vor dem Lauf – Die Kombination aus Nulldiät und Jogging bringt nichts. Am besten etwa 1 Stunde vor dem Joggen etwas leicht Verdauliches zu sich nehmen. Eine Banane, ein Brötchen mit Zuckerrübensirup oder Honig, aber kein Müsli, erst recht keine schweren Speisen.

999. Fahrradfahren

Radfahren ist die beliebteste Individualsportart in Deutschland. Sie bringt den Stoffwechsel auf Trab, hilft abzunehmen und schont die Gelenke. Und Radsport kann in jedem Lebensalter ausgeübt werden.

– Das Maß der Anstrengung ist beim Radfahren gut dosierbar. Um Überlastungen zu vermeiden, sind kleinere Gänge bei hoher Trittfrequenz zu empfehlen. Darauf achten, dass die Knie beim Fahren nicht nach innen gedrückt werden („X-Beine"), sondern stets parallel zum Rahmen geführt werden. Nachteilig ist die hohe Verkehrsdichte auf den Straßen. Von Sportmedizinern negativ bewertet werden drei Faktoren: die gekrümmte Sitzposition auf Rennrädern, die Stöße bei der Fahrt über unebene Wege und die geringe Förderung der Arm-, Schulter- und Rumpfmuskulatur. Richtig ausgeführt, überwiegen aber bei weitem die gesundheitlichen Vorteile.
– Querfeldeinstrecken und starke Steigungen sollten gemieden werden, hier wird die Wirbelsäule ruckartig überlastet und in eine unnatürliche Haltung gezwungen.

– Weil Radfahren zu einer ungleichmäßigen Beanspruchung der Muskulatur verleitet (die Vorderseiten der Oberschenkel werden stärker beansprucht als die Rückseiten), sollte auf jede Belastung ein ausgedehntes Stretching folgen. Außerdem können sich bei längeren Touren durch das ständige Vorbeugen des Oberkörpers über den Lenker die Muskeln im Schulter-Nacken-Bereich verkürzen. Hiergegen hilft ein Dehnprogramm.
– Grundsätzlich das ganze Jahr über Rad fahren. Bei extremen Schlechtwetterperioden mit Eis- oder Schneeglätte können Sie auf das Ergometer umsteigen. Reines „Wochenendfahren" ist wenig sinnvoll, weil sich weder Gelenke noch das Herz-Kreislauf-System auf die Belastung einstellen können. Daher mindestens 2- bis 3-mal pro Woche fahren.
– Sinnvoll ist eine 5- bis 10-minütige Aufwärmphase mit eher gemütlichem Radeln. Dann ein zügiges, gleichmäßiges Tempo anschlagen. Bei Ermüdungsanzeichen oder einer hohen Herzschlag-Frequenz (über 180 Schläge pro Minute) das Tempo verringern, aber möglichst nicht aufhören (psychologischer Aspekt). Bei längeren Touren aktive Pausen mit Lockerungs- und Dehnübungen einlegen.

1000. Schwimmen

Schwimmen stärkt den Herzmuskel und die Abwehrkräfte, fördert die Lungenfunktion und verbessert die Durchblutung aller Muskeln. Durch die Gewichtsentlastung ist Schwimmen auch für Schwangere und Menschen mit Übergewicht und Gelenkproblemen geeignet.

– Bei niedrigem Blutdruck und Venenerkrankungen kann das Wasser ruhig kühler sein. Dadurch ziehen sich die Blutgefäße zusammen und das Blut kann besser zum Herzen transportiert werden. Doch Vorsicht! Vor dem Sprung ins kalte Nass den Körper erst langsam abkühlen, wenn der Temperaturunterschied zwischen Luft und Wasser sehr groß ist.
– Dazu die Pulsadern mit kaltem Wasser abkühlen, danach Unterarme, Oberarme, Schultern und Brust.
– Bei Asthma und Rückenschmerzen ist eine mittlere Wassertemperatur zu empfehlen und bei Gelenkerkrankungen ist etwa 36 °C warmes Wasser wohltuend.
– 2 Stunden vorm Schwimmen nichts schwere Essen.
– Leiden Sie häufig unter Waden- und Fußkrämpfen, dann lassen Sie zuvor vom Arzt prüfen, ob Sie unter Magnesiummangel leiden. Entsprechende Präparate können das Problem beheben. Wenn ein Krampf im Wasser auftreten sollte, an den Rand schwimmen oder das Becken verlassen. Verkrampften Körperteil massieren.
– Welcher Schwimmstil am besten passt, muss jeder selbst entscheiden. Er muss Spaß machen, Verkrampfungen und Schmerzen bekämpfen oder vorbeugen können.

1001. Segeln

Segeln ist nicht nur ein Sport für Besitzer von Yachten. Bootsfahrschulen im In- und Ausland offerieren eine Reihe von Kursen für Anfänger und Fortgeschrittene und an allen Meeren der Welt kann man Boote ausleihen.

– Segeln stellt keine besonderen Ansprüche an Fitness und Kondition. Rückfragen beim Arzt sind dann empfehlenswert, wenn Sie unter Bluthochdruck, Wirbelsäulenschäden oder Epilepsie leiden oder nur schlecht hören und sehen können. Für Schwangere oder Anfällige für Seekrankheit ist Segeln nur bedingt geeignet.
– Die beste Entscheidungshilfe, ob diese Sportart gefällt oder nicht, heißt ausprobieren. Jeder kann segeln lernen. Voraussetzung ist aber der Segelschein, als „Jüngstenschein" ab sieben Jahren über den „Amtlichen Sportbootführerschein Binnen mit und ohne Motor", einen „Catamaran-Grundschein", den „Sportseeschifferschein", bis zum „Sporthochseeschifferschein".
– Den Einstieg findet man im Verein oder in einer Segelschule. Dort wird alles aus Theorie und Praxis vermittelt. Hier ist auch für ausreichende Sicherheit gesorgt, der materielle Aufwand ist gering, da die gesamte Ausrüstung in der Regel gestellt wird. Die Preise sind allerdings breit gefächert – am besten in einer Segelschule in der Nähe erfragen. Kontakt: Deutscher Seglerverband (DSV, www.dsv.org) oder Deutscher Hochseesportverband (DHH, www.dhh.de).
– Theoriekurse gibt es auch im Winter. Sind Schnee und Eis geschmolzen, folgt die Praxis. Der Segelgrundschein für Binnengewässer ist die Basis. Aufbauend auf diese Grundlizenz können je nach Anspruch dann noch weitere Scheine folgen, z.B. wenn Sie eigenständig in Küstengewässern oder auf offener See segeln wollen.
– Wer nicht gleich selbst segeln will, kann in fast allen Clubs an der Adria oder am Mittelmeer Yachten samt Skipper (Kapitän) chartern. Mit dem Skipper sollten im Vorfeld Reiseroute und Wünsche zum Törn abgesprochen werden. Unterwegs ist ein ehernes Gesetz zu beachten: Nicht der Geldgeber hat das Sagen, sondern allein der Skipper. Schließlich trägt er als Chef der Crew

5 TIPPS zum Fahrradkauf

1. Das Rad möglichst immer beim Fachhändler kaufen, weil man dort kompetente Beratung erwarten kann. Zuerst klären, wofür man das Fahrrad nutzen will: Für Radrennen, für lange Touren (womöglich noch mit Gepäck), für das Fahren im bergigen Gelände.

2. 27 Gänge hört sich gut an, ist aber wenig aussagekräftig. Viele davon sind nahezu identisch, einige verschleißen die Kette. Entscheidend sind der kleinste und größte Gang. Vom kleinsten Gang hängt die Bergtauglichkeit ab. Eine feine Abstufung innerhalb der Gänge, nicht zwischen den Gängen, ist wichtig. Deshalb entscheiden sich die meisten sportlichen Fahrer für eine Kettenschaltung und nicht für eine Nabenschaltung.

3. Das Rad sollte an den Fahrer angepasst sein: Rahmengröße, Sattelhöhe, Sitzposition. Knie sollten immer leicht gebeugt sein. Bei der idealen Sitzposition ist der Oberkörper im 45 Grad Winkel nach vorne geneigt. Der Lenker ist etwa 3 bis 4 Zentimeter niedriger als der Sattel. Fahrer mit Rückenproblemen müssen aufrechter, eher gerade, sitzen. Darauf achten, dass am Rahmen Bohrungen und Anlötteile zum Befestigen von Zubehör vorhanden sind (Trinkflasche, Dynamo, Lowrider).

4. Trommel-, Rücktritt- und Rollenbremse sind in die Nabe integriert und daher witterungsunabhängig. Dafür überhitzen sie bei längeren Bergabfahrten und bei schwer beladenen Rädern (Kindersitze, Gepäck). Reiseradler und sportliche Fahrer wählen eine Felgen- oder Scheibenbremse.

5. Leistungsfähige Hightech-Fahrräder sind mit 5.000 Euro und mehr enorm teuer, ebenso wie Zubehör und Kleidung. In der Regel sind vernünftige Räder nicht unter 400 Euro zu haben. Wer weniger ausgeben will, sollte die Qualität doppelt prüfen.

die Verantwortung für den sicheren Verlauf der Reise.
– In der Schweiz laden u.a. der Boden- und der Zürichsee zum Segeln ein. Wer im Alpenland Erfahrungen auf dem Wasser sammeln will, sollte sich einer Segelschule anvertrauen. So bietet eine Segelschule Segel-, Spinnaker- und Segeltrimmkurse sowie Segelausflüge auf dem Zürichsee an. Bei eintägigen Ausflügen kann man als Ausflugsort zwischen Stäfa, Richterswil oder Lachen am Obersee wählen. Für halbtägige Exkursionen bewegen sich Segel-Neulinge und Gäste entweder zwischen Pfäffikon und Bächau, oder zwischen den Inseln Lützelau und Ufnau vor Rapperswil oder entlang des rechten Zürichseeufers vorbei an der Badi Feldbach zum Schirmensee.
– Zahlreiche Segelclubs an Österreichischen und Schweizern Bergseen verfügen über nette gastronomische Einrichtungen mit Seeblick. Gut für die Touristen. Denn nicht nur Mitglieder der Boot- und Segelvereine dürfen sich dort erholen. Auch Familien oder Einzelreisende können – wenn sie entsprechend nachfragen – dort essen, trinken oder einfach nur den Seeblick genießen. Wer sich dann noch für die Boote im Club interessiert, wird vermutlich ein gern gesehener Besucher sein.

1002. Golfen

Früher purer Luxus, heute Breitensport: Neben der Bewegung an frischer Luft ist beim Golf der Wechsel zwischen hoher Konzentration und Entspannung ein wesentlicher Pluspunkt. Doch Golfen will gelernt sein.

– Der Bewegungsablauf beim Schlag, vor allem beim Abschlag, ist ausschlaggebend dafür, wie gesundheitsfördernd Golf ist. Eine schlechte, d.h. falsche Schlagtechnik führt zu Wirbelsäulenproblemen. Deshalb: von Anfang an physiotherapeutisch geschulte Fachleute um Beobachtung und individuelle Ratschläge bitten.
– Unter dem Dach der „German Golf Academy" bieten Golfschulen in und außerhalb Deutschlands Kurse an. Vor Ort erhält der erfolgreiche Kursteilnehmer ein Zertifikat, das in Deutschland derzeit rund 160 deutsche Golfclubs anerkennen. Wer diese Zertifizierung hat, muss im jeweiligen Club keine Prüfung mehr ablegen.
– Die nationalen Golfverbände können eine mögliche Anlaufstelle für Anfänger sein. Für Deutschland: Deutscher Golfverband (www.golf.de/dgv), für Österreich: Österreichischer Golfverband (www.golf.at), für die Schweiz: Association Suisse de Golf (www.asg.ch). Dort erfährt man alles über Platzerlaubnis und

Clubvorgabe. Die Vorgabe (Handicap) dient beim Golf dem Vergleich der Leistung von Amateur-Spielern verschiedener Spielstärken. Es wird vom jeweiligen Heimatclub in der Vorgabenliste geführt. Wer nicht regelmäßig Golf spielen kann oder will, muss nicht unbedingt Mitglied eines Golfclubs werden. Viele Clubs akzeptieren Gastspieler (Greenfee). Mehr Infos dazu: bei den oben angegebenen nationalen Golfverbänden.

TIPP

Stiftung unterstützen oder gründen? Geld ist notwendig für politisches oder gesellschaftliches Engagement. Stiftungen bewahren Kapital und arbeiten mit den Zinsen. So bleibt das gestiftete Geld erhalten. Wer Geld übrig hat, kann das Geld einer großen Stiftung zur Verfügung stellen, oder eine eigene Stiftung schon mit relativ geringem Kapital gründen und von einer größeren Stiftung verwalten lassen.

1003. Ein Ehrenamt annehmen

In einem Ehrenamt verbringt man seine freie Zeit sinnvoll, setzt seine Stärke zum Wohle der Schwächeren ein, entwickelt neue Talente, erweitert seinen Horizont und knüpft Kontakte.

– Ehrenamtliche Mitarbeiter werden in allen Bereichen gesucht: in einem Altenheim als Begleitung für Gehbehinderte auf Spaziergängen, in der Umweltgruppe für Telefondienst, in der Kirche für den Dritte-Welt-Laden, im Gesangsverein als neuer Chorleiter. Hier kann ein leitender Angestellter Tipps zu Steuerfragen geben, der Computer-Freak Kindern den Einstieg ins Internet beibringen, der Teenager einem Gehbehinderten Einkäufe erledigen, der Rentner Krankenhausbesuche machen. Sinn des Ehrenamtes ist es, sich und anderen Lebensperspektiven zu bieten, ohne dafür Geld zu verlangen.

– Art und Qualifikation spielen bei der Wahl der ehrenamtlichen Tätigkeit keine Rolle. Wichtig nur: Man sollte der unbezahlten Aktivität die gleiche Ernsthaftigkeit widmen, wie dem bezahlten, eigenen Job.

– Für viele ehrenamtliche Tätigkeiten besteht die „Entlohnung" in dem Wissen, etwas für die Gemeinschaft geleistet zu haben. Das wiegt oft mehr als Euro und Cent.

1004. Sich politisch engagieren

Viele schlucken den Ärger über politische Entscheidungen herunter. Andere engagieren sich, um selbst etwas zu verändern. Möglichkeiten gibt es genug.

– Bürgerinitiative (BI): Wer im Alltag mit legalen Mitteln etwas verändern möchte, kann eine Bürgerinitiative grün-den. Diese rechtlich als „Interessensgemeinschaft" geführte Form eines Vereins kann z. B. vor Gericht klagen und nimmt an öffentlichen Anhörungen auf kommunaler Ebene teil. So braucht niemand „die Politik" zu beschuldigen, wenn beispielsweise die eigene Straße mit einem Mal zur vielbefahrenen Hauptverkehrsader wird. Eine Bürgerinitiative ist immer in der Lage, aus Sicht der zusammengekommenen Beteiligten das aufzuhalten oder zu verändern, wogegen man sich gemeinsam zur Wehr setzen möchte. Das Vereinsgesetz schreibt genaue Regeln für eine Interessensgemeinschaft wie die BI vor.

–Parteimitgliedschaft: Auch die Mitgliedschaft in einer Partei kann den eigenen Aktionsradius erweitern. Vorteil: Als Parteimitglied kann man sich für Wahlen auf kommunaler Ebene aufstellen lassen.

– Parteilosigkeit ist kein Hindernis für politisch aktive Menschen oder solche, die es werden wollen. Denn auch ohne Parteibuch darf man kandidieren.

– Die Mitarbeit im Ortsrat ist für die Gewählten eine weitere Form der Mitbestimmung.

– Parteigründung: Jeder Bürger der Bundesrepublik darf nach Artikel 21 des Grundgesetzes eine Partei gründen, sofern die Ziele und Inhalte mit der Verfassung im Einklang stehen. Zur formalen Gründung einer Partei sind laut Verfassung der Bundesrepublik mindestens drei Personen notwendig. Die Ernsthaftigkeit einer Parteigründung spielt eine entscheidende Rolle. Daher empfiehlt es sich, möglichst viele Gründungsmitglieder aufzuweisen. Auch dann, wenn es keine konkreten „Muss"-Angaben dazu gibt. In einem Parteiprogramm muss die Zielsetzung enthalten sein.

1005. Einen Verein gründen

Es gibt viele Motive, einen Verein zu gründen: Sich mit Gleichgesinnten für oder gegen etwas oder jemanden einsetzen, gegenüber der Kommune als rechtsfähige Organisation auftreten oder aus steuerlichen Gründen. Auch ist die Gründung eines Vereins die Voraussetzung dafür, eine staatliche Förderung zu bekommen.

– Zur Gründung eines Vereins sind mindestens zwei Personen erforderlich. Für den Eintrag ins Vereinsregister sind sieben Leute notwendig.
– Der eigentliche Gründungsakt liegt darin, dass sich die Gründungsmitglieder auf eine Satzung einigen, sie in der Gründungsversammlung genehmigen und die vorgesehenen Organe wählt. Die wichtigsten Funktionen werden besetzt: Präsident, Schriftführer, Kassierer.
– Mindestinhalt der Satzung: Name des Vereins, Zweck, Organisationsstruktur (Vorstand, Generalversammlung, Kontrollstelle usw.), Mittel (Mitgliederbeiträge, Eintrittsgelder, Zuwendungen usw.). Außerdem ist festgelegt, wer unterzeichnen darf (z. B. Einzelunterschrift, Kollektivunterschrift zu zweit). Die Satzung ist das „Grundgesetz" des Vereins. Mustersatzungen sind im Internet abrufbar. Der Gründungsakt und die Wahl des Vorstandes sind zu protokollieren.
– Nur der Vorstand kann den Verein beim Amtsgericht für das Vereinsregister anmelden. Das geschieht in beglaubigter Form. Der Anmeldung muss die neue Satzung im Original, das Protokoll über den Gründungsakt und die Bestellung des Vorstandes beigefügt werden.
– Gemeinnützige Vereine sind solche, die sich der Förderung von Kunst, Kultur und Brauchtum verschreiben, Umwelt- und Denkmalschutz betreiben, Sport fördern, sich der Tier- und Pflanzenzucht widmen oder mildtätige Taten vollbringen – zu Gunsten der Allgemeinheit.
– Das notwendige Geld stammt aus den Mitgliedsbeiträgen oder Zuschüssen (Stadt, Kreis, Land, Bund), Stiftungen (z.B. Stiftung Wohlfahrtspflege, Deutsche Behindertenhilfe Aktion Mensch) oder Lotterien (z. B. Glücksspirale). Dafür ist oft die Zugehörigkeit zu einem Spitzenverband der Freien Wohlfahrtspflege erforderlich. Weitere Finanzierungsquellen: Einsammeln von Geld- und Sachspenden, von Altkleidern, Altpapier (meist erst auf Antrag bei der Stadt- bzw. Kreisverwaltung möglich) oder Spenden von Firmen und Banken.
– Das im Juli 2002 reformierte Vereinsgesetz regelt die Gründung in Österreich neu. Prinzipiell geht sie jetzt unbürokratischer, schneller und günstiger vonstatten. Immerhin gibt es in Österreich bereits fast 110.000 Vereine. Alle nötigen Informationen erhält man beim Bundesministerium für Inneres (Abteilung V/7) in Wien. Auf der Internet-Seite des Ministeriums www.bmi.gv.at finden Sie unter dem Stichwort „Vereinswesen" die Regularien, Hintergründe und Antworten auf wichtige Fragen.
– In der Schweiz sind die rechtlichen Grundlagen im Zivilgesetzbuch ab Artikel 60 geregelt. Der volle Text ist im Internet auf der Regierungs-Homepage unter www.admin.ch abzurufen.

1006. Urlaub auf dem Land

Die Bandbreite, Urlaub auf dem Land zu machen, ist groß – die Qualitätsunterschiede sind es auch.

– Ob Bauernhof, Landhotel, Landhaus, oder Privatpension – das sollte sich jeder vor der Buchung reiflich überlegen. Denn die Art der Unterkunft sagt einiges über die Art der Urlaubsaktivitäten aus.
– Das Landhotel verspricht meist Luxus und Erholung in ländlichem Ambiente. Sehr gut geeignet für gestresste Manager, ältere Menschen oder für Familien, die einfach „raus aus der Stadt" wollen.
– Die völlig andere Alternative dazu: Bauernhöfe, auf denen den Gästen neben Unterkunft und Essen in der Gemeinschaft auch Arbeit während der Urlaubszeit angeboten wird. Viele Bauernhöfe ermöglichen es Urlaubern, selbst Hand anzulegen. Kühe melken, ausmisten, füttern etc.
– Tourismusverbände aller Länder bieten gedruckte Kataloge und Datenbanken im Internet mit Übersichten der Unterkünfte. In Deutschland zum Beispiel testet die Deutsche Landwirtschaftsgesellschaft e.V. (DLG) regelmäßig den Urlaub auf dem Bauernhof, Landhotels und Landurlaubangebote durch neutrale Sachverständige. Ein Gütezeichen gibt es, wenn u. a. Service, Ausstattung, Freizeitattraktivitäten und Sicherheit stimmen.
– Die Alpenländer weisen mit ihrer seit Jahrzehnten auf Tourismus ausgerichteten Struktur im Vergleich zu Deutschland einige Vorteile auf, wenn es um den Urlaub auf dem Lande geht. Denn viele Bergdörfer verfügen ohnehin über ausreichend Kapazitäten und bieten den Landurlaub quasi inklusive mit an.
– Wer seine Landurlaub-Unterkunft vorab online buchen möchte, findet viele Verzeichnisse im Internet. Bauernhöfe, die Urlaubsmöglichkeiten anbieten, sind normalerweise organisiert und lassen sich mit Suchverzeichnissen finden und oft auch gleich buchen. Zum Beispiel www.agritour.net (Italien), www.farmholidays.com (Österreich).
– Vor der Buchung nach einer eigenen Homepage des gewählten Bauernhofs suchen und direkt Kontakt mit der Unterkunft aufnehmen, um Detailfragen zu klären.

1007. Sporturlaub machen

Sport ist nicht gleich Sport. Wer das Abenteuer sucht, sollte körperlich fit sein. Wer seinen ungeübten Körper langsam wieder aufbauen möchte, sollte nach moderaten Sportangeboten Ausschau halten.

– Nicht alles, was nach Fitness klingt, ist für alle gut. Canyoning in Frankreich, Italien und Bayern, Windsurfen an der Nordsee, in Südspanien und auf den Kanaren, Trekking in Norwegen, Island und England, Tauchen in der Türkei, Kroatien und Zypern oder Rafting in Deutschland, Österreich und Norwegen sind nur eine kleine Auswahl, die verlocken. Sie sind aber nichts für Ungeübte. Diese Angebote richten sich meistens an junge, sportlich Aktive ohne Beschwerden, die schon länger Sport treiben.
– Sportlich Ungeübte, die sich im Urlaub bewegen wollen, können es mit Walking, Joggen, Radfahren und Wandern versuchen. Vorteil dieser Sportarten: Man kann Zeit und Anspruch der individuellen Leistung anpassen und langsam steigern. Außerdem kosten sie verhältnismäßig wenig Geld. Fahrräder sind schon ab fünf Euro pro Tag ausleihbar, das Walking-Zubehör kann man ebenso wie die Lauf- und Wanderschuhe aus der Heimat mitnehmen.
– Wer einen Sporturlaub verbringen möchte, sollte sich auf jeden Fall in einem Reisebüro beraten lassen. Oft bieten große Kaufhausketten diesen Service an.
– Auf diese Weise lässt sich beispielsweise der Kauf der Skiausrüstung mit der Buchung der Reise verbinden.
– Das Beispiel Skiurlaub zeigt auch: Oft lohnt es sich, seinen Sporturlaub auf den Pisten jenseits des Atlantiks zu verbringen. In den USA und Kanada beispielsweise bieten die Skigebiete nahezu traumhafte Verhältnisse. Schneesicherheit, leere Pisten und eine ausgezeichnete Infrastruktur laden zum winterlichen Sportvergnügen ein.

1008. Sporturlaub mit Kindern

Bewegung ist für die Entwicklung von Kindern durch nichts zu ersetzen – und sie lastet aus und macht Spaß. Das gilt auch für die Urlaubszeit.

– Kinder machen im Urlaub nahezu jede Sportart mit. Grundlegende Sportarten wie Leichtathletik, Turnen, Schwimmen, Tischtennis und Ballspiele können in vielfacher Weise abgewandelt werden.
– Wichtig ist, dass den Kindern keine Sportart aufgezwungen wird. Auch eine zu frühe Spezialisierung ist nicht erstrebenswert. Spielerische Elemente müssen immer im Mittelpunkt stehen – nicht der Wettkampf ist entscheidend, nicht das Ziel, als Sieger hervorzugehen. Kindern soll klar werden: zu verlieren ist kein Beinbruch.
– Primärziel ist der Spaß am Sport. Um ihn zu erhalten, kann man öfter zwischen Spiel- und Sportarten wechseln.
– Wer als Erwachsener auf das tägliche Joggen nicht verzichten will, gleichzeitig aber die Kinder hüten muss, braucht Unterstützung. Entweder den Partner, der sich um die Kleinen kümmert. Oder aber Freunde, mit denen man gemeinsam Urlaub macht. Die übernehmen sicher gerne die Rolle als Babysitter für eine Stunde – erst recht, wenn man sich revanchiert.
– Sinnvoll kann auch der klassische Club-Urlaub sein. Animateure kümmern sich um den Nachwuchs, während die Eltern ihren eigenen Sportarten nachgehen können.
– Auch große Hotels bieten diesen Service. Daher: Am besten gleich bei der Ankunft (oder beim Buchen) bei der Rezeption nachfragen, wie man seine Kleinen für die Zeit des eigenen Fitnesstrainings beschäftigen kann.

1009. Club-Urlaub auswählen

Die Betreuung ist lückenlos, der Service durchdacht. Wer sich während des Urlaubes total entspannen will, ist in einem Club gut aufgehoben.

– Das Angebot ist groß. Je nach Wunsch kann man zwischen Aktivurlaub mit Trekkingtour, dem eher ruhigeren Badeurlaub am nicht überfüllten Clubstrand oder der Fahrt auf dem Kreuzfahrtschiff auswählen. Der Preisvergleich lohnt: Die Unterschiede sind oft nur noch im Detail zu erkennen.
– Grundsätzlich haben Sie die Wahl: Entweder Sie buchen einen Pauschalpreis, der alle Leistungen einer Clubanlage schon beinhaltet, oder Sie nehmen Angebote, die einen Grundpreis haben, besondere Aktivitäten müssen extra bezahlt werden. Was günstiger kommt, hängt dann natürlich von Ihren Aktivitäten ab. Es lohnt also, das einmal durchzurechnen.
– Club-Schiffe verbinden den Luxus einer Kreuzfahrt mit der entspannten Atmosphäre des Club-Urlaubs. Das Rentnerimage ist passé. Auf den großen Kreuzern gibt es für jede Altersgruppe und für alle Interessenslagen das passende Angebot. Auch Kinderbetreuung ist möglich.

3 TRICKS für die reibungslose Autofahrt

1. Bei den großen Automobilclubs finden sich vielfältige Informationen zu Autoreisen: Karten, Einfuhrbestimmungen, Angaben zu den billigsten Tankstellen auf der Route. Wenn man Mitglied ist, bekommt man sogar ganze Reiserouten ausgearbeitet.

2. Der Fahrzeugcheck vor Reiseantritt ist das A und O: Profil (4 mm), Reifendruck durch die Mehrbelastung erhöhen, Flüssigkeitsstände, Leuchten, Warnweste und Warndreieck, Abschleppseil, Verbandkasten. Zur Reserve: Zündkerzen, 1 Liter Öl, ein Keilriemen. Wichtig auch: Ersatzschlüssel, fürs Ausland grüne Versicherungskarte, Automobilclub-Ausweis, Autoatlas, Unfallmeldebogen, Betriebsanleitung, Werkstattverzeichnis des Herstellers, Parkscheibe, Winterausrüstung bei Urlauben in Skigebieten.

3. Abwechslung, Beschäftigung und Pausen sind für die jüngsten Mitfahrer von besonderer Bedeutung. Alle 2 Stunden stoppen, Picknick abseits der Straße, Ratespiele oder Geschichten erzählen verkürzen die Anfahrt (siehe auch Kasten Seite 319). Für ausreichend Spiele und Bücher mit großer Schrift sollte gesorgt sein. Der Beifahrer kann sich auch dann und wann zu den Kindern setzen (Anschnallen nicht vergessen) – für Fingerspiele oder Schmuseeinheiten.

1010. Koffer packen

Wer kennt das nicht? Chaos in der Wohnung und ungepackte Koffer. Ein einfaches System schafft Abhilfe.

– Rechtzeitig ans Koffer packen denken. Dazu am besten 14 Tage vor Urlaubsbeginn eine Checkliste aufstellen. Diese sollte die wichtigsten Rubriken enthalten: Pässe, Ausweise, Medikamente, Schönwetter- und Regensachen, Kleider zum Ausgehen, Spiele usw. Jedem Familienmitglied sollte ein eigenes Feld in der Liste zugedacht werden.

– Bei Flugreisen ist das Gewicht der Gepäckstücke ausschlaggebend. Pro Kopf gelten 20 Kilogramm. Auf wie viele Koffer dieses Gewicht verteilt ist, bleibt gleich. Mehr als 20 Kilogramm sollte ein einzelner Koffer allerdings nicht wiegen. Tut er es dennoch, droht Ihnen am Flughafen eine umständliche Umpackaktion oder das Übergewicht muss entsprechend deklariert und als Frachtgepäck bezahlt werden.

– Die Koffer sollten zudem nicht schwerer sein, als es die eigene Kraft erlaubt. Denn im Urlaub kann es leicht zu unvorhergesehenen Zwischenstopps, Umsteigeaktionen oder Umzügen in ein anderes Quartier kommen.

– Auf jeden Fall darf eine ordentliche Beschriftung der Gepäckstücke nicht fehlen. Name und Anschrift erleichtern das Identifizieren und Nachsenden bei Verlust. Jeder Flughafen hat ein Büro, auf dem Sie verlorenes Gepäck anmelden können.

3 ABENTEUERTIPPS

- Canyoning nennt sich der Sport, bei dem die Abenteurer mit wärmender Neoprenausrüstung, einem Steinschlaghelm und einem speziellen Klettergurt eine Schlucht von oben nach unten durchqueren, enge Rutschen hinuntergleiten und in eiskalte Tümpel springen. Wenn Ehrgeiz und Abenteuerlust größer sind als Erfahrung und Fingerspitzengefühl, wird es aber gefährlich. Daher immer eine Sicherheitsbelehrung fordern und Ratschläge des Führers befolgen.
- Windsurfen birgt auch für Könner Risiken: Wenn sich bei Hochwasser die Wellen dicht am Land brechen, wenn sie zu groß sind und es außergewöhnlich starke Strömungen gibt (z.B. auf der Westseite von Lanzarote). Wer nur im Urlaub surft, sollte jährlich einen Auffrischungskurs von 3 bis 4 Stunden absolvieren. Diesen kann man sinnvollerweise mit dem nächsten Urlaub verbinden.
- Rafting, das Paddeln durch wilde Wasser, bietet unterschiedliche Schwierigkeits- und damit auch Risikograde. Der Bootsführer sollte immer mehrere Jahre Erfahrung im Rafting haben. So sinnvoll jeder Gurt, jede Leine beim Paddeln sind – sie können verhängnisvoll werden, wenn man sich darin verfängt. Deshalb: stets ein gut gesichertes Messer am Körper tragen.

1011. Wohnung für die Urlaubszeit sichern

Ohne schlechtes Gefühl die Tür hinter sich schließen und ab in den Urlaub. Wenn Sie ein paar Dinge beachten, können Sie ohne Sorge entspannt abreisen.

– Während der Urlaubszeit sind Wohnungen und Häuser immer wieder Ziel von Einbrechern. Deshalb sollte man den Eindruck erwecken, es sei noch jemand zu Hause: Briefkästen vom Nachbarn leeren lassen, beim Blumengießen Fenster öffnen und Rollläden hochziehen lassen. Auf keinen Fall eine Ansage auf dem Anrufbeantworter besprechen, die lautet: „Hier ist der Anschluss von Familie Mustermann. Wir sind bis zum 31. August im Urlaub." Lieber einen neutralen Text wählen.
– Zeitschaltuhren bieten die Möglichkeit, zu unterschiedlichen Zeiten in unterschiedlichen Zimmern das Licht oder das Radio automatisch ein- und auszuschalten. Bei längerem Urlaub, den Nachbarn bitten, die Einstellungen an den Uhren dann und wann zu verändern.
– Fenster und Balkontüren niemals angekippt lassen. Und die Haustür doppelt abschließen.
– Dokumente und Wertsachen wie Schmuck oder Bargeld gehören ins Bankschließfach.
– Eine fachmännisch installierte Alarmanlage bietet den größten Schutz. Vor der Installation von der Polizei oder einem spezialisiertem Elektriker beraten lassen.
– Bitten Sie Verwandte, Nachbarn oder Freunde, alle paar Tage im Haus vorbeizuschauen, die Post aus dem Briefkasten zu nehmen und die Blumen zu gießen. Nehmen Sie die Telefonnummer einer Person mit, die einen Schlüssel zu Ihrer Wohnung hat. Diese kann im Zweifelsfall nachsehen, ob Bügeleisen und Herd wirklich ausgeschaltet sind – und allgemein zur Beruhigung beitragen.

1012. Wohin mit Bello und Hansi?

Nicht jeder Reiseveranstalter akzeptiert vierbeinige Freunde. Geflügelte Hausgenossen, Nagetiere und Reptilien müssen ohnehin zu Hause bleiben.

– Hunde sind in Pensionen gut aufgehoben. Qualitätsunterschiede spiegeln sich im Preis wider, der bei mindestens 15 Euro pro Tag liegt. Zu achten ist auf artgerechte Unterbringung, tägliche Spaziergänge, Qualitätsfutter, tierärztliche Betreuung und individuelle Pflege. Meist ist eine rechtzeitige Anmeldung erforderlich. Der Hund sollte fünffach geimpft, frei von Krankheiten und Ungeziefer sein. Läufige Hündinnen werden meist nicht übernommen. Tierhalter-Haftpflichtversicherung ist nötig.
– „Pfötchenhotels" gibt es auch für andere Tierarten: Katzen, Meerschweinchen, Kaninchen, Hamster. Auch hier sollte man auf Hygiene, Unterbringung und Qualifikation der Belegschaft achten. Katzen sind ortsgebunden, und daher beim Nachbarn in den besten Händen.
– Wellensittiche und Kanarienvögel leben artgerecht in Volièren zu mehreren und sind daher schlecht „transportabel". Hinzu kommt, dass Kanarienvögel ängstliche Tiere sind. Lärm oder Unruhe in ihrer Umgebung quält sie. Besser als jede Fremdunterbringung ist die Pflege durch Verwandte, Freunde, Bekannte oder Nachbarn. So

3 TRICKS zum günstigen Reisen

1. Last-Minute Angebote sind schon lange nicht mehr die preisgünstigste Variante des Urlaubs, aber oft genug noch echte Schnäppchen. Es gibt sie in Reisebüros, am Flughafen oder im Internet (z.B. bei www.expedia.de, www.bahn.de, www.lastminute.de). Dort finden sich Schnäppchen nahezu aller Anbieter. Täglich aktualisiert und online buchbar. Eignet sich besonders für Urlauber, die flexibel und spontan bei der Wahl ihres Reiseziels sind. Vorsicht: Der Begriff ist nicht geschützt. Preisvergleiche mit konventionellen Pendants ist daher ein Muss.
2. Frühbucherrabatte sind dagegen eine klare Alternative. Wer seinen Urlaub Monate im voraus plant und bucht, kann viel Geld sparen.
3. Nicht fehlen darf in beiden Fällen die Reiserücktrittsversicherung. Im Krankheitsfall bekommt man auf diese Weise sein Geld erstattet, sofern die Last Minute Reise in wirklich letzter Minute ausfallen musste.
4. Arrangements für Kurzurlaube, im Land- oder Stadthotel, fallen ebenfalls häufig sehr günstig aus. Da landet man schon mal im Luxushotel bei inklusivem Exklusivdinner für einen Bruchteil des Regelpreises.

bleiben die Vögel in ihrer gewohnten Umgebung und werden weder Transportstress noch dem Risiko, sich Infektionen einzuhandeln, ausgesetzt.
– Schwieriger ist die Urlaubsvertretung bei Papageien. Vor allem wenn sie von Hand aufgezogen wurden, sind sie sehr auf den Menschen fixiert. Sie brauchen mehr als nur täglich frisches Futter und Wasser. Am besten, man vereinbart gleich beim Kauf des Papageien mit dem Verkäufer, dass der Vogel während der Abwesenheit des neuen Besitzers zurückkehren darf. Vogelpensionen sind eine Notlösung.
– Im Internet gibt es eine Vielzahl Foren und Börsen. Dort finden Hilfesuchende andere Tierfreunde, die das geliebte Haustier für eine gewisse Zeit übernehmen.

FIT BLEIBEN AUF LANGSTRECKENFLÜGEN

Lange Flugreisen sollten mit viel Bewegung an Bord verbunden werden. Stundenlanges Sitzen erhöht die Thrombose-Gefahr erheblich. Es kann zu lebensbedrohlichen Komplikationen kommen. Daher: in der Maschine Kreislauf in Schwung bringen. Rückenlehne zurückstellen, auf dem Sitz nach vorne rutschen und Beine lang ausstrecken, oder Kniebeugen auf dem Gang machen. Trotz Enge möglichst locker sitzen. Am besten die Knie offen und Hände auf die Schenkel legen. Gefährdete Personen sollten spezielle Thrombosestrümpfe tragen. Zum Einschlafen Füße über Kreuz legen, Knie zur Seite fallen lassen und Hände locker auf die Oberschenkel legen.

1013. Jetlag überlisten

Die Zeitverschiebung kann je nach Urlaubsziel mehrere Stunden ausmachen und unsere innere Uhr mächtig durcheinander bringen. Die geeignete Vorbereitung hilft, den Jetlag zu überlisten.

– Wer nach Westen fliegt, erlebt eine Zeitverschiebung nach „hinten“, man holt die Zeit ein, macht ein paar Stunden wett. So ist es in New York sechs Stunden früher als in Berlin. Daher sollte man bereits ein paar Tage vor Reiseantritt später als üblich schlafen gehen.
– Bei Flügen nach Osten hingegen verhält es sich genau umgekehrt. Also eher früher schlafen gehen.
– Ratsam ist, schon beim Besteigen des Flugzeugs die Uhren auf die neue Zeit am Zielort umzustellen. Ebenfalls bei Flugbeginn kann das Verhalten dem Tagesrhythmus des Zielortes angepasst werden.
– Viel Licht und das körpereigene Hormon Melatonin können die innere Uhr des Menschen schneller der Umgebungszeit anpassen. In den USA wird Melatonin zur Überwindung des Jetlags angeboten, mit umstrittener Wirkung. Am Zielort viel bei Licht draußen aufhalten.

4 VERSICHERUNGEN FÜR DIE REISE

• Eine Reisegepäckschutzversicherung sollte abschließen, wer wertvolle Sachen mit in den Urlaub nimmt: Teure Kleidung, Spiegelreflex-Digitalkamera oder die hochwertige Angelausrüstung. Versicherungssumme und Dauer des Aufenthaltes bestimmen letztlich den Preis der Police. So kostet die Absicherung des Gepäcks bei einer Versicherungssumme von 2000 Euro und einem Monat Urlaub rund 28 Euro. Wer hingegen ein halbes Jahr unterwegs ist und 8000 Euro abdecken möchte, ist schnell mit mehr als 250 Euro dabei.
• Die Auslandskrankenversicherung: Darauf zu verzichten kann im Notfall den Ruin bedeuten. Bis zu 800.000 Euro kann die Behandlung eines Patienten für einige Wochen auf der Intensivstation eines US-amerikanischen Krankenhauses kosten. In den Policen enthalten sein sollte unter anderem: Der Ersatz der Kosten einer ärztlichen Heilbehandlung je Versicherungsfall als Privatpatient, auch für Operationen. Der Ersatz der Kosten für eine schmerzstillende Behandlung durch den Zahnarzt und der Ersatz der Kosten für einen medizinisch sinnvollen und vertretbaren Krankenrücktransport (inkl. Ambulanzflug).
• Die Reiserücktrittsversicherung: Sie sichert den Ausfall der Reise finanziell ab, sofern man nicht aus eigenem Verschulden den Urlaub streichen muss. Ein Muss: die Erstattung der Rücktrittskosten und Stornogebühren zu 100 Prozent.
• Die Rundum-Police: deckt die obigen Punkte als Gesamtpaket ab und ist meist eine kostengünstigere Alternative zu den Einzelpolicen. Viele Veranstalter bieten bei Buchung der Reise den Abschluss dieser Versicherung an.

LEBEN!
FÜR ALLE FÄLLE

Welche Farbe fürs Wohnzimmer? Schlag nach in „Wohnen". Was tun gegen Halsweh? Lies nach in „Gesund sein". Wie packe ich meinen Koffer? Steht in „Frei haben"! Na, dann sollten ja nach fast 560 Seiten die wichtigsten Fragen zum Leben geklärt sein. Jedoch: Ein paar Antworten fehlen noch, weil sie in keine Schublade oder gleich in mehrere passen. Deswegen haben wir sie an den Schluss gestellt. Sie finden auf den folgenden Seiten einen Knigge für den Alltag, fürs Ankleiden und fürs Essengehen, dazu einen Saison-Knigge (mit Empfehlungen für die Küche) und den Reklamier-Knigge. Plus die zehn Ratschläge, die sie keinesfalls vergessen sollten. Und das große Register – damit sie auch im restlichen Buch immer die Antwort zu Ihrer Frage finden.

DER KNIGGE FÜRS LEBEN!

Auch wenn heute vieles nicht mehr so eng gesehen wird wie zu Knigges Zeiten – für ein freundliches Miteinander und reibungsloses Zusammenleben gelten immer noch gewisse Umgangsformen und Stilfragen. Wer sich damit auskennt, kommt im Privatleben wie im Job einfacher zurecht und besser an. Hier die wichtigsten Regeln fürs Benehmen im Alltag, zur Kleiderordnung und zur Frage „Wie esse ich was?"

DER ALLTAGS-KNIGGE

Freundlichkeit und Aufmerksamkeit erleichtern den Umgang miteinander, und das geht auch mal ohne Rücksicht auf Rangstufe, Alter und Geschlecht. Es fängt bei höflichen Gesten an, wenn etwa die Sachbearbeiterin der mit Akten beladenen Praktikantin die Tür aufmacht. Und es hört nach Feierabend in öffentlichen Verkehrsmitteln längst noch nicht auf.

Ladies first? Aber sicher!

Frauen sind emanzipiert, da muss Mann ihnen nicht in den Mantel helfen? Von wegen. Die klassische Knigge-Regel ist nach wie vor aktuell. Allerdings ist es heute kein Regelverstoß, wenn Frauen Männern in den Mantel helfen oder ihnen die Türe aufhalten. Trotzdem hat im Privatleben die Regel „Ladies first" weiterhin Bestand und wird von Frauen laut Umfragen auch geschätzt. Nur sollte es nicht aufgesetzt oder gar gezwungen wirken. Je spontaner und natürlicher die zuvorkommende Geste ist und je weniger Worte man darüber verliert, desto besser kommt das an.

Wer geht neben wem?

Beim gemeinsamen offiziellen Auftritt bewegt sich die Frau stets an der rechten Seite des Mannes. Diese Regel hat sich aus der Zeit erhalten, als Männer noch links den Degen trugen. Im Privatleben spielt nicht die einseitige Ritterlichkeit, sondern die aufmerksame Höflichkeit eine Rolle. Auf dem Bürgersteig geht der Mann jeweils zur Straßenseite hin neben der Frau, um sie vor Spritzwasser oder Schlimmerem zu schützen. Hinterherzutrotten oder vorauszueilen, das wirkt nie gut – weder auf den Partner noch auf Zuschauer.

Auf der Treppe – wer vor wem?

Lässt der Mann der Frau auf der Treppe den Vortritt? Heute schon, wenn es nach oben geht. Stolpert die Frau, fällt sie (hoffentlich) in hilfreiche Arme. Treppab geht der Mann vor, damit sie sich im Notfall abstützen kann. Die gleiche „Rollenverteilung" gilt zwischen kräftigeren und schwächeren oder gebrechlichen Personen. Einst war es Männern nicht erlaubt, hinter Damen treppauf zu gehen, da sie einen Blick auf deren nackte Fesseln hätten erhaschen können.

Höflichkeit in Bus und Bahn

In öffentlichen Verkehrsmitteln herrscht zu Stoßzeiten manchmal Ausnahmezustand: Schirme, die sich in den Rücken bohren; Rucksäcke, die einem auf die Brust schlagen; tropfende Sauce aus fettigen Kebabs; hämmernde Musik aus Kopfhörern; drängelnde Mitreisende und schwere Absätze auf zarten Zehen. Freiherr von Knigge konnte beim Schreiben seines Benimmbuchs vor gut 200 Jahren nicht ahnen, wie es heute in Bussen, U- und S-Bahnen zugeht, aber für den freundlichen Umgang darin gibt es auch ohne ihn Wege: umsichtig sein, Rücksicht nehmen und sich selbst an die Nase fassen. Achten Sie darauf, dass Ihnen nicht eines der obigen Missgeschicke selbst unterläuft. Und wenn es einem anderen passiert, weisen Sie ihn freundlich (!) darauf hin. Das funktioniert fast immer. Und man muss ja nicht selbst unhöflich werden, nur weil andere es sind. Das gilt übrigens auch für alle anderen Lebenslagen.

Einen Sitzplatz anbieten

Dass man einer gebrechlichen Person den Sitzplatz anbietet, scheint den meisten klar. Aber warum nicht auch einer jungen Frau, die sich erschöpft mit ihren Tüten abkämpft? Die alte Sitte „Mann hilft Frau" ist übrigens passé: Es hilft immer derjenige, der es gerade leichter hat. Also die robuste Mittvierzigerin dem jungen Vater beim Kinderwagen-in-den-Bus-Hieven. Auf jeden Fall daneben: Sitzplätze mit Koffer und Taschen zuparken, vor allem wenn Bus oder Bahn sich gut füllen. Gegenstände haben nun mal keinen Sitzplatzanspruch – daher spätestens auf die (hoffentlich freundliche) Bitte frei machen. Und noch eines, bitte: Erst aussteigen lassen, dann einsteigen! Wenn's sehr voll ist, man selbst aber noch weiterfährt, kann es sinnvoll sein, kurz auszusteigen um die Massen hinter sich raus zu lassen.

Wie begrüßt man sich im Alltag?

Im Alltag geht die Initiative zum Händeschütteln von der Frau bzw. der älteren Person aus. Sie reicht dem Mann bzw. dem Jüngeren die Hand. Umstritten, aber in manchen Kreisen wieder en vogue: der Handkuss. Er wird, wie früher, nur angedeutet, wobei sich der Mann mit einer exakten Verbeugung über die Hand neigt. Die Lippen dürfen den Handrücken nicht berühren. Auch sonst ist es angebracht, seinem Gegenüber nicht zu nah zu kommen, vor allem wenn man fremd ist. Als tabu gelten Distanzen unter 50 cm und Körperkontakt, abgesehen vom Händeschütteln. Im Gespräch mindestens 1 m Abstand wahren, in einer größeren Gesellschaft sollte man zwischen sich und Fremden zunächst 2 m Platz lassen, um die Intimsphäre nicht zu verletzen. Unter Freunden und in der Familie gelten andere Regeln – als „Einsteiger" halten Sie sich allerdings auch dort besser an die obigen.

Wie begrüßt man sich im Job?

Der Ranghöhere, also Chef oder Abteilungsleiter, reicht dem Rangniederen (Azubi, Angestellten) zuerst die Hand zum Gruß. Tut er dies nicht: abwarten und lediglich die verbale Begrüßung erwidern. Ansonsten gilt im Job-Alltag: Grüßen ohne Händeschütteln gehört zum Pflichtprogramm. „Guten Morgen" oder „Guten Tag" sagt, wer den anderen zuerst sieht – auch den Pförtner! Ein lässiges „Hallo" ist nur unter jüngeren Mitarbeitern akzeptabel, kann allerdings je nach Gepflogenheiten der Firma variieren. Ganz wichtig in einer Gesprächsrunde am Tisch: Die Sitzenden stehen immer auf, um Neuankommende zu begrüßen. Dies gilt heute auch für Frauen! Mehr zum Thema Begrüßung im Job finden Sie ab Seite 489.

Wie stellt man (sich) vor?

Vorsicht Fettnäpfchen! Denn: „Ladys first" heißt hier nicht, dass die Frau zuerst vorgestellt wird, sondern dass sie zuerst erfährt, wen sie vor sich hat und damit mehr weiß als der andere. Es wird also der Name der „wichtigeren" Person immer zuletzt genannt. Privat wird so der Mann der Frau vorgestellt (oder er stellt sich selber vor), der Jüngere dem Älteren, der Einzelne der Gruppe. Im Job ist die Hierarchie entscheidend, es werden unabhängig von Geschlecht und Alter Rangniedere dem Ranghöheren vorgestellt: Der Azubi dem Chef, die ältere Sekretärin dem jungen Abteilungsleiter. Angebracht: ein schlichtes „Guten Tag". Antiquiert: „Gestatten" oder „Erlauben Sie, dass ich mich vorstelle". Mehr zum Thema „Vorstellen im Job" finden Sie ab Seite 489.

Ins Fettnäpfchen getreten? So kommen Sie wieder raus

1. Sie sind gerade dabei, über den pinkfarbenen Lippenstift der Kollegin zu lästern, als diese den Raum betritt und Zeugin Ihrer Ausführungen wird. Abschwächen oder leugnen bringt nichts. Geben Sie ohne Umschweife zu, dass Sie „daneben gegriffen" haben, und laden Sie die Kollegin zu einem Drink ein.

2. Bei einem offiziellen Essen rutscht Ihnen – von allen bemerkt – ein Stück Gans von der Gabel und hinterlässt Flecken auf dem Hemd/der Bluse. Lachen Sie! Dann lassen Sie sich eine Serviette geben und vergessen das Missgeschick schnell wieder.

3. In einer wichtigen Besprechung klingelt das Handy. Entschuldigen Sie sich und schalten Sie das Gerät ohne Abheben ab. Nur im Notfall den Raum verlassen. Ansonsten wirkt es unhöflich.

Titel und akademische Grade

Akademische Grade werden immer mitgenannt. Also zum Beispiel: Herr Dr. Müller. Bei mehreren Titeln, wie Professor Dr. Dr. h.c. Klug, wird nur der höchste Titel mit dem Namen verbunden. Also: Frau Professor Klug. Der Titel Magister/Magistra wird in Deutschland und in der Schweiz nicht verwendet, in Österreich gehört er in die Anrede, wie auch so manch anderer Titel. Amtsbezeichnungen wie Staatssekretär oder Ministerpräsident werden ohne Namen verwendet (Herr Staatssekretär), für Frauen aber unbedingt in der weiblichen Form (Frau Ministerpräsidentin).

Du oder Sie – privat

Hier gilt die Rangfolge wie bei der Begrüßung. Frauen oder Ältere bieten Männern oder Jüngeren das Du an. Soweit die Theorie. In der Praxis kann das anders aussehen – etwa wenn sich zwei Paare treffen, von denen sich je eine Hälfte kennen und duzen. Da kann es ohne langes Hin und Her zum Du kommen.

Sie oder Du – im Job

Unabhängig von Geschlecht und Alter bieten Ranghöhere den Rangniedrigeren das Du an. Wenn Vorgesetzte ohne Absprache duzen: Nie ungefragt das

Gleiche tun. Unter Kollegen warten Jüngere ab, ob der Ältere die Initiative ergreift. Wer das Du anbietet, sollte seinem Gegenüber die Chance auf eine freiwillige Entscheidung lassen. Eine Variante wäre: „Wir arbeiten so gut zusammen, dass wir zum Du übergehen könnten, wenn Sie einverstanden sind". Vorsicht Betriebsfeier: „Du bist klasse, Boss!", „Meier, deine Ideen sind brauchbar!" – feuchtfröhliche Veranstaltungen können in Verbrüderungen enden. Auch wenn Herzlichkeit im Spiel sein kann – am Tag darauf weiter siezen und schauen, wie der andere reagiert.

Entschuldigung!

Dieses Wort geht vielen Zeitgenossen nicht leicht über die Lippen, ist aber dennoch angebracht, um nach einem Fauxpas die Atmosphäre wieder zu bereinigen. Wählen Sie die Worte angemessen, und zwar je nach Schwere des Missgeschicks oder der Kränkung. „Sorry, echt blöd gelaufen!", mag lässig klingen, wenn man der Kollegin ein Glas Rotwein über das Kostüm gekippt hat, ist aber eine Zumutung zusätzlich. Sachlich und dennoch aufrichtig klingt dagegen „Tut mir wirklich Leid" oder „Pardon, ich mache es wieder gut" (was Sie dann auch tun sollten). Übertriebene Floskeln wie „Ich bitte inständig um Verzeihung" oder „Ich bin untröstlich, Gnädigste" wirken aufgesetzt oder gar ironisch – und Ironie ist das Letzte, was jetzt passt.

DER KLEIDUNGS-KNIGGE

Die Kunst liegt darin, die Balance zwischen Etikette und persönlichem Stil zu finden. Deshalb sollte man sein Äußeres stets mit Bedacht und passend wählen. Was für die Party richtig ist, wirkt im Büro oft deplatziert und umgekehrt. Hier finden Sie Antworten auf die Frage: „Was ziehe ich wann an?"

Was ziehe ich an – im Job?

„Dress for success" – dieses Motto ist im Berufsleben Programm. Natürlich macht es einen Unterschied, ob man in einer Boutique oder bei einer Bank, in der Kfz-Werkstatt oder im Wellness-Club arbeitet. Dennoch sollte Kleidung in erster Linie Kompetenz signalisieren. Viele Firmen und Berufsgruppen haben in der Regel einen eigenen Kleiderkodex, an dem man sich orientieren kann. Kleidung ist eine Form des persönlichen Ausdrucks – und entscheidet über den berühmten ersten Eindruck. Nach neuesten Untersuchungen beurteilen sich fremde Personen in den ersten drei bis fünf Sekunden – und dieses „Bild" bleibt haften wie Kaugummi. An den Sohlen von Stilettos ebenso wie an denen von ausgelatschten Turnschuhen.

Frauen und Kleidung im Job

Gepflegte Kleidung ist Trumpf. Es muss aber weder das Gucci-Kostüm noch der dunkle Hosenanzug sein. Twinset oder Sakko mit Bluse sind immer top. Zu viel Sexappeal steigert selten den Wert. Minirock mit tiefen Einsichten, ausladendes Dekolletee und durchsichtige Kleidung sind tabu. Wenn schon kurzer Rock, dann auf jeden Fall Schuhe mit flachem Absatz dazu tragen und vorher die Sitzprobe vor dem Spiegel machen: Sieht man zu viel? Immer daneben: Badelatschen und ausgefranste Rock- oder Hosensäume. Offene Sandalen sind im Hochsommer bedingt erlaubt. Orientieren Sie sich im Zweifel an der Mehrheit der Kolleginnen! Bei den Accessoires gilt: weniger ist mehr. Im Dutzend beringte Finger, auffällige Klunker am Hals, sichtbare Tattoos und Piercings sind kaum bürotauglich. Statt baumelnder Ohrringe kurze Stecker bevorzugen, die bei Gesprächen das Gegenüber nicht ablenken.

Männer und Kleidung im Job

Gepflegte Kombinationen und gedeckte Farben zählen beim Mann. Vor allem in Führungsetagen und generell in konservativen Branchen gehört der dunkle Anzug häufig zum Dresscode. Dazu ein langärmeliges (!) Hemd, das – wenn überhaupt – nur dezent gemustert ist. Bei der Krawatte (endet klassisch am oberen Gürtelrand) keinesfalls auffällige Muster oder grelle Farben wählen. Die Füße stecken in Strümpfen, die farblich zum Anzug passen und lang genug sind, um beim Sitzen nicht behaarte Zonen zu entblößen. Absolut tabu: Tennissocken zum Anzug! Für den perfekten Auftritt sorgen geschlossene, dunkle (im Büro: schwarze) Schnürschuhe aus Glattleder. Accessoires: Manschettenknöpfe, Uhr (keine protzigen Modelle oder Designer-Imitate). Auf Ohrringe oder Goldkettchen besser verzichten.

Natürlich gibt es Branchen, die in punkto Kleidung weniger streng reglementieren. Von Menschen in kreativen Berufen zum Beispiel wird fast schon erwartet, dass sie ihren eigenen Stil pflegen. Der Ingenieur oder Architekt, der regelmäßig auf Baustellen oder Produktionsanlagen zu tun hat, wird zwar korrektes, aber dennoch zweckmässiges Outfit bevorzugen. Hier sind Profilschuhe zum grauen Anzug oder ein robustes Sakko aus Cord durchaus mal möglich. Und wenn in einem Büro kein oder kaum Kundenverkehr herrscht, geht es auch etwas legerer zu. Allerdings: Permanenter Freizeitlook signalisiert nicht automatisch Arbeitseifer – und qualifiziert einen auch nicht zwingend für die höheren Etagen.

Auf Veranstaltungen: Was darf Mann ablegen?

Darf Mann das Jackett im Laufe einer offiziellen Veranstaltung ablegen? Nein, jedenfalls nicht bei halbwegs offiziellen Anlässen, auch wenn es noch so warm ist. Auch die Krawatte bleibt dran, der Kragenknopf zu, der Hosenbund ebenfalls. Ausnahmen: Der Gastgeber gibt ein eindeutiges Signal zum Ablegen des Jacketts. Oder: Sie stellen fest, dass nicht nur die Kleidung, sondern auch die Kleiderordnung wegen der klimatischen Verhältnisse aufweicht. Wenn der Chef einer Anzugabteilung zum lockeren Umtrunk nach Feierabend geladen hat, kann Mann die Krawatte ablegen – und Frau ruhig etwas mehr Make-up auflegen.

Offizielle Kleiderordnung

Jedes offizielle Fest hat eigene Kleiderregeln. Oft nennt die Einladungskarte den gewünschten Dresscode. Bei einer Gala ist immer „Abendgarderobe" erwünscht und das bedeutet: Smoking oder dunkler Abendanzug für ihn, Abendkleid für sie. Entsprechen Sie auf jeden Fall den Wünschen des Gastgebers, andernfalls kann's peinlich werden, wenn Sie im hellen Sakko oder im bunten Designerkleidchen zwischen Gästen in festlicher Abendgarderobe sitzen. Wenn die Einladungskarte den Hinweis „black tie" oder „cravate noir" enthält, dann bedeutet dies: Smoking (kleiner Gesellschaftsanzug) erwünscht, zu dem eine schwarze Fliege gehört. Idealerweise trägt die Begleiterin dazu ein langes oder knielanges Abendkleid, aber auch ein festlicher Hosenanzug ist passend. Dass es noch festlicher wird, deutet der Hinweis „cravate blanche" (weiße Fliege) an: Männer tragen den Frack (großer Gesellschaftsanzug), ihre Begleiterinnen auf jeden Fall ein langes Abendkleid. Übrigens: Auch ein Zuviel kann ein Fauxpas sein – und auch der Gastgeber sollte niemals overdressed auftreten.

Festliche private Einladung

Je später der Abend, desto dunkler der Anzug. Das gilt aber nicht fürs Kleid, das bunt oder auch stark gemustert sein darf. Die alte Regel „no brown after six" (keine braunen, sondern schwarze Schuhe nach 18 Uhr), gilt heute nur noch für hochoffizielle Anlässe. Zu privaten Einladungen erscheinen Männer in korrekten, geputzten Schuhen. Frauen wählen ihr Schuhwerk zur Kleidung am besten nach Bequemlichkeit. Wird viel getanzt? Dann sind filigrane Stilettos vielleicht weniger empfehlenswert. Immer gut sind geschlossene Pumps mit halbhohem Absatz.

In Oper und Theater

In der Hochkultur gehören Smoking und Cocktailkleid heute eher zu den Ausnahmeerscheinungen. Wer mag, trägt Edelgarderobe, genauso angemessen aber sind ein

Konfektionsgrößen (Oberbekleidung) für Frauen *

International (kann variieren)	XS	S		M		L	XL
D, A, CH	34	36	38	40	42	44	46
F	36	38	40	42	44	46	48
I	38	40	42	44	46	48	50
USA	4	6	8	10	12	14	16
GB	8	10	12	14	16	18	20

Konfektionsgrößen (Oberbekleidung) für Männer *

International	S	M	L	XL		XXL	
D, A, CH, F	44/46	48	50	52	54	56	58
I, GB	36	38	40	42	44	46	48
USA	39	40	41	42	43	44	45

Schuhgrößen für Frauen und Männer

D, A, CH, F	35	36	37	38	39	40	41	42	43	44	45	46	47
GB	2 1/2	3	4	5	6	6 1/2	7	8	9	9 1/2	10 1/2	11	12
USA	4 1/2	5	5 1/2	6 1/2	7 1/2	8	8 1/2	9 1/2	10 1/2	11	11 1/2	12 1/2	13 1/2

* Die Größen sind international nicht verbindlich nominiert, daher können Abweichungen vorkommen.

schlichter (dunkler) Anzug oder das Kleine Schwarze. Selbst Edel-Jeans werden zunehmend salonfähig – dann aber mit Stil und entsprechend korrekt in der „oberen Etage“ kombiniert. Das heißt: Jackett und Hemd oder Blazer und Bluse, auch ein feines Twinset ist möglich. Kleine Taschen stecken Lippenstift und Geldbörse weg, Rucksäcke und Beutel bleiben daheim oder spätestens an der Garderobe zurück.

DER ESS-KNIGGE

Gute Manieren sind wieder gefragt, vor allem bei Geschäftsessen oder offiziellen Anlässen. Die Regeln beim Essen sind nicht mehr so streng wie früher – aber zu wissen, wie es richtig geht, verleiht mehr Selbstbewusstsein. Und es kann das Essen tatsächlich leichter machen. Denn das ist auch im Ursprung der Sinn all dieser Anweisungen und der besonderen Geräte und Bestecke bei Tisch.

Artischocken

Mit den Fingern ein Blatt nach dem anderen abzupfen, das fleischige Ende in Sauce tauchen und mit den Zähnen abziehen. Wenn alle Blätter abgezupft sind, Finger in der Fingerschale säubern, mit der Serviette trocknen und vom Boden das „Heu“ mit Messer und Gabel waagerecht abtrennen. Boden zerteilen und essen.

Austern

So in die linke Hand nehmen, dass kein Wasser daraus verschüttet wird. Mit etwas Zitrone beträufeln und mit der Austerngabel das Fleisch an der Unterseite von der Schale lösen. Zum Mund führen und Fleisch samt Meerwasser möglichst geräuschlos schlürfen. Nicht sofort runterschlucken, sondern kauen.

Brot

Fürs Brot zum Essen steht links oberhalb des Gedecks ein Brotteller, auf den das Gebäck und die Butter gegeben werden. Jeweils kleine Stücke Gebäck abbrechen, mit etwas Butter bestreichen und mit der linken Hand zum Mund führen. Belegte Brote oder Toast mit Messer und Gabel essen.

Eier, Omelett und Soufflé

Eier darf man nur im Familienkreis mit dem Messer „köpfen“, sonst oben mit dem Eierlöffel anklopfen und dann die Schale abpellen; besonders fein: mit dem Eierlöffel abheben. Omeletts werden üblicherweise nur mit der Gabel gegessen. Mit einem Löffel oder einem Stück Brot dürfen Sie beim Schieben nachhelfen. Gleiches gilt für pikante Soufflés.

Fischfilets

Für auf der Haut gebratene Fischfilets wird das Fischbesteck benutzt. Da das Fischmesser nicht schneidet, am besten erst die Haut abheben – sie darf gegessen werden –, dann das Filet zerteilen.

Forelle und andere ganze Fische

Achten Sie auf die „Naht“ (die Seitenlinie), die sich in der Mitte jeder Fischseite auf der Haut entlangzieht. Bei gekochtem Fisch (Haut wird nicht mitgegessen) das Messer entlang der Naht durch das Filet ziehen, Haut nach beiden Seiten wegklappen und die Filets von der Naht weg von den Gräten schieben. Sind die Filets abgelöst, den Fisch mit Gabel und Messer umdrehen und mit der unteren Seite wie vorher verfahren. Hat man eine Gräte im Mund (sitzen vor allem in der Nähe der Flossen), wird sie mit der Zunge auf die Lippen geschoben und mit der Gabel abgenommen. Mit dem Messer auf den Grätenteller schieben.

Garnelen und Flusskrebse

Krebse oder Garnelen in der Schale dürfen mit den Händen gegessen werden. Den hinteren Körper zusammendrücken, dann mit der linken Hand am ersten, mit der rechten Hand am zweiten Panzerring packen, gegeneinander drehen und ziehen. Jetzt sollte das Schwanzfleisch komplett herauskommen. Wenn nicht, das Krebsmesser nehmen. Dies ist auch dafür da, den dunklen Darm auf der Rückenseite zu entfernen. Bei Krebsen die Scheren abbrechen und mit dem Loch im Krebsmesser die Spitze abbrechen. Das Fleisch darf ausgesaugt werden. Aber bitte leise!

Hummer und Languste

Werden üblicherweise der Länge nach halbiert serviert. Mit Hummergabel oder Fischbesteck das Fleisch lösen, den fadenähnlichen Darm entfernen. Fleisch in Stücke teilen und essen. Die grüngraue Masse im Vorderteil (Leber) und eventuell der schwarze Rogen werden mit dem Löffel gegessen. Ungenießbar ist der Magensack, der meist schon in der Küche entfernt wurde. Scheren mit der Hummerzange wie Nüsse knacken, Fleisch mit der Hummergabel herausziehen. Beine am Gelenk auseinander brechen und leise aussaugen. Finger in der Wasserschale säubern, mit Zitrone abreiben.

Geflügel

In Sauce geschmortes Geflügel mit Messer und Gabel essen. Wird es gebraten oder gegrillt serviert, soweit wie möglich mit Besteck essen, dann Keulen und Flügel in eine Hand nehmen und abknabbern. Kleines Federvieh wie Wachteln können gleich mit der Hand gegessen werden. Geübte essen die Brust mit Messer und Gabel und nehmen dann die Hände.

Käse

Hier isst man von mild (Frisch-, Schnittkäse) bis würzig (Rohmilch-, Blauschimmel-, Ziegenkäse). Gute Ober ordnen die Stücke entsprechend auf dem Teller. Rinde mit Messer entfernen (muss nicht sein bei Weich- und Rotschmierkäse) und Käse mit der Gabel, Brot mit den Händen essen. Sehr weiche Käse dürfen wie Butter aufs Brot (siehe oben) gestrichen werden.

Kartoffeln, Klöße und Nudeln

Seit es rostfreie Messer gibt, dürfen Kartoffeln auch geschnitten werden. Allerdings nehmen Kartoffeln und Klöße besser Sauce auf, wenn man sie mit der Gabel zerteilt. Unfein: mit der Gabel zerdrücken. Spaghetti mit der Gabel aufwickeln (professionell am gewölbten Tellerrand, sonst mit Hilfe eines Löffels), zu große oder breite Nudeln mit der Gabel zerteilen, nie mit dem Messer.

Spargel

Er wurde früher mit den Fingern zum Mund geführt (Spitzen zuerst), was unter Verliebten und Genießern immer noch gepflegt wird. Doch heute ist es auch erlaubt, den Spargel mit dem Messer zu schneiden und dann mit Messer und Gabel zu essen.

Kaviar

Zu Kaviar wird meist Toast und Butter serviert. Etwas Kaviar mit dem Löffel (original aus Horn oder Perlmutt, kein Silber!) aus Dose oder Servierschale auf den Teller geben. Toast mit Butter bestreichen, auf eine Ecke mit dem Kaviarmesser etwas Kaviar häufen und abbeißen. Kenner essen Kaviar pur ohne Zitrone. Werden Blinis (Buchweizenpfannkuchen) zum Kaviar gereicht, etwas saure Sahne, dann den Kaviar darauf geben und mit Messer und Gabel essen.

Muscheln

Nur die erste Muschel mit der Gabel essen, für die nächsten diese Muschelschale wie eine Zange verwenden. Leere Schalen und verschlossene Muscheln auf den Abfallteller legen. Die Sauce mit Löffel oder halber Muschelschale aufnehmen, unter Freunden ist auch Stippen mit Brot erlaubt.

Obst und Desserts

Zu Obst wird ein Dessertbesteck aufgedeckt. Damit die Früchte schälen und zerteilen, Kerne entfernen und die Stücke mit der Hand essen. Mousses und Crèmes werden mit kleinen Löffeln gegessen, süße Aufläufe und Soufflés mit Dessertgabel und Löffel, Kuchen mit kleiner Gabel und Messer.

Pizza

Wird mit dem Messer in Tortenstücke geteilt, die traditionell mit der Hand gegessen werden. Gute Köche backen die Pizza dafür knusprig genug.

Salat

Salatblätter werden nur in Ausnahmefällen geschnitten, schöner ist es, sie mit Gabel und Messer so zu falten, dass sie in den Mund passen. Hat der Koch sie handgroß belassen, ist Schneiden besser.

Saucen

Für die Sauce wird in Restaurants oft ein extra Saucenlöffel mit langem Stiel und flachem Ende aufgelegt. Dann nicht die Sauce mit Brot auftunken.

Suppe

Klassisch: Löffel nicht ganz füllen und ohne Pusten (lieber etwas kalt rühren) Suppe vom Löffel ohne Schlürfen trinken, also nicht ganz in den Mund stecken. Aus der Tasse dürfen Reste getrunken werden. Teller: Von sich weg neigen und auslöffeln.

Die Serviette

Sobald die Gastgeber ihre Serviette aufnehmen, legen Sie auch Ihre auf den Schoß – umgebunden wird sie nur beim Krebsessen. Vor dem Trinken wird mit ihr der Mund dezent abgetupft, Essensreste am Glas sehen unappetitlich aus. Wenn Sie mit dem Essen fertig sind, können Sie die Papierserviette auf den Teller geben, die Stoffserviette kommt locker rechts daneben. Dort können Sie sie auch lassen, wenn Sie zwischendurch mal aufstehen, auch wenn das klassisch als Aufforderung zum Abräumen gilt. Im Zweifel die Serviette zusammengefaltet auf dem Stuhl zurücklassen.

DER SAISON-KNIGGE

Zu jeder Jahreszeit alles kaufen und kochen zu können, was man will, das ist bei uns heute kein Problem mehr. Treibhausware, Importe aus dem Süden und ausgeklügelte Kühlsysteme machen eine Küche ohne Jahreszeiten möglich. Viel sympathischer (und meist auch frischer und preiswerter) ist es, für sich oder für Gäste mit Produkten zu kochen, die gerade bei uns Saison haben. Und so in die Zeit passen. Hier einige Vorschläge fürs Kaufen und Kochen.

Frisches im Frühjahr

Nach grauen Wintertagen sehnen sich Auge und Magen nach frischem Grün. Schweres und Deftiges sind jetzt weniger gefragt, schließlich rückt die Ferienzeit näher und der Winterspeck muss weg.

– Kräuter und Frischkäse passen gut zusammen, auf Crackern als Amuse gueule, als Nocken auf Salat, als Füllung für Champignons oder Kirschtomaten.
– Zum Mai gehört die Maischolle, herzhaft mit Speck oder nur in Butter gebraten. Am besten wird sie pur serviert, nur mit Zitronenschnitzen.
– Ebenso fein im Mai: frische Matjesheringe, am besten pur mit neuen Kartoffeln, grünen Bohnen oder Frühlingszwiebeln.
– Frisch und hesssisch: Grüne Sauce mit vielen Kräutern zu Tafelspitz oder pochierter Lammkeule.
– Zu rosa Roastbeef im Frühjahr ein Muss: Salat aus Brunnenkresseblättchen, nur mit wenig Weißweinessig und Walnussöl angemacht.
– Immer gut: helle Frikassees mit Kräutersauce.
– Passen prima zur Jahreszeit: Frühlingszwiebeln, kurz gedünstet als Gemüsebeilage.
– Nie wieder schmecken Kohlrabi so gut wie im frühen Frühjahr – bissfest gedünstet, mit fein gehackten Kohlrabi-Herzblättchen bestreut, etwas zum Sattessen.
– Sobald die heimische Saison beginnt, gibt es nichts Edleres als Spargel mit heißer Butter oder Hollandaise, feinem Schinken, kleinen Steaks oder gebratenen Riesengarnelen. Dazu neue Kartoffeln - mmh!
– Zu Ostern gehören bunte Eier wie Kerzen zu Weihnachten. Sie sind geschält in Scheiben auch eine nette Dekoration für Appetithäppchen und Salate.
– Hübsch und naturgefärbt: die kleinen Wachteleier. Schalenspitze mit einer Schere abschneiden und Mini-Spiegeleier braten. Machen sich gut auf Tatar.
– Für Gäste: helles Kalbsragout auf Eierkuchen.
– Lammbraten (vor allem vom Milchlamm) ist ein Osterklassiker. Besonders passend: mit Schafkäse und Kräutern überbacken.

Genießen im Sommer

Manche können es gar nicht abwarten, in der warmen Jahreszeit endlich wieder den Holzkohlengrill anwerfen zu können. Ob Halsgrat oder Hummer, Bier oder Champagner, ein Grillfest lässt sich den verschiedensten Anlässen anpassen.

– Wie günstig, dass frische Forellen gerade im Frühsommer am besten schmecken.
– Passend zur Grillsaison: die ganze Salatpalette vom Freiland, schön auf Tellern angerichtet.
– Zarte grüne Bohnen gibt es jetzt bei uns. Blanchieren und bündelweise mit Speck umwickelt auf dem Grill erhitzen. Zu Steak und Lammkotelett.
– Weiß noch jemand, wie herrlich frisch grüne Palerbsen schmecken? Aus der Schale gepalt (macht etwas Arbeit), mit fein gehackter Schalotte in Butter gedünstet und ein wenig Petersilie abgerundet. Toll!
– Zuckermais frisch vom Feld hat nur kurz Saison. Die Maiskolben kochen, mit Butter bestreichen und gleich abknabbern oder auf den Grill legen.
– Jetzt auch im Angebot: Auberginen, Zucchini und viel Knoblauch für die südfranzösische Ratatouille, die bestens zu Roastbeef und Steaks vom Grill passt.
– Am besten schmecken jetzt Zucchini, und zwar wenn sie gut daumendick sind. Die leuchtend gelben Zucchiniblüten lassen sich füllen – kurz gedünstet oder im Dampf gegart eine fürstliche Vorspeise.
– Ab August gibt es dickfleischige Schmorgurken. Geschält, das Kerngehäuse ausgeschabt und in dicken Scheiben mit Sahne geschmort sind sie die Wucht.

Schwelgen im Herbst

Wild, Pilze und Zwetschgen, viel mehr fällt uns heute zum Thema Herbst in der Küche fast nicht ein. Aus südlichen Ländern kommen schon im Sommer die Produkte, die bei uns erst viel später reifen.

– Tomaten zum Beispiel, die jetzt bei uns sonnengereift

geerntet werden und mindestens so aromatisch wie Sommertomaten aus Süditalien schmecken.
– Frisch geerntete Walnüsse, geknackt und von der bitter schmeckenden Haut befreit – prima zu Rotwein.
– Jetzt Esskastanien (Maroni) rösten, pellen und in Butter mit etwas Zucker schwenken – zu Wild.
– Reh und Wildhase, Fasan, Rebhuhn und Wildente sind jetzt bei uns am allerbesten.
– Fast vergessen: Nun schmecken Hähnchen und Enten aus bäuerlicher Freilandaufzucht am besten.
– Zeit für Kürbisse: als Suppe mit Shrimps, als Rösti oder als Füllung in Ravioli.
– Jetzt gibt es den kräftigen Blattspinat, dessen Blätter sich wunderbar zum Füllen eignen.

Wärmendes im Winter

Der Winter war einst die Zeit, in der man außer von frischem, frosthart geerntetem Grünkohl, Rosenkohl und Feldsalat vor allem von Vorräten lebte. Eingekellerte Kartoffeln und Rüben, dazu Hülsenfrüchte waren Grundlage für deftige Eintöpfe, die Wärme in den Magen brachten. Aber der Winter ist auch die Zeit für Edles zu den Feiertagen.

– Getrocknete Bohnen oder Linsen, nicht zu weich gekocht, ergeben einen feinen Salat mit Streifen von rosa gebratenem Rinderfilet oder Garnelen.
– Rosenkohl und Lauch, nur sanft in Butter gedünstet, passen gut zu Wildsteaks.
– Chicorée oder blanchierte Endivienherzen in Butter mit etwas Puderzucker braten, fein zum winterlichen Geflügel.
– Feine Vorspeise für Festessen: Feldsalat mit gebratenen warmen Kaninchenlebern.
– Statt fetter Weihnachtsgans passen Ente oder Pute aus artgerechter Haltung auf den Festtagstisch. Oder ein ganzer, mild gepökelter Kochschinken, der bei 80 °C (Niedrigtemperatur) im Ofen eine bis mehrere Stunden gebacken wird.
– Karpfen gab es früher an Weihnachten, heute wird er meist zu Silvester serviert. Nach Spreewälder Art auf Gemüsestreifen im Ofen garen oder in würzigem Sud sanft ziehen lassen.
– Hochsaison für Luxus: echter Kaviar (in Folienkartoffeln mit etwas Crème fraîche oder auf Blinis), Austern, Hummer und Languste.
– Weiße Trüffel aus dem Piemont hauchdünn über selbst gemachte Nudeln hobeln. Schwarze Périgord-Trüffel kurz in Butter schwenken, fein zu Wildhase.

KLEINES EINMACH-EINMALEINS

Einst konservierte man Gemüse und Obst, aber auch Fisch und Fleisch, um an kargen Tagen etwas Nahrhaftes zu essen zu haben. Dabei entstanden Delikatessen wie Käse, Schinken oder Antipasti. Wer sich heute aufs Einmachen versteht, hat beides: eine fünfte Jahreszeit und delikate Hausmacherkost. Hier die wichtigsten Grundlagen.

Einkochen

Obst, Gemüse, Saucen und Brühen lassen sich gut einkochen. Dafür braucht man spezielle Einkochgläser mit Gummidichtung oder saubere Schraubdeckelgläser mit Deckeldichtung. Das Einzumachende wird in die Gläser gefüllt, fest verschlossen und so lange erhitzt (im großen Topf mit siedendem Wasser oder im Backofen bei knapp 100°), bis der Inhalt 30–45 Minuten lang über 85 °C heiß geworden ist. Langsam abkühlen lassen, kühl und dunkel etwa 6 Monate haltbar.

In Öl einlegen

Die Italiener haben es „erfunden“: gebratene Auberginenscheiben, Pilze, geröstete Paprikaschoten oder getrocknete Tomaten in Gläser füllen, mit Olivenöl bedecken und fest verschließen. Wird so wunderbar würzig und hält sich mindestens 2–3 Wochen. Das Gemüse aber vor dem Einlegen auf Küchenpapier gut trockentupfen, sonst verdirbt es rasch.

Sauer einlegen

Nicht nur Gürkchen, auch bissfest gekochtes Gemüse wie Sellerie, Möhren, Blumenkohl oder Brokkoli, Fenchel, Paprika und Rote Bete lassen sich in Essig einlegen, sind mindestens 3 Monate haltbar und können sofort als Salat oder pikante Beigabe gegessen werden. Für milderen Essigsud 1/2 l Wasser mit 175 ml Weißweinessig, gut 1 EL Salz und 1 TL Zucker aufkochen, wieder abkühlen lassen. Über das vorbereitete Gemüse gießen und verschließen. Hält gekühlt 2–3 Monate. Der klassische Einmachsud besteht aus halb Essig, halb Wasser, ist sehr sauer, das Eingelegte aber auch 1 Jahr haltbar.

DER REKLAMIER-KNIGGE

Die Türen des Sideboards sind verzogen, das Ceranfeld funktioniert nicht, der Home-Trainer ist nicht das Modell, das Sie bestellt haben. In solchen Fällen muss reklamiert werden. Wie und ob Sie dabei zu Ihrem Recht kommen, hängt oft vom Verhalten des Händlers und im Zweifel von Grundsatzurteilen zu Ihrem Fall ab. Zumindest für Ihr Vorgehen dabei gibt es nach deutschem Recht Eckpunkte – hier die wichtigsten.

Die Gewährleistung

– Innerhalb der sechsmonatigen Gewährleistungsfrist muss der Verkäufer dafür einstehen, dass er einwandfreie Ware geliefert hat.

– Wenn Sie ein defektes Möbelstück erhalten haben oder sich bei diesem in den ersten sechs Monaten ein Fehler zeigt, sind Wandelung, Nachbesserung, Ersatzlieferung, Minderung oder Schadenersatz mögliche Maßnahmen (siehe unten). Gewährleistung gibt immer der Händler. Er kann die Kunden nicht einfach an den Hersteller verweisen.

– Er darf die Gewährleistungsfrist nicht verkürzen oder die Gewähr für Teile ausschließen. Auch für Sonderangebote gilt die Gewährleistung.

– Ungültig ist auch der Ausschluss von Schadensursachen, wie etwa Feuchtigkeit. Wird ein Möbelstück vom Kunden allerdings völlig unsachgemäß behandelt, wird er kaum Gewährleistungsansprüche durchsetzen können.

– Bei Waren zweiter Wahl kann der Händler die Gewährleistung nur für die Mängel einschränken, auf die er den Kunden ausdrücklich hinweist.

Die Garantie

– Im Gegensatz zur Gewährleistung ist die Garantie nicht gesetzlich vorgeschrieben. Sie wird von Händlern und Herstellern freiwillig eingeräumt.

– Im Möbelhandel ist eine Händlergarantie eher die Ausnahme. Üblich ist die Herstellergarantie, die man häufig auf einem Zertifikat in der Verpackung findet, etwa „Firma XY gewährt auf Produkt Z eine Garantie von zwölf Monaten. Im Garantiefall den Kassenbon zum Nachweis des Kaufdatums einreichen".

– Hersteller können selbst entscheiden, in welchem Umfang und Zeitraum sie für die Qualität ihrer Produkte einstehen wollen. Und sie können die Transportkosten dem Kunden auferlegen. Deshalb nicht einfach auf die Garantiezusage bauen, sondern die Garantiebedingungen genau lesen.

Wandelung, Ersatzlieferung, Minderung, Schadenersatz

– Haben Möbel usw. Macken, kann sich der Kunde innerhalb der Gewährleistungsfrist für Nachbesserung, Wandelung, Minderung oder Ersatzlieferung entscheiden – außer wenn der Händler sich das Recht auf Nachbesserung in den Geschäftsbedingungen gesichert hat. Mehr dazu im nächsten Punkt.

– Wenn Sie den Kauf rückgängig machen und das Geld zurückverlangen, ist dies eine Wandelung. Der Erfüllungsort des Vertrages ist dort, wo der Käufer das Möbel aufstellen will. Deshalb sind Rücktransportkosten Sache des Händlers.

– Alternativ können Sie verlangen, dass das mangelhafte Stück nachgebessert oder gegen ein einwandfreies ausgetauscht wird – das bezeichnet man als Ersatzlieferung.

– Gelingt es dem Händler nicht, Mängel abzustellen, können Sie weiterhin den Kauf rückgängig machen oder Minderung verlangen. Das heißt, dass Sie das mangelhafte Stück mit Preisminderung behalten. Diese Alternative empfiehlt sich nur dann, wenn man mit dem Mangel auf Dauer leben kann.

– Wandelung und Minderung sind fester Teil der gesetzlichen Gewährleistung. Klauseln in den Allgemeinen Geschäftsbedingungen wie „Wandelung und Minderung sind ausgeschlossen, der Kunde hat nur Anspruch auf Nachbesserung", sind wirkungslos.

– Das Recht auf Wandelung, Minderung oder Ersatzlieferung besteht aber nur bei „wesentlichen" Mängeln. Akzeptieren muss der Käufer beispielsweise kleine Kratzer, die sich mit etwas Möbelpolitur beseitigen lassen, ein paar Farbspritzer auf der Schrankrückseite oder knackende Geräusche beim Umlegen einer Sofalehne.

– Anspruch auf Schadensersatz besteht, wenn der Verkäufer einen wesentlichen Mangel bewusst verschwiegen hat oder dem Stück eine zugesicherte Eigenschaft fehlt. Sachmängel (oft bei Möbeln) sind kein Grund für Schadensersatzansprüche.

Die Nachbesserung

– In ihren Allgemeinen Geschäftsbedingungen sichern sich Händler meistens das Recht auf Nachbesserung, also den Schaden zu reparieren. Dann muss der Kunde diesen Weg vorerst akzeptieren.
– Außerdem müssen Sie bei einem geringen Mangel akzeptieren, dass statt einer Ersatzlieferung erst eine Reparatur durchgeführt wird.
– Der Händler kann höchstens zweimal nachbessern, in wenigen Ausnahmefällen auch dreimal, etwa wenn es sich um ein technisch kompliziertes Gerät handelt. Die entstehenden Kosten (Transport, Material usw.) trägt der Verkäufer.
– Kunden, die trotzdem einer Nachbesserung nicht zustimmen, verlieren ihr Recht auf Wandelung.
– Für ein repariertes Teil, etwa ein Scharnier in der Schranktür, beginnt die gesetzliche sechsmonatige Gewährleistungsfrist nach der Reparatur erneut.

Die Reklamation

– Manchmal klappt's: Ein Anruf im Möbelhaus, und der Händler schickt umgehend einen Fachmann, der die Reparatur ausführt.
– Sie sind aber auf der sicheren Seite, wenn Sie dem Händler die Beanstandung schriftlich mitteilen, und zwar per Einschreiben.
– Beschreiben Sie die Mängel genau, geben Sie Rechnungs- und/oder Kundennummer an oder fügen Sie eine Fotokopie des Auftrags oder der Rechnung bei.
– Bitten Sie darum, den Mangel durch eine kostenlose Reparatur zu beheben oder um Ersatzlieferung.
– Ist der Kaufpreis noch nicht bezahlt, weisen Sie darauf hin, dass Sie einen Teilbetrag zurückbehalten.

Der Fernkauf

– Für Käufe per Internet (und Fax, Telefon, Katalog) gilt ein gesetzliches Widerrufsrecht von 14 Tagen. Das heißt, Sie können jeden getätigten Kauf innerhalb von 14 Tagen ohne Angabe von Gründen schriftlich widerrufen und bereits gelieferte Ware zurückschicken.
– Die Kosten für die Rücksendung trägt der Versender ab einem Warenwert von 40 Euro, liegt er darunter, darf der Händler die Versandgebühr dem Kunden auferlegen.
– Der Händler muss den Kunden ausdrücklich auf sein Widerrufsrecht hinweisen. Versäumt er dies, verlängert sich die Zwei-Wochen-Frist auf vier Monate.

DER LIEFERTERMIN: 5 TIPPS

1. Nicht eingehaltene Lieferfristen geben beim Möbelkauf Anlass zu Ärger. Deshalb sollte der Liefertermin möglichst präzise genannt werden. „Baldmöglichste Lieferung" reicht nicht. Händler müssen sich zumindest auf die Kalenderwoche festlegen.
2. Nennt der Kaufvertrag keinen exakten Termin, heißt es zum Beispiel „Lieferung bis zur 24. Kalenderwoche", müssen Sie bis zum Ablauf dieser Woche warten. Erst dann können Sie die Lieferung schriftlich per Einschreiben mit Rückschein anmahnen. Mit Erhalt gerät der Händler in Verzug und Sie können auf Vertragserfüllung klagen. Überschreitet der Händler ein im Vertrag genanntes festes Datum, gerät er automatisch in Verzug.
3. Ist ein Lieferdatum nicht absehbar, können Sie vom Vertrag zurücktreten. Das ist dann zu überlegen, wenn ein anderer Händler ein gleichwertiges Stück sofort liefern kann. Für den Rücktritt muss der Händler im Verzug sein und ihm muss eine angemessene Nachfrist – 2–3 Wochen – eingeräumt werden. Auch das per Einschreiben.
4. Manchmal wird nur ein Teil der bestellten Möbel geliefert, etwa der Esstisch mit zwei statt mit vier Stühlen. Dann gelten die gleichen Rechte wie bei verspäteter Lieferung – der Kunde kann den Händler wegen des fehlenden Teils in Verzug setzen.
5. Auch die Uhrzeit einer Lieferung ist oft Streitpunkt. Viele Händler geben nur den Tag an, an dem sie liefern, aber nicht die Stunde. Der Kunde kann verlangen, dass der ungefähre Zeitraum, etwa zwischen 8 und 10 Uhr oder bis 12 Uhr, genannt wird. Sollten Sie das Haus kurzzeitig verlassen, informieren Sie einen Nachbarn oder klemmen Sie einen Zettel mit „Bin gleich zurück" an den Klingelknopf. Verpassen Sie einen Liefertermin aus eigenem Verschulden, darf der Händler die zweite Anlieferungsfahrt in Rechnung stellen.

DIE ZEHN RATSCHLÄGE ...

... die man nicht vergessen sollte. Weil sie uns am Herzen liegen (Gerne essen, Lieber laufen), weil es auch Anti-Ratschläge braucht (Fünfe gerade sein, Die Meinung ändern, Etwas nicht tun), weil man es nicht oft genug sagen kann (Etwas tun), weil man das auch mal sagen sollte (Ich-e. V. gründen, Glauben), weil wir Ihnen noch etwas schenken wollen (Eine Geschichte erzählen). Und weil wir es fast vergessen hätten (Ein Rad wechseln) ...

I Rad wechseln

Den Reifenwechsel (Austausch auf der Felge) macht die Werkstatt. Wir tauschen hier ein Rad mit plattem Reifen gegen das Ersatzrad aus. Dazu braucht es Wagenheber und Radkreuz. Beides sollte im Auto sein – zumindest in dem, das man anhält.

– Zuerst die Radkappe entfernen, wobei ein Schraubenzieher oder Ähnliches als Hebel hilft.
– Die Muttern lösen: Radkreuz ansetzen und nach links drehen, bis die Muttern etwas gelöst sind. Nun jeweils an der gegenüberliegenden Mutter ansetzen.
– Wagenheber an stabiler Stelle hinterm Rad ansetzen (nicht an Karosserie oder Bodenblech, Hinweise im Autohandbuch) und je so aufbocken, dass sich das Rad abziehen und das Ersatzrad aufsetzen lässt.
– Muttern lösen, Rad abziehen, Ersatzrad aufsetzen, Muttern diagonal etwas festschrauben, dann den Wagen senken. Muttern ganz festschrauben.
– Am besten gleich zur Werkstatt fahren, um das Rad zu reparieren und fachmännisch anbringen zu lassen.

II Gerne essen

Wir müssen essen, täglich. Also machen wir doch was draus – eine Pause, ein Fest, ein Naturerlebnis! Wer nur nach Zahlen isst (also erst mal Cents, Kalorien und Schadstoffe zählt), hat schwer Freude am Leben.

– Essen Sie dann, wenn man isst. Denn dann hat man meistens auch Hunger und eher die Chance, nicht alleine essen zu müssen.
– Essen Sie mit anderen: Gemeinsam frühstücken stärkt die Liebe, Lunch mit Lieblingskollegen versüßt den Alltag, Abendbrot mit Familie macht froh.
– Essen Sie nicht im Stehen, Gehen, Liegen. Essen Sie am Esstisch. Und räumen Sie alles davon weg, was nichts mit Essen zu tun hat.
– Essen Sie, was Ihnen schmeckt. Dazu müssen Sie aber beim Essen aufs Schmecken achten. Daher:
– Machen Sie nichts anderes beim Essen. Lesen, Fernsehen, Geschäfte machen – vergessen Sie es wenigstens für eine halbe Stunde, vor allem wenn es schmeckt.
– Fragen Sie sich: Muss ich das jetzt wirklich essen? Die fette Torte? Die angebrannte Currywurst? Den neuen Schokoriegel im Regal?
– Essen Sie Unbekanntes, um etwas zu entdecken.
– Essen Sie Bekanntes, um Unterschiede zu schmecken.
– Gehen Sie essen, um zu entdecken und Unterschiede zu schmecken. Unterstützen Sie Wirte und Köche, die gut sind. Sonst sind sie es bald nicht mehr.
– Meiden Sie Dinner Shows. Die müssen nicht sein.

III Lieber laufen

Weniger ein Fitness-Tipp. Eher der Rat, nicht immer den nächsten Weg auf die schnellste Art zu wählen.

– Wer drei Stunden mit dem Zug fährt statt eine Stunde zu fliegen, spart Zeit. Weil er noch eine Minute vor Abfahrt einlaufen darf, statt früher am Flughafen sein zu müssen. Weil er gleich was wegschaffen kann, statt aufs Abschnallzeichen zu warten. Weil er im Zug herumlaufen kann, statt eingeklemmt im Flugzeug zu sitzen. Weil er sofort in der Stadt ist.
– Wer mit dem Fahrrad statt Auto fährt, kann anhalten, wo er will und mit dem Herumlaufen anfangen.
– Wer läuft, sieht mehr und kann mehr erzählen, wenn er ankommt. Vor allem wenn er auf dem Rückweg einen anderen Weg nimmt.

IV Fünfe gerade sein lassen

Eigentlich wollen wir bei diesem Buch auf leere Phrasen und Allgemeinplätze verzichten. Aber wir wollen auch nicht die Welt neu erfinden. Denn bevor alle wieder nur

Bahnhof verstehen, greifen wir lieber zu einem Bild, das auch dem Otto Normalverbraucher klar wie Kloßbrühe ist und das den Kern der Aussage ins Schlaglicht rückt. Auch wenn es mal holpert.

Die römischen Zahlen

I = 1
II = 2
III = 3
V = 4
V = 5
VI = 6
VII = 7
VIII = 8
IX = 9
X = 10
XI = 11
XX = 20
L = 50
C = 100
D = 500
M = 1000
MXIII = 1013
MMV = 2005

– Was wir meinen: Befreien Sie sich von Ihren Ansprüchen, wenn möglich. Vor allem wenn es Ihnen und anderen damit besser geht. Finden Sie Ihre Ideale so, dass es einen realen Weg dorthin gibt.
– Selbst wenn Sie meinen, Ihre perfekte Welt schaffen zu können, lassen Sie es erst mal. Richtig rund wird Ihre Welt erst durch das andere. Wer alle Wünsche erfüllt haben will, lässt wenig Platz für die Ansprüche anderer. Vor allem wenn er für die gleich mitgewünscht hat.
– Wenn Sie also mal wieder alle neune werfen wollen, lassen Sie fünfe gerade sein und schauen Sie, wie die anderen werfen. Es lässt sich was lernen: Mut zur Lücke.
– Verschaffen Sie sich Überblick. Finden Sie das Ziel.
– Dann überlegen: Was kann ich, was nicht? Was ist davon für den Weg zum Ziel wichtig, was nicht? Was kann von selbst oder mit Hilfe anderer laufen? Und wo lasse ich Platz, eine Lücke – eben fünfe gerade sein?
– Dann lassen Sie es drauf ankommen. Sie dürfen sich wundern. Über einen neuen Weg, eine frische Perspektive, die anderen, sich selbst.
– Und wenn Sie woanders als erwartet ankommen? Dann haben Sie ungenau gezielt. Oder das falsche Ziel zu genau angepeilt. Oder Sie sind noch nicht am Ziel. Oder doch, nur Sie wissen es noch nicht. Machen Sie es doch erst mal im Nachhinein zu Ihrem Ziel. Und gehen Sie dann mit dem Stolz des Erfolgreichen weiter. Sie werden sehen: Das passt schon.

V Die Meinung ändern

Vorgabe war: Eigentlich sollten Sie, der Leser, in diesem Buch nicht direkt mit „Sie“ angesprochen werden. Weil das manchmal den Eindruck erweckt, zu vertraulich zu sein – oder vielleicht auch zu förmlich. So zumindest dachten die Herausgeber. Für manche der ans „Sie“ gewohnten Autoren war das eine recht schwierige Vorstellung.

– Dann ging es los. Und manche Autoren entdeckten ohne das „Sie“ eine ganz eigene Art zu schreiben. Allerdings entdeckten auch die Herausgeber manch eigenartige Sätze, die mit einem „Sie“ viel klarer und besser lesbar gewesen wären. Man änderte seine Meinung und fand sich zusammen.
– Heißt das nun, dass man erst mal keine Meinung haben sollte? Das geht aber nicht, wenn eine Entscheidung gefragt ist. Besser: Auf die Meinung anderer hören, wenn man sich seine bildet, vor allem wenn es um eine gemeinsame Sache geht.
– Wenn sich nun in der Praxis zeigt, dass es der eigenen Meinung nach nicht mehr weitergeht: Ändern Sie Ihre Meinung so bald wie möglich. Aber am besten gemeinsam mit den anderen. Zumindest sollten diese jedoch davon erfahren.
– Letzteres ist auch im Familien- und Freundeskreis wichtig. Denn selbst wer Ihnen nahe ist, kann nicht immer Ihre Gedanken lesen.
– Außerdem: Je klarer sich der Meinungswechsel nachvollziehen lässt, desto authentischer ist er auch für die anderen. Wer plötzlich genau das Gegenteil davon predigt, was er bisher gesagt hat, hat wohl schon vorher nicht glaubwürdig gewirkt.
– Übrigens: Wenn Sie jetzt trotzdem Ihre Meinung nicht ändern wollen, bleiben Sie dabei. Man muss nicht alles tun, was einem gesagt wird.

VI Etwas nicht tun

„Leben“ in Großbuchstaben mit Ausrufezeichen, das ließe sich auch als Befehl verstehen: „LEBEN SIE! Und zwar nur nach unseren 1013 Ratschlägen!! Denn nur die brauchen Sie wirklich!!!“ Lassen Sie das. Bitte.

– Da ist der (auch in diesem Buch) immer wiederkehrende und an sich gute Rat, sein Leben zu entrümpeln, das dabei Zweifelhafte in einer Kiste zuunterst auf den Boden zu packen und diese dann nach einem Jahr wegzuwerfen, wenn man sie nicht angerührt hat. Abgesehen davon, dass das eine Reihe von Entscheidungen nach sich zieht (In den Müll? Wie trennen? Verschenken? Spenden? An wen? Verkaufen? Für wie

viel?): Ist das nicht genau der Stoff, aus dem Schatzkisten gemacht sind?
– Oder ich sage mir jeden Tag: „Heute müssen die Kinder um halb acht im Bett sein." Und trotz Hetze und Geschrei wird es jeden Abend acht, bis Ruhe ist und alle ein schlechtes Gewissen haben. Warum nicht das Ganze lassen und das Naturgesetz akzeptieren: Meine Kinder gehen um acht ins Bett. Dann ist schon vorher Ruhe und allen geht es besser.
– Also: Wer weiß, was er tut, kann auch was lassen. Wir könnten Ihnen sagen, wie das geht (morgen früh mal nicht joggen, dann Ihren Chef zweimal ignorieren; nach der Arbeit nicht wie sonst nach Hause fahren, nicht anrufen, auch nachts nichts dazu sagen; einen Skandal machen; wieder normal sein). Aber wir lassen das lieber.

VII Etwas tun

Gleich damit anfangen:

– Den ersten Schritt machen.
– Dran bleiben.
– Eine Pause machen.
– Fertig werden.
– Etwas Gutes tun.
– Eine Dummheit machen.
– Etwas Schlechtes verhindern.
– Etwas tun, was niemand von einem erwartet.
– Etwas tun, obwohl es von einem erwartet wird.

VIII Ich-e. V. statt Ich-AG gründen

Aktiengesellschaften (AGs) müssen Gewinn machen, egal, womit – Hauptsache, die Aktionäre sind zufrieden. Bei eingetragenen Vereinen (e. V.) arbeiten Mitglieder selbst mit daran, sich und andere zufrieden zu stellen und dürfen dabei gar keinen Gewinn machen. Machen Sie das auch mal.

– Schenken Sie jemandem etwas, von dem Sie im Moment nichts haben.
– Nehmen Sie sich Zeit für jemanden, der Ihnen wichtig ist, auch wenn er nie Zeit hat.
– Hören Sie anderen zu, wenn Sie ein Problem haben, auch wenn das nicht gleich klar wird und niemand Sie fragt, wie es Ihnen geht.
– Helfen Sie, wenn jemand Hilfe braucht. Schauen Sie, ob jemand in Ihrer Nähe Hilfe braucht. Und dann schauen Sie weiter.
– Wenn Sie eine gute Idee haben, die Ihnen wenig bringt, aber anderen hilft, erzählen Sie ihnen davon. Überlegen Sie gemeinsam, wie Sie sich verwirklichen lässt. Machen Sie im Zweifel mit.
– Wenn Ihnen jemand Gutes tut – Sie einlädt, beim Umzug hilft, einen Job abnimmt – und nichts dafür will, denken Sie nichts Schlechtes und versuchen Sie nicht, es ihm zurückzuzahlen. Er ist ein Ich-e. V. Geben Sie lieber jemandem etwas, der nicht zufrieden ist. Vielleicht gründen Sie ja alle einen Wir-e. V.

IX Glauben

An Gott zu glauben ist nicht leicht. Die Kirche liefert viele Regeln, Gebote und Legenden, die wir nicht alle verstehen und die sich zum Teil widersprechen. Für den Glauben wird gestritten und getötet, aus ihm heraus wird geliebt und gefeiert, und viele seiner Regeln sind uns ganz selbstverständlich. Aber was wirklich aus uns wird, wenn wir ein Leben lang dem Glauben folgen oder nicht, weiß keiner. Entweder man glaubt etwas – oder eben nicht.

– Wer das verstanden hat und trotzdem glaubt, der fällt auch nicht davon ab, wenn der Pastor den Gottesdienst zum Laientheater macht, der Bischof die Verhütung ablehnt oder ein Gotteskrieger Menschenleben aufs Spiel setzt. Sie sind nur die „Werkzeuge des Glaubens". Wenn ich eine Lampe nicht reparieren kann, weil ich die Technik nicht verstehe, muss ich mir eben anders Licht machen. Denn dunkel wird es auf jeden Fall.
– Was nicht heißen soll, dass jeder nur bei Kerzenschein im stillen Kämmerlein seinen Glauben pflegen sollte. Damit der richtig zum Leuchten kommt, braucht es nämlich andere dazu: zum Reden, Beten, Streiten, Stärken, Mitmachen.
– Die besten Orte zum Einstieg sind trotz allem immer noch die Kirchen. Gehen Sie in einer Großstadt einfach mal nur so in ein Gotteshaus hinein. Da finden Sie sich mitten in einer Gemeinschaft wieder, werden trotzdem in Ruhe gelassen und können sich vom Draußen erholen. Und: Es kostet nichts.
– Glauben Sie erst einmal das, womit sie groß geworden sind. In der Bibel, im Koran oder im Talmud steht mehr Weises und Gutes als Ärgerliches. Vieles, was wir am Tag

und im Leben tun, hat seinen Ursprung in unserer Religion. Das macht den Zugang leichter.
– Es kann aber auch ein großer Ballast sein. Da kann eine andere Religion beim Glauben helfen, solange sie alle Menschen akzeptiert. Und vielleicht können Sie damit sogar „Ihre" Religion wieder akzeptieren.
– Glauben Sie also an etwas. Es muss nicht Gott sein, aber es sollte etwas Geistiges und Menschliches sein. Glauben Sie dabei nicht alles, was man Ihnen zeigt und erzählt. Manchmal liegt die Wahrheit dahinter. Das herauszufinden, kann aber ziemlich viel Spaß machen.

X Eine Geschichte erzählen

Mit einer kleinen Geschichte lässt sich viel über große Dinge sagen. Biblische Gleichnisse, Geschichten aus 1001 Nacht, Grimms Märchen – all das sind gesammelte gut verpackte Ratschläge. Auch Hausbücher waren immer Sammlungen solcher Erzählungen. Wir möchten Ihnen eine weitergeben, die wir (und Sie vielleicht auch schon) im Internet entdeckt haben und die gut an den Schluss passt: Die Geschichte vom Blumentopf und vom Bier.

Wenn die Dinge in deinem Leben immer schwieriger werden, wenn 24 Stunden am Tag nicht genug sind, erinnere dich an den „Blumentopf und das Bier". Eine kleine Anekdote über die wichtigen Dinge im Leben.

Ein Professor stand vor seiner Philosophie-Klasse und hatte einige Gegenstände vor sich. Als der Unterricht begann, nahm er wortlos einen sehr großen Blumentopf und begann diesen mit Golfbällen zu füllen. Er fragte die Studenten, ob der Topf nun voll sei. Sie bejahten es.

Dann nahm der Professor ein Behältnis mit kleinen Kieselsteinen und schüttete diese in den Topf. Er bewegte den Topf sachte und die Kieselsteine rollten in die Leerräume zwischen den Golfbällen. Dann fragte er die Studenten wiederum, ob der Topf nun voll sei. Sie stimmten zu.

Der Professor nahm als Nächstes eine Dose mit Sand und schüttete diesen in den Topf. Natürlich füllte der Sand den kleinsten verbliebenen Freiraum. Er fragte wiederum, ob der Topf nun voll sei.Die Studenten antworteten einstimmig „ja".

Da holte der Professor zwei Dosen Bier unter dem Tisch hervor und schüttete den ganzen Inhalt in den Topf und füllte somit den letzten Raum zwischen den Sandkörnern aus. Die Studenten lachten.

„Nun", sagte der Professor, als das Lachen langsam nachließ, „ich möchte, dass Sie diesen Topf als die Repräsentation Ihres Lebens ansehen. Die Golfbälle sind die wichtigen Dinge in Ihrem Leben: Ihre Familie, Ihre Kinder, Ihre Gesundheit, Ihre Freunde, die bevorzugten, ja leidenschaftlichen Aspekte Ihres Lebens, welche, falls in Ihrem Leben alles verloren ginge und nur noch diese verbleiben würden, Ihr Leben trotzdem noch ausgefüllt wäre."

„Die Kieselsteine symbolisieren die anderen Dinge im Leben wie Ihre Arbeit, Ihr Haus, Ihr Auto. Der Sand ist alles andere, die Kleinigkeiten. Falls Sie den Sand zuerst in den Topf geben", fuhr der Professor fort, „hat es weder Platz für die Kieselsteine noch für die Golfbälle."

„Dasselbe gilt für Ihr Leben: Wenn Sie all Ihre Zeit und Energie in Kleinigkeiten investieren, werden Sie nie Platz haben für die wichtigen Dinge. Achten Sie auf die Dinge, welche Ihr Glück gefährden. Spielen Sie mit den Kindern. Nehmen Sie sich Zeit für eine medizinische Untersuchung. Führen Sie Ihren Partner zum Essen aus. Es wird immer noch Zeit bleiben, um das Haus zu reinigen oder Pflichten zu erledigen. Achten Sie zuerst auf die Golfbälle, die Dinge also, die wirklich wichtig sind. Setzen Sie Ihre Prioritäten. Der Rest ist nur Sand."

Einer der Studenten erhob die Hand und wollte wissen, was denn das Bier repräsentieren soll. Der Professor schmunzelte: „Ich bin froh, dass Sie das fragen. Es ist dafür da, Ihnen zu zeigen, dass, egal, wie schwierig Ihr Leben auch sein mag, es immer noch Platz hat für ein oder zwei Bierchen."

Soweit die Geschichte vom Blumentopf und dem Bier. Unser Schlusswort dazu: Wir wollen Ihnen mit diesem Buch dabei helfen, dass Sie die Kieselsteine zwischen Ihren Golfbällen gut verteilen und dass der Sand reibungslos durchrieselt. Um den Rest müssen Sie sich allerdings selbst kümmern – und statt dem Bier darf es auch ein guter Wein oder eine selbst gemachte Zitronenlimonade sein.

Register

In diesem Gesamtregister sind alle Ratschläge zunächst einmal streng alphabetisch geordnet, zum Beispiel unter „K“: Klassische Hautcremes selber machen (180.) 111. Die Ziffer in der Klammer ist jeweils die Nummer des Ratschlags, dahinter steht die Seitenzahl, hier 111.

Ebenso sind die Ratschläge unter den aussagekräftigen Schlagworten und Inhalten zu finden, im Beispiel also unter „H“ bei „Hautcremes“: Klassische Hautcremes selber machen (180.) 111 und auch unter „S“: bei „Selber machen“: Klassische Hautcremes selber machen (180.) 111.

Bei Schlagworten aus Tipp- und Infokästen steht vor der Seitenzahl jeweils in Klammer: (Kasten).

Bei Schlagworten aus einführenden Fließtexten und aus dem Anhang wird nur die Seitenzahl angegeben.

Häufiger vorkommende Überbegriffe sind fett hervorgehoben.

Eine komplette Übersicht aller Ratschläge von 1.–1013., nach Kapiteln gegliedert, finden Sie ab Seite 612. Und auf Seite 621 „Das kleine 1x1 fürs LEBEN!“ eine Zusammenstellung spezieller Infos – von „5 Tricks fürs Einrichten“ bis „3 Versicherungen für die Reise“.

A

A

A

B

B

B

C

C

D

C–D

D

E

E

E

E

F

F

F

F
G

G

G | H

H

H

H

I

I

J

K

I | J | K

K

K
L

L

M

M

N

N
O

O

P | Q | R

Q

R

R
S

S

S

S
T

T

U

V

W

W

Y

Z

WOHNEN

WOHL FÜHLEN

GESUND SEIN

ZUSAMMEN SEIN

KINDER HABEN

!

KOCHEN

ORDNUNG HABEN

ARBEITEN

FREI HABEN

!

Das kleine 1 x 1 fürs LEBEN!

WOHNEN

WOHL FÜHLEN

GESUND SEIN

ZUSAMMEN SEIN

KINDER HABEN

KOCHEN

ORDNUNG HABEN

ARBEITEN

FREI HABEN

Die Autoren

WOHNEN

Zuhause leben

Gudrun Knappe arbeitet seit mehr als 20 Jahren als freie Journalistin in Hamburg. Ihr Themenschwerpunkt ist der gesamte Wohnbereich. Sie schreibt u.a. für Wohnmagazine wie ZUHAUSE WOHNEN und Wohnidee, für Frauenzeitschriften wie FÜR SIE und Journal für die Frau sowie für Fachzeitschriften. Redaktionelle Konzepte sowie Texte für PR-Agenturen sind ein weiteres Standbein.

Handwerken

Jörn-U. Lindemann, gelernter Fotograf und Journalist in Hamburg, seit 1996 bei SELBERMACHEN, dem auflagenstärksten Do-it-Yourself-Magazin Europas. Dort verantwortlich für zahlreiche Themen rund um Haus und Wohnung: Vom Tapeten kleben bis zum kompletten Dachausbau. Heute »Geschäftsführender Redakteur« der Zeitschrift.
– Seit 2003 "Experte" und Co-Moderator der monatlichen Rundfunksendung "Ideenbörse" des NDR. (Livesendung mit Hörerfragen per Telefon)
– Seit über 20 Jahren Beschäftigung mit Denkmalpflege und Gründungs- und Vorstandsmitglied des gemeinnützigen Vereins "Initiative zur Erhaltung historischer Bauten" in Hamburg.
– Von Kindesbeinen an Affinität zum Handwerk – der Vater war Bildhauer und Restaurator, die Ehefrau ist Tischler-Meisterin.
– Eigner eines alten Segelboots (viel Holz), das in den letzten Jahren aufwändig in Eigenarbeit flott gemacht wurde.

WOHL FÜHLEN

Katja Ziegler bearbeitete nach dem Studium der Kommunikationswissenschaften und Psychologie zunächst kulturelle Themen beim Hörfunk, bevor sie bei der Münchner Abendzeitung einige Jahre als rastlose Reporterin unterwegs war. Sie baute ihre Interessen für Food-, Gesundheits- und Medizinthemen kontinuierlich aus und arbeitet seither als selbständige Journalistin für verschiedenen Redaktionen. Da der Balanceakt zwischen Muttersein und Job manchmal ganz schön aufreibend ist, sucht sie immer wieder nach Ruheinseln, probiert mentale und körperliche Methoden aus, mit denen sie sich fit hält und aus denen sie neue Kraft für die täglichen Herausforderungen schöpft. Ihr Motto: Love it, change it, or leave it!

GESUND SEIN

Dr. med Katharina Larisch hat sich nach 15 Jahren medizinischem Studium und Praxis dem Dialog zwischen Experten und Medizinlaien verschrieben. Selbstverantwortung gerade im Bereich der eigenen Gesundheit ist für sie wesentlich, um gesund zu bleiben und gesund zu werden. Patienten brauchen Information und Wissen, um die eigene Therapie zu verstehen und aktiv mit zu gestalten. Neben ihrer Autorentätigkeit berät Katharina Larisch Fernsehsender, bildet Osteopathen aus und ist seit mehreren Jahren Leiterin der medizinischen Redaktion beim Gesundheitsportal NetDoktor.de.

ZUSAMMEN SEIN

Sybille Engels – Die Kommunikationswissenschaftlerin, Journalistin, Malerin, Autorin und Geschäftsführerin ihrer Agentur engels zahm und partner kann beziehungs-, erfahrungs- und psychologiemäßig einiges in die Waagschale werfen, zum Beispiel ...
– viele Frösche und (seit 15 Jahren) einen Prinzen
– eine fast 30jährige Frauenfreundschaft (nicht ganz zufällig mit Co-Autorin Cornelia Trischberger)
– massives Erfahrungspotenzial mit ausgeprägten Persönlichkeiten im temperamentvollen Familien- und Freundeskreis, mit Angestellten, freien Mitarbeitern, Senior- und Junior-Praktikanten, und … und … und …
– und sehr viel Kenntnisse in Psychologie – erst studienbedingt und danach im Selbst-Studium –, weil diese lebensnahe Wissenschaft ein paar wunderbare Antworten auf die Kernfragen des Lebens liefert: Wie erreiche ich Glück, Weisheit und Wahrheit?

Cornelia Trischberger (siehe auch Kapitel Ordnung haben) – Die Politikwissenschaftlerin, Journalistin und freie Autorin beschäftigt sich seit Studienzeiten intensiv mit psychologischen Themen, deren Wahrheitsgehalt sie in verschiedenen „Lebensrollen" immer wieder überprüfen konnte, so als …
– Mutter (einer inzwischen erwachsenen Tochter) und Ehefrau (in zweiter Ehe, allerdings mit Jubiläumsrekord)
– quasi „ausländische" Schwiegertochter in Bayern
– Mitglied einer großen Herkunftsfamilie
– Teil eines weit verzweigten und sehr unterschiedlichen Freundes- und Bekanntenkreises
– leitende Angestellte in einem großen Betrieb (früher) und eigene Chefin (heute).

Dr. Bettina Schubarth hatte vor ihrem jetzigen Job bei der Agentur engels zahm und partner ausreichend und vielfältig Gelegenheit, die Beziehungsstrukturen des menschlichen Miteinanders zu studieren, ganz besonders …
– während des Germanistik-Studiums, das bis zur Promotion viel hochinteressantes Beobachtungsmaterial lieferte
– durch ihre langjährige Arbeit als Pflegerin in einer Behinderteneinrichtung
– bei ihrer Ausbildung als Online-Journalistin
– in ihrem Beruf als Redakteurin: So manch schwieriges Interview käme ohne reichlich emotionale Intelligenz nicht über die Bühne
– und privat in einer äußerst gut funktionierenden Doppelwohnung- und Wochenendbeziehung.

KINDER HABEN

Doro Kammerer – Journalistin und Ernährungswissenschaftlerin, schreibt seit 20 Jahren Gesundheits- und Psychologiebeiträge für Zeitschriften- und Buchverlage. Fast genau so lange schon ist sie freie Mitarbeiterin der Zeitschriften ELTERN und später ELTERN for family. „Neben" ihrer journalistischen Tätigkeit hat sie sich als Mutter dreier Söhne ihre Lorbeeren für praktische Erfahrungen verdient.

!

KOCHEN

Reinhardt Hess rührte schon als kleiner Junge in den Kochtöpfen seiner Mutter und Großmutter. Nach dem Geografie- und Ökologiestudium hängte er sein Diplom an den Nagel, machte sein Hobby zum Beruf und wurde Journalist für Kulinarisches. Das Handwerk lernte er in Redaktion und Versuchsküche der größten deutschen Zeitschrift für Kochen und Genießen, danach arbeitete er bei Computerzeitschriften und gewöhnte sich beim Programmieren an, Abläufe genau zu strukturieren. Doch das Kochen lag ihm mehr, so ging er zu Kochbuchverlagen und konzipierte und schrieb selbst Bücher. Seit mehreren Jahren ist er freier Autor, steht täglich in der Küche und testet Kochrezepte und Küchengeräte. Inzwischen hat er rund 50 Koch- und Weinbücher verfasst oder daran mitgearbeitet, fünf davon wurden von der Gastronomischen Akademie mit Silbermedaillen ausgezeichnet.

ORDNUNG HABEN

Cornelia Trischberger …
– wurde als älteste von vier Kindern schon früh mit dem Thema „Ordnung machen" konfrontiert
– hat sich als studierte Gesellschaftswissenschaftlerin den Haushaltsthemen auch schon mal soziologisch genähert
– konnte als langjährige leitende Redakteurin einer großen Frauenzeitschrift auch aus journalistischer Sicht wertvolle Erfahrungen sammeln
– und musste als berufstätige Mutter bei der Haushaltsführung nicht nur organisatorisches Talent entfalten, sondern auch lernen, absolut effektiv zu arbeiten.

Ines Teitge-Blaha …
– als studierte Haushalts- und Ernährungswissenschaftlerin hat sie die Themen Aufräumen, Putzen, Waschen und Nähen schon in jungen Jahren ‚theoretisch' bearbeitet
– als Redakteurin bei verschiedenen großen Frauenzeitschriften dann auch journalistisch
– und in ihrem „Zweit-Job" als Hausfrau und Mutter von drei Kindern alle Erkenntnisse und Erfahrungen dann auch in der Praxis ausprobiert und auf ihre Richtigkeit überprüft.

ARBEITEN

Frank A. Miltner hat selber schon viele Berufsmodelle ausprobiert: als angestellter Wissenschaftsredakteur beim FOCUS-Magazin, als freiberuflicher Journalist und Projektleiter, als Chefredakteur, als Ausbilder, als Mitarbeiter im internationalen Management eines New-Economy-Startups und schließlich als Geschäftsführer seines eigenen Unternehmens, die albertZWEI media GmbH in München. Daneben schreibt der studierte Biologe seit vielen Jahren Bücher über die Themen Mentaltraining und Lernen für GU. Auch aus eigenem Interesse: Denn wer seinen Job so intensiv auslebt, muss selber viele Tricks anwenden, damit das Allerwichtigste, die Familie, nicht zu kurz kommt.

FREIHABEN

Marita Vollborn und Vlad Georgescu schreiben als Autorenteam im Wissensjournalismus mit ihrem Redaktionsbüro X-Press seit Anfang der 90-er Jahre für die verschiedendsten Publikationen von der Frankfurter Rundschau über Süddeutsche Zeitung bis zum Springer Verlag. Sie nutzen die relative Abgeschiedenheit ihres Hauses im Harz als Basis für viele häusliche und außerhäusliche Projekte. Kreatives Basteln mit allen möglichen Materialien (mit und ohne Kinder) und Urlaub machen (bevorzugt an Nord- und Ostsee) gehören zu den Lieblingsbeschäftigungen als Ausgleich zum manchmal aufreibenden Journalistenberuf.

Wichtiger Hinweis

Die in diesem Buch vertretenen Auffassungen und Ratschläge sind gewissenhaft recherchiert und das Ergebnis jahrelanger Erfahrungen der einzelnen Autoren auf ihrem jeweiligen Spezialgebiet. Dennoch wird darauf hingewiesen, dass jeder Leser in eigener Verantwortung entscheiden sollte, wie weit die gegebenen Ratschläge auf seine persönliche Situation zutreffen.

In den Ratschlägen zur Gesundheit weichen die Auffassungen teilweise von der allgemein schulmedizinisch anerkannten Wissenschaft ab. Auch hier ist jeder Leser aufgerufen, selbst zu entscheiden, ob und inwieweit die in diesem Buch dargestellten Naturheilverfahren und Naturheilmittel für ihn eine Alternative zur Schulmedizin darstellen.

Bitte beachten Sie auch: Die teilweise lebensrettenden Maßnahmen im Kapitel Gesundheit/Erste Hilfe sind lediglich als begleitende Information zu einer persönlichen Teilnahme an einem Erste-Hilfe-Kurs gedacht – und nicht als Ersatz dafür!

Weder die Autoren noch der Verlag können für eventuelle Schäden, die aus den im Buch gegebenen praktischen Hinweisen resultieren, eine Haftung übernehmen.

Impressum

Idee zum Buch:
Sebastian Dickhaut
Herausgeber:
Sebastian Dickhaut,
Sabine Sälzer

Sebastian Dickhaut arbeitet als Journalist und Autor in München und wohnt mit seiner Familie brav am Rand der Stadt. Das war nicht immer so: 16-mal im Leben ist der Sohn unternehmungslustiger Eltern bisher umgezogen und hat dabei je einmal Beruf, Staatsbürgerschaft und Kontinent gewechselt. Und jedes Mal wäre er froh gewesen, wenn er so ein Hausbuch fürs Hier und Heute gehabt hätte. Gemeinsam mit Sabine Sälzer hat er nun die Idee in die Tat umgesetzt – wie schon zuvor bei den Bestsellern „Basic cooking" und „KOCHEN! Das Gelbe von GU". Bei diesem Buch hat er einige Kapitel betreut, am Kapitel „Kochen" mitgearbeitet und die Einführungstexte geschrieben – plus „Die zehn Ratschläge, die man nicht vergessen sollte". Lieblingsratschlag im Buch: 139. Den kleinen Buddha baden.

Sabine Sälzer arbeitet als Redakteurin und Autorin in München und wohnt mit ihrer Familie genau mittendrin – wie es ihr am liebsten ist: In Fußnähe zu allem, was täglich erreicht werden muss. Und die gewonnene Zeit wird in Zukunft ganz dem Erforschen der Kapitel Zusammen sein, Kinder haben, Gesund sein gewidmet ... Trotzdem träumt sie manchmal von einem Hexenhäuschen mit prasselndem Herdfeuer, umgeben von Mirabellen, Minze und grünen Bohnen. Wo man all das ausprobieren könnte, was im hektischen Mutter-Job-Stadtleben grade nicht geht: Bäume pflanzen, Türen und Fenster lackieren, Wäsche färben, Tischdecken nähen, Rosen schneiden, die Langsamkeit entdecken ... (siehe Register!) Bei dem Buchprojekt LEBEN! hat sie die Produktion organisiert und einen Teil der Kapitel sowie alle Beteiligten betreut. Lieblingsratschlag im Buch: 134. Den Augenblick genießen.

Liebe Leser und Leserinnen unseres Hausbuchs! Gibt es einen Ratschlag, ...

... den Sie besonders gelungen fanden?
... den Sie besonders überraschend fanden?
... den Sie besonders vermissen?
... zu dem Sie eine noch bessere Lösung wissen?

Schreiben Sie uns:
saelzer@graefe-und-unzer.de
sdickhaut@t-online.de

Wir freuen uns über jede Anregung.

Programmleitung:
Doris Birk
Leitende Redakteurin:
Birgit Rademacker
Redaktion:
Sabine Sälzer
Lektorat und Satz:
Redaktionsbüro
Christina Kempe, München
(Mitarbeit: Gertrud Köhn, Angelika Lang, Jutta Willand),
redaktionsbuero.kempe@t-online.de
Gestaltung, Umschlag, Pictogramme, Illustrationen:
engels zahm + partner, agentur für Kommunikation,
Thomas Jankovic, Maria Adam
(www.engelszahm.de)
Schlusskorrektur:
Petra Bachmann
Herstellung:
Markus Plötz
Repro:
Repro Ludwig, Zell am See
Druck und Bindung:
MOHN Media Mohndruck, GmbH, Gütersloh

Ihr GRÄFE UND UNZER VERLAG
Redaktion Kochen
Postfach 86 03 25
81630 München
Fax: 089/41981-113
e-mail: leserservice@graefe-und-unzer.de

Die Autoren:
siehe Seite 622/623

ISBN: 3-7742-7232-8

Auflage	4.	3.	2.	1.
Jahr	2008	2007	2006	2005

GRÄFE UND UNZER
Ein Unternehmen der
GANSKE VERLAGSGRUPPE